◎第五届全国年鉴编纂出版质量评比综合一等奖
◎全国年鉴编校质量一等奖
◎中国年鉴资源全文数据库核心年鉴

鄞州年鉴

2016

YINZHOU YEARBOOK

总第30册

宁波市鄞州区人民政府地方志办公室 编

方志出版社
Publishing House of Local Records

图书在版编目（CIP）数据

鄞州年鉴. 2016 / 宁波市鄞州区人民政府地方志办公室编.--北京：方志出版社，2016.12
ISBN 978-7-5144-2308-2

Ⅰ.①鄞… Ⅱ. ①宁…Ⅲ. ①鄞州区—2016—年鉴
Ⅳ.①Z525.54

中国版本图书馆CIP数据核字（2016）第320380号

鄞州年鉴（2016）

编　　者：宁波市鄞州区人民政府地方志办公室
责任编辑：梅中英

出 版 人：冀祥德
出 版 者：方 志 出 版 社
地址　北京市朝阳区潘家园东里9号（国家方志馆四层）
邮编　100021
网址　http://www.fzph.org
发　　行：方志出版社发行中心
（010）67110500
经　　销：各地新华书店
印　　刷：南京凯德印刷有限公司

开　　本：889×1194　1/16
印　　张：33
字　　数：852千字
版　　次：2016年12月第1版　　2016年12月第1次印刷
印　　数：0001~1500册

ISBN 978-7-5144-2308-2　　定价：200.00元

编辑说明

一、《鄞州年鉴》由中共鄞州区委、区人民政府主办，鄞州区委党史办公室（鄞州区人民政府地方志办公室）主持编纂，是一部系统记述全区自然、政治、经济、文化和社会等方面基本情况的年度资料性文献。1987年创刊，每年编辑1册，《鄞州年鉴（2016）》为第30册。

二、《鄞州年鉴（2016）》以中共十八大及十八届三中、四中、五中、六中全会精神为指导，深入贯彻习近平总书记系列重要讲话精神，系统准确地反映区委、区政府的工作，如实反映全区各领域事物变化状况，客观记述全区中国特色社会主义政治、经济、文化、社会和生态建设的历史进程，为全区的改革开放和经济建设服务，为领导决策提供依据，为中外人士了解和研究鄞州提供资料，也为地方留下宝贵史料。

三、《鄞州年鉴（2016）》采用分类编辑法。基本结构为类目、分目、条目3个层次，其中条目为主要的信息载体。卷首设《特载》《专记》《大事记》《鄞州概览》《"质量新鄞州" 建设》5个类目；百科设《中共宁波市鄞州区委员会》等30个类目；卷末设《附录》《索引》2个类目。

四、《鄞州年鉴（2016）》彰显年度特色。彩页部分略去各级领导到鄞州区考察调研的照片，采用鄞州区 "十二五" 时期主要数据和年度特色性大事照片，辅以 "中国博物馆文化之乡" "鄞州区非物质文化遗产" 2个照片专辑。图片来源较广，部分拍摄者不明确，故每幅图片后均无署名，图片约稿人署名于书前。

五、年鉴正文部分类目根据实际情况适当调整框架结构。"对外开放・国内合作" 和 "口岸" 类目合并为 "开放性经济・国内经济合作" 类目，"城乡建设与管理" 和 "国土资源・环境保护" 类目合并为 "城乡建设・环境保护" 类目，"工商联・社会团体" 类目改为 "民主党派・工商联・社会团体" 类目，"综合经济管理" 类目改为 "综合管理" 类目，并将 "国土资源管理" 分目移至此类目下。

六、年鉴的栏目设计和编排次序是根据年鉴基本体例和行业分类特点设置，与每个具体部门行政级别高低无关。收录的资料和记载的事件未予以特殊说明的都局限于2015年度。各单位领导干部名录也以2015年度在职者为准。文中所述领导职务以事件发生时的相关主要职务为准。

七、根据行文实际需要，文中部分机构使用规范简称，机构的全称与简称对照表列于目录前。文中未标明党派的 "区委" 均为 "中共区委"，"党员" 均为 "中共党员"（各民主党派内容除外）。"缩略语" 随文注释，简短的在文中扩注，较长的在篇末注释，多次出现不重复注释。

八、年鉴卷首有详细的中文目录和英文要目，卷末有按汉语拼音顺序排列的主题词索引、图照索引、表格索引，文中信息可由目录、索引、书眉获得。《鄞州年鉴（2016）》有纸型版和光盘版两种版本，光盘版内附有视频等资料。同时，读者也可在鄞州史志网（http://yzsz.nbyz.gov.cn）查询年鉴信息。

九、本年鉴所采用的稿件由全区各机关单位、镇乡（街道）、工业园区、相关企事业单位提供，经《鄞州年鉴》编辑部整理编辑，并经相关单位领导审核。文中所列数据，原则上依据《鄞州区统计年鉴（2016）》，统计年鉴中没有的以主管部门统计为准，有部分数据因统计口径不同或有所差异，请读者在应用时加以注意。

十、本卷年鉴编纂出版工作得到全区各机关单位、镇乡（街道）、工业园区、相关企事业单位的大力支持，广大编纂人员为之付出了艰辛劳动，借此表示衷心感谢。由于成书仓促，水平有限，多有疏漏或不足之处，敬请广大读者批评指正。

《鄞州年鉴（2016）》编纂委员会及编辑部人员名单

《鄞州年鉴（2016）》主要纂稿人

（按姓氏笔画排序）

丁红艳　丁志国　万　犇　于玲玲　马贻兵　马霞维　方巨成　毛科杰　毛颖颖　王发振

王伟晓　王君娜　王孝嗣　王杨乐　王　凯　王冠宇　王维玲　王　晶　王　雷　王　静

车璐雁　冯浙萍　史启明　叶金洲　叶　盛　叶　琳　司耀锋　任　宁　任　萱　刘　洋

庄　健　朱迪松　朱思齐　朱科苗　朱　虹　朱彬彬　朱　渊　朱雯雯　朱锦良　朱巍巍

汤拥军　许惠素　许　瑛　严世高　但涛波　何　宁　何　晶　余佳子　吴柯莹　吴新艳

宋春儿　宋　韬　岑　雅　张小枝　张汉江　张旭君　张欧琼　张　迪　张彦斌　张　弰

张　婕　张敏儿　张淑贞　张鹏飞　张　聪　张　衡　张　璐　忻春意　李文博　李学忠

李　杰　李　荔　李　斌　杨安妮　杨宏云　杨　靖　汪　怡　汪益刚　沈　丹　苏文清

邵丹斌　邵顺杰　邹凌枫　陆盈盈　陆　斐　陆瑞康　陈飞永　陈立基　陈杏菊　陈凯跃

陈武耀　陈　哲　陈唐波　陈　晛　陈莉莉　陈　晨　陈　喜　陈　琴　陈禅国　陈　锋

单飞龙　周　虹　周爽研　周耀伟　巫利民　林寻忠　林泽天　林晟莹　林　楠　欧阳寅劼

武建强　郑　钱　郑绿枝　金岐伟　俞波平　俞浩奇　姚剑峰　施诗韵　施贤能　施　洋

洪定迪　皇甫亦芬　赵业良　赵　奇　闻成军　项　成　凌　平　唐志慧　夏伟奔

夏素贞　徐　旸　徐昆英　徐柯英　徐海蛟　柴华艳　翁东辉　袁浩杰　贾俏丽　郭蔚冉

钱小蕴　曹庭盛　梁侃亮　梅　娜　章一鸣　麻万掌　黄小坤　程学佳　程　怡　童怡心

董　琳　蒋存行　蒋松澔　蔡开浩　蔡展峰　蔡萍萍　戴亚红　戴庆来　戴晓勇

图片约稿人

史久阳　江志勇　张世华　林银海　贾　铭　钱继锋　徐　高　徐永晋　徐慧丽　黄友平

谢惠君　谢赛定　裘为众

辉煌“十二五”

“十二五”时期是鄞州破难攻坚、逆势而进、巩固领先优势的五年。与2010年相比，地区生产总值从818.4亿元增加到1300.9亿元，人均生产总值从10.1万元增加到15.6万元，财政总收入从185.8亿元增加到312.7亿元，一般公共预算收入连续8年位居全省首位。五年累计完成固定资产投资约2890亿元、实际利用外资23.4亿美元，是前五年的1.8倍和1.2倍；社会消费品零售总额和自营进出口总额是五年前的2.2倍和1.4倍；服务业比重五年提高10.6个百分点，万元GDP能耗累计下降23.5%。

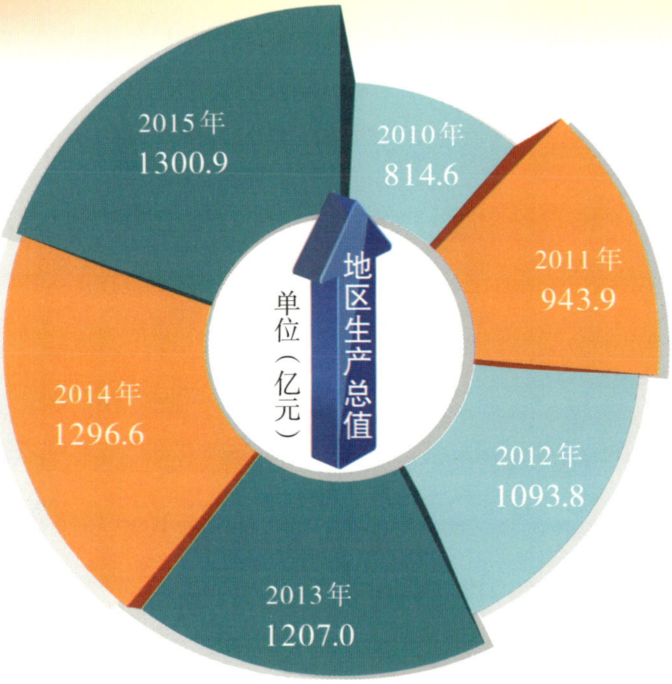

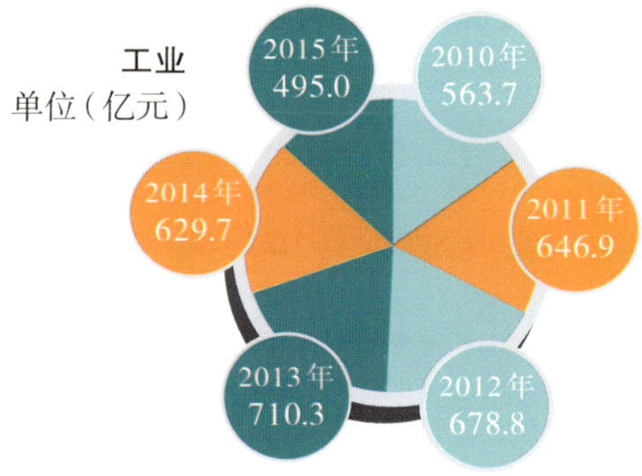

第一产业

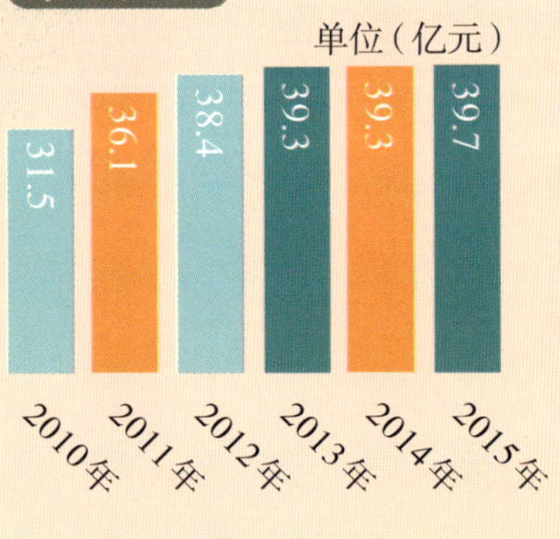

第二产业

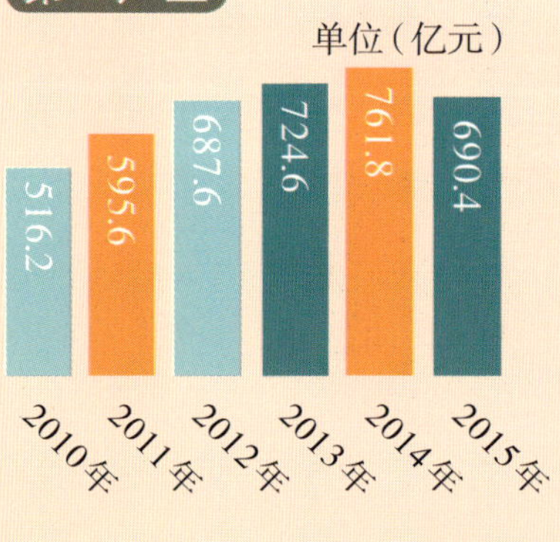

第三产业

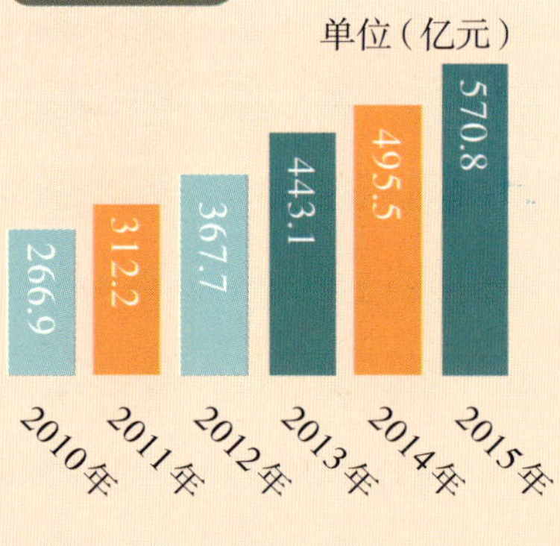

人均地区生产总值

单位（万元）

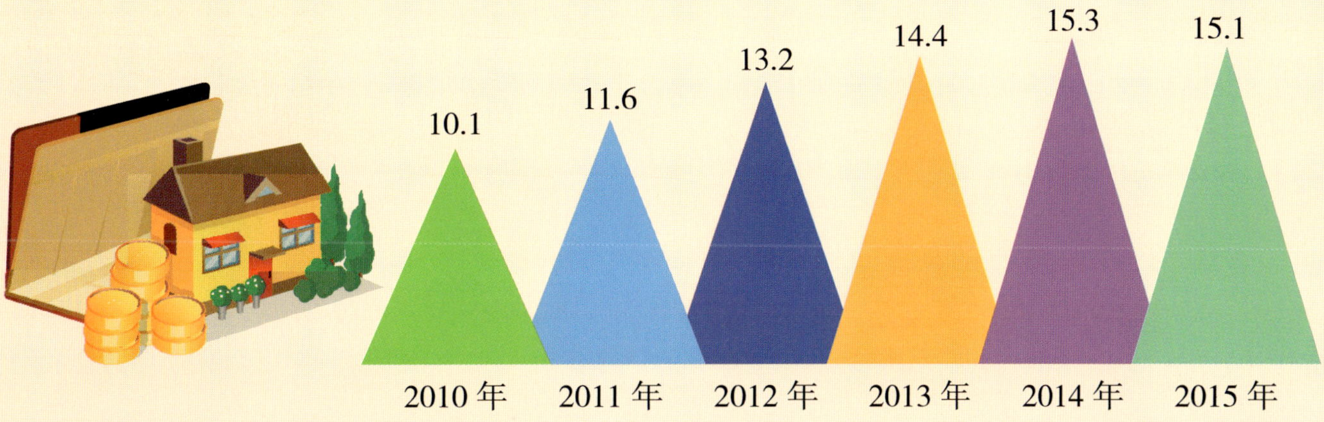

固定资产投资

单位（亿元）

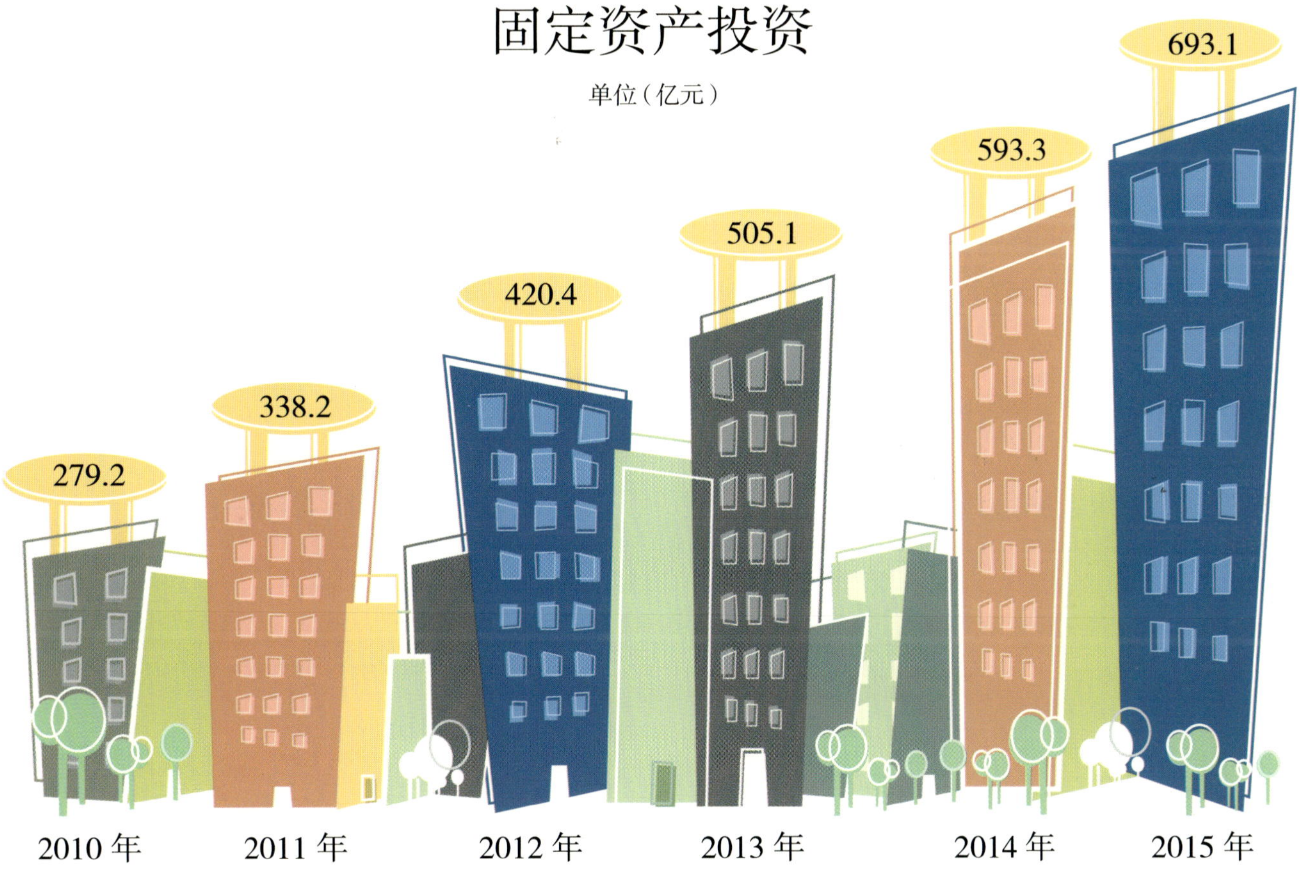

社会消费品零售总额

单位（亿元）

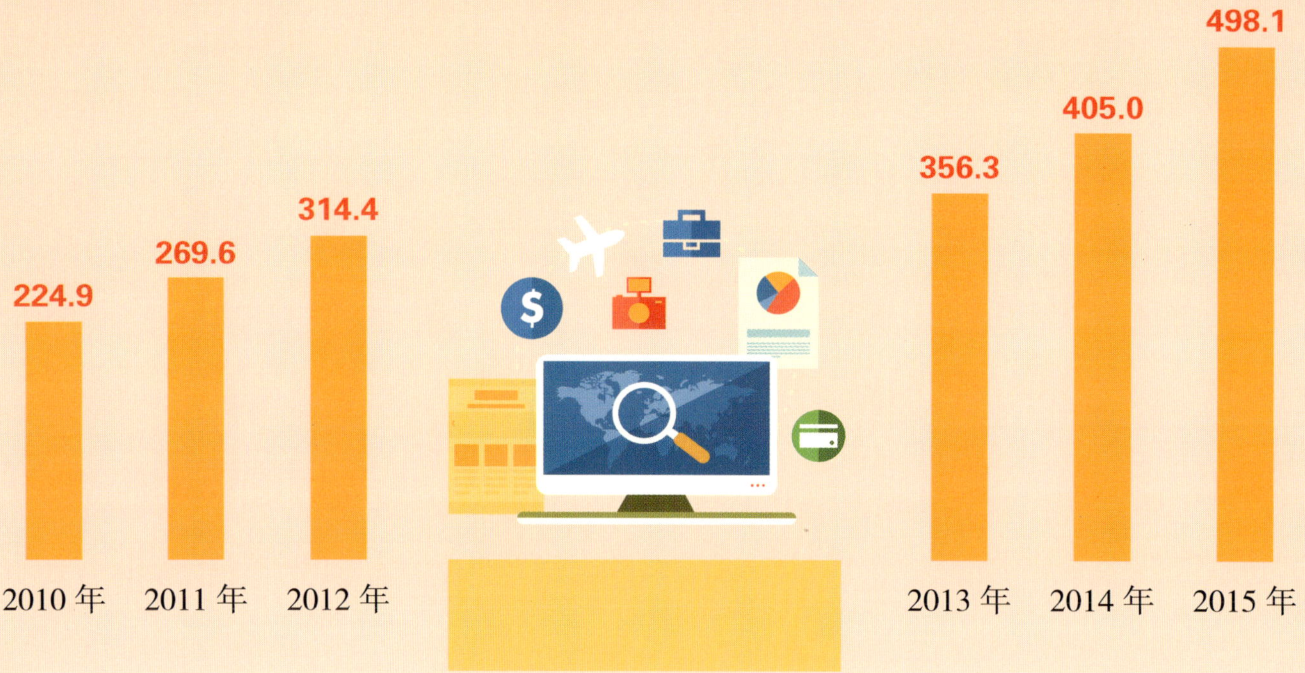

进出口总额

单位（亿美元）

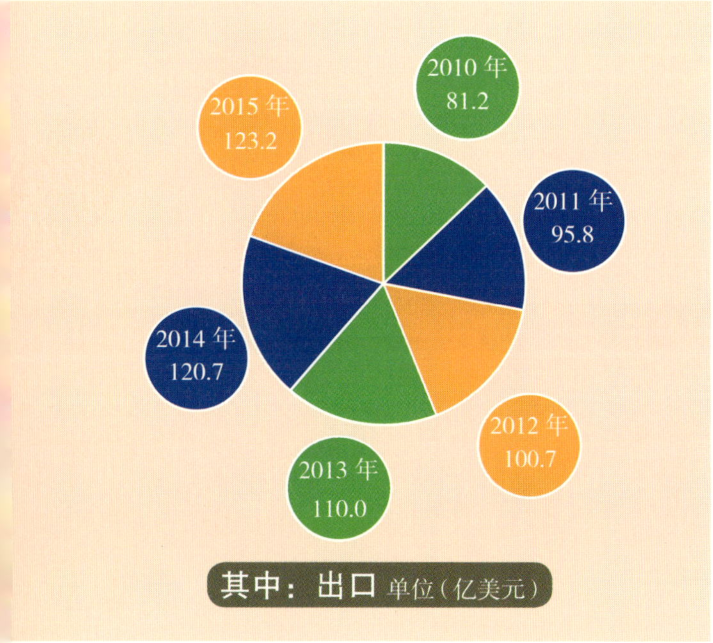

财政总收入

单位（亿元）

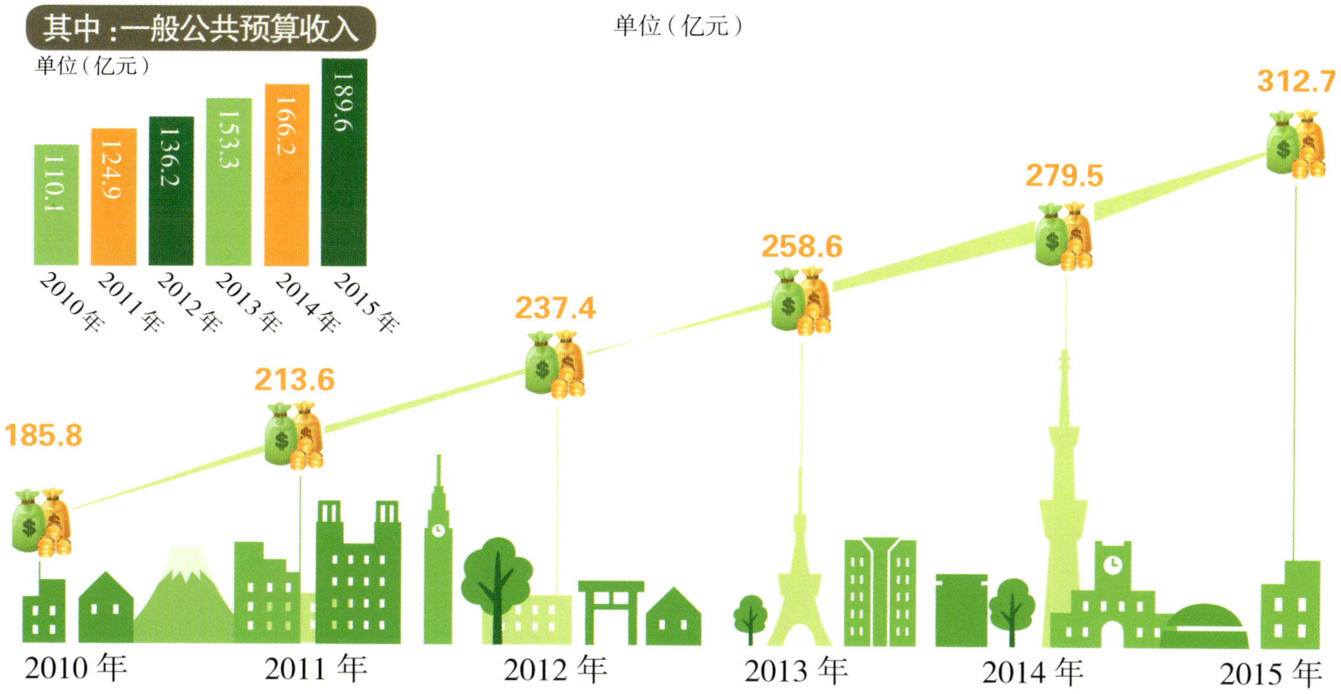

城镇常住居民人均可支配收入

单位（元）

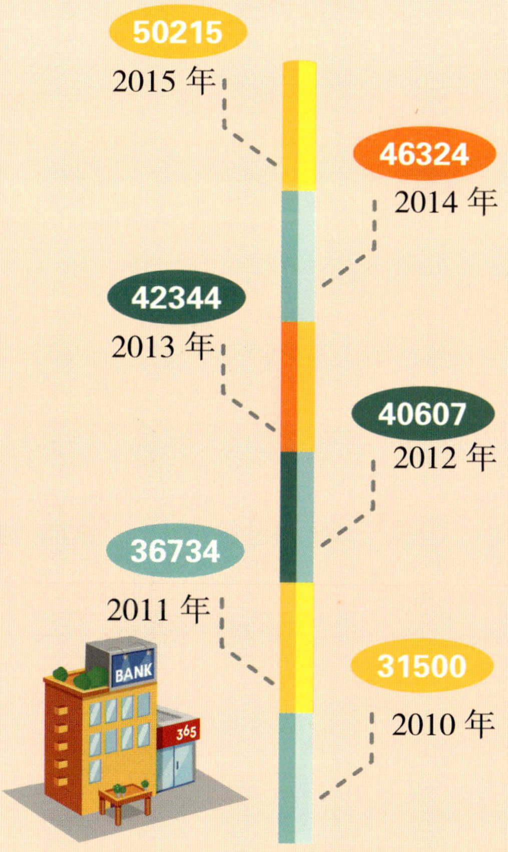

农村常住居民人均可支配收入

单位（元）

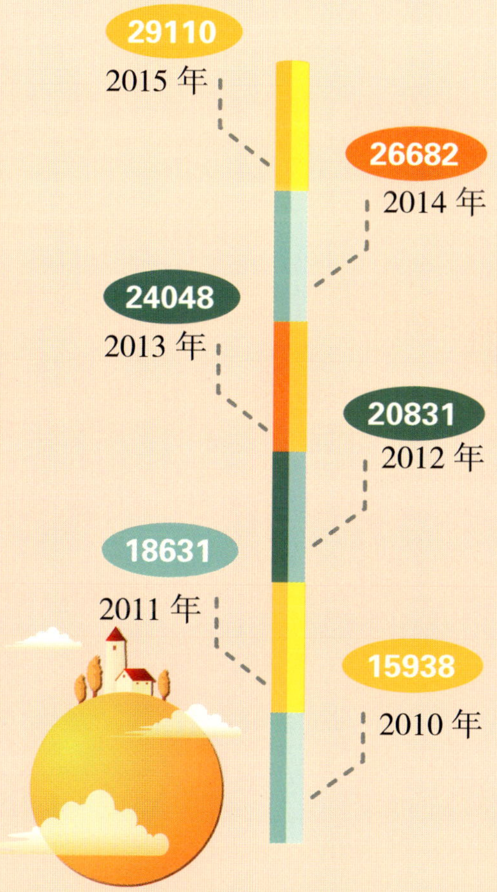

鄞州的一天

单位（万元）

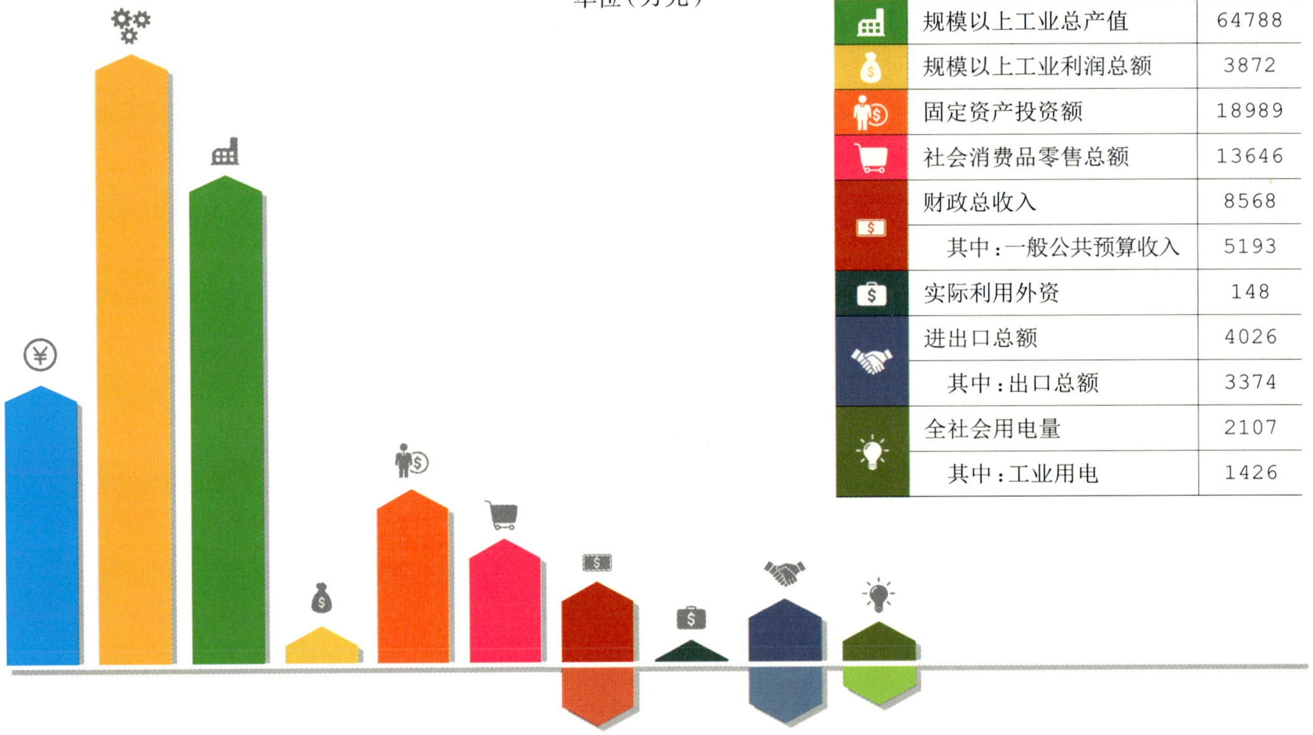

地区生产总值	36990
全部工业总产值	80812
规模以上工业总产值	64788
规模以上工业利润总额	3872
固定资产投资额	18989
社会消费品零售总额	13646
财政总收入	8568
其中：一般公共预算收入	5193
实际利用外资	148
进出口总额	4026
其中：出口总额	3374
全社会用电量	2107
其中：工业用电	1426

主要经济指标占宁波市的比重

指标名称	计量单位	宁波市	鄞州区	占宁波市比重（%）
地区生产总值	亿元	8011.5	1300.9	16.2
规模以上工业总产值	亿元	13756.6	2364.7	17.2
规模以上工业利润总额	亿元	753.4	141.3	18.8
固定资产投资额	亿元	4506.6	693.1	15.4
社会消费品零售总额	亿元	3349.6	498.1	14.9
财政总收入	亿元	2072.6	312.7	15.1
其中：一般公共预算收入	亿元	1006.3	189.6	18.8
实际利用外资	亿美元	42.3	5.4	12.8
出口总额	亿美元	714.3	123.2	17.2
全社会用电量	亿千瓦时	585.1	76.9	13.1
其中：工业用电	亿千瓦时	434.9	52.1	12.0
金融机构人民币存款余额	亿元	15400.2	1855.3	12.0
金融机构人民币贷款余额	亿元	14966.9	1672.9	11.2

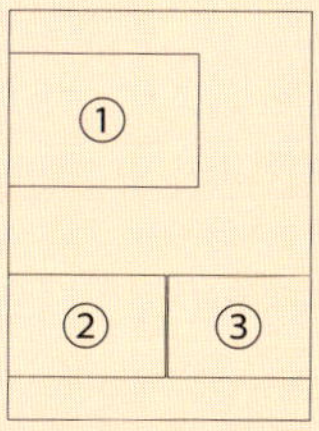

① 1月7日，鄞州区经济工作会议召开。会上，获“大力神鼎”“大力鼎”“工业进步奖”“科技创新进步奖”“服务业进步奖”“都市产业进步奖”等称号企业以及获省、市、区级相关奖项的一批经济工作先进企业和单位受到表彰

② 1月12日，由宁波凹凸重工有限公司自主研制的全省首台装有“智慧眼”的大型门式起重机成功实施起吊试验

③ 1月19日，鄞州区第三医院内科副主任医师许建华在浙江省中医院完成造血干细胞捐献，成为鄞州区第二例造血干细胞捐献者

中国人民政治协商会议第十五届宁波市鄞州区委员会第四次会议

波市鄞州区第十七届人民代表大会第四次会议
贯彻党的十八届

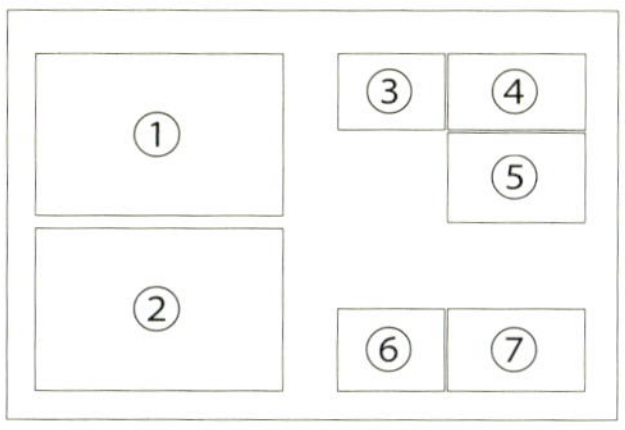

①1月27日，中国人民政治协商会议第十五届宁波市鄞州区委员会第四次会议在区文化艺术中心举行

②1月28日，鄞州区第十七届人民代表大会第四次会议在区文化艺术中心举行

③2月1日，宁波锡镴器、熨斗博物馆在蔡氏宗祠举行开馆仪式

④2月6日，鄞州区非物质文化遗产馆重新开馆

⑤2月9日，宁波帅特龙集团公司董事长吴志光（中）为鄞江中学设立500万元教育基金

⑥3月5日，杉井商业管理（宁波）有限公司领取鄞州区首张镇乡排水许可证

⑦3月22日，“江南50千米越野赛”在龙观乡龙谷村上古山举行

① 3月26日，鄞州区在宁波南车产业基地举行重点项目集中开工仪式，涵盖工业经济、基础设施、生态环保、棚户区改造等领域的19个重点项目，总投资超过75亿元

② 4月3日，高桥镇烈士纪念碑落成

③ 4月12日，“醉美樱花”女子半程马拉松比赛在章水镇举行

④ 4月15日，升级改造后的院士公园对外开放

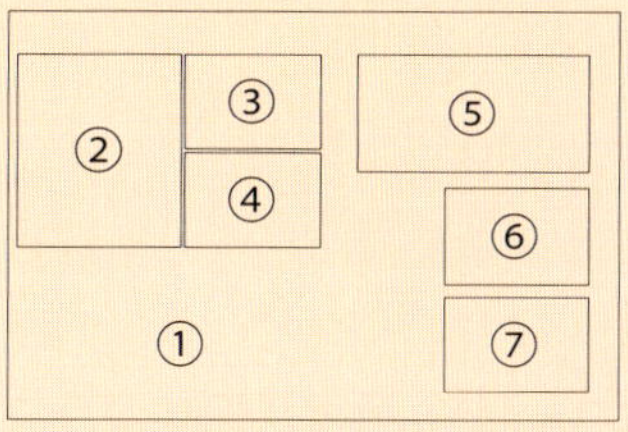

⑤ 4月16日，世界首台储能式现代无轨电车在鄞州亮相

⑥ 4月27日，第三届人民文学新人奖颁奖典礼暨第五届王应麟读书节开幕式在浙江大学宁波理工学院举行

⑦ 6月10日，鄞州区首个强排泵站——铜盆浦泵站机组试运行

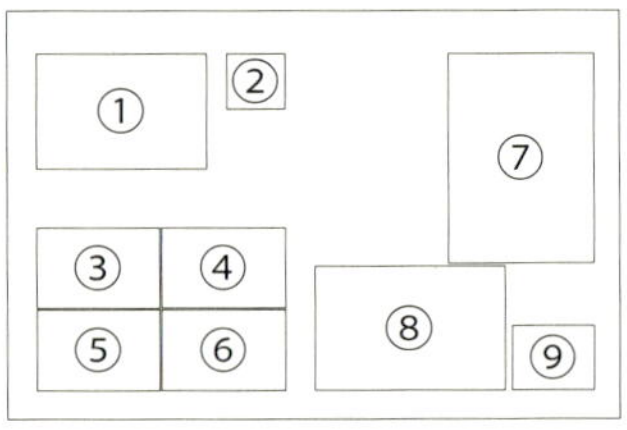

①② 6月17日，宁波爱心城市公益地标——善园奠基仪式举行，“义乡善风——甬上慈善史迹展”开展和“牵手鄞州”公益创投项目启动仪式同时举行

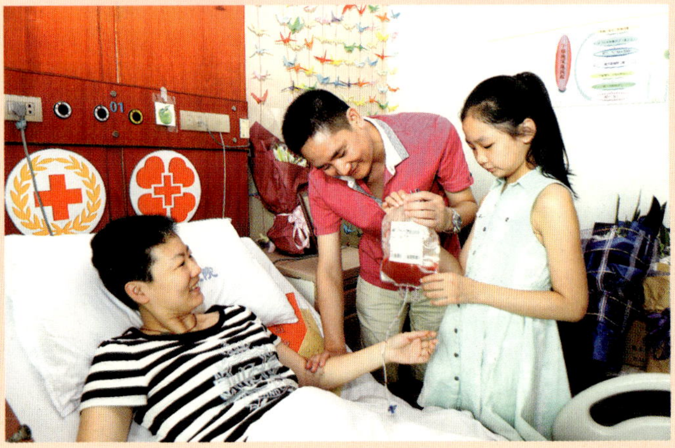

③ 6月19日，"我们的节日——端午看云龙"大型民俗活动在云龙镇举行

④ 6月19日，罗蒙环球乐园试营业

⑤ 6月27日，"北纬30°的七彩传奇"——首届中国大松石展览在李元艺术馆举行

⑥ 7月14日，王建琴在浙江省中医院完成造血干细胞捐献，成为鄞州区第三位捐献造血干细胞的志愿者

⑦ 7月15日，"2015中国航海日"暨宁波首届"新丝路"全国帆船邀请赛在咸祥鹰龙湾海域举行

⑧⑨ 7月16日，鄞江镇它山堰1号地块抢救性考古发掘和遥感探测有重大收获，考古人员发现宋元时期的古河道、石砌堤岸、道路等重要遗迹，还出土各类遗物620余件

无碳公交
CSR

第八届
YINZHOU
鄞州
主办单位
鄞州区商务局

营业执照

和平
咸祥人民营救美国飞行员
纪念亭落成开放仪式
2015.8.25

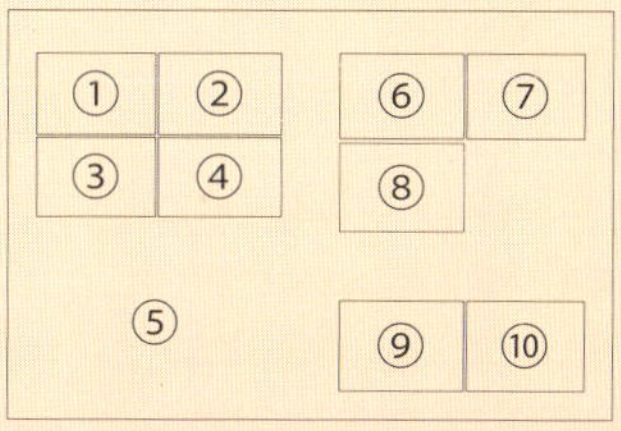

① 7月28日，全球首批超级电容储能电车在鄞州196路公交线运行

② 8月1日，第八届鄞州美食节在万达广场步行街举行

③ 8月6日，鄞州区发出第一张"三证合一"的营业执照

④ 8月24日，纪念中国人民抗日战争暨世界反法西斯战争胜利70周年书画展在区政府二楼大厅开展

⑤ 8月25日，咸祥人民营救美国飞行员纪念亭落成

⑥ 8月28日，浙东抗战老兵纪念园开园，同泰嘉陵抗战纪念馆群同时开放

⑦ 9月9日，"中国创翼"青年创业创新大赛"鄞州杯"华东一赛区复赛在鄞州区举行

⑧ 9月16日，国家"千人计划"新能源专家圆桌论坛暨对接交流活动在鄞州区举行

⑨ 10月13日，千年它山堰申遗成功，成为宁波市首个世界灌溉工程遗产项目

⑩ 10月16日，首届乡愁·全祖望文化节开幕式暨"逐梦洞桥"文艺晚会在洞桥镇沙港村全祖望故居前广场举行

① 10月17日，全祖望故居落成典礼暨《桓溪全氏宗谱》圆谱庆典在洞桥镇沙港村举行

② 10月21日，鄞州区社会救助福利救助中心启用

③ 10月24日，鄞州区欢乐城乡游暨第三届古道文化节在横溪镇文化广场举行

④ 11月20日，第23届亚洲攀岩锦标赛在鄞江镇攀岩公园举行

⑤ 11月22日，第九届澄浪潭鱼文化节暨鄞州区鱼文化博物馆开馆启动仪式在鄞江镇鲍家墈举行

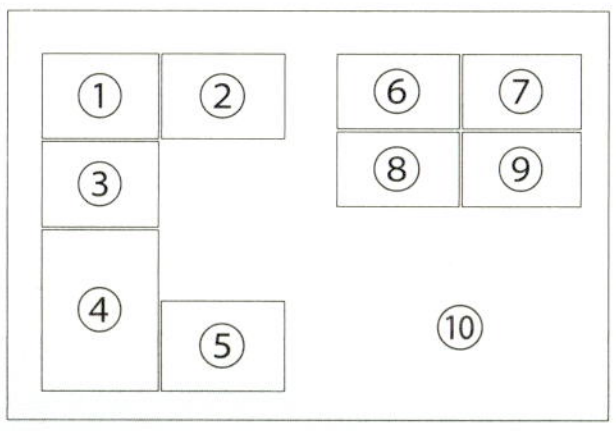

⑥ 11月29日，浙江省田螺姑娘传说研究基地授牌仪式暨《田螺姑娘传说》一书首发式在集士港镇万众村举行

⑦ 12月12日，“日月杯”2015太白湖国际越野赛在东吴镇举行

⑧⑨ 12月11日，马友友祖居修缮后对外开放

⑩ 12月30日，永达路连接线工程主线（夏禹路）全线通车

中国博物馆文化之乡

鄞州历史文化悠久，是中国佛教文化的重要传播地、梁祝文化的起源地、宁波商帮的发祥地。鄞州区利用企业家、收藏家、文化界等民间力量，创办了一批蕴含历史文化和地方特色的服装、漆器、家具、草编和民居博物馆。2009年10月31日，第九届中国民间文艺“山花奖”颁奖典礼在鄞州体育馆举行，全国政协常委、中国文联副主席、中国民协主席冯骥才授牌命名鄞州区为“中国博物馆文化之乡”。鄞州区开放的博物馆、艺术馆、陈列馆有32座，其中国有博物馆12座、非国有博物馆20座。博物馆种类繁多，除宁波（鄞州）博物馆是以综合性为主外，其余以专题性、史迹性为主，其中还有4座名人纪念馆，初步形成合作联办模式、民企民办模式、国助民办3种发展模式，民间资本总投资估算10亿余元。

宁波市非物质文化遗产展示中心

宁波服装博物馆

周尧昆虫博物馆

沙孟海书学院

沧海农耕博物馆

地质宝藏博物馆

宁波（鄞州）博物馆

宁波水墨艺术馆

朱金漆木雕艺术馆

塘溪名人故居群（童第周故居、周尧故居、沙氏故居、沙耆故居）

滨海博物馆

华茂美术馆

紫林坊艺术馆

中国博物馆文化之乡

汇港美术馆

金银彩绣艺术馆

锡镴器、熨斗博物馆

雪菜博物馆

陶瓷文化艺术馆

宁波樟村四明山烈士陵园

龙观革命史迹陈列馆

中国博物馆文化之乡

宁波知青博物馆

黄古林草编博物馆

王升大粮油工艺博物馆

婚俗博物馆

中国梁祝文化博物馆

后屠桥烈士陵园史迹陈列馆

梅园革命史迹陈列馆

它山堰博物馆

居家博物园

耕泽石刻博物馆

它山艺术博物馆

鱼文化博物馆

鄞州区非物质文化遗产

2005年，鄞州区非物质文化遗产保护工程启动。2008年5月，鄞州区非物质文化遗产馆建成。该馆位于下应街道湾底村西江古村，室内展示面积约1500平方米，户外可用面积约1000平方米。2015年2月6日重新开馆，设6个展馆，分别展出金银彩绣、草席编织、灯笼轧制、泥塑、竹雕等22个传统手工类“非遗”项目，并有“非遗”代表性传承人现场传授技艺。至2015年底，《梁祝传说》《朱金漆木雕》《骨木镶嵌》《宁波走书》《金银彩绣》5个项目被列入国家级保护名录，《红帮裁缝制作技艺》《咸祥彩船制作技艺》《灰雕技艺》《内家拳》《黄古林草席编织技艺》《状元楼宁波菜烹制技艺》《甬式家具制作技艺》等21个项目被列入省级名录，45个项目被列入宁波市保护名录。

国家级非物质文化遗产

① 国家级非物质文化遗产项目——宁波金银彩绣国家级代表性传承人 许谨伦

② 国家级非物质文化遗产项目——宁波朱金漆木雕国家级代表性传承人 陈盖洪

③ 国家级非物质文化遗产项目——骨木镶嵌国家级代表性传承人 陈明伟

④ 国家级非物质文化遗产项目——宁波走书省级代表性传承人 闻海平

⑤ 国家级非物质文化遗产项目——宁波金银彩绣省级代表性传承人 史翠珍

⑥ 国家级非物质文化遗产项目——宁波走书省级代表性传承人 沈健丽

省级非物质文化遗产

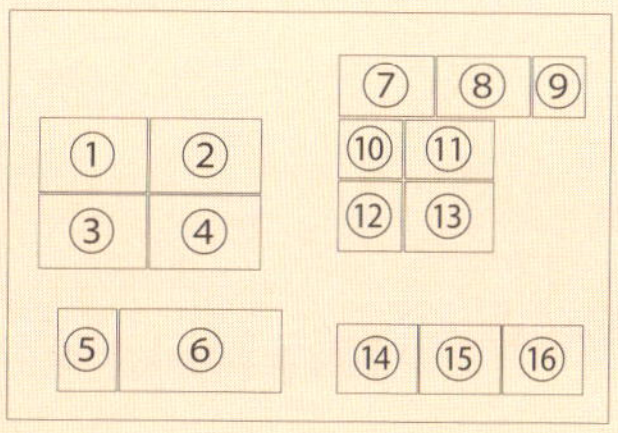

⑦ 省级非物质文化遗产项目——宁波评话省级代表性传承人 张少策

⑧ 省级非物质文化遗产项目——黄古林草席编织技术省级代表性传承人 袁阿蓝

⑨ 省级非物质物化遗产项目——状元楼宁波菜烹制技艺省级代表性传承人 陈效良

⑩ 省级非物质文化遗产项目——灰雕省级代表性传承人 朱英度

⑪ 省级非物质物化遗产项目——戏台螺旋娥罗顶营造技艺 省级代表性传承人 张立群

⑫ 省级非物质物化遗产项目——龙舟竞渡省级代表性传承人 水春华

⑬ 省级非物质文化遗产项目——大头和尚省级代表性传承人 马宝春

⑭ 省级非物质文化遗产项目——失蜡浇铸技艺市级传承人 鲍月国

⑮ 省级非物质文化遗产项目——鄞州竹编市级传承人 叶良康

⑯ 省级非物质文化遗产项目——内家拳市级代表性传承人 夏宝峰

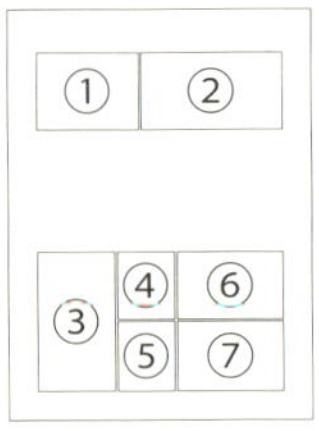

① 陈盖洪朱金漆木雕作品——万工轿

② 陈明伟骨木镶嵌代表作品屏风——梁祝传说

③ 许谨伦金银彩绣作品——锦绣双瓶

④ 状元楼宁波菜烹制技艺——冰糖甲鱼

⑤ 朱英度灰雕作品——福禄寿

⑥ 内家拳教育传承基地授课

⑦ “大头和尚” 表演

有关组织机构全称、简称对照表

全　称	简　称
浙江省全省	全省
浙江省	省
中共浙江省委员会	省委
浙江省人民政府	省政府
中共宁波市委员会	市委
宁波市人民政府	市政府
宁波市全市	全市
宁波市	市
宁波市鄞州区全区	全区
宁波市鄞州区	鄞州区或区
中共宁波市鄞州区委员会	区委
宁波市鄞州区人民代表大会常务委员会	区人大常委会
宁波市鄞州区人民政府	区政府
中国人民政治协商会议宁波市鄞州区委员会	区政协
中共宁波市鄞州区纪律检查委员会	区纪委
宁波市鄞州区人民法院	区法院
宁波市鄞州区人民检察院	区检察院
中共宁波市鄞州区委组织部	区委组织部
中共宁波市鄞州区委宣传部	区委宣传部
中共宁波市鄞州区委政法委员会	区委政法委
中共宁波市鄞州区委区政府农村工作办公室	区农办
中共宁波市鄞州区委区政府信访局	区信访局
中共宁波市鄞州区委老干部局	区委老干部局
宁波市鄞州区教育局	区教育局
宁波市鄞州区民政局	区民政局
宁波市鄞州区司法局	区司法局

全　称	简　称
宁波市鄞州区财政局	区财政局
宁波市鄞州区交通运输局	区交通运输局
宁波市鄞州区水利局	区水利局
宁波市鄞州区农林局	区农林局
宁波市鄞州区商务局（粮食局）	区商务局（粮食局）
宁波市鄞州区审计局	区审计局
宁波市鄞州区统计局	区统计局
宁波市鄞州区“三改一拆”行动领导小组办公室	区“三改一拆”办
宁波市鄞州区“五水共治”工作领导小组办公室	区“五水共治”办
宁波市国家税务局第一稽查局	市国税局第一稽查局
宁波鄞州出入境检验检疫局	鄞州出入境检验检疫局
宁波海关驻鄞州办事处	海关驻鄞州办事处
宁波市鄞州区烟草专卖局	区烟草专卖局
宁波市鄞州区气象局	区气象局
宁波市鄞州区档案局	区档案局
中共宁波市鄞州区委党校	区委党校
宁波望春工业园区管理委员会	望春工业园区管委会
宁波市鄞州区长丰开发建设指挥部	长丰开发建设指挥部
宁波市鄞州区桃源湾休闲度假区开发建设指挥部	桃源湾开发建设指挥部
宁波市鄞州区投资合作局	区投资合作局
宁波市鄞州区房屋征收管理办公室	区征管办
宁波市鄞州区石碶市场区管理委员会	石碶市场管委会
宁波市客运中心站区域综合管理办公室	综管办
宁波市鄞州区森林鄞州建设工作领导小组办公室	区森林鄞州办
宁波市鄞州区人民政府咨询委员会	区咨询委
宁波市鄞州区总工会	区总工会
宁波市鄞州区慈善总会	区慈善总会
宁波市鄞州区红十字会	区红十字会
宁波市鄞州医药药材有限公司	区医药公司

目录 CONTENT

“质量新鄞州”建设

中共宁波市鄞州区委员会

宁波市鄞州区人民代表大会

宁波市鄞州区人民政府

政协宁波市鄞州区委员会

纪检·监察

民主党派·工商联·社会团体

法治·军事

农业·农村·水利

工业·工业园区

民营经济

开放型经济・国内经济合作

商贸・现代服务业

旅 游

城乡建设·环境保护

建筑业·房地产业

交 通

邮电·信息

财政·税务

金 融

综合管理

人力资源和社会保障

科学技术

教　育

文化·新闻

卫　生

体　育

社会民生

街道·镇乡

组织机构及其领导名录

人物·先进集体

附 录

索 引

Main Contents

Special Publications

Feature

Chronicle of Events

A Survey of Yinzhou

The New Quality Construction of Yinzhou

Yinzhou District Committee of the Communist Party of China

Yinzhou District People's Congress

Yinzhou District People's Government

Yinzhou District Committee of the Chinese people's Political Consultative Conference

Yinzhou District Discipline Inspection Committee of the Communist Party of China

Democratic Parties & the Federation of Industry and Commerce & Social Organizations

Rule of Law & Military Affairs

Agriculture & Rural Area & Water Conservancy

Industries & Industrial Zones

Private Economy

Open Economy & Domestic Economical Cooperation

Commerce and Service Trade & Modern Service Industry

Tourism

Urban and Rural Construction and Administration & Environmental Protection

Architecture & Real Estate

Traffic

Postal Service and Telecommunications & Information

Fiscal & Taxation

Finance

Comprehensive Administration

Human Resources and Social Security

Science and Technology

Education

Culture & News

Hygiene

Sports

Social Livelihood

Subdistricts & Towns and Townships

Name lists of Organizations and Leaders

Figures & Advanced Collectives

Appendix

Index

特 载

鄞州区政府

着眼五年谋发展 狠抓落实开新局 奋力推进鄞州新一轮创新发展率先发展

——在区委十三届十次全体（扩大）会议上的报告

政府工作报告

——在宁波市鄞州区第十七届人民代表大会第五次会议上的报告

着眼五年谋发展 狠抓落实开新局 奋力推进鄞州新一轮创新发展率先发展

——在区委十三届十次全体（扩大）会议上的报告

市委常委、区委书记 胡 军

（2015年12月30日）

同志们：

这次区委十三届十次全体（扩大）会议的主要任务是，认真学习贯彻党的十八届五中全会、中央经济工作会议和省委十三届八次全会、省委经济工作会议以及市委十二届十次全会精神，回顾总结今年工作，研究部署“十三五”发展和明年重点任务，审议通过《中共宁波市鄞州区委关于制定鄞州区国民经济和社会发展第十三个五年规划的建议》，号召和动员全区各级党组织和广大党员干部，着眼五年谋发展、狠抓落实开新局，奋力推进鄞州新一轮创新发展率先发展。

下面，我受区委常委会委托，向全会报告工作。

一、埋头苦干抓发展，全面完成“十二五”任务

今年以来，面对深刻复杂变化的宏观形势、区域经济下行的重重压力，区委常委会认真贯彻中央和省委、市委的重大决策部署，以“三严三实”专题教育为引领，团结带领全区上下大力开展集中攻坚“六大行动”，迎着困难上、顶着压力干、齐心协力抓，基本实现了全年红。初步统计，地区生产总值1380亿元，增长6.5%，一般公共预算收入189.6亿元，增长5.8%，有望继续保持全省第一，城乡居民收入分别增长8.5%、9.5%，主要指标领跑领先，各项工作走在前列。回顾今年工作，区委常委会总揽全局，协调各方，着重抓了五方面工作。

（一）主动谋、精准抓，加快适应发展的新常态

区委常委会坚持科学决策、民主决策、依法决策，带头执行民主集中制，大力支持人大、政府和政协创新履职，充分凝聚统一战线、群团组织的智慧力量，进一步把好了方向、办成了大事。牵头抓总谋划发展。主动适应发展的新常态，从高从远谋划“十三五”发展，集思广益征求各方意见，提出了规划建议、明确了目标定位、确定了战略重点，为未来五年描好了蓝图。精准施策推动发展。主动针对经济下行压力，优化扶持政策，制定完善经济发展若干政策，设立新兴产业引导基金；抓牢改革重点，扎实推进17个改革项目，率先实施“三证合一”“一照一码”商事登记制度改革全市试点，取消部分区级前置审批事项，基本完成村经济合作社股份合作制、政府机构等重大改革；调优体制机制，理顺产业园区、涉村财政补助资金等相关体制。带头担责促进发展。大力践行“三严三实”要求，区四套班子成员深化“一岗三责”活动，带头抓落实、促发展，带头联企业、解难题，带头冲一线、上火线，有力示范和带动了乡镇发展竞赛、部门服务提效、广大干部比学赶超。

（二）稳增长、促转型，着力保持稳健的好势头

坚持稳中求进，全力以赴稳增长、坚定不移促转型。有效投资带动有力。狠抓招商引资，实到外资5.4亿美元，“浙商回归”资金100亿元。狠抓“四大投资”，扎实推进130个重大项目，加大领导联系、服务创新、要素保障力度，杉杉新能源、中车无轨电车、龙之恒泰等项目集中开工，一批特色产业、城市功能、基础设施等项目相继建成。主导产业支撑给力。着眼工业升级，加大机器换人、科技服务等力度，新增国家高新技术企业23家、上市公司3家、行政认定中国驰名商标4个，高新技术行业产值比重提高到46%。着眼服务业做强，主抓金融资本、电子商务、现代商贸等产业，服务业比重突破40%，四明金融小镇有望成为省级特色小镇，我区成为全市唯一的省网络零售前十强县（市、区）。着眼农业增效，加快发展现代农业，结构调整取得新成效。出口消费联动发力。加快市场结构、业态模式、营销方式的联调，外贸出口难中有进、总量位居全市前列。积极挖掘新的消费热点，商圈消费、展会消费、月光消费等拉动作用持续释放。

（三）统城乡、治生态，持续打好治理的组合拳

紧盯重点难点不放松，统筹抓建设、铁腕治生态。城乡建设展示新貌。深化城市“十大功能区块”建设，一批产业项目、功能配套设施扎实推进，基本完成老旧小区整治，城区形态、功能、品质同步提升；分类打造特色小镇，多种模式推进新村建设，镇村拆旧139.6万平方米、建新397.6万平方米，咸祥镇街景改造、东吴镇小城镇建设等取得成效，李家坑、小白、山下、李岙等成为全市美丽乡村建设典型。生态治理成效明显。铁腕实施“五水共治”，完成260条垃圾河、黑河、臭河整治任务，新建污水管网108.8千米，58个村完成生活污水治理，整治关闭畜禽养殖场和蔺草加工等重污染企业399家；破难推进“三改一拆”，完成“三改”295.9万平方米、拆违252.9万平方米，提前两个月完成市定任务；攻坚整治“两路两侧”，完成省定、市定的整治任务。综合管理取得实效。创新城市综合管理，推进33个重点管理事项的落地落实，完成人力三轮车整治、“黄标车”淘汰等工

作，生活垃圾分类取得进展；严格环境监管执法，查处了一批环境违法案件，有效地遏制了环境违法行为。

（四）重治理、惠民生，不断增进群众的获得感

从社会建设的突出问题入手，系统推进、依法治理。宣传文化工作更加有效。优化意识形态的引领机制，推进“周日文化”“义乡鄞州”“文化天天”全覆盖，巩固主阵地，弘扬正能量；提升宣传文化的工作标准，出台基层宣传文化工作“四张清单”、全面构建现代公共文化服务体系的实施意见，成为全省农村文化礼堂建设先进县、全省文化产业重点县（市、区），它山堰成为全市唯一世界灌溉工程遗产。公共服务体系健全完善。多渠道扩大公共产品供给，统筹推进教育、文化、卫计、养老等领域改革和资源布局，引进优质民营特色学校、专科医院和养老机构，教育发展质量、综合服务水平稳步提升；大力推进民生实事工程，重大堤防工程、骨干道路、安置房等建设进展顺利，公共服务和社会保障体系健全完善。社会总体稳定和谐。深化平安法治建设，扎实推进依法行政和公正司法，基本完成“两网融合”试点、村规民约和社区公约制修订工作；强化信访矛盾化解、流动人口引导调控、网上重大舆情处置等工作，加大社会治安防控力度，严厉打击违法犯罪活动，依法打击非访闹访行为，大力开展合用场所安全生产专项整治，狠抓敏感时段和重大项目维稳，垃圾焚烧发电、机场三期等项目征迁基本清零，信访秩序持续好转，社会总体稳定和谐。

（五）抓党建、严规矩，切实提振干部的严实劲

以“三严三实”专题教育、省委巡视组来鄞巡视为契机，严而又严全面从严治党、实而又实加强党的建设。严实作风牢固树立。高标准开展“三严三实”专题教育，区委常委会带头、领导干部示范，深入学习贯彻习近平总书记系列重要讲话精神，重点学习党章党规党纪和《中国共产党廉洁自律准则》《中国共产党纪律处分条例》，制定并整改不严不实的“问题清单”，进一步增强规矩意识、纪律意识，提振干劲、优化作风。基层党建有力夯实。深入开展“基层党建规范提升年”活动，一手抓固本强基，着眼“整镇推进、整区提升”，加大农村党建示范点培育、“强雁六策”落实力度，出台村党组织书记“廉效激励金”制度，实施村级后备人才“1100”工程，农村基层党建、“两新”组织开放式党建在全省乃至全国打响了品牌；一手抓队伍建设，强化干部选优配强、专项考核和“一把手”监督管理、后备干部“一线墩苗赛优”等工作，严格落实领导干部出入境管理、重要事项请示报告等制度。正风肃纪保持高压。牢固确立作风建设永远在路上的意识，实打实整改问题，大力开展省委巡视组反馈意见“八大整改行动”，着力整改防范了利益输送、土地出让、工程建设、侵害群众利益等方面的突出问题，建立健全了一批标本兼治的制度机制；硬碰硬挺起规矩，严格落实“两个责任”和“一岗双责”，建立责任清单、廉政函告、巡查工作等制度，推进区纪委派驻机构全覆盖，加大明察暗访、专项检查、纪律审查、重大案件查办等力度，查处违纪违法案件123件，进一步形成了风清气正、劲足实干的良好氛围。

今年，也是实施“十二五”规划的收官之年。区委常委会坚持年度任务与五年规划两手抓，紧盯“十二五”发展任务，一项一项对标、对表、对账，强项抓提升、弱项抓达标，在过去四年工作的基础上再推进、再攻坚，较好地完成了“十二五”发展任务，区域发展取得了大进展，各项工作跨上了新台阶。过去五年，主抓发展不动摇，区域竞争力持续跃升。五年来，地区生产总值是过去的1.7倍，一般公共预算收入是过去的1.7倍，始终保持全省第一，城乡居民收入年均增长10%以上，收入比达1.6:1，主要指标的总量和增幅继续领跑全市、领先全省。过去五年，主抓转型不停步，核心竞争力持续攀升。五年来，产业结构由低转高，高新技术产业成为主导，服务业发展取得突破，连续3年获得省工业强县（市、区）综合评价Ⅰ档首位，成为省级电子商务示范区；创新能力由弱变强，发明专利年均授权量近千件，培育了一大批创新企业、驰名商标和品牌产品，创建为全国科技进步先进区、国家知识产权强县工程示范区。过去五年，主抓统筹不懈怠，综合竞争力持续提升。五年来，城与乡统筹抓，南部新城品质提升，美丽镇村形成特色，城市化率提高至69%；硬与软协同抓，四大民生百亿工程联动实施，公共服务保障体系健全完善，成为全国首批义务教育发展基本均衡区、全国公共文化服务体系示范区，获得省生态区、省文明区等荣誉，实现省平安区创建“十连冠”，基层党建在全省乃至全国打响品牌。过去五年的工作，既为鄞州未来发展打下了坚实基础，也为开创“十三五”发展新局奠定了更高起点。

二、立足当前谋长远，奋力推进“十三五”发展

“十三五”时期，区域发展的宏观环境、微观环境正发生深刻而复杂的变化。这一时期，发展进入新常态，加快创新发展成为当务之急。从宏观上看，鄞州发展的外部环境深刻变化，世界经济深度调整，我国发展进入新常态，“五大发展理念”成为引领未来发展的指南，特别是创新发展已经摆上国家发展全局的核心位置；从微观上看，鄞州发展的结构性素质性矛盾更加凸显，创新能力不强、服务经济贡献不大、资源要素利用率不高等问题亟待破解。我们只有牢固确立创新发展的理念，大力推进发展思路创新、转型路径创新、载体抓手创新、科技人才创新、制度机制创新，才能适应新常态、开创新局面。这一时期，开放形成新格局，深化改革开放成为必然选择。改革开放不断向纵深拓展。从外部看，国家“一带一路”、长江经济带等重大战略深入实施，各领域的全面深化改革扎实推进，特别是着力加强供给侧结构性改革、实施相互配合的五大政策支柱，为未来发展注入了新的动力；省、市改革全面提速，宁波港口经济圈加快建设，区域格局面临优化调整，为鄞州发展带来了新的机遇；从内部看，鄞州的土地利用空间、资源承载空间、城乡发展空间越来越有限，迫切需要拓展提升。我们只有主动对接国家和省、市重大战略，推进重点领域的大改革、大开放，才能抓牢新机遇、推动新发展。这一时期，群众出现新期盼，社会治理创新成为重中之重。

随着物质财富的增长，广大群众对平安法治、公平正义有了更多的诉求，对生态环境、公共服务、社会保障有了更高的期待。我们只有树立法治理念，不断创新社会治理机制，才能更好地协调人与物、城与乡、公平与效率的关系。这一时期，竞争呈现新态势，保持领跑领先成为现实挑战。区域竞争进入新一轮洗牌期，鄞州正处于传统优势在弱化、新的优势在培育的优势衔接期，处于老的增长动力在减弱、新的发展动力尚未形成的动力转换期，处于传统产业的竞争力和贡献率在下降、新兴产业的集聚度和产出率还不高的产业调整期。我们只有坚定不移抓创新、咬紧牙关快转型，才能在新一轮区域竞争中抢得先机、领跑领先。

面对这些新常态新挑战，“十三五”时期，必须坚持以“四个全面”战略布局为统领，以创新、协调、绿色、开放、共享五大发展理念为引领，按照“领跑领先、创新创优”要求，紧扣融入宁波都市区、接轨长三角这一方向，抓牢转型升级、提质增效这一主线，把握创新驱动、改革推动这一关键，突出共建共享、惠民富民这一根本，大力实施“名城强区”战略，全力打造“浙江两富两美先行区、宁波港口经济圈核心区”，努力实现区域综合实力全国领先、全面小康水平全国领先。未来五年，着眼把规划蓝图变成美好实景，着力打造产业强区、创新强区、服务强区和魅力名城、文化名城、幸福名城。在工作中，重点研究和把握好四大问题。

一要研究和把握好创新发展与创先争优“两创并进”的问题

一直以来，鄞州都是全省乃至全国的排头兵。当前，尽管面临新的形势、新的变数，但无论形势如何变，鄞州“敢为、求实、争先”的精气神不能丢。“十三五”期间，要始终把创新发展摆在事关鄞州全局的最核心位置，作为推动鄞州创先争优、领跑领先的最关键一招。要始终保持一马当先当标兵的进取精神。坚持“跳出鄞州看鄞州”，在更大范围、以更高标准审视鄞州的发展，把“领跑领先”全面体现在质量和效益、创新和协调上，把“领跑领先”集中体现在主要指标的总量省、市领跑和增幅保持中高速上，把“领跑领先”更多体现在重点工作的创先争优、争先有位上，把“领跑领先”充分体现在特色工作的亮度提升、打响品牌上，不断推动鄞州创在前、跑在前、示范在前。要不断激发一往无前创新业的锐气斗志。坚持以创新发展为引领、以改革开放为动力，思想真解放、快解放、大解放，大力推动经济、城乡、社会等领域的改革创新和创新发展，既要大刀阔斧地改革，盯牢那些长期制约发展的老难题，一项一项攻坚突破；更要先行先试地创新，对准那些先期遇到的新问题，一个一个先行破题，在实打实创、实打实干中，再造新的鄞州、再铸新的辉煌。

二要研究和把握好新型城镇化与新型工业化“两化共融”的问题

新型城镇化和新型工业化，是区域发展的两大引擎，缺一不可。新型城镇化，能集聚高端创新资源、催生新产业新业态、推动产业结构优化升级、促进经济发展方式转变；新型工业化，能优化城市布局、培育城市经济、增强城市活力、促进城市集约发展。“十三五”期间，要顺应新形势，深入推进两化大融合、对外大开放，不断培育新的优势。要提升城市发展的首位度。围绕“融入主城区、成为核心区”，大力加强城市工作，科学统筹城市的空间、规模、产业结构，系统提升城市的规划、建设、管理水平，促进城市发展从外延扩张向内涵提升转变；深化城市重大功能区块建设，加速与市中心城区在发展定位、空间布局、功能形态、主导产业、基础设施上的有机衔接，增强城市的集聚辐射力和综合竞争力，提升鄞州中心城区在宁波主城区的核心地位。要增强主导产业的竞争力。着眼构建先进制造业“5+5+5”和现代服务业“4+4”产业体系，以提高质量效益为核心，主攻现代服务业做大做强，狠抓先进制造业提质增效，联动推进开放发展创新、企业主体创新、产业培育创新、平台载体创新、项目建设创新，提升产业能级和核心竞争力。要优化引导扶持的新机制。坚持精心引导、精准扶持，创新新常态下引导企业创新、产业升级的新举措，更加注重运用普惠政策+基金引导、企业主体+市场运作、行政服务创新+投资环境优化等方式，最大限度激发大众创业、万众创新的活力。

三要研究和把握好美好生活与美丽生态“两美同创”的问题

美好生活、美丽生态，是全面小康的题中之义；拉长短板、两美同创，关键靠协调。“十三五”期间，要主动针对城乡面貌落差依然较大、生态环境基础依然薄弱、城乡居民生活差距依然存在的现状，深入贯彻协调发展、绿色发展、共享发展的理念，让广大群众望得到青山、看得见绿水、记得住乡愁、享受得到美好生活。要展示美丽镇村的协调之美。坚持城与乡、镇与村的统筹协调，集中更多的精力和资源狠抓美丽镇村建设，多种途径打造特色小镇、多种模式建设美丽乡村、多种措施深化建后管理，加速形成一镇一特色、百村展百姿的格局。要提升城乡环境的生态之美。牢记绿水青山就是金山银山，以“五水共治”“三改一拆”“四边三化”等为抓手，水体、空气、土壤等一起治，源头控污、产业治污、减排降污、监管防污等一起抓，重点区域净化、沿河沿路绿化、村庄庭院美化等一起推，形成山清水秀的生态空间。要扩大全面小康的共享之美。着眼全面小康一个都不掉队，大力推进优质资源向偏远区域全覆盖、公共服务向弱势群体全覆盖、民生工程向薄弱领域全覆盖，让每一位鄞州百姓都共享实实在在的全面小康。

四要研究和把握好全面依法治区与全面从严治党“两治齐抓”的问题

区域发展，全面依法治区是法律保障，全面从严治党是组织保障，两个保障必须一起抓、一起强。“十三五”期间，要始终把“全面”的要求贯穿到治区和治党的全过程。要以法治理念深化依法治区。大力弘扬法治精神，深化依法执政、依法行政和公正司法，统筹推进清权减权、规范用权、监督权力行使等工作，努力做到想问题、作决策、履职能、办事情都依法依规。要以治理创新优化社会治理。坚持源头入手、标本兼治，深化意识形态斗争、宣传文化引导、乡风民风培育、社会公平正义保障等软件建设，完善矛盾源头化解、社会治安管理、重点群体管控、违法犯罪打击、公共安全监管等硬性机制，让社会更安全更安宁。要以全面从严要求强化党的建设。始终以问题为导向、以责任落实为关键，大力加强思想政治、干部队伍、基层组织、党风廉政等建设，健全一批好操作、能执行、有实效、严问责的刚性制度，建设一支讲政治、守规矩、敢担当、会创新的干部队伍，为鄞州发展提供坚强有力的保障。

三、紧盯明年开新局，大力实施“六创联动”工程

明年，是“十三五”发展的开局之年，也是巩固鄞州领跑领先地位的关键之年。面对新任务、新挑战，既要增强信心、乘势而上，更要下定决心、破难而进。一方面要看到机遇，鼓足发展信心。当前，尽管宏观形势依然复杂，但机遇大于挑战。宏观经济结构性减速，有利于转变发展方式、提高质量效益；国家着力加强供给侧结构性改革，有利于加快转型升级、激发“两创”活力；国家和省、市重大战略的联动推进，有利于深化开放发展和高水平走出去；国家宏观调控和利好政策的出台，有利于降低企业经营成本、促进实体经济发展。另一方面要看清形势，增强忧患意识。当前，区域发展面临许多不确定因素。在经济运行层面，受国内外宏观形势和经济走势的影响，区内企业之间、行业之间不断分化，区域经济下行的压力持续加大。在创新发展层面，产业投资不多与产业升级不快的矛盾、创新投入不足与质量效益不高的矛盾、落后产能淘汰加速与新兴产业发展偏慢的矛盾依然存在。在城乡建设层面，城乡面貌反差较大、美丽新村参差不齐、城镇管理相对粗放等问题突出，治水拆违、环境整治、重大项目建设还需攻坚推进。在社会治理层面，企业经营、金融市场、安全生产等领域存在风险隐患，社会矛盾还处于高发多发阶段。对此，全区上下必须清醒认识到：这些机遇，抓住才是机遇、抓不住就是挑战；这些问题，解决了才能推动发展、解决不好就会阻碍发展。

明年，鄞州如何抓牢机遇、破难而进，核心靠“创”、根本在“干”。在工作中，要始终围绕“着眼五年、狠抓当年、开创新局”，深入贯彻落实中央和省委、市委的决策部署，以创新发展为引领、以领跑领先为目标，大力实施“六创联动”工程，在创新中转型发展、在创新中破难创优、在创新中开创新局；要盯牢“十三五”规划蓝图和年度任务，盯牢地区生产总值增长7.5%、一般公共预算收入增长7.5%、固定资产投资增长10%、规模以上工业增加值增长5%、社会消费品零售总额增长10%、外贸进出口增长6%、城乡居民收入分别增长8%、9%的预期目标，一项项创新创优、一个个攻坚破难、一件件抓出成效。

（一）大力实施“主体创强”工程，培育一批竞争力强的创新集群

创新主体，是一个地区的核心竞争力。主动顺应大众创业、万众创新的潮流，用好机遇、用足政策、用心服务、用力帮扶，进一步做大做强创新主体。要实施企业主体“十百千万”计划。牢固树立企业强则鄞州强的意识，发挥财政扶持资金和产业引导基金的杠杆作用，依托现有的国家级高新技术企业和行业龙头企业，未来五年培育一批以“十百千万”为主体、有核心竞争力的优质企业集群。“十”，就是筛选和培育50家工业4.0领军企业和现代服务业标杆企业、50家上市企业和跨国公司；“百”，就是扶持和形成200家产值超5亿元、税收超2千万元的先进制造业和现代服务业骨干企业；“千”，就是培育和扶持1000家科技型、服务型、创新型的专精特新企业；“万”，就是通过“个转企”“小升规”，培育形成10000家高成长性小微企业。要加快重大平台“提能提质”。抓牢平台建设不动摇，工业平台要提高亩均产出率，深化“三园区两基地”、都市工业园区建设，重点在闲置土地盘活、低效厂房改造、新项目引进和新产业集聚上下功夫；科创众创平台要提高成果转化率，加快中物院宁波军转民科技园、清华长三角研究院宁波科技园、摩米创新工场、科技信息孵化园等科创平台和众创空间建设，促进创新成果转化、提高产业化水平；楼宇平台要提高注册率和贡献率，加大楼宇招商、入驻企业注册的力度，培育一批专业特色楼宇、亿元税收楼宇。要推进高端人才“增量增效”。把人才工作与产业升级紧密结合起来，以企业为主体推进人才引进的市场化、人才工作的社会化，千方百计集聚一批带技术、带项目、带资金的高端人才和团队，引进一批“国千省千”、高层次海外专家等领军型人才和“三师人才”、高技能专业人才，深化优秀人才与科技创新、项目攻关与破解企业难题的对接，以高端人才的总量倍增、结构优化来促进产业升级、发展增效。

（二）大力实施“产业创新”工程，壮大一批带动力大的主导产业

转型升级，核心在产业、关键靠项目。坚持在转中稳、在转中创，以新项目的快速集聚、新产业的做大做强，进一步稳牢增长、带动转型、提高质量。要以高新优为目标，扩大优质项目的总量。始终把有效投资作为稳增长、促转型最有力的抓手。以招大引强来集聚优质项目，紧紧抓牢招商引资这个生命线工程、一把手工程，继续发扬“五皮招商”精神，更加注重“以企引企、以商引商”，充分发挥基金公司、投资机构等的招商作用，想方设法引进一批产业链长的先进制造业、现代服务业项目和带动力强的产业平台型、城市功能型项目。以项目竞赛来扩大项目投资，大力推进120个重大项目建设，加大领导联系、集中开工、代办服务、进度督查力度，前期的抓开工、开工的抓建设、在建的抓竣工，确保投资快速落地、效率明显提高。要以工业4.0为方向，提升高新产业的比重。围绕打造全省先进制造业强区，以工业4.0为方向、以互联网+为依托，进一步做强主导产业、做大高新产业。一方面深入实施“六换六化”工程，抓牢骨干企业和优势行业，大力实施一批千万以上工业技改项目，深化机器换人、技术换代、业态换新、腾笼换鸟、空间换地、电商换市“六换工程”，加快装备智能化、研发专业化、生产自动化、管理现代化、营销网络化、产业高新化“六化同步”。另一方面构建“5+5+5”产业，继续淘汰铸造、印染等落后产能，改造提升纺织服装、家用电器等五大传统优势产业，重点发展新能源、新材料、生物医药、高端装备等五大战略性新兴产业，主攻中国中车、杉杉新能源汽车等单体投资50亿级的龙头项目，狠抓东泓智能电网、中集冷藏装备、全芯科技等单体投资20亿级的重大项目，加快形成轨道交通产业、新材料研发制造等“五大百亿基地”。要以新兴产业为重点，增强服务经济的能级。着眼打造省、市现代服务业新区，用足用好同城优势、平台优势、基础优势，培育新的经济增长极。

一方面优先发展总部经济、信息经济、文化创意、生产性中介服务业“四大新业态”，大力推进与产业升级融合度高的区域总部类、研发设计类、金融服务类等服务业集聚区建设，提速推进南部商务区、特色电商园、四明金融小镇建设和产业集聚，全力打造区域性总部基地、信息经济示范基地、优质资本集聚基地、文化创意基地“四大新基地”，拓展未来发展的新蓝海。另一方面提升商贸经济、旅游经济、民宿经济的品位档次，加快华侨城、环球城等旅游集群体，银泰城、舟宿夜江等商贸综合体和特色街区建设，进一步挖掘新亮点、打造新特色。同时，推进开放型经济更高层次发展，狠抓出口产品调高、内外市场调优，引导实力企业以跨国兼并、海外投资等形式走出去，做大做强“鄞州人经济”，把先进技术、优质项目引进来，壮大“鄞州经济”。推进现代农业高效发展，深化“两区”建设，提升精品农业、观光农业、休闲农业发展水平，促进农业增效、农民增收。

（三）大力实施“城乡创美”工程，解决一批影响面广的突出问题

围绕建设美丽鄞州，突出问题导向，攻坚解决城乡建设、生态治理中的短板。要联动推进城镇新村建设。坚持规划引领、城乡联动，城区建设重点抓融入、美丽镇村着力强特色。高标准打造品质城镇，深化城市“十大功能区块”的组团化开发、功能化完善、品质化提升，推进邱隘、潘火、下应、中河等市区连接区和城乡接合部的系统改造，加快与东部新城在功能形态、城市管理、基础设施等方面的对接融合。多模式建设美丽镇村，按照因地制宜的原则，在加快小城镇建设的同时，以整理改建为主、全拆全建和异地迁建为辅推进旧村改造新村建设，实打实推进一批项目、改造一批村庄，启动20个幸福家园实施村，加快培育美丽乡村风景线、示范乡镇和精品村。要积极创新综合管理机制。始终把管理创新放在重要位置，坚持标准化、精细化、长效化，抓紧解决“城市病”，让城镇生活更方便、更舒心、更美好。创新城市管理综合执法机制，抓紧确定管理范围、权力清单、责任主体，深化“五面五化”、智慧城管建设和日常动态管理，提升环卫保洁、垃圾分类、流动摊贩、沿街店铺、广告标识、违章停放等突出问题的管理成效。创新城市社区管理、物业管理机制，分类推进中高档社区、老旧社区、拆迁安置社区的管理创新，重心下移“定人、定格、定岗、定责”开展专业化服务，有效引导志愿者等社会力量参与管理，做到在服务中管理、寓管理于服务。要着力打造优美生态环境。启动国家生态文明建设示范区创建，在提高标准、自我倒逼中改善生态。打好“五水共治”的攻坚战，联动推进污水管网建设、截污纳管、河道整治、水质养护等工作，巩固扩大垃圾河、黑河、臭河整治成效，提速实施农村生活污水治理工程，力争农村生活污水治理村覆盖率达90%、农户受益率达70%。打好“三改一拆”“四边三化”“两路两侧”的持久战，深化农村环境综合整治，强化点上改拆、面上整治和“无违建”创建，开展缓拆违法建筑、涉及消防安全违法建筑等专项整治，积极争创“无违建县（市、区）”，力争40%的村社成为“无违建村社”。打好监管执法的联动战，健全乡镇与部门、部门与部门之间的协同机制，加大面上动态巡查、重点领域监管、综合执法和违法打击力度，确保问题不反复不反弹。

（四）大力实施“改革创活”工程，推进一批关联度高的改革项目

坚持向改革要活力，在主动承接、全面落实上级改革事项的基础上，从鄞州最现实的问题改起，进一步改出新空间、创出新优势。要加快特色小镇改革。始终把特色小镇建设，作为促进块状经济提升、带动城镇化工业化融合、打破城乡二元结构的主要抓手。按照“产业主导、产城融合、特色发展”的思路，坚持宜工则工、宜农则农、宜商则商、宜游则游，未来五年积极谋划打造特色小镇。一方面以金融为特色，全力打造四明金融小镇，力争未来五年汇聚金融投资机构千家、管理资产规模千亿；另一方面以特色资源为依托，扎实推进鄞江山水风情古镇、五乡现代电车小镇、高桥梁祝爱情文化小镇、集士港桃源湾休闲小镇、东吴禅宗文化小镇、塘溪名人文化小镇等建设，培育打造一批有综合竞争力、有品牌影响力的特色小镇群。要深化社会投资改革。着眼多渠道优化公共服务，坚持政府“保基本、兜底线、促公平”与市场“作补充、供优质、增多元”相统一，采取政策扶持、混合所有制等方式，鼓励引导社会资本投资社会事业和公共产品，重点引进品牌学校、专科特色医院、知名社会养老等机构，加快宁波西部医院、赫德实验学校二期、博美颐养园二期等项目进度，进一步促进项目投资的社会化、群众选择的多样化、公共服务的优质化。要推进城乡统筹改革。从制约城乡统筹的突出问题入手，深化村经济合作社股份合作制改革，重点做好65个已股改村社的后续完善和改革工作；积极推进户籍制度、居住证制度等改革试点工作，深化城乡建设用地增减挂钩、农村宅基地制度、农村土地流转等改革，加快把“沉睡资源”转换成“可用资金”。要强化行政体制改革。围绕提高行政服务效能，深化审批制度改革，推进审批市区同权、审批一体化标准化，完善综合窗口统一受理、重大项目代办、联合审批等制度，探索工程项目总承包制、区域性要素交易综合平台建设。围绕提高行政执法水平，加快综合行政执法改革，统筹推进标准细化、联合执法、信息共享等工作。

（五）大力实施“治理创先”工程，落实一批针对性强的有效举措

牢固确立法治思维，把依法治理、关口前移的理念贯穿于社会建设的全过程，在先行先创中促进社会稳定和谐。要深化“法治鄞州”建设。坚持依法治区，大力支持人大及其常委会依法履行职能，扎实推进政协工作制度化规范化程序化建设，切实加强统战、群团、武装等工作；深化司法体制改革，推进以审判为中心的诉讼制度改革，加强审务公开、检务公开和警务公开，不断规范司法行为、完善监督机制、促进公正司法；启动“七五”普法工作，加强普法教育，狠抓党员干部特别是领导干部这个关键少数，强化民主法治村社和基层阵地创建，进一步营造良好的法治环境。要加强宣传文化工作。着眼引导人教化人，在社会主义核心价值观落细落小落实上下功夫，加强和改进党委对意识形态工作的领导，全面细化落实党委意识形态

工作责任制，巩固扩大"周日文化""义乡鄞州""文化天天"的覆盖成效，不断提高网络舆情有效引导和综合管理能力，进一步完善大宣传格局；在繁荣基层文化上下功夫，全面实行基层宣传文化服务项目、机构队伍、阵地建设、政策保障"四张清单"，推进群众文化、精品文艺建设，加大城乡精神文明创建、家风家训培育力度，进一步凝聚正能量、形成好风尚。要狠抓重点领域治理。强化矛盾纠纷依法化解，主动做好重要时段保稳、重点项目维稳、重大风险预警创稳等工作，完善社会稳定风险评估、阳光征地拆迁、小微权力规范运行等制度，加大初信初访一次办结、信访积案领导包案、政社联动多方调解、违法信访依法打击力度，确保小事不出区、大事不发生。强化社会治安立体防控，推进人防、技防、专防、群防"四防联动"，严厉打击涉众型经济犯罪，提升处突反恐维稳能力，维护良好社会秩序、增进群众的安全感。强化公共安全监管责任，扎实开展隐患企业、高危行业、合用场所的专项整治和监管执法。强化流动人口综合治理，试点推进流动人口积分管理，狠抓以业择人、以拆疏人、以房控人、以网管人，进一步减存量、控增量、提质量。要优化服务保障体系。牢固确立共享发展的理念，扎实推进百亿民生工程，提速实施垃圾焚烧发电、鄞城大道、214省道改建、堤防水利等重点工程，力争东江、剡江等堤防全线封闭；统筹实施民生实事，深化教育、卫计等事业的改革发展，加快城乡学校、文体场所、医疗机构、养老机构、安置房等建设，健全服务保障、社会救助等体系，让群众的获得感更强。

（六）大力实施"党建创优"工程，抓牢一批基础性实的重点工作

党建强，才能发展强；党建领先，才能发展率先。主动顺应党建工作的新形势，始终把党的建设作为最基础、最优先的先行工程来抓，标本兼顾、点面齐抓，以理念、模式、举措的创新创优来提高党建工作水平。讲政治、提素质，重大理论要学在前。把学习作为政治责任和终身追求，充分发挥区、镇两级党校党性教育和干部培训的主渠道主阵地功能，依托中心组理论学习、专题学习研讨、干部集中轮训等载体，深入学习党的十八大和三中、四中、五中全会精神，特别是要系统学习习近平总书记系列重要讲话精神，原原本本学、结合实际学，始终在思想上、政治上、行动上与党中央保持高度一致。补短板、促提升，基层党建要抓在前。坚持"整镇推进、整区提升"，抓实抓细基层党建工作。要盯牢乡镇抓责任，强化乡镇党委抓基层党建的主体责任，在执行好党建工作定期研究、全会述职、约谈问责等制度的基础上，优化基层党建考核体系，强化考核结果刚性运用。要结合换届抓班子，分类分阶段推进村社、"两新"等领域的党组织换届选举工作，优化组织设置和运行机制，解决运转不顺畅、作用不明显的问题。要突出重点抓队伍，实施"雁群计划"，多种渠道选好、建强村社党组织书记队伍，整顿转化软弱落后党组织；实施"先锋活力提升计划"，严格党员队伍教育管理；实施"红色旗手计划"，培育一支专业化的党建骨干群体。要提高标准抓特色，探索"党建+"工作方法，推进党建网与服务网"两网合一"，扩大基层党建标准化示范群、"两新"组织开放式党建示范群的引领效应。重激励、严管理，班子队伍要建在前。以区、镇两级领导班子换届为主线，优化干部队伍建设。坚持选好人，完善方案、优化结构、综合考察，选优配强乡镇领导班子和领导干部；坚持用对人，从严贯彻《干部任用条例》，突出重政治、重实绩、重公认的导向，加大基层一线、重点岗位干部选拔和年轻后备干部培养力度，完善不同层面干部作用发挥的激励机制，营造"鼓励担当、宽容失误"和"为担当者担当"的氛围；坚持管牢人，强化党性修养提升、纪律规矩教育和日常监督管理，不断提高常态化管理水平。严责任、正风气，纪律规矩要挺在前。牢固确立规矩意识、纪律意识，坚持党纪严于国法、党员严于群众，切实把党章党规党纪全面贯彻落实到谋事、创业、做人的全过程，真正把纪律规矩挺在前面。严而又严遵守纪律，更加严格遵守"六大纪律"，更加坚决贯彻上级的决策部署，更加自觉慎小慎微慎独，更加清醒地认识到一失俱无的现实性，始终守牢底线、不碰红线。实而又实挑好责任，逐级逐项全面落实"两个责任"和"一岗双责"，加大述职、约谈、问责和"一案双查"力度，加快区纪委派驻机构进驻步伐，一级一级把责任落实到位。密而又密扎紧笼子，深化省委巡视组反馈意见"八大整改行动"，建立健全防范利益输送、土地出让、工程招投标等方面有力有效的制度，切实把权力关进制度的笼子。紧而又紧正好风气，坚持抓早抓小、防微杜渐，把握运用监督执纪"四种形态"，把防止干部犯错误的制度往前建、把日常监督管理的关口往前移、把平时教育提醒的工作往前做；充分发挥巡查工作利剑作用，突出问题导向，不断加强常规巡查、专项巡查工作，不断加大明察暗访、作风建设和执纪办案的力度，以"零容忍"态度坚决查处违纪违法案件，进一步营造风清、气正、勤廉的政治生态。当标兵、创一流，干事创业要冲在前。目前，受多种因素影响，有的干部心思有些分散、精力不够集中，有等待观望、为官不为的现象，有避重就轻、不敢担当的情况。当前，是鄞州发展的关键时期，越是关键时期，越要保持定力、凝心聚力；越要坚持有作为才有地位，主动担当、争先进位。今后，无论情况如何复杂，都要牢固确立"发展就是硬道理"的意识，大力弘扬"敢为、求实、争先"的鄞州精神，上下一条心、提振精气神，一门心思抓发展、心无旁骛干事业，用行动、用实干、用业绩来巩固鄞州领跑领先的地位；无论形势如何变化，都要牢固确立"干部就是干事业"的意识，始终把心思和精力都集中到抓发展上，始终把能力和水平都体现到破难题上，盯牢年度任务、主要指标和重点工作，一级一级压实责任、一项一项狠抓落实，进一步形成比学赶超、奋勇争先的浓厚氛围。

同志们，做好明年工作，意义十分重大，责任重如泰山。让我们更加紧密地团结起来、更加迅速地行动起来，心往一处想、劲往一处使、拧成一股绳，甩开膀子加快干、攻坚克难拼命干，干出领跑领先的新业绩，干出"十三五"发展的新局面！

（区委办公室）

政府工作报告

——在宁波市鄞州区第十七届人民代表大会第五次会议上的报告

区长 陈国军

（2016年1月19日）

各位代表：

现在，我代表区人民政府向大会报告工作，请连同《宁波市鄞州区国民经济和社会发展第十三个五年规划纲要（草案）》一并审议，并请各位政协委员和其他列席人员提出意见。

2015年和“十二五”工作回顾

2015年是鄞州在新常态下克难奋进、转型突破的一年。一年来，我们在区委领导下，在区人大、区政协监督支持下，始终保持发展信心不变、创新力度不减、改革步伐不停，全力实施集中攻坚“六大行动”，经济社会保持平稳发展态势，全年实现地区生产总值1350.1亿元，增长8.1%；财政总收入312.7亿元，增长6.9%，一般公共预算收入189.6亿元，增长5.7%；城乡居民人均可支配收入50215元和29110元，增长8.4%和9.1%，基本完成了区十七届人大四次会议确定的主要目标任务。

一、积极主动作为，区域经济持续健康发展

促进经济平稳运行。面对贯穿全年的经济下行压力，实施了“双底线”管理、鼓励“大众创业、万众创新”等一系列针对性措施，推动经济运行保持在合理区间。全力帮扶企业，召开经济发展大会，设立产业引导基金，完善稳工业、促出口等扶持政策，实现规模以上工业总产值2364.7亿元，4家企业入选中国企业500强，完成“个转企”337家。强化项目支撑，130个重点建设项目完成投资200.4亿元，实现固定资产投资693.1亿元，增长16.8%，民间投资占比达到67.2%，技改投资增长32.7%，实到外资5.4亿美元、内资125.4亿元、“浙商回归”资金123.1亿元。挖掘消费潜力，实现社会消费品零售总额498.1亿元，增长12.1%，培育特色夜市街区3个，商品房销售面积达到270万平方米，增长45.5%。深化融资对接，金融机构本外币存贷款余额达到1925.9亿元和1727.6亿元，增长9%和9.2%，新增上市企业3家、“新三板”挂牌企业5家，企业直接融资规模达到137亿元。

强化转型战略定力。农业经营加快向规模化、精品化方向发展，各级现代农业园区、粮食高产示范方、粮食生产功能区分别为1733.33公顷、1666.67公顷和13000公顷，土地流转总面积20666.67公顷，新增“三品一标”认证11个。推动传统制造向产业链中高端迈进，“5新+5优”产业产值、高新技术行业产值比重分别达60.1%、46%，战略性新兴产业、高新技术行业产值增幅高于规模以上工业7.2和3.7个百分点，规模以上工业综合能耗下降3.3%。服务业比重提高到43.4%，总部经济、金融服务、文化旅游等产业增势良好。南部商务区入驻率和属地注册率分别达90.1%和90.1%，集聚企业2555家。实现金融业增加值102.3亿元，增长21.8%，占生产总值比重提高到7.6%，集聚金融机构91家，新增基金类企业217家。文化产业增加值占生产总值比重达到5.7%，获评全省文化产业重点县（市、区），宁波国家广告产业试点园区新入驻广告企业121家。实现旅游总收入198.2亿元，增长15.2%。

打造特色产业平台。鄞州工业园区博格华纳排放系统、时代全芯等项目加快推进，东睦新材料二期项目建成运营；望春工业园区“腾笼换鸟”步伐加快，杉杉新能源项目开工建设；鄞州经济开发区二期北区填海工程基本完成，中集冷藏装备等大项目相继落户；鄞州投创中心基本实现功能整合、产城融合；宁波中车产业基地成为市战略性新兴产业专业园。中物科技园激光与光电产业发展加快，集聚企业71家；摩米创新工场集聚光通讯、光电装备制造、健康护理等细分领域产业链企业48家；清华长三角科技园落户项目13个，清华大学启迪孵化器落户鄞州。科技信息孵化园功能日趋完善，入驻企业214家，4家机构入选市首批“众创平台”，鄞州青年（大学生）创业园被评为国家首批小微企业创业创新示范基地。

二、狠抓改革创新，增长动力呈现转换趋势

重点领域改革步伐加快。突出简政放权、放管结合，实施商事登记制度“五证合一”改革，取消和规范区级审批前置条件78项，下放审批权限48项，部门审批事项在行政服务中心进驻率达到96.1%，进驻审批事项窗口办结率达到93.9%。深化资源要素改革，修编完成环境功能区划等方案，推进土地利用总体规划调整工作，健全用地计划管控机制、土地出让机制，划定永久基本农田27466.67公顷，盘活低效用地、存量建设用地203.53公顷，89个地块征迁清零。调整优化市场监管、卫生计生、文广旅游、中车基地、天童林场、不动产登记等工作体制，区政府工作部门精简到22个。启动机关事业单位养老保险制度改革。累计完成422个村经济合作社股份合作制改革。

创新驱动发展成效初显。全社会研发投入不断加大，研究与试验发展经费占生产总值比重达到3%。新认定高新技术企业23家、市级创新型企业5家，新增国家级企业技术中心1家及省、市级企业研究院和工程技术中心34家，70%以上规模以上工业企业建立了研发机构，技术合同成交额突破4亿元。新增授权专利1.2万件，其

中发明专利占比超过10%，新增行政认定中国驰名商标4个、省“三名”培育试点企业2家、市长质量奖2家，雅戈尔通过首批“浙江制造”认证。创新人才队伍不断壮大，引进各类人才1.3万人，新建院士和博士后工作站13个，新增省级以上“千人计划”专家7人，设立浙江国千能源研究院。

对内对外开放相互促进。外贸保持稳定增长，实现自营出口123.2亿美元，增长2%，实现进口23.8亿美元，离岸外包执行额达2.2亿美元。电商市场发展迅猛，栎社保税物流中心实现跨境电商“集货+备货”双通道运行，建成区级以上电商园9个，电商集聚区面积突破20万平方米，网络零售额达到157.6亿元，电子商务进工厂、进农村、进社区成为常态。经贸合作加快推进，新办境外投资企业38家，对外经济合作额达3.1亿美元，在外建立17666.67公顷农产品生产基地。

三、注重互动融合，城乡品质实现全面提升

全域统筹进度加快。编制完成四明山区域城乡统筹规划，报批完成石碶、火车东站—潘火、长丰、中河等地段和12个乡镇控规，完成全区村庄布局规划、建设规划，开展鄞江镇“多规融合”试点，城乡一体发展规划体系基本形成。科学布局城乡空间，调整优化钟公庙、首南街道行政区划，望春工业园区、桃源湾休闲度假区纳入集士港卫星城范围。错位开发城区镇区，拓展提升“三江六岸”，环球银泰城、环球乐园、奥特莱斯三期等项目投入运营，院士公园完成改造提升，姜山镇区建设、咸祥街景改造等取得新成效。深化美丽镇村幸福家园建设，开工建设小城镇“五个一”项目40个，建成9个，新增市级历史文化名村8个，李家坑、勤勇等一批特色村庄完成整体改建，市美丽乡村和农村精神文明建设现场会在龙观召开。建立健全城市管理问题兜底和应急处置机制，全面推进33个重大城市管理事项落地，切实加大建筑垃圾、物业管理、公共停车场、奉化江两岸等重点领域管理力度，逐步消除城市管理盲区，区智慧城管一期项目正式运行，“五面五化”行动成效明显，整治三轮车3025辆。推动城市管理向镇乡延伸，城乡设施管养、环卫保洁水平不断提升。

配套功能日趋完善。宁南南路、长寿东路、广德湖路等城区道路延伸段顺利通车，基本建成古林至高桥公路、甬梁线一期改建等5条主干道和一批城乡次干道。新购公交车160辆，新辟公交专用道3条、公交线路11条，优化调整63条，超级电容储能式现代无轨电车示范线正式运营，建成公交停保场5座、停车位10664个，新建、扩建自行车租赁网点65个，新增桩位1620个。整治加固奉化江、姚江、东江等堤防26千米，建成12千米，改造碶闸26个。完成山塘整治、小型水库除险加固33座，解决1.5万名山区群众饮水难题。完成中心城区管网清淤、检测、修复、提标改造599千米，改造道路积水点47个。新建、扩建110千伏及以上变电所3座，完成高压线“上改下”21.8千米，安装换装农村剩余电流动作保护器28.4万户。改造菜市场5个，创建省级放心农贸市场4个，新增行政村金融便民服务点50家。配合完成了机场扩建、轨道交通等省、市重点工程相关任务。

生态环境有效改善。深入推进“五水共治”，完成治水项目投资51.6亿元，疏浚农村河道292千米，建设生态河道10千米，整治城区内河22条，内河水质养护60条，完成“清三河”及河道渔业设施清理任务。鄞西污水处理厂投入试运行，滨海污水处理厂进行联动调试，建成污水主干管网29.3千米、收集管网127.9千米，完成58个村生活污水治理设施建设任务，受益农户2.5万户，累计发放排水许可证425个。“城乡清爽行动”“四边三化”和矿山整治等专项行动成效明显，完成“两路两侧”省定133处、市定191处问题整治任务。完成“三改”409.7万平方米、“一拆”252.9万平方米。整治关闭畜禽养殖场303家，回收处置农资包装废弃物229.7吨。生活垃圾焚烧发电、循环资源处置中心项目顺利开工，垃圾分类试点覆盖21个社区、4.7万户居民。基本完成精密铸造、金属表面酸洗等行业整治提升，关闭和整改提升蔺草加工企业93家，淘汰燃料锅炉75台，全面完成“黄标车”淘汰任务。实施节能节水改造项目103项，完成企业能源审计监察、清洁生产审核50和21家，建成分布式光伏发电项目19.8兆瓦。

四、坚持民生优先，人民群众得到更多实惠

基本生活权益更有保障。完善就业创业服务平台，新增创业实体1.3万家，培训劳动力3.2万人次，城镇失业人员实现再就业7021人，城镇登记失业率控制在2%以内。开展全民参保登记工作，完善被征地人员养老保障政策。募集慈善捐款0.9亿元，发放救助资金2.2亿元，区社会福利救助中心建成使用。建成镇村老年乐园3家、村（社区）居家养老服务站49家、省市级阳光家园9家，老年人养老床位拥有率达到5.2%。开工建设棚户区改造项目6个，新建安置房6392套，启动危旧房改造10.6万平方米，交付保障房2211套。政策性农业保险品种达到22个，参保农户达到3.6万户。

民办社会事业加快发展。健全完善社会事业多元投入机制，鼓励引导民间资本进入教育医疗、社会福利、文化体育等社会事业领域。与中国教育科学院、北京师范大学、宁波诺丁汉大学等机构开展了合作办学，赫德实验学校等优质民办教育项目落户鄞州。鄞州眼科医院和一批民营体检中心试营业，宁波西部医院、浙东骨伤科医院启动筹建，非公立医疗机构实际开放床位数占比达到23.8%。华信颐养园等特色民办养老机构建成开业。通过政企合作，建成鄞江攀岩主题公园，成功承办了一批国内外体育赛事。社会力量创作的文艺影视作品规模质量不断提升，非国有博物馆群提档升级，公益慈善综合体善园开工建设。

公共服务水平持续优化。深入打造“义乡鄞州”，举办王安石县政治理思想研讨会等活动，新增全国文明镇村2家、省级道德模范1人。出台基本公共文化服务标准，发布全省首款“文化地图”，扩大“周日文化”“天天文化”覆盖面，开展“天天系列”公益性培训、讲座、展演、电影放映6000余场次，新建镇级文体中心1个、农村文化礼堂35个，图书借阅实现全大市通借通还，成功创建国家级数字档案馆。它山堰成为世界灌溉工程遗产。我区体育健儿囊括市十七届运动会金牌、奖牌、总分三项第一。出台促进教育现代化建设

36条意见，启动“学前教育新一轮提升和薄弱学校清零”行动，开展城区义务段学校招生改革、义务段课程改革，推进教师校长交流工作，新增省特色示范高中2所，新建改建幼儿园8所，惠风书院等5所中小学建成投用，义务段学校标准化率达92%。加强基层名医与特色专科建设，推行契约式家庭医生制服务，区域卫生信息互联互通工作全国领先。新建、改建卫生院2家，整合设立区妇幼保健计划生育服务中心，启用区红十字应急救护培训中心。创建省级以上卫生镇乡（街道）3个。

社会治理创新稳步推进。以基层基础建设为抓手，深入推进依法治区、平安建设，实施百日维稳攻坚会战，刑事立案数、信访总量、安全生产事故三项指标持续下降，基本完成平安建设信息系统与网格化管理“两网融合”工作。牢牢把握舆论宣传工作主动权，深入开展“同心同行、共建和谐”“五进宗教场所”等活动，完善“鄞州发布”等新媒体平台。健全矛盾纠纷分级分责化解机制、动态情况分析预警和协调机制，全面实施“阳光信访”。依托区域警务协作机制，有效预防和打击了黄赌毒、逃废债、涉黑涉恶、涉众型经济犯罪等群众反响强烈的违法犯罪活动。强化公共安全隐患排查整改，实行重大隐患企业停产停电和一票否决制度，规范限额以下建筑工程安全监管，整治各类合用场所366家、群租房467户、违法违规出租车棚车库1053间。出台餐桌安全三年行动计划，率先在全国实施鄞州特色的食品安全责任险，创建“阳光厨房”304个，中小学、幼儿园食堂食品安全量化分级A、B级达标率达到92%。强化突发事件和灾害天气应急管理，农村应急广播实现行政村全覆盖。深化流动人口综合引导调控改革，推进流动人口控量提质。完成“六五”普法任务，公共法律服务窗口实现镇乡全覆盖。

过去一年，工青妇、关心下一代、外事、侨务、对台、海关、检验检疫、国防动员、双拥优抚、老区建设、山海协作、对口支援、民族宗教、统计调查、烟草管理等工作都取得了新的成绩。

各位代表，从2011到2015年的“十二五”时期，是鄞州破难攻坚、逆势而进、巩固领先优势的五年。五年来，我们紧紧围绕“打造质量新鄞州、建设国内一流强区”目标，认真贯彻中央和省委、市委的决策部署，深入实施质量提升“五大战略”，在继承中创新、发展中突破，较好完成了“十二五”规划主要预期目标任务，为鄞州迈向新的征程打下了坚实基础。

区域综合实力进一步提升。这五年，我们着力稳增长、调结构、抓创新，围绕打造省、市“先进制造业强区、现代服务业新区、现代农业示范区”目标，以“5+5+5”现代产业体系为主导，做大做强主业经济、实体经济、新型城市经济“三大经济”，实现了经济大区向质量强区的跨越。与2010年相比，生产总值从814.6亿元增加到1350.1亿元，人均生产总值从10.1万元增加到15.6万元，财政总收入从185.8亿元增加到312.7亿元，一般公共预算收入连续8年位居全省首位。五年累计完成固定资产投资2550亿元，实际利用外资23.4亿美元，是前五年的1.8倍和1.2倍；社会消费品零售总额和自营进出口总额是五年前的2.2倍和1.4倍；服务业比重五年提高10.6个百分点，万元GDP能耗累计下降23.5%。连续3年获得省工业强县（市、区）综合评价I档第一名，创新型试点县（市、区）测评全省第二，成为全国粮食生产先进县、全国科技进步先进区、国家知识产权强县工程示范区、省首批质量强县示范区、省级电子商务示范区。

城乡统筹步伐进一步加快。这五年，我们着力优布局、强功能、治环境，围绕打造高水平城乡融合发展示范区目标，按照“一核三极多节点”的空间布局，联动推进新城区、卫星城、中心镇、新农村建设，深度开发“十大功能区块”，全面开展美丽镇村幸福家园建设，全力补齐镇村形象短板、基础设施短板、生态环境短板，实现了都市新区向魅力城区的跨越。如今的鄞州已是一座生活舒适、配套完善、环境优美的宜居宜业之城。城市化水平达到70%，五年完成镇村拆旧838.3万平方米、建新1831.4万平方米，改造老旧住宅小区160.1万平方米，创建市级全面小康村、中心村、特色村51个、精品线3条、幸福美丽新家园建设先进镇6个，基本实现城乡公共交通、平原大网供水全覆盖，供电规模、通信保障全省领先，污水处理能力、防洪排涝能力明显提升，森林覆盖率提高到50%，被评为中国美丽乡村建设示范区、省级生态区。

民生保障体系进一步健全。这五年，我们着力保基本、兜底线、促和谐，牢固树立“大民生、可持续”理念，深入实施现代交通、现代水利、生态环境、公共服务保障等四大民生百亿工程，集中力量办好一批民生实事，不断提升群众收入水平、公共服务水平、社会治理水平，系统构建公平正义的体制机制，实现了生活小康向幸福民生的跨越。城乡居民人均可支配收入年均增长11%和12%，户籍人口养老和医疗保险参保率分别提高到95.4%、95.5%，高等教育毛入学率提高到66%，每千人床位数达到5.1张，获得

1月18日，区文化、科技、卫生“三下乡”集中服务活动在下应街道文化中心广场举行

全国义务教育发展基本均衡区、国家公共文化服务体系示范区、国家慢性病综合防控示范区、全国社会组织建设创新示范区和中国书法之乡、省平安银鼎、省文明区、省农村文化礼堂建设先进县等称号。

政府自身建设进一步加强。这五年，我们着力改作风、转职能、提效能，按照“为民、务实、清廉”要求，严格落实中央作风建设八项规定，深入开展党的群众路线教育实践活动和“三严三实”“三思三创”等主题教育活动，认真整改各级巡视组、督查组、审计组发现的问题，建立了向人大报告和向政协通报工作的常态化机制，实施了“四张清单一张网”、大部门制、简化行政审批、强化基层基础等重大改革，法治政府、廉洁政府和服务型政府建设取得了新进展，五年共办理人大代表建议1356件、政协提案1445件，主动公开政府信息45676件，非行政许可审批事项全面取消。

五年的奋进历程令人难忘，五年的发展成果来之不易，五年的探索实践弥足珍贵。五年来，面对前所未有的风险挑战，我们坚定信心、顽强拼搏，在“敢为、求实、争先”中实现了鄞州新跨越。面对深度转型的倒逼压力，我们遵循规律、以质取胜，在“扶优、育新、汰劣”中再造了竞争新优势。面对深刻变化的发展格局，我们先行先试、重点突破，在“改革、创新、开放”中激发了区域新活力。面对复杂严峻的内外环境，我们政民合心、政企合力，在“共谋、共建、共享”中创造了美好新生活。

各位代表，这些成绩的取得，是上级党委、政府和区委正确领导的结果，是全区广大干部群众齐心协力、锐意进取、扎实工作的结果。在此，我代表区人民政府，向在鄞州工作生活的全体人民，向社会各界、驻鄞解放军和武警官兵，向所有关心支持鄞州发展的海内外朋友，表示崇高敬意和衷心感谢！

我们也清醒看到，我区经济社会发展还存在一些突出问题，面临不少挑战。主要是经济下行压力持续加大，财政总收入、城乡居民收入等指标未能实现年度预期目标；传统产业提升不快，供给质量相对不高，土地后备资源不足，市场主体、新兴产业、重大项目、高端人才的总量与结构还不能完全适应创新发展需要；镇村面貌、基础配套、环境质量、公共服务、社会治理与协调发展要求、人民群众期盼还有一定差距；政府服务效率和工作作风有待持续改进，一些改革举措落地见效还不够快，市民中心等民生实事项目因方案调整等原因进度滞后，少数干部依法行政能力和担当意识还不强，“四风”问题尚有反复，腐败现象还时有发生。对此，我们一定高度重视，采取有效措施认真加以克服和改进。

“十三五”奋斗目标以及2016年政府工作

“十三五”时期，世情、国情、区情将继续发生深刻变化，但鄞州龙头领跑、示范带动的历史使命并没有完结，而且内涵更新、要求更高。我们必须进一步增强机遇意识、担当意识、改革意识，决不等待观望、决不懈怠无为、决不畏难退缩，以强烈的事业心和高度的责任感，加快推动鄞州在新起点上增创新优势、再创新辉煌，率先夺取全面建成小康社会决胜阶段的伟大胜利。

“十三五”时期政府工作指导思想是：以“四个全面”战略布局为统领，以“创新、协调、绿色、开放、共享”五大发展理念为引领，按照“领跑领先、创新创优”要求，紧扣融入宁波都市区、接轨长三角这一方向，抓牢转型升级、提质增效这一主线，把握创新驱动、改革推动这一关键，突出共建共享、惠民富民这一根本，强化依法行政、高效服务这一理念，大力实施“名城强区”战略，全力打造“浙江两富两美先行区、宁波港口经济圈核心区”，努力实现区域综合实力全国领先、全面小康水平全国领先。

主要奋斗目标是：围绕打造“浙江两富两美先行区、宁波港口经济圈核心区”目标，加快推动更高质量、更有效率、更加公平、更可持续的发展，地区生产总值年均增长7.5%，一般公共预算收入年均增长7.5%，固定资产投资年均增长10%，研究与试验发展经费占生产总值比重达到3.3%，城乡居民收入年均增长7.5%以上，节能减排完成市下达指标任务。

主要任务有以下九个方面：一是加快转型升级，着力建设智造强区、提升服务业发展能级、深化发展现代农业、拓展产业发展空间，构建高端特色产业体系；二是强化创新驱动，着力突出企业创新主体地位、完善创新支撑体系、建设区域人才高地，培育经济发展新动能；三是优化空间布局，着力优化城市化发展形态、统筹建设魅力名城、打造美丽乡村升级版、完善一体化基础设施网络，促进城乡协调发展；四是扩大内外开放，着力加强区域合作、增创开放型经济新优势、塑造鄞州国际化形象，助推发展方式转型；五是推进绿色发展，着力推动低碳循环发展、加强重点领域环境治理、健全和落实生态文明制度，加快建设美丽鄞州；六是全面改善民生，着力促进就业和居民增收、健全公共服务体系、提升社会保障水平，切实增进群众福祉；七是提升文化实力，着力共建现代文明之城、繁荣城乡公共文化、凸显城市人文魅力、发展文化产业，合力创建文化名城；八是全面深化改革，着力推进政府职能转变和依法行政、健全公平高效市场制度、深化城乡一体化改革，构筑体制机制优势；九是完善治理体系，着力创新社会治理模式、健全公共安全体系、推进民主法治建设，保持社会和谐稳定。

为实现上述目标任务，今后五年，我们要大力实施“名城强区”战略，着力建设产业强区、创新强区、服务强区、魅力名城、文化名城、幸福名城。在工作推进中重点要把握好以下原则：

——坚持领跑领先。按照省、市对鄞州的定位要求，更新发展理念，树立更高追求，不为过去辉煌所陶醉，不为任何困难所羁绊，敢与强的比、敢跟快的赛，确保实现中高速增长、迈向中高端水平，确保重点工作争先有为、特色工作亮点纷呈。

——坚持创新创优。牢牢把握战略机遇，全面深化改革开放，以创新理念赢得发展先机，以抢先布局获取竞争主动，加快形成引领经济发展新常态的体制机制和发展方式。

——坚持全面发展。更加注重城区、城镇、农村联动，更加注重生产、生活、生态协调，使鄞州经济更发达、城乡更美丽、文化更繁荣、社会更和谐、生活更幸福，切实增强区域发展的整体性、均衡性、互补性。

——坚持真抓实干。大力弘扬鄞州精神，坚决整治庸政懒政怠政，抓重点、抢节点、破难点，以谋新篇的担当把“十三五”的宏伟蓝图一步一步变为美好现实。

2016年是我区全面实施“十三五”规划的开局之年，做好今年工作至关重要。要认真贯彻落实党的十八届五中全会和中央经济工作会议精神，根据中央“去产能、去库存、去杠杆、降成本、补短板”任务要求，按照区委十三届十次全会决策部署，深入实施“六创联动”工程，努力保持经济社会发展良好势头。

今年全区经济社会发展主要预期目标建议为：地区生产总值增长7.5%左右；一般公共预算收入增长7.5%；固定资产投资增长10%以上；城镇居民人均可支配收入增长7.5%左右，农村居民人均可支配收入增长7.5%以上；节能减排完成市下达指标任务。

重点要做好以下六方面工作：

一、积极谋划稳速提质新举措

扩大有效投资。落实鼓励投资的政策措施，精准发力重大项目，促进投资结构优化和稳定增长，120个重点项目年内要完成投资200亿元。创新重点领域投融资机制，充分发挥政府投资引导作用，积极拓宽社会投资准入领域，探索建立PPP项目库、操作流程和政策细则，有效释放民资、外资、央企投资潜力。实施政府债务限额管理，做好存量债务置换工作，积极争取政策性银行贷款，不断优化政府性债务结构。简化技改审批手续，完善工业投入考核体系，切实抓好重大工业项目、技改项目，鼓励企业加大科技研发、人才引进、品牌培育、商业模式创新等软性投入。切实把招商引资作为“生命线工程”“一把手工程”，完善招商工作协调推进机制，发挥投资机构、产业平台作用，实施精准招商、以商引商，着力引进一批优质产业项目。

促进消费升级。顺应个性化、多样化消费新潮流，积极培育信息、健康、文化、体育、“老幼”两端等消费领域的新业态，加快形成时尚新颖的消费特色，不断增强对区内外消费者的吸引力。推动城市商圈错位经营、提档升级，积极打造高品质夜市街区、特色街区，加快发展社区商业、农村商业，切实强化消费维权保障，努力营造安全舒适的消费环境。积极参与宁波跨境电子商务综合试验区建设，引进培育一批电商平台、移动电商、垂直电商和农村电商，健全网络技术、物流配送、人才培训等电商公共服务体系。完善农村电商服务网点、跨境电商产品展示体验中心，推动传统商贸企业、骨干工业企业和农副产品拓展网络销售渠道，促进线上线下消费融合。扩大休闲度假旅游消费，强化品牌营销和设施提升，积极开发特色民宿、都市休闲、工业观光、文化体验等旅游产品，推动天童、四明山等景区串珠成链。

提高产出强度。注重运用市场机制和法治手段优化资源配置、提高亩均效益。实施城乡建设用地总量控制和减量化战略，建立健全新增建设用地指标分配与存量用地盘活挂钩制度，探索差别化供地政策、阶段性管理方式和低效用地再开发机制，消化盘活闲置用地，大力清理“僵尸企业”，鼓励对存量建设用地追加投资、转型改造、复合利用。提升产业集聚区业态能级和产出水平，加大鄞州工业园区、望春工业园区、投资创业中心“二次招商”力度，积极培育特色产业集群、打造工业总部基地；完善鄞州经济开发区二期产业布局、基础配套和招商开发模式；加快新型都市工业产业集聚区、东南智慧城招商项目落地达产进度。抓好宁波中车产业基地项目集聚、市场拓展、机制创新、产业链配套等工作，努力打造现代电车小镇。引导乡镇块状经济升级换代，谋划打造一批特色小镇。

二、切实增强创新发展新动能

做大做强鄞州制造。按照“中国制造2025”部署，弘扬工匠精神，实施“六换六化”工程，推动鄞州制造生产方式向柔性、智能、精细转变。加快机器换人、技术换代、业态换新、腾笼换鸟、空间换地、电商换市步伐，推动重点企业突破核心技术、培育一流品牌、制定先进标准，提升传统优势产业竞争力、影响力。充分发挥互联网的催化作用，加快装备智能化、研发专业化、生产自动化、管理现代化、营销网络化、产业高新化步伐，推广3D打印、高档数控机床、工业机器人等智能技术在制造全流程的集成应用，实施一批智能工厂、智能车间、智能流水线示范项目，鼓励发展个性定制、众包众创、虚拟制造等新型制造模式。

加快推进高端发展。培育壮大市场主体，实施企业主体“十百千万”计划，支持上市企业、龙头企业开展兼并重组、股权融资和品牌收购，帮扶企业抢抓股票发行注册制改革机遇，落实小微企业三年成长计划，推动中小微企业进入大企业产业链、配套链。建立健全企业减负机制，有效降低企业成本。大力发展新兴产业，顺应服务经济发展趋势，推进一产、二产、三产深度融合，加速发展总部经济、信息经济、文化创意和生产性中介服务业，加快南部商务区三期A、B地块和门户区建设步伐，切实提高特色平台、商务楼宇入驻率、注册率，全力打造区域性总部基地、信息经济示范基地、优质资本集聚基地和文化创意基地。积极拓展内外市场，提升出口产品技术含量、品牌附加值，大力发展服务贸易，拓展跨境电商出口业务，鼓励进口先进技术装备，合理增加重要资源、优质消费品进口。深化区域合作，主动融入和服务国家“一带一路”、长江经济带、宁波“港口经济圈”建设等重大战略，推动企业走出去开辟新市场。

优化创业创新生态。建立“五化联动”的企业自主创新服务机制，推动创新链、产业链、人才链和资本链有效对接。健全创新主体企业化机制，完善技术创新体系、产学研协同创新体系和科技支撑体系。建立科技创新发展平台化机制，强化孵化器、众创空间、科创综合体的支撑作用，积极提供创业指导、网络社交和资源共享服务，促进创新创意与市场需求有效对接。健全技术成果商品化机制、创新服务社会化机制，提升政产学研战略联盟平台服务功能，大力培育技术转移、知识产权、检验检测等科技服务机构，积极承接高校院所科技成果。着力提高人才政策体系、服务体系的精准性，发挥科创平台引才聚才作用，推广创新激励人本化机制，积极吸引高层次产业人才、高科技研发人才、高技能实用人才和高素质管理人才创业创新。依托四明金融小镇建设，促进创业投资、天使投资、量化投资、私募基金和融资担保等机构集聚发展。推进军地联动创新，促进军民深度融合发展。

三、精心打造美丽城乡新形态

做靓中心城区。实施中心城区品质提升专项行动，统筹提升城市规划、建设、管理水平。科学优化城区空间布局和功能定位，启动多规融合编制、轨道站点周边地段规划研究工作，在城市设计、景观设计中融入更多文化内涵、时尚元素、地域特点。高品位推进奉化江、甬新河、九曲河、中塘河两岸和长丰、鄞州公园周边等区块开发，加快建设亚洲之窗、曼哈顿大厦等地标建筑。有序实施老小区、旧厂房、城中村、门户节点、夜景照明、道路桥梁、地下管线、街景立面更新改造，深化拆后空间、地下空间开发利用。完善4G网络、公共停车、慢行系统、接驳轨道交通等配套功能，建成滨江大道杭甬高速至四明西路段等工程，启动四明东路东延、环城南路西延等项目。完善城市管理协同联动机制，建立健全综合行政执法体系，厘清职责边界，优化机构设置，推进跨部门、跨领域综合执法，引导社会力量共同参与城市管理。加强视觉管理、细节管理、网格管理和长效管理，深化工程车、出租房、建筑垃圾、流动摊贩、户外广告、"五面五化"等治理行动，着力提升物业管理水平，开展差别化停车管理试点。

塑造活力城镇。强化分类引导、组团发展，推进城镇功能提升、镇区更新、产业支撑，构筑各具特色、人文和谐的城镇群。加快邱隘、潘火、下应、云龙等区域与东部新城、宁波国家高新区和东钱湖旅游度假区的对接融合，加大高桥、五乡、石碶、古林、姜山等轨道交通和城际铁路沿线区域开发力度，推动山区、半山区打造生态特色乡镇。加强象山港区域保护利用工作，培育提升大嵩片区特色功能，积极融入宁波东部滨海组团。统筹推进鄞西、四明山区域发展，拓展集士港卫星城核心区范围，加快鄞江古镇开发保护步伐，加强和宁波机场与物流园区、周边地区的交流协作。有序推进交通、供电、通信等城乡基础设施互联互通，提速实施鄞城大道、214省道改建等重点工程。

深化农村改革。加大强农惠农力度，深入推进农村各项改革，着力破解"三农"难题。积极推进农业现代化，提高粮食综合生产能力，深化农业"两区"建设，发展多种形式适度规模经营，培育提升新型经营主体，拓展政策性农业保险范围，推广生产标准化、农作生态化、服务社会化，推进生产、供销、信用"三位一体"合作体系建设，引导农村土地经营权稳定、长期、连片流转。开展农村品质提升专项行动，采取村庄改建、环境整治、保护开发等多种模式，注重挖掘自然山水、建筑传统等乡土元素，因地制宜推进旧村改造新村建设，探索连片联户改建翻建和梳理式单户改建，加大传统村落民居和历史文化名村保护力度，加快建设一批风情各异的美丽乡村合格村、示范村、精品村，着力形成一批具有江南水乡韵味、浙东民俗风情的示范乡镇和风景线。整合涉村财政补助资金，完善经济合作社股份合作制改革后续政策，创新推进综合扶贫、精准脱贫，积极扶持欠发达村和相对贫困人群，多渠道促进富民强村。

繁荣城乡文化。积极践行社会主义核心价值观，落实基层宣传文化"四张清单"，常态推进文明创建，广泛宣传道德模范、家风家训，努力打响"义乡鄞州"品牌。正确运用新媒体，广泛传播正能量，培育发展积极向上的网络文化。挖掘禅宗、三字经、博物馆、党史区志、名人故居、梁祝传说等文化资源，加强文化遗产、鄞州记忆保护开发利用，推出更多具有乡情乡愁、时代气息的优秀文艺作品，增强区域文化影响力、竞争力、感召力。完成《鄞州区志》修编。完善现代公共文化服务体系，鼓励社会力量参与文化建设，优化文化惠民工程配送体系，推进全民阅读活动，提升文化场馆、广播电视服务功能，启动乡镇文体中心、农村文化礼堂法人化管理试点。广泛开展全民健身活动，推广攀岩、马拉松等时尚户外运动，打造鄞西南、鄞东南运动休闲圈，积极承办国际、国内高水平体育赛事。

四、加快走出生态发展新路径

大力治水治气。联动实施污水治理、防洪排涝、供水保障、节水改造等工作，实现"五水共治"从重点突破向综合治理转变。完善"清三河"长效监管机制，抓好清淤疏浚、养护保洁和生态河道建设。加快建设区域污水处理系统，大力推进截污纳管、排水许可，滨海污水处理厂落实专业化运营。推进姚江、奉化江、东江、剡江等堤防建设，基本实现三江全线封闭目标。开工建设风棚碶等沿江强排泵闸工程，建成鄞东南沿山干河工程、大嵩江堤防主体工程。实施大气复合污染综合整治，加强建筑扬尘、工业废气、挥发性有机物等污染物排放的防控，禁止秸秆露天焚烧。

整治环境卫生。深入实施"城乡清爽行动"，建立健全农村环境卫生长效保洁机制，巩固"两路两侧""四边三化"整治成果，关闭畜禽养殖场98家。持续推进"三改一拆"，严格依法处置缓拆违法建筑，积极整治桥下空间、涉及消防安全违法建筑。深入开展"无违建"创建，新创建50个"无违建村（社区）"。推进垃圾分类收运处置，完善再生资源回收体系，加快建设循环资源处置中心、镇乡垃圾中转站和泥浆固化等项目。加强城乡绿化建设，基本建成甬新河中心西河工程（鄞州公园二期）、院士公园二期工程，改造高速公路出入口景观绿化5处，实施城乡绿化150万平方米。

推进低碳发展。严格落实生态保护、基本农田保护和城镇扩展边界"三条红线"，执行最严格的水资源管理制度，加强饮用水源地、生态公益林环境保护，探索用能权、用水权、排污权、碳排放权等交易制度，推动形成绿色发展方式和生活方式。积极淘汰落后产能，巩固化工、造纸、印染、铸造等行业整治成效，基本完成电镀园区改造提升。认真执行环境准入制度，积极发展节能环保产业，大力推广循环经济、绿色工艺、清洁能源，推进秸秆资源化综合利用。全面清理环保违法违规建设项目，严厉打击环境违法行为。落实环境保护属地管理责任，完善环保网格化监管体系，提升环保监管监测能力。

五、努力实现共享发展新突破

优化提升保障水平。健全促进就业、鼓励创业政策体系，加强对灵活就业、新就业形态和技能培训的支持，实施大学生创业扶持计划，帮助被征地人员、零就业家庭人员等重点群体就业。扎实推进社保扩面工作，全面推行建筑施工企业从业人员单独参加工伤保险等政策，实施医保城乡统筹。整合社会救助资源，完善分类分级救助政策，推动残疾人、慈善和红十字事业协调发展。加大棚户区和危旧房改造力度，扩大货币补偿、阳光征迁覆盖面，改善居民居住条件。积极应对人口老龄化，健全多层次养老服务体系，探索医养结合模式，关爱帮扶“失独家庭”。

大力促进教育公平。深化教育领域综合改革，争创省教育现代化区。优化学校布局，加快城区学校建设步伐，改善薄弱学校办学条件，推进教育资源同城共建共享。有序推进合作办学，启动筹建蓝青小学。扩大等级幼儿园覆盖率，促进义务教育优质均衡发展，鼓励创建特色示范高中，推进特殊教育健康发展。强化职业教育市场驱动理念，推广现代学徒制模式。加快现代学校制度建设，健全名师培养使用机制，提升智慧教育水平。

提供更好医疗服务。深入推进医药、医疗、医保联动，积极推动医联体建设，加快构建基层首诊、双向转诊、急慢分诊、预约诊疗、上下联动的分级诊疗体系。建成鄞州二院二期工程，加快社会资本办医步伐，推进门诊电子病历、居民健康档案、家庭医生签约、名医名科建设、优质医疗资源下沉等工作，努力满足群众就医需求。完善健康教育网络，抓好疫情防控、心理疏导和妇幼保健服务，加强红十字公益性应急救护培训。依法落实“全面两孩”政策，努力促进出生人口性别比趋向平衡。

切实维护社会安定。强化依法治理、系统治理，推进社会治理精细化。深入开展法治宣传教育，启动“七五”普法工作。加强基层群众组织建设，做好社区居委会换届选举工作，引导社会组织健康发展，支持群团组织依法参与社会治理，着力构建全民共建共享的社会治理格局。深化平安创建，健全社会风险隐患清单式管理机制，加大矛盾纠纷多元化解、初信初访一次办结力度，规范整顿信访秩序、网络秩序。加强社会治安立体防控体系建设，全力推进“基础信息化、警务实战化、执法规范化、队伍正规化”四项建设，依法防范和惩治各类违法犯罪活动，对互联网涉众型经济犯罪保持高压态势。深化户籍制度和流动人口居住证制度改革，推行流动人口积分制管理。细化安全生产责任体系，强化高危行业、合用场所安全管理，健全完善农产品、食品药品质量安全追溯体系，提高气象、地质等灾害防御能力。推进民族团结共融，依法加强宗教场所管理。

认真办好民生实事。1.加强污水治理，开工建设鄞西污水处理厂一期提标扩容改造工程，完成65个村生活污水治理设施新建、改建任务，建设污水主干管网24.6千米、收集管网60千米。2.治理大气污染，淘汰高污染燃料锅炉80台。3.推进垃圾分类，3个街道实现垃圾分类全覆盖，基本建成生活垃圾焚烧发电项目。4.建设海绵城区，完成城区60千米雨污水管道修复、5千米管网提标改造、50个积水点改造、4个雨水泵站和下穿提升改造工程。5.改造电力设施，建成110千伏及以上变电所6座，全面完成农村剩余电流动作保护器安装换装工作。6.改善公共交通，新购公交车200辆，其中超级电容车100辆，新辟公交线路4条、优化调整15条，新增公共停车位600个、充电桩25个，新建、扩建公共自行车租赁点35个，新增桩位1000个。7.促进就业创业，扶持1000家大学生创业实体，新增300名大学生创业，培养高技能人才1500人，新增5家区级技能大师工作室。8.加强住房保障，实施城镇居民住房保险监测项目，新建安置房6000套，改造危旧房7万平方米。9.改善办学条件，新建、扩建学校（幼儿园）5所，完成3所学校塑胶跑道建设，更换课桌椅5万套。10.强化便民服务，新增免费Wi-Fi热点100个，新建、改建镇乡菜市场6个、文化礼堂33个，送书下乡3万册次。

六、全面树立法治政府新形象

提升施政决策科学化水平。注重提高理论武装、教育培训、调查研究、形势分析、实践锻炼的针对性和实效性，重视发挥党校、政研室、咨询委、老促会、社科联等新老智库作用。扎实推进政府协商，广泛听取民主党派、工商联、无党派人士和工青妇、关工委等群团组织的意见建议，做好外事、侨务、对台等工作。建立健全决策合法性审查、问责纠错等机制，完善集体学法、政府法律顾问等制度，不断提高规范性文件、行政合同制定质量。

提升政府履职规范化水平。严格按照法定权限和程序履行政府职能。动态调整权力清单、责任清单、企业投资负面清单和财政专项资金管理清单，规范政府购买公共服务行为，探索事中事后监管办法。深化商事制度改革，健全企业信用体系。制定完善集体土地房屋拆迁政策。认真办好建议提案，主动接受区人大及其常委会工作监督、法律监督和区政协民主监督，重视司法、舆论、社会监督。深化政务公开，完善新闻发言人、行政机关负责人出庭应诉等制度，探索建立行政执法全过程记录、行政处罚结果公开、行

9月底，鄞州区启动“互联网+三改一拆”模式，定位拆违数据

政复议听证制度，切实强化对行政权力的制约和监督。

提升行政管理信息化水平。推进智慧政府建设，推动互联网、云计算、大数据在社会治理、舆情应对、应急救灾、城市管理、社会民生等领域的广泛应用。整合完善区应急平台、统一视频资源中心、智慧城管平台、政府网站群、公共事务受理中心、政务微信微博等智慧政务平台，统筹硬件资源，促进数据交换共享。推广应用统一的行政权力运行系统和行政处罚系统，推进政务服务网向镇乡（街道）、村（社区）延伸。

提升勤政廉政常态化水平。把守纪律讲规矩摆在更加重要的位置，严格落实党风廉政建设责任制和《中国共产党廉洁自律准则》《中国共产党纪律处分条例》等规定，集中开展落实省委巡视组反馈意见"八大整改行动"，持续推进"四风"整治，构建和完善防止领导干部利益冲突的体制机制。坚决查办违法违纪案件，重点查处利用职权谋取非法利益、侵害群众切身利益等行为。健全目标考核、绩效对账和政务督查制度，坚决整治"为官不为"现象，切实提高政府执行力和公信力。从严控制财政支出，规范管理编外用工，深化公务用车制度改革，切实加强财政资金、国有资产、土地出让、工程招标、征地拆迁、农村小微权力等重点领域的审计监督和行政监察，努力建设清廉政府。

各位代表，新目标鼓舞人心，新蓝图催人奋进，新使命艰巨光荣。让我们在中共鄞州区委领导下，紧紧团结和依靠全区人民，在坚定信心中凝聚力量，在攻坚克难中爬坡过坎，在干事创业中争创一流，在坚韧不拔中成就梦想，努力创造出无愧于时代重任、无愧于人民期盼的崭新业绩！

（区政府办公室）

注：

三严三实：指严以修身、严以用权、严以律己；谋事要实、创业要实、做人要实。

三证合一：指将企业依次申请的工商营业执照、组织机构代码证和税务登记证三证合为一证。

一照一码：指公司、个人独资企业、合伙企业、各类分支机构和个体工商户在办理设立登记时，不再发放商事主体的组织机构代码证、税务登记证、社保登记证、刻章许可证，只发放记载统一社会信用代码的营业执照。

城市"十大功能区块"：指宁波南部商务区、下应生态商住区、长丰滨江生态休闲区、潘火家居商贸区、中河都市商贸区、首南商贸休闲区、慧丰万达商业区、奉化江生态文化区、鄞州都市工业集聚区、石碶综合商贸区。

五水共治：指治污水、防洪水、排涝水、保供水、抓节水。

三改一拆：指开展旧住宅区、旧厂区、城中村改造和拆除违法建筑。

两路两侧：指公路、铁路两侧。

周日文化：指以"固定时间（周日）、固定地点、面向基层、面向群众"为特色的活动，抢占基层主流意识形态阵地。

义乡鄞州：指依托宋时以来鄞地的"义乡"渊源，以"义文化"为精神坐标，大力开展的城市道德品牌建设。

文化天天系列：指天天演、天天乐、天天读、天天看、天天听、天天学、天天练等。

五进宗教场所：指"政策法规、党报党刊、公共服务、依法管理、和谐创建"进宗教场所。

四张清单一张网：指政府权力清单、企业投资负面清单、政府责任清单、部门专项资金管理清单和浙江政务服务网。

强雁六策：指通过拉长责任链、完善选拔链、健全培养链、强化保障链、创新管理链、织密制度链，打造一支带头发展、带领致富、带动和谐的农村"领头雁"队伍。

制造业"5+5+5"：指培育壮大高端装备、新材料、新能源、电子信息、生物医药"五大战略性新兴产业"，改造提升纺织服装、家用电器、汽车配件、金属制品、文教文具"五大传统优势产业"，全力打造轨道交通核心产业、新装备研发制造、新材料研发制造、服装时尚产业研发销售、现代智能家电研发销售"五大百亿基地"。

现代服务业"4+4"：指优先发展总部经济、电子商务、移动互联网、生产性中介服务业"四大新业态"，积极打造区域性总部、电子商务示范、优质资本集聚、设计创意"四大新基地"。

四边三化：指在公路边、铁路边、河边、山边等区域开展洁化、绿化、美化行动。

三园区两基地：指鄞州工业园区、宁波望春工业园区、鄞州经济开发区，宁波中车产业基地、创业创新基地（潘火、南高教园区）。

"五皮招商"精神：指硬着头皮、厚着脸皮、磨破嘴皮、饿着肚皮、踏破脚皮。

"六换六化"工程：指机器换人、技术换代、业态换新、腾笼换鸟、空间换地、电商换市，装备智能化、研发专业化、生产自动化、管理现代化、营销网络化、产业高新化。

五面五化：指路面洁化、街面序化、墙面靓化、草坪面美化、水面净化。

"新三板"市场：指全国中小企业股份转让系统。

五证合一：指营业执照、组织机构代码证、税务登记证、社会保险登记证和统计登记证"五证合一"登记制度。

"三名"培育：指知名企业、知名品牌、知名企业家培育。

千人计划：指海外高层次人才引进计划，主要是围绕国家发展战略目标，从2008年开始，在国家重点创新项目、学科、实验室以及中央企业和国有商业金融机构、以高新技术产业开发区为主的各类园区等，引进2000名左右人才并有重点地支持一批能够突破关键技术、发展高新产业、带动新兴学科的战略科学家和领军人才回国（来华）创新创业。

小城镇"五个一"项目：指示范街区建设项目、基础设施统筹项目、公共服务完善项目、城镇功能提升项目和生态环境优化项目。

阳光信访：指通过阳光信访综合服务系统，为群众营造公正、透明的信访环境，将行政机关办理信访事项的全过程置于群众的监督下，打造阳光透明、便捷高效的信访服务平台，真正体现以人为本、信访为民的宗旨。

一核三极多节点："一核"指新城区，"三极"指大嵩新区、姜山中心镇、鄞西两城（集士港卫星城和石碶、古林空港产业城），"多节点"指新型城镇、美丽乡村。

三思三创：指思进思变思发展、创业创新创一流。

专记

周公宅水库

鄞州区“三严三实”专题教育

2015年鄞州区“三改一拆”专项行动

2015年鄞州区“五水共治”专项行动

媒体看鄞州

鄞州年鉴

2016 YINZHOU YEARBOOK

鄞州区“三严三实”专题教育

2015年5~12月，根据中央和省、市委部署，鄞州区在四套班子、法检“两长”和其他区管领导干部中开展“三严三实”专题教育。

区委常委会及班子成员把学习教育放在首要位置，带头深学、深思，示范带动和推进全区专题教育深入开展。一是带头讲课互学。区委书记以“大力践行‘三严三实’要求 争当‘六个不可，六个表率’的好干部”为题给全区广大党员干部讲党课，带动常委会其他成员及各级领导干部在分管领域、单位部门中讲党课，深入剖析“三严三实”本真内涵、重大意义与“不严不实”的严重危害，提高全区广大领导干部对“三严三实”的思想认识。二是正反对照深学。区委常委在个人自学《风范——老一辈革命家“三严三实”事例选》《优秀领导干部先进事迹选编》的基础上，通过观看纪录片、参加“鄞州论坛”、聆听先进典型事迹报告会等形式深入学习谷文昌、焦裕禄、杨善洲和区内身边典型的先进事迹，增强对争做焦裕禄式好党员、好干部的思想认同。同时，研读《严重违纪违法案件评论文章汇编》《领导干部违纪违法典型案例警示录》等反面教材，并结合周永康、薄熙来、郭伯雄、徐才厚、令计划、苏荣等严重违纪违法案件谈感悟、谈体会，从内心深处强化遵规守纪的自觉性。三是创新载体共学。在区委常委会带领下，各单位党组织结合实际，创新一批务实管用、效果明显的特色学习载体。机关单位结合固定组织生活日，组织参观红色基地，开展现场实践体验等创意组织生活活动；乡镇通过创设“三严三实”微党课、专题读书会、“国学大讲堂”和“清风和韵”廉政调研文章评比等形式，做到学有特色、学有成效。全区各级领导干部带头上党课180次，开展各类专题学习研讨280余次。

区委常委会带头守戒、敢于立戒，落实中央和省、市委关于作风建设的一系列规定，推进作风建设制度化、常态化。一抓党规党纪轮训。区委举办“学习党章落实主体责任”专题研讨会，对全体区管干部开展《中国共产党章程》《中国共产党廉洁自律准则》和《中国共产党纪律处分条例》等党规党纪专题集中轮训，对新提任区管干部实现党性党风专题教育“全覆盖”，增强规矩意识、纪律意识。全区各单位普遍开展2次以上党章党纪专题讨论培训，撰写学习心得780余篇。二抓正风肃纪。至年底，查办违纪违法区管干部2人、科级干部21人、村干部16人；立案146件，给予党纪政纪处分128人，其中开除党籍72人。区级组织开展正风肃纪检查24次，查处违反作风建设规定行为48起，处置48人；其他各级纪检组织开展自查639家（次），实现日常检查全覆盖。同时，实行效能检查结果与机关编制增减“刚性挂钩”，督促切实担责、负责。三抓突出问题整改。坚持立说立行，即知即改，带头建立“不严不实”问题清单，对照省委巡视组反馈意见逐条逐项制定整改措施，实施“八大整改行动”，把突出问题改到底、改彻底，整改防范利益输送、土地出让、工程建设等方面的突出问题，各级领导班子和领导干部整改“不严不实”问题7000余项。同时，把解决基层干部不作为、乱作为等损害群众利益问题纳入专题教育重要内容，组织开展专项整治，查实处置基层干部损害群众利益问题案件5起。

区四套班子成员带头抓落实、促发展，始终把群众评价和区域发展情况作为检验“三严三实”专题教育是否取得实效的重要标准。一是力促发展惠民。面对深刻复杂变化的宏观形势，顶住经济下行重重压力，借势转型，确保区域经济稳中有进、群众共享发展成果。初步统计，全年实现地区生产总值1380亿元，增长6.5%；一般公共预算收入189.6亿元，增长5.8%；城乡居民收入分别增长8.5%、9.5%。二是力促中心工作推进。深化实施“治水攻坚”三年行动计划，整治垃圾河、黑河、臭河260条，建设污水管网108.8千米，58个村完成生活污水治理，整治关闭畜禽养殖场和蔺草加工等中污染企业399家；破难推进“三改一拆”，完成“三改”295.9万平方米，拆违252.9万平方米，提前两个月完成市定任务。三是力促民生实事落地。推进“四大民生百亿工程”和“十件民生实事”，一批交通、水利、生态、公共服务等项目开工和建成；竣工安置房1.3万套，新村主体结顶111万平方米；到市以上上访批次下降57%，没有发生重大治安刑事案件和安全生产事故。

（区委组织部）

2015年鄞州区“三改一拆”专项行动

2015年，鄞州区坚持“以创为先，以拆为重”，明确以“依法拆违促征迁，保障重点项目落地”为指导思想，推进“三改一拆”工作。全区完成“三改”409.7万平方米，总量位居全市第一；“一拆”（处置）252.89万平方米，总量位居全市第三。

年初，区“三改一拆”办推进“无违建镇乡（街道）”创建工作，分3组包干指导鄞州中心片、东向片、西向片。确定瞻岐镇为市重点联系“无违建”创建镇、25个村（社区）为区重点联系“无违建”创建村（社区）。8月中旬，在瞻岐镇、集士港镇、潘火街道3个示范镇（街道）分批召开创建工作现场推进会。至年底，5个镇乡（街道）申报市“无违建镇乡（街道）”，其中有4个被列入验收范围；全区累计有145个村（社区）通过区级验收。

结合“依法拆迁”“阳光拆迁”，开展棚改消危、政府驻地、城乡接合部、沿路涉河、历史遗留违建处置“五大攻坚行动”。至12月底，全区处置违法建筑232处88.96万平方米。其中，城乡接合部违建处置33处17.54万平方米，消危处置16处12.28万平方米，历史遗留违建处置25处25.14万平方米，政府驻地违建处置73处10.94万平方米，沿路涉河违建处置85处23.06万平方米。

开展“两路两侧”专项整治。7月，区政府专门成立“两路两侧”专项整治行动工作领导小组，由区长任组长，相关区领导任副组长，相关职能部门负责人参与，指导督促整治行动。8月、9月，区人大常委会集中视察监督全区专项整治工作开展情况，由行动工作领导小组分6组联系各镇乡（街道）。至12月底，鄞州区负责的324处“两路两侧”“四边三化”整治任务全部完成。专项整治期间，全区实施“清、搬、拆、改、绿”（清理、搬离、拆除、街景改造、绿化）组合行动，清理垃圾2000余吨，拆除违法建筑约7.5万平方米，补植扩种绿化10万余平方米。塘溪镇复绿8000平方米，清除混凝土残渣10余吨，整治S19（甬台温复线）19K+250西侧的建筑废品乱堆乱放问题；咸祥镇在裸露的山体表面覆盖丝网等可供爬藤植物延伸藤条枝蔓的负载物，整改S19松岙出口内广场北侧裸露山体。

将微电影《拆防》改编成小品剧本，联系农家乐团队排练演出，在村镇宣传。印刷“三改一拆”政策法规宣传品4万份，分批下发到村（社区）。5月11日，开通24小时投诉热线，在媒体上公布投诉电话，开启“白+黑”“5+2”投诉受理模式。至年底，接到来电、来信、来访72起，均即时由属地镇乡（街道）及区国土分局、规划分局、城管局、住建局等相关职能单位承接，并调查核实。

（区“三改一拆”办）

2015年鄞州区“五水共治”专项行动

2015年初，鄞州区调整《区“五水共治”工作目标管理考核办法》，以工作责任书的形式向各镇乡（街道）和区级有关部门下达年度治水任务指标。至年底，完成治水投资51.6亿元，累计投资115.8亿元。

一、治污

（一）“清三河”行动。清淤疏浚河道290千米，建设生态河道10千米，城区内河整治22条，城区内河水质养护60条，投入河道市场化保洁资金3000万余元，跨流域调水超亿立方米。至年底，列入省“三河”名单的69条垃圾河、黑河、臭河治理完毕并通过验收，其他存在垃圾及黑臭问题的191条河道也完成相应整治。

（二）“河长制”工作。40名区级河长认管40条骨干河道，辖区每条河道都配备镇、村级河长和警长，在河岸醒目位置设置规范的河长公示牌并及时更新。各级河长接受相应培训，做到河道情况心中清楚，公示电话确保畅通。同时，建立《河长手册》登记制度，村级河长对责任河道一旬一查，镇级河长对责任河道一月一查，并将检查情况记入《河长手册》，督促问题整改落实，河长履职情况作为年终考核的重要依据。每月对40条区级领导担任河长的河道和全区“三河”实行“三个一”，即每月监测一次、检查一次、通报一次，全面准确掌握全区河道水质动态情况。

整治后的鄞东后塘河

（三）“劣V类”水体整治。鄞州区有4个市控断面为劣V类水质，分别为高桥鄞西后塘河、石碶南新塘河、潘火鄞东中塘河和古林西洋港河。根据《劣V类水质断面削减计划实施方案》，针对每条河的特性，全区制定截污纳管、污染源清理、河道系统治理、调水活水等岸上和岸下同步的整治措施。从2015年下半年监测数据看，有关断面水质已有提升，计划2016年高桥鄞西后塘河摆脱劣V类水质，2017年全面解决。

（四）治污基础设施建设。鄞西污水处理厂和滨海污水处理厂进入调试阶段，全年建成区级污水主干管网29.3千米和镇乡收集管网127.9千米，合计157.2千米。全面铺开农村生活污水治理，组织实施的104个村农村生活污水治理工程完工，受益农户达45000户，投资额4亿余元。推进管网覆盖区域的规模以上企业及重点排水单位的污水纳管和排水许可工作，全年发放排水许可证企业215家。

（五）源头污染治理。关闭并拆除畜禽养殖场231家，两年累计714家，保留的畜禽养殖场不足原来的7%。全省率先建成并完善农资包装废弃物收集处置链，及时清除田间地头的农资包装废弃物225吨，得到副省长黄旭明批示肯定。全区河道渔业养殖规范化整治工作完成，渔业设施和河道沉船基本清除完毕。严格监管整治工业污染，整治重污染企业43家，否决污染项目229个，查处环境违法案件190件，罚款960.5万元，采取刑事强制措施和行政拘留24人。

二、治水

（一）堤防工程建设。投入水利资金近11亿元，推进奉化江、姚江等大江大河堤防工程。奉化江及其支流堤防全线开工，城区段建成13.5千米堤防、9座水闸和余下堤防的50%工程量，农村段全面进场施工，东江和剡江堤防工程建设进度过半；姚江堤防工程开工，其中Ⅰ、Ⅱ、Ⅲ、Ⅳ标段主体工程完成，剩余标段进度过半；大嵩江堤防加固工程进场施工。

（二）排涝体系完善。鄞东南的铜盆浦强排泵站建成，在台风等强降雨期间发挥应急强排功能，长丰强排泵闸工程在建设过程中。鄞东南沿山干河拓宽整治工程基本完成，九曲河拓宽整治工程进入前期工作。主城区立交下穿通道排水系统改造完成，低洼易积水点改造47处，雨水管网建设22.5千米，排水管网清淤334千米。

（三）供水工程建设。加强供水水质管理，集中式饮用水源水质达标率达到100%，7个镇（乡）水厂的供水水质各项指标全部合格，10个村（点）的山区饮用水水源保障工程建成。供水管网新建和改造各约15千米。水库山塘整治完成投资5000万元，横溪水库上游4.67公顷生态减污一期工程完工。

（四）节水项目建设。改造居民水箱节水阀2716只，3个小区申报创建省级节水型居民小区，建成屋顶集雨收集系统90处。鼓励引导工业节水项目10个，清洁生产审核企业20家，创建节水型企业2家。增加改善灌溉140公顷、高效节水36.67公顷。

利用传统宣传阵地发布治水广告，建设大型广告牌50余块和墙体宣传画5000余平方米，悬挂横幅、旗幔、标语500余条，开展进村入校宣传活动。利用微博、微信、短信社会新媒体开展治水宣传，与《鄞州日报》长期合作，开展先进事迹和典型案例宣传，曝光涉水问题，通过电视台和电台宣传治水工作。组建治水志愿者总队和镇乡（街道）分队，不定期开展河道监督检查等志愿活动。引入第三方参与机制，与非营利性环保组织（NGO）“守望家园·环境服务中心”在河道巡查、污染溯源、满意度调查、公众体验及传播互动等方面开展合作，开创省内先例。聘请50名以学生、企业白领、退休干部等为代表的“环境观察员”，每半月巡查认管河道。

（区“五水共治”办）

媒体看鄞州

大义之乡数鄞州

7月10日，中央气象台发布今年首个台风红色预警：第9号台风“灿鸿”（超强台风级）登陆浙江。

“灿鸿”来势汹汹，却抵不过鄞州人的大义之爱。在这次强台风中，浙江省宁波市鄞州区有37所学校被设置为避灾安置点。“得知学校要安置群众，许多教职工主动前来组织和帮忙安置。”鄞州区姜山镇中学校长鲁锡军说，“我很感动，因为他们都是自愿前来，默默奉献。”

更让鲁锡军感动的是：12日一早，在37所学校安置点生活了两天的5000余名群众开始撤离，临走前，将安置点整理得干干净净。

“‘义文化’在鄞州的兴盛，靠的是鄞州人民在生活实践中的传承和创新，靠的是把传统融入现实。”鄞州区委副书记毛春阳说，“鄞州既有‘向善求义’的优秀传统，又有‘义乡’的美誉。鄞州既要推动‘义文化’在社会生活中丰富发展，又要以‘义文化’凝聚共识，推动社会主义核心价值观落细落实。”

义乡文化 凝聚善行善举

“鄞州‘义文化’可追溯到战国。”宁波大学人文学院教授张如安说。作为宁波最古老的地区，鄞州自古就有“义乡”“义郡”的美誉，最早的文献记载始于公元前476年越王勾践的“老其老，慈其幼，长其孤，问其病”。

从战国时代开始，鄞州“义”文化逐渐丰富。到南宋时，鄞州有了“义郡”的美誉，出现“乡曲义庄”，官方建立了养老机构广惠院，让鳏寡孤独有了生活保障。

清代，救助孤贫的养济院、永济堂、同仁堂，救助婴儿的育婴堂，资助丧葬的体仁局，保障江桥夜

8月5日，《光明日报》头版刊登《大义之乡数鄞州》

行安全的长庚会等大批慈善组织出现。

民国时期，义商从救助抚恤扩展到教育和文化事业，参与灵桥建设等重大慈善公益活动，在地方社会的维系和进步中发挥了重要作用。

“鄞州‘义乡’文化不仅凝聚着无数善行善举，在移风易俗、推动社会文明进步等方面也体现出先进理念，在当今依然具有传承的价值。”《中国慈善通史》首席专家、湖南师范大学慈善公益研究中心主任周秋光说。

聚力创新 壮大公益力量

今年3月，“牵手鄞州”公益创投活动正式启动。

主办这一活动的鄞州银行公益基金会将出资100万元资助三大类项目：农村可持续发展项目，农村弱势、特殊群体帮扶的社会接纳等项目，孤寡残弱老人的社区服务、社区教育、失业人士就业培训等项目。基金会秘书长严意娜说，希望培育一批落地鄞州地区，有能力、可持续提供优质社会服务的公益组织，资助一批能够创新性解决社会问题、提供专业解决方案和有效服务的优秀项目。

鄞州银行公益基金会成立于2011年。基金会将1亿元善款作为种子资金，从资金和项目上帮助其他公益组织，孵化、培育和壮大了更多的公益组织，通过“授人以渔”，成功运作了数十个如“牵手鄞州”一样的品牌公益项目。

郑世明是鄞州区古林镇一家木地板厂的总经理，而他更为人知的身份是“全国献血明星”。18年间，他个人无偿献血14万毫升，拿了5次“全国无偿献血奉献金奖”。

而郑世明更看重的是“优秀慈善义工组织奖”的荣誉。2004年，和郑世明一起献血的20多个同伴成立了慈善义工分队——“红色力量”。11年来，“红色力量”已发展队员518人。

“人多力量大！”郑世明说。“红色力量”是迄今为止上海两年一次表彰的无偿献血队伍中唯一的外地团队，有46人摘得了上海无偿献血白玉兰奖。而“红色力量”的爱心不只是献血，队员们每年都为甘肃等西部地区组织一次捐款捐物。

如今，鄞州拥有志愿公益类社会组织近1000家，善行善举蔚然成风。鄞州银行公益基金会理事长陈耀芳说：“公益慈善行为已经走向了公众的日常生活，成为民众生活消费的一种常态，职业公益人的责任和义务日益凸显。”

主题实践 构筑道德高地

6月17日，“义乡善风——甬上慈善史迹展”在位于鄞州新城区的宁波帮严氏建筑群内开展，这是浙江省首个以慈善公益为主题的区域性史迹展。30幅展面，“慈善地理”“慈善史略”“慈善鄞商”“慈善风俗”四大板块，图文并茂。

记者从鄞州区政府新闻办公室获悉，“甬上慈善史迹展”是鄞州打造“义乡鄞州”公益文化品牌的活动之一。今年起，鄞州区启动打造“义乡鄞州”公益文化品牌，将持续3年，围绕信义、忠义、孝义、道义、善义、节义等“义文化”内涵，开展“义乡鄞州”主题实践活动。今年，“义乡鄞州”活动的核心是善义与信义。

毛春阳说：“我们讲‘义乡鄞州’，不是对于一个公益文化品牌的凭空想象，而是基于对鄞州历史人文精神特质的提炼升华，是出于对区域公民道德共识的传承和发扬。”

（2015年8月5日《光明日报》头版头条）

宁波鄞州：绿水青山与金山银山同生共长

浙江省宁波市鄞州区位于东部沿海发达地区。在发展过程中，鄞州面临生态保护和产业转型的压力。如何既保护好生态环境，又保持经济社会快速发展，既要绿水青山、也要金山银山，在加快发展中实现民富区美？日前，《经济日报》记者来到鄞州进行实地采访调研。

生态旅游助力农民增收

鄞州湾底村曾是个远近闻名的贫困村，老百姓吃的是酱油汤、住的是老房子。60多岁的村民张开永告诉记者，“以前村里穷，环境也差，附近村的姑娘嫌咱村穷，都不愿意嫁过来。当时我家就几间瓦房，台风一来，就得跑出去躲灾”。

从20世纪80年代开始，湾底村开始走上了工业发展之路，村里逐渐富裕起来。但进入新世纪之后，到底是该凭借土地资源继续大造厂房、大办工厂，还是建设美丽乡村、发展生态农业旅游？

“村里决定结合实际情况，重点发展生态农业旅游。”湾底股份经济合作社董事长吴祖楣说。2004年，村里组建了天宫庄园休闲旅游有限公司，并举办了首届桑果节。目前，村里拥有西江古村、植物园、非遗博物馆等多个特色旅游项目，成功创建为全国生态村、国家AAAA级旅游景区、全国农业旅游示范点。天宫庄园休闲旅游有限公司总经理蔡国成介绍，湾底村的生态农业旅游，不仅是观光，更是体验，可以一年四季观光、采摘水果。去年景区接待游客46万人次，营业收入4000万余元。“旅游业已是我们湾底村发展最快的产业，营收年均增幅30%以上。”蔡国成说。

湾底村党支部书记许明君表示，湾底村的定位是打造“城市绿肺”，因此非常注重生态环境保护和建设。早在2000年，村里宁可投资200万余元从长丰热电厂铺设管道，引进蒸汽来加工制造果汁、果酒，也不自建烧煤的锅炉，虽然前者成本要高得多。“从2005年起，村里陆续将铸造厂、果汁果酒制造厂都搬迁出去，加大力度发展农、旅一体化。2008年村里还投资400万余元建设地源热泵，给热带植物园供热和村民冬季取暖，非常节能环保。”许明君说。

如今的湾底村，道路两旁绿树成荫，周围民居错落有致，田间大棚相连、桑树成片，一派舒适富足景象。生态农业旅游业的发展，有力促进了湾底村经济水平的提升。去年全村经济总收入7亿余元，农民人均收入达到3.1万元。村民张开永高兴地说：“我和老伴都已退休，现在又被村里的农业发展公司返聘。我俩每年都有农村养老保险、返聘工资和年底村里分红，一年算下来收入可达8万元。”

湾底村的变迁，正是近年鄞州悉心保护生态的一个缩影。鄞州坚持把“绿色崛起”作为第一路径，推动生态建设的全民参与热情，将保护“绿水青山”的理念，融入每一个鄞州人的日常生活中。鄞州区区长陈国军说：“生态建设与经济发展要同步推进。这些年来，鄞州一方面大力保护生态环境，让老百姓充分享受到‘生态红利’；另一方面，好的生态又能转化成‘亮点’和‘卖点’，增加老百姓的收入，放大生态的经济效益。”据了解，鄞州区旅游总收入已从2003年的10.3亿元增长到2014年的152.8亿元，总量位居宁波市首位。

产业升级呵护碧水蓝天

鄞州是浙江省工业强区，工业经济占到全区地区生产总值的60%，贡献了50%以上的财政收入和就业岗位。其中又以铸造、电镀、纺织服装等传统产业为主，不少企业耗能高、污染重。鄞州认识到，要保护生态环境，必须下大力气治污，从源头上保护蓝天碧水。由此，依靠科技推进转型升级，让企业向低能耗、低排放、高附加值的节约型科技型企业转变，成为鄞州的不二选择。

鄞州云龙镇是全国有名的铸造之乡。2008年以前，该镇产业结构中，精密铸造占比超过50%。当时镇里空气质量非常差，“白天烟囱林立，晚上烟雾缭绕”是这里环境的写照。时任云龙镇党委书记的杨奇伦说，那时常常有老百姓拿着衬衫找他抱怨，晒在外面的衣服不到一小时就落满了粉尘。前徐村村党支部书记钱仁红回忆说，自己家离村里的宁波康发铸造厂只隔三幢楼，在家扫地时经常能扫到金属粉尘，鱼缸里的鱼也经常死亡。

为改变这一现状，云龙镇一方面加大治污力度，先后将铸造业煤炉改为电炉，再改为天然气炉；另一方面，以壮士断腕的气魄，对铸造厂实行关停转改。历时2年，全镇关停了25家铸造厂。

华桑集团就是云龙镇产业转型升级的一个代表。20世纪90年代初，华桑集团董事长王志通一口气开办了通达、伟荣等4家铸造厂。在景气度较高的2002年，仅伟荣一家企业年利润就达到3000万元。但从2008年开始，铸造行业盈利能力开始走下坡路。同时由于环境污染严重，老百姓对此意见颇大。

“2008年，云龙镇开始整顿铸造行业，政府鼓励引导我们关停铸造厂。作为浙江省铸造行业协会副会长，我是第一批关的，4家我一口气关了3家。”王志通说，同时他开始寻求转型之路：一方面，投入几千万元，从国外引进先进的生产设备进行技术改造，使各项排放指标达到甚至超过行业标准。另一方面，2010年收购了浙江华健医用工程有限公司，开始进入医疗器械行业，2年后又收购了另外两家医疗行业的公司。“目前铸造和医疗器械的营收在整个集团占比各半，去年两者营收都达到4亿元。戴了20余年的‘污染大户’帽子终于摘掉了。”

与此同时，云龙镇下大力气培育引导发展高新技术产业。目前，云龙镇已形成了精密铸造、汽车配件、新兴产业三大产业，其中新兴产业占比达到67%，而传统的精密铸造业占比已经不足20%。

今天的云龙镇，天蓝了，河流清澈了，空气质量优良率从治理前的76.8%提高至目前的90.8%。

云龙是这样，整个鄞州莫不如此。近年来，鄞州区从产业源头切入，加快把生态建设与产业转型紧密结合起来，先后整治提升铸造企业，淘汰油脂化工小作坊、砖瓦窑，治理不锈钢、印染、电镀等行业，同时按照“5+5”产业体系进行战略布局，大力发展新材料、新能源等战略性新兴产业，培育环保科技、生物医药、激光光电等前瞻性朝阳产业，推进产业绿色化。

培育生态建设自觉行动

鄞州的生态保护存不存在困难？一位政府官员坦率地说，困难不但有，而且还不少：比如农村生活污水管道建设不到位、环境基础设施欠账多；再比如企业转型升级难等。但是鄞州不畏惧这些困难，不回避这些问题。

“要像爱护眼睛一样地保护生态”“生态是最宝贵的资源，生态是最贵重的财富”“切实维护老百姓的生态权益”“将生态文明建设融入经济、政治、文化、社会建设中”……走在鄞州街头，记者随时可以看到这样的宣传语。

陈国军感慨地说，鄞州干部群众对绿水青山和金山银山辩证关系的认识从来没有今天这么深刻。原以为，经济进入新常态，企业经营普遍比较困难，治理污染、推进转型的阻力一定很大、工作一定很难。但在推进过程中，没想到大家的思想这么统一，上上下下对高污染、高能耗、低产出的项目实行“一票否决”的决心这么坚定。仅去年，鄞州就否决“两高一低”项目336个，否决率达25%。

陈国军认为，在推进生态经济化的过程中，鄞州最大的收获不只是美丽的环境、可观的效益，更重要的是让老百姓深刻认识到生态文明是科学发展的题中应有之义、是人人有责的社会工程，这充分激发了社会各界保护生态的自觉性和主动性。理念赛金，这也许是鄞州一张蓝图绘到底、一任接着一任干，持之以恒地推进生态文明建设最具含金量的收获。

在鄞州，绿水青山金山银山同生共长的理念已深入人心，让经济发展与生态建设比翼齐飞，正成为鄞州人的自觉行动。

搬走唯GDP“大山”

“绿水青山就是金山银山。”10年来，宁波鄞州区按照这一指导思想，在发展中转型，在转型中发展，努力做到经济发展与生态建设同步跟进，新型城市化与“美丽鄞州”比翼齐飞，逐步走出一条“生态经济化”和“经济生态化”的发展之路。

鄞州在践行“绿水青山就是金山银山”的理念中，把生态保护作为第一理念，推动生态建设走向自觉自信；把加快发展作为第一要务，加强源头防治推进转型升级；把改善民生作为第一追求，着眼生态宜居打造美丽鄞州；把绿色崛起作为第一路径，做强绿色经济，激发生态红利。

鄞州的实践给人很多启发。要做到“既要绿水青山又要金山银山”，在思想认识上就必须搬走唯GDP的“大山”，简单以GDP论英雄的观念一日不纠正，生态文明建设就一日难见效；只看经济效益，不看生态效益，发展也就走不稳、走不长。

（2015年9月1日《经济日报》）

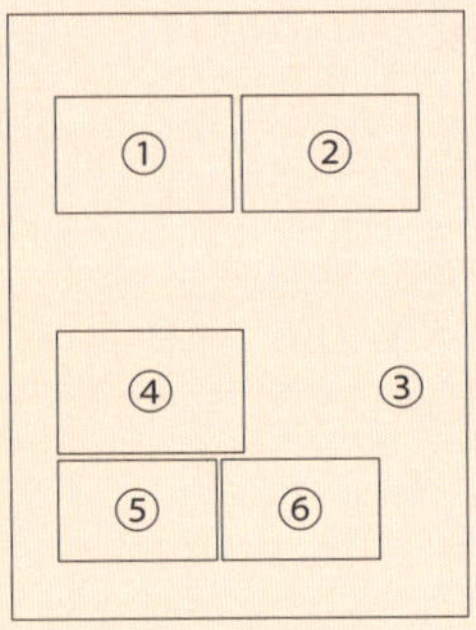

① 瞻岐镇方桥村文化礼堂

② 古林镇前虞村文化礼堂

③ 横溪镇道成岙村文化礼堂

④ 姜山镇景江岸村文化礼堂

⑤ 鄞江镇建岙村文化礼堂

⑥ 邱隘镇沈家村文化礼堂

大事记

金色咸祥

1月	7月
2月	8月
3月	9月
4月	10月
5月	11月
6月	12月

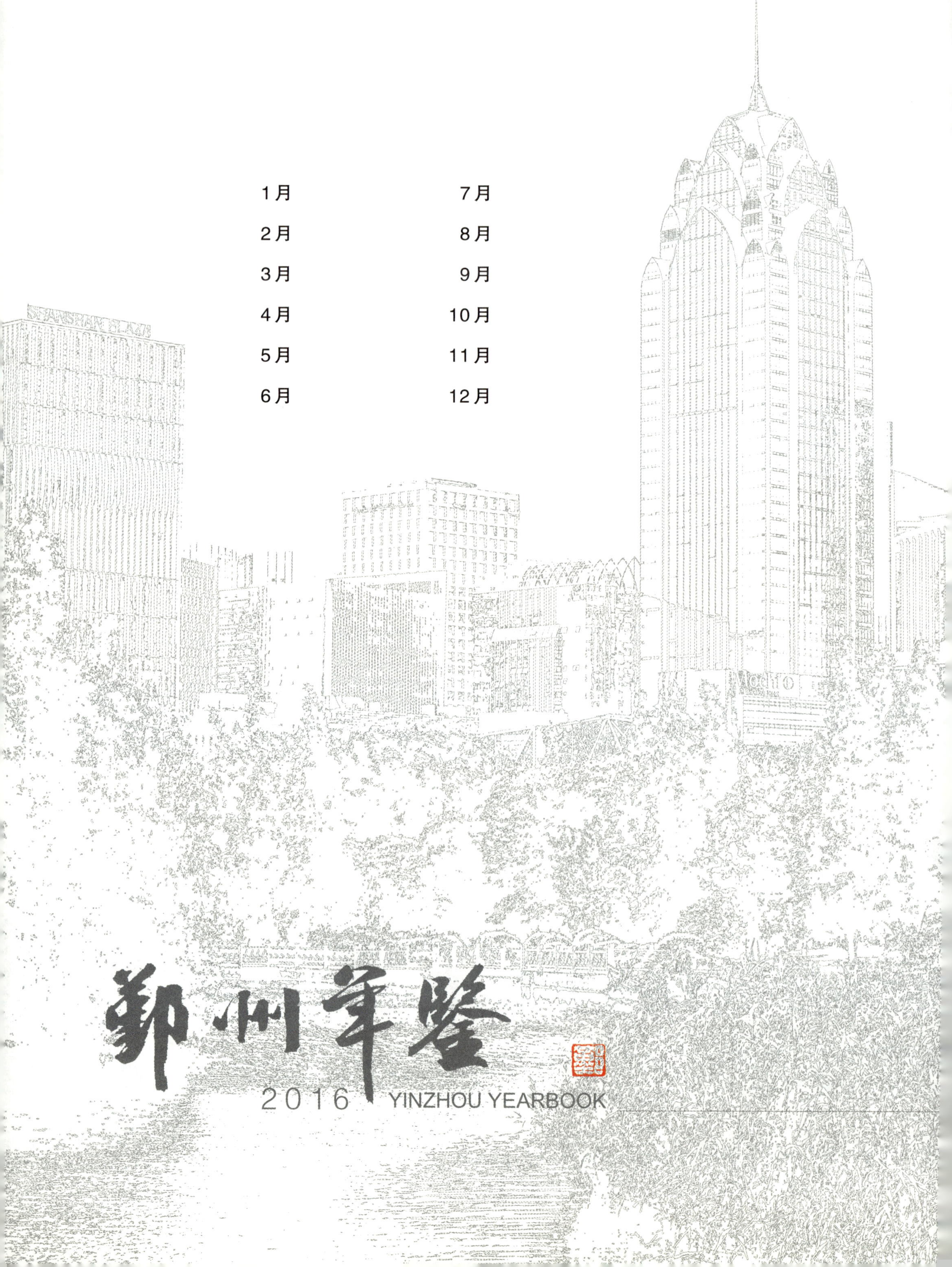

鄞州年鉴

2016 YINZHOU YEARBOOK

1月

4日，2014年度宁波市“最美职工”获得者公布，陈怡被评为宁波市“最美职工”，张苏红获“最美职工”提名奖。

7日，全区经济工作会议召开。会上，表彰“大力神鼎”“大力鼎”奖获奖企业，“工业进步奖”“科技创新进步奖”“服务业进步奖”“都市产业进步奖”获奖企业及获省、市、区级相关奖项的一批经济工作先进企业和单位。

9日，浙江大学与奥克斯集团有限公司、浙江大学医学院附属邵逸夫医院、附属妇产科医院及宁波明州医院全面战略合作签约仪式在宁波明州医院举行。

11日，鄞港澳深新春团拜会在深圳举行，香港、澳门和深圳近70名鄞州乡贤与会。

18日，第四届北京国际微电影节颁奖典礼举行，《漫·鄞江》获“最佳城市”微电影奖。

19日，区生活垃圾焚烧发电项目特许经营协议签约仪式举行，区城管局与中信产业投资基金管理有限公司、中信环保股份有限公司、上海康恒环境股份有限公司签订合作协议。

同日，许建华捐献造血干细胞，成为鄞州区第二例造血干细胞捐献者。

21日，区安监局被国家安全生产监督管理总局、国家煤矿安全监察局授予全国“安全生产监管监察先进单位”称号，区安监局局长马伟平被授予全国“安全生产监管监察先进个人”称号。

27~30日，中国人民政治协商会议第十五届宁波市鄞州区委员会第四次会议在鄞州新城区召开。

28日，《鄞州年鉴（2014）》在全国第五届年鉴编纂出版质量评比中，获评地州区县级年鉴综合一等奖及框架设计一等奖、装帧设计一等奖、条目编写二等奖3个专项奖。

28~31日，宁波市鄞州区第十七届人民代表大会第四次会议在区文化艺术中心举行。

2月

1日，宁波锡镴器、熨斗博物馆在蔡氏宗祠开馆。

6日，诺贝尔生理学或医学奖得主、英国皇家科学院院士理查德·罗伯茨博士到鄞州考察。

同日，鄞州区非物质文化遗产馆重新开馆。

9日，由浙江泰来环保科技有限公司承建的伊朗首座垃圾焚烧发电厂——德黑兰市垃圾焚烧发电厂落成发电。

同日，宁波帅特龙集团有限公司董事长吴志光为鄞江中学设立500万元教育基金。

10日，全区党的建设暨区级领导班子和领导干部年度考核述职评议大会召开。

25日，省委常委、市委书记刘奇到鄞州调研。

28日，中央精神文明建设指导委员会发文表彰第四届全国文明城市（区）、文明村镇、文明单位，鄞州区集士港镇、云龙镇上李家村、区市场监督管理局分别获第四届全国文明镇、文明村、文明单位称号。

1月11日，2015鄞港澳深新春团拜会在深圳举行

3月

2日，宁波市鄞州绕城高速连接线建设有限公司承建的机场路南延工程Ⅱ标段获评2014年度“全国市政金杯示范工程”。

4日，“最美鄞州人”暨第九届“我身边的文明之星”表彰颁奖仪式举行，李龙等10人当选“最美鄞州人”，王飞等10人获入围奖。

同日，杉井商业管理（宁波）有限公司获得鄞州区首张镇乡排水许可证。

8日，财政部金融司司长孙晓霞一行到鄞州区调研金融支持地方实体经济发展情况，并走访鄞州银行和雅戈尔集团股份有限公司。

11日，市人大常委会主任王勇，市委常委、区委书记陈奕君，区委副书记、区长陈国军等市区领导及市直部门、区机关干部160余人到奉化江堤防整治工程（鄞州新城区段）Ⅱ标段开展义务植树活动。

12日，省人民政府经济合作交流办公室主任姚少平一行到鄞州调研指导浙商创业创新及国内经济合作工作。

16日，市人大常委会主任王勇一行到鄞州科技信息孵化园调研园区高新技术企业、科技创新孵化平台发展情况。

20日，鄞江古镇保护专项规划与核心区城市设计规划成果汇报交流会举行。

22日，中国紧急救援浙江基地暨浙江白云国骅实业有限公司启动仪式在国骅集团有限公司总部举行，全国人大教科文卫委员会原副主任万勇出席仪式。

同日，“江南50千米越野赛”在龙观乡龙谷村上古山开赛。

24日，省政府公布新一批省级历史文化名镇名单，鄞江镇入选。

26日，鄞州区重点项目集中开工

3月1日，宁波锡镴器、熨斗博物馆举行首个“博物馆夜市”

仪式在宁波南车产业基地举行，涵盖工业经济、基础设施、生态环保、棚户区改造等领域重点项目19个，总投资超过75亿元。

27日，鄞州区召开全面推进村经济合作社股份合作制改革动员大会。

29日，“王安石县政治理思想当代价值研讨会”在鄞州区举行。

31日，全省建设“平安浙江”电视电话会议召开，鄞州区获评省“平安区”，成为全省首批获得“十连冠”的县（市、区）。

4月

3日，高桥镇烈士纪念碑落成。

6日，CCTV-7农业频道《美丽中国乡村行——走进宁波》电视片在下应街道湾底村鄞州区非物质文化遗产馆开机。

8日，全区行政机构改革大会召开，对区卫生和计划生育局等部门授牌。全区政府部门从26个缩减至22个。

9日，省委常委、宣传部部长葛慧君到东吴镇、宁波中青华云新媒体科技有限公司和鄞州银行公益基金会调研。

12日，鄞州首届公益文化节在联盛广场开幕，首期活动被命名为“花朝节”。

同日，第九届宁波四明山（杖锡）樱花节开幕。

15日，院士公园改造后对外开放。

同日，副省长熊建平率省有关部门负责人到鄞州调研“五水共治”和农村环境综合整治工作。

16日，中国南车超级电容储能式现代电车全球发布暨宁波首用签约仪式在宁波南车产业基地举行，省委常委、市委书记刘奇，副省长熊建平等出席发布会。

21日，省人大常委会党组书记、副主任茅临生考察宁波南车产业基地等企业和单位，市人大常委会主任王勇陪同调研。

25日，浙江省眼科区域专病中心在鄞州人民医院授牌，投资2000万余元的新眼科大楼启用。

27日，第三届人民文学新人奖颁奖仪式和第五届王应麟读书节开幕式在浙江大学宁波理工学院举行。

28日，全国劳动模范和先进工作者表彰大会在北京举行，宁波星箭航天机械有限公司总工程师高泽普获全国劳动模范称号，鄞州公安分局钟公庙派出所后庙社区民警陈怡获全国先进工作者称号。

29日，中国人民大学·中国少年报社少年新闻学院鄞州分院在鄞州日报社揭牌。

5月

6日，市人大常委会主任王勇一行到博威集团有限公司调研工业企业转型升级情况。

8日，博格华纳排放系统（宁波）有限公司一期建设项目在鄞州工业园区奠基开工。

12日，鄞州区政府出资300万元，与市食品安全责任保险共保体委员会签订公益性食品安全责任保险合作协议。

14日，副省长郑继伟一行调研鄞州社会力量办医工作。

16日，龚鹏程国学院宁波分院在横街镇桃源书院揭牌。

同日，美国JCI总部宣告鄞州人民医院通过JCI认证。

19日，全市农村文化礼堂建设工作推进会在鄞州召开。

6月

2日，全区“三严三实”专题党课暨专题教育部署会举行，全区“三严三实”专题教育启动。

5日，全国农村基层党建工作座谈会召开期间，中央、相关省级部门领导到鄞州站考察，走访东吴镇勤勇村、姜山镇翻石渡村和下应街道湾底村。省委常委、市委书记刘奇，市委常委、区委书记陈奕君等陪同考察。

同日，新一代存储技术（中国）论坛在鄞州区举行，探讨新一代相变存储技术的先进性、稳定性和可发展性。

8日，“鄞州发布”微信公众号上线。

9日，第十七届浙洽会鄞州分团部分——“创新·融合·新动力”鄞州发展高峰论坛暨重大项目签约仪式举行，9个项目当场签约。

同日，美国富顿集团董事会特别助理郝晓京一行考察交流鄞州宁波世界贸易中心合作项目。

10日，出席首届中国—中东欧投资贸易博览会的黑山共和国副总理拉佐维奇一行参观考察宁波南车产业基地。

同日，沙孟海学术研讨会举行，纪念沙孟海诞辰115周年。

同日，鄞州区首个强排泵站——铜盆浦泵站机组试运行。

14日，香港宁波鄞州同乡会成立五周年庆典暨鄞州中学校友会成立仪式在香港举行。

15~17日，省委书记、省人大常委会主任夏宝龙考察调研博威集团有限公司、云龙镇上李家村、横溪镇南山书院和乡风馆等。

17日，宁波爱心城市公益地标——善园奠基仪式、“义乡善风——甬上慈善史迹展”开展仪式、“牵手鄞州”公益创投项目启动仪式举行。

18日，省委第二巡视组巡视鄞州区工作动员会召开，巡视组组长蒋永志作动员讲话，工作领导小组办公室副主任邱志明提出具体要求。

19日，“我们的节日——端午看云龙”大型民俗活动在云龙镇举行。

20日，罗蒙环球乐园开始试营业。

23日，省委常委、省公安厅厅长、省禁毒委常务副主任刘力伟到鄞州调研禁毒工作。

27日，“北纬30°的七彩传奇”——首届中国大松石展览在李元艺术馆开幕。

28日，中国首个爱情文化休闲小镇——梁祝文化小镇新闻发布会暨招商签约仪式及花海婚纱外景基地落成仪式举行。

7月

9日，区第三次慈善工作会议暨《鄞州慈善志》首发式召开，全区第十五次“慈善一日捐”活动启动。

10~12日，超强台风“灿鸿”影响鄞州，全区23个镇乡（街道）161个村受灾，各类经济损失3.56亿元。

12日，民政部救灾司救灾专员方志勇一行到鄞州检查指导救灾工作。

13日，国家第三批337个全国特色景观旅游名镇名村示范名单公布，龙观乡入选。

14日，王建琴捐献造血干细胞，成为鄞州区第三例造血干细胞的捐献者。

15日，省委常委、市委书记刘奇调研鄞州工业经济并召开座谈会。

同日，“2015中国航海日”暨宁波首届“新丝路”全国帆船邀请赛在咸祥鹰龙湾海域举行，8支代表队50余名运动员参赛。

同日，市文物考古研究所和区文管办宣布：考古人员在鄞江镇它山堰1号地块发现宋元时期的古河道、石砌堤岸、道路等重要遗迹，出土各类遗物620余件。

20~24日，省检察院副巡视员方建成带领省委、省政府督察组，第二轮督察鄞州2015年“五水共治”“三改一拆”工作。

21日，区委副书记、区长陈国军走进“浙江在线”新闻网站，以“我们这十年”为题，讲述习近平总书记“绿水青山就是金山银山”理论在鄞州十年实践的故事。

22日，省工业转型升级领导小组办公室、省经济和信息化委员会、省统计局联合发布2014年度全省工业强县（市、区）综合评价报告，鄞州区连续3年蝉联全省工业强县（市、区）建设综合评价第Ⅰ档第一名。

28日，196路公交线开通，车辆采用超级电容器提供能源的无轨电车。

同日，鄞州实验中学教师俞志涛代表浙江省参加第十届“语文报杯”全国中青年教师课堂教学大赛，获一等奖。

8月

1日，2015甬商年会发布“2015宁波品牌百强榜”，鄞州区“雅戈尔”等21个品牌入围，数量与海曙区并列第一；品牌价值总额1018.5亿元，名列各县（市、区）第一。

同日，第八届鄞州美食节在万达广场举行。

5日，区委十三届九次全体（扩大）会议召开，市委常委、区委书记陈奕君代表区委常委会作工作报告，区委副书记、区长陈国军作会议小结。

6日，鄞州区发出第一张“三证合一”的营业执照，是全市第一张实现“一窗受理、一次审核、信息互通、一证三码、档案共享”的营业执照。

12日，省委常委、组织部部长廖国勋到鄞州调研基层党建工作。

13日，全市人才工作会议召开，省委常委、市委书记刘奇向鄞州区颁发“宁波量化金融小镇”牌匾。鄞州区获2014年度全市人才开发先进县（市、区）金奖，李如成等11人获“甬城英才”奖项。

同日，深圳华旗盛世投资管理有限公司与区政府签订战略合作协议，引进旗下股权基金、管理企业及优质孵化企业落户鄞州。

18日，省委常委、市委书记刘奇一行到中基宁波集团股份有限公司调研外贸工作。

24日，纪念中国人民抗日战争暨世界反法西斯战争胜利70周年书画展在区政府二楼大厅开展。

同日，国务院公布第二批100处国家级抗战纪念设施、遗址名录，宁波樟村四明山烈士陵园入选。

25日，为纪念73年前抗日战争中咸祥人民营救美国飞行员的历史事件，咸祥镇在当年飞机迫降处兴建的纪念亭落成开放。

26日，省委常委、市委书记刘奇在鄞州调研。

27日，省政协副主席王建满带领省“六五”普法检查组一行到鄞州区检查。

28日，浙东抗战老兵纪念园暨同泰嘉陵抗战纪念馆开园。

9月

7日，鄞州区邱隘实验小学的《农村小学“智慧平安校园”建设实践路径》，获全国第二届平安校园建设优秀成果一等奖。

9日，“中国创翼”青年创业创新大赛“鄞州杯”华东一赛区复赛在鄞州区举行。

15日，省委常委、市委书记刘奇到集士港镇万众村人大代表联络站开展主题接待活动，听取基层人大代表和群众代表对“转型升级十大组合拳”落实情况的意见和建议。

同日，以色列31度北公司董事、总经理Guy Prosss，中国工业设计研究院机器人创新科技设计研究中心主任李丹，上海指南工业设计有限公司副总经理蒋逸明，高峰管理咨询有限公司Alan Chan考察调研鄞州区和下应街道，交流和沟通以色列孵化器在宁波落地的想法。

16日，第四届创业鄞州·精英引领活动周综合签约仪式举行，中国工程院院士、机械工程设计专家徐志磊参加。

同日，国家“千人计划”新能源专家圆桌论坛暨对接交流活动在鄞州区举行。

17日，省委副书记、政法委书记王辉忠到中河街道剑桥社区人大代表联络站开展主题接待活动，听取基层人大代表和群众代表对“转型升级十大组合拳”落实情况的意见和建议。

17~18日，省政协副主席王建满一行到鄞州调研座谈“五水共治”长效机制建设工作。

21日，区供电公司营业厅员工张亚芬获评第四届浙江省助人为乐模范，受到省委书记、省人大常委会主任夏宝龙接见。

22日，区政府与北京师范大学在钟公庙中学签订战略合作协议，选取钟公庙中学作为共建学校，成立北京师范大学基础教育实验学校。

29日，12个市、区重点工程项目集中开工，总投资74.3亿元。

30日，宁波南车新能源科技有限公司自主研制的“3伏/12000法拉石墨烯/活性炭复合电极超级电容器”和“2.8伏/30000法拉石墨烯纳米混合型超级电容器”通过省科技成果暨新产品鉴定。

10月

10日，宁波大学高等技术研究院科技成果转化暨鄞州区落户签约仪式在宁波大学举行。

13日，在法国蒙彼利埃召开的国际灌排委员会第66届国际执行理事会全体会议上，它山堰被认定为宁波市首个世界灌溉工程遗产项目。

同日，首届乡愁·全祖望文化节开幕式暨“逐梦洞桥”文艺晚会在洞桥镇沙港村全祖望故居前广场举行。

17日，“中国近代史论坛”第五期——“涵育与超越：文化传统与鄞州近代人物”学术研讨会在鄞州区举行。

同日，全祖望故居落成典礼暨《桓溪全氏宗谱》圆谱庆典在洞桥镇沙港村举行。

同日，区革命老区开发促进会获评全国减贫贡献奖。

19日，副省长熊建平到鄞州调研环保工作，实地察看它山堰水利工程和“两路两侧”“四边三化”省定任务点，并为姜山基层环保站授牌。

21日，区社会救助福利救助中心启用。

24日，鄞州区欢乐城乡游暨第三届古道文化节在横溪镇文化广场开幕。

31日，甬台两地沈光文文化研究论坛、《台湾文献初祖沈光文研究》首发式和赠书仪式在鄞州举行。

11月

3日，浙江省2015年度创新型试点城市（县、区）测评结果揭晓，鄞州区蝉联综合测评全省第二。

4日，省人大常委会副主任王永昌一行，到鄞州区召开《浙江省农村集体资产管理条例》立法调研座谈会。

11日，全市跨境电子商务工作领导小组第一次会议暨首批跨境电子商务园区授牌仪式在鄞州区召开。

12日，省妇女联合会主席劳红武一行到鄞州区开展“进万家门、访万家亲、结万家情”妇联基层大走访大调研活动。

同日，市人大常委会主任王勇带队，实地考察宁波栎社保税物流中心，听取宁波跨境电商试点工作有关情况的汇报。

同日，鄞西省级现代农业综合区通过省专家组考核验收，成为鄞州区第二个建成并通过验收的省级现代农业综合区。

18日，省委第二巡视组组长蒋永志、副组长金信地向市委常委、区委书记陈奕君反馈巡视情况，省委巡视工作领导小组办公室副主任邱志明传达省委书记夏宝龙关于巡视工作的讲话精神。

16~20日，省检察院副巡视员方建成带领省“三改一拆”“五水共治”“两路两侧”督察组到鄞州开展实地督察。

20日，第23届亚洲攀岩锦标赛在鄞江镇攀岩公园开幕。

21日，纪录片《变法名相王安石》开机仪式暨“赴千年之约 寻王公遗梦”——2015鄞州区文化毅行活动在东吴镇文体中心举行。

22日，第九届澄浪潭鱼文化节暨鱼文化博物馆开馆启动仪式在鄞江镇鲍家墈举行。

23日，省军区司令员张明才、军事科学院军民融合研究中心秘书长于川信一行考察中物科技园及军民融合工作进展情况。

29日，浙江省田螺姑娘传说研究基地授牌仪式暨《田螺姑娘传说》一书首发式在集士港镇万众村举行。

12月

2日，皎口水库电站通过农村水电站安全生产标准化一级评审。

8日，全国最大村级光电建筑一体化光伏电站并网启动仪式在龙观乡李岙村举行。

同日，区委召开全区领导干部大会，省委常委、市委书记刘奇到会讲话。陈奕君不再担任鄞州区委书记，胡军任市委常委、鄞州区委书记。

同日，全市美丽乡村和农村精神文明建设现场会在龙观乡召开，省委常委、市委书记刘奇到会讲话。

11日，马友友祖居修缮后开放。

12日，“日月杯”2015太白湖国际越野赛开幕。

14日，省委常委、市委书记刘奇进驻邱隘镇方庄社区代表联络站，与市、区代表面对面，征求代表对《宁波市大气污染防治条例（草案）》的意见。

同日，第六届亚洲城市论坛在鄞州举行。

15日，姜山镇卢方兴种植的百亩方连作晚稻“甬优538”，经实地收割和测产，平均亩产690.7千克，打破省粮食吉尼斯纪录。

27日，“2015美丽乡村建设发展论坛”在北京召开，鄞州区获评中国美丽乡村建设示范区。

30日，区委召开十三届十次全体（扩大）会议。会议审议通过《中共宁波市鄞州区委关于制定鄞州区国民经济和社会发展第十三个五年规划的建议》。市委常委、区委书记胡军代表区委常委会作工作报告，区委副书记、区长陈国军作会议小结。

同日，永达路连接线工程主线（夏禹路）全线通车。

鄞州概览

钱湖夕照

自然环境

历史文化

区划人口

名优特产

经济和社会发展

鄞州年鉴

2016 YINZHOU YEARBOOK

自然环境

【地理位置】位于东经121°07′58″~121°53′23″，北纬29°37′17″~29°56′56″。地处浙江省东部沿海、宁波市中部，东南隔象山港与象山县相望，南连奉化市，西、西北接余姚市，北与江北区、海曙区、江东区、镇海区和北仑区毗邻。区政府驻首南街道惠风东路568号，电话区号0574，邮政编码315100。辖区东西向最大距离74千米，南北最大距离32.3千米。区界周长269千米，其中海岸线25.66千米。总面积1346平方千米。其中，陆地1202平方千米，占89.3%；水域144平方千米，占10.7%。另有海域面积53.7平方千米。

【地形地貌】鄞州区地处杭州湾南侧、宁绍平原东部，地势东西高，中间低，总体呈西北向东南逐渐倾斜态势。俯视如鞍，剖视如蝶。奉化江自南而北流经境域中部。姚江自西而东沿西部北边流淌，在宁波老三区与奉化江汇合为甬江。甬江自西向东沿东部北边流向镇海区。东部境内大嵩江自西向东，流入象山港。地势总体形成鄞西山区（系四明山脉）、中部平原（宁绍平原）、鄞东山区（系天台山余脉）、大嵩滨海平原和象山港海域5个地理单元。丘陵山地6749.16平方千米，平原5268.18平方千米。境内最高峰位于西部边境，为龙观乡与奉化市交界处奶部山，海拔915米；最低点位于瞻岐镇岐化村下新塘畈，海拔1.5米。

【海涂】鄞州区东临象山港，海岸线位南端为咸祥镇芦浦村，北端为瞻岐镇卢一村，总长25.66千米，由海塘及山脚线组成，其中海塘21段24.3千米。辖象山港海域面积53.65平方千米，海域东北与北仑区海域相连，西南与奉化市海域相连，东南与象山县海域相连。海水平均深度约10米，最深处在南端，为23.5米，平均潮差3.20米。最高潮位与最低潮位之间海涂总面积1086.67公顷，可利用面积366.67公顷，其中146.67公顷被利用。海涂与海底平缓，向南东倾斜，底质由粉砂质淤泥构成。所辖象山港海域中有石质岛礁7处。

【水文潮汐】鄞州区境内河道属甬江、大嵩江两大流域。其中，甬江流域面积1086.89平方千米，占区内陆地面积82%；大嵩江流域面积240平方千米，占区内陆地面积18%。省级河道有甬江、奉化江和姚江3条，总长42.1千米；市级河道有甬新河、南塘河、前塘河、界牌河、后塘河5条，总长10.5千米；县级河道26条，总长251.6千米。河流总长度1704千米，河网密度每平方千米1.23千米，径流总量11.31亿立方米，年排涝量3.53亿立方米，年最大排涝量4.13亿立方米。境内最大河流为奉化江，从奉化市流经境内，右岸为洞桥镇、石碶街道，左岸为姜山镇、首南街道和钟公庙街道，总长19.1千米，流域面积1086.89平方千米，年均流量53.4立方米/秒，主要支流为县江、东江、鄞江等。鄞西有周公宅和皎口大型水库2座，溪下中型水库1座；鄞东南有横溪、三溪浦和梅溪中型水库3座，总库容35787万立方米。境内潮水为不规则半日潮，沿海、感潮河流皆然，相邻高（低）潮的潮高不等，通常夏至日高潮潮位晚上与白天相差最大，冬至日高潮潮位晚上与白天相差最小。甬江为弱潮河口，潮差均值1.62米。象山港系半封闭性港湾，潮差均值3.5米。

【自然资源】鄞州区境内发现高岭土、明矾石和建筑用石料等13个矿种。矿泉水水源地5处，日涌水量1323立方米。石料开采区8处，面积16.11平方千米，表层储量约9.91亿吨。至2012年底，耕地33256公顷、园地4370公顷、林地54671公顷、其他农用地3037公顷。多年平均水资源总量11.08亿立方米，地表水10.29亿立方米，地下水0.79亿立方米。区内主要溪流可开发的水电蕴藏量在7225万千瓦小时以上。境内有野生禽兽96种，国家二类保护动物有獐、小灵猫、水獭和穿山甲；水生动物176种，其中海水鱼42种。2002年，横溪镇车岭庵水库发现国家级濒危动物桃花水母。区内有维管束植物151科，木本植物67科，藤本植物17科。鄞州区是全国竹子重点分布区域之一，竹子达45种，以毛竹居多，2003年，鄞州区被中国特产之乡专业委员会评定为“中国竹笋之乡”，横街镇“大雷黄泥拱”毛笋驰名海内外。1990年，地处象山港水域的大嵩港、横山码头被列入农业部公布的渔港名单。地热资源1处，位于东钱湖镇马山村西岙口，水量252立方米/日，出水温度41.5℃，pH值8.5左右。

【气候】2015年，鄞州区气温偏高，雨量异常偏多，雨日偏多，日照时数偏少，气候年景差，气象灾害较重。主要气候特点：冬季，1~2月气温偏高，雨量略偏多，雨日偏少，日照时数接近常年，冷空气过程少、强度弱，出现阶段性气温异常升高和持续阴雨寡照天气；春季，气温偏高，雨量、雨日偏少，日照时数接近常年，出现连阴雨、强冷空气、倒春寒和强对流等天气；夏季，气温偏低，雨量、雨日明显偏多，日照时数明显偏少，季内梅雨量异常偏多，台风影响偏重，高温偏轻，强对流频发；秋季和12月，气温偏高，雨量异常偏多、雨日明显偏多，日照时数明显偏少，9月底受“杜鹃”台风外围和强对流共同影响，出现暴雨到大暴雨，局部特大暴雨，11月出现历史罕见的秋季连续阴雨寡照天气，12月冷空气活动偏弱，严寒、降雪、冰冻天气明显减少。

【基本气候要素】2015年平均气温17.6℃，比常年偏高0.4℃，除7~9月外，各月平均气温均不同程度偏高，1月异常偏高，偏高1.8℃，居历史同期第三高，7月异常偏低，偏低2.2℃，居历史同期第四低。年极端最高气温38.3℃，出现在7月27日；年极端最低气温为-4.3℃，出现在2月10日；日最高气温≥35℃的高温16天，比常年少6天。年降水量2234.0毫米，比常年偏多5.6成，破历史纪录，梅期和秋季连阴雨降水量之多历史罕见，7月、11月降水量分别偏多2倍和2.7倍，均破历史纪录；年雨日为173天，比常年偏多20天，日降水量大于50毫米的有10天。年日照时数1446.3小时，比常年偏少1.7成，其中11月偏少6成，破历史同期纪录。全年降雪2天，大雾27天，霜16天，结冰24天，霾74天，大风2天，冰雹1天。

【重要天气事件】 倒春寒。4月初，鄞州气温异常偏高，最高气温达33℃，5日起受强冷空气影响气温骤降，过程降温幅度达9.5℃，7~9日的平均气温下降至10℃以下，较常年同期偏低5℃，影响程度仅次于2010年的倒春寒天气。

梅雨。6月7日入梅，较常年偏早；7月13日出梅，较常年偏晚，梅期长度为21世纪起最长。梅季遇“灿鸿”台风影响，雨量创历史纪录，梅雨量539.6毫米，较常年偏多1.2倍，破历史纪录。入梅后出现4轮强降水过程，其中受“灿鸿”台风影响，全区面雨量196毫米，最大雨量为章水杖锡村的382毫米。

强对流。受对流云团影响，4月7日、5月11日、7月21日、8月16日，先后出现大范围大到暴雨。5月15日傍晚，出现6~7级雷雨大风，大风将集士港镇卖面桥村下属自然村楼下陈村一家厂房的顶棚掀起，砸坏多辆汽车，并将门口的电线杆拦腰扯断，导致包括楼下陈村在内的附近十几个村庄停电。7月23日傍晚，鄞州中心城区和下应、首南等地出现短时暴雨，16~18时，下应站雨量达69.5毫米。7月28日下午，首南街道和东钱湖地区出现冰雹和短时雷雨大风，鄞州国家基本气象站测得冰雹最大直径9毫米，阵风风力11级（29.6米/秒）。8月27日傍晚，石碶街道、钟公庙街道出现短时暴雨，19~20时，石碶站1小时雨量达43.6毫米。28日下午，塘溪镇出现短时暴雨，14~15时，塘溪站1小时雨量达63.5毫米。9月29~30日，“杜鹃”台风影响期间，鄞州出现强雷电，雷电强度、地闪次数、影响范围、持续时间均达到近6年历史同期峰值。

台风。1509号台风“灿鸿”于7月11日16时40分前后在舟山朱家尖沿海登陆，登陆时中心附近最大风力45米/秒，中心气压955百帕。受其影响，10~11日，全区普降暴雨到大暴雨，局部特大暴雨，过程面雨量196毫米，最大为章水杖锡村382毫米。其中西部山区和东北部雨量200毫米~300毫米，局部在350毫米以上，中部平原和东部沿海地区普遍在100毫米~200毫米。高山站出现11级大风，东部沿海、姚江沿岸出现9~10级，内陆平原地区出现8~10级大风。1521号台风“杜鹃”于9月29日8时50分在福建莆田秀屿区沿海登陆，登陆时中心附近最大风力33米/秒，中心气压975百帕。受“杜鹃”外围和副高挤压产生的强对流云团共同影响，29~30日全区出现暴雨到大暴雨，局部特大暴雨。自27日8时至30日白天，过程面雨量265.1毫米，最大龙观384毫米，除东部沿海地区雨量不到200毫米外，其他地区雨量普遍在250毫米~300毫米，其中西部山区强降水出现时间主要在29日早晨到夜里，中东部地区强降水主要出现在29日夜里（29日22时至30日7时）。全区风力普遍在5~7级。

7月雨多现夏凉。7月平均气温26.6℃，较常年偏低2.2℃，居历史同期第五位；雨量521.2毫米，较常年偏多近2倍，破历史纪录；日照时数151.5小时，比常年偏少3.1成，居历史同期第六位。其中7月上旬平均气温22.3℃，较常年同期偏低5.6℃；旬降水量229.1毫米，较常年同期偏多1.7倍，二者均破建站起历史同期纪录；旬雨日9天，较常年同期偏多4.6天，平历史同期纪录；旬日照时数1.2小时，居历史同期第二位。

秋季罕见连阴雨。11月出现历史同期最严重的连续阴雨寡照天气，连阴雨出现时段为4~9日、12~14日、16~25日、28~30日。月雨量280.4毫米，比常年偏多2.7倍，破历史同期纪录；雨日22天，比常年偏多12.7天，居历史同期第二位；日照时数44.3小时，比常年偏少6成，破历史同期纪录，持续的阴雨天气阻碍秋收冬种的进程。

寒潮。11月24~26日，受寒潮影响，出现大幅度降温和5~7级的西北风，日平均气温降温幅度11℃左右，27日平原地区最低气温降至0℃，25日起平均气温降至10℃以下，鄞州入冬。

（区委党史办、区气象局）

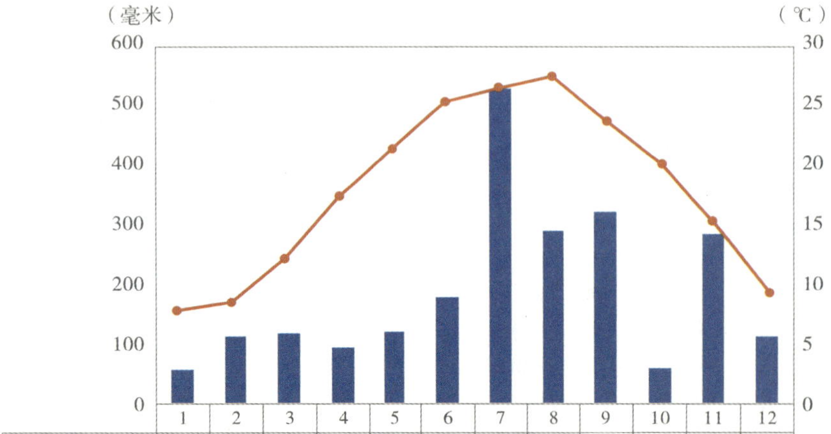

	1	2	3	4	5	6	7	8	9	10	11	12
降水量	54	109.2	115.5	91	117	174.9	521.2	284.9	317.8	58.7	280.4	109.4
平均气温	7.1	7.8	11.6	17.2	21.3	25.4	26.6	27.6	23.8	19.9	14.7	8.7

鄞州区2015年月平均气温和降水量变化示意图

历史文化

【政区沿革】 鄞地春秋时属越国，战国时属楚。秦时置鄞、鄮、句章3县，属会稽郡。3县区域大致包括今宁波市（除余姚市）及舟山群岛。鄞县治在今奉化市白杜，鄮县治在今鄞州区五乡镇同岙，句章县治在今江北区慈城镇王家坝村一带，其时，今鄞州区南部属鄞县，东部属鄮县，西北部属句章县。汉时鄞县、鄮县属大县，句章县属小县。王莽新朝，曾改鄞县为谨县，鄮县为海治县。东晋末年，句章县治迁小溪，即今鄞州区鄞江镇。西晋太康元年（280年），宁海立县。隋开皇九年（589年），鄞、鄮、句章3县一统，又合并余姚县，名句章县，治小溪，属吴州。隋大业元年（605年）属会稽郡。唐武德四年（621年），句章县析出余姚县，置鄞州，属县不可考。武德八年（625年）废鄞州为鄮县，属越州。今象山县境唐初分属鄮县和宁海县，唐神龙二年（706年），象山立县。唐开元二十六年（738年），鄮县分为鄮、慈溪、翁山（今舟山）、奉化4县，脱离越州，上设明州管辖，明州和鄮县治均在小溪。唐大历六年（771年），鄮县治迁至平原中心三江口，长庆元年（821年），明州治迁至三江口，鄮县还治小溪。五代后梁时期，鄮县属明州望海军，开平三年（909年）避讳，改鄮县为鄞县（此后至2002年，县名一直未变），并还治三江口。是年析鄞县东北部置望海县（后为镇海县）。北宋建隆元年（960年），鄞县属明州奉国军。熙宁年间（1068~1077年），鄞县先析出3个乡置昌国县（今舟山定海），后又析出3个乡（今属北仑区）归定海县，此后，鄞县县境基本稳定。南宋庆元二年（1196年）属庆元府，元至元十四年（1277年）属庆元路，明太祖吴元年（1367年）属明州府，洪武十四年（1381年）至清末属宁波府，民国初属会稽道，后依次属第五特区、第六行政督察区、第二行政督察区、第二专区。1927年，鄞县城厢析出设宁波市。1931年初，宁波市撤销，城厢仍划归鄞县。1949年5月，宁波解放，鄞县城厢再次析出设宁波市。其时，鄞县属第二专区（11月改称宁波专区），县治迁福明，9月迁姜山，年末设置5个区、49个乡。1951年3月，县治迁回江东区。1958年12月，鄞县建制撤销，并入宁波市。1961年12月，鄞县恢复建制，属宁波专区（1970年改为宁波地区），1983年属宁波市。是年，石碶乡段塘、丁家、吴家、粮丰4个村，划归海曙区；潘火乡部分行政村划归江东区。次年，邱隘区福明乡划归江东区，石碶、望春两乡部分行政村划归海曙区。是年恢复钱湖区（1950年撤销），辖原邱隘区莫枝、高钱两镇乡及原横溪区韩岭、下水两乡。1992年5月撤区扩镇并乡，8个区撤销，52个乡镇并为23个。2002年2月1日撤销鄞县设区，更名为宁波市鄞州区，区政府驻宁波市鄞州新城区惠风东路568号。2003年组建4个街道，其中梅墟街道委托市科技园区管委会管理，东钱湖镇委托市东钱湖旅游度假区管委会管理。2008年调整钟公庙、下应2个街道，组建钟公庙、下应、首南和中河4个街道。2012年8月16日，调整下应街道行政区划，原潘火管委会（鄞州投资创业中心）托管的下应街道鄞县大道以北区域单设街道，名潘火街道。

【名胜古迹】 鄞州区境内有国家森林公园（天童国家森林公园）1个、全国爱国主义教育基地宁波樟村四明山烈士陵园1座。国家AAAA级旅游景区有五龙潭、梁祝文化公园、宁波雅戈尔动物园、天宫庄园休闲旅游区、宁波博物馆5个；省级风景名胜区有天童—五龙潭、东钱湖风景名胜区2个。省级旅游强镇有高桥镇、横溪镇和龙观乡；省级特色旅游村有湾底、走马塘、黎山后、俞山、龙峰、童夏家、南头和李家坑（四明山大峡谷漂流景区）8个村。国家级重点文物保护单位有天童禅寺、阿育王寺、它山堰、横省石牌坊、大西坝（浙东运河宁波段）5处；省级文物保护单位有童第周故居、周尧故居、沙氏故居、百梁桥、樟村四明山烈士墓5处，区级文物保护单位139处。

天童景区位于东吴镇，阿育王景区位于五乡镇，总计33.66平方千米，由天童禅寺、天童森林公园、小白塔和阿育王寺4部分组成，属低山丘陵区。天童禅寺、阿育王寺均为全国重点寺院，相距5千米。阿育王寺有释迦牟尼舍利子。天童森林公园1992年被批为国家森林公园，被国际植被学会主席称为不可多得的"浙江植物基因宝库"。五龙潭景区为国家AAAA级旅游景区、省级风景名胜区，位于龙观乡，景区面积24.93平方千米，由龙潭飞瀑、青云梯和鸣凤水3个小景区组成，属丘陵。主要特点是众多飞瀑深潭连成一串，跌宕在峭壁峡谷之中，隐现在茂林修竹之间。龙潭飞瀑景区有五井十二瀑；青云梯景区有号称"天下第一梯"的2008级石阶和号称"华东第一瀑"的落差均80米的天门、水门两瀑。

东钱湖又称钱湖，是浙江省著名的风景名胜区、省级旅游度假区，距宁波城东15千米，面积22平方千米，是浙江省最大的天然淡水湖，面积为杭州西湖的4倍。湖四周群山环抱，绿树簇拥；湖中碧水清澈、烟波浩渺。郭沫若誉之为"西子风韵、太湖气魄"。历史遗迹颇多，有陶公钓矶（传说是范蠡与西施隐居地）、霞屿锁岚、二灵夕照等十大胜景，以及南宋石窟"补陀洞天"、元塔二灵塔、王安石庙等70余处古迹、21处文物保护点和200余具南宋时期石雕。湖区胜景还有王安石纪念馆、岳鄂王庙、台湾文献初祖沈光文雕像、沙孟海书学院、世界昆虫分类学家周尧昆虫博物馆、蝴蝶阁、湖滨公园等。

梁祝文化公园地处高桥镇，为晋代梁祝墓、庙古遗址所在地。1997年，梁山伯古墓遗址和出土文物在梁祝公园被发掘。梁祝文化公园以倡导梁祝爱情为文化内涵，以梁祝故事"草桥结拜""三载同窗""十八相送""楼台相会""化蝶永伴"为主线，占地面积20公顷，是规模宏大的爱情主题公园。

宁波雅戈尔动物园，又名雅戈尔

天童禅寺

野生动物园。前身是宁波东钱湖野生动物园，坐落在具有“西子风韵、太湖气魄”的东钱湖旅游度假区内，是“中国水域面积最大的野生动物园”。2004年，雅戈尔集团股份有限公司投入近2亿元，改造动物园，发展成为一个占地127公顷，集中200余个品种、近万头动物的“华东前三动物园”。

宁波天宫庄园休闲旅游区位于下应街道湾底村，总面积106.7公顷，以生态农庄为特色，是集新农村展示、文化旅游、亲子游乐于一体的国家现代农业示范区、全国农业旅游示范点、国家AAAA级旅游景区。主要景观有牡丹园、盆景园、科普长廊、桑果园、深加工基地（酒厂）、酒文化公园、绿色餐厅、酒友俱乐部、西江古村、宁波非物质文化遗产展示中心、宁波市服装博物馆和亲子乐园等。

宁波（鄞州）博物馆是国家AAAA级旅游景区，位于首南中路，建于2008年。采用“新乡土主义”风格，获全国建筑工程最高奖“鲁班奖”，设计者王澍。主题陈列有“东方神舟宁波史迹陈列”“明清竹刻艺术陈列”“阿拉老宁波民俗陈列”。博物馆旁鄞州公园中有王澍设计的五散房。

【历史名人】 自北宋太宗端拱二年（989年）至光绪三十年（1904年），鄞县历代文武进士及第者共1205人（其中6名文状元，1名武状元），居全省首位。《二十五史》从《宋史》开始，及《清史稿》，被收录的鄞县人物有120余人。历史上著名政治家有史浩、郑清之、史嵩之、余有丁、沈一贯和翁文灏。著名科学家有地球物理学家翁文波、有机化学家纪育沣、实验胚胎学家童第周、神经解剖学家卢于道和昆虫学家周尧。著名企业家有银行家胡孟嘉、国货业巨子李康年、橡胶大王余芝卿、钟表大王孙梅堂、建筑巨头张继光、旅日巨商张尊三、药业巨子鲍国昌和商人胡嘉烈。著名文学家有南宋词人张孝祥、元曲大家张可久、清代周容、现代海派女作家苏青和台湾文献之祖沈光文。著名史学家有南宋王应麟、元代袁桷、清代万斯同。著名书法家有南宋张孝祥、近现代赵叔儒、朱复戡和沙孟海。著名画家有明代吕纪、金湜，清代陈撰，当代沙耆。著名中医有唐代陈藏器，明代吕复、高武和赵献可，现代范文虎。著名革命烈士有沙文求、朱镜我、崔真吾等。中华人民共和国成立后，有鄞州区（鄞县）籍中国科学院院士37人、中国工程院院士28人。

【方言】 鄞州区方言是宁波方言主流，属于吴语太湖片甬江小片，鄞西与余姚市交界的杖锡山区说余姚话，属于吴语太湖片临绍小片。鄞州区方言大体可以划分为东区、中区、西区3个区域，区域内部差异较为显著。区域差异之外，还有老派、新派之分，语音、词汇两个方面为主要体现所在，老派方言中尽可能多地延续语言传统成分，新派方言积极吸收影视、网络流行语言，有日趋与普通话同化的倾向。

（区委党史办）

沙耆油画《东钱湖畔》

区划人口

【行政区划】 2015年，鄞州区辖首南、中河、下应、钟公庙、石碶、梅墟和潘火7个街道，瞻岐、咸祥、塘溪、东钱湖、东吴、五乡、邱隘、云龙、横溪、姜山、高桥、横街、集士港、古林、洞桥、鄞江和章水17个镇，龙观1个乡，总计25个乡级政区；有423个行政村、99个社区、18个城镇居委会。

【人口】 2015年末，鄞州区总户数34.6万户，户籍总人口86.6万人，其中城镇人口53.7万人、乡村人口32.9万人；男性42.5万人，女性44.1万人。按户籍人口计算的人口密度为643.3人/平方千米。全年出生8348人，人口出生率9.72‰；死亡5072人，人口死亡率5.90‰，人口自然增长率3.81‰。

（区委党史办）

名优特产

【席（蔺）草】 鄞州区是全国席草主要产地之一，唐代草席出口朝鲜。20世纪70年代引入日本蔺草（系古时鄞县席草流传日本后改良而成）。主要分布在鄞西平原地区。席草制品以眠床草席为主，黄古林草席最闻名，中华人民共和国成立初期，周恩来出席日内瓦会议，以40条黄古林草席赠送给各国元首及国际友人。蔺草主要加工榻榻米出口日本。

【浙贝母】 浙贝母是中药“浙八味”之一。鄞州区章水镇是全国浙贝母主要产区，历来产量占全国总量的一半以上，2003年，被中国特产之乡命名委员会命名为“中国浙贝之乡”。

【邱隘咸齑】 邱隘雪菜是宁波的传统特产之一。2003年，其生产地邱隘被命名为“中国雪菜之乡”。它选用当地特有的蔬菜良种雪里蕻。传统用洗净的厨缸腌制雪菜，风味独特，贮存长久。20世纪80年代摒弃厨缸，采用新工艺，远销海内外。

【姜山草籽种】 姜山草籽种量大质好，化肥稀缺时期，除自用外，远销省内外。化肥充裕后衰落，被列入区种质资源保护范围。

【横街竹笋】 横街镇为“中国竹笋之乡”，有浙江省单片面积最大的竹山资源（3333.33公顷），四季产笋，每年春笋、鞭笋、冬笋等产量1.2万余吨，其中大雷“黄泥拱”毛笋更是翘楚，以株大肉厚、甜嫩可口等优良品质驰名海内外。

【梅园石】 梅园石分布于鄞江镇梅园一带，色调如红枫叶，是高档建材，尤宜于大型雕刻，代表作有保国寺观音阁石雕大柱、800余年历史的日本国宝奈良东大寺石狮子、2007年宁波市赠送佛罗伦萨的文臣武将石像等。

【大松石】 大松石产于咸祥镇球休山，又名大嵩石、牛祭石、羊求休、灯明冻，是一种玉石、玩赏石。其特点是温润、凝结、细腻、光洁、亮泽。清乾隆年间海宁陈目耕的《篆刻针度》书中介绍16种印石，大松石排名第三，仅次于青田县的冻石、封门石。现在大松石非常罕见。

【澄浪潭泉水】 澄浪潭地处鄞江镇，该潭深52米，直径8米，日出水量3000余吨，是浙江省内最大的地下泉水。专家勘测发现，该泉水是从近百米深的地下岩缝喷涌而出，不受地表水和气候的影响，水温常年恒温在18℃左右，且涝时不增，旱时不减，实属罕见。经化验分析，权威评价该潭水水质达到国家地面一类水源质量标准，属国家一级地下（低钠）泉水。

【东海龙舌花茶】 东海龙舌花茶产于东钱湖福泉山茶场。福泉山茶场引进优良茶树品种36个，名茶有“东海龙舌”“云雾春”“佛茶”“白茶”等，其中“东海龙舌”以其外形扁平、嫩黄带毫、汤色清澈明亮，滋味浓醇爽口有回味而闻名海内外。2002年获浙江省无公害名特优茶，福泉山茶场也被宁波市评为绿色农产品茶叶基地。

天宫庄园桑果节

【湾底桑果】 桑果（桑葚）是卫生部批准的“药食同源”水果，有“中华果王”之称，湾底桑果基地位于下应街道湾底农业生态园区内，全国最大，桑田1133.33公顷。

【洞桥“八戒”西瓜】 洞桥镇种植西瓜有较长的历史，以“八戒”为注册商标的洞桥西瓜以其皮薄、质脆、味甜而享誉宁波，被评为“浙江省十大优质名瓜”。

【李家洋榨菜】 五乡镇的李家洋榨菜色泽碧绿，块茎饱满，经过独特的三道腌榨工艺，制成的榨菜味道鲜美。

（区委党史办）

经济和社会发展

【综合实力】 2015年，鄞州区地区生产总值1350.1亿元，按可比价格计算，增长8.1%。其中，第一产业增加值39.5亿元，增长1%；第二产业增加值724.5亿元，增长3%；第三产业增加值586.1亿元，增长18.3%；工业增加值669.8亿元，增长2.5%。三次产业比重依次为2.9%、53.7%和43.4%。按户籍人口计算，人均GDP15.6万元（按年平均汇率折算为25035美元）。

财政总收入312.7亿元，增长6.9%，其中一般公共预算收入189.6亿元，增长5.7%。税收收入281.9亿元，增长5.2%，其中增值税、企业所得税、营业税和个人所得税分别为107.7亿元、55.3亿元、44.3亿元和21.6亿元，分别增长10.5%、7.6%、13%和3.8%。

净增城镇就业岗位24625个，7021名城镇失业人员实现再就业。年末城镇登记失业率1.81%，好于年度预期目标（2%以内）。

【农业和农村建设】 2015年，鄞州区农林牧渔业总产值57.7亿元，增长0.6%。其中，农业产值42.2亿元，增长4.2%；林业产值1.8亿元，增长4.9%；畜牧业产值4.8亿元，减少22.1%；渔业产值7.4亿元，减少3.9%；农林牧渔服务业产值1.5亿元，增长7.8%。全年农林牧渔业增加值40.3亿元，增长1.2%。

粮食作物播种面积25952公顷，增长2.6%；粮食亩产432千克，增长0.9%；粮食总产量17万吨，增长4.7%。油料作物播种面积1151公顷，增长22.7%；花卉苗木播种面积3152公顷，增长8.3%；蔬菜播种面积10765公顷，减少9.9%；果用瓜播种面积3163公顷，增长24.8%；席草播种面积3691公顷，增长14.8%。年末生猪存栏数为6.8万头，减少32.4%；年末家禽存栏51.1万羽，减少18.8%。肉类总产量13635吨，减少31.6%；禽蛋产量7197吨，减少12.5%；水产品总产量16846吨，减少12%。

投入新村建设资金42.3亿元，拆

除农村旧房60.8万平方米，新开工新村面积123.5万平方米，主体结顶149.7万平方米，安置农户9980户。创建市级全面小康村3个、中心村4个和特色村3个。

【工业和建筑业】2015年，鄞州区有规模以上工业企业1716家，年主营业务收入上亿元企业446家、上10亿元企业36家。工业总产值2949.6亿元，增长1%，其中规模以上工业总产值2364.7亿元，增长0.3%；规模以下工业总产值584.9亿元，增长4%。规模以下工业增加值155.1亿元，增长5.9%。规模以上工业销售产值2324.6亿元，增长0.3%；出口交货值643.7亿元，下降0.6%；新产品产值726.1亿元，增长1.7%。高新技术行业产值1083.2亿元，增长4%；高新技术企业产值677.9亿元，增长3.7%；市级战略性新兴产业（4+4+4产业）产值666亿元，增长2.4%；区级战略性新兴产业产值298.7亿元，增长7.5%。规模以上工业主营业务收入2274.3亿元，下降0.04%；利税总额202亿元，下降2%；利润141.3亿元，下降2%；从业人员平均人数29.9万人，下降4.1%。

全区有资质以上建筑施工企业91家。建筑业产值378.9亿元，增长11.7%，其中建筑工程产值331.9亿元，增长10.3%；安装工程产值44.6亿元，增长24.3%。建筑企业全部合同签订额575.9亿元，增长10.8%，其中新签订合同315.8亿元，下降7.3%。按建筑业总产值计算的劳动生产率为34.5万元/人，减少8.1%。房屋建筑施工面积3225.5万平方米，增长10%，其中新开工面积1394.9万平方米，增长0.5%。

【固定资产投资和房地产业】2015年，鄞州区固定资产投资693.1亿元，增长16.8%，其中民间投资465.8亿元，增长14.6%。固定资产投资项目798个，其中亿元以上项目211个，新开工项目472个。亿元以上项目投资280.8亿元，增长28.3%。第二产业固定资产投资192.5亿元，增长10.6%，其中工业投资192.5亿元，增长11.1%。工业投资中，技改投入177.7亿元，增长32.7%。第三产业固定资产投资500.1亿元，增长19.4%。基础设施投资117.1亿元，增长7.2%。

房地产业投资额376.2亿元，增长22.9%。其中，房地产开发业投资267.3亿元，增长6.8%；住宅开发投资174.7亿元，增长12.5%。商品房屋销售面积270万平方米，增长45.5%，其中住宅销售面积222万平方米，增长35.1%。商品房屋销售额332.4亿元，增长48.3%，其中住宅销售额284亿元，增长41.2%。

【国内贸易】2015年，鄞州区批发零售业商品销售额2240.5亿元，增长14.6%，其中限额以上销售额1759.1亿元，增长12.6%。住宿餐饮业营业额65.3亿元，增长16.7%。全年社会消费品零售总额498.1亿元，增长12.1%。其中，批发零售业零售额456.5亿元，增长12.6%；住宿餐饮业零售额41.5亿元，增长6.8%。全年限额以上零售业中，汽车类零售额128.7亿元，增长7.2%；服装鞋帽针纺织品类零售额43.6亿元，增长41.7%；粮油食品类零售额19.9亿元，增长11.9%；石油及制品类零售额19.6亿元，下降7.1%；中西药品类零售额9.3亿元，增长5.3%；烟酒类零售额6.7亿元，增长26.5%。

全区有各类商品交易市场83个，全年成交额285.1亿元，增长11.6%；网上交易市场4个，成交额8.75亿元，增长25.2%。全区建成商务楼宇48幢174.2万平方米，有3711家企业入驻，入驻面积127.3万平方米。

【对外经济和招商引资】2015年，鄞州区进出口总额146.9亿美元，增长0.3%。其中，出口额123.2亿美元，增长2.0%；进口额23.7亿美元，下降7.6%。一般贸易出口总额114.2亿美元，增长1.9%，占出口总额92.8%；加工贸易出口总额8.7亿美元，增长2.4%。生产企业出口额39.2亿美元，增长4.6%；“三资”企业28.3亿美元，下降3.5%；外贸公司55.3亿美元，增长3.3%。机电产品出口61.9亿美元，增长4.6%，占全部出口比重的42.1%。高新技术产品出口4.6亿美元，增长14.6%。出口新兴市场41.8亿美元，增长1.5%；出口“一带一路”沿线国家（64国）29.7亿元，增长1%。

签订外资项目77个，其中外商独资项目46个；合同利用外资12.5亿美元，下降5.4%；实际利用外资5.4亿美元，下降2.8%。其中服务业合同利用外资、服务业实际利用外资分别为5亿美元和1.9亿美元。引进内资125.4亿元。“浙商回归”项目128个，包括新项目100个、结转项目28个，协议总投资383.6亿元，其中省外方投资额347.4亿元，实际到位资金123.1亿元。全年批准外商投资企业77家。

【旅游、交通运输、供电】2015年，鄞州区旅游总收入198.1亿元，增长

鸿溪山庄

15.1%。接待国内旅游者1851.6万人次，增长11.6%；接待入境旅游者21.4万人次，增长16.6%。旅游外汇收入6275.4万美元，增长13.9%。创建国家AAA级旅游景区、省果蔬采摘旅游基地、省运动休闲旅游优秀项目、省中医药养生基地、市级休闲旅游基地和市级工业旅游示范基地各1家。全区累计有国家AAAA级旅游景区5家、AAA级旅游景区3家。增加金叶级绿色旅游饭店、三花级酒店、四叶级特色客栈各1家，全区旅行社、分社增至48家。

货物运输量4242万吨，其中公路货运量3550万吨。货运周转量1014948万吨千米，其中公路货运周转量314352万吨千米。客运量1435万人（口径调整，仅包括班车、旅游，下同），其中公路客运量1435万人；客运周转量113903万人千米，其中公路客运周转量113903万人千米。年末公路总里程达1988千米（不包括城市道路），增加46千米，其中高速公路143千米、一级公路156千米、二级公路216千米、三级公路298千米、四级公路1175千米。以全区面积计算的公路网密度为149.01千米/百平方千米，以户籍人口数量计算的公路网密度为23.33千米/万人。全年宁波栎社国际机场旅客吞吐量、货邮吞吐量和航班起降架次分别为685.5万人次、8.8万吨和5.6万架次，分别增长7.8%、7.4%和4.1%。

邮政业务收入6438.5万元，增长1.7%。全社会用电量76.9亿千瓦时，下降0.3%。其中，工业用电52.1亿千瓦时，下降4%；商业和住宿餐饮业用电3亿千瓦时，增长4.8%；城乡居民生活用电11.5亿千瓦时，增长7.9%。

【金融】 2015年，鄞州区有金融机构92家。年末金融机构本外币各项存款余额1925.9亿元，比上年末增长9%；本外币贷款余额1727.6亿元，增长9.2%。年末金融机构人民币存款余额为1855.3亿元，增长8.5%。其中，储蓄存款余额895.6亿元，增长9%；金融机构人民币贷款余额1672.9亿元，增长9.8%。

全区有当地首发上市公司12家、鄞州区资本控制的异地上市公司4家。

5月16日，龚鹏程国学院宁波分院在横街镇桃源书院揭牌。图为台湾籍国学大师、北京大学教授、北京大学文化资源研究中心主任龚鹏程

有3家企业正在中国证券监督管理委员会审核。6家企业向中国证券监督管理委员会宁波监管局辅导备案。

保险公司保费收入17.9亿元，下降7.9%。其中，财产险保费收入12.4亿元，下降0.3%；人身险保费收入4.5亿元，下降30.6%；其他保费收入1.0亿元，上升83.2%。保险公司赔款支出10.7亿元，下降3.0%。其中，财产险赔款支出8.9亿元，人身险赔款支出1.8亿元。

【科学技术、教育、人才】 2015年，鄞州区分别增加省、市级专利示范企业5家和6家，累计有国家级专利示范企业9家、省级专利示范试点企业51家、市级53家。全年获各类授权专利12746件，其中发明专利1445件。专利申请16284件，发明申请4561件。增加高新技术企业23家，累计有高新技术企业298家、市级科技型企业55家、国家和省、市级创新型企业67家。全区累计有国家级企业工程中心6家、省级高新技术企业研究开发中心76家。累计获国家级科技项目8项。

全区有普通中学42所，在校学生40820人，专任教师3482人；中等职业学校8所，在校学生11755人，专任教师1065人；小学73所，在校学生81526人，专任教师4199人。小学入学率、巩固率和升学率均达到100%；初中入学率、巩固率和升学率分别为100%、100%和98.96%。应届初中毕业生升入高中段比例为98.96%；义务教育学龄人口入学率达100%。

引进各类人才1.3万人，其中高层次人才600余人，增加高级职称人才340人（其中正高级23人）。入选省“千人计划”7人，市“3315高端团队”6个、市“3315个人计划”4人，区“创业鄞州精英引领”计划16人，海外工程师12人。增加国务院特殊津贴专家1人、省“151人才”4人、市领军拔尖人才24人，有2名专家获“市有突出贡献中青年专家”称号，2名外国专家获市“茶花奖”或“茶花纪念奖”。11人获2015年度宁波市“甬城英才”奖。增加市级企业技术创新团队6家；年度招收进站博士后9人，接收高校毕业生7707人，累计培训各类高技能人才2046人。继续保持市级以上“千人计划”（61个）、海外工程师（141人）、院士工作站（19家）、博士后工作站（24家）、企业技术创新团队（24个）五大重点人才指标居全大市第一。

【卫生、文化、体育】 2015年，鄞州区有卫生机构572个，其中医院16家（综合医院9家，专科医院5家，中医医院1家，中西医结合医院1家）；社区卫生服务中心7家，标准社区卫生服务站84家；乡镇卫生院16家，门诊部21家，村卫生室290家，诊所和医务室131家。有各类医院床位3919张，卫生技术人员8813人、医师3417人、注册护士3327人。全年总诊疗1486.95万人次（其中门诊1398.95万人，急诊88万人），住院病人实际占用日114.4万天。

全区有物质文化遗产保护单位、点和名录865处。其中，国家级文保单位5处、省级文保单位7处；有库藏文物档案藏品20791件，其中珍贵文物689件。全区有国家级非物质文化遗产名录5项、省级21项、市级45项。累计建成博物馆32座、在建3座、筹建3座。全年“天天演”文化惠民工程演出1389场次，惠及观众100万余人次。举办“明州大讲堂”讲座104场，听众达5万人次。各类文艺作品在各艺术门类比赛中获国家级奖项9件、省级13件、市级17件。

举办（承办）ATP国际网球挑战赛、中国女子篮球联赛八一女篮主场赛、第九届中俄国际象棋对抗赛、全国帆船邀请赛、亚洲攀岩锦标赛以及鄞州首创的棋牌类运动——太极牌全国邀请赛。全区各镇乡（街道）举办区级赛事活动30余次，举办山地马拉松赛、自行车赛和全国女子半程马拉松赛等“山水系列”赛事活动。组织各项目精英参加全国、省、市比赛，在第十届全国木球锦标赛中获男女团体第一名；获浙江省第二届海洋运动会海涂速滑比赛男子、女子团体一等奖，在浙江省首届生态运动会暨省第四届健身排舞大赛总决赛上获自选曲目和规定曲目一等奖；在宁波市舞龙比赛中获一等奖。

【人民生活、社会保障、社会组织】 2015年，鄞州区城镇常住居民人均可支配收入50215元，增长8.4%。其中，人均工资性收入29951元，人均经营性收入10838元，人均财产性收入6499元，人均转移性收入2927元。城镇常住居民人均消费性支出33029元。其中，人均食品支出8629元，人均交通和通讯支出5422元，人均教育文化娱乐服务支出4170元，人均居住支出7014元。城镇常住居民人均期末拥有房屋面积49平方米。

农村常住居民人均可支配收入29110元，增长9.1%。农村常住居民人均生活消费支出20470元，比上年增长9.5%。其中，人均用于食品支出7263元，人均衣着支出1516元，人均交通和通讯支出3515元。平均每百户农村家庭拥有彩色电视机179台、家用电脑53台、空调机126台、电话机71部、移动电话190部、电冰箱95台、洗衣机79台、汽车24辆。农村常住居民人均期末拥有房屋面积43平方米。

全区基本养老、医疗、失业、工伤、生育保险的参保人数分别为117.37万人、64.67万人、47.12万人、47.86万人、45.67万人，实际缴费人数依次为52.84万人、52.81万人、47.12万人、47.86万人、45.67万人；户籍人口城乡三项医保制度参保覆盖率达到95.5%。农村医保参保人员统筹区内政策范围内住院医疗费用报销比例在75%以上；基层医疗机构门诊政策范围内医疗费补偿比例60%。

农村五保对象供养标准调整到人均1334元/月，困难群众最低生活保障标准调整到人均744元/月。全年发放低保金2387.6万元，向贫困重度残疾人发放生活保障金920.4万元，发放残疾人基本生活保障金1781.5万元，支付重特大病医疗金2004.6万元。增加养老机构床位600张，建成居家养老服务站50个，累计有居家养老服务站401个。

全区有17个镇、1个乡、7个街道办事处，423个行政村、99个社区、18个城镇居委会。

【市政公共服务、环境保护、能源、社会安全】 2015年，鄞州区拆除违法建筑252.89万平方米，完成旧住宅区、城中村、旧厂区改造409.74万平方米。

至年底，纳入鄞州管理的各类市政设施包括桥梁192座；地下排水管道370.54千米，城市道路总长136.91千米，人行道面积96.88万平方米，各类市政设施完好率在98%以上。城区保洁的道路面积693万平方米，长效保洁覆盖率100%，机扫率80%。全区生活垃圾日处理量达1421.45吨/日，生活垃圾集中收集行政村覆盖率和无害化处理率均达到100%。

落实中幼林抚育面积1333.33公顷，其中重点区域533.33公顷。生态公益林建设面积32400公顷。山地营造林建设面积80公顷，其中珍贵树种造林面积33.33公顷。

全区有国家级生态乡镇17个、省级生态镇（街道）1个，国家级生态村1个、市级生态村327个，市级以上环保模范（绿色）单位144家。化学需氧量和氨氮排放量较上年分别减少排放279吨和91吨，分别削减3.2%和4.6%；二氧化硫和氮氧化物全年排放量减少145吨和108吨，分别削减4.1%和7.3%。

规模以上工业单位增加值能耗下降4.4%，预计全年万元GDP综合能耗下降5%左右。

各类安全生产事故662起；安全生产死亡人数100人，下降2.0%。道路交通事故起数、死亡人数、经济损失分别下降0.6%、1.1%和0.5%。食品安全评价抽检项次合格率88.93%，批次合格率93.02%；药品监督抽检合格率100%。

（区统计局）

注：

（1）本部分各项数据来源于《2015年宁波市鄞州区国民经济和社会发展统计公报》，所列各项数字均为初步统计数，具体数据以《鄞州区统计年鉴（2016）》资料为准，下同；

（2）全区生产总值、各产业增加值绝对数按当年价格计算，增长速度按可比价格计算，人均生产总值按户籍人口计算；

（3）规模以上工业企业指年主营业务收入2000万元及以上工业企业；

（4）固定资产投资统计范围为计划总投资500万元及以上的项目；

（5）限额以上批发业指年主营业务收入2000万元及以上批发企业（单位）；限额以上零售业指年主营业务收入500万元及以上零售企业（单位）；限额以上住宿餐饮业指年主营业务收入200万元及以上住宿餐饮企业（单位）；

（6）由于户籍改革，自2015年起取消农业与非农业人口登记，统计口径改为乡村人口与城镇人口；

（7）从2015年1月起，邮政业务收入口径有调整，包括代理速递业务结算口径调整，原来代理速递业务以20%计入邮政业务收入，现全部计入邮政业务收入。

“质量新鄞州”建设

鄞州公园

综　述

发展质量

建设质量

文化质量

生活质量

生态质量

鄞州年鉴

2016 YINZHOU YEARBOOK

综 述

【概况】 2015年，鄞州区实施"六大行动"，推进稳增长、促改革、调结构、惠民生、防风险等各项工作，经济社会发展实现飞跃。初步评估测算，"质量新鄞州"建设总体实现度从2010年的70.9%提升至2015年的89.1%，提高18.2个百分点。发展质量、建设质量、文化质量、生活质量和生态质量五大领域实现度均有所提升，生态质量领域实现度最高，发展质量领域提升幅度最大。60项指标中，24项指标达到或超过目标值，33项指标实现度超过95%。

"质量新鄞州"实现度不断提升，但与2016年总体实现程度超过95%的目标仍有5.9个百分点差距。此外，评估指数进一步提升的难度加大，达到目标值的指标会出现反复，未达目标值的指标增长放缓。从五大领域实现度看，生活和生态领域实现度较高，超过90%，发展、建设和生活质量领域完成度相对较低。从提升速度上来看，发展质量领域提升最快，提升26.8个百分点，而生态质量领域由于完成度相对较高，提升空间相对有限。60个指标中15个指标完成度不到80%，主要集中在发展质量和建设质量领域。其中万人刑事案件立案数、工业总产值、规模以上工业全员劳动生产率等指标完成度分别为45.5%、49.2%、62.7%。固定资产投资和工业投资提升较快，分别提升41.4和32.8个百分点，但完成度仍相对较低。经过初步测算，60个指标中大部分在2010年基础上有所增加，但个别指标相比2010年和2014年降低。工业总产值、规模以上工业全员劳动生产率、实际利用外资、新城区经济贡献率和城乡三项医保参保率实现度相比2014年分别下降5.1、0.6、2.6、2.8和0.5个百分点，规模以上工业增加值率和万人刑事案件立案数实现度相比2010年和2014年下降。至2015年，固定资产投资完成"倍增"目标。按现有发展速度，除农村居民人均可支配收入预计在2017年实现"翻番"目标外，其他指标几乎无法实现，其中财政总收入和城镇居民人均可支配收入预计分别在2017年和2019年才能实现目标。工业总产值、地区生产总值和人均GDP到2020年实现"倍增"或"翻番"较困难。

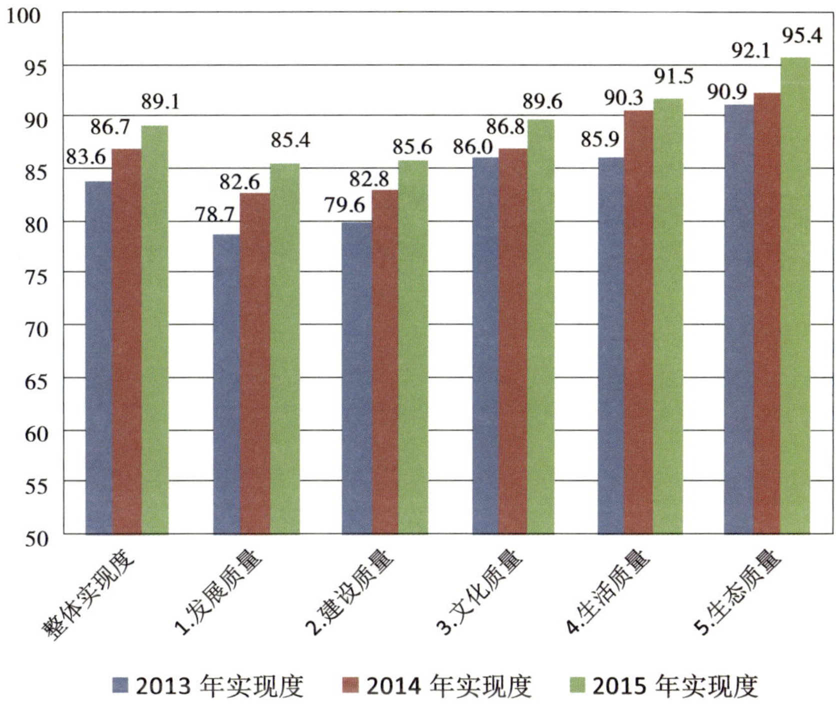

表 1 "质量新鄞州"五大领域实现度

五大领域	权重（%）	2013年	2014年	2015年
		实现度（%）	实现度（%）	实现度（%）
发展质量	28	22.18	23.32	23.90
建设质量	16	12.74	13.24	13.70
文化质量	15	12.91	13.02	13.45
生活质量	26	22.32	23.49	23.79
生态质量	15	13.92	13.81	14.31
合计	100	84.07	86.88	89.15

发展质量

【概况】2015年,“发展质量”领域实现度为85.4%,分别比2014年和2010年高2.8和26.8个百分点。其中R&D（研究与开发）经费支出占GDP比重、高新技术产业增加值占工业增加值比重、万人发明专利拥有量等指标完成目标。万人拥有专业技术人员数和农业现代化指数实现度分别达90.4%和84.7%。2015年,鄞州区服务业增加值占GDP比重达到历史最高,为43.4%,实现度100%。

表2　2015年“发展质量”领域各指标完成情况

一级指标	序号	二级指标	单位	权重	2020年标准值	实绩	实现度
发展质量（14项）	1	人均GDP	万元	2	18	15.6	1.73
	2	财政总收入	亿元	2	380	312.7	1.65
	3	工业总产值	亿元	2	6000	2949.6	0.98
	4	规模以上工业增加值率	%	2	25	19.0	1.52
	5	规模以上工业全员劳动生产率	万元/人·年	2	24	15.0	1.25
	6	服务业增加值占GDP比重	%	2	40	43.4	2.00
	7	R&D经费支出占GDP比重	%	2	3	3.0	2.00
	8	高新技术产业增加值占工业增加值比重	%	2	32	45.6	2.00
	9	万人发明专利拥有量	件	2	8	16.7	2.00
	10	全社会消费品零售总额	亿元	2	500	498.1	1.99
	11	自营进出口总额	亿美元	2	200	146.9	1.47
	12	实际利用外资	亿美元	2	6	5.4	1.81
	13	农业现代化指数	—	2	100	84.7	1.69
	14	万人拥有专业技术人员数	人	2	1500	1356.0	1.81
		小计		28			23.90

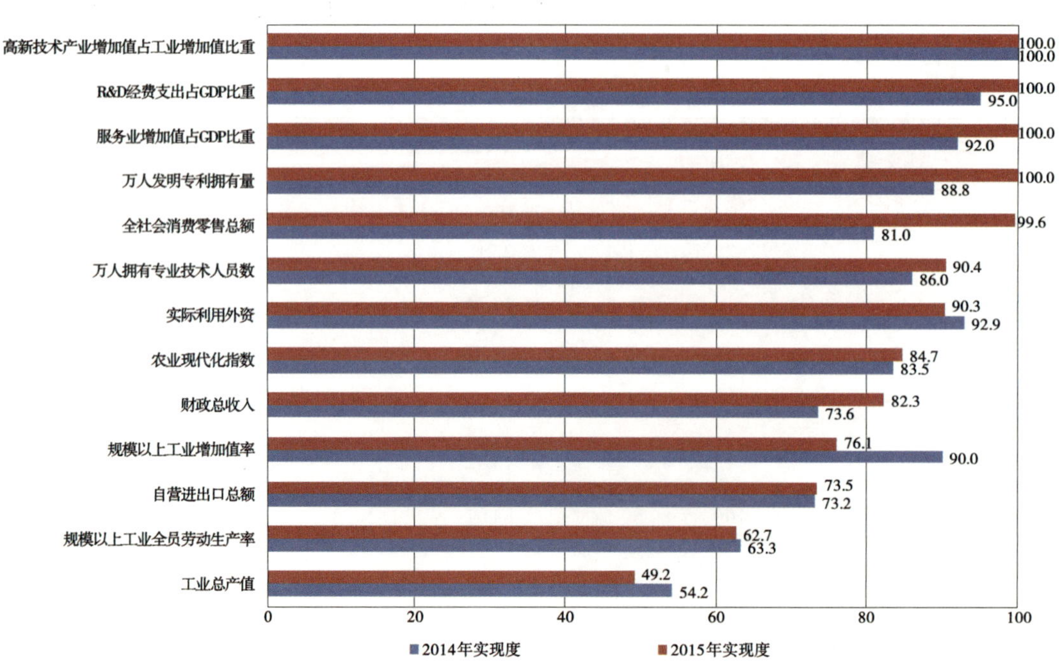

建设质量

【概况】2015年，"建设质量"领域实现度为85.6%，分别比2014年和2010年高2.9和19个百分点。其中，城乡居民人均住房建筑面积、公路网面积密度、信息化指数和亿元GDP生产安全事故死亡率达到目标值，固定资产投资、工业投资、单位建设用地GDP、公交出行分担率实现度均有提升，比2014年分别提升10、6.4、5.2和5.5个百分点。

表3　2015年"建设质量"领域各指标完成情况

一级指标	序号	二级指标	单位	权重	2020年标准值	实绩	实现度
建设质量（11项）	15	固定资产投资	亿元	2	1000	693.1	1.39
	16	工业投资	亿元	1	300	192.5	0.64
	17	城乡统筹发展指数	—	2	100	95.1	1.90
	18	城市化率	%	2	80	69.9	1.75
	19	新城区经济贡献率	%	1	40	31.7	0.79
	20	单位建设用地GDP	亿元/平方千米	2	6	4.5	1.48
	21	城乡居民人均住房建筑面积	平方米	2	35	35.7	2.00
	22	公路网面积密度	千米/百平方千米	1	125	149.0	1.00
	23	公共交通出行分担率	%	1	40	30.0	0.75
	24	信息化指数	—	1	100	103.9	1.00
	25	亿元GDP生产安全事故死亡率	%	1	0.1	0.07	1.00
		小计		16			13.70

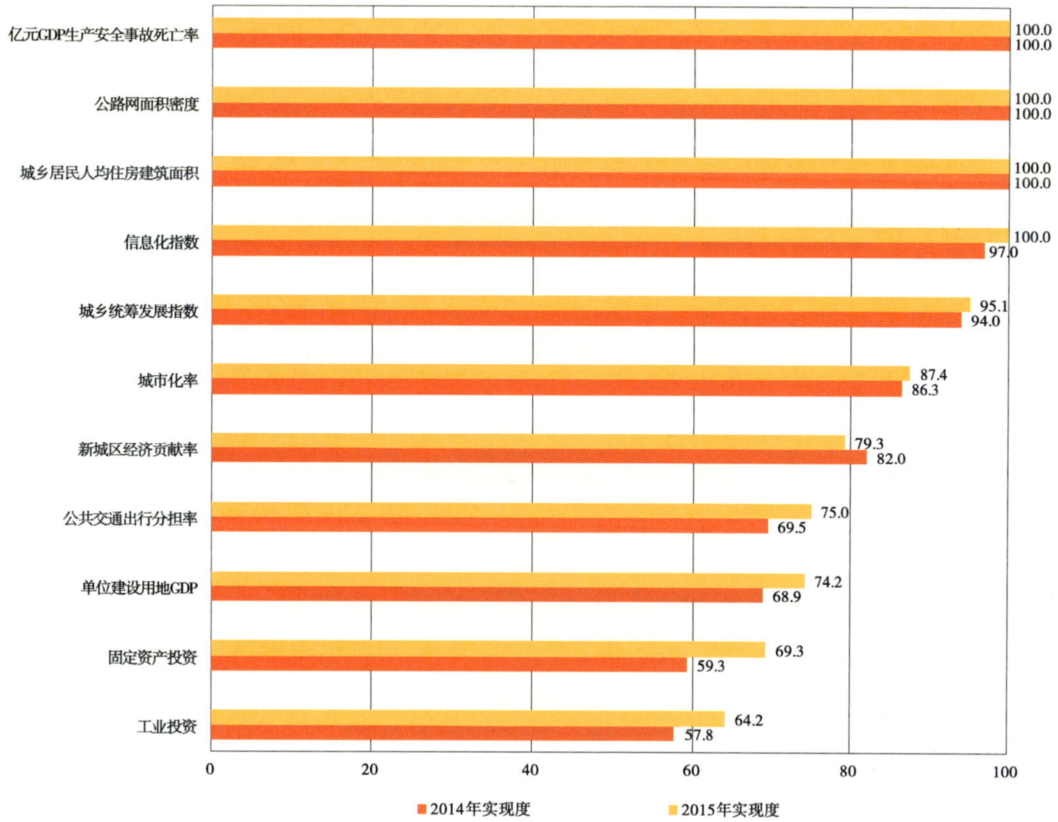

文化质量

【概况】 2015年,“文化质量”领域实现度为89.6%,分别比2014年和2010年高2.8和16.2个百分点。全部8项指标中,文化娱乐消费比重、公共文化服务评估指数和万人拥有社会组织数完成目标。市级以上文明村创建率、和谐企业创建率实现度为99.0%和97.9%。

表 4　2015 年“文化质量”领域各指标完成情况

一级指标	序号	二级指标	单位	权重	2020年标准值	实绩	实现度
文化质量(8项)	26	文化产业增加值占GDP比重	%	2	7	5.7	1.63
	27	文化娱乐消费比重	%	2	7	8.4	2.00
	28	具备基本科学素质公民比例	%	2	15	10.5	1.40
	29	公共文化服务评估指数	—	2	78	78.0	2.00
	30	注册志愿者占户籍人口比率	%	2	12	8.9	1.48
	31	市级以上文明村创建率	%	2	40	39.6	1.98
	32	和谐企业创建率	%	2	97	95.0	1.96
	33	万人拥有社会组织数	个	1	25	35.0	1.00
		小计		15			13.45

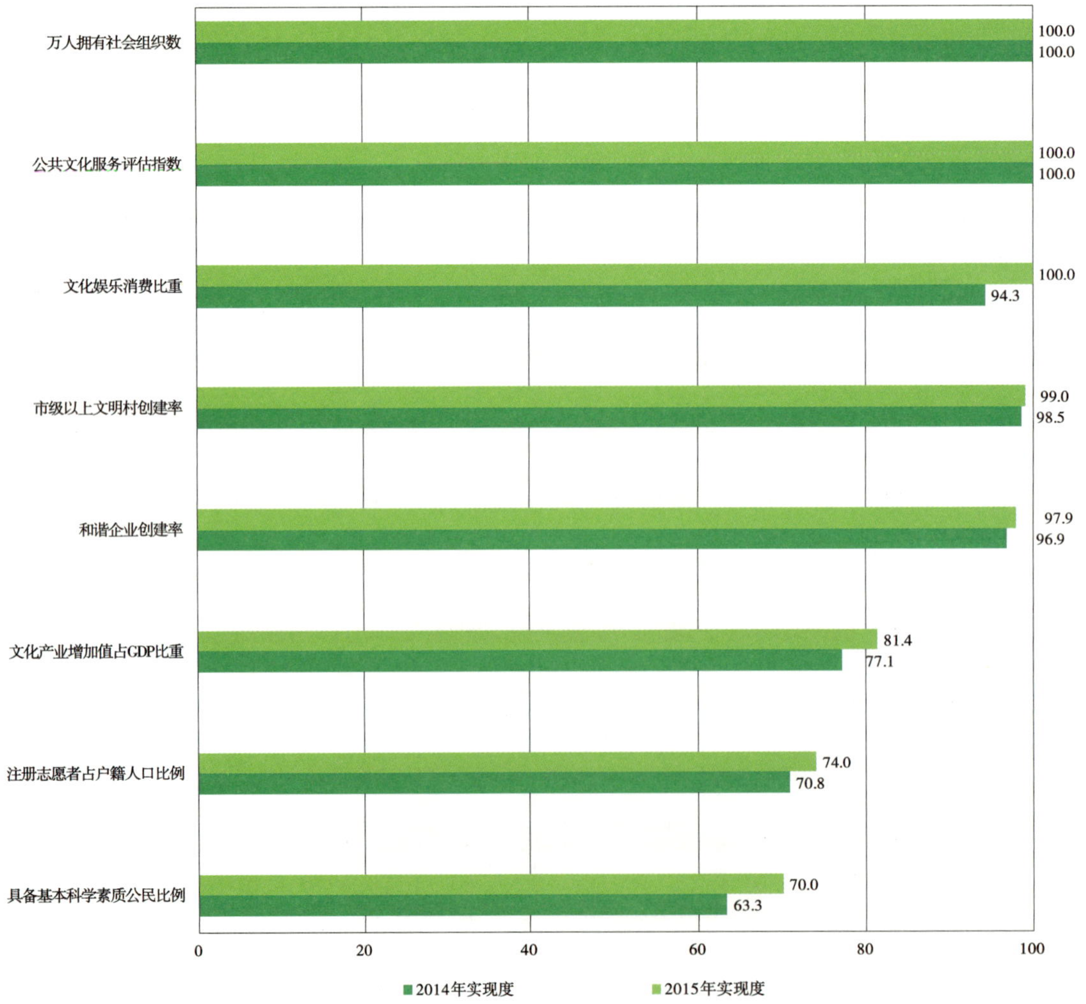

生活质量

【概况】 2015年,"生活质量"领域实现度为91.5%,分别比2014年和2010年高1.1和14.7个百分点。全部17项指标中,城乡居民收入比、15年教育普及率、城乡养老保险参保率、城镇登记失业率、村(社区)便民服务中心覆盖率、人均预期寿命、千名老人拥有养老床位数7项指标实现度为100%,城乡三项医保参保率、万人拥有医生数实现度接近100%。

表5　　2015年"生活质量"领域各指标完成情况

一级指标	序号	二级指标	单位	权重	2020年标准值	实绩	实现度
生活质量(17项)	34	恩格尔系数	%	1	30	33.5	0.90
	35	城镇居民人均可支配收入	元	2	65000	50215.0	1.55
	36	农村居民人均纯收入	元	2	34000	29110.0	1.71
	37	城乡居民收入比	—	1	2	1.73	1.00
	38	居民最低生活保障标准	元/月	1	1000	744.0	0.74
	39	15年教育普及率	%	1	100	100.0	1.00
	40	城乡三项医保参保率	%	2	96	95.5	1.99
	41	城乡养老保险参保率	%	2	95	95.4	2.00
	42	财政人均民生支出	元	2	10000	9349.0	1.87
	43	村(社区)便民服务中心覆盖率	%	1	100	100.0	1.00
	44	城镇登记失业率	%	2	3.5	1.8	2.00
	45	万人拥有医生数	人	1	40	39.5	0.99
	46	人均预期寿命	岁	1	80	81.3	1.00
	47	千名老人拥有养老床位数	张	2	50	52.9	2.00
	48	食品安全评价抽检合格率	%	2	100	88.9	1.78
	49	万人刑事案件立案数	件	1	80	175.8	0.46
	50	社会发展水平评价指数	—	2	100	90.0	1.80
		小计		26			23.79

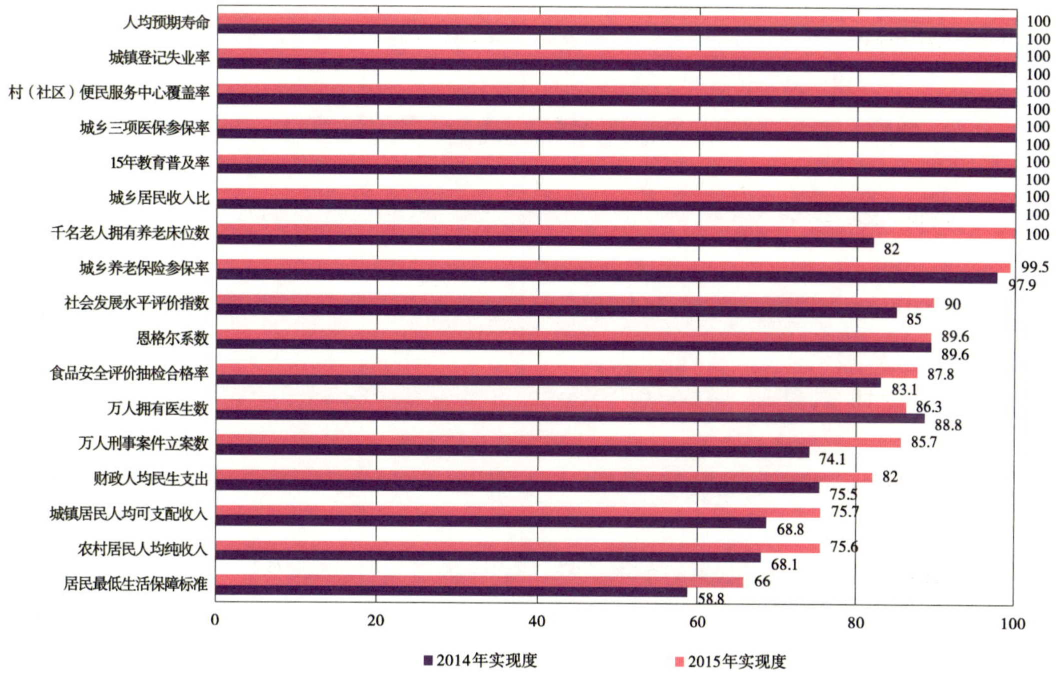

生态质量

【概况】2015年，“生态质量”领域实现度为95.4%，分别比2014年和2010年高3.3和9.4个百分点。全部10项指标中，除污水集中处理率实现度相对较低外，其他指标实现度均为或接近100%。

（王维玲　张　婕）

表 6　　2015 年“生态质量”领域各指标完成情况

一级指标	序号	二级指标	单位	权重	2020年标准值	实绩	实现度
生态质量（10项）	51	环境保护支出占GDP比重	%	1	2	2.5	1.00
	52	单位GDP综合能耗	吨标准煤/万元	2	0.5	0.42	2.00
	53	单位GDP水耗	立方米/万元	1	60	60.7	0.99
	54	集中式饮用水水源地水质达标率	%	1	100	100	1.00
	55	空气质量达标（API<100）天数	天	2	350	346	1.98
	56	森林覆盖率	%	2	50	50	2.00
	57	人均公共绿地面积	平方米	2	13	12.8	1.96
	58	污水集中处理率	%	2	95	65.7	1.38
	59	工业固体废物综合利用率	%	1	100	100	1.00
	60	城乡生活垃圾无害化处理率	%	1	100	100	1.00
		小计		15			14.31

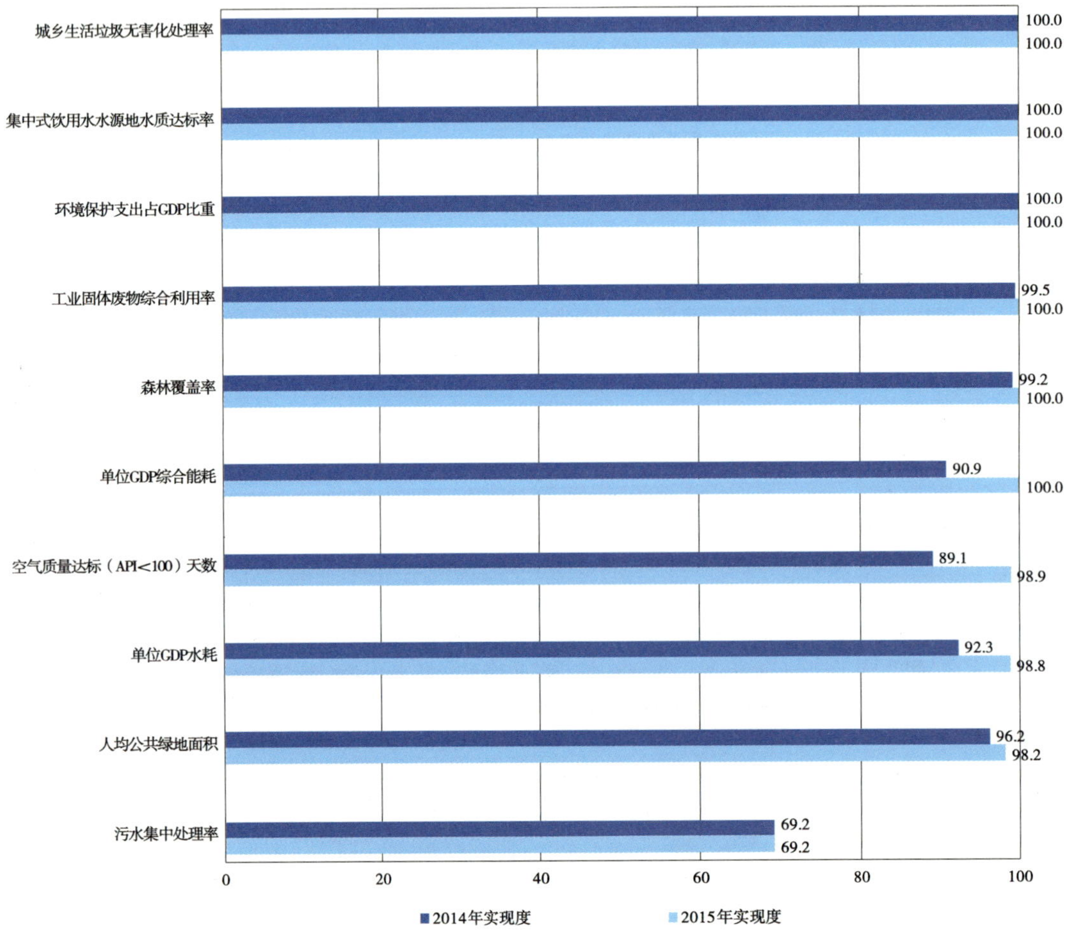

中共宁波市鄞州区委员会

太白湖

鄞州年鉴

2016 YINZHOU YEARBOOK

综　述

【概况】2015年，鄞州区实现地区生产总值1350.1亿元，比上年增长8.1%。财政总收入312.7亿元，增长6.9%，其中一般公共预算收入189.6亿元，增长5.7%。固定资产投资693亿元，增长16.8%。社会消费品零售总额498.1亿元，增长12.1%。城镇居民人均可支配收入5万元，增长8.4%。农民人均可支配收入2.9万元，增长9.1%，一般公共预算收入连续8年全省第一，地区生产总值位居全市第一。

制订《宁波市鄞州区国民经济和社会发展第十三个五年规划》并征求意见。制定完善经济发展若干政策，设立新兴产业引导基金，推进17个改革项目，率先实施"三证合一""一照一码"商事登记制度改革全市试点，取消部分区级前置审批事项，基本完成村经济合作社股份合作制、政府机构等重大改革，理顺产业园区、涉村财政补助资金等相关体制。

实到外资5.4亿美元，"浙商回归"资金123.1亿元。推进130个重大项目，杉杉新能源、中车无轨电车、龙之恒泰等项目集中开工。增加国家高新技术企业23家、上市公司3家，行政认定中国驰名商标4个，高新技术行业产值比重提高至46%。服务业比重达到43.4%，四明金融小镇获批省级特色小镇，成为全省网络零售前十强县（市、区）、省级信息经济发展示范区。

深化城市"十大功能区块"建设，推进一批产业项目、功能配套设施建设，基本完成老旧小区整治。镇村拆旧建新537.3万平方米，李家坑、小白、山下、李岙等村成为全市美丽乡村建设典型。整治黑河、臭河、垃圾河260条，关闭畜禽养殖场和蔺草加工等重污染企业399家，建设污水管网108.8千米，农村生活污水治理村覆盖率达63.8%，受益农户6万余户，获评全省"五水共治"工作优秀县（市、区）大禹鼎；"三改"完成409.7万平方米，拆违252.9万平方米，完成"两路两侧"省定、市定任务。推进33个重点管理事项落地落实，完成人力三轮车整治、"黄标车"淘汰等工作。

推进"周日文化""义乡鄞州""文化天天"全覆盖，出台基层宣传文化工作"四张清单"、全面构建现代公共文化服务体系的实施意见，成为全省农村文化礼堂建设先进县、全省文化产业重点县（市、区），它山堰成为全市唯一世界灌溉工程遗产。引进优质民营特色学校、专科医院和养老机构。推进重大堤防工程、骨干道路、安置房等建设，健全完善公共服务和社会保障体系。推进依法行政和公正司法，基本完成"两网融合"试点、村规民约和社区公约制修订工作；强化信访矛盾化解、流动人口引导调控、网上重大舆情处置等，依法严厉打击违法犯罪活动、非访闹访行为，开展"合用场所"安全生产专项整治，垃圾焚烧发电、机场三期等项目征迁基本清零，实现安全生产事故连续10年"零增长"。

开展"三严三实"专题教育，区委常委会带头、领导干部示范，深入学习贯彻习近平系列重要讲话精神，重点学习党章党规党纪和《中国共产党廉洁自律准则》《中国共产党纪律处分条例》，制定并整改不严不实"问题清单"。开展"基层党建规范提升年"活动，出台村党组织书记"廉效激励金"制度，实施村级后备人才"1100"工程。强化干部选优配强、专项考核和"一把手"监督管理、后备干部"一线墩苗赛优"等工作，落实领导干部出入境管理、重要事项请示报告等制度。开展省委巡视组反馈意见"八大整改行动"，整改防范利益输送、土地出让、工程建设、侵害群众利益等方面的突出问题。落实"两个责任"和"一岗双责"，建立责任清单、廉政函告、巡查工作等制度，推进区纪委派驻机构全覆盖，查处违纪违法案件123件。

（区委办公室）

重要会议

【全区"三严三实"专题党课暨专题教育部署会】2015年6月2日，鄞州区委召开全区"三严三实"专题党课暨专题教育部署会，市委常委、区委书记陈奕君针对"三严三实"专题党课进行授课。会议部署全区"三严三实"专题教育活动，动员各级党组织和广大党员干部投身教育实践活动。区四套班子全体领导等出席会议。

【区委全体（扩大）会议】2015年8月5日，鄞州区委召开区委十三届九次全体（扩大）会议。会议贯彻落实党的十八届三中、四中全会、省委十三届七次全会、市委十二届九次全会精神，总结上半年工作，部署下半年任务。

12月30日，区委召开区委十三届十次全体（扩大）会议。会议学习贯彻党的十八届五中全会、中央经济工作会议和省委十三届八次全会、省委经济工作会议及市委十二届十次全会精神，回顾总结当年工作，研究部署"十三五"发展和下年度重点任务，审议通过《中共宁波市鄞州区委关于制定鄞州区国民经济和社会发展第十三个五年规划的建议》。

（黄小坤）

重要调研

【刘奇到鄞州调研】2015年2月25日，省委常委、市委书记刘奇到鄞州区调研，市、区领导王剑波、陈奕君、张文斌等参加。刘奇走访博格华纳汽车零部件（宁波）有限公司，了解东吴镇勤勇村历史文化村落保护工作和小白村特色村改造治理情况，并听取鄞州区有关情况汇报。8月26日，刘奇到鄞州区五乡镇调研"两路两侧"专项整治工作，市、区领导王剑波、陈国军、张文斌等陪同调研。刘奇实地察看甬台温高速公路附近的五乡镇明堂岙村"两路两侧"专项整治完成情况，考察后塘河整治工程、镇卫生院康复治疗中心和明伦村的新村建设、基层治理工作，到英科特精工机械股份有限公司了解企业生产经营状况。刘奇强调，要顺应人民群众对生态环境的新期盼，努力治出环境新面貌；要从群众反映最强烈的事情抓起，下大力整治影响环境、污染视觉的"脏乱差"问题；要坚持专项整治与常态管理一起抓，发动群众共同参与、共同监督，形成环境整治和管理的长效机制，坚决防止问题反弹回潮。

【葛慧君到鄞州调研】 2015年4月9日，省委常委、宣传部部长葛慧君到鄞州区调研，陈奕君、张文斌、沈剑波陪同调研。调研走访东吴镇勤勇村、宁波中青华云新媒体卡机有限公司和鄞州银行公益基金会。

【熊建平到鄞州调研】 2015年4月15日，副省长熊建平率省有关部门负责人到鄞州区调研"五水共治"和农村环境综合整治工作。陈奕君、王建社、李关定、毛春阳等陪同调研。熊建平一行视察古林镇西洋港河、奉化江堤防工程、鄞西污水处理厂、东吴镇小白村，了解"污水工作"及农村环境综合治理工作开展情况。

【刘力伟到鄞州调研】 2015年6月23日，省委常委、公安厅厅长、省禁毒委常务副主任刘力伟到鄞州区调研禁毒工作，陈奕君、罗利达、励健、沈权、林东等陪同调研。刘力伟一行考察调研姜山镇社区戒毒康复工作、宁波市公安局鄞州分局（下称"鄞州公安分局"）交通指挥中心，听取鄞州区禁毒工作汇报。

（钱小蕴）

区委办公室工作

【概况】 2015年，鄞州区委办公室（简称"区委办"）组织召开"四办"主任联席会议4次，刊发区委一周工作预安排53期、常委一周工作安排53期、"四办"主任联席会议纪要3期；承办参办全区性会议和活动123次，其中全委（扩大）会议2次、常委会议20次、书记专题会议15次，接待或参与接待中央、省、市级领导及各地党政考察团批53次，到镇乡（街道）、区级机关有关部门调研65次。

接收中央、省、市等上级文件563件、发文307件，收文正确率达100%，区委主要文件比上年减少17%。整理文书档案36盒914件，扫描文件4800余页。

起草完成区委全会、"三严三实"专题教育、经济社会发展等各类文稿250余篇140万余字，编发《区委办通报》21期，在主要报刊上刊登署名文章2篇，"十三五"加快"两区"建设、目标定位和发展思路、"六创联动"工程、基层基础建设及"三严三实"专题教育等建议设想被区委主要领导采纳。起草区委副书记讲话稿80余篇20万余字，完成2015年度调研报告《综合施策多向发力加快构筑鄞州现代农业发展新格局》。牵头组织全区"五水共治"、村级经济合作社股份合作制改革、宗教标志物整改等相关调研活动80余次；组织召开全区股份制改革动员会、环境卫生集中整治动员会、"五水共治"推进会、镇村建设现场会、省委巡视组到鄞州筹备会、各类协调会议及统战群团各线会议40余次；组织接待侨胞台胞、重要客商、党政考察团及省、市有关督查组、上级领导调研组等20余批。

上报省、市各类信息900余条，被中共中央办公厅综合录用3条、省委办公厅录用41条、市委办公厅录用174条，其中多条正面类信息获市领导批示肯定，考核得分2000分，蝉联全市党委系统信息工作先进单位称号。

开展建设"法治鄞州"领导小组办公室日常工作。贯彻《中国共产党党内法规和规范性文件备案规定》，开展规范性文件备案审查。启用全省法规业务平台，做到有件必备、有备必审。审核党委系统规范性文件并出具审核意见书13件，纠正各类违法违规问题20余项，向市委报备文件17件。培育创建市级法治镇乡（街道）先进单位4家。

开展机要通信工作，明密电报传输、办理未发生压误、漏办、错办事故；密码电报及时回收、清退、销毁，登记清楚无遗失。全天候机，24小时值守。为省、市到鄞州领导密级电报传送服务1次，保障省、市级涉密视频会议65次。加强商用密码网络维护和党委系统电子政务内网建设，确保党政信息运行安全。

【保密工作】 2015年，鄞州区制定出台《关于进一步加强定密管理工作的通知》，规范定密管理相关流程，落实保密工作责任制，完善保密管理制度。开展各类保密培训7个班次，受训范围涵盖区领导、新提任区管领导干部、党政业务中层干部、基层保密业务干部等，受训800余人次。创新教育形式，制作保密教育展板在全区30余个单位巡展，2000余人次观展。20家机关及镇乡（街道）接受保密专项检查，相关单位落实整改措施。加强对涉密人员、涉密载体管理和教育、测绘等重点领域保密监管工作。严密网络监管，提前排查隐患。加强保密技术防范，建立常态化监管机制，以互联网出口监管平台和政府门户网站监管平台为重点，集中监管互联网数据出口和政府门户网站，定期进行数据核验，排查涉密信

6月23日，省委常委、省公安厅厅长、省禁毒委常务副主任刘力伟到鄞州调研禁毒工作

息有效减少网络失泄密隐患。

【督查工作】 2015年，鄞州区突出决策督查与调研重点，将推动中央和省、市、区各级党委重大决策部署的贯彻落实作为党委督查工作的重点。开展决策(专项)督查30次，重点做好省、市督查组对中央八项规定精神执行情况等重点工作督查的服务保障，开展浙江卫视《今日聚焦》涉及鄞州报道问题的督促整改，并督促检查区领导践行"一岗三责"活动。组建区委督查工作领导小组，组织开展镇乡(街道)和区级机关部分单位督查工作联络员集中业务培训。全年办理各级领导批示件429件，形成月报12次，办结率100%；分别完成《今日聚焦》《第一聚焦》曝光问题跟踪督办2次和7次，编发《鄞州督查(专报)》62期、《鄞州督查(通报)》5期，被市委办公厅《宁波督查(通报)》录用2篇、《宁波督查(专报)》录用7篇。

(区委办公室)

组织工作

【概况】 2015年，鄞州区有基层党组织2645个。其中，党委69个、党总支107个、党支部2469个，部门党委15个、各类党组46个。党员59164人。其中，女性17240人，少数民族79人，45岁及以下31138人，大专及以上学历26956人。全年发展党员764人，其中女性308人。

全国农村基层党建座谈会鄞州考察点工作完成，湾底、翻石渡、勤勇、上李家等示范点获得认可。鄞州区获评省人才工作目标责任制考核优秀县(市、区)、市人才工作先进县(市、区)金奖，关于加强年轻干部选拔培养和干部日常监督管理的经验做法在宁波市典型交流，四明金融小镇入选全省第二批特色小镇。

【"三严三实"专题教育】 2015年，鄞州区在巩固拓展党的群众路线教育实践活动成果的基础上，按照"三严三实"要求，召开专题民主生活会和专题组织生活会，对全体区管干部进行党章党规党纪集中轮训，对新提任区管干部实现党性党风专题教育"全覆盖"，各单位开展学习研讨283次，各级领导班子和领导干部整改问题7000余项。

【干部选拔培养机制】 2015年，鄞州区坚持"重政治、重实绩、重公认"的选人用人标准，重组区文化广电新闻出版局、长丰和桃源湾开发建设管委会等机构改革班子，联合区纪委完成派驻机构全覆盖，实行干部考察选任全程纪实制度。全年调整7批次干部306人，其中提拔71人、转重42人。4名党政正职干部被列入"80后"市管副职预备人员，到上海面向优秀毕业生招录专业型事业干部17人，选派新一批61名中青年干部到机场三期建设、鄞江古镇开发等市、区重点项目挂职锻炼，其中与5家龙头民企互派挂职干部8人。安排10名"85后"区管副职预备人员到新农村建设重点村脱产挂职1年，与乡镇班子成员和优秀村书记结对。针对省委巡视组反馈的干部超职数配备、到企业或社团兼职、因私出国(境)等问题，制订整改方案，推进落实。出台干部监督工作联席会议和组织工作重要事项请示报告等制度，开展领导干部档案审查工作，对拟提任、转重的对象实行个人重大事项报告和"三龄两历一身份"审核全覆盖。

【基层党组织建设】 2015年，鄞州区开展基层党建工作"整镇调研"，通过走访调查、座谈调研、现场检查等方式，查清全区镇乡(街道)工作底数，结合省"二十条"工作标准，制定"对标落实"工作报表，形成54项量化督查指标，要求各地在全面自查基础上限期整改，年底督查反馈情况作为党委书记述职评议重要内容。发挥党建示范点"一点带动一片"的引领作用，在全国农村基层党建工作座谈会5个考察点基础上，推进"一镇一带"基层党组织标准化示范带建设。推进各领域党建工作，实行暗访督查、通报约谈、党建述职常态化。以规范化理念规范农村党建，推广乡镇书记办公会议开到村口田头的"双进"机制，探索轮值村官制度，调整不顾大局、不讲团结、不干实事的村支部书记15人，整顿转化软弱落后村20个。博威集团有限公司"董老师工作室"、宁波南部商务区党群驿站等开放式党建阵地成为示范，"一模四盟"新业态电商党建运行机制初步形成，邻里守望互助等社区"幸福党建十法"推广。实施村书记"强雁六策"，实行村书记后备人才"1100计划"，在全省率先推行"廉效激励金"制度，开展基层党组织书记专项激励，吴祖楣、汪莉萍分别获评全市特别贡献奖和金雁奖。印发《发展党员手册》和《全程纪实本》，以基层党委为单位开展固定组织生活日活动，探索建立以临终关爱、入党纪念日等为主要内容的党内关爱机制。在7个镇乡(街道)试点党员重新登记排查，对200余名失联党员作出限期整改、劝退等组织处置。

【"两新"组织党组织建设】 2015年，鄞州区调整区委"两新"(新经济组织、新社会组织)工作委员会成员，专门配备专职副书记，增加纪委等3名分管成员。研究修订《区委"两新"工委职责和制度》，建立完善季度例会制度。召开全区"两新"组织党建工作推进会，制定印发《全区"两新"组织党建工作要点》《"两新"组织党建工作重点工作计划和任务分解方案》。提升宁波南部商务区"开放式党建·生活化社区"、首南街道"开放式党建·幸福共同体"、鄞州经济开发区"开放式党建·360工作模式"等党建品牌，探索推动电商等新业态党建，应用推广"四模一盟"电商党建模式。

【村书记"廉效激励金"制度建立】 2015年，鄞州区强化建设农村"领头雁"队伍，针对村支部书记干事创业激情弱化、廉效监督管理难、离任后养老顾虑多等现实问题，率先探索村书记"廉效激励金"制度。自当年起，区财政以每个行政村各1万元标准，每年安排383万元专项资金，根据村支部书记任职期间的工作实绩、廉效程度、在岗年限等情况进行差别化发放，使基层干部"在职时受督促约束、离任后有充分保障"。

【人才开发】 2015年，鄞州区按"5新+5优"产业体系和"四大新业态"发展需求，引进高端人才团队20个；推动四明金融小镇建设，集聚海外高端人才10人、金融人才1000余人；成立国家"千人计划"能源研究院，集结52名全省新能源领域的“国千省千”（国家“千人计划”、省级“千人计划”）专家；创新“校企深度合作”模式，推动建立哈尔滨工业大学宁波产业化基地。开办“千人计划”创业人才专题培训班，聘任第二批创业导师团与17位精英人才结对，以企业聘用、政府补贴形式为“千人计划”人才企业配备“创业助理”。全年增加省“千人计划”人才7人，市“3315计划”人才10人，市级以上“千人计划”、海外工程师、院士工作站、博士后工作站、企业技术创新团队总量全大市第一。

【区精英人才联谊会成立】 2015年1月22日，鄞州区精英人才联谊会举行成立大会，区委常委、组织部部长郑坤法出席会议。会议通过区精英人才联谊会章程（草案）和第一届理事会理事选举办法（草案），鲍海明、陈跃鸣、唐昊、叶涛、诸辉等15名高层次人才当选第一届理事会理事，鲍海明当选理事会会长。至2015年初，鄞州区引进和培养各级“千人计划”专家103人，其中国家“千人计划”专家3人、省级“千人计划”专家15人、市“3315计划”专家40人。

【第四届“创业鄞州·精英引领”活动周】（参见“人力资源和社会保障”类目“人事人才”分目）

（施贤能）

宣传思想工作和精神文明建设

【概况】 2015年，鄞州区制定《2015年鄞州区委理论学习中心组学习意见》，通过常委扩大会、中心组理论学习会、“鄞州论坛”报告会等组织学习辅导10余场，邀请浙江日报报业集团副总编辑徐峻及北京大学教授、博士生导师李国新等专家学者作报告。开展基层宣讲“三五支队”建设，组建40支小分队，开展宣讲活动922场，受众9万余人。举办“生态文明·和美鄞州”十佳微型党课比赛，通过“阿拉鄞州的文化礼堂”微信公众平台开展理论教育网络微宣讲，发布信息522期，推送信息1500余条，浏览量近10万人次。

贯彻落实中央《党委（党组）意识形态工作责任制实施办法》和《浙江省党委（党组）意识形态工作责任制实施细则》。区委常委会专题听取并研究意识形态和宣传思想工作，区委出台《关于贯彻落实基层宣传文化工作“四张清单”的实施意见》，统一规范全区宣传思想文化工作的内容、边界、程序、标准等。

【精神文明建设】 2015年，鄞州区配合宁波市完成省城市文明程度指数测评和省精神文明建设委员会对宁波全国文明城市的复评工作，获评创建全国文明城市“四连冠”先进集体。推行文明城市创建目标管理责任制，扩大文明程度指数测评范围（城区向农村拓展）。承办全市窗口行业“优质服务、诚信为本”主题活动现场会，开展文明行业、文明单位创建活动，集士港镇和上李家村分别获评第四届全国文明镇、村，区市场监督管理局（简称“区市场监管局”）获评全国文明单位。开展“文明出行”“文明餐桌”和“节俭养德”等“文明鄞州”行动。推行“德育导师制”，开展“诚信伴我行”主题教育实践活动，全区65所学校建成无门图书馆（书吧、书廊），30余所学校开设“诚信考场”“诚信超市”等。建设“最美鄞州”微信公众平台，评选“鄞州好人”48人（含6个团队）、“最美鄞州人”10人（团队）、鄞州区首届道德模范10人、“宁波好人”11人、“浙江好人”4人，张亚芬当选第四届浙江省道德模范，陈怡当选宁波市道德模范。开展“我们的节日”主题活动，组织重点活动近100项，编写《鄞州家训家风故事》。推进公益商业区、公益宣传街、公益彩绘街及城市文化公园建设，建设文化墙5万平方米。“鄞州志愿服务网”注册志愿者22700余人，有志愿服务团队93个。

【公共文化服务体系建设】 2015年，鄞州区建立全区现代公共文化服务体系建设协调机制，在全市率先出台《关于全面构建现代公共文化服务体系的实施意见》及《2015~2020年鄞州区公共文化服务标准》。“天天系列”文化惠民工程开展各类培训、展览、讲座、演出、电影放映6000余场次，惠及群众300万人次。引导和鼓励社会力量参与公共文化服务，姜山狮山剧院加入城乡演出院线。举办第三届人民文学新人奖颁奖活动、第五届王应麟读书节、第七届美丽中国“鄞州杯”中国风光摄影大赛、纪念沙孟海诞辰115周年等文化活动。创建“王安石与鄞州”文化品牌，“星光”美术创作团队和卡酷动画团队入选全市文化创新团队。实施以重大项目带动文化产业跨越式发展战略和文化产业重大项目三年行动计划，罗蒙环球城、梁祝文化产业园婚庆园等建成开业，文化产业增加值保持全市第一，获评省首批文化产业重点县（市、区）。增加文化企业107家，广博集团股份有限公司获评省文化企

11月21日，纪录片《变法名相王安石》举行开机仪式

业30强，1个项目入选国家文化金融合作项目库，3家企业获国家文化产业专项资金扶持，宁波音王集团有限公司获国家文化产品出口奖励。

【农村文化礼堂建设】 2015年，鄞州区建成农村文化礼堂40家，其中改建20家、新建16家、扩建4家，涉及18个镇乡（街道）。制订《鄞州区农村文化礼堂建设"五段式"管理实施方案》，实施项目申报、文稿撰写、招标设计、工程施工和建成验收5个阶段"五段式"管理。制定出台《鄞州区农村文化礼堂建设与管理运行奖补办法》，对获评年度农村文化礼堂"最佳"系列、常态化开展礼仪民俗活动、升国旗等活动的6个类别，给予500元至2万元奖补。开展以党的理论和形势政策、礼仪活动、文艺惠民、道德教育、人文社科、文艺培训进礼堂等为主要内容的"六进"文化礼堂活动200余场次。5月，承办全市农村文化礼堂建设工作推进会。12月，举办"我们的家园，我们的舞台"——鄞州区农村文化礼堂建设成果文艺会演，开展农村文化礼堂"十佳"系列评选表彰，包括最佳组织奖、最佳文艺团队奖、最佳人气活力奖、最佳展陈展览奖、最佳礼仪活动奖、最佳设计奖、最佳村干部、最佳指导员、最佳管理员、最佳民间热心人等。鄞州区获评浙江省农村文化礼堂建设先进县（市、区）。

【"周日文化"活动】 2015年，鄞州区在所有镇乡（街道）普及推广以"固定时间、固定地点、面向基层、面向群众"为特色的"周日文化"活动，强化"3+X"板块建设，组建"周日文化"联盟，组织召开"周日文化"专题研讨会，全年开展主题活动1500余场，受众30万人次，获第四届浙江省宣传思想文化工作创新奖和全市创新大奖，入选全省"三贴近"优秀案例。

【"城乡清爽行动"实施】 2015年1月20日，鄞州区下发《关于开展鄞州区"城乡清爽行动"的实施意见》，通过道路洁化、镇容靓化、河道净化、街路序化、村庄美化"五大行动"，将文明城市管理的办法、要求、标准向城乡接合部和农村转移。全年组织考核测评4

5月10日，横溪镇举行周日文化之周日"越"会活动

次，媒体曝光22批次，各地开展秩序整治6500余次，清除卫生死角8000余处，清理牛皮癣189万平方米，整修公厕529座等。10月起，根据市委、市政府要求，用3个月时间推进农村环境卫生集中整治工作，排查、解决各类问题11400余处，清理垃圾、堆积物10000余吨，通过全市农村环境卫生集中整治工作考核验收。

【"义乡鄞州"公益文化品牌建设】 2015年3月24日，鄞州区出台《关于在全区开展"义乡鄞州"主题宣传实践活动的通知》，以善义与信义为内核，分"义故事""义平台""义基金""义队伍""义行动""义形象"7个篇章展开。举办"义乡善风——甬上慈善史迹展"，编辑出版全国第一部地域慈善史《鄞县慈善史》、第一部慈善专业志《鄞州慈善志》，建成国内首家公益慈善综合体——善园，成立国内首个获准以互联网技术开展善款筹募和帮扶救助的公募公益基金会——宁波市善园公益基金会。征集"义乡鄞州"Logo和口号，收到全国各地投稿3000余件，口号20000余条，并将"千年义乡·厚德鄞州"口号和Logo应用到全区公益广告及志愿公益类活动中。

【"王安石与鄞州"文化品牌创建】 2015年3月29日，鄞州区委与光明日报社合作举办"王安石县政治理思想的当代价值"研讨会。11月21日，举行纪录片《变法名相王安石》开机仪式暨"赴千年之约 寻王公遗梦"——2015鄞州区文化毅行活动，200余名户外运动爱好者参加毅行活动。开展王安石题材文艺精品创作，《王安石变法》被列入中华文明重大历史题材美术作品，通过文化部和中国文学艺术界联合会初审。

【道德模范及"最美鄞州人"评选】 2015年9月，鄞州区组织开展首届"道德模范"及第十届"我身边的文明之星"（最美鄞州人）评选活动。12月，方亚儿、余训华、张亚芬、陈怡、陈忠兴、汪莉萍、严意娜、郑世明、胡秀芝、潘霞10人获评首届鄞州区道德模范，叶徐挺、许建华、陈君兰、陈波、苏茂龙、高泽普、梁国华、潘焕军、"最美八女儿"、孙涛和老王10人（团体）获评第十届"我身边的文明之星"（最美鄞州人）。

（施 洋 车璐雁）

统一战线工作

【概况】 2015年，鄞州区委统一战线工作部（简称"区委统战部"）巩固提升"同心"思想建设，组织各民主党派、无党派人士开展"坚持和发展中国特色社会主义学习实践活动"，举办"全区党外代表人士培训班""统战大讲堂""党外干部培训班"，培训党外人士300余人次。民盟基层委员会在童第周故居建立省民盟教育基地，九三学社基层委员会在周尧故居建立市九三学社教育基地。召开党外人士协商会、通报会、座谈会6

次，各民主党派、无党派人士围绕各领域重点工作建言献策，提交提案、议案和社情民意100余件。民主党派有多篇调研报告获全国和省、市奖项，其中九三学社社员胡勤勇撰写的“医护人员继续教育学分管理制度亟待改革”获中央政治局委员、国务院副总理刘延东批示。区内民革、民盟、民建、农工党4个民主党派换届升格，全区民主党派成员总数达421人。

推进少数民族流动人员服务管理“四微建设”试点。依托社区（企业）服务窗口和平台，为外来少数民族开展各类咨询、就业与计划生育等服务。开展困难少数民族家庭走访慰问活动，为107户少数民族困难家庭发放慰问金。解决涉及少数民族群众经商、就学、就医困难及拆迁、治安等重大问题9起。在潘火街道东南小学建立“区青少年民族团结教育基地”，在宁波服装博物馆建立“区民族团结进步宣传教育基地”。开展鄞州职业高级中学“西藏班”学生牵手活动。建立区党政领导干部联系宗教场所制度，完善镇乡（街道）宗教场所联系员选派制度，基本形成常态化的工作联系机制。开展全区民间信仰活动场所全面普查工作，率先在全市出台《关于加强民间信仰事务管理的意见》和《宁波市鄞州区民间信仰活动场所登记编号管理实施办法》。

开展以“六个一”为载体的非公经济人士理想信念教育，成立鄞州区“理想信念教育宣讲团”。推进“创二代”培育工程，牵线新生代企业家与香港鄞州同乡会青年委员会、台湾青年企业家开展经贸文化交流合作。鼓励非公经济人士履行社会责任，两年内引导全区非公经济人士捐助“五水共治”2.4亿元，区新生代创业者联谊会成立“让爱涌动”光彩公益基金。引领工商联界政协委员开展调研，提交提案议案55件。成立鄞商民企发展服务中心，受理项目197个，开展培训22场。基层商会组织实现全覆盖，创新推出《鄞州区工商联关于推行基层商会配备专职秘书实施方案》，13家基层商会开展专职秘书派遣试点。

推动港澳台地区及海外联谊交流，接待华侨华人经贸文化考察团800余人次，开展合作交流活动12场次。区领导带队到香港参加香港宁波鄞州同乡会年会活动。组织开展“香港鄞籍新生代国情研修班”“香江学子宁波踏春行”等主题活动，促进香港青年一代认识了解国情乡情。开展“百名侨商进园区”活动，多批次邀请美国、加拿大、德国、日本侨商和中国香港商人到鄞州区洽谈经贸。协助引进侨项目6个，总投资额6000万元，引进留学生创业企业项目8个、海外人才10人。接待台湾参访团11批次278人。鄞州人民医院与台湾秀传医疗体系经过三年合作，通过国际医疗卫生机构认证委员会JCI认证。至年底，鄞州区有36个村（社区）与台湾高雄里（社区）开展结对。举办“2015甬台两地沈光文研究鄞州高端论坛”，形成16篇12.7万字优秀论文集。

1月22日，区新的社会阶层人士联谊会成立

【区新的社会阶层人士联谊会成立】2015年1月22日，鄞州区新的社会阶层人士联谊会（简称“区新联会”）成立，区新联会全体成员和区党外知识分子联谊会（简称“区知联会”）、网络界人士联谊会（简称“网联会”）代表80余人参加。大会听取区新联会筹备报告，审议通过区新联会工作规则，选举李迎春为区新联会会长。黄碧英代表区知联会向区新联会的成立表示祝贺。

【民间信仰事务管理意见出台】2015年3月，鄞州区在全市率先出台《关于加强民间信仰事务管理的意见》。该意见由指导思想、基本要求、主要任务、组织实施四大部分组成，重点明确加强民间信仰活动场所分类管理、推进场所管理组织和制度建设、落实场所安全工作责任、严把活动场所基建关、发挥民间信仰积极作用5个方面的管理任务，要求各镇乡（街道）将民间信仰事务纳入基层网格化管理，建立民间信仰事务矛盾纠纷预防和处置机制，维护社会和谐稳定。

【鄞州中学深港校友会成立】2015年6月14日，鄞州中学深港校友会在香港成立，香港、深圳80余名校友出席成立仪式。区委副书记毛春阳、区侨联主任陆盈盈和香港鄞州同乡会会长应炳因，北京、上海、杭州、宁波四地校友会会长参加会议。大会选举深港校友会理事、会长、副会长，确定秘书长人选。赵卓英当选会长，聘请鄞州中学原副校长应启荣（退休在香港定居）和中国科学院院士（香港科技大学教授）张明杰为深港校友会名誉会长。

【首届香港新生代国情研修班】（参见“宁波市鄞州区人民政府”类目“侨务和港澳事务”分目）

【区赴台学生联谊会成立】（参见“宁波市鄞州区人民政府”类目“台湾事务”分目）

【区小微企业互助促进会成立】2015年11月18日，鄞州区小微企业互助促进会成立。首批35家小微企业现场人会，选举产生首届理事会、监事会单位，宁波市卓胜网络科技有限公司的李光辉当选首任会长。互助促进会下设5个管理中心，在保险、金融、法律援助、产品推广及会计财务等方面为会员小微企业提供专业帮扶。该会与大地、平安、人保等多家保险公司联合，以共保体的形式为会员企业提供设备、产品等财产意外险。另外，促进会协调宁波银行、邮政储蓄银行等多家金融机构为10余家信誉好、有潜力的小微企业开辟贷款绿色通道。

表7 2015年鄞州区各民主党派人数统计情况

党派	人数(人)	党派	人数(人)
民革宁波市鄞州区总支部委员会	44	农工党宁波市鄞州区总支部委员会	46
民盟宁波市鄞州区基层委员会	83	致公党宁波市鄞州区综合支部	20
民建宁波市鄞州区基层委员会	77	九三学社宁波市鄞州区基层委员会	88
民进宁波市鄞州区支部委员会	63	合计	421

（张 迪）

政策研究

【概况】 2015年，鄞州区委区政府政策研究室（简称“区政研室”）拟定《中共宁波市鄞州区委关于制定鄞州区国民经济和社会发展第十三个五年规划的建议》《关于2015年全区经济发展的若干政策意见》《2015年全区经济发展若干政策意见实施细则》《关于全面深化法治鄞州建设的实施意见》等区委、区政府政策文件5个。完成《鄞州区发展信息经济的对策研究》《鄞州区大力发展电子商务加快推进省级电子商务示范区建设的对策研究》2篇重点调研课题。调整优化钟公庙街道和首南街道行政区划、宁波望春工业园区管理体制、桃源湾开发建设指挥部管理体制、宁波南部商务区发展、宁波产城投资管理有限公司体制等改革事项16个。

实施镇乡和城市型街道科学发展竞赛、镇乡和城市型街道目标管理考核、宁波南部商务区管委会目标管理考核、工业园区目标管理考核及“大力神鼎”“大力鼎”奖和企业进步奖评选五大考核。报送省级信息5篇、市级信息10篇，其中《鄞州区积极打造创新生态最优区助力大众创业万众创新》《鄞州区积极推进金融创新改革打造宁波“资本港”》《鄞州实施“互联网+”战略助推经济发展的实践与思考》《鄞州区打好四套“组合拳”促进工业经济企稳向好》4篇信息被《宁波调研》录用，《“三把火”烧出鄞州发展新跨越》被《宁波通讯》刊登。刊发《今日鄞州》6期1.2万册，刊发《区域现代服务业研究》3期1800册。

【全面深化改革工作】 2015年，鄞州区委全面深化改革领导小组办公室明确17个重点改革项目。其中，9个为增加改革项目，8个为继续改革项目，制订2015年改革项目实施方案，督促各项目牵头单位按时、按质推进项目。同时推进省、市两个重点改革试点项目，即省国土资源厅批复的土地资源要素市场化配置改革和市重点改革项目完善流动人口引导调控机制。

11月30日，第五届“今日鄞州”摄影大赛一等奖作品《大坝脊梁》

【第二届“今日鄞州”杯征文比赛】 2015年2月，区政研室举办第二届“今日鄞州”杯征文比赛。比赛以“水”为主题，征集作品41篇，经评委筛选，评选出一等奖2名、二等奖4名、三等奖8名、优胜奖15名。其中，姚丽的《一条时光里的河》和包德贵的《行到水穷处》获一等奖。

【第五届“今日鄞州”杯摄影比赛】 2015年6月，鄞州区举办第五届“今日鄞州”摄影比赛。比赛由《今日鄞州》杂志社主办，“星光”摄影团队协办，以“打造质量新鄞州建设国内一流强区”为主题，全方位展现鄞州人民精神风貌，记录鄞州在“十二五”期间取得的成就。至11月30日，征集作品940幅，王斐的《阳光沐浴下的潘火》、黄友平的《大坝脊梁》获一等奖，另外评选出二等奖6名、三等奖10名、优胜奖40名。

（朱雯雯）

区直属机关党建工作

【概况】 2015年，中共宁波市鄞州区直属机关工作委员会（简称“区直属机关党工委”）下辖党组织78个，其中机关党委2个、党总支14个、党支部62个，党员3816人，下辖机关团组织34个、妇委会组织43个、工会组织52个。审批党组织换届选举23个，建立党总支1个、党支部1个，撤销党组织1个，合并党组织4个，考察党员发展对象45人，吸收预备党员45人，批准党员转正35人，培训入党积极分子120人。

4月下旬，全区十佳微型党课比赛选拔的3名机关选手参加全市微型党课比赛，获一等奖1个、二等奖2个。5月下旬，征集52个机关党组织党建调研论文88篇，区直属机关党工委、区委组织部机关支部联合撰写的《开放式机关党建的调研与思考》获市直机关工委组织的年度全市党建论文一等奖，入选《2015年全省机关党建优秀调研成果汇编》。6月下旬，联合区委组织部举办"公益我先行·共筑中国梦——心连心"区直机关党员志愿者服务活动，11个机关党组织的40余名党员志愿者到陈婆渡小区和集士港文化广场，为居民群众提供政策咨询、药品识别、卫生保健、法律援助、电器维修、花卉养护等10余项服务，发放宣传册3000余份，受惠群众1000余人次。开展党建创新活动，征集54个党组织党建创新总结材料55篇，区直属机关党工委的《实施"领航助航"行动提升机关服务中心工作水平》获市直属机关工委年度党建创新优胜奖。

【党员教育培训】 2015年4月上旬，区直属机关党工委举办第28期入党积极分子培训班，内容涉及党史知识、党章知识、党内政治生活若干规定和党的十八届四中全会精神等，区直机关及下属32个单位120名入党积极分子参加集中培训，12人获评优秀学员。6月下旬，对110余名党务工作者、新上任机关支部书记和新党员在理想信念、党建业务知识等方面集中培训，参观宁波舟山港建设成就展。继续培育开放式党员教育精品项目——"每季一课"，推出《中国周边形势与安全方略》等4期培训课程，由机关干部自主选择，1500余名党员干部受到教育。开展"悦·读"活动，每季度推出一批推荐书籍，引导机关党员常读书，征集读书心得和体会文章144篇，择优推出60余篇在机关党建网公布。

【党建目标管理分类考核】 2015年，区直属机关党工委根据区直机关各单位性质和特点，将78个区直机关单位按设党委的区级机关、未设党委的区级机关和园区管委会及部分企事业单位分成3个类别，实行差别化分类考核。通过平时掌握情况、季度工作交流、信息上报、年终查阅台账资料等办法对党建目标管理考核意见中的基础工作、深化工作和创新工作进行量化考核。区委办等16个机关党组织被评为年度目标管理先进党组织，区市场监管局等19个机关党组织被评为年度目标管理优胜单位。

【区级机关党组织群团活动】 2015年，鄞州区建立机关工会组织3个，换届3个，改选工会主席4人。组织开展"送温暖、献爱心"结对帮扶活动，机关各组织和个人全年捐款捐物折合人民币1500万余元。利用周末或晚上时间举办太极拳、瑜伽、摄影、游泳、文体培训班，830余人机关干部职工参加培训班。举办区直机关羽毛球比赛和健身运动会，730余名干部职工参加羽毛球比赛和草地运球、足球射门、抛接绣球、混合脚踏船等12个趣味单项比赛。

6月30日，"心连心"区直机关党员志愿者服务活动举行

【微型党课授课比赛】 2015年4月中旬，区直属机关党工委以"生态文明、作风建设"为主题，举办区直机关微型党课授课比赛，33个区直机关单位47名选手参加。4月24日，联合区委宣传部举办"生态文明·和美鄞州"全区十佳微型党课授课比赛，12人参赛，6人获全区微型党课十佳选手，其中区检察院的孙双琦、区城市建设投资发展有限公司（简称"区城投公司"）的郑寅闯分别获第一、二名。

【区直属机关主题服务活动】 2015年，区直属机关党工委实施"三大主题"服务活动。开展"践行我们的承诺"活动，鼓励引导党员制定服务承诺，助推企业发展。区投资合作局对企业服务实行"三级承诺制"，走访20余家企业，破解影响企业发展的各类问题16个；以志愿服务和微心愿认领方式，开展"奉献我们的爱心"活动，17个党组织到社区、企业开展志愿服务，48个党组织600余名机关党员干部在居住社区或工作服务指导单位认领各类"微心愿"700余个；以宣传颂扬优秀典型和先进事迹形式，开展"提升我们的形象"活动，激励党员干部学先进、创一流、树形象。区法院开展"鸣廉政警钟·扬清风正气"活动，教育引导广大党员遵纪守法、弘扬正气、爱岗敬业。

（陈立基）

信访工作

【概况】 2015年，鄞州区信访总量延续下降趋势。全区群众到区级以上上访总量为485批1611人次，比上年分别下降

50.1%和40.96%；集体访73批1030人次，分别下降44.27%和32.89%。其中区信访局受理群众来访229批919人次，分别下降41.0%和39.0%；到市上访36批199人次，分别下降91.9%和79.1%；到省上访127批321人次，批次下降2.3%，人次增长24.4%。进京上访登记93批172人次。

修订完善源头防控、受理办理、督查考核、领导包案等体制机制，突出区级领导"牵头抓总"作用。落实初信初访首办责任制，将初次登记的信访事项全部纳入群众满意度评价，初信初访一次性化解率在95%以上。按照中国共产党中央政法委员会《关于建立涉法涉诉信访事项导入法律程序工作机制的意见》，启动涉法涉诉信访工作制度改革，实行"访诉分离"，引导涉法涉诉信访群众依法按照程序向政法机关反映问题。

【信访维稳】 2015年，鄞州区派驻人员常驻重大工程（项目），提前介入重大工程（项目）引发的预警性信息，将不稳定因素化解在萌芽阶段和项目初期，保障市固废处理工程、宁波栎社国际机场三期、农村股份制改造等重点工程（项目）推进。联合镇乡（街道）和相关部门及早进行应急预案制定、部署落实，实行信息"零报告"制度，坚持劝导教育一批、有效化解一批、就地稳控一批，确保党的十八届五中全会、抗日战争胜利70周年纪念活动、中国浙江投资贸易洽谈会（简称"浙洽会"）、全国农村基层党建工作现场会等重要敏感时期社会秩序平稳有序可控。

【信访秩序整顿】 2015年，鄞州区升级、扩建区信访联合接待中心，完善软硬件设施，厘清来访、受理、登记、接待、办理等各个环节工作流程。纪委、农林、住建、市场监管、国土等区级机关重点信访单位派员入驻接访，大接访格局初步形成。加大对组织串联、抱团滋事、挑头煽动等非访行为和以非访为名的违法犯罪的打击力度，配合司法部门依法依规对7人实施行政拘留，对17人实施刑事拘留，6人被判处有期徒刑。联合区普法办和相关镇乡（街道）开展《中华人民共和国信访条例》10周年系列宣传活动，开展宣传活动5场次，发放法制宣传资料2000余份，张贴宣传挂图300余份。

6月1日，区信访局在姜山镇文化艺术中心开展《中华人民共和国信访条例》实施10周年宣传活动

【信访督查"百千万"专项行动】 2015年，鄞州区按照省、市关于开展"百千万"专项行动的总体部署，系统梳理各类信访案件，从区领导接待件、省委巡视组巡视鄞州期间信访交办件、进京上访件中选出100件具有代表性的案件进行重新交办，督促相关承办单位按照"诉求合理的解决问题到位，诉求无理的思想教育到位，生活困难的帮扶救助到位，行为非法的处理到位"的原则依法依规、及时、妥善处理，针对姜山镇周雷元、高桥镇新庄村外来户要求入社等疑难信访事项案件，先后召开各类协调会议33场次，实地督查69次。

【推进"阳光信访"】 2015年，鄞州区按照《浙江省信访事项受理办理暂行规定》《浙江省信访事项系统操作程序》等制度，统一信访网电等不同渠道信访事项处理标准，规范登记、受理、办理、复查复核等程序，提升信访事项受理的及时度、办理的透明度和结果的满意度。加强案件精细化管理，除参加市信访局组织的信访件互查外，每周组织人员对区内信访件进行自查，信访事项办理规范性有效增强。按照省信访局要求，率先在23个镇乡（街道）、35个区级重点信访单位开通运行省信访信息系统，分批分片区召集各镇乡（街道）及区级重要信访部门信访干部进行相关业务培训。

【省委巡视组巡视鄞州期间信访接待】 2015年6月中旬，省委第二巡视组对鄞州开展巡视。其间，区信访局联合区纪委、区委政法委等部门制订详细工作流程和方案，从各职能部门抽调16名后备干部进行业务培训和多次实地模拟。接待群众来访334批551人次，除发生个别信访老户缠访、闹访外，未发生集体访和群体性事件。区信访局逐一系统梳理案件，党风廉政类和涉法涉诉类案件及时移交相关部门处理，30件有化解空间的信访件及时交办相关事权单位，接访工作获得巡视组肯定。

（巫利民）

机构编制管理

【概况】 2015年，鄞州区全面推进新常态下机构改革和政府职能转变工作，完成所有涉改部门"三定"方案，改革后的政府工作部门由26个撤并为22个，涉改部门领导职数核减近20%。

严控机构编制需求，完成控编减编目标。整合归并12家事业机构，使事业机构总数与2012年底持平；上收职能弱化事业单位编制38个；全区财政供养人数净增人员283人，其中行政9人、事业274人，较上年净增人数（378人）减少95人，增幅缩减25%。

【权力清单和责任清单建设】2015年，鄞州区深化权力清单和责任清单建设，对照省、市目录，梳理确认区级32个部门3905项行政权力事项、86项审核转报事项，联合区行政审批管理办公室（简称“区审管办”）、区政府法制办公室（简称“区法制办”）清理非行政许可事项，取消原38项非许可事项中的11项，并将剩余27项调整为其他行政权力，不再保留“非行政许可审批”类别；推动权责清单向镇乡（街道）延伸，以省清单为模板，结合各地域特点开展镇乡（街道）权责清单全覆盖工作。

【事业单位法人管理】2015年，鄞州区推进年报公示制度，年度报告公示429家，设立登记单位8家，办理变更登记单位128家，补领证书单位3家。对30家财务不独立、未正常开展业务等不规范的事业单位法人根据规定予以证书冻结，督促限期整改，登记清理规范整改率达到100%。与浙江大学联合办班，举办2015年度事业单位法定代表人培训班。

【政府职能转变和机构改革】2015年，鄞州区印发《鄞州区政府职能转变和机构改革方案》，根据“职能转变、资源整合、机构精简”原则，按规定整合区卫生局和区人口和计划生育局，成立鄞州区卫生和计划生育局（简称“区卫生计生局”）；将区质量技术监督局并入区市场监管局；区政府法制办公室由单独设置调整为在区政府办公室挂牌；区风景旅游管理局由单独设置调整为与区文化广电新闻出版局（简称“区文广新局”）合署办公；区科学技术局（简称“区科技局”）增挂区知识产权局牌子。

【镇乡（街道）权责清单编制完成】2015年，鄞州区根据省级指导目录，在征求各镇乡（街道）及行政事项上级主管部门意见基础上，制定权责清单样本初稿。删减不符合自身地域因素的权力事项后，梳理法律法规直接授权权力事项2798项，上级委托、延伸机构权力事项264项，审核转报事项637项，理清主要职责1515项、公共服务事项860项。同时配合区政府电子政务办公室开展事项入库工作，基本实现行政区划内镇乡（街道）权责清单全覆盖。

【综合行政执法体制改革】2015年，区机构编制委员会办公室（简称“区编委办”）联合区城市管理局（简称“区城管局”）到北仑、嘉善等试点地区实地调研，结合权责清单，对照浙江省确定的21个综合行政执法领域，开展区内各执法队伍的摸底工作，重点了解城市管理领域的内部分工、职能履行、存在问题等情况。区编委办以市级方案为基础，拟订《宁波市鄞州区综合行政执法工作实施方案》，经区委常委会审议通过后，在全市率先完成方案上报。此次改革后，区城市管理局更名为区综合行政执法局，在现有325项城市管理领域执法职权基础上，分3年逐步增加265项执法职权，由区综合行政执法局统一集中行使职权。首批划转水行政、陆域渔政、人防（民防）、石油天然气管道保护4个方面103项职权。

【不动产统一登记制度改革】2015年，鄞州区按照国家关于整合不动产登记职责的要求，将市国土资源局鄞州分局（下称“区国土分局”）、区住房和城乡建设局（简称“区住建局”）、农林局分散承担的土地、房屋、林地、海域等不动产登记职责整合，全部交由区国土分局承担，行业管理和不动产交易监管职责继续由原主管部门承担。建立区不动产登记服务中心，明确改革相关单位职责边界划分。

【机关事业单位实名制管理】2015年，鄞州区优化升级实名制管理系统功能，梳理业务流程，优化系统操作界面，缩短办理流程。11月，区委组织部、区编委办、区人力资源和社会保障局（简称“区人力社保局”）联合发文，全面核对区内586家机关事业单位实名制数据库内的机构数据、编制情况、职数核定和人员信息，查漏补缺，确保数据准确。一年两次汇总统计全区机构、编制、实有人员及单位领导职数、内设机构数、中层领导职数等核定情况，定期形成各类统计报表，提出分析意见，为用编管理提供决策依据。

【“双责联审”制度落实】2015年，区编委办与区审计局联合印发《宁波市鄞州区机构编制责任审计工作办法（试行）》，明确全区机构编制责任审计12条内容，建立全区机关事业单位党政正职经济责任和机构编制“双责联审”制度。上半年，针对区审计局在全区公务支出和公款消费专项检查中发现的部分单位超控制数使用编外用工情况，核实后联合区人力社保局、财政局下发整改通知书，督促整改。

【镇乡（街道）编外用工管理】2015年，鄞州区开展推动镇乡（街道）编外用工清理规范工作，区编委办重点负责人员控制数的核定及岗位设置管理。前期多次组织参与镇乡、区级部门座谈会，了解全区23个镇乡（街道）编外用工基本情况，拟定编外用工核定依据，结合区域特点核定各镇乡（街道）人员控制数，根据镇乡（街道）人员聘用特点，提出岗位设置要求，使人员管理更具可操作性。11月，区委、区政府印发《关于规范镇乡（街道）编外用工管理的实施办法》。

【国有企业编制管理】2015年，鄞州区制定出台《鄞州区国有企业内设机构和人员管理实施细则》，明确非生产经营类国企内设机构和人员、职数管理的审批、操作流程，细化各管理部门职责分工。该细则印发后，按照职能发展情况，分类核定明确42家企业的人员使用数、内设科室、中层职数，并对企业人员控制数、使用数、中层职数使用申请。

【纪委派驻机构设置改革】2015年，鄞州区开展纪委派驻机构设置改革，做到监督对象全覆盖。根据区委明确的16个纪检组（单独派驻6个、综合派驻10个）设置方案，调剂保障纪检组编制58人。

（张　聪）

党校工作

【概况】2015年，区委党校举办主体班38期，培训学员3227人次，比上年增长

27.6%；区内委托培训14期，受训4612人次；29期33个班次近1800名外地干部到区党校培训。社会宣讲专题30余个200余场次，受训人数2万余人，60%教师到上级部门和上级党校、在宁波高校等单位进行高层次授课。

承办“义乡鄞州”建设研讨会、“义乡善风——甬上慈善史迹展”、《鄞州慈善志》首发式、《鄞州慈善志》与慈善专志编修学术研讨会、“慈善公益与宁波乡村建设”青年博士论坛。发表获奖课题、论文、资政转化的成果有29篇，其中《从“电子政府”到“电子治理”：新公共治理视角下的“互联网+社会治理”模式研究》（李锋）和《空间正义视域下城市治理中空间隔离的法制应对》（黄晓琴）获一等奖。屠呦呦宗谱及其家族研究在国内网络媒体被大量转载，为研究其家族文化和旧居提供文献依据。出版《鄞州慈善志》和《清初甬上诗社和诗人研究》，党校编辑出版的《鄞县进士录》获评区地方史志优秀成果评选地情类一等奖。

【党校精品课程库建设】 2015年，区委党校高级讲师鲍素萍的《从王安石治鄞谈党员干部的作风建设》首次录制成慕课（MOOC，一种在线课程开发模式）。筛选41堂精品课程，开展区内兼职教师“一课一品”。开展领导干部上讲台活动，区委、区政府领导干部100余人次上讲台授课。梳理40余家干部培训现场教学点，分类编订《鄞州区干部教育培训现场教学基地情况》。

【“义乡鄞州”建设研讨会】 2015年5月24日，“义乡鄞州”建设研讨会在区委党校举行，省委党校副校长、教授何显明，浙江工商大学副校长、教授陈寿灿，市政府发展研究中心主任阎勤及宁波大学、市委党校和鄞州的10余名专家、学者，从“义乡鄞州”的历史传承、文化渊源、实践特征、社会价值和建设目标路径等视角进行研讨，专家认为，鄞州作为“义乡”，酝酿于北宋，形成于南宋。“义乡鄞州”不仅是一个公益文化品牌的建设，更是对鄞州历史文化的续写，对当代鄞州人共同价值观的培育和践行。

10月16日，《鄞州慈善志》与慈善专志编修研讨会在区委党校召开

【《鄞州慈善志》出版】 2015年7月9日，《鄞州慈善志》出版。全志由区慈善总会发起组织，杜建海作为主编，与宁波大学教授张如安、研究员孙善根合作编著，区级机关相关部门、慈善公益组织机构、企事业单位和文史工作者等协助，历时6年编纂完成，由浙江人民出版社出版发行。全志约90万字，由古及今，时间跨越2400余年，包括古代、近现代和当代3个阶段，范围类别分大事记和地理、史略、机构、人物、义商、项目、风俗、规章、文献10个部分，引用文献10余类223种，搜录图片300余幅；记述地域根据鄞州区（鄞县）建置沿革，兼顾鄞州现境和历代鄞县政区所辖境域。

【《鄞州慈善志》与慈善专志编修学术研讨会】 2015年10月16日，《鄞州慈善志》与慈善专志编修学术研讨会在区委党校召开。研讨会由区委党校、慈善总会、地方志办公室联合主办，湖南大学历史文化学院教授、博士生导师、国家社科基金重大招标项目“中国慈善通史”首席专家周秋光，浙江工商大学副校长、教授、博士生导师陈寿灿，浙江省社科院历史研究所所长、研究员、浙江省历史学会副会长陈野等15名专家、学者和慈善会系统、方志系统的领导，从编志的慈善精神和科研基础及转化应用、专家修志、慈善人物入志、慈善志的教化价值、慈善事业转型期的慈善通志、慈善史志理论、方志规范等视角进行探讨，并对《鄞州慈善志》诸多开创性研究和编撰予以认可。

（陈飞永）

老干部工作

【概况】 2015年，鄞州区有离休干部103人，其中抗日战争时期26人、解放战争时期77人；享受地厅级待遇3人，享受县处级待遇45人；外地离休干部安置在鄞州区9人。全区有退休干部6123人，离退休干部党支部106个。

各镇乡（街道）、区级机关各单位召开各类老干部情况通报会156次、老干部座谈会128次，举办学习培训班12场次，培训人员3000余人次，组织“走、看、促”活动182次，老干部提出合理化意见建议300余条，开展“我看转型升级组合拳”等调研活动。实施离退休干部党组织积分制管理办法。以全国离退休干部先进集体龙观乡离退休干部党支部为榜样，深化“一个支部一品牌”活动，14个离退休干部党支部、48名优秀离退休干部获市、区表彰。

开展以电话送爱心、上门送服务、患病临终送关怀为主要内容的“三送”活动，老干部与工作人员结对服务1500余人次。推行助老服务和利用社区资源开展“四就近”服务相结合模式，发挥“88108108”为您服务热线作用，助老站上门服务4768人次。其中，上门探望3127人次，理发87人次，修理电器、物品357次。聘请省名中医星期五到活动中心问诊，推出助老员送药上门等特色服务，问诊人数1060人次，送药、配药1017人次。帮扶有实际困难的离退休干部和离休干部遗属，发放困难帮扶经费37万元，其中离休干部116人次、离休干部遗属32人、退休干部93人、退休干部遗属20人。利用老干部信息服务平台，对离退休干部实行“分类制”服务管理。

【离退休干部党组织积分制管理办法实施】 2015年，区委老干部局在全区离退休干部党组织中实施积分制管理办法。管理办法分基础积分和创新积分两方面。基础积分以各支部落实党章、上级精神及相关党建工作文件要求为主，分思想建设、组织建设、服务管理、作用发挥4类19个小项；创新积分以品牌建设为主，分4个小项，鼓励各离退休党支部创出特色，形成品牌。积分结果作为离退休党组织评先评优的主要依据。政协离退休支部与联谊会结合，搭建建言献策新平台；五乡镇离退休支部创新退休干部月学习制度，每月由1~2名镇领导班子成员轮流参加离退休支部学习会；姜山镇创新住院老干部联合看望机制，由离退休支部通知住院老干部原单位共同探望并帮助解决实际困难。

【“文化养老”工程建设】 2015年，鄞州区综合活动中心各功能区块逐渐投入使用，位于鄞州新城区的老年大学于10月8日开学，增加面积3000平方米，有学员6200余人。新校区开设专业32个，设81个班级，有舞蹈、微机、瑜伽、二胡、表演、电子琴、书画和烹饪等12个教室。区老年大学有新、老两个校区，有集士港、章水、攸品松年学堂3个分校及钟公庙教学点1个。投入60万余元，改造江东点的老年大学和活动中心。探索阵地主导、协会带动、社会支持、社区融入“四位一体”的老干部文化养老模式，“文化养老”工作从单纯娱乐向知识、趣味、康乐转型，组织从零散向团队化转变。“堇邑讲堂”“微课堂”和校报《夕晖》、校刊《枫林晚》在老年大学受到欢迎。活动中心全年组织各类比赛113次，组队参加各种比赛47次，球艺协会代表鄞州区参加在江山市举办的2015年浙江省第三届“大成杯”健身球操全国邀请赛，获金奖和最佳道德风尚奖。老年大学摄影班14名师生在第四届全国老年文化艺术节“华夏保险杯”全国摄影大赛中获优秀组织奖，并获特等奖1名、金奖4名、银奖4名、铜奖5名。

【抗日战争时期离休干部及新四军老战士口述史料采集】 2015年4~6月，区委老干部局联合区新四军历史研究会、区委党史办，对抗日战争时期离休干部及新四军老战士开展口述史料抢救性采集工作。采集对象主要是抗日战争时期鄞州籍离休干部，或在鄞州从事过革命斗争的新四军老战士，共43人。采访内容时限为1937年7月至1947年1月，主要征集新四军老战士或亲属的口述资料，包括亲历、亲见、亲闻的战役战斗、根据地建设、地下工作、军民关系等方面。以摄影、摄像、录音等形式，经整理后将影像资料刻录成光盘，并把口述史料汇编成书。

【市老干部纪念中国人民抗日战争胜利70周年活动】 2015年8月31日，区委老干部局承办的“为了不能忘却的纪念”——宁波市老干部纪念中国人民抗日战争胜利70周年活动在区文化艺术中心举行。市、区老干部代表及社会各界代表700余人参加活动。唐根庆、陈金富等16位抗战时期离休干部代表向学生代表赠送《宁波市抗战老干部风采录》和《用声音典藏历史记忆，献礼抗战胜利70周年》光碟。鄞州老年大学夕阳红艺术团、宁波老年大学艺术团等老干部文艺志愿者进行文艺演出，表演大合唱《在太行山上》《太阳出来喜洋洋》、情景诗画剧《十七朵小红花》、京剧《红灯记》选段、抗战歌曲联唱、舞蹈《我们都是神枪手》等节目。

【市“银辉”志愿者联合会鄞州分会活动】 2015年9月22日，宁波市“银辉”志愿者联合会鄞州分会成立大会在鄞州区干部培训基地举行。会上举行“银辉”志愿者联合会鄞州分会授牌和8支服务分队的授旗仪式。组织有小分队22支，1300余名老干部参加志愿者队伍，开展志愿活动。9月，与市委老干部局联合举办“走进鄞州·走进革命老区”“甬耀银辉爱在重阳”敬老月义演义诊等系列活动，600余名志愿者参加服务；12月，志愿者到姜山敬老院开展岁末送温暖活动。“欢乐行”志愿服务分队以送戏进农村、进社区、进敬老院等形式义演34次，观众12000余人次；“翰墨丹青”志愿服务分队以书画义展、布置文化礼堂等形式为基层服务6次；“大手牵小手”志愿服务分队引导老干部参与关心关爱下一代工作。

（陈武耀）

8月31日，区老干部参观纪念抗日战争胜利70周年书画展

高桥镇轨道交通1号线沿线“四边三化”整治点

高桥镇结合“三改一拆”“四边三化”等中心工作，提升轨道交通1号线（高桥段）沿线环境品质，拆除轻轨沿线涉水违法建筑17181平方米，即时开展拆后利用，启动沿线景观绿化工程，合计绿化投入约650万元，形成“一站一景观”的良好视觉效果。

古林镇宁波花园旅游用品有限公司“蓝色屋面（立面）”整治点

鄞州区开展“蓝色屋面（立面）”专项整治行动，古林镇葑水港村宁波花园旅游用品有限公司整改厂区内“蓝色屋面（立面）”近2万平方米。

改造前

改造后

改造前

改造中

改造后

邱隘渔郎岸大桥

2014年10月27日，邱隘镇完成渔郎岸特大桥桥下违建整治，共腾出闲置空间3.2万平方米。2015年4月，为美化渔郎岸特大桥桥下环境，提升桥下闲置场地利用率，投入资金为周边渔金小区居民及即将建设的渔金村菜场提供停车场地。停车场面积6191平方米，其中机动车停车位148个、非机动车停车位70个，增加绿化面积2550平方米，建成铁丝围墙1001米。

宁波市鄞州区
人民代表大会

它山堰

综　述

重要会议

重要活动

重点代表建议选介

鄞州年鉴

2016 YINZHOU YEARBOOK

综述

【概况】 2015年，宁波市鄞州区第十七届人民代表大会实有代表308人。其中，工农代表167人，占54.2%；党政干部代表87人，占28.2%；专业技术人员代表50人，占16.2%；军人及其他代表4人，占1.3%。中共党员代表216人，占70.1%；非中共党员代表92人，占29.9%。妇女代表90人，占29.2%。具有大专及大专以上文化程度的代表236人，占76.6%，其中具有大学以上文化程度的127人，占41.2%。全年召开常委会会议8次，作出决议决定15项，听取和审议“一府两院”工作报告20项，组织专项视察9次，依法任免常委会办事机构工作人员6人次，决定任免政府工作人员20人次，任免法院、检察院工作人员79人次，依法审查政府规范性文件52件。

加强常委会组织建设，增设农业和农村工作委员会。健全人大制度，汇编《宁波市鄞州区人大及常委会工作制度》，重新修订机关工作制度，落实干部学习培训制度。开展调研36次，撰写调研报告40余篇，其中《支持政府推进依法行政，助推质量新鄞州建设》获市人大工作优秀调研成果一等奖。编发《调查与视察》10期，为区委、区政府决策提供重要参考。召开全区人大工作负责人例会和片组会议，开展街道人大工作专题调研，落实市委《关于进一步加强和改进乡镇人大工作的指导意见》。健全区、镇（乡）两级人大联动工作机制，注重发挥基层人大参与执法检查、联动开展监督等作用。组织镇乡人大主席、人大街道工委主任专题培训，举办全区人大联络员培训班。

【人大审议监督】 2015年，区人大专门成立调研组布局“十三五”规划，围绕重点工作开展调研，审议区政府《关于“十三五”规划编制情况报告》，提出要认清经济社会发展形势、合理制定规划目标、做实做细工作举措、突出民生改善等审议意见。开展政府全口径预决算审查监督，预算安排在1000万元以上的43个项目的预算绩效目标草案单独提交人代会审查，将城区环卫保洁、居家养老服务等4个项目作为年度预算绩效监督重点项目，通过年初目标评审、年中跟踪执行、年末审议报告进行全程跟踪监督，并对2014年度计划生育家庭奖励扶持等4个项目预算绩效情况进行满意度测评。听取政府性债务管理情况报告，审查批准2015年政府债务限额，建议区政府切实防范化解债务风险。专题听取并审议招商引资工作情况、电子商务产业、旅游业和安全生产监管工作等情况汇报。分别审议《关于水环境综合治理暨“五水共治”工作报告》《全区生态区建设工作报告》，对区农办、农林局、环保局、城管局和水利局“五水共治”工作情况进行满意度测评，并将评测结果在《鄞州日报》和鄞州人大网上向社会公布。围绕“两路两侧”专项整治工作，由常委会领导带队到有关镇乡（街道）实地督查指导，协调解决工作中遇到的困难和问题。调研重点文化产业项目，专题审议《全区文化产业发展情况报告》。视察新城区城市管理工作情况、城区公共停车场建设和管理情况，推动破解城市管理难题。听取并审议《社会养老服务体系建设情况报告》，推进养老服务体系建设的整体合力。对农村经济合作社股份合作制改革工作进行专题调研，听取基层干部、群众、代表的意见建议，听取专项工作报告，提出四大方面12条建议。

【依法治区督办】 2015年，区人大常委会评议组多次走访公、检、法、司机关，查阅案卷和观看庭审录像，设立意见征集箱和举报电话，召开各类座谈会16次，发放调查问卷287份，收集关于要求提高法院执行实效、强化检察监督职能、加大黑恶势力打击力度、规范社区矫正工作等各类意见建议335条。专题召开司法监督暨“两官”评议大会，对4个司（执）法机关和5名被评议法官、检察官提出审议和评议意见，推动问题整改。落实司法机关重要文件报送、重要案件备案和重大事项报告制度，325件重要案件报常委会备案；落实备案审查制度，审查政府规范性文件52件。专门成立依法行政工作审议领导小组，下设6个调研小组，由常委会各副主任带领，走访调研25个重点行政执法部门，召开人大代表、村社干部等参加的座谈会，全面了解依法行政工作现状和存在问题。开展对《中华人民共和国大气污染防治法》贯彻实施情况的执法检查。配合省、市人大开展立法调研，参与《浙江省农村集体资产管理条例》《浙江省劳动人事争议调解仲裁条例》《宁波市城市房屋使用安全管理条例》等法律法规的立法调研工作，反映基层实际问题，提出立法建议。

【人大代表履职】 2015年，区人大与省、市人大联动开展“转型升级十大组合拳落实情况监督”“基层群众办事审批难事项专项监督”“监督已治理的河”“《宁波市大气污染防治条例（草案）》征求意见”等代表主题活动。举办宪法主题讲座和财政预算监督专题

10月19日，区十七届人大常委会召开司法工作专项审议大会

12月4日，市领导调研鄞州代表联络站建设情况

培训会，组织代表听取半年度重要情况通报、旁听法院庭审、走进检察机关，邀请代表列席常委会、主任会议，支持和保障代表依法履职。对区教育局、农林局、卫生计生局3个承办单位的建议办理工作开展绩效评估，区十七届人大四次会议期间代表提出的256件建议均在规定时间内办结，局级干部面商率、代表满意率、建议解决率等指标继续领先全市。

【人大代表联络站建设】 2015年，鄞州区完善“代表联系选民月”“代表进社区”等专项活动和以代表联络站为核心的“四大平台”建设，建立代表联系群众网络体系。实现辖区内的全国、省、市、区、镇（乡）五级代表全部进站，培育中河街道剑桥社区、集士港镇万众村、邱隘镇方庄社区、横溪镇周夹村等示范站点，省、市、区领导以代表身份进驻示范站点开展主题接待活动。全区92个代表联络站开展活动674次，参与代表2750人次，接待群众4394人次，收到意见建议1241件。

（童怡心）

重要会议

【区十七届人大四次会议】 2015年1月28~31日，宁波市鄞州区第十七届人民代表大会第四次会议在区文化艺术中心举行。应到代表307人，实到301人。大会依法审查并通过政府工作报告、2014年国民经济和社会发展计划执行情况与2015年国民经济和社会发展计划、宁波市鄞州区2014年全区和区级预算执行情况与2015年全区和区级预算报告、宁波市鄞州区人民代表大会常务委员会工作报告、宁波市鄞州区人民法院工作报告、宁波市鄞州区人民检察院工作报告。会议期间收到代表建议、批评和意见256件，交由区政府办理。

【区十七届人大常委会会议】 2015年1月16日，鄞州区十七届人大常委会举行第二十四次会议。会议听取并审议2015年区国民经济和社会发展计划草案主要内容的报告、2015年全区和区本级预算草案；原则通过区十七届人大四次会议议程、日程（草案），区人大常委会2014年工作报告稿，区人大常委会2015年工作要点（草案）；通过区十七届人民代表大会代表变动和代表资格审查情况的报告；表决区十七届人大四次会议列席人员名单和有关人事任免事项。听取区十七届人大四次会议筹备工作报告；征求对区人民政府、区人民法院、区人民检察院工作报告的意见。

4月3日，鄞州区十七届人大常委会举行第二十五次会议。会议听取并审议区人民政府关于文化产业发展情况的报告、区人民政府关于社会养老服务体系建设工作情况的报告和区人民政府关于安全生产工作情况的报告。审议并表决区人大常委会委员辞职议案、区人大代表辞职议案和有关人事任免议案。

5月28日，鄞州区十七届人大常委会举行第二十六次会议。会议听取区人民政府关于水环境综合治理暨“五水共治”工作情况的报告，并进行专项工作评议。审议并表决有关人事任免议案。

7月30日，鄞州区十七届人大常委会举行第二十七次会议。会议听取并审查区人民政府关于2014年全区和区本级财政决算草案的报告，批准通过2014年区级财政决算。会议听取并审议区人民政府关于2014年度全区和区本级预算执行情况及其他财政收支情况的审计报告；区人民政府关于2015年上半年区国民经济和社会发展计划执行情况的报告；区人民政府关于2015年上半年财政预算执行情况的报告；区人民政府关于区十七届人大四次会议代表建议办理情况的报告。会议审议并表决有关人事任免事项。

9月28日，鄞州区十七届人大常委会举行第二十八次会议。会议听取并审议区人民政府关于依法行政工作开展情况的报告、区人民政府关于预算绩效管理工作情况的报告。会议对2014年度重点项目预算绩效运行情况进行评议，审议并通过区人民政府关于调整2015年区国有土地上房屋征收计划的议案，审议并表决有关人事任免事项。

11月27日，鄞州区十七届人大常委会举行第二十九次会议。会议听取并审议区政府关于生态区建设情况的报告、鄞州区“十三五”规划编制情况的汇报及区政府关于2014年区财政预算执行和其他财政收支审计查出问题整改落实情况；会议审查并通过2015年区本级预算调整方案和《宁波市鄞州区土地利用总体规划（2006~2020年）2014调整完善版》，审议并表决有关人事任免事项。

12月7日，鄞州区十七届人大常委会举行第三十次会议。会议审议并表决市人大代表辞职议案。

12月29日，鄞州区十七届人大常委会举行第三十一次会议。会议作出召开区第十七届人民代表大会第五次会议的决定，审议并表决关于表彰代表活动先进小组、代表活动积极分子和2015年度优秀代表建议、代表建议办理工作先进单位的决定。通过区人大常委会委员辞职议案、区人大代表辞职议案、有关人事任免议案，补选宁波市十四届人大代表。

【区十七届人大常委会主任会议】2015年1月13日，区十七届人大常委会主任会议召开第十七次会议。会议听取2015年全区和区级预算草案主要内容、项目预算绩效目标草案编制情况的汇报，听取区发改局、城管局、广播电视台2015年重点部门预算草案的汇报。

3月9日，区十七届人大常委会主任会议召开第十八次会议。会议听取区政府办公室关于调整钟公庙街道和首南街道行政区划的方案。

4月24日，区十七届人大常委会主任会议召开第十九次会议。会议听取并审议区社区卫生服务站运行情况的汇报。

6月25日，区十七届人大常委会主任会议召开第二十次会议。听取全区电子商务发展情况的汇报。

9月7日，区十七届人大常委会主任会议召开第二十一次会议。会议听取政府性债务管理情况和农村产权制度改革情况的汇报。

10月29日，区十七届人大常委会主任会议召开第二十二次会议。会议听取全区旅游工作情况的汇报及土地利用总体规划（2006~2020年）2014调整完善版情况的报告。

12月2日，区十七届人大常委会主任会议召开第二十三次会议。会议对全区行政区划调整方案进行研究，同意宁波市关于鄞州区行政区划调整方案。

重要活动

【区人大常委会视察组视察新城区城市管理工作情况】2015年3月19日，区人大常委会主任王自强，副主任忻国龙、高强华、张世华、吴柏宏、崔伟高等一行视察建兴路、东湖花园小区和孙马河，实地了解新城区城市管理工作情况。听取区城管局工作情况介绍，针对转变管理理念、理顺体制机制、加大整治力度、完善配套设施等问题提出意见和建议。

【区人大常委会视察组视察招商引资工作情况】2015年5月8日，区人大常委会主任王自强，副主任忻国龙、高强华、张世华、吴柏宏、崔伟高、叶天奔等一行到宁波南车产业基地，实地视察区招商引资工作。区委常委、副区长陈虹陪同视察。视察组听取区政府相关情况报告，提出增强紧迫感、提高招商引资质量、发挥各园区作用等意见和建议。

【大气污染防治执法检查】2015年7月17日，市、区两级人大共同对鄞州区大气污染防治工作进行执法检查。检查组围绕工业废气、扬尘污染、垃圾焚烧等突出问题，到新城区新城大厦工地检查扬尘防治情况，到高桥镇宕山实地检查宁波君汇矿业有限公司扬尘整治情况，到姜山镇宁波明州热电有限公司了解秸秆生物质综合利用情况，督促区政府多措并举强化监管。

【区人大常委会视察组视察城区公共停车场情况】2015年8月21日，区人大常委会主任王自强，副主任忻国龙、高强华、吴柏宏、崔伟高、叶天奔等一行视察鄞州城区公共停车场建设和管理工作情况，实地察看堇山小学公共停车场、潘火高架桥下公共停车场和钟公庙文化公园地下公共停车场等现场，了解公共停车场建设和管理情况，针对健全工作体系、加快项目建设、强化监督管理提出意见和建议。

【区人大常委会视察组视察"两路两侧"专项整治工作】2015年9月15日，区人大常委会主任王自强，副主任忻国龙、张世华、吴柏宏、叶天奔等一行实地视察鄞州区"两路两侧"专项整治工作情况，实地察看潘火街道杭深线鄞县大道特大桥下整治点、塘溪镇S19甬台温复线一侧4个整治点，分别提出整治时间和质量要求，建议完善监督考核，确保整改问题不反弹、不回潮。

【司法工作专项审议大会】2015年10月19日，鄞州区十七届人大常委会召开司法工作专项审议大会。会议听取区法院、检察院、鄞州公安分局、司法局依法履职、公正司（执）法工作情况报告，被评议法官、检察官述职报告和区人大常委会司法工作评议小组调研情况报告。会议提出各司（执）法机关问题整改、队伍建设、监督制约等建议。

【代表建议办理工作绩效评估会】2015年10月30日，鄞州区人大常委会举行2015年度代表建议办理工作绩效评估会议，对区教育局、农林局、卫生计生局的代表建议办理工作进行绩效评估。会上，部门主要负责人分别汇报办理区十七届人大四次会议以来代表建议工作情况，区人大常委会绩效评估小组汇报办理工作调查情况。区人大常委会组成人员、各委办主任、各镇乡（街道）人大负责人和相关区人大代表对三部门的代表建议办理工作满意度进行现场测评。

（童怡心）

8月21日，区人大常委会视察组视察城区公共停车场

重点代表建议选介

【新城区范围内高压线落地建议】 2015年，阮善良提出的《关于新城区范围内高压线落地的建议》，由区长陈国军领办。国网浙江宁波市鄞州区供电公司（简称“区供电公司”）编制《鄞州新城区高压线路入地规划》，确定未来3~5年内，分节点分计划推进新城区80平方千米220千伏及以下线路落地工程，工程涉及220千伏天潘（天桥）、天新（天乐）、天鲍（天家）线等4条，110千伏潘乡线等9条，35千伏洞雅线等7条，迁改架空线路长约55千米，建设220千伏电缆线路长约29千米、110千伏电缆线路长约33千米、电缆隧道长12.6千米，总投入18.5亿元。至年底，茶桃线部分支线、四明路潘鄞及潘纸线、宋诏桥区域架空线等20千米的“上改下”任务完成。

【出台群租房规范管理意见建议】 2015年，张国君提出的《关于出台群租房规范管理意见的建议》，由常务副区长沈权领办。鄞州区制定出台《鄞州区群租房专项整治工作方案》，建立由公安、住建、国土、规划、城管等部门参与的执法联动机制。6月，在钟公庙街道繁裕二村开展群租房整治试点工作，排查违规出租房屋100户。其中，涉嫌群租19户，存在消防隐患出租房81户，发出责令整改书119份，临时查封7户，作出行政处罚3起，拘留1人，在试点基础上，区政府在全区范围内部署开展为期3个月的全区群租房集中整治。

【区“三合一”企业进行全面普查并整改建议】 2015年，周小鸥提出的《关于对我区“三合一”企业进行一次全面普查并整改的建议》，由副区长黄新山领办。鄞州区出台《关于开展“三合一、多合一”场所专项整治规范提升“低小散”行业的实施意见》，成立由主要领导任组长的专项整治工作领导小组。经过近半年集中专项整治，全区排查各类合用场所2393家，其中无证场所219家、违章建筑68家。至年底，1980家合用场所完成建档录入工作，1369个安全隐患得到及时整改，357家各类合用场所按照“四个一批”要求进行整治。

【加快城区学校建设进度建议】 2015年，楼秋琼提出的《关于加快城区学校建设进度的建议》，由副区长夏素贞领办。鄞州区统筹规划，通过改建、扩建、新建等措施改善中心城区学校办学条件，扩大办学规模，推进市、区义务教育均衡发展。区政府成立由分管领导任组长的推进中心城区中小学建设领导小组，编制完成《钟公庙、中河、首南、潘火等四个街道教育资源扩充规划（2015~2019）》，明确未来3~5年的学校建设项目，列入规划的10个新建迁建项目基本按计划进行。其中，中河街道孙马学校开工建设，堇山小学南校区出具施工图，确保两所学校在2017年投入使用。

【创新住房保修金等相关资金管理模式建议】 2015年，许国华提出《关于创新住房保修金等相关资金管理模式的建议》，鄞州区出台《关于进一步加强物业管理工作的实施意见》《鄞州区物业专项维修资金管理办法实施意见》，明确和规范物业专项资金的交存、使用和管理。区住建局在出台的《宁波市鄞州区前期物业服务费管理办法》中，明确将前期物业管理费管理权限下放至属地政府，既保障基层知情权、监督权，又加强资金监管。同时，明确由区审计局委托社会中介机构对住房保修金、前期物业费、日常维修基金及专项维修基金等相关资金定期进行审计，由属地政府做好审计结果公开工作，确保资金运用规范。

【加快培养电子商务人才建议】 2015年，孟祥霞提出的《关于加快培养电子商务人才的建议》，由副区长陈虹领办。鄞州区重视电商人才培养，采取几方面措施：一是引进电子商务人才专业培训机构，出台相关扶持政策，引进市级培训机构16家。二是推动校企合作培养机制构建，浙江大学宁波理工学院、浙江万里学院等7所在鄞州高校和职业技术学校均开设电子商务专业，培育电子商务人才。三是及时出台和完善人才配套政策，除贯彻执行宁波市的扶持政策外，鄞州区出台相关电商高级人才扶持政策。四是建立以出租形式为主的人才公寓，对引进人才给予住房保障。五是对企业在国内知名高校招聘人才提供财政补贴。11月，成立区电子商务协会，召开第一届区电子商务协会理事大会。

【重视做好山区饮用水工作建议】 2015年，李培军提出的《关于重视做好山区饮用水工作的建议》，由副区长茅剑辉领办。根据2014年鄞州区编制的《2014~2020年鄞州区农村饮水安全提升工程实施计划》，投资8440万元，受益人口涉及山区、半山区9个镇乡5.1万人。2015年开工建设的横溪镇金峨片、东吴镇勤勇村及画龙村、章水镇李家坑村、横街镇爱中村等12个饮用水安全提升工程大部分项目完工，年度总投资约1700万元。

（童怡心）

10月30日，区人大常委会举行2015年度代表建议办理工作绩效评估会议

宁波市
鄞州区人民政府

全祖望故居

鄞州年鉴

2016 YINZHOU YEARBOOK

综　述

【概况】2015年，鄞州区实现地区生产总值1350.1亿元，比上年增长8.1%；财政总收入312.7亿元，增长6.9%，其中一般公共预算收入189.6亿元，增长5.7%；固定资产投资、社会消费品零售总额分别为693.1亿元和498.1亿元，分别增长16.8%和12.1%；城乡居民人均可支配收入分别为50215元和29110元，分别增长8.4%和9.1%。

实施“双底线”管理、鼓励“大众创业、万众创新”等措施，召开经济发展大会，设立产业引导基金，完善稳工业、促出口等扶持政策，实现规模以上工业总产值2364.7亿元，4家企业入选中国企业500强，完成“个转企”337家。130个重点建设项目完成投资200.4亿元，民间投资占比67.2%，技改投资增长32.7%，实到外资5.4亿美元、内资125.4亿元、“浙商回归”资金123.1亿元。培育特色夜市街区3个，商品房销售面积270万平方米，增长45.5%。金融机构本、外币存、贷款余额达1925.9亿元和1727.6亿元，增长9%和9.2%，增加上市企业3家、“新三板”挂牌企业5家，企业直接融资规模达137亿元。各级现代农业园区、粮食高产示范方、粮食生产功能区分别为1733.33公顷、1666.67公顷和1.3万公顷，土地流转总面积20666.67公顷，增加“三品一标”认证11个。推动传统制造向产业链中高端迈进，“5新+5优”产业产值、高新技术行业产值比重分别达60.1%、46%，战略性新兴产业、高新技术行业产值增幅高于规模以上工业7.2和3.7个百分点，规模以上工业综合能耗下降3.3%。服务业比重提高到43.4%。宁波南部商务区入驻率和属地注册率分别达90.1%和90.1%，集聚企业2555家。实现金融业增加值102.3亿元，增长21.8%，占生产总值比重提高到7.6%，集聚金融机构91家，增加基金类企业217家。文化产业增加值占生产总值比重达到5.7%，获评全省文化产业重点县（市、区），宁波国家广告产业试点园区新入驻广告企业121家。实现旅游总收入198.2亿元，增长15.2%。鄞州工业园区博格华纳排放系统、时代全芯等项目加快推进，东睦新材料二期项目建成运营；宁波望春工业园区“腾笼换鸟”步伐加快，杉杉新能源项目开工建设；鄞州经济开发区二期北区填海工程基本完成，中集冷藏装备等大项目落户；鄞州投资创业中心基本实现功能整合、产城融合；宁波中车产业基地成为市战略性新兴产业专业园。中物科技园激光与光电产业发展加快，集聚企业71家；摩米创新工场集聚光通讯、光电装备制造、健康护理等细分领域产业链企业48家；浙江清华长三角研究院宁波科技园落户项目13个，清华大学启迪孵化器落户鄞州。科技信息孵化园入驻企业214家，4家机构入选市首批“众创平台”，鄞州青年（大学生）创业园获评国家首批小微企业创业创新示范基地。

实施商事登记制度“五证合一”改革，取消和规范区级审批前置条件78项，下放审批权限48项，部门审批事项在行政服务中心进驻率达96.1%，进驻审批事项窗口办结率达93.9%。修编完成环境功能区划等方案，推进土地利用总体规划调整工作，健全用地计划管控机制、土地出让机制，划定永久基本农田27466.67公顷，盘活低效用地、存量建设用地203.53公顷，89个地块征迁清零。调整优化市场监管、卫生计生、文广旅游、中车基地、天童林场、不动产登记等工作体制，区政府工作部门精简到22个。启动机关事业单位养老保险制度改革。完成422个村经济合作社股份合作制改革。研究与试验发展经费占生产总值比重达3%。认定高新技术企业23家、市级创新型企业5家，增加国家级企业技术中心1家，省、市级企业研究院和工程技术中心34家，70%以上规模以上工业企业建立研发机构，技术合同成交额突破4亿元。授权专利1.2万件，其中发明专利占比超过10%。增加行政认定中国驰名商标4个、省“三名”培育试点企业2家、市长质量奖2家，雅戈尔集团股份有限公司通过首批“浙江制造”认证。引进各类人才1.3万人，建立院士和博士后工作站13个，增加省级以上“千人计划”专家7人，设立浙江国千能源研究院。实现自营出口123.2亿美元，增长2%；实现进口23.8亿美元，离岸外包执行额2.2亿美元。栎社保税物流中心实现跨境电商“集货+备货”双通道运行，建成区级以上电商园9个，电商集聚区面积突破20万平方米，网络零售额达157.6亿元。办理境外投资企业38家，对外经济合作额3.1亿美元，在外建立农产品生产基地17666.67公顷。

编制完成四明山区域城乡统筹规划，报批完成石碶、火车东站—潘火、长丰、中河等地段和12个乡镇控规，完成全区村庄布局规划、建设规划，开展鄞江镇“多规融合”试点，城乡一体发展规划体系基本形成。调整优化钟公庙、首南街道行政区划，宁波望春工业园区、桃源湾休闲度假区纳入集士港卫星城范围。拓展提升“三江六岸”环境档次，环球银泰城、环球乐园、杉井奥特莱斯三期等项目投入运营，院士公园完成改造提升，姜山镇区建设、咸祥街景改造等取得成效。开工建设小城镇“五个一”项目40个，建成9个。增加市级历史文化名村8个，李家坑、勤勇等一批特色村庄完成整体改建，市美丽乡村和农村精神文明建设现场会在龙观召开。建立健全城市管理问题兜底和应急处置机制，推进33个重大城市管理事项落地，加大建筑垃圾、物业管理、公共停车场、奉化江两岸等重点领域管理力度，逐步消除城市管理盲区，区智慧城管一期项目运行，整治三轮车3025辆。宁南南路、长寿东路、广德湖路等城区道路延伸段通车，基本建成古林至高桥公路、甬梁线一期改建等5条主干道和一批城乡次干道。购置公交车160辆，开辟公交专用道3条、公交线路11条，优化调整63条，超级电容储能式现代无轨电车示范线运营，建成公交停车场5座、停车位10664个，新建、扩建自行车租赁网点65个，增加桩位1620个。整治加固奉化江、姚江、东江等堤防26千米，建成12千米，改造碶闸26个。完成山塘整治、小型水库除险加固33座，解决1.5万名山区群众饮水难题。中心城区管网清淤、检测、修复、提标改造599千米，改造道路积水点47个。新建、扩建110千伏及以上变电所3座，高压线“上改下”21.8千米，安装换装农村剩余电流动作保护器28.4万户。改造菜市场5个，创建省级放心农贸市场4个，增设行政村金融便民服务点50家。配合完成机场扩建、轨道交通等省、市重点工程相关任务。治水项目投资51.6亿元，疏浚农村河道292千米，建设生态河道10千米，整治城区内河22条，内河水质养护60条，完成“清三河”及河道渔业设施清理任务。鄞西污水处理厂投入试运行，滨海污水处理厂进行联动调试，建成污水主干管网29.3千米、收集管网127.9千米，完成58个村生活污水治理设施建设任务，受益农户2.5万户，发放排水许可证425个。完成“两路两侧”省定133处、市定191处问题整治任务。完成“三改”409.7万平方米、“一拆”252.9万平方米。整治关闭畜禽养殖场303家，回收处置农资包装废弃物229.7吨。生活垃圾焚烧发电、循环资源处置中心项目开工，垃圾分类试点覆盖21个社区4.7万户居民。基本完成精密铸造、金属表面酸洗等行业整治提升，关闭和整改提升蔺草加工企业93家，淘汰燃料锅炉75台，“黄标车”淘汰任务完成。实施节能节水改造项目103项，企业能源审计监察50家，清洁生产审核21家，建成分布式光伏发电项目19.8兆瓦。

增加创业实体1.3万家，培训劳动力3.2万人次，城镇失业人员实现再就业7021人，城镇登记失业率控制在2%以内。开展全民参保登记工作，完善被征地人员养老保障政策。募集慈善捐款0.9亿元，发放救助资金2.2亿元，区社会福利救助中心建成使用。建成镇村老年乐园3家、村（社区）居家养老服务站49家，省、市级阳光家园9家，老年人养老床位拥有率达5.2%。开工建设棚户区改造项目6个，新建安置房6392套，启动危旧房改造10.6万平方米，交付保障房2211套。政策性农业保险品种22个，参保农户3.6万户。健全完善社会事业多元投入机制，鼓励引导民间资本进入教育医疗、社会福利、文化体育等社会事业领域。与中国教育科学院、北京师范大学、宁波诺丁汉大学等机构开展合作办学，赫德实验学校等优质民办教育项目落户鄞州。鄞州眼科医院和一批民营体检中心试营业，宁波西部医院、浙东骨伤科医院启动筹建，非公立医疗机构实际开放床位数占比达23.8%。华信颐养园等特色民办养老机构建成开业。建成鄞江攀岩主题公园，承办一批国内外体育赛事。社会力量创作的文艺影视作品规模质量不断提升，非国有博物馆群提档升级，公益慈善综合体善园开工建设。打造“义乡鄞州”，举办王安石县政治理思想研讨会等活动，增加全国文明镇村2家、省级道德模范1人。出台基本公共文化服务标准，发布全省首款“文化地图”，开展“天天系列”公益性培训、讲座、展演、电影放映6000余场次，建设镇级文体中心1个、农村文化礼堂35个，图书借阅实现全大市通借通还，创建国家级数字档案馆。它山堰成为世界灌溉工程遗产。体育健儿获市十七届运动会金牌、奖牌、总分三项第一。出台促进教育现代化建设36条意见，启动“学前教育新一轮提升和薄弱学校清零”行动，开展城区义务段学校招生改革、义务段课程改革，推进教师校长交流工作，增加省特色示范高中2所，新建、改建幼儿园8所，惠风书院等5所中小学建成投用，义务段学校标准化率达92%。加强基层名医与特色专科建设，推行契约式家庭医生制服务，区域卫生信息互联互通工作全国领先。新建、改建卫生院2家，整合设立区妇幼保健计划生育服务中心，区红十字应急救护培训中心启用。创建省级以上卫生镇乡（街道）3个。刑事立案数、信访总量、安全生产事故3项指标持续下降，基本完成平安建设信息系统与网格化管理“两网融合”工作。开展“同心同行、共建和谐”“五进宗教场所”等活动，完善“鄞州发布”等新媒体平台。健全矛盾纠纷分级分责化解机制、动态情况分析预警和协调机制，全面实施“阳光信访”。依托区域警务协作机制，有效预防和打击黄赌毒、逃废债、涉黑涉恶、涉众型经济犯罪等群众反响强烈的违法犯罪活动。实行重大隐患企业停产停电和一票否决制度，规范限额以下建筑工程安全监管，整治各类合用场所366家、群租房467户、违法违规出租车棚车库1053间。餐桌安全三年行动计划出台，率先在全国实施鄞州特色的食品安全责任险，创建“阳光厨房”304个，中小学、幼儿园食堂食品安全量化分级A、B级达标率达92%。农村应急广播实现行政村全覆盖。深化流动人口综合引导调控改革，推进流动人口控量提质。完成“六五”普法任务，公共法律服务窗口实现镇乡全覆盖。

（区政府办公室）

重要会议

【区政府全体（扩大）会议】 2015年1月8日，区政府召开第三次全体（扩大）会议。会议讨论提交区十七届人大四次会议审议的《政府工作报告》，研究部署政府重点工作。区领导沈权、崔伟高、黄新山、茅剑辉、蔡松芝、章英杰、柴志强、王国定出席会议。区政府组成部门主要负责人、各镇（乡）政府镇（乡）长、街道办事处主任、区政府直属各单位主要负责人以及有关驻鄞单位主要负责人，区政府办公室各副主任出席会议。区政府顾问和区人武部、法院、检察院、区委办公室、总工会、团区委、妇联、工商联相关负责人应邀参加会议。区委副书记、区长陈国军主持会议并作《政府工作报告》起草说明。

【区政府常务会议】 2015年2月9日，区政府召开第48次常务会议，专题学习《中华人民共和国环境保护法》（2014年修订），审议通过《关于调整钟公庙街道和首南街道行政区划的建议方案》《关于2015年“大力神鼎”“大力鼎”奖和企业进步奖评选办法》《关于加快鄞州区四明山区域生态发展实施意见》和关于高桥镇高峰4号地块收回方案、关于解除鄞江它山堰1号B地块出让合同、关于鄞州区生活垃圾焚烧发电项目建设有关情况、关于要求支持美康生物建设区智能健康产业中心有关情况、关于区政府部门责任清单工作有关情况、关于部分项目工程款提前支付及个别工程变更等事宜、《关于进一步明确重点工程村级发展留用地的处理意见》等政策文件，审议关于中哲、奥克斯、万林新城置业、中淳高科、梁祝项目等有关地块土地证期限延长事宜，书面通报关于启动宁波市西部医院项目有关情况。

3月6日，区政府召开第49次常务会议，专题学习《中华人民共和国安全生产法》，审议通过关于固定资产投资和重点工程建设目标管理考核办法等相关事宜、关于宁横路等5条道路更名的情况、关于区社会福利救助中心内文保建筑物处置情况、关于农村剩余电流动作保护器安装（换装）工作、关于风棚碶泵闸工程建设事宜、关于雅戈尔纺织城地块土地出让有关事宜、关于齐物美术馆划拨土地补缴出让金事宜、关于新城区慧灯寺3号地块地上建筑物处置相关事宜等政策文件，书面通报关于2014年度镇乡（街道）征迁工作专项考核结果。

4月9日，区政府召开第50次常务会议，审议通过关于引进宁波赫德实验学校在鄞州办学的方案、关于环城南路西延工程有关情况、关于广告产业园概算调整的情况、关于城投部分项目竣工阶段存在的问题、关于南部商务区一期地下停车位处置相关事宜、关于要求明确长丰热电搬迁相关事宜、关于2015年度双五十工程评选情况、关于规范限额以下建筑工程安全生产监督管理工作的情况、关于对拒不停产生产经营单位实施强制停止供电措施的情况等政策文件，通过调整区政府部分领导工作分工的建议。

4月28日，区政府召开第51次常务会议，专题学习《中华人民共和国行政诉讼法》（2015年施行），审议通过关于开展全区食品安全责任保险试点工作的情况、关于鄞州中心区安置房物业管理提升办法及新城区拆迁住房困难户解困安置方案、关于下应东南片区范围内土地征收补偿价格要求参照市四级土地级别评估、关于姜山镇小城春秋北侧地块临时土地证期限延长事宜、关于要求明确洞桥镇政府及市固废处置中心项目周边村政策支持的情况、关于引进灵狮集团共建宁波创新设计服务产业综合集聚区项目、关于新城区城市道路配套建设有关事宜、关于鄞江古镇开发建设权责划分等事宜、关于妥善解决高桥镇轨道交通1号线及甬梁线改建工程拆迁资金缺口的方案等政策文件。

5月25日，区政府召开第52次常务会议，审议通过关于有偿收回汪董2号地块方案、关于四明西路原布利杰集团地块有关审计整改方案、《关于城乡建设用地增减挂钩工作实施细则》、关于大龄青年住房困难户集中居住区建设用地、关于“依法征迁”行动实施方案、关于石碶街道社区卫生服务中心工程调增工程概算、关于要求免除永润石化地块土地闲置费与天辉服饰地块按原挂牌价收回、《关于物业专项维修资金管理办法》、关于深化精密铸造行业污染整治实施方案、关于水功能区、水环境功能区修编情况、《关于加快建设法治政府的实施意见》、关于部分机构设置调整的情况等政策文件，书面通报《关于征迁考核工作经费计发办法》、关于2014年度鄞州区金融机构综合奖考核表彰方案、关于要求给予相关机构落户鄞州金融大厦房租优惠政策等情况。

6月3日，区政府召开第53次常务会议，审议通过《关于财政性存款资金管理办法》《关于住房公积金银行贷款贴息办法》《关于市级促进服务业发展专项资金使用管理实施细则》《关于鼓励引导社会资本办医和西部医院奖扶方案》《关于垃圾分类实施意见》和关于“三证合一”工作、关于南车产业基地项目土地价格情况、关于要求兴宁路南侧C-3A地块部分商业分割销售、关于洋普重机临时土地证延期事宜、关于城投公司收购宁波南部商务区大海商务楼等政策文件，书面通报关于南部商务区二期廊桥建设相关事宜、关于南外环道路（机场路—沧海路）综合整治工程建设相关事宜。

6月16日，区政府召开第54次常务会议，专题学习《宁波市城市总体规划（2006~2020年）》（2015版），审议通过关于部分调整部门“三定”规定情况、《关于拓宽新村建设项目融资渠道指导意见》《关于矿山综合治理工作实施意见及标准》《关于安全生产实名曝光制度、安全生产警示约谈与一票否决暂行办法》《建议列入第六批安全生产黑名单单位、集中开展“三合一、多合一”等场所专项整治规范提升“低小散”行业的实施意见》《对当前安全生产工作中存在问题和隐患落实整改意见》和关于鄞州工业园区15号C地块土地权证分割事宜、《关于2015年全区经济发展的若干政策意见》、关于审计局向巡视组汇报材料、关于区政府党组向巡视组汇报材料等政策文件。

7月9日，区政府召开第55次常务会议，专题学习《中华人民共和国保密法》法制创新与习近平战略思想的践行应用，审议通过关于鄞州区“十三五”规划编制工作方案、关于甬梁线项目调概、关于提高老旧住宅小区整治标准、关于新城大厦项目转让款结算相关事宜、关于堇山西路北侧地块有关情况、关于中集集团冷藏物流装备项目“一事一议”的情况、关于钛安新材料科技项目“一事一议”的情况、《关于农村生活污水处理设施运行机制》、关于优化区环保局基层监管体制、关于鄞州区广播电视台资产重组方案等政策文件，通过关于给予唐小勇、翁为民等行政开除处分的决定，书面通报关于220千伏鲍家变电所至澄浪变电所输电线路工程情况。

8月7日，区政府召开第56次常务会议，专题学习土地利用总体规划形势，审议通过关于中海国际社区配套道路采用BT模式、关于卓越圣龙德尔福地块临时土地证延长事宜、关于鼎祥电器公司临时土地证延长事宜、关于环境功能区划编制工作情况、关于文化艺术中心改造方案、关于宁波（鄞州）量化金融小镇实施方案、关于宝幢西侧道路工程下穿铁路部分先行施工情况、关于天童景区采购建筑景观小品情况及处理意见、关于村级补助资金政策有关方案、《关于2015全区经济发展若干政策意见实施细则》、关于博威集团有限公司“一事一议”的情况、关于三江河道管护机制构建事宜等政策文件，通过调整区政府部分领导工作分工建议。

8月27日，区政府召开第57次常务会议，学习党内重要法规，审议通过《关于城乡居民医疗保险区、镇分级筹资实施办法》、关于车何渡村1号工业地块及黄隘村2号工业地块临时土地证延长事宜、关于国有土地上房屋征收补偿方案、关于有轨电车实验线一期及市政道路改造实施方案、关于要求尽快实施215省道塘溪至咸祥段整治工程、关于雅戈尔大道路面修复工程、关于明州大道污水主干管施工后路面修复工作、关于潘火王家弄安置房有关情况、关于综合执法改革有关方案、关于城区新移交河道整治经费等政策文件，书面通报关于创新宁波产城投资管理有限公司体制机制有关情况。

9月28日，区政府召开第58次常务会议，审议通过关于延长南部商务区三期A地块土地开发期、关于延长斯玛特广场项目土地开发期、关于鄞州区工业稳增长措施、关于清理和规范部分行政审批事项区级前置审批条件、《关于我区构建现代公共文化服务体系的实施意见》、关于鄞州蓝青小学筹建方案、关于全区土地利用规划中期调整评估方案、关于原新城区管委会招商项目历史遗留问题方案、关于联东U谷·宁波鄞州产业综合体项目、关于我区重大水利项目融资情况、关于古林镇机场三期拆迁安置房二期项目建造模式、关于古林镇薛家村3号工业地块遗留问题处置方案、关于鄞州工业园区三家企业历史遗留问题处置方案、关于解除姜山镇原宁波市鄞州朝阳防水布厂地块出让合同、关于姜山镇核心5号居住地块挂牌出让情况、关于湿地公园南侧两宗住宅用地出让方案等政策文件。

10月28日，区政府召开第59次常务会议，专题学习《浙江省审计条例》，学习传达省委书记夏宝龙在省委常委扩大会议上的讲话精神，审议通过关于长丰四路等工程变更情况、关于要求将宁波水利博物馆等项目列入项目库、《关于高污染燃料锅炉淘汰改造工作实施意见》、关于国有建设用地使用权挂牌出让方案、关于东睦集团有关土地问题情况、关于华侨城项目补充协议、关于引进建筑泥浆、河道淤泥处理处置中心（泥浆固化）项目、关于宁波大象织物项目“一事一议”相关情况、关于农产品质量安全追溯体系建设实施方案、《关于加强基层环保组织建设实施意见》、关于部分拆迁安置房项目施工管理情况、关于全芯科技申报国家发展基金有关事宜、关于鄞州经济开发区I-08-3地块的出让方案等政策文件，通过关于给予王仲佰、陈国君行政开除处分的决定，书面通报《关于中心城区公共停车场移交接管暂行办法》、关于工程运输车辆道路交通秩序综合整治实施方案。

11月24日，区政府召开第60次常务会议，审议通过关于2016年全区政府性债务计划和2015年全区及区本级财政预算调整方案、关于2015年鄞州区一般性财政转移支付和2016年镇乡专项财政转移支付方案、关于2016年临聘人员预算调整方案和2016年区级机关事业单位公用经费定额标准调整方案、关于天童林场改革实施方案、关于长丰热电补偿有关事宜、关于城乡品质提升行动、关于骨科医院有关事宜、关于要求对机场三期违法用地地上建筑物免予处罚、关于轻纺城消防重点隐患区块改造有关情况、关于章水原杖锡茶厂地块出让方案、关于延长21号-C中B地块土地权证有效期、关于全面清理违法违规建设项目环保专项行动实施方案等政策文件，通过区政府部分领导分工调整方案，书面通报关于宁波市历史文化名镇名村保护工作、关于宁波空港物流发展有限公司增资扩股及设立香港全资子公司有关事宜、关于不动产登记制度有关事宜、关于云龙镇原锡青铜带地块在建工程转让手续的有关事宜。

12月4日，区政府召开第61次常务会议，通报鄞州区行政区划调整方案，审议通过《关于构建中心城区户外广告长效管理机制的实施意见》、关于嵩江6号地块建设相关事宜、关于四明东路东延工程设计直接委托、关于鄞州二院二期工程变更有关事宜、关于甬港饭店地块合作办医有关方案、关于中基1号商业地块处置方案、关于“隐居天童”茶文化度假村项目有关情况、关于秸秆综合利用实施方案、关于要求免予下应街道湾底村玫瑰园生态餐厅地面建筑行政处罚、关于下应东南片YZ04-03-a2地块、集士港丰成1号地块土地使用权挂牌出让方案等政策文件，书面通报关于循环资源处置中心委托代建有关事宜、关于2015年度鄞州区金融机构考核表彰方案。

12月22日，区政府召开第62次常务会议，审议通过关于2015年全区政府债务限额及有关情况、关于2016年财政预算情况、关于“十三五”规划纲要、关于2016年政府投资项目及重点工程、关于2016年度经济社会发展主要指标安排情况、《关于区经济发展政策财政补助资金监管办法》、关于政府产业引导基金方案、关于要求尽快安排政府对中车基金3年免息引导资金、关于产城公司体制调整后逐步退出在各经营性公司所持股份事宜、关于鄞州区城镇居民住房保险监测项目、关于火车东站潘火地段JD13-04-02地块重新挂牌出让方案、关于延长荣安香园B地块土地开发期限事宜、关于延长东方建设开发有限公司相关地块土地开发期限事宜、关于欢乐购项目有关情况、关于途众二手车交易市场改造升级有关事宜、关于区排水管理办法有关情况、关于推进浙江国千能源研究院建设工作方案、关于2016年政府工作报告起草情况、关于生活垃圾焚烧发电项目土地证办理有关事宜等政策文件。

（欧阳寅劼）

区政府办公室工作

【概况】 2015年，鄞州区政府办公室（简称“区政府办”）在转型升级、美丽镇村幸福家园建设、生态环境保护、拆旧建新、治水攻坚、政府自身建设等方面开展调查研究，出台《“低小散”行业整治提升深化“腾笼换鸟”工作方案》《小餐饮业改造提升方案》《沿街（路）小商铺和全区农贸市场改造提升方案及群租房消防安全标准》《“提升农村品质建设美丽鄞州”暨农村品质提升专项行动计划（2015~2017年）的实施意见》《依法征迁工作实施方案》《城区生活垃圾分类处理与循环利用工作实施方案》《关于取消部分区级行政审批事项审批前置条件》等相关政策。撰写各类调研文章26篇，起草各类讲话稿、汇报材料642篇。编发《政务信息》35期，上报省、市656条（篇），被省、市政府办公厅录用286条（篇），获评全市政务信息先进单位。

围绕政府工作报告确定的主要目

标任务和市、区民生实事项目及奉化江鄞州段“千日攻坚”专项行动方案2015年主要工作目标，采取书面督查与实地检查、面上督查与专项督查相结合的形式督促落实。下发督查通知书35件，开展实地检查5次，编发《政务督查》通报和专报75期；交办督办市、区领导批示件272件，做到事事有答复，件件有着落；交办督办市、区人大代表建议、政协委员提案565件，满意和基本满意率达98%；办理市政府督查件41件，全部按期办结；制定《关于进一步加强政务督查工作的实施意见》。

制订小微企业成长计划行动方案、人力三轮车整治等行动计划，开展重大项目集中开工仪式、幸福美丽新家园现场会、“创业鄞州·精英引领”活动周等大型活动的组织协调和后勤保障工作，完善应急预案，健全应急联动中心运转机制。统筹协调大气污染防治、棚户区改造、高速公路沿线整治、菜市场改造提升等重难点工作，召开各类协调会议584次，出台专题会议纪要163份。

收办上级文件2065件，下发各类文件1043件，审核办理请示类文件929件，未发生漏办、错办、延误现象。全区公开平台主动公开政府信息11021条。浙江政务服务网鄞州平台建成并投入运行，推出“中国鄞州”门户网站手机版，发布各类政务信息35741条。接待各类来宾477批次9912人，报批因公出国（境）团组64批133人次。

（欧阳寅劼）

体制改革

【概况】 2015年，鄞州区推进省市先进制造业强区建设、现代服务业新区建设、现代农业示范区建设、电子商务示范基地建设、宁波“资本港”建设和“四张清单一张网”改革、社会诚信体系建设、土地资源要素配置市场化改革8项经济体制改革重点项目。制订全区县域经济体制综合改革方案，指导、协调区级各职能部门制订出台县域经济体制综合改革实施细则方案。

【城乡一体化改革】 2015年，鄞州区推进城乡统筹一体化发展改革。明确小城镇建设综合配套改革目标任务、举措路径和责任分解，探索新村建设区域联建、集中统建、异地迁建模式，探索新型城镇化改革有效路径。创新美丽镇村幸福家园建设机制，完善城乡空间布局有机融合的规划体系，实施城乡基础设施统筹推进机制。49个小城镇“五个一”项目开工建设，完成投资47.77亿元。投入140.55亿元完成小城镇拆旧78.85万平方米、建新247.95万平方米。推进卫星城市中心镇发展改革，贯彻落实《宁波市卫星城市中心镇发展改革工作要点》，开展中心镇强镇扩权改革调研，中心镇深化行政执法体制改革调研材料撰写完成，指导中心镇在产城融合发展、生态建设保护机制、小城镇建设投融资体制等改革项目进行体制机制探索创新，完成卫星城市中心镇的各项考核工作。集士港镇获评市卫星城市试点考核优秀，姜山镇获评中心镇考核优秀，为卫星城中心镇争取市级各类补助资金1000万元。将宁波望春工业园区纳入集士港卫星城范围，实现卫星城区域建设发展与综合管理职能统一。姜山镇探索推进综合执法体制改革，成立姜山镇综合执法大队，划定核心镇区9平方千米为综合执法试行区域。完成全区政策性农村住房保险投保工作，全区25.4万户农户参保，参保率连续9年达100%。推进农村产权制度改革，全区421个村完成农村股份制改革，有序推进农村土地流转，创新农村金融服务形式，推广农房按揭贷款、农房抵押贷款和集体土地使用权抵押贷款。

【综合配套改革】 2015年，鄞州区推进全区经济体制改革，走访重点改革单位，分解下达8项经济体制改革重点项目任务，开展全区改革工作的调研、协调、督查、信息、总结和考核工作。推进基层医疗卫生机构综合改革，强化政府投入保障，探索多元化办医机制，完善医务人员绩效工资制度，构建纵向医疗联合体，完善城市医院与基层医疗机构纵向分工协作机制。理顺甬港饭店职工劳动关系，签订劳动关系协议，协调答复甬港饭店企业职工到市信访局、市纪委信访室2个信访件，衔接甬港饭店代发退休福利费事项，配合进行企业改革资产处置后续工作。开展企业债券管理工作，协助区城投公司进行小微企业增信集合债券发行工作，排查企业债券本息兑付风险，开展城市地下综合管廊等建设专项债券发行推广和企业债券新政策对接工作。

【特色小镇创建】 2015年，鄞州区开展第二批省级特色小镇创建名单申报，区发展和改革局（简称“区发改局”）联合区金融工作办公室（简称“区金融办”）、五乡镇开展鄞州四明金融小镇、鄞州现代电车小镇创建申报工作。参与省调研组对区第二批省级特色小镇的实地调研初审，协调省级联审工作。起草《鄞州区加快特色小镇规划建设的实施意见》，对全区15个特色小镇调查摸底、比较排序，分批分层创建特色小镇，开展高桥梁祝爱情小镇、鄞江山水风情小镇、桃源湾生态休闲度假小镇、咸祥泰国风情小镇、下应智慧制造小镇调研，指导特色小镇创建申报和概念性规划编制。

（蔡展峰）

民生实事工程

【政府重点民生实事十大工程】 2015年，区政府实施10个方面民生实事项目，内容涵盖污水整治、水质提升、大气治理、食品安全、交通出行、电力改造、便民服务、环境改善、养老保障以及教育惠民等。建立以主要领导负总责、常务副区长牵头实施、分管领导协调推进的民生实事工程推进机制，下发《宁波市鄞州区人民政府办公室关于印发2015年区政府重点民生实事工程目标任务责任分解的通知》。采用月督查、季通报、半年预警、定期公示的方式进行面上督查和实地检查，推进民生实事工作开展。

农村生活污水治理工程。104个村开工建设，完工58个，受益农户2.5万户。

提升河道水质工程。分阶段实施3期内河整治工程，城区内河整治22条。通过开展农村河道整治工作，完成农村河道疏浚292千米，建成生态型河道10千米。111条黑河、臭河全部完成整治并通过区河长办验收，黑河、臭河整治任务全面完成。

大气治理工程。宁波长丰热电有限公司迁建工程完成初步设计批复及地块规划调整，进行农用地转用与征地报批；受全省天然气发电政策调整及总体供热需求影响，明确先建设长丰热力站，再启动云龙燃机项目的分阶段实施计划，热力站项目进入立项阶段。累计淘汰"黄标车"9214辆，其中淘汰在用"黄标车"8433辆、"黄改绿"123辆、交警强制注销658辆，淘汰总数居全市第一，完成省定目标任务。

保障食品安全工程。创建"阳光厨房"304个，其中学校（幼儿园）160家，餐饮配送企业（中央厨房）、大型酒店、餐饮连锁企业等社会餐饮单位144家。333所中小学（幼儿园）食堂中，B级及以上的达306家（其中A级133家、B级173家），达标率92%。

改善出行条件工程。建成公交咸祥横码站、前虞站、蔡郎桥站、冯家站、横街站5座公交场站并开通线路。购买公交车160辆，其中超级电容电车10辆；开辟178路（甲村一万达广场西）等公交线路11条，优化调整63条；增加古林薛家南路租赁点等公共自行车网点65个、桩位1620个。10091个停车位竣工验收，增加公共停车位573个。

改造电力设施工程。潘一3613线、潘应3614线等5个高压线落地项目完工，累计"上改下"11.8千米；四明路、宋诏桥区域架空线落地工程2个高压线落地项目（10千米）完成电缆排管土建工作，进入串线割接阶段。安装换装农业生产用电触保器和农村居民家庭触保器28.4万户，占总数的89.2%。

强化便民服务工程。高桥菜市场、首南中心菜市场、集士港菜市场、邱隘菜市场、瞻岐菜市场5个菜市场完成改造，惠风西路菜市场进行招投标，下应菜市场完成施工图审图。培育联盛—万达、舟宿夜江、高桥—奥特莱斯3个"月光经济"特色街区，其中舟宿夜江街区和鄞州万达—联盛广场街区获评市级特色夜市街区。鄞江镇建岙村等35家农村文化礼堂建成，古林镇薛家村等5家基本建成。全区20个基层广电站所辖387个行政村应急广播工程建成，实现农村应急广播体系全覆盖。市民中心因建设模式及方案调整，暂缓实施。

提升居住环境工程。6个棚户区改造安置房项目开工，建设安置房6392套。其中，姜山镇东新东苑（1338套）、上何郁家A地块（1067套）主体结顶，四明山村拆迁安置小区（1168套）进行主体施工，长丰安置2号二期（1412套）、集士港镇董家桥新村建设B地块（571套）、横溪镇梅岭安置房一期B-1、C地块（836套）开工建设。中河街道凤凰新村、石碶街道雅渡新村、古林镇藕池新村等13个老旧小区完成改造，改造面积35万平方米。区保障性住房二期工程——馨悦家园（提供公共租赁住房2211套）竣工交付，受理公租房申请家庭784户，审核通过654户，621户参加摇号配租。全年完成"三改"409.7万平方米，处置违法建筑252.9万平方米。

健全养老体系工程。钟公庙街道居家服务照料中心完成建设。建设村（社区）居家养老服务站49家，其中社区8家、农村41家。建成华信颐养园、石碶街道后仓村、塘溪镇鹳山村和姜山镇董家跳村养老机构4家，增加床位882张，每百位老人拥有机构床位数达5.2张。

深化教育惠民工程。下应中心小学、五乡镇贵玉小学扩建二期完成主体工程，东吴镇天童小学综合楼二次结构施工，横街镇中学综合楼、瞻岐镇中心小学、中河街道孙马学校完成桩基施工；瞻岐镇合岙幼儿园、东吴镇中心幼儿园、集士港镇中心幼儿园、咸祥镇大桥幼儿园、高桥镇中心幼儿园、高桥镇岐湖幼儿园6所幼儿园竣工投入使用。创建省级义务教育标准化学校9所。全区101所义务段学校中，标准化学校达到93所，标准化学校比例为92%。公办中小学全部完成加热保温饮水设施建设。

（王发振）

重点工程建设

【概况】 2015年，鄞州区安排重点工程项目130个，计划投资220亿元。实际投资200.4亿元，占计划投资的91.1%，带动固定资产投资完成693.1亿元，比上年增长16.8%。其中基础设施项目投资63.6亿元，占年度投资94.3%；产业项目投资68.2亿元，占年度投资76.5%；民生项目投资49.4亿元，占年度投资77.9%。滨海人才公寓二期、国合旭东、中河孙马学校等21个项目开工建设，宁南南路延伸段（鄞州大道—庆元大道）、社会福利救助中心、惠风书院等13个项目完工。鄞州区连续4年蝉联"浙江省扩大有效投资优秀单位"称号。

建立完善"一个单位落实主体责任，一个区级领导联系，一个职能部门助推，一个口子督查"的重大项目合力推进制度，形成"领导联系促动、部门配合联动、定期督查推动、目标考核带动"和"盯人、盯事、盯项目"的跟踪推进机制。结合开展领导干部"一岗三职"活动，量化、细化有效投资年度目标任务，定期梳理、排查困难和问题。定期通报有效投资和重点工程推进情况，按照"月公示、季点评、年考核"要求，重点督查被列入省、市重点工程的重大项目。

加强省、市重点工程和市"三年行动计划"项目的论证、筛选和申报，全区列入省级重点工程12个、市级重点工程46个，市三年行动计划重大项目64个，分两批申报包括垃圾焚烧发电工程和宁波西部医院等8个PPP项目。对宁波南部商务区、银泰城、华侨城、全芯科技、明州大道、奉化江新城区段等30个区重点关注项目跟踪，推动解决项目政策处理、交叉施工、管线迁移等困难。继续实施一年两次项目集中开工、集中督查常态化管理。

【重点工程项目优化管理】 2015年，鄞州区优化土地、资金、环境容量等要素资源配置，加快项目审批、落地、开工。出台《政府投资项目管理办法》《政府投资项目储备库管理办法》，严格政府投资项目准入。重大项目实施报批、审批“绿色通道”，落实专人负责项目咨询、踏勘、会审、审图、验收“五个联合”审批服务机制，召开重大新开工项目审批服务对接会，提供全程跟踪代办服务。争取省土地预留指标和市统筹计划指标，上报市统筹指标项目9个，增加建设用地105.47公顷。开展“批而未供、供而未用”土地专项整治，推动线性工程和重大项目拆迁清零，促进环城南路西延、长丰热电迁建改造、宁波西部医院等项目落地。

【中央预算内投资补助资金申请获批】 2015年，鄞州区申报和争取中央预算内投资补助资金，加大棚户区改造、垃圾污水处理设施、教文卫等民生项目申请，争取中央预算内补助资金8220万元。其中，保障性住房二期和蒲家片区配套道路两个棚户区项目改造工程获中央补助5500万元，滨海污水处理厂获中央补助1000万元，姜山、洞桥、古林和云龙4个粮食仓储项目获中央补助1320万元，鄞东南沿山干河工程孔家潭—宁横公路段和宁横公路—长山江段，合计中央到位资金400万元。区生活垃圾焚烧发电项目、鄞西污水处理厂一期提标扩容工程和中心城区老年乐园合建项目3个项目争取中央专项建设基金5000万元。

（严世高）

法制工作

【概况】 2015年，区法制办落实规范性文件草案公开征求意见制度，明确起草单位的规范性文件草案在提交区法制办审查前必须通过单位门户网站等途径公开征求社会公众意见。健全规范性文件常务会议会前合法性审查工作机制，前置审查拟由区委、区政府出台的规范性文件草案及其他文件68件，提出修改意见110余条，出具合法性审查意见书25份。

开展重大行政合同合法性审查，前置审查由区政府及其部门、国有投融资公司报送的重大合同草案47份，收到报送备案审查合同27份。现场抽查10个行政机关200卷行政处罚和行政许可案卷，从执法程序、裁量权运行、适用法律依据等方面指出问题，反馈评查意见。组织申领浙江省行政执法证人员参加网上综合法律知识培训和考试，全区84人参加考试，通过率79%。配合市法制办开展立法调研，组织召开立法征求意见座谈会4次，落实全市行政执法监督员推选工作。

【行政复议应诉】 2015年，区法制办收到行政复议申请44件，受理32件，不予受理4件，告知或移送8件，主要涉及拆迁、工伤认定、市场监管、环境保护、公安等领域。全年审结39件（含上年结转），复议结果维持的20件，驳回5件，责令履行或撤销7件，经调解和解，申请人撤回终止7件，按期结案率100%。落实行政复议公开听证制度，举行行政复议听证会7次。联合案件涉及部门准备应诉材料，指导全区行政应诉工作，全年区政府作为被告的行政诉讼案件39件。

【政府信息公开】 2015年，鄞州区规范政府信息公开工作。按季通报全区各信息公开主体单位政府信息主动公开的数量、质量、依申请公开办理情况。在政府信息公开网站设立规范性文件及其他政策解读栏目。全年各单位在信息公开平台主动公开政府信息11018条。规范政府信息依法申请公开办理工作，通过信息公开平台共受理政府信息公开申请256件，申请内容主要涉及政策咨询、土地征用、房屋拆迁、城市规划、行政执法、信访投诉等方面信息。

【行政机关负责人出庭应诉报备制度建立】 2015年，鄞州区出台《关于做好行政机关负责人出庭应诉情况报备工作的通知》，要求被诉行政机关接到法院应诉建议书后，应及时确定出庭应诉的行政机关负责人，向区法制办报备。同时规定，被诉行政机关负责人因故确实不能出庭应诉的，应委托机关相应工作人员出庭，不能只委托律师出庭应诉，并在3个工作日前向法院书面说明理由，同时抄送区法制办。将行政机关负责人出庭应诉情况纳入法治政府建设考核体系。

【区政府常务会议学法制度建立】 2015年，鄞州区推行政府常务会议学法制度，即在区政府常务会议讨论、研究有关议题开始前，增加学法议程，邀请法学专家、法律顾问、资深法官等人员为参会的区政府领导干部及列席单位负责人授课。原则上每年会前学法不少于6次。当年，区政府常务会议会前学法8次。

【加快法治政府建设暨深化行政审批制度改革工作大会】 2015年5月28日，鄞州区召开加快法治政府建设暨深化行政审批制度改革工作会议。各镇（乡）政府镇（乡）长、街道办事处主任，区政府各部门、直属单位主要负责人参加大会。会议邀请区委政法委、区法院、检察院有关负责人及区政府法律顾问团成员参会。区法制办通报2014年度政府法制工作主要情况，解读《宁波市鄞州区人民政府关于加快建设法治政府的实施意见》，并关于《中华人民共和国行政诉讼法》（2015年5月1日起施行）的贯彻实施向各行政机关提出具体要求。

（项　成）

应急管理工作

【概况】 2015年，鄞州区突发公共事件数量比上年略有下降，整体形势平稳。全区应急预案体系逐步完善，制订发布《鄞州区地震应急预案操作办法》《鄞州区2015年度地质灾害防治方案》《宁波市国土资源局鄞州分局2015年度台风或暴雨期间地质灾害防灾救灾应急预案》，重新修订《宁波市鄞州区生产安全事故应急预案》《鄞州区突发地质灾害应急预案操作手册》《鄞州区地震应急预案》《鄞州区环保局突发环境事件应急预案》《安全生产应急预案》《防汛防台应急预案》《鄞州区城市管理（行政执法）局防汛防台应急预案》《鄞州区城市管理（行政执法）局雨雪冰冻灾害应急预案》等应急相关文件。组织召开应急信息报送培训会议，要求应急平台业务员不定期参加应急指挥中心操作培训，掌握指挥中心新系统。在“平安综治双月宣传活动”“防灾减灾日”“防灾减灾宣传周”“5·12全国防灾减灾日”“10·13国际减灾日”“119消防安全日”期间，开展应急教育宣传。开展消防安全教育课时1135节，受教学生达193254人。全区有灾害信息员567人，其中持证人员371人，占总数的65.4%，高中及以上学历427人，占总数的75.3%。

区应急办公室增设应急管理专职副主任1人。在鄞州公安分局设立办公室，2名工作人员入驻应急联动中心。配备5名文职协、辅警成立应急值守联络小组，组长负责日常应急联动协调、联络、考核等综合工作，4名联络员负责联动指令签发、信息上传下达、电话值守等工作，实行4班两运转，保证应急平台24小时专人值守。全区所有部门和镇乡（街道）都纳入应急联动体系，在原有三级联动基础上，应急指挥中心视情对联动单位进行动态调整，在平台上实时派单下发指令。全年向各联动单位派发各类联动指令1.6万余件，办结率100%。

【自然灾害】 2015年，天气形势较为复杂，呈现主要特点：梅汛期出现典型梅雨，降水强且集中；强降水引发地质灾害；冬季雾霾天气空气污染加剧，引发公众高度关注。年初出现寒潮和雨雪天气过程，春季倒春寒袭击；梅汛期多强降水过程，且梅期持续时间长，梅雨量较常年偏多近1.2倍；入夏后强对流天气频发，出现最大直径9毫米的冰雹和11级大风；秋冬季节全区多阴雨寡照天气，降水量近同期3倍，造成土壤水分饱和，不利于晚稻成熟和收割及小麦、油菜等作物的播种；全年大于等于35摄氏度的高温日数为16天，较常年22天少6天，极端最高气温达38.3℃；台风影响频繁，“灿鸿”“苏迪罗”“天鹅”和“杜鹃”先后对全区造成严重影响，区气象局全年启动应急响应8次，尤其对“灿鸿”“苏迪罗”“天鹅”台风路径、风雨过程预测比较准确。9月29日23时，东吴镇小白村受台风“杜鹃”带来的局部短时强降雨影响，引发泥石流地质灾害事件1起，方量估算1100立方米，规模等级为小型，毁房15间，经济损失60万元，无人员伤亡。

【事故灾难】 2015年，鄞州区发生各类事故579起，下降15%；死亡81人，下降6.9%；受伤409人，下降1%；直接经济损失310万元，下降77.7%。其中，工矿商贸企业发生事故6起，下降14.3%，死亡8人，上升14.3%，受伤3人，增加3人，直接经济损失165万元，上升22.2%；道路交通领域发生事故402起，上升0.8%，死亡73人，下降8.8%，受伤406人，下降1%，直接经济损失78.7万元，上升1.3%；火灾事故发生171起，下降37.8%，受伤0人，减少3人，直接经济损失66.3万元，下降94.4%；水上交通、渔船作业、渔船捕捞作业领域未发生伤亡事故。全区安全生产总体上继续保持稳定好转的态势。

【突发公共卫生事件】 2015年，鄞州区发生突发公共卫生事件1起。4月22~27日，首南街道宁波中学发生水痘16例，区疾控中心及时组织人员对疫情进行调查处置，历时6天扑灭疫情。全区传染病疫情总体平稳，报告法定传染病10861例（含东钱湖、梅墟、新明），发病率为616/10万，下降23%。其中，甲、乙类传染病2353例，发病率为133/10万，基本与上年持平；丙类传染病8508例，发病率为483/10万，下降27%，发病数下降的病种主要是手足口病。聚集性疫情28起，按病种分为手足口病疫情8起、疑似或确诊诺如病毒感染疫情6起、水痘疫情5起、发热或流感样症状疫情5起、疑似支原体肺炎1起，另有支原体肺炎1起、疑似诺如病毒2起。

【社会安全事件】 2015年，鄞州区接各类群众报警求助23341起，上升35%；有效接警量292344起，上升8.86%。发生刑事案件14834起，上升30.86%。其中，“两抢”案件77起，上升3.99%；盗窃案件11101起，上升29.31%；诈骗案件3264起，上升35.49%；杀人案件8起，下降14.76%；强奸案件37起，下降19.36%。治安案件83719起，下降9.29%。交通事件报警139223起，上升15.80%。火警1068次。其中，火灾381起，因灾死亡4人，受伤9人，直接财产损失2382.17万元。火灾成灾数上升2.97%，死亡人数下降20%，受伤人数下降10%，直接财产损失下降34.2%。群体性事件37起，下降13.9%。

【应急保障建设】 2015年，鄞州区根据“海葵”和“菲特”台风期间暴露的防汛物资和器材储备点不够合理、物资品种单一问题，重新布局区级防汛物资仓库。分片区建成樟水防汛物资仓库（100平方米）、大嵩防汛物资仓库（300平方米）、鄞东南防汛物资仓库（200平方米）和铜盆浦防汛物资仓库（170平方米）4个区级防汛物资仓库，建设东江和大嵩滨海防汛物资仓库。鄞东南防汛物资仓库增加合金网笼、桩木、冲锋舟拖车等物资和器材。各镇乡（街道）、村根据各自防御重点和特点，按标准合理配备防汛抢险器材和物资，对防汛抢险物资实行即用即补制度，对砂料石等大宗物资和抢险器材建立联系登记制度，实行动态管理。全区设置避灾安置点277个，包括1个区级避灾安置中心、23个镇乡（街道）级避灾安置中心、253个村（社区）级避灾安置点，建筑面积103万余平方米，可容纳灾民19万余人，村（社区）级避灾点标识牌、指示牌设置253个，完成率100%。区财政局保障应急基础建设、演练、培训等日常工作各项经费支出，纳入全区年度预算4237万元。建设集约现代化应急平台，软件系统内部增加应急联动OA推送、舆情监控两大功能。总预算890万余元的鄞州公安分局指挥中心大屏建设完成竣工验收，应急指挥中心初步实现可视化指挥。整合公安、交警、城管、水利、交通等3950个视频监控点位，其中公安治安监控2000个、交警1600个、城管120个、水利110个、交通120个。创建市级以上综合减灾示范社区12个（其中国家级2个、省级2个），全区市级以上综合减灾示范社区（村）达到60个（其中国家级15个、省级8个）。都市森林社区作为应急示范社区，成功做法在全区推广。

【预防预警网络建设】 2015年，鄞州区完善预警监测网络建设。区气象局在强降水前与区三防办联系、与水利部门沟通，发挥气象防灾减灾第一道防线作用；在空气污染严重、能见度低时，与区环境保护局（简称“区环保局”）联合发布大气重污染预警信号，提醒市民注意交通安全、减少户外活动；发布春节、清明节等重要节假日森林火险等级预报，为农林部门开展森林防火提供科学依据；与区交通运输局联系，及时为春运、重要节假日等提供气象信息，以利于区交通运输局合理安排、调整运力；与区国土分局续签合作协议，共同开展地质灾害气象风险预报；与区城管局合作，共同开展城市内涝防治业务；对接监控平台，共享城乡监控视频1000余个。区水利局建立水雨情遥测站118个（双备份站点35个），全区自动雨量站站点密度达到19.5平方千米/站，山洪灾害防治区自动雨量站站点密度达到17.3平方千米/站（不含气象部门站点），满足20~50平方千米/站的布设要求，将出海渔船GPS定位系统汇集到区防指监测预警平台。建成简易自动水位监测站33个，人工雨量站和简易水位站54个。通过山洪灾害预警平台，实现预警信息网上查询、短信预警、广播预警于一体的多渠道预警体系。区卫生计生局要求所有乡镇卫生院和区级医疗卫生机构依法开展传染病及突发公共卫生事件网络直报。全区无零缺报单位，疫情及时报告率100%，及时审核率100%。

【隐患排查检查】 2015年，鄞州区开展各类隐患排查检查工作。在重大火灾隐患整治中，区消防大队对排查确定的宁波柏迪家具有限公司等5家重大火灾隐患单位提请各级政府挂牌督办，消防大队派专人跟进指导，4家单位完成整改。省级重大火灾隐患单位宁波轻纺城市场区域整治工作取得实质性进展，针织内衣一条街经营户主动拆除违章搭棚，投入2000万余元对老棚区进行原拆原建。联合区民政局、教育局、文广新局、卫生计生局等部门在养老院、学校、娱乐场所、文物古建筑单位、医院、残疾人服务机构等场所开展夏季消防检查专项行动，检查单位8513家，督促整改4202处，下发《行政处罚决定书》119份。开展群租房排查整治，成立外来人口居住场所专项整治工作组，分4类针对厂房改建、居民住宅、村民自建房分隔的群租房和小区车棚车库居住人员情况开展排查整治，30万余处出租房排查基本完成，创新的“N+1”整治方法得到市委副书记余红艺认可。开展易燃易爆危险品场所专项整治，“8·12”天津滨海爆炸事故发生后，与区安监局协商方案，组成3个督导组，到全区各镇乡（街道）对所有危险化学品生产、经营、储存单位和构成危化品重大危险源单位进行联合执法检查，督促整改。

【应急救援演练】 2015年6月2日，鄞州区在宁波南部商务区三期曼哈顿大厦工地举行城镇燃气管道泄漏事故应急处置演练；6月25日，在横溪镇道成岙村举行山洪灾害防御预案演练，全区33家单位500余人参加演练。全区针对非煤矿山、危险化学品、烟花爆竹、冶金、建材、建筑工地、道路交通等高危行业企业的危险源和危险因素都相应组织开展应急救援演练；在学校、商场、医院等人员密集场所组织开展突出疏散、逃生及自救互救能力等演练。

（刘　洋）

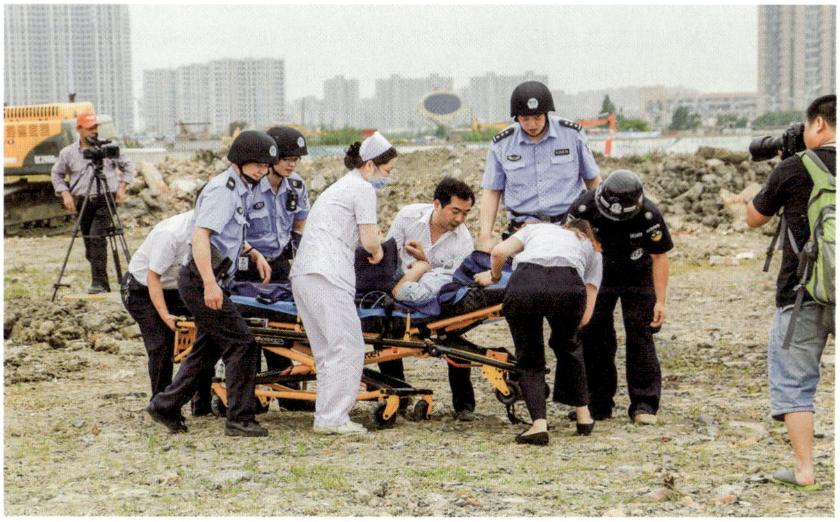

6月2日，区城镇燃气管道泄漏事故应急处置演练在宁波南部商务区工地举行

流动人口服务与管理

【概况】 2015年，鄞州区在册流动人口821663人，其中16周岁以下人员77949人。流动人口主要来自浙江省其他城市，省外主要来自中西部欠发达地区。在流动人口构成中，以内地农村人口为主，主要从事加工业、建筑业和服务业。

开展劳动就业服务，建立公共就业服务平台491个，举办专场劳动招聘洽谈会23场，提供就业岗位3.4万个，1.7万名外来务工人员进场。推进“五大保险”向流动人口覆盖，外来务工人员参保数量78万余人，实际缴费18万余人，劳动合同签订率98.5%，劳动监察案件和劳动仲裁案件结案率分别达100%和94.32%。

按照凭证入学、分类就读，统筹安排、扩大容量要求，妥善解决流动人口子女就学问题。区财政安排700万专项经费（不包括学生免学杂费、书本费经费），专项用于改善全区27所外来务工人员子女学校的办学条件。投入1501万元，对外来务工人员子女学校（民办公助学校）学生实施免收学费政策。至年底，全区有5.4万名外来务工人员子女在鄞州义务段学校就读，比上年减少4500人，其中有4.7万人就读于公办或民办公助学校，公办学校接纳率为85.4%。

部分特定传染病实行免费治疗，建立免疫规划流动儿童区，适龄流动儿童预防接种率保持全市领先。流动人口子女计划免疫疫苗接种率在90%以上。落实流动人口妇儿保健和医疗惠民服务措施，实现流动人口计划生育免费服务全覆盖，设立流动人口避孕药具供应点2000余个。对持有“浙江省居住证”的外来孕产妇，给予户籍人口同等待遇，享受产前检查免费、平产免费、非平产补助1800元等优惠政策。定点分娩医院8家，14个镇乡（街

宁波南部商务区非鄞州籍建筑工人

道）实现“一站式”计生服务。向流动已婚育龄妇女提供基本项目免费计划生育服务率在95%以上，流动育龄妇女管理服务率在90%以上，流动人口无证怀孕生育对象管理服务率达95%。

开展劳动监察专项行动8次。整顿和规范职业中介市场，打造“无欠薪鄞州”。全区本级应急周转金1450万元，各镇乡（街道）安排不低于50万元应急周转金。区各级劳动监察部门受理举报投诉753件，处理群体性事件59件，为3112名农民工追回工资3266.11万元，清欠率100%。

【流动人口引导调控机制改革】 2015年，鄞州区根据《市委全面深化改革领导小组2015年工作要点》要求，开展流动人口引导调控机制改革。成立由区委书记任组长、相关区级领导任副组长、27个区级有关单位主要领导为成员的流动人口综合引导调控改革领导小组。列入改革的各个项目成立项目推进领导小组。按照“区为主、市指导，专家咨询、专题论证”要求，制订出台《鄞州区流动人口综合引导调控机制改革方案》和8个重点项目细化方案。5月27日，专题召开流动人口综合引导调控机制改革推进会，全面部署改革工作。6月4日，结合重点建议提案答复会，专题召开群租房专项整治动员会，分解任务、明确责任、落实措施。6月10日，专题召开流动人口综合引导调控“八大重点项目”工作推进会，对工作责任再分解、再落实。10月14日、11月27日，专题召开全区公寓楼整治现场会和群租房突出问题排查整治推进会，明确专项整治目标、原则、工作要求和实施步骤。同时召开全区流口办主任会议，逐项下达任务书、逐级明确责任状。

【流动人口服务管理基层基础建设】 2015年，鄞州区整合公安、教育、民政、住建、人力社保、卫生计生等部门流动人口信息，建立流动人口信息资源同建共享协作机制和动态监测机制，全面掌握流动人口分布、结构以及居住、就业、文化程度、社会关系等信息。完成区流动人口服务管理工作办公室、鄞州公安分局、区住建局、教育局、民政局、财政局、统计局、卫生计生局8个部门的流动人口信息共建共享平台。配备专兼职协管员1600余人，基本达到500:1要求。推行镇聘村用、部门指导、专职专用模式，探索社会信息采集业绩与收入挂钩办法。全年开展流动人口居住信息抽查工作3次，流动人口居住信息登记率均保持90%以上、居住信息登记准确率均保持85%以上。实施人均GDP考核和导向性指数评价机制，完善区对镇乡（街道）、区级部门流动人口管理服务工作的年度目标管理考核办法。

【出租房屋整治】 2015年，鄞州区把“群租房整治”作为维护公共安全、保障群众权益、化解社会矛盾、提升治理水平的重要举措。由鄞州公安分局牵头实施全区群租房专项整治，区城管局牵头实施全区车棚车库专项整治，宁波市规划局鄞州分局（下称“区规划分局”）和区国土分局牵头实施公寓楼违规出租专项整治，区安全生产监督管理局（简称“区安监局”）牵头负责全区合用场所专项整治，建立部门会商、工作督导和信息报送“三项工作机制”，相关分管领导召开8次协调推进会、现场办公会，整治工作领导小组办公室每半个月汇总通报整治进度。至年底，整治“合用场所”366家、“群租房”467户、违法违规出租车棚车库1053间。

【流动人口技能人才培训】 2015年，鄞州区实施“蓝领青工”培训培养计划，创新企业技能人才自主评价体系，引进符合产业发展导向的技能型劳动力1.4万余人，培训城乡劳动力1.9万人。其中，区人力社保局培训外来务工人员1.5万人，增加获取各类培训证书外来务工人员9624人，培养高技能人才1575人、各类专业技师203人。制定出台《鄞州区企业技能人才自主评价实施细则和管理办法》，379家企业开始技能人才自主评价工作。

【流动人口融合组织建设】 2015年，鄞州区全面开放公益性文体活动场所和设施，开展面向社会公众的各种文化活动和多种形式的“文化留人”活动。培育10家市级和美家园共建会规范化建设示范点和创建40家区级和美家园共建会规范化建设示范点。评选出20名2015年度“优秀外来务工人员”、10家“外来务工人员先进用人单位”。其中刘颖获评全国“优秀农民工”，解井权获评宁波市“优秀外来创业从业者”。全区有4名优秀外来务工人员分配到区公共租赁房，外来务工人员注册志愿者人数达到5300人。

（叶　盛）

决策调查与研究

【概况】 2015年，区政府咨询委完成《关于推进南部商务区健康快速发展的咨询报告》《关于提升完善全区社会养老服务体系的咨询报告》，大部分建议得到区委、区政府采纳或落实。

【推进南部商务区健康快速发展咨询报告】 2015年初，《关于推进南部商务区健康快速发展的咨询报告》课题启动，至6月完成。课题围绕宁波南部商务区建设、管理和运营工作，针对商务楼宇过剩、商务经济效益不佳、商务区配套设施不全、新建商务楼推进缓慢等问题开展专题调研，对宁波南部商务区发展目标定位、发展主线等进行重新梳理，提出均等功能配置、培育特色产业、打造创客中心、加大招商力度、强化政策激励、创新体制机制等对策措施。

【提升完善全区社会养老服务体系咨询报告】 2015年7月，《关于提升完善全区社会养老服务体系的咨询报告》课题启动，12月完成。报告针对鄞州养老工作中存在的问题，结合对老龄化趋势的客观分析，建议“十三五”时期鄞州推进社会养老体系建设的总体要求为：按照“政府主导、政策扶持、多元兴办、市场推动”的原则，推进养老服务向社会化、专业化、标准化发展，以满足基本养老服务为重点，逐步建立健全与人口老龄化进程相适应、与经济社会发展相协调，以居家养老为基础、社区服务为依托、机构养老为补充、覆盖城乡的社会养老服务网络，形成可持续发展的社会养老服务体系。报告提出稳步推进养老服务体制改革、实施养老服务产业化发展方针、推行“医养结合”的养老服务模式、促进居家养老和社区服务相结合、发挥政府主导作用等对策措施。

（张敏儿）

机关事务管理

【概况】 2015年，区机关事务管理局集中管理区行政中心、文化艺术中心、综合活动中心三大院35个部门11.79万平方米的物业，区行政中心外13家单位办公用房产权产籍移交，房产移交面积13.5万平方米。

大院内实行24小时巡逻和视频监控制度，全年门岗登记7.5万人次，盘查无证车辆1.6万辆，劝退群众上访57起1500人次，强弱电、空调、管道门窗、电梯等各类维修2300余次。推出“流动车管所”、M6生鲜超市；升级自助洗车系统，安装用水流量计费器，实行按“流量”收费洗车；安装E邮通智能快递储物柜。行政中心会议部承接各类大小会议720余场，服务参会人员4.1万人次；文化艺术中心承接大型工作会议、大型演出活动70余场。

【办公用房产权产籍管理】 2015年，鄞州区有包括区行政中心、综合活动中心在内的48家区级机关办公用房的产权产籍由区机关事务管理局统一权属登记，房产移交总面积25.31万平方米。全区98家党政机关办公用房全部实行“一单位一档案”制度，做到每间办公用房有档可查。利用办公用房管理软件，对办公用房实行动态管理，对人员变动和办公室调整进行实时更新。

【公共机构节能管理】 2015年，全区62家一级公共机构完成水、电分区计量工作，占一级公共机构50%以上。推进机关垃圾分类工作，全区纳入垃圾分类处理与循环利用工作的76家区级机关，有68家开始实施垃圾分类和垃圾分类清运，占总数的89%。

【公务用车服务】 2015年，区机关事务管理局从制度管理、油料消耗、维修保养、安全培训等方面推进公务类“黄标车”淘汰工作，全年全区淘汰公务类“黄标车”99辆，淘汰率100%。车队全年安全行驶里程140万余千米，淘汰车况不佳的柯斯达2辆，办理车辆牌照变更手续3辆。

（张衡）

行政服务·公共交易

【概况】 2015年，鄞州区行政服务中心办理各类事项131万件，工作日日均办件量5275件；区公共资源交易中心完成工程交易537宗，成交价110.68亿元，节约资金6.02亿元；政府采购466宗，成交价6.32亿元，节约资金0.78亿元；公共事务受理中心接线量411826个；项目审批代办中心代办基建项目累计达93个，代办涉及多个部门的工商登记注册项目710个。

【公共事务受理】 2015年，区公共事务受理中心受理群众来电来邮411826件，比上年增长40.22%。其中，以受理民生类求助为主的“81890”平台受理量158039件，基本与上年持平；以受理政务咨询、投诉为主的“81812345”平台（包括电话、网络两大受理载体），总受理量达253787件，增长85.01%。各网络渠道（市长信箱、区长信箱、民生e点通、区政府网站、区委宣传部网络舆情、行政服务

10月8日，鄞州区颁发首张“五证合一”营业执照

中心网站、受理中心网站、区教育局网站）总受理量14485件，增长64.41%，其中市委宣传部管辖的“民生e点通”问政平台，鄞州区受理量4279件，增长36.53%，列全市首位。10月，鄞州区公共事务受理中心APP客户端上线。11月，鄞州公共事务受理中心公众微信号运行，为全区群众提供政策信息、生活信息等服务，微信后台与单位平台处理系统共通。宁波市“12333（鄞州区）”热线电话由区公共事务受理中心承接，为来电群众提供劳动政策咨询，清算社保缴纳费用、大病医保报销费用，并答复群众提出的从公交站点转换到流动摊贩投诉、地铁工程建设进度等各类投诉。至年底，公共事务受理中心接线平台整合全区33个专线电话、对接88个职能部门、23个镇乡（街道）电话及11个网络平台。

【行政审批“两集中、两到位”】 2015年，按照浙江省提出的让部门审批事项在行政服务中心进驻率达到95%、进驻的审批事项在中心窗口办结率达到90%的要求，鄞州区进驻率达到96.1%。行政服务中心二楼大厅增设10个窗口，三楼招投标场地改建为服务窗口。入驻的区科技局、区不动产登记中心等窗口单位增加43个办事窗口。要求每个部门按照规定的授权文件格式，明确进驻服务中心的所有审批事项、每个事项的受理人员与审批人员，并要求刻制局审批公章，由窗口负责人保管，在服务中心窗口直接签批。

【商事登记制度改革】 2015年，区审管办按照鄞州区委常务会议关于简化市场主体准入程序要求，联合区市场监管局、国税局、地税局，对营业执照、组织机构代码证、税务登记证“三证合一”工作进行多次协商；开发专用软件系统，使整个审批流程在3个不同部门、不同系统实现互联互通、数据对接、数据共享。6月15日，鄞州区出台《鄞州区营业执照、组织机构代码证、税务登记证“三证合一”实施办法》，实现“一窗受理、一次审核、信息互通、一证（照）三码、档案共享”运行模式。8月6日，在行政服务中心领出全市首张“三证合一”营业执照，商事登记制度正式实施。10月8日，在“三证合一、一证三码”基础上，再将社会保险登记证、统计证并入，优化信息共享系统，鄞州区颁发首张“五证合一”营业执照，实现“五证合一、一照一码”制度升级。

【区级审批前置条件取消】 2015年4月始，区审管办印发《关于清理规范行政审批事项区级审批前置条件的通知》，率先对审批事项的区级审批前置条件进行清理。通过部门自查、审管办会审、部门反馈完善等形式，形成涉及企业投资项目核准、企业经营审批等15个部门的78项区级审批前置条件事项。取消不符合法律法规规定、能够通过事中事后监管解决的审批事项58项；按照“谁主张、谁调取”的原则，规范前置条件的审批事项20项。

【国有土地出让办理进驻区公共资源交易中心】 2015年8月3日，鄞州区国有土地出让办理进驻区公共资源交易中心。国有土地出让挂牌、报名购买挂牌出让文件、办理竞买手续等都要进入中心交易窗口办理。至年底，国有土地出让窗口完成交易24宗。

【区、镇两级代办员服务网络建设】 2015年，鄞州区以“即办、陪办、代办”等一条龙服务为重点，由每个镇乡（街道）选拔1~2名代办人员，建立代办工作群、制作代办员证，完善重点项目免费代办服务制度，建立一支70余名队员的高效代办员队伍，对项目报批工作的每一个环节进行全程代办协办和跟踪督办。

【“啄木鸟”行动】 2015年5月始，区审管办每隔两月邀请社会各界人士到区行政服务中心督促窗口服务单位提速增效，市政协委员、区优秀女性代表、教育界退休教师及区委、区政府老领导等先后到行政服务中心、公共事务受理中心与公共资源交易中心开展座谈。全年开展活动4次，“啄”出的20余个问题全部整改完毕。

（施诗韵）

外事工作

【概况】 2015年，鄞州区派遣因公出国（境）团组102批203人次，其中企业团组18批31人次、党政公务团组73批149人。申办APEC旅行卡72批117人次。全年未发生重大涉外稳定事件。

【重要外事活动】 2015年6月10日，黑山共和国副总理武伊察·拉佐维奇（Vujica Lazovic）一行到宁波南车城市交通设备有限公司参观考察。拉佐维奇观看中国南车、超级电容储能式无轨电车和鄞州区现代有轨电车实验线一期工程宣传片，登上“宁波造”地铁，实地感受全球最先进的地铁列车，在浙江电车有限公司车间详细了解储能式现代电车的先进技术、制造工艺

6月10日，黑山共和国副总理武伊察·拉佐维奇一行考察宁波南车产业基地

及生产情况，对轻量化铝合金车身技术给予高度肯定。

10月27日，智利争取民主党主席、参议员海梅·金塔纳（Jaime Quintana）率智利执政联盟干部考察团一行考察欧琳集团有限公司，并到钟公庙街道都市森林社区考察基础党建工作。

【领导主要出访】 2015年9月，区委常委、副区长陈虹率团到英国、捷克、匈牙利参加2015年度“欧洲·宁波周”活动。9月22日，参加宁波市政府在诺丁汉市举办的“宁波—英国经贸合作交流会”，开展经贸洽谈活动。

10月，区长陈国军率团到加拿大、美国、泰国开展招商引资洽谈活动，拜访美国富顿集团主席李信亿、世界贸易中心执行副总裁Isabella Heule，走访泰国华城国际旅游开发有限公司，并与泰方探讨鄞州泰国城项目合作细节。

【涉外管理】 2015年，鄞州区加强海外领事保护、涉外安全工作宣传，妥善解决涉外安全事件2起。全年未发生重大涉外稳定问题。

（毛颖颖）

台湾事务

【概况】 2015年，鄞州区接待台湾新北市乡里长参访团、高雄市青年参访团、台湾南投埔里妇女会、南投县埔里镇公所镇民代表会参访团、南投县商业总会宁波参访团等团组18批次318人次。7个团组到台湾考察交流，涉及环保、农业、医疗、教育、社区等界别。台商马准安投资龙观半山伴水休闲旅游项目推进，台湾宏泰集团投资1.3亿美元在邱隘镇开发房地产项目，西江古村“台湾夜市”开业，引入台湾夜市文化。鄞州人民医院与台湾秀传医疗体系经过三年合作，通过国际医疗卫生机构认证联合委员会JCI认证，与台湾鸿建裕医疗集团合作创立的鄞州人民医院脊柱微创中心，获良好社会赞誉度。慰问困难台属30余人，解决各类台胞权益保护案件22起，其中民事案件7起、求助案件15起。开展基层涉台课题调研，撰写的《鄞州区做好对台服务业招商选资工作的思考》获省人民政府台湾事务办公室评选三等奖。12月11日，由青年台商理事郑豪中牵头，成立鄞州台湾青年联谊会，30余人加入。

7月13日，第四届甬台木球交流赛在院士公园举行

【台胞联谊活动】 2015年，鄞州区台湾事务办公室（简称“区台办”）组织开展台商和家属参加的迎新春招待酒会、中秋联欢会、“游四明山水、览地质公园”活动等，500余人次参加；组织在宁波诺丁汉大学就读的台籍师生到北仑九峰山景区、宁波中国港口博物馆及宁波梅山保税港区码头参观游览。资助台商联谊会活动经费13.6万元，区台办投入1.3万元购买木球运动器具，牵头成立台商木球队，每周四下午开展活动，木球队参加5月举办的“学府杯”鄞州区第十四届木球比赛和7月举办的第四届甬台木球交流赛。1月23日，区台联会理事会议召开，调整台联会会长和有关理事。3月，区台联会接待回乡纪念陈瑞海诞辰100周年活动的陈道钧一行。

【区台湾同胞投资企业联谊会换届选举】 2015年3月21日，鄞州区台湾同胞投资企业联谊会举行换届选举，选举产生宁波市台湾同胞投资企业协会理事8人、监事1人。宁波宝艺金珠宝饰品有限公司董事长陈瑞林当选主任委员，宁波福懋油脂有限公司副总经理陈伯荣当选监事。新一届理监事年龄结构更加合理，平均年龄较上一届年轻10岁。

【“台湾媒体走进鄞州”活动】 2015年5月17~20日，台湾中天电视台、《联合报》及联合新闻网等台湾媒体到鄞州各地，了解鄞州经济、文化、教育等发展情况。区政府召开有关部门、镇（街道）协调会，拨款15万元作为活动专项经费，区长陈国军接受台湾媒体记者专访，介绍鄞州经济社会发展情况。电视片在台湾中天电视台、中天亚洲台以及中天网络播出。6月8日，《联合报》整版以《敢为、求实、争先宁波鄞州行创新前沿》为题进行专辑报道。

【第四届甬台木球交流赛在鄞州区举行】 2015年7月10~13日，第四届甬台木球交流赛在鄞州区院士公园举行，韩国、新加坡等国家，台湾、宁波389名木球爱好者参加。其中，台湾的新北、台南、南投、金门4支木球队82名运动员参加比赛，南投县议会浙江参访团陈国忠一行16人观摩比赛。

【区赴台学生联谊会成立】 2015年8月，鄞州区赴台学生联谊会成立，台湾“中国文化大学”鄞州籍赴台就读学生梅晓霞当选首任会长，“南台科技大学”学生霍开郎、“东海大学”学生钱云帆为副会长，“台湾首府大学”学生陈斌展为秘书长。区台办拨发活动经费1万元，联系台商赞助经费1万元，保障赴台学生联谊会各项活动的开展。至年底，鄞州区有赴台就读学生97人，联谊会分别在北部、中部、南部开展各类联谊交流活动8次，150余人次参加。

【甬台两地沈光文文化研究鄞州高端论坛】 2015年10月31日，甬台两地沈光文文化研究鄞州高端论坛举行，台南市善化区庆安宫管理委员会主任委员张志胜率台湾庆安宫参访团，海峡两岸的沈光文研究专家，沈氏后裔代表等学者、嘉宾参加论坛。论坛由市人民政府台湾事务办公室、市文化广电新闻出版局、鄞州区政府联合主办。在主题论坛上，省社会科学院研究员、浙江儒学学会副会长钱明，台湾“暨南大学”副教授刘恒兴、“中央大学”教授陈家煌、“中山大学”教授龚显宗，浙江大学教授、博士生导师陆敏珍，市委党校教授乐承耀，《鄞州文史》主编戴松岳等两岸专家、学者，结合沈光文事迹及研究沈光文的意义等分别作主题发言。论坛上举行《台湾文献初祖沈光文研究》首发式和赠书仪式。《台湾文献初祖沈光文研究》由区文管办、沈光文研究会组织专家、学者与乐承耀合作，历时3年编写而成，由九州出版社出版，全书约50万字，分沈光文生平业绩研究、传记选注、年谱、研究编年、诗文辑注和季麒光有关沈光文诗文辑注六大部分。台湾“中山大学”教授龚显宗、台南市善化庆安宫主任委员张志胜、台湾沈光文第十一代孙沈育宪及宁波天一阁、宁波包玉刚图书馆、宁波大学园区图书馆、鄞州区图书馆、桃源书院、市委党校、沈光文纪念馆的10名代表接受赠书。

（陈唐波）

侨务和港澳事务

【概况】 2015年，鄞州区侨务办公室（简称“区侨办”）、区归国华侨联合会（简称“区侨联”）协助引进侨商项目4个，总投资额6000万元。市华侨华人青年大会及“浙洽会”期间，邀请傅旭敏、鲍海明、曹志欣等20余名侨商参加2015世界宁波华侨华人青年大会，邀请参会青年精英考察宁波南部商务区。响应省委、省政府“浙商回归”号召，开展“百名侨商进园区”活动，多批次邀请美国、加拿大、德国、日本等国家侨商和中国香港商人到鄞州区开展经贸洽谈。

接待美国、加拿大华人华侨和中国香港经贸文化交流考察团800余人次，开展合作交流活动12场次。清明节期间，宁波市荣誉市民、尼日利亚李氏集团董事长李文龙及家属、香港宁波鄞州同乡会荣誉会长应圣瑞及家属等6批次60余名重点侨胞到鄞州祭祖、省亲访友。走访南美、欧洲、澳洲等5个海外侨务大使，续签合作协议。中秋节期间，邀请侨界代表15人参加鄞州区举行各界人士中秋茶话会，联合中河街道在东城社区举办“侨界一家亲欢乐过中秋”联欢活动。10月，组织镇乡（街道）社区（村）侨务干部实地考察东城社区、宋诏桥社区、都市森林社区及金色水岸社区侨务工作。

【鄞港两地新春团拜会在深圳举行】 2015年1月10日，鄞港两地新春团拜会在深圳举行。市委常委、区委书记陈奕君向参加团拜会的各位乡贤和朋友通报2014年鄞州区经济社会发展情况，并向鄞州籍的港澳同胞、海外侨胞和在鄞州投资的港商致以新年问候，香港鄞州籍乡贤50余人参加团拜会。

【鄞港两地青年合作备忘录签订】 2015年6月13日，鄞州区留学归国人才创业共促会10余人到香港，与香港同乡会青年委员会进行两地青年座谈会，与会青年们关于如何做好两地企业“走出去”和“引进来”进行探讨，并表示愿意为两地企业的国际发展做好服务工作。会后，签订合作备忘录。

【香港宁波鄞州同乡会五周年庆典活动】 2015年6月13~15日，市委常委、区委书记陈奕君率团参加香港鄞州同乡会五周年庆典活动。区政协主席陈振国，区委副书记毛春阳，区政协副主席、区委统战部部长陈国良等出席活动。在港期间，陈奕君一行拜访宁波同乡会创会会长李达三、香港南丰集团陈氏家族成员、香港罗保投资有限公司董氏家族成员等在港知名乡贤及香港宁波同乡会、香港甬港联谊会等在港宁波帮团体，考察香港华润集团等企业。

【首届香港新生代国情研修班】 2015年7月17~21日，香港新生代国情研修班在鄞州区举行，21名香港新生代学员在鄞州区考察学习，感受鄞州经济社会发展变化。区委副书记毛春阳，区政协副主席、区委统战部部长陈国良接见学员。研修班以中国特色社会主义为指导，通过邀请专家、教授分析国际国内形势、介绍鄞州情况，增进新生代学员进一步了解国情、了解鄞州。学员们参观宁波（鄞州）博物馆，考察宁波南部商务区和下应街道湾底村。

【康慧君贫困学生助学金发放】 2015年7月14日，区侨办、侨联举行第十期“康慧君助学金”发放仪式，康慧君为全区50名资助学生送上助学金。此次助学金发放仪式中，康慧君专门拿出10万元，用于奖励鄞州中学30名成绩优秀的学生，并到小星星特殊儿童学校进行慰问。

（金岐伟）

5月13日，香港鄞州同乡会考察团到鄞州考察

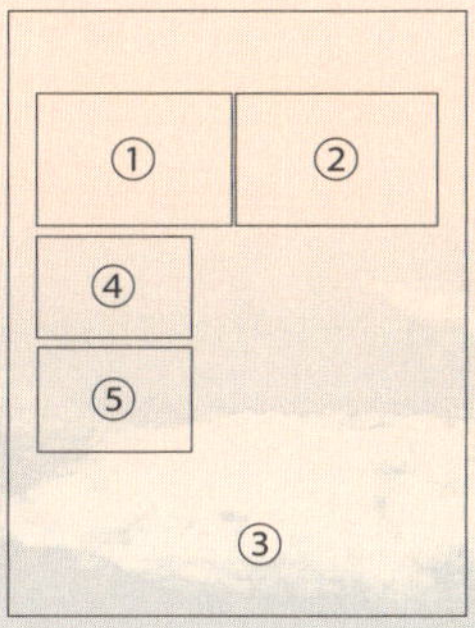

①②③“森林鄞州”建设——绿意盎然的鄞州新城区

④ 3月12日，中河街道天城社区组织志愿者开展以“爱绿、护绿、共建绿色家园”为主题的植树节绿色宣传活动

⑤ 3月20日，钟公庙幼儿园的孩子们将自制的“森林卡片”挂到大树上，倡议大家保护森林

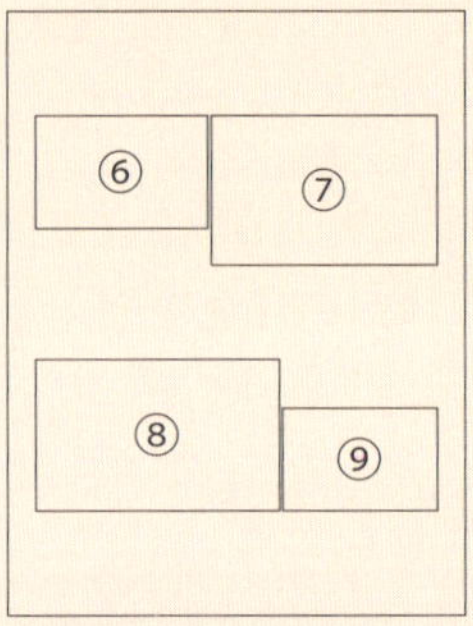

⑥ “森林鄞州”建设——龙观乡章圣寺水库

⑦ “森林鄞州”建设——绿色章水

⑧ 鄞州区每年安排1亿元资金，专项用于“森林鄞州”建设，2015年全区增加约67公顷彩色树林。图为天童森林公园

⑨ “森林鄞州”建设——宁波南高教园区

政协宁波市
鄞州区委员会

沙氏故居

综　述

重要会议

重要活动

重点提案选介

鄞州年鉴

2016 YINZHOU YEARBOOK

综　述

【概况】 2015年，中国人民政治协商会议第十五届四次会议期间，区政协组织委员协商讨论“一府两院”工作报告。组织开展“政治协商年”活动。主席会议围绕金融支持区域经济发展、发挥科技创新引领作用，助推经济创新发展、新型城市化建设、审计工作、旧校舍改造、医疗体制改革、镇乡公共文体中心运行管理、预防职务犯罪、公安执法规范化建设提出针对性和可操作性的意见建议。首次关于全区党风廉政建设情况听取区纪委通报，开展协商议政。

选取区级机关行政审批工作开展民主评议，形成民主评议报告，提出完善窗口运作机制、推进集中审批工作、注重强化联合审批等4个方面10条意见建议。评议意见以区政协常委会建议案形式报送区委、区政府。区政协开展专项民主评议的典型做法入选2015年浙江省政协工作十大创新案例。

组织开展常委会调研课题3个，围绕“十三五期间我区经济社会发展若干建议”“优化有效投资”和“鼓励引导社会资本参与社会公共事业建设”开展调查研究，形成调研报告。各委组开展调查研究，形成30余篇专题调研报告。全年编发《民意与建议》简报36期98篇，其中《关于加快工业污水截污纳管的建议》《关于深化农村股份制改革的建议》《关于优化资源配置，加快医疗体制改革的建议》等18篇次有关社情民意的建议被区领导批示。召开以“全民健身运动”为主题的政情交流会。组织委员和群众代表与有关部门进行面对面交流，邀请区政府相关领导到会听取意见建议，通过新闻媒体播放专题实况进行宣传。坚持开展“政协领导联系常委、常委联系委员、委员联系群众”三联系制度，组织委员开展送医送药送文化到农村社区企业等惠民活动。编辑出版《鄞州文史》第十九、二十辑和《四明清诗略》。发挥政协之友联谊会、书画院的团结联谊功能，举行画师大会，组织开展文化下乡活动，举办纪念抗日战争胜利70周年书画作品展，组织参加市政协书画巡回展。

【重点提案领导领办制】 2015年，区政协收到提案319件，立案316件，确定9件重点提案，分别由党政主要领导领办。区委书记领办《关于规范村级财政补助资金的建议》和《关于创新制度，确保经济困难村刚性支出的建议》两个重点提案，召集有关部门调研涉村财政补助资金整合工作，出台《关于整合涉村补助资金，加大村级组织建设经费保障力度》文件。区长领办政协首次设立的关于创新城市管理的全体会议提案，多次召开协调会，将提案所提建议分解成15条责任分别予以解决落实，并在中河街道召开提案办理现场会，进行部署答复落实。

【“五水共治”专项民主监督】 2015年，区政协把监督重点放在“五水共治”长效机制建设上。制订出台专门的实施方案，组织8个民主监督小组分别围绕污水管网建设、河道绿化、河道清淤及城区内河治理四方面重点环节开展专项监督。在落实监督同时，组织承办省政协召开的“五水共治”长效机制建设调研座谈会，研讨“全民参与治水”“治水投融资体制和资金监管”等长效机制的建设。区政协助推参与“五水共治”的经验做法分别在省政协《联谊报》刊登和宁波电视台《政协视点》栏目播出。

（蔡开浩）

重要会议

【区政协十五届四次会议】 2015年1月27~30日，中国人民政治协商会议第十五届宁波市鄞州区委员会第四次会议在鄞州新城区召开，会议听取和审议政协第十五届宁波市鄞州区委员会常务委员会工作报告；听取和审议政协第十五届宁波市鄞州区委员会常务委员会关于提案工作情况的报告；列席宁波市鄞州区第十七届人民代表大会第四次会议，听取并讨论政府工作报告及其他有关报告；组织委员大会发言；审议通过政协第十五届宁波市鄞州区委员会第四次会议决议。

【区政协十五届常委会会议】 2015年1月5日，鄞州区政协召开十五届十三次常委会议，听取“一府两院”工作报告的说明，审议通过关于召开区政协十五届四次会议决定、议程、日程（草案）。

1月28日，区政协召开十五届十四次常委会议，与区委协商补选区政协常委建议名单、审议选举办法总监票人、监票人名单、全会提案、大会决议。

1月29日，区政协召开十五届十五次常委会议，审议通过补选常务委员候选人名单，选举办法，总监票人、监票人名单；审议通过全会提案（草案），审议通过大会决议（草案）；审议通过关于增设区政协委员工作委员会的决定。

6月30日，区政协召开十五届十六次常委会议，审议通过区政协3个重点调研报告。

9月29日，区政协召开十五届十七次常委会议暨民主评论会议。审议通过区政协关于区级部门行政审批工作

5月21日，区政协召开政协政情交流会

的民主评议报告，听取区政协十五届四次会议提案办理情况的通报。

12月31日，区政协召开十五届十八次常委会，会议听取区纪委关于全区党风廉政建设的情况通报，协商讨论“一府两院”工作报告（征求意见稿）和“十三五”规划纲要，审议通过关于召开区政协十五届五次会议决定和议程、日程（草案），审议并原则通过区政协十五届常委会工作报告、提案工作报告，审议通过区政协委员调整事项、有关人事调整事项。会议决定区政协十五届五次会议于2016年1月18日在鄞州新城区召开。

6月11日，区政协组织开展“五水共治”长效机制建设专项视察活动

【区政协十五届主席会议】2015年1月12日，鄞州区政协召开十五届三十七次主席会议，专题协商2015年区级政府投资项目及重点工程计划，研究区政协十五届四次会议会务工作。

1月28日，区政协召开十五届三十八次主席会议，审议《关于增设区政协委员工作委员会的决定》。

2月12日，区政协召开十五届三十九次主席会议，确定2015年为“政治协商年”，审议通过关于开展“政治协商年”活动实施方案等。

3月25日，区政协召开十五届四十次主席会议，听取区金融办关于金融支持区域经济发展的情况通报。

4月30日，区政协召开十五届四十一次主席会议，视察东吴镇文体中心，听取区文广新局（体育局）关于镇乡（街道）公共文体中心运行管理工作的通报。

5月22日，区政协召开十五届四十二次主席会议，视察中河街道派出所、区交警大队，听取鄞州公安分局关于加强公安系统规范化执法工作的情况通报。

6月25日，区政协召开十五届四十三次主席会议，听取重点调研课题起草情况的说明。

7月30日，区政协召开十五届四十四次主席会议，与会人员实地考察区科技信息孵化园，听取区科技局关于发挥科技引领作用助推经济创新发展的情况通报。

9月7日，区政协召开十五届四十五次主席会议，听取卫生计生局关于全区医疗体制改革情况的通报。

9月25日，区政协召开十五届四十六次主席会议，与会人员实地考察银泰城、罗蒙环球城，听取区住建局关于加快推进新型城市化建设的情况通报。

10月30日，区政协召开十五届四十七次主席会议，听取区检察院关于预防职务犯罪情况通报。

11月30日，区政协召开十五届四十八次主席会议，听取区审计局关于全区审计工作的情况通报。

12月2日，区政协召开十五届四十九次主席会议，协商讨论鄞州区行政区划调整方案并形成意见。

12月29日，区政协召开十五届五十次主席会议，审议关于召开区政协十五届五次会议的决定（草案）。

（蔡开浩）

重要活动

【区政协视察组专项视察“五水共治”】2015年6月11日，区政协组织开展“五水共治”长效机制建设专项视察活动，“森林鄞州”建设、重点工程建设、文明创建、生态文明4个专项民主监督小组成员参加。区政协主席陈振国，副主席王国定、吴海平、鲁定国，秘书长蔡桂芬参加视察活动。视察组一行视察鄞西污水处理厂及污水管网建设情况。专项民主监督小组成员建言献策，指出前期“五水共治”工作调研中发现的问题，提出强化源头治理、创新社会参与机制、加强污水管网信息化建设等建议。

【区政协“全民健身”政情交流会】2015年7月17日，区政协举行政情交流会，研讨全民健身工作。区政协主席陈振国，副主席王国定、吴海平、薛玉生、鲁定国，秘书长蔡桂芬等出席会议，副区长夏素贞应邀参加会议。围绕全民健身主题，区文广新局（体育局）、教育局、卫生计生局和区规划分局等职能部门主要负责人与区政协委员进行面对面交流，6名镇乡（街道）群众代表应邀参加旁听。李飞君、丁晓婷、竺培勤等10名政协委员提出10个针对性问题，相关部门负责人逐一作答。

【区政协政情通报会】2015年8月12日，区政协举行政情通报会，政协委员听取上半年全区经济社会发展情况通报。区委副书记、区长陈国军通报上半年全区经济社会发展、重点工作推进情况和下半年区政府主要工作安排。陈国军指出，下半年区政府围绕冲刺“全年红”收官“十二五”目标任务，紧盯市定的“七项主要指标”，抢抓时间节点，倒排工作计划，主攻薄弱环节，提振发展信心，加快工作进度，防范各类风险，加快编制“十三五”规划，确保时间到点、任务完成。

【省政协“五水共治”调研座谈会在鄞州举行】2015年9月16日，省政协副主席王建满一行视察鄞西污水处理厂、奉化江堤防整治工程鄞州区新城区段和五乡镇的后塘河生态工程。9

月17~18日，王建满一行在鄞州区调研座谈“五水共治”长效机制建设工作。区领导陈国军、陈振国参加视察和座谈，宁波、舟山、台州8个县（市、区）政府、政协有关领导参加座谈。各县（市、区）围绕“全民参与治水”“治水投融资体制和资金监管”问题，结合各地治水实际展开交流。

【区食品安全责任保险制度和产品质量追溯体系建设专题调研】2015年9月16日，区政协食品药品安全专项民主监督小组和港澳侨台组成员，专题调研鄞州区食品安全责任保险制度和产品质量追溯体系建设。区政协副主席薛玉生等参加调研。调研组考察宁波市食品安全责任保险运营服务中心，详细了解食品安全责任保险制度和产品质量追溯等相关情况，听取区市场监管局和农林局对食品安全责任保险制度、产品质量追溯防伪体系和农产品质量追溯体系情况介绍后，委员们提出意见和建议，得到区市场监管局与农林局有关负责人的解释说明。

（蔡开浩）

重点提案选介

【规范村级财政补助资金建议】《关于规范村级财政补助资金的建议》。区财政局回复：形成鄞州区涉村财政补助资金整合方案，下步将按照“保障行政村开门经费，整合考评项目，加强工程补助项目统筹管理”的总体思路进行整合。统筹兼顾，保障行政村开门经费。完善整合，健全考评工作机制。联合会审，加强工程建设项目统筹管理水平。

【创新制度确保经济困难村刚性支出建议】《关于创新制度确保经济困难村刚性支出的建议》。区农办回复：计划对全区的山区村实施普惠制，加快推进农村三大改革，即推进财政补助机制改革、推进农村股份制改革、推进乡村治理制度改革。

【创新城市管理全会提案】《关于创新城市管理的全会提案》。区政府办回复：要转变管理理念，推进城市管理工作长效化战略化；创新管理体制，推进城市管理工作集约化、实用化；改进管理方式，推进城市管理工作精细化、人性化；加强管理实践，推进城市管理工作模式化、实例化。

【加快发展区生产性服务业建议】《关于加快发展区生产性服务业的几点建议》。区发改局回复：以编制城市规划为契机，拓展生产性服务业空间布局；以要素资源改革为动力，破解生产性服务业瓶颈制约；以服务实体经济发展为目的，推动产业融合发展；以强化政府服务功能为支撑，优化发展环境。

【加快科技创新平台建设建议】《关于加快科技创新平台建设的建议》。区科技局回复：将更加重视科技平台建设，集成落实政策，完善服务模式，形成大众创业、万众创新的局面，提速发展高端科创平台；建设科技孵化平台；完善政产学研合作平台；推动应用“创新券”；精准科技人才服务。

【加强镇乡（街道）公共文体中心运营管理建议】《关于加强镇乡（街道）公共文体中心运营管理的建议》。区文广新局回复：要进一步强化镇乡（街道）对公共文体中心运行管理责任；继续创新公共文体中心运行管理模式；健全公共文体中心管理和服务标准体系；加大公共文体中心管理队伍建设；建立公共文体中心服务评价机制。

【加强危房整治工作建议】《关于进一步加强危房整治工作的建议》。区住建局回复：加强监管力度，加强部门沟通，加快政策调研，落实房屋安全网格化监管工作；进一步落实房屋安全常态化网格化监管机制；加强危房解危力度，确保群众生命财产安全；争取市、区各项补贴资金，加大危房整治资金支持力度；总结解危试点工作经验，逐步推广应用。

【加强基层食品安全监管建议】《关于加强基层食品安全监管的建议》。区市场监管局回复：通过加强市场监管所和镇乡（街道）食品安全监管机制建设，深入推进行政村（社区）网格化管理，进一步健全呈“金字塔”结构的区、镇、村三级食品安全监管网络，充实基层执法力量。加强市场监督管理所监管能力建设。加强镇乡（街道）食品安全监管机制建设。加强行政村（社区）食品安全网格化管理。强化基层食品安全信息化监管。充分发挥基层政府食品安全组织牵头作用。

【加快推广使用产品质量追溯系统建议】《关于加快推广使用产品质量追溯系统的建议》。区市场监管局回复：初步清理全区产品质量追溯的总体规划和推进情况，坚持“政府引导、市场为主、社会参与、企业自愿、公众信赖”原则，共同做好农产品质量、食品质量、工业品质量追溯工作。

（蔡开浩）

9月25日，区政协视察组视察罗蒙环球城

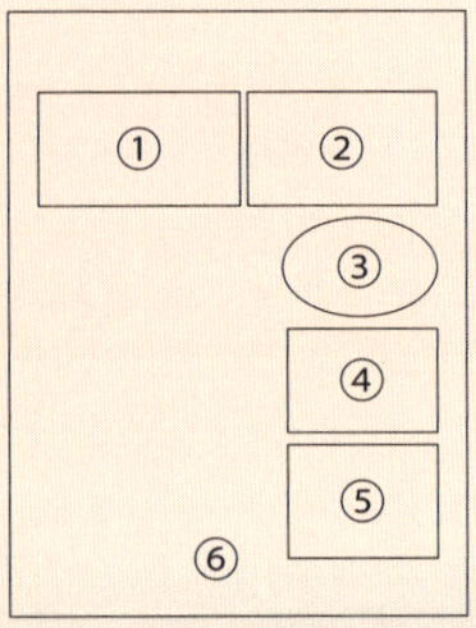

① 奉化江堤防工程

② 滨海污水处理厂

③ 姜山上游村农村生活污水治理设施

④ 横溪水库水源涵养林

⑤ 鄞西污水处理厂

⑥ 铜盆浦强排泵站

纪检·监察

紫林坊博物馆

党风廉政建设

行政监察

鄞州年鉴

2016 YINZHOU YEARBOOK

党风廉政建设

【概况】2015年，鄞州区加强党风廉政建设和反腐败工作的一系列重大决策部署。发挥区委反腐败协调小组作用，构建纪检、公安、检察、法院、审计、金融等部门情况互通、信息互享、力量互用、手段互补的协作机制。受理各类信访举报793件，比上年上升30.4%；处置问题线索234件，上升21.9%；立案查处党员干部违纪案件123件，上升10%，其中区管干部4人、科级干部13人；结案128件，上升24.3%；涉嫌犯罪移送司法机关处理11人，为国家和集体挽回直接经济损失217.56万元。

实施区级机关负责人“双报告”、党委和纪委负责人“双约谈”、村级两个责任“双十条”、各级履责“签字背书”等制度。探索“主体责任”进村入社，加强村监会的监督责任；按照市委党风廉政建设责任追究暂行办法，细化问责内容、主体、方式和情形，提升责任追究的时效性、规范性和严肃性；坚持“一案双查”，坚持通报曝光，全年对12名相关领导进行问责。实行落实党风廉政建设责任制情况函告制度，将各地各单位落实主体责任情况或其他重要廉情信息，以《函告书》形式向联系或分管的区四套班子领导报告，督促其履行“一岗双责”，推动问题整改。

2月3日，区纪委十三届七次全体会议召开

【正风肃纪督查】2015年，鄞州区开展中央八项规定执行情况实地督查，整改公务经费、公务用车管理等4类12方面问题；开展全区津补贴发放情况专项治理，整改清退资金1400万余元。全年“三公”经费下降13.2%，其中公务接待下降26.5%。建立健全部门、镇乡自查自纠、执纪队伍严查严管、社会公众联督联查工作机制，严肃查处顶风违纪行为。开展检查663次，查处违反作风建设行为48起，分别给予48人诫勉谈话、通报批评、党政纪处分等处理。严格实施“一案双查”，对11名单位“一把手”、29名分管领导进行诫勉谈话。印发《落实中央八项规定精神制度汇编》，建立正风肃纪督查结果与单位编制“刚性挂钩”制度，推动各级党组织履行作风建设主体责任。健全廉效风险预警机制，针对一些苗头性、倾向性问题，在重要节点发送《廉效预警》9期。

7月28日，鄞州区组织党员干部参观廉政文化基地

【纪检体制改革】2015年，鄞州区深化纪检体制改革，实行综合派驻和单独派驻结合，统一派驻16个纪检组，实现对63家区级机关派驻监督全覆盖。出台镇乡（街道）纪（工）委书记、副书记和派驻纪检组长提名考察办法，由区纪委联合区委组织部形成提名人选并组织考察。建立“履职清单”制度，下发基层纪委履职清单，推动基层纪委规范化建设，实现专人专用、专职专责、专项考核，督促基层纪委履行监督责任，及时掌握所在单位具体情况，解决镇乡（街道）纪（工）委专职化后存在的主业不清、边界不明、履职不专等问题。组织培训200余人次，组织业务比武150余人次，上派下挂纪检干部11人。增加3名具有法律、审计等专业能力和公检法工作经验的人员充实到执纪一线。开展纪检干部问题线索大起底，坚决防止“灯下黑”。

【廉政文化建设】2015年，区纪委组织全区党员干部分层分批开展党章党规党纪专题学习，全区57000余名党员接受《中国共产党廉洁自律准则》《中国共产党纪律处分条例》学习教育。拓展鄞州作为“廉政文化首创地”

的影响力，牵头组织“清风鄞州”主题教育，开设党课、讲座、培训40余场次；开展“清风正气”党纪教育、“清廉鄞州”微博评比、“清风鄞州”时评征文等活动。全年收到党员干部上交的礼金、礼卡、礼券折合人民币428.1万元。

【廉政旅游线路建设】 2015年，鄞州区集聚整合全区107个蕴含廉政元素的历史名迹、旅游景观，串点成线，推出“五区五线、十景十点”精品廉游线路，被《浙江日报》“今日宁波”版头条报道，数十家媒体转发。较为成熟的旅游景点包括以高桥东晋梁山伯清官文化、鄞江唐代它山廉文化、古林明末清初御史文化为代表的历史廉政文化旅游景点，以姜山镇走马塘村陈氏、塘溪镇前溪头村杜氏、古林镇布政村俞氏为代表的家风家训旅游景点，以龙观、章水、鄞江为代表的“四明”红色文化旅游景点。

【纪委内设机构调整】 2015年，区纪委按照省、市纪委要求，调整内设机构，增设第三纪检监察室、干部监督室，参与纪律审查人数达到机关总人数的80%。调整后，区纪委设办公室、干部室、党风政风室、信访室、案管室、第一纪检室、第二纪检室、第三纪检室和案审室9个室。

（戴晓勇）

3月12日，区纪委派驻及内设机构纪检组长（纪委书记）工作交流会议召开

行政监察

【概况】 2015年，鄞州区开展重大决策部署执行的监督，配合省委第二巡视组到鄞州巡视和省、市纪委对相关案件调查，落实区委开展的“巡视反馈八大整改”行动，及时办结中央和省委巡视组转办件、督办件412件。监督检查“五水共治”、民生实事、安全生产等重大决策部署落实情况，督促整改操作不规范、落实不力、进度滞后的情况。

【权力防控体系建设】 2015年，鄞州区全面推进惩治和预防腐败体系建设，监督制约权力运行。落实省、市防止领导干部利益冲突和利益输送规定，针对巡视反馈和案件查办中发现的问题，督促出台财政补助、公款存放、征收补偿等资金监管办法，从源头上防止权力寻租行为。监督检查公款存放、工程招投标等制度贯彻落实情况，促进领导干部规范廉洁用权。全年47亿元公款实现竞争存放，工程招标资格后审上升10.6%，邀请招标下降27.6%。用制度管控农村基层权力，围绕“人、财、物”三权，完善权力清单，强化监督检查。

【巡查体制机制建立】 2015年，区监察局建立巡查工作制度，将巡查作为巡视工作的延伸。对瞻岐、章水两镇4村开展巡查，发现干部作风、“三资”管理、工程监管等方面57个问题，移送党员干部问题线索5条，促进基层党风廉政建设。

【中央八项规定执行情况专项督查】 2015年，区监察局开展实地督查，整改公务经费、公务用车管理等4类12方面问题；开展全区津补贴发放情况专项治理，整改清退资金1400万余元。全年“三公”经费下降13.2%，其中公务接待下降26.5%。

（戴晓勇）

5月18日，古林御史第廉政文化基地落成

民主党派·
工商联·社会团体

天童禅寺

中国国民党革命委员会宁波市鄞州区总支部委员会

中国民主同盟宁波市鄞州区基层委员会

中国民主建国会宁波市鄞州区基层委员会

中国民主促进会宁波市鄞州区支部委员会

中国农工民主党宁波市鄞州区总支部委员会

中国致公党宁波市鄞州区综合支部

九三学社宁波市鄞州区基层委员会

鄞州区工商业联合会

鄞州区总工会

共青团鄞州区委员会

鄞州区妇女联合会

鄞州区革命老区开发建设促进会

鄞州年鉴

2016 YINZHOU YEARBOOK

中国国民党革命委员会宁波市鄞州区总支部委员会

【概况】2015年9月30日，中国国民党革命委员会（简称“民革”）宁波市鄞州区综合支部委员会换届并成立宁波市鄞州区总支部委员会（简称“民革鄞州区总支部”），有党员44人。其中，女性20人，35岁以下约占1/3，研究生以上学历11人，中高级职称30人。44名党员中，市人大代表1人，市政协委员1人；民革市委会委员2人（常委1人），民革市委会专项委员7人；区人大代表1人，区政协委员7人（常委2人），区政协专项民主监督小组成员1人。

拟定《民革鄞州区总支部委员分工制度》，出台《民革鄞州区总支部新党员发展和拟发展对象联络联系制度》《民革鄞州区总支部党员小组活动规则》《民革鄞州区总支部参政议政小组工作制度》和《民革鄞州区总支部社会服务小组工作制度》。邀请区委党校教师讲解党的十八大精神，安排新党员参加民革市委会组织的新党员培训班，按期选派支委及以上成员参加民革市委会举办的基层组织骨干培训班。组织党员到余姚四明山踏青评书，到慈城北山古道健行，在钟公庙街道社区服务中心开设民革党员健身基地；联合开展鄞州区大中型水库水资源保障工作调研，共商“五水共治”大计；邀请浙江大学紫金校区民革组织、湖州市民革企业家联谊会等成员到鄞州交流组织建设、参政议政等方面工作。

民革鄞州区总支部获“民革宁波市先进支部”称号，司徒建成、李杰、李文、李霞、翁立群、翁时锋6人获“民革宁波市先进个人”称号，叶璐作品多次入展并获国内各级书法作品和篆刻艺术奖项，徐生、景蓉蓉分别获宁波市优秀教师、宁波市优秀舞蹈指导教师称号；李杰承担的《溃坝数值模拟与溃坝风险管理关键技术研究》课题获浙江省科学技术二等奖和浙江省水利科技创新二等奖，翁时锋获两项国家发明专利。

【民革鄞州区总支部参政议政】2015年，民革鄞州区总支部10名市、区人大代表和政协委员提交提案议案22个，人均2.2个，其中集体提案1个。陆静波和王孝嗣分别获市和区的优秀提案、议案奖。翁时锋和杨美科的社情民意获民革市委会肯定，并在民革内部杂志上发表，王春国的关于三轮车整治后措施议案的社情民意被录用。王孝嗣、王春国、杨美科等分别主持和参与民革市委会组织的3个不同调研课题，受到市委会领导肯定，并报送省、市评奖。

【民革鄞州区总支部社会服务】2015年，民革鄞州区总支部突出民革“法制”特色，由司徒建成、沈唯娜、寿涛等法律界党员牵头，与东吴镇司法所合作开展法律服务系列工作，并通过民革鄞州区总支部“同心·法律服务基地”，联合开展普法教育宣传、法律咨询与援助等活动40余次。沈唯娜等入驻宁波市法律援助中心，开展法律援助10余次，帮助弱势群体维权并提供必要的法律咨询。陈凯英、潘世群等医卫界党员到东吴镇、中河街道开展“送医到边远山区进社区”义诊活动，戴珍珍参与鄞州区送医援川活动。项江、谢忠其等教育界党员多次参加“送教下乡”活动。发动全体党员筹集善款建立“扶困助学”专项基金，重点用于章水镇小学生助学所需。鼓励热心社会公益事业的民革企业家为各类慈善活动捐款捐物。

【民革鄞州区总支部成立】2015年9月30日，民革鄞州区综合支部换届并成立民革鄞州区总支部。市人大常委会副主任、民革市委会主委王建康，区政协副主席、区委统战部部长陈国良出席会议并讲话。市委统战部副巡视员郎占领，农工党市委会副主委王伟霞，区委统战部副部长朱英海和民革兄弟县（市、区）基层组织代表，鄞州区各民主党派代表参加会议。大会选举产生总支部委员7人，钟公庙街道办事处主任王孝嗣任民革鄞州区总支部主任委员。

（王孝嗣）

中国民主同盟宁波市鄞州区基层委员会

【概况】2015年12月7日，中国民主同盟（简称“民盟”）宁波市鄞州区总支部委员会换届并成立中国民主同盟宁波市鄞州区基层委员会（简称“民盟鄞州区基层委员会”），有盟员82人，其中男性45人、女性37人，退休6人、在职76人，盟员平均年龄44岁。大学以上学历占90%，高级职称占57%。全年发展盟员4人，4人完成考察待民盟市委会审批。盟员中有市政协委员1人、区人大代表1人、区政协委员10人（常委2人）。

组织全体盟员学习党的十八届五中全会精神、科学发展观、社会主义核心价值体系和多党合作理论，学习盟史、盟章。选派盟员参加民盟市委会

9月30日，民革鄞州区总支部成立

10月31日，邵巧倍在全国中小学心理健康教育课堂教学研讨会观摩课中获第一名

组织的新盟员暑期学习班、各级骨干盟员培训班及区委统战部组织的民主党派培训班。组织全体盟员到余杭考察学习。

民盟鄞州区基层委员会获“2014年市级盟务工作先进集体”称号。邵巧倍在全国中小学心理健康教育课堂教学研讨会所执教的观摩课中获第一名。冯琼任《宁波盟讯》副主编，邵巧倍任教育委员会委员，涂伟峰、彭天斌任经济委员会委员，杨长松、俞辉任法律委员会委员，鲍海波任社会工作委员会委员，蔡培润任信息与咨询委员会委员，鲁霜霜任妇女工作委员会委员，朱晶任青年工作委员会委员。

【民盟鄞州区基层委员会参政议政】2015年，民盟鄞州区委员会有市政协委员1人、区政协委员10人（其中区政协常委2人），区人大代表2人、镇人大代表2人。围绕区经济建设、民生问题中涉及教育、卫生、文化、环境保护、农业、道路交通、社会保障、旅游等问题，向区“两会”递交提案和建议都超过20件。邵丹斌撰写的《关于社区、社工、社会组织“三社联动”做好社区建设的调研报告》被2016年1月的区政协大会确定为发言材料。

【民盟鄞州区基层委员会社会服务】2015年，民盟鄞州区委员会根据《鄞州区实践同心思想社会服务基地建设方案》，开展多样化教育教学服务工作。教师盟员在社会服务委员徐玉萍带领下，每年在东吴镇中学开展送教活动和同课异构、专题讲座、带徒活动、帮扶结对等相关活动。宣裕吉、蔡培润帮助区青少年活动中心开展“小小农艺家”活动；张晓浓参加为外来民工子女服务的“蒲公英假日学校”的志愿者教师队伍，并为该校组建合唱团，每星期日下午义务教学；冯静芬和朋友共同结对资助云龙镇王笙舲小学6个孩子；王晓平利用休息时间参加山区义诊活动；陈云波和他的摄影团队到大山深处为老人免费拍摄照片。

【民盟鄞州区基层委员会成立】2015年12月7日，民盟鄞州区基层委员会成立。市委统战部常务副部长谢群华，民盟市委会巡视员、专职副主任委员潘一红，区委常委、统战部部长陈虹出席会议并讲话。市委统战部党派处处长钱峰，区委统战部副部长朱英海和民盟兄弟县（市、区）基层组织代表，鄞州区各民主党派代表参加会议。会议选举产生基层委员会委员9人，副区长夏素贞当选主任委员，基层委员会下设5个支部。

（夏素贞）

中国民主建国会宁波市鄞州区基层委员会

【概况】2015年12月23日，中国民主建国会（简称“民建”）宁波市鄞州区总支部委员会换届并成立中国民主建国会宁波市鄞州区基层委员会（简称“民建鄞州区基层委员会”），有会员77人，其中女会员29人。大学以上学历52人，中级以上职称49人；非公经济人士30人。会员中有省政协常委1人，市人大代表2人，市政协委员5人，区人大代表4人，区政协委员6人，其中区政协常委2人。

邀请党校教授作党的十八大精神专题讲解，组织会员到余姚四明山革命烈士陵园现场教学，到全国首批廉政教育基地——慈城清风园参观学习。全年，民建鄞州区基层委员会组织骨干会员到省委会、市委会、区委统战部培训达15人次，新会员学习2次，宣传干事培训1次，参加省委会、市委会、市委统战部、区委统战部组织的会议达21人次。

组织会员参加民建市委会成立60周年会员大会，并选送时装表演《旗袍秀》、歌剧《看天下劳苦大众得解放》两个节目；组织会员参加登山游古道活动，开展走进会员企业单位活动，实地参观考察，为促进会员企业发展献计献策。

【民建鄞州区基层委员会参政议政】2015年，民建鄞州区基层委员会在区委、区政府以及区政协召开的党外人士协商会、情况通报会上发表意见和建议，对政府工作报告和鄞州经济、文化和社会发展中存在的问题建言献策。定期对基层委员会新任的委员、人大代表、

12月23日，民建鄞州区基层委员会成立

政协委员等进行任前谈话，宣传、表彰和奖励参政议政、优秀个人、先进事迹。全年，民建鄞州区基层委员会提交调研报告、社情民意等信息23篇，其中2篇被中国民主建国会浙江省委员会录用，1篇被市政协录用，多篇信息被中国民主建国会宁波市委员会、区委统战部录用。原鄞州一支部、三支部被评为“2015年度民建宁波市优秀支部”，王丽萍、朱柯磊、汪国锋被评为“2015年度民建宁波市信息工作积极分子”。

【民建鄞州区基层委员会社会服务】2015年3月，民建鄞州区基层委员会组织会员到章水镇樟村开展“民建情·同心林”义务植树造林活动；5月，邀请80余位老年会员到东钱湖旅游度假区开展活动；10月20日，到瞻岐镇方桥村开展“送温暖·派大米”慰问老年人活动，为困难、高龄、孤寡长者等老年人派送大米1800千克。市中西医结合眼科分会主委、鄞州人民医院院长陆勤康与市医学会眼科分会主委、宁波眼病中心医院院长余存，共同出资60万元手术费，带领宁波24名眼科医生和部分企业志愿者到新疆库车县，免费为上百名白内障患者做手术。全年，民建鄞州区基层委员会及企业家会员慈善捐款、扶贫帮困、捐资助学152.8万余元，开展义务培训、医疗义诊、健康宣教等服务590人次。民建鄞州区基层委员会被评为2015年度民建宁波市社会服务工作先进集体，陆信国、陆勤康、张建国、龚明君4人被评为2015年度民建宁波市社会服务工作先进个人。

【民建鄞州区基层委员会成立】2015年12月23日，民建鄞州区基层委员会成立。副市长、民建市委会主委张明华，市委统战部常务副部长谢群华，区委常委、区委统战部部长陈虹，民建市委会副主委兼秘书长张雨，以及区民建的对口联系单位区商务局、发改局、兄弟党派基层组织负责人出席大会。会议选举产生基层委员会委员9人及下属5个支部委员，瞻岐镇镇长杨安妮当选基层委员会主委。

（杨安妮）

中国民主促进会宁波市鄞州区支部委员会

【概况】2015年，中国民主促进会（简称“民进”）宁波市鄞州区支部委员会（简称“民进鄞州区支部”）发展会员5人，累计63人，其中女会员30人，中高级以上职称51人，本科以上文化程度50人，区人大代表4人，区政协委员6人（常委2人）。民进鄞州支部获“民进全国先进集体”称号。《凝心聚力打造有为支部》在市民主党派基层组织建设经验交流大会上进行书面交流，被市委统战部的《宁波市民主党派基层组织工作实例》收录；《组织建设三部曲奏响发展新旋律》被浙江民进《开明之基》收录。

组织会员参加区委统战部组织的区2015年第一期党外代表人士培训班、民进市委会组织的新会员培训班和暑期骨干班学习。参与民进市委会组织的成果展、书画展、征文比赛等活动，《大讲堂推进学习型支部建设》《凝聚支部力量打造活力支部》两篇材料被民进市委会出版的《组织建设永远在路上》收录。徐海蛟获评浙江省作家协会“新荷计划实力作家”，并出版散文著作《此生有别》；天涯散文集《涉过记忆的河流》由宁波出版社出版；许颖9月参加2015年中国长三角校长高峰论坛，被评为中国长三角最具影响力校长。

4月，天涯散文集《涉过记忆的河流》由宁波出版社出版

【民进鄞州区支部参政议政】2015年，王倍菲《关于打造国家AAAAA级鄞州都市旅游景区的建议》的提案作为政协大会发言材料，支委陈一令撰写的政协提案《关于加快推广使用产品质量追溯系统的建议》作为副区长茅剑辉重点办理提案，天涯提交的《关于保护茅山鄞县乡村师范读书会红色遗址的建议》等都受到区人大、政协和相关主办、协办单位重视，并给予答复。上报社情民意和信息10余条，孙晓东的《防灾减灾两重一轻亟待解决》信息被省政协《联谊报》录用。通过党外人士情况通报会、政情交流会、民主监督小组视察等活动，就区域重大事项、决策等提出切实可行的意见和建议，受到区委、区政府重视。与区教育局、城管局、交通运输局等单位建立对口联系活动，开展中心城区基础教育发展、城乡编制统筹等相关调研活动。

【民进鄞州区支部社会服务】2015年9月，鄞州人民医院眼科中心主任王惠云组织“甬库一家慈善光明行”大型援疆义诊活动。根据区委统战部开展同心基地活动的工作部署，发挥首南学府实验幼儿园、首南金色幼儿园、钟公庙实验幼儿园3位园长在幼儿教育方面的人才优势，与东吴中心幼儿园开展结对活动。施新吉在浙江医药高等专科学校、高新区食品药品监督管理局等开展多场《关于药品监督管理使用》的讲座；周如海在鄞州人民医院、吴剑鸣医院、鄞州妇保所等开展《关于超声诊断和设备应用》的讲座；徐海蛟的“阅读之旅”走进“天一讲堂”、鄞州职教中心、鄞州教师进修学校、东湖小学、余姚长安小学、慈溪实验小学、宁波书城大讲堂，受众近10000人。

（冯浙萍）

中国农工民主党宁波市鄞州区总支部委员会

【概况】2015年9月17日，中国农工民主党（简称“农工党”）宁波市鄞州区支部委员会换届并成立中国农工民主党宁波市鄞州区总支部委员会（简

9月17日，农工党鄞州区总支部成立

称“农工党鄞州区总支部”)。全年发展党员6人，累计46人，其中女党员16人；博士研究生2人，硕士研究生3人，高级职称19人；市政协委员1人，区人大代表1人，区政协常委3人，区政协委员3人。

组织党员学习党的十八大和农工党全国代表大会会议精神，参加由区委统战部和市委会组织的相关报告会、研讨会，召开支部委员及党员学习座谈会。

【农工党鄞州区总支部参政议政】2015年1月，农工党鄞州区支部9名政协委员参加区政协十五届四次会议，大会期间，就涉及教育卫生、社会保障、社会管理、“五水共治”等方面提交提案7件。全年，农工党鄞州区总支部向市委会投稿10余篇，受到农工党市委会的肯定和好评。参加区委统战部组织的各种协商会、征求意见会、季度恳谈会等，向区委提出有关区域发展的意见和建议，得到区委领导好评。

【农工党鄞州区总支部社会服务】2015年12月13日，农工党鄞州人民医院支部主委许新民带领10余名党员到龙观乡开展送医送药下乡活动，鄞州人民医院泌尿外科、消化科、心内科、血管外科等8个科室专家以及被邀请的胃肠外科主任孙伟亮和中医科医师陈贤峰参加，活动为100余名患者提供免费义诊，并发放100余份价值6000余元的药品。12月18日，区总支部综合一支部副主委包蓓艳带领雒仁玺、毛勇、王勇、张曙伟等医生到岱山县第一人民医院对多年前在鄞州人民医院进行过换肾手术的病人开展走访慰问活动，获得病人赞许。

【农工党鄞州区总支部成立】2015年9月17日，农工党鄞州区总支部成立大会在鄞州区社会主义学院举行。余姚市副市长、农工党市委会主委陈为能，副主委徐翔，区政协副主席、区委统战部部长陈国良，区委统战部副部长朱英海，市委统战部副巡视员郎占领等出席会议。农工党兄弟县(市、区)基层组织代表，鄞州区各民主党派代表参加会议。大会选举产生农工党鄞州区总支部第一届委员会委员7人，俞浩奇任主委，陈光、许新民、包蓓艳任副主委，叶立飞、苏霞、周伟荣任委员。总支部下辖3个支部。

(俞浩奇)

中国致公党宁波市鄞州区综合支部

【概况】2015年，中国致公党(简称“致公党”)宁波市鄞州区综合支部(简称“致公党鄞州区综合支部”)发展新党员2人，累计20人，其中女党员9人；中高级以上职称11人，本科以上文化程度20人；人大代表1人，政协委员6人。2人参加省委会组织的培训，3人参加市委会和市委统战部组织的培训，3人参加区委统战部组织的培训。上报“三个什么”大讨论征文2篇。

【致公党鄞州区综合支部参政议政】2015年，致公党鄞州区综合支部“两会”期间撰写上报省、市、区提案议案5件，分别为黄佩佩的《关于如何解决南部商务区停车难问题的建议》、刘立恺的《关于在公共场所增设母婴设施的建议》、丁忠意的《关于完善我区旅游交通信息的建议》、章玲芬的《关于全面实施“限塑令”的建议》和《关于禁止使用含有害物质的水果标签、胶带捆绑蔬菜的建议》。上报各类信息、社情民意信息6条。6月10日，就农业面源污染问题开展视察考察活动，听取区农林局关于全区农业水环境综合治理工作制度、工作措施和执行情况的汇报，对有效改善农业面源污染提出合理建议，实地走访考察高桥镇的一家家禽养殖场；10月15日，与区侨办(侨联)开展对口联系，参观社区侨务工作开展情况；11月11日，参观茅山热电厂，并与区环保局开展对口联系，听取《中华人民共和国环境保护法》实施情况的介绍。开展人才及农民工维权工作2个课题调研，其中1个课题立项并完成。

【致公党鄞州区综合支部社会服务】2015年3月29日，致公党鄞州区综合支部组织参与“蓝丝带、飘起来”鄞州区第二届关爱自闭症儿童公益倡导行动，倡导社会各界爱心人士加入志愿者行列，关注自闭症儿童。5月14日、12月15日，两次到同心基地东吴镇敬老院慰问，赠送电风扇、热水袋、食品等。引荐海外高端人才申报精英引领计划，参与区海外人才引进活动，配合参与区“创业鄞州精英引领活动周”及清华学子鄞州行活动。

(方巨成)

九三学社宁波市鄞州区基层委员会

【概况】2015年，九三学社宁波市鄞州区基层委员会(简称“九三学社鄞州基层委员会”）发展社员13人，累计88人，其中，女社员41人；中高级以上职称63人，本科以上文化程度85人；人大代表3人，政协委员7人。九三学社鄞州区基层委员会被评为九三学社中央全国优秀基层组织，胡勤勇、励佩珍被评为九三学社中央参政议政工作先进个人，胡勤勇被评为九三学社浙江省委员会九三榜样，励佩珍被评为九三学社浙江省委员会优秀社员，朱晓茸、陆盈盈被评为九三学社浙江省委员会优秀社务工作者。三支社、一支社被评为九三学社宁波市委员会先进基层组织，二支社被评为九三学社宁波市委员会信息工作先进集体，李学和、谢敏被评为九三学社宁波市委员会社会服务先进个人，周海滨、曾徐被评为九三学社宁波市委员会组织建设先进个人，姚许一被评为九三学社宁波市委员会宣传工作先进个人，宋瑜被评为九三学社宁波市委员会参政议政工作先进个人，朱晓茸、时静被评为九三学社宁波市委员会信息工作先进个人，阮殿波获“甬城英才”奖。

推进九三学社宁波市培训教育基地建设。8月28日，塘溪镇上周村周尧故居揭牌。8月12日，开展纪念抗日战争胜利70周年暨九三学社成立70周年活动，组织社员聆听抗战老兵讲抗战故事并召开周尧精神研讨会。组织会员参加区委统战部举办的2015年第二期党外代表人士培训班。

【九三学社鄞州区基层委员会参政议政】 2015年1月23日，九三学社鄞州区基层委员会参加《宁波“十三五”扩大有效投资的重点领域与目标研究》课题成果评审会。5月6日，组织社员到龙观乡参观新农村样本点，通过参观交流，对鄞州区新农村建设工作提出意见建议。5月12日，到杭州调研《关于加快智慧农业发展推进农业发展方式转变的建议》课题。9月29日，在横街镇与区规划分局开展对口联系活动，实地参观考察凤岙古村。11月5日，召开“两会”提案研讨会，提交《关于进一步加强鄞州区历史文化名镇名村建设的建议》集体提案。承接九三学社市委会3个课题。胡勤勇的参政议政获国务院副总理刘延东批示。

【九三学社鄞州区基层委员会社会服务】 2015年3月5日，九三学社鄞州区基层委员会三支社到横街镇敬老院开展敬老活动。3月8日，开展健康养生讲座，并参观易中禾仙草园。4月16~17日，到泉州考察中国古代海上丝绸之路的兴衰史及海上丝路给中国带来的经济影响。6月23日，与九三学社浙江理工大学委员会开展交流活动，为鄞州中学的毕业生作职业规划讲座；与杉杉集团有限公司开展交流联谊活动。11月6日，九三学社市委会派市区各大医院的眼科、骨科、胸外科、消化内科等10余名医生到章水镇开展送医药下乡活动，重点对老年病进行医疗配置；向蜜岩敬老院37位老人送上日常用药，并进行医疗咨询。活动惠及章水镇群众近500人。

8月28日，九三学社宁波市培训教育基地揭牌仪式在周尧故居举行

【周尧故居培训教育基地建设】 2015年8月28日，九三学社宁波市培训教育基地在塘溪镇上周村周尧故居挂牌成立。九三学社省委副主委、市委主委郑瑜，九三学社省委专职副主委兼秘书长马永信，区政协副主席、区委统战部部长陈国良等出席揭牌仪式。该培训教育基地的建立，旨在向全体社员传达学习周尧作为科学家和九三学社杰出代表所展现的“爱国、敬业、乐群、惜时”的高贵品质。同时，借助该基地的建立，市委会组建由爱心社员组成的服务小分队，开展义务诊疗、物资捐助等公益活动，为塘溪镇上周村的新农村建设提供帮扶服务。

（陆盈盈）

鄞州区工商业联合会

【概况】 2015年，鄞州区工商业联合会（简称“区工商联”）下辖23个镇乡（街道）商会、2个工业园区商会，3个行业协会，5个村级商会，1个小微企业互助促进会，鄞州区北京商会、鄞州区广东商会、鄞州区川渝商会、鄞州区新昌商会4个异地商会。增加会员50家，至年底，有会员企业3167家。

实施参政议政工作能力提升工程，形成区工商联党组主导、非公经济代表人士参与、基层商会配合、工商联机关落实的参政议政工作格局。在区政协十五届四次会议上，区52名工商界政协委员向大会提交提案55件，内容涉及政治、经济、文化、生态等领域。

建立健全党组成员领衔重点调研课题、非公有制经济代表人士参与、高等院校合作、基层商会协助、工商联机关落实的调研工作机制。走访非公有制经济代表人士200余人次，下发调查问卷500余份，调研论文《我市民营企业抢抓混合经济发展机遇的现状及问题研究》获市系统重点调研课题一等奖，相关建议意见被省委办公厅上报中共中央办公厅。在《中华工商时报》《中国工商》《企业家日报》等国家级公开报刊上发表稿件26篇，在省、市级各类网站报刊媒体上发表稿件110余篇。建设《鄞商》杂志、区工商联网站、公众微信平台三位一体宣传平台，网站改版后浏览量12.5万人次。

【非公经济企业经济服务】 2015年，区工商联通过政府、企业、银行三方联动，构建"市场化融资服务""政府出资无偿服务""企业出资政府补助""银企合作融资服务"4种融资服务模式，为区内815家小微企业融资放贷74亿元；成立鄞州小微企业互助促进会，帮扶小微企业解决融资难题。与宁波8家律师事务所联合设立"法律服务专家团"，开通2条为鄞州企业特设的"法律服务专家团"咨询热线。指导基层商会成立法律调解委员会2家，聘请法律顾问15人，开启"下沉式"服务，为企业化解、调解各类纠纷200余件。联合各基层商会举办民营企业招聘会16场，缓解企业用工荒。组织会员企业、基层商会秘书长考察外地投资环境10余批次，组织会员企业参加招商引资推介会8次。为异地鄞商回乡考察、参观、交流牵线搭桥。

【非公经济人士多元化政治引领】 2015年，鄞州区开展非公经济人士教育培训，以"点—线—面"三位一体方式推进非公经济代表人士政治引领。在"点"上实施区工商联班子领导与非公经济代表人士结对交友和"双向约谈"制度；"线"上发挥工商联及区、镇两级商会、新生代创业者联谊会的政治引领作用；"面"上开设鄞州企业大讲堂、组织企业总裁培训班等，通过多元的工作方式对非公经济代表人士进行思想政治引导。举办"新形势下宁波经济走向与判断"等系列专题讲座及论坛交流20场次；组织"创二代"到浙江大学参加系统培训；与复旦大学开展战略合作，培训非公经济人士1000余人次。建立基层商会党组织25个、商业楼宇党组织3个，实现基层商会党组织全覆盖。至年底，鄞州商会大厦、和邦大厦成立楼宇党委，奥丽赛大厦、沧海大厦成立楼宇党支部，宁

1月15日，区工商联（商会）与宁波8家律师事务所联合设立"法律服务专家团"

波南部商务区建立党群驿站。

【政府企业交流服务】 2015年，鄞州区建设"政企对接"平台，召开各类"政企交流会"，通过各职能部门与非公经济人士面对面交流，现场解剖、解决制约企业发展的问题。制定完善"重点企业走访服务"制度，走访民营企业180余家，重点走访具有行业代表性的小微企业160余家，了解企业发展的困难和需求，帮助民营企业增强发展信心。

【鄞商民企服务中心成立】 2015年2月，鄞商民企服务中心在区商会大厦成立。中心承接政府职能转移和企业服务外包的一站式服务，为非公企业提供各种免费普惠型及个性化定制服务，推出8项免费服务。至年底，在人力资源方面落实服务企业73家，大学生推送65项，猎头服务15项，代理招聘20项，劳务派遣13项，完成6个智团项目，1个人才项目申报；开展各类免费培训22场，培训人次近1000人次。

【非公经济人士理想信念教育】 2015年，区工商联开展非公经济人士理想信念教育活动，引导非公有制经济人士自觉践行社会主义核心价值观，提高诚信立业、依法治企、守法经营、创新发展能力和水平。全年开设辅导各类讲座30次，受众2000余人。举办以"诚信守法"为主题的"鄞商诚信杯"乒乓球赛及征文、书画、摄影比赛，丰富企业文化理念。

（闻成军）

鄞州区总工会

【概况】 2015年，全区有工会4277家，覆盖企业16196家，会员51万人。2928家新经济业态企业建立工会，全区单建工会创建率达94%。

组织区域行业职工开展电工、服装、厨艺、数控车床等技能比武87场次，有34000余名职工参加。部署开展区域性"安康杯"竞赛活动。推进建立职工就业培训基地、培训点、家政服务网点45个，大学生实习基地40个，与区人力社保局、鄞州职业教育中心、宁波中车产业基地协作，开展高技能人才培训；区、镇两级工会培训职工26000余人次。推荐评选各级劳动模范，评选表彰区"五个十佳"，区总工会和各镇乡（街道）、园区工会在《鄞州日报》分期设专版宣传先进典型和特色亮点工作，组织指导各地工会开展"五一"系列活动39项。

部署"六五普法宣传月""两法学习宣传月"活动，下发《职工普法手册》，组织2600余名工会干部参加《中华人民共和国工会法》《中华人民共和国劳动法》普法学习考试。指导各地组织工会劳动保障法律监督委员会，到企业检查劳动用工规范管理情况，

帮助企业消除矛盾和隐患。聘请相关专家建立“法在身边”普法知识巡回宣讲活动，全年授课8场次，教育人数1500余人次。部署开展安全生产合理化建议活动，开展“安全生产月”宣传咨询活动，推进劳动保护分级管理，3151家企业完成劳动保护分级管理网上考评审核。

介绍3000余名职工上岗就业，600余名学生实习就业。开展职工心理咨询服务和“玫瑰之约·缘来是你”青年单身职工交友联谊活动。特困职工救助额增加100%，全区各级工会筹集400万余元，向3000余名困难职工发放救助慰问金、助学帮扶金、爱心年货、爱心报卡、返乡点心和贺岁电影票。组织500名一线苦、脏、累、险职工健康体检，600名一线优秀职工疗休养，高温期间向486名困难职工发放每人600元高温生活补助金。13.5万职工参保，参保金额753万元。开展“中国梦·劳动美”教育活动，开展党的十八届四中、五中全会及习近平系列讲话精神和社会主义核心价值观学习教育，结合“周日文化”活动，组织职工艺术团慰问演出和“文化走亲”“双百电影进企业”活动。宣传贯彻《中华人民共和国公司法》《企业职工代表大会条例》，推进以职工代表大会为基本形式的民主管理制度。在区、镇工人文化宫各类场所，设立服务项目，职工凭“5·1”服务卡享受优惠或免费服务，区、镇两级工会投入320万元为职工活动提供保障。

【劳动争议调解】 2015年，鄞州区加强劳动争议调解分中心、站点建设，组织230名企业干部参加劳动争议调解员培训班，中小企业调解组织覆盖2527个。开展工资清欠专项行动，建立法律援助绿色通道，建立律师坐堂服务制，在区职工服务中心探索建立劳动仲裁派出庭，联合各级工会进行个案调处，解决宁波永宏紧固件制造有限公司等破产、关停企业职工权益保障问题，提供法律援助101件，仲裁62件，全区各级工会受理各类投诉700余件，为职工挽回损失1200万余元。召开工资集体协商专项工作动员部署会，修订协商文本，聘请律师专家定制10家试点企业协商文本。指导古林镇缝纫机配件行业召开会员代表大会，修订2015年工资集体协议补充条款。

【工会“5·1”服务卡活动】 2015年，鄞州区印制宣传“5·1”服务卡，动员组织各基层工会开展新卡换卡宣传推广工作。与鄞州银行协作，推行工会会员“蓝领通”小额贷款项目。与特约商户协作，开展景区门票优惠工作，使持卡职工在乘坐地铁、租用公共自行车和购书购物、文化活动等方面享受特惠。春节期间，为全区“5·1”服务卡持卡会员提供看大片、游景点、购物等优惠。全区申请“5·1”服务卡的23万名职工可在全市368家特约商户、500个网点享受优惠。

【“爱心助梦·情暖职工”惠民活动】 2015年1月15日，区总工会组织开展“爱心助梦·情暖职工”惠民活动、困难职工子女关爱活动。调查统计困难企业的困难职工和特困农民工，特别调查因工致残、患大病、子女上学等原因导致家庭困难的职工、农民工，对符合帮扶条件的困难职工建立详细档案，录入中华全国总工会困难职工帮扶系统进行管理。全区各级工会筹集120万余元，向1000余名困难职工发放救助慰问金、助学帮扶金、爱心年货、爱心报卡、返乡点心和贺岁电影票。为建档困难职工和市级以上劳动模范赠送一份2016年度特种重病医疗互助保障，全年慰问企业困难职工22户、困难劳动模范16人、困难企业1家。

【工资集体协商“要约行动”】 2015年2月20日，区总工会下发《关于开展2015年工资集体协商“要约行动”的通知》。3月始，在全区范围内开展工资集体协商“要约行动”。主要针对尚未开展工资集体协商的企业，工资协议到期需要续签或重新签订的企业，一线职工工资长期不增长、低增长，工资低于当地职工平均工资50%的企业，特别是以非公有制中小企业、世界500强在鄞州企业为重点，围绕企业工资水平、分配形式、调整幅度、劳动定额、工时工价及提高一线职工工资水平等事项开展“要约行动”。选择10家区和谐发展企业标兵单位作为试点进行推广。对负责集体协商工作的工会干部和集体协商指导员进行培训，其中镇乡（街道）、园区工会对协商双方代表进行集中培训，提供“菜单式”服务和针对性指导，保障企业工资集体协商工作的主题、程序、内容符合精细化协商要求。目标至2017年底，全区实现工资集体协商建制率在90%以上，职工满意度在60%以上。

【“大众创业·万众创新”动员大会】 2015年4月24日，区总工会召开庆祝“五一”暨“大众创业·万众创新”动员大会，区委、区人大、区政协相关领导和区各

6月29日，区总工会联合古林镇总工会设立免费凉茶供应处

9月30日，区总工会举办职工技能比赛

级工会干部代表、职工代表、"五个十佳"先进等400余人参加大会。大会表彰帅特龙集团有限公司、宁波伊司达集团有限公司等"十佳"双爱企业，宁波一舟投资集团有限公司职工精神文化家园、古林镇葑水港村职工精神文化家园等"十佳"职工精神文化家，表彰马慧、王海虹等"十佳"工会干部，丁晓川、干坤全等"十佳"职工，王洪刚、李兰英等"十佳"金点子。

【"我才我秀"职工才艺大比拼活动】 2015年8月3日，区总工会举办"我才我秀"职工才艺大比拼活动。决赛在姜山镇狮山剧院举办，165名选手参加比赛。入围作品涵盖小品、乐器演奏、朗诵、魔术、歌舞等形式。高国琴等表演的群舞《月满西楼》、胡佳乐和徐洋洋表演的二胡齐奏《赛马》等12个节目获最佳才艺奖；姜山镇总工会、古林镇总工会、区直属机关工会、石碶街道总工会、区供电公司工会、区教育局工会、工业园区工会、龙观乡总工会获优秀组织奖。

【工人文化圈创建】 2015年，区总工会推进镇乡（街道）工人文化宫、村（社区）职工精神文化家园、企业年销售亿元以上职工活动中心建设，创建职工集聚地文化圈。全年创建镇乡（街道）工人文化宫12家，其中滨海职工活动中心建立8000平方米室内外活动场所；创建村（社区）职工精神文化家园，在村（社区）建立设立培训室、阅览室、健身房、室内外活动场所，创设"阳光假日学校"和"亲子家长学校"等81家；创建企业职工活动中心170家，在大型企业推进建立职工活动中心。区职工艺术团有艺术人才250人，储备节目160个，分团6个；指导各地建立1个以上职工文体协会，根据企业生产实际开展各类联赛活动，3万余名职工参加各类活动。区总工会投入320万元资金保障文艺演出、体育比赛、展览、相亲大会、技能比武、交流活动等职工活动，并深化"文化进企业"活动，将电影、文艺演出、书籍等送到基层。这一工作创新被《工人日报》《浙江工人日报》等报道。

【劳模创新工作室成立】 2015年，区总工会成立刘永丰劳模工作室、起重机高技能人才创新工作室、伏尔肯高技能创新工作室等11个劳模创新工作室，涉及电力、机械制造、起重机械等领域。制定《技能创新工作室成员管理制度》《技能创新工作室工作计划》《技能创新工作室绩效管理办法》等制度。工作室根据生产经营中的难点问题和技术研发的热点问题，制定劳模创新工作室中长期和短期的攻关课题。其中，刘永丰劳模工作室的《缩短10千伏配电线路业扩带电作业时间》为课题的QC成果，分别获区供电公司QC成果一等奖和市供电公司QC成果一等奖；起重机高技能人才创新工作室的《机械密封用高参数摩擦副材料性能配对研究》项目被中国液压气动密封件工业协会评为行业技术进步二等奖。

（陈　琴）

共青团鄞州区委员会

【概况】 2015年，鄞州区有基层团委96个（直属团委62个）、团工委11个、团总支189个、团支部2201个，团员4.5万人。各级少先队组织14581个，少先队员11万人，少先队辅导员2260人。鄞州区青少年权益维护、网络舆情引导和少先队活动课3项工作被列为共青团中央在浙江省的唯一区级试点。区青年（大学生）创业园获评首批国家小型微型企业创业创新示范基地和市首批众创空间，钟公庙街道团工委获评首批全国城市街道区域化团建示范创建单位，区"大互联团建"项目获评全国"百县千乡"分类示范创建项目，区青少年综合服务中心获评首批省级示范性青少年综合服务平台。

在"五四运动"96周年、反法西斯胜利70周年等重大节庆日和关键时间点，集中开展"我为社会主义核心价值观代言""中国梦·青年志""红领巾心向党"等主题活动80余场，覆盖青少年1.5万余人次。建成"鄞州新青年"全媒体中心，推进"青年之声"互动社交平台建设，团属新媒体平台吸引粉丝50万余人。组建2000余人的网评员、网宣员和网络文明志愿者队伍，相关工作经验获副省长郑继伟批示肯定，《全媒体语境下青少年思想引领工作研究》论文获评省共青团优秀调研奖。实施全区青年文化行动，围绕"i青春i鄞州"主题，开展"五四"青年创客音乐节、"青青子衿"草坪书会等文化活动21场，承办区第五届王应麟读书节闭幕式暨首届"悦读爱情"交友大会。各中学团组织围绕"志愿超市""法在心中""图书漂流"等主题，开展各类寒暑假社会实践活动。开展"青年五四奖章""美德少年""乡村好青年""农村致富带头人"等评选，选树全国农村致富带头人姚春梅、全国"最美中职生"葛祥飞、"最美浙江人——2015年青春领袖”忻皓、省级美德少年王亮和汪方栋、市创业新秀邓杰等优秀典型。

建成青少年综合服务站点224个，全市青少年综合服务平台现场推进会在鄞州区举行。拓展“两新”组织、行业协会、互联网、商圈、园区等新兴领域团建工作，建立非公企业团组织228家、新社会组织团组织27家。镇乡（街道）增配编制外副书记、委员276人。开展“团干部健康成长大讨论”“团干部深入基层一线解难创优”等活动，发动1500余名专（兼）职团干走村入户进企，联系青年近7800人，帮助解决问题450余个。开展“青年影响社会”青联委员青春故事分享会4场，组织青联委员开展各类专题调研活动7次。承办全市少先队鼓乐队大检阅活动，区少年先锋队工作委员会获2015年度省级先进少工委称号。

【青少年服务】 2015年，团区委推进青年创业“全域孵化”工程，建立青年就业创业见习基地60家，提供见习岗位3375个，发放青年创业小额贷款2.26亿元。举办各类青年人才交流活动27场，为超过3800人次青年提供免费就业创业培训。利用1000万元留本冠名鄞州青少年发展基金，建成“蒲公英”假日学校12所，开展“一双红舞鞋”“一米阳光·温暖童心”等助学帮困行动，为超过3000人次的青少年提供学业辅导、亲情陪伴、感受城市、自护教育等服务。“一杯下午茶的时光”农民工子女关爱行动获全省志愿服务大赛优秀项目奖。联合区司法局，建成区青少年法治馆，深化小巷法官、假日检察官、周末法治课堂等法治教育品牌项目。

【青年创业创新】 2015年，共青团宁波市鄞州区委员会（简称“团区委”）实施“净美鄞州”青春助力治水行动，成立全市首个“五水共治”志愿者协会，建立“五水共治”志愿服务大队100余支，选派段长200余人，启动“吾水共治”民间环境观察行动，搭建政府购买NGO“五水共治”服务桥梁。创立各级青年文明号46个，举办青工技能大赛21场，培育青年突击队35支。开展“领跑鄞州”青年创新创业创优十大行动，涵盖“青年领军企业实力提升”“互联网+”青年创业导航等主题，开展各类活动170余场。建成区青年（大学生）创业园二期，建成集创业“苗圃”区、“创客工场”区、“创业咖啡”区、“互联网+”创业试水区等特色区域为一体的开放式“众创空间”，开展“壹周创业秀”“创客周末”“创客文化夜市”“青年巴菲特午餐”等品牌活动50余场。园区增加企业92家，入驻企业带动就业岗位1328个，企业年产值1.18亿元，上缴税收335万元。

【志愿公益工作】 2015年，团区委举办鄞州区建设“义乡鄞州”暨“志愿生活年”主题志愿服务活动启动仪式。在南部商务区重点建设国内首个志愿服务主题生活街区，“鄞州志愿服务网”上线，推出“快乐星期六”等常态化志愿服务品牌28个，组织动员1.8万余人次志愿者在平安建设、法制宣传、文明创建、敬老助残、应急救援等领域发挥作用。孵化青年公益性社会组织22家，建成专业化青年公益项目28个。承办宁波市“八方有爱”青年创益大赛，举办青年公益文化节、公益文化分享会、志愿街区定向越野大赛等活动。

【建设“义乡鄞州”动员大会暨2015“志愿生活年”主题志愿服务活动】 2015年3月4日，建设“义乡鄞州”动员大会暨2015“志愿生活年”主题志愿服务活动在宁波南部商务区水街举行。区委常委、宣传部部长、区志愿者工作委员会副主任沈剑波，副区长、区志愿者工作委员会副主任夏素贞为全国首家志愿生活街区揭牌。现场发布“2015全区志愿生活年十大志愿服务项目”，钟公庙街道志愿者协会、补胎哥公益服务中心、宁波八方集团股份有限公司、中河街道志愿者协会的代表在《鄞州区全面推进志愿服务制度化、建设志愿者之区合作宣言》上签字。“蓝海救援”“百益音乐”“古道拾荒”等15个品牌公益项目在现场展示服务菜单，供各镇乡（街道）及相关单位采购，“定格幸福”拍照服务、漂流书库、手绘梦想T恤等7个公益团队开展现场服务活动。

【区青年联合会第七届委员会一次会议】 2015年3月25日，鄞州区青年联合会第七届委员会第一次会议召开，全区12个界别组的150名青联委员参加会议。大会审议通过《聚合青能量共创鄞未来团结带领广大青年为鄞州经济社会发展再立新功》的工作报告，表彰区“十佳”青联委员和“十佳”青创会员，选举产生区青联第七届常务委员，陈启当选鄞州区青年联合会第七届委员会主席，虞文平、周高、王宏标、蒋昀、翁国斌、王君平、彭天斌、严意娜当选副主席。

【纪念“五四运动”96周年主题集会暨“领跑鄞州”青年创新创业创优行动动员大会】 2015年5月4日，鄞州区纪念“五四运动”96周年主题集会暨“领跑鄞州”青年创新创业创优行动动员大会在区青年创业园（二期）召开，全区各基层团（工）委、区直属单位团组织以及直属学校团组织负责人、200名团员青年代表参加。区委常委、区委副书记毛春阳，区委常委、组织部部长郑坤法，区人大常委会副主任高强华及区政协副主席薛玉生为“领跑鄞州”青年创新创业创优行动点亮水晶球。集会以青年投身创新创业创优事业为主线，向全区青年启动并发布“领头雁”青年领军企业实力提升工程、“领航100”农村青年创业致富示范工程、青工“三学五争”工程、“互联网+”青年创业导航工程、青春聚力“月光经济”创意工程等“领跑鄞州”青年创新创业创优行动十大项目。会上为在本职岗位上有突出业绩以及新鄞州建设中作出重大贡献的10位青年颁发“鄞州青年五四奖章”，聘请青年创新创业创优智囊团，并向首批入驻青创园二期的企业代表赠送创业梦想包。

【市少先队鼓乐队大检阅在鄞州举行】 2015年5月29日，“红领巾相约中国梦，鼓乐声激扬少年志”2015宁波市少先队鼓乐队大检阅活动在古林镇中心小学举行。活动由共青团宁波市委员会、市教育局、市少年先锋队工作委员会主办，团区委承办，全市15支少先队鼓乐队演奏《中国少年先锋队队歌》、出旗曲、退旗曲、迎宾曲等少先队

5月4日，"领跑鄞州"青年创新创业创优行动动员大会举行

鼓乐曲目。古林镇中心小学获评宁波市少先队鼓乐队大检阅活动"金奖"。

【"八方有爱"宁波青年创益大赛在鄞州举行】 2015年6月8日，"成就青年公益梦想家"——2015"八方有爱"宁波青年创益大赛决赛在区广播电视台举行。大赛由共青团宁波市委员会、市青年联合会、市学生联合会共同主办，团区委承办，宁波八方集团股份有限公司协办，43支团队报名，8支公益创投团队参与现场决赛。慈溪市蒲公英公益服务中心团队的"关爱小候鸟'宁波好孩子暑期生活营'"项目获大赛"创益梦想"一等奖。

【区青少年综合服务中心落成】 2015年8月，团区委在鄞州万达商圈建立区青少年综合服务中心。中心总面积100平方米，分咨询区、洽谈区、沙龙区三大区域，为辖区青少年提供涵盖基础团务、思想引领、创业就业、志愿公益、相亲交友、时尚生活等综合性服务。中心统筹全区各类团属资源，指导区青年（大学生）创业园、区志愿者工作指导中心、区志愿服务及公益性社会组织孵化中心、"如果爱"时尚交友俱乐部、鄞州新青年全媒体中心等十大共青核心阵地输送服务，推动区、镇、村三级青少年综合服务平台互联共通。

【朱林森调研鄞州共青团工作】 2015年10月27日，共青团浙江省委副书记、党组副书记朱林森一行到鄞州调研鄞州共青团工作。朱林森考察区青少年网络舆情监测中心、区公益性社会组织及青年志愿服务组织孵化中心、鄞州志愿生活街区、区大学生（青年）创业园、鄞州区青少年综合服务中心等地，对鄞州共青团各项工作给予肯定，认可鄞州共青团在青少年思想引导、助力青年社会组织发展、服务青年就业创业和整合资源扩大服务等工作中的好做法。

（忻春意）

鄞州区妇女联合会

【概况】 2015年，鄞州区有镇乡（街道）妇联23个、机关妇委会48个、行政村（社区）妇代会453个、"两新"妇女组织1030个。31个党政工作部门领导班子中，25个配备女干部52人，占80.65%，其中正职女干部12人；23个镇乡（街道）中6个党政领导班子配备正职女干部6人，占26.09%。

巩固妇联基层组织，授予宁波市鄞州亚大汽车管件有限公司妇代会等10家单位2014年度鄞州区"十佳"示范"两新"妇女组织称号。与欧洲华侨华人妇女联合总会、香港浙江同乡会联合会妇女委员会和意大利华侨华人妇女企业联合会签订合作协议，与台湾南投埔里建立合作关系，搭建区女企业家联谊会和泸州市纳溪区经济界女性团体交流平台。利用媒体宣传区妇女联合会（简称"区妇联"）中心工作和基层妇女巾帼风采。至年底，中国妇女网登载2篇，省妇联网登载20篇，市妇联录用280篇，家教时空录用3264篇。在市级以上媒体刊登信息7篇。

下发《关于在全区城乡环境卫生集中整治工作中充分发挥妇联组织和妇女干部作用的通知》《美丽鄞州巾帼共建》倡议书，全区603支各类巾帼志愿者队伍参与环境整治、宣传动员、文化娱乐等活动。

【"双学双比"工作】 2015年，区妇联与区农林局联合认定一批女性农业生产经营主体，区级"双学双比"示范基地5个、"妇字号"农业龙头企业1个、"妇字号"农民专业合作社1个，分别奖励5万元、3万元和2万元。开展"巧媳妇"农家乐申报工作，3家被认定为2015年鄞州区"巧媳妇"农家乐，奖励资金3万元。召开"双学双比"二届三次理事会议；举办女性团体读书会，开设女性农业生产经营相关课程，全区百余名"双学双比"女能手参加培训。

【"巾帼建功"活动】 2015年，鄞州区制定实施新的《宁波市鄞州区巾帼文明岗管理办法》，通过举办培训班等形式，推动全区优秀女性参与巾帼建功活动。区妇联以"巾帼创新功，岗位争优势"为主题，在窗口单位和服务行业巾帼文明岗开展创先争优活动。至年底，6家单位（岗位）创省级文明岗，13家单位（岗位）创市级文明岗，26家单位（岗位）创区级文明岗。区巾帼建功活动协调小组办公室对全区各级各类246个巾帼文明岗2014年度电子台账进行综合评选，评出67个获奖单位。

【家庭文明建设】 2015年，区妇联开展"五个一"特色活动，深化"最美家庭"工作。以纪念"5·15"国际家庭日为契机，与鄞州电视台合作录制"《家和万事兴》访谈节目"，探讨优秀家风传承、解读家庭幸福的密码、剖析婚姻经营之道、巩固婚姻家庭建设；

开展"好家风好家训"征集活动，征集家庭家规家训200余条，刊发专版，出版专题家风读物；开展"爱在我家温暖瞬间——2015鄞州区'最美家庭'摄影大赛"，征集优秀摄影作品240余幅；开展"欢乐一家亲"家庭游园会，开展"最美家庭"宣传活动；开辟鄞州电视台《女性节拍》最美专题栏目，宣传"最美家庭"事迹，用微信微博开设"'画'说最美""寻找'最美家庭'""'漫'话家训"等栏目。

【妇女儿童维权】 2015年，区妇儿维权工作实施"三联三法"行动。与区司法局、法院联合建立婚姻家庭调解室；与区民政局合作，进行婚姻家事纠纷调解，减少非理性离婚情况；发挥红娘工作室作用，工作室有会员2000余人。婚姻家庭指导师、心理咨询师、公益律师"三师"联动优化法律服务，与区律师协会联动建立公益律师团，为基层妇女组织和妇女群众提供法律咨询、法律援助等维权服务。建立乡村法律讲堂，择优选拔具有丰富实践经验的律师，在全区进行普惠式公益授课，普及法律知识，至年底，有公益律师35人，开办公益法律讲座60余场，参与妇女6000余人次。区、镇乡（街道）、村（社）三级联动开展法制宣传，通过三八维权月、普法、反家庭暴力法宣传等活动，增强广大妇女群众法律意识。区妇女儿童维权服务中心确立每周三上午为公益律师接待日，全年接待妇女群众来访、来电79起，结案率达到99%。

【家庭教育工作】 2015年，区妇联建立培育100余人的家庭教育公益讲师、草根讲师队伍，设立区、镇、村和企业公益课堂，以"菜单式"培训服务和定期巡回讲座相结合，举行各类家庭教育公益讲座100余次，服务家长10000余人次。推出企业"15分钟微课堂"品牌，建立各具特色的"阳光成长"家教品牌。承办市社区家长学校现场会，举办鄞州区中学家长学校现场会，在机关推行家庭教育沙龙，传播科学的家庭教育理念和现代家庭教育知识。利用育乐湾职业体验政府采购项目，让全区特殊儿童参加一次职业体验活动、听一次科学启蒙课。全年开展职业百课讲座29次，37个学校近3000名儿童参加职业体验活动。慰问学校（幼儿园）253所，捐款赠物折价总额254万元，助学结对412人，救助金23万元。鄞州区被省妇女联合会、省教育厅、省卫生和计划生育委员会联合确定为全省家庭教育指导服务体系建设试点县（市、区）。

【"互联网+"行动计划精英女性训练营】 2015年，区妇联组织"互联网+"行动计划精英女性训练营活动，专题介绍中国电子商务发展模式和跨境电商相关内容，指导和帮助鄞州精英女性开拓线上线下市场，促进更多女性投身电子商务创业。组织女能手到奥林科技（宁波）有限公司、阿里巴巴西溪园区参观学习，请阿里巴巴集团前350位创始股东夏涛专题讲座"外贸企业如何玩转跨境电商"。至年底，"互联网+"行动计划精英女性训练营举办4期，参加人数130人次。

【母亲爱心基金】 2015年，宁波力达物流设备有限公司范亚波、浙江永峰环保工程科技有限公司李丹萍、宁波诺布尔制衣有限公司严妙红和宁波市鄞州东华针织时装有限公司冯赛君各捐款50万元，母亲爱心基金增资200万元。至年底，母亲爱心基金金额计2275万元，爱心捐款女企业家达35人。开展"心系妇女·情暖家庭"送温暖等阳光行动，对区域内需要帮助的母亲和家庭进行救助，资助贫困母亲、贫困学生233人，资助金额74.8万元。其中，"春节送温暖"惠及104人，金额12.8万元；助学23人，金额3.2万元；"两癌"救助58人，金额17.4万元；台风救助3人，金额37.5万元。

【"巾帼义行鄞州"行动】 2015年，区妇联创建巾帼志愿者队伍，提供家庭教育、妇儿维权、婚姻咨询、母亲素养提升等便民利民服务项目。开展"巾帼义行鄞州·义诊"活动、"巾帼义行鄞州·环保宣传"活动、"巾帼义行鄞州·智慧女性公益课堂"活动20余次，3000余人受益。

【妇联"周日文化"活动】 2015年，区妇联依托全区"周日文化"活动开展，联合"玫瑰天使团队"、家庭教育讲师团、公益律师等成立"周日课堂"讲师团，为基层妇女开设法律知识、健康养生、科学育儿、人文艺术等精品讲座50余次，听课人数5000余人次。成立巾帼健身协会，统筹安排全区100余支特色团队走进基层，开展文艺演出。结合"义乡鄞州"建设，整合各类志愿者队伍资源，把女知识分子团队、女律师团队、"蝶双飞"红娘作为"周日义工"主力，开展社会公益性活动，组织

12月21日，鄞州区创新共享女性创业论坛在环球银泰城举行

开展大型广场服务活动3次。

【妇女健康提升工程】 2015年，第四轮鄞州区妇女健康提升工程完成。全区妇女应查人数（20~64周岁）166967人，妇女病免费普查150862人，普查率90.35%。免费宫颈癌（TCT）筛查124743人，乳腺癌（彩超）筛查146128人，确诊宫颈癌15例、乳腺癌50例，所有查出病例均予以有效治疗和随访，逐步建立起规划、培训、动员、普查、救治、跟踪随访一体化的工作体系。全年慰问贫困“两癌”妇女58人，救助款项达17400元。争取市“康乃馨救助”名额8个，获救助款8万元。

【“进万家门、访万家亲、结万家情”妇联基层大走访大调研活动】 2015年，区、镇（街道）、村（社区）三级妇联联动，进村（社区）入户，进楼入企，做到“妇女情况”“家庭情况”“基层组织建设情况”三必清，并倡导“互联网+妇联”服务模式，通过大数据优化妇联基层走访工作。至11月底，走访家庭97440户，走访妇女群众103386人，走访入户率30.9%。收集重点、难点问题1504件。其中，涉及村社基础建设、新村改造713条，妇女组织工作315条，矛盾纠纷134起，困难诉求342起。整合各级巾帼志愿者团队力量，开展便民利民服务项目，把家庭教育、妇儿维权、婚姻咨询、母亲素养等服务送入基层，全年开设系列服务30次，受益群众15000余人，实地走访“空巢”老人46户。

（贾俏丽）

鄞州区革命老区开发建设促进会

【概况】 2015年，鄞州区革命老区开发建设促进会（简称“区老促会”）采取“择急施助”的原则，对经济欠发达老区村给予一定补助，对区内宣传教育效果较好的10个革命史迹点给予一定资助，促进革命老区村减贫速度，获评2015年度全国革命老区宣传工作三等奖。

【区老促会获评全国首届革命老区减贫贡献奖】 2015年10月17日，经浙江省革命老区开发建设促进会推荐，区老促会总结的鄞州区在老区村减贫工作中采取的“开发产业限期脱贫，对口帮扶加快减贫，兜底补助实行止贫”3条经验，在“世界扶贫日”活动中获评全国“革命老区减贫贡献奖”。

【《风景这边独好——鄞州革命老区村巡礼》出版】 2015年，在纪念抗日战争暨世界反法西斯战争胜利70周年前夕，《风景这边独好——鄞州革命老区村巡礼》出版。该书由区老促会编辑，宁波出版社出版，全书选择革命史迹比较丰富的76个老区村，近30万字，用图250余幅，以追忆、讴歌鄞州革命斗争历史和老区人民重大贡献为主线，展现革命老区村革命史实、名人民风、自然景观、村落现状、发展前景，是鄞州历史上第一本专题宣传革命老区的书籍。该书被分发到全区各行政村的农家书屋，中小学校的图书馆，社区（居委会）的阅览室，宁波市、鄞州区的图书馆，并在市和区新华书店上架销售。

【金溪村开展省革命老区村民生专项调查】 2015年7月21日，省革命老区开发建设促进会确定鄞州区龙观乡金溪村为省革命老区村民生专项调查的6个村之一。区老促会在区国家统计局鄞州调查队（简称“鄞州调查队”）协助下，对金溪村60户样本户进行分组入户调查，调查内容涉及金溪村经济社会发展情况、60户调查户生产生活详细情况、村民和干部对党和政府开发建设革命老区村有关政策措施执行情况的各种反映。8月下旬，省革命老区开发建设促进会副会长徐八达带队到金溪村入户复查、审核。此调查形成专题调查报告上报省政府，为全省“十三五”规划制订提供参考。

（陆瑞康）

《风景这边独好——鄞州革命老区村巡礼》出版

注：

“三联三法”行动：指三室联动强化法律援助、三师联动优化法律服务、三级联动深化法律宣传，“三室”即妇女儿童维权工作室、婚姻家庭调解室和红娘工作室，“三师”即婚姻家庭指导师、心理咨询师、律师，“三级”即区、镇乡（街道）、村（社）。

10月17日，区老促会获评全国“革命老区减贫贡献奖”

法治·军事

宁波樟村四明山烈士陵园

政法委工作

公安工作

检察工作

法院工作

司法行政

人民武装

人民防空

边　防

消　防

鄞州年鉴

2016 YINZHOU YEARBOOK

政法委工作

【概况】 2015年，鄞州区开展反渗透、反间谍、反窃密斗争，加强意识形态重点人管控，严打高压邪教组织非法活动，健全反恐组织体系，强化涉恐敏感物品管控和源头治理，依法打击涉恐涉暴违法人员。依法判处涉及环境污染案件7件16人，批捕互联网诈骗、P2P网贷平台非法集资犯罪案件10件22人，审结金融借款合同纠纷案件824件，立案查处贪污贿赂、渎职侵权等职务犯罪20件29人，破获各类经济案件67起，查处犯罪嫌疑人87人，挽回经济损失1.66亿元。鄞州区连续11年被省委、省政府授予省“平安区”称号，连续3次获得“平安鼎”，获评全省建设平安浙江十周年先进集体。

【信访处置社会维稳】 2015年，鄞州区推进“三调联动”矛盾纠纷多元化解，超前化解21起重大不稳定因素，处置“五乡公墓地冲塌”“下应恒大装潢城业主集体维权”等31起突发性群体事件，保障洞桥垃圾焚烧发电项目、宁波栎社国际机场三期扩建工程等重点项目推进。组织开展“百日维稳攻坚大会战”，试点推行涉法涉诉信访案件工作新机制，完成抗日战争胜利70周年纪念活动、第二届世界互联网大会等大型活动维稳安保任务，全区信访形势明显好转。全年全区调解各类矛盾纠纷27218起，区级及以上信访总量下降50.1%，32件区领导包案信访积案化解29件，31名非访重点对象被依法处置。

【“平安鄞州”建设】 2015年，鄞州区落实“平安建设”一把手责任，健全平安建设动态情况分析预警和协调机制，开展“基层平安创建百日系列活动”，组织严重精神障碍患者、“陈尸”等专项排查清理，集中整治社会治安重点地区和突出治安问题，重点打击各类严重危害社会治安、社会秩序的违法犯罪活动。全区侵财、盗窃案件发案数比上年分别下降2.9%和6.6%，七类案件发案数下降9.52%，群众安全感满意度达97.21%（全市第二）。承办全国中小学安全教育现场经验交流会，邱隘镇实验小学获全国第二届平安校园建设优秀成果一等奖。

【社会治理基层基础建设创新】 2015年，鄞州区按照市委《关于创新社会治理全面加强基层基础建设的决定》部署，将“两网融合”推进工作纳入全区科学发展竞赛和平安综治考核内容，列入综治暨维稳责任书工作目标。在每年安排190万元专项保障资金的基础上，专门划拨110万余元专项经费用于对信息录入员绩效考核补助和“平安通”普及专项奖励资金。建立镇乡（街道）“网格办”（社会治理综合指挥室）工作平台，将17个职能部门并入“一张网”运作，推进省平安建设信息系统与网格化管理“两网融合”工作，在全市较早形成区、镇、村三级工作体系，“平安通”移动终端和“以奖代补”基层信息采集得到全面推广。至年底，设在公共事务受理中心的区级指挥平台基本建成，23个镇乡（街道）镇级指挥平台基本形成；有网格总数2254个、基础2016个、专属网格238个，配备各类网格员2254人，落实奖励经费510万元；19个镇乡（街道）总投入经费272万元，开通运行“平安通”移动终端1415个，网格员配备率超过65%，全年收集各类有效信息近3万余条。村规民约、社区公约的修订制订全面完成，全区三级物业纠纷人民调解工作体系逐步建立，突出问题进行集中专项整治，形成“鄞州蓝本”在全市推广。推进流动人口引导调控，全区在册流动人口总数减少2万余人，下降2.6%。

【司法改革】 2015年，鄞州区贯彻中央、省委、市委司法改革部署，全面落实立案登记制，推进以审判为中心的诉讼制度改革，深化执法办案、案件管理和物证管理“三位一体”执法机制建设，健全相对集中预审办案机制，建立涉案财物管理工作台账和出入库汇总表，首推“警律合作”工作机制，探索推行社区矫正“全网”工作模式，在全市率先试点逮捕公开审查，承办全省检察机关逮捕必要性公开审查现场观摩会。开展案件评查和专项执法检查，全年受理案件21118件，办结19461件，未发现一起冤假错案。

【打击违法犯罪】 2015年，鄞州区推进立体化社会治安防控体系建设，组织开展社会风险排查化解稳控工作，落实街面巡逻和城乡防控，全区刑事案件立案15219件，治安案件立案14441件，“两抢”案件立案80件，入室盗窃3770起。全年开展社会治安重点地区排查325次，发动干部群众125000人次，发现治安重点地区135个，抓获犯罪嫌疑人16878人。其中，快速侦破13起命案和9起“五类”恶性案件，查处“食药环”案件29起，破获经济案件62起，破获涉黄涉毒案件231起，抓获涉毒犯罪嫌疑人员272人，查处吸毒人员1272人，百城禁毒会战整体绩效居全市第一。率先在全省开展“毒驾”整治试点工作，6月23日，省委政法委副书记、省公安厅厅长刘力伟到鄞州区调研，对鄞州“毒驾”整治工作的做法和成效给予肯定。

【公共安全问题监管】 2015年，鄞州区研究出台《鄞州区安全生产警示约谈与一票否决暂行办法》，明确对安全生产监督工作不力、造成较大社会负面影响等11种情形和安全生产责任制年度考核不及格等5种情形分别进行警示通报和警示约谈；规定年度发生重大及以上生产安全责任事故的单位，当年不得参加各类先进评比，并将5家发生重大伤亡事故和拒不执行处罚决定的企业列入安全生产“黑名单”。组织安全生产大排查大整治行动，开展为期半年的“三合一、多合一”和“低小微”行业安全隐患排查和集中整治行动。全面排查整治危化物品单位、物流寄递企业、加油站等涉危涉爆单位，危险物品储存场所100%合格，民爆物品流向100%纳入信息管理系统。整治交通事故“黑点”，交通事故死亡人数下降2.8%，全区未发生一起一次死亡3人以上的交通事故。整治消防安全，挂牌整治宁波柏迪家具有限公司等4家重大火灾隐患单位，以钟公庙繁裕二村为试点，攻坚群租房管控难题；成立工作专班，由分管副区长牵头，区财政专项安排轻纺城消防隐患改造资金2000万元，整治省级重大火灾隐患单位宁波轻纺城市场。全年全区发生各类事故662起，下降16.8%；死亡100人，下降2%；受伤464人，下降6.1%；直接经济损失321万元，下降79.3%。11月25日，国家安全生产监督管理总局局长杨焕宁到鄞州调研，对鄞州区基层基础建设和社会化服务等工作给予肯定。

（梅 娜）

公安工作

2月5日，公安部交通管理局副局长奚路彪到鄞州公安分局交警大队调研

【概况】 2015年，鄞州公安分局有7个职能部门、14个直属大队和区看守所、拘留所，辖26个派出所。有民警888人、行政职工12人、协辅警4204人（其中文职人员144人）。至年底，全区有户籍总户数34.57万户（含梅墟8694户、东钱湖20098户）；户籍总人口86.59万人（含梅墟22308人、东钱湖47244人），其中城镇人口53.72万人（含梅墟21746人、东钱湖19678人）、乡村人口32.87万人（含梅墟562人、东钱湖27566人）。制发第二代身份证68004张。在册流动人口（不包括儿童）749879人。受理公民因私出国出境97009人次，比上年增长13%。发布"鄞州公安"官方微博1411篇，关注1万余人；开通"鄞州公安"官方微信，处置涉警舆情10次。

大小刑事案件立案15219起，破案4151起，其中13起命案、35起恶性大案全部破获，另破获一起12年前的故意杀人积案。刑事拘留2312人，逮捕1367人，移送审查、起诉2435人。抓获在逃嫌疑人员279人，其中抓获鄞州区案发在逃嫌疑人员66人，鄞州区在逃嫌疑人员归案率40.4%。破获涉黑涉恶案件57起，捣毁黑恶犯罪团伙12个，抓获犯罪嫌疑人73人。全区全年共发生大小侵财案件27186起，其中盗窃22503起、抢劫抢夺103起、诈骗4580起、电信网络诈骗3602起。破获侵财大案2112起，抓获侵财犯罪嫌疑人1475人，移交、审查、起诉1012人，其中"1·13"石碶持刀抢劫案、"2·16"石碶持假枪抢劫案、姜山等地系列性撬盗保险箱案等一批重特大侵财案件告破。刑事技术大楼搬迁。勘查现场案件6179起，其中提取手印723起、足迹1371起、DNA1057起、手印比中案398起、DNA比中案194起。采集涉案视频6764条，经视频线索破案491起。特情人员提供有效线索955条，协助破案738起，抓获犯罪嫌疑人312人。

经侦大队受理经济犯罪案件105起，破案66起，抓获犯罪嫌疑人87人，移送起诉62起，经济案件破案数上升15.8%，经济犯罪打处成绩居全市第一。其中，破获虚开增值税专用发票案29起，涉案金额872.7万元，抓获犯罪嫌疑人30人，挽回国家税收损失872.7万元；破获非法集资案5起，起诉4起，打处违法犯罪人员6人，查封、冻结资产850万余元，追缴赃款赃物价值1600万余元。

禁毒大队破获毒品犯罪案件194起，抓获涉毒犯罪嫌疑人281人，其中破获3~5人团伙案8起、6人以上团伙案4起、公安部目标案5起、省公安厅目标案4起；查处吸毒案909起，吸毒者1272人，缴获各类毒品34千克。禁毒大队被省公安厅评为百城禁毒会战成绩突出集体。网警大队破获利用互联网犯罪案件43起，抓获犯罪嫌疑人111人，其中侦破"黑客"类涉网刑事案4起，抓获犯罪嫌疑人6人。强制戒毒323人，其中被列为一级管控对象18人。查处复吸毒者571人，占被查处人员的50.4%。排查出无法送强戒所执行强戒的病残吸毒人员98人，其中鄞州籍52人。鄞州公安分局在获评省级社区戒毒社区康复工作示范单位的基础上，创建国家级社区戒毒社区康复示范单位，并申报国家禁毒委审批。至12月20日，全区有在册在控吸毒人员4372人，其中鄞州籍2368人，正在进行社区戒毒301人、社区康复127人。

交警大队有效接警13.7万起，上升11.6%。受理交通事故5.1万起，上升5.1%；死亡136人，减少2人。其中，上报事故468起，死亡92人，受伤464人，直接经济损失89.1万元。侦破交通肇事逃逸案34起（其中死人案4起），破案率100%。调解交通事故15319起，调解成功率100%。交通事故中被追究刑事责任70人。查获交通违法行为72.2万起（现场处罚16.3万起）。其中，查获酒后驾驶1615起，增加80起；醉酒驾驶542起，增加139起。查获交通违法总数和查获酒后、醉酒驾驶数均为全市第一。查处交通刑事案件600起，其中查处涉毒驾驶案15起。查获工程车交通违法4.2万起，工程车交通事故死亡11人，伤26人。增加"电子警察"抓拍系统58套、卡口系统10套、违法停车抓拍系统46套、监控系统17套，"绿波"速度通行道路3条。防控交通事故多发"黑点"路段和"热点"区域，其中宁南路四明路口事故数下降40%，印象城、轻纺城、万达广场事故减少20起以上。车辆管理所受理初、增考驾驶证档案16802份，驾驶人理论考试31647人次，机动车上牌7719辆，电动自行车上牌7396辆。年底全区机动车总量35.9万辆，增加3万辆；驾驶人47.8万人，增加4.5万人。报废、注销尾气排放不合格的“黄标车”9163辆。查处客运人力三轮车交通违法1545起，收购客运人力三轮车2992辆，收购率98.9%，发放收购补偿款1.2亿元。组织交通安全宣传活动216次，其中大型宣传活动22次，向社会发送交通安全宣传资料25.7万份；发表交通安全宣传文章或视频1978件，被国家、省、市、区级媒体分别录用23件、543件、833件、579件，其中《车祸无痕》在中央电视台1套《今日说法》栏目播出；《被丢下的老太太》在中央电视台12套《夜线》栏目播出。

招聘协辅警26批次，录取767人，其中机关176人、派出所591人。至年底，全局有协辅警4204人，其中机关1115人、派出所3090人。出台《警务辅助人员队伍督查积分管理办法（试行）》《警务辅助人员十条禁令》。信访办、经济案件受理中心、司法鉴定中心、技侦工作站、犯罪嫌疑人监视居住场所、横街和洞桥派出所、下应交警中队等新建、改造项目竣工。警务保障先进经验被公安部编入《全国公安机关210工程建设典型经验汇编》，在全国推广。

【社会治安维稳管理】 2015年，鄞州区实施昼夜全天候武装巡逻和定点驻守，以区政府广场、万达广场、联盛广场、罗蒙环球城、市客运中心、轻纺城等重点区域为核心，辐射周边地区，当重大紧急突发案（事）件发生时，3个控制圈中分别在1、3、5分钟内到达现场控制场面。及时处置薛家农贸市场聚众斗殴、古林水岸枫情工地闹事、宁南北路民工跳楼、吴剑鸣医院车辆着火、浙江大学明州医院门前烧烤摊主持械斗殴、江南水会赌博纠纷等突发事件150余起。查处涉赌案179起，刑事拘留105人，行政处罚617人；涉黄案146起，刑事拘留24人，行政处罚299人。在中国人民抗日战争暨世界反法西斯战争胜利70周年北京阅兵、乌镇第二届世界互联网大会等重大活动期间，进行安保、维稳工作。处理到北戴河非法信访人员6人，其中刑事拘留5人、行政拘留1人。化解瞻岐东二村村民欲拦路阻挠重点工程施工等不安定因素21起，现场妥善处置罗蒙环球城民工讨薪等群体性事件31起。惩治危害社会稳定的违法犯罪嫌疑人31人，其中刑事拘留19人、行政拘留12人。

【警卫安保工作】 2015年，鄞州公安分局完成首届宁波杭州湾国际马拉松长跑赛、宁波栎社国际机场三期项目施工、乌镇第二届世界互联网大会等重大安保任务38起。完成区人大政协会议、全国基层党建座谈会、浙治会、消博会、中东欧博览会及中国—中东欧国家合作发展论坛等警卫任务26批次，其中二级警卫7批次、三级警卫5批次。

4月21日，鄞州公安分局举行新增警用车辆发放仪式

【公安行政审批制度改革】 2015年，鄞州公安分局改革行政审批制度，90%的公安行政审批事项进驻区行政服务中心公安窗口办理，其中涉爆、涉枪、涉恐等行政审批事项在窗口直接受理审批。完成行政审批权力事项清理，按省、市、县三级权力清单目录，梳理确认涉及14个警种7个大项923个权力事项。办理特种行业许可证53份，审核公章上网材料31283份，签发边境通行证147张、剧毒化学品准购证112张，年审民用枪支持枪证211份。

【警务联络室建设】 2015年，鄞州区328所中小学、幼儿园警务联络室建成，公办学校保安人员均聘任鄞州保安公司的保安员。5月26日，全市校园警务联络室建设现场会在邱隘镇实验小学召开，推广鄞州校园警务联络室建设经验。出台《鄞州区医疗机构警务联络室建设实施方案》，鄞州第二医院、横溪卫生院、集士港卫生院、古林中心卫生院完成警务联络室建设。查处危害食品、药品安全案21起，刑事拘留9人，取保候审16人，其中破获省公安厅督办案1起、市公安局督办案10起。查处污染环境案件17起，刑事拘留22人，取保候审20人。

【互联网基础管理】 2015年，鄞州区审核新开网吧38家，变更12家；检查网吧上网人员实名登记158家，发现证照不全网吧5家，行政处罚28家；审核上网宾馆277家。备案网络使用单位540家、网站88家，标注双责任制网站6984个，处置有害信息网站59个。

【看守所管理】 2015年，鄞州区看守所排查整治监所安全隐患，开展联合巡查、预案演练，实现连续28年安全无事故。全年收押犯罪嫌疑人2874人，增加18人。月均关押量996人，最高关押量为1月份的1068人。关押重刑犯12人，交付执行死刑2人。押解人犯投送监狱77次816人，出所2942人。至12月20日，看守所有在押人员993人，其中未判决691人、已判决302人，判决生效待投送监狱78人。区拘留所收拘违法人员2643人，其中行政拘留2497人、司法拘留146人，日均拘押65人。

【外籍人员出入境管理】 2015年，鄞州区受理外国人签证、签注申请1922人，因故拒签外籍申请人35人，不予延长居留许可、签发停留证30人，为外籍人员紧急需要开通绿色通道31人次。打击外国人非法入境、非法居留、非法就业成绩居全市第一，破获涉外刑事案件1起（已起诉）、涉外行政案件44起；查获违法外籍人员49人，其中行政拘留2人、警告16人、罚款22人（罚款总金额16.34万元）、遣送出国8人。

【110接处警工作】 2015年，鄞州区改革110接警模式，将报警电话统一接入市公安局110指挥中心，市公安局除去无效警后，仅将有效警接入鄞州公安分局指挥中心。全区公安机关接有效警292344起，日均上升8.9%，其中刑事案件14834起，上升30.9%；治安案件83719起，下降9.3%；交通事故（事件）139223起，上升15.8%；火警（消防救援）2522起，下降3.9%；举报23564起，上升5.4%。区应急联动中心向联动单位派发各类指令25206件，联动单位接到指令办结率100%，其中区卫生计生局21804件，占联动总警情数86.5%；区消防大队2642件，占10.5%；区城管局551件，占2.2%；其他部门209件，占0.8%。

【警务督察】 2015年，鄞州公安分局警务督察大队受理核查群众投诉314件，上升2.6%，其中110指挥中心转97件、领导批办2件、公安部纪委举报平台转8件，群众来电203件、来信3件、来访1件，经查属实或部分属实12件。维护基层一线民警正当执法权益，查处妨害公务、阻碍执行职务案件50件，其中涉及派出所40件、交警9件、消防1件，处理违法犯罪嫌疑人79人，其中刑事拘留30人、行政拘留49人。为民警个人或单位正名3起，向遭受身体侵害的15名民警发放维权慰问金43000元。上报督察信息50条，被省公安厅录用15条、市公安局录用32条。投入150万元建设督察专网。

【公安信访接待律师代理制度实施】 2015年，鄞州区在全市公安信访接待中创新实施律师代理制度，聘请律师3人，律师参与信访接待9次，参与案件会商和咨询各4次，化解信访事项6起。联合区委政法委、区信访局、司法局、检察院、法院开展联合接访12次，接待信访群众32人、案件会商21次，解决一批久拖未决的信访难题。投入60万余元，改造信访接待场所800余平方米。11月，全省公安信访接待场所建设现场会暨信访工作调研座谈会在鄞州区召开。

【"缉枪治爆"专项行动】 2015年，鄞州区开展"缉枪治爆"专项行动，检查涉危涉爆单位72家，整改问题25处；刑事立案3起，受理治安案件5起；刑事拘留4人，治安处罚5人。收缴管制刀具23把、仿真枪1支、气枪9支、火药枪1支、气枪铅弹500发、炸药3248千克。至年底，辖区有涉爆单位5家（生产企业1家、运输企业1家、民爆物品配送中心3家）、危险化学品企业83家、管制刀具生产企业1家、弩配件生产企业1家、烟花爆竹经营企业3家、射击竞技体育运动枪支单位1家、民用枪支狩猎队11个。全区危险物品储存场所安防合格率100%、民爆物品流向100%纳入全国民爆物品管理信息系统和烟花爆竹管理信息系统。鄞州公安分局缉枪治爆工作成绩居全市第一。

5月28日，鄞州公安分局开展情景模拟分组对抗比武演练

【"惩治通讯网络诈骗犯罪"专项行动】 2015年6~12月，鄞州区开展"惩治通讯网络诈骗犯罪"专项行动。捣毁通讯（网络）诈骗团伙3个，抓获犯罪嫌疑人18人，历时4个月破获"5·30"专案，抓获犯罪嫌疑人12人；追赃返赃15起，折合人民币330万余元。

【反恐怖大队成立】 2015年6月，鄞州公安分局成立反恐怖大队。完善反恐怖组织指挥体系，出台《鄞州公安分局反恐怖勤务工作规范（试行）》《应急小组（最小应急作战单位）启动程序》《重点人档案建设规范》等勤务规章。12个反恐重点单位和28个反恐成员单位签订《反恐怖防范工作责任书》并定期检查督导；在客运中心站、万达广场等反恐重点单位和场所开展全天候武装巡逻。

（章一鸣）

检察工作

【概况】 2015年，区检察院受理移送审查逮捕案件1224件1638人，受理移送审查起诉案件1954件2635人；经审查，批准逮捕1069件1421人，提起公诉1855件2549人，移送市检察院审查起诉重特大案件22件64人。

围绕集中攻坚"六大行动""五水共治""三改一拆"和构建"法治建设示范区"等重点工作，调研制定《服务保障全面深化法治鄞州建设的实施意见》，将检察工作融入"质量新鄞州"建设总体布局。参与制售有毒有害食品药品集中整治行动，批准逮捕相关犯罪6件6人，起诉20件22人。推进环保、金融、知识产权等专项检察工作，开展打击通讯（网络）诈骗、P2P平台非法集资、危害电商发展的“涉网三领域”犯罪专项整治工作。批准逮捕破坏环境资源保护犯罪10件15人，起诉17件35人；批准逮捕破坏金融秩序犯罪7件9人，起诉6件10人；批准逮捕侵犯知识产权犯罪1件1人，起诉8件9人；批准逮捕互联网诈骗、网络非法集资犯罪10件22人，起诉10件36人。组织开展领导干部践行“一岗三责”、检校共建平安校园等活动，进村入企20余次，举办校园法制讲座6次。建成远程视频接访系统，妥善处理来信来访214件次，司法救助刑事被害人3人次。批捕、起诉以信访为名寻衅滋事、扰乱社会秩序犯罪分子18人。

立案查处贪污贿赂、渎职侵权等职务犯罪20件29人。其中，涉嫌贪污贿赂等犯罪16件23人，内有处级干部2人；涉嫌渎职侵权犯罪4件6人，查处行贿犯罪6件6人。全年侦结起诉25人，法院判决21人。开展对奉化江堤防整治、东江堤防加固、沿山干河整治等治水重点工程的职务犯罪专项预防工作。开展预防宣传和预防调查，在城管、农林等系统开展案件剖析、预防宣讲20余次，组织农村基层组织人员接受警示教育820人次，提出职务犯罪预防建议30余次，向社会提供行贿犯罪档案查询服务2600余次，对19个有行贿犯罪记录的企业提出取消投标资格的建议。

对应当立案而未立案的，监督侦查机关立案6件6人；对不应当立案而立案的，监督侦查机关撤案2件3人；对应当逮捕而未提请逮捕的，追捕1人；对应当起诉而未移送起诉的，追诉10人；对不符合逮捕和起诉条件的，决定不批准逮捕153件216人，不起诉32件51人；对刑事诉讼活动中的违法情形，发出检察建议和纠正违法通知书16份；提出、提请刑事抗诉8件，法院采纳改判5件；组织开展社区服刑人员脱管、漏管专项检察，配合进行2名服刑罪犯特赦工作，监督纠正刑事执行违法26人次，向监管场所提出安全防范意见15次；联合区法院制定《关于加强民事执行法律监督工作的若干意见》，在全市范围内率先开展行政执法与刑事司法相衔接，建立健全联席会议、案件移送、案情通报、信息共享机制。受理各类民事、行政申诉案件20件，审查后经抗诉启动再审程序，法院以改判、调解方式改变原裁判结果3件，向法院发出检察建议书3份。

12月4日，区检察院为8名新任检察员和5名助理检察员举行检察官宣誓仪式

落实认罪认罚案件从宽处理制度，依法作出有罪不捕81件117人、相对不起诉26件42人，适用刑事和解33件36人，开展捕后羁押必要性审查，建议侦查机关作出变更强制措施10人。加强未成年人刑事检察工作，对101人进行犯罪记录封存，决定附条件不起诉4人，经跟踪帮教考上大学3人，各有1起案件入选最高人民检察院“未成年人司法保护典型案（事）例”、省人民检察院“未成年人司法保护优秀案例”。

【“规范司法行为”专项整治】 2015年，鄞州区案件管理部门开展对办案活动的内部制约监督，规范刑事诉讼涉案财物处置，规范统一业务应用系统运作。抽查复核批捕、起诉等案件463件，开展案件评查10件。率先探索司法办案过程公开，试行逮捕必要性公开审查，组织侦查人员、律师及被害人等多方就逮捕必要性进行公开调查、公开论辩12件18人，作出不批准逮捕决定10件15人，被省人民检察院推广。探索以信息化促进规范化建设，建成2个远程视频讯问室，实行远程讯问2000余人次，占同期案件的80%。此做法被市人民检察院评为优秀创新成果并予以推广。

【全市远程提讯试点项目现场推介会在鄞州召开】 2015年10月29日，市人民检察院在鄞州区组织召开全市检察机关远程提讯试点项目现场推介会。市人民检察院及各基层检察院侦监、公诉、技术部门负责人参加会议。会上，区检察院作为试点单位介绍远程提讯系统主要工作情况。区检察院投入70万余元建设的远程提讯系统项目，对院内2间远程提讯室和区看守所2间检察专用提讯室进行软硬件同步全面改造和装修，实现看守所全景、嫌疑人特写、本院提讯室及示证等“四个画面”的“一键切换”，综合远程指挥、远程监控、异地交流等7项功能，检察官讯问工作所耗时间普遍节省70%以上。

【全省检察机关逮捕必要性公开审查会议现场观摩会在鄞州召开】 2015年10月22日，全省检察机关逮捕必要性公开审查会议现场观摩会在区检察院召开。省、市、区三级侦监部门负责人及省内其他6家试点检察院侦监部门负责人全程观摩鄞州区检察院对于犯罪嫌疑人彭某某涉嫌盗窃一案的逮捕必要性公开审查会议。区检察院副检察长赵敏在会上对试行的逮捕公开审查制度进行经验介绍。

【“检察开放日”活动】 2015年11月24日，区检察院开展以“规范司法行为，提升司法公信”为主题的“检察开放日”活动，全区各乡镇人大主席、各街道人大工委主任、党外特约监督员和人民监督员等30余人应邀出席，参观远程视频提讯室，观看检察工作宣传片，随后进行座谈交流。

【检察服务大厅改造完成】 2015年12月底，区检察院检察服务大厅改造完成，实现对外咨询接待、内部管理“一站式”服务。拓展检务公开范围，从职能职责公开向以案件信息公开为主转变，通过检察机关案件信息公开系统发布案件程序性信息11500条、重要案件信息3件，公开法律文书1100份，提供案件信息查询1380人次。

（王君娜）

法院工作

【概况】 2015年，区法院受理各类案件21118件，办结19461件（含旧存），分别比上年上升31.72%和27.21%，诉讼标的总额62.82亿元。9月25日，区法院组织178名新（续）任人民陪审员参加任命颁证及就职培训会议，区法院人民陪审员数量增至250人，达到法官人数的2倍。

审结刑事案件1940件，上升15.07%，判处罪犯2557人。对796名具有从宽情节的初犯、偶犯、从犯、未成年人犯等依法判处缓刑。落实刑事被告人不着“识别服”出庭受审的规定，通知法律援助机构为234名没有钱请律师、可能被判处三年以上有期徒刑的被告人指派辩护律师，三年以上辩护率达95.49%。

审结民商事案件11100件，上升29.70%，案件调撤率74.37%。发挥家事专业审判优势，创新构建诉讼内外有机对接、社会力量共同参与婚姻家庭纠纷化解的“一庭一室一站”模式，获全省“平安家庭”建设工作经验推广。审结房屋买卖、租赁及建设工程合同纠纷案件637件。发布商品房买卖合同纠纷审判白皮书，促进房地产市场规范健康发展。审结涉外、涉港澳台民商事案件46件。推行知识产权“三审合一”新的审判模式，审结知识产权类案件160件，获评全省法院知识产权审判工作先进集体。

6月起，区法院在城区主要路口的户外LED大屏幕对失信被执行人进行曝光

审结行政诉讼案件170件，上升57.41%。落实行政诉讼案件异地管辖立案登记制，受理异地管辖案件35件。注重实质性化解行政争议，促成和解撤诉55件。完善与行政机关良性互动工作机制，通过败诉案件通报、召开行政执法联席会议、举办新行政诉讼法讲座等举措助推“法治鄞州”建设，向行政机关建言献策，督促行政机关提高执法水平，行政机关败诉率为19.10%。

【案件执结执行】 2015年，区法院执结执行案件5941件，上升27.24%，执结标的额9.22亿元。完善分段式执行模式，扩大“执行外勤通”软件适用，确保执行过程全程留痕。健全完善网上“点对点”查控被执行人的银行存款、车辆、户籍、出入境、婚姻登记、房地产等机制。完善24小时执行备勤制度，运用与公安机关联网协控机制，累计对1153名决定拘留但下落不明的被执行人实施布控，出警256次，抓捕192人，对其中的119人予以司法拘留，执行备勤工作获省委领导批示肯定。通过落实全国失信被执行人名单制度、召开新闻发布会通报典型案例、多渠道曝光失信被执行人等措施强化信用惩戒机制，全年促使189名失信被执行人主动履行义务，执结到位金额958.9万元，被最高人民法院评为有效实施失信被执行人名单制度示范法院。

【立案登记制度实施】 2015年5月1日，立案登记制实施。区法院出台立案登记制度有关规定，细化流程规范，确保收状登记、当场立案、一次性告知补正、不予受理裁定出具等立案工作规范一致。制度实施后，首月收案1898件，当场立案1642件，立案数上升48.99%。完善调解、仲裁、诉讼等有机衔接、相互协调的多元纠纷解决机制，实现案件分流。委托人民调解1331件，调解成功率98.10%，办理确认人民调解协议983件。

【诉讼服务中心规范化建设】 2015年，鄞州区开展诉讼服务中心规范化建设，提高诉讼服务质量。完善“12368”司法服务热线，及时高效处理来电4708件，直接回复率97.77%。推行民事诉讼立案审查阶段调查令制度，方便当事人从有关部门获取立案所需的户籍、工商、婚姻登记等信息。实施法律援助工作站律师值班制度，由律师在立案大厅现场为当事人提供法律咨询、法律援助等服务。通过网上银行发放执行款9.8亿元，退还诉讼费4822万元。缓减免诉讼费136.11万元，为困难当事人发放司法救助金178.2万元。

【司法信息化建设】 2015年，鄞州区通过信息化建设促进司法公开。启动高清数字法庭改造工程，通过LED庭审直播、微博庭审直播、庭审视频点播等形式提升庭审过程透明度。深化生效裁判文书统一上网和公开查询制度，裁判文书上网率100%。发挥网络司法拍卖优势，网拍率100%，总成交额12.75亿元，平均溢价率28.98%，为当事人节省佣金1156万元。发布微博400余条，推送微信原创电子报11期，微博庭审直播案件3起，收看人数10.3万人次。

【望春法庭新大楼启用】 2015年2月，鄞州区望春法庭迁入新址办公。新大楼于2012年7月开工建设，2014年底竣工，位于集士港镇菖蒲路198号。望春人民法庭管辖鄞州区下属集士港镇、高桥镇、古林镇、横街镇及望春工业园区，辖区面积272平方千米，常住人口20万人，流动人口16万余人，辖区内有各类企业6000余家。大楼内设诉讼服务、审判调解、档案存放、法官办公、后勤保障五大功能区，配备数字化法庭4个、调解室3个、接待室3个、合议室1个。

【区法院金融案件审判庭成立】 2015年3月，区编委办批复同意区法院单独设立金融案件审判庭，核定科级领导职数一正一副。主要审理银行借款、证券、期货、票据、保险、信用卡、信用证、小额贷款等纠纷案件，同时审理企业破产等纠纷案件。至年底，金融审判庭受理各类商事案件650件，审结案件648件，同期结案率为99.5%。其中，判决381件，调解82件，撤诉61件，调撤率为22.1%。

【全国人大代表团视察鄞州法院】 2015年5月29日，最高人民法院组织15名全国人大代表到区法院及姜山法庭视察。参观姜山法庭文化建设、便民设施，听取姜山法庭关于优化诉讼渠道和推行"四庭制度"做法。到区法院机关大楼视察文化建设成果和阳光司法工作情况，并在诉讼服务中心体验阳光司法服务平台查询审判流程，获取司法信息功能。代表们对鄞州区法院在培育法院文化、深化司法公开、践行司法为民方面的做法表示肯定。

【首部廉政微纪录片发布】 2015年7月，区法院以"鸣廉政警钟·扬清风正气"为主题的首部廉政微纪录片发布。该片通过教育篇、载体篇、活动篇、硕果篇四大篇幅展示区法院秉承鄞州源远流长的历史文化传统和"求真务实、敢为人先"的鄞州精神，重视法院廉政文化进机关工作，营造"以廉为荣、以贪为耻"和"人人思廉、人人保廉、人人促廉"的法院廉政文化氛围。

2月，望春人民法庭迁入新址办公

【制裁失信被执行人典型案例新闻发布会】 2015年9月28日，区法院首次召开制裁失信被执行人典型案例新闻发布会，《宁波日报》《宁波晚报》《东南商报》《鄞州日报》和宁波电视台等多家媒体参加。发布会通报区法院探索分段式执行工作的整体情况及在打击抗拒执行、惩戒规避执行等方面的措施。公布关于制裁失信被执行人的十大典型案例，涵盖集中执行、执行曝光、司法拘留、执行备勤、限制高消费、纳入失信被执行人名单等多项打击"老赖"的具体措施。

（张彦斌）

司法行政

【概况】 2015年，区司法局实施"宪法入户"工程，组织开展"学习宪法尊法守法"主题活动，制作《中华人民共和国宪法》宣传小册子10万册，重点在中小学生中发放，以"宪法入校"推进"宪法入户"。与律协鄞州分会、鄞州电视台合作，开设电视宣传栏目《说法》，以资深律师讲解发生在老百姓身边的案例为节目内容，播出16期。在全区1300余辆公交移动电视上开设《巴士普法》栏目，播放包括工商维权、交通安全、消防安全、安全生产等相关法律知识，实现全区公交线路、公交车辆全覆盖。建成全省首家综合性区级法治文化中心，受到司法部、省、市有关领导高度评价，全年接待各地各级领导考察参观35批1000余人次，3500余名学生、机关干部、村（居）民通过学习参观接受法治教育。

试点扩大法律援助事项范围，受案范围不受宁波市规定的24类案件限制，增加代书法律文书、单独调查取证、司法鉴定、公证等多种案件援助申请受理，对受援人经济困难认定标准采用区别化认定，受理24类案件以外的法律援助案件76件。检查法律援助案卷571本，组织案件旁听25件，电话跟踪回访43件。举办法律援助业务培训班，镇乡（街道）和部分行业部门法律援助工作站负责人及法律援助志愿者50余人参加。开展各类专项维权及宣传活动，现场为群众解答法律咨询59人次，发放各类宣传资料1500余份，当场受理法律援助案件3件。制作法律援助公益广告并在电视台黄金时段滚动播出。

建立“区—镇—村”三级联动、覆盖城乡的公共法律服务平台，区司法行政法律服务中心被省司法厅评为全省首批五星级规范化司法行政法律服务中心。实现镇级公共法律服务窗口全覆盖，每周至少一日有法律专业人员承担窗口值班工作。在全区487个村（社区）设置公共法律服务公告栏，展示公共法律服务产品项目，印发公共法律服务便民手册。全区律师（法律工作者）担任法律顾问789家，提供法律咨询12339人次，代理诉讼案件3243件、非诉讼案件162件。107名农村法律顾问参与签订经济合同808件，处理群体性纠纷78件，涉及1120人次；开展法治宣传239场，39676人次受教育；参与调解纠纷802次，涉及2346人；解答法律咨询2534次，涉及3706人次；帮助群众获得法律援助124件，惠及1033人；代理各类诉讼323件，涉及金额4625万余元。

落实《鄞州区司法局行政执法责任制实施方案》和年度依法行政工作计划。推行执法公示制度，及时更新和调整区政府网上政务信息公开中司法行政相关栏目，通过“中国鄞州”政府信息网站、“鄞州法治网”和新闻媒体等渠道公开各项工作流程和信息动态。制订行政执法上岗培训长远计划，考察符合人民监督员报名条件的自荐报名者和组织推荐者，选任人民监督员12人。

【民主法治村（社区）建设】 2015年，区司法局制定出台《农村（社区）民主法治建设工作指南》，梳理整合基层民主法治创建工作内容，将法治建设内容提炼为村（居）民自治章程、依法治理体系、法律服务体系、依法维权体系、矛盾化解体系五大项内容，形成完整的基层法治创建工作体系。下发《关于进一步深化完善“民主法治村（社区）”创建工作激励机制的通知》，创建国家级、省级、市级“民主法治村（社区）”分别奖励5万元、2万元和2万元。推荐申报市级民主法治村（社区）8个，动态复核8个。至年底，全区有国家级民主法治示范村3个、省级民主法治村（社区）23个、市级民主法治村（社区）94个。

【人民调解】 2015年，鄞州区构建人民调解、行政调解、司法调解“三调联动”矛盾纠纷多元解决体系。规范“警调衔接”机制建设，统一将全区110警调对接人民调解委员会驻镇乡（街道）派出所工作室更名为镇乡（街道）人民调解委员会警调对接工作室，将警调对接人民调解工作纳入区委、区政府对镇乡（街道）和城市型街道目标管理考核。开展“诉调对接”联动，指导人民调解协议诉前司法确认，在纳入工作目标管理考核的同时，明确规定在人民调解“以奖代补”中经司法确认的协议再增加补助额度。全年全区人民调解协议申请司法确认裁定794件，上升92.7%。联合区工商联建立商会人民调解工作机制，塘溪镇、姜山镇商会作为试点单位成立人民调解委员会设立调解室。探索物业纠纷人民调解机制，落实全区三级物业纠纷人民调解工作体系建设，组织全区街道社区人民调解员开展物业纠纷人民调解专题培训班。至年底，全区有各级各类人民调解委员会608个，其中镇乡（街道）调委会23个、村居（社区）调委会451个、企事业单位调委会111个、联合调解组织12个、区级行业性专业调委会11个。全区各人民调解组织受理并成功调处纠纷27218起（其中疑难复杂矛盾纠纷770起），涉及人数59385人，涉及金额55777万余元。无一起调解纠纷协议被法院判决变更撤销或确认无效，无一起矛盾纠纷因调解不及时而导致激化。

4月20日，司法部摄制组在鄞州拍摄基层人民调解规范化建设工作

【社区矫正】 2015年，鄞州区制定社区矫正经费管理办法、执法车辆使用管理规定等制度，落实社区矫正工作委员会成员单位职责和联席会议制度，与公安、检察、法院等部门协作与配合。投入30万余元为23个司法所增配手提电脑、高清扫描仪、便携式彩色打印机等执法装备，推行网上执法、网上监管、网上教育、网上监督的社区矫正“全网”工作模式。办理期满解矫人员625人，接收社区服刑人员665人。吸纳在校大学生成为社区矫正志愿者，全区有社会志愿者948人。与宁波市百合心理咨询中心合作建设“区—镇乡（街道）—村（社区）”三级社区矫正心理矫治服务网络体系，开展“社区矫正—心理矫治—社会工作服务”工作模式，举办心理健康讲座13场次，社区服刑人员参加680余人次，个别访谈400余人次，干预处置社区服刑人员各类心理危机12起。处罚社区服刑人员26人次。

【安置帮教】 2015年，鄞州区加强与浙江省内鄞州区籍相对较集中的各监狱的日常联系，采取与刑满释放人员结对帮教的方式，监督、帮助、教育与

"2015年鄞州区'12·4'国家宪法日暨全国法制宣传日法治文艺会演"在区艺术中心大剧院举行

管理有重新违法犯罪倾向的六类重点对象。走访刑满释放人员重点帮教对象251人次，解决实际困难176人次，落实各种救助金额15万余元。至年底，全区有刑满释放人员1269人，落实帮教人数1258人，帮教率99.1%；落实安置人数1255人，安置率98.9%。

【司法所基础建设】 2015年，区司法局落实司法所"四室一库"业务用房，规范标牌标识，完善工作制度，创建工作机制。全区有省五星级司法所5家、四星级7家、三星级7家。建立司法局领导联系基层司法所工作制度、司法局机关和司法所人员交流机制。组织司法行政系统信息化业务培训，根据司法所人员变动情况，重新分配并核对各司法所系统安装情况，推动司法行政综合管理平台系统应用。

【王晓光调研鄞州法治文化中心建设】 2015年1月7日，司法部法制宣传司司长王晓光一行5人到鄞州区法治文化中心考察调研法治文化建设情况，省司法厅副厅长金登尚，市司法局局长黄学云、副局长牟志杰等陪同调研，调研组实地参观展厅内主题教育、专题教育、互动体验等功能区块，体验法律知识互动抢答、智能触摸互动等多功能设备，对法治文化中心建设成效予以肯定。认为文化中心统筹鄞州区法制宣传教育和法治文化资源，在构建地域特色法治文化方面发挥重要作用。

【司法部摄制组拍摄鄞州基层人民调解规范化建设工作】 2015年4月20日，司法部"人民调解规范化建设"专题摄制组实地拍摄鄞州区基层人民调解规范化建设工作。拍摄内容为区司法行政法律服务中心窗口和交通事故、医疗纠纷人民调解委员会、姜山镇人民调解委员会、甬江村人民调解委员会、宁波东联密封件有限公司人民调解委员会、石碶街道东方社区人民调解委员会、钟公庙街道人民调解委员会、鄞州万达商圈人民调解委会。

【王建满检查验收鄞州"六五"普法工作】 2015年8月27日，省政协副主席王建满带领省"六五"普法检查组一行到鄞州区检查。检查组一行到区法治文化中心，听取普法活动相关情况；到全国民主法治示范村——下应街道湾底村，参观湾底村文化礼堂、便民服务中心、村党务公开栏、法治文化公园及新农村建设成果，听取湾底村关于民主法治村建设的汇报，对公共法律服务公告栏上墙等规范化、制度化举措表示肯定。

【"法律服务进百企"活动】 2015年10月，鄞州区全面启动"法律服务进百企"活动，由区司法局领导、各科室成员、司法所负责人及律师等人组成活动小分队，共5组13队到鄞州区部分规模以上及小微企业进行走访。组织律师提供专业化法律服务和法律保障，推进法律服务与中小企业生产经营、内部管理活动有效融合，帮助中小企业破解发展难题。活动全面覆盖鄞州区23个镇乡（街道），11家律师事务所、40余名律师参加，服务企业200余家。

【"12·4"国家宪法日暨全国法制宣传日法治文艺会演】 2015年12月3日，由区普法办、区司法局主办的"2015年鄞州区'12·4'国家宪法日暨全国法制宣传日法治文艺会演"在区艺术中心大剧院举行。会演节目音乐快板《文明礼赞东城颂》、小品《过生日》、小品《天下无贼》《贷室斗智》等讲述社区民主法治化管理，构建平安法治和谐社会的社会主义价值观。

（程学佳）

人民武装

【概况】 2015年，鄞州区人民武装部（简称"区人武部"）以强军兴军重要思想为指导，整组点验全区基干民兵，进行9个批次训练。开展新兵征集，征兵数超出任务数5%，高学历人员比例占征集总数的52%。在抗击"灿鸿"台风行动中出动民兵1000余人次。民兵海上医疗救护分队经验做法被省军区转发，宁波大红鹰学院国防教育工作典型受到省军区、军分区首长肯定。

【实战化军事演练】 2015年，区人武部以省军区、军分区大规模作战方案演练为依据，结合鄞州区承担的作战任务和地区实际，修订完善作战、应急、动员3套方案，形成3个较为成熟的基本案和28个精实管用的配套子案，提高后备力量遂行支前作战和非战争军事行动的针对性、操作性。组织民兵应急分队训练，分5批组织民兵连长轮训；采取封闭式管理、实战化训练方式，组织全区专武干部集训并进行排名考核；依托跨区联训组织军兵种民兵和专业技术骨干训练；组织海上医疗救护分队，到舟山海军"和平方舟"号进行实地登舰对接训练。

【战备力量整组】 2015年，区人武部统筹应对作战和遂行非战争军事行动“两个准备”，整组基干民兵，对接协防目标8个；落实通用装备器材预征预储“三定一签”，与86家单位签订通用装备器材预征预储协议，预征预储各式车辆380余台、专业器材590余件、各类物资30余吨，通过省军区检查验收。在区人武部作战室建立平战一体的多功能信息化指挥中心，引进军事信息网、气象水文系统、道路指挥监控系统、地方视频会商系统、部队视频指挥系统、人民防空寻呼对讲系统等终端设备，增强对辖区水文气象、道路交通、社会动态的掌握。

【高校国防教育创新】 2015年，区人武部试点创新高校国防教育工作。在宁波大红鹰学院组建大学生军训教导队，形成一整套可学习、可借鉴、可复制的高校国防教育新模式。10月，国家、军区级媒体进行大篇幅报道。11月，配合市国防教育委员会，以现场观摩会形式在宁波大红鹰学院召开全市高校国防教育工作会议，相关经验获得省市军地领导肯定。

（朱巍巍）

人民防空

【概况】 2015年，鄞州区人防工程竣工项目30个，人防工程建设项目23个，完成“5·12”防空防灾警报试鸣任务。参加浙江“金盾15”演习，完成专业队组训任务。全区23个镇乡（街道）人防应急指挥系统项目获区政府批准并开工建设，“1017工程”基本完成主体工程，“1016工程”完成规划方案设计。

（张旭君）

边　防

【概况】 2015年，鄞州公安分局横山边防派出所走访群众475人次、企业97家。妥善处置“9·22”“9·26”“10·28”“11·27”等群众非正常死亡事件。开展船舶基础信息收集存档工作，入册掌握船舶106艘、渔船民451人。年审各类出海船舶70艘，更换船舶户口簿42本、渔船民证175张。成立由25人组成的快速处突小组，结合辖区实际开展处置突发案事件模拟训练和反恐处突演练3次。

9月14日，横山边防派出所进驻鄞州经济开发区

【横山边防派出所嵩江警务室组建】 2015年9月，在鄞州经济开发区建立横山边防派出所嵩江警务室，接管开发区警务工作。将开发区分为2个警务责任区，警务室下设综合室和2个警务中队。各中队分别负责警务责任区内的基础工作、案件办理。同时建立50余人的协辅警队伍，分成机动中队、巡逻中队、流动人口综合协管中队、综合内勤协管中队。

（章一鸣）

消　防

【概况】 2015年，鄞州公安分局消防大队专项检查万达广场、印象城、联盛广场等商业综合体，督促442家消防安全重点单位检测电气线路、燃气管线，维护保养消防设施，组织灭火疏散演练，签订消防安全承诺书，完成消防安全自我评估。探索消防联防联建工作，选择100家重点单位，分成10个片组，组建消防联防大队。排查整治火灾隐患，完成镇、村两级500余名消防安全员的消防业务集中培训，排查出重大火灾隐患单位5家予以挂牌整改。省级重大火灾隐患单位轻纺城市场整治取得实质性进展，拆除针织内衣一条街的违章搭棚。改革工程消防行政审批，区审管办出台联合会审、联合踏勘的一站式受理审批工作机制。

【消防安全宣传】 2015年，鄞州公安分局消防大队利用鄞州电视台《周日新干线》栏目平台，定时播出消防专题、曝光火灾隐患和典型案例。消防大队官方“微博”每月不定期发布消防知识。在辖区主要路段、商业综合体等区域借助社会单位LED屏幕展播消防公益广告。宣传车每月不少于3次进社区、企业、学校开展消防安全宣传。利用“三下乡”活动平台，在农村宣传消防安全知识。

【灭火救援】 2015年，鄞州公安分局消防大队接警出动2174起，其中火警1068起，成灾381起；因火灾死亡4人，受伤9人；直接财产损失2382.2万元。火灾四项指数与上年相比，成灾上升2.97%，死亡人数下降20%，受伤人数下降10%，直接财产损失下降34.2%。消防部门出动车辆4381辆次，出动警力24859人次，疏散群众339人，抢救被困人员69人。无消防人员伤亡。

（章一鸣）

农业·农村·水利

福泉山茶场

鄞州年鉴

2016 YINZHOU YEARBOOK

农业经济

【概况】2015年，鄞州区农作物播种总面积53180公顷，比上年减少5.48%。全年全区粮食总产量167984吨，增长3.46%；粮食播种面积25952公顷，增长2.56%。其中，早稻播种面积3921公顷，总产量18171吨，分别减少8.69%和35.15%；中晚稻播种面积15744公顷，总产量121699吨，分别减少4.69%和增长6.55%。油料播种面积1151公顷，总产量3800吨。蔬菜播种面积10765公顷，总产量374396吨。药材播种面积845公顷，总产量3112吨。果用瓜播种面积3163公顷，总产量104713吨。

畜牧业实现总收入32190万元，减少40%。生猪年末存栏数5.13万头，年内生猪出栏数8.87万头，分别减少36.74%和33.95%；牛年末存栏头数926头，减少39.3%，其中良种奶牛存栏数455头，减少29.7%；家禽年末存栏数22.26万羽，年内出栏数34.27万羽，分别减少63.7%和65.4%；肉类总产量达到8900吨，减少33.7%；禽蛋产量3600吨，减少53.8%；牛奶产量2300吨，减少30.7%。

渔业实现总收入42201万元，减少3.5%。全年出口水产品40775吨，减少29.8%。出口创汇8430万美元，减少23.5%。水产品总量16846吨，减少12.4%，其中海洋捕捞产量3339吨、海水养殖产量4725吨、淡水捕捞产量2688吨、淡水养殖产量6094吨。全区水产养殖总面积达到3806公顷，其中海水养殖面积1064公顷、淡水养殖面积2742公顷。

全区茶园面积2266.67公顷，茶叶总产量2200吨，总产值5000万元。其中，名优茶产量58吨，产值2900万元；红茶产量1.5吨，产值300万元。以杨梅、葡萄、柑橘、水蜜桃和蜜梨为核心的2800公顷果树产业，实现总产量47000吨，总效益3.57亿元。发展薄壳山核桃、香榧面积约28公顷。竹笋产量15595吨，产值5567万元，留养新竹568万株，其中毛竹笋11965吨，产值1727万元。全区12家竹笋加工企业加工竹笋1.56亿元，其中加工毛竹笋1.55亿元。花木销售收入5220万元，其中绿化观赏苗木4500万元。

城乡绿化面积113万平方米，建设市级美丽森林村庄1个，山地营造林面积100公顷，其中珍贵树种造林面积33.33公顷，改建生物防火隔离林带2千米，建立无公害林产品基地3个，三年内珍贵树种造林地块抚育面积2267公顷。全区生态公益林总面积38066.67公顷，四明山区域一般生态公益林补助标准达到150元/亩，四明山区域以外乡镇一般生态公益林补助标准达到100元/亩，大中型水库水源涵养林在一般标准基础上再增加5元/亩，中心城区饮用水源地水源涵养林再增加5元/亩，全区发放公益林补偿资金7527万元，惠及20个乡镇近30000户农户。

【生态经济树种容器苗规模化生产关键技术研究获奖】2015年5月20日，区林业技术管理服务站报送的《木荷等生态经济树种容器苗规模化生产关键技术研究与示范》获首届中国林业产业创新奖（苗木类），该技术从实验研究与生产应用两个方面结合，针对不同树种、不同育苗容器材料和规格、不同基质材料、处理工艺和配比、不同肥料梯度，形成以水、肥、光、温等因子为核心的技术体系，并进行规模化生产和示范推广。

【首届鄞州区农民大专班开班】2015年4月3日，由区农林局、浙江万里学院联合举办的首届鄞州区农民大专班在浙江万里学院举行开学典礼，各镇乡（街道）种植一线的35名大专班学员参加，成为浙江万里学院继续教育学院的新生。农民大专班根据农业产业及从业人员的实际需求，针对性地设置课程，邀请具有丰富理论知识和扎实实践经验的教师授课，授课方式灵活，包括多媒体教学、老师理论授课、讨论课、实习课等。

【卢方兴百亩方连作晚稻平均亩产破省粮食吉尼斯纪录】2015年12月15日，姜山镇种粮大户卢方兴种植的百亩方连作晚稻“甬优538”，经实地收割和测产，平均亩产达到690.7千克，打破省粮食吉尼斯纪录。卢方兴2011年起试种籼粳杂交组合“甬优538”，基本掌握该杂交组合的种性。在姜山镇农技人员的指导下，采用“适期早播、合理密植、早施追肥、适时搁田”等措施，实现“缓苗时间短、分蘖速度快、个体长势旺、群体平衡好”的超高产要求。

（曹庭盛）

农业执法

【概况】2015年，鄞州区组织开展以种子、肥料、农药、兽药（包括鱼药）、饲料及饲料添加剂等农业投入品以及冒用农产品质量标志和植物检疫执法

4月3日，首届鄞州区农民大专班在浙江万里学院举行开学典礼

为重点的专项执法行动。出动执法人员435人次，检查农资生产经营单位142家、草莓等农产品生产单位42家，抽取农业投入品150批次（兽药15批次，饲料及饲料添加剂23批次，农药76批次，肥料24批次，种子12批次），抽取草莓样品31批次、蔬菜样品120批次。查处违法行为20起，其中农药案件7起、肥料案件4起、种子案件5起、饲料案件2起、兽药和农产品案件各1起，查获农业投入品数量3723千克，货值金额2.76万元，罚没款8万元，没收违法所得1.25万元。

【浙江渔场修复暨“一打三整治”专项行动】 2015年，鄞州区推进“一打三整治”“减船转产”“生态修复”三大专项行动，开展“船证不符”渔船、禁用渔具、海洋环境污染3项整治。至年底，开展海上执法检查74次，出动人员480人次，航程838海里，行程2653千米，处置（拆解）50艘核查登记取缔的涉渔“三无”船舶，查获取缔三无违规生产船舶4艘。全年分两批对全区核查登记的178艘涉渔“三无”船舶发放转产转业补助及生活补助671.2万元，清理海上、船上违规网具（海底地笼、滩涂串网等）1279顶，查处船证不符（扩功、扩主尺度）渔船66艘，立案66起，罚款24万元。

【农资包装废弃物统一回收和集中无害化处理】 2015年，鄞州区推进农资包装废弃物统一回收和集中无害化处置工作，实现全区域所有的农田（包括林地）覆盖和农业、林业、牧业、渔业等大农业所产生的农资废弃物统一纳入收集处置体系覆盖。投入专项资金522.87万元，收集处置农资包装废弃物各类瓶、袋202.78万个，废弃农膜类97.69吨，共229.77吨。6月17日，农业部发展计划司副司长刘北桦一行到鄞州调研时评价，鄞州区这种政府购买服务的运行模式和创新管理手段，很好解决中国农村的“白色污染”，为“十三五农业资源与生态环境建设规划”提供良好素材。9月18日，省副省长黄旭明对鄞州区实现农资包装废弃物无害化处理全覆盖作出“这是现代循环农业的重要内容之一，鄞州区做得很主动，很有效。建议印发给各市、县（市、区）借鉴”的批示。10月30日，宁波电视台《第一聚焦》栏目对鄞州区开展农资包装废弃物无害化处理工作，提升农村水环境，推进“五水共治”成效进行专题拍摄报道。

【病死动物集中无害化处理】 2015年，鄞州区监管病死动物数量统计，增加装运过程视频录像环节。配合开展农业政策性保险与病死动物集中无害化处理联动工作，合理安排病死畜禽收集和运输工作，建立健全档案登记。结合肉品质量安全“百日会战”行动与养殖场户层层签订告知承诺书，从源头上遏制病死动物流向市场，保证肉食品安全供应，有效控制动物疫情传播扩散。全年全区养殖和屠宰环节收集病死猪4.6万余头，家禽5.1万余羽，其他动物110头，共计530余吨。

【农资信用体系建设】 2015年，鄞州区推进智慧农资建设，确定四家农资销售单位，配备统一硬件设备，规范智慧卡登记，完善奖励机制，试点推行农资销售实名制，探索建立农药、肥料、兽药、种子等农业投入品可追溯体系建设。全面推行农业执法智能处理系统网上办案，加强农资经营监管，规范农资监督检查、抽样检测、行政处罚等程序。

（曹庭盛）

农业产业化

【概况】 2015年，鄞州区有各级现代农业园区22个，建成省级现代农业综合区2家，市级主导产业示范区4个，现代农业精品园市级19个、区级6个、镇级46个，现代农业园区建设总规模2733.33公顷，涵盖现代种源、高效水产、有机蔬菜、生态畜牧等产业。扶持农业龙头企业，增加省级农业龙头企业1家、市级农业龙头企业1家，全区43家市级农业龙头企业实现加工值近47.49亿元，销售额46.38亿元，比上年增长约3%。

【鄞西省级现代农业综合区通过省级验收】 2015年11月12日，由省农业厅副巡视员吴金良任组长，省、市相关部门专家组成的省考核验收组对鄞西省级现代农业综合区进行考核验收。鄞西省级现代农业综合区建成1846公顷，投入12361万元，综合区包括粮食生产功能区1个、特种水产养殖示范区和竹笋产业示范区2个产业示范区、天胜蔬菜精品园等5个特色农业精品园。省考核验收组对省级现代农业综合区建设情况进行现场查看，召开评审会议，听取鄞州区综合区创建的工作汇报，对综合区建设进行考核评价，一致同意通过考核验收。

【蔺草外销加工企业转型升级】 2015年，鄞州区开展蔺草外销加工企业转

4月22日，农业部产业司司长张天佑到鄞州考察现代农业

型升级。至年底，全区93家外销加工企业根据自身情况，67家企业选择关闭、转型或搬迁，26家企业自愿选择整改提升。全区61家企业的763台编织机、684只烘箱经评估后被回收拆解，区、镇两级下拨设备回收款715.16万元。26家自愿选择整改的企业12家通过联合验收。

（曹庭盛）

农业机械化

【概况】 2015年，鄞州区农机总动力达到33.2万千瓦，比上年减少8.32%。增加各类机械906台套，其中动力机械85台套、耕整地机械96台套、烘干机械55台套、收获机械39台套、水产牲畜养殖机械498台套、栽植机械60台套、其他机械73台套。规模化育秧面积29.4公顷。

全区耕种收综合机械化水平达到87.6%，其中机耕、机收率均在99%以上。实现早稻机插2214.2公顷、中稻2209.33公顷、晚稻3006.2公顷，合计机插面积7429.73公顷。全区机插率达到61.16%。增加粮食烘干机械55台（装机容量1340吨），全区粮食烘干装机容量达到4466吨，基本满足全区早稻粮食烘干需求。实际年内小麦烘干3000吨，早稻烘干16795吨，中晚稻烘干达到9万吨，全年粮食烘干11万吨，烘干率69%。

【电动化园林机械产品生产】 2015年，位于鄞州区的蟲马新能源科技有限公司首次生产环保节能型锂电池无刷电动园林机械产品。生产的无刷电动绿篱机用于茶园和园林的修剪。产品采用成熟的美国无刷交流电机技术，具有零污染、低噪声、低成本等优势，可替代高耗能汽油机，工效比人工修剪提高10倍。技术属国内首家。公司还研发打药机、开垦机等小型园林机械和农机农具，用电动机代替汽油机，逐步实现农业机械电动化。

【水稻直播试验暨农用植保喷洒现场演示会】 2015年6月9日，区农机站在姜山镇蔡郎桥村种粮大户卢方兴承包田内举行中稻机械穴直播试验和电动多旋翼农用植保喷洒现场会，全区各乡镇40余位种粮大户观摩演示。两台不同型号的水稻穴直播机进行中稻穴直播，1架装载容量为10千克的电动多旋翼农用植保喷洒机在稻田上空作农药喷洒表演，相关生产商就产品的性能、价格和技术参数等进行介绍，参加演示的农业机械在水稻栽植环节、成本及水稻防病治病对人身安全等方面显示出优越性。

水稻机械化收割

【秸秆综合利用试点】 2015年，鄞州区印发《宁波市鄞州区秸秆综合利用试点实施方案（2015~2017年）》，全面禁止秸秆露天焚烧，推进秸秆资源化利用。10月13日，鄞州区召开秸秆禁烧与综合利用工作推进会，推进秸秆禁烧与综合利用试点县建设。开展配套机械购置、晚稻秸秆冬耕快腐还田、稻畈小麦稻草覆盖免耕栽培技术应用政策引导补助工作，探索实施秸秆打捆收集后的燃料化、原料化、饲料化、基料化利用等补助试点。引进推广秸秆拾捡打捆机12台，确定宁波进丰生物燃料有限公司、宁波恒麟环保科技有限公司和鄞州区宁锋粮机专业合作社3家为鄞州区秸秆打捆收集利用差额补助（试点）入围企业（合作社），开展晚稻秸秆收集打捆补助试点。全年实现秸秆资源化利用17.3万吨（其中肥料化还田16.15万吨、饲料化利用0.5万吨、原料化利用0.45万吨、能源化利用0.1万吨、基料化利用0.1万吨），秸秆综合利用率在92%以上。

（曹庭盛）

农村经营管理

【概况】 2015年，鄞州区推进“三农”调研工作，承担宁波市农办系统重点调研课题4个，组织开展村级事务运行管理经费公共财政保障、新村建设、农村生活污水治理等专题调研，撰写的调研报告《关于鄞州区村庄分类改造建设的实践与思考》《我区欠发达村村级事务运行管理经费现状及保障建议》《鄞州区旧村改造新村建设的现状及相关建议》获评2015年度全市农办系统优秀调研文章。

围绕新型职业农民培育、新农村建设规划管理人才培养、农村电子商务人才培训、农村实用人才培训等工作重点，研究制订2015年度农民培训计划，培训各类农村劳动力15119人次。推进农村指导员工作，实行“岗位对责，绩效对账”制度，组织开展农污治理专项活动，指导和协助进行村经济合作社股份制改革。48名区派指导员落实各类项目37个，争取扶持资金531万元。

【农家乐管理】 2015年，鄞州区推进农家乐规范管理，组织开展各类农家

4月9日，鄞州区召开村经济合作社股份合作制改革培训会

乐休闲旅游业创建活动。天地生态农庄、浅水湾农庄、竹海休闲农庄创建为省级农家乐示范点，章水镇李家坑村创建为市级农家乐特色村，龙观乡龙峰村等4家单位创建为区级农家乐特色村（点），龙观禅那等11家单位（农户）创建为三星级及以下星级经营点（户）。1月14~16日，邀请上海快乐游旅游联合体下属57家旅行社负责人，对龙观、横溪、东吴等镇乡的旅游资源及周边农家乐进行考察，组织召开全区农家乐宣传推介专题会，20余家旅行社与农家乐达成合作意向。建立"按需求设项目、按项目接客源"良性互动联络机制。

【村经济合作社股份合作制改革】 2015年，鄞州区推进农村股份合作制改革。3月26日，印发《关于全面推进村经济合作社股份合作制改革的实施意见》，成立鄞州区村经济合作社股份合作制改革工作领导小组。4月14日，召开全面推进村经济合作社股份合作制改革工作新闻发布会。全年区面上应改的358个村有357个召开第一次股东代表大会，占任务数的99%，其中22个镇乡（街道）100%完成股改任务，422个村完成股份制改革。

【城乡一体化改革配套改革】 2015年，鄞州区按照城乡一体化改革发展决策部署，推进各项配套改革。加快农村土地承包经营权、宅基地使用权、村集体建设用地使用权确权、登记和颁证工作，发挥市场在资源配置中起决定性作用和更好发挥政府作用；围绕提高土地利用综合效益，创新城乡建设用地置换，拓展农村宅基地有偿使用、有偿退出渠道；建立健全农村土地流转机制，推进整村整组连片流转和10年以上长期流转，全区农村土地承包经营权流转面积20800公顷，流转率达85.3%。422个村完成农村经济合作社股份合作制改革。集士港镇试行社会综治、综合执法、行政服务合署办公，推行"一门办结"行政审批服务模式；姜山镇探索"五面共管"的综合执法体制改革；咸祥镇在芦浦村尝试新村建设模式创新；横溪镇梅岭区块结合高山移民和股份制改造，试点社区事务管理服务职能与原村集体资产经营管理职能分离，剥离原社区居委会行使经济管理职能，探索农村人口"统管统治"的社区化管理机制；龙观乡观岭片探索"党委领导、政府主导、乡民自治、社会参与"的新型区域化乡村治理机制。

【乡村治理制度改革】 2015年，鄞州区在龙观乡观岭片区山下、李岙、雪岙3个村率先试点，在暂不打破现行村级运营体制、机制和制度的前提下，在新村建设全面推开的区域创新设立片区治理体系。实行新旧体制一定时间并存并行，新片区以党总支为领导机构，以议事协商委员会为决策、监督机构，以治理委员会为执行机构，为下一步实行"多村一社区"奠定基础。

【农村生活污水治理】 2015年，鄞州区有104个村实施农村生活污水治理，其中58个村完成治理任务，增加受益农户4万余户。健全"部门分工指导、镇乡（街道）主抓、行政村积极配合"的工作责任体系，坚持"月报送、季通报、年考核"工作机制，全面建立村级"三书"（治污责任书、治污承诺书和质量保证书）制度和工程考核奖励制度。推广村庄建设与农村生活污水治理联动模式，村庄整治和农污治理并进实施，确保"新村建到哪，治污跟到哪"，通过新村建设带动农污治理，全拆全建村和整体改建村的农村生活污水接户率分别达到100%和90%。瞻岐镇多村联建区域化推进，获省"五水共治"工作督查组认可；咸祥镇咸五村、龙观乡龙峰村、洞桥镇上凌和石臼庙等村高标准接户，五乡镇石山弄村利用南车新技术克服接户困难，东吴镇勤勇村、龙观乡山下村与村庄建设联动推进等。出台《关于切实加强农村生活污水治理施工质量管理的通知》，明确工作规范程序和质量技术标准。梳理排查相关问题，完善资金补助、审批流程、雨水设施修复、农村家庭作坊等小微企业的污水处理、大中型水库上游村的排水认可等各项政策。明确接户补助按实际接入宅

甲村污水处理点排放口

数，对于情况复杂或规模较大的行政村可以自然村或片区为单位测算接户率；将雨水设施建设纳入污水治理工程；明确建立专家组全程把关农污治理设计工作，取消设计方案的部门联合会审，对500万元以上的农污项目给予概算审核。组织两期近200名支部书记参加农污治理培训班，开展农污治理沙龙。成立农污治理宣讲组，强化典型宣传，重点宣传特色亮点、工作经验等。

【欠发达村扶持和低收入农户帮扶】2015年，鄞州区5个欠发达村产业扶持项目完成论证，并全部开工建设。2012~2014年实施的25个项目全面完工，投产项目平均年收益率在10%以上。联合鄞州银行，开展全区低收入农户贷款情况调查，推进低收入农户小额信贷工作，有99户低收入农户办理信贷业务，贷款金额1048.75万元。2013年认定的17681低收入农户人均纯收入达12213元，比上年增长15.4%。

（蒋存行）

水利工作

【概况】2015年，鄞州区完成各类水利建设投资13.86亿元，居全市各县（市、区）第一位。建成小型水库除险加固工程4座、山塘整治工程50座，全区29座小型水库、129座山塘的“三年整治任务”完成，小流域治理工程建成龙王溪（一期）、后溪河等10项工程，完成26项“灿鸿”台风水毁溪坑修复、清淤等防汛抢修工程及“杜鹃”台风水毁修复项目。编制完成《鄞州区山区农村饮水安全现状调查报告》，建成东吴镇勤勇村、画龙村和横街镇毛岙村、凤凰村、云洲村等村点饮用水提升工程，开工建设横溪镇金峨片集中式饮用水提升工程，解决1.47万名农村居民安全饮水问题。编制全区节水灌溉工程建设方案，建成下应湾底小型农田水利项目，开工建设姜山港城示范园区农田水利项目，增加农田受益面积140公顷。建成横溪镇大岙现代农业园区智能化喷微灌工程，增加喷滴灌受益面积36.67公顷。它山堰灌溉工程系统获评世界灌溉工程遗产。

按照《鄞州区农村河道疏浚三年行动计划（2014~2016年）》要求，疏浚农村河道292千米。完成水利部示范的全国中小河流治理重点县综合整治工作涉及的7个项目区9个镇122千米河道“三年”系统治理任务。古林市级水生态文明建设试点镇和集士港市级水环境建设示范镇基本建成，瞻岐市级水环境示范镇开工建设。建成市级水环境示范村项目3个、生态河道10千米，拆建行洪桥梁20座。五乡镇后塘河整治工程和古林镇庄潭河整治工程分别获评浙江省河道生态建设示范工程和优秀示范工程。排查除章水镇、龙观乡外的21个镇（街道）平原河道状况，详细查清全区1108条、总长1808千米河道的起讫位置、名称、长度、宽度、水域面积等要素。

【重点水利工程建设】2015年，鄞州区水利重点工程奉化江堤防整治工程（新城区段）年度完成投资1.54亿元，建成Ⅰ、Ⅱ、Ⅴ、Ⅵ、Ⅶ、Ⅷ6个水工标段，15千米堤防主体工程完工。8月28日，鄞州区第一个水利代建项目——奉化江堤防鄞奉交界段按期动工兴建，工程概算总投资5.36亿元，加固整治堤防4.15千米，改扩建沿线水闸5座，并配套建设景观绿化等，全年完成投资2.05亿元，分两个标段施工。12月初，2千米长的奉化江堤防谢家墺应急抢修工程建成。东江堤防加固工程完成年度投资1.65亿元，建成5座水闸主体工程，堤防部分完成工程量的76%。剡江堤防维修加固工程完成年度投资1亿元，两个标段分别完成工程量的63.9%和62.5%。姚江堤防加固工程完成年度投资2.1亿元，基本建成Ⅲ、Ⅳ水利标段主体工程，推进Ⅴ、Ⅵ、Ⅶ、Ⅷ4个水利标段。大嵩江堤防加固工程（沿海中线至大嵩江大闸段）12月底完成施工招标。鄞江堤防工程涉及的鄞江流域防洪专项规划部分完成报批。鄞东南沿山干河工程完成年度投资6709万元，基本建成一期工程，二期工程除隧洞工程进入扫尾阶段外，其余河道主体工程基本建成。九曲河整治工程（城区段）由区城投公司代建，完成立项批复和土地预审。铜盆浦泵站工程EPC总承包部分的合同工程12月3日通过完工验收，移交运行管理单位。该泵站设计流量为50立方米/秒，单台设计流量12.5立方米/秒，设4台竖井式贯流泵。工程概算总投资2.48亿元，2014年1月开工建设，2014年底基本建成主体工程。长丰泵闸新建工程建成，河道工程基本完成主泵房水下部分和主厂房房屋浇筑任务。风棚碶泵闸新建工程确定采用设计施工总承包模式，完成可研报告技术咨询工作。

长丰河强排泵站

【水资源管理】 2015年，鄞州区对23家年取水量在10万立方米以上取水户加强计划用水管理，为35家年取水量在5万立方米以上取水户安装取水实时监控系统，完成重点取水企业中国石油化工股份有限公司镇海炼化分公司企业水平衡测试任务。在鄞州区农村水利管理所和樟水水利管理站建成两个地下水监测站。从姚江向鄞西河网跨区域翻水9436万立方米，从鄞西河网向鄞东南河网翻水1.45亿立方米，实现中心城区和主要城镇建成区河道水体平均每月轮换1次以上。开展“河道清障”“涉水拆违”专项行动，全年处理各类水事违法案件78起，拆除违章建筑面积近5.2万平方米。编制《鄞州区水土保持规划》，治理水土流失面积7.1平方千米，公布全区水土保持重点预防区域，严格执行水土保持与主体工程“三同时”的生产建设项目管理制度，审批91个生产建设项目水土保持方案，验收49个水土保持设施。

【熊建平视察奉化江堤防整治工程（新城区段）】 2015年4月15日，副省长熊建平视察鄞州区奉化江堤防整治工程（新城区段），听取区水利局有关工程建设情况汇报，对鄞州区重大水利项目建设工作予以肯定，要求鄞州在确保重大项目功能有效发挥的基础上，严格遵循自然规律，保护生态原貌，扎实推进项目建设。

【三溪浦水库恢复正常蓄水】 2015年5月21日，市水利局组织召开三溪浦水库维修加固工程蓄水验收会议。经现场查勘、资料审核、听取汇报、论证分析后，验收委员会全体成员一致同意三溪浦水库恢复正常蓄水。三溪浦水库维修加固工程概算总投资7504万元，主要维修加固大坝、溢洪道、泄洪洞、输水隧道，集中整理供水管，增设自动化测压管及水雨情遥测系统，对水库工作闸门、检修闸门及蝶阀等建立计算机集中控制系统和远程安全监测系统，改造管理区、美化库区环境，废弃并拆除水电站等。2013年1月开始实质性建设，2014年底基本建成主体工程。

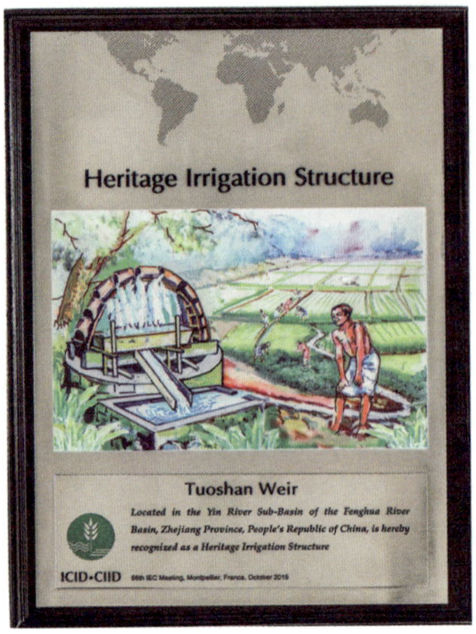

它山堰世界灌溉工程遗产证书

【它山堰灌溉工程系统入列世界灌溉工程遗产】 2015年10月12日，第66届国际灌排委员会国际执行理事会全体会议在法国蒙彼利埃召开，会上公布2015年入选第二批世界灌溉工程遗产名单，鄞州区它山堰灌溉工程系统入选。它山堰位于奉化江支流鄞江上，始建于唐，是有1180余年历史的有坝引水灌溉工程，使鄞西平原成为浙东重要的产粮区，明州城（宁波唐代时称明州）因此由鄞江小溪迁址至三江口，宁波城市格局由此形成。它山堰灌溉工程体系包括渠首枢纽、渠系工程和节制工程。它山堰为渠首枢纽最重要部分，长113.6米，整体条石砌筑，基础采用木桩及土石回填，坝下条石护坦防冲消能。水利考证发现，它山堰拦河坝为中国水利史上首次出现的块石砌筑的重力型拦河滚水坝，坝底倾向上游，倾角5度，这一倾斜度使坝体水平抗滑稳定性提高一倍，较近代坝基倾斜理论提出早1000余年。评选专家认为，它山堰延续使用至今，发挥灌溉、排涝、防洪和城市环境用水等作用，是中国传统灌溉工程管理的典型代表、水利工程可持续性发展的典范。

（李　杰）

防汛抗旱

【概况】 2015年，鄞州区防汛防旱指挥部（简称“区防指”）下发《关于开展2015年汛前安全检查工作的通知》。至3月初，全区检查各类水利工程437处，对3处存在安全隐患的工程下发督办通知书，要求逐一限期整改，落实在建水利工程安全度汛措施。根据人事变化在汛前重新核实并明确各级防汛组织机构责任人，特别是镇、村两级主要防汛责任人以及各类小型水库（屋顶山塘）巡查责任人、小流域山洪灾害预警责任人，在4月15日《鄞州日报》上公示。6月，两次邀请省级专家对全区107座小型水库（屋顶山塘）巡查员和镇、村两级山洪灾害预警员开展工作技能培训。6月25日，在横溪镇道成岙村举行区级山洪灾害防御预案演练。

5月25日，横溪镇道成岙村举行山洪灾害防御演练

组织放映防台风宣传电影100场次，重新发放山洪灾害防御区、危房及低洼区应转移人员明白卡和宣传手册。重新布局全区防汛物资储备场所，建设樟水、大嵩、鄞东南、铜盆浦泵站4个区级防汛物资储备点。组建490支区、镇、村三级应急抢险队伍。增加7个水情遥测站点，对全区13座小I型水库、2座重要水文测站以及建庄泵站、大嵩海塘等实行视频实时监控。第二轮山洪灾害防治县级非工程措施提升项目建成，通过市防汛防旱指挥部的初步验收，在防御“灿鸿”“苏迪罗”“天鹅”和“杜鹃”等台风中及时预警。完成洪涝台灾害风险隐患网格化排查工作，对排查的问题提出整改方案。下拨抗旱资金71万元，要求有关镇乡通过另寻新水源供水、引大中型水库水供水、统一工程调度供水、分时限制用水、定期送水等方式解决饮水困难问题。

【汛情、旱情及灾情】2015年，全区大于等于35℃的高温日数16天，比常年22天少6天，极端最高气温达38.3℃。全区1至10月平均雨量1842.6毫米，比多年平均1446.8毫米（1962~2005年）偏多3成左右。

表8　2015年鄞州区汛期降雨量情况

单位：毫米

	一月	二月	三月	四月	五月	六月	七月	八月	九月	十月
2015年	59.4	109.2	121.5	80.6	97.7	204.0	486.7	268.3	351.5	63.7
多年平均	70.5	79.3	120.1	119.9	139.3	208.7	165.7	228.7	224.2	90.4

梅汛期。6月7日入梅，7月13日出梅，梅雨期36天。受“灿鸿”强台风影响，梅雨量539.6毫米。不计台风雨，全区平均面雨量385毫米，比多年平均偏多近5成。梅雨带摆动频繁，梅雨期降雨场次偏多，日照少，经历7次较为明显降水过程。

旱情。2014年10月起，受持续降水偏少影响，横溪镇大岙村、上任村、金峨村，塘溪镇华山村，横街镇毛岙村，东吴镇小白村（小白点）、画龙村（画龙点）、勤勇村（凤岭点），章水镇赤水村等镇乡依靠小型水库、山塘供水的山区村，12月中旬始陆续出现生活用水困难问题。至2015年2月12日，全区有9090人出现用水紧张。

高温。全区大于等于35℃的高温日数16天，比常年偏少6天，极端最高气温38.3℃，发生在7月27日。高温主要出现在7月。其中，7月25日至8月5日出现持续高温。

夏季强对流天气。全年出现6次，分别发生在7月21日、7月23日、7月26日、7月28日、8月16日和8月27日。其中，7月23日，首南街道和东钱湖地区出现冰雹。

台风。影响鄞州区的台风有第9号台风“灿鸿”、第13号台风“苏迪罗”、第15号台风“天鹅”和第21号台风“杜鹃”。其中，“灿鸿”7月10日下午起影响鄞州区，至12日8时基本结束，全区过程面雨量216毫米，鄞东南地区面雨量194毫米，鄞西地区面雨量261毫米。有29个遥测站点雨量超过200毫米，14个遥测站点雨量超过300毫米，字丰站过程降雨量最大，达到447毫米。鄞东南和鄞西平原河网自7月4日起实行24小时候潮排水，预排水9403万立方米，5座大中型水库共预排水3669万立方米；“灿鸿”影响期间，鄞东南和鄞西平原河网共排水1.39亿立方米，5座大中型水库拦蓄洪水8549万立方米，铜盆浦泵站强排涝水1182万立方米。姜山、云龙、鄞江、洞桥、集士港、高桥、古林等镇受灾比较严重，剡江洞桥鱼山头段出现管涌险情，部分镇乡低洼地段出现0.2米~0.8米积水。“杜鹃”9月28日中午起影响鄞州区，至9月30日影响结束，全区过程面雨量260毫米，鄞东南地区面雨量285毫米，鄞西地区面雨量266毫米。有59个遥测站点雨量超过200毫米，17个遥测站点雨量超过300毫米，观顶站过程降雨量最大，达到372毫米。鄞东南和鄞西平原河网自9月25日起实行24小时候潮排水，预排水1173万立方米，无供水任务、预泄能力较差的横溪水库、溪下水库和供水任务相对较轻的三溪浦水库也实施预泄，预泄水量291万立方米；“杜鹃”影响期间，受上游奉化和余姚下泄洪水、高潮位和小潮差的共同影响，奉化江和姚江水位出现高水位，造成沿江碶闸排水不畅，5座大中型水库均超过汛限水位，拦蓄洪水6092万立方米，鄞东南和鄞西河网相继出现高水位，排水2.06亿立方米，铜盆浦泵站强排涝水1556万立方米。“灿鸿”和“杜鹃”造成直接经济损失6.85亿元。

【山洪灾害防御预案演练】 2015年6月25日，区防指在横溪镇道成岙村举行区级山洪灾害防御预案演练，区防指主要成员单位及12个镇乡分管负责人到场观摩演练。演练模拟台风带来持续强降雨，道成岙村3小时雨量达到100毫米，导致水位上涨，危及村民生命财产安全。道成岙村视情立即启动山洪灾害防御预案，组织开展人员转移安置、电力抢险、医疗救助等抢险救灾工作，直至险情、灾情排除。

【刘奇检查鄞州防汛防台工作】 2015年7月9日，省委常委、市委书记刘奇实地检查姚江堤防加固工程梁祝段、高桥泵站、集士港镇西岙水库备汛情况，肯定鄞州区各项防汛防台工作，强调各部门要牢固树立“防大汛、抗大灾、抢大险”意识，贯彻落实上级关于防汛防台风工作的一系列重要指示，强化各项措施，全力以赴做好各项防御工作。

（李　杰）

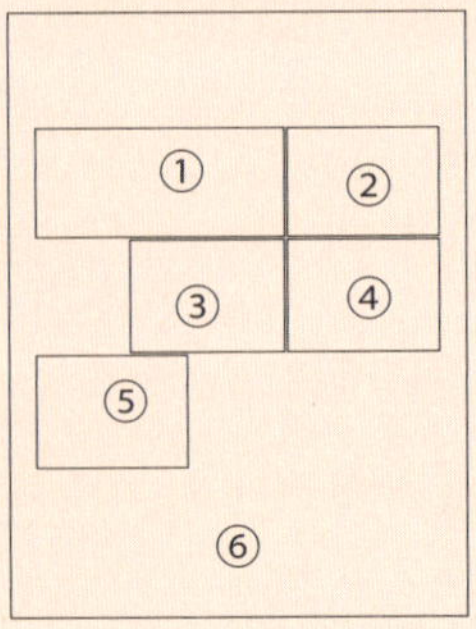

① 三溪浦水库　　④ 梅溪水库

② 藤岭水库　　⑤ 溪下水库

③ 皎口水库　　⑥ 横溪水库

工业·工业园区

咸祥船厂

工业经济

节能降耗

鄞州工业园区

宁波望春工业园区

鄞州经济开发区

宁波中车产业基地

鄞州年鉴

2016 YINZHOU YEARBOOK

工业经济

【概况】2015年，鄞州区有各类工业企业3.2万家，其中规模以上企业1716家、年主营业务收入超亿元企业461家、年主营业务收入超10亿元企业34家。实现工业总产值2949.64亿元，比上年增长1.0%，其中规模以上工业企业实现产值2364.75亿元，增长0.3%。规模以上企业增加值449.72亿元，增长1.2%。规模以上企业销售2324.58亿元，增长0.3%，其中出口交货值643.74亿元，下降0.6%；新产品产值726.11亿元，增长1.7%，新产品产值率30.7%；高新技术行业产值1083.22亿元，增长4.0%；高新技术企业实现产值677.88亿元，增长3.7%。实现规模以上工业主营业务收入2274.27亿元，下降0.04%；利税总额202.04亿元，其中利润总额141.34亿元。从业人员人数29.89万人，下降4.1%。亏损企业亏损额7.41亿元，增长23.1%。亏损企业209家，增长24.4%，亏损面12.2%，比上年度扩大2.6个百分点。工业用电量52.06亿千瓦时，下降4.0%。

实施技改项目508项，计划总投资343.56亿元，限额以上工业投入192.53亿元，增长11.1%；技改投入177.73亿元，增长32.7%。其中，千万元以上项目数344项，计划总投资330.77亿元，工业投入181.05亿元，技改投入164.83亿元。

表9　2015年鄞州区“大力神鼎”奖企业名单

序号	企业名称	序号	企业名称
1	雅戈尔集团股份有限公司	4	博格华纳汽车零部件（宁波）有限公司
2	宁波鄞州农村合作银行	5	奥克斯集团有限公司
3	杉杉集团有限公司	6	浙江中哲控股集团有限公司

表10　2015年鄞州区“大力鼎”奖企业名单

序号	企业名称	序号	企业名称
1	宁波欣达（集团）有限公司	9	广博集团股份有限公司
2	日月重工股份有限公司	10	中基宁波集团股份有限公司
3	宁波市烟草公司鄞州分公司	11	宁波高发汽车控制系统股份有限公司
4	宁波美康生物科技股份有限公司	12	三生（中国）健康产业有限公司
5	利时集团股份有限公司	13	东睦新材料集团股份有限公司
6	宁波帅特龙集团有限公司	14	宁波太平鸟服装制造有限公司
7	博威集团有限公司	15	浙江一舟电子科技股份有限公司
8	宁波圣龙（集团）有限公司		

增加行政认定中国驰名商标4件、省著名商标5件、省名牌3只、市知名商标10件、市名牌7只。南车超级电容器等4项产品获评宁波市工业新产品，获得市级补助80万元。6家企业获市级“最佳设计产品奖”，奖励120万元；1家企业获“示范性设计对接”奖励20万元；7家企业获“政府助设计”补助资金59.9万元。

【“双五十”工程】2015年，鄞州区根据规模、税收、销售、投入、研发等多项指标增幅对全区优质企业量化打分，同时实施重大环保事件、严重安全生产事故、经营风险系数偏高等一票否决制，优中选优，综合评选出强企50家、佳企50家。其中，“区50强”企业实现产值941.28亿元，增长1.7%，占规模以上工业总产值的39.8%；“区50佳”企业实现产值103.38亿元，增长4.4%，占规模以上工业总产值的4.4%。

表11　2015年鄞州区“双五十工程”工业企业名单

工业企业50强	成长型工业企业50佳
雅戈尔集团股份有限公司	宁波甬嘉变压器有限公司
奥克斯集团有限公司	宁波路润冷却器制造有限公司
杉杉集团有限公司	宁波斯卡达汽车电器有限公司
博格华纳汽车零部件（宁波）有限公司	宁波市鄞州亚大汽车管件有限公司
博威集团有限公司	宁波先锋新材料股份有限公司

续表11

工业企业50强	成长型工业企业50佳
宁波圣龙（集团）有限公司	宁波倍特瑞能源科技有限公司
广博集团股份有限公司	宁波六和包装有限公司
宁波帅特龙集团有限公司	宁波金鸡强磁股份有限公司
宁波一舟投资集团有限公司	宁波力达物流设备有限公司
华茂集团股份有限公司	宁波科论太阳能有限公司
日月重工股份有限公司	宁波福士汽车部件有限公司
利时集团股份有限公司	宁波英科特精工机械股份有限公司
宁波滨海石化有限公司	宁波明望汽车饰件有限公司
宁波欧琳厨具有限公司	宁波纬尚汽车零部件有限公司
宁波荣业控股集团有限公司	宁波三邦日用品有限公司
宁波凯信服饰股份有限公司	宁波顺成机电有限公司
宁波欣达（集团）有限公司	宁波科森净化器制造有限公司
浙江中哲控股集团有限公司	宁波诺布尔制衣实业有限公司
宁波培罗成集团有限公司	宁波市天龙钢丝制造有限公司
宁波美康生物科技股份有限公司	宁波狮丹努针织有限公司
三生（中国）健康产业有限公司	宁波市鄞州宏波汽车零部件有限公司
宁波太平货柜有限公司	宁波得利时泵业有限公司
宁波德隆朝阳防水布有限公司	宁波新越新型材料有限公司
宁波华缘集团有限公司	宁波星箭航天机械有限公司
宁波申江控股集团有限公司	宁波通用塑料机械制造有限公司
东睦新材料集团股份有限公司	宁波市阳光汽车配件有限公司
君禾泵业股份有限公司	宁波培源电器制造有限公司
宁波东海集团有限公司	宁波旷世智源工艺设计股份有限公司
宁波高发汽车控制系统股份有限公司	宁波贝达管业有限公司
宁波康强电子股份有限公司	宁波中荣声学科技有限公司
宁波乐歌视讯科技股份有限公司	宁波市鸿腾机电有限公司
宁波汉浦集团有限公司	宁波东西芳家纺用品设计有限公司
宁波欧菱电梯配件有限公司	宁波高灵电子有限公司
洛兹集团有限公司	宁波永享铜管道有限公司
宁波报业印刷发展有限公司	宁波市鄞州吾直服饰有限公司
宁波牡牛集团有限公司	麦克英孚（宁波）婴童用品有限公司
宁波安百利印刷有限公司	宁波凌维针织有限公司
浙江元创控股集团有限公司	宁波音王电声股份有限公司
宁波万荣特种钢有限公司	宁波华晟保温器皿有限公司
宁波乐士集团有限公司	宁波甬港起重运输设备有限公司
宁波嘉福塑胶电器有限公司	宁波欧上照明有限公司

续表11

工业企业50强	成长型工业企业50佳
宁波立华制药有限公司	宁波伏尔肯机械密封件制造有限公司
宁波康发铸造有限公司	宁波科星材料科技有限公司
宁波旭力金属制品有限公司	宁波天波港联电子有限公司
宁波银港铜业有限公司	宁波三峰机械电子有限公司
宁波禾顺新材料有限公司	宁波圣达精工智能科技有限公司
宁波精成车业有限公司	宁波宇东金属箱柜有限公司
宁波市鄞州精铸五金厂	宁波天宇汽车零部件有限公司
汇港控股集团有限公司	宁波安纳杰模塑科技有限公司
宁波金丰电子有限公司	宁波惠山汽配制造有限公司

【小微企业培育】 2015年，鄞州区构建小微企业转型发展政策奖扶体系，给予首次上规模的小微企业5万元奖励，企业所在镇乡（街道）5000元~30000元配套奖励，减免2014年度182家上规模企业各类税费1136万元。将重点培育的小微企业信息纳入全省小微企业培育与监测平台和全国中小企业生产经营运行监测平台，全年全区入库培育企业163家。121家小微企业上规模，完成小微企业上规模三年（2013~2015）行动目标任务。7家企业被授予上一年度市级“小升规”企业“成长之星”，其中2家被评为上一年度省级“小升规”企业“创业成长之星”。

【产业扶持】 2015年，鄞州区将五大传统优势产业（纺织服装、汽车配件、家用电器、金属制品、文教文具）、五大战略性新兴产业（新装备、新材料、新能源与节能环保、新一代信息技术、生物医药）作为产业扶持重点，其中传统优势产业中重点突出纺织服装、汽车配件两个产业，战略性新兴产业中重点突出新装备、新材料两个产业。“5+5”产业全年实现工业总产值1421.99亿元，其中战略性新兴产业产值298.65亿元、传统优势产业产值1207.94亿元。

【“机器换人”战略合作推介会】 2015年12月29日，“借租先登、制造未来”——鄞州区“机器换人”战略合作推介会召开。会议邀请宁波银行鄞州支行、中国太平洋财产保险股份有限公司宁波分公司、宁波新松机器人科技有限公司及鄞州区80余家制造企业参会。区经济和信息化局（简称“区经信局”）与宁波银行永赢金融租赁有限公司签署战略合作协议，为中小企业购买自动化生产设备提供灵活的融资租赁解决方案，解决中小企业资金短缺、融资渠道较窄问题，支持实体经济发展，并联合宁波新松机器人科技有限公司，为鄞州区工业企业“机器换人”提供技术服务和保障。

【2家企业设计中心获评第二批省级工业设计中心】 2015年6月，省经济和信息化委员会发文公布93家制造企业设计中心、工业设计企业及工业设计基地（园区）为第二批浙江省省级工业设计中心，宁波圣龙汽车动力系统股份有限公司圣龙股份高效能汽车泵设计中心和广博集团股份有限公司广博文具设计中心入选。

【2家企业入围省第二批“三名”培育试点企业】 2015年，鄞州区鼓励引导企业发展总部型企业、品牌型企业、协同制造型企业、复合型企业。9月，省“三名”工程建设联席会议办公室公布第二批“三名”培育试点企业名单，奥克斯集团有限公司、浙江中哲控股集团有限公司入选。至年底，全区省“三名”培育试点企业4家。

【奥克斯集团有限公司获两项联合国节能奖】 2015年，联合国开发计划署和中华人民共和国环境保护部等共同

宁波圣龙（集团）有限公司工人在无尘车间6F装配线上

推动实施“全球环境基金节能房间空调器推进项目”，宁波奥克斯空调有限公司作为国内空调行业代表，参与企业和产品两个单项竞赛，经过项目指导委员会对企业生产规模、国内市场销售量、高效产品研发投入比、承诺配套资金量等指标综合评审，宁波奥克斯空调有限公司获“房间空调器参赛企业节能优秀奖”，奥克斯高能效变频空调获“变频房间空调器参赛产品节能优秀奖”。

【21个品牌入围“2015宁波品牌百强榜”】 2015年8月1日，2015甬商年会发布“2015宁波品牌百强榜”，鄞州区“雅戈尔”等21个品牌入围，数量与海曙区并列第一；品牌价值总额1018.5亿元，列各县（市、区）第一位。鄞州区100亿元以上品牌有雅戈尔（162.7亿元，第二位）、奥克斯（154.0亿元，第四位）和杉杉（116.7亿元，第八位）3个，50亿~100亿元的有GXG（67.4亿元，第15位）、广博（63.0亿元，第16位）和欧琳（59.7亿元，第19位）。由于遭受经济寒流和国际大背景的影响，有4个品牌跌出百强榜，3个品牌新上榜，分别是梁祝文化公园（5.38亿元，第87位）、三生（5亿元，并列第91位）和天胜农牧（4.7亿元，并列第97位）。

【4家企业入围“中国企业500强”】 2015年8月22日，中国企业联合会、中国企业家协会发布“2015中国企业500强榜单”，鄞州区有4家企业入围。其中，雅戈尔集团股份有限公司列第215位，营业收入5897962万元；奥克斯集团有限公司列228位，营业收入5521610万元；中基宁波集团股份有限公司列第367位，营业收入3310568万元；杉杉控股有限公司列第384位，营业收入3212784万元。雅戈尔集团股份有限公司上升6位，奥克斯集团有限公司上升23位，中基宁波集团股份有限公司上升54位，杉杉控股有限公司上升27位。入围企业数与上年持平，均为上市公司，主要以制造业为主。在子榜单“制造业500强”中，鄞州入围企业比上年增加1家，为广博集团股份有限公司。

11月14日，区青年企业家协会举行换届改选大会

【区大学生（青年）创业园入选第一批国家小微企业创业创新示范基地】 2015年12月21日，工业和信息化部发布《关于公布第一批国家小型微型企业创业创新示范基地名单的通告》，认定95个第一批国家小微企业创业创新示范基地，鄞州区大学生（青年）创业园入选。鄞州区大学生（青年）创业园2005年在团区委主导及区经信局、科技局、人力社保局、中河街道和鄞州银行等单位支持下成立，主要围绕大学生、青年就业创业开展服务工作，为创业者提供创业咨询、项目孵化、政策保障、培训提升、金融扶持等多项服务。至年底，园区入驻企业500余家，培养市创业新秀7人、市“3315计划”人才2人，被认定为国家级大学生创业见习基地、全国青年创业示范园、浙江省大学生创业示范基地、浙江省小微企业创业基地。入驻企业带动一批人实现就业，提供就业岗位4000余个。

【企业家素质提升培训项目实施】 2015年，鄞州区实施企业家素质提升项目，通过座谈会、问卷调查等方式，搜集汇总企业家培训需求，组织开展“订单式”培训。全年组织香港大学企业总裁高级研修班、丰田精益生产见学班、企业经营风险防范培训班、民企规范化管理培训班、厦门大学专题研修班和“走近德国工业4.0，探寻‘智造’竞争力”高级研修班6次，帮助企业家学习先进的管理方法，更新思路、创新理念。

（姚剑峰）

节能降耗

【概况】 2015年，鄞州区从严控制高能耗、高污染项目审批，全年批准工业投资节能审查项目70项，总投资61.75亿元，总能耗10.4万吨标准煤，平均单位工业增加值能耗0.29吨标准煤/万元。实现万元GDP能耗累计下降23.5%，完成宁波市下达的单位GDP能耗下降21%的“十二五”节能减排目标。

推进清洁生产和能源审计监察，实施节能（节水）改造项目103项，开展企业能源审计监察50家、清洁生产21家，淘汰改造燃煤锅炉75台。清理结算墙改专项基金，为企业争取专项扶持资金，落实墙改专项补助资金675.5万元。

【淘汰落后产能】 2015年，鄞州区在重点领域淘汰落后产能，排查区内铸造企业的主要经济技术指标、能源消耗情况、生产原材料及工艺、主要熔炼设备等，采取差别电价手段进行治理。淘汰45家企业347台无磁轭铝壳中频炉，淘汰吨位112吨。关闭宁波雅戈尔日中纺织印染有限公司、宁波华电铸钢有限公司、宁波长丰针织印染有限公司、鄞州康宏特种钢厂4家落后产能淘汰重点企业，腾出用能空间7.89万吨标准煤，节水223万吨。关停咸祥镇、姜山镇、鄞江镇黏土砖瓦窑4家，累计关停黏土砖瓦窑企业37家，削减黏土砖产能10.55亿块标砖，腾出土地140余公顷。

【"低小散"行业整治提升专项行动】2015年，鄞州区将酸洗拉丝和蔺草确定为全年整治提升重点项目。大行业关停企业100家，整治提升82家，腾出用能空间1.58万吨标准煤，盘活存量土地22公顷，减排8.3万吨，减少低端用工人数9530人。

（姚剑峰　陆　斐）

鄞州工业园区

【概况】2015年，鄞州工业园区实现财政总收入4.66亿元，比上年增长11.8%，其中一般公共预算收入1.88亿元，增长8.4%。实现规模以上工业总产值137.79亿元、销售140.5亿元、利润6.19亿元。实现工业投资6.63亿元，增长22.3%。R&D占GDP比重25.15%。授权专利412件，其中发明专利27件、实用新型218件、外观设计167件，发明专利申请163件。引进大专及以上学历各类人才729人，其中高素质人才27人。规模以上工业总产值占全区6%，高新技术行业产值占全区11%。合同外资2500万美元，实到外资2050万美元；引进市外内资85778万元，省外回归引进实际到位资金98400万元。

入库在报的在建项目20个，其中投资总额5000万元以上项目16个。10个上亿元项目累计完成投资4.58亿元，占全部工业投资的69%。东睦新材料集团股份有限公司（二期）、宁波明州生物质发电有限公司、宁波金宁粉末冶金制品有限公司、宁波日和新材料有限公司、宁波惠昌汽车零部件有限公司、宁波中迪机械有限公司6家企业投入试生产。

出台园区工业经济政策18条，企业获市、区各类奖励补助资金3617.62万元。办理出让及供地手续11家，用地面积14.06公顷；农用地转用批准4家，用地面积9.11公顷；盘活存量土地5个（地块），面积53.19公顷。

园区增加贷款1.5亿元，完成转贷2.05亿元，归还贷款2.1亿元，支付利息2877万元，支付工程款1532万元，土地征迁补偿2074万元，退还各类企业履约保证金及土地款4544万元，2014年度工业经济政策兑现367.8万元。

【鄞州工业园区重点工程建设】2015年，鄞州工业园区内宁波时代全芯科技有限公司相变存储器项目、北斗卫星导航产业化生产基地、宁波明州生物质发电有限公司一期、东睦新材料集团股份有限公司汽车关键零部件项目、宁波汇华电子有限公司年产2亿只通信继电器项目、宁波日和新材料有限公司年产500吨磷酸锂铁和年产11000万平方米高档新型纸质弹性材料项目6个项目被列入区级重点工程，6个工程累计完成投资6.6亿元。鄞州工业园区获评2015年度区重点工程先进集体。

【博格华纳排放系统（宁波）有限公司一期建设项目开建】2015年5月8日，博格华纳排放系统（宁波）有限公司一期建设项目在鄞州工业园区奠基开工。项目于2014年11月签约，由博格华纳（中国）投资有限公司投资兴建，总投资3600万美元，占地约5万平方米，总建筑面积3.2万平方米，其中包括2万平方米生产厂房，分两期建设完成，主要生产更高排放标准和更低油耗需求的产品。

【新一代存储技术（中国）论坛在鄞州举行】2015年6月5日，新一代存储技术（中国）论坛在鄞州举行。论坛由市经济和信息化委员会、市科技局及区政府共同主办，宁波时代全芯科技有限公司承办，IBM、北京大学、米兰理工大学等国际产业界、学术界、技术研究领域的8位专家，围绕新一代存储技术的先进性、稳定性、可发展性进行阐述和探讨，介绍集成电路设计技术、集成电路工艺制程以及集成电路产业发展趋势。宁波时代全芯科技有限公司自主研发55纳米相变存储芯片，成为世界上第三家、中国第一家拥有相变存储技术自主知识产权的企业。

（李文博）

宁波望春工业园区

【概况】2015年，宁波望春工业园区有注册企业473家，其中工业企业282家，规模以上企业56家。实现财政总收入3.75亿元，比上年增长34.4%，其中一般公共预算收入1.81亿元，增长43.6%。实现工业总产值64.82亿元，增长22.3%，其中规模以上工业总产值61.26亿元，规模以上工业增加值12.06亿元，增长11.3%。实现高新技术行业产值36.5亿元，增长29.8%。固定资产投入14.9亿元，增长47.8%。

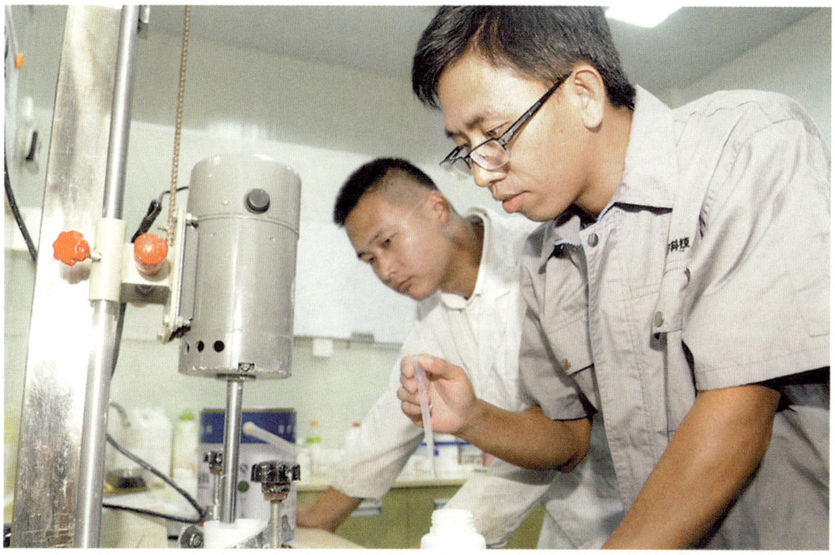

宁波望春工业园区内的浙江亚宁科技有限公司科研人员在调试涂料配方

实缴税金5.2亿元，增长39%。发展空港物流业和跨境贸易电子商务，实现限额以上商贸业销售额97.97亿元，进出口总额4.15亿美元，增长83.6%，其中出口总额2.12亿美元，增长23.2%。宁波栎社保税物流保税中心跨境电商园区备案电商企业206家，完成单量127万单，货值2.66亿元。望春电商产业园入驻电商企业77家。实现合同外资引进963.17万美元，实到外资933.29万美元；引进内资67930万元，“浙商回归”到位资金82354万元。科技投入1.49亿元，增长12.8%。R&D经费投入1.41亿元，增长23.6%，占GDP比重的9%。增加省级工程技术中心1家（宁波倍特瑞能源科技有限公司），累计6家；增加市级工程技术中心1家（泰来环保科技股份有限公司），累计8家；增加区级工程技术中心3家（宁波皓升半导体照明有限公司、宁波福尼斯焊割科技有限公司、宁波克林索思电子科技有限公司），累计20家。高新技术企业重新认定1家（宁波宏大纺织仪器有限公司），复审2家（宁波市鸿腾机电有限公司、宁波倍特瑞能源科技有限公司），增加1家（宁波艾易迪照明有限公司），累计有高新技术企业17家。专利授权255件，其中发明专利36件、实用新型专利106件、外观专利113件；发明申请107件。完成区级科技合作项目5个。

促成宁波日林电子有限公司置换宁波光磊半导体有限公司2.33公顷，宁波白云印刷有限公司和宁波豆制品有限公司置换宁波丽兹医用设备有限公司1.53公顷，宁波汉生纺织品有限公司置换宁波乐盛文化有限公司0.53公顷。投入基础设施建设资金1.35亿元，建成科达路、横一路、丰成路等园区道路2.36千米、道路下排水管道5千米、电力管道23.6管孔千米、综合通信管道15管孔千米、自来水管道及燃气管道2.36千米，丽兹环网、泰莱环网及惠乐环网3个核心环网站建成并投用。横港村拆迁安置用房一期工程、布政新村二期工程主体工程完工，占全部投资的70%；调整杨家地块拆迁安置用房二期套型并完成扩初设计。

拆迁签约10户，签约面积1233.56平方米，签约率100%；拆除10户，拆除面积1729平方米，拆除率140.2%；杨家馨苑一期分房抽签460套，面积38471平方米；实际安置294套，面积24000平方米。拆除横港村经堂庵和火灾户剩余厂房1481平方米和杨家村集体厂房1070平方米，办理布政小区、同春小区、井亭家园拆迁户契税、房产证、土地（三证）手续1350宗。完成横港周家聚才路扩宽工程、杨家馨苑建设地块、立羊地块、科达路地块三线改道，处理丰成村、横港村、杨家村疏河泥浆堆积面积4.67公顷。

【望春科技创业中心建设】 2015年11月底，宁波望春工业园区望春科技创业中心主体装修基本完成。望春科技创业中心建设在宁波万华汽配有限公司48000平方米闲置厂房上，有各类科技型企业12家、电商企业77家，注册资金累计超过2.3亿元。至年底，生产产值1.5亿元，电商销售产值2亿元。其中，宁波贝格电子科技有限公司生产的“太阳能直流转交流电装置”和宁波市浩东电子科技有限公司生产的“微型水流发电机”潜力大，浙江亚宁科技有限公司生产的液体涂料获科学技术部推荐的重点科技应用产品。

杉杉新能源产业园

【宁波望春工业园区管理体制调整】 2015年5月，宁波望春工业园区进行管理体制调整，纳入集士港卫星城范围。望春工业园区管委会主要负责招商引资、项目推进、经济管理、企业服务等工作，原有承担的基础设施建设、拆迁安置、安全生产、劳动调解、综治、城管、环卫保洁等由集士港镇统筹负责；望春工业园区管委会内安监站、建设处、前期处、市政处等科室与集士港镇相关机构视工作需要作适当整合、人员统筹使用。园区财政体制保持现有模式不变，所有收益全部用于园区开发建设。

【宁波杉杉股份有限公司引入新能源项目】 2015年6月初，宁波杉杉股份有限公司总投资50亿元，搬迁原有时尚产业园的生产性企业至宿迁，在原有地块引进多个新能源产业，“腾笼换鸟”，转型为新能源产业园。其中，投资13亿元的3.5万吨杉杉锂电池负极材料扩产项目开工建设，计划于2016年底试生产，2017年初投产，达产后产值20亿元；投资35亿元的新能源汽车动力总成项目投入厂房建设，计划于2017年投产，达产后产值达55亿元。

【宁波尤利卡太阳能科技有限公司的金太阳示范工程通过验收】 2015年，在市财政局公布的《关于下达中央可再生能源发展专项资金的通知》中，宁波尤利卡太阳能科技有限公司的“700千瓦特金太阳示范工程”完成验收，获中央财政专项资金284万元。项目位于宁波望春工业园区杉海园区杉杉路181号，光伏并网电站总装机容量700千瓦特，建设在杉海园区3号、4号楼楼顶，安装组件3840块。项目可发电1606万千瓦时，年发电量60万~71万千瓦时，平均日发电1760千瓦时，平均年发电量65万千瓦时。可减少排放二氧化碳16016吨、二氧化硫482吨、烟尘排放4338吨，可减少消耗标准煤5944吨。

（任　宁）

鄞州经济开发区

【概况】 2015年，鄞州经济开发区实现工业产值、销售、利润分别为150亿元、142亿元和3.6亿元，比上年增长10%、9.1%和14.3%。实现税收收入3.17亿元，增长11.8%。实现固定资产投资34.5亿元，增长12.7%。销售上亿元企业达到28家。

引进总投资15亿元、占地20公顷的中集冷藏装备项目，预计年销售30亿元，创税1.2亿元；引进总投资5000万美元的丰田合成与福士汽车燃油管总成项目，预计年产值5亿元，年创税5000万元以上。全年落户项目13个，总投资30亿元，合同利用外资1亿美元，实际利用外资1506万美元，内资招商6.56亿元，“浙商回归”4.91亿元。

完成北一区、北二区总面积453.3公顷吹沙工程，实施联胜路、临春路等主干道路的延伸段工程。滨海幼儿园开园。人才公寓二期项目施工，占地3.07公顷，总建筑面积4.7万平方米，总投资22998万元。开发区二期北一区塘渣填筑工程开建，工程造价10567万元，目标建成234公顷平均+2.8米高程的陆域。

投资1500万元，清淤治理区内主要河流，修复整治污水管网20千米。边防派出所9月中旬接防开发区。举办开发区第八届文化艺术节，全年为企业安排送健康、送培训、送演出等各类活动20余场次，覆盖企业职工6000余人次。

【“年产1500万根燃油管总成”项目签约】 2015年6月9日，在第十七届浙洽会鄞州分团——“创新·融合·新动力”鄞州发展高峰论坛暨重大项目签约仪式上，鄞州经济开发区与日本丰田合成株式会社签署“年产1500万根燃油管总成”项目投资落户协议。该项目为日本丰田合成株式会社与宁波福士汽车部件有限公司合资项目，项目注册资金3000万美元，计划总投资5000万美元，合作双方各占50%，项目占地6.67公顷。达产后，预计产值可达5亿元，创税5000万元以上。

6月9日，鄞州经济开发区管委会主任应勇波与日本丰田合成株式会社代表朝居源人签署“年产1500万根燃油管总成”项目投资落户协议

【鄞州经济开发区第八届文化艺术节】 2015年4月25日，省总工会“下基层送文化”慰问演出暨鄞州经济开发区“中国梦劳动美”第八届文化艺术节开幕。开发区管委会主任应勇波、副主任龚彩波等出席开幕式，并与园区内2000余名职工和群众一同观看文艺演出。文化节由省总工会主办，区总工会和开发区管委会共同协办，开幕式有歌舞相声、曲艺小品、魔术杂技等节目。11月27日，开发区举行“三严三实”专题活动之四——第八届文化艺术节表彰仪式暨文化节闭幕式，开发区30余家落户企业职工参与闭幕式，开发区管委会副主任龚彩波出席闭幕式。闭幕式有流行歌舞、幽默小品、现场互动猜谜等节目，并对文化节各个分项竞赛活动项目优胜集体和个人进行总结表彰，对表现突出的企业和工作者颁发优秀组织奖和优秀工作者奖。文化节期间开展送演出、送电影、送培训、送展览、送关爱等“文化五送”活动40余场次。

【鄞州经济开发区滨海幼儿园开园】 2015年9月1日，鄞州经济开发区滨海幼儿园开园。幼儿园是全区首个工业园区配套公立幼儿园，总用地面积1万平方米。其中，一期总建筑面积5252平方米，总投资2500万元，拟建班级15个，幼儿园硬件设施及师资配备均按照鄞州区同等幼儿园标准配置，招生时，特设“父母至少有一位在鄞州经济开发区工作”的门槛。全年开设班级5个，招生134人，有教职员工20人。

（何　晶）

宁波中车产业基地

【概况】 2015年，宁波中车产业基地投入建设资金5.6亿元，一期完成总供地75.05公顷，项目供地49.31公顷，市政基础设施项目用地25.74公顷。基地落户企业13家，分别为宁波南车城市轨道交通装备有限公司、宁波南车新能源科技有限公司、宁波南车时代电气设备有限公司、浙江南车电车有限公司、宁波南车现代交通建设投资有限公司、浙江杭能轨道交通设备股份有限公司、宁波国创机车装备有限公司、宁波杭铁装备有限公司、宁波虔宁特种合金有限责任公司、宁波中城海外投资有限公司、宁波南车产业基地联合进出口有限公司、宁波中城新能源产业投资管理有限公司、宁波中车股份投资基金管理有限公司。规模以上工业总产值17.9亿元，工业投资7.2亿元。培育省级特色小镇——鄞州现代电车小镇。9月，宁波南车产业基地更名为宁波中车产业基地。

10月11日，宁波南车新能源科技有限公司院士工作站授牌

【中国南车“创新驱动、绿色未来”在线超快充超级电容储能式现代电车技术研讨会】 2015年3月28日，中国南车“创新驱动，绿色未来”在线超快充超级电容储能式现代电车技术研讨会在宁波南车产业基地召开。中国工程院院士、南车株洲电力机车有限公司专家委员会主任刘友梅，中国汽车技术研究中心主任助理王秉刚，中国南车集团公司首席专家杨颖等5位专家针对研讨会主旨发表主题演讲。中国工程院的行业专家、客户代表等就超级电容储能式现代电车的技术及未来发展提出意见和建议。

【中国南车超级电容储能式现代电车全球发布暨宁波首用签约仪式】 2015年4月16日，中国南车超级电容储能式现代电车全球发布暨宁波首用签约仪式在宁波南车产业基地举行，主题为“创新驱动、绿色未来”。副省长熊建平，市委常委、区委书记陈奕君，中国南车集团公司董事长郑昌泓，南车株洲电力机车有限公司董事长、总经理周清和等领导参加活动。宁波南车产业基地自主研制的18米超级电容无轨电车、12米超级电容储能式电车、12米超级电容与三元锂电池现代电车3款超级电容储能式现代电车全球首发。浙江南车电车有限公司与宁波市、鄞州区分别签署800台、400台超级电容储能式现代电车采购合同。中国南车集团公司与宁波市政府签署产业金融投资合作备忘录；宁波能源集团、宁波产城投资管理有限公司、宁波南车现代交通建设投资有限公司与浙江南车电车有限公司签订充电桩建设运营合作多方协议。中国银行宁波市分行、中国银行匈牙利分行、宁波南车产业基地联合进出口有限公司签署产融合作协议；浙江南车电车有限公司与宁波产城均胜新能源科技有限公司签订战略合作协议；浙江南车电车有限公司与美国Green Power公司签订战略合作协议。

中国南车超级电容储能式现代电车

【全球首条超级电容储能式现代电车运营示范线（196路）开通】 2015年7月28日，全球首条超级电容储能式现代电车运营示范线（196路）开通运营。首末站分别为鄞州客运总站和金谷南路创新128园区，全长10.2千米，有23个车站，充电桩设置在线路中间2个车站及首末站，共4个。票价和刷卡模式与普通的公交车相同。与传统公交车相比，储能式无轨电车具有尾气零排放、低噪声、清洁廉价的特点。

【超级电容器通过省级科技成果暨新产品鉴定】（参见“科学技术”类目“科技项目与科技成果”分目）

【宁波南车新能源科技有限公司院士工作站授牌】 2015年10月11日，2015中国浙江宁波科技人才周综合签约授牌资助仪式在宁波举行。宁波南车新能源科技有限公司与超级电容行业权威院士杨裕生共建的院士工作站获宁波市授牌，公司与杨裕生院士团队在高性能、低成本活性炭材料开发及在动力型超级电容中的应用研究方面开展合作。

（徐柯英）

民营经济

李家坑漂流

综　述

个体工商户

私营企业

鄞州年鉴

2016 YINZHOU YEARBOOK

综 述

【概况】2015年，鄞州区设立内资企业（含分支机构）6864户，注册资本（金）3123292万元，其中私营企业6717户，注册资本（金）2886607万元。设立个体工商户10220户，资金84098万元。设立农民专业合作社19户，成员出资总额1061万元。至年底，全区累计实有内资企业（含分支机构）43068户（其中私营企业41123户），注册资本（金）1674.4亿元；实有个体工商户71031户，资金367989万元；实有农民专业合作社387户，成员出资总额37494万元。

按产业结构分：第一产业37户，注册资本（金）13403万元，分别占新设企业总数的0.54%和0.43%；第二产业1943户，注册资本（金）442473万元，分别占新设企业总数的28.3%和14.17%；第三产业4876户，注册资本（金）2660629万元，分别占新设企业总数的71.03%和85.19%。按行业分，新设户数居前五位的行业分别是批发和零售业2287户，注册资本（金）625754万元；制造业1609户，注册资本（金）286158万元；租赁和商务服务业1238户，注册资本（金）1503989万元；信息传输、软件和信息技术服务业400户，注册资本（金）178029万元；科学研究和技术服务业333户，注册资本（金）327401万元。

欧琳国际工业园

注册资本1000万元以上的企业达606户，呈现较快发展速度。主要特点：大企业加快产业转型，传统制造业企业面对经济新常态，主动布局新兴产业，奥克斯集团有限公司扩大在医疗行业的投资，成立超过1亿元的公司10户，合计注册资本23亿元；雅戈尔集团股份有限公司出资10亿元成立宁波雅戈尔健康科技产业投资基金合伙企业（有限合伙），进军健康产业；宁波均胜电子股份有限公司、宁波中城股权投资管理有限公司等出资5亿元，涉足新能源产业。中心城区尤其是宁波南部商务区所在的首南街道成为招商引资主战场，商务楼宇企业入驻率、登记率不断提高，成为鄞州新的经济增长极。行业集中于第三产业及重点工业企业，宁波市农鄞股权投资基金合伙企业（有限合伙）资金规模超过25亿元，是出资额最大的企业。宁波中车产业基地的中车、杭铁装备，杉杉的电动汽车等新兴制造业企业相继落户。

【3家企业入围“中国民营企业500强”】2015年8月25日，中华全国工商业联合会发布“2015中国民营企业500强”名单，鄞州区3家企业入围。其中，雅戈尔集团股份有限公司列第36位，营业收入总额5897962万元；奥克斯集团有限公司列第42位，营业收入总额5521610万元；利时集团股份有限公司列第349位，营业收入总额1326455万元。

表12　2015年鄞州区设立的注册资本5亿元以上企业情况

序号	企业名称	注册地	注册资本（万元）
1	宁波汉麻生物科技有限公司	石碶街道	61550
2	宁波你好机会一号投资合伙企业（有限合伙）	首南街道	100000
3	宁波奥克斯开云医疗投资合伙企业（有限合伙）	首南街道	100000
4	宁波先锋德雅投资有限公司	集士港镇	60000
5	宁波中海融天贸易有限公司	首南街道	100000
6	宁波罗蒙乐园有限公司	首南街道	59000
7	宁波市农鄞股权投资基金合伙企业（有限合伙）	首南街道	250010
8	宁波奥克斯供应链管理有限公司	首南街道	50000

续表12

序号	企业名称	注册地	注册资本（万元）
9	宁波雅戈尔健康科技产业投资基金合伙企业（有限合伙）	首南街道	100000
10	宁波华旗同德投资管理合伙企业（有限合伙）	首南街道	80000
11	宁波杭铁装备有限公司	五乡镇	50000
12	宁波中城新能源产业投资管理有限公司	首南街道	50000

（张汉江）

个体工商户

【概况】 2015年，鄞州区增设个体工商户10220户，资金84098万元，从业人数24661人；注（吊）销私营企业5139户。至年底，全区累计实有个体工商户71031户，注册资本（金）367989万元，从业人数125320人。

【“个转企”奖励资金兑现】 2015年，鄞州区根据《宁波市鄞州区人民政府办公室关于印发鄞州区个体工商户转企业及小微企业规范升级的实施方案的通知》，引导符合条件的个体工商户转型升级为企业（简称“个转企”）。至10月30日，办理“个转企”2237户。其中，2014年11月18日至2015年10月30日受理的第四批33户“个转企”企业符合奖励政策条件，发放“个转企”奖励资金50万元。通过企业申报，所在地镇乡（街道）审核同意，区市场监管局和区财政局确认，区政府批复同意，奖励资金全部兑现。

表13　2015年鄞州区个体工商户基本情况

行业分类	期末实有						其中：本期登记			本期注销（户）	
	合计			其中：城镇							
	户数（户）	从业人员（人）	资金数额（万元）	户数（户）	从业人员（人）	资金数额（万元）	户数（户）	从业人员（人）	资金数额（万元）	合计	其中：城镇
合计	71031	125320	367989.00	18308	32726	110358.00	10220	24661	84098.00	5139	1632
农、林、牧、渔业	353	1124	9813.00	24	74	601.00	67	255	3287.00	13	0
农、林、牧、渔服务业	18	33	77.00	2	3	5.00	2	2	2.00	1	0
采矿业	8	26	39.00	0	0	0.00	0	0	0.00	1	0
开采辅助活动	0	0	0.00	0	0	0.00	0	0	0.00	0	0
制造业	10706	34322	82060.00	868	2307	6431.00	1091	4449	13166.00	669	77
金属制品、机械和设备修理业	29	43	102.00	1	1	5.00	5	8	22.00	4	0
电力、热力、燃气及水生产和供应业	2	6	11.00	1	1	1.00	0	0	0.00	1	0
建筑业	88	259	618.00	21	55	198.00	7	13	64.00	6	0
批发和零售业	36262	49796	144376.00	11360	17077	58579.00	4675	9351	33419.00	2660	944
交通运输、仓储和邮政业	10869	11423	49340.00	1990	2064	10569.00	1189	1270	7117.00	832	245
住宿和餐饮业	5366	13288	38735.00	1665	5393	17384.00	1729	5111	14622.00	400	139
信息传输、软件和信息技术服务业	36	58	226.00	13	19	53.00	7	11	84.00	3	0

续表13

行业分类	期末实有						其中：本期登记			本期注销（户）	
	合计			其中：城镇							
	户数（户）	从业人员（人）	资金数额（万元）	户数（户）	从业人员（人）	资金数额（万元）	户数（户）	从业人员（人）	资金数额（万元）	合计	其中：城镇
金融业	0	0	0.00	0	0	0.00	0	0	0.00	0	0
房地产业	121	199	387.00	32	48	87.00	10	20	43.00	10	4
租赁和商务服务业	604	1081	4065.00	202	387	1434.00	89	206	744.00	50	25
科学研究和技术服务业	220	317	767.00	61	104	324.00	15	30	59.00	7	2
水利、环境和公共设施管理业	13	55	49.00	3	5	9.00	1	1	2.00	0	0
居民服务、修理和其他服务业	6172	12708	33069.00	2018	5023	13832.00	1303	3793	10715.00	474	191
教育	4	6	13.00	0	0	0.00	1	1	1.00	0	0
卫生和社会工作	69	141	1507.00	11	25	176.00	11	25	232.00	5	1
文化、体育和娱乐业	137	509	2912.00	39	144	680.00	25	125	543.00	8	4
其他	1	2	2.00	0	0	0.00	0	0	0.00	0	0

（张汉江）

私营企业

【概况】 2015年，鄞州区增设私营企业6717户，注册资本（金）2886607万元，从业人数364333人；注（吊）销私营企业1828户。至年底，全区累计实有私营企业41123户，注册资本（金）13375107万元，从业人数1020306人。

【区民营企业协会第四届第四次理事会议】 2015年1月21日，鄞州区民营企业协会组织召开第四届第四次理事会议，40余家会员单位负责人参加会议。大会总结2014年度服务会员企业、倡导诚信服务、推进非公党建、民营经济关工委建设、正面宣传及队伍建设等工作，向理事会介绍工商行政管理机构改革概况，解读职能调整和商事登记制度改革等相关问题，表彰宁波巨神制泵实业有限公司等4家市级诚信民营企业，讨论通过第四届理事会免职人员名单，增补副会长4人、理事11人。

【全省首张民营售电企业营业执照核发】 2015年6月23日，区市场监管局向宁波甬能售电有限公司核发经营售电业务的企业法人营业执照。宁波甬能售电有限公司是一家注册资本3000万元的民营企业，投资人获悉民营企业注册成立售电公司而事先不需要售电牌照等政策信息后，向区市场监管局提出设立公司的申请。区市场监管局接到该申请材料后，查询相关法律法规，并向市市场监管局请示和沟通，根据最新法律法规及时调整审批条件，并于承诺时限内核发营业执照。同时向公司投资者发放《先照后证告知单》，告知其申请售电牌照后进入售电市场的必要性。

1月21日，区民营企业协会召开第四届理事会第四次会议

表 14　　2015 年鄞州区私营企业登记管理情况

行业分类	期末实有 合计					其中：本期登记				本期注销		
	户数（户）	其中：分支机构	投资者人数（人）	雇工人数（人）	注册资本（万元）	户数（户）	投资者人数（人）	雇工人数（人）	注册资本（万元）	户数（户）	其中：城镇	注册资本（万元）
合计	41123	2120	75580	1020306	13375107.00	6717	13071	364333	2886607.00	1828	840	263824.00
农、林、牧、渔业	305	1	476	4195	42975.00	36	75	2690	13303.00	46	4	3268.00
农、林、牧、渔服务业	7	0	13	140	480.00	1	1	100	100.00	0	0	0.00
采矿业	20	1	28	171	12757.00	1	1	1	2.00	0	0	0.00
开采辅助活动	0	0	0	0	0.00	0	0	0	0.00	0	0	0.00
制造业	19460	263	33533	537024	3063550.00	1599	2927	53091	285248.00	675	165	52374.00
金属制品、机械和设备修理业	19	1	33	337	1887.00	4	10	185	223.00	0	0	0.00
电力、热力、燃气及水生产和供应业	30	2	52	1151	49635.00	9	13	993	8852.00	0	0	0.00
建筑业	1641	204	3027	40061	837923.00	316	582	24233	146238.00	52	26	7969.00
批发和零售业	10751	814	19709	185548	2178277.00	2248	4024	111590	524944.00	598	348	74174.00
交通运输、仓储和邮政业	595	135	1126	10833	146992.00	115	183	7481	24728.00	38	15	9222.00
住宿和餐饮业	385	88	607	7320	65569.00	93	133	4435	13104.00	21	11	583.00
信息传输、软件和信息技术服务业	1095	36	2445	37600	453492.00	396	912	28864	178029.00	59	46	4096.00
金融业	66	22	146	2324	93913.00	22	34	1927	30305.00	3	2	2000.00
房地产业	655	108	1241	20902	1777288.00	116	200	13193	67128.00	34	16	28946.00
租赁和商务服务业	3673	273	8373	123619	3906174.00	1194	2877	85902	1386064.00	203	151	67674.00
科学研究和技术服务业	1439	93	3179	34361	547458.00	329	704	20834	149372.00	59	33	6920.00
水利、环境和公共设施管理业	33	3	61	497	17179.00	5	9	283	516.00	0	0	0.00
居民服务、修理和其他服务业	650	53	1024	8734	70907.00	121	197	4712	23469.00	31	17	6198.00
教育	13	0	23	203	740.00	1	2	100	100.00	0	0	0.00
卫生和社会工作	20	1	38	909	43310.00	12	27	860	15010.00	1	0	0.00
文化、体育和娱乐业	288	20	486	4848	66958.00	104	171	3144	20195.00	8	6	400.00
其他	4	3	6	6	10.00	0	0	0	0.00	0	0	0.00

（张汉江）

开放型经济·国内经济合作

象山港大桥

对外经济贸易

海　关

出入境检验检疫

国内经济合作

招商引资

鄞州年鉴

2016 YINZHOU YEARBOOK

对外经济贸易

宁波一舟跨境电商园

【概况】 2015年，鄞州区实现外贸进出口总额146.93亿美元，比上年增长0.3%。其中，出口123.15亿美元，增长2%；进口23.78亿美元，下降7.6%。增加外贸进出口实绩企业502家，全区有外贸进出口实绩企业3300余家。组织企业参加德国法兰克福消费品展、中国华东进出口商品交易会、中国进出口商品交易会等境内外展会，帮助企业开拓国际市场特别是新兴市场，全年对新兴市场出口41.8亿美元，增长1.5%，其中对东盟出口增幅达到11.2%。信保融资平台为企业提供融资6.3亿元。合力推进跨境电子商务平台运行，涌现出中基汇通、大道商诚、海商网、咖狗网等外贸电商服务平台企业以及宁波一舟跨境电商园、旷世跨境电商园（筹）等跨境电子商务集聚园区。栎社空港保税物流中心成为宁波市首个集集货和备货模式于一体的跨境电子商务进口试点区域，全年实现133万票，进口额2.8亿元，税收85.9万元。

全区批准境外投资企业和增资项目41个，中方投资额5.6亿美元，对外经济合作营业额3.1亿美元。针对千万美元以上投资项目，到"一带一路"沿线国家投资项目和对外承包工程重点培育项目，建立联系跟踪制度，形成"一带一路"投资热潮，投资企业家数占比超过30%，宁波永峰包装用品有限公司到越南投资，新莱亚服饰有限公司到柬埔寨投资服装行业，宁波荣吉特国际贸易有限公司到印度投资，泰来环保科技股份有限公司科技项目申报对外工程承包经营资质等重大项目推进。

鄞州区批准外商投资企业77家，合同利用外资12.54亿美元，实际利用外资5.41亿美元，第三产业实到外资占总额的45.3%。宁波森浦融讯科技有限公司、宁波盈升国际贸易有限公司等28家外资企业增资扩股，增资额1.06亿美元；通过现有项目再投资、并购、外方股东贷款等方式吸引外资项目8个，实现合同利用外资8772万美元。

【咖狗网物流服务平台上线】 2015年9月1日，国际物流撮合交易服务平台——咖狗网宣布，全面开放从宁波、上海和深圳三大港口起运，到全球各大基本口岸的海运整箱运价查询和在线订舱服务。咖狗网是宁波首个专业国际物流撮合交易服务平台，由奥林科技（宁波）有限公司推出，作为一个中立、透明的国际物流平台，咖狗网不介入物流业务，而是把提供源头服务的供应商汇集在一起，为外贸企业提供标准的物流服务。咖狗网拥有全球105个国家的500余家优质物流供应商，借助互联网，缩短原本线下冗长的交易链条，让一级货代直接和外贸企业对接，为外贸企业真正降低出口成本，整体费用降幅多达20%~30%。

【"走进鄞州"外商投资沙龙活动】 2015年11月6日，"走进鄞州"外商投资沙龙活动举行，通过与咨询公司合作、媒体宣传、微信平台发布等方式向华东地区外商发送活动信息，精选7家从事电商、农业、教育等领域的外商企业代表参加。代表分别考察鄞州经济开发区、宁波望春工业园区和宁波南部商务区，并进行交流。引荐银亿高端制造产业园项目与鄞州经济开发区对接洽谈。

表15 2015年鄞州区进出口50强企业名单

排名	企业名称	进出口实绩（万美元）
1	中基宁波集团股份有限公司	199636
2	奥克斯集团有限公司	47523
3	杉杉集团有限公司	30861
4	利时集团股份有限公司	18892
5	宁波华茂国际贸易有限公司	18460
6	宁波凯信服饰股份有限公司	17532

续表 15

排名	企业名称	进出口实绩（万美元）
7	宁波华孚进出口有限公司	13994
8	宁波华贸进出口有限公司	13211
9	宁波太平货柜有限公司	11800
10	宁波中蔺对外贸易有限公司	11746
11	浙江布利杰集团有限公司	11009
12	博格华纳汽车零部件（宁波）有限公司	10812
13	博威集团有限公司	10637
14	广博集团股份有限公司	10157
15	宁波合羽国际贸易有限公司	9930
16	浙江中世进出口有限公司	9777
17	宁波致和对外贸易有限公司	9587
18	宁波金麦进出口有限公司	8430
19	宁波环球广电科技有限公司	8306
20	宁波万汇休闲用品有限公司	8182
21	宁波渠成进出口有限公司	6870
22	宁波旭日对外贸易有限公司	6535
23	宁波圣龙（集团）有限公司	6356
24	浙江六和轻机械有限公司	6179
25	宁波锦灏集团有限公司	5964
26	宁波博闻进出口有限公司	5877
27	宁波旷世智源工艺设计股份有限公司	5849
28	麦克英孚（宁波）婴童用品有限公司	5660
29	宁波嘉福塑胶电器有限公司	5648
30	宁波旷丰国际贸易有限公司	5611
31	宁波新禾控股集团有限公司	5417
32	宁波华晟轻工集团有限公司	5373
33	宁波云仓物流有限公司	5193
34	宁波炜业兴茂进出口有限公司	4908
35	宁波华彩电器有限公司	4772
36	宁波天路轻工工贸有限公司	4768
37	浙江恒达高电器有限公司	4652

续表 15

排名	企业名称	进出口实绩（万美元）
38	宁波永利木业有限公司	4631
39	君禾泵业股份有限公司	4616
40	宁波龙升制衣有限公司	4578
41	宁波迪昂进出口有限公司	4518
42	宁波旭力金属制品有限公司	4514
43	宁波雷克对外贸易有限公司	4458
44	宁波乐歌视讯科技股份有限公司	4396
45	宁波汉浦工具有限公司	4338
46	宁波恒力达科技有限公司	4316
47	宁波市鄞州宏源对外贸易有限公司	4302
48	宁波市鄞州对外贸易股份有限公司	4222
49	浙江联辉进出口有限公司	4188
50	宁波柏人艾电子有限公司	4056

（朱 渊　张 琑）

海　关

【概况】 2015年，宁波海关驻鄞州办事处审核进出口报关单2.58万票，比上年增长40.3%；征收税款12.7亿元，增长35.5%；备案加工贸易合同2218份，金额9.24亿美元；内销征税5103万元；审批减免税1.39亿元，增长71.5%；注册企业1707家，管理企业13617家；稽查企业92家，移交案件14起，案值3500.7万元，增长131.4%，补税入库1363.9万元。

走访企业，调查研究宁波远洋渔业发展状况，为远洋渔业企业介绍减免税等海关政策及相关办理程序，把政策优势及时转化为远洋渔业发展的生产力。针对水产冻品易腐、易变质的特点，为企业开设绿色通道并提供预约加班服务，在保证有效监管的前提下优先处理、快速办结进口手续，实现“即到、即报、即放”。开辟远洋渔业专用通道，优化远洋自捕水产品减免税审核模式，缩减单证审核流程。全年审放进口远洋渔业自捕水产品18.7万吨，货值13.26亿元，分别增长91.79%和108.16%。为远洋渔业企业进口船舶设备减免税款3192.35万元，增长10.44倍。针对船舶企业“出口船型由散货船向海工船转型升级、制造周期延长、资金压力加大”等特殊情况，对资信良好、管理规范的造船企业因生产周期长申请多次延期的，个案报批减免保证金（保函），引导符合条件的企业转为电子账册管理，及时帮助企业解决业务过程中出现的问题；针对部分造船企业进口料件多为散货的特点，提供“提前报关，货到放行”等通关便利，允许企业根据船期自由选择提前申报的时间，减少货物在港口的滞留时间；允许部分

11月10日，海关工作人员查验货物

特大型船企在企业自用码头装卸货物，根据企业需求主动派员到船企开展查验监管，节省企业货物在海关查验场所和码头之间来回运输的成本和时间。

【跨境贸易电子商务关企签约】2015年3月12日，由宁波海关驻鄞州办事处主办的跨境贸易电子商务关企签约仪式在宁波跨境贸易电子商务新试点区域——栎社保税物流中心举行。宁波海关驻鄞州办事处、宁波国际物流发展有限公司与“摩西”“五洲恒通”“香港跨境淘”“井贝”“淘淘羊”“洋易购”等9家跨境电商和2家物流企业签订三方协议。有11家企业通过报批，成为宁波跨境贸易电子商务集货模式的试点企业。宁波栎社保税物流中心以“集货模式”开展跨境贸易电子商务业务，企业依托相关保税政策，根据消费者在电商网站上产生的订单，将商品统一打包进境后集货于宁波栎社保税物流中心；中心内物流企业根据消费者订单信息将商品分别包装，并进行逐票申报，经海关查验放行后逐个配送到消费者手中。

【海关服务铁路转关专列】2015年3月，宁波铁路北站开通宁波—阿拉山口转关直达专列，宁波海关驻鄞州办事处建立关铁联动机制，协助场站开通铁路出口转关专列，将出口货物铁路运输时间缩短40%；成立铁路工作组，开设铁路货运专窗服务通道，提供通关手续“一站式”专人服务；派员协助场站开发卡口智能监管系统，优化场站物流环节；实施“5+2”查验模式，与新疆地区口岸海关联系，提升货物通关效率。全年“甬新欧”班列运输标准集装箱3046个，货运总量3.3万吨，货值3.16亿元。

【宁波栎社保税物流中心跨境电商业务试运行一周年】2015年12月29日，宁波栎社保税物流中心跨境电商业务试运行一周年，审核申报单130.5万票，进口金额2.7亿元，实征税额85.6万元；备案仓储企业5家、电商企业164家、物流企业9家；备案商品记录15033条，成为聚美优品、当当网、唯品会、麦乐购等国内知名电商企业在华东地区的跨境商品集散中心，有EMS、顺丰、中通等7家物流企业提供物流服务。中心内备案跨境商品种类1万余种，涉及母婴用品、化妆品、进口食品、保健品等几十个品类。消费者每一单的平均价格达到200元。宁波海关驻栎社保税物流中心监管机构对跨境电商业务实行“全年无休日，24小时内办结海关手续”的常规工作制度；打造跨境“预约加班、优先查验、优先放行”绿色通道，根据企业业务需求开展一对一的高速通关服务；应用“信息化管理系统”和“跨境电商业务自动化流水线”，对出区包裹实施机检放行，放行速度提高80%。

（郭蔚冉）

11月8日，“唯品会”入驻宁波栎社保税物流中心

出入境检验检疫

【概况】2015年，鄞州出入境检验检疫局检验检疫出入境货物1.77万批，货值5.87亿美元；签发各类原产地证书6.76万份，签证金额23.54亿美元。

与区农林局和市场监管局签署合作备忘录。在宁波率先实施出口协议国家装运前检验分类管理，综合考量企业诚信、质保能力和产品质量，采取差异化监管。辖区28家企业主动申请纳入分类管理，2家企业作为首批信用监管企业，享受“自主监装”，通检时间缩短3个工作日。核查国外通报产品9批次、出口退运产品314批次。3家企业获评“中国出口质量安全示范企业”。

制定《打击出口假冒伪劣商品工作细则》，开展认证监督执法。重点查处未经检验擅自使用进口商品行为，查处违法案件2件。制订《进出口加工食品化妆品风险监控计划》，检出出境食品化妆品不合格92批次。将儿童汽车安全座椅纳入风险管理，检验出口儿童汽车安全座椅1664批，金额5085.8万美元，检出不合格16批次。检出进口不合格产品328批次，货值1397万美元，分别增长51.85%和70.78%。在进境鸡爪槭和罗汉松的隔离检疫中检出检疫性有害生物苹果根结线虫和山茶根结线虫。召回问题汽车3165辆。

省内首个实现跨境集货备货“双上线”，备案电商企业245家，商品15197条。在宁波率先实现“前台共同查验、后台分别处置”的一机双屏双控口岸综合执法模式，100%批次实行“一次申报、一次查验、一次放行”。建立“监测+研判+处置”监管链条，实施“三方报告采信+区内商品抽查+企业自检自控”监管模式，实现风险管控“全过程”。吸引非当地企业开展跨境业务，非当地电商占70%。针对大型电商制定“一企一策”，“聚美优品”落户并实单运作。通过跨境电商进口突破129.1万单，金额突破2.7亿元。联合区商务局、国际服装商会，实施宁波首个“纺织服装企业实验室能力提升工程”。帮扶宁波申洲针织有限公司、宁波凯信服饰股份有限公司、雅戈尔集团股份有限公司3家企业实验室获得国家认可资质，71类产品和100余个检测项目通过CNAS考核。开展产地证企业诚信分类管理，在宁波率先出台《产地证企业分类管理实施办法》，依据企业诚信、签证质量和签证规模等指标，发布签证诚信企业名录，并给予优先审核、批量签证等待遇。开展原产地优惠政策培训，走访行业协会和重点乡镇，与大型外贸企业开展“一对一”服务，扩大产地证政策受惠面。按照平均3%的关税减免幅度，为出口企业减免关税7060万美元。

临港办事处9月起授权鄞州出入境检验检疫局管理；撤销轻纺科、机电科，设立风险稽查科与工业品监管科，综合技术服务中心作为独立部门正式运转，财务科获批。在宁波检验检疫系统第六届职工运动会篮球比赛、游泳比赛等集体项目中获团体第一名。申报科研项目3项，其中国家质量监督检验检疫总局科技计划项目1项、宁波出入境检验检疫局科技计划项目1项、宁波市自然科学基金项目1项，实验室通过CNAS现场监督评审，检测能力范围扩大至9类产品477项标准。

5月27日，宁波凯信服饰股份有限公司实验室通过CNAS认可

【质检合作备忘录签署】 2015年3月16日，鄞州出入境检验检疫局与区农林局负责人联合签署《关于加强交流与协作备忘录》，宁波出入境检验检疫局副局长陈孟裕、副区长茅剑辉参加会议。根据备忘录精神，双方在信息沟通共享、共抓农产品质量安全、开展疫情联合防控、推进示范基地建设、加强技术交流合作以及共同应对突发事件六个方面加强合作，提升区域农产品的质量安全水平，完善动植物疫情疫病、外来有害生物监测防控体系，形成部门监管合力，促进农产品出口。12月25日，鄞州检验检疫局与区市场监管局负责人联合签署《关于维护市场秩序提升发展质量的合作备忘录》。宁波出入境检验检疫局副局长王继蓬、副区长梅益进参加会议。根据备忘录精神，双方建立检市联席会议制度，并在资源共享、政策研究、服务企业、执法协作等方面加强合作，建立合作机制，帮助辖区企业实现质量提升，规范市场行为，保护和改善民生，形成部门监管合力，促进区域经济健康发展。

【宁波凯信服饰股份有限公司实验室通过CNAS认可】 2015年5月27日，宁波凯信服饰股份有限公司自主检测实验室通过CNAS认可，成为宁波首家拥有通过CNAS认可检测实验室的企业。企业实验室的16个检测项目，31个检测标准获国家认可。实验室通过认可后，企业的检测能力大幅提高，产品品质各项指标进一步提升，企业每年节省检测费用约500万元，为企业转型升级提供技术支持。

【“聚美优品”宁波分公司运行】 2015年8月5日，“聚美优品”宁波分公司在宁波栎社保税物流中心落户并开始运行，首批发往北京的纸尿裤出库。“聚美优品”宁波分公司跨境电商自营仓一期占地面积1万平方米，二期面积2.6万平方米。“聚美优品”日均订单约2000票。

【“庆祝抗战胜利70周年暨第二届全国质检系统书画作品展”在鄞州举行】 2015年12月12日，“庆祝抗战胜利70周年暨第二届全国质检系统书画作品展”在鄞州出入境检验检疫局举行。全国政协委员、中国质检书法家协会主席、国家质量监督检验检疫总局原副局长、中国检验检疫学会会长魏传忠，中国质检书法家协会主席、中国检验认证集团监事会主席余师孟，宁波出入境检验检疫局局长卢厚林，中国质检书法家协会常务副主席兼秘书长封俊虎，中国质检书法家协会主席团成员、宁波市级机关有关部门、20余家质检系统单位以及相关媒体和艺术机构嘉宾代表出席。书画展由中国质检书法家协会、中国国门书画院、《中国国门时报》联合主办，宁波出入境检验检疫局承办，鄞州出入境检验检疫局、中国检验认证集团宁波有限公司协办，质检系统内外126幅作品参展。

（宋 韬）

国内经济合作

【概况】 2015年，鄞州区引进内资项目96个，总投资409.43亿元；实际引进内资125.40亿元，比上年增长17.43%，实到资金超亿元项目21个。引进“浙商回归”项目128个，包括新项目100个，结转项目28个，协议总投资383.55亿元。其中，省外方投资额347.40亿元，实际到位资金123.08亿元，增长30.34%，实到资金超亿元项目24个。向丽水、衢州及舟山地

9月24日，区帮扶工作小组与景宁县干部商讨帮扶对策

区实现产业合作项目实到资金2.49亿元，全年实际完成产业合作项目5个。主动接轨上海参与长三角合作工作，有合作项目12个，协议资金总额89.43亿元。

【对口帮扶】 2015年，鄞州区推进与贵州省黔西南州兴义市、浙江景宁、宁波象山的对口帮扶工作，安排帮扶资金510万元，落实兴义帮扶项目6个。帮助对口协作地区（丽水景宁县）开展5个山海协作群众增收、新农村及社会事业帮扶项目，分别为景宁县梅岐乡留钱村文化体育广场配套设施建设项目、景宁县大漈乡彭村古戏台修缮及配套实施建设项目、景宁县东坑镇何村村六边三化三美建设工程项目、渤海镇鲍山头村委会办公楼修缮项目和英川镇黄谢圩村水碓门上游防洪堤路面硬化建设项目，到位帮扶资金50万元。

【山海协作工程】 2015年，衢江—鄞州山海协作产业园签约落户项目23个，其中建成投产项目10个、在建项目13个。引进落户项目6个，其中包括总投资5.5亿元的企业屋顶光伏发电项目、总投资10.08亿元的古田山茶饮料项目和总投资12亿元的中财管道项目，产业园一期、二期4.35平方千米除37公顷进行配套外，其余基本开发完毕，形成熟地283.58公顷，累计完成固定资产投资16.35亿元。

（张 弰 蒋存行）

招商引资

【概况】 2015年，区投资合作局举办或参与浙洽会、宁波周、甬港经济合作论坛等重大招商活动5场。其中，世界贸易中心项目、泰国城项目等10个重大项目在“浙洽会”期间签约，总投资152.52亿元；总投资15亿元的中集宁波（鄞州）冷藏装备项目在甬港经济合作论坛签约；“上海·宁波周”活动中，2个“浙商回归”项目签约，分别为总投资50亿元的新能源汽车关键技术研发、产业化项目及锂离子动力电池材料项目和总投资10亿元的雅戈尔健康科技产业基金项目；中瑞创新金融集聚区项目签约“武汉·宁波周”，总投资30亿元；宁波（北京）投资合作洽谈会中，首期规模30亿元的星景城市发展基金项目和首期基金3亿元的全国居家养老服务信息产业联盟总部项目签约。

【“百企千商拓展计划”启动】 2015年，鄞州区依托企业资源多、企业家在商界信息广的优势，以镇乡（街道）、园区为单位，发挥当地企业上下游客户和企业家朋友圈的信息资源优势，形成政企合作、互联互通、多点辐射、拓宽渠道、信息共享的协同招商体系。首期组建100位当地企业家担任“招商大使”，通过以商带商，辐射企业家周边人脉和朋友圈。

【项目分类跟踪管理机制运行】 2015年，鄞州区实行在谈项目精准化推进管理，一般在谈项目属地跟踪服务，每月更新进展；区级重点在谈项目由区投资合作局汇总每月督查进展情况；18个区级重大项目依托区领导践行“一岗三责”活动，实行季跟踪制，把握项目进展动态并第一时间解决项目推进难题，其中包括慈铭体检鄞州综合门诊部项目、薇拉宫邸私人婚礼会所项目、固体氧化物燃料电池项目等5个运营项目，龙之恒泰、博格华纳二期排放系统项目等5个开建项目，宁波世界贸易中心项目等8个洽谈项目。至年底，项目进展率达78%。

（张 弰）

6月9日，第十七届浙洽会“创新·融合·新动力”鄞州发展高峰论坛暨重大项目签约仪式举行

商贸·现代服务业

罗蒙环球城

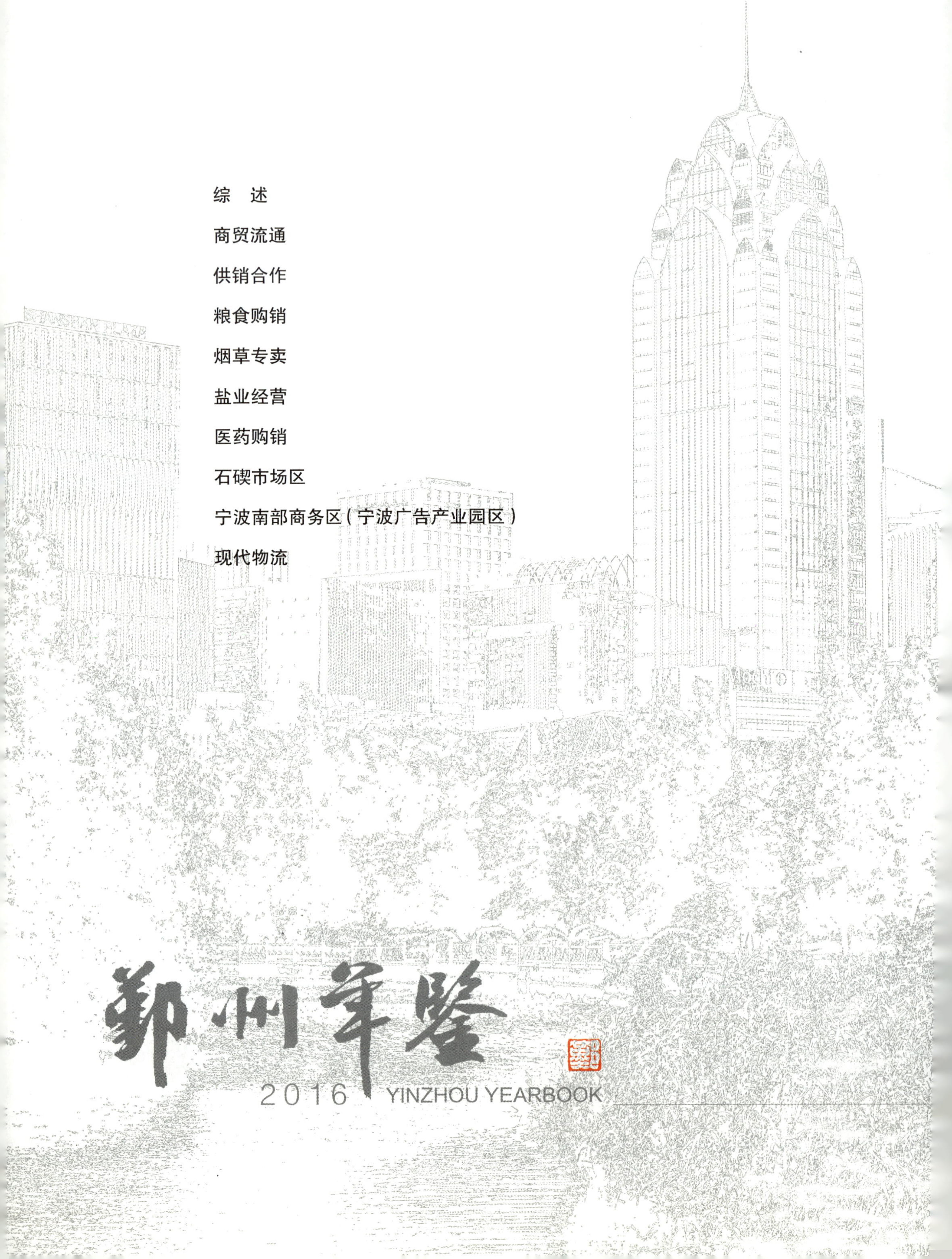

综　述

商贸流通

供销合作

粮食购销

烟草专卖

盐业经营

医药购销

石碶市场区

宁波南部商务区（宁波广告产业园区）

现代物流

鄞州年鉴

2016 YINZHOU YEARBOOK

综　述

【概况】 2015年，鄞州区服务业增加值586.16亿元，比上年增长18.3%，占生产总值比重达43.4%，提升6.7个百分点。实现服务业固定资产投资500.1亿元，增长19.4%，占固定资产总投资额的72.2%，其中房地产业固定资产投资376.2亿元，增长22.9%。社会消费品零售总额498.1亿元，增长12.1%，其中限额以上社会消费品零售额317.88亿元，增长15.8%。

举办购物节、车博会、美食节等16项节庆活动。大众消费型餐厅酒店通过业态调整、网络销售、团购打折等活动进入新一轮增长周期，其中鹰龙海畔、梅龙镇、君顶华悦等大众消费型酒店增幅超过20%。发展“月光经济”，舟宿夜江街区举行“风情夜市，魅力舟江”美食街开街仪式，高桥—奥特莱斯广场举办国际名品特购会，推出夜间限时抢购活动，万达—联盛广场街区举办全城狂欢奇妙夜，钱湖天地主办“海上丝路城市音乐节”“公益人才夜市”等。全区连锁便利店实现行政村全覆盖。

商贸业集体尝试O2O，搭建“线上+线下”复合销售渠道，全年实现网络零售额157.6亿元。全区90%重点企业拥有网站，规模以上工业企业电商应用率达33%。服务类电子商务涌现出“大象生活网”“一览生活网”等当地新兴同城购物平台。建成电商集聚区面积达20万平方米。宁波栎社保税物流中心（B型）6月1日起开展跨境电商备货模式，全年订单132.9万票，金额2.78亿元。重点电商企业和大型电商交易平台建成，全区600余家企业进驻天猫商城、京东商场、1号店等知名电商平台。阳光管家、淘宝特色宁波馆等垂直电商平台在鄞州落户。

成立鄞江古镇开发建设管理委员会，统一负责鄞江古镇的保护、开发、建设及其他相关工作。罗蒙环球城营业，梁祝文化园二期梁祝天地各单体主体建筑幕墙基本完成，华侨城“假日湾”一期山内主环路完成90%，华侨城“欢乐海岸”总体方案调整，中坡山半山伴水度假区主入口配套接待设施建设启动，“龙观禅那”精品民宿项目完成规划设计，飞越时空大剧院裙楼结顶，李家坑古村改造入口广场项目建设启动。开展以“美丽鄞州任性游”为主题的春季旅游惠民系列活动，组织三大主题板块近12项惠民活动；举办天宫庄园桑果节、杖锡樱花节、横溪樱桃节等传统旅游节庆活动。全年旅游总收入198.1亿元，增长15.1%；接待国内旅游者1851.6万人次，增长11.6%；接待入境旅游者21.4万人次，增长16.6%。创建国家AAA级旅游景区1家，申报省级运动休闲旅游优秀项目、省果蔬采摘基地、省级工业旅游示范基地和省级中医药养生基地各1家，增加市级徒步旅游休闲基地1家。

软件信息服务企业增加80家，总数750家。其中，注册资金千万元以上的企业增加10家，累计115家；营业额上亿元的软件信息企业13家。实现软件收入93亿元，增长33%，软件收入和企业规模居全市各县（市、区）第一，产业收入比重约占全市1/4。通过B2C、C2C、O2O、P2P等模式，将实体经济与广义虚拟经济互联。鼓励区内有条件的企业推动基于消费者需求动态感知的研发、制造和生产组织方式变革，开展以个性定制为代表的工业4.0模式。全区国家原创动画片备案产量13部11665分钟，累计完成动画片备案产量95部91090.5分钟，动画片备案产量占全市约60%，居全省第二位、全市首位。

【现代服务业人才培训暨青年电子商务战略应用培训班】 2015年7月3日，区发改局和团区委共同举办的鄞州区现代服务业人才培训暨青年电子商务战略应用培训班在浙江大学宁波理工学院开课，区服务业、电子商务企业负责人、电子商务从业人员、大学生村官以及高校电子商务专业学生代表近200人参与培训。邀请企业家、高校研究电子商务的教授以及物流领域专业人士担任培训导师。培训内容围绕互联网+传统产业转型升级、O2O与微信营销、电子商务物流仓储配送以及电子商务跨境电商等展开。培训期间，顺丰、邮政仓储物流有关负责人代表各自单位与现场的中小微企业进行合作对接，参与培训的高校学生与参加活动的企业进行实习、就业对接。

（张淑贞）

商贸流通

【概况】 2015年，鄞州区实现社会消费品零售总额498.1亿元，比上年增长12%。建成大型商贸综合体14个，总商业面积超百万平方米，银泰环球城、奥特莱斯三期和利时百货城市奥莱项目营业，万达、印象城、奥特莱斯等区内主要商贸综合体销售额分别增长4%、19%和22%。发展“月光经济”，舟宿夜江街区举行“风情夜市，魅力舟江”美食街开街仪式，开街首月日均客流达到1800人次，实现营业额1530万元，增长14%；高桥—奥特莱斯广场

中河都市商贸区

举办国际名品特购会，推出夜间限时抢购活动，实现营业额8800万元，增长39%；万达—联盛广场街区举办全城狂欢奇妙夜活动，日均客流达13万人次，实现销售1200万元，增长35%；钱湖天地主办“海上丝路城市音乐节”和“公益人才夜市”等。创新社区商业运营管理模式，全区连锁便利店实现行政村全覆盖，金桥水岸邻里中心营业，东方丽都邻里中心、钱湖邻里中心、钟公庙丽家园、古林薛家项目启动。

认定服务外包企业23家，累计297家，服务外包执行总额31.2亿元，其中离岸外包执行总额2.2亿美元。建成商务楼宇48幢174万平方米，在建商务楼宇20幢64万平方米，入驻企业3711家，入驻率和注册率分别达到87.5%和88.6%。厚力网购智慧园、欧琳电子商务园、九五九电子商务园、一舟跨境电子商务产业园和空港跨境电商园等9个各具特色的区级以上电子商务园区、楼宇建成运行。京东、聚美优品、大龙网等国内知名电商企业在鄞州设立分支机构，搜布、咖狗网、欧美淘、途众好车、易联汇商、有享网、陶卫库等电商平台企业建成。

【菜篮子工程】 2015年，鄞州区推进“浙江省放心农贸市场”创建工作，建成姜山、东吴、华盛及藕池4个省“放心农贸市场创建”菜市场、6家城镇超市生鲜农产品放心柜和4家宁波市菜篮子商品平价供应点。开展菜篮子商品“你点我检”活动，上市蔬菜合格率99.8%。制定完善《鄞州区菜篮子商品应急供应预案》，与宁波方兴食品有限公司等7家菜篮子企业签订储备协议，落实5000头生猪、50吨豆类、250吨蛋品、100吨蔬菜的应急储备。

【宁波购物节鄞州区活动】 2015年7月24日至8月9日，2015宁波购物节鄞州区活动举行，鄞州万达商业广场、宁波联盛商业广场、宁波印象城、宁波洛兹商业广场、杉井奥特莱斯广场、钱湖天地商业广场、舟宿夜江、宁波古玩城；银泰百货、巴黎春天百货、新江厦商城、安利宁波分公司、TESCO乐购鄞州门店、麦德龙鄞州店、华润万家鄞州店、新江厦连锁超市（鄞州所有门店）、开开便利（鄞州所有门店）、三江购物（鄞州所有门店）、世纪百联超市（鄞州所有门店）；宜家宁波商场、红星美凯龙（鄞州店）、友邦家居（鄞州店）、华康名家私（鄞州店）、德克德家等多家商家企业、区级以上商业特色街参与活动，购物节期间同步推出美食节、网络名品购物节。宁波购物节鄞州区活动通过月光经济、美食大餐、电子商务、爱心义卖等拉动居民消费，六大广场在购物节期间客流超过340万人次，比平时提高20%以上。其中，万达广场两天客流量超过35万人次，单日客流突破18万人次，单日销售额超过1000万元。商超企业投放红包近17万个，金额超过200万元，参与抢红包人数达104万人次，增长5倍。第二届网络购物节有47家企业参加，点击量17万人次，增长4倍。交易额3.2亿元，增长60%。宁波万达广场商业管理有限公司承办的购物节启动仪式暨月光经济嘉年华系列活动被评为“2015宁波购物节十大亮点活动”之一。

【“美丽港湾鄞州·象山”菜篮子商品产销对接洽谈会在鄞州举办】 2015年8月12日，“美丽港湾鄞州·象山”菜篮子商品产销对接洽谈会活动在宁波戈尔登国际大酒店举行。鄞州区21家菜篮子基地、象山县11家菜篮子基地以及20家经营菜篮子商品的商场、超市、批发市场、菜篮子配送、农产品电子商务平台企业、菜篮子连锁企业及餐饮、学校、企业等团购单位参加洽谈。洽谈会以“产销对接、合作共赢、保障供应、促进消费”为活动主题，会议设菜篮子商品产销对接展示区，展示鄞州区、象山县32家菜篮子基地的产品，现场与超市、农产品深加工企业、配送企业、农产品电子商务平台企业、学校食堂、企业食堂、餐饮企业、批发市场等农产品采购商进行一对一的对接。宁波京州水产养殖和M6生鲜、鄞州农乐果蔬和新江厦超市、紫云堂和查尔斯电商3对采、购企业在现场签订意向协议。

【区电子商务协会成立】 2015年10月26日，鄞州区电子商务协会成立。协会由区电子商务发展领导小组牵头，鄞州区首批86家会员企业组成，有理事单位18家，宁波世纪泰丰集团有限公司执行总裁张时光担任协会首任会长，宁波我要印电子商务有限公司总裁王圭平任副会长，协会为企业在产品推介、科技攻关、信息交流、资源共享等方面发挥作用。

【区“风云电商”“电商新星”企业评比】 2015年，鄞州区制定《鄞州区电子商务产业发展扶持政策》，开展“风云电商”“电商新星”企业评比活动，宁波奥克斯空调有限公司等10家企业被评为“风云电商”企业，宁波爱默隆生鲜连锁有限公司等15家企业被评为“电商新星”企业，给予每家获奖企业10万元奖励。

宁波购物节鄞州商圈主题活动

表16　2015年鄞州区"电商新星"企业名单

序号	企业名称	序号	企业名称
1	宁波爱默隆生鲜连锁有限公司	9	宁波供销电子商务有限公司
2	宁波欧楠电子商务有限公司	10	宁波易联汇商信息科技有限公司
3	宁波小微快跑电子商务有限公司	11	宁波大象网络科技有限公司
4	宁波汇金大通有色金属储备交易中心有限公司	12	宁波陶卫库电子商务有限公司
5	宁波我要印电子商务有限公司	13	宁波青年生活电子商务有限公司
6	宁波嘉酷电子商务有限公司	14	宁波市鄞州吾家家居用品有限公司
7	中基宁波集团股份有限公司	15	浙江大道网络科技有限公司
8	宁波搜布信息科技有限公司		

表17　2015年鄞州区"风云电商"企业一览

序号	企业名称	网络销售额（万元）
1	宁波奥克斯空调有限公司	205000
2	宁波市鄞州优尊贸易有限公司	12302
3	宁波欧琳网络科技有限公司	10801
4	宁波广博文具商贸有限公司	8833
5	宁波乐歌视讯科技股份有限公司	8138
6	宁波马骑顿智慧信息科技有限公司	7700
7	浙江中哲文墨电子商务有限公司	7202
8	宁波果壳电子商务有限公司	4735
9	宁波丽华家居用品有限公司	3905
10	宁波鄞州宝乾儿童用品有限公司	3750

（朱　渊）

供销合作

【概况】 2015年，鄞州区供销合作社联合社（简称"区供销社"）、区工贸资产管理办公室、区国有资产经营发展有限公司有同级公司2家、国资公司委托代管企业4家、下属自收自支事业单位1家、仍保留牌子的事业单位1家、全资企业1家、控股企业1家、参股企业1家、协会3家、基层供销社11个。管理指导专业合作社56家、村级综合服务社89家、农村农资经营加盟店132家。建立新型基层供销社2家（章水杖锡供销服务社、华盛供销服务社），改造提升原有基层社2家（凤岙、姜山），建立农民专业合作社13家、农民专业合作社联合社2家。

组织安全生产检查36次，参与检查180余人次，检查国有资产出租房屋1180余处，发现安全隐患并提出整改意见145处。其中，139处整改完成，整改率95%；其余6处因房屋结构性损坏列入房屋维修计划。受理同级来访55批（其中集体访2批），涉及100余人次。办理同级转办信访件1件，上级交办领导批示件2件。年初，成立区供销社志和工贸办志编写小组，撰写区供销社志和区工贸办志，形成初稿。

【农资服务】 2015年，宁波市鄞州区禾丰农资连锁有限公司及其连锁网点供应化肥4.85万吨、农药2520吨、农膜340吨。农业生产"统防统治"服务面积达4000公顷。全年争取农资储备资金124万元，储备尿素、有机肥等化肥6200吨，福戈、井冈霉素等农药117.5吨。农资经营服务网点建设增加3家，总数9家。所有132家宁波市鄞州区禾丰农资连锁有限公司下属的连锁网点都通过信用等级评定工作，68家连锁网点完成信息化建设工作。建成"庄稼医院"1家，改造提升20家，10人取得初级"医生"资格。

【农资销售实名制试点推行】 2015年3月，区供销社制订农资销售实名制试点工作方案，选择4家农资销售网点

（古林维勇农资经营部、古林银丰农资服务部、古林繁荣农资店、古林泽农农资商店）作为试点建设对象，配备POS机、扫描仪、无线扫描枪、打印机等设备，实施农资品条形码标准编制、智慧卡登记及农户信息档案建立，全面落实农资销售实名制试点工作。

【防汛物资储备】 2015年，鄞州区4个防汛物资储存点（古林宋严王禾丰仓、大嵩供销社、鄞江供销社和凤岙供销社）储备防汛物资数量64600只，其中麻袋50100只、编织袋11500只、草包3000只、铁锹200把。

【再生资源回收企业管理】 2015年，鄞州区23个镇乡（街道）有正常经营的回收企业349家，从业人员2212人，挂靠流动收购人员771人。回收废旧物资88.14万吨，其中废钢铁65.12万吨、废有色金属2.14万吨、废纸18.53万吨、废塑料2.13万吨、废电器0.09万吨、其他废旧物品0.13万吨，年总销售额16.11亿元，年利润1142.62万元。

（赵 奇）

粮食购销

【概况】 2015年，鄞州区完成51000吨订单粮食收购指导性计划，合理安排21500吨增加储备粮食的品种结构，4100吨收购入库的地产小麦作为新增储备，17400吨当年晚稻收购入库。推进“1515”工程建设，提升改造集士港、梅园、清河桥等9个粮站，中心粮库浅圆仓完成项目立项和设计。

【国有粮食企业管理体制调整】 2015年，区粮食局结合企业实际，通过调整管理体制、优化组织结构和整合人力资源，对国有粮食企业实行扁平化管理，管理层级由三级过渡到二级，财务核算由二级过渡到一级。粮站管理由块状过渡到垂直，区粮食收储有限公司内设行政、财务、业务、工程4个部门，直接管理下辖19个粮站。继续保留驻镇乡（街道）工作的粮食专管员队伍，发挥国有粮食企业主渠道作用。

【农村居民户存粮专项调查】 2015年，区粮食局开展全区农村居民户存粮专项调查工作。以4月30日为调查时点，按照区农村居民户总数万分之三左右的抽样比例，通过县抽乡（镇）、乡（镇）抽村、村抽户三个阶段确定样本数量，选定咸祥、东吴、姜山、集士港、洞桥、横街6个镇51个村120户农村居民户为调查对象，调查人员入户调查被选定农村居民户上年粮食产量、出售量和调查时点的家庭存粮数量。根据调查和数据分析：2014年，小麦产量10632吨、早籼稻28018吨、中晚籼稻38575吨、粳稻75646吨；农户出售小麦10278吨、早籼稻23355吨、中晚籼稻32550吨、粳稻55396吨；4月末小麦、早籼稻基本无存粮，中晚籼稻存粮1204吨、粳稻8585吨。

7月21日，云龙粮站工作人员烘干稻谷并入库

【“合用场所”专项整治】 2015年7月，为消除“三合一”“多合一”场所（简称“合用场所”）和“低小散”行业事故隐患，确保火灾等各类事故可控可防，区粮食局根据区政府要求，对房屋出租场所开展全面检查，检查房屋出租场所42家，发现问题1家，对发现的“三合一”“多合一”现象和问题及时提出整改意见，确保全区粮食部门安全无事故。

【卢景波调研鄞州粮食工作】 2015年7月29日，国家粮食局副局长卢景波一行到鄞州区调研早稻收购和新增储备粮落实等情况，省粮食局副局长李立民、市粮食局总工程师程宏友陪同调研。卢景波一行到茅山粮站实地考察早稻收购现场，了解当地售粮农户早稻生产情况，听取市、区粮食局领导汇报，对鄞州区粮食工作给予高度评价，特别是在粮食收购、储备管理、供给保障、设施建设、军粮供应等流通调控能力提升方面表示肯定，并提出要求。

【叶晓云调研鄞州粮食工作】 2015年10月29日，省粮食局党组成员、总工程师叶晓云到鄞州区调研粮食工作，市粮食局副局长徐建国、区粮食局副局长胡光飞陪同调研。叶晓云实地走访种粮大户，察看田间晚稻，考察改造粮库，听取粮食加工企业情况，对鄞州粮食工作予以肯定，并提出要求。

（朱 渊）

烟草专卖

【概况】 2015年，鄞州区烟草专卖局（分公司）销售卷烟6.5万箱，比上年增长1.79%；批发销售额24.81亿元，增长14.12%；单箱销售额3.82万元，增长12.35%；实现毛利6.32亿元，增长25.17%；税利6.9亿元，增长25.66%；净利润2.64亿元，增长1.44%；固定资产收益率238.57%，增长1.46%；三项

3月15日，区烟草专卖局组织专卖执法人员参加“3·15”国际消费者权益日宣传咨询活动

费用率2.54%，下降4.4%。查获违法卷烟案件464起，其中，查获5万元以上或10箱以上的真烟案件20起；查获违法卷烟总数15444.6条，违法总额555.97万元，罚没款140.86万元；查清“2·05”“11·05”国标网络案2起，申报“5·14”国标网络案1起，公告“10·28”省标网络案1起；抓获犯罪嫌疑人11人，跨年累计判刑16人。

推行模板化管理和智能化列表式管理方式，将经验管理固化为流程管理。申报年度专项对标课题，推进岗位对标常态化。申报创新项目2个，注册QC小组7个。其中，《二维码在烟草专卖管理上的应用探索》获省烟草专卖局创新奖三等奖，《降低农村地区卷烟零售户违法经营率》获省优秀QC成果一等奖、省“创新·环境杯”优秀QC小组活动成果一等奖。公开招标项目8个，公开招标率达100%，金额297.5万元。

与鄞州公安分局、区市场监管局联合发布《关于开展“依法治烟、文明经营”专项活动的通告》。组织零售户自建“稳价诚信”自律小组，制止恶意甩卖、扰乱市场的现象发生，散包烟价格和锁定的8个敏感规格的整条烟价格统一率在70%以上。清理无证经营行为，无证户从232户减少到84户。

【烟草零售终端管理】 2015年，区烟草专卖局（分公司）零售户网上订货6164家，比重占85.29%；网上配货748家，占10.39%；网上结算1943家，占26.99%，结算金额7.6亿元；建成现代零售终端1489家，占20.4%。提出整合品牌规格、将原172种整合成50种的设想，重点品牌销售5.62万箱，增长7.64%，比重占86.46%。一类烟销售2.63万箱，增长10.55%。

【烟草客户聚会式集中访谈模式实施】 2015年，区烟草专卖局（分公司）创新实施“聚会式客户集中访谈”模式，替代原有的“分散式走访客户”模式，具体实施“七步法”：划分联络组，推选联络小组长，确定聚会时间，选择聚会地点，准备会议内容，准备广告宣传品，组织举行聚会。全年建立联络小组700余个，召开集中访谈会议2900场，参加人员3.5万人次。

【破获互联网非法经营卷烟案件】 2015年1月，区烟草专卖局稽查大队在网上发现销售假冒卷烟行为，得到鄞州公安分局经侦大队、网监大队技术支持，成立联合行动小组。1月27日，在湖北十堰抓获嫌疑人王某。随后，联合行动小组分别到广州、西安、温州等地，先后将林某、王某、樊某、张某4名嫌疑人抓捕归案。至5月初，互联网卷烟非法经营案件破获，涉案金额200万余元。

【曹松林调研鄞州烟草工作】 2015年7月8日，国家烟草专卖局法规司副司长曹松林到鄞州区烟草专卖局（分公司）调研。调研组到区行政服务中心，考察了解烟草窗口工作人员办理烟草专卖零售许可证的具体流程，与区行政服务中心负责人座谈交流，探讨商事制度改革、行政审批流程、数据平台建设、烟草许可特性以及审批重点、难点。调研组在鄞州区烟草专卖局（分公司）主持召开座谈会，曹松林肯定鄞州区烟草专卖局（分公司）烟草市场化取向改革和普法效果。

（洪定迪）

盐业经营

【概况】 2015年，鄞州盐业有限公司销售各类盐产品11892.14吨，比上年下降28.44%；食盐销售10087.79 吨，下降10.15%；小工业用盐销售1804.35吨，下降66.53%；小包装食盐销售5433.04 吨，下降5.15%。碘盐“三率”（碘盐覆盖率、碘盐合格率、合格碘盐食用率）分别达92.00%、97.83%、90.00%，保持正常水平。现在市场供应的加碘盐碘含量18毫克/千克至33毫克/千克。

【盐业市场供应】 2015年，鄞州区市场的盐产品供应充足，供应的盐种类有海盐、矿盐、湖盐和竹盐，品牌有雪涛、鲜嫩美、蓝海星、颂康、莫顿等。主打盐产品有320克深井海藻加碘盐、300克精细型日晒自然盐（加碘）、300克不加碘精细型日晒盐、蓝海星300克低钠盐、颂康225克美鲜富竹盐等。兼营食用油、味精、酒、纸巾、蚊香、日化洗涤品等非盐商品，年非盐商品销售额514.26万元。

【盐业市场监管】 2015年，区盐务局保障全区食盐安全有效供应，落实防范措施，在全区范围内开展多项执法检查。重点检查食盐零售网点小包装盐进销情况、腌制加工用户、熟食加工用户、学校企事业单位食堂用盐情况，并进行法律、法规宣传。全年盐业市场平稳有序，没有查处涉盐案件。

表 18　2015年鄞州盐业公司在各乡镇设立的非碘盐供应点

供应单位	地址	联系电话
宁波明贝中药业有限公司	鄞州嵩江西路321号	13186870158
下应永富烟酒食品店	下应街道下应市场48号	0574-88491909　13805880271
邱隘鑫昌啤酒批发部	邱隘文汇路（董玉娣中学边）	0574-88418582　13566335030
集士港林芳副食店	集士港镇丰成村菜场西边	13967869595
横溪百杂批发店	横溪镇横溪大街77号（正始中学向东50米）	0574-88471295　13605748657
集士港通宇批发部	集士港镇集士西路4号（建设银行旁）	0574-56153358　13003788410
龙观恒村瑞浩副食店	龙观恒村恒兴路586号（龙观乡政府对面）	0574-88436072　13906617753
钟公庙容容副食店	泰安西路168号（明州医院内）	13386609871
姜山宏鑫超市	姜山镇人民南路18号（姜山卫生院大门口）	0574-56286031
高桥副食批发部	高桥镇高桥东路293号	0574-88015932　15888122558
横街振伟副食店	横街车站南路鄞州银行对面	0574-88426485　13003730967
洞桥美玲小店	洞桥镇文卫路39号（洞桥菜场南门对面）	0574-88434335　13646627399
古林建萍烟酒副食店	古林镇环城路30号（古林新江厦向西约50米）	0574-88428059　13065633771
五乡松鹤烟酒副食店（KK便利）	五乡镇蟠龙路89号（五乡电影院向南约100米）	0574-88335678　13857866488
科技园区国玲烟杂店	梅墟街道梅墟路（原明达路，中国电信对面）	0574-88483622　13003740880
东钱湖嘉宜便利店	东钱湖莫枝北路166号（镇政府斜对面约50米）	0574-88496938　13805895223
中河每时每客食品店	中河街道贸城中路600号（鄞州第二医院北门）	0574-88201740　13857814000
云龙综合批发部	云龙镇荻江村556-1（原派出所后面）	0574-88493232　13806661427
东吴小红副食店	文卫路2-3号（东吴镇菜市场）	0574-88489766　13606581619
石碶李文定小店	石碶街道石泉路202号（田莘耕中学向东约100米）	0574-88261303　13028928773
章水赛君副食店	章水镇振兴中路110号（烈士塔斜对面约50米）	0574-88287141　13305749982
鄞江四明副食批发部	鄞江镇四明西路56号（鄞江菜场向西约30米）	0574-88432362　13989378729

（吴新艳）

医药购销

【概况】 2015年，宁波市鄞州医药药材有限公司验收中西药品20478批，验收率100%；拒收126批次，销售额104211万元。连续17年获浙江省医药商业“十强”企业称号，获鄞州区“服务业进步奖”。宁波市鄞州医药药材有限公司属辖宁波明贝中药业有限公司生产“明贝”牌优质中药饮片263.9万千克。3月，“明贝”牌中药饮片被列入《2015年度宁波市自主创新产品和优质产品推荐目录》。11月，公司通过GMP认证专家现场验收，取得2010新版GMP证书。全年生产无硫“浙贝母”6.8万千克。

【农村卫生室药品统一配送】 2015年，宁波市鄞州医药药材有限公司属辖宁波明州医药有限公司作为区卫生计生局指定药品配送单位，为鄞州区236家社区卫生服务站、81家农村卫生室进行药品统一配送服务。发货272230笔，运输里程6万余千米，其中一半以上在山区和半山区。卫生服务站平均每笔563元，村卫生室136元。

【明贝堂国医馆】 明贝堂国医馆（宁波鄞州明贝堂中医门诊部）是以中医药治疗为核心的非营利医疗机构，是宁波市医保定点单位、市中医药学会中医“三进”（进农村、进社区、进家庭）技术指导中心鄞州站，营业面积4000平方米。馆内设中医儿科、内科、妇科、骨伤科等主要科室，聘请宁波、上海名老中医坐诊。2015年，国医馆就诊人数100700人次，比上年增长35.6%。

（马贻兵）

石碶市场区

【概况】 2015年，石碶市场区商品成交额86.94亿元，比上年下降4.71%；上缴国税1486.48万元，下降14.5%；上缴地税861.45万元，下降5.56%。受轻纺城棚区改造及塘西仓库停租影响，市场区收入总额2917.66万元，下降7.2%。有商户2530户，总商铺数3740只，商铺出租率100%。

设立市场服务中心，轻纺城市场内工商、税务、开票、停车费充值、合同管理等部门实行集中办公。增加消防车和登高作业车各1辆、电动巡逻车3辆、4千克灭火器100只、手推式灭火器10台、手提式灭火器120只、室外消火栓3个、地面疏散标志1400张、安全出口及疏散指示灯160盏、挂式应急灯50盏、灭火器箱50个、消火栓箱10个。

联合公安、消防、交警、城管、街道等职能部门成立市场消防安全隐患整治工作领导小组，多次召开消防安全专题会议，签订安全生产责任书。将每年的1月4日定为市场安全生产警示日。1月21日，下发《关于加强宁波轻纺城市场消防安全管理的通告》，开通“平安轻纺城”内部管理微信群，用微信形式实时互动。2月6日，宁波轻纺城市场及周边区域确定为烟花爆竹禁放区，全体轻纺城个协理事联名向经营户发出“一心、二严、三必、四禁、五不”《市场消防安全倡议书》。5月25日，向市场发放环境卫生大整治《倡议书》，与全体商户签订《门前三包责任书》，组织员工清理墙体蛛网、废旧广告牌及过道角落装修杂物等，对市场主要通道实施动态保洁。6月18日，宁波轻纺城微信公众平台开通，设消防安全常识、互动空间等板块。市场内有禁烟标志107张、禁烟吊牌330块、疏散指示标志800张、横幅20条。7月16日，宁波轻纺城发出《市场禁烟通告》，分区域排查出192名吸烟重点户，由37名管理人员进行一对一劝导并与经济挂钩。

【宁波轻纺城市场综合监管】 2015年，石碶市场区管委会制定出台《宁波轻纺城经营规章制度》。5月8日，该制度经鄞州区个体劳动者协会宁波轻纺城分会第五届理事会第五次全体会议通过，分发到每个商户，5月9日起实施。制度分八章三十六条，从商铺使用、证照管理、商铺装修、市场安全、经营规范、秩序环境、违规处罚等方面进行规范。制定出台《商铺装修管理制度》，包括商铺装修管理流程图、装修许可证、施工要求及安全协议、现场记录表、整改通知书、验收七个环节。全年，102家商户按规定办理相关装修手续，验收合格94户。根据《宁波轻纺城市场食品信用综合监管实施方案》，对轻纺城副食商户落实索证、索票制度，规范使用“一票通”。联合区交警大队、宁波工程学院交通学院开展交通秩序调研，重点包括规划交通秩序，确定停车场地、进出车道、交通标示、停车泊位、设置相关提示牌、制定机动车、非机动车停车管理制度，建立动态管理机制等。

【宁波轻纺城市场消防安全违规违法行为整治】 2015年，石碶市场区管委会制订出台《宁波轻纺城市场消防安全违规违法行为专项整治实施方案》。1月19日起，集中开展为期1个月的消防安全违规违法行为专项整治，并形成常态化。整治分宣传排查、集中劝导、强制执法、成效巩固4个阶段，重点查处场内吸烟、违规使用明火、使用大功率电器、电动车在经营区域内充电、赌博、违规搭建（遮阳篷等）、私拉乱接电线、占道扩摊、阻塞消防通道，遮挡、埋压、圈占、损坏消防、电力设施，车辆乱停乱放等各种违规违法行为。对违反消防安全的商户第一次警告，第二次断电一天，第三次断电三天整顿，第四次不再继续供电。商铺向轻纺城租赁的，取消商铺续租资格，清退出场。全年发放各类处罚通知书143份，其中警告127份，停电16份。开展香烛经忏整治，排查商户139家，36家商户将财神迁出，另103家改用电香烛。

（俞波平）

宁波南部商务区（宁波广告产业园区）

【概况】 2015年，宁波南部商务区（宁波广告产业园区）有入驻企事业单位2693家，增加注册企业988家，办公人员2.8万人，平均入驻率约90%，创税收15亿元。

宁波广告产业园区产业大楼——明创大楼有宁波优乐文化传媒有限公司、宁波梵一标识有限公司、宁波东方璨珠文化传媒有限公司等企业入驻，入驻率100%，业态涵盖广告策划、时尚创意、影视制作、新媒体、互联网广告等，公共服务平台完成近期平台建设，数码快印中心、头脑风暴、创意书吧、大师工作室、创意咖啡吧、青年文创空间、创意沙龙、创意市集、多媒体展厅等平台投入使用。宁波广告产业园区打造数据互联网基地、现代都市剧拍摄基地、广告设计创意基地三大战略基地，确定明创、桑德兹、迪趣、汇港、旅游、水街5号楼6幢特色大楼作为招商引资平台，引进宁波远见传媒股份有限公司、宁波摩登视界有限公司、浙江骐骥文化传媒有限公司等文创企业412家，年广告产业经营总值达14亿元，占宁波全市的28%。

园区发展党组织60个，其中“两新”组织党组织58个，在册党员2097人，实施“政治领航、发展领跑、幸福领范”党建三领和“组织、管理、活动、阵地、信息”五大开放的“开放式党建”模式，利用党群驿站工作阵地，举办财智行业党组织专题讲座2期。12月，党建微电影《青春之约》获2015年“中国梦·宁波行——锋领港城谱新篇”党员教育创意微视频征集活动“锋领港城撷英”篇最佳作品。

3月23日至4月13日，宁波南部商务区组织开展清理整顿人力资源市场“春雷”专项行动，重点取缔、规范、整顿非法人力资源服务机构。10

11月5日，宁波广告产业园区在“2015武汉 · 宁波周”进行园区推介

月23~26日，宁波广告产业园率领宁波远见传媒股份有限公司、鄞州玖创广告有限公司、宁波奇妙体验科技有限公司、浙江骐骥文化传媒有限公司、宁波梵一标示有限公司、宁波未有传媒有限公司、宁波市鄞州顺洋广告展示有限公司、宁波市鄞州百代广告有限公司8家园区文化创意企业参加第二十二届中国国际广告节。

【宁波南部商务区人才招聘会】 2015年3月14日，第四届宁波南部商务区大型人才招聘会在水街中心广场举行，园区420家企业提供岗位近6000个，现场1.5万余名求职者应聘，投递简历2万余份，2000余人与企业达成初步就业意向。4月24日，宁波南部商务区管委会组织辖区企业到宁波大学，开展“助航青春梦想”专场招聘会。招聘会由宁波南部商务区管委会、宁波广告产业园区管委会联合宁波大学共同推出，50家园区企业提供岗位近400个，投递简历500余份，200余名大学生与企业达成初步就业意向。10月12日，南部商务区网上招聘平台上线，该系统是南部商务区管委员联合“前程无忧”专业人力资源服务机构，结合商务区需求搭建的线上平台。350家企业在平台上发布招聘信息，逾1.5万名求职者在线上申请岗位。

【宁波广告产业园区承办首届宁波市广告设计大赛】 2015年6月4日，首届宁波市广告设计大赛启动。大赛由市市场监督管理局、市人力资源和社会保障局、市教育局、市总工会联合主办，宁波市广告产业园区承办，宁波市广告协会和相关媒体协办，全程采用新媒体方式，从网上报名到上传作品再到最后评选，都借助于新媒体。通过微信百宝箱系统这个新媒体设备，搭建和普通受众互动途径。大赛征集作品1430幅，根据公益类、商业类、新媒体类作品综合评比，49名选手获奖，其中大奖1名、金奖4名、银奖10名、铜奖12名、优胜奖22名，宁波远见传媒股份有限公司选送的作品《37度的微笑》获大赛大奖，宁波绎美风尚电子商务有限公司等单位选送的作品获大赛其他奖项。获奖选手和作品在《宁波广告》杂志上刊文进行宣传介绍。

【廖国勋到宁波南部商务区调研】 2015年8月12日，省委常委、组织部部长廖国勋一行到宁波南部商务区调研，市委常委、组织部部长杨立平，市委常委、区委书记陈奕君，市政府秘书长王建社，区委常委、组织部部长郑坤法等陪同。廖国勋一行参观宁波南部商务区党群驿站，调研商务区党组织网络架构、“两新”党建开展、党员参加活动、新党员发展等，详细了解宁波南部商务区整体规划、建设过程、招商引资等情况，并考察水街中心广场等基础设施建设情况。廖国勋在调研中要求，要进一步加强探索创新，积极搭建更多的平台和载体，增强党建工作活力，促进党组织在“两新”领域发挥实质作用，谋求在新常态下党建工作取得新的更大的实效。

（张欧琼）

现代物流

【概况】 2015年，全区39家规模以上交通运输、邮政及仓储业企业实现营业收入87.78亿元，比上年增长2.5%。实现税收1.03亿元，下降8.8%。

全区有各类型物流企业300余家，其中电商物流企业80余家，顺丰速运、邮政速递、DHL、TNT等国内外知名物流企业在鄞州设立区域总部。投资总额1200万元的栎社机场货运冷链库及配套设施工程项目、投资总额1.2亿元的必利盛水陆中转物流配送中心项目、投资总额2.2亿元的顺丰宁波快件转运中心项目开工建设。

开展物流企业精准服务活动，每季度由分管副局长带队，职能科室负责人到辖区内物流企业调研，了解企业经营发展现状及面临的问题，帮助顺丰速运宁波快件转运中心项目申报国家预算内投资项目，协调解决金增海运水陆中转码头建设在项目推进过程中的困难，帮助上韵速递寻找合适的仓储场地。鼓励物流企业通过猎头等渠道引进高端人才，并与宁波大学、浙江大学宁波理工学院等高校以及顺丰速运、宁波邮政等企业开展合作，举办现代物流业人才培训活动。

【物流企业政策扶持】 2015年，区发改局联合区财政局，梳理针对物流企业的政策措施，并进行整合，通过贷款贴息、项目补贴等方式扶持物流企业。全年下发鄞州区物流产业扶持资金1900万元，为顺丰宁波快件转运中心项目争取到国家预算内投资300万元，为必利盛水陆中转物流配送中心项目申请中央贴息贷款，将市级促进服务业发展专项资金向物流业倾斜，3个物流项目拨付扶持资金454万元，占扶持资金总额的1/3。

（张淑贞）

旅游

浙东大竹海景区

综　述

旅游开发建设

旅游营销与节庆活动

旅游行业管理

鄞州年鉴

2016 YINZHOU YEARBOOK

综 述

【概况】 2015年，鄞州区有旅游景区（点）23家，其中国家AAAA级旅游景区4家（五龙潭、梁祝文化园、天宫庄园、宁波博物馆）、国家AAA级旅游景区2家（浅水湾乡村欢乐世界、横溪风景旅游区）。旅游经济强镇4个（龙观、高桥、横溪、章水），省级旅游特色村11家（下应湾底村、姜山走马塘村、姜山黎山后村、横溪梅山村、塘溪童夏家村、塘溪上周村、章水李家坑村、咸祥南头村、龙观龙峰村、横街大雷村、龙观龙谷村）。星级宾馆饭店13家，其中五星级酒店2家（宁波开元名都大酒店、宁波南苑环球酒店）、四星级酒店1家（浙海大酒店）、三星级酒店8家（宁波金纬宾馆、宁波福莱顿商务酒店、宁波晨光大酒店、宁波天成酒店、宁波宏远大酒店、宁波丽嘉盛业大酒店、宁波沧海凯府大酒店、宁波天马四明山居度假村）、二星级酒店2家（宁波市鄞州西山阁宾馆、宁波宏阳大酒店）。旅行社47家，其中五星级旅行社2家[宁波中旅集团、中国国旅（宁波）旅行社]、四星级旅行社4家（宁波海外旅行社、宁波蓝天旅行社、宁波雄狮旅行社、宁波国际旅行社有限公司）、三星级旅行社1家（宁波海仑旅行社）。

接待海内外游客1872.99万人次，比上年增长11.6%；实现旅游总收入198.09亿元，增长15.1%。其中，接待国内游客1851.58万人次，增长11.6%；国内旅游收入194亿元，增长14.99%；接待入境旅游者21.41万人次，增长16.6%；旅游外汇收入6275.44万美元，增长13.92%。

【区首条廉政文化旅游专线开通】 2015年3月14日，鄞州区首条廉政文化旅游专线在鄞江镇开通。专线由当地6个景点组成，以廉政文化为主题，将章溪河漂流、它山水利主题公园、它山庙、养正学堂、鄞江廊桥、梅园革命史迹陈列馆景点连点成线，提炼出“清、廉、德、修、善、志”六大主题，通过对历史的回顾、现实的警醒，以景说廉，寓教于游。同时印发《“它山·廉”旅游线路》小册子，介绍各个景点，解说景点蕴含的廉政元素。

【鄞州旅游开发工作交流会】 2015年6月29日，鄞州旅游开发工作交流会召开，市委常委、区委书记陈奕君，区委常委、常务副区长沈权，区政协副主席陈国良参加会议。区民宗局、规划分局和文广新局（旅游局）等部门、鄞江古镇管委会及鄞江镇政府、它山堰文化旅游发展有限公司的相关领导参加会议。会议交流关于鄞江古镇和天童景区旅游开发定位及鄞江古镇前期三大启动项目。陈奕君在会上强调，鄞江古镇的开发要找准突破口，站在四明山大区域和宁波大市的范围来定位；明确前期启动项目，加快项目方案细化；近期重点做好它山岛拆迁工作；加大招商引资力度，推进旅游项目进度。针对天童景区开发建设，指出要明确景区定位，建设国内著名禅宗文化基地。

（沈 丹）

旅游开发建设

【概况】 2015年，鄞州区修编完成《宁波市鄞州区旅游发展总体规划》，启动制订《鄞州区“十三五”旅游规划》，编制《鄞州区乡村旅游规划》。整合鄞江、章水、横街、龙观三镇一乡旅游资源，启动编制《鄞州四明山旅游总体规划》。启动编制《鄞州大天童旅游景区发展规划》，逐步建设国家级禅宗文化交流基地。推进鄞江镇风情古镇、山水小城规划，塘溪镇旅游总体规划通过评审，横溪镇旅游总体规划、李家坑村旅游规划完成初稿，茅镬古村遗址公园景观设计方案、晴江岸景观生态工程概念性设计、章水镇四明洞天概念性规划、章水镇樱花园提升规划通过专家论证。

王升大博物馆获评市级工业旅游示范基地，龙观乡绿谷龙观登山游步道获评省级运动休闲旅游优秀项目，天宫庄园获评省果蔬采摘旅游基地，易中禾仙草园获评省级中医药养生基地，横溪俞山古道获评市级徒步旅游休闲基地。全区补助文化休闲古道47条，横溪镇成立全市首个古道开发保护协会，出台全省首个《古道旅游文明公约》。

【旅游项目建设】 2015年，鄞州区有涉旅项目22个，完成项目投资22.32亿元。其中，罗蒙环球乐园、环球银泰城开业，希尔顿酒店准备开业；二期梁祝天地开业；华侨城欢乐海岸一期建设推进，四明山谷一期山内主环路完成施工，黑森林小镇开工建设；组建它山堰文化旅游发展有限公司，鄞江古镇开发建设全面启动；鄞州公园二期湿地公园水系与驳岸基本完成；中坡山半山伴水度假区建设推进；“龙观禅那”精品民宿项目进行施工；飞越时

它山堰

空大剧院裙楼结顶，主楼6楼建成；鄞江攀岩公园建成，李家坑古村入口广场项目建设启动。完成全区交通道路指引标志项目政府采购；增建（改建）旅游厕所10座，录入国家厕所管理系统；基本完成四明山观景平台项目方案；区财政配比市财政资金对四明山区域乡村旅游项目进行资金投入562万元。

【鄞江古镇开发建设专题会议】 2015年6月22日，鄞州鄞江古镇开发建设专题会议召开，会议主要讨论推进鄞江古镇开发建设的各项事宜。市委常委、区委书记陈奕君，区委副书记、区长陈国军，区委常委、常务副区长沈权，副区长夏素贞，区发改局、水利局、规划分局、国土分局和文广新局（旅游局）等部门、鄞江古镇管委会及鄞江镇政府、它山堰文化旅游发展有限公司的相关领导参加会议。陈奕君强调，鄞江古镇要高起点、高定位，统筹开展相关规划，实现多规融合；理顺工作体制机制，相关部门单位配合到位；做好拆迁和配套基础设施建设，加强古镇管理和执法力度；明确政府与市场的关系，强化招商引资，加大各项目推进力度。

【罗蒙环球乐园开业】 （参见“街道·镇乡”类目“首南街道”分目）

【华侨城四明山谷黑森林小镇开工】 2015年8月29日，宁波华侨城四明山谷生态休闲度假区举行黑森林小镇开工仪式。华侨城聘请国内外著名咨询公司历经两年对四明山谷项目基地现有资源、优势及适合开发建设的业态项目调查研究，完成概念性总规设计，明确项目定位及业态组合。四明山谷生态休闲度假区位于集士港镇四明山东麓，项目占地约6.3平方千米，有山、湖、湿地、竹海、果园、森林、石桥等资源，是距离城市中心区最近的风情后花园。

（沈 丹）

8月7日，罗蒙环球乐园开业

3月19日，鄞州名品花卉展在天宫庄园举行

旅游营销与节庆活动

【概况】 2015年，鄞州区开展以“任性游”为主题的美丽鄞州系列活动，分春、夏、秋、冬4个篇章，推出华侨城“亚洲论坛”、罗蒙环球乐园开业季、童星小模特大赛甄选“美丽鄞州”系列活动形象代言人等活动。组织辖区内旅游企业开展惠民活动，接待惠民游客8万余人次。注重新媒体营销，以“狂欢摇动游鄞州·红包门票任你抢”为主题，开展为期4个月的第三届“玩转鄞州网络狂欢节”活动。

【中央电视台《美丽中国乡村行——走进宁波》在鄞州开机】 2015年4月6日，中央电视台《美丽中国乡村行——走进宁波》开机仪式在下应街道湾底村鄞州区非物质文化遗产馆举行，市委常委、区委书记陈奕君和中央电视台编委、CCTV-7农业频道总编辑赵泽琨共同为《美丽中国乡村行——走进宁波》电视片开机。活动由CCTV-7农业频道、市委宣传部和鄞州区委、区政府联合主办。4月9日，拍摄组到瞻岐镇水厂养殖服务中心，了解蛏子养殖和体验捕捞马鲛鱼。4月10日，拍摄组在邱隘浅水湾农庄采访邱隘特产——邱隘鲵，体验“传承民间习俗，亲手做邱隘鲵”活动。4月11日，拍摄组到横街镇的浙东大竹海景区，记录山区农民挖毛笋的全过程，体验挖笋的乐趣和辛苦。

【“美丽鄞州任性游”旅游惠民活动】 2015年4月20日至5月31日（“五一”劳动节除外），鄞州区组织辖区内多家景区（点）、农家乐、酒店，通过同程网推广，开展以“美丽鄞州任性游”为主题的春季旅游惠民活动。天宫庄园、梁祝文化园、天童森林公园、浙东大竹海、四〇一洞天、李家坑漂流、横溪樱桃园、南苑环球大酒店、天地生态农庄9家景区、酒店推出旅游惠民活动。活动采用套票形式，突出体验游效果。

【鄞州名品花卉展】 2015年3月19日，天宫之春：从郁金香到鲁冰花——2015天宫庄园名品花卉展在天宫庄园景区举办。活动由天宫庄园药用植物开发有限公司、宁波天宫庄园休闲旅游有限公司主办，市旅游局、市农业科学院、区文广新局（旅游局）、区农林局、下应街道办事处支持。花展品种为最新流行的园艺新品种，包括26个种类300余个优良品种，重点推荐郁金香和鲁冰花两个品种，其中郁金香品种全部是荷兰专业种球公司提供的国际一流郁金香品种，包括郁金香中所有15类花型106个品种。活动至5月10日结束，吸引近10万人参观。

【第九届宁波四明山(杖锡)樱花节】(参见“街道·镇乡”类目“章水镇”分目)

【“恒大冰泉杯”美丽鄞州童星模特大赛】2015年7月1日至8月15日，2015“恒大冰泉杯”美丽鄞州童星模特大赛举行。活动由区文广新局(旅游局)主办，宁波市世纪嘉恒影视制作有限公司、宁波(鄞州)博物馆、OULIN欧琳国际工业园、罗蒙环球乐园、乐乐翎艺术中心、奕骄商贸·千金团队、天地生态山庄、浙东大竹海、李家坑漂流景区、四○一洞天协办。7月18日，首场海选在宁波博物馆举行。8月1日，在欧琳国际工业园区内举行复赛。8月15日，大赛总决赛在罗蒙环球乐园举行，30名选手入围决赛。决赛由走秀比赛、街舞表演、选手同台演出等环节组成，徐荟娇、章瑜涵、戎梓欣分别当选冠军、亚军和季军，杨幕卿获最佳台风奖，邵可馨获最佳实力奖：薛惠文获最佳潜力奖和人气宝贝奖，唐一宁获活力宝贝奖，吴幸怡获阳光宝贝奖，乐语乔获风采宝贝奖。“美丽鄞州形象代言童星”参加“美丽鄞州欢乐游”各项系列活动及鄞州区各景区(点)宣传活动。

(沈　丹)

旅游行业管理

【概况】2015年，鄞州区评定国家AAA级旅游景区、省级运动休闲旅游优秀项目、省果蔬采摘旅游基地、省级中医药养生基地、市级工业旅游示范基地、市级徒步旅游休闲基地各1家，评定国家金叶级绿色旅游饭店、市四叶级特色客栈、市三花级经济酒店各1家。引进省四星级旅行社1家，全区旅行社增至47家。举办2015年“文明旅游我先行”鄞州区导游大赛，参加2015年宁波市导游大赛，获团体一等奖，并分别获中英文组个人一、二、三等奖和优秀奖。举办2015年鄞州区旅游企业节能维保和垃圾分类培训会及2015年文明旅游全区导游领队服务技能培训会。

开展专项检查3次，出动检查人员170余人次，检查全区旅游企业50余家。开展旅行社广告专项检查，督促企业纠正报价模糊、夸大宣传、服务项目及标准含糊等不规范广告行为。开展旅游合同专项检查，检查40余家旅行社230余份合同，整改存在问题。受理、调解各类投诉和相关咨询123起，旅游投诉结案率达100%，无重大安全事故发生，未发生行政处罚和重大旅游质量投诉事件。联合区消费者权益保障委员会通过《鄞州日报》向广大市民发布十大旅游消费警示，在11月11日《鄞州日报》第五版刊登《旅游的这些事，你知道吗？》；全年度召开旅游质监工作会议暨质监员培训会2次。

10月9日，天童禅寺首届天童禅茶文化节开幕雅集在南苑饭店国际会议中心举行

【《古道旅游文明公约》出台】2015年6月1日，鄞州区向社会发布《古道旅游文明公约》，呼吁游客文明出游。公约有8条内容，从保护生态环境、维护环境卫生、爱惜公共设施、遵守公共秩序、遵从公共安全、尊重当地风俗、讲究以礼待人、提倡健康旅行8个方面对游客进行引导。鄞州区将《古道旅游文明公约》内容制作成告示牌，设置在区主要旅游古道的醒目位置，并制作一批文明旅游环保袋，免费发放给游客。

【“文明旅游我先行”导游大赛】2015年8月18日，“文明旅游我先行”2015年鄞州区导游大赛在戈尔登国际酒店举行，市旅游局副局长杨雄鹰等出席开幕式，全区36名中英文优秀导游和讲解员参赛。比赛包括职业风采演讲、景点讲解、情景再现、综合知识测试、才艺展示5个环节。中文组、英文组一等奖分别由中国国旅(宁波)国际旅行社有限公司和宁波博物馆选手获得，获奖选手参加9月举办的宁波市导游大赛。9月17日，市旅游局、市精神文明建设指导委员会办公室、市总工会、市人力资源和社会保障局及共青团宁波市委员会联合举办“文明旅游我先行”2015宁波市导游大赛，鄞州区参赛选手陈宁获得英语组一等奖，姚梦蕾获英语组二等奖，严晓燕获英语组三等奖；葛静丹获普通话组二等奖，陈子墨获普通话组三等奖，励文武获普通话组优秀奖；葛静丹获最佳口才和最佳风采奖，励文武获最佳才艺奖。

【2015年度鄞州区旅游质监工作会议】2015年11月26日，2015年度鄞州区旅游质监工作会议在鄞城宾馆召开，全区40余家旅游企业的质监负责人及质监员参加会议，市旅游质监所所长邵道良、区文广新局(旅游局)副局长施国裕出席会议。会议通报2015年度全区旅游执法、投诉处理情况，罗蒙环球乐园等企业代表作典型发言。会议要求各旅游企业在思想上重视质监工作，完善制度，跟进管理。

(沈　丹)

① 横溪上任村樱桃采摘基地

② 龙观乡李岙村桂花基地

③ 天宫庄园郁金香名品花卉展

④ 宁波天地生态农庄捉鳖趣味比赛

⑤ 宁波迪斯尼童玩嘉年华在浅水湾乡村欢乐世界开园

⑥ “美丽鄞州” 欢乐游任我行走进章水镇四〇一洞天景区

⑦ 天童景区一角

城乡建设·环境保护

横溪水库

城乡规划

房屋征迁

新城区开发建设

镇村建设

公用事业

城市管理

客运中心综合管理

环境管理

生态区建设

“森林鄞州”建设

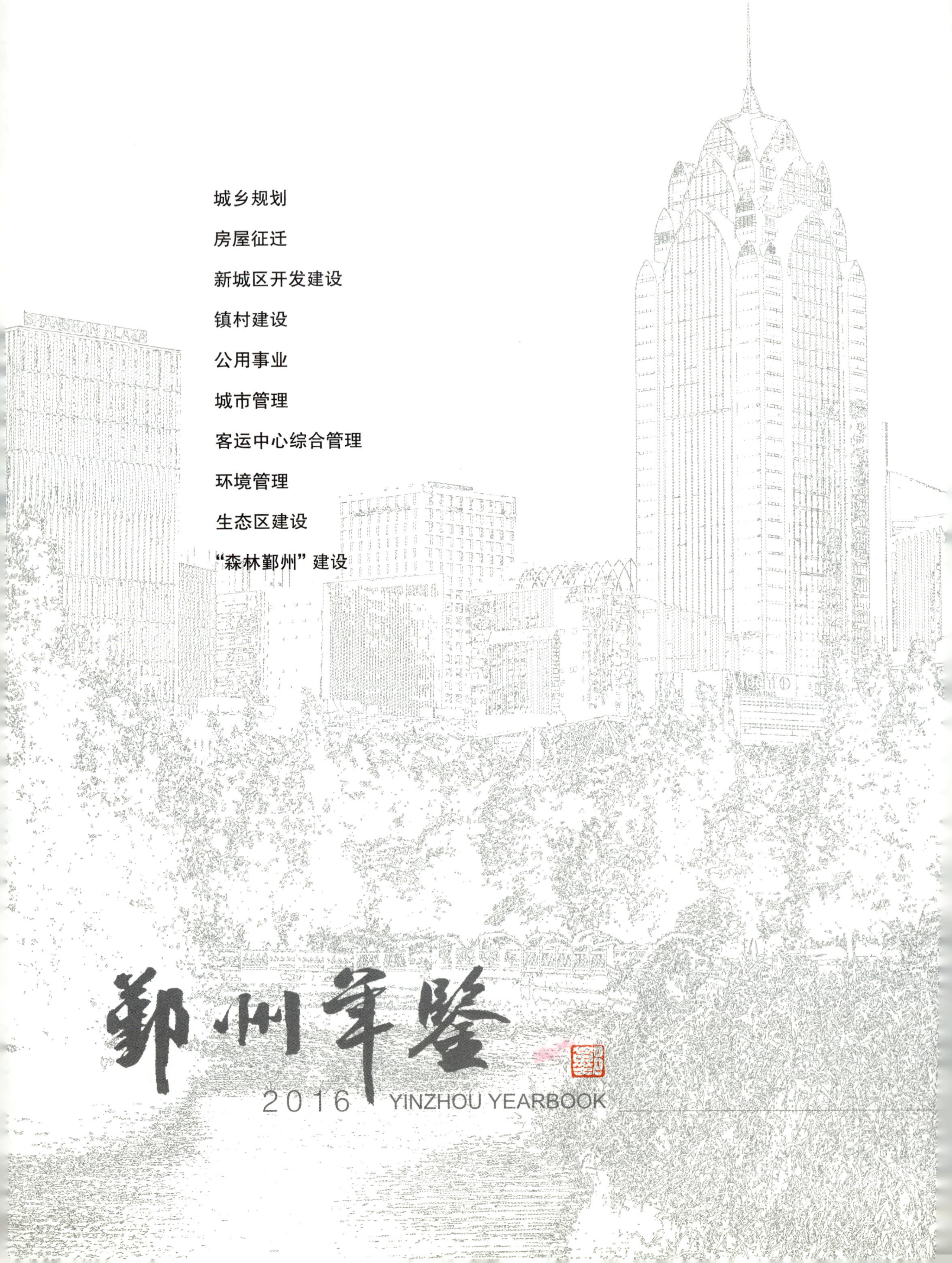

鄞州年鉴

2016 YINZHOU YEARBOOK

城乡规划

【概况】 2015年，区规划分局完成《鄞州四明山区城乡统筹规划》，开展鄞西、鄞南、城西、城西南分区规划，组织编制15个镇乡控制性详细规划（简称“控规”），其中12个获市政府批准实施。启动宁姜公路以东陈婆渡地段控规、黄隘地段控规、下应地段控规编制、审查及报批工作，石碶、火车东站—潘火、长丰、中河、首南、钟公庙等地段控规局部调整，获市政府批准实施。奉化江两岸城市设计及景观规划实施评估启动，形成规划成果。鄞州区村庄布局规划完成，获市政府审批。全区需编制建设规划的村（集聚点）委托编制156个，其中103个获市政府批准实施，洞桥镇、东吴镇、咸祥镇全面完成村庄建设规划报批。启动鄞州区第一批历史建筑普查及信息化工作，完成鄞江镇历史文化名镇保护规划，继续编制凤岙、李家坑、新庄、蜃蛟等历史文化名村保护规划。开展鄞州新城区污水管网建设三年行动计划（2015~2017）、全区农村生活污水治理三年行动计划（2014~2016）、鄞西地区道路交通规划研究、鄞州新城区商业总体规划研究，配合相关部门开展市、区级工业集聚区规划、宁波市城市综合交通规划（2014~2020）、宁波市城市轨道交通线网规划、宁波市中心城管廊布局专项规划（2013~2020）、宁波中心城电力设施专项规划实施评估及调整（2014~2020）、鄞州区燃气专项规划等。

印发《关于进一步明确规划实施管理有关事项的通知》，对不同区域、不同性质项目作出分类归纳并提出规划审批指导意见。3月8日起，所有审批事项进入市规划局规划管理信息系统，实行审批数据联网共享，先行对商业、住宅、办公开发地块项目实行电子报建，全年受理各类项目1092件。试行房屋临时改变用途规划审批，受理各类办件21件。前期介入和服务宁波南部商务区三期、宁波南车产业园、桃源湾旅游度假区、京东物流基地、宁波市西部医院、轨道交通4号线和5号线、奉化城际线、有轨电车实验线及车辆段等重点项目。推进“双联双带”规划服务专项行动，建立微信工作群，设立规划联络点，成立巡回授课讲师团。

借助《中华人民共和国城乡规划法》颁布实施七周年、《宁波市城乡规划条例》颁布实施三周年以及《中华人民共和国测绘法》颁布实施十三周年契机，成立由8名规划业务骨干组成的规划宣讲团队，到章水、横街等镇开展规划宣传。承办“两会”建议、提案44件，办复率和面商率均为100%。建立网评中队，办理各类来信来访46件，行政诉讼9件，回复网络舆情362件，依申请公开信息105件，主动公开信息131条，批后公布205条，批前公告71条。严格放线、验线、复查、竣工验收程序，实行全程跟踪责任制，受理初验142起。开展规划认定76件，开展全区工业厂房违规改建公寓楼出租专项整治，拟定《鄞州区征收集体所有土地房屋拆迁范围内未登记建筑调查补偿办法》。

推进规划管理信息化平台建设，整理入库1:1000数字存档资料，更新1:500数字地形图数据项目206个，更新地下管线数据库项目94个。城区重要区域、重要道路两侧的重点项目试行三维电子数据报批。推出全景地图及2.5D地图，更新改版鄞州区规划平台ISO版软件，登入苹果应用程序商店供用户下载安装，完成“数字鄞州”服务应用于WEB平台的基础软件开发，配合区市场监管局等部门进行天地图鄞州数据接入及开发指导服务。启动鄞江、古林、石碶1:500基础地形图测量及数据入库项目，验收中心城区三维数字城市更新项目。为市、区重点工程及镇村建设项目提供基础测绘成果160余次，完成年度测绘与地理信息质量监督检查，编制完成《鄞州区乡镇地图册》《鄞州区山峰高程专题地图》，更新《鄞州中心城区2.5维挂图》。牵头开展全区地下管线普查工作。配合开展地理国情普查，完成浙江省第一次地理国情普查城市建成区（鄞州区）普查、宁波市第一次地理国情普查消防设施及避难场所（鄞州区）普查和2015国普重点项目建成区绿地率和绿化率普查实验区数据生产测试。

【《鄞州四明山区城乡统筹规划》编制完成】 2015年，《鄞州四明山区城乡统筹规划》编制完成。规划范围东至绕城高速西段，西、北、南至鄞州区行政边界，涉及8个镇乡和1个街道，其中含洞桥、鄞江、龙观、章水全部，横街大部，高桥、集士港、古林小部分，石碶街道一小块。区域总面积447.96平方千米。规划立足于宁波都市区发展趋势，充分发挥生态、文化资源优势，通过整合资源、塑造特色、统筹规划、共建共享，塑造区域品牌，提升知名度，统筹推进小城镇发展和新农村建设，建设成为宁波都市区近郊重要的生态人居和休闲健康基地。

【《陈婆渡东及黄隘地段控制性详细规划》获批】 2015年，《陈婆渡东及黄隘地段控制性详细规划》获市政府批准实施。陈婆渡东地段规划范围北至

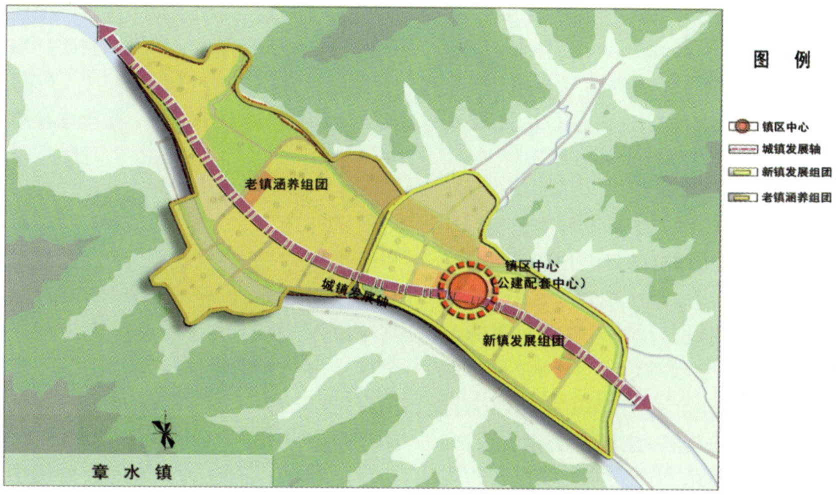

章水镇镇区规划功能结构图

鄞州大道，东至甬台温高速公路（原同三高速公路），南至绕城高速，西至姜山西河，规划人口8.7万人，规划建设用地556.30公顷，规划定位为融居住、娱乐休闲、商贸办公于一体的多功能城市复合地段。黄隘地段控规规划范围东南至奉化江、西至机场路，北至鄞州大道，规划容纳人口0.4万人，城市建设用地289.11公顷，功能定位为市场服务、滨江生态涵养、区域公共服务于一体的城市复合功能地段。

【《鄞州新城区污水管网建设三年行动计划（2015~2017）》完成规划设计】2015年，《鄞州新城区污水管网建设三年行动计划（2015~2017）》完成规划设计。规划范围北至杭甬高速公路及区界，东至甬台温铁路，南至绕城高速公路，西至机场路，总面积约82平方千米。该行动计划将详细规划与建设计划合二为一，整合成“一张图+一张表”，达到“实施一张图”的要求，为近期实现新城区内排污有管可接，修复和改造提升新城区破损污水管网以及污水收集管网建设提供有效的指导方案。

【地下管线普查】2015年10月，鄞州区根据《宁波市人民政府办公厅关于印发宁波市地下管线普查实施方案的通知》精神，由区政府统一部署，全面开展地下管线普查。普查范围包括绕城以内及姜山、滨海片区，按照“区级统筹、属地管理、条块结合、合力推进”的原则，成立由相关职能部门及各镇乡（街道）组成的普查工作协调小组，并在区规划分局设立协调小组办公室，由区规划分局、安监局、经信局、应急办分头负责管线基础信息排查、事故隐患排查、管线综合信息系统建设及应急与长效机制建设四方面工作。

【“工业厂房违规改建公寓楼出租”专项整治】2015年6月中旬起，根据区政府统一部署，由区规划分局牵头，鄞州区全面启动“工业厂房违规改建公寓楼出租”专项整治。至年底，进行两轮细化排查，全区23个镇乡（街道）排查涉及土地违法、土地合法建筑违法、建筑合法用途违规三种类型违法违规项目170件，其中列入整治对象的建筑合法用途违规项目90件。确定以姜山镇为试点，消防、住建、国土、城管、市场监管等相关执法部门联动配合，分步进行整治，并逐步建立规范、有序的日常巡查、监管、查处的长效工作机制。

（许　瑛）

房屋征迁

【概况】2015年，鄞州区启动征收签约项目146个，签约户数4159户（国有签约366户，集体签约3793户），签约面积132.2万平方米（国有签约61万平方米，集体签约71.2万平方米），其中市、区重点项目签约65.6万平方米。拆除3690户，拆除面积130.5万平方米。姚江堤防加固工程、鄞城大道（洞桥—云龙）、宁波铁路北环线“平改立”下穿通道工程等89个项目净地交付，净地交付面积292.4公顷。

出台实施《鄞州区国有土地上房屋征收与补偿实施细则》《鄞州区国有土地上房屋征收补偿、补助、奖励办法》《关于鄞州新城区范围内村经济合作社社员拆迁住房困难户安置实施工作的补充意见》《鄞州区征迁范围内未经登记建筑调查认定补偿实施办法》《关于对征迁项目进行跟踪审计的意见》等政策文件10余个。办理依法征迁手续58个（其中新项目12个），占总征迁项目的30%。作出国有土地上房屋征收决定7个、集体所有土地房屋拆迁实施方案13个、征补决定和裁决51个，实施司法强制搬迁7起。

全区安置房续建项目20个，续建面积210.4万平方米；开工项目17个，开工面积203.1万平方米；竣工17个，竣工面积231.3万平方米，可安置套数16388套。

【“阳光征迁”模式推广】2015年，鄞州区“阳光征迁”模式由姜山、邱隘等近郊镇向古林、洞桥等远郊镇乡推广。其中，宁波栎社机场三期扩建工程是全区实施最大的集体土地“阳光拆迁”项目，总户数1424户，在90天的签约期内签约1365户，签约率达95.9%；违章面积占比50%的宁波固废处理中心项目在20天的签约期内完成签约145户，签约率达96%，并在签约开始后的7个月内完成全部签约。

【征迁安置实行货币回购】2015年，区政府出台《鄞州区国有土地上房屋征收与补偿实施细则》，在货币安置上参照全市统一的标准，提高货币补偿补助和奖励的比例，引导被征迁人选择货币化安置。在钟公庙、首南、中河3个街道实施货币回购工作，回购1295户（占总需安置户数的61%），回购可安置面积14.2万平方米（占总可安置面积的51.5%），发放货币回购资金18.61亿元。

（赵业良）

新城区开发建设

【概况】2015年，鄞州区“50100”项目（50个重点区块和100个重大项目）完成投资279.43亿元，占年度任务的117.11%。四明路、广德湖路、它山堰路等中心城区高压线“上改下”20千米。市对区三江六岸工作考核项目为奉化江东岸滨江道路建设等16个项目，奉化江东岸滨江道路与绿化工程、甬新河中心西河等项目建设完成投资36.76亿元。建成专用停车位10091个和德培小学操场地下公共停车场、院士公园公共停车场、栎社新村站公共停车场、鄞州第二医院公共停车场等573个。建成广德湖路（长丰桥—鄞州大道）、创新路（长寿东路—鄞县大道）公交专用道，古林前虞、石碶冯家和横码、横街、邱隘下万龄5个公交场站。

区城投公司实施工程项目44项，其中市政项目33项（续建18项，新建15项）、房建项目11项（续建7项，新建4项），19个项目完工（市政17项，房建2项）。完成投资18.2亿元（其中市政10.5亿元，房建7.7亿元），招标项目81个，流转合同924份。区城投公司获评宁波市重点工程立功竞赛模范集体、鄞州区安全生产先进集体、鄞州区优秀团组织、鄞州区巾帼建功工作先进集体、省级巾帼文明岗（成本合约部）、市级巾帼文明岗（财务审计部）、鄞州区电子台账制作荣誉（市级巾帼文明岗组一等奖、区级巾帼文明岗组二等奖），万金路延伸段甩项工程获评市政优质工程，鄞州区社会福利救助中心一期工程获评宁波市鄞州区"东钱湖杯"优质工程及宁波市鄞州区建筑安全文明施工标准化工地，鄞州中学迁建项目景观绿化工程获宁波市"茶花杯"园林绿化建设工程优质奖。

【宁波南部商务区建设】 2015年，宁波南部商务区二期完成投资5亿元，17栋楼宇中16栋结顶，明创大楼、恒业大厦、红杉大厦等6栋竣工验收，对外销售；大海大厦、欧华大厦等9栋进行室内外装饰装修。一期7-C、7-D地块主体结构竣工，开始幕墙装修。三期A1地块完成桩基图审图，A2至A10地块开始地下室施工；B地块与京广川商汇置业有限公司等6家企业签订开发协议。四期门户区与美国富顿集团达成合作意向，建设宁波世贸中心项目。"3+X"联动执法在城管、警务、公共物业及楼宇物业基础上实现交警融入，开展联动1105次。发展城管义工队伍，有南部商务区城管中队义工350人，集中开展活动12起。开展各类专项检查17次、消防安全专题培训5场、联合消防演习2次，下发企业安全生产告知书1521份，签订安全生产责任书。

【长丰片区开发建设】 2015年，区长丰开发建设指挥部针对长丰二路、长丰4号地块、长丰三路、新典路（二期）地块、樟溪北路（二期）5个项目14.73公顷土地开展拆迁清零。至年底，民房、企业签约10户，面积9.1万平方米；民房、企业拆除10户，面积1.65万平方米；净地交付1宗，面积1.47公顷。围绕年初确定的12个投资项目，实现全社会投资21.6亿元。其中，本级投资项目投资9.3亿元，拆迁安置3号地块，长丰二路、长丰四路和樟溪北路（长丰二路—环城南路）3条道路，长丰河、芝兰河以及奉化江沿江整治工程均竣工，新典路（一期）、拆迁安置2号（二期）前期工作推进；社会投资项目投资12.3亿元，飞越时空外墙涂料、幕墙玻璃安装，新外滩1号主体竣工，万科江湾府地上施工完成70%，金地长丰2号地上完成60%。舟宿夜江第三届海鲜美食节举行。完成景观灯光改造施工图、预算和住宅2号地块、金家漕北侧商业地块、邻里中心地块、住宅6号地块挂拍，启动商住1号地块规划调整。

万金路延伸段工程

【骨干路网项目】 2015年4月18日，"断头路"广德湖路（首南西路—泰安西路）通车。工程北起首南西路，南至泰安西路，全长约1000米，按城市主干道标准设计，2013年10月开工建设。4月30日，"断头路"长寿东路（科技路—宁横路）通车。工程西起科技路，东至宁横路，全长约830米，按城市次干路设计，2014年9月开工建设。9月30日，"断头路"泰安东路（天童南路—前河南路）建成通车。工程西起天童南路，东至前河南路，全长约300米，按城市次干路设计，2015年4月开工建设。道路建设重点工程之一的宁南南路（鄞州大道—庆元大道）9月30日通车。工程北起鄞州大道，南至庆元大道，全长约1700米，按城市主干路一级设计，2012年8月开工建设。滨江大道（杭甬高速—四明西路）及堇山西路工程完成总工程量的55%。滨江南路（惠风西路—鄞州大道）工程中惠风西路至首南西路完工，首南西路至鄞州大道段完成施工图设计。广德湖路（环城南路—堇山西路）匝道及地面辅道工程进场施工。宁南南路（庆元大道—北大路）工程开工准备。钱湖南路南延（鄞州大道—庆元大道）工程完成施工图设计。环城南路西延（机场路—甬金高速连接线）工程开展前期工作。

【重点民生工程】 2015年，区保障性住房二期工程交付使用。工程位于首南街道宁南路北侧，庆元大道北侧，总建筑面积约15万平方米，由13幢住宅楼组成，总户数2211户。甬新河中心西河（鄞州公园二期）工程水系与驳岸完成总工程量的88%，地下室完成总工程量的83%，地上工程完成总工程量的37%。鄞州第二医院二期综合楼工程完成总工程量的80%，南裕三期（A、B地块）工程完成总工程量的85%。中河街道孙马学校工程桩基工程完工。堇山小学二期工程开展前期工作。"悦邻汇"下应邻里中心项目基本完成施工图设计。

（张旭君　林泽天　张欧琼　翁东辉）

镇村建设

【概况】 2015年，鄞州区18个镇乡有列入考核的"五个一"项目54个，开工40个，完工9个，完成投资47.77亿元；拆迁78.85万平方米，其中市级以上重点工程、东部新城项目31.43万平方米；新建面积247.95万平方米，其中市级以上重点工程、东部新城项目61.96万平方米，拆旧建新投入140.55亿元。

姜山镇走马塘村、东吴镇小白村、咸祥镇南头村被列为省美丽宜居示范村试点，姜山镇井亭村、洞桥镇沙港村、鄞江镇它山堰村通过省美丽宜居示范考核组验收检查。鄞州区累计有国家级示范村2个、省级试点示范村9个。

新村开工123.5万平方米，拆除旧房60.8万平方米，主体结顶149.7万平方米，改建面积23万平方米，投入资金42.3亿元，安置4868户。审议确认21个"美丽镇村幸福家园"建设实施村。推广云龙镇上李家村、东吴镇童一村等新村建设实行以共同体为单位的联户拆建经验。重新组建镇乡（街道）工作班子，由镇乡党委书记任镇村建设工作领导小组组长，镇乡长任领导小组副组长（兼任新村办主任），一名班子成员任常务副主任，原常务副主任改任专职副主任，同时配备若干名规划设计、项目申报、综合统计等专职人员。在区四套班子领导实行联系新村建设实施村制度基础上，各镇乡（街道）均建立领导班子成员联系新村建设项目制度。

【桃源湾休闲度假区开发建设】 2015年，区桃源湾开发建设指挥部基本完成1号地块项目开工建设准备工作，推进景区环湖道路二期工程。四明山地段（JSG-01）通过市规划联席会议审查。基本完成148公顷土地总体规划中期修编相关工作，完成2号地块6.67公顷土地报批工作及26.67公顷土地前期政策处理、招拍挂相关准备工作。四明山村旧村拆迁完成房屋丈量、评估工作，进行民房产权界定，拆迁政策实施细则通过，启动拆迁协议签订。四明山村安置小区工程完成主体工程的85%，总投资1亿元。基本完成项目有关电力、通讯、自来水、广电、天然气等前期设计工作。

【鄞州区获“中国美丽乡村建设示范县”称号】 2015年12月27日，“2015美丽乡村建设发展论坛”在北京举行。论坛由中国互联网新闻中心主办，以“发展美丽乡村、展示美丽乡村、走进美丽乡村、建设美丽乡村”为主题，农业部、环境保护部、住房和城乡建设部、国家林业局、国家旅游局等部门的领导、专家以及全国各地优秀地区代表和企业家近200人出席。论坛评定一批在美丽乡村建设工作中条件突出、成效显著的地区和企业，鄞州区获评中国美丽乡村建设示范县。“十二五”期间，鄞州区村庄改建投资178亿元，拆旧414万平方米，主体结顶674万平方米，约2.2万户农户搬入新村。

【全市美丽乡村和农村精神文明建设现场会在龙观乡召开】 2015年12月8日，全市美丽乡村和农村精神文明建设现场会在龙观乡召开。余红艺、王剑波、马卫光、陈奕君、万亚伟、王建康、林静国、陈炳水、陈国军、毛春阳、沈剑波、徐卫成、茅剑辉等市、区领导出席会议。会上，鄞州区、宁海县、慈溪市龙山镇作交流发言。区委副书记、区长陈国军介绍鄞州区以美丽镇村幸福家园建设为抓手，努力建设高水平城乡融合发展示范区的相关做法和经验。省委常委、市委书记刘奇在会上指出，要切实把“五大发展理念”贯彻到美丽乡村建设的全过程、全领域、全空间，全面提升美丽乡村和农村精神文明建设水平。市委副书记余红艺对市美丽乡村和农村精神文明建设工作作总结部署。会议期间，与会领导和代表参观龙观乡雪岙村、山下村、李岙村、大路村等。

【龙观乡李岙村实行光电建筑一体化建设模式】 2015年8月27日，龙观乡李岙新村的分布式光伏发电项目主体结构建成，村路边243套三层联排别墅住宅屋顶全部安装1200瓦单晶硅光伏瓦片。项目由村集体经济投资，投资额约500万元，项目投运后采用全部上网模式，按照省、市、区的光伏补贴政策，李岙新村年发电收入65万元左右，预计8年左右可收回投资。该项目被列入鄞州区能源示范项目，享受100万元奖励。项目投运后每年可节省标准煤200吨，年减少各类污染物排放656.5吨。冬季首月发电量达1.77万千瓦时。

【姜山镇井亭家园一期交付使用】 2015年1月，姜山镇井亭家园一期全部交付使用。井亭家园一期主要涉及复耕地块的后百丈、新村、庙前、邬家4个自然村，宅基地面积7.73公顷，房屋526幢，户数390户，搬迁人数936人，旧房面积4.77万平方米。新村占地5.19公顷，建筑规模10.6万平方米，有住宅891套。

（张旭君　蒋存行　宋春儿）

公用事业

【概况】 2015年，鄞州区有中压供气管道726.52千米、低压供气管道461.28千米、管道供气用户155466户，12家储配站销售液化气42656.7吨，3家管道公司销售液化气8.1万立方米、天然气11691.71万立方米。7月1日，宁波市鄞州姜山液化气储配供应站迁建通过竣工验收，并领取燃气经营许可证。

委托第三方水质检测单位检测邱隘、东吴、瞻岐、咸祥、塘溪、鄞江、龙观、章水8个镇乡水厂的供水水质（包括每月一次的9项常规指标检测和每年一次的106项水质指标全分析检测），8家镇乡水厂出厂水水质合格率98.1%。开展节水宣传活动16次，发放节水宣传用品近8500份，在首南街道改造居民家庭非节水型坐便器2033台，改造学校和医院节水器具83套、自来水龙头节水宝600个，指导童王小区、都市森林小区、金地国际花园小区创建省级节水型小区，全区节水型居民小区总数达20个（省级19个、市

东吴镇童一村临溪人家

级1个)。

全区建设污水主干管29.3千米、镇乡收集管127.9千米,鄞西污水处理厂投入使用,滨海污水处理厂一期进行单机调试。率先启动发放镇乡排水许可证,累计发放排水许可证425家(其中镇乡87家),整治排水户300家。清淤中心城区管网334千米,检测管网120千米,修复管网120千米,提标改造管网25千米,改造道路积水点47个,增加应急排水能力4710立方米/小时,泵站全部实行市场化运作,获2015年宁波市"排水杯"排水设施养管工作优胜奖。

鄞州区全社会用电量76.89亿千瓦时,比上年下降0.26%;区供电公司实现供电量76.35亿千瓦时,下降0.15%;售电量73.66亿千瓦时,增长0.19%;网供最高负荷158.89万千瓦,增长0.37%;线损率3.53%,下降0.32个百分点。综合电压合格率99.71%;供电可靠率市区99.98%、农村99.93%。全年新装、增容用户53437户,其中居民用户49761户、非居民用户3676户。报装容量1363276千伏安,其中居民用户619593千伏安、非居民用户743683千伏安。全区累计用电户数694754户,其中居民用户631192户、非居民用户63562户。第一产业用电量0.67亿千瓦时,下降0.58%;第二产业用电量53.53亿千瓦时,下降4.09%;第三产业用电量11.15亿千瓦时,增长12.53%;居民用电量11.54亿千瓦时,下降7.90%。促成区政府在省内率先设立企业暂欠电费帮扶风险基金。供电业务扩展平均时限缩短21天。6230户小区用户实行预付费,新装专变用户全部实行分次结算。销售充值卡5286万元,增长113%。电能替代电量1.672亿千瓦时,完成率115.3%。微信累计关注65082个,绑定用户数73653户。对新进大学生,实行3~5年的跟踪培养和轮岗培养。库存物资周转率提升130%。安排公司领导到岗到位92场次,职能部室管理人员到岗到位211场次,发现问题、制止违章37起。检查1206个施工班组,发现161起违章现象,违章查到率13.35%。建成宁波地区首家县级电力安全工器具检测分中心。公司连续安全生产日达到3827天,获"全国安康杯竞赛优胜单位""2015年度市公司精神文明建设先进单位"称号,获"国网公司管理创新推广成果一等奖"、同业对标位列省供电公司第一集团第五名、市供电公司第一名,业绩考核列市供电公司第一名。

9月17日,鄞西污水处理厂进行通水调试

【电网建设】 2015年,鄞州区电网建设完成固定资产投资2.85亿元。其中,电网基建项目完成投资2.76亿元,资产零购177万元。修编《鄞州区电力设施布局规划》《鄞州区"十三五"配网规划》和《鄞州区电缆管网适应性规划》。与政府沟通,促使镇乡(街道、园区)出资编制区域专项电力规划,推动建立政府部门为建设主体、电力部门负责运行维护的电缆管沟建设管理机制。建成投产220千伏潘桥变电站扩建工程、110千伏长丰变电站、土桥变电站扩建工程3个项目(其中长丰变电站是宁波地区首个采用首检式验收的智能变电站),投产变电容量33万千伏安。开工建设500千伏宁海电厂至明州变电站线路、明州变电站220千伏配套送出线路、惠明至萧镇线路、110千伏前周变电站、岐阳变电站、姜村变电站、铜盆变电站扩建工程7个项目;推进500千伏明州变电站、110千伏塘溪变电站、仕港变电站迁建工程、姜山变电站35千伏线路改接、樟村变电站第二回路5个项目建设;进行220千伏望春变电站、东展变电站、潘桥变电站迁建工程、鲍家至澄浪线路、110千伏世纪变电站等18个项目前期工作,电网储备规模全市第一。

【截污纳管(排水许可)工作启动】 2015年3月2日,区排水管理处向集士港镇杉井商业管理(宁波)有限公司发放鄞州区首张镇乡排水许可证。4月30日,区委、区政府在集士港镇召开全区截污纳管(排水许可)现场推进会,会议由区委副书记毛春阳主持,吴柏宏、吴海平等区领导出席会议,区委副书记、区长陈国军到会讲话,区城管局、集士港镇、高桥镇以及企业代表分别作交流发言。鄞州区正式在全市范围内率先启动镇乡排水许可工作,累计发放排水许可证425家(其中镇乡87家)。

【"节水宣传进广场"活动】 2015年5月10~16日,第二十四个全国城市节水宣传周举行,主题是"建设海绵城市,促进生态文明"。11日,区城管局在鄞州万达广场北组织"节水宣传进广场"活动。活动由区城管局、市自来水公司鄞州供水分公司、市鄞州创海节水器具有限公司联合举办,现场发放节水宣传围裙400件、节水宣传笔记本500本、坐便器水箱节水阀100个、水龙头节水宝118个。

【鄞州首个城农网升级改造工程结束】 2015年10月29日,鄞州洞桥上凌线全线贯通运行，全长6.6千米。上凌线涉及的洞桥变电所、鄞江变电所投产运行约20年，线路、设备、设施逐渐老化，原电网骨架、绝缘性能不能适应用电新形势的发展战略需求。6条10千伏高压线路升级改造工程是将上凌线与臼庙线、天王线与洞镇线、宁峰线与电泵线路分别改造为双电源供电，并将原180平方毫米的裸铝线改为240平方毫米绝缘导线，在6.6千米线路的高压电杆上分别安装电压保护器648只、真空开关18台、氧化锌避雷器18组，拆除旧线路6.6千米、真空开关10台、避雷器10组。由180平方毫米裸铝导线改为240平方毫米绝缘导线后，可抗击马路两旁绿化树木大风侵袭线路接地现象，增加供电容量，提高供电可靠性与保障性。

【皎口水库电站通过农村水电安全生产标准化一级评审】 2015年11月30日至12月2日，水利部农村电气化研究所专家组听取皎口水库安全生产标准化创建情况的汇报，实地踏勘和检查水库大坝、溢洪闸、发电输水隧洞及电站、防汛仓库等现场，查阅相关台账和资料。对照水利部《农村水电站安全生产标准化达标评级实施办法（暂行）》评分细则，检查电站安全生产目标、组织机构职责、教育培训、生产设备设施、隐患排查和治理、应急救援、绩效评定和持续改进等13类97项评审项目，逐项考核打分。评审认为，皎口水库电站安全生产标准化建设成效显著，设备设施安全，库容库貌秀美，信息化应用水平较高，职工精神文明建设特色突出，人员岗位职责掌握、制度执行、台账数据分析处理等均形成标准化流程。综合考核得分94分，得分率94%。达到水利部农村水电站安全生产标准化一级标准，通过验收。

（蒋松澔　岑　雅）

城市管理

【概况】 2015年，区城管局管理城市道路总长137千米405万平方米、路灯12418盏、市政桥梁192座、城市公共消防栓873套，各类市政设施考核分值均在优良以上，照明设施平均亮灯率99.7%。统一维修城区内破损沥青路面、桥头接坡、波浪路面，改造格兰云天周边人行道、高教园区学府路人行道。实施秤钩漕桥、冯江岸桥、城泗桥、昇平桥、桃江大桥、阳平桥、东黄桥、李家兰桥加固维修工程及8座桥梁栏杆提升改造工程，委托专业检测机构检测城区内桥梁100座。实施前塘河周边景观灯光提升工程，与国家电网开展LED节能改造合作，替换改造学士路等300余盏路灯的LED。启动公共停车场备案，推进公共停车场行业管理，获2015年度宁波市“灵桥杯”设施管理优胜奖。

城区绿地面积741万平方米，城区绿化覆盖率44.18%，人均公共绿地面积12.73平方米，区城管局管理的绿地总面积约284万平方米、行道树27737棵，其中一级绿地235.6万平方米、二级绿地33.7万平方米、三级绿地15万平方米。投入513万元开展“一路一品”工程，提升改造贸城路、四明路道路绿地，通过宿根花卉、LED景观灯光以及节点花境小品组合，实现白天赏花、夜晚赏灯、四季有颜、文采并现的精品道路绿地。开展机场路高架桥柱垂直绿化，万达广场、大雁桥桥面、首南中路箱体式绿化，四明春晓小区西侧扇面立体花境以及万达公寓墙体垂直绿化等绿化提升项目，获2015年度宁波市“茶花杯”园林绿化管理先进单位奖。

区城管局保洁的城区道路面积增加63万平方米，总面积693万平方米，长效保洁覆盖率和机扫率分别达到100%和80%。全区日均处理生活垃圾1450吨，餐厨垃圾收运实现6个街道全覆盖，全年收运餐厨垃圾约2万吨，实现首南街道社区生活垃圾分类全覆盖，获2015年度宁波市“市容环卫杯”环卫管理奖、创新奖。

城区有内河96条（总长约194千米，面积约379万平方米）。清淤整治河道22条（总长度23.3千米，面积46.8万平方米，总清淤量33.7万立方米），打通文华河节点，水质养护河道从27条（养护总长度26736米，养护面积45.2万平方米）扩大到56条（养护总长度46822米，养护面积76.9万平方米），小洋江、仇毕河等河道实施景观提升，种植杜英、春鹃等乔灌木4500平方米。获2015年度宁波市内河工作最高奖项“内河杯”，获评唯一一条城区内河IV类水体达标河道（院士公园河）、仅有的两条市民公园型景观河道（院士公园河、小洋江）及两个创新工作奖（河体净化技术、河道水质综合考核制度）。

组织开展各类执法专项整治行动105次，参加整治人数约7000人次，查处一般程序案件1157起，罚款1377万余元，案件数量和罚款数额全市第一。开展中心城区流动摊贩集中整治行动，查处无照流动经营行为340起，暂扣经营工具265件，获市城市管理局局长李谦和区长陈国军批示肯定。参与建筑垃圾陆上运输百日整治行动，检查渣土车1047辆。推进车棚车库整治，整治任务和整治进度均居全市第一。在2015年全市城市管理行

12月，鄞州公园景观湖水质养护工程完成验收

政执法年度评优评先活动中，获“行政执法工作先进集体”“基层基础规范化建设先进单位”“街面保序和示范路创建先进单位”“案件办理工作先进单位”等称号。

【城管执法勤务机制改革】2015年，区城管局按照“人力跟着勤务走，勤务跟着秩序走”的原则，深化勤务机制改革，适时调整优化路面勤务安排和执法力量配置，提高城管执法的出勤率、管事率和见效率。在原有管理网格基础上，在中心城区范围内建立起由21个管理片区、116条责任道路构成的网格化层级管理体系。完善基础管理，将日常管控责任精细到每一条道路、每一个岗位、每一名队员，实现全时段监控和无缝隙管理。

【“智慧城管”建设】2015年，“智慧城管”一期项目完成终期验收，进入试运行。在一期项目基础上，初步探索建立消火栓等公共安全行业实时监控系统。全年解决“智慧城管”平台案件136951件，受理市民热线投诉13113起，主动发现率、案件解决率和及时解决率均达到100%。区智慧城管中心连续3年被评为浙江省智慧城管工作先进集体，获2015年度宁波市“智慧城管杯”、宁波市智慧城管行业“大比武”团体总分第一名。

【城管义工】2015年，全区有义工服务点15个、社区联络站32个、长效服务岗19个，在册城管义工2648人、单位会员31个。开展“奔跑吧，城市”户外体验活动、“高温下的城管人”随手拍活动等140次，参加活动的义工达1134人次。深化城管义工联合考核，将考核范围从道路保洁拓展到内河保洁。鄞州城管义工办事处被评为2015年度宁波市城管义工协会先进办事处。开通“鄞州城管义工”微信公众平台，设置“最义工”“志公益”“知城事”3个板块，内容涵盖城管义工活动动态、义工学堂、义工报名渠道、义工互动以及市民普遍关心的城市管理方面的资讯，鄞州城管义工办事处在“志公益—爱互动”板块推出“主题随手拍”活动。

12月8日，小洋江整治工程竣工

【垃圾分类】2015年3月，鄞州区潘火街道德培幼儿园作为鄞州区垃圾分类试点学校单位，进行垃圾分类工作。5月，区城市管理（行政执法）局作为垃圾分类试点机关单位，开展垃圾分类工作。7月，首南街道全面铺开垃圾分类试点工作。10月，根据《2015年鄞州区城区生活垃圾分类处理与循环利用工作考核办法》，以社区、学校、机关企事业单位为三大阵地，在鄞州中心城区全面推行垃圾分类。至年底，钟公庙、中河、首南3个街道有46410户小区居民、16所中小学校、68个机关单位、85个事业单位和9个国企单位推行垃圾分类；下应街道景湖社区700户居民参与垃圾分类工作。

【公共停车场登记备案】2015年5月28日，区市政公用管理处增加3名编制，设立停车场管理所，承担鄞州区公共停车场使用管理及行业指导等职能。根据《宁波市停车场规划建设和管理条例》规定，对公共停车场行使行业监管和行政执法两大职能。8月，在原有排查公共停车位数量、参与规划与建设工作、开展停车场专项整治等工作基础上，启动中心城区公共停车场经营登记备案工作，制定《鄞州区中心城区公共停车场移交接管暂行办法》，推进万达商圈道路停车收费管理试点。至年底，完成36个公共停车场登记备案工作，包括32家自建停车场和4家公建停车场，共计停车位14874个。

【区垃圾焚烧发电项目】2015年1月19日，区城管局与宁波明州环境能源有限公司、中信产业投资基金管理有限公司、中信环保股份有限公司、上海康恒环境股份有限公司签订《宁波市鄞州区生活垃圾焚烧发电项目特许经营协议》。鄞州区垃圾焚烧发电项目为原宁波市固废处置中心三个主体项目中最重要的标杆项目，选址于洞桥镇宣裴村裴岙，占地8.27公顷，垃圾日处理规模为2250吨，配套建设烟气净化系统、废水处理系统、灰渣处理系统等辅助设施。至年底，完成建设用地规划许可证、水土保护评价、环境影响评价、社会稳定风险评估、能源评估、安全评价、取水、可行性研究、林地、考古、国有建设用地划拨、初步设计评审、电力接入系统设计、渗滤液工程可研等前期工作。

【小洋江整治工程竣工】2015年8月14日，小洋江整治工程开工，12月8日竣工验收。小洋江整治工程整治段西起前塘河，横穿泰寓路、贸城路、钱湖北路、鄞县大道、学府路，东至府溪河，河道整治中心线长度2048.96米，宽度15米~33米，水域面积46654平方米。整治内容为清除河道河底淤泥及垃圾，清理河岸两侧垃圾及堆土，浆砌驳坎，局部沿河绿化补种、泰寓路三角地绿化景观工程和排污口封堵改造、护岸维护、河底管道维护等。

【Ⅳ类水河道创建】2015年，鄞州区打造两条Ⅳ类水河道，分别为院士公园河及万达环河。院士公园河位于鄞州高教园区，呈南北走向，途经求是路、首南东路、日丽东路汇入前塘河，河长1941米，总水域面积约65000平方米。万达环河北起四明中路，南到贸城中路，西至宁南北路，东与汪董河相连，贯穿鄞州万达广场，全长758米。院士公园河被评为宁波市唯一一条城区内河Ⅳ类水河道。

【城管行政执法保障中队成立】 2015年3月底，鄞州区从公安系统抽调骨干力量，成立行政执法保障中队，配有民警7人、协辅警5人，入驻区城管局。主要任务是配合城市管理行政执法大队现场处置市容管理和执法中发生妨碍公务案件；依法查处打击在城市管理过程中发生的暴力抗法事件和各类治安、刑事案件；联络、协调公安分局各部门、各派出机构支持城市管理行政执法活动等。至年底，行政执法保障中队参与保障城管执法行动45次，办理刑事案件1起、治安案件7起，刑事拘留1人、行政拘留5人。

【“鄞州城管”微信公众号上线运行】 2015年9月1日，“鄞州城管”微信公众号上线运行。“鄞州城管”微信公众号开设为民生、优服务、共参与三大功能板块。“为民生”向市民展示鄞州城管相关工作动态及城管人风采；“优服务”供市民了解城市管理办事指南和法律法规等信息；“共参与”主要宣传垃圾分类和节水知识，同时提供义工网上报名服务。至年底，“鄞州城管”微信公众号推送信息50条。

（蒋松游）

客运中心综合管理

【概况】 2015年，宁波市客运中心站区域综合管理办公室实行综管队员指纹考勤、巡逻打点制度，鄞州公安分局巡特警大队民警24小时参与配枪巡逻执勤。投入8万元，更换出站口执勤岗亭2座，在启运路机场路口增设岗亭1座。投入9万余元，更换启运路隔离护栏、机非护栏、新型警示柱、导向牌、标志板等交通设施。重新刷白道路交通标线，设置公交上下客区域及车辆禁停区。投入9万余元，升级辖区内监控技防工程，客运中心区域基本全覆盖。

投入45万元，启动区域景观提升工程，改造工程面积约4000平方米。在广场上设置服务指南，指出换乘点路径。配合宁波公运集团股份有限公司平整、改造通达路路面，配合公交站牌迁移，拆除旧站牌，恢复市容整洁。增加公共自行车点1处，放置公共自行车50辆，区域内2处公共自行车点放置公共自行车80辆。增加非机动车停车位1处，可容纳非机动车450辆。客运中心区域通过全国文明城市复查。

“春运”期间，宁波汽车中心站发车14786班次，其中加班车1206班次；客流量60.5万人，其中发送旅客30.13万人，区域内交通安全事故零发生，文明执法零投诉。

【市客运中心站区域综合管理模式创新】 2015年，宁波市客运中心站区域综合管理办公室综合公安、城管、运政等各职能部门执法力量，逐步建立一套“三位一体”的综合管理模式，建立职能全覆盖联动机制。按照“职能分工，综合管理”原则，逐步整治规范区域内占道经营行为，整治占道经营、流动摊贩、跨门营业，全年人行道违停抄告755起。建立桩点管理和机动巡查“二合一”工作机制，科学配设执法人员。规范营运市场，打击“黑车”，开展集中整治行动。通过执法人员、客货营运公司、志愿者团队共同参与，查纠出租车违章543起，大巴车违章57起，查扣无证客运59起。完善治安防控格局，增强巡逻防控，开展禁毒打防工作，对进站旅客进行身份验证，抓获吸毒人员20人、全国在逃人员2人、全省犯罪临控人员2人，全年处置各类纠纷177起、求助220起、盗骗31起、打架20起，调解纠纷135起，传唤120人次，查获易燃易爆物品2870起。

【市客运中心站区域实行联创共建机制】 2015年9月，宁波市客运中心站区域综合管理办公室党支部、宁波市公运集团股份有限公司汽车中心站党支部、宁波市轨道交通集团有限公司运营分公司客运中心区域党支部推行联创共建机制。围绕“服务联动”和“组织联建”，共建各方资源共享、信息互通、工作互动，交流客流组织方案，共享首末班车和晚点信息，及时传递客流动态信息，优化客流组织方案，加强大客流疏散、突发事件应对等应急预案的接口和联动，实现客流组织安全。全年开展志愿者交叉互动4次，为乘客提供交通指引、换乘衔接、客流疏导、环境清洁等志愿服务。

（丁红艳）

环境管理

【概况】 2015年，鄞州区9个市控以上地表水站位水质功能达标率55.5%，其中Ⅱ类水1个、Ⅲ类水4个、Ⅳ类水1个、劣Ⅴ类水3个。平原河网水体氨氮浓度比上年的1.83毫克/升下降15.1%，总磷、石油类浓度与上年持平。全区4个饮用水源水质均达到标准要求。

中心城区浙江万里学院测点有效监测天数365天，优良总天数346天，API优良率94.8%，比上年的93.4%上升1.4个百分点，其中Ⅰ级天数154天、Ⅱ级天数192天、Ⅲ级天数16天、大于Ⅲ级天数2天；AQI优良率74.2%，比上年85.7%下降11.5个百分点，其中Ⅰ级天数57天、Ⅱ级天数214天、Ⅲ级天数73天、Ⅳ级天数15天、Ⅴ级天数6天。云龙镇测点有效监测天数361天，优良总天数339天，API优良率93.9%，比上年的90.6%上升3.3个百分点，其中Ⅰ级天数106天、Ⅱ级天数233天、Ⅲ级天数22天、大于Ⅲ级天数0天。全年酸雨率75%，比上年的79%下降4个百分点。

全区功能区区域环境噪声点位38个，平均值57.0分贝，超过GB3096-2008《声环境质量标准》规定的Ⅰ类标准55分贝，比上年平均值降低1.6分贝。功能区区域交通噪声点位15个，平均值67.8分贝，达到GB3096-2008《声环境质量标准》规定的4类标准70分贝，比上年平均值降低1.9分贝。

全区化学需氧量、氨氮、二氧化硫、氮氧化物排放量分别比上年削减3.2%、4.6%、4.1%、7.3%。

开展行政审批“两集中、两到位”工作，行政审批事项窗口进驻率提升至100%。审批勘查项目1207个，因不符合环保条件被否决的项目330个，否决率27.3%。审查审批建设项目环境影响评价文件769件，其中报告书项目26件、报告表项目437件、登记表项目260件；应急预案备案89家，其中较大及重大以上18家、涉及跨区域备案企业1家；危险废物申报登记17家，危险废物管理计划备案18家；发放A类排污许可证3家、B类排污许可证6家，变更排污许可证1家。开展“亮剑”专项环境执法行动16次，错时及联合环境执法行动45次，受理领导批示、上级督办、来信来访来电环境信访3200余件，信访办结率达到100%，满意率在98%以上。

【基层环保组织建设】 2015年7月，区编委办下发《关于调整基层环保机构设置的批复》，增设基层环保所2个，为正科级全额拨款事业单位，各设所长1人，核定编制3人。增设后，区环保局下属基层环保所6个，分别为环保一所、环保二所、环保三所、环保四所、环保五所、环保六所；全区各镇乡（街道）村镇建设办增挂环境保护工作站牌子，各环保站配备2名以上在编工作人员，其中中层干部1人。11月，区政府办下发《关于加强基层环保组织建设的实施意见》，明确镇乡政府（街道办事处）、环保工作站、基层环保所的职责与任务分工，全区环境保护“属地管理、分级负责，区镇联动、齐抓共管”的网格化管理格局基本形成。

【鄞州电镀园区整治】 2015年，鄞州电镀园区内参与提升的17家企业开始厂房建设施工。8月底，土建桩基工程完工。12月，完成工程量的60%。三个区块的污水处理设施土建工程同步建设。

【淘汰“黄标车”】 2015年，全区淘汰“黄标车”9324辆，其中交警强制注销650余辆，超额完成年度目标任务。调整奖励补助政策，实施全区域全时段“黄标车”限行政策，全年发放补贴资金7419.9万元。

【精密铸造行业污染整治】 2015年，鄞州区开展精密铸造行业污染整治。6月17日，区政府办公室印发《鄞州区深化精密铸造行业污染整治实施方案的通知》，成立以分管副区长为组长，相关部门、镇乡政府负责人为成员的领导小组，实施全区精密铸造行业专项整治。全年整治提升企业33家，关停淘汰企业3家。

【环境违法整治】 2015年，区环保局联合鄞州公安分局、检察院、法院，开展环境违法整治，采取夜查、错时查、异地执法查、突击检查等方式进行查处，处罚违法企业和经营者200余家，罚款金额1000万余元。查封扣押27次，总数列宁波市首位。因环境违法行为向公安部门移交刑事（治安）案件17起，采取强制措施33人，行政拘留2人。

（庄 健）

生态区建设

【概况】 2015年，全区18个镇乡（含涉农型街道）累计有17个创建为国家级生态镇乡（街道），1个创建为省级生态镇。全区有国家级生态村1个、市级生态村327个，市级以上生态村占全区行政村总数的86.09%。启动编制《鄞州区生态文明建设规划》。

【生态功能区划调整】 2015年，区环保局编制《鄞州区水功能区、水环境功能区修编方案》，解决部分水功能区、水环境功能区与社会发展不相协调的问题。编制《宁波市中心城区（鄞州区）环境功能区划》，按照鄞州区生态环境资源的空间差异性进行环境功能分区，划定包括6个自然生态红线区在内的6类环境功能区29个，实施分区差别化环境管理政策。

【“清三河”行动】 2015年，鄞州区以“清三河”达标县为目标，开展“清三河”行动，全区149条垃圾河和111条黑河、臭河治理全面完成并通过验收。执行《鄞州区控源头防反弹，巩固“三河”治理成效实施方案》，实施河长手册制度，并开展常态化工作督查，对40条区级以上领导任河长的河道和通过验收的黑河、臭河实行“三个一次”工作制度（即对河道进行每月一次水质监测，每月组织一次面上检查，每月一次情况通报），并跟踪通报情况，督促整改落实。

【河道环境综合治理】 2015年，鄞州区开展河道疏浚工作，投入5530万元，疏浚河道277千米。开展生态河道建设，投资2200万元，建设生态河道8.5千米。推进村庄水环境示范村项目，投资694万元，重点实施古林镇蜃蛟村、高桥镇芦港村、洞桥镇石臼庙村项目。开展城区内河整治，进行内河保洁、整治和生态修复，投入1.2亿

8月24日，区“绿水青山就是金山银山”主题公益实践会暨全区“青春治水”环境观察主题志愿服务活动启动仪式在鄞州中学举行

元，22条内河实施综合整治项目。

【农业面源污染防治】 2015年，鄞州区关闭畜禽养殖场262家，拆除面积148634平方米，复耕面积108347平方米。进行“一场一策”生态化改造，改造非禁养区内规模畜禽养殖场30家。开展河道水域渔业生产规范化整治，清除全区内河河道中网箱、跃进斗等渔业设施和沉船等废弃物。确立1个占地13.33公顷的区级稻田生态修复示范点，修复面积居宁波市首位。

【城乡环境综合整治】 2015年，鄞州区增加平原绿化面积92.87公顷，山地营造林面积83.33公顷。增加环城南路、机场路南延、鄞城大道绿化景观工程57.8万平方米，完成甬金连接线、鄞横线两条“三化”示范路创建。开展城市绿地提升工程，推进鄞州公园二期建设，打造一路一品、一街一景，城区绿化从平面向立面发展、绿色向彩色发展。以“城乡清爽行动”为载体，实施道路洁化、镇容靓化、河道净化、街路序化、村庄美化五大行动，全面整治环境卫生“脏乱差”问题。全面落实“两路两侧”专项整治行动，完成133处省定任务和191处市定整改任务，整治完成率达100%。开展四明山区域生态保护工作，四明山区域生态修复面积达到96.6公顷。治理区域山塘水库和小流域，完善水源地隔离设施和进入水源保护区的短信提示系统。

【垃圾收处体系建设】 2015年，鄞州区推进生活垃圾焚烧发电项目和鄞州区循环资源处置中心两大工程建设的前期工作，促进区域环卫基础设施建设，印发《2015年鄞州区城区生活垃圾分类处理与循环利用工作实施方案》。全年全区处置生活垃圾总量52.79万吨，平均日产1146吨。收运处置餐厨垃圾和厨余垃圾，约有570家单位签订收运合同，各镇乡（街道）环卫作业开展16小时、12小时、8小时动态保洁制。

【污水处理设施建设】 2015年，全区建成污水主干管29.25千米、镇乡污水收集管127.9千米，累计建成污水主干管171千米、污水收集管网514.1千米。鄞西污水处理厂投入使用，滨海污水处理厂一期进入单机调试阶段。中心城区管网清淤334千米，管网检测和修复120千米，管网提标改造25千米。开展农村生活污水收集处理提升工作，投资3.8亿元，实施132个行政村的污水收集处理设施建设。

（庄　健）

“森林鄞州”建设

【概况】 2015年，鄞州区完成环城南路绿化景观工程一期工程、高速公路沿线四期建设项目。实施天宫碳汇林工程。开展“森林鄞州”绿化工程养护招标与管养工作，通途路、福庆路、东外环、鄞城大道、新宁横线养护完成招标，实施绿化景观工程养护质量考核办法，对养护组织，整体效果，乔木养护，灌木（球）养护、色块，草坪养护，病虫害防治和施肥，卫生环境管理7方面进行考核。鄞州区高速出入口景观提升工程完成设计、方案评审、造价编制、项目立项、前期政策处理等工作。

【环城南路绿化景观工程一期工程】 工程位于邱隘镇，项目东至福庆路，南至环城南路，西至杨木碶河，北至甬台温铁路，整个设计通过“五福广场”贯穿连接“长寿—富贵—康宁—好德—善终”的五福含义为线路，利用健康跑道进行连接。设计树种主要有香樟、刚竹、樱花、落羽杉、无患子、垂柳、桂花等。8月，项目竣工并通过验收，总面积22760平方米，总投资820万元。

【高速公路沿线四期建设项目】 项目位于同三高速公路下应段西侧，鄞州区交警支队内，绿化面积8669平方米，项目结合高速公路沿线环境整治和交警支队增设停车位的需求，进行绿化提升改造。6月，项目完工。

【天宫碳汇林项目】 2015年3月，天宫碳汇林项目开始建设。资金来源于16家企业捐资单位（其中国骅集团有限公司150万元、宁波市鄞州市政园林工程有限公司100万元、宁波和邦投资集团有限公司50万元、浙江中哲控股集团有限公司50万元、宁波培罗成集团有限公司50万元）的碳汇基金720万元，其余超出部分由湾底村负责承担。工程以海棠古树园和橄榄园为特色，绿化面积6.37万平方米，投资983.3万元。

【高速公路出入口景观提升工程】 2015年下半年，鄞州区开始实施宁波东、宁波西、朝阳、横街、云龙五个高速出入口景观提升工程，总设计面积113公顷，总投资2.5亿元。至年底，项目设计、立项、预算造价、招投标发布等工作完成。

（周爽研）

云龙出入口设计效果图

建筑业·房地产业

宁波南部商务区

建筑业

房地产市场

住房保障

住房公积金管理

鄞州年鉴

2016 YINZHOU YEARBOOK

建筑业

【概况】 2015年，鄞州区有资质以上建筑施工企业91家，实现建筑业总产值378.9亿元，其中省外产值167.9亿元。竣工产值277.4亿元，比上年增长38.3%。房屋建筑施工面积3226万平方米，增长10%。

安全生产监管巡查抽查房屋建筑工程项目322个，发出限期整改通知书501份，停工整改通知书117份；市政项目56个，发出整改通知书30份，整改隐患数约4800条，对10家企业提交行政处罚；受理拖欠农民工工资有效投诉222起，涉及人数2092人，工资额3185.83万元。建设监察巡查检查项目163次，发出整改通知书97份；房地产综合验收项目27个，查处房地产、建筑业等各类违规行为72起；受理各类投诉案件114起，投诉类型主要集中在家庭违规装饰装修方面。

备案区招标文件302个，实行建设工程招投标项目294个，中标造价75.92亿元，其中财政性投资项目254个，中标造价46.16亿元。建设项目合同备案421个，面积478.16万平方米，造价112.66亿元。其中，招标项目合同备案288个，建筑面积253.06万平方米，造价89.97亿元（包含自行招标项目30个，造价25.86亿元）；直接发包项目合同备案133个，建筑面积225.1万平方米，造价22.59亿元。从建设项目合同备案情况分析：备案件减少81起，减幅16.14%；备案金额减少81.97亿元，减幅42.1%。

办理质监登记303项，建筑面积505万平方米；工程竣工备案1200项，竣工面积792万平方米，其中住宅工程竣工备案871项，建筑面积530万平方米。受理工程质量投诉153起。

表19 2015年鄞州区建筑业总产值前20位企业法人单位名单

名次	企业名称	名次	企业名称
1	宁波雅戈尔国际贸易运输有限公司	11	宁波市东方巴士服务有限公司
2	宁波顺风速运有限公司	12	宁波市鄞州久胜劳务有限公司
3	宁波杉杉股份有限公司	13	宁波市鄞州天宾贸易有限公司
4	宁波东方联信实业发展有限公司	14	宁波市中北汽车客运有限公司
5	宁波凯赢建筑劳务有限公司	15	宁波中基国际物流有限公司
6	宁波明州医院有限公司	16	宁波创新兴达石业装饰工程有限公司
7	宁波机场与物流发展集团有限公司	17	宁波市鄞州保安服务公司
8	中国国旅（宁波）国际旅行社有限公司	18	宁波市永盛公共交通有限公司
9	宁波市城乡公共交通有限公司	19	宁波市东望智能系统工程有限公司
10	东蓝数码有限公司	20	宁波邦芒人力资源有限公司

【外地建筑企业动态监管】 2015年3月27日，区住建局副局长俞惠浩主持召开一季度建筑业工作例会，专题讨论部署开放建筑市场、规范外地建筑企业进鄞备案管理、外地企业市场准入后动态监管、执行市场清出制度等工作。区住建局行政许可科、建管处、质监站、招投标办、建设监察大队相关负责人参加会议。会议达成一致意见，办理进鄞备案的外地建筑企业应按照“宁波市建筑业信用信息管理系统”管理要求录入并审核通过企业基本信息和相关人员信息，建筑施工企业需提供宁波市建筑业企业人工工资支付担保证明，方可在鄞州区承接业务；对发生质量安全责任事故、不诚信市场行为、恶意拖欠民工工资等方面违法违规行为企业，实行一票否决制度，限制甚至取消其进鄞备案资格，每季度全区通报外地进鄞备案企业动态监管情况，全年动态监管外地建筑企业289家。

【建筑施工安全生产月活动】 2015年6~7月，区住建局开展以“加强安全法治、保障安全生产”为主题的第十四个建筑施工安全生产月活动。活动由安全生产事故警示教育周、安全文化周、安全生产应急预案演练周三个环节组成。组织建筑工地张贴“科学发展、坚守红线”“安全、和谐、健康、幸福”“甜蜜的家盼着您平安归来”等安全生产警示标语；举办2015年度建筑施工现场专业管理岗位人员安全生产知识培训，培训709人次，培训内容包括建筑施工安全生产法律法规、施工现场安全生产标准化管理规定、施工现场事故案例以及建筑行业职业道德等理论性和实务性操作规程；在鄞州万达广场北开展建筑施工安全宣传活动，宣传内容包括建筑施工危险作业、登高作业“十不登”、起重机械“十不吊”、预防施工坍塌、建筑施工从业人员权利义务等方面，向150余人发放宣传资料，发放宣传单169份、宣传扑克牌354副；组织开展为期半年的建筑工程“文明施工”提升专项行动，行动由施工工地环境整治、安全生产文明施工标准化建设、安全生产文明施工“树标杆、学标杆”示范三大提升行动构成，引导各方主体开展各级标化工程创建活动，优化《宁波市建筑工程施工现场信用评价手册》的应用，逐步推广建筑起重机械“黑匣子”的应用。

【“建筑施工吊篮安全管理”专项整治行动】 2015年5月，区住建局在全区范围内开展“吊篮施工安全管理”专项整治行动。整治范围包括全区房屋建筑施工现场吊篮的安拆、使用、维护、检修等安全生产情况以及有关吊篮的台账资料情况，整治重点包括：吊篮租赁单位的主体资质、吊篮产品合格证书、安装拆卸人员的特种作业证、吊篮安装后是否委托法定检测机构进行检测合格、吊篮操作升降人员培训和持证上岗情况等。整治过程分自查自纠和监督检查两个阶段，按照“谁主管、谁负责，谁审批、谁负责，谁投资、谁负责”和“分级、属地”管理原则，对查明的隐患立即进行整改，并建立和完善施工吊篮管理长效机制。检查建筑施工吊篮352台，发现安全隐患并落实整改12台。

11月6日，市“大荣杯”建筑业青年技能大赛在鄞州区举行

【建筑起重机械专项检查】 2015年7~8月，鄞州区开展在建建筑工程起重机械安拆及使用专项检查。专项检查抽查在建工程48个、起重机械设备86台，涉及起重机械安拆单位17家、施工总承包单位28家和监理单位31家。专项检查重点是：建筑起重机械安拆环节中安拆作业时间与告知时间是否相符，现场管理人员到岗到位及作业人员持证上岗情况，现场作业人员统一穿着反光背心、挂设工作牌、现场拉设警戒线情况；施工总承包单位起重机械的安全管理、规范使用及监理单位履职情况。全区通报表扬单位2家，全区通报批评存在问题单位9家，上报市住房和城乡建设委员会重点监管单位1家。

【“静钻根植桩”工程应用通过专家组鉴定】 2015年7月10日，区住建局邀请省、市有关专家，对宁波中淳高科基础工程有限公司研发的“静钻根植桩”技术在鄞州区工程实践的应用召开专家鉴定论证会。区住建局及相关街道、城投公司、质监、建管等单位代表参加会议。与会专家听取宁波中淳高科基础工程有限公司对“静钻根植桩”技术的发展、施工工艺、工程应用和两个试点项目的设计试桩结果等介绍和答疑。专家组认为，“静钻根植桩”集多种桩型的优点，沉桩技术成熟、质量可靠，对施工现场环境污染少，具有良好的适用性，桩承载能力发挥效果理想，一致通过设计试桩成果鉴定，并结合省、市各个项目应用的良好收效，建议在鄞州全区推广应用。

【市“大荣杯”建筑业青年技能大赛在鄞州区举行】 2015年11月6日，“行行出状元”2015年宁波市“大荣杯”建筑业青年技能大赛在鄞州区下应街道河西村举行，全市16名青年选手参赛。大赛由市住房和城乡建设委员会、共青团宁波市委员会主办，共青团宁波市鄞州区委员会、宁波市鄞州区住房和城乡建设局承办，宁波市鄞州区建筑业协会、大荣建设集团有限公司协办，分理论知识和实际操作两项竞赛。镇海区宁波市第四建筑工程公司徐帮获一等奖，宁波市镇海区住房和建设交通局、慈溪市住房和城乡建设局、宁波市江北区住房和城市建设局获团体前三名。

表20　2015年度宁波市鄞州区“东钱湖杯”优质工程名单

工程名称	施工单位	监理单位	项目经理	建筑面积（平方米）
宁波诺丁汉大学国际会议中心、国际会议厅、报告厅	中科盛博建设集团有限公司	宁波保税区工程建设监理有限公司	张丹峰	7838
宁波城市摩尔工程	浙江众立建设集团有限公司	浙江工正建设监理咨询有限公司	郭水林	99439
潘火街道德培小学迁建工程1~3号教学楼	浙江新中源建设有限公司	浙江工正建设监理咨询有限公司	郑　芝	33822
鄞州新城区保障性住房二期1号楼，5~11号楼，A、B公寓楼工程	浙江新中源建设有限公司	宁波高专建设监理有限公司	吴勇志	131960
鄞州检验检疫局综合实验用房工程	浙江万华建设有限公司	宁波市斯正建设监理有限公司	江成年	30477
鄞州区国集工贸投资管理有限公司商务楼	宁波中洲建设工程有限公司	浙江东方工程管理有限公司	马学烽	11928
首南街道惠风书院工程	大荣建设集团有限公司	浙江工正建设监理咨询有限公司	贺贤安	24674
鄞州区社会福利救助中心一期工程	浙江胜裕建设有限公司	宁波科信华正工程咨询有限公司	虞伟军	11745
建庄村2号地块新村建设工程Ⅰ标段	宁波东新建筑有限公司	浙江天正项目管理咨询有限公司	王国平	5797

续表20

工程名称	施工单位	监理单位	项目经理	建筑面积（平方米）
工商学校12号学生公寓	宁波汇润建设有限公司	浙江东南建设管理有限公司	王　斌	10247
宁波市鄞州（供电局姜山）生产运行检修工区项目工程	宁波中洲建设工程有限公司	宁波宁大工程建设监理有限公司	屠良永	8475
蒲家经济适用房二期及公租房项目I标段1~4号楼工程	华恒建设集团有限公司	宁波国际投资咨询有限公司	张曙辉	42654

表21　2015年度宁波市鄞州区建筑安全文明施工标准化工地名单

工程名称	施工单位	监理单位	项目经理	面积（平方米）
鄞州检验检疫局综合实验用房	浙江万华建设有限公司	宁波市斯正建设监理有限公司	江成年	30477
潘火街道德培小学迁建工程BT项目	浙江新中源建设有限公司	浙江工正建设监理咨询有限公司	郑　芝	33822
鄞州新城区首南街道陈婆渡CPD3-01-02地块	浙江欣捷建设有限公司	宁波方元建设管理有限公司	方相红	41699
宁波市鄞州区中国插花艺术馆	浙江宏展建设集团有限公司	宁波市科展建设工程监理有限公司	白明爱	8774
蒲家经济适用房二期及公租房项目I标段	华恒建设集团有限公司	宁波国际投资咨询有限公司	张曙辉	66542
云龙镇镇区6号居住地块住宅小区项目I标段	浙江置华建设有限公司	宁波宁大工程建设监理有限公司	余威明	53837
慧丰家园一期（东区）	曙光建设有限公司	宁波市公平监理咨询有限公司	李富春	33679
五乡镇原中洲集团地块住宅小区项目Ⅱ标段工程	宁波东方腾龙建筑有限公司	浙江省工程咨询有限公司	俞林峰	63932
集士港镇菜场地块改造项目工程	浙江万华建设有限公司	宁波高专建设监理有限公司	葛民理	35877
鄞州新城区东南片区11号南侧D地块B标段	宁波建工股份有限公司	杭州信达投资咨询估价监理有限公司	陈宝康	115635
鄞州新城区东南片区11号南侧F地块	浙江省长城建设集团有限公司	杭州信达投资咨询估价监理有限公司	杨碎柽	67033
鄞州新城区保障性住房二期工程	浙江新中源建设有限公司	宁波高专建设监理有限公司	吴勇志	150806
鄞州新城区陈婆渡片区CPD-10-03地块	浙江新曙光建设有限公司	宁波城建监理咨询有限公司	唐义波	67645
蒲家经济适用房二期及公租房项目Ⅱ标段	中鑫建设集团有限公司	宁波国际投资咨询有限公司	潜吉刚	62662
东部新城邱隘安置房A1-3地块工程	曙光建设有限公司	宁波市斯正建设监理有限公司	谢　烨	79034
鄞州区邱隘镇田郑村新村建设工程Ⅰ标段	大荣建设集团有限公司	宁波市天正工程咨询有限公司	唐夫忠	101051
24号报告厅、25号国际会议中心、26号国际会议厅	中科盛博建设集团有限公司	宁波保税区工程建设监理有限公司	张丹峰	7838
宁波市南部商务区11-B地块加利利海运大厦	方远建设集团股份有限公司	浙江工正建设监理咨询有限公司	黄华胜	32347
鄞州区首南街道石路头安置小区	大荣建设集团有限公司	北京敬业建设监理有限公司	陈建刚	77906
五乡镇原中洲集团地块住宅小区项目Ⅰ标段工程	宁波东方腾龙建筑有限公司	浙江省工程咨询有限公司	康　挺	59248
鄞州新城区东南片区11号北侧C地块	中广建设集团有限公司	宁波市京甬建设监理有限公司	刘文斌	180071
首南街道惠风书院	大荣建设集团有限公司	浙江工正建设监理咨询有限公司	贺贤安	24674
鄞州区投创地段YZ02-02-e2地块Ⅱ标段	浙江欣捷建设有限公司	宁波广天建通工程管理有限公司	黄治明	77936
年产6000万件伐木机锯链带项目新厂区工程新建厂房	宁波富恒建筑有限公司	宁波万里工程监理有限公司	陆明福	20127
宁波市鄞州区邱隘镇田郑村新村建设Ⅱ标段	宁波东新建筑有限公司	宁波市天正工程咨询有限公司	冯移高	42209

续表21

工程名称	施工单位	监理单位	项目经理	面积（平方米）
集士港镇中心幼儿园工程	浙江策利建设有限公司	宁波高致工程监理有限公司	施行生	8499
宁波华茂文教股份有限公司仓库工程	浙江万华建设有限公司	—	谢盛光	7115
望春工业园区核心区V-05-1地块（三期车间）	浙江万华建设有限公司	宁波宁大工程建设监理有限公司	翁振华	20642
高桥镇宋家漕村新村建设1号B地块	浙江万华建设有限公司	上海海科工程监理所	娄荣标	99761
鄞州区社会福利救助中心一期工程	浙江胜裕建设有限公司	宁波科信华正工程咨询有限公司	虞伟军	11745
鄞州区五乡镇贵玉学校二、三期工程	宁波中洲建设工程有限公司	浙江景成工程管理有限公司	梅贤峰	12466
章水镇中心学校迁建工程	宁波中洲建设工程有限公司	浙江工程建设监理公司	梅贤峰	32758
宁波市鄞州供电局变电所监控站	宁波中洲建设工程有限公司	宁波宁大工程建设监理有限公司	汤建军	7884
12号学生公寓	宁波汇润建设有限公司	浙江东南建设管理有限公司	王　斌	10247
宁波天工巨星工具有限公司厂房（年产2600万件）	宁波富恒建筑有限公司	宁波华地工程建设监理有限公司	鲍海永	53974
宁波泰来环保设备有限公司厂房	大荣建设集团有限公司	中国建筑技术集团有限公司	徐杭生	29534
鄞州区石碶街道建庄村2号地块Ⅱ标段	大荣建设集团有限公司	浙江天正项目管理咨询有限公司	王先法	87671
东部新城邱隘安置房C1-1地块Ⅰ标段	浙江置华建设有限公司	浙江工正建设监理咨询有限公司	徐　云	72727
东部新城邱隘安置房C1-1地块工程Ⅱ标段	浙江万华建设有限公司	浙江方正建设监理咨询有限公司	杨廷达	85093
万金路延伸段工程	浙江沧海市政园林建设有限公司	宁波市斯正建设监理有限公司	杨建南	—
宁波环球城项目桥梁及河坎配套工程	宁波市鄞州市政园林工程有限公司	宁波高专建设监理有限公司	任碧存	—

（张旭君）

房地产市场

【概况】 2015年，鄞州区房地产完成投资267.3亿元，投资额比上年增长6.7%；商品房施工面积938.9万平方米，下降20.9%；商品房开工面积191.5万平方米，下降54%；全区发放预售许可证224万平方米（其中住宅196.7万平方米16261套）。鄞州区商品房交易量264.5万平方米，增长16.3%，供销比1:1.13。全年成交住宅215.4万平方米18360套，住宅均价13124元/平方米，住宅成交面积增长21.4%，均价上升9.9%。至12月底，鄞州区可售商品房房源334.9万平方米（住宅223.6万平方米18251套），住宅套数和面积分别下降7.9%和5.1%。按照鄞州区2015年住宅平均去化量1530套/月计，库存住宅可供销售1年左右。

12月21日起，区房管中心将房屋登记的相关职能划归区不动产登记服务中心，产权产籍管理交接。划归前，登记总件数119665件，增长48%；登记面积3949.48万平方米，增长13.05%。其中，所有权登记71299件，增长76.45%，面积1109.84万平方米，增长41.41%；抵押权登记47717件，增长18.72%，面积2828.07万平方米，增长4.90%；其他登记649件，增长153.52%，面积11.57万平方米，下降1.53%。

解危危房46处，建筑面积74241.61平方米，仍有在册危房70490.39平方米。落实房屋安全网格化常态化监管“七项制度”，举办城镇房屋安全常态化网格化巡查及信息建档工作培训。全区1719名网格化监管员巡查房屋35000幢次。

【物业扶持奖励政策调整】 2015年，根据中央有关税收奖励政策要求，设立鄞州区物业服务业扶持（补助、奖励）专项资金，辖区范围内各住宅项目物业管理处，根据其年度物业服务综合评估成绩，原则上给予其每百户4000元~8000元奖励。同时，出台《鄞州区物业服务业扶持（补助、奖励）专项资金管理办法》，对低收入困难家庭物业费实行先缴后补政策。

【首创鄞州“智慧物业”APP】 2015年，鄞州区推进“智慧物业”建设，首创鄞州“智慧物业”APP，从促进信息公开阳光、探索物业新服务模式两方面探索服务新模式。业主可通过APP关注小区的新闻活动，参与活动，APP中的论坛为小区业主提供沟通交流的平台。APP提供调查问卷功能，物业公司可以就某项决策进行民主投票，业主可随时跟踪投票进程，关注投票结果。另外，通过后台系统，物业监管部门、街道、社区可查看各自辖区范围内物业公司人员配备情况，物业经营用房使用情况，小区的基本数据以及业委会的情况，监督物业公司对业主报修、投诉的处理情况，通过论坛掌握小区业主的基本动态。物业缴费成功后，业主可以通过手机查看历史收缴的物业费用及各项收费的来源。在缴付物业费用时，可选择分期付款。物业公司开展一次性缴费返还代金券或者赠送小礼品活动，代金券可用于物业公司提供的各类有偿服务。6月，“智慧物业”APP全面推向社会，全年发布新闻251条，收到投诉报修82件，受理完成49件。

【区房屋管理中心成立】 2015年9月，鄞州区整合区房地产管理处和区房屋安全鉴定办公室，设立区房管中心。区房管中心全称为宁波市鄞州区房屋管理中心。主要职责：承担全区房产交易、抵押合同备案、租赁管理、房屋使用安全管理、房屋安全鉴定、部分直管公房管理、房产数字信息管理、房产中介管理、白蚁防治、房地产评估资质审核管理等工作。区房管中心为区住建局下属公益二类事业单位，经费形式自收自支，机构规格相当于行政副处级，内设办公室、交易管理科、信息档案科、中介监察科、房屋安全管理科、白蚁防治站6个职能科室，下设9个房屋管理所，核定事业编制57人，单位领导职数1正4副，中层职数共15人（副科级），其中内设科室6人，下设房管所9人。

【危旧房管理“保险+服务”模式建立】 2015年，鄞州区与保险公司合作，探索危旧房立体监管方式，由保险公司对全区2000年底前竣工的城镇老旧住宅楼进行商业保险，并通过保险公司委托专业机构对老旧房屋实施房屋安全动态监测、应急加固维修、房屋安全动态监测系统软件开发和维护等，建立健全老旧住宅安全社会保障机制。经排查，全区有1325幢、建筑面积290万平方米的城镇住宅楼被列入监测范围。年保险费125万元，年技术检测费268万元，合计393万元。

【2015年度物业管理示范（优秀）项目考评】 2015年6月24~26日，区住建局牵头组织区物价局、属地街道办事处、物业行业专家等对辖区内荣安府、罗曼风情、格兰春晨二期（加州里）、恒元商务大厦、荣安心居、荣安蝶园、宜家花园一期、东寅府、风格璟院、华茂总部壹号10个项目进行综合考评。考评小组通过听取工作汇报、察看现场、翻阅档案等方式，从物业服务基础管理、房屋管理与维护养护、共用设施管理、共用设备管理、保安及车辆管理、环境卫生管理、绿化管理、精神文明建设、管理效益九块内容进行综合评分，对各物业管理项目在日常管理中存在的不足提出整改意见和建议，并发放整改通知书，要求限期整改完毕。考评结果作为区物业管理示范（优秀）项目评定的依据，同时作为推荐申报2015年度省级、市级物业管理示范（优秀）项目的主要依据。

（张旭君）

住房保障

【概况】 2015年，鄞州区开工城市棚户区改造安置房（含货币安置）8841套，占市考核任务6000套的147.35%；计划启动危旧房改造面积7万平方米，启动危旧房改造10.64万平方米，占年度任务152%。至年底，有14个棚户区改造项目获批国家开发银行棚改贷款，授信贷款指标157.5亿元。争取保障性安居工程各项补助资金，获各项补助资金15117万元，其中棚户区改造补助资金9617万元（市危旧房改造补助资金8617万元，中央补助资金1000万元）、保障性住房工程补助资金5500万元。13个老旧住宅小区基本完成整治，整治面积36万平方米，占年度整治任务的144%。

制定出台《鄞州区住房保障申请审批流程调整和公共租赁住房保障对象扩面方案》，研发“鄞州区住房保障信息管理系统”，实现公共租赁住房与廉租住房并轨运行、常态化申租。增加保障家庭80户，在保601户，发放租金补贴254万元，累计发放1213万元。

【2014年度廉租住房租赁补贴在保家庭年审】 2015年，区住房保障管理中心根据《鄞州区廉租住房管理办法》《鄞州区廉租住房管理实施细则》等相关规定，开展2014年度廉租住房租赁补贴家庭年度复核工作，各镇乡（街道）、区房地产管理处、民政局核查574户在保家庭2014年度收入、房产、家庭人员变化情况，取消51户不符合保障条件家庭的保障资格。其中，因住房面积超标不符合保障资格的家庭有6户，因财产、收入超标的家庭有17户，因未办理年审复核手续、申请人死亡等其他各种原因取消28户，调整18户家庭租金补贴。

【公租房保障对象扩面】 2015年1月12日，区政府办下发《关于鄞州区公共租赁住房保障对象扩面及住房保障申请审批流程调整有关事项的通知》，对鄞州区公共租赁住房保障对象进行扩面，并调整住房保障申请审批流程。通知明确，申请公租房的城镇中等偏下收入住房困难家庭（不含租赁补贴家庭）中，可以按一户认定的单身居民年龄从35周岁以上（含）下调到28周岁以上（含）。新就业无房职工和外来务工人员的申请条件不变。在鄞州区依法设立的注册纳税企业在职人员，需同时具备下列条件：原籍在市区范围以外，已与鄞州区用人单位签订劳动（聘用）合同；具有全日制普通高校本科及以上学历、中级及以上专业技术职称、技师及以上职业资格，或经区人才公寓建设和管理领导小组认定的急需紧缺人才；申请前6个月连续在鄞州区缴纳社会保险费或住房公积金（柔性引进人才需提供连续6个月的个税完税证明）；申请人及其配偶、未婚子女在市区范围内无房，且申请人及其配偶的直系亲属无住房资助能力。在鄞州区事业单位的工作人员，需同时具备下列条件：原籍在市区范围以外，已与鄞州区用人单位签订劳动（聘用）合同；具有硕士研究生及以上学历学位、副高及以上专业技术职称，或教育系统市级及以上名教师、特级教师（其中外省调入的人员第一学历应为全日制普通高校大学本科及以上学历）；申请前6个月连续在鄞州区缴纳社会保险费或住房公积金；申请人及其配偶、未婚子女在市区范围内无房，且申请人及其配偶的直系亲属无住房资助能力。区住建局在区行政服务中心设立受理点，集中受理全区保障性住房（含公共租赁住房实物配租、廉租住房租金补贴）申请及住房保障经济状况核对申请。各镇乡（街道）、园区不再受理申请人递交的申请材料。保障性住房的申请审批通过“鄞州区住房保障信息管理系统”进行操作。

【政府采购保障房建设服务实施】 2015年7月2日，鄞州区2015~2017年第一批棚户区改造公共服务项目政府采购公示结束，鄞州区政府采购保障房建设服务开始实施。首批列入鄞州区2015~2017年第一批棚户区改造公共服务项目共有7个，分别为潘火街道王家弄安置小区、四明山村拆迁安置小区、五乡镇棚户区、集士港镇井亭张3号地块、鄞州区首南街道棚户区改造一期、石碶街道棚户区改造二期、下应街道东南片区棚户区，改造规模涉及住宅面积约120万平方米，涉及拆迁住宅8900余户，预计需投入资金116.5亿元，7个项目计划新建安置房总建筑面积约200万平方米，住宅面积130万平方米，共建住宅14800余套。区政府授权区住建局作为此次政府购买服务的购买主体，与承接主体签署购买服务合同。鄞州区城区建设开发有限公司作为承接主体，负责项目实施，而区财政局把该项目购买服务资金纳入财政预算管理。全年，有14个改造项目获批国家开发银行棚改贷款，授信贷款指标157.5亿元。

【老旧住宅小区整治工程完工】 区政府于2010年印发《关于鄞州区开展老旧住宅小区整治的实施意见》，计划用6年时间对1998年前建造的、小区规模在1万平方米以上的全区25个老旧住宅小区开展整治，整治总建筑面积约165万平方米（其中中心城区范围内整治小区14个，计划整治面积127万平方米），整治项目计划总投入资金5.8亿元，其中区财政3.6亿元。至2015年底，全区25个老旧住宅小区完成整治工程，整治面积167万平方米，整治房屋651幢，受益户数18415户（其中中心城区范围内整治小区14个，整治面积127.5万平方米），区财政累计投入资金2.07亿元。

【公租房二期项目竣工交付】 2015年11月9日，公租房二期项目馨悦家园第一批通过资格审核的654户准租家庭开始摇号。摇号分两次，分别为顺序摇号和配租摇号。准租家庭先通过顺序摇号，确定房源配租摇号的先后顺序，领取《摇号配租通知书》，然后根据通知书上确定的时间，在馨悦家园小区现场摇号确定配租房源。两次摇号均由准租家庭在摇号终端机上自助操作，该摇号配租模式为全市先例。一室户家庭257户，二室户家庭200户，单身公寓家庭197户，区住房保障管理中心根据房源状况，安排1019套房源进行摇号配租，其中单身公寓539套、成套一室户272套、二室户208套。摇号配租后的剩余房源，安排至下批次配租。馨悦家园共13幢，其中2幢为单身公寓、11幢住宅楼；共2211套房源，其中单身公寓939套、成套住宅1272套。12月，公租房二期项目馨悦家园2211套房屋竣工交付，共621户家庭成功配租入住。

（张旭君）

住房公积金管理

【概况】 2015年，鄞州区公积金归集15.92亿元。个人购房、归还贷款本息等支取公积金12.67亿元，累计住房公积金余额37.37亿元。发放公积金贷款1475户，金额7.55亿元，住房公积金贷款余额35.70亿元。发放公积金贷款转商业贴息贷款1372户，金额9.06亿元。年底逾期贷款额38696.8元，公积金增值收益11016万元。增加住房公积金缴存职工人数27318人，净增缴存职工人数9954人。

鄞州区住房货币补贴工作结束，但还存在一些可按原政策享受的遗漏人员，全年审批“老职工”住房补贴6人，金额25万元。全年公房出售审批较多，主要是鄞州区天童林场整体搬迁，审批房改售房100套，建筑面积9627平方米，金额1074万元。

【租房提取公积金业务调整】 2015年6月1日起，鄞州区放宽租房提取公积金业务。职工连续足额缴存住房公积金满3个月，本人、配偶及未成年子女在住房公积金缴存地行政区域（海曙区、江东区、江北区、镇海区、北仑区、鄞州区视作同一区域）内均无自有住房，通过市场租赁自住住房或承租公共租赁住房的，本人及配偶可以申请提取各自住房公积金账户内的存储余额，用于支付房租。与以前租房提取公积金不同的是：提供资料不同，以前凭开具的发票提取，现只需提供无房证明；金额不同，以前一个家庭每月租金不超过700元，现每个人每月租金不超过700元。

【个人住房公积金转商业贴息贷款办法实施】 2015年7月15日起，鄞州区实行个人住房公积金转商业贴息贷款办法，由商业银行按照公积金中心审批的贷款额度和住房公积金贷款利率，向借款人发放商业性个人住房按揭贷款，并由住房公积金中心按月给商业银行利息差额补贴，待公积金中心资金流动性相对充足时，再将商业性贷款置换转回为公积金贷款。全年发放“公转商”贴息贷款1376笔，金额9.06亿元。

【住房公积金个人贷款政策调整】 2015年7月15日起，鄞州区调整住房公积金个人贷款政策。调整个人住房公积金贷款额度。个人住房公积金贷款额度由原来每户60万元调整为每户80万元，职工按规定连续缴存住房公积金满两年，首次申请住房公积金贷款购买首套自住房的，最高贷款额度可提高至每户100万元；可贷额计算系数由原来的0.35调整为0.4。调整购房贷款首付款比例。缴存职工家庭申请住房公积金贷款购买首套自住住房，商品房贷款首付款比例不低于20%，二手房贷款首付款比例不低于30%；缴存职工家庭拥有一套住房并已结清相应购房贷款（含住房公积金贷款和商业银行贷款），为改善居住条件再次申请住房公积金贷款购买第二套自住住房的，商品房贷款首付款比例不低于30%，二手房贷款首付款比例不低于40%。开展全省异地贷款业务。

（张旭君）

交 通

百梁桥

交通运输与管理

宁波栎社国际机场

铁路和轨道交通

海事管理

鄞州年鉴

2016 YINZHOU YEARBOOK

交通运输与管理

【概况】 2015年，鄞州区交通建设投资25亿元。全区公路总里程达到2028.1千米，公路网面积密度每百平方千米150.7千米。有公交企业3家，公交车辆1630辆，公交线路199条，公交运营线路总长度4642.4千米，公交年客运量1.35亿人次，公交日客运量39万人次，公交出行分担率30%。有公共自行车租赁点207个、桩位6184个。有客运场站2家、客运企业5家、出租车企业10家、货运企业175家，有客运车辆319辆、出租车辆1594辆、货运车辆14846辆。有各类机动车维修企业770家、驾培学校17家。有水上运输企业12家，船舶61艘，水运运力净载重38.5万吨。

保障春运、清运、国庆节及“灿鸿”台风期间的交通运输，实现全社会道路运输客运量700万人次、公交客运量1.35亿人次、货运量4900万吨，交通运输行业实现生产总值约25亿元。全年新建、改建农村联网公路30千米，惠及全区11个镇乡（街道）28个行政村。购置公交车辆160辆，开辟公交线路11条，调整优化公交线路63条。前河南路临时公交场站建成投用，永盛公交电镀城过渡场站基本建成，咸祥横码站、古林前虞站、姜山蔡郎桥站、石碶冯家站、横街站5座镇、村级公交场站建成投用。新建、扩建公共自行车租赁点65个，增加桩位1620个。

【交通项目建设】 2015年，甬梁线鄞州段改建一期、宝瞻公路（329国道至鄞县大道段）改建、南外环（宝幢西侧道路至宝瞻公路）、古林至高桥公路、宝瞻公路（岐西村至长青桥段）改建5个项目建成通车，鄞城大道（洞桥至云龙段）工程形象进度达到25%，铁路北环线平改立工程形象进度达到50%，章水至横街公路工程形象进度达到10%，214省道改建工程完成招投标。云龙云隐路改造、高桥环镇北路2个次干道项目建成通车，集士港广蔺路、龙观龙兴路改建2个项目工程形象进度在30%以上，姜山高阳路、下应大明路等5个项目推进前期工作。329国道（K193—K201）应急养护、329国道与宝瞻公路路口改造、甬梁线二期（K8—K14）路面维修、215省道大碧浦至咸祥段改造等6个大中修工程完工，215省道大碧浦至金鸡桥段和215省道坊前至东钱湖段改造2个大中修项目推进，奉钱线等49项零星应急工程完工，修复路面17193平方米。

【交通工程质量安全标准化建设】 2015年，区交通运输局履行交通工程质量监督职能，监管交通工程设计、施工、监理等从业单位，创建质量安全标准化示范工程，交通工程质量监督率保持100%，一次交验合格率保持100%，重点工程优良率保持100%，其中古林至高桥公路工程、甬梁线改建工程、鄞城大道（洞桥至云龙段）工程被市交通运输委员会表彰为2015年度宁波市干线公路标准化建设考核优秀工程。

【交通行政审批和综合执法试点改革】 2015年，区交通运输局健全交通行政审批“四张清单一张网”，75项交通行政审批事项进驻行政服务中心集中办理，进驻率96%。全年受理行政许可及公共服务事项6507件，按时办结率100%。推进咸祥交通运输管理所综合执法试点改革，启动联合执法巡查机制，实现公路、运管、港航合署办公。

【鄞城大道（洞桥至云龙段）工程开建】 2015年8月，鄞城大道（洞桥至云龙段）工程开工。该工程西起洞桥镇荷梁线与214省道（甬临线）交叉口西约500米处，与鄞江至洞桥段工程相接，沿途向东经过石碶街道、奉化江口街道、鄞州工业园区、姜山镇、云龙镇，终点位于云龙镇与横溪镇交界处，与云龙至东钱湖段工程相接，路线全长17.50千米，按一级公路标准设计，概算总投资约31.5亿元（其中建安费18.4亿元），路基宽度53米，横断面布置结合城市主干道的功能要求，设计速度80千米/小时，有互通立交3处、分离立交2处、奉化江特大桥1座、中小桥梁20座、管理用房1处。项目有5个施工标段，采用标准化建设，分别是工地建设标准化、施工工艺标准化和工程管理标准化。全年工程形象进度达到25%，被市交通运输委员会表彰为建设管理综合考核优秀工程。

【全球首条超级电容储能式现代电车运营示范线（196路）开通】 （参见“工业·工业园区”类目“宁波中车产业基地”分目）

【区公路管理段获“全国农村公路养护与管理先进集体”称号】 2015年2月13日，交通运输部发布《交通运输部关于农村公路管理养护年活动情况的通报》，鄞州区公路管理段获“全国农村公路养护和管理先进集体”称号。鄞州区有农村公路1802千米，其中乡道、村道1335千米，山区道路养护里

东外环公路航拍照

程、养护面积在宁波9个县（市、区）最多。2014年，区财政下拨乡村公路养护补助资金1274.12万元，各镇乡（街道）、园区的配套资金达到1114.85万元，乡村公路平均每千米至少投入养护资金1.8万元。全区有养护工近900人，每2000米配备养护工1人。

【交通专项整治】 2015年，区交通运输局开展公路边“三化”整治，整治市定国省道、县道公路沿线367处污染点。开展“两路两侧”整治，整治省定84处、市定178处。拆除绕城高速下应、首南街道段桥下空间违法建筑1万平方米，清理其他桥下空间堆积物2万立方米。开展客运市场专项整治、铁腕治超、沿江码头整治等联合执法行动，出动执法人员12852人次，查处各类违法违章案件6947件，执法正确率100%。开展大客车遇险应急抢险等演练活动。排治各类安全隐患3265处，安全生产各项指标均在上级控制范围内。7月中旬，区运管所联合城管、工商、安监等部门针对中心城区内汽修行业存在的“无证经营黑店”“路边店”开展联合清查行动。检查维修经营业户18家，取缔“无证路边黑店”2家，6家违规从事机动车维修经营的业户下达整改通知书，责令其停业整顿并限期整改。

（邵顺杰）

宁波栎社国际机场

【概况】 2015年，宁波栎社国际机场旅客吞吐量685.5万人次，国际和地区旅客首破100万人次，货邮吞吐量（含卡班）8.76万吨，航班起降5.61万架次，分别比上年增长7.8%、12%、7.36%和4.11%。开通日本大阪、静冈、名古屋直航航线，实现意大利罗马和德国法兰克福的洲际直航包机运营。引入低成本航空公司达到11家，停场飞机12架，通航城市74个、航线84条。货运区改扩建工程投入使用，加密宁波—深圳货机航线，恢复广州—宁波—天津货机航线，保持全货机航线5条，每周执飞28班次。跨境电商平台上线运营，单日最高通关量超万票。被国家质量监督检验检疫总局确定为进口冰鲜水产品指定口岸，成为宁波各口岸的首例。根据市政府与海航集团有限公司签订的战略合作框架协议，出资入股宁波东海兴业投资有限责任公司。与宁波国际物流发展股份有限公司合资成立宁波国虹立达物流服务公司。推进公务机、航空食品、通用航空等合作项目。与匈牙利布达佩斯机场结为姊妹机场，并开展友好合作。

梳理、修改和制定安全制度323个。设立四级安全监管网络。开展航空货运安保、不停航施工、油气危化品等专项整治行动。鸟击航空器事件下降40.9%。被评为宁波市2015年度安全先进单位，获民航华东地区“平安民航”建设同类机场第二名。机坪西标段扩建工程完工，改善候机楼出租车候车区、更衣室、洗手间、旅客座椅和行李线等硬件设施。组建运控中心，单日旅客最高达27000人次。制订《2015年提升服务质量实施计划》，落实23项服务措施。推出周边旅客免费停车、免费头等舱休息、免费早班机住宿、空铁联运报销火车票等优惠服务。国内航班旅客平均满意度4.45分，国际航班旅客平均满意度4.42分，航空公司平均满意度4.73分，提高2.30%、2.55%、1.72%。

【石家庄至宁波至佛山航班开通】 2015年2月9日，宁波栎社国际机场开通石家庄至宁波至佛山航班。该航班运营班期为每日一班，由中国联合航空有限公司执飞，执飞机型为波音737。石家庄至宁波至佛山航班号KN2355，石家庄起飞时间7时，到达宁波时间8时55分；宁波起飞时间9时40分，到达佛山时间11时40分。佛山至宁波至石家庄航班号KN2356，佛山起飞时间12时30分，到达宁波时间14时30分；宁波起飞时间15时20分，到达石家庄17时20分。

【宁波至日本定班直飞航线开通】 2015年2月17日，中国东方航空股份有限公司浙江分公司开通宁波直飞日本大阪、静冈2条国际包机航线。3月29日起，2条国际航线成为对外售票的定期国际航线。航班采用空客A320执飞，每班156个座位，其中，每周四、周日宁波飞大阪；周二、周五飞静冈。宁波飞大阪航班号MU2097，起飞时间9时30分，到达时间12时50分；宁波飞静冈航班号MU2089，起飞时间9时30分，到达时间13时。大阪飞宁波航班号MU2098，起飞时间13时50分，到达时间16时；静冈飞宁波航班号MU2090，起飞时间14时，到达时间16时20分。时刻时间均为当地时间。

【宁波至大邱航线开通】 2015年5月18日，奥凯航空有限公司开通宁波至韩国大邱航线。航班由波音737-800飞机执飞，每班180个座位，每周一、周五两班。其中，去程航班号为BK2991，宁波起飞时间17时30分，到达韩国大邱时间19时10分（北京时间）；返回航班号为BK2992，从大邱起飞时间20时05分（北京时间），到达宁波时间21时50分。

【宁波首条洲际航线开通】 2015年5月28日，宁波机场与物流发展集团有限公司和中国东方航空股份有限公司浙江分公司联合开通宁波至欧洲的国际包机航线，开始试水欧洲市场。5月28日、6月22日执行宁波至意大利罗马航班，6月6日、6月13日执行宁波至法兰克福航线，试飞8个航班，两个地方各4班，由东航A330-200客机承运。有259个舱位，其中24个商务舱，235个经济舱。宁波至罗马航班号MU7981，起飞时间12时50分（北京时间），到达罗马时间18时30分（当地时间）；罗马至宁波航班号MU7982，起飞时间8时30分（当地时间），到达时间15时20分（北京时间）。宁波至法兰克福航班号MU7983，宁波起飞时间12时30分（北京时间），到达法兰克福18时（当地时间）；法兰克福至宁波航班号MU7984，起飞时间20时（当地时间），到达时间14时10分（北京时间）。

【宁波栎社国际机场开通跨境电商“一般进口”模式】 2015年8月18日，宁波栎社国家机场开展跨境电商“一般进口”模式。“一般进口”模式的运作，为境内居民建立一条购买海外商品的通道，正常货物到宁波后，24小时内就

5月28日，宁波栎社国际机场开通首条洲际包机客运航线

能通关。一般进口商品以“个人自用、合理数量”为原则，每次限值为1000元，超出规定限值的，应按照货物规定办理通关手续，但单次购买仅有一件商品且不可分割的，虽超出规定限值，经海关审核确属个人自用的，可以参照个人物品规定办理通关手续。至年底，有11家企业完成备案，备案商品包括奶粉、保健品、化妆品及生活用品等1121种，放行货物280881票，为25万余名消费者购买的14000余种商品提供服务。

【宁波栎社机场与布达佩斯机场结为姊妹机场】 2015年11月18日，宁波栎社国际机场与匈牙利布达佩斯机场合作意向书签署仪式在市行政会议中心举行，副市长王仁洲、市政府副秘书长汤思敏、市商务委员会副主任徐建华、市政府外事办公室副主任陈国苗、宁波机场与物流园区管委会副主任王蕙、宁波机场与物流发展集团有限公司副总经理郑智银、匈牙利驻上海副总领事奥利弗、匈牙利驻上海总领事馆商务领事唐安哲、匈牙利布达佩斯国际机场资产总监瑞尼·德罗伊斯（Rene Droese）及货运经理卡萨斯·约瑟夫（Kossuth Jozsef）等领导及代表参加签字仪式。宁波空港与匈牙利布达佩斯机场开展合作、促进两地间航线的开通，将为宁波市建设成为亚太地区重要国际开放门户和国家“一带一路”战略支点城市提供支撑，也是全市推进城市国际化战略实施及港口经济圈建设的重要举措。

【宁波至名古屋航线开通】 2015年12月21日，宁波至日本名古屋直飞新航线开通，是春秋航空股份有限公司在省内开通的首条日本航线，航班采用空客A320执飞，每班180个座位，每周一、三、六各执行一个往返，宁波至名古屋航班号为9C8535，宁波起飞时间10时30分，到达名古屋时间13时；名古屋至宁波航班号为9C8536，名古屋起飞时间6时15分，到达宁波时间9时30分。

【宁波栎社国际机场三期扩建工程开工】 2015年12月2日，宁波栎社国际机场三期扩建工程开工仪式举行。副市长王仁洲，区委常委、常务副区长沈权出席开工仪式。宁波栎社国家机场有航站楼4.35万平方米，按年旅客吞吐量380万人次设计。2012年8月，宁波机场三期扩建工程获国家发展和改革委员会立项批复。2013年7月，T2航站楼设计方案经过专家评审、公众评选和市政府研究最终确定。2014年12月，工程初步设计获批。2015年9月，工程用地获国务院批准，征地拆迁工作基本完成，工程开工前期准备工作全面完成。扩建工程按照2020年旅客吞吐量1200万人次、2025年货邮吞吐量50万吨的目标设计，将建设11.24万平方米的T2航站楼；建设5万平方米货运站、1.4万平方米快件中心和1.5万平方米货运业务用房，使货邮吞吐保障能力达到50万吨；建设5.5万平方米交通中心，实现航站楼与地面交通、轨道交通的综合换乘；建设34.5万平方米的停机坪以及配套设施，使机场停机位达到72个，项目总投资84.5亿元。

（周 虹）

铁路和轨道交通

【概况】 2015年，萧甬铁路北仑支线电化改造暨五乡段抬轨工程全面开工建设，鄞州区全额出资因抬轨增加的投资，涉及资金约1.8亿元，总工期3年。宁波铁路枢纽北环线建成通车，逐步解决征拆和工程遗留问题。甬金铁路前期工作全面展开。宁波栎社国际机场三期扩建工程涉及征用土地235.33公顷，拆迁约45万平方米，其中民房1962户、企业14家。除30余户民房外，其余红线内民房全部拆迁；企业拆迁按计划推进。

【轨道交通3号线一期工程鄞州段】 宁波市轨道交通3号线工程鄞州段在鄞州区范围内设8站1场，全长约10千米。鄞州段征地24.37公顷，总拆迁面积3.06万平方米。2015年，征地21公顷，停车场农业项目2.16公顷未达成协议。出入线段立佳塑料五金包装厂拆除，粉末冶金厂简易设备用房建成，开始设备搬迁。高塘桥站、句章路站及两站区间全部交地，1户钉子户签约，4户谈判，2家企业进行评估，集体出租厂房全部签约。鄞州客运总站所有政策处理完成，进行无障碍施工。南部商务区站地下通道地下停车场系统改造全部完工，实现无障碍施工。鄞县大道站大面积绿化迁移及管线迁移完成，施工单位进场施工。万达广场站公园绿地的绿化及大型电子广告牌迁移工作全部完成，施工单位进场施工。锦寓路站北侧和邦大厦的借地工作解决。麦德龙站北侧管线迁改涉及的四季瑞丽酒店及银亿集团有限公司下属装潢市场的借地工作解决，管线迁移单位进场施工。

【轨道交通4号线工程鄞州段】 宁波轨道交通4号线在鄞州区长8千米左右，设车站4座，分别为环城南路站、嵩江东路站、学府路站、金达路站，全部采用地下线形式敷设。2015年，中河街道嵩江东路站处蔡家漕工业区开始谈判协商，下应街道下应站处涉及的3家企业和25户民宅开始谈判工作，云龙镇东钱湖站涉及的借地工作，除梅园部分其余完成政策处理工作并交地。

（史启明　汤拥军）

海事管理

【概况】 2015年，宁波鄞奉海事处（简称“鄞奉海事处”）开展辖区水域巡航694艘次，航程11464海里，巡航时间1831小时，出动执法人员1666次；陆上巡查513车次，里程37169公里，巡查时间1343小时，出动执法人员1082人次；夜查81次，联动执法28次。其中，船舶一般性检查1928艘次，发现各类违章88起，立案调查49起，行政处罚45起。受理船舶航次进出港签证5438艘次，定期签证863次/7046艘；征收船舶港务费103227元，港建费5340元。发布各类预警预控信息176次。完成海船安检50艘次，内河船安检51艘次。

落实小型海船港务费免征制度。推进船舶进出港电子签证，落实政务受理项目网上申报流程，简化申请手续。实行预约服务、延时服务、错时服务机制。2月，参与制定的《奉化市海洋自备船管理办法》出台，推广鄞州区农用自备船管理工作经验，为沿海地区海洋自备船安全管理难题提供参考模式。组织建设单位、施工单位以及相关各方研究讨论澄浪桥、灵桥建设施工方案，合理布置现场警戒艇和应急拖轮的值守，组织和疏导现场交通流，严肃查处船舶违章行为，防止船舶碰撞桥梁。12月30日，澄浪桥合龙。

1月5日，在东钱湖开设内河船员知识更新培训班，53名船员参加培训，并取得培训合格证。

【水上交通安全监管】 2015年，鄞奉海事处开展“两船整治”、小型船舶集中检查活动、VTS覆盖水域零事故、船员实操专项检查、燃油质量专项检查、海船船舶配员与船员任解职专项检查、百日安全专项治理等专项活动。活动期间，联合区安监、公安、港航等部门，开展联合执法，与毗邻海事处联合开展黄砂船拦截行动，与东钱湖旅游与湖区管理局进行联合巡航巡查。“两船”（砂石船、内河船参与沿海运输）、小型船舶专项整治活动期间，检查公司40家，发现并督促17家公司整改28项问题，检查船舶230艘次，查处违法违章36起，立案行政处罚15起。5月16~17日，为东钱湖湖泊休闲节比赛保驾护航。6月5日，铅封核查船舶22艘，组织象山港溢油应急清污志愿者观摩专业清污人员技能比武，开展实操训练和业务知识培训，在奉化市莼湖镇桐照村开展油库油路泄漏应急演习。8月下旬，结合“打非治违”“一打三整治”等专项整治行动，对渡运市场开展为期1个月的专项治理，查处各类非法载客行为18起，联合9家职能部门查获拆解“三无”船舶7艘，强制拖离无证营运快艇6艘，劝离搭乘非客运船舶游客1万余人次。9月6日，配合奉化市莼湖镇开展象山港清港行动，并在奉化渔船中队长会上，开展商渔船安全警示教育，46名渔船船长参加。《浙江省水上交通安全管理条例》颁布实施后，与职能机构和相关乡镇政府沟通，厘清执法边界。建立健全水上客运安全监管机制，落实水上客运“五项制度”。增设CCTV监控摄像头和VHF基站，实现东钱湖景区“水域全覆盖、动态全监控、监管零距离”。吸取长江水域“东方之星”事故的教训，指导辖区内77艘涉客船舶采取自查自纠方式开展安全隐患排查。推进“党员一对一”联系客船制度，推出客船“三不上船、六不开航、五叮嘱”规定。推动奉化江船舶污染物接收工作规范化，促成内河专业油污水接受公司和辖区两家渣土船公司签订合作协议，接收6批次27艘船舶的残油。编制《象山港溢油应急清污志愿者管理手册》，协调推动象山港溢油应急清污志愿者队伍纳入区团委志愿服务活动平台管理，按照区团委的统一安排，策划举行首次“象山港溢油应急联合演习”。开展“船籍港扫盲行动”，消除辖区安全隐患。10艘船舶签发《责令停航通知书》。“天马开翔号”实现“厨房不上船、码头向上迁”的目标。

【水上交通安全知识进校园活动】 2015年6月16日，鄞奉海事处在云龙镇徐东埭村开展以“安全随我行快乐永相伴”为主题的水上交通安全知识进校园活动。海事青年志愿者向村小学学生、留守儿童介绍宁波海事局的职责，组织观看海事宣传片，讲授乘船出行、游玩时安全知识，利用简单易懂的文字和动漫画展示防溺水小常识，现场讲授、示范正确穿戴救生衣的方法。讲课期间，开展有奖问答、穿救生衣比赛等活动。海事青年志愿者向小学学生、留守儿童赠送词典、文具等慰问品。

（陈禅国）

12月30日，澄浪桥主桥合龙

邮电·信息

阿育王寺

邮　政

通　信

电子政务

智慧城市建设

信息产业

鄞州年鉴

2016 YINZHOU YEARBOOK

邮 政

【概况】 2015年，中国邮政集团公司宁波市分公司鄞州分局（下称“区邮政分局”）有从业人员415人，投递邮路137条，其中电瓶车道段118条、摩托车道段12条、汽车道段7条，邮路总长度3201千米。下辖23个支局、所，6个专业局，大小网点41个（代办所2个），其中开办金融网点20个。有邮政CRS机11台、ATM机19台。整修云龙、塘溪、古林网点的办公用房。举办各类培训25期，平均参培人数80余人次。全年未发生重大投诉及媒体投诉现象，安全生产无事故。

邮政业务总量6438万元，比上年增长8.1%。代理金融业务收入3134万元，增长3.38%。至年底，邮储存款余额13.56亿元，实现标保1.97亿元。国际小包、国内小包累计收入1204万元，增长6.13%。函件业务收入968万元，增长45.7%。集邮业务实现收入206万元，重点开发宁波市爱城文化发展有限公司的青铜器个性化邮册、它山堰申遗成功首日纪念封等项目。报刊业务实现收入1049万元，增长12%。

【E邮站、村邮站建设】 2015年，区邮政分局通过进企业、进学校等，推进E邮柜、E邮站建设。全年建成E邮柜、E邮站19个，累计建成44个，为居民提供24小时快件提取业务，全年投件量7.25万余件。推进信息化村邮站建设，120个村邮站及便民服务点叠加安装“邮掌柜”系统，为农村居民提供网上购物的新途径。全区信息化村邮站安装商易通116台，实现全覆盖。

【“商华周实”个性化邮折邮票】 2015年7月，宁波博物馆和宁波市爱城文化发展有限公司共同主办“商华周实——宁波市爱城文化发展有限公司藏青铜器展”，区邮政分局邮票公司与展会办公室联系，宣传、推介邮品的文化底蕴和独特外宣优势。达成合作意向后，开发“商华周实”个性化邮折1000册及邮票2000版，实现集邮业务收入6万元。

（皇甫亦芬）

它山堰申遗成功纪念封

通 信

【概况】 2015年，全区电信业务收入18.88亿元，比上年增长4.2%；网络基础设施投入8.13亿元，其中用户驻地网建设投入0.79亿元；建设基站数1515个，其中增建4G基站数1104个；固定电话56.22万户，移动电话229.34万户，固定互联网接入光网覆盖51.45万户，移动互联网137.1万户；光缆总长度103.1万芯千米；互联网城域出口带宽410千兆。

中国电信股份有限公司鄞州分公司（简称“鄞州电信”）下设服务网点24个，有固定电话用户39.2万户，有线宽带30.9万户，移动手机用户42.7万户，全年业务收入6.22亿元。累计建成4G基站682个，基本实现全地区所有城区、乡镇、农村4G网络全覆盖。热点近250个，AP近5100个，基本实现交通枢纽、政府对外服务场所、大型医院、大中专院校、星级酒店、高档写字楼、大型商业广场、综合性休闲娱乐场所等区域的覆盖。签约鄞州区智慧交通项目。2015年被评为全国文明单位、宁波市消费者信得过单位和鄞州区消费者信得过单位。

中国移动通信集团浙江有限公司鄞州分公司（简称“鄞州移动”）实现运营收入超过8.56亿元，通话用户数106.24万户，用户占比64.82%。累计建成4G基站2010个，基本实现全地区所有城区、乡镇、农村4G网络全覆盖。热点近450个，AP近3500个（主要分布在高教园区），基本实现交通枢纽、政府对外服务场所、大型医院、大中专院校、星级酒店、高档写字楼、大型商业广场、综合性休闲娱乐场所等区域的覆盖。全区光网覆盖65万余户，覆盖率90%。签约鄞州公安分局警务通、12个镇乡（街道）综治E通、17个镇乡（街道）流管通、鄞州出入镜检验检疫局移动OA和区市场监管局移动执法等项目。鄞州移动下应支局被评为省级巾帼文明岗，古林、鄞江支局被评为市级巾帼文明岗，姜山、集士港和高桥支局被评为区级青年文明号。鄞州移动连续11年被评为市级消费者信得过单位。

中国联合网络通信有限公司宁波市鄞州区分公司（简称“鄞州联通”）实现运营收入2.85亿元，通话用户数近30万户。累计建成4G基站2405个，基本实现全地区所有城区、乡镇、农村4G网络全覆盖。热点近582个，AP近105个（主要分布在高教园区、各商业圈内），基本实现交通枢纽、政府对外服务场所、大型医院、大中专院校、星级酒店、高档写字楼、大型商业广场、综合性休闲娱乐场所等区域覆盖。全区光网覆盖35万余户，覆盖率85%。签约洞桥监控二期，洞桥中心小学、中心幼儿园、明苑园、宁锋小学4大校区校园监控，下应拆迁地块和姜山十大校园“阳光厨房”项目。鄞州联通被评为宁波市第十二届消费者信得过单位、省级青年文明号、鄞州区抗洪抢险先进单位。

【鄞州电信鄞州区智慧交通项目】 2015年，鄞州电信中标鄞州区智慧交通项目。至年底，建成总投资1800万元的“智慧交通”项目（一期）工程，建成一个综合指挥中心和一个数据中心；主要建成视频监控系统59套、流量监测系统16套、公路电子治超系统3套；接入市级智慧交通信息平台，基本实现交通信息资源交换共享，初步形成范围涵盖区内公路、港航、运管，功能包括交通运行监测、指挥监管及公共出行信息服务的智慧交通体系。

【鄞州移动横溪镇社会治安视频监控系统项目】 2015年8月18日，鄞州移动中标横溪镇社会治安视频监控系统项目，中标价132.8万元。项目在鄞州公安分局统一技术框架指导下，基于国内安防技术发展水平，结合横溪治安监控实际情况，构建覆盖横溪镇全镇所有行政村主要道路出入口以及重点监控区域监控的高效安全防范系统。至年底，立杆、基础实施、链路铺设等前端点位的建设及后端平台扩容等完成。

【鄞州移动鄞州农村合作银行专线项目】 2015年11月，鄞州移动与鄞州农村合作银行（简称“鄞州银行”）达成移动专线合作意向，鄞州银行采用移动专线连接鄞州银行的166个支行和71个信用卡中心，共计237条线路，另有1条跨省链路。至年底，网络设备采购、客户进度对接及施工前准备工作完成。

【鄞州移动鄞州区环境保护局4G车载视频监控项目】 2015年2月初，鄞州移动与区环保局就4G车载视频监控项目达成合作意向，首次与区环保局就4G技术车载视频监控业务对接。该项目基于移动4G技术，嵌入高清无线视频监控设备，结合GPS服务可实现车辆定位、现场取证、视频存储、视频实时上传、指挥中心远程指导等功能。至年底，安装环保车辆设备2台并进行验收。

【联通宽带用户全面实行降费提速】 2015年，鄞州联通根据工业和信息化部及国务院办公厅的相关工作安排，开展宽带用户降费提速工作，对全区集士港、古林、姜山等各重点乡镇实行网络全覆盖。同时，开展原存量小区光改工作，光改迁转成功率在80%以上。

【鄞州联通社会公益活动】 2015年5月，鄞州联通联合宁波壹周汽车户外运动俱乐部及鄞州银行公益基金会组织开展“沃心飞扬，边走边公益”活动，34人参加。12月底，组织各青年团员参加“学雷锋·创文明”公共自行车清洁志愿服务活动，72人参加，活动分布12个自行车停放点，进行自行车终端设备维护、线路保养及自行车琐位清洗。

（蔡萍萍　陈　晨　朱　虹）

9月，鄞州移动工作人员在宁波诺丁汉大学开展高校迎新活动

电子政务

【概况】 2015年，鄞州区政务外网及内网接入单位215个，终端7817台。区数据中心机房为79家单位提供虚拟主机空间服务，托管网站112个，为19家区级单位提供服务器托管。政务骨干网络及中心机房全年运行平稳，政务视频（应急管理）会议系统、数据交换平台使用正常。

“中国鄞州”门户网站全新改版并投入使用；鄞州区公共事务受理平台受理各类咨询、留言、投诉392097件；推出“中国鄞州”门户网站手机版。2015年度宁波市政府系统网站评测考核活动中，“中国鄞州”网被评为政府系统网站示范性单位。

投入近4000万元进行电子政务项目建设。区智慧城管系统、区防汛防旱指挥中心、区企业基础信息交换与应用系统（二期）、区气象灾害防御会商等系统建成并投入使用。

【浙江省政务服务网建设】 2015年，浙江政务服务网鄞州平台建成并投入运行，有4529项行政权力（其中行政许可事项486项）纳入浙江省权力事项库。至年底，实际在用行政许可事项240项，总办件量30485件，互联网申报事项数62项，实现网上申报721件，其他行政权力实际在用71项，总办件量1265项，实现网上申报927项。有18个部门及单位的行政处罚结果实现网上公开，全年公开行政处罚结果信息10697件。启动政务服务网镇乡（街道）延伸工作，23个镇乡（街道）网上服务站全面上线。

【“中国鄞州”门户网站改版】 2015年5月，“中国鄞州”门户网站改版后投入使用，由透明政府和公共服务两个频道组成。其中，透明政府以政务视角进行内容展示和服务提供，主要包含政务公开、政务服务、政民互动、印象鄞州四大板块；公共服务频道以用户获取相应服务视角进行展示，包含教育、文化、医疗、社会保障、交通出行、旅游、住房、公共事业、司法、企业10个一级栏目。同时推出安卓和苹果两个版本的微门户，并实现与门户网站的内容同步更新。开展网站集约化建设，关停镇乡（街道）和部门独立网站25个，统一整合到改版后的“中国鄞州”门户网站。全年，“中国鄞州”门户网站页面浏览量3257万次，发布各类信息35741条。

（董 琳）

智慧城市建设

【概况】 2015年，鄞州区智慧城市建设工作领导小组办公室（简称“区智慧办”）增加民生功能内容，节约财政资金2000万余元。整合公安、交警、应急办、城管、水利、交通等职能部门监控3950路，根据整合效果将监控资源按用途及权限进行分级共享，在区交通运输局、城管局、水利局、交警大队成立应急指挥分中心。

公共事务受理中心整合鄞州80余个部门的咨询、投诉电话以及民生点点通、区长信箱、网络问政等10余个网络平台。公共事务受理中心APP应用项目基本完成。全年受理来电410884件，比上年增长40.6%，其中“81812345”受理来电229030件、“81890000”受理来电157682件，分别增长91.5%和1.2%；受理市级转送件9173件，其他网络渠道14999件，分别增长44.8%和45.3%。“智慧鄞州”微平台推送图文信息270条，阅读量达到65000次。

【免费无线上网工程完工】 2015年12月，由区智慧办牵头主导、鄞州移动具体承建的爱鄞州（iYinzhou）市民免费无线上网工程建设完工。至年底，爱鄞州（iYinzhou）项目接入热点297个、无线AP1803个，覆盖点包括公园、医院、行政服务中心、客运中心、旅游景点、公共自行车点位等公共区域，认证人数累计420.5万人次，使用流量累计171.6万千兆。

【区域性医疗信息平台建设】 2015年12月，鄞州区以居民电子健康档案为基础的区域性医疗信息平台增建预约挂号平台、区域影像平台、区域心电平台、全科签约和分级诊疗项目，通过互联网整合各功能模块，其中在预约挂号功能方面实现电脑、自助终端、固定电话、移动终端4个途径挂号功能。

“智慧中河”城市管理项目指挥中心

至年底，平台有有效注册用户18123个，有效预约量38887人次。

【“智慧中河”试运行】 2015年1月，“智慧中河”系统初步建成，进行试运行。“智慧中河”项目主要由“一中心”加“一平台”组成，即“智慧中河”综合指挥中心和“智慧中河”平台，加上二级管控平台（社工、志愿者、城管）及民生服务平台（手机智终端），形成一个整体。“智慧中河”综合指挥中心是全区第一个街道层面的智慧管控平台，通过12块监控录像屏幕，工作人员发现跨门经营、违停、沿街晾挂等现象，可立即将详细情况发送至城管队员的手机中，网格员在接收到信息后，会及时赶至现场，将处理后的图片发回控制中心。同时，控制中心通过GPS定位城管人员位置，对于较长时间没有处理问题的队员，控制中心会电话提醒。智慧中河平台点实施动态化的实时监控，网格化的精细管理，标准化的巡查模式，数据化的定量考核。平台全面启动后，吃、住、行、游、购、娱、健生活七大要素全部实行数字化、网络化、智能化、互动化和协同化，居民可轻松获得社区通知、便民服务等各类信息。

（何 宁）

信息产业

【概况】 2015年，鄞州区软件信息服务企业数量达到720家，其中注册资金千万元以上的企业达110家。软件产业收入93亿元，比上年增长33.2%，约占全市比重的1/4，软件收入和企业规模居全市各县（市、区）首位。通过软件产品认定68项，累计通过“双软认定”的软件企业数量达107家，软件产品超过1616项，总量约占全市的1/2。累计有9家企业被列入市重点软件（骨干）企业，20余家企业通过CMMI3认证。鄞州区获评首批省级信息经济发展示范区，区科技信息孵化园被认定为宁波市软件产业特色集聚区，宁波中青华云新媒体科技有限公司入选浙江省大数据应用产业第一批应用示范企业。

【动漫游戏产业】 2015年，鄞州区原创动画片累计完成动画片备案产量94部计90590.5分钟，动画片备案产量占宁波全市的60%左右，居全省第二位，全市首位，动漫游戏行业的“鄞州品牌”基本形成。区动漫产业集聚区域被工业和信息化部等5个部委认定为“国家动漫游戏原创产业基地”“中国未成年网脉工程实践基地”。

（朱彬彬）

注：

CMMI3认证：CMMI的全称为Capability Maturity Model Integration，即能力成熟度模型集成。是由美国软件工程学会制定的一套专门针对软件产品的质量管理和质量保证标准。CMMI有五个台阶（五个等级），CMMI3为台阶三，即定义级。

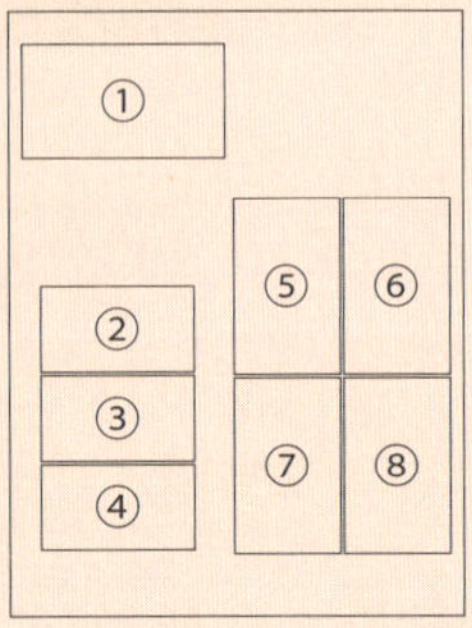

① 百迅软件有限公司——《垃圾分类》

② 宁波莱彼特文化传媒股份有限公司——《家有男孩》

③ 宁波莱彼特文化传媒股份有限公司——《梦幻庄园》

④ 宁波莱彼特文化传媒股份有限公司——《达啦镇的绿色奇迹》

⑤ 宁波卡酷动画制作有限公司——《俏皮大嘴猫之城市游侠》

⑥ 宁波卡酷动画制作有限公司——《俏皮大嘴猫之悠长假期》

⑦ 宁波卡酷动画制作有限公司——《俏皮大嘴猫之萌宠天下》

⑧ 宁波卡酷动画制作有限公司——《嗨，顾得白》

财政·税务

宁波（鄞州）博物馆

财　政

国家税务

地方税务

鄞州年鉴

2016 YINZHOU YEARBOOK

财 政

【概况】 2015年，全区（含高新区和东钱湖旅游度假区）完成公共财政预算收入1895513万元，为预算的98.6%，比上年增长5.7%；加上中央财政收入1231822万元，合计财政总收入3127335万元，为预算的99.4%，增长6.9%（同口径）。其中，鄞州区完成公共财政预算收入1504485万元，为预算的99.1%，增长5.5%；加上中央财政收入958434万元，合计财政总收入2462919万元，为预算的99.6%，增长6.2%（同口径）。高新区完成财政总收入555364万元，东钱湖旅游度假区完成财政总收入109052万元。全区完成出口退税1261353万元，为预算的127.9%；其中鄞州区1090504万元，为预算的122.5%。根据鄞州区收入和出口退税完成情况，按现行财政体制计算，2015年鄞州区地方财政可用资金1341955万元。其中，地方财政收入1504485万元，公共预算上级补助收入162886万元，上解中央、省及市支出325416万元。专项转移支付收入142215万元，上年结转208314万元，地方政府一般债券转贷收入419000万元，调入预算稳定调节基金132431万元，调入资金117884万元，合计收入2687215万元。鄞州区一般公共预算支出合计1644971万元，增长13.2%。债务还本支出419000万元，安排预算稳定调节基金150431万元，增设预算周转金-254万元，预算稳定调节基金82000万元，鄞州区一般公共预算收支相抵结余147651万元，其中各部门未使用专款及单位包干结余147651万元。区本级一般公共预算支出1189251万元，区本级一般公共预算收支相抵结余95279万元，其中各部门未使用专款及单位包干结余95279万元。预算稳定调节基金82000万元。

【财政预算改革】 2015年，鄞州区全面完成国库集中支付改革，国库集中支付93.40亿元，集中支付笔数119036笔。因公出国经费管理坚持指标、预算双控制制度，对照财政部出国经费标准，逐项审批出国经费预算明细。全年"三公"经费全口径支出8615万元，下降16.5%。全面推广质量化管理体系建设，并于7~9月实地考核17个镇乡（街道），其中13个镇乡（街道）一次性通过验收，达到质量化标准，另4个镇经整改于11月通过验收。

【财政支出管理】 2015年，鄞州区安排经济扶持资金8.38亿元，重点支持实体经济发展。科学技术支出6.26亿元，重点支持企业研发投入、小微企业孵化项目、专利、科技金融服务等项目。出台促进中小微企业发展的30条意见，重点实施企业融资、创业创新等帮扶。7月1日至12月31日，受理购房补贴6279笔，其中住宅4664套、非住宅1615套，发放补助资金68318054元。"三农"支出77.49亿元，增长35.4%。安排9060万元专项转移支付资金，用于7个镇乡的10个民生项目建设。农林水支出18.24亿元，重点用于优化农村环境、改善河网水质、完善基础设施、保障农民安居乐业。实施一事一议财政奖补项目28个，涉及15个镇乡（街道）28个行政村，计划总投资6201万元，其中财政奖补3000万元、村镇自筹2850万元、社会捐赠318万元、村民筹资33万元，筹资人数8813人，受益人数41125人。保障十件民生实事，全年支出120.92亿元。安排教育支出28.89亿元，重点巩固城乡统筹义务教育。安排社会保障和就业支出15.68亿元，重点扶持高校毕业生、失业人员、退役士兵等群体就业创业。安排医疗卫生支出12.30亿元。

【财政监督管理】 2015年，区财政局主动向社会公开2014年度区级决算及2015年度预算情况，指导57个部门公开2014年度区级决算，指导66个部门公开2015年度预算。年底，制定新一轮绩效目标管理计划，将入围项目的预算安排金额由1000万元以上扩大为500万元以上，有89个项目纳入绩效目标管理，增长107%，涉及资金33.77亿元。开展4个重点项目绩效评价。首次引入抽选复评机制，在开展绩效自评的26个项目中，抽选复评项目2个。政府采购金额65.12亿元，节约资金5.23亿元，资金节约率达7.4%。

【社保基金预算执行管理】 2015年，区财政局建立社保基金预算执行月度汇总分析制度，掌握社保基金收支动态。上半年，按照宁波市财政局要求，联合区人力社保局测算机关公务员养老与企业养老并轨、职业年金政策调整相关数据。出台《被征地人员养老保障镇乡（街道）负担资金上缴管理办法》，规定增加的参保人员必须区、镇共同承担，以保费补贴平均额5500元为基数，一类、二类、三类分别承担40%、30%、20%。分级承担养老金支付风险基金，对增加的领取人员，镇乡（街道）逐年向区财政上缴支付风险基金，以人均养老金支出额为基数，一类、二类、三类分别承担15%、10%、5%。预计两项可增加区级财力1300万元（保费补贴1100万元、风险基金200万元）。

【政府采购信用管理】 2015年，区财政局完善政府采购严重违法失信行为信息记录名单，集中曝光8家供应商的失信记录。委托区质量技术监督检测中心验收项目328个，采购项目验收总金额2.6亿元，发现不合格项目8个，涉及金额287万元，对8家供货与投标文件不符的供应商在整改并复验合格后作出"扣除诚信分，诚信等级降级"的行政处理，并在政府采购网络媒体上公示。同时，考核公开招标入围的招标代理机构、公车维修供应商、公务印刷供应商、公车保险公司、各类定点（协议）入围企业。

【财政惠企政策调整】 2015年，鄞州区调整惠企政策，涉企补助与企业缴纳税收脱钩。引导发展总部型企业，首次认定的区优势总部企业，给予最高30万元的一次性奖励；认定过的验收通过后奖励10万元。引进的总部企业和总部功能机构，奖励上限从60万元提高到100万元。达到要求的龙头骨干企业和省"三名"工程企业，择优实施"一企一策"。评选"大力神鼎""大力鼎"奖，分别给予80万~200万元、50万~60万元奖励。企业境内上市申报受理奖励额从100万元提高至600万元，首发上市后再奖励600万元；境外首发上市且募资2亿元以上的，奖励额从150万元提高至最高300万元；上市公司从注册地迁入鄞州区，一次性奖励从300万元提高至600万元。符合条件的企业研究开发经费支出，给予最高50万元补助。设立区重大产业技术创新专项，给予最高150万元资助。企业研发智能装备（关键技术）并投产的，给予最高30万元奖励；符合条件的“机器换人”示范企业（服务中心），给予最高30万元奖励。授权的国内发明专利，补助额度从每件0.8万元提高至1万元；授权的国外专利给予每件最高1.5万元补助。增加光伏发电项目补助，分布式光伏发电项目建设给予最高200万元补助，光伏发电样板示范项目给予最高100万元补助。符合条件的海内外高端人才到鄞创业创新，给予最高600万元资助。企业引进人才入选国家、省“千人计划”，市“3315计划”，区“创业鄞州·精英引领计划”或与其合作创业的，符合条件的分别给予100万元、50万元、30万元、10万元奖励。建立国家级、省级博士后工作站企业，符合条件的给予每年25万元的科研和培养经费资助。支持企业建立企业技术创新团队、技能大师工作室、大学生实训基地等各类载体，给予最高50万元资助。重点高层次人才，配偶就业按“双向选择为主、统筹调配为辅”原则解决，子女入学享受鄞州区户籍居民同等待遇。高层次人才创业创新提供“绿色通道”服务。入选的大学生创业项目，给予2万~20万元启动资金资助。

【新版财政票据整合改版】 2015年3月起，鄞州区推进财政票据整合改版工作。缩减、合并财政票据种类。除保留法院诉讼费（预算、结算、退费）专用非定额票据外，取消全省性的“森林植被恢复费、海域使用金、港航事业规费、新型墙体材料专项基金（预收、结算）、散装水泥专项资金（预收、退费）”等专用非定额票据，统一使用浙江省政府非税收入一般缴款书或浙江省政府非税收入通用票据。归并整合浙江省城乡居民社会养老保险、城镇居民合作医疗、新型农村合作医疗、城乡居民合作医疗4种定额票据为浙江省城乡居民基本养老保险定额票据和浙江省城乡居民基本医疗保险定额票据。取消政府非税收入票据财政联，全面推进票据网上结报核销。同时取消其他财政票据财政联。整合改版时间至旧版票据2016年3月底全面停止使用。

（杨宏云）

国家税务

【概况】 2015年，鄞州区国家税务局（简称“区国税局”）组织税收收入119.65亿元，其中免抵调库17.68亿元。税收总量比上年增长6.1%，增速提高0.5个百分点。入库增值税收入85.22亿元，增长5.5%，占全年税收总量的71.2%；入库企业所得税收入29.88亿元，增长16.8%，增收贡献率达62.1%。第二产业入库税收84.75亿元，下降0.9%；第三产业入库税收34.86亿元，增长28.6%。中小微企业入库增值税直接收入、消费税和企业所得税107.13亿元，增长3.8%，增收贡献率达56%。545家重点税源企业入库增值税直接收入、消费税和企业所得税59.21亿元，增长4.9%，增收贡献率达45.1%。

税务登记开业户数88803户，税务登记完整率99.93%，财务报表采集率99.83%，大评估入库税款增长率24.57%，未申报催报率100%，未缴纳税款催缴率100%。完善大企业涉税诉求快速响应机制，解决大企业涉税诉求8件。完成所得税汇算清缴，控制汇缴面、数据差错率、零申报率、预缴率“一面三率”指标。高新技术企业实行新认定、重新认定、复审工作的分层分级监管。规范非居民企业日常管理，建立境外税收信息档案，编写“走出去”企业税收分析年度报告，推进反避税和涉外税务审计工作。

办理各类减免税9.72亿元。小微企业优惠政策实际受惠面达到100%。出口退税实行“无纸化”申报，全面实施《出口退（免）税企业分类管理办法》，对信誉良好的一类企业，将退税周期由原来的20个工作日缩短至2个工作日内，全年办理出口货物退税93.89亿元，增长26.8%，位居全市第一。推出“涉税事项纠错本”、网上申领发票、网上发票代开、网上免扫描认证等便民服务新举措。在全省首推“自助办税终端发票代开机”，升级完善“甬税通”纳税服务移动平台。帮助26户次企业获得2765万元“税银通”商业贷款。落实《国地税合作工作规范（1.0版）》，实施委托代征地方税费和非正常户异地协作管理。

【市国家税务局第一稽查局成立】 2015年8月1日，根据宁波市国家税务局机构调整工作通知，宁波市国家税务局第一稽查局在鄞州区民惠西路18号组建办公，设立办公室、综合选案科、检查一科、检查二科、检查三科、审理科、执行科7个职能科室，承担宁波市鄞州区、江东区、海曙区3个区域的税务稽查工作。8月18日，中共宁波市国家税务局第一稽查局党总支成立，下设4个支部，有党员45人。10月28日，成立宁波市国家税务局第一稽查局工会委员会。

【国税管理改革】 2015年，区国税局落实税收征管体制改革，全面实施《全国税收征管规范（1.0版）》，建立“三防三查”和转办单机制。推进“五证合一、一照一码”登记制度改革。实施《全国税务机关纳税服务规范（2.0版）》，纳税业务即办事项增至111项，占涉税事项的84%，减少资料报送162项。评估企业438户，评估补税1.3亿元，增长6.4%，户均补税29.6万元，增长52.2%。推进大企业专业化管理改革，开发大企业信息化管理软件，探索实施ESP税收个性化安全服务项目。推行增值税发票系统升级版，完成一般纳税人升级工作28623户，小规模纳税人2635户，试点推广电子发票。落实成品油、卷烟等消费税调整新政。实施新《车辆购置税征收管理办法》，推广4S店委托代征车购税模式。

【国税稽查】 2015年，宁波市国税局第一稽查局检查企业215户，查结111户，其中有问题企业106户，选案准确率95.50%，查补收入1.86亿元，入库收入1.77亿元，入库率95.09%，查处50万元以上大要案件15件，其中100万元以上大要案3件，在全市稽查业务个性指标绩效考核中名列第一。查处一批骗取出口退税案件，其中宁波观复贸易有限公司出口骗税案入选国家税务总局

“十大”典型打骗案例。打骗专项行动中，辅导1084家出口退（免）税自查企业，促使115家企业自查补税324.44万元，调减亏损额375.80万元。筛选各项专项检查企业104户，其中出口退（免）税企业8户、黄金交易企业58户、股权转让企业3户、电气机械行业11户、印刷及纸制品行业12户、服装行业10户、“营改增”企业调研式检查2户。至年底，专项检查企业查结75户，查补收入3902.51万元。查处发票违法企业201户，查处非法发票803份，涉及发票违法金额8170.49万元，查补税款1605.19万元，加收滞纳金140.32万元，罚款698.60万元，向公安部门移送涉嫌犯罪案件31起，曝光典型案例2起。通过金税协查系统，受理受托协查企业61户，收到受托发票311份，通过协查系统发起委托协查13户，委托发票90份，接待外地税务部门协查29批次。

【《全国税收征管规范（1.0版）》实施】2015年5月1日起，区国税局实施《全国税收征管规范（1.0版）》。《全国税收征管规范（1.0版）》具体明确每一个业务事项的流程、环节和操作，共分为11个业务类别，包含152个业务小类，对应具体的612个税收征管业务，涉及税收政策法规及规范性文件1125份，全面明确税收管理行政行为标准，压缩自由裁量空间。

【增值税发票系统升级版启用】2015年1月1日起，鄞州区新认定的增值税一般纳税人和新开业的小规模纳税人（起征点以下除外）启用增值税发票系统升级版。增值税发票系统升级版实现四类增值税发票在同一系统开具，经过税务数字证书安全认证、加密后开具的发票数据可通过互联网即时上传至税务机关，并生成增值税发票电子底账，作为纳税申报、发票数据查验的依据，实现网络化发票抄报。3月，存量户开始全面推行。至年底，完成一般纳税人升级工作28623户，小规模纳税人2635户。

【自助办税终端发票代开机上线】2015年，市国家税务局委托区国税局研制自助办税终端发票代开机。5月，区国税局城区分局发票代开机上线运行。该机可代开增值税专用发票和货物运输专用发票，操作流程分为“网厅申请”和“现场自助取票”两部分。辖区内需要代开专用发票的纳税人登录市国家税务局网厅，进入代开发票模块，选择相应的发票类型，输入票面信息并提交即完成网厅申请。在申请后30日内，携带网厅登录人二代身份证到发票代开机上验证身份，读取票面信息，核对无误进行银税扣款后，可即时领取发票。自助办税终端发票代开机实现代开发票的全程自助和“无纸化”，申请代开一张发票的时间由5分钟缩短至50秒。

【《青税管家》微电影首映礼】2015年，区国税局拍摄《青税管家》微电影，以年轻税务干部服务小微企业的真实故事为原型，影片中全部角色均由税务干部出演，真实还原基层一线税务干部贯彻落实上级税收优惠政策，努力做到小微企业政策百分百全覆盖的工作场景，全面展示区国税局“青税管家”服务团队“年轻、专业”的群体特色、线上线下全方位的服务模式、“专业、创新、让服务伴您一路成长”的品牌服务理念，以及通过“管家式”贴心服务助力辖区内小微企业成长的发展历程。11月12日，举行《青税管家》微电影首映礼，市国家税务局总经济师牟京华和相关处室代表、区国税局领导、建设银行鄞州支行、邮政储蓄银行鄞州支行、宁波银行明州支行代表等70余人参加。整个首映礼分“介绍到场嘉宾、主创人员介绍拍摄花絮、观看微电影、领导致辞、税银合作签约仪式、青税管家代表发言”6个流程。

（徐昆英　王　凯）

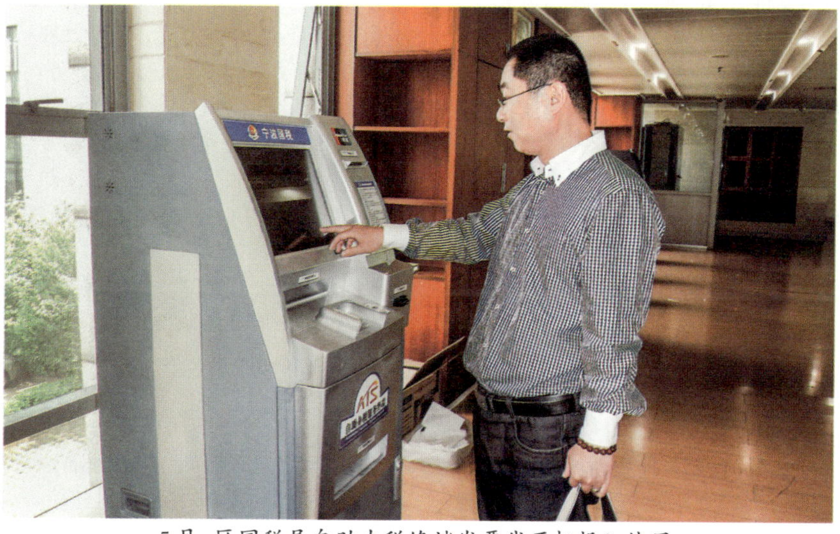

5月，区国税局自助办税终端发票代开机投入使用

地方税务

【概况】2015年，鄞州地方税务局（简称“鄞州地税局”）实现地方税收收入1090207万元，比上年增长0.45%。其中，征收入库营业税357500万元，增长11.38%；企业所得税140811万元，增长18.92%；个人所得税169198万元，增长1.68%；城市维护建设税85262万元，增长10.07%；房产税58702万元，增长20.52%；城镇土地使用税35875万元，增长3.54%；土地增值税108844万元，下降45.11%；契税96896万元，增长13.07%；耕地占用税8958万元，下降2.72%；印花税18968万元，增长8.22%；车船税6578万元，下降4.32%；资源税2615万元，增长124.27%。征收社会保险费610804万元；教育费附加、水利资金和残疾人保障金等地方规费106013万元；各项税费总收入1807024万元，税收总量居宁波市各县（市、区）首位。咸祥分局、横溪分局、集士港分局、鄞江分局被认定为宁波市级文明单位；7个分局被认定为省级“巾帼文明岗”，4个分局被认定为市级“青年文明号”。

为3027户次企业减免2015年度房产税、城镇土地使用税和水利基金1.45亿元，审核审批高新技术企业

4月1日，鄞州地税局举行税银互动合作框架协议签约暨第24个税收宣传月活动启动仪式

所得税优惠95户，小微企业所得税优惠2106户，加计扣除183户，为符合条件的工业企业集中减征单位缴纳的基本养老和医疗保险1.59亿元。推行《全国税收征管规范（1.0版）》。建立法院民事执行与国税、地税税费征缴三方协作机制，向法院申请协助执行欠税（费）纳税人20户，入库税（费）600万元。检验涉税数据质量，检测出问题8135条，关闭7767条。建设税务领域信用体系，联合评定2014年度纳税信用A级纳税人1046户并对外公告。

推行“前台办结、后台监管”改革，一般流程审批节点精简到3个以下，75%的涉税事项实现即时办结。全面落实涉税事项一次性告知和首问责任制度，减轻纳税人办税成本，网办业务在90%以上，“免填单”服务范围实现全覆盖。开展教育实践活动群众意见整改和“三公”经费、办公用房等专项治理，腾退整改超标办公用房4703平方米。

【地方税源管理】 2015年，鄞州地税局开展“以地控税”工作，做到地籍、户籍、税源相一致，查补房产税、城镇土地使用税及滞纳金3098万元。审核土地增值税，清算项目24个，补缴税款2.79亿元，退税1.65亿元。存量房计税价格实行动态管理，根据1108个观测点的市场价变化情况调整全区存量房计税基准价格。开展年所得12万元以上个人所得税自行申报，入库股权转让及限售股转让个人所得税1.16亿元。建立“走出去”企业“一户一档”资料，严审对外支付税务证明，实行非居民企业所得税源泉扣缴。

【地税评估稽查】 2015年，鄞州地税局以风险管理为导向，针对纳税人的不同风险等级，采取有差别化的应对策略，接受市地方税务局推送的7个项目共计1740户次风险应对任务，补缴税款及滞纳金2736万元；围绕建筑业、土地增值税等重点风险事项自行开展区级税收风险应对项目，补缴税款及滞纳金841万元。开展税收自查、重点检查工作，调查90户，查补税款618万元。实施税收“黑名单”制度，查处纳税人收受虚假发票违法案件20件，涉及发票109份，票面金额93万元；受理涉税举报案件70起，查补总额155万元。

【地税核心征管系统上线】 2015年，鄞州地税局作为宁波市征管改革业务流程再造试点单位之一，继续开展业务流程再造试点工作，重点进行征管数据的清理和迁移、岗责体系的梳理和验证以及相关人员的培训和测试。9月1日，业务流程再造信息化改造项目上线运行。

【土地增值税清算模型创建】 2015年，鄞州地税局根据土地增值税清算工作的实际需要，以宁波地区房地产行业为参照依据，首创土地增值税风险评估模型。模型针对房地产业建立一套标准化、系统化的清算流程，运用同质数据比对分析、交易数据预警分析、公摊数据匹配分析的方法，及时、准确地清算审核纳税人清算申报的收入、扣除项目金额、增值额、增值率以及税款计算等情况，实现土地增值税清算审核工作的规范化、标准化、系统化。全年运用该模型风险评估房地产清算项目4个，发现普适性问题8个、个别化问题5个，查补土地增值税2000万余元。

【“税收宣传月”主题活动】 2015年第24个“税收宣传月”期间，鄞州地税局围绕“新常态、新税风”主题，开展税收宣传活动。4月1日，举行税银互动合作框架协议签约暨第24个税收宣传月活动启动仪式，鄞州地税局与鄞州银行签订“税银互动”合作框架协议，并向首批A级纳税人进行授信授牌。市、区企业界，银行和地税部门代表100余人参加启动仪式。4月27~30日，开展“微调查微批评”赠奖品调查活动。通过微信用户关注“鄞州地税”公众号实行匿名征集，收到调查问卷14457份、留言建议4670份，其中有效留言建议1634份。“线上”微媒体助力“开门纳谏”税收宣传主题活动被市地方税务局评为税收宣传月活动优秀创新项目一等奖。

【A级信用企业办税服务优化】 2015年，鄞州地税局推进税收信用的增值利用，优化三项A级信用纳税人纳税服务。4月1日起，与鄞州银行签订税银合作框架协议，推出“税银通”信用服务产品，全年“税银通”项目向19家企业发放贷款2055万元。推出“容易办”优先服务。开通绿色通道服务，A级信用纳税人在办税服务厅办理简单业务时，可享受优先叫号服务，较普通纳税人优先办理各项涉税事宜；办理复杂业务时，可直接前往绿色通道窗口，由专职人员协助办理。推出“联络员”咨询服务。通过“一云多端”纳税服务管理系统建立A级信用纳税人专属服务网络。税务人员可及时宣传税收政策法规、发布各类通知提醒等，纳税人可“一云多端”纳税服务管理系统与主管税务人员交流，随时随地对税务机关的纳税服务提出意见建议。

（叶　琳）

金融

古洞桥

综　述

四明金融小镇

金融监管

上市管理

银　行

保　险

证券·期货

其他金融机构

鄞州年鉴

2016 YINZHOU YEARBOOK

综述

【概况】2015年，鄞州区有金融机构92家，其中银行43家、保险机构23家、证券公司13家、期货公司4家、小额贷款公司2家、融资租赁公司4家、商业保理公司1家、转贷公司1家、票据公司1家。

全区银行业本外币各项存款余额1925.88亿元，比年初增加158.62亿元，增长8.98%，增幅高于上年同期6.55个百分点；保险公司保费收入17.95亿元，减少1.53亿元，下降7.85%；证券公司证券交易额5875.68亿元，增长275%；期货经纪公司代理交易总额11748.58亿元，代理交易量9684800手。

金融业实现增加值102.3亿元，增长21.8%，提高12.4个百分点。金融业增加值占区域GDP的比重升至7.58%，提高0.68个百分点。金融业创造税收14.55亿元，增长20.1%，占区本级财政收入的5.9%，提高0.7个百分点。

【鄞州银行建立农户电子信用档案】2015年，鄞州银行完善农户信用电子档案建设工作，通过家庭资产、技术学历、从事行业、社会信用度等10余个指标的量化分析，对农户进行5个级别的信用等级评定，最高可给予30万元的授信额度。至年底，该行为18.3万户农户建立电子信息档案，占全区农户总数的79.21%。4412户农户获A级以上信用等级，贷款时可享受下浮利率优惠。

【政策性农业保险惠农】2015年，鄞州区有26332户农户投保政策性农险，保费收入3083.5万元，台风"灿鸿"保险赔款3700万余元，保险公司提供风险保障金额达11.9亿元。增加茶叶低温气象指数保险和绿叶菜价格指数保险。生猪价格指数保险，保费财政补助比例从80%提高到85%，养殖户个人承担的保费由每头5.04元降至3.78元。投保门槛年出栏头数由1万头降至160头。累计赔付农户1.5亿元，品种扩展到22个，险种从单一的农产品拓展到人员、产品、财产等范畴。

【高端和新型金融机构扶持】2015年10月，鄞州区出台《2015年高端金融机构集聚扶持专项资金管理办法》，区财政安排660万元专项资金，补助高端和新型金融机构。政策补助对象主要为在鄞州区新注册登记的宁波市级以上金融机构（金融后台服务机构）、外资银行区级分支机构及新型融资服务机构等。根据政策，对符合条件的金融机构、金融后台服务机构给予不高于100万元的开办费补助；对非融资服务类金融机构给予不高于60万元的开办费补助。上述机构在鄞州区购置或租赁自用的营业（办公用房）不足600平方米（非融资服务类金融机构不足800平方米）的，按上述补助标准的60%执行。全年引进高端机构康盛（北京）保险销售有限公司宁波分公司1家，并给予其开办费补助36万元。

【区小微企业互助促进会成立】（参见"中共宁波市鄞州区委员会"类目"统一战线工作"分目）

（武建强）

四明金融小镇

【概况】2015年7月，鄞州区审议通过《宁波（鄞州）量化金融小镇建设方案》。10～11月，开展省级特色小镇申报。启动编制《四明金融小镇规划》，完成规划初稿。拟定四明金融小镇扶持奖励政策，形成意见初稿。小镇宣传册及宣传视频基本定稿，初步形成鄞州四明金融小镇整体包装及系统化提升方案。9月16日，在"创业鄞州·精英引领"活动周上举办四明金融小镇揭牌仪式及专场推介会。12月13日，在杭州举行的创客空间·基金项目海选总决赛上，进行专场推介。

明确四明金融小镇招商的业态定位，包括基金类企业、区域性/功能性金融机构、新型金融服务机构、金融中介服务机构四大类。与华旗盛世、盛世投资、易联支付、国泰安等机构对接，提供各类合作方案。全区基金类企业总数超过320家，其中增加150余家，注册资金总额达到218亿元。浙江大道保理有限公司、宁波宽谷奥立安信息科技有限公司、宁波森浦融讯科技有限公司和宁波盛世鸿元投资管理有限公司特色金融企业落户。

【"宁波量化金融小镇"落户鄞州区】2015年8月13日，全市人才工作会议召开，省委常委、市委书记刘奇向鄞州区颁发"宁波量化金融小镇"牌匾，宁波首个量化金融小镇工作进入实施阶段。量化金融小镇以量化投资为主要特色，汇集私募基金、科技金融、互联网金融等新兴金融业态。根据初步构想，宁波量化金融小镇规划占地面积约3平方千米，位于鄞州中心城区，沿鄞州公园向东西两侧延伸，东临南高教园

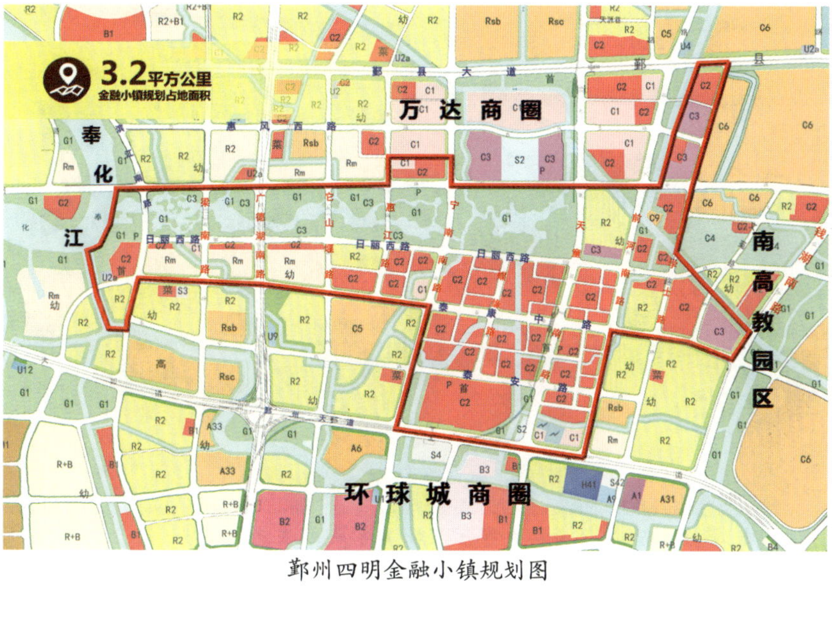

鄞州四明金融小镇规划图

区，西至奉化江，南接宁波南部商务区，北依万达商圈，主要包含鄞州金融大厦及周边楼群、宁波南部商务区、公园内开放式独栋用房、科技信息孵化园以及部分待建地块等创业创新区块，鄞州公园、网球中心、博物馆、文化馆等生态生活区块。鄞州四明金融小镇的目标定位可以概括为“四区双千”，即特色金融产业集聚区、对接民间资本实验区、宁波金融文化展示区和金融精英社交聚会区。至年底，鄞州区成立由国内产业资本参与投资设立、规模1.02亿元的首支量化母基金及规模1.1亿元的天使投资母基金，其中量化金融港投入运营；全区有在册各类投资机构总数132家，注册资金规模65亿元。

【“宁波量化金融小镇”专场推介会】2015年9月16日，鄞州区第四届创业鄞州·精英引领活动周期间，举行“宁波量化金融小镇”专场推介会，“千人计划”专家、海外高层次人才、风险投资机构代表等200余人参加推介会，区金融办负责人介绍量化金融小镇建设的基本情况。10月13日，2015甬港经济合作论坛期间，“宁波量化金融小镇”在香港进行推介，金融办负责人介绍量化金融小镇建设的基本情况，包括空间布局、政策扶持、目标愿景等。12月13日，在杭州举行的创客空间·基金项目海选总决赛上，区金融办推介鄞州四明金融小镇。

【徐素荣调研“宁波量化金融小镇”】2015年10月29日，省人民政府金融工作办公室副主任徐素荣到鄞州区调研“宁波量化金融小镇”，市委常委、区委书记陈奕君，市人民政府金融工作办公室主任姚蓓军，副区长陈虹等陪同调研。其间，一行人到鄞州金融大厦考察量化金融硅谷金融港，到宁波盛世鸿元投资管理有限公司对宁波市鄞州区天使投资母基金进行调研，到科技信息孵化园考察无中生有咖啡吧。

（武建强）

金融监管

【概况】2015年末，鄞州区银行信贷风险不良呈“双降”态势，不良贷款余额降至24.21亿元，比年初减少1.39亿元，不良贷款率收窄至1.4%，下降0.22个百分点。

协调帮扶洛兹集团有限公司、宁波澳瑞集团股份有限公司等涉险企业开展银行政府企业对接活动。开展风险预警监测数据报送制度，监测区内重点骨干企业。联合鄞州公安分局、市场监管局、街道办事处等部门单位，组织开展“打击非法集资宣传月活动”和“打击非法金融活动”等专项行动。

【“打击非法金融活动”专项行动】2015年10月10日，鄞州召开全区“打击非法金融活动”专项行动会议，部署在全区范围内开展为期3个月的打击非法集资、非法交易平台和交易行为、非法证券期货保险业务和恶意逃废金融债务行为等违法金融活动。整治非法集资活动，重点关注以投资理财、P2P网络借贷、私募股权投资及区域内其他领域频发的涉嫌非法集资活动；整治非法交易平台和交易行为，重点关注依托各类交易平台以投资公司、咨询公司、贸易公司等为名，以有色金属、贵金属和原油等大宗商品现货为标的开展非法交易行为的市场主体；整治非法证券期货保险业务，整治重点是证券期货保险领域的违法违规行为；整治恶意逃废金融债务行为，包括涉嫌骗取贷款、贷款诈骗等恶意逃废金融债务的行为。在报纸刊登宣传资料3期，利用区政府OA系统发送宣传短信8000条，通过全区360余个银行网点和村级便民金融服务点发放宣传资料12000份、宣传环保袋5000个，在鄞州电视台定制宣传版面1个月，提醒城乡群众远离非法集资。联合工商、税务、公安、所在街道（管委会）等，联合对宁波南部商务区、中河街道辖内经营的网络科技、财富管理、投资咨询、贵金属交易等230家平台类公司进行两轮排查。查清底数，递交负面清单，告诫相关公司合法合规经营。

（武建强）

7月，区金融办联合浙江大学宁波理工学院学生志愿者，利用分发宣传折页、环保袋等形式，开展金融知识进社区、进菜场等活动

上市管理

【概况】2015年，鄞州区增加各类基金类企业（股权、证券）217家，机构总数达到288家，注册资金总额达到120.1亿元。政府引导基金认缴出资7.8亿元，实缴出资7000万元。其中，出资3000万元成立总规模1.11亿元的鄞州区天使投资母基金，以同股同权方式出资1000万元成立总规模1.02亿元的量化投资母基金。

宁波高发汽车控制系统股份有限公司、宁波美康生物科技股份有限公司首发上市。3月，奥克斯集团有限公司收购香港联合交易所上市公司爱夜蒲（Magnum Entertainment HK：02080），并更名为奥克斯国际。全区有上市公司16家。其中，首发上市12家，累计募集资金180亿元；控股收购4家。日月重工股份有限公司、宁波圣龙汽车动力系统股份有限公司、华瑞电器股份有限公司、君禾泵业股份有限公司4家企业在中国证券监督管理委员会审核，宁波乐歌视讯科技股份有限公司、宁波华缘玻璃钢电器制造有限公司、浙江沧海市政园林建设有限公司等企业准备上市申报相关工作。增加全国中小企业股份转让系统（简称“新三板”）挂牌企业5家，累计11家企业在“新三板”挂牌，储备“新三板”后备企业70余家，其中30余家企业与券商等中介机构签约。

区内企业通过IPO首发募集、定向增发、短期融资券、股权投资等方式累计融资137亿元，增长60.3%，占GDP比重为10.2%。其中，宁波高发汽车控制系统股份有限公司、宁波美康生物科技股份有限公司分别首发募集资金3.52亿元和7.8亿元，城乡建投通过PPP模式融资30亿元，杉杉集团有限公司发行31亿元短期融资券和5亿元私募债，奥克斯集团有限公司发行短期融资券5亿元。区内25家企业累计引进股权投资9.46亿元。

【宁波高发汽车控制系统股份有限公司上市】 2015年1月20日，宁波高发汽车控制系统股份有限公司在上海证券交易所上市交易，证券简称：宁波高发，证券代码：603788。宁波高发主要从事汽车操纵控制系统研发、生产和销售，主要产品包括变速操纵器及软轴、电子油门踏板、汽车拉索、电磁风扇离合器四大类。公司总股本为13680万股，发行价为10.28元／股，对应发行市盈率为19.40倍，其中首次公开发行3420万股，募集资金总额3.52亿元，资金用于“变速操纵系统产品扩产”“加速控制系统产品扩产”和补充流动性资金等五大项目。

7月31日，宁波时代铝箔科技股份有限公司在“新三板”挂牌上市

【广博集团股份有限公司收购西藏山南灵云传媒有限公司】 2015年3月23日，广博集团股份有限公司通过中国证券监督管理委员重组委员会审核，核准公司以发行股份及支付现金的方式，收购西藏山南灵云传媒有限公司（简称“灵云传媒”）100%股权，并募集配套资金的重组预案。灵云传媒有爱丽时尚网，主要从事导航网站广告业务、女性时尚网站品牌广告业务、特价导购业务，主要客户包括唯品会、乐蜂网、苏宁易购、糯米网等知名电商平台和爱卡汽车、易车网等汽车网站及9377等知名游戏网站。公告显示，灵云传媒100%股权交易作价8亿元。其中，广博股份拟以9.79元/股发行合计6537.28万股，支付交易对价中的80%，即6.4亿元；以支付现金方式支付交易对价中的20%，即1.6亿元。

【宁波美康生物科技股份有限公司上市】 2015年4月22日，宁波美康生物科技股份有限公司在深圳证券交易所创业板上市，证券简称：美康生物，证券代码：300439。美康生物主要从事第二、三类6840体外诊断试剂的制造、加工（在许可证有效期内经营）生物酶及试剂的技术开发、研究，医药生物技术咨询，医疗器械的维修，自营或代理货物和技术的进出口，但国家限定经营或禁止进出口的货物和技术除外。主营业务为外诊断产品的研发、生产和销售，并提供第三方医学诊断服务。公司总股本为11334万股，发行价为27.51元，对应发行市盈率为22.98倍，其中首次公开发行2834万股，募集资金总额7.8亿元，用于公司新型体外诊断试剂产业化基地建设项目、企业技术研发中心及参考实验室建设项目、营销服务网络升级项目等。

【宁波精华电子科技股份有限公司上市】 （参见“街道·镇乡”类目“首南街道”分目）

【宁波旷世智源工艺设计股份有限公司上市】 （参见“街道·镇乡”类目“古林镇”分目）

（武建强）

表22 2015年鄞州区当地首发上市企业名单

序号	企业名称	序号	企业名称
1	宁波杉杉股份有限公司	4	广博集团股份有限公司
2	雅戈尔集团股份有限公司	5	宁波东睦新材料集团股份有限公司
3	汉麻产业投资股份有限公司	6	宁波康强电子股份有限公司

续表22

序号	企业名称	序号	企业名称
7	宁波立华制药有限公司（朗生医药）	10	宁波三星电气股份有限公司
8	宁波先锋新材料股份有限公司	11	宁波高发汽车控制系统股份有限公司
9	宁波博威合金材料股份有限公司	12	宁波美康生物科技股份有限公司

银　行

【概况】 2015年，鄞州区增加招商银行城南支行1家，全区有银行43家，其中总行2家（其中1家为村镇银行）、分行级2家、支行39家。银行业本外币各项存款余额1925.88亿元，比年初增加158.62亿元，增长8.98%，增幅高于上年同期6.55个百分点。其中，储蓄存款余额895.58亿元，比年初增加73.63亿元，增长8.96%；对公存款余额906.15亿元，比年初增加81.64亿元，上升9.9%。本外币贷款余额1727.62亿元，比年初增加145.19亿元，增长9.18%，增幅高于上年同期3.12个百分点。

【工商银行鄞州支行】 2015年，工商银行鄞州支行本外币各项存款余额96.48亿元，比年初增加6.73亿元，增长7.5%。日均余额101.14亿元，增加12.45亿元，增长14.04%。本外币各项贷款余额150.73亿元，比年初增加13.59亿元，增长9.91%。实现拨备前利润44041万元，比上年同期增加3483万元，完成全年计划指标的107.94%。实现中间业务收入1.41亿元。不良贷款率0.34%。综合绩效排名列市分行系统内第三位。营业部被中国银行业协会授予文明规范服务五星级网点、中国工商银行巾帼文明岗等称号。支行全年安全无事故，在内控评价中被评为内控一级行。

【工商银行新城支行】 2015年，工商银行新城支行本外币各项存款余额68.50亿元，比年初增加3.84亿元，增长5.94%。本外币各项贷款余额42.96亿元，比年初增加2.69亿元，增长6.68%。实现中间业务收入6181万元，完成全年计划的110.38%，增长22.52%，增幅系统内排名第五位。办理国际结算业务量46453万美元。增加小企业融资客户21户，800万元以上私人银行客户23户，实现信用卡分期付款交易额3.5亿元，以563.3%的增幅列系统内第二位。实现拨备前利润17976万元，完成全年计划的111.4%。全年综合绩效排名列市分行系统内第五位。本外币不良贷款余额4982万元，不良率1.16%，全辖“零”案件、“零”重大风险事件。实现3家网点的智能设备增配项目，竞争力达标网点辖内覆盖率排名列分行首位，辖内网点邱隘支行获2015年中国银行业文明规范服务三星级网点称号。在分行首届员工篮球赛中获第二名。

【农业银行鄞州分行】 2015年，农业银行鄞州分行本外币各项存款余额268.53亿元，比年初增加14.55亿元，多增19.2亿元；各项贷款余额220.73亿元，比年初增加17.96亿元，多增10.8亿元；全年实现国际结算量51.50亿美元，增长50%，增幅列市分行系统内首位；全年实现中间业务收入2.33亿元、拨备后利润6.65亿元，均列市分行系统内第一位，综合绩效考评连续四个季度在市分行系统内保持第一。全行不良贷款余额1.90亿元，不良率0.86%。全行“三化三铁”达标率100%，被农总行评为“运营基础管理先进单位”，其中辖属8家二级支行获评农总行“三铁”单位，数量居市分行系统内首位，成为市分行系统内唯一一家被推荐为总行级“五一劳动奖状”，被宁波市金融工会授予“宁波市金融五一劳动奖状”称号，蝉联鄞州区“金融支持区域发展显著贡献奖”称号。在浙江省公安厅和中国银行业监督管理委员会浙江监管局联合开展的2015年第四轮浙江省银行业金融机构安全评估中，名列鄞州区36个金融机构第二位，内控评价继续保持一类行，全年无重大责任事故发生。2015年从一级支行升格为二级分行，成为市分行系统内唯一一家二级分行。

【中国银行鄞州分行】 2015年，中国银行鄞州分行实现本外币各项存款余额114.51亿元，比年初增加8.27亿

3月31日，农业银行鄞州分行举行升格揭牌暨客户签约仪式

元，四大行占比16.92%，比年初提升0.1个百分点。实现本外币各项贷款余额159.12亿元，比年初增加29.81亿元，四大行占比21.32%，比年初提升2.15个百分点。国际结算业务量57.55亿美元，增长2.77%，市场份额4.99%，比年初提升0.1个百分点。营业收入5.84亿元，增长13.20%，其中中间业务净收入1.80亿元，拨备前利润4.19亿元，增长18.36%，营业收入、中间业务净收入、拨备前利润总量及辖内行贡献率均居宁波市分行全辖首位。不良信贷资产余额1.85亿元，比年初下降0.82亿元，不良率1.14%，比年初下降0.87个百分点。11月16日，鄞州分行辖属五乡支行迁址至五乡镇爱民南路1号。分行蝉联“全国文明单位”称号，获2015年度“金融支持区域发展显著贡献奖”称号。分行营业部被中国银行业协会命名为“中国银行业文明规范服务五星级营业网点”，获评宁波市财贸金融系统“工人先锋号”。全年安全无事故，蝉联宁波市“五星级治安安全单位”称号，获“省级治安安全示范单位”称号，在鄞州区第四轮“银行业金融机构安全评估”中，列43家金融机构首位。

【建设银行鄞州支行】 2015年，建设银行鄞州支行本外币一般性存款时点余额112.8亿元，比年初增加7.85亿元，增加占比13%；本外币一般性存款日均余额102.96亿元，比年初增加4.14亿元，增加占比8%。本外币各项贷款时点余额140.27亿元，比年初增加3.15亿元，增加占比4.4%。实现中间业务净收入15398万元、拨备前利润3.94亿元。全行不良贷款额2.04亿元，比年初减少1.65亿元，不良贷款率1.45%，比年初减少1.24个百分点。鄞州支行获区政府颁发的“2015年度金融支持区域发展显著贡献奖”称号。

【鄞州银行】 2015年，鄞州银行资产总额915.17亿元，比年初增加70.02亿元，增长8.28%；财务收入50.08亿元，增长5.11%，税前利润13.65亿元（不含对外投资并表），每股净资产3.86元，累计纳税6.87亿元。资产利润率（ROA）1.17%；资本利润率（ROE）12.91%；成本收入比28.63%；资本充足率15.27%。各项存款余额657.57亿元（不含邮储10亿元），占鄞州区金融机构存款余额的34.66%；各项贷款494.56亿元，占鄞州区金融机构贷款余额的28.80%；不良贷款率1.87%。中间业务收入2亿元。其中，国际业务：国际结算量50.32亿美元，外汇交易量507亿美元，办理贸易融资5.85亿美元；金融市场业务：债券交易量15299.28亿元，票据交易量898.12亿元，承销债券183.8亿元；银行卡业务：借记卡累计发卡200.59万张，贷记卡累计发卡13.18万张，累计发展特约商户2362户；理财业务：发行封闭式理财产品379期，募集资金238.91亿元，兑付323期，兑付金额213.77亿元；发行开放式理财产品4期，申购金额21.44亿元，赎回金额13.83亿元，产品余额7.61亿元。获《金融时报》、全国地方金融论坛颁发的“中国地方金融2014十佳竞争力银行”，中国外汇交易中心颁发的“即期最具做市潜力会员奖”，中国人民银行征信中心颁发的“2014年度个人征信系统数据质量工作优秀机构”“2014年度企业征信系统数据质量工作优秀机构”，CFCA中国金融认证中心颁发的“2015年区域性商业银行最佳手机银行成长奖”，中华全国总工会颁发的“全国模范职工之家”称号，市政府颁发的“2014年度宁波市‘纳税50强’企业”“中国（宁波）大学生创业大赛总决赛特别贡献奖”，市人民政府金融工作办公室颁发的“2015年度宁波市金融机构小微企业贷款考评一等奖”，中国人民银行宁波市中心支行颁发的“2014年度货币流通管理优胜单位”称号，宁波银监局颁发的“2014年度宁波银行业金融机构信息科技考核工作先进集体二等奖”，区政府颁发的“2014年度金融支持区域发展显著贡献奖”等荣誉。

【交通银行鄞州支行】 2015年，交通银行鄞州支行实现本外币各项存款余额212518万元。其中，储蓄时点存款105628万元，比上年末增加11889万元，增长12.68%；储蓄日均存款101184万元，比上年末增加15207万元，增长17.69%。支行贷款时点余额170602万元，比上年末增加26723万元，存贷比为85.70%；贷款日均余额157513万元，比上年末增加8018万元，日均存贷比为78.61%。全年化解风险贷款12343万元，不良贷款率由上年的6.23%降至0.80%。支行全年综合绩效排名列市分行系统内第一位，个金业务绩效排名蝉联市分行系统内第一位。支行个金业务实现连续7年个金日均存款、个人资产等主要指标年均50%以上的增长，综合排名连续7年列市分行第三位，连续4年获系统内先进经营单位称号。

【交通银行鄞中支行】 2015年，交通银行鄞中支行人民币存款时点62790万元，比6月末增加9697万元，其中人民币对公存款时点36150万元，比6月末增加9769万元；人民币储蓄存款时点26640万元，比6月末减少72万元。支行人民币存款日均57747万元，比6月末增加3488万元。人民币贷款时点余额94909万元，比6月末增加6453万元。办理国际结算业务量12470万美元。全行不良贷款占比1.4%。全年安全无事故，在省公安厅和中国银行业监督管理委员会浙江监管局联合开展的2015年第四轮浙江省银行业金融机构安全评估中均达标。

【浦发银行鄞州支行】 2015年，浦发银行鄞州支行（含姜山支行）一般性存款余额40.33亿元，比年初增加2.96亿元，增长7.9%。储蓄存款9.48亿元，比年初增加2.37亿元，增长33.3%。各项贷款余额23.7亿元，比年初增加0.77亿元。国际结算量5.03亿美元。全年办理福费廷业务4.1亿元。推出“点即贷”“万用金”等随借随还的个人金融产品。支持政府类建设项目，用于鄞州区政府类建设项目的贷款余额11.8亿元，占支行人民币贷款余额的49.8%。全年无安全事故发生，未增加一笔不良贷款，支行不良贷款余额为零。开展“金融知识普及月”“外汇普惠年宣”“小微金融宣传月”等活动。支行获评2015年度“中国银行业规范服务五星级营业网点”。在浙江省公安厅和中国银行业监督管理委员会浙江监管局联合开展的2015年第四轮浙江省银行业金融机构安全评估中均达标。

【宁波银行鄞州支行】 2015年，宁波银行鄞州支行本外币各项存款余额86.72亿元，比年初增加1.37亿元，增长1.60%，其中储蓄存款余额45.46亿元，比年初增加4.70亿元，增长11.54%。本外币各项贷款余额48.64亿元，比年初减少2.25亿元，下降4.43%。办理国际结算业务量24.13亿美元，比上年同期增长1.01%，实现经济利润2.16亿元，增长66.33%。增设鄞东支行经营网点，支行经营网点增加至11个。下属二级支行高桥支行被评为“2015年度宁波市市民满意文明示范网点”。区域内中小企业发放贷款余额35.8亿元；支持区重点项目建设，向区重点项目信贷投放4.07亿元。

【宁波银行明州支行】 2015年，宁波银行明州支行本外币存款余额708995万元，比年初增加89613万元；本外币各项贷款余额389636万元，比年初增加2288万元。实现中间业务收入5970万元，国际业务收益1380万元。清收转化不良贷款9416万元，不良贷款率1.03%。储蓄存款余额353390万元，比年初增加39762万元，实现全成本项下利润8550万元。零售条线高收益客户数达120家，实现存款余额103907元；公司条线的产业基金业务在宁波地区支行范围内获得首单，出口池融资全行首笔落地；个人条线白领融增加客户2200户，累计提款3亿元。支行下辖第九家二级支行大嵩支行开业。支行营业部被授予省级“巾帼文明示范岗”“鄞州区银行业五星级服务网点”称号；下属二级支行下应支行被宁波市银行同业协会评为中国银行业文明规范服务四星级营业网点。

【平安银行鄞州支行】 2015年，平安银行鄞州支行本外币各项存款余额20.3亿元，比年初减少1.2亿元，下降5.85%；本外币各项贷款余额21.5亿元，比年初增加1.3亿元，增长6.6%。办理国际结算业务量30亿美元，不良贷款0.7亿元，不良率3.3%。

【平安银行明州支行】 2015年，平安银行明州支行本外币各项存款余额20.6亿元，比年初增加2.1亿元。其中，非零存款17.2亿元，比年初增加1.2亿元，全年一般性存款年日均20.04亿元。本外币各项贷款余额12.94亿元，比年初减少3.5亿元，全年贷款日均余额15.92亿元。实现营业收入5110万元。办理国际结算业务量4.2亿美元，离岸业务量5亿美元，国际业务收益340万元。实现非利息净收入470万元。全行不良加关注类贷款占比10%。支行获总行“最佳孵化网点”称号、总行“零售团队销售第三名”、总行东区“零售团队优胜奖”和“开门红竞赛”铜奖、总行“典范案例课程”银奖。全年安全无事故，在浙江省公安厅和中国银行业监督管理委员会浙江监管局联合开展的2015年第四轮浙江省银行业金融机构安全评估中名列前茅。

【招商银行钱湖支行】 2015年，招商银行钱湖支行各项存款余额7.9亿元，比年初增加1亿元；各项贷款余额11.8亿元，比年初增加2亿元。实现中间业务收入1100万元，办理国际结算业务量超过1亿美元。支行不良贷款为零，获评中国银行业文明规范服务千家示范单位。全年安全无事故。

【光大银行鄞州支行】 2015年，光大银行鄞州支行一般性存款余额29.21亿元，各项贷款余额35.08亿元，不良贷款率0.29%，风险调整后利润9109.92万元。支行辖社区银行1家。全年投放小微贷款25411万元，占个贷投放总额比例达44%。支行提出四“XIN”的企业理念，一是用“心”，耐心、热心、信心、细心；二是创“新”，开展业务创新、服务创新和管理创新；三是温“馨”，提倡团队成员之间多几分温馨、少几分摩擦；四是高“薪”，为员工提供有竞争力的薪酬和上升空间的职业规划。支行获评2014年财贸系统“诚信服务示范窗口”、宁波市窗口行业“文明杯”规范化服务达标竞赛活动优胜单位（该荣誉全市银行仅两家）、浙江省工人先锋号。

【兴业银行鄞州支行】 2015年，兴业银行鄞州支行本外币各项存款余额12.56亿元，其中对公存款11.28亿元、储蓄存款1.28亿元；本外币各项贷款余额16.5亿元，经济增加值1171万元，经济资本占用11305万元。实现中间业务收入97万元，金融企业往来收入696万元，办理国际结算业务量6.5亿美元，实现利润7567万元。不良贷款增加112.4万元，清收不良贷款114.9万元，尚有余额0.27万元。全年安全无事故。

【广发银行鄞州支行】 2015年，广发银行鄞州支行本外币各项存款余额14.7亿元，其中企业存款10.6亿元、个人储蓄存款余额1.3亿元；本外币贷款余额8.7亿元。实现营业收入4278万元，累计完成利润1069万元，营业收入和利润规模居分行经营机构首位。支行被鄞州区金融办授予“金融服务创新奖”，被评为鄞州区五星级金融服务网点。

【广发银行宁东支行】 广发银行宁东支行各项人民币存款余额14.62亿元，比年初增加1.42亿元，增长10.75%，其中储蓄存款1.6亿元、对公存款13.02亿元。各类人民币贷款余额5.2亿元，实现中间业务收入217万元。办理有效国际结算业务量1240万美元，实现拨备前利润5679万元。支行被评为广发银行总行2014年度运营业务明星支行。全年主营零售业务。

【广发银行东城支行】 2015年，广发银行东城支行个金业务比年初增加AUM约4200万元，日均增加1547万元，本外币个人存款日均增量约734万元，支行贵宾客户数预计比上年增加97户。信用卡完成890张，完成率约90%。个人贷款业务比年初增加约800万元，个贷净利润收入排名分行末位。运营综合排名分行第六位。对公业务只捷算通卡完成60%的指标，其他未能完成分行下达的任务，在2015年经营机构平衡计分卡排名零售机构第三位。个金团队在支行属地及周边开展“广发财富送戏下乡活动”“广发财富结对助学活动”等活动，组织开展金融进社区、夜市银行、网点沙龙等活动20余次。

【民生银行鄞州支行】 2015年，民生银行鄞州支行稳定性存款11.4亿余元，日均存款18.73亿元，对公存款年日均15.26亿元，比年初增加2.95亿元，对公存款规模增长列市分行各经营机构首位。全年实现票据贴现40亿元，列各经营机构首位。支行储蓄存款年日均3.47亿元，部门实现利润3916.23万元，增加1578万元，增长67.50%。年末，支行一楼大厅改造完成，成为民生银行宁波分行第二家厅堂一体化支行。

【民生银行轻纺城支行】 2015年，民生银行轻纺城支行各项存款余额10.71亿元，比年初增加2.90亿元，增长37%；各项贷款余额9.30亿元，其中小微贷款余额1.94亿元；实现中间业务收入1311.97万元，办理国际结算量2.05亿美元。轻纺城支行2015年度主要侧重于海洋渔农业的微贷业务，扶植咸祥、瞻岐海产养殖业，形成农户贷款150户，贷款额度户均20万元，总授信额度高达4000万元，并且针对海产养殖季节性特点，为当地农户提供“每月付息、到期还本、随借随还、自主提用”的便利金融服务。推动龙观贝母种植户贷款项目、鄞州农民大学学员贷款项目、鄞州区葡萄种植等项目，发放贷款近百户，授信额度达2000万元。全年安全无事故，在浙江省公安厅和中国银行业监督管理委员会浙江监管局联合开展的2015年第四轮浙江省银行业金融机构安全评估中获评估组肯定。

【民生银行嵩江路支行】 2015年，民生银行嵩江路支行本外币各项存款余额2.95亿元，比年初增加1.05亿元，增长55.5%。本外币各项贷款余额6.79亿元，比年初增加4.57亿元，增长206.5%，其中发放小微企业经营性贷款5.18亿元，投放辖区内小微企业470户。金融资产总量8.02亿元。实现净非利息收入190.43万元、责任利润1603万元。全年安全无事故，在浙江省公安厅和中国银行业监督管理委员会浙江监管局联合开展的2015年第四轮浙江省银行业金融机构安全评估中名列前茅；在2015年分行基础结算提升劳动竞赛中，获同城支行第二名；获新客户拓展奖第四名。

【中信银行鄞州支行】 2015年，中信银行鄞州支行本外币各项存款余额27亿元，本外币各项贷款余额27亿元。营业净收入1.9亿元，增长13%。中间业务收入2255万元，办理国际结算业务收付汇量6.6亿美元，实现拨备前利润3533万元。2015年给予浙江中哲控股集团有限公司（GXG）1.5亿元专项品牌加盟贷额度，为加盟商提供授信支持。参加市、区及街道组织的各类公益活动；与横街大雷村扶贫结对。全年安全无事故，通过银行业金融机构安全评估。

【中信银行明州支行】 2015年，中信银行明州支行全口径储蓄余额27145万元，比上年增加8332万元；全口径储蓄日均余额20316万元，增加4743万元。实现营业净收入7242万元，中间业务收入2802万元，实现税前利润3939万元，经济利润2056万元。支行保持总行级“青年文明号”集体称号，被授予“2015年度宁波金融系统青年文明号”称号，获“2015年度零售负债优秀支行”称号。8月，支行负责人变更，重新设立新四部二室，包括行长室、公司银行部、零售业务部、综合管理部、营业部及经警室。全行有员工18人，本科以上学历占80%。举办获取新客户类、反馈贵宾客户增值类、中信品牌宣传类等主题营销活动10余场，支行连续3年被评为市级治安安全单位。

【中信银行宁波城南小微企业专营支行】 2015年1月9日，中信银行宁波城南小微企业专营支行成立，设立四部一室，包括行长室、公司银行部、零售业务部、综合管理部及营业部，有员工20人，全部为本科及以上学历。全年，支行本外币各项存款余额2.81亿元，本外币各项贷款余额3.09亿元，实现中间业务收入160万元，办理国际结算业务量4.39亿美元，实现利润741万元，支行不良贷款余额为零。营销分行战略客户禾元系企业二合一产品，带动对公日均存款9亿元。零售条线开展零售活动40余场。

【上海银行鄞州支行】 2015年，上海银行鄞州支行本外币各项存款余额6.59亿元，本外币各项贷款余额10.67亿元。实现中间业务收入330万元，国际结算业务量14484万美元，结售汇量10815万美元。不良贷款余额降低4596万元。优先支持区域经济发展，区域内贷款占比75.93%。支行被评为鄞州区五星级服务网点，全年安全无事故。6月，支行网点搬迁至堇山中路1588号。

【浙商银行鄞州支行】 2015年，浙商银行鄞州支行各项存款余额22.2亿元，各项存款年日均余额26.03亿元，比上年增加3.93亿元；贷款余额26.65亿元，比年初减少4.77亿元，银票余额3.01亿元。个人金融资产余额6.5亿元。对公有效基础客户168家，比上年增加65家，完成目标任务的146%；个人有效客户6896个，增加3928个。支行账面不良贷款1笔，金额43万元，不良率0.02%。区内重点项目增加投放贷款4亿元，结构化融资8亿元，贷转债1.6亿元。支行连续3年获区政府授予的“金融支持区域发展显著贡献奖”称号。

【鄞州国民村镇银行】 2015年，鄞州国民村镇银行实现各项存款余额14839万元，比年初增加2063万元，增长16.15%；各项贷款余额24707.42万元，比上年末减少3213万元，下降18.73%，百元贷款收息率6.32%。资产总额26300万元，负债总额16912万元，所有者权益总额9388万元。实现营业总收入1604万元，利润总额34万元，净利润20万元。申报不良资产债权1户，涉及金额450万元；起诉34户，涉及金额6777万元，其中个人类客户16户，涉及金额5554万元。处置不良贷款1252万元。其中，现金收回610万元，盘活642万元。实现全年安全无事故。

【杭州银行科技支行】 2015年，杭州银行宁波科技支行本外币各项存款余额85795万元，比年初增加27411万元，增长47%；本外币各项贷款余额46213万元，比年初减少5502万元，下降11%。实现中间业务收入25万元、拨备前利润2576万元。服务企业40余家，累计贷款8000万元；与镇乡（街道）举办银行企业对接会80余场，走访企业700余家，累计服务的200余户授信企业90%以上为区内科技型中小微企业。与宁波市、鄞州区两级科技局合作，在鄞州区科技型企业拥有两个政府科技信贷风险池，授信客户130家，其中纳入鄞州区科技信贷风险池企业户数为74户。与鄞创孵化器推出“甘露计划”和“金苗计划”。“金苗计划”支持企业9家，授信总规模4500万元。支行被评为市民满意银行网点、中国银行业协会五星网点文明示范单位。

【临商银行鄞州支行】 2015年，临商银行鄞州支行本外币各项存款余额14.88亿元，比年初减少1.3亿元，下降8.1%；本外币各项贷款余额24亿元，比年初增加2.5亿元，增长10.4%。实现中间业务收入166万元，办理国际结算业务量11863.1万美元，实现拨备前利润1899万元，全年综合绩效排名列市分行系统内第三位。销售理财产品10.6亿元。清收化解风险资产涉及企业25家，其中人民币27666.09万元、美元1409.39万美元。全行不良贷款占比3.4%，低于市分行系统3.22个百分点。

【浙江稠州商业银行集士港支行】 2015年，浙江稠州商业银行集士港支行本外币各项存款余额52793万元，比年初增加24987万元，增长89%；本外币各项贷款余额48320万元，比年初增加12846万元，增长36.2%。实现中间业务收入273万元、拨备前利润756万元。5月，支行完成投放浙江省单笔最大金额的商标质押贷款，东钱湖商标专用权质押贷款2亿元。全年安全无事故，被评为2015年分行级先进集体。

【温州银行鄞州支行】 2015年，温州银行鄞州支行本外币各项存款余额6.8亿元，比年初增加1.2亿元，增长17.6%；本外币各项贷款余额3.7亿元，存贷比54.31%。支行无不良贷款。储蓄存款时点余额2773万元，信用卡增加604张，理财产品销售18628万元，个人网银709户，手机银行420户，完成率均在80%以上。支行在现代金报社举办的“2015年金融服务节”评选活动中，获“银行网点·金口碑奖”；在宁波分行举办的“心服务、馨体验”营业厅堂创意评比活动中，获“最具人气营业厅堂”奖。全年安全无事故，在浙江省公安厅和中国银行业监督管理委员会浙江监管局联合开展的2015年第四轮浙江省银行业金融机构安全评估中名列前茅。

【宁波通商银行鄞州支行】 2015年，宁波通商银行鄞州支行本外币各项存款余额6.5亿元，比年初增加3.4亿元，增长109%，其中公司业务存款余额6.16亿元、储蓄存款3465万元。支行开立公司账户209户，其中小微业务开户158户、个人账户1050户。人民币贷款余额2亿元，银行承兑汇票7044万元，进口代付业务3437万美元。支行小微业务的特色主要是集卡通产品，贷款余额5722万元。无不良贷款产生。支行在浙江省第四轮金融机构安全评估中获得评估专家团好评，获得104.9分。

【东亚银行宁波分行】 2015年，东亚银行宁波分行本外币各项存款余额15.42亿元，比年初增加2.21亿元；本外币各项贷款余额8.83亿元，比年初增加2.14亿元。无不良贷款，年末贷存比合理控制在75%以下。全年实现中间业务收入672.37万元，营业利润312.81万元。全年安全无事故，在浙江省公安厅和中国银行业监督管理委员会浙江监管局联合开展的2015年第四轮浙江省银行业金融机构安全评估中被评为工作成绩突出集体；在2015年度宁波市银行业金融机构科技信息考核工作中，被宁波银监局评为先进集体二等奖。

表23　　2015年鄞州区部分银行负责人情况

名称	负责人	名称	负责人
工商银行鄞州支行	戴立荣	工商银行新城支行	何江伟
农业银行鄞州支行	韩朝阳	中国银行鄞州支行	蔡李峰
建设银行鄞州支行	夏　丰	浦发银行鄞州支行	金建红
中信银行鄞州支行	漆文洪	广发银行鄞州支行	李哲峰
交通银行鄞中支行	江　伟	临商银行鄞州支行	孙　坚
民生银行嵩江路支行	李程明	宁波银行鄞州支行	王佩芬
宁波通商银行鄞州支行	陈　晖	招商银行钱湖支行	张志成
广发宁波东城支行	王春雷	中信银行明州支行	黄剑芬
中信银行宁波城南小微企业专营支行	周　莉		

（武建强）

保 险

【概况】 2015年，鄞州区有保险机构23家。其中，财险机构18家，包括市级分公司（中心支公司）3家、区级支公司15家；寿险机构4家，即区级支公司4家；保险销售公司1家。全区保险公司保费收入17.95亿元，比上年同期减少1.53亿元，下降7.85%。其中，财险保费收入12.38亿元，下降0.34%；人身险保费收入4.48亿元，下降30.62%；全区财产险合计理赔支出8.89亿元，下降6.58%。保险销售公司代理保费0.63亿元。

【人保财险鄞州支公司】 2015年，中国人民财产保险股份有限公司鄞州支公司实现保费收入67252万元（含新车保费44046万元），增长14.3%。年度计划保费67091万元（其中新车计划保费45094万元），超计划161万元。赔款支出40803万元（其中新车赔款26697万元），减少7867万元。人保财险鄞州支公司获中国总工会"全国模范职工小家"称号，连续9年获区政府授予的"金融支持区域发展显著贡献奖"称号。

【人保寿险鄞州支公司】 2015年，中国人民人寿保险股份有限公司鄞州支公司实现规模保费955亿元，原保费收入894亿元。居国内寿险公司前五位，亚洲保险竞争力排名前十强。新会计准则下保费2947.05万元，下降43.2%，市场排名第五位，市场占比5.93%。13个月期缴保费继续率为93.5%。理赔款57.8万元，增长20.4%。第三季度，公司获中国保险监督管理委员会分类监管A类评价。

【太保财险鄞州支公司】 2015年，中国太平洋财产保险股份有限公司宁波市鄞州支公司实现保险收入33771万元，增长15%，连续2年增速在宁波分公司内排名第一位，获年度业务发展总冠军。车险保费24449万元，增长12%；非车险保费9322万元，增长25%。台风"灿鸿""杜鹃"过境后，赔付洞桥海嘉塑胶有限公司、鄞州区电镀城等7000万元。由于受大灾、大案影响，全险种综合成本率112.4%，其中非车险159.3%。上缴鄞州区各类地方税收3750万元。各项准备金计提合理，经营零违规处罚。开展国内贸易信用险，为区域企业融资承保金额近1亿元；5月，开展小额贷款保证保险，为区域内中小微企业融资担保金额1.33亿元；参与宁波市四明山生态农业示范保险项目，签单农业茶叶保险、白枇杷霜冻指数保险。公司获区政府颁发的"金融支持区域发展显著贡献奖"称号。

【太保寿险鄞州支公司】 2015年，中国太平洋人寿保险股份有限公司宁波市鄞州支公司实现总保费11534万元，新保业务3684万元，增长28.6%，居分公司前三位。个险业务标保10024万元，年度达成率125.3%；法渠新保1091万元，年度达成率101.8%。个险人公司新人302人，增长137%。晋升1位部门经理和13位主管。公司13个月继续率91%，25个月继续率82%。100%完成全年的银邮给付业务，未发生重大群诉或安全事件。12月18日，支公司职场搬迁至和邦大厦A座5楼。

【中国人寿鄞州区支公司】 2015年，中国人寿保险股份有限公司宁波市鄞州区支公司实现保费收入22801万元，个险期交保费1330万元，银保规模保费9246万元。其中，期交保费804万元，意外险保费1376万元，增长13.1%；健康险保费404万元，与上年基本持平，短险赔付率29.1%。全年给付15233万元。鄞州区支公司承保区内65个村的农村小额保险，为全区近8万名农民提供小额意外保障，全年实现保费400万元，参保村覆盖率达到15%，农业人口覆盖率达18%。

【中华保险鄞州支公司】 2015年，中华联合财产保险股份有限公司宁波市鄞州支公司实现保费收入3522万元，增长8.7%，其中车险2969万元、非车险553万元。全年赔款支出2181万元，其中车险赔款支出1859万元、非车险赔款支出322万元。简单赔付率61.9%，综合成本率93.42%。下半年，建立车商专属团队1个，与4家车商渠道签订合同，完成车商渠道保费287万元。

【天安保险鄞州支公司】 2015年，天安财产保险股份有限公司宁波市鄞州支公司实现保费收入2620.14万元，增长5.98%。推出覆盖物流供应链相关的配套保险，涵盖车辆损失保险、第三者责任险、车上人员责任险和第三者超赔责任险；推出"创赢平台"互联网元素并结合微信支付，改善客户承保体验；开发"车易赔"理赔软件，简化理赔手续。

【大地保险鄞州支公司】 2015年，中国大地财产保险股份有限公司宁波市鄞州支公司实现保费收入1581万元。其中，车险业务保费收入1272.55万元，占比80.49%；非车险业务保费收入301.85万元，占比19.09%；人身险业务保费收入6.6万元。车险、非车险、人身险精算赔付率分别为60.38%、52.93%、27.75%，总体下降59.26%。开拓银行"支对支"员工团车保险合作项目。

【泰山保险鄞州支公司】 2015年，泰山财产保险股份有限公司宁波市鄞州支公司实现保费收入658.47万元，增长64.92%。其中，车险保费648.61万元，增长68.33%；财产险保费8.05万元，下降35.24%；意健险保费1.81万元，增长1.83%。赔款支出200.82万元，简单赔付率30.50%，下降48.95%；全部为车险赔款支出，车险简单赔付率30.96%，下降51.30%。实际缴纳营业税金及附加35.59万元，代扣代缴车船税30.78万元。

【泰康人寿宁波分公司】 2015年，泰康人寿保险股份有限公司宁波分公司下设机构9家，全年实现保费收入5.4亿元。理赔总量307件，赔付金额551万元。

（武建强）

证券·期货

【概况】 2015年，鄞州区有证券公司13家，其中分公司1家、营业部12家；期货公司4家，其中法人机构1家、营业部3家。全区证券公司证券交易额5875.68亿元，比上年增长275%。开户数46465户，增长736.91%。期货经纪公司代理交易总额11748.58亿元，增长53.96%；代理交易量9684800手，增长45.34%。

【南京证券宁波锦寓路证券营业部】2015年，南京证券宁波锦寓路证券营业部资产总市值35.38亿元。实现交易量404.75亿元，增长241%；实现总收入2555.42万元，增长137.12%；营业利润1425.89万元，增长237.1%。开户数1959户，增长620.2%。

【金元证券宁波天童南路证券营业部】2015年，金元证券宁波天童南路证券营业部资产总额2025亿元，增长46%。证券成交额841.27亿元，增长213%，其中A股成交额725.63亿元，增长272%。营业收入3660.46万元，增长137%；利润总额1059.1万元，增长2018%。营业部有客户数8511户，增加2380户，增长39%，其中机构投资者31户、个人投资者8480户，分别增长15%和39%。全年未发生一起金融债权案件。融资券业务交易金额33.11亿元，增长108%；手续费收入764.95万元，增长104%；利润总额603.32万元，增长120%。保证金余额和授信余额分别为4.07亿元和7.05亿元，分别增长102%和114%。期货代理交易量27.06万手，交易金额291.03亿元，分别增长22%和41%。金融产品销售1885.84万元，增长35%。

【银河证券宁波宁南北路证券营业部】2015年，中国银河证券股份有限公司宁波宁南北路证券营业部成交金额52.15亿元，比年初增加51.49亿元，其中股票成交金额49.13亿元、基金成交金额1.27亿元。沪港通业务成交金额16.32万元，融资融券业务成交金额1558.54万元。开户数2009户，比年初增加1861户，股基净佣金率0.43‰，股基净佣金收入197.84万元，基金产品收入121.32万元，现金及衍生类产品收入0.01万元，固定收益类产品收入0.04万元，其他权益类产品收入10.76万元。全年安全无事故。

【首创证券宁波日丽中路证券营业部】2015年，首创证券有限责任公司宁波日丽中路证券营业部客户资产总额3.04亿元，比年初增加1.93亿元，增长275%，其中指定与托管证券市值达到2.63亿元，比年初增加1.64亿元，增长266%。实现营业收入1172.47万元，其中手续费及佣金收入1067.59万元，在全市证券行业排名第51位；实现营业利润208.91万元，代交证券交易印花税1746.56万元。营业部无坏账账户，通过首创总部稽查部检查验收，全年安全无事故，佣金收入在新筹建的营业部中列前三位。

【海通期货宁波鄞州营业部】2015年，海通证券股份有限公司宁波鄞州营业部投资者保证金余额3.22亿元，比年初减少0.6亿元，下降15.71%，投资者保证金余额规模在宁波辖区38家期货经营机构（1家期货公司、2家期货分公司及35家期货营业部）中排名第四位。累计投资者客户数586户，其中自然人客户数561户、法人客户数25户。代理交易量222.61万手，增长10.75%；代理交易额27545082.79万元，下降5.48%，其中商品期货代理交易额7278945.00万元、股指期货代理交易额20228329.26万元、国债期货代理交易额37808.52万元。手续费总收入1025.35万元，其中上交交易所手续费832.46万元、留存手续费192.89万元。全年实现利润398.77万元。营业部被评为宁波市平安金融达标单位。

【华信万达期货宁波鄞州营业部】2015年，华信万达期货股份有限公司宁波鄞州营业部实现营业收入22.18万元，增加20.64万元。投资者总数由2个增至58个。股指期货实现成交金额698964.13万元，占全部成交额的41.37%；股指期货收入3.72万元，占全部收入的16.77%。营业部未发生金融突发事件，各种风险评估均良好。5月，营业部接受宁波证监局工作检查，检查内容包括财务报表、凭证、开户合同、风控、人事等相关资料，检查结果良好。

（武建强）

其他金融机构

【概况】2015年，鄞州区有小额贷款公司2家、融资租赁公司4家、商业保理公司1家、转贷公司1家、票据公司1家。小额贷款公司贷款余额2.97亿元，比上年下降12.92%，其中种植业及150万元以下贷款余额1.58亿元。融资租赁公司融资租赁余额1.44亿元，其中区内中小企业生产设备融资租赁余额0.85亿元。浙江大道保理有限公司保理融资余额1.51亿元，共156笔。三江融通公益转贷公司转贷额64.16亿元，共809笔。

【宁波市鄞州三江融通中小企业服务合伙企业】2015年，宁波市鄞州三江融通中小企业服务合伙企业（有限合伙）与31家银行合作，为590余家中小企业提供转贷过桥融资业务，提供服务809笔，发放金额65亿余元，至少为企业节省财务成本6000万余元。降低金融机构逾期贷款的发生率，有效缓解金融机构90天以上逾期企业的数量上升。

【宁波市鄞州茂森小额贷款有限公司】2015，宁波市鄞州茂森小额贷款有限公司发放贷款总额1.21亿元，累计发放贷款总额12.88亿元。贷款余额1.38亿元，存量客户117户，其中150万元以下及农业贷款发放105笔9956亿元、150万元以上小额贷款12笔3883万元。公司在年度全市小贷公司考评获得A级。9月，公司管理层团队经市、区两级金融办批准同意，集体增资入股，开启宁波小贷公司整个管理层团队入股的先例。

【宁波国骅融资租赁有限公司】宁波国骅融资租赁有限公司创办于2009年1月，是经商务部批准的宁波市第一家从事融资租赁业务的中外合资企业。2015年，公司转变战略思路，将业务定位于新能源环保大方向，依托国骅新能源汽车、国骅产业基金等主体的资产及资金优势，进行综合性资本运作，重点对国骅生态圈中的项目进行投资，形成实业与资本互动的资本裂变体系。国骅生态圈项目包括新能源汽车销售、租赁、运营及汽车消费后市场服务、农业产业服务、现代物流服务、农民返乡就业创业项目投资、职业技术教育、旅游产业、现代酒店产业、现代服务业及产业园、电子商务、文化产业、通用航空服务、国际人才交流与合作、互联网产业等。

（武建强）

综合管理

鄞江桥

发展与改革

国有资产管理

国土资源管理

物价管理

统　计

调　查

审　计

市场监督管理

安全生产监督管理

鄞州年鉴

2016 YINZHOU YEARBOOK

发展与改革

【概况】2015年，区发改局提出2015年度全区国民经济和社会发展年度计划，并提交区人代会审议通过。到企业开展调研，完善企业监测网络建设，企业监测由原来的42家增加到346家，完成四个季度的企业网络问卷调查工作，企业监测工作获全省先进。起草完成一季度、半年度经济运行分析报告和半年度年度计划报告。开展社会事业发展监测分析，跟踪全区社会事业发展情况，与教育、文化、卫生、人力社保等部门联系和交流，掌握各领域发展动态信息。开展一年一度的社会发展水平综合评价工作。

【“十三五”规划编制】2015年7月，区委、区政府下发《鄞州区国民经济和社会发展第十三个五年规划编制工作方案》，启动规划编制工作。成立鄞州区“十三五”规划编制工作领导小组，领导小组办公室设在区发改局。区发改局起草“十三五”规划基本思路研究报告，并根据区委关于制定“十三五”规划纲要的建议，拟定“十三五”规划基本框架，集中编写完成“十三五”规划纲要，并同步推进专项规划编制工作。至年底，《宁波市鄞州区国民经济和社会发展第十三个五年规划纲要》起草完成，征求各方意见和建议后，提交区委、区政府讨论。

【经济发展课题研究】2015年，区发改局围绕经济发展热点，立足鄞州发展现状，形成《鄞州区城市经济及总部经济发展思路研究》《鄞州区现代服务发展总体思路及路径探析》《对鄞州区PPP模式推广应用的调查与建议》等调研报告。《鄞州区生产性服务业发展思路与策略研究》申报全省和全市发改系统优秀研究成果，课题获全市发改系统优秀调研课题三等奖、全区2014年度党委中心组优秀理论调研文章评选二等奖。

【四明山区域生态发展项目】2015年，根据市委、市政府《关于加快推进四明山区域生态发展的实施意见》，区委、区政府成立鄞州区四明山区域生态发展工作领导小组和办公室，办公室设在区发改局。区发改局牵头制定《关于加快推进鄞州区四明山区域生态发展的实施意见》，并于3月由区委、区政府发布实施。组织横街、章水、龙观、鄞江4个镇乡和区级有关部门开展四明山区域生态发展项目谋划工作，梳理汇总区域内实施和计划实施的有关项目，形成140个、总投资80亿余元的项目库。根据宁波市四明山区域生态发展资金申报要求，申报的23个项目获2015年度市级补助资金2654万元。

【战略性新兴产业发展项目】2015年，区发改局申报宁波市战略性新兴产业专项项目，5个项目被列入2015年宁波市战略性新兴产业发展专项，中国中车宁波产业基地被评为宁波市战略性新兴产业专业园区，争取市级财政补助资金800万元。宁波音王电声股份有限公司技术中心通过国家企业技术中心认定。贯彻落实国家、省、市海洋经济发展的重要部署，以大嵩新区建设为载体，推进海洋经济发展。发挥象山港保护利用工作领导小组办公室的职能，统筹、协调解决象山港区域内有关问题，上报有关项目、工作计划和进展情况等，完成生态环保、重点区块开发、小城镇建设、重大项目实施等年度工作任务。

（但涛波）

国有资产管理

【概况】2015年，鄞州区国有企业资产总额890.71亿元，负债654.66亿元，净资产236.05亿元，分别比上年增长21.1%、28.8%、3.9%。其中，国有资本及权益总额235.03亿元，增加38.49亿元，国有资本增值保值率2.24%。全年区属国有企业实现营业总收入11.98亿元，减少1.95亿元，下降14%；净利润亏损0.30亿元，减少1.11亿元，下降137.04%。国有企业收益年征收率为当年税后净利润的15%（民生企业仍按5%征收），全年实现征缴1744.43万元，为年初预算的137.68%，增长15.77%。

【区级机关出租出借住宅房清理】2015年，鄞州区国有资产管理委员会办公室（简称“区国资办”）开展区机关事务管理局及相关单位原住宅房的清理、收缴工作。收缴结束后，产权证齐全的住宅经中介评估委托拍卖中介机构公开拍卖；住宅产权证不全的委托区国有资产经营发展公司出租。全年公开拍卖各单位上交且房产权证齐全住宅6套，成交金额238.4万元；房屋拆迁1套，赔偿金额103万元。区政府所有（机关事务局管理）住宅有23套尚未收回，区级14家房产权证齐全的各主管部门办理办公用房移交。

【国有资产管理信息系统平台建设】2015年，区国资办根据财政部对信息系统建设的要求和鄞州区国有资产信息化管理的实际需要，建立区行政事业单位国有资产管理信息系统平台，整合区本级行政事业单位相关数据库及镇乡（街道）行政事业单位的资产管理系统，统一纳入信息平台。建立“国资部门—主管部门—行政事业单位”三级资产管理平台。至年底，区本级行政事业单位国有资产管理信息系统建设除个别单位因机构撤并办公用房搬迁外基本完成；镇乡（街道）及下属行政事业单位资产管理信息系统建设基本完成，进度达95%。

【企业国有产权管理】2015年，区国资办开展企业国有产权登记工作，办理企业国有产权占有登记9宗，变动登记17宗，注销登记3宗。至年底，企业国有产权登记118户，其中1级企业75户、2级企业37户、3级企业6户；国有全资、控股和参股企业分别为104户、8户、6户。受理资产核销11宗，核销账面净值155万元；受理资产转让6宗，金额119万元。

【混合所有制经济发展】2015年，鄞州区鼓励宁波产城投资管理有限公司运用划转、收购、参股等方式实施战略合作，探索混合经济。1~6月，宁波南车产业基地开发建设有限公司、宁波南车现代交通建设投资有限公司出资人

8月7日，区国资办开展鄞州区国有企业管理系统试点工作

由区国资委变更为宁波产城投资管理有限公司；宁波产城投资管理有限公司向宁波欣达（集团）有限公司协议收购宁波南车产业基地联合进出口公司股权；引进具有行业背景的民营企业，参股设立宁波乐誉控股有限公司、宁波产城均胜新能源科技有限公司、宁波中成运现代交通运营股份有限公司。宁波产城投资管理有限公司有2家全资子公司、3家控股子公司及7家参股子公司，初步建立起国有资本、集体资本和非公有资本交叉持股、相互融合的混合所有制。

【债务结构调整】 2015年，区国资办协调国家开发银行、中国农业发展银行等国家政策性银行，利用其贷款期限长、利率低的优惠条件，通过符合国家政策投向要求的项目重新包装和棚户区改造项目获得相应贷款，统一运作，提高全区政策性银行贷款比例。重点支持一些国家政策鼓励的相关项目以及推进以城中村和成片危旧住宅区为重点的城市棚户区改造工作，调整鄞州区整体债务结构。结合国家基准利率调整和区政府办《关于印发鄞州区区级财政资金存放管理暂行办法的通知》，财政性资金存款与区内各开户银行的政府性贷款等挂钩考核，控制贷款审批的利率成本，从年初不超过基准利率上浮30%逐步控制到不超过基准利率上浮5%，在大部分原贷款余额未变动情况下综合利率成本从年初的8.5%下降到6.13%，下降2.37%，以329.97亿元贷款计算，年利息支出可节约7.82亿元。

【区政府性债务动态管理信息系统试运行】 2015年9月21日，区国资办在区数字财政管理中心配合下选择3家债务单位（两家区级平台公司、一个镇级单位）安装调试政府性债务动态管理信息系统，并按系统要求录入各项基础数据。区政府性债务动态管理信息系统功能包括：支持区级及镇乡（街道）级债务的分级管理及查询统计；债务项目能实现详细的项目档案管理，支持项目档案附件管理功能；系统设计债务计划管理模块，确保实际举债能按债务计划有序进行；在完成债务动态管理基础上，实现各单位债务月报的自动生成，并实现区级及镇乡（街道）级月报数据的自动汇总；提供超计划预警、偿债到期提醒、偿债逾期预警、负债率预警、存款超额预警。

（杨宏云）

国土资源管理

【概况】 2015年，区国土分局调整土地利用总体规划方案，厘清区、镇两级规划执行情况，划定生态保护红线和永久基本农田红线，布局增加的建设用地，调整完善成果通过市政府审查。国有建设用地使用权招拍挂交易环节和土地竞买保证金移交区政府公共资源交易中心，出让金移交财政部门收取。土地出让合同签订前设置“看视频”环节，要求受让方观看合同签订注意事项的动漫视频。全年完成用地报批391公顷（其中增加建设用地245.7公顷），争取省、市两级规划预留指标195.4公顷、市统筹指标49.1公顷，重点项目拆迁签约28.5万平方米；出让国有建设用地使用权238.7公顷，合同金额111.43亿元，分别比上年增长57%和66%，占全市比例的17.15%和36.73%，其中房地产土地出让137.8公顷，合同金额102.3亿元，分别增长106%和74%，占全市的44%和46.8%。

实行国土所批后监管及动态巡查工作得分排名制度，按期开工率、闲置低效土地未处置宗数、动态巡查率、开竣工违约预警率四项内容按季度计分通报。落实开竣工违约预警机制，即将开竣工违约或土地闲置的项目提前2~3个月下发预警通知书。出台《关于进一步落实农村大龄青年住房困难户集中居住区建设用地的意见》，逐年分期安置大龄青年、住房困难户。开展节约集约用地评价、工业用地调查、“批而未供”和闲置低效用地百日攻坚等专项行动。全年全区具体建设项目供地192宗599公顷。其中，消化批而未供土地429公顷，利用存量土地167公顷，收取履约保证金2834.6万元，下发预警通知书48份，近三年实际开工率94.51%，实际竣工率79.89%，前五年平均供地率88.63%。

出台《表土利用工作实施办法（修订版）》，明确申请临时借用土地、“招拍挂”出让前须进行表土剥离，剥离厚度须在25厘米~30厘米，表土临时储存点应建立表土进出台账，专项工作经费除用于勘测、评估等前期相关支出外，用于农业基础设施建设项目支出和水毁及低产畈改造项目。出台《城乡建设用地增减挂钩工作实施细则》，对增减挂钩指标实行台账式管理，以区为单位实行总量控制、计划管理、区域整体平衡，节余指标可申请区统筹，按100万元/亩统一收购，拆旧区整理复垦为水田（高标准基本农田）的，另加20万元/亩。建立完善国土资源非诉行政案件“裁执分离”执行工作机制，开展违法用地每季度“回头看”。全年划定永久基本农田27484公顷，垦造耕地70.6公顷，剥离表土420公顷，完成高标准基本农田“提升类”和“建设类”项目1299公顷，农村土地综合整治项目复垦增加耕地29.3公顷；调剂占补平衡指标133.7公顷、水田指标105.3公顷。发放2014年度耕地保护激励资金2032.83万元，涉及全区20个镇乡（街道）377个行政村。

启动全区矿产资源规划（2016~2020年）编制工作，检查矿产资源开发利用情况，出台《关于全区矿山综合治理工作的实施意见》，建立矿山联合监管机制。复核清理原地质灾害点，调查潜在地质灾害隐患和不稳定斜坡，形成全区农村山区地质灾害调查评价成果。推进地质灾害隐患点工程治理，横街镇朱敏村前门山滑坡治理点建设成为集地质灾害治理与休闲、健身、景观于一体的惠民工程。治理废弃矿山1家，增加区级绿色矿山1家，依法处理违法开采人员6人。经核销、调整、增加，确定12处地灾隐患和21处不稳定斜坡，划定16处重点巡查区，确定12个地灾防治重点村庄，修编完善18个镇乡（街道）地灾分布和易发区图，适宜性分析评价134个避险场所，并补充完善地灾管理信息系统。

【永久基本农田划定】 2015年，鄞州区开展永久基本农田划定工作，优化永久基本农田结构布局，将质量等级高、集中连片的耕地，千万亩标准农田质量提升区、粮食生产功能区、现代农业园区、“菜篮子”基地内的耕地以及高标准基本农田划入永久基本农田保护区，调出原规划基本农田范围内的非耕地、城乡建设用地扩展边界内及规划为建设用地的基本农田。全年划定永久基本农田27484公顷。

【不动产统一登记改革】 2015年，鄞州区启动不动产统一登记改革。年初，成立区级、局级不动产统一登记领导小组，推进职责整合、机构组建、信息平台建设等工作。11月12日，区机构编制委员会出台《关于整合不动产登记职责的通知》，将区国土分局、住建局、农林局分散承担的土地、房屋、林地、海域、土地承包权等不动产登记职责整合，全部交由区国土分局承担，原主管部门承担行业管理和不动产交易监管职责。12月16日，区不动产登记服务中心成立，并建立不动产登记交易联合办公机制，中心城区6个街道的不动产交易、登记及涉税窗口统一进驻区行政服务中心三楼，相关业务在一个大厅内办理。

【国土“一镇一所”建设】 2015年，鄞州区按照“重心下移、权责一致、便民惠民、强化监管”原则，在原有直属一所、直属二所、咸祥、五乡、横溪、集士港、鄞江、邱隘、姜山、高桥、章水11个国土所基础上，在每个镇乡（街道）按照“五有”（有牌子、有印章、有职责、有人员、有场所）要求，设立国土资源所。10月20日，全区国土资源管理工作会议召开，为古林镇国土所、洞桥镇国土所、塘溪镇国土所授牌。加上部分调整，全区基层国土所增加到24个，各镇乡（街道）均有1个国土所，实现国土所镇乡（街道）全覆盖，并明确镇乡（街道）的国土管理工作职责。

【横街镇朱敏村地质灾害隐患点治理工程通过交工验收】 2015年1月6日，全市重点治理项目横街镇朱敏村滑坡地质灾害治理工程通过省专家组交工验收。该项治理工程于2013年1月启动，总投资2000万余元。按削方减载＋防护加固结合的施工要求，自山顶到山脚，施工方将边坡削成7级，设置6个平台，打下22根抗滑桩、111根锚索，在坡后缘及两侧修筑截排水沟，并完成坡脚挡墙和格构梁等。朱敏村地质灾害治理工程突出生态和景观功能，建设凉亭3座，在平台上安装健身器材，两侧修建健身步道。

【农村山区地质灾害调查评价通过野外调查验收】 2015年3月19日，区国土分局邀请省地质环境监测院、省第一地质大队、市环境监测站、宁波冶金勘察设计研究院的5名专家验收农村山区地质灾害调查评价项目。验收组查看现场，听取汇报，检查提交验收的遥感解译图、野外记录本、野外工作手图、调查表等原始资料和阶段性成果，认为该项目较好地完成设计书规定的野外工作阶段目标任务和实物工作量，满足有关规范和技术要求，验收评分90分，质量等级为优秀，同意通过野外验收。

【土地利用和管理形势观测点建设】 2015年4月，鄞州区被国家土地督察上海局列为土地利用和管理形势观测点。鄞州区成立土地利用和管理形势分析观测点建设领导小组，成立由分管副区长任组长，区政府办公室主任和区国土分局局长任副组长的工作领导小组，建立政府牵头、国土承办、各相关部门协同配合的数据获取、分析和参与调控监管的工作机制。建立科学的

“6·25”全国土地日宣传活动

形势观测指标体系，分季度收集、分析、研究宏观经济情况、增加的建设用地指标使用情况、建设用地审批供应利用情况、补充耕地情况、土地违法查处情况等组成的观测指标数据和资料，掌握土地利用和管理整体形势和趋势，定期向督察局报送形势观测分析指标调查表和报告。建立完善数据质量控制、报告审核、保密安全、业务培训等制度。

【农村低效建设用地调查试点】 2015年6月，鄞州区被省国土资源厅列为农村低效建设用地调查试点地区。开展农村建设用地调查，在“近郊村、远郊村、纯农村”三类中分别选择两个村庄（近郊村为集士港镇岳童村、横街镇万华村，远郊村为姜山镇定桥村、姜山镇陆家堰村，纯农村为东吴镇三塘村、龙观乡大路村）作为调查试点村，分居住用地、工矿仓储用地、商服用地、公共管理及公共服务设施用地四类用地，调查试点村建设用地总量、权属、结构、分布状况等，掌握建设用地利用效率。至年底，根据调查成果，建立图数一体的建设用地利用现状基础数据库，合理确定各类建设用地的评价指标体系和标准，分析建设用地集约利用潜力，对低效用地提出合理开发建议，形成试点总结报告并上报省国土资源厅。

（林寻忠）

物价管理

【概况】 2015年，鄞州区设立价格监测点13个、成本调查点4个、价格监测单位20余个。在全区主要10个农贸市场、3家大型超市设立价格监测点。每周一次重点监测7类31种民生商品价格。调查粮食、浙贝、西瓜等农产品成本，形成农产品成本调查年度分析报告，开展种植意向、农户购买农资情况以及农户存、售粮情况调查分析；开展公交票价、自来水价格定期监审、生猪集中屠宰、前期物业收费四类项目成本监审，监审单位21家。企业上报成本总额588047546.15元，核减成本18912861.99元。全区价格调节基金预算安排12030万元，其中价格应急专项资金200万元，用于居民基本生活必需品出现异常上涨时政府价格调控。在中心城区建立菜篮子商品平价供应点10家，并建立考评体系及优奖劣汰考核机制。

元旦、春节、国庆节等重大节日期间，开展日常生活必需品及旅游、停车收费等市场价格检查。开展农贸市场、大型商场（超市）、商业大街以及美容理发、洗车修理等行业明码标价情况巡查，每周至少巡查两次。制作近百面标价牌和宣传资料，免费发放给经营户、物业公司，督促、指导、协助开展明码标价工作。组织开展涉企收费、停车收费、旅游景点明码标价和药品市场价格专项检查。受理群众政策咨询、价格举报投诉等类别372件，办结件数366件，办结率98.39%。其中，价格投诉举报351件，立案查处19件，实施经济处罚30071元。

【收费许可证制度取消】 2015年1月1日起，鄞州区在全区统一取消收费许可证制度，全面停止行政事业性收费许可证核发及其收费年度审验工作。建立各行政事业性单位收费清单公示和报告制度，各收费单位按价格和财政部门批准的项目和标准，建立收费目录公示清单制度，并在单位网站常年同步公示。联合财政、审管、经信、民政等部门开展行政事业性收费和政府性基金、强制垄断性的涉企经营服务性收费、行业协会商会涉企收费等事项专项清理规范工作。

【机动车停放收费管理】 2015年8月，区物价局贯彻执行《浙江省定价目录》（2015版），开展前期调查、初拟草稿、咨询顾问等工作，出台《规范全区机动车停放服务收费管理的通知》，重点阐明适用范围、申请需提交的材料及相关经营者公示义务，明确政府定价的范围，主要审批和规范公立医院、政府投资的停车场收费行为。

【药品价格监管】 2015年6月1日起，绝大部分药品政府定价取消，区物价局结合药店申请医保审验工作，开展各类药品违反价格政策行为的监督检查工作，抽查23家药店6月1日前15天以上的药品销售记录，防止经营者在取消药品政府定价前违反政策自主定价或高于政府定价销售药品。了解部分药店供应情况、进价情况、零售情况，掌握药品市场情况。检查药品零售单位明码标价情况，要求做到价签价目齐全，标价内容真实明确、字迹清晰、货签对位、标示醒目，督促经营者合法经营。

【新城区保障性住房二期项目公共租赁住房租金标准核定】 2015年10月，鄞州区公共租赁住房二期项目——馨悦家园交付，区物价局综合考虑公共租赁房建设成本、市场租金水平以及个人承受能力等因素，核定新城区保障性住房二期项目公共租赁住房租金标准。具体为：公共租赁房基本租金核定为每月每平方米（建筑面积）13.7元；公共租赁住房租金可在基本租金基础上，结合楼层、朝向差率由租赁单位确定。

（唐志慧　陈莉莉　周耀伟）

统　计

【概况】 2015年，区统计局创新统计工作方法，修订GDP核算方案，指导乡镇开展业务，重点调研具有代表性的基层企业实施投资新制度试点可能碰到的问题。将经济新业态纳入统计范畴，探索电子商务统计方法，全区商务交易情况填报单位达2992个。

完善部门名录信息交换机制，融合第三次经济普查与名录库数据，开展名录库信息核实及准规模单位核查工作，提高单位申报通过率。全年全区法人单位维护28434笔，库内增加“四上”企业307家。落实企业走访、辅导、培训工作，指导企业开展统计“双基”（基层基础）规范化创建，231家达到规范化创建合格，49家达到优秀，45家达到诚信标准。区统计局的创建经验在全省统计法治工作视频会议上作典型发言。全盘扫描全区千余家重点企业，尤其扫描“易中毒”企业、“易中毒”报表和“易中毒”指标，并修复、解决其中的问题。

围绕社会各界关注度高的各项指标，每月每季开展经济发展形势研判，全年撰写分析文章、统计信息274篇。其中《“十二五”质量新鄞州发展监测报告》得到区委、区政府主要领导批示。完成《新常态下鄞州经济发展动力探析》等统计课题，编印和发布《宁波市鄞州区第三次经济普查（简要本）》《宁波市鄞州区第三次经济普查公报》，开展经普资料开发和课题研究，撰写课题报告28篇、分析文章14篇。

【企业分类管理】 2015年，区统计局对全区所有“四上”企业实施ABC分类管理。对主要指标存在明显匹配性问题的企业，按C类企业重点监管；平时月报审核中，有多处一般性差错的企业，按B类企业开展规范化创建指导；数据基本无差错、报表报送及时的企业，按A类企业开展优秀或统计诚信企业创建指导。要求所有企业规范人员配备、建立工作制度、设置统计台账，上报真实数据。全年重点核实1759家企业数据，发现并解决问题2706个。

【企业分类统计培训】 2015年，区统计局探索实行企业分类培训模式，新增“四上”企业、审核出来的具有共性问题的企业、亿元以上重点企业等实施细化分类，使开展业务培训、沙龙座谈、经验交流等更具针对性。全年举办直接面向企业的统计业务培训18期，1032家企业的统计人员参加，386人通过考试取得统计从业资格证书。同时，制作涵盖工业、服务业、统计法制等方面内容的优质统计培训课件，授课视频放置于鄞州统计信息门户网站上，50余个视频课件累计观看量1000余人次。

【鄞州区2015年1%人口抽样调查工作启动】 2015年，鄞州区开展1%人口抽样调查。7月13日，区政府办印发《关于开展2015年1%人口抽样调查的通知》，成立宁波市鄞州区2015年1%人口抽样调查工作协调小组，明确协调小组成员单位职责分工。在全区所有镇乡（街道）中，抽取约60个调查小区，调查对象为抽中调查小区的全部人口（包括户籍人口和流动人口，不包括港澳台居民和外国人）。调查内容为人口和住户的基本情况，主要包括姓名、性别、年龄、民族、受教育程度、行业、职业、迁移流动、社会保障、婚姻、生育、死亡、住房情况等。调查标准时点为2015年11月1日零时。10月13~15日，组织全区23个抽中镇乡（街道）的调查指导员和54个抽中村（社区）的调查员120余人开展业务培训，讲解调查方案、指标解释、PDA操作、入户技巧等内容。10月16日，展开入户摸底工作。同时，“定位”式开展宣传工作，除发挥报纸、互联网、宣传画等主渠道作用外，“鄞州统计”官微利用动画、图解等方式发布原创信息。区统计局制作的H5作品《1%人口抽样调查宣传》被国家统计局官方微博与官方微信录用发布。“鄞州统计”微博平台发布的《1%人口抽样调查宣传》被区新闻办、公安分局、民政局等部门和各镇乡（街道）的官微转发，“鄞州发布”微信平台头条转载区统计局制作的《全国人口“小普查”来了！鄞州54个社区（村）被抽中，有你家吗?》，图文信息阅读量13000余人次。至年底，入户3928户，调查人口8754人。

12月8日，《中华人民共和国统计法》颁布32周年纪念活动在东吴镇举行

【“鄞州统计”政务微信公众号开通】 2015年1月19日，区统计局开通“鄞州统计”政务微信公众号。平台设置鄞州数据、统计信息、统计服务等栏目，向用户提供数据发布、数据解读、法制宣传等服务。全年，“鄞州统计”发布微信130期、图文信息313条。

【《2015鄞州概览》发行】 2015年2月，区统计局编印《2015鄞州概览》，为“两会”代表、社会各界提供鄞州2014年经济社会发展情况。《2015鄞州概览》以图、表和文字介绍相结合方式，展示鄞州区经济社会发展的基本面貌，提炼各个行业的发展特色亮点。全书包括鄞州概况、经济发展、科技和社会事业、“质量新鄞州”建设、主要指标、镇乡街道、附录七部分。

【《经济发展月报》改版】 2015年，区统计局改版《经济发展月报》，推出外网版、微信版、短信版、完整版4个版本。替换纸本封面，添加指标统计图表，按照上年地方生产总值、产值，分别调整沿海县（市、区）和规模以上工业主要行业排序。根据上级考核评分标准和部门数据交流需要，在完整版的全区主要经济指标中加入战略性新兴产业增加值、高新技术产业增加值、装备制造业增加值，固定资产投资指标中加入工业设备工器具购置、重大基础设施项目、重大产业项目、生态建设与环境保护，另外增设产城（南车）工业和投资等数据。

【李学忠调研鄞州企业生产经营和统计工作开展情况】 2015年5月13日，省统计局局长李学忠一行到鄞州区调研，市、区领导陈国军、沈权、汤柏生、姚珂军等陪同调研。李学忠一行走访调研宁波美康生物科技股份有限公司和宁波美康盛德医学检验所有限公司，与企业和市、区有关人员座谈交流，了解企业生产经营和统计工作开展情况。李学忠听取企业介绍，询问企业发展和对统计工作等方面的诉求、企业统计报表报送和统计工作规范情况；对企业注重研发投入、保持高速发展的势头表示赞赏；对规范数据采集、确保统计数据质量提出要求，希望统计数据能够为企业发展发挥参考作用。

【刘富江调研欧琳国际工业旅游项目】2015年5月21日，国家统计局设计管理司司长刘富江，省统计局总统计师左南丁，国家统计局浙江调查总队党组成员、纪检组长郑蔚菱，国家统计局宁波调查队队长董礼华一行调研欧琳国际工业旅游项目，副区长柴志强、鄞州调查队队长任川陪同调研。刘富江一行参观欧琳国际工业园一、二、三期厂房和现代厨房展示馆，体验现代厨房，赞扬欧琳国际工业旅游项目。

（朱科苗）

调　查

【概况】2015年，鄞州调查队主要承担23项常规调查统计工作、22项专项调查工作。《鄞州调查简报》编印34期，其中调研分析20期、调查信息14期。被浙江调查总队录用调查信息17篇、调查分析23篇；被区委、区政府采用的调查分析、信息21篇，区政府办约稿两篇；被《鄞州日报》采用调查信息、分析16篇。4个课题结稿。

落实19项队内管理制度，细化调查项目业务流程规范，明确每一环节和岗位的操作规程。建立重点专业工作规范，具体包括调查工作流程、调查工作职责、调查工作考评、统计调查人员职责等内容。全区各专业172名辅助调查员、1502家样本企业和177个样本村均建立辅助调查员信息库和样本企业统计人员信息库，将辅助调查员和样本企业统计人员的通讯录导入区政府OA系统，在"中国统计开放日""中国宪法日"等节点进行短信宣传。开展城乡住户辅助调查员的年度培训、季度会审、月度交流会议，举办规模以下工业"千人大讲堂"，举办规模以下工业新一轮样本企业统计人员业务培训班7期。

表24　　2015年鄞州调查队常规调查项目和专项调查项目

常规调查任务	样本单位	样本数量	项目（任务）名称	调查时间	样本数量和单位
农作物播种面积调查	单位区	60	分省住户网购专项调查	1月	50户
粮食产量（单晚）调查	实测点	15	规模以下工业企业出口状况及2015年用工意向问卷调查	2月	5家企业
粮食产量（早稻、双晚）调查	实测点	15	农业春耕备耕问卷调查	3月	7户
农户全年/秋冬播种面积意向调查	户	105	全民健身活动状况抽样调查	4月	480人
耕地面积维护变动情况调查	村及样本区	412	纺织服装服饰企业生产经营情况问卷调查	4月	10家企业
样本点所在村基本情况调查	村	58	小微科技服务业企业发展情况调研	4月	5家企业
住户收支与生活状况调查	宅	400	企业转型升级意愿问卷调查	5月	56家企业
农户固定资产投资调查	户	110	小微工业企业库存情况问卷调查	5月	3家企业
农民工监测调查	户	110	中国公民科学素质抽样调查	5月	60人
农产品中间消耗统计调查	户	2	农村电子商务发展问卷调查	5月	7户
农产品生产者价格调查	户	21	农民工随迁子女义务教育情况问卷调查	6月	2户
规模以下工业抽样调查（企业）	家	1078	小微企业税收减免政策调查	6月	11家企业
规模以下工业抽样调查（个体户）	单位区	78	宁波小微工业集聚区及企业发展情况调研	6月	5家企业+1个园区
新设立小微企业和个体经营户跟踪调查	家	162	灾害性天气对农业生产影响的快速调研	7月	5户
规模以下服务业抽样调查	个	52	城镇棚户区改造群众满意度调查	7月	15户
批发零售住宿餐饮限额以下行业抽样调查	家	16	鄞州区老区村生活状况调查	7月	60户
采购经理调查	家	86	制造业企业技术改造情况调研	7月	3家企业
工业生产者价格统计调查	家	179	新设服务业发展状况调查	8月	10家企业
季度畜牧业规模户（生猪）	户	9	党风廉政建设民意调查	10月	70户
季度畜牧业规模户（家禽）	户	2	纺织企业生产经营情况调研	10月	3家企业

续表24

常规调查任务	样本单位	样本数量	项目（任务）名称	调查时间	样本数量和单位
年度生猪、家禽规模户调查	户	79	农民工市民化进程监测调查	10月	105户
季度牛、羊生产调查	村	412	放心农贸市场调查	11月	80位顾客 40户经营户
城市公共交通分担率和交通满意度调查	户	900			

【统计调查普法宣传】 2015年第六届"中国统计开放日"期间，鄞州调查队组织开展"大合唱"活动。9月18日，组织镇级统计员上"宣传课"，30余人参加，以课堂结合讨论的模式，专题学习《中华人民共和国统计法》相关条例，详细解读《民生统计面面观》和《漫画统计学》宣传资料；邀请市民、样本企业统计人员、城乡住户调查户参观调查队相关科室，观摩一套表数据处理平台、城乡住户调查数据处理程序等，开放式宣传统计调查工作流程和调查数据生产流程，开展统计调查工作座谈交流及疑问解答。9月20日，到镇、村开设宣传"大讲堂"，播放《中华人民共和国统计法》住户专题宣传视频和《调查队是个啥？》动画宣传视频，向辅助调查员和记账户详细解读调查队的工作职能和流程，宣传依法开展统计调查工作的重要性和义务性，讲解《住户记账知识要点》，镇、村辅助调查员和城乡一体化样本户50余人参与活动；活动现场为第六届"中国统计开放日"宣传横幅签名纪念，发放《民生统计面面观》和《漫画统计学》宣传材料，发放餐巾纸盒、户外水杯等宣传品，提供现场统计调查咨询服务。同时，利用样本企业统计人员、住户记账户和镇、村两级辅助调查员通讯库，以区政府OA短信群发方式，向全体样本企业和样本户宣传开放日活动。

【全民健身活动状况抽样调查】 2015年4月，鄞州调查队开展全民健身活动状况抽样调查，选取480人为样本。调查结果显示，城乡居民在参加体育健身过程中最普遍的健身项目是"健步走"，达到40.6%，其他排在前四位的有骑自行车（11.5%）、登山（11.4%）、羽毛球（8.7%）和跑步（8.0%）。鄞州区20岁及以上的城乡居民有58%的人参加过体育健身活动，比全国平均水平50.5%高出7.5个百分点。其中，城镇居民参与率为50%，农村居民为66%；农村居民体育锻炼的参与度高于城镇居民，男性为63.2%，女性为52.8%。锻炼达到每周一次及以上的比例为44.4%，比上年全国平均水平高出4.6个百分点。在接受调查中，95.1%的城乡居民认为体育锻炼"重要"，近四成人认为"非常重要"。公路和街道边的空地是居民首选的健身地方，人数比例达21.6%。按"每周参加体育锻炼频率3次及以上，每次体育锻炼持续时间30分钟及以上，每次体育锻炼的运动强度达到中等及以上"的标准，达到"经常参加体育锻炼人"的比例为44.8%，比上年全国平均数高出13.6个百分点。受教育程度与体育锻炼意识和参与度成正比，即受教育程度越高，锻炼意识越强，体育锻炼参与度越高。按照参与度由高到低排序为：研究生及以上100%、大学（含大专）77.3%、高中（含中专）64.7%、初中61.5%、小学44.6%、文盲或识字不多5.5%。"工作忙、家务忙无时间"和"惰性"成为制约城乡居民参加体育健身的两大因素。

【新设服务业发展状况调查】 2015年8月，鄞州调查队开展新设服务业发展状况调查，选取样本企业10家。调查显示，上半年，鄞州区规模以下服务业企业经营状况总体欠佳，营业收入呈下滑趋势，企业亏损面居高，面临着用工成本上升、市场需求不足以及创新能力不强等难题。营业收入方面，16.7%的样本企业营业收入比上年增加，60.4%的企业持平，22.9%的企业减少，样本企业上半年总体营收减少11.3%，亏损面五成以上。影响企业盈利的主要因素中，63.3%的被调查企业认为业务量变动是主要因素；23.3%的被调查企业认为成本费用变动影响较大。被调查企业中，71.1%的企业经营仍处于创业或发展阶段，规模较小，发展不稳定，抗风险能力较弱。

（张鹏飞）

审 计

【概况】 2015年，区审计局审计（调查）项目169个，查出违规金额1162万元，管理不规范金额195078万元，核减工程造价资金3.46亿元，提交各类审计报告315个，审计信息167篇，被区委、区政府和上级审计机关录用381篇次，报告（专报）被领导批示15篇。

审计区本级财政全口径预算执行情况，将政府性债务、财政存量资金、土地出让金纳入审计内容。重点审计区检察院、区委党校、区卫生计生局、潘火街道4个单位的部门预算，专项审计调查2012~2014年146家区属国有企业经营情况，审计新型农村合作医疗、住房公积金、视频监控资源、"菲特"台风救灾款物，宁波甬港饭店、"森林鄞州"建设工作领导小组办公室、宁波产城投资管理有限公司、宁波空港保税物流有限公司财务收支情况。全区10个单位16名区管领导干部进行任期经济责任审计。

审计政府投资项目竣工决（结）算144个，送审金额52.4亿元。重点建设项目在审跟踪审计项目53个，累计跟踪审计投资额460亿余元，提出跟踪审计意见和建议995条，挽回财政资金损失9654万元。重点审计"五水共治"政策落实、污水处理工程建设、电镀城拆迁政策处理、高桥镇轨道交通1号线及甬梁线改造拆迁资金使用管理。

审核68家一级预算单位的公务支出公款消费自查情况，重点审计26家单位。审计科技专项资金，涉及2011~2014年享受政策的项目1157

个，资金6.2亿元。审计保障性住房安居工程、稳增长促改革调结构惠民生防风险政策、高校毕业生就业创业政策措施落实情况和公共自行车建设运营情况。成立审计整改领导小组，出台《关于进一步加强审计整改工作的意见》。《2013年度鄞州区镇乡（街道）决算情况专项审计》项目被评为省优秀项目，《2013年度鄞州区镇乡（街道）决算情况专项审计》和《鄞州区养老服务体系运营和补助情况绩效审计》被评为市优秀项目。向相关部门发送审计决定12个，公开审计结果9个。

【全区国有企业经营情况专项审计调查】 2015年7月10日，区审计局开展全区国有企业2012~2014年经营情况专项审计调查，掌握国有企业经营管理基本情况和国有企业的监管现状，揭示国有企业经营和监管中存在的问题。7月，区审计局根据国有企业具体情况，制定审计方案，主要从调查国有企业总体情况、国有企业监管情况、国有企业经营中有可能存在的漏洞三方面开展审计工作。成立4个审计小组，146家国有企业中抽查101家。审计查明政企不分、国企监管不完善、参股企业存在国有资产流失风险等问题，收回资金、避免损失5400万余元，修订出台制度4条。

【机构编制责任审计工作办法出台】 2015年9月21日，区审计局、区编委办联合出台《宁波市鄞州区机构编制责任审计工作办法（试行）》，明确要求区审计局在开展日常审计及领导干部经济责任审计时，将机构编制执行情况纳入审计范围。明确规定审计对象、审计内容、审计方式、工作职责和审计结果运用，根据鄞州区实际情况，审计内容包括机构设置情况、编制使用情况、中层职数配备情况、人员经费情况及其他违反机构编制管理规定情况5类12个方面内容。明确审计部门是开展机构编制审计工作的法定主体，依法进行机构编制审计；机构编制部门配合审计部门，提供有关文件、政策咨询、提出问题定性和责任界定的建议等。

【"政府投资项目审计清零"行动】 2015年6月24日，区审计局开展"政府投资项目审计清零"行动。6月26日，出台《"政府投资项目清零"行动实施方案》，规定实施范围、清理原则、责任落实、时间安排、目标考核、纪律要求等。区审计局成立由分管局长担任组长的工作小组。清零行动由审计局与协审单位同步实施，共同落实。协审单位分析汇总在审延期项目，审计组组长组织协调、处理解决负责的项目延期问题，投资审计中心主任室进行督查。以投资审计联网系统为平台，清零行动分上报延期项目清单，投资审计中心复核审理，结合项目特点提出方案，总结考核四个阶段，9月25日行动结束，清理项目35个，核减工程造价0.73亿元。

7月28日，区审计局工作人员审计区路通公路养护中心技术监管用房工程

【审计技术创新案例获全省第一名】 2015年11月30日，区审计局报送的《利用轨迹还原技术审计泥浆及渣土运输处置问题》获省审计厅优秀审计技术创新案例评比第一名。该审计技术是区审计局在渣土及泥浆的运输处置方面的尝试，采用智慧城管监管大数据平台，利用运输车辆上安装的GPS车载行驶记录仪和其运行所产生的轨迹数据进行分析计算，通过还原运输车辆的历史运行轨迹，发现审计疑点和线索，实现对工程量准确核实，有效解决审计证据取证难的问题。

【政府投资项目审计分类归档办法出台】 2015年10月30日，鄞州区出台《鄞州区政府投资项目审计分类归档办法》。根据审计项目大小、类别、重要性，对审计项目档案进行分类管理，分为简易档案和一般档案。送审金额5000万元以下的竣工决（结）算审计项目及年度审计项目采用简易档案管理，其他项目及跟踪绩效项目采用一般档案管理。对简易档案和一般档案的归档分别作出相应的归档要求。一般档案仍参照上级审计机关要求进行归档。简易档案归档进行适当的简化，根据审计资料的重要性程度，对重要资料文书进行分类，并按时间先后顺序进行排序，分为前期准备阶段材料、实施阶段材料、终结阶段材料、整改阶段材料及其他材料等。简易档案在审计终结后1个月内完成，一般档案在审计终结后的3个月内完成。在项目审计完成后及时进行归档整理，审结卷成。建立激励机制，将档案归档工作作为加强科室管理的一项重要内容，把档案归档工作纳入科室目标管理责任考评内容。

【"第三方检测"审计质量控制模式启动】 2015年8月20日，区审计局启动"第三方检测"审计质量控制模式。区审计局投资审计中心专设法规科，负责投资项目审计质量监管，其中对500万元以上项目实行第三方检测、对500万元以下项目实行质量抽审。由法规科组织成立检测人员队伍，从年度入围协审单位中择优录用6家为检测单位，每家检测单位推荐协审人员

2~3人，成立相对固定的检测人员库。在首例工程检测中，由检测组长组织，法规科成员、相关专家、检测单位共同研讨项目特点、难点疑点、检测重点，并下达检测任务单。将项目质量抽审和第三方检测纳入审计风险控制环节进行管理，出台《政府投资项目竣工决(结)算审计质量抽审和第三方检测实施办法》等制度。质量检测某工程审计，核减造价100万余元，核减率达到7%。该项目检测时间仅为10天，并出具第三方检测报告。

（陈杏菊）

市场监督管理

综　述

【概况】 2015年，鄞州区设立内资企业(含分支机构)6864户，注册资本(金)3123292万元，其中私营企业6717户，注册资本(金)2886607万元。设立个体工商户10220户，资金数额84098万元。设立农民专业合作社19户，成员出资总额1061万元。至年底，全区累计实有内资企业(含分支机构)43068户(其中私营企业41123户)，注册资本(金)1674.4亿元；实有个体工商户71031户，资金数额367989万元；实有农民专业合作社387户，成员出资总额37494万元；外资企业1605户，加上市市场监督管理局登记的219户，累计实有各类市场主体116310户。立案查处各类案件1222件，罚没款金额1112.32万元，移送司法机关9起。受理消费者投诉举报8348件，办结8201件，办结率98.2%，为消费者挽回损失691万元。

建立健全食品药品安全"两网五体系"工程建设，出台餐桌安全治理行动三年计划，完善从田头到餐桌的食品安全全程监控体系；开展"一证多址"试点，学生餐饮工程完成；开展重点领域、重点时段的食品药品专项整治，全年实施"四品一械"各类专项检查50余项，推进小餐饮综合治理，开展浙贝母无硫化治理；食品生产小作坊许可6家，取缔33家。

开展"四品一械"干部专业素质提升工程，通过业务科长专题授课、青年干部大讲堂、专题网络培训等形式开展教育培训，全面熟悉工商、质监、食药监等相关知识；汇编出台和修订27部法律法规及相关规定，组织《中华人民共和国食品安全法》(2015年修订)、《中华人民共和国广告法》(2015年修订)等法律法规的各类培训，开展法律法规知识全员考试及法律法规知识竞赛。区市场监管局获第四届"全国文明单位"称号。

【机构体制改革】 2015年4月初，区市场监管局和区质量技术监督局合并。6月18日，区政府批准局"三定"方案。根据《中共宁波市鄞州区委、宁波市鄞州区人民政府〈关于印发宁波市鄞州区人民政府职能转变和机构改革方案的通知〉》，组建区市场监督管理局，挂区工商行政管理局、区质量技术监督局、区食品药品监督管理局、区食品安全委员会办公室牌子。区市场监管局是主管全区工商行政管理、质量技术监督和食品药品监督管理工作的区政府工作部门，下设18个职能科室、直属机构3个、派出机构17个。7月初，各所人员调配完成，实现局机关集中办公。

【媒体采访团采访鄞州"明厨亮灶"建设情况】 2015年1月16日，《人民日报》《光明日报》《食品安全报》和新华社、中央电视台、中国经济网等14家国家级媒体，中国新闻社浙江分社、《浙江日报》等6家省级媒体及《宁波日报》等10余家当地媒体，到鄞州采访"明厨亮灶"建设情况。国家食品药品监督管理总局、省食品药品监督管理局和市、区两级市场监督管理局相关工作人员陪同采访。采访团参加餐饮单位负责人、餐饮单位食品安全管理员、行业主管部门、餐饮监管部门举行的座谈会，听取鄞州区6家餐饮单位负责人代表、2名基层监管人员关于"明厨亮灶"工作的做法和成效等有关情况的汇报。采访团到鄞州"印象城"商业广场，实地参观、采访"阳光厨房"餐饮一条街，通过各餐饮店内电子显示屏的实时监控系统，观看后厨设施设备使用情况、环境卫生情况、菜肴制作过程、消毒保洁情况等"阳光厨房"模式；详细了解"阳光厨房"建设资金投入情况及开展此项活动的打算，并随机采访部分消费者对"阳光厨房"的看法和意见。

【苏志良调研宁波美康生物科技股份有限公司】 2015年4月15日，省市场监督管理局党组成员、总工程师苏志良带领省市场监督管理局医疗器械监管处、省医疗器械审评中心、省医疗器械检验院等负责人，走访宁波美康生物科技股份有限公司，调研企业发展情况。市市场监督管理局副局长陈建苗等陪同调研。苏志良一行听取该公司负责人关于企业发展现状及下一阶段发展规划的汇报，实地参观企业的研发实验室、生产车间，详细询问发展中企业遇到的问题，与企业负责人探讨医疗器械行业发展、市场预测以及企业面临的实际困难和对监管部门的帮扶需求。省市场监督管理局有关专家详细解答企业提出的有关创新产品检测、申报及加快注册审批速度等问题。苏志良肯定公司的发展，并提出希望。

【法律法规知识竞赛】 2015年，区市场监管局开展法律法规知识竞赛。8月，下发通知，划分15支参赛队伍，明确各基层所(分局)选派3人参加，要求其中1人应为中层副职以上领导；区市场监管局团委、妇委会各选派3人参加，其中至少1人为委员。竞赛涉及相关法律法规包含《中华人民共和国行政诉讼法》《中华人民共和国计量法》《中华人民共和国食品安全法》《中华人民共和国广告法》等，将原工商行政管理局、食品药品监督管理局和质量技术监督局的法律法规涵盖在内，尤其突出《中华人民共和国食品安全法》《中华人民共和国广告法》等2015年修正的法律。10月23日，参赛单位按照3位参赛人员的得分总和进行排名，鄞江市场监督管理所、区市场监管局团委和直属市场监督管理所获竞赛第一至第三名。

【小微企业服务走访活动】 2015年，区市场监管局牵头开展"小微企业三年成长计划"(2015~2017)，参谋区政府出台扶持小微企业成长的"1+X"

专项行动方案，提出7项硬指标，推进9个专项行动。开展"当好店小二、服务助成长——万名市场监管干部连万家小微企业"活动，联系服务的小微企业重点为信息、环保、健康、旅游、时尚、金融、高端装备制造七大产业小微企业；当地重点扶持发展的特色小镇、众创基地、科技孵化园等区域内的小微企业；商事制度改革后设立的小微企业。联系走访中，全区市场监管干部重点为企业解读政府部门各项扶持政策，排查企业成长过程中遇到的关键问题、迫切需要解决的难题，动态了解企业特别是新设企业、"个转企"企业的生产、经营、管理现状。建立动态重点小微企业名录、新设企业一户一策活跃度档案、七大重点产业企业培育档案、重点区域企业成长档案。同时，针对重点领域和各类产品，完善网络经营主体的建档和网监队伍建设工作。全年，走访小微企业600余家，确定重点跟踪服务210余家，重点引导和支持100户个体工商户转型升级为企业，其中新转公司制企业占比不少于50%。

【区市场监管局首届文体节】 2015年10月，区市场监管局举行首届文体节，利用周末和晚上时间，举行羽毛球、乒乓球、"五人制"足球、"三人制"篮球4项球类比赛。11月7日，在横溪镇中学举行指压板接力、登山、定点投篮、长筷夹球、保龄球、拔河等趣味与竞技、团体与个人相结合的6个项目比赛。文体节组建17支代表队，近400名运动员参加10个项目比赛。区市场监管局检测中心联队等6支队伍分别获团体总分前六名，横溪市场监督管理所等3支队伍获优秀组织奖。

（张汉江）

工商行政管理

【概况】 2015年，区市场监管局开展红盾护农、守合同重信用企业评选，A级守合同重信用企业初步审核通过26家，续展42家；AA级单位35家（申报22家，续展13家）；AAA级单位28家（申报16家，续展12家）。举办拍卖活动25起，签订拍卖成交确认书34份，成交金额20645.75万元。办理动产抵押物设立登记备案91件，借贷金额34.16亿元。

4月起，开始试点"三证合一"；10月1日，实施"五证合一"。全年发放"五证合一"营业执照5972张。增加"君禾""GF""乐歌""宝贝第一"4个行政认定的中国驰名商标，认定省著名商标5个、市知名商标12个。鄞州区被评为省商标品牌示范县。

评定省级三星级市场1家、省放心农贸市场4家。增加网络经营主体，全区累计6749家；增加亮照亮标621个，全区累计10081个，并督促企业及时网上张贴。开展企业即时信息抽查公示制，限制失信市场主体部分市场行为，企业基础信息交换与应用系统二期建设完成。

表25　2015年鄞州区中国驰名商标（行政认定）一览

序号	企业名称	商标（注册证号）
1	雅戈尔集团股份有限公司	雅戈尔721680
2	杉杉集团有限公司	杉杉813664
3	奥克斯集团有限公司	奥克斯800471
4	广博集团股份有限公司	广博1375482
5	宁波欧琳厨具有限公司	欧琳+OULIN994214
6	宁波培罗成集团有限公司	培罗成PROGEN16972371660874
7	宁波乐士实业有限公司	LESLT+乐士1633652
8	宁波华茂科技股份有限公司	七色花928314
9	宁波永享铜管道有限公司	永享+H+YONGXIANG1601618
10	浙江一舟电子科技股份有限公司	Ship1497731
11	洛兹集团有限公司	洛兹+ROUSE1939875
12	宁波巨神制泵实业有限公司	巨神JS及图742335
13	宁波李氏实业有限公司	MuZi575323
14	宁波隆兴焊割科技股份有限公司	隆兴LONGXING及图1139225
15	宁波宏大电梯有限公司	豪斯汀HOSTING及图1307091
16	宁波欧琳厨具有限公司	欧琳+OuLin1208385
17	宁波东海集团有限公司	DONGHAI+图582445
18	宁波市鄞州精铸五金厂	NBLF+图3274800
19	宁波音王电声股份有限公司	SoundKing+图1351208

续表25

序号	企业名称	商标（注册证号）
20	宁波伊司达洁具有限公司	East+图 3405005
21	宁波合和杰斯卡服饰有限公司	GXG3083564
22	宁波汉浦工具有限公司	PULY6597897
23	宁波乐歌视讯科技股份有限公司	乐歌 4917421
24	君禾泵业股份有限公司	君禾JUNHE3418553
25	宁波高发汽车控制系统股份有限公司	GF4463134
26	麦克英孚（宁波）婴童用品有限公司	宝贝第一BABYFIRST6275514
27	奥克斯集团有限公司	AUX5447957

【市场主体年报公示】 2015年，区市场监管局通过“信息媒介与人力媒介互补联动”等方式促进年报公示工作。年报工作数据：2013年度企业年报公示29225户，年报公示率91.99%；个体工商户年报41188户，年报率80.67%。2014年度，企业年报35253户，年报率91.19%；个体工商户年报51415户，年报率81.58%；农民专业合作社年报303户，年报率81.67%。企业年报进度高于全市平均水平，也高于往年企业年检率。提高企业即时信息公示知晓度，16家企业因“通过登记的住所或者经营场所无法与其取得联系”被列入经营异常名录。

【企业即时信息公示情况检查】 2015年1月21~31日，区市场监管局检查落实辖区内395户企业的即时信息公示情况。按“预备步”“核查步”和“结合步”程序，开展首次企业即时信息抽查工作。预查阶段，查询抽查企业名单并登记造册，形成核查的工作重点；核查阶段，详细检查公司的股东会决议、章程、财务账册、许可证或批准文件等资料，询问企业负责人、财务人员；采取上门辅导和集中培训相结合方式，向企业分发《告企业书》等宣传资料，以PPT的形式进行集中培训，向企业宣传政策并对填报要求进行详细辅导。抽查工作出动检查人员519人次，其中实地检查110户，实地检查率达27.85%。即时信息公示“正常”企业369户，“未按规定公示其他应当公示的信息”企业1户，“通过登记的住所（经营场所）无法联系”企业23户，“不配合核查情节严重”企业2户。

【市场主体信用监管】 2015年，区市场监管局开展即时信息、年报信息等定向、非定向抽查3次，抽查各类市场主体2000余家，开展培训辅导、行政指导等20余次。因抽查工作中通过登记无法联系事由被列入经营异常名录14家；因未按规定公示年度报告，被列入经营异常名录企业5678户；依企业申请，经审核后移出异常名录87家。制定《关于对失信市场主体进行信用约束的实施方案》，失信市场主体不再参与市场监管系统各类评先评优，不授予守合同重信用企业、消费者信得过单位、名牌产品、驰（著、知）名商标等各类称号，并将相关不良信用在出具无违规行政证明时予以体现。借助鄞州区企业信用信息平台，全部导入5692户企业异常名录信息，将企业异常名录信息推送给税务、经信、发改、财政等18家一期接入平台的单位，列入经营异常名录的市场主体在政府采购、工程招投标、国有土地出让、授予荣誉称号等方面受到约束，实现信用共享和联动约束。全年，向社会公布失信企业名单2次，涉及全部进入异常名录企业5692家。

【“透明消费”体验活动】 2015年3月25日，区市场监管局联合区消费者权益保护委员会，组织开展“透明消费”走进百威英博啤酒厂消费体验活动。消费维权义工代表、媒体记者、消费者权益保护委员会分会调解员等20余人参加。代表们听取百威英博啤酒厂介绍生产工艺、流程及在保障食品安全和保护消费者权益方面的做法，全景式参观啤酒生产全过程，感受百威英博啤酒的生产流程、安全控制、质量检测、包装物流等生产环节，询问酿造啤酒的麦芽等原料来源、各流程中消毒杀菌和食品安全等问题，该厂负责人均给予详细解答。区消费者权益保护委员会解析啤酒消费常识、《中华人民共和国消费者权益保护法》出台后消费维权须知等问题，使消费者了解啤酒生产质量、使用须知和维权途径等。

（张汉江）

食品药品监督管理

【概况】 2015年，区市场监管局发放食品流通许可证15453个（其中受理食品流通许可各类申请4451个，发放各类食品流通许可证2978个），其中包含乳制品经营范围的许可证11051个，占总数的71.5%；酒类特别标注852个（其中批发522个，专营216个，商超114个），占总数5.5%。自行检测食品1712批次（含婴幼儿乳粉155批次），不合格205批次，均立案查处，155批次的婴幼儿乳粉全部合格。检测范围包括商场超市、批发企业及其仓库、农贸市场、马路市场、校园及周边小食杂店等，检测食品包括婴幼儿乳粉、冷冻食品、米面制品、熟食卤味、蔬菜瓜果、肉及肉制品、腌制品、食用油、酒类、粽子、月饼等。累计安装电子监管客户端303个（包含市场内客户端58个，市场外客户端137个，代传考核分店108个），比上年同期增加1家，周平均使用率保持在81%左右，月平均使用率88%。

推行农村集体聚餐管理制，开展

农村家宴服务中心示范建设，农村家宴厨师实施持“两证”从业；创建“阳光厨房”“透明车间”“示范早餐店”“星级示范店”“保化示范经营单位”，建成运行16家市场内的免费检测室，开发完成食品药品综合监管平台二期项目；全区药品生产、经营企业和第三类医疗器械生产企业全部通过GMP、GSP认证，实施药品电子监管码监管，推进非特殊用途化妆品网上备案。

全区有涉药企业1064家，其中生产企业11家（药品生产企业1家、中药饮片生产企业3家、空心胶囊生产企业5家、医疗机构制剂室1家、医用氧生产企业1家）、药品批发企业6家、有药品批发经营许可证的体外诊断试剂经营企业1家、药品连锁企业4家、药品零售企业521家（单体处方药店327家、零售连锁企业165家、乙类非处方药药店29家）、医疗机构521家［区级医院2家、镇乡（街道）24家、民营医疗机构5家、医务室30家，诊所97家、社区卫生服务站284家、村卫生室65家，其他医疗机构14家］。零售药店现场验收开办96家，变更受理299家，换发许可证61家，新版GSP认证157家。开展药品“安全用药月”活动。开展药品安全知识讲座10余次，到社区开展宣传活动7次，发放宣传资料4000余册，清理小药箱户数500余户，回收过期药品4000余盒。投入近6万元重新制作回收箱。全区有家庭过期药品回收点65个，回收过期药品19678盒，送交3657人次，价值21.5万元。

【食品安全全程治理体系建设】 2015年，区食品安全委员会分别下发鄞州区食用农产品质量安全监管、食品安全生产监管、食品安全流通监管、食品安全餐饮服务监管以及保健食品安全工作实施方案。区食品安全委员会办公室（简称“区食安办”）下发《鄞州区加强食品安全体系建设任务分解方案》和《报送食品安全体系建设进展情况的通知》。肉品（水产品）安全专项整治百日会战行动期间，全区出动人数15616人次，抽检肉品、水产品870批次，排查出涉肉、水产品安全隐患40余处，行政处罚立案36起，查处问题肉及肉制品1787.7千克，移送公安4起，刑事立案1起，取缔私屠滥宰点17个，取缔“黑窝点”22个，公布第二批食品安全“黑名单”4家。在食品生产环节，全年度日常巡查检查出动478人次，开展日常巡查检查168家主体，225家次企业，发现问题企业18家，发现违法违规问题55个。其中，现场改正30个，责令整改20家，转立案查处5家，问题整改全部完成到位。至年底，167家企业签订《食品质量安全主体责任承诺书》，28家企业被关停，上报主体责任落实报告自查表153家，完成率91.6%。

【医疗器械企业监督检查】 2015年，区市场监管局开展医疗器械生产、经营和使用单位的日常监督检查工作。全年出动2500人次现场检查涉械单位1120家，立案查处27家，责令限期整改31家，督促涉械单位改正不规范问题近1000余条。全年现场检查生产企业64家82家次，检查覆盖面100%，每家企业平均检查频次约1.25家次/家。立案查处4家，责令限期整改6家，督促企业改正不规范问题250余条。全年增加二类经营备案企业486家（其中零售药店381家、超市30家），零售药店备案率在90%以上。组织协管员检查非医院类医疗机构600余次（监管人员抽查检查200余家次），检查覆盖面100%，立案查处6家，责令限期整改20家，督促医疗机构改正不规范问题近600余条。

【学校餐饮服务食品安全监管】 2015年，区市场监管局与区教育局及学校沟通、联系，开展各类学校餐饮服务食品安全专项检查，推行校园食堂从业人员培训上岗制度，落实一年一度培训计划；实施监督量化分级管理，在A、B级单位中全面推行“五常法”管理，推广“阳光厨房”建设。4月1日至7月10日，开展校园及周边食品安全“百日攻坚”专项整治行动。行动期间，全区各部门出动执法人员2000余人次，监督抽检325批次，取缔无照食品流动摊贩333家。区市场监管局培训、约谈生产企业45人次，生产企业食品监督抽检120批次，合格率100%；开展校园大宗商品供应单位、品牌超市、校内食杂店食品的定量抽检141批次，抽检水产、肉制品、蔬菜、米面制品、餐饮具等64批次。评选省级示范学校食堂2家、市级示范学校食堂6家。联合区教育局推进校园“阳光厨房”建设，创建50家，校园食堂“五常法”实施比例与量化分级A、B级比例在85%以上。至年底，全区355家校园食堂“餐饮服务许可证”持证率达到100%；食堂食品和食品原料可追溯率在90%以上，大宗品种（米、面、食用油、肉禽蛋类、蔬菜、豆制品、调味品）可追溯率达100%，学校食堂食品原料配送或定点采购率达到90%；全区学校食堂食品安全量化分级管理量化率达到100%，A级、B级比例达到86%；A级食堂全面实现“五常法”管理，B级食堂“五常法”管理实施率在80%以上；累计创建省级餐饮服务食品安全示范学校6家、市级餐饮服务食品安全示范学校12家、区级餐饮服务食品安全示范学校16家，建成校园“阳光厨房”168家。

【区首批食品药品安全科普宣传站挂牌运行】 2015年，区市场监管局按照“合理布局、规范统一、特色突出、方便群众”的思路，以及有专人负责、有固定活动场所、有科普宣传栏、有播放宣传资料的设施设备、有统一标示牌、有活动内容记载的“六有”要求，建立食品药品安全科普宣传站。首批食品药品安全科普宣传站以镇乡（街道）、社区（村居）为重点，涵盖不同领域和不同层次。建立包括区市场监管局、食品生产企业、天宫庄园儿童职业体验馆、明贝堂中医药博物馆及基层社区5个各具代表性的食品药品安全科普宣传站，通过设置宣传栏、播放科普短片、发放宣传资料、免费接受咨询等形式，宣传食品药品安全科普知识，及时发布食品药品安全消费警示。9月，首批5个食品药品安全科普宣传站分别挂牌运行。全年，各科普宣传站开展宣传活动160余次，受教育人数9000余人。

【区食品药品安全宣讲团成立】 2015年4月，区食品药品安全宣讲团成立，由鄞州区专家咨询组成员和部分区食安办成员单位业务骨干8人组成。6月18日，鄞州区在石碶街道东方社区举办2015年食品安全宣传周启动仪式暨区食品药品宣讲团开讲活动。活动期间，区食安办、区市场监管局领导为8名宣讲团成员颁发聘书。宣讲团精选包括当前食品安全相关法律法规与政策、基层食品安全工作任务及监督管理知识、食品安全科普知识以及药品安全知识等实务课程13个，开展“进社区、进农村、进家庭、进企业、进机关、进学校、进媒体”的“七进”巡回宣讲活动。宣讲活动采取区、镇乡（街道）两级联动方式开展，各镇乡（街道）根据不同宣传主体实行动态“点课”宣讲，也可以邀请其他相关专家。全年，宣讲团到社区、企业、学校、机关等地开展授课31场次，听课人数2700余人次，分发《中华人民共和国食品安全法》（2015年修订）1000余本、宣传画报500套。

【食品安全责任保险试点启动】 2015年5月12日，区食安办主任、区市场监管局局长沈军代表区政府，与中国人寿财产保险股份有限公司宁波市分公司签订《宁波市鄞州区食品安全责任保险合作协议》。5月26日，区政府办印发《鄞州区食品安全责任保险工作实施方案》，成立鄞州区食品安全责任保险工作领导小组，建立联席会议制度，负责食品安全责任保险工作的宏观指导、组织协调、信息汇总、宣传推广和督促检查等工作。鄞州区食品安全责任保险按照“试点先行、分步推行”的原则开展，在试点启动项目阶段，由区政府出资300万元向商业保险公司购买食品安全责任保险服务，用于全区农村集体聚餐、中小学校及幼儿园食堂、建筑工地食堂的食品安全责任风险，以及发生在辖区内由政府相关职能部门认定的或定性为输入性、区域性的群体性食品中毒事件，在责任主体不能确定或责任主体经济赔偿能力不足的赔偿责任保障。

【“阳光厨房”示范模式建设】 2015年，区市场监管局推进“阳光厨房”示范模式建设，第一批选择万达广场石浦大酒店、汉唐餐厅（印象城店）、宁波经贸学校、邱隘实验小学等6家单位（食堂）开展“阳光厨房”试点工作，推进学校食堂、餐饮配送企业（中央厨房）和中高端餐饮以及餐饮连锁企业“阳光厨房”建设，并通过示范引领逐步推进其他各类中小型餐饮开展“阳光厨房”建设。按照“成熟一家、验收一家、巩固一家”的工作思路，实行“事前介入、事中监督、事后跟踪”的全程监管。至年底，创建“阳光厨房”311家，其中社会餐饮“阳光厨房”139家、校园“阳光厨房”168家、配送企业“阳光厨房”4家，“阳光厨房”建设率在鄞州区所有大型餐饮单位及校园食堂的50%以上，总体建设率超过市、区两级民生实事任务150%。

【“非法营销保健食品”专项整治行动】 2015年6月，区市场监管局启动“非法营销保健食品”专项整治行动。整治行动主要以城乡接合部、乡镇、农村为重点区域，以宾馆、活动中心、影剧院、庙宇以及养老机构、老年大学、社区老年中心等为重点场所，以当地电视、广播、报纸及印刷品等媒体广告为重点环节，以具备开办讲座条件的经营单位为重点对象，主要整治号称具有降血糖、降血脂、降血压和改善睡眠、增加免疫力、延缓衰老、增加骨密度等功效的保健食品、药品。重点检查生产、销售单位是否未经批准擅自发布或篡改审批内容的违法广告，是否通过互联网销售假冒伪劣保健食品，或者存在冒用保健食品批准文号、标识、非保健食品宣称保健功能产品以及经营来源不明保健食品的行为。整治规范以讲座、健康诊疗、学术交流、会展销售、健康体检、免费体验等方式变相进行的非法宣传销售，11月底，专项整治结束。

【“甬剑一号”食品药品专项执法行动】 2015年5月6日至7月15日，区市场监管局开展“甬剑一号”食品药品专项执法行动，重点关注肉类冻品、橄榄油、隐形眼镜、微整形产品及成人用品。召开专项行动部署会，各基层市场监管所排查辖区肉类冻品、隐形眼镜、成人用品等专项行动查处的重点产品相关运输、仓储、销售等环节，稽查大队与基层市场监管所联合行动，查处无证经营隐形眼镜、性保健类假药等违法行为。与鄞州公安分局联合整顿规范成人用品市场秩序，查获经营标示含壮阳类药物的假药19家，涉及假药近200批次42000余粒。

【“红盾网剑”专项执法行动】 2015年8月初，区市场监管局开展“红盾网剑”专项执法行动，成立“红盾网剑”领导小组。区市场监管局7个相关部门和13个基层所分别落实兼职网监专管员，开展实地核查，查看商标使用、产品质量、广告宣传、竞争行为、消费保障5项内容，重点关注重点的交易型网站、信息发布网站等主体并及时建档。整治期间，办案人员通过公共搜索引擎和淘宝网、阿里巴巴等购物网站搜索辖区内的可疑网站、网商，排查可疑目标，核查辖区企业网站的宣传登记信息、企业图片、资质文件及荣誉，一般性投诉和案件线索，由所在辖区市场管理所受理；重特大疑难案件由“红盾网剑”领导小组统一处理。9月20日，行动结束，办理网络违法大案4件，案值5.65万元，罚没款6.53万元。

（张汉江）

质量技术监督

【概况】 2015年，鄞州区获评浙江省名牌4只、宁波市名牌7只。雅戈尔集团股份有限公司通过首批“浙江制造”认证，奥克斯空调有限公司获省政府质量奖，广博集团股份有限公司、宁波市鄞州亚大汽车管件有限公司获市长质量奖提名奖，宁波巨神制泵实业有限公司、三生（中国）健康产业有限公司、东睦新材料集团股份有限公司获区政府质量奖。全区有18家企业获区政府质量奖，8家企业获市长质量奖，1家企业获省政府质量奖，1家企业获中国质量奖提名奖，市级以上政府质量获奖数位于全市第一，累计下发质量奖奖励资金1300万元。

增加农业标准化示范区市级2项、区级4项，市级新农村建设标准化试点通过验收。引导12家企业导入卓越绩效管理，2家专项改进，1家管理诊断。4月，组织4家企业参加市市场监督管理局举办的企业卓越绩效管理模式专题培训班，其中高层管理人员专家培训班4人次、企业自评员专题培训班6人次。

12家企业主持（参与）制（修）订国家（行业）标准16项，其中主持10项、参与6项。累计有205家企业主持（参与）制（修）订国家（行业）标准338项。受理企业标准备案227件，通过网上自我声明备案72件，累计299件；办理采标证书11张。调查和核对区规模以上工业企业采标情况，2014年度鄞州区规模以上工业企业采标率为57.4%。11月底，2015年统计完成。

组织开展电子计价秤经销单位销售的电子计价秤产品质量专项检查，检查经销单位5家，并配合市计量院抽样检测，处理不合格单位1家。推进民生计量工作和能源计量工作，强制检定计量器具37058台，其中集贸市场电子计价秤5414台、医用计量器具2144台（件）、加油机1005台、煤气表16128个、水表12367个。

【产品质量专项整治】 2015年，鄞州区以发现产品质量问题为导向，将洗衣机、电冰箱、电动自行车、配装眼镜、家用燃气灶具、食品相关产品等44种206批次产品列入2015年度省产品质量监督抽查计划（县级）。抽检各级产品质量472批次，合格454批次，合格率96.2%。其中，县级抽查163批次，合格159批次，合格率97.5%。结合区域产业特点，将混凝土砖（普通砖、多孔砖）等产品列入区专项监督抽查，开展产品质量专项整治，计划100批次的检验任务，实际抽样85批次，合格80批次，合格率94.1%。全年立案30起，对网上抽样的不合格报告，按“网上抽样，落地执法”要求，安排6个批次的执法监督抽查。对15批次的产品质量风险监测不合格企业送达风险监测结果告知书，督促企业查找问题、落实整改。受理（初审）省级发证生产许可证申请书（含换证）7份，核对国家质量监督检验检疫总局发证申请资料7份、食品相关产品申请资料5份。派出观察员14人次，上报市市场监督管理局审批处观察记录及整改确认资料14份。安排18批次的食品相关产品监督抽查（塑包13家、纸包4批次、餐具洗涤剂1批次）。全区34家获证食品相关产品生产企业签订质量安全责任承诺书。组织开展儿童用品等强制性产品认证无证查处工作，共出动16人次检查辖区内6家玩具及儿童安全座椅等强制性产品认证企业。立案查处涉嫌无证生产案件3起。组织开展生产领域有机产品认证专项监督检查，出动30余人次，检查全区8家（12份有效证书）有机产品认证获证企业。

【特种设备监管】 2015年，鄞州区调整特种设备目录，新的特种设备目录规定厂内机动车主要包括叉车、观光车两大类，根据实际监管的情况，将监管重点放在叉车上。全区有212辆无牌叉车上牌，394人参加叉车司机培训，334人取得叉车司机操作证。855人参加特种设备管理人员、作业人员培训，发放锅炉使用登记证32本、压力容器使用登记证274本、起重机械使用登记证100本、压力管道使用登记证43本、场内机动车使用登记证212本，发放车用气瓶使用登记证101本、工业气瓶使用登记证20571本、液化气瓶使用登记证20271本，报停设备608台，启用设备126台，过户设备505台，注销设备83台，更名设备584台，移装设备8台，报废183台，拆除设备144台。全区检查企业334家，发现隐患93条，整改85条。

全区电梯安全大排查

【电梯安全检查】 2015年7月26日，湖北荆州电梯“吞人”事件发生后，鄞州区组织人员排查全区在用自助扶梯、自动人行道，未发现荆州电梯事故中出现的“申龙”牌自动扶梯，并采取措施，开展电梯安全监管。组织使用单位和电梯维保单位全面排查全区在用的自动扶梯、自动人行道，检查自动扶梯和自动人行道424台，发现安全隐患5处，下发特种设备安全监察指令书1份，责令电梯停运4台。组织相关执法人员检查集士港杉井奥特莱斯广场、万达广场、印象城、联盛广场等人员密集场所的电梯、自动扶梯等特种设备，确保管理人员、操作人员到位，安全制度落实，设备安全运行。

（张汉江）

安全生产监督管理

【概况】 2015年，鄞州区发生各类事故662起，比上年下降16.8%；死亡100人，下降2%；受伤464人，下降6.1%；直接经济损失321万元，下降79.3%。

实施区、镇两级分管负责人与各分管部门签订责任书，全区签订安全生产责任书与告知承诺书5万余份，实现全区23个镇乡（街道）、303个村（社区）安全生产责任体系全覆盖。开展安全生产工作督查，区、镇两级党政主要领导带队到基层督导，出台《安全生产警示约谈与一票否决暂行办法》，警示与约束不作为行为。镇乡（街道）普遍应用移动终端等信息化手段，全年通过网格化管理整治各类隐患1万余个。

规模以上工业企业基本实现安全生产责任“五落实五到位”。全年2707家微型企业完成标准化基本规范达标创建、复评工作，10640家生产经营单位实现隐患自查自纠与网上自主上报。整改市级挂牌重大隐患单位1家、市级道路交通“黑点”2个、区级挂牌督办重大火灾隐患单位3家、燃气管道占压事故隐患2处。2071家企业被录入宁波市安全生产诚信管理信息系统，3家企业被列入“安全生产黑名单”，并在媒体曝光。46家中型规模以上工业企业完成预案备案。

出台《关于切实规范限额以下建筑工程安全生产监督管理工作的通知》《对存在重大事故隐患的生产经营单位实施强制停止供电（供应民用爆炸物品）措施的暂行办法》。全区工矿商贸、消防、特种设备等领域检查企业19345家次，立案处罚449起，行政拘留32人；道路交通领域查获各类交通违法行为72.2万起，其中酒后驾驶1615起、醉酒驾驶542起。区安监、公安、规划、国土、城管、住建、交通、民政、海事、市场监管等部门分别牵头组织合用场所、“三场所三企业”、矿山重点县（区）攻坚克难、生产经营用房、消防、群租房、输油气（城镇燃气）管道、建筑施工、养老机构、道路和水上交通、特种设备（大型娱乐设施）等行业（领域）安全生产专项整治。开展大型应急演练、矿山技能比武、广场咨询等安全生产宣教活动，区安监局获评宁波市安全生产月先进单位。全年开展生产经营单位从业人员安全培训12万余人次。

6月2日，鄞州区2015年“安全生产月”活动启动仪式暨城镇燃气管道泄漏事故应急处置演练在宁波鄞州曼哈顿大厦地块举行

【安全生产社会化服务】 2015年，区安监局按照省、市《关于推进安全生产社会化服务工作的指导意见》，召开座谈会，到镇乡（街道）、企业，探讨社会化服务工作重点、难点。7月，制定出台《关于推进安全生产社会化服务工作的实施办法》，明确将社会化服务工作纳入2015年度区对镇乡（街道）安全生产目标管理责任制考核内容。按照“市场主导、企业自主、政府推动、社会参与”原则，采取六种模式推进社会化服务工作。采取“企业购买服务模式”，一类镇乡（街道）不少于15家；二类镇乡（街道）不少于10家；三类镇乡（街道）不少于5家。突出以“三场所三企业”为主要对象的“低小散”企业就隐患排查治理、安全标准化建设、安全培训等重点事项，委托安全中介机构并签订安全生产服务合同，由安全中介机构为其提供有偿服务；采取“政府购买服务模式”，落实1~2个产业集聚区或乡镇级、村级工业区块，以公开招标、合同约定等形式委托安全生产专业服务机构，或聘请安全专家为政府部门开展日常检查、专项整治、风险评估等安全生产监管工作提供技术支撑；采取“三方联动模式”，落实1~2家出租厂房及多租赁户的主体或单位，由政府协调服务标准，企业自主与中介机构签订服务合同，出资购买专业化服务；聘请注册安全工程师形式，提升矿山、危化、冶金企业以及存在重大危险源的单位和1~2家职业病危害较重的用人单位的安全生产管理水平；采取“行业片组模式”，落实1个以上“三场所两企业”协作组；鄞州经济开发区采取“保险机构参与管理模式”，落实部分安全危险性大的企业，开展“安全生产责任保险”试点，探索保险公司在企业投保前和参保期内委托安全专业服务机构或聘请安全专家对企业进行安全风险评估，参与投保企业的安全生产事故预防、风险管理和事故善后等工作。全区各镇乡（街道、园区）结合当地经济产业结构特点、企业安全生产状况、风险程度等推进工作开展。集士港镇对排查出的59个厂区内627家承租单位采取宣传教育与行政处罚并举的方法，引导其以房东购买服务的形式，严格落实“谁出租、谁负责”的安全生产管理责任；鄞州经济开发区开展安全生产责任险试点工作。

【鄞州区2015年“安全生产月”活动启动仪式暨城镇燃气管道泄漏事故应急处置演练】 2015年6月2日，鄞州区2015年“安全生产月”活动启动仪式暨城镇燃气管道泄漏事故应急处置演练在宁波鄞州曼哈顿大厦地块举行。演练由区政府与区安全生产委员会联合主办，副区长柴志强担任演练总指挥，演练参演人员60人，区级有关单位领导、各镇乡（街道、园区）安全生产工作分管领导等260人观摩演练。演练背景为首南街道南部商务区中心区域某施工地块，一根新城区燃气主干管DN160不慎被施工单位挖破，现场发生大火，2名作业人员烧伤，由于该管段受损严重，抢修时间长，致使新城区大面积居民和公建用户停气。所有参演人员准备就绪后，总指挥宣布“2015年城镇燃气管道泄漏事故应急处置演练”开始。警车、救护车、消防车到达事故现场，警察引导现场施工人员撤离到安全区域，医务人员现场紧急救护受伤人员，消防官兵水幕隔离事故中心区域，宁波新奥燃气有限公司抢修人员确认被挖破天然气管道的损坏程度。宁波新奥燃气有限公司抢修人员、燃气公司、区城管局进行事故报告，区政府应急办向区应急指挥部报告事故情况并建议启动区燃气突发事故Ⅲ级响应。区应急指挥部召集各成员单位及有关部门召开紧急会议并成立现场指挥部，组建专业救援小组，启动区燃气突发事件Ⅲ级响应。各成员单位及有关部门赶到事故现场，鄞州公安分局、区消防大队等部门展开应急响应；宁波新奥燃气有限公司的现场抢修人员通过漏点封堵，暂停管道供气，通过槽罐车临时保供，快速修复燃气管道。演练总指挥宣布鄞州区城镇燃气管道泄漏事故应急处置演练结束。

【全区矿山企业装载机、挖掘机操作工技能比赛】 2015年6月12日，全区矿山企业装载机、挖掘机操作工技能比赛在宁波君汇矿业有限公司采石场举行。比赛由区安监局举办，9家矿山企业的32名选手参赛。宁波君汇矿业有限公司的汪道友、宁波江诺建材有限公司的冯名明、宁波市鄞州诺诚矿业有限公司的曾现海分别获装载机比赛第一至三名；宁波君汇矿业有限公司的王东、宁波国鼎矿业有限公司的鲁宁和宁波市鄞州高桥新欣采石场的苗长友分别获挖掘机比赛第一至三名；宁波君汇矿业有限公司获团体第一名，宁波江诺建材有限公司和宁波市鄞州高桥新欣采石场分别获第二、三名。

【“合用场所”专项整治】 2015年7月，鄞州区集中部署开展“合用场所”专项整治工作。8月14日，召开全区“合用场所”专项整治推进暨2015年半年度安全生产工作会议，副区长黄新山通报全区上半年安全生产工作开展情况，并部署推进“合用场所”专项整治等下半年安全生产重点工作。区整治办制作开发“合用场所”专项整治信息系统。区经信局、市场监管局、商务局等分别制定出台“低小散”工业块状行业、小餐饮业、沿街（路）小商铺的改造提升方案，区消防大队出台群租房和小餐饮等六大类“合用场所”的防火技术标准。至年底，各镇乡（街道、园区）排摸出各类“合用场所”2433家，其中无证场所219家、违章建筑68家、住宿3人（含）以上644家，1983家“合用场所”建档并录入，发现并整改各类事故隐患1401条，整治各类“合用场所”366家（关闭取缔20家，限期整改316家，改造升级28家，强制拆除2家），罚款6.7万元。

6月12日，全区矿山企业装载机、挖掘机操作工技能比赛在宁波君汇矿业有限公司采石场举行

【安全生产百名专家库座谈会】 2015年10月30日，鄞州区召开安全生产百名专家库座谈会，50余名专家库成员应邀参加座谈会，会议由区安监局党组成员邵忠杰主持，区安监局纪检组长李国定、副局长王良君出席会议。会上，区安监局党组成员邵忠杰宣读2015年鄞州区安全生产百名专家库增补成员通知并向增补专家颁发聘书。各与会专家结合各自工作实际进行交流，对安全生产工作中碰到的问题提出针对性的建议和对策。区安监局纪检组长李国定就专家在为政府、为企业提供安全技术服务过程中如何强化责任心、使命感等方面提出要求。

【杨焕宁调研鄞州安全生产工作】 2015年11月25日，国家安全生产监督管理总局党组书记、局长杨焕宁一行到鄞州调研安全生产工作，市领导刘凯、陈仲朝，省安全生产监督管理局局长华宣奎，市安全生产监督管理局局长项敏，区领导林东、徐卫成、黄新山等陪同调研。杨焕宁到高桥镇、集士港镇调研安全监管基层基础建设和安全生产社会化工作，看望慰问乡镇安监工作人员并了解安监所职责分工，查看执法装备，听取情况介绍，并对鄞州区安全生产基层基础、网格化管理及社会化服务等方面的工作给予肯定。

（万 犇）

注：

“四上”企业：指规模以上工业企业、资质等级建筑业企业、限额以上批零住餐企业、限额以上服务业企业。

安全生产责任“五落实五到位”：“五落实”指必须落实“党政同责”要求、安全生产“一岗双责”、安全生产组织领导机构、安全管理力量、安全生产报告制度。“五到位”指必须做到安全责任到位、安全投入到位、安全培训到位、安全管理到位、应急救援到位。

四品一械：指食品、药品、保健食品、化妆品和医疗器械。

人力资源和社会保障

鄞州滨海博物馆

人事人才

劳动就业

社会保险

人事人才

【概况】 2015年，鄞州区报到录用公务员74人。其中，各级机关面向社会推出招录指标62人，公安院校学员9人、司法助理学员3人。嘉奖公务员（含参公）498人，获记三等功公务员96人。安置军转干部38人。其中，实行考核和考试相结合方式安置军转干部37人、自主择业1人，营以下及技术干部23人；首次安置现役军人随调家属4人，其中公务员1人、事业人员3人；退役士官安置14人，其中公务员和事业人员4人、政府投资企业6人、公共服务岗位4人。组织实施事业单位公开招聘16批次（以发布公告时间为准），推出招聘指标551人，录用442人。开展公务员“岗位对责、绩效对账”考核工作，公务员考核系统运用延伸至镇乡（街道），实现全区公务员考核工作电子化管理全覆盖。落实省、市有关机关事业单位养老保险制度改革工作要求，采集和核查全区505家单位、2.4万名在职及退休人员的基础信息。

引进各类人才1.3万余人，其中高层次人才600余人。全区投入人才经费达到2.15亿元。增加国家“千人计划”1人、省“千人计划”7人（含直接认定1人）、市“3315高端团队”6个、市“3315个人计划”4人；受理申报区“创业鄞州·精英引领计划”237人，评选出区“创业鄞州·精英引领计划”人才项目16个（创业类12个，创新类4个）。组织第四届“创业鄞州·精英引领”活动周，邀请60余名海内外人才、海外人才工作站负责人和人才使者参加活动。出台《关于实施各级千人计划人才项目联系走访制度的通知》《各级“千人计划”人才项目退出管理办法（试行）》，鼓励企业引进“海外工程师”及国外智力项目，择优给予12家企业“海外工程师”年薪资助计划，有5家企业的5个项目被列入国家级外智引进项目，2名外国专家获评市“茶花奖”或“茶花纪念奖”。组织召开2015年度全国博士后学术论坛暨鄞州区高端制造业博士后人才项目洽谈会，增加10家省级博士后工作站，引进9名博士后进站研究，4名博士后出站，征集37项博士后项目需求，2个博士后研究项目获省级以上博士后科学基金资助。增加市级企业技术创新团队4个，评选出首批区级企业技术创新团队10个。增加高级、中级、初级专业技术人员分别为311人、1622人、3447人。推进高层次人才创业创新服务联盟建设，推出以“便捷、真诚、满意”为目标的“3S”服务，办结人才服务事项50余项；推进“精英人才港”建设，在中心区打造1平方千米的高端人才创业社区，园区总入驻率达到50%。全年全区发放高层次人才工作生活津贴564万元，惠及2110人次。

【博士后工作】 2015年10月22日，鄞州区首次召开全区博士后工作会议。会议宣布，鄞州区争取到“十三五”期末实现博士后工作“三个翻番”目标：全区企业博士后建站数量翻番，40家以上；累计进站博士后人数翻番，80名以上；博士后出站留鄞州人数翻番，12名以上。会议表彰鄞州区优秀博士后工作站、优秀博士后、优秀博士后工作者；宁波美康生物科技股份有限公司、宁波杉杉新材料科技有限公司、宁波方力集团有限公司、广博集团股份有限公司与相关高校、博士签订博士后进站三方合作协议。至年底，鄞州区设立企业博士后工作站20家，招收博士后39人。博士后研究课题涉及新材料、生物制药、制冷、精密仪器、电子信息、节能环保等领域，其中33项成果实施产业化。对国家级、省级设站单位，给予科研和培养经费资助每年25万元；博士后在站两年期间可享受生活补助10万元、工作生活津贴每月1500元；博士后出站留鄞州的，给予安家补助经费30万元。同时，博士后人才可享受子女入学、配偶就业、免费体检等配套政策。区财政累计投入扶持资金超过1100万元。

【区精英人才联谊会成立】 （参见“中共宁波市鄞州区委员会”类目“组织工作”分目）

【“中国创翼”青年创业创新大赛“鄞州杯”华东一赛区比赛】 2015年7月7日，鄞州区承办“中国创翼”青年创业创新大赛“鄞州杯”华东一赛区初赛，杭州、宁波及舟山等地区的30支队伍参赛，其中鄞州区有6支队伍出赛，比赛项目涉及互联网、生态农林、医疗、制造、服务等行业，大部分涉足高新科技领域。参赛选手分别就创业项目进行路演，陈述项目策划、发展进程、盈亏风险等，40个项目入选复赛。9月8~10日，“中国创翼”青年创业创新大赛“鄞州杯”华东一赛区复赛在鄞州区举行，上海、浙江、安徽等省、直辖市的40个优秀创业项目团队参赛，参赛项目涉及“互联网+”、生物医疗、信息技术、生态农业、现代服务业等多个新兴产业。中国宋庆龄基金会事业发展中心，“中国创翼”上海、浙江、安徽组委会有关领导，区委常委、常务副区长沈权出席启动仪式。比赛采用“路演+评委提问”形式，分两个阶段进行。第一阶段“淘汰赛”，从40个参赛项目中评选出团队

9月10日，“中国创翼”（2015）青年创业创新大赛“鄞州杯”华东一赛区复赛闭幕

和企业各5个优秀项目；第二阶段“角逐赛”，从10个优秀项目中评选出晋级半决赛的7个项目，进入全国半决赛的项目，大赛组委会分别给予每个团队和企业10万元奖金，授予“中国创翼”青年创业创新大赛“金翼”奖称号。大赛组委会特邀国内创投行业领军人士、知名创业企业家、青年创业导师及行业著名专家组成大赛评审委员会。浙江省选送的“宁波格瑞特水产”“智能气密性检测仪”和“激光三维成像雷达系统的研发和产业化”3个项目晋级，其中“智能气密性检测仪”项目引进落户鄞州区。鄞州区获人力资源和社会保障部优秀组织奖。

【第四届“创业鄞州·精英引领”活动周】 2015年9月15~17日，第四届“创业鄞州·精英引领”活动周活动举行。活动周以“海纳英才、创赢鄞州”为主题，邀请60余名携项目的海内外高层次人才到鄞州对接洽谈，项目类型涵盖节能环保、机械制造、生物医药、新材料、软件应用、电子制造、电子商务七大领域。会议宣布入选2015年“创业鄞州·精英引领计划”的人才项目，并发放证书；颁发创业创新新锐奖、引才育才伯乐奖和优秀外国专家奖；举行高端人才团队、项目落户签约仪式，有10个团队或项目签约；为哈尔滨工业大学宁波产业化基地授牌，为宁波量化金融小镇、浙江国千能源研究院揭牌。“创业鄞州·精英引领计划”累计引进84人，入围人才在鄞州创办企业55家，注册资金近4亿元，年销售超千万元企业4家。

【6名海外高层次人才入选省“千人计划”】 2015年11月，鄞州区有6名海外高层次人才进入浙江省第八批“千人计划”名单（4名创业、1名创新、1名外专），居全市各县（市、区）第一位。分别为浙江恒达高电器有限公司的外国专家劳伦特、区科技局下属鄞创孵化器在孵企业宁波宝成生物科技发展有限公司总经理薛景、宁波诺哈斯化工科技有限公司总工程师彭创、宁波东方之光安全技术有限公司董事长吴斌、宁波智光机电科技有限公司总经理刘戈平和宁波大维理文知识产权咨询有限公司创始人陈冠州。

（余佳子）

劳动就业

【概况】 2015年，鄞州区增加就业岗位2.46万个，创业实体1.69万家，开发（保持）公益性岗位700个，城镇失业人员实现再就业7021人，其中就业困难人员实现再就业1354人。城镇登记失业率控制在2%以内。城镇就业困难人员灵活就业补贴发放2.55万人次，补贴金额9401.19万元；被征地人员社保补贴申报企业1.44万家，发放补贴4.25万人次，补贴金额6471.42万元；中小微企业招用高校毕业生社保补贴发放2688人次，发放金额1286.33万元；受理中小微企业稳定就业失业保险补贴769家，受惠职工达5.82万人次，补贴金额219.19万元。高校毕业生一次性就业补助发放1069人，发放金额559.08万元；首次实行高校毕业生购房补贴，发放1405人，金额1243万元；落实各项创业扶持政策，其中创业者社保补贴427人，补贴金额270.56万元；创业担保贷款实际发放427笔，发放金额约9133万元；办理创业担保贷款贴息506笔，贴息金额933.96万元；创业带动就业岗位补贴923人，补贴金额193.6万元。场租补贴11人，补贴金额3万元。

推进“就业携行·创业圆梦计划”，登记高校毕业生就业信息，对当年离校未就业大学生提供至少3次就业推荐；开展人才夜市活动，创建“鄞州就业创业联盟YZEE”微信公众号，接收应届高校毕业生7707人，高校毕业生就业率达97.6%。组织11场394家用人单位参加毕业生专场招聘会，推出就业岗位0.7万个。386名大学生实现创业，4人获选“宁波市十佳创业新秀”。鄞州区大学生（青年）创业园二期场地投入使用，获工业和信息化部“首批国家小型微型企业创业创新示范基地”称号。

推进企业技能人才自主评价体系建设，增加自主评价企业391家。推进“金蓝领”培养计划，开办城乡劳动力职业技能培训351班次，培训3.2万人次，其中培养高技能人才2046人。

【劳动监察与仲裁】 2015年，区劳动保障监察大队受理投诉举报案件718件。开展专项行动8次，主动监察用人单位865家，工资清欠2709人，金额3129.37万元。劳动用工动态信息网络平台实现全区覆盖。全年镇乡（街道）中队接受举报投诉案件数1374件，办结率100%；主动监察用人单位10312家，为4381名劳动者追回拖欠工资3042.95万元。推进租赁企业工资支付保障金制度，将工资保障金工作列入镇乡（街道）年度考核并明确指标，全年与136家租赁企业签订支付协议并核定金额，其中126家企业缴纳并开具银行保函，支付保障金293.29万元。创新开展“仲裁进企业”活动，以登门问诊的形式为企业提供法律服务，走访企业165家，发放规范用工案例宣传册330份，发送仲裁建议书23份。增加集士港、古林两家仲裁派出庭，全区派出庭数量达到12家。发挥信访仲裁功能，开通群体性案件、突发事件“绿色处理通道”，受理各类劳动争议案件2325件，结案率94.8%。支持2694名劳动者追索劳动报酬，涉及金额3908万元；支持632名劳动者获得工伤补偿款3194万元。

【紧缺工种人才培养】 2015年，鄞州区推出4060个紧缺工种政府补贴类培训指标，走访企业22家，分发问卷调查1050份，结合区内产业结构特点和整体发展规划，确定电子商务师、汽车修理工、数控车工等11个紧缺工种，以政府出资培训模式培养紧缺工种人才，对于取得资格证书按级别给予一定的补助，最高可获2250元补贴，享受补贴的人群范围从农村劳动力、企业职工扩大到毕业年度大学生。全年培养人才1686人，补贴金额652000元。

【首期创业助理培训会】 2015年3月24~25日，鄞州区首期创业助理培训会在区科技信息孵化园举行，47名创业助理参加培训。创业助理是为领军人才落户鄞州创业初期配备的特殊岗位，旨在加快推进“精英引领计划”的实施，加速海内外高层次人才和科技创新要素的集聚，帮助领军人才解决创业过程中的困难和问题，为其提供个性化、专业化的服务，帮助他们迅速适应鄞州，并安居乐业。首期讲课重点设定为行政管理相关内容，主要涉及政府相关政策解读、财务管理、人力资源管理等方面。

【全省仲裁系统立法论证会暨仲裁派出庭建设现场观摩会在鄞州召开】 2015年4月28~29日，全省仲裁系统立法论证会暨仲裁派出庭建设现场观摩会在鄞州区召开，省劳动人事争议仲裁院院长吴正主持会议，全省各地市、宁波市各县（市、区）的人力资源和社会保障局分管领导及仲裁院院长出席会议，省人力资源和社会保障厅副厅长龚和艳出席会议并作重要讲话。与会人员参观鄞州区劳动人事争议仲裁委员会第八派出庭各庭室，听取工作人员关于派出庭具体运行情况的汇报。会上，市人力资源和社会保障局仲裁处处长李红详细介绍宁波市仲裁派出庭的推进工作；鄞州区劳动人事仲裁院院长王伟伟围绕鄞州区仲裁派出庭基本概况、硬件保障、软件建设和经验感悟四方面作汇报。吴正肯定鄞州区仲裁派出庭工作的稳步推进以及所取得的工作成果，并要求全省各地借鉴学习鄞州区派出庭建设的成功经验。

【技术工种就业准入情况专项检查】 2015年6月21日至月底，区劳动保障监察大队对汽车维修、挖掘、塔吊等相关技术工种行业开展就业准入资格专项检查。检查重点为全区须持职业资格证书就业上岗的工种就业准入制度执行情况，包括企业贯彻落实有关持证上岗法律、法规工作的进展情况；企业对规定持证工种开展培训、鉴定和对尚未持证人员制订的相关培训考核计划的具体落实情况；用人单位执行“不得招用未取得相应职业资格证书的人员从事实行职业资格证书制度的工种（岗位）”的落实情况等。根据鄞州区产业特点和职业技能培训资源，区人力社保局在公共安全、人身健康和生命财产安全3个领域确定9个重点检查准入制度执行工种。各镇乡（街道）劳服站根据掌握的辖区内用人单位用工情况，结合重点检查工种目录，对辖区内维修、挖掘、塔吊等相关技术工种行业的重点用人单位进行检查，受查单位超过150家，涉及技术工种从业人员600余人。同时，区劳动保障监察大队联合区人力社保局职建科抽查特殊工种准入制度执行情况，对检查中发现无证在岗的，责令其限期进行培训考核，并根据相应规定对其进行职业技能培训补贴和鉴定补贴；对拒绝参加考核培训、继续违规使用无职业资格证人员的企业，依法进行严肃处理。

【“鄞州人才”微信公众号开通】 2015年7月，鄞州区开通“鄞州人才”微信公众号，将宁波工业人才网上企业招聘数据库同步到“鄞州人才”微信公众号，实现“微招聘”。将印有二维码的招聘海报通过各镇乡（街道）基层劳动服务站发放到每个行政村（社区），使有就业意愿的毕业生通过手机扫描关注微信，即可查找出企业的招聘信息，并通过电子邮件或电话等方式与企业取得联系。至年底，“鄞州人才”微信公众号发布就业信息50余条，3000余人关注。

【毕业生就业服务月活动】 2015年，鄞州区举办毕业生就业服务月活动。23个镇乡（街道）劳动服务站及480个村（社区）劳动服务室排查鄞州区生源的未就业应届毕业生，1500名未就业毕业生登记家庭情况、求职需求、联系方式等信息。7月13日，启动高校毕业生网络招聘会，组织83家企业在宁波工业人才网上发布招聘信息，推出岗位508个，需求人数达3000人，1754人达成初步就业意向。举办面向高学历毕业生的高层次人才洽谈会，组织67家企业参加，有252人达成初步就业意向。同时在微信公众号上推出“微招聘”栏目，服务月期间推出岗位信息800余条。组织未就业毕业生进行见习，推出见习岗位105个，有98名大学生参加就业见习，留用42人，录用率达42.8%。以政府购买服务的形式，为求职毕业生“量身定制”技能培训班，开设5个班次，298人接受培训。大学生创业园推出“电子商务人才能力提升”专题活动，吸引260余名大学毕业生参加。

【区仲裁庭数字化改造与升级】 2015年8月，区劳动人事仲裁院数字化改造与升级鄞州区本级四个仲裁庭，并设立庭审观摩室。鄞州区建成四个数字化仲裁庭，每个仲裁庭由审理区、旁听区两部分组成，设有仲裁员席、书记员席、申请人席、被申请人席、证人席和旁听席。改造后的数字化仲裁庭配置高清摄录监控系统、庭审录音备份与刻录系统、PC桌面同步显示系统以及庭审证据展示系统，实现仲裁庭审录音录像、备份刻录、证据展示及庭审笔录显示的同步化与集成化运作。整个庭审过程结束后由后台总机刻录成光盘随案卷保存，确保实现庭审录像的一案一光盘。

【“百日攻坚”专项行动】 2015年8月中旬至11月底，区人力社保局开展以维权维稳、防控群体事件为主要内容的“百日攻坚”专项行动。区、镇两级劳动监察部门排查全区用人单位，动态关注建筑施工、五金制造、服装加工、餐饮娱乐、电子商务、投资理财等行业用人单位的劳动用工、生产经营、工资发放等情况，排查企业3850家，重点监控、动态排除严重欠薪隐患的65家企业。“96309”劳动保障监察热线电话24小时开通，区劳动监察大队实行双休日值班制度。区劳动监察大队联合区建管处开展联合执法行动，检查39个建筑工地的劳动用工制度落实、工资发放等情况；对8件群体工资支付案件通过劳动争议仲裁“绿色通道”，实行“快立、快审、快裁”；对3件涉嫌拒不支付工资报酬行为的案件拟依法移交公安部门追究当事人的刑事责任。11月20~30日，区劳动监察大队重新检查处置的群体欠薪企业。行动期间，受理投诉举报案件269件，落实重点监控企业65家，处置群体性劳动纠纷事件21件，为675名劳动者清欠工资298万元。

【鄞州区2015年人力资源调查报告发布】 2015年11月，鄞州区2015年人力资源调查报告发布。报告集中分析劳动力资源基本情况和主要特点，指出：2015年鄞州区人力资源调查总量为111.09万人。其中，城镇劳动力12.15万人，农村劳动力24.46万人，外来劳动力74.48万人。从人员结构来看，鄞州区城乡劳动力为36.61万人，较上年减少2.3万人；外来劳动力为

74.48万人，增加1.1万人。从性别看，城乡劳动力中，男性占57.67%，女性占42.33%，男性劳动力数量明显多于女性。从技术特长看，城乡劳动力中，有技术特长劳动力达到8.88万人，占城乡劳动力总数24.26%，增长1.09%。报告显示，鄞州区域人力资源逐年减少成为人力资源调查中的显著特点，主要原因是不作统计范畴的在读学生等其他人员增多，客观上造成新成长劳动力资源减少，而人口老龄化现象不断加剧，退出劳动年龄人口增多。另一显著特点是，省内、省外流动就业人员增加1.1万人，改变往年减少的趋势，一定程度上补充当地劳动力的不足。

（余佳子）

社会保险

【概况】 2015年，鄞州区城镇职工养老、医疗、失业、工伤、生育保险实际缴费人数分别达到52.8万人、52.8万人、47.1万人、47.8万人、45.7万人。6万人参加被征地人员养老保障，10.6万人参加城乡居民养老保险，鄞州区户籍养老保险参保率达95.4%。农村医保参保户数17.99万户，户参保率达99.2%；参保人数27.8万人，人参保率达99.1%。

城镇职工基本养老保险、被征地人员养老保障、城乡居民养老保险的享受人数分别达到13.7万人、5万人和8.5万人，平均养老金每月分别达到1998.53元、677.66元和389.97元，增幅均在10%以上。市区统筹职工医保住院和大病政策范围内医疗费基金支付比例在86%以上，农村医保统筹区内住院基金支付比例达75%，区基层医疗机构普通门诊报销比例达60%，市区城乡居民医保住院和大病政策范围内的医疗费基金支付比例达75%。

区级社会保险经办机构全面实行“柜员制”经办模式，在巩固统保业务延伸的基础上，养老、工伤、生育保险待遇支付下放工作起步，对于暂没有条件完全下放的业务，推广“经办+代办”模式，尝试使用EMS快递传递业务资料方式，解决代办业务周期长的缺点，代办率从年初的10%上升到78%，业务经办率在70%以上。

【工伤认定和伤残鉴定】 2015年，鄞州区受理工伤认定申请5220件，其中乡镇简易工伤980件、鄞州区本级4240件（参保案件3774件，未参保案件466件）。受理因工死亡工伤申请37件，认定33件，不予认定4件。行政复议13件，行政诉讼21件，均得到维持。受理劳动能力鉴定4026人次，其中工伤鉴定3780人次、病退鉴定246人次。

【被征地养老保障政策调整】 2015年1月1日起，鄞州区调整被征地人员养老保险相关政策。调整实施范围：以“征到谁补到谁”方式参保的村民，政府移民安置涉及的置换土地，可按人为单位征用60%以上参保，其余均要以户为单位征用60%以上参保；征地后到达16周岁人员不再列入被征地人员养老保障参保范围；各级政府建设工程和工业园区预征地时，由项目建设单位足额发放劳动力货币安置费的，经区政府批准后，可比照参加被征地人员养老保障，其他预征地不再比照参保。调整支出渠道：分级负担被征地人员养老保障保费补贴。各镇乡（街道）增加参保人员时，须共同承担保费补贴。每人标准为：以参保时全区被征地人员保费补贴平均额（5500元/人）为基数，街道及一类镇承担40%，二类镇承担30%，三类镇（乡）承担20%，在参保时一次性上缴区财政。原拥有参保资格，而未办理参保手续的，增加参保时按该办法执行；分级负担养老金支付风险基金。政策调整后增加的领取人员，各镇乡（街道）须逐年向区财政上缴养老金支付风险基金。每人标准：以全区被征地人员年平均养老金支出额为基数，街道及一类镇承担15%，二类镇承担10%，三类镇（乡）承担5%。各镇乡（街道）每年12月底一次性按区人力社保局核定的人数上交区财政，用于区财政对被征地人员养老保障基金的兜底支付。参保人员如果转换到城镇职工基本养老保险，保费补贴和养老金支付风险基金均可退还镇乡（街道）。

【原农村养老保险制度清理】 2015年，鄞州区全面清理1995年实施的原农村养老保险（俗称“老农保”）参保人员，按照“低调稳妥、循序渐进、有序引导、平稳过渡”的原则，通过数据比对，发动镇乡（街道）及行政村（社区）对同时参加其他养老保险的人员，该清理的清理、该整合的整合、该保留的保留，清理退保9239人，清理率达84%，尚有1784人未清理。

【劳动能力鉴定管理体制调整】 2015年5月起，宁波市调整工伤劳动能力鉴定管理体制，由市劳动能力鉴定委员会统一受理全市工伤职工劳动能力鉴定，并作出劳动能力鉴定结论。鄞州区的劳动能力鉴定委员会不再承担辖区内工伤职工劳动能力鉴定工作职责，但仍负责辖区内非因工伤残或因病丧失劳动能力程度鉴定工作。鄞州区调整区劳动能力鉴定委员会的组成单位，重新修订鉴定业务操作规程，改变以往由一家医院承担工伤职工劳动能力鉴定的机制，会同区卫生计生局完善全区劳动能力鉴定专家库，由3人扩容到18人，每次现场鉴定专家由2~3人增加至5~7人。并公开鉴定标准、程序和结果。

【阳光医保监管平台建设】 2015年，鄞州区审（稽）核范围内50家定点医疗机构1949名医保医师纳入协议管理，定点医疗机构覆盖率和医保医师协议签订率均达到100%。12月，实施医保定点医院医疗费用智能化审核，智能提醒、智能审核应用覆盖全区审（稽）核范围内50家定点医疗机构，有2270个医生工作站启用。

【城乡居民医保制度调整】 2015年，鄞州区原有农村医保制度的参保人员将于2016年起统一纳入宁波市城乡居民医保范围，并实行市级统筹。2016年城乡居民医保镇乡（街道）集中参保缴费时间为2015年9月15日至10月27日，约23万农村医保参保人员转为城乡居民医保。参保人员根据年龄分为成年居民（A档和B档）、婴幼儿和其他未成年人。个人缴费标准为：成年居民A档700元、成年居民B档400元、婴幼儿400元、其他未成年人150元。参保人员按规定办理参保手续后自2016年1月1日起享受对应的医疗待遇。

（余佳子）

科学技术

白岩山风电场

综　述

科技载体

高新技术产业

科技项目与科技成果

知识产权保护

科普工作

气象科技·防震减灾

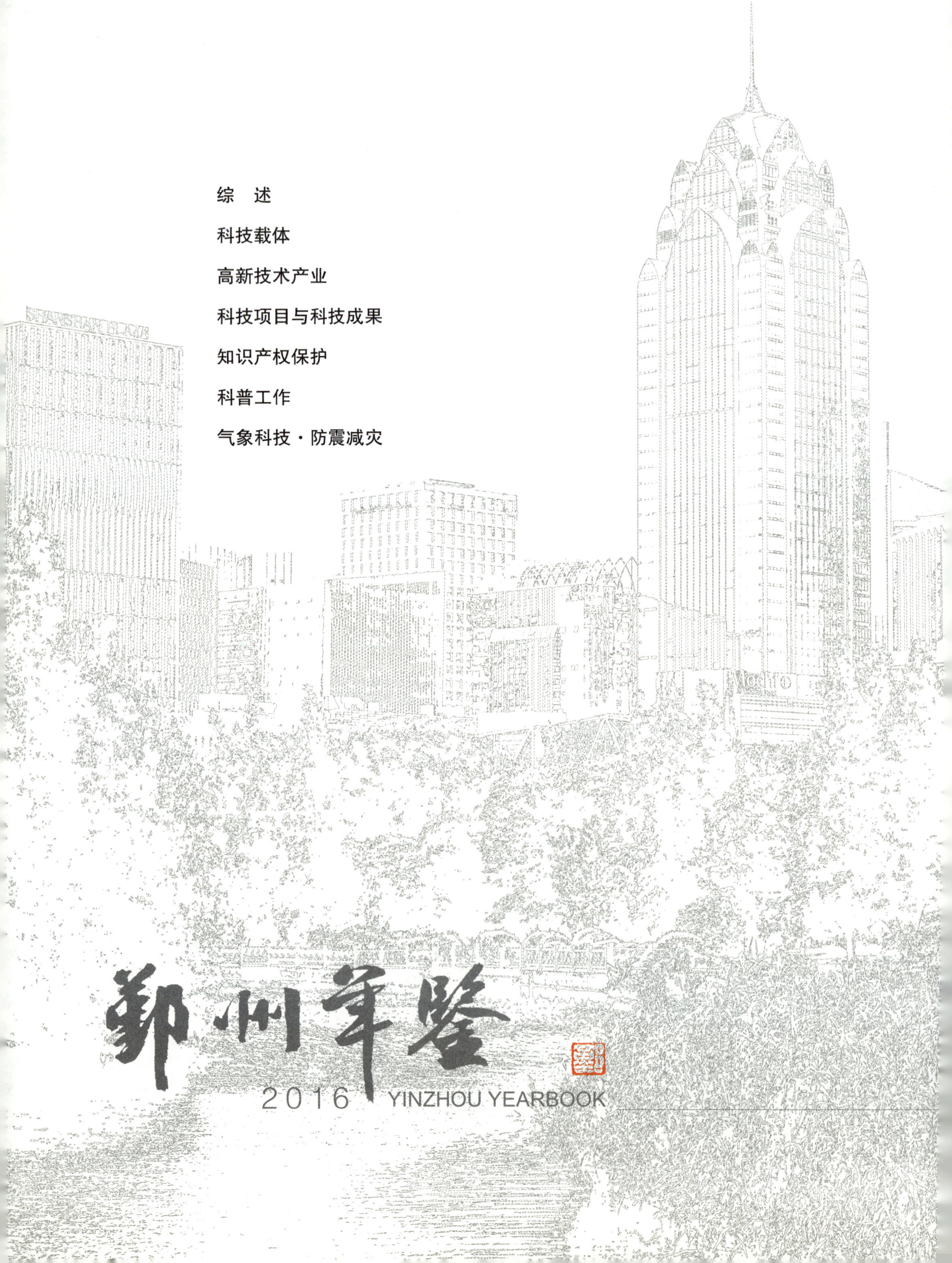

鄞州年鉴

2016 YINZHOU YEARBOOK

综述

【概况】 2015年，鄞州区实施创新驱动战略，省级创新型试点城区测评位列全省第二。全区高新技术行业以高于规模以上工业3.7个百分点的速度增长，高新技术产业产值1083.2亿元，占规模以上工业比重达到45.8%，高新技术产业增加值占规模以上工业增加值比重达到45.6%，R&D经费支出占GDP比重超过3%。

累计引进培育118个人才项目入选各级“千人计划”。其中，国家“千人计划”4人、国家“千人计划”项目15个，省“千人计划”22人，市“3315”团队和人才45个，区“精英引领计划”81个，“千人计划”人才创办企业68家，累计实现销售10.2亿元。成立国家级、省级学协会合作服务站2家，全区人才总量达到19万人。

增加市级创新型初创企业333家，总量达1368家；认定高新技术企业23家，总量达298家；增加市级创新型试点企业5家，拥有国家、省、市级创新型企业63家。推进科技创新型企业培育“311工程”，开展新一轮企业评选。增加国家知识产权优势企业8家、省专利示范企业5家，累计拥有市级以上专利示范企业113家。建立省级企业研究院3家、市级4家，总数分别达9家和7家。增加国家级企业技术中心1家，总数达6家，占全市总量的1/2。增加省、市级工程中心27家，累计216家，规模以上企业研发机构数占规模以上企业总数达76%。

中国工程物理研究院宁波军转民科技园（简称“中物科技园”）、摩米创新工场、浙江清华长三角研究院宁波创新中心纳入正常运行轨道，浙江清华长三角研究院宁波科技园主体工程完工，清华大学启迪孵化器落户鄞州。鄞州大学生创业园被评为国家首批小微企业创业创新示范基地，4家机构被市政府认定为首批“众创平台”，全区孵化面积20万余平方米。

推动应用“创新券”，通过政府购买服务的形式，促进创新载体向企业和创业人员开放共享科技资源，171家创新型初创企业和3位创业人员领用“创新券”226万元。出台《鄞州区重大产业技术创新专项资金管理暂行办法》《宁波市鄞州区科学技术奖励办法》《鄞州区关于推广应用创新券实施意见》等文件。

【科技金融体系建设】 2015年4月，鄞州区引进中国银行宁波鄞州分行作为第二家“科技银行”，与杭州银行宁波科技支行一起为全区科技金融服务体系建设发挥作用。两家“科技支行”全年审批通过科技型中小微企业“风险池基金”贷款108家，发放4.01亿元，“风险池基金”贷款余额3.23亿元。从贷款企业的行业分布上看，分属于信息技术、装备制造、节能环保、动漫软件等行业，均属于科技型企业范畴及国家七大战略新兴产业。从担保方式上看，以专利质押、银投联贷、应收账款质押、设备抵押、订单融资、信用担保等方式为主，35%左右的企业为首次和银行发生信贷业务关系。同时，区科技局、财政局联合出台《鄞州区科技金融专项资金使用管理暂行办法》。全年，区财政安排科技金融专项补助资金700万元。

【科技“创新券”推广实施】 2015年2月，区科技局在全市率先推出科技“创新券”。首次推出200万元“创新券”，直接发放给中小微企业，每家企业单次申请最高1万元，年度最高3万元。科技“创新券”是政府科技部门向中小微企业或创业者发放，用于购买新产品、新技术研发过程中产品设计、检验检测、技术创新服务的抵用凭证。鄞企和创业者可依托省科技创新云服务平台“创新券服务系统”，在500家以上开放共享的省级创新平台和载体上，凭券使用科研基础设施、仪器设备和购买技术服务等。在“创新券”的申请过程中，区科技局专人负责网站提交的审批申请，简化办事流程，在申请人提交申请后，有专人负责跟踪申请。全年向171家小微企业和3名创业者发放“创新券”2268200元，实际使用创新券286398.5元。

【科技创新奖励】 2015年，鄞州区创新驱动考核激励机制，实施年度镇乡（街道、园区）科技进步考核制度。重视科技进步奖励，全年获省科学技术进步奖二等奖1项、三等奖5项；市科学技术进步一等奖3项、二等奖1项、三等奖10项；宁波美康生物科技股份有限公司董事长邹炳德获市科技创新特别奖，叶龙、孙晓燕获市科技创新推动奖。

表26　2015年鄞州区获省科学技术进步奖项目

序号	项目名称	获奖单位	推荐等级	归口单位
1	轨道交通用绝缘阻燃耐腐蚀高强度酚醛玻璃钢疏散平台研发与产业化	宁波华缘玻璃钢电器制造有限公司 宁波市轨道交通集团有限公司 宁波华缘复合新材料有限公司	二等奖	五乡镇
2	胶乳增强免疫比浊试剂关键技术研发及应用	宁波美康生物科技股份有限公司 浙江工业大学 宁波市鄞州第二医院 宁波市第二医院 宁波市中医院	三等奖	下应街道
3	煤矿井下无人化开采装备关键技术的研发及产业化	宁波长壁流体动力科技有限公司	三等奖	姜山镇
4	100万千瓦超临界汽轮机中压外缸铸件关键技术的研发与应用	日月重工股份有限公司 浙江大学宁波理工学院	三等奖	东吴镇

续表26

序号	项目名称	获奖单位	推荐等级	归口单位
5	LXHY-15/S-20/S旋转活塞容积式塑壳无线远传冷水水表研发和产业化	宁波东海仪表水道有限公司 嘉兴市嘉源给排水有限公司	三等奖	横街镇
6	天然药物提取产业化关键技术研究和应用	宁波立华制药有限公司 宁波立华植物提取技术有限公司 江西本草天工科技有限责任公司	三等奖	高桥镇

【第四届创业鄞州·精英引领活动周综合签约仪式】 2015年9月16日，以"海纳英才创赢鄞州"为主题的第四届创业鄞州•精英引领活动周综合签约仪式在宁波开元名都大酒店举行，中国工程院院士、机械工程设计专家徐志磊，市委组织部副部长、市委人才办主任张良才，区委副书记、区长陈国军，海外高层次人才和风险投资机构、中介机构、企业代表近400人参加签约仪式。会上，区科技局局长叶龙与宁波大学博士闻路红签订协议，鄞创孵化器在孵企业宁波市鄞州力赛康新材料科技有限公司总经理黄祯入围C类计划，鄞创孵化器与国家"千人计划"创新人才金积德签订入驻协议。同时，宣布入选2015年第四届精英引领计划的16位人才项目。

【2015年鄞州区科技服务业发展调研】 2015年10月，以"培育科技服务市场，壮大科技服务业规模，支撑鄞州经济提质增效"为主题的2015年鄞州区科技服务业发展调研结束并编写调研报告。调研工作由区科技局牵头，协同各个相关管理部门、大专院校咨询专家、平台、孵化器、科技服务业企业30余家，采取组织专家座谈研讨、实地走访企业、企业代表会谈、无记名调查问卷的方式。向全区科技型企业发放调查问卷200余份，通过"鄞州科技"微信公众号、区科技信息网等新媒体征集各方对于鄞州区"十三五"期间科技服务业发展规划的意见和建议。报告在借鉴国内外科技服务业发展进展，总结鄞州区科技服务业发展现状的基础上，分析鄞州区科技服务业存在的主要问题，并提出鄞州区科技服务业的发展定位、思路及目标，以及加快鄞州区科技服务业发展的七大具体战略举措。

【区首届技术经纪人培训】 2015年11月3~5日，鄞州区举办首届技术经纪人培训，各镇乡（街道）科技联络员、各科技平台相关人员等50余人参加培训。培训会邀请合肥工业大学温州研究院院长彭鹏、上海意元投资管理咨询有限公司高级工程师朱建栋和宁波市生产力促进中心市场部部长方林平等常年工作于科技成果转化一线的专家讲课，内容主要围绕技术转移实务、企业技术需求挖掘、信息处理与加工、技术交易合同及技术市场相关政策、宁波市和鄞州区科技成果转化相关政策等主题进行。通过理论结合实际工作的方式，总结分析积累的各种技术转移案例，突出实际操作性。

（夏伟奔）

9月16日，第四届创业鄞州·精英引领活动周引进项目进行合同签订

科技载体

【概况】 2015年，鄞州区将重大创新平台作为区域经济转型发展的核心载体，启动建设"一心两翼多节点"，在产业规划基础上将目标任务分解到相关街道。"两创基地"规模以上工业企业总计141家，占全区的8.22%，实现规模以上工业总产值283.15亿元，占全区规模以上工业总产值的11.97%。

全区有区级以上科技企业孵化器6家，其中国家级1家、市级5家（专业孵化器3家），国家小型微型企业创业创新示范基地1家、省级留学人员创业园1家。孵化面积20万余平方米，企业总产值12.5亿余元，比上年增长24.5%，上缴税金2856万元，年增加自主知识产权300件以上。有在孵企业240家，毕业企业106家，培育销售规模上千万元企业27家、高新技术企业21家，吸引留学归国人员107人。

【中国工程物理研究院宁波军转民科技园】 中国工程物理研究院宁波军转民科技园分为中物九鼎孵化器和中物光电所两个实体独立运营。2015年，中物九鼎孵化器（运营公司为浙江中物九鼎科技孵化器有限公司）有注册企业71家，其中科技企业占比73%，市"3315"计划、区"精英引领"计划及其他政府支持高端科技项目23个，获得政府资金支持8100万元，居宁波所有孵化器及各园区首位。园区租用面积10586平方米，占比超商业租赁面积50%。园区入孵企业年销售收入7000万元，实缴税收48.3万元；入孵企业增加专利31件，其中发明专利1件。中物光电所光电专业孵化器入驻企业70余家，光电类企业占比达到70%，年销售达到7000万元。中物九鼎孵化器晋升为国家级专业科技孵化器。中物光电所累计获各级政府财政支持4200万元，中国工程物理研究院自筹3500万元，拥有研发设备2700万元。中物光电所有工作人员85人，规划建成激光工程应用、光电检测技术与仪器、机电产品设计与研发、光通信技术4个工程技术研究与开发平台，检测技术、激光加工2个公共技术服务中心，1个光学实验室；建立欧琳智能厨房、贝联空气净化、超微金属新材料、汽车电子技术、定向声波应用技术、裸眼3D显示技术6个专业联合实验室；与姚建铨共建院士工作站；筹划建立工程科学数值分析与仿真技术中心、工业机器人应用技术中心。中物光电所全年解决企业技术难题16项，签订合作协议8项，交付产业化项目3个，孵化器培育企业15家，完成“3315”企业7家、“精英引领”企业8家。至年底，中物光电所累计启动包括500瓦光纤激光器、五轴激光加工机床、机器视觉检测系统、内外调制微波光纤传输收发套件等自研项目30项，承担宁波欧琳厨具有限公司、宁波方太厨具有限公司、宁波纺织仪器厂、宁波万金现代钣金有限公司等外包开发项目8项，实施项目中具有产业化前景项目20项。全年申请受理专利21件，授权10件，其中发明专利2件、实用新型5件、外观1件、软件制作权登记2件。

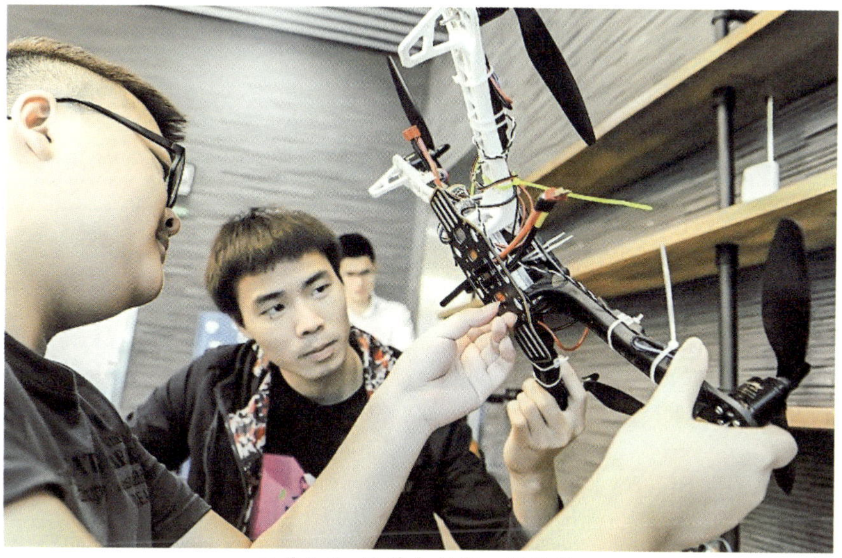

7月8日，区首个创客工场开放

【浙江清华长三角研究院宁波创业中心和科技园】 2015年，浙江清华长三角研究院宁波创新中心重点围绕信息技术、新材料、新能源、先进制造等领域，开展科技创新活动。与研究院硅谷创新创业基地合作，重点在生物医药、汽车配件、精细化工、医疗器械方向进行技术对接。累计引进国家“千人计划”2人、省“千人计划”2人、市“3315”计划4人、区“精英引领”计划5人，以上人才均落户并创办企业。建成17个应用技术实验室，创办13家孵化企业。其中，宁波智光机电科技有限公司研发的新一代可视化超微诊疗系统获市场认可，进行临床测试，风投机构估值8000万元。全年孵化企业及研发机构申请专利23项、软件著作权5项，发布学术论文3篇。浙江清华长三角研究院宁波科技园项目主体结构全部结顶，引进培育企业13家，建设17个应用技术实验室。清华大学启迪孵化器落户，依托清华科技园和清华长三角研究院的创新资源，为创业者提供“创业培训+天使投资”的专属服务，以及风险投资、产业并购等全链条金融服务。

【摩米创新工场】 2015年，摩米创新工场落户科技信息孵化园C栋，总面积1.7万平方米，另在首南街道拥有3万平方米的摩米先行实验区。有工作人员62人，引进孵化企业48家。依托电子科技大学技术和人才资源，打造智能装备、光通信、生命健康三大专业孵化器，围绕产业链集群48家企业，年产值达到1亿元。咨询企业50家，技术改造3家，企业产品升级研发服务1家，项目成果企业孵化3家，申报专利78件，其中发明专利43件、实用新型专利35件，申请软件著作权登记36件。

【科技信息孵化园】 2015年，鄞州区科技信息孵化园投入运营。总占地面积3.3万平方米，总投资6.6亿元，建筑面积12万平方米，有海创大厦、知识创新楼、摩米创新工场、网络信息发展基地、科技孵化谷5栋专业楼宇，分别构建海归创业孵化大楼、地校合作平台、摩米创新工场、区一企一策项目集聚、孵化加速五大服务功能。园区中心广场、各类展厅、文化长廊、餐厅、便利店等商务配套投入使用，引进、构建一站式服务中心、科技孵化服务联盟、创业咖啡吧、7号众创空间四大服务平台。园区入驻企业214家，整体入驻率57%，其中E栋入驻率81.2%、B栋71.6%，日均活跃办公人员1500人以上，全年组织开展各类创业活动200余场。

【众创空间】 2015年，鄞州区有8家单位通过首批市级众创空间（创客服务中心）备案，建设主体有社会团队、高校、骨干企业、孵化园区等多元主体，中物SOS、乔克兄弟、创力空间、创业咖啡吧4家被认定为首批“众创平台”。其中，2家获市级众创空间授牌，2家获市级创客服务中心授牌，集聚各类创客和创客团队1600余个。“无中生有创业咖啡”是宁波首个创业主题咖啡吧，2015年由区政府专门引进落户科技信息孵化园，打造成为以创业为主题、以咖啡吧为载体的开放办公平台、资源对接平台和活动交流平台。4月开业，全年开展各类创业活动139场，集聚人流量超3000人次，创业导师门诊、NexMaker主题夜、融资必修课、点子大战等品牌活动，月均流动达2200人次，集聚5000名粉丝，直接服务400余个创业团队，帮助4个团队获得1500万元天使投资。鄞州区大学生（青年）创业园成为宁波市首批众创空间、首批国家小型微型创业示范基地、宁波市十大文化创新空间，累计孵化企业333家，孵化毕业企业56家，有入驻企业183家，集聚创新创业青年人才3500余人，累计上缴税收1918万元，帮助300余人实现创业梦，3000余人实现就业梦。

【区首个创客工厂开放】 2015年7月8日，由鄞州区大学生（青年）创业园打造的鄞州区首个创客工场——7号梦工厂对外开放。“创客工场”面积130余平方米，初步定位以工业设计、电子小产品项目操作为主。首批吸引入驻的5个项目分别是“无人机”制作、“久坐检测仪”、3D打印技术、电子芯片制作和软木雕刻艺术。鄞州青创园投入50万余元，在“创客工场”布置手工操作平台，购置项目操作所需的设备和工具。同时，园区借“创客工场”开设创客学院、创客工坊等课程，定期组织创客分享、主题周末等活动，并邀请创业导师进行现场指导。

【鄞州科技孵化服务联盟成立】 2015年7月，宁波市鄞创科技孵化器管理服务有限公司邀请行业优秀第三方企业服务机构发起成立鄞州科技孵化服务联盟。联盟吸纳科技金融、科技咨询、知识产权等11类46家成员单位，部分财税审计、工商注册、项目申报、法律、人才招聘服务机构设立对外业务窗口。通过线上与线下联动的方式，为全区200余家科技孵化企业提供商务、法律、技术、知识产权、融投资、财税、市场、传媒等综合性专业中介服务解决方案。

（夏伟奔）

高新技术产业

【概况】 2015年，鄞州区高新技术产业增加值205.0亿元，比上年增长5.4%，高于全区平均水平4.2个百分点。高新技术产业产值、销售、利税、利润分别为1083.2亿元、1058.1亿元、104.3亿元和77.1亿元，分别增长4.0%、3.9%、5.0%和6.1%，分别高于全区3.7、3.9、7.0和8.1个百分点。

全区形成以先进制造、新材料、新能源与节能为主导的高新技术产业集群和高新技术企业集群。按《中国高新技术产品目录》（2006版）统计，全年全区高新技术产品产值、销售和利税分别为864.9亿元、845.2亿元和70.43亿元，分别增长1.2%、1.0%和2.7%。从高新技术产业领域分布情况看，鄞州区的高新技术产品主要集中在新材料、先进制造和新能源与节能3个技术领域，产品产值分别占全区高新技术产品总产值的32.9%、29.0%和17.6%。

【企业研究院建设】 2015年，鄞州区增加省、市级企业研究院7家。其中，省级企业研究院3家，分别为宁波圣龙汽车泵研究院、宁波帅特龙轿车饰件研究院、宁波康强电子封装材料研究院；市级企业研究院4家，分别为宁波杉杉锂离子电池材料研究院、宁波先锋高分子材料研究院、宁波一舟楼宇综合布线研究院、宁波高发汽车操控系统研究院。全区有省级研究院9家、市级研究院7家，列全市首位。

12月31日，宁波音王电声股份有限公司技术中心获评国家级企业技术中心

【宁波音王电声股份有限公司技术中心获评国家级企业技术中心】 2015年12月31日，国家发展和改革委员会、科学技术部、财政部、海关总署、国家税务总局联合公布第22批国家认定企业技术中心名单，宁波音王电声股份有限公司技术中心被认定为国家级企业技术中心。公司有各类专利153项，其中国内外发明专利27项。承担并完成“国家火炬计划”“文化部科技提升项目”“文化部科技创新项目”“国家科技支撑计划项目”等科研课题。投资1000万余元，与同济大学合作设计亚洲最大的消声室；投资3000万元，建成大型音响灯光试听馆；投资1000万元，创建国内首个多功能15.1全景声数字影院实验基地；创建全国唯一技术先进、规模最大的15.1全景声电影体验中心。企业技术中心有近200名高级科研人才、8个国际先进的大型实验室和价值3488.5万元的科研设备。主导起草《数字调音台通用技术规范》等3个国家标准，参与编制3项国家标准。

表27　鄞州区国家级企业技术中心项目

序号	中心名称	依托单位	创建年份	归口
1	雅戈尔集团国家企业技术中心	雅戈尔集团股份有限公司	2004年	石碶街道
2	奥克斯集团国家企业技术中心	奥克斯集团有限公司	2006年	鄞州工业园区
3	博威集团国家企业技术中心	博威集团有限公司	2007年	云龙镇
4	宁波圣龙（集团）有限公司技术中心	宁波圣龙（集团）有限公司	2012年	潘火街道
5	东睦新材料集团股份有限公司技术中心	东睦新材料集团股份有限公司	2014年	鄞州工业园区
6	宁波音王电声股份有限公司技术中心	宁波音王电声股份有限公司	2015年	潘火街道

表28　鄞州区省级企业研究院项目

序号	研究院名称	依托单位	创建年份	归口
1	浙江省广博文具新材料研究院	广博集团股份有限公司	2013年	石碶街道
2	浙江省宁波欧琳有限公司节能、环保、智能化整体厨具研究院	宁波欧琳厨具有限公司	2013年	潘火街道
3	浙江省东睦新材料粉末冶金研究院	东睦新材料集团股份有限公司	2013年	鄞州工业园区
4	宁波宏大电梯研究院	宁波宏大电梯有限公司	2014年	东吴镇
5	宁波立华风湿免疫药物研究院	宁波立华制药有限公司	2014年	高桥镇
6	宁波美康生物体外诊断系统研究院	宁波美康生物科技股份有限公司	2014年	下应街道
7	宁波圣龙汽车泵研究院	宁波圣龙汽车动力系统股份有限公司	2015年	潘火街道
8	宁波帅特龙轿车饰件研究院	宁波帅特龙集团有限公司	2015年	洞桥镇
9	宁波康强电子封装材料研究院	宁波康强电子股份有限公司	2015年	潘火街道

（夏伟奔）

科技项目与科技成果

【概况】 2015年，鄞州区完善区级重大科技创新项目培育机制，重点扶持自主创新强、风险系数大的项目，5个项目获得500万元区科技专项资金支持。实施新一轮区级科技创新型重点企业培育“311工程”，优选3个层次通过绩效考核滚动重点支持。全区承担国家火炬计划项目8项、市产业技术创新及成果产业化重大（重点）项目9项、石墨烯产业化应用和开发专项项目3项。全年有“具有优良力学性能和高温稳定性的超高性能钐钴永磁材料关键技术研发及产业化”等5个项目获得专项经费资助。引进铁塔机器人、易能科技、智慧专家系统、大气离子源和启迪孵化器等8个高端项目。

【区政产学研战略合作联盟】 2015年，鄞州区政产学研战略合作联盟引进意大利酷比实验室、日本京连自动化、哈尔滨工业大学技术转移站、复旦大学技术转移站、四川大学技术转移站等技术中介机构，与台湾生产力促进中心、省科技大市场、市生产力促进中心、博士科技有限公司等国内外知名的技术转移机构进行业务交流。组织首届鄞州技术经纪人培训班。开展10余次小型专题培训，尤其是自动化生产线改造方面，联盟组织日本专家到鄞州与企业交流对接。与法国、德国等技术转移机构开展合作交流，探讨如何将国外优秀科技成果转化到鄞州。区政产学研战略合作联盟数据库中有企业会员821家、高校院所28家、科技服务公司7家、成果456项、专家740人、专利352项、技术需求305项。全年落实难题280项，走访企业483次，解决难题100项，增加合同39项，组织小型对接会科技活动78场，信息发送5462次，4个难题参与全国招标。联盟重点服务区内企业12家，其中宁波三龙电器有限公司的厨余垃圾油水分离设备年内实现销售500万余元。

【易能科技项目引进】 2015年，鄞州区引进易能科技项目、高性能电机项目、基于脑电和肌电信号的控制系统项目3个。宁波易能电子科技有限公司是一家销售6000万元的高科技公司，主要产品为嵌入式智能芯片。高性能电机项目是采用永磁环技术应用于电机领域，其工作效率比传统电机提升12%。基于脑电和肌电信号的控制系统项目是以博士林闯为首的项目团队在德国哥廷根大学医学院长期从事的肌电（SEMG）和脑电（EEG）信号研究，在国内外发表论文50余篇，拥有1项美国专利。7月，宁波原子智能科技有限公司、宁波火山电气有限公司、宁波中子智能科技有限公司3个项目公司落户鄞州首南街道。

【超级电容器通过省级科技成果暨新产品鉴定】 2015年9月30日，省技术市场促进会科技成果评价中心、市高智科技评估中心和市经济与信息化委员会组织专家鉴定宁波南车新能源科技有限公司自主研制的“3伏/12000法拉石墨烯/活性炭复合电极超级电容器”和“2.8伏/30000法拉石墨烯纳米混合型超级电容器”。鉴定会由鄞州区科技创新公共服务平台宁波高智创新科技开发有限公司和宁波市高智科技评估中心组织策划，中国工程院院士杨裕生和刘友梅主持，国家储能专家组

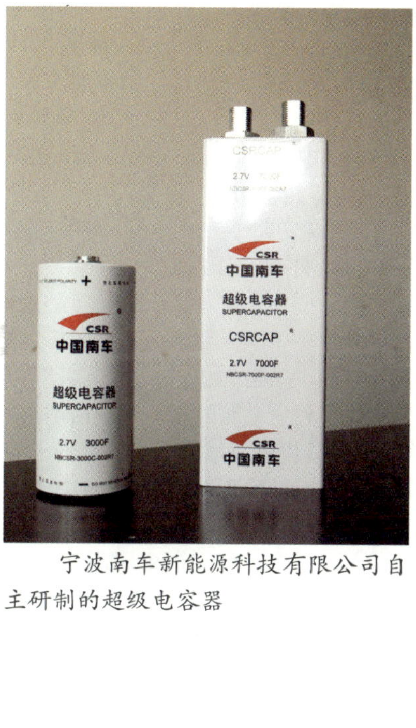

宁波南车新能源科技有限公司自主研制的超级电容器

组长中国科学院物理所研究员李泓、中国电子科技集团公司第十八研究所研究员肖成伟、北京航空航天大学教授张世超、军用电源研究中心主任研究员曹高萍、北京科技大学教授范丽珍、宁波诺丁汉大学教授陈政等9位行业专家组成。主持产品研发的宁波南车新能源科技有限公司总工程师阮殿波向鉴定专家和与会领导介绍两款产品的情况，与会专家通过审阅鉴定资料、听取技术汇报、考察产品生产现场、开展质询和讨论，一致认为宁波南车新能源科技有限公司的两款超级电容器代表世界超级电容单体技术的最高水平，通过省级科技成果暨新产品鉴定。

（夏伟奔）

9月30日，宁波南车新能源科技有限公司新一代纳米高比能超级电容通过浙江省科技成果暨新产品鉴定

知识产权保护

【概况】 2015年，鄞州区专利申请量和授权量分别为16297件和12746件，连续6年居全省第一位。发明专利申请量和授权量为4564件和1444件，分别比上年增长25.0%和107.2%，居全市第一位。全区发明专利申请量占专利申请总量的比例为28%，提高6.8个百分点；授权发明专利占专利授权总量的比例为11.3%，提高5.5个百分点。

【知识产权优势企业培育】 2015年，鄞州区认定国家级知识产权优势企业8家、省级专利示范企业5家、市级专利示范企业6家。至年底，全区累计培育国家级知识产权优势企业9家、省级专利示范企业51家、市级专利示范企业53家。年内认定的国家级知识产权优势企业和省、市级专利示范企业有授权发明专利216件、实用新型1720件、外观设计746件。

【区知识产权协会科技活动周】 2015年4月10~11日，区知识产权协会组织以商标、专利为主题的相关知识培训，近30家会员代表参加。区市场监管局商标广告监督管理科邬和平作《关于商标创牌有关知识的解读》，讲解商标定义、认定原则、认定途径、企业商标创牌的作用以及创牌过程中如何把握全球注册与使用等知识产权保护要点。宁波智本科技咨询有限公司陈汉君作《知识产权融资实务》报告，概述知识产权质押融资的由来，围绕专利质押、专利评估，引用案例说明知识产权应用与保护的策略，分析小米崛起并非偶然的道理，从专利申请量上说明企业发展的动力、领导层的思路，从财务学视角剖析融资方式以及知识产权融资能力分析的重要性。

【鄞州区2015年专利补助政策出台】 2015年7月，区科技局、财政局出台《鄞州区专利专项资金使用管理办法》。专利授权资助。对获得国内授权的发明专利，给予每件1万元资助。对获得美国、日本、加拿大、澳大利亚、欧洲专利局授权的发明专利每件资助1.5万元，其他国家和地区授权的发明专利每件资助0.5万元；国外授权的实用新型和工业品外观设计，资助对象为市级以上专利示范企业、高新技术企业、科技型企业和创新型企业，每件资助0.25万元。每家企业资助每年合计不超过13万元。专利示范企业奖励。鄞州区企业单位被上级有关部门认定为专利（知识产权）示范（优势）企业后，给予一定额度的资金奖励。对专利荣誉企业按市级、省级、国家级优势企业、国家级示范企业，分别给予10万元、20万元、40万元、50万元的补差奖励。专利维权资助。鄞州区的企业单位，在国内外生产经营活动中，发生自主专利（技术秘密）权被人侵犯后主动维权，或被他人诉为侵犯其专利（技术秘密）权后积极应诉，在其司法程序终结后，根据维权结果界定为胜诉的，对其所发生的差旅费、检索和咨询费、律师费、诉讼费、资料费等，按比例给予一定额度的资金资助。资助标准为不超过核定后的费用总支出额30%，国内最高50万元、国外最高100万元。优秀发明专利产业化资助。鼓励专利产业化，利用自主职务发明专利，专利产品1年内销售额在1000万元（含）以上的，按不超过1%的销售额，择优给予每个最高20万元的资助。专利领军企业奖励。对一个年度内累计获得国内各类授权专利50件（含）以上，且发明专利占比在6%（含）以上的企业给予奖励。其中获得专利50件（含）以上的，奖励10万元；100件（含）以上的，奖励20万元；150件（含）以上的，奖励30万元。全年，区财政安排专利专项补助资金1560万元。

【技术负责人科技创新能力提升培训班】 2015年12月9~10日，区知识产权协会联合区高新技术促进会举办技术负责人科技创新能力提升培训班，各镇乡（街道）会员企业的技术负责人及知识产权管理负责人等150余人参加。培训会由区高新技术促进会、知识产权协会秘书长徐志远主持，并配合实例讲解企业知识产权贯标与高新技术企业认定的融合。邀请国家知识产权局知识产权出版社高级专利咨询顾问暨专利咨询培训中心培训组组长赵艳红、清华大学工学博士陈亚英、市科技信息研究院文献服务中心主任包逸萍、省知识产权服务中心知识产权贯标资深咨询师暨贯标审核员陈露等知识产权专家，为培训学员分别辅导与讲解专利信息应用实务操作、专利信息在技术创新中的应用、科技文献检索技巧及作用、企业实施贯标中常见的问题及贯标对企业创新的推动作用等内容。授课结束后，协会秘书长为培训合格学员颁发结业证书，并报区人事局备案作为工程技术人员继续教育学分，同时作为企业知识产权贯标知识产权教育培训凭证。

（夏伟奔）

科普工作

【概况】 2015年，鄞州区有镇乡（街道）科协23个、村（社区）科协451个、企业科协29个，有区级学会（协会）27个、科普教育基地11个，科普志愿者队伍1200人。建立宁波旷世智源工艺设计股份有限公司企业科协，宁波巨神制泵实业有限公司、宁波中物东方光电技术有限公司和宁波南车新能源科技有限公司企业市级院士工作站和鄞州第二医院侯凡凡院士工作室。鄞州区科学技术协会（简称“区科协”）指导医学会、中医药学会和国际税收研究会换届，27个学会（协会）年检。5月8日，邀请中国科学院院士王正敏到鄞州作耳朵3D手术演示学术报告。9月19日，在“全国科普日”活动期间，区科协因组织“少年创客走进7号创客工场”活动被中国科学技术协会评为2015年全国科普日特色活动组织单位。9月26日，鄞州区科协联合区海洋与水产学会在咸祥镇天地农庄举办首届梭子蟹垂钓节。

省作物学会与云龙镇政府共建省作物学会鄞州服务站，组织中国自动化学会、中国电子学会分别与鄞州区近10家企业技术对接，征集近20项企业需求。组织区级学会（协会）参与服务企业、服务农村工作，开展课题研究45项，实行科技帮扶32批，提供决策咨询12次，举行专题讲座58场次。3月3日，成立鄞州区“科技项目申报管理与知识产权管理志愿服务团队”，有志愿者53人。评选省高级农民技师3人、省级农村科技示范户13人。组织企业科协主席参加市科协举办的高科技企业科协主席论坛4期，举办“百场科普报告进企业”15场、“百场科普活动进农村文化礼堂”24场。

投资近80万元，建设科普场馆4个，分别位于下应街道东兴社区、金谷社区、海创社区和瞻岐镇南二村文化礼堂。投资近8万元，在下应街道海创社区建设太阳能科普画廊4个。建设企业科协科普画廊10个，完成宁波市企业科协单位科普画廊三年全覆盖年度指标。宁波星箭航天机械有限公司和易中禾生物技术有限公司免费向社会开放，两家单位每周各举办1~2次科普讲座，全年各接待约3600人次参观访问。开通“鄞州科普”微信公众号，推送科普工作和科普知识。与鄞州广播电台合作开设5分钟“科普小贴士”栏目，每周一至周五晚6时30分播出。

【院士工作站建设】 2015年，鄞州区建立3家院士工作站和1家院士工作室，分别为宁波巨神制泵实业有限公司张勇传院士工作站、中物东方光电技术有限公司姚建铨院士工作站、宁波南车新能源科技有限公司杨裕生院士工作站和侯凡凡院士工作室，进站工作的院士专家达159人。宁波欧琳厨具有限公司徐志磊院士工作站创建为省级院士专家工作站，全区有19家市级院士工作站，其中6家为省级院士工作站。11月底，联合区委组织部、区财政局考核2014年首次建站的两家院士专家工作站和建站满三年的两家院士工作站。

【“基层科普行动计划”实施】 2015年4月，区科协推荐樱花协会为全国优秀农村专业技术协会（科普惠农兴村计划），中河街道剑桥社区居民委员会申报全国优秀科普社区（社区科普益民计划）。5月，金峨山果业专业合作社、雪菜博物馆和尚蔬园公司负责人柯汉强分别被评为2015年宁波市科普惠农示范基地、优秀基层科普场馆和优秀科普带头人。全区累计有市级科普惠农示范单位5家、科普惠农示范基地2个、优秀基层科普场馆2个、优秀科普带头人5人。

【“鄞州青少年科技”徽标设计制作】 2015年5月6日，“鄞州青少年科技（Yinzhou young boys and girls science and technology）”首枚徽标制作完成。鄞州青少年科技徽标为直径4厘米的圆形，整体构图以蓝、白为主色调，喻示不少青少年科技活动是在蓝天白云下开展的，一分耕耘一分收获，汗水与激情描绘着孩子的科技成长之路。外圈蓝底黄字的中英文“鄞州青少年科技”和徽标中下方的鄞州地图，点明青少年科技的地域特点。地图上两片浸润着晨露的树叶，象征着科技辅导员的辛勤奉献。

10月19日，中国科学院侯凡凡院士工作室在鄞州第二医院揭牌成立

起飞的金钥匙，象征着孩子们浸润在鄞州科技的海洋里茁壮成长。这个金钥匙象征智慧的大脑，隐喻青少年科技创新、计算机编程、机器人、头脑OM、DI项目等开发智能的科技项目；加翅膀的金钥匙整体上近似于航模、风筝图形，喻示鄞州特色的两大系列优势科技项目。该徽标定性为青少年科技的高级奖励徽标，自2015年5月始，参加全国性重大青少年科技大赛、科技活动的师生和省级青少年创新、编程、航模、风筝、机器人、无线电大赛的获奖学生与第一指导教师各奖徽标一枚。以后获奖学生可凭徽标，不用经过参赛报名，不占学校参赛名额，直接享有参加鄞州区青少年科技夏令营科技大赛的权利。

5月，鄞州区9所学校师生到中央电视台录制鄞州创意72变专场

【"鄞州科普"微信公众平台上线】 2015年5月5日，"鄞州科普"腾讯微信公众平台通过认证上线。平台设"微科普""官网""科普活动"三大板块。其中，"微科普"呈现"精英风采""科普大观"和"高端引智"三个模块，"鄞州科普网"和"鄞州科技信息网"是两个主心网站，"科普活动"包含基层动态和活动通知等。平台运行期间，"鄞州科普"微信平台推送科普活动安排，"科普大观"提供最新科普动态及时令养生等知识。全年，平台阅读量20次/天，粉丝数88人，推送科普工作和科普知识880篇。

【9所学校师生到中央电视台录制科技创意72变节目】 2015年5月中旬，鄞州区9所学校的100余名师生到中央电视台的演播大厅，录制鄞州创意72变专场——9个科技创意节目。6月12日，节目在中央电视台少儿频道播出。其中，以风趣幽默的强力吸尘器功能演绎《电视购物》的金家漕小学，与山西、河北、山东、江苏等省选手同台竞技，获鄞州区首个大赛周冠军；以智慧头脑拼出《天下无贼》的洞桥镇中心小学，获中央电视台72变的周冠军；踢出现实版《少林足球》的华光学校，获中央电视台72变最佳创意奖；经典演绎植物《葡萄生长》的集士港镇中心小学，获中央电视台72变最佳创意奖；动态勾画海洋世界《海洋生物变变变》的宋诏桥小学，获中央电视台72变最佳道具奖；梦想未来《超级交通工具》的钟公庙中心小学，获中央电视台72变最佳表演奖；在跳绳活动中演绎《快乐炒面》的宋家漕小学，获中央电视台72变最佳合作奖。

【全国科普日活动暨鄞州区第四届青少年科技节开幕式】 2015年9月22日，由区科协联合区教育局主办的全国科普日活动暨鄞州区第四届青少年科技节开幕式在鄞州区实验小学举行。市科学技术协会副主席王标、区教育局副局长叶夏、区科协副主席陈章君、市科学技术协会科普部部长万宝观、姜山镇副镇长蒋优丰、全区各中小学的校长、副校长、科技教育负责人、区实验小学全体师生2015人参加。全国科普日活动以"万众创新，拥抱智慧生活"为主题，活动为期7天，科普日活动期间，组织开展科普讲座进大礼堂、广场科普活动、少年创客3D打印专题活动和第二届"碧水蓝天，与我相约"主题征文、演讲、摄影比赛、中国科学院老科学家科普演讲团进校园活动、科普电影放映、海洋主题科普知识有奖竞答等10项子活动。科技节以"科技筑梦未来，创新引领梦想"为主题，活动为期7天，科技节期间开展科技节优秀活动评比、科技教育专项课题申报、科幻绘画比赛、小学生计算机程序设计比赛、创新发明和科学论文及科学实践活动比赛、机器人竞赛、创意小车比赛、创意橡筋弹射飞机比赛、船过三峡创意航海竞赛、中小学生"科技伴我成长"征文比赛等科技竞赛活动。

（任 萱）

气象科技·防震减灾

【概况】 2015年，区气象局发布霾、大雾、寒潮、暴雨、雷电、台风、大风、道路结冰等各类气象灾害预警信号79则、气象内参75期、重要天气报告33期，接受电视台采访50余次，向报社供稿100余次，发布各类服务短信600余条，"96121"声讯电话拨打量约22万人次，微信、微博访问量44万余次。

与区科普电影放映协会达成协议，在全区各镇乡（街道）放映气象科普电影100场，直接受益22600余人。与区教育局联合开展小学生气象科普征文活动，收到33所学校320余篇作文。3月23日，60余篇优秀作文在《鄞州日报》整版发表，《童眼看气象——鄞州区小学生优秀气象科普征文集（2015）》由中国出版集团现代出版社出版。

7月28日13时31分至14时30分，

首南街道和东钱湖地区出现短时雷雨大风和冰雹天气。区气象局第一时间发送短信提醒，及时发布雷电黄色预警信号。“灿鸿”“苏迪罗”“天鹅”和“杜鹃”台风期间，全区启动Ⅳ级应急响应3次、Ⅲ级应急响应4次、Ⅱ级应急响应2次、Ⅰ级应急响应2次。与区农林局合作，开展面向新型农业经营主体的直通式气象服务工作。与下应街道湾底村合作，设立天宫庄园农业气象示范服务联系点。修订完善《2015年公共气象服务白皮书》，与区住建局签订协议，利用137个社区LED发布灾害性天气信息。6~7月，人工影响天气作业4批24枚火箭弹，其中6月21~22日增雨过程，全区过程雨量30毫米~50毫米。11月5~6日承办宁波市人工增雨空域协调会并进行人影演练。建立气象灾害防御重点单位5家，通过气象应急认证10家、省级标准化示范村（社区）9个，安装LED屏8块。

简化气象行政审批程序和流程，窗口现场办结率和提前办结率达100%。取消“雷电灾害风险评估”“防雷产品测试”两项行政审批中介服务，调整“防雷装置设计技术评价”1项行政审批中介服务。执法案卷根据要求录入“鄞州区网上行政执法暨电子监察系统”。年内有两件行政执法案卷分别选送参加全省和全国案卷评查；1件行政许可案卷被区政府（法制办）评为“2015年度优秀行政许可案卷”。首次对两起防雷违法案件实施行政处罚。

【气象现代化设施建设】 2015年初，区气象科技馆扩建工程项目由区发改局批复立项，计划总投资273.88万元。12月31日，宁波市鄞州区农业与生态气象综合探测基地项目一期工程观测场完工，面积1924平方米，观测业务投入业务运行。鄞州区气象灾害防御会商系统完工并投入业务运行。4个四要素自动站升级为六要素自动站，4个自动站进行设备、基础重建，2个负氧离子站点进行安装。县域突发暴雨预警工程和突发公共事件预警信息发布系统在鄞州区的试点任务完成。申请区级科研项目《浙江地区台风降水及影响降水因素的气候分析》。至年底，全区有中尺度自动气象观测站（站网密度小于6千米，重点区域1千米~3千米）42个、能见度观测自动站5个、负氧离子观测站3个、气溶胶质量监测系统1个，有国家级雪深仪器1个、国家级称重雨量仪器1个、区域级雪深仪器9个、区域级称重雨量仪器2个，实现全区不同地区降雪、积雪观测的自动化。

【观测业务改革调整】 2015年4月30日，区气象局根据省气象局《观测处关于调整地面气象观测业务运行相关工作的通知》要求，20时后开始执行《地面气象观测业务补充技术规定》，涉及数据异常处理、霾天气现象记录规定和积雪加密观测补充规定等；根据省气象局《观测处关于实时—历史地面气象资料一体化业务正式运行的通知》，7月10日起国家级地面气象观测站不再承担地面气象记录月报表（A、J文件）及区域站月报表（A文件）制作职责。

【雷电灾害防御】 2015年，区气象局排查梳理防雷重点单位，与区安监局、教育局、城管局等单位接洽，发文核定防雷重点单位129家。在天津港“8·12”事件后，联合区安监、质监、商务、城管等部门，开展安全生产综合整治大排查，检查鄞州区内危险化学品企业、危险化学品经营市场和易燃易爆场所134家，排查被检查单位中存在的防雷安全隐患，并敦促其完成整改。

【“防震减灾”电影宣传活动】 2015年5月12日，由区地震办公室和区科普电影放映协会举办的鄞州区防震减灾电影首映在东吴镇平塘村栗树塘文化广场举行。活动面向400余位村民播放地震科普电影《地震灾害预防》和故事片《5·12汶川不相信眼泪》等，现场设置地震科普知识宣传展板，展示地震的成因、分布、应急逃生、自救互救等方面知识，发放防震减灾宣传资料100余册。10月底活动结束，全区各镇乡（街道）社区、农村巡回放映电影50余场。

【地震应急疏散演练】 2015年9月21日，区地震办公室联合金家漕小学举行地震应急演练，金家漕小学850余名师生参加。演练分为应急避险和紧急疏散两个科目。应急疏散结束后，区科技局副局长陈章君对地震应急演练进行点评。同时，向学校捐赠4种地震科普知识和应急避险方面的书籍1000余册，演练期间在学校展出地震科普知识展板。

【鄞州下应地震台重新投入运行】 2015年10月23日，鄞州下应地震台搬迁至下应街道崇实路477号鄞州中学校内，在省、市地震监测中心技术人员完成强震设备的安装与调试后，重新投入运行。鄞州下应地震台为无人值守遥测地震台，预测项目为强震，有TDA-33M强震仪、TDE-324CI数据采集仪等设备。

（王　雷　夏伟奔）

9月21日，区地震办公室联合金家漕小学举行地震应急演练

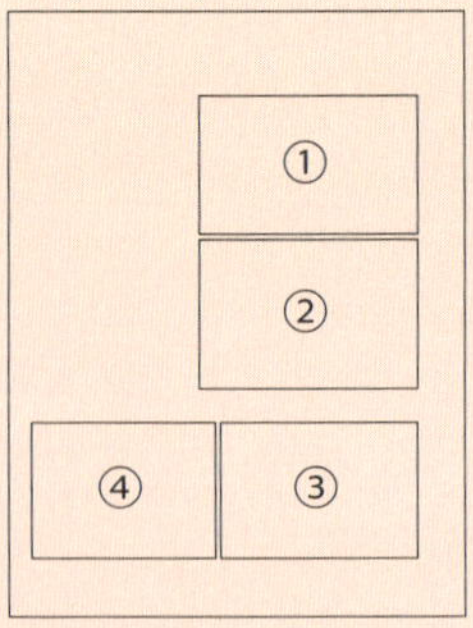

① 鄞州推进“腾笼换鸟”“空间换地”“机器换人”“技术换代”“业态换新”“电商换市”，提高劳动生产率。图为宁波一舟投资集团有限公司电缆生产车间员工进行束丝作业

② 宁波圣龙（集团）有限公司投入1亿余元进行技术改造，围绕“机器换人”的自动化设备投入生产后，提高产能50%，优质品率上升3%以上。图为工人在新安装的机器人手臂流水线上检查产品

③ 6月22日，高新技术企业——宁波市阳光汽车配件有限公司员工测试产品精度。前5个月，企业销售增幅近20%，全由专利产品拉动

④ 2月25日，云龙镇主营铁皮石斛为主的科技型高新企业——宁波易中禾培育基地获3项国家发明专利。企业在医药博士、浙江大学教授等组成的科研团队指导下，拥有中药材、种苗培育、生态种植、产品深加工及养生文化等系列新品

教育

走马塘古村落

综　述

基础教育

职业教育

社会教育

教师队伍建设

鄞州年鉴

2016 YINZHOU YEARBOOK

综 述

【概况】2015年，鄞州区有普通中学42所。其中，普通高中14所，在校学生12255人；初中28所，在校学生28565人。中等职业教育学校8所，在校学生11755人。小学73所，在校学生81526人。特殊教育学校1所，在校学生172人。幼儿园177所，在园儿童49813人。全区小学入学率、巩固率和升学率均达到100%；初中入学率100%、巩固率100%，初中升高中比例98.96%；学龄前三年纯入园率99.95%。在编专任教师8746人。

坚持以"学生为本、教师为本、学校为本"的"三个为本"理念打造品质教育的做法得到分管副市长的批示肯定，成功立项创建国家级农村职业教育和成人教育示范县（市、区），通过全国中小学责任督学挂牌督导创新区省级评估验收。

姜山镇中心小学、古林镇中心小学、洞桥镇宁峰小学、惠风书院、鄞江镇中心小学5所学校投入使用，推进瞻岐镇中心小学、横溪镇中心小学、章水镇中心学校、石碶实验小学和下应中心小学、孙马地块学校、德培小学等7所学校建设，建设（改建）幼儿园6所，实际基建投入7.4亿元，全区省义务段学校标准化率达93%。

推进民办学校（幼儿园）校园警务联络室建设，实现校园警务联络室全覆盖。全区所有学校（幼儿园）食品安全均纳入"鄞州区食品安全责任保险"范围，增加AAAA级以上等级平安校园35所，承办全国中小学校校园安全工作现场会，获评宁波市社会管理综合治理先进单位。制订《区智慧教育（2015~2017）三年发展规划》，开展数字化校园创建工作，增加24所宁波市数字化示范学校。推进"鄞州教育"微信公众号运行，编写教育专版12个，市级以上媒体报道200余篇，特色档案建设成效获省档案局局长批示肯定。组织办理人大建议25件、政协提案16件，在区人大组织的人大建议办理绩效评估中获第一，获区人大代表建议办理先进单位、政协提案承办先进单位称号，党建工作、工会工作均获区级先进称号。

【鄞州教育系统"志愿服务超市"启动】2015年2月7日，鄞州教育系统"志愿服务超市"启动。"志愿服务超市"是区教育局重点打造的学生德育活动品牌，由教师、学生、家长物色推荐周边公益服务需求内容，再由教育局遴选适合学生开展的项目，对活动人数、地点、时间、内容、对象等进行"明码标价"，由学生根据自身的能力、才艺、时间自主选择。"志愿服务超市"寒假前"试运营"，首批推出的爱心敬老"老有所依"、关爱环卫工人"暖冬行动"、文明旅游宣传推广"讲述宁波"等16个志愿项目，被华泰小学、鄞州实验中学、首南一小、德培小学等校的学子认领。7月3日，鄞州区教育系统志愿服务队成立仪式暨2015年区中小学暑期"志愿服务超市"项目会举行，区教育局推出暑假首批23类446个志愿者岗位，可满足8000余人次参加的志愿者服务项目。

【区中小学艺术节】2015年5月13日，2015年鄞州区中小学艺术节启动仪式在古林镇中心小学举行，区教育局副局长王耀鹤、古林镇党委书记吕红琴，以及普教科、成教职教科、教研室、镇政府领导和负责人，全区各义务段学校的校长、学生家长和古小的全体师生近1500人参加。现场进行古林镇小学艺术教育成果展示，分大舞台的动态艺术成果展示，小舞台学生即兴表演和版画、书法、科技制作等静态艺术成果展示，操场放风筝三个板块。其中大舞台的表演分"美丽校园露才华""花样五月颂梦想"和"绚丽生活共成长"三个篇章。有《草席之韵》《诗歌朗诵》《童声合唱》《健美操》《街舞》《拉丁舞》《男童群舞》《跆拳道术》《花样绳舞》《管乐合奏》《葫芦丝齐奏》《园丁舞蹈》等节目。2015年，区艺术节以"在春天"为主题，举行表演类、美术、书法等6个项目比赛，总参赛人数1000余人，获奖作品859个。

【田慧生到鄞州考察】2015年5月22日，中国教育科学研究院院长田慧生，副院长、副书记陈子季，党委办公室主任于发友，实验区办公室主任李晓强等一行到鄞州考察。田慧生一行实地考察鄞州中学，并与全区普高校长、教科、教研、教师进修系统负责人进行座谈。区教育局党委书记、局长王建平及副局长王耀鹤、中国教育科学研究院鄞州专家组等陪同考察。座谈会由局长王建平主持。王建平介绍鄞州教育情况。鄞州中学校长王贤明汇报鄞州中学新课程改革情况。田慧生对鄞州中学新课程改革、鄞州教育综合改革成绩给予肯定和高度评价，并对下一步工作提出建议。

【鄞州区与北京师范大学签订战略合作协议】2015年9月22日，区政府与北京师范大学在钟公庙中学签订战略合作协议。根据协议，双方将在共建基础教育实验学校、加盟"中国好老

2月7日，区教育局推出"志愿服务超市"，学生自主选择参加公益活动

师”行动计划、构建基础教育质量监测体系、深化育人模式转变的研究、校长教育领导力提升工程、基于“互联网+”的教育信息技术应用6个方面开展合作。双方选取钟公庙中学作为共建学校，成立北京师范大学基础教育实验学校，钟公庙中学原校名保持不变。学校与北京师范大学签订多项合作协议，前期引进“全员德育”“主题阅读”“白板技术应用下的课堂教学”3项专题项目。北京师范大学将派遣语文、数学、英语、科学（物理、化学、生物）、社会各1名学科教师到学校支教，指派专家到学校指导学校课程体系建设和课堂教学改革，协助学校制定课程整合改革方案及实施，帮助教师参加专题培训和北京师范大学平台的交流活动；制定校长等学校各级干部到国内名校挂职锻炼计划并帮助组织实施；制定学校与不同英语国家优秀中学结为友好学校计划并帮助组织实施，学年内实现1~2名英语教师出国培训。协议约定，将以北京师范大学中国基础教育质量监测协同创新中心为平台，遴选鄞州区部分学校成为“中国好老师”行动项目基地校，实施“从我做起”“尊师爱师”“素养提升”“记录传承”“互通互助”5项行动。北京师范大学将以研制学生发展核心素养体系和学业质量标准、修订课程方案和相关学科教材、改进学科教学的育人功能、加强考试招生和评价的育人导向、强化教师育人能力培养、完善各方参与的育人机制、整合利用优质教育教学资源、加强课程实施管理8个方面为重点，帮助鄞州区梳理课堂、课程、课业改革的现有实践经验。

【中国教育科学研究院实验区第四届高质量课堂展示活动暨实验区联席会议开幕式在鄞州举行】 2015年11月12~13日，中国教育科学研究院实验区第四届高质量课堂展示活动暨实验区联席会议开幕式在鄞州中学举行，中国教育科学研究院副院长刘建丰，天津市和平区副区长孟冬梅，和平区政协副主席、区教育局局长张素华，长春汽车技术开发区副主任丁文涛，广州市荔湾区教育局局长徐启贵，宁波市教育局副局长张力鸣，鄞州区副区长夏素贞、教育局局长王建平等出席。活动由中国教育科学研究院、鄞州区人民政府主办，区教育局、鄞州中学承办，展示活动在鄞州中学、蓝青学校以及鄞州实验小学同时举行，设立小学美术、小学数学、初中英语、高中化学四门展示学科，全国15个教改实验区的专家、教师31人在四门比赛学科上展开竞技。鄞州东南小学陈林、蓝青学校何晓灵、鄞州中学廖旭杲3位教师代表鄞州区分别参加小学美术、小学数学、高中化学三门学科课堂展示活动，并分别获各学科特等奖第一名。

12月25日，全国中小学安全教育现场经验交流会在鄞州召开

【区第六届教职工运动会】 2015年11月21~22日，鄞州区第六届教职工运动会在鄞州区职教中心举行，全区各高中、区教育局直属学校和单位、初中、小学、幼儿园、特教中心等77支代表队1000余名运动员参赛。比赛除100米、跳远、跳绳、定点投篮等传统项目外，增设隔网飞球、搬运西瓜等趣味项目和袋鼠跳接力、50米迎面接力两个集体项目。五乡中学、东钱湖旅游学校、四明职业高级中学分别获得A组前三名；逸夫中学、集士港中学、古林镇中学分别获B组前三名，瞻岐镇中心小学、石碶街道实验小学、鄞江镇中心小学分别获C组前三名。

【全国中小学安全教育现场经验交流会在鄞州召开】 2015年12月25日，全国中小学安全教育现场经验交流会在鄞州区召开。教育部基础教育一司副司长杜柯伟、专项工作处处长陈东升，省教育厅副厅长鲍学军、校园安全处处长潘伟川，市教育局局长沈剑光、副局长王晓勇、学校安全与体卫艺处处长章敏杰，区教育局局长王建平、副局长俞鹏年，全国各省、自治区、直辖市教育厅（教委）、新疆生产建设兵团教育局主管中小学安全教育工作处室负责人50人参会。会议由教育部基础教育一司主办，邱隘实验小学承办。会上，邱隘实验小学向全国的校园安全教育工作者推广宁波经验。鄞州区于2014年全面启动校园警务联络室建设，至2015年底，全区中小学、幼儿园基本实现校园警务联络室全覆盖。邱隘实验小学以“六维”建构模式开展安全教育，即多元化的心理健康教育、童真化的法制宣传教育、智能化的安全防卫系统、常态化的消防地震演习、精细化的食品质量体系，获评2015年全省社会治安防控“心防工程”建设工作成绩突出集体，该校的智慧校园安保系统建设成果——《农村小学“智慧平安校园”建设实践路径》获中央社会治安综合治理委员会第二届平安校园建设优秀成果一等奖。

（麻万掌）

基础教育

【概况】 2015年，鄞州区推进园园结对，组织民办园长、保育员、男幼师专题培训。增加4个市级、2个区级学前教育示范镇乡（街道），增加省一级幼儿园3所、省二级幼儿园7所、普惠性民办园2所，学前教育幼儿入园率达99%，普惠性幼儿园覆盖率达91%。

全面启动义务段课程改革，建立学生体质监测等3个中心，实施初中学校"新优质学校"第三方评估工作，推进育人模式转型，9所学校科技教育节目在中央电视台展播。区教育局被评为省教研工作先进单位，体育工作督导名列全市第一。增加省特色示范高中2所。鄞州中学、姜山中学被列为省课改"走班选课"和"生涯规划"试点学校；鄞州中学被评为省化学学科基地学校；鄞江中学（美术学科）等3所学校的5门学科被列为市普高课改学科基地；姜山中学等6所学校被评为市普高特色创新项目承办学校。普高纯文理高考一本上线人数922人，上线率25.4%，普高课改经验在全市推进会上作典型交流。出台《特殊教育三年提升计划》，建成特殊教育标准化资源教室35个，通过市特殊教育三年行动中期评估。

引进赫德实验学校、王财贵经典国学学校、宝韵幼儿园、宁波市第一幼儿园、中国教育科学研究院中海实验小学、北京师范大学基础教育实验学校、宁波诺丁汉大学友好合作学校等项目。推进鄞州实验幼教集团、鄞州实验小学等集团化办学，出台《外来务工人员子女学校等级评估方案》。

【正始中学与美国科罗拉多州立大学签署合作协议】 2015年1月15日，正始中学与美国科罗拉多州立大学举行高中合作项目签约仪式。正始中学校长褚雁平和科罗拉多州立大学副教务长高炜分别代表双方在协议上签字。项目开展后，正始中学每年挑选5名优秀学生，由校长实名推荐。科罗拉多州立大学按照录取条件和程序录取审核后的被推荐学生，并为所有被录取的学生提供奖学金。奖学金标准为每人每学年8000美元，若录取满5名学生，科罗拉多州立大学还将为其中一名学生提供每学年5000美元的附加奖学金。被录取的学生不需要参加美国大学录取新生的标准化测试即SAT考试。

【"高雄—鄞州"2015教育交流结对签约仪式在鄞州举行】 2015年1月29日，"高雄—鄞州"2015教育交流结对签约仪式在鄞州中学举行，高雄市政府教育局2015浙江省教育交流团16名校长，区委统战部副部长、台湾事务办事处主任卢善听，区教育局副局长王耀鹤，鄞州区8所结对学校校长、台办及区教育局相关人员参加。鄞州中学等8所区内高中段学校和高雄的冈山高中等8所高中进行结对签约仪式，双方互换文本，互赠校徽、礼品，将在选修课程、特色课程、社团课程等方面进行交流合作。

【《四明风华》出版发行】 2015年2月初，《四明风华》由现代出版社出版，并面向全国公开发行。该书是浙江省内第一本全面介绍地域非物质文化遗产的综合性普及读本，以中小学生为读者对象，由鄞州区高桥镇中心小学方建君、陈可伟等教师编写。全书在遵循非物质文化遗产大纲目录的基础上，考虑中小学生的阅读水平和兴趣爱好，编排民间文学、民风习俗、戏剧曲艺、民间音乐舞蹈、民间工艺美术和民间传统技艺六大系列的40个非物质文化遗产项目，包括梁祝传说等23个国家级非物质文化遗产项目和宁波评话等17个省级非物质文化遗产项目。

【鄞州中海实验小学成为中国教育科学研究院附属实验小学】 2015年7月9日，中国教育科学研究院、区教育局、下应街道办事处和宁波中海创城有限公司在宁波中海国际社区举行签约仪式，鄞州中海实验小学签约中国教育科学研究院，成为中国教科院附属实验小学。中国教育科学研究院副院长刘建丰、教育综合改革实验区办公室主任李晓强，区教育局局长王建平、副局长王耀鹤，下应街道办事处主任郁柏其、副主任倪骋，宁波中海创城有限公司总经理冯昌中等出席。鄞州中海实验小学为宁波中海国际社区配套建设，学校占地面积24488.4平方米，建筑面积12315平方米，设30个班级，配备有30余个普通教室及相应的功能教室。根据协议，合作三方按照"院地共建、科研引领、创新发展"的原则合作创办中国教育科学研究院鄞州中海实验小学，学校可根据需要邀请中国教育科学研究院专家指导中海小学业务。

【区教育局与宁波诺丁汉大学签订教育项目合作协议】 2015年10月26日，区教育局与宁波诺丁汉大学在鄞州外国语中学签订教育项目战略合作协议。根据协议，双方将开办友好合作学校，共建教育合作平台，鄞州高级中学、鄞州外国语中学和鄞州堇山小学3所学校成为"宁波诺丁汉大学友好合作学校"。宁波诺丁汉大学将对友好合作学校的发展规划制定、课题研究、课程建设、师资培训、课堂教学、文化交流、

7月9日，中海实验小学与中国教育科学研究院签约

特色发展提供必要的智力与资源支撑，利用自身资源为3所友好合作学校引荐外语口语教师，有条件地开设雅思、小语种选修课程，推动AIESEC（国际经济学商学学生联合会）国际文化项目交流等。宁波诺丁汉大学将利用每年暑期为鄞州区骨干校长、骨干教师和外语教师进行高端培训，为2所友好合作学校的外语教师进行专业素养培训和高学历进修，支持3所友好合作学校的外教及英语工作坊活动。鄞州区将派送中文教师为诺丁汉外籍师生开展“普通话口语角”及汉语培训。双方开展“学生暑期夏令营”“大学生社会实践”“外籍学生勤工俭学”“教学志愿服务”等学生社会实践活动。并且在3所友好合作学校建立国际留学生实习实训基地。签约仪式现场，宁波诺丁汉大学为鄞州高级中学、鄞州外国语中学和鄞州堇山小学授牌“宁波诺丁汉大学友好合作学校”。

【堇山小学获“全国非智力因素研究实验学校”称号】 2015年11月26~28日，全国非智力因素研究会理事会议暨2015年学术研讨会在堇山小学召开。研讨会围绕“情趣·情绪·情感与成长”主题展开，全国各地的非智力因素研究理事会代表及研究专家、学者近百人参加会议。燕国材、张华、魏耀发、徐崇文等心理学专家出席会议。会上，天津师范大学心理与行为研究院人力资源研究所所长李洪玉、杭州师范大学教育科学研究院院长张华等作学术讲座，鄞州区心理健康教育指导中心等单位作先进经验介绍，堇山小学校长茅晓辉代表宁波市作经验汇报。全国非智力因素研究会会长燕国材等专家考察堇山小学心理辅导专业场室及校容校貌。并将“全国非智力因素研究会实验学校”牌匾授予堇山小学。

（麻万掌）

职业教育

【概况】 2015年，鄞州区投入4284万元改善实习实训条件，增加省级实习实训基地1个、省级产学研联合体1个。中职学校生均公用经费从3000元提高到3450元。

2015学年开设“3+2”专业14个，招生354人；开设5年一贯制专业8个，招生238人；未升学学生就读成人高校858人。1333人参加省高职单考单招，1311人上线，上线率98.3%，其中本科上线424人、专业“状元”4人，本科上线人数全省第一。

参加宁波市中职学校职业教育技能大赛，获46金、83银、116铜。参加全国职业院校技能大赛，获11金、10银、1铜，其中鄞州职业教育中心获金牌8枚。

开办区名师高级研修班。教师获市级以上荣誉204项。增加市级及以上名师（技术能手、教坛新秀等）5人，教师下企业实践135人。3所学校建立“空中课堂、在线课程”平台，信息化教学资源库包含课程156门，教师完成微课课程制作96例。在省中职学校教师信息化教学大赛中，获1金、1银，位列宁波市第一。

【古林职业高级中学成为世界中国烹饪联合会会员】 2015年2月，古林职业高级中学收到中国烹饪协会颁发的会员单位证书，成为中国烹饪协会正式会员。古林职业高级中学烹饪专业创办于20世纪90年代初，现有9个班近400名学生，13名专业教师，其中烹饪高级技师5人，有宁波市专业首席教师1人、浙江省专业技术能手3人、全国青年岗位能手1人，中国烹饪名师1人；作为学校的主干专业，为宁波市品牌专业，中央财政支持的实习实训基地；探索实施的现代学徒制成为宁波市职业教育先行先试项目。4月17~19日，古林职业高级中学作为分会委员参加世界中国烹饪联合会第六次会员代表大会。

【中国汽修行业协会培训中心、科研中心、专家工作室在鄞州职业高级中学产学研中心挂牌成立】 2015年5月10日，中国汽修行业协会培训中心、中国汽修行业协会科研中心、中国汽修行业协会专家工作室在职业高级中学产学研中心成立，教育部职成教司农村处处长刘杰、中国汽修行业协会秘书长张京伟、市教育局职成教处处长陈鸿洋，鄞州区职业教育发展研究中心主任卢鹏程、鄞州职业高级中学校长汤涛等出席揭牌仪式。此为宁波首家职业教育混合体企业，刘杰和张京伟对鄞州职业高级中学产学研中心寄予希望，并提出建设性意见。

【古林职业高级中学与韩国东洋大学校缔结友好学校】 2015年10月19日，古林职业高级中学与韩国东洋大学校签订缔结友好学校与学术交流合作协议。古林职业高级中学校长俞浩奇介绍学校的情况，包括学校历史、学校规模、专业设置、学校特色等内容。韩国东洋大学校总长（校长）崔成海介绍学校的情况。俞浩奇、崔成海分别代表两校签订《缔结友好学校交流协议书》，双方就教育交流、随时交流、留学生项目等合作事项达成友好合作意向。

【鄞州职业教育中心成为苏霍姆林斯基教育思想实验学校】 2015年12月15日，陶行知苏霍姆林斯基教育思想实验学校揭牌仪式在鄞州职业教育中心举行，全国知名班集体与少先队集体研究专家、中国教育学会班主任专业委员会名誉主任唐云增，全国知名苏霍姆林斯基教育思想研究专家、中国—乌克兰文化教育交流中心主任、中国陶行知研究会苏霍姆林斯基研究专业委员会主任吴盘生，区教育局党委委员徐蓓春、区职业教育发展研究中心副主任吴文波、杨贤江中学副校长黄百央、鄞州职教中心校长楼梦红及教学部德育负责人等40余人参加。专家组听取副校长刘平介绍的该校德育工作的基本情况。唐云增和吴盘生为苏霍姆林斯基教育思想实验学校授牌，鄞州职教中心成为苏霍姆林斯基教育思想实验学校。

【胡梦婕获“百花奖”全国总决赛金奖】 2015年8月10日，第九届百花奖全国艺术特长生展示大会在厦门举行。宁波东钱湖旅游学校“钱湖筝坊”社团团长胡梦婕参加第九届百花奖全国艺术特长生展示活动艺术类比赛，参赛曲目为古筝名曲《月儿高》，在高中组器乐类比赛中获金奖。

【古林职业高级中学成为现代学徒制试点单位】 2015年8月5日，教育部办公厅下发《关于公布首批现代学徒制试点单位的通知》，公布全国首批165家现代学徒制试点单位，鄞州区古林职业高级中学成为27所试点中职学校之一。古林职业高级中学实现学生、师傅、教师交流沟通，解决双重身份转换问题。通过“政府、企业、学校”三元合一的实习管理体系，形成“学生→学徒→准员工→员工”四位一体的人才培养模式。年内，5位宁波名厨成为学校烹饪专业的师傅，10名烹饪专业的学生成为他们的首批弟子，师傅对徒弟的考评鉴定，将与徒弟就业时的薪金挂钩，并尝试烹饪学生“授星制”。

（麻万掌）

社会教育

【概况】 2015年，鄞州区中职学校社会培训人数达2.5万人次，为在校生人数的2倍以上。职业技能培训中心、成人学校各类非学历教育培训累计48万人次，达到全年常住人口的45.7%，其中家政服务类培训3588人次。

举办“鄞州区第十一届全民终身学习活动周”，东吴镇成人文化技术学校获评市高标准成人学校。全年有4995位文盲完成脱盲任务，完成年度扫盲计划的138%。

投入2655万元，改善民办学校办学条件。撤并鄞州东方文武学校，分流学校学生。投入50万元，免费送教师上师训平台，鼓励教师参加继续教育岗位培训、学历培训和任职资格考试。出台《鄞州区外来务工人员子女学校等级评估方案》，并进行等级评估考核，6所学校通过省标准化学校评估。接纳54403名外来务工人员子女就学，比上年减少4385人，公办学校接纳外来务工人员子女比例达85.4%。审批民办学校2家、教育培训机构10家，审批成立培训机构累计78家。

【成人高中“双证制”教育】 2015年，鄞州区继续实行成人高中“双证制”教育，利用学员晚上休息时间开展培训，采取面授与自学相结合的学习方式进行，培训主要对象为外来务工人员、失地农民、低学历居民等弱势群体，内容主要分技能培训和文化课学习两大部分。其中，技能培训以计算机、服装缝纫为主要内容；文化课学习主要是语文、数学、社会科学、公民道德与法律基础4门必修课程。教材专门针对成年人编写，具有较强的可学性与实用性。全区22个教学点为参训学员设立“学分银行”，将学员的文化课面授课时数、技能培训鉴定等级、文化考试成绩折算为学分，学分达到规定要求的学员可获得由市教育局颁发的成人高中毕业证书。6月27~28日，12月19~20日，由市教育局组织实施的鄞州区成人高中“双证制”文化课考试举行，全区20所成人学校和2所民办职高设22个考点，3046人次参加考试。全年，1512人获得职业资格及职业高中学历证书。

【民办幼儿园年检】 2015年3月中下旬，区教育局根据《民办非企业单位登记管理暂行条例》《关于印发鄞州区民办幼儿园年检实施意见的通知》等文件，组织幼教专家到全区107所民办幼儿园，检查办园条件、园务管理、安全与卫生保健、教育工作等方面内容，并将年检评估结果与幼儿园等级评定、评优评先等挂钩。4月7日，鄞州区2014年度民办幼儿园年检结果公布，咸祥镇球山幼儿园等21所幼儿园为优秀，塘溪镇坊前育才幼儿园等77所幼儿园为合格，邱隘镇小米佳幼儿园等6所幼儿园为基本合格，咸祥镇康梅幼儿园等3所幼儿园为不合格。

【区首届百名保育员技能大赛】 2015年11月20日，鄞州区首届百名保育员技能大赛在鄞州区职业技能培训中心举行。大赛由区教育局主办，区职业技能培训中心承办，内容包括理论知识和技能操作，其中技能操作分套叠被子和餐桌消毒比赛。全区近1600名保育员经过选拔，100名优秀保育员参加。下应街道东方湾邸幼儿园陈宝英等10人获一等奖，中河街道东湖馨园幼儿园陈美珍等20人获二等奖，邱隘镇中心幼儿园殷亚红等30人获三等奖、潘火街道上上城幼儿园戴丫婷等40人获优胜奖。

【社区教育工作总结表彰会暨第四届网上读书节颁奖仪式】 2015年12月25日，鄞州区2015年社区教育工作总结表彰会暨第四届网上读书节颁奖仪式在高桥镇成人文化技术学校举行。区社区学院、职业教育发展研究中心、职业技能培训中心有关人员、各镇乡（街道）成人文化技术学校校长、区社区教育理论骨干（通讯员）及获奖代表等70余人与会。会议宣布2015年度社区教育宣传工作先进单位和个人、社区教育优秀论文以及第四届网上读书节的获奖名单并进行颁奖。高桥、横溪、姜山、邱隘等8所成人文化技术学校获评2015年度社区教育宣传工作先进集体，8名通讯员获评先进

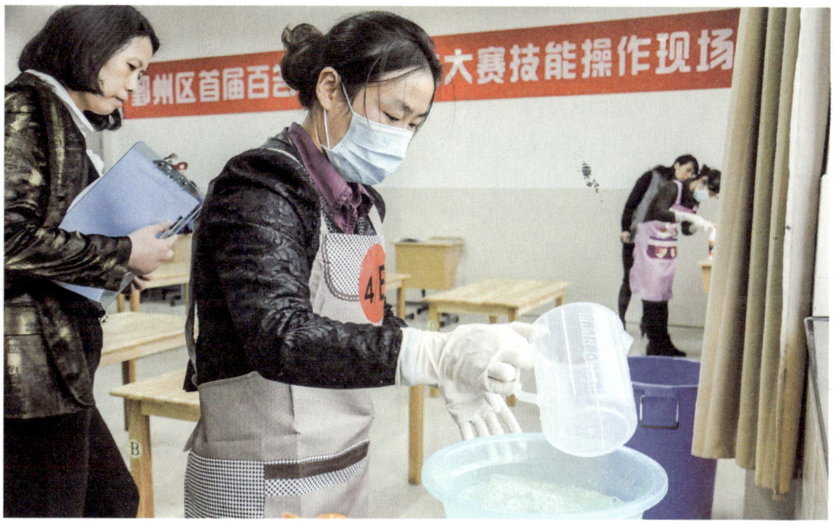

11月20日，鄞州区举行首届保育员大赛

个人；19篇论文分别获评2015年度区社区教育优秀论文一、二、三等奖；云龙、石碶、鄞江、古林和塘溪5个镇（街道）获第四届网上读书节组织优胜奖，31人分别获先进个人一、二、三等奖。

（麻万掌）

教师队伍建设

【概况】 2015年，鄞州区开展师德师风建设集中排查，部署严禁有偿家教三年专项治理行动，出台《关于进一步加强教师关心关爱机制建设指导意见》，推动教育行政部门、学校、校长关心关爱教师。通过培训平台申报和开设各类区级培训班175个，培训教师近1万人次，区教育局被评为浙江省师训、干训工作先进集体。启动第三期高端教师培养和第二期名师带徒工作，291名教师获区级优秀教师（优秀教育工作者）称号，5名教师获宁波市王宽诚育才奖，2名中职教师获全国中职学校班主任基本功比赛一等奖，25名教师在全国级课堂教学比赛中获一等奖。

全年交流教师127人，其中骨干教师交流15人、普通教师交流112人（包括赫德学校支教5人、骨干教师对等交流7人）。初中交流57人，其中骨干教师8人、普通教师49人（包括赫德学校支教3人）；小学交流70人，其中骨干教师7人、普通教师63人（包括赫德学校支教2人）。交流到边远地区、山区35人。

分春、秋两季分别进行教师资格认定，其中春季有187人获得教师资格，包括初中教师资格33人、小学教师资格84人、幼儿园教师资格70人；秋季教师资格认定有194人通过现场确认，其中幼儿园43人、小学101人、初中50人。

首次考核确定初级职称50人，申报首次确定初级职称420人，通过401人；申报中级职称303人，通过258人；申报高级职称159人，通过125人。

【有偿补课专项治理】 2015年6月起，鄞州区开展中小学校和在职中小学教师有偿补课专项治理工作。严禁在职教师组织有偿补课或参与社会培训机构有偿补课，通过教育网、官方微博、微信公布举报电话，建立查处工作小组。7月中旬至年底，为集中治理阶段，全年未发生一起中小学校和在职中小学教师参与有偿补课行为。

【在中国教育科学研究院高质量课堂展示活动中获佳绩】 2015年1月5~7日，中国教育科学研究院实验区第三届高质量课堂展示活动在重庆市九龙坡区重庆铁路中学举行，鄞州高级中学教师叶琪飞执教的《向量加法运算及几何意义》和鄞州实验中学教师俞志涛执教的《雨说》分别在两个学科中获一等奖第一名。11月12~13日，中国教育科学研究院第四届实验区高质量课堂展示活动暨实验区联席会议开幕式在鄞州中学举行，鄞州东南小学教师陈林、蓝青学校教师何晓灵、鄞州中学教师廖旭杲代表鄞州区分别参加小学美术、小学数学、高中化学三门学科课堂展示活动，并分别获各学科特等奖第一名。

【区首届"班主任微论坛"决赛】 2015年1月14日，鄞州区举行首届"班主任微论坛"决赛。活动由区教育局主办，区教师进修学校承办，主题为"我谈创新育人模式"，邀请中国教育科学研究院博士王玉国、市普通话培训测试中心主任刘群等7位专家担任评委。12位班主任参与决赛，中河街道华泰小学教师陈雅君、石碶街道栎社小学教师黄咪、中河街道堇山小学教师金妍、潘火街道紫郡幼儿园教师王晨波获一等奖，鄞州实验中学教师邵灵琳等8位班主任获二等奖，集士港镇广德湖小学教师白柳逸等44位选手获三等奖。

【名校长课程改革专题研修培训班】 2015年11月29日至12月5日，区教育局在华中师范大学举行名校长课程改革专题研修培训班，全区23位校长参加培训。培训主题是基础教育课程改革。主要由三大部分组成，第一部分以理论基础为主，第二部分以中小学蹲点实践为主，第三部分以综合素养提升为主。学习采用每堂课学员结课的形式。通过专家引领、名师指导、理念探讨以及实地考察等方式，使参训的各中小学校长了解中小学教学、研究中的问题，掌握教学规律，提高教学研究能力。

【区第三期名师高级研修班首期教坛新秀班暨教学管理者集中培训】 2015年11月30日至12月6日，鄞州区第三期名师高级研修班首期教坛新秀班暨教学管理者集中培训在安吉举行。澳大利亚的教育研究资深专家、教授赵大成、文华，博士蒋凡、陆逸叶，区职教发展中心主任卢鹏程、副主任吴文波及各学科教研员，3个培训班的学员出席培训开班仪式。澳大利亚的4位专家从澳大利亚的职业教育框架、学科建设、职业教育课程设置、如何强化课程管理等方面进行专题讲座。同时，与学员进行分析、交流澳大利亚职业教育的教学管理工作案例。

（麻万掌）

1月14日，鄞州区举行首届"班主任微论坛"决赛

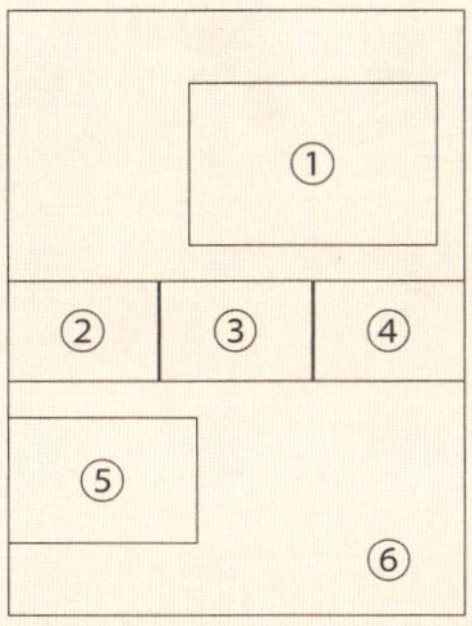

① 塘溪镇童村2015年开学启蒙、金榜题名贺学礼仪

② 姜山实验小学新校园春季开学

③ 集士港镇中心幼儿园总园新建开园

④ 鄞州区实验小学百年校庆

⑤⑥ 鄞江镇中心小学新校区开学

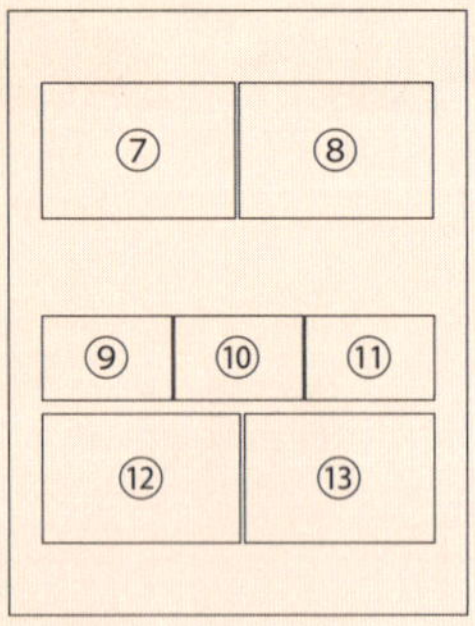

⑦ 6月6日，鄞江镇中心小学1300名学生练习功夫扇

⑧ 4月15日，钟公庙小学举行“关爱地球 爱护家园”活动

⑨⑩⑪ 9月22日，全国科普日活动暨区第四届青少年科技节启动仪式在鄞州区实验小学举行

⑫ 2月26日，桃源书院国学古琴班开课

⑬ 5月29日，“红领巾相约中国梦，鼓乐声激扬少年志”2015宁波市少先队鼓乐队大检阅活动在古林镇中心小学举行

文化·新闻

梁祝公园

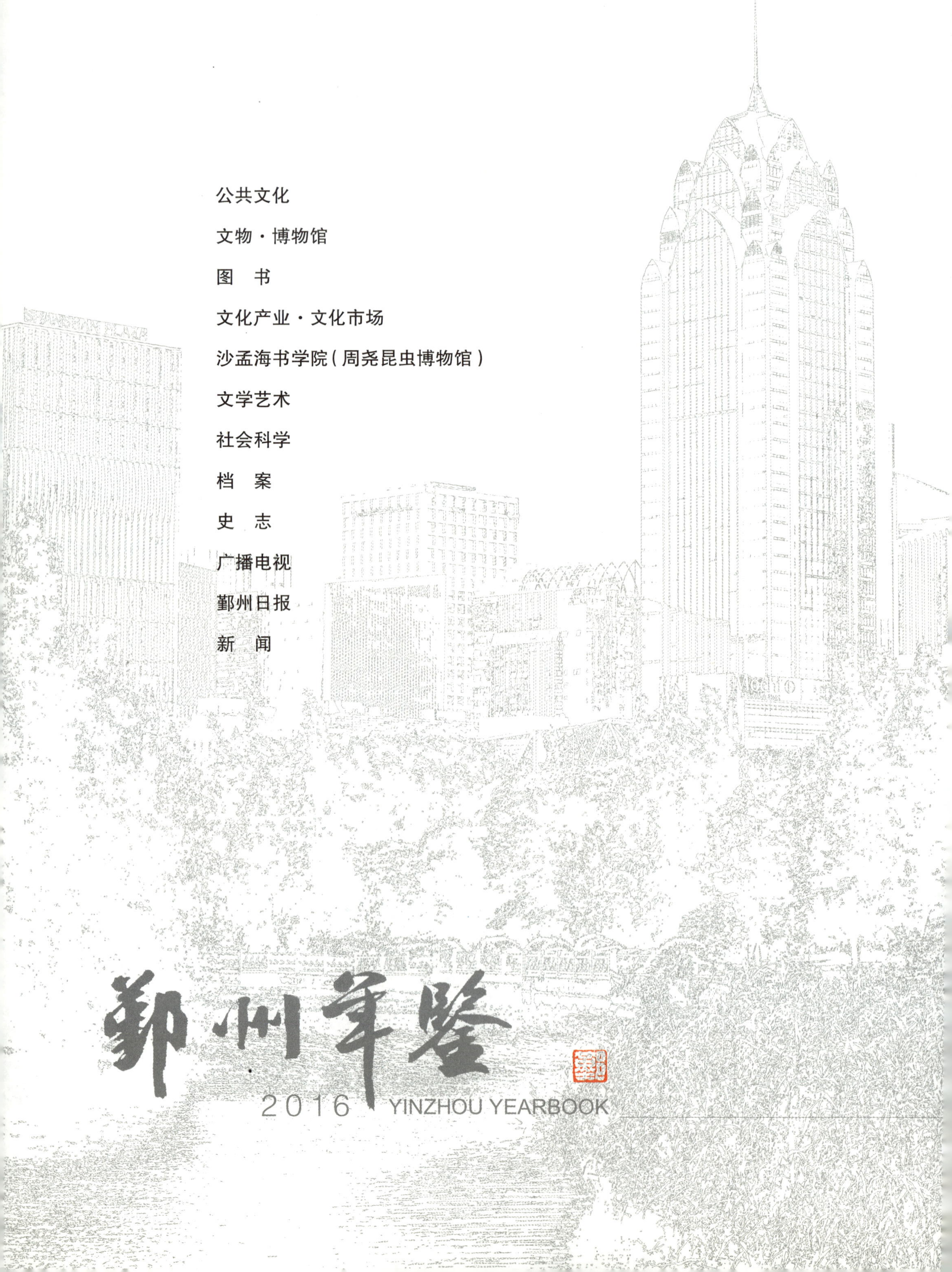

公共文化

文物·博物馆

图　书

文化产业·文化市场

沙孟海书学院（周尧昆虫博物馆）

文学艺术

社会科学

档　案

史　志

广播电视

鄞州日报

新　闻

鄞州年鉴

2016 YINZHOU YEARBOOK

公共文化

【概况】 2015年，鄞州区创建公共文化明珠镇1个，累计14个，总投入6.55亿元，建筑面积10.3万平方米；建设镇级文体中心1个，总投资1.24亿元，面积14400平方米；建设农村文化礼堂40个，累计110个；增加市级公益电影放映基地6个，累计15个；在92602部队81分队建立“天天看”电影惠民工程首个军营电影放映基地。

10月，出台《关于全面构建现代公共文化服务体系的实施意见》及《2015~2020年鄞州区公共文化服务标准》；开展镇乡公共文体场馆运作模式研究，制定出台《关于加强基层公共文体场馆规范服务的指导意见》和《鄞州区镇级公共文体场馆服务规范》；开展公共文化社会化发展机制创新研究；开展构筑“新城区文化圈”对策研究；开展数字文化馆——数字化总分馆建设研究；启动智慧文化项目思路研究；召开鄞州区文化馆、图书馆理事会成立大会。

发布全省首款“文化地图”，实现文化活动线上线下索引，开通“鄞州文化地图”微信公众号；“天天演”文化惠民工程实现商业与公益分离，政府主要精力用于公益送戏下乡，将区文艺中心的商业演出通过竞争性谈判方式交给市场主体运作，全年配送下乡演出1389场次，引进高水准商业演出19场次；公益文化培训、展览实现“一请九进”，公益培训班、临时展览可由区文化馆主动推出，也可由相关主体自行申请，在区文化馆的统一安排下送进各商区、园区、社区（街道）、山区（乡镇）、校园、单位、企业、机关、部队等；鄞州电影公司联合宁波新农村数字电影院线有限公司、宁波音王电声股份有限公司推出“公益流动电影娱乐系统”，每次农村电影放映前先以卡拉OK联欢方式暖场，现场观众通过该系统可以即时免费点歌、现场演唱；将“农村电影放映工程”从露天流动放映向文化礼堂室内固定放映转变，全年在室内文化礼堂放映公益电影887场次，观众26万人次；制订各志愿者分会开展活动的规范性要求准则，明确志愿服务活动的9个主题内容；开设志愿者系统培训课程，志愿者队伍承担对全区文化场馆的暗访记录、文化场馆和文化单位的满意度测评调查、群众文化需求的反馈等社会文化工作。区文化馆举办美术、摄影、书法、文艺创作、舞蹈、声乐、戏曲等各类公益性业务培训班106期、各类展览8期、文化艺术沙龙6期，近4万人次受益。

举办“中国梦·我的舞蹈梦——2015年鄞州区群众自创自演文艺节目（舞蹈类）会演”“天天文化志愿者文艺会演”“鄞州区少儿艺术大赛”。举办鄞州区纪念中国人民抗日战争暨世界反法西斯战争胜利70周年暨2015“影像鄞州”主题摄影大赛，有30幅作品入围。举办“66国友人共画66朵牡丹花贺中华人民共和国66华诞”活动；面向驻华大使及其夫人，在北京孔子学院总部开设“红牡丹驻华大使班”，教授学员绘画牡丹，“红牡丹”与大庆市肇源县、广东省珠海市、福建省三明市、绍兴市上虞区、绍兴市柯桥区等地开展文化走亲活动。“2015年甬台两地沈光文文化研究鄞州高端论坛”在鄞州区举行，《台湾文献初祖沈光文研究》出版发行。

【首个军营电影放映基地成立】 2015年1月12日，“天天看”电影惠民工程——首个军营电影放映基地在92602部队81分队成立，鄞州区电影公司为部队官兵放映战争剧情片《一号目标》。此后，每月选取2~3部优秀影片到部队驻地放映。全年放映《百团大战》《鸣梁海战》《智取威虎山》等影片20部。

【鄞州文化地图发布】 2015年2月1日，全省首款鄞州首期“文化地图”发布。鄞州文化地图由区文广新局编制，每月一期，月初通过纸质地图和网站、微博等形式发布，免费向公众发放。文化地图分“中心城区”和“镇乡（街道）”两张子地图，展示鄞州区域内最新文化活动资讯，包含所有国有文化设施中举办的文化活动和部分社会力量举办的公益性或商业性文化活动。全年发布11期。

【陈贤富作品展】 2015年2月4日至3月5日，“情绘山水”——鄞州画家陈贤富作品展在区文化馆“星光展厅”举办。区文化馆专门在区文艺中心大楼B区一楼和二楼，开辟星光活动基地，设立星光培训室9个。陈贤富，美术高级教师、中国钢笔画联盟会员、省水彩画家协会会员，作品曾入选“中国水彩画写生精品展”“全国第五届钢笔画展”等国家级大展。其水彩画创作追求传统中国画特有的诗情画意，写实和写意结合，现实和幻想交融，以清新淡雅的笔触描摹出生动灵秀的

9月26~27日，“中国梦·我的舞蹈梦”2015年鄞州区群众自创自演文艺节目（舞蹈类）会演在瞻岐镇文体中心举行

气韵。他的钢笔画三次入展全国级展览。此次展览展出陈贤富水彩画和钢笔画40余幅。

【电影下乡活动】2015年3月19日，百场水利电影下乡首映式在龙观乡龙谷村文体活动中心举行。区水利局、区科普电影放映协会和区电影公司联合以科普电影下乡形式，在全区开展水法普及教育。现场派发水法宣传资料，水法宣传图板展览等活动吸引200余人参与，村民们观看科教片《农村饮用水源地保护》及故事片《澳门风云》。活动持续至5月底，放映电影科普片50场、优秀故事片50场。

5月13日，鄞州区科普电影节首映暨百场法制电影下乡行活动在古林镇薛家村新家园文化广场举行，600余名观众领阅普法图册和法律维权手册。现场放映科普电影《法律维权有保障》及故事片《绣春刀》。电影节期间，放映《求职如何防陷阱》《农民工法律工伤保险》《农村环境综合整治》《耕地污染治理》等科普片。活动持续至10月底，放映科教片和故事片各100场。

【区少儿才艺大赛】2015年5月23日，2015年鄞州区少儿才艺大赛启动。活动由区文广新局主办，区文化馆承办，以"美丽鄞州、和谐鄞州、平安鄞州、开放鄞州"为主题。比赛分初赛、决赛两轮进行，设声乐、器乐、舞蹈、曲艺4个门类，有200余个节目参赛。采用公开选拔、择优录取的方式，选出56名选手参加决赛。5月30日，少儿才艺大赛决赛在区文化艺术中心举行，袁家顺、陈家旭获声乐类一等奖，钟佳宁获曲艺类一等奖，周思含、赵子聪、祝翔获器乐类一等奖，华诗婷、王臻获舞蹈类一等奖。

【"66国友人共画66朵牡丹花贺中华人民共和国66华诞"活动】2015年5月30日，"五洲绘国色 四海贺神州——66国友人共画66朵牡丹花贺中华人民共和国66华诞"活动在宁波大学园区（鄞州区）图书馆举行，宁波大学的留学生和部分在宁波工作、生活的外籍人士近百人参加。活动由宁

5月30日，"五洲绘国色 四海贺神州——66国友人共画66朵牡丹花贺中华人民共和国66华诞"活动在宁波大学园区（鄞州区）图书馆举行

波市红牡丹书画国际交流社主办，中国日报网浙江频道承办。英国、德国、意大利、澳大利亚、巴基斯坦等五大洲66个国家的国际友人手执画笔，在书画社创始人姜红升带领下，在9.9米长的画卷上画下66朵牡丹花，为中华人民共和国66周年华诞献上一份跨越国界和民族的特殊大礼。

【"中国梦·我的舞蹈梦"2015年鄞州区群众自创自演文艺节目（舞蹈类）会演】2015年9月26~27日，"中国梦·我的舞蹈梦"2015年鄞州区群众自创自演文艺节目（舞蹈类）会演在瞻岐镇文体中心举行。活动由区文广新局主办，瞻岐镇政府、区文化馆承办。22个镇乡（街道）选送25个节目参加广场舞蹈大赛，20个镇乡（街道）选送26个节目参加舞台舞蹈大赛。钟公庙街道选送的《藏舞串烧》获广场舞大赛第一名，下应街道选送的《印象西江》获舞台舞蹈大赛创作、表演第一名。

【区天天文化志愿者文艺会演】2015年10月28日，鄞州区天天文化志愿者文艺会演在东吴镇文化艺术中心举行。活动由区委宣传部、区文广新局主办，区天天文化志愿者协会、东吴镇政府、区文化馆承办。活动历时8天，23个镇乡（街道）全部参与，举办天天文化志愿者文艺会演8场，参演节目150余个，惠及群众2万余人。11月6日，区天天文化志愿者文艺会演颁奖晚会在东吴镇文艺中心举行。首南街道、下应街道等6支团队获团体综合一等奖，咸祥镇、钟公庙街道等8支团队获二等奖，鄞江镇、洞桥镇等9支团队获三等奖；首南街道的《666路车站台》和《兄弟情》、钟公庙街道的《幸福港湾》、瞻岐镇的《炫舞旋律》、下应街道的《婆媳和》、鄞江镇的《梦幻鼓响》等分别获小品、相声、声乐、舞蹈等门类一等奖。晚会现场有戏歌《贵妃醉酒》、舞蹈《多嘎多耶》、相声《志愿者》、大提琴合奏《乡村舞曲》等节目。

【甬台两地沈光文文化研究鄞州高端论坛】（参见"宁波市鄞州区人民政府"类目"台湾事务"分目）

【区文化馆、图书馆理事会成立】2015年12月11日，区文化馆、图书馆理事会成立大会在鄞州区（大学园区）图书馆报告厅举行。区政府办副主任忻明飞，区委宣传部副部长沈君达，区文广新局（风景旅游管理局、体育局）局长蔡建泓，副局长周玲智、张颖，各镇乡（街道）文化站长、区文化馆和图书馆全体职工、部分图书分馆管理员参加。鄞州区文化馆、图书馆第一届理事各有13人。鄞州区文化馆、图书馆理事会分别召开第一次理事会议。选

举产生理事长并审议通过理事会的相关规章制度。纪云飞当选鄞州区文化馆第一届理事会理事长，徐剑光当选鄞州区图书馆第一届理事会理事长。

（林 楠）

文物·博物馆

【概况】2015年，鄞州区增加省级历史文化名镇1个（鄞江镇）、市级历史文化名村8个（塘溪镇童夏家雁村、上周村，鄞江镇建岙村、鲍家㘭村，姜山镇新张俞村，横溪镇上街村，古林镇前虞村，东吴镇勤勇村），推荐4个村申报省级历史文化名村。它山堰成为世界水利灌溉工程遗产。大西坝（浙东运河宁波段）被核定为全国重点文物保护单位，累计有国家级重点文物保护单位5处、省级文物保护单位5处、区级文物保护单位139处。

鄞州区第一次全国可移动文物普查完工，上报文物数量20791件（套），其中增加珍贵文物98件。成立全国首个业余文保员联合会，下设7个专业协会。5月，“御史故里廉政基地”对外开放。“善园”基地设在文保单位慈善家严康懋故居。马友友祖居修缮保护后对外开放。

全区有博物馆、艺术馆、陈列馆33座，其中民办18座。全年区内开放博物馆举办临时展览60次。宁波水墨艺术馆开业，鱼文化博物馆完成迁建，宁波锡镴器博物馆、宁波熨斗博物馆在区级文保单位蔡氏宗祠开馆，鄞州区非物质文化遗产馆重新开馆，全年民办博物馆接待游客达60万人次。8家民办博物馆获评首批市级星级博物馆，其中三星级2家、二星级3家、一星级3家。王升大博物馆获评全省优秀非国有博物馆。

【区业余文保员联合会成立】2015年1月27日，鄞州区业余文保员联合会在业余文保员之家——“四〇一”军事坑道成立。联合会主要从事业余文物保护，是一支具有地方性、专业性的社会团体，旨在团结和组织业余文保员，加强区内各级文物保护单位（点）的保护工作，开展各项文物宣传，促进全区文物事业发展。联合会下设王元暐文物协会、文保突击队协会、专业工作者协会、文物写作组协会、文艺宣传组协会、书法美术组协会及博物馆藏品协会7个专业协会。成立大会上，首批138名会员通过《宁波市鄞州区业余文保员联合会章程》，选举朱海燕为联合会会长。

【宁波锡镴器博物馆对外开放】2015年1月29日，宁波锡镴器博物馆在区文保单位潘火街道潘火桥村蔡氏宗祠“男祠”对外开放。该馆由收藏家陆继勇创办，展区面积1200平方米，设锡器工艺流程、宴席食具、私塾文具、茶道器具、祭祀器具、妆梳器具等8个展厅，展出从春秋战国到民国时期的200余件锡镴器，种类有茶具、酒具、食具、灯具、文房用具、梳妆用具、祭祀礼器七大系列。现场布置酒坊和打镴两个场景，展示锡器的精美工艺。

【宁波熨斗博物馆开馆】2015年2月1日，宁波熨斗博物馆在鄞州区文保单位、潘火街道潘火桥村蔡氏宗祠“女祠”开馆。该馆由收藏家赵雪林创办，展区1000平方米，设汉唐宋元厅、明清厅、近代厅、西方厅4个展厅和民国裁缝场景雕塑，展出西汉到近代的中式开口炭火熨斗、洋式夜壶炭火熨斗、铬铁熨斗、电熨斗、蒸汽熨斗、水温熨斗、国外皇家熨斗7类180件，其中汉代龙纹特大青铜熨斗、清代双龙抢珠海水纹熨斗、清代宁波刘生记造英烈街九十五号熨斗等都具有宁波地域特色。

【区非物质文化遗产馆重新开馆】2015年2月6日，鄞州区非物质文化遗产馆重新开馆。该馆原建于2008年，2014年8月动工改建，新馆室内展示面积约1500平方米，户外可用面积1000平方米，设有1个综合馆和5个专题馆。其中，一号馆为综合馆，简述鄞州区非物质文化遗产传承和保护的成果；二号馆为民间刺绣、香包制作、老虎鞋制作、剪纸、传统插花；三号馆为草帽编织、灯笼扎制、竹刻、鄞州竹编；四号馆为箍桶、打镴、草席编织、渔船制作；五号馆为金银彩绣、面塑、灰雕、泥塑、石刻；六号馆为朱金漆木雕、骨木镶嵌；另有22项非遗项目传承人入驻，有王升大传统粮油加工、赵大有传统糕团制作等手艺现场制作销卖。鄞州区非物质文化遗产馆周二至周日全天免费对外开放，周一闭馆，每逢双休日或节假日，22个技艺的传承人都会到场。平时，传承人会轮流部分到场。同时，不定期推出非物质文化遗产展示活动，举办公益培训。至年底，鄞州区非物质文化遗产馆接待游客7万余人次，举办非物质文化遗产展示11次、非物质文化遗产项目培训62期、体验活动20场次，举办“高手在民间”民间技艺选拔大赛两季。

2月6日，区非物质文化遗产馆重新开馆

【古建筑修缮竣工暨"御史故里廉政基地"开放仪式】 2015年5月18日，鄞州区第八届文物宣传系列活动——"5·18国际博物馆日"走进茂新村古建筑修缮竣工暨"御史故里廉政基地"开放仪式在古林镇茂新村御史中丞第举行，70余名业余文保员和100余名群众参加。仪式由区文广新局、古林镇政府主办，区文物管理委员会办公室承办。御史中丞第有400余年历史，是鄞州区文保单位，鄞州区将其打造成廉政基地。"御史中丞第"有包龙图的龙头铡、百姓的鸣冤鼓、喻示警钟长鸣的大警钟，史廊里展示从宋代至清代90位鄞籍御史的廉政故事。此外，"御史中丞第"开辟御史讲堂，不定期举行廉政文化讲座。仪式现场，举行"迎送御史"活动，"御史第林栋隆雕像""御史第廉政壁""林栋隆纪念馆"揭幕和农耕文化博物馆开馆活动。

【发现狭石岭土城遗存】 2015年6月12日，鄞州区召开现场新闻发布会，宣布发现宁波迄今最长、内容最丰富、设施最完备的古代军事类遗存土城——狭石岭土城。狭石岭土城遗存位于瞻岐镇方桥村狭石岭龙口（当地称玉泉岭），面向东海，东西走向，全长约3.5千米，以龙口关卡为中心点，向两翼山脊延伸，俯瞰象山港。土城内有关卡、石城、掩蔽体、交通壕、训练场、跑马场、车马道、用水池、粮食加工作坊等设施。称其为"土城"，是因其采用就近而取、大小不一的自然不规则山岩碎石垒筑而成，中间通道似狭小的龙口，长约50米，宽约2米，通道两侧遗存为高2.4米左右的乱石墙，墙体厚约3.5米，墙上有喇叭口形状、高度及人胸的枪孔眼，此应为洋枪射击隐蔽孔。在龙口通道两翼山坡上有4个石砌的圆形军事营垒建筑，如蝴蝶翅膀，营垒内有排水沟，可见原有房屋建筑。西翼有短墙分隔的火炮掩蔽体，掩蔽部位可见深达半米、直径约1米的构筑遗存；东翼陡坡上有10个掩蔽构筑工事。山岗的岗巅平缓，有石屋、演武场、跑马场等军训场所，是驻防军事配套基地，可清晰地望见象山港一带海面，可谓海面防御的最佳制高点，具有很强的防御能力。经专家考证，狭石岭土城始建于明朝，是明代抗倭战争的产物。土城的规模和设施在清朝得到完善，现存的军事防御工程建筑是光绪二十六年（1900年）所建。

【发现宋元时期古河道等遗迹】 2015年7月16日，市文物考古研究所和区文管办对外宣布，市文物考古研究所联合中国国家博物馆、中国科学院等机构对它山堰1号地块进行抢救性考古发掘和遥感探测，发现宋元时期的古河道、石砌堤岸、道路等重要遗迹。它山堰1号地块位于鄞江镇环镇东路以西、南塘河以南、鄞江以北，当地人称"古城畈"。2014年3月起，市文物考古研究所对该地块进行抢救发掘和遥感探测，发掘面积1070平方米，挖掘出宋元时期的古河道、石砌堤岸、道路、灶、房址等遗迹多处，出土各类陶、瓷、铜、铁、石质遗物标本620余件。古河道呈东北—西南方向贯穿它山堰1号地块，沟通南塘河与古鄞江。勘探和遥感分析显示，古河道长约280米、宽约20米、距现地表最深超过4.5米。发掘情况表明，古河道岸线逐渐收窄，底部逐渐淤积，并最终被填埋废弃，按其使用时代大体可分为宋元、明清、近现代三个阶段。石砌堤岸分布于古河道东侧岸线，其主体部分位于古河道与古鄞江交汇处，呈凸字形深入宋元时期的古河道中，由外向内共有石堤四排。从出土遗物看，石堤与护坡的修筑年代应在宋元时期，发现的四排石堤很可能是同时修筑。道路遗迹位于它山堰1号地块南侧，大致呈西北—东南走向，一端与石砌堤岸渣石护坡连通，一端延伸入环镇东路之下。揭示路面部分长约56米，宽2.3米至5.8米不等。路面两侧另发现有房址、灶等生活遗迹。从出土遗物看，该道路的砌筑与使用年代亦为宋元时期。此外，在石砌堤岸与道路交接处还发现有一面积100平方米左右的夯筑平台，由渣石夹土分层夯实而成，台基南侧采用片石包砌护坡，其时代同样为宋元时期。

【它山堰入选第二批世界灌溉工程遗名录】 （参见"农业·农村·水利"类目"水利工作"分目）

【鄞州鱼文化博物馆迁址后重新开放】 2015年11月18日，鄞州鱼文化博物馆免费向公众开放。11月22日，举行鱼文化博物馆开馆揭牌仪式。鱼文化博物馆于2014年12月在瞻岐镇开馆，后作为文化惠民项目被鄞江镇引入，新馆位于鲍家墈村东面的鲍家祠堂，占地约1200平方米，坐北朝南，为清代四合院建筑，内设"鱼与书画艺术""鱼与玉器艺术""远古鱼化石的奥秘""鱼与杂项艺术""鱼与铜器艺术""鱼与木雕艺术"六大主题展区，陈列展出500余件历代"鱼文化"实物藏品。镇馆之宝除原有的已故著名

5月18日，鄞州区"御史故里廉政基地"开放

书画家启功题写的“华夏鱼文化”真迹外，增加一件玉质“吉祥富贵鱼”，以现仅存于黑龙江的“水中大熊猫”鲟鳇鱼为外形，天然呈绿褐色，重约100千克，有200余年历史。新馆开放时间为9时至17时30分，每周一闭馆。

（林 楠）

图 书

【概况】 2015年，鄞州区（宁波大学园区）图书馆馆藏纸本图书入藏量增加117302种150877册，全馆图书总馆藏量达到1048258种1318271册，音像资料15290种43772件。接待到馆读者310万余人次，外借图书219.7万册次（其中馆内成人借阅79万册，少儿图书79万册，乡镇村分馆58万册，汽车图书馆3.7万册），图书馆有效持证读者达42万人。建立图书分馆8家（都市森林社区、林泰英博、宁波市客运中心区域综合管理办公室、鄞江镇居委会、宁波麦中林服装有限公司、宁波长丰热电有限公司、解放军92602部队81分队、云龙镇前徐村），汽车图书馆服务点5个（鄞州区姜山派出所、宁波市鄞州区城市排水有限公司、宁波能源有限公司、宁波宁电新能源开发有限公司、宁波宁丰燃料配送有限公司），累计分别达到59家、64个，向图书分馆调拨图书10811册。汽车图书馆出车601次，借阅图书37103册，制作借书证1084张。区图书馆举办讲座、沙龙、展览及各种主题活动300余场，其中“明州大讲堂”讲座104场，听众达47326人次。馆内每月开展1~2次主题书展，展出20个主题3500册图书。“你点我购”接受读者图书点购708册。鄞州区图书馆被市社会科学界联合会授予“社科普及基地”。

鄞州区新华书店销售总额（码洋）超1.2亿元，比上年增加767万元，增长6.8%。其中，POS销售8074万元，增加520万元，增长6.9%；实现利润983万元，增加96万元，增长10.8%。鄞州区新华书店被评为浙江省实体书店转型升级七个示范点之一。举办周末悦读沙龙11期、悦读时光书吧活动3期、“悦读起跑线”活动16期，有悦读书友会员5万余人。开展“悦读伴我成长好书推荐”和“手拉手读好书共成长”赠书活动和“名家校园行”著名作家进校园讲座、签售活动。

4月30日至5月5日，思绥草堂珍藏近现代名人家谱展在鄞州区（大学园区）图书馆举行

【地方名人家藏文献捐赠】 2015年1月，区委、区政府联合出台《关于引导和鼓励地方名人捐赠家藏文献的实施办法》，从捐赠收集方式、捐赠资格认定和捐赠激励机制三方面引导和鼓励地方名人捐赠家藏文献等有价值的私有文化资源。5月10日，“鄞州地方名人——王重光先生家藏文献捐赠仪式”在鄞州区图书馆举行，已故甬上民间文化学者王重光收藏的3128册图书、38包地图以及205份手稿全部入藏该馆建立的首个地方名人藏书馆。全年，接受6位地方名人捐赠珍贵书籍7296册，并划出专区设立专柜进行存放。

【图书“一卡通”和“无线射频（RFID）”项目改造】 2015年，区图书馆投入600万元，改造图书“一卡通”和“无线射频（RFID）”项目。3月，管理系统的数据对接、RFID设备的更新、程序的调试以及内部测试完成。6月15日起，鄞州区（大学园区）图书馆加入宁波市公共图书馆“一卡通”服务工程，鄞州区（大学园区）图书馆的近38万持证读者可以在全市公共图书馆进行通借通还，同时鄞州区各镇乡（街道）、村（社区）的图书分馆也加入到通借通还的流通网点，实现图书借阅在全大市的通借通还。

【思绥草堂珍藏近现代名人家谱展览】 2015年4月30日至5月5日，思绥草堂珍藏近现代名人家谱展览在鄞州区（大学园区）图书馆二楼展厅举行。家谱由家谱收藏家励双杰收藏，此次展出家谱85册，有毛泽东家谱、杨开慧家谱、胡耀邦家谱、陈明仁家谱、程潜家谱、何叔衡家谱、陈潭秋家谱、柯庆施家谱、李四光家谱、彭德怀家谱、徐世昌家谱、徐向前家谱、恽代英家谱、曾国藩家谱、朱兰家谱、谢晋家谱、贺绿汀家谱、卓兰芳家谱、丁福保家谱、张载阳家谱、邓力群和邓飞黄家谱、黄炎培家谱、梁兴初家谱等。

【“碧水蓝天，与我相约”主题征文活动】 2015年4~7月，鄞州区（大学园区）图书馆贯彻落实党的十八大关于“开展全民阅读活动”、国务院“倡导全民阅读，建设书香社会”和省委十三届四次会议关于“探索建立全民阅读制度，全面提高公民素质”的要求，围绕省委、省政府“五水共治两美浙江”重大战略决策，开展“碧水蓝天，与我相约”主题征文活动。评选分为小学组、中学组和成人组，各设一等奖3名，奖金300元；二等奖6名，奖金200元；三等奖10名，奖金100元；鼓励奖20名，奖金50元，并颁发奖状。

【图书管理员分类排架大比武活动】 2015年9月28~29日，鄞州区图书馆分别在五乡镇文体中心和集士港镇文体中心举办东西片图书分类排架比赛，鄞州区“天天读”镇、村级图书分馆管理员78人参加。瞻岐镇文体中心的尹海艳和五乡镇文体中心的徐红君获鄞东片一等奖，首南街道金色水岸的胡岩和格兰春天的张玲利获鄞西片一等奖。

（林　楠）

文化产业·文化市场

【概况】 2015年，鄞州区有文化企业3000余家，有3个国家级园区和国家级文化产业示范基地，5家企业（园区）入选省文化产业发展“122”工程，4家企业入选“国家文化出口重点企业”。全年文化企业产值约250亿元，文化产业增加值73.41亿元，比上年增长6.7%，占GDP比重达5.7%。鄞州区被评为浙江省文化产业十强县（区）。宁波音王集团有限公司、广博集团股份有限公司的“高新技术文化创意产品出口信贷”入选全国2015年度文化金融合作项目库；宁波卡酷动画制作有限公司等3家企业入选宁波文化创新团队；大学生创业园、华夏国学堂入选宁波十大创意空间、微空间。

增加文化企业107家，其中注册资金3000万元的浙江骐骥文化传媒有限公司、注册资金1200万元的浙江天逸东方文化传媒有限公司、中央电视台品牌栏目制作合作单位宁波东方璨珠文化传媒有限公司等重点文化企业落户鄞州区。宁波莱彼特文化传媒股份有限公司及其子公司全年营业额2000万余元，增长100%；广博集团股份有限公司电商销售增长300%；梁祝文化园管理有限公司全年总接待游客70万余人次，总营业收入增长5%；宁波世游信息科技股份有限公司、宁波旷世智源工艺设计股份有限公司在全国中小企业股份转让系统挂牌上市。

鄞州区各文化公司出品的《少年班》《鬼吹灯之寻龙诀》《姐妹2再见青春》《加油吧，实习生》等影视作品在全国公映；微电影《黑暗之光》、网络剧《傲魂》在视频网站播出；动画电影《回马亭》获文化部动漫创意奖。全区8家商业电影院线放映场次10.6万场，增长55%；观众301万人次，增长46%；票房收入1.27亿元，增长50%。

区文广新局行政许可窗口办理审批、备案、年检1073件，94项行政审批事项100%进驻行政服务中心，承诺期限内办结率达100%，群众满意率100%；增加服务窗口1个，增配工作人员1人。启动市、县同权同批模式，市级在保留审批权限的同时，将15个行政审批事项委托给县（市、区），实现审批环节市、县同权同批。鄞州区行政权力事项对比规范与信息梳理以及浙江政务网行政许可事项验收工作基本完成。2个行政许可案卷被省体育局评为优秀案卷，1个行政许可案卷被区政府法制办评为2015年度“十佳”行政许可案卷。

引进网吧“基础管理现场检查系统”，实现执法人员在办公室对网吧进行24小时远程监管。开展“文化市场技术监管平台”建设，一期工程完工并投入使用，实现网吧视频监管、网络巡查、视频会议等功能。配备移动执法终端4台，可进行实时巡查登记、发起行政处罚、利用二维码读取场所等基本信息、检查现场照片（视频）上传等功能。实行新“三定”方案，实行由区文化市场执法大队和区文广新局市场科专职人员组成常态化安全生产检查小组，每星期开展例行检查，并及时向区消防大队通报检查情况，全年区文广新局班子成员带队检查75人次，检查场所150余家次。

【文化市场管理】 2015年，鄞州区开展“扫黄打非”“秋风”“护苗”“净网”“清源”及校园周边、演出市场、境外电视网络接收设备整治、县城乡镇互联网上网服务营业场所整治等专项行动，出动执法人员1114人次，检查各类文化经营场所2548家次，办理各类行政处罚案件32件。其中，储存非法出版物案件2起，使用侵权出版物案件1起，擅自迁移文物案件1起，没收非法出版物46687件，取缔无证歌舞娱乐场所2家，确保文化市场良好率在98%以上。成立鄞州区文化娱乐协会1个、鄞州区电竞协会1个。

【区印刷企业年度核验方式创新】 2015年1~3月，区文广新局开展印刷企业（不含复印打字企业）年度核验工作。推出年检验证“线上线下相结合”方式，企业先进行网上年检申报，待后台审核通过后，再线下进行年检贴花。同时，线下年检提供“送印刷年检下乡”服务，除区统一年检办理窗口外，根据区域乡镇分布情况分别在鄞江、咸祥、古林、五乡、姜山增设5个年检点，方便企业就近年检。

【文化产业重大项目建设】 2015年，罗蒙环球乐园投资8.6亿元，娱乐项目于8月7日营业。罗蒙环球乐园位于宁波南部商务区南侧，由中国著名服装品牌企业罗蒙集团有限公司投资建造，由一座挑高57米的巨蛋型室内乐园和室外传奇岛组成，占地面积约8.4万平方米，建筑面积约20万平方米，总投资50亿余元。乐园内有游乐设备32台套，包括室内过山车、弹射过山车、海盗船、大摆锤、梦幻木马、XD影院等，有球战游戏、茶杯总动员等适合幼儿游乐的体验设施，有金字塔舞台表演、花车秀、激光秀、剧场秀、奇幻表演、民族特色表演、国际艺术表演等近30场各类特色演出，全年接待游客45.7万人次。梁祝文化园投资1.3亿元，梁祝天地于10月16日开园。梁祝天地总投资6亿元，以打造华东地区最佳婚庆产业标杆为目标，将婚纱摄影基地、一站式大型婚

红色经典动画电影《回马亭》

礼会馆、婚品集合店等婚庆服务有机联结在一起。园内设立40000平方米花海、6000平方米的婚纱摄影基地，有国际知名高端婚礼会所薇拉宫邸、宁波地区最大婚品集合店婉纱仙妮。梁祝天地由婚庆园和商业休闲街两大部分组成。婚庆园打造婚庆全产业链，适合举办西式礼堂婚礼、中式古典婚礼、五星级酒店婚礼、草坪婚礼、湿地婚礼、游艇婚礼六大婚礼主题活动。商业休闲街打造以特色餐饮、休闲零售、主题秀场、特色客栈为主的体验型综合商业平台。飞越时光建设工程总投资2.2亿元，总建筑面积31412平方米，主体工程年底完工。

【宁波卡酷动画制作有限公司与印度客商签订版权合作协议】2015年1月26日，宁波卡酷动画制作有限公司与印度客商签订版权合作协议，该公司21部优秀动画片将翻译成英语和印地语，以印度市场为基点，进行全球播放。宁波卡酷动画制作有限公司擅长以宁波当地文化为题材，创作展现宁波风土人情和传统文化的作品。此次合作的动画片中，《布袋和尚云游记之抗洪风云》《抗日小英雄杨来西》两部动画片，均根据宁波真人真事改编；《麦圈可可远古大冒险》还原远古时代的河姆渡文化，故事讲述初中三年级学生麦圈和他的表妹可可带着宠物狗肉丸到河姆渡参观，穿越到远古时代的河姆渡，运用现代科技与智慧，帮助远古氏族解决矛盾，共同挫败对手。

【文化经营场所消防安全演练】2015年6月19日，区文广新局联合区消防大队、横溪镇派出所、文化站等部门，组织全区歌舞娱乐场所、影剧院、网吧等文化经营单位负责人及横溪镇文化志愿者150余人参加消防安全演练活动。演练分理论培训和实践参演两个环节。区消防大队官兵培训参会人员安全理论，全体参训业主和管理人员在横溪影剧院参加实景逃生演习和灭火实践操作练习。全年全区有180余家文化经营单位开展安全生产和消防应急演练活动。

（林 楠）

沙孟海书学院（周尧昆虫博物馆）

【概况】2015年，沙孟海书学院接待参观人数3万余人次，并提供专业讲解。举办纪念沙孟海诞辰115周年学术研讨会，接受墨宝捐赠。《沙孟海研究》季刊设置经典、学术、往事、视野、动态五个板块，研究角度涉及书艺、书学、印学、教育、生平、交友等方面，全年出刊4期。9月11~13日，参加在合肥市赖少其艺术馆举办的“中国书画名家馆联会第20届年会”，沙孟海书学院选送沙孟海作品3件参加联展。12月8日，沙孟海书学院艺术指导委员会在杭州金都宾馆召开，举办沙孟海书学院系列公益讲座及培训。举办“茕茕之境——王雄伟个人油画作品展”“也可以是——陈磊书法作品展”“问道西湖——张忠良书法作品展”和“陈启元书法教育课徒稿”展览。

周尧昆虫博物馆整馆迁建工作进入设计方案设计阶段。全年参观人数3.3万人，其中青少年2.1万人。维护标本200余号。

【学术讲座及书法培训】2015年3月7日，中国书法家协会展览部杨家伟作“当前书法国展动态”学术讲座。3月23日，杭州师范大学美术学院副教授、硕士生导师徐清作“学术研究与论文撰写”学术讲座。7月30日，刘冬芹作“草书字法解析”学术讲座。8月29日，林光进作“魏碑艺术化运动”学术讲座。

3月7日至8月8日，沙孟海书学院推出书法艺术惠民工程，举办横溪镇书法学习班，每周组织单位书法专业人员到横溪镇进行为期12周的楷书书法专题培训；9月26日，横溪镇书法学习班作品展在紫林坊艺术馆举办。联合宁波消防支队特勤大队进行书法笔会。4月16~19日，举办刘文华高研书法讲座。10月15日，举办教学基地书法教师粉笔字培训。

【书法作品展】2015年3月1~21日，“茕茕之境——王雄伟个人油画作品展”在宁波汇港美术馆举办，展出《交河故城》《寒江水》《溪山听泉》等作品20余幅。6月9~12日，研究员陈磊的首次个展“也可以是——陈磊书法作品展”在东京上野之森美术馆举办，中国日本甲骨文研究会会长张大顺、日本学者土屋明美、“台湾艺术大学”书法博士市川望、日本《书道美术新闻》杂志主编高木康祐、《墨》杂志主编宫迫英嗣等参加，展出陈磊书法作品30件。8月7日，“问道西湖——张忠良书法作品展”在西湖美术馆举办。展览以“问道西湖”为主题，分金石题跋、沙老遗韵、经典习作和精品创作四部分，展出作品100余件。11月29日，“陈启元书法教育课徒稿”展览在华茂美术馆举办，展出课徒稿200余幅。

【沙孟海书学院体制调整】2015年5月14日，沙孟海书学院由隶属于区政府办公室管理转为由区委宣传部直属管理，职级定为副处级单位。区委宣传部部长沈剑波不再兼任沙孟海书学院院长，陈振濂不再兼任沙孟海书学院副院长。钱丁盛任院长，张忠良任副院长。同时，成立沙孟海书学院艺术指导委员会，陈振濂为主任，沈剑波、李立中为副主任。

【周尧昆虫博物馆馆藏文物申报工作完成】2015年11月，周尧昆虫博物馆根据区文物管理委员会办公室的指导与协助，完成第二次1218件基础性录入检查工作，并交由区文管办转至市、省两级文物局审核，其中照片、文本、实物资料等201件，昆虫标本1017号。

【纪念沙孟海诞辰115周年学术研讨会】2015年6月11日，纪念沙孟海诞辰115周年学术研讨会举行。活动由中国书法家协会学术委员会和区委宣传部联合主办，沙孟海书学院承办，中国书法家协会副主席、西泠印社副社长兼秘书长陈振濂、中国美术学院党委副书记刘正、全国书画名家馆联会秘书长卢炘、中国美术学院书法系党组书记兼系主任沈浩、“沙孟海学术研讨会”获奖及入选作者、沙孟海家属代表、专家学者100余人参加。区委副

6月11日，纪念沙孟海诞辰115周年学术研讨会举行

书记张文斌出席并致辞，区委常委、宣传部部长沈剑波主持开幕式。研讨会收到论文111篇，以大陆学者为主体，也包括中国香港地区的理论家，其中部分论文获奖者被聘为沙孟海书学院研究员。研讨会上，杭州师范大学教授徐清和曲阜师范大学教授张韬分别介绍《沙孟海学术研究》和《沙孟海研究》（上、下卷）以“沙孟海”为研究主题的最新著作；10位获奖作者阐述总结获奖论文的学术观点。

【沙孟海文献资料捐赠】 2015年10月10日，沙孟海文献资料捐赠仪式举行。适逢沙孟海23周年忌辰，沙耆之子沙天行和沙孟海儿媳方树枫将31件保存完整的沙孟海墨宝赠予沙孟海书学院收藏保管。内容是沙孟海写给沙天行的30封亲笔信和亲笔手书的1992年捐赠给鄞县人民政府的作品目录。区委常委、宣传部部长沈剑波代表区委、区政府接受作品，并向沙天行和方树枫颁发收藏证书。

（马霞维　张小枝）

文学艺术

【概况】 2015年，鄞州区有专业协会12家，镇乡文联10家。成立文艺评论家协会、收藏家协会、鄞州印社3家专业协会，瞻岐镇文联、塘溪镇文联、咸祥镇文联、高桥镇文联、东吴镇文联5家基层单位，大松石研究会、大松印社、堇山印社、文山印社、甬新艺术区、鄞州雅荷民乐团6家基层艺术社团。全区有专业会员1400余人，吸收骨干文艺爱好者1500余人。

鄞州区文学艺术界联合会（简称“区文联”）依托“人民文学新人奖”颁奖典礼、“宁波文学周”等重大活动，邀请国内著名专家开展大型文学改稿会3期，向省内外文学专家和刊物推荐近30位鄞州新锐作家。“鄞州作家阅读之旅”第二季启动。《梁祝》更名为《鄞州文学》。

区文联联合云龙镇、宁波电视台3套推出云龙影像专题片，在云龙长山江举办龙舟竞渡民俗活动，在云龙嘉苑休闲广场举办民间文化集市。举办纪念书坛泰斗沙孟海先生诞辰115周年纪念活动，推出沙孟海书学国际学术论坛。第七届美丽中国“鄞州杯”中国风光摄影大赛启动。

【文艺精品创作】 2015年，徐海蛟的儿童小说《别嫌我们长得慢》获“2012~2014年度浙江省优秀文学作品奖”；钱利娜入选《诗刊》社第31届“青春诗会”；徐剑飞的《宁波佛教文化丛书：东南佛国》、天涯的《涉过记忆的河流》、高丽娜的《暮色降临》、黄洪光的《鲁拜集》、张良芳的《冯和兰传》等著作出版；叶敏、饶佳、葛迎春等青年作家的作品在《诗刊》《江南》《星星》《西部》等文学期刊上发表。王葱葱获首届“陆俨少奖”金奖，魏惠东的《致卡夫1》获2015首届全国（宁波）综合材料绘画双年展优秀奖（最高奖），李学峰的《吉祥蒙古·博克之十五》获第五届全国青年美展优秀奖（最高奖），陈奇的《牧歌》入选第二届朝圣敦煌全国美术作品展，龚建军、肖欢等获浙江省视觉艺术创作群体优秀作品金奖。王雄伟作品入围第二届中国青年油画作品展，何朝兵、任良波、刘海等入围第十四届省水彩粉画作品展，傅启一、曹辉、张耕云等入围2015浙江省油画大展。胡朝霞书法篆刻艺术展“大道无极”在中国美术馆举办，张忠良“问道西湖”在西湖美术馆展览，钱丁盛入展第二届全国手卷展，叶璐入展首届“万印楼奖”国际篆刻大赛，沈水琴、张国来等入展“陆维钊奖”第七届浙江省中青年书法篆刻展。林文强作品入展第25届全国摄影艺术展，并获优秀奖。徐高、张晋武、汪琼燕等人作品获“美丽中国”全国风光摄影大赛银奖。吴圣东的《船鼓》、陈明伟的《万工床》、陈效平的民间文学《挖出来的风波》获“宁波市优秀文艺作品创作奖”特别荣誉奖。

【5家基层文联成立】 2015年4月19日，咸祥镇文联成立，105名会员代表参加，下设民间艺术协会、书画协会、摄影协会、体艺协会、文学协会、音舞协会、戏剧协会7个协会，有会员487人。第一次文联代表大会通过镇文联章程和选举办法，选举产生文联主席、副主席、秘书长。吕君为首届镇文联主席。7月6日，高桥镇文联成立，全镇文学、摄影、书画、收藏（博物馆）、民间文艺、音舞、戏曲8个协会90名代表出席会议。大会通过镇文联章程和选举办法，选举产生高桥镇第一届文联委员，文联主席、副主席、秘书长。周波为首届镇文联主席。7月10日，塘溪镇文联成立，全镇文学、书画、音乐舞蹈、民间文艺、戏曲、体育健身6个协会的120余名代表出席会议。大会通过镇文联章程和选举办法，选举产生塘溪镇第一届文联委员，文联主席、副主席、秘书长。邬亚萍为首届镇文联主席。8月26日，东吴镇文联成立，下设文学、摄影、书法、体育、音

舞、戏曲等7个协会，130名会员代表参加，第一次文联代表大会通过镇文联章程和选举办法，选举产生文联主席、副主席、秘书长。钟维红为首届镇文联主席。8月28日，瞻岐镇文联成立，200余名会员代表参加。第一次代表大会通过镇文联章程和选举办法，选举产生镇文联主席、副主席、秘书长。徐峥波为首届文联主席。

【首届"李元杯"中国风光摄影大赛获奖作品展】 2015年1月6日至2月28日，首届"李元杯"中国风光摄影大赛获奖作品展在李元摄影艺术馆展出。活动由中国摄影家协会和鄞州区委、区政府主办，区委宣传部、区文联、区侨办、李元摄影艺术馆、中国摄影报社承办，省摄影家协会、市摄影家协会、区摄影家协会协办，展出获奖作品80余幅，其中有鄞州摄影家贾铭、谢惠君的作品。

【第三届人民文学新人奖颁奖仪式暨鄞州区第五届王应麟读书节开幕式】 2015年4月27日，第三届人民文学新人奖颁奖仪式暨鄞州区第五届王应麟读书节开幕式在浙江大学宁波理工学院举行。活动由人民文学杂志社，鄞州区委、区政府主办，区委宣传部、区文联承办。《人民文学》主编施战军，副主编宁小龄、邱华栋、徐坤，《散文》杂志主编汪惠仁，中国作家协会研究员、评论家霍俊明，臧军、马小淘、荣荣等浙江省、四川省作家协会有关领导，翁鲁敏、张文斌、邹大鸣、沈剑波等市、区有关领导，全国、省、市作家协会会员和阅读、文学爱好者500余人出席开幕式。有6人获奖。其中，笛安获长篇小说新人奖，颜歌获中篇小说新人奖，王凯获短篇小说新人奖，王选获非虚构新人奖，陈蔚文获散文新人奖，宁波诗人高鹏程获诗歌新人奖。开幕式上举行《鄞州文学》顾问聘请仪式，省作家协会副主席臧军、诗人荣荣获聘；最鄞州·最人民·最文学·走进文化礼堂——鄞州作家阅读之旅第二季启动，鄞州文学新锐获得表彰。

【首届中国大松石展】 2015年6月27日，"北纬30°的七彩传奇——首届中国大松石展"在李元艺术馆开展。展览由区委宣传部、区文联主办，西泠印社名誉副社长、书法篆刻家高式熊，世界华裔摄影大师李元等出席。区委常委、宣传部部长沈剑波在开幕式上致辞。同时，举行《中国大松石图册》和《大松石个性化邮票》首发式，鄞州印社、大松印社、大松石研究学会揭牌仪式。展览为期1个月，展出大松原石、印石、雕件、篆刻以及大松石文化相关的书法300余件。

【鄞州·富阳两地女书法家作品联展】 2015年7月31日至8月31日，临水照花——鄞州·富阳两地女书法家作品联展在鄞州公园李元摄影艺术馆举办。活动由鄞州·富阳两地文联、书法家协会和女书法家协会等单位联合举办，李元摄影艺术馆承办。市文联党组书记、副主席邹大鸣，区文联主席邵斌、富阳区文联主席严琦等相关领导出席开展仪式。展览展出作品77幅，其中鄞州40幅、富阳37幅，内容多以歌颂祖国的对联和古诗文为主。

【"月是故乡明——风雅鄞州"中秋晚会】 2015年9月22日，"月是故乡明——风雅鄞州"中秋晚会在下应街道西江古村的鄞州区非物质文化遗产馆举行。晚会由区文联主办，区文联全体委员、区文联机关全体工作人员、区文联所属各协会主席、镇乡（街道）文联主席等在西江古村举行中秋雅集，另有20余名国际友人应邀出席。节目有区民间文艺家协会、音乐舞蹈家协会、戏剧家协会的张小君、沃幸康、谢进联等表演的甬剧折子戏、越剧清唱、街舞，宁波诗人和鄞州诗社社员朗诵的《月下笛》《就着月光给你写信》《躺在天上的一弯故乡》等诗篇，加纳黑人歌手天龙演唱《月亮代表我的心》，乌克兰的薛塔洛、尼泊尔的瑞吉和澳大利亚的吉利安现场作画《花好月圆图》。

【鄞州籍书画名家收藏作品联展】 2015年11月27日至12月30日，"同是鄞州人——鄞州籍书画名家收藏作品联展"在宁波南部商务区紫林坊艺术馆举办。联展由区文联、区收藏家协会共同举办，征集到高振霄、马衡、朱复勘、沙孟海、沙耆、高式熊、刘文选、吴永良、张忠良、胡朝霞、史晓卿、钱丁盛、夏军寅等40余位近现代鄞州籍人士创作的书画作品50余件（幅）。

【"中华文化经典'诗·乐'——走进鄞州中学"大型晚会】 2015年11月29日，"中华文化经典'诗·乐'——走进鄞州中学"大型晚会在鄞州中学音王报告厅举行。活动由市文明办、市教育局、市文联共同主办，市文化促进会、区文联、鄞州中学承办。市政协副主席、市文化促进会主席傅丹，市文明办副主任邓晓东，市教育局宣德处处长陈伟军，市文联副主席韩利诚，市

4月27日，鄞州文学新锐获表彰

文化促进会常务副主席李浙杭，区委宣传部副部长、区文联主席邵斌等出席。晚会节目有鄞州中学蓝青民乐团的民乐合奏《丰年祭》，鄞州中学学生钱祎朗诵《水调歌头·明月几时有》，吴远涵和吴宜颖朗诵《爱莲说》，朱觉翔和卢秀强朗诵《陋室铭》，鄞州中学教师俞华平朗诵《念奴娇·赤壁怀古》，宁波文化促进会的江南丝竹乐队演奏《小霓裳》《阳八曲》《江南新韵》，鄞州电视台姜琴朗诵《琵琶行》，鄞州电视台应坚和宁波电视台张红娅朗诵《大堰河——我的保姆》，鄞州中学影视传媒班学生朗诵《少年中国说》，鄞州中学外聘教师屠成友朗诵《别董大》，鄞州中学蓝青合唱团演唱歌曲《今日歌》和《大江东去》及国家一级演奏员、宁波文化促进会主席傅丹领奏的琵琶曲《送我一支玫瑰花》。

（徐海蛟）

社会科学

【概况】 2015年，横溪镇“南山书院”创建为省级社会科学普及基地，姜山镇走马塘古村创建为市级社会科学普及基地。举办社会文化、文明礼仪等各类“社科讲坛”72场，7000余人次参加。10~11月，开展鄞州区“社会科学普及月”活动，联合举办“陈启元书法教育课徒稿”展览。

鄞州区社会科学界联合会（简称“区社科联”）完成《轨道交通时代鄞州区城乡空间布局优化研究》《轨道交通时代鄞州城镇发展思路探讨研究》《“财富鄞州”战略研究》《科技创新与市场化机制课题研究》和《鄞州区工业集聚区发展规划课题研究》5项，开展《鄞州区基层社会治理创新研究》《鄞州区中心城区文化圈课题研究》和《鄞南片区建设田园城市课题研究》3项。联合高校、街道、协会举办首届“鄞州区大学生电子商务创业创新论坛”，在《鄞州日报》推出“圆桌论坛”和“学苑版”3期。至年底，省和市政府机关、高校、各类研究机构经济、社会、文化领域10位专家受聘为区社科院学术委员会委员。

【首届“鄞州区大学生创业创新论坛”】 2015年5月21日，首届“鄞州区大学生创业创新论坛”在鄞州（首南）电子商务创业园举行。活动由区社科联、首南街道党工委、浙江大学宁波理工学院、区青年企业家协会联合举办，鄞州（首南）电子商务创业园承办。省人才发展研究院执行院长、浙江大学教授、博士生导师许为民为大学生创业团队作主题演讲，宁波凹凸重工集团有限公司董事长朱剑君、宁波一舟投资集团有限公司董事长张文阳分享创业经验，区相关部门领导解读创业扶持政策。《“让梦想在庭院起飞——鄞州区大学生创业创新论坛实录”》在《鄞州日报》（学苑版）刊出。论坛上，举行鄞州区大学生电子商务创业创新基地揭牌仪式和鄞州区社科院城市经济研究基地签约仪式，张文阳、朱剑君、鲍海明被聘为创业导师。

【社会科学普及月暨“陈启元书法教育课徒稿”展览】 2015年10月29日，鄞州区社会科学普及月暨“陈启元书法教育课徒稿”展览在华茂美术馆展出，展览由区委宣传部、区社科联主办，沙孟海书学院、鄞州书法家协会承办，市社科院副院长、社科联副主席于立平，区委常委、宣传部部长沈剑波等出席开幕式，区社科联理事单位、区书法家协会代表及一批书法爱好者100余人参加开幕式。展览展出陈启元书法教育课徒稿200余幅，涉及书法史学、美学、笔法、字法、结构、章法、墨法等内容，展览持续到11月28日。社科普及月期间，面向基层群众推出专题讲座、培训、咨询、沙龙、阅读等活动150余场次，普惠2万余人次。

【“财富鄞州”战略研究】 2015年1月，区社科院（联）完成《“财富鄞州”战略研究》，提出“财富鄞州”发展战略，全面阐述“财富鄞州”的战略依据、内涵、举措和保障，提出鄞州区应“推动财富创造、减少财富浪费、优化财富配置、共筑精神财富”4个方面12项举措，打造“活力鄞州”“效益鄞州”“富民鄞州”和“和美鄞州”。课题成果被区领导批示，对制订《宁波市鄞州区国民经济和社会发展第十三个五年规划》有直接参考作用。

【鄞州基层社会治理创新研究】 2015年4~10月，区社科院（联）组织专家团队开展基层社会治理创新研究，选取首南街道、横溪镇、瞻岐镇为样本，采取解剖麻雀的方式，开展鄞州基层社会治理调查，挖掘鄞州基层社会治理经验，借鉴国内外社会治理创新经验的基础上，提出鄞州区社会治理创新对策建议。

【轨道交通规划建设对鄞州区经济社会发展影响研究】 2015年6月，区社科院（联）组织专家团队完成《轨道交通时代鄞州区城乡空间布局优化研

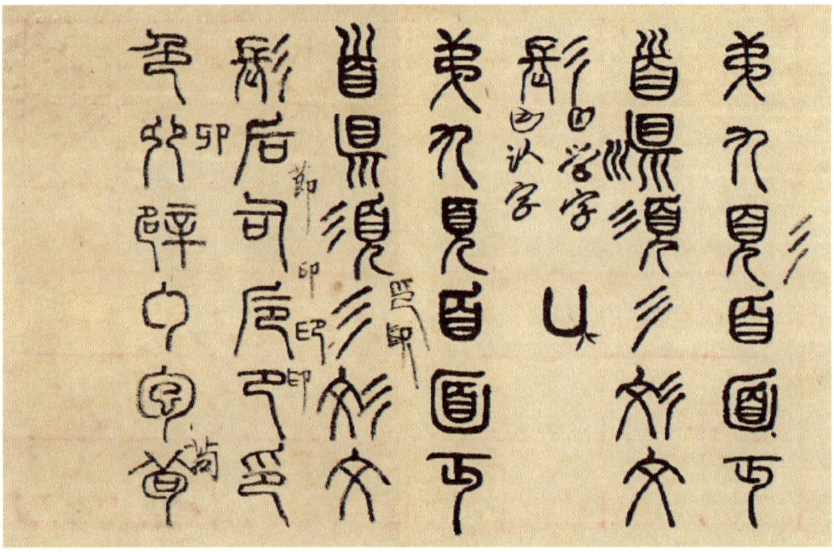

10月29日，陈启元书法教育课徒稿展览在华茂美术馆举办

究》和《轨道交通时代鄞州城镇发展思路探讨》课题研究，提出轨道交通时代鄞州区城市发展战略新模式和三大发展轴，以及鄞州区未来城镇建设的方向。研究成果通过《鄞州信息（领导专报）》上报，为鄞州区"十三五"规划及相关专项规划的编制提供参考，并通过《鄞州日报》（学苑版）刊出。

【科技创新与市场化机制课题研究】2015年12月，区社科院（联）梳理科技创新发展趋势、背景及鄞州区科技创新发展历程，对比发达地区科技创新的先进经验，完成科技创新与市场化机制课题研究。提出鄞州区未来相当一段时期内科技创新的战略定位、目标任务和实现路径，建设"科技创新生态区"，培育科技创新生态体系，为鄞州区区域经济社会实现内生动力转换提供参考。

（陈　喜）

档　案

【概况】2015年，区档案馆创建为宁波市首家国家级数字档案馆，扫描档案折合150518卷1238万页，馆藏案卷档案数字化率达89%，粘贴馆藏档案储位标签11034张、电子标签172499张、二维码235757张，实现对档案实体、档案数据的智能化安全监管。推进"智慧档案"项目建设，升级电子文件中心平台、馆藏档案管理系统、门户网站，实体档案智慧管理系统、远程档案利用平台二期建成并投入试运行。开展省级科研立项课题研究和成果申报，课题成果《信息时代高校档案资源网络共享可行性分析》在国家级刊物《兰台世界》上发表，《移动互联环境下民生档案无缝使用方法的研究》获省2013~2014年度档案学优秀成果三等奖。4家单位创建为省级示范数字档案室，22家单位通过规范化创建，59家立档单位完成2014年度OA电子公文归档工作。接收13家重要涉民单位的专业档案数据及部分重点建设项目档案的登记备份数据365千兆。登记9家省级重点工程、7家市级重点工程档案。

与区教育局联合，为全区117所中小学13.6万名学生建立特色教育档案，在区内3家小学开展试点。提出出生医学证明档案整改意见，及时督导区内各医疗机构规范管理出生医学证明档案。全年为8259人次提供利用服务，查阅档案10221卷次，为农村股改、独生子女奖扶政策等提供原始凭证，窗口服务满意率100%。接收导入婚姻登记处706件收养档案和51195件婚姻档案目录数据，开放鉴定1981~1984年馆藏文书档案。5家单位通过目标管理省级认定，12家单位通过市级认定，并协助建设综合档案室8家。组织"鄞州记忆"影像档案和地域文化项目抢救性拍摄，留存区内21个历史文化名村珍贵照片2500余张。联合区电视台拍摄纪录片《疫影宁波——宁波细菌战幸存者及亲属的调查纪实》。《时代的印迹——周震摄影美术作品集》获全省优秀档案编研成果评选三等奖。根据区政府职能转变和机构改革方案，制定下发《机构改革档案处置工作方案》。开展区内机构、工作职能有较大调整单位的归档范围和保管期限的修订、审批工作，7家单位确定各自归档范围并完成审批；审核国企档案归档范围和保管期限，审批单位4家。制定村经济合作社股份合作制改革档案的归档范围和保管期限，明确区、镇、村三级的归档责任、归档要求和归属流向。联合区人大教科文卫工委、房屋征收管理办公室，检查区内6家单位的征迁档案。开展浙江政务服务网建设、测试相关工作，规范涉及的17项行政权力的网上申报、受理、审核、发放决定书等环节。

【鄞州图库平台上线运行】2015年1月28日，鄞州图库平台上线运行。该平台由区档案局、鄞州日报社和区摄影家协会3家单位发起筹建，区档案局负责平台的设计开发及运行维护，鄞州日报社和区摄影家协会负责提供各类图片资料。全年上传馆藏老照片、鄞州特色系列图片1500余幅。

【"6·9"国际档案日活动】2015年，区档案局开展"6·9"国际档案日活动。4月21日，由区委宣传部、区档案局、区文联联合主办的"时代的印迹——周震摄影美术作品展"在李元摄影艺术馆开展，展出20世纪50年代中期至80年代末鄞县社会政治、经济民生等方面摄影、漫画作品近100幅，参观者超过9000人次。4月，举办档案主题征文活动。以"档案——与你相伴"为主题，组织机关干部、档案工作者、普通群众参加，收到主题征文22篇。5月28日，"义乡鄞州"进校园宣教活动在钟公庙中学启动，以"义乡鄞州"为主题，为区内700余名中学生进行"义乡鄞州"档案宣教讲座。5月，鄞州区档案学会举办"美丽鄞州·档案记忆"摄影比赛，收到投稿作品391幅（组），分别评选出最佳图片奖、优秀图片奖、入围图片奖和优秀组织奖。6月9日，举办"走进档案馆"活动，鄞州区老年大学50余名历史文化爱好者到档案馆，听取《鄞州义商》档案文化讲座，参观馆内展厅，体验查阅服务。8月，组织档案知识有奖竞赛活动，全区各镇乡（街道）和区级机关单位1000人参加全市档案法律法规知识有奖竞赛活动。9月，启动"鄞州骄傲"系列网上展览，推出以革命志士、院士风采、桑梓情深为内容的展览3期，展现鄞籍革命英烈、"两院"院士和"宁波帮"人士爱国爱乡的人生档案。

【纪录片《疫影宁波》播出】2015年8月15日，区档案局联合区电视台拍摄的纪录片《疫影宁波——宁波细菌战幸存者及遗属的调查纪实》在鄞州电视台一套首播，该片通过走访调查宁波细菌战幸存者及遗属胡鼎阳、胡贤忠等，以大量的历史铁证，真实还原1940年10月27日发生在宁波开明街的鼠疫祸患，揭露日本军国主义者在宁波实施细菌战，残害中国普通民众的罪行，9月3日、5日、30日等主要节点日在鄞州电视台重播。

【征迁档案工作执法检查】2015年10月，区人大常委会教科文卫工作委员会、档案局、房屋征收管理办公室组成联合检查组，联合下发《关于开展征迁档案工作执法检查的通知》，检查辖区内首南街道、下应街道、高桥镇、钟公庙街道、长丰开发建设指挥部、姜山镇6个单位的征迁档案工作。针对检

4月21日，“时代的印迹——周震摄影美术作品展”在李元摄影艺术馆举办

查中发现的问题，3部门下发《关于对全区征迁档案联合检查情况的通报》，要求各单位整改和提高，并提出要求。12月底，各单位完成整改工作。

【《鄞州家训家风故事》出版】 2015年12月21日，《鄞州家训家风故事》由浙江古籍出版社出版。该书是区档案局（馆）2015年重点工作项目之一，被列入浙江省百项编研精品。全书31.5万余字，由省档案局副局长丁越飞题写书名，市档案局局长孙伟良和浙江大学历史系教授梁敬明作序，以家训精选、家风故事、家族概况为内容，展示走马塘陈氏、潘火桥蔡氏等21个氏族家训和“乒乓大王”傅其芳等157个家风故事。

【区数字档案馆通过“国家级数字档案馆测试”】 2015年12月23~24日，由国家档案局、省档案局专家组成的测试组现场测试鄞州区数字档案馆。专家组通过听取工作汇报，审阅相关台账，实地操作系统，测试鄞州区数字档案馆基础设施、系统功能、档案资源、保障体系、服务绩效等情况99个测评点。专家认为：鄞州区数字档案馆系统功能齐全，运行稳定，建成以馆藏档案管理和实体档案智慧管理系统为核心，电子文件中心平台、远程档案利用系统、鄞州档案网为拓展，异地查档跨馆服务平台为补充的档案收集、管理、保存和利用体系，并围绕馆藏档案建成档案目录、全文数据和电子档案的信息资源库，在档案馆（室）、机关单位和社会得到应用。全体专家一致同意鄞州区数字档案馆通过“国家级数字档案馆测试”，区档案馆创建为宁波市首家国家级数字档案馆。

（李 荔）

史 志

【概况】 2015年，鄞州区委党史办公室（简称“区委党史办”）拟定并完善党史三卷编写大纲和党史专题题目、分解优化党史专题撰写任务，11月，召开鄞州党史三卷编纂启动暨党史专题编写动员会，组织专题业务培训。出版发行《中共鄞州区委执政实录（2013）》《中共鄞州区委大事记（2002~2006）》《鄞县抗日武装与鄞西抗日根据地》等地方党史书籍。区委党史办获评全省党史工作先进集体。

2月，组织召开全国和省、市专家参加的《鄞州区志》初审会。年内，召开相关专题会议，分析梳理专家意见，集中修改，并针对排版稿中存在的问题成立专门校对组，基本完成书稿修改校核工作。影印同治《鄞县志》，并启动乾隆《鄞县志》影印出版事宜。《鄞州年鉴（2014）》获全国年鉴编校质量综合评比一等奖，10部志书获评全市优秀史志成果奖。

结合纪念宁波中共党组织成立90周年、抗日战争胜利70周年，在《鄞州日报》开设史志专版7期、史志小版12个，全面回顾和展示地方史志相关工作。联合区新四军历史研究会等单位，开展新四军老战士口述史料抢救，建造咸祥镇南头村村民抗战期间营救美军飞行员事迹纪念亭（碑）等。与浙江大学宁波理工学院开展抗战遗迹寻访教学实践活动。《鄞州史志》编辑出版4期，计40万余字。

【《鄞州年鉴（2014）》获全国年鉴编校质量综合评比一等奖】 2015年1月28日，由中国出版协会主办、年鉴工作委员会承办的第五届全国年鉴编纂出版质量评比活动揭晓，区地方志办公室编纂的《鄞州年鉴（2014）》获第五届全国年鉴编纂出版质量评比综合一等奖和框架设计一等奖、装帧设计一等奖、条目编写二等奖3个专项奖。《鄞州年鉴（2014）》编写遵从删繁就简的原则，行文措辞规范严谨，同时增加信息容量，文字由85万字增至99.6万字，并在排版装帧上增容，页码由上年的600页减至350页。

【《宁波市鄞州区志（1978~2008）》通过初审】 2015年2月10日，《宁波市鄞州区志（1978~2008）》（简称“《鄞州区志》”）初审会召开，中国地方志指导小组办公室联络处处长、研究员、中国社会科学院研究生院博士生导师张英聘，省地方志办公室主任潘捷军、副主任章其祥、市县工作处副处长周祝伟，浙江工商大学教授王志邦，绍兴市地方志办公室主任何云伟及宁波市地方志办公室主任姚晓东、副主任傅晓等省、市地方志系统领导和专家及区志编辑部成员30余人参加会议，区委常委、副区长蔡松芝出席会议。《鄞州区志》修编定位为续修，全面系统记述1978~2008年鄞州行政区域内自然、政治、经济、文化、社会等各方面的发展变化。初审会上，专家们一致认为，作为全国志书试点单位、全省示范单位，鄞州区在修编区志的过程中积极探索新路，《鄞州区志》初审稿门类齐全，涉及面广，史料翔实，注重客观记述，体现鄞州深厚的历史底蕴和丰厚的现实成就，注重历史脉络的贯通，具有史实研究价值。同时，与会者就凡例、篇目结构、内容、照片、排版等方面的不足之处，提出修改建议，并希望《鄞州区志》在修改中，继续探索题材和形式的创新突破。

【同治《鄞县志》影印版出版】 2015年4月，同治《鄞县志》影印版由浙江古籍出版社出版。该书采用浙江省图书馆收藏的光绪三年（1877年）刻本原版影印，以保持志书原貌。同治《鄞县志》由知县戴枚修，徐时栋、董沛编纂。全志原版七十五卷三十四册，以钱大昕的乾隆《鄞县志》为蓝本，补疏辨误，考证精详，是清代晚期方志中的佳作。影印版采用优质宣纸、古典线装形式，分为四函二十四册。

【区首届优秀史志成果评选】 2015年6月17日，区地方志办公室组织召开全区首届优秀史志成果评选会。评审组由区委宣传部副部长张行君、区委党校常务副校长杜建海、天一阁博物馆中国地方志珍藏馆副馆长龚烈沸、鄞州日报社副总编葛吉华、《鄞州文史》主编戴松岳和区社科院副院长吴志远等领导、专家6人及区地方志办公室领导、业务骨干4人组成。重点从框架设计、内容记述、装帧设计3方面展开，评选出地方志书类和地情书籍类2类10项地方史志优秀成果获奖，其中一等奖2部、二等奖3部、三等奖5部。志书类一等奖为《鄞州水利志》，二等奖为《鄞州慈善志》《宁波市鄞州区地名志》，三等奖为《桃源乡志》《钟公庙街道志》《鄞州建设志》；地情类一等奖为《鄞县进士录》，二等奖为《鄞县望族》，三等奖为《鄞东重镇咸祥》《历史的回声》。

【"涵育与超越：文化传统与鄞州近代人物"学术研讨会】 2015年10月17~18日，"中国近代史论坛"第五期——"涵育与超越：文化传统与鄞州近代人物"学术研讨会在鄞州区召开。论坛由中国《近代史研究》杂志社、省历史学会、区地方志办公室主办，省社科院"专门史"重点学科团队、省历史学会民国人物研究鄞州中心、区地方史志研究会承办，中国社会科学院近代史研究所党委书记周溯源、中山大学历史系教授桑兵、台湾"中央研究院"研究员黄克武、中国社科院近代史所研究员虞和平、《近代史研究》主编徐秀丽、南开大学教授李金铮、湖南师范大学教授周秋光、香港中文大学教授李培德、省历史学会副会长陈野、宁波大学人文与传媒学院院长陈君静、华东师范大学教授谢俊美、副区长夏素贞等领导、嘉宾60余人与会。论坛希望以文化积淀深厚的鄞州为个案，观照近代杰出人物与其成长环境的有机互动，探讨大传统和小传统的并存互渗，追寻文化传统的内在精神和时代价值。论坛论文和会上研讨基本围绕近代鄞州籍名人研究、地方传统之于名人群体的"涵育"作用研究和杰出人物之于地方传统的"超越"意义研究三方面展开。《光明日报》《近代史研究》等媒体进行专题报道。

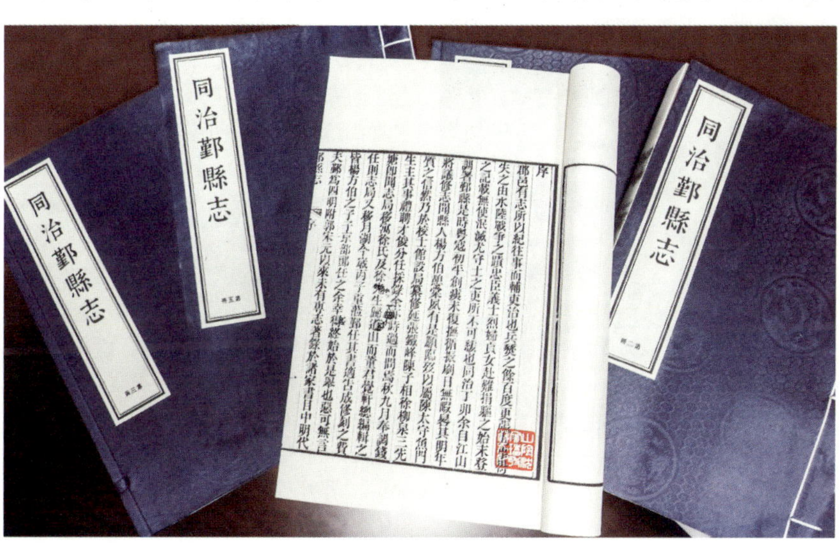
同治《鄞县志》影印版

【纪念抗日战争胜利70周年座谈会暨抗战丛书首发式】 2015年8月31日，区委党史办联合区委宣传部、区新四军历史研究会等单位，举办纪念抗日战争胜利70周年座谈会暨抗战丛书首发式，相关单位人员及30余名老战士、老同志参加。座谈会上，区委党史办负责人介绍鄞州抗战的历史概况，与会其他老战士、老同志回顾亲历的抗战历程。在《鄞县抗日武装与鄞西抗日根据地》《鄞州抗日巾帼》《冯和兰传》等抗战题材书籍首发式上，区委常委、宣传部部长沈剑波发表讲话，并向区档案局、团区委、区关工委等单位赠书，冯和兰儿子李平山回顾母亲事迹和《冯和兰传》的写作过程。

【《宁波市鄞州区抗日战争时期人口伤亡和财产损失》出版】 2015年9月，《宁波市鄞州区抗日战争时期人口伤亡和财产损失》由中共党史出版社出版。该书由区委党史办编辑，是中央党史研究室在全国开展的抗日战争时期中国人口伤亡和财产损失课题调研丛书之一。全书近40万字，以资料汇编形式，收录抗日战争中鄞县沦陷时期的档案资料、各类回忆性文字资料、实地采访的口述资料等，并以搜集的资料为基础，形成调研报告、大事记以及人口伤亡和财产损失各类表格数据。

【党史三卷编撰启动暨党史专题编写动员培训会】 2015年11月13日，鄞州区委召开全区党史工作会议，启动鄞州党史三卷编撰工作，部署落实三卷党史专题编写任务。省委党史研究室副主任王祖强，市委党史研究室副主任傅晓，区委副书记毛春阳，区委常委、组织部部长郑坤法，区委常委、宣传部部长沈剑波出席会议。区委党史委员会成员、区级机关及有关部门党史专题征编工作分管领导和撰稿人员近200人参加会议。会上，王祖强、傅晓分别代表省、市党史部门讲话，区委副书记毛春阳作动员讲话。培训会上，省委党史研究室三处处长俞红霞作党史专题编写辅导。

（李学忠）

广播电视

【概况】 2015年，区广播电视台推出“集中攻坚六大行动”“三严三实”等重大主题报道12个，采制时政新闻3000条，部分新闻在省电视台、中央电视台播出。《你拨拨灵》栏目推出周末版。与市电视台合作开展基层协商民主专场活动。开设《辟谣平台》栏目，传达官方权威辟谣信息。

开展主要负责人安全工作会议3次、分管负责人会议8次，现场监督检查30次，排查安全隐患26条，整改26条，开展专项检查29次，应急演练8次，制定修订应急预案3项，举办基层技术比武1次，与20个基层广电站签订安全生产工作责任书，开展200余人次的安全生产培训。农村应急广播建设完成，通过市、区文化广电新闻出版局验收。

开展“担当奋进求作为改革转型谋跨越”主题教育活动，包括开展思想动员教育、党风廉政讲座。邀请专家、学者、讲师开展各类主题讲座，开展草根讲堂活动；工青妇开展“三八”妇女节慰问和“五四·奉献”“奔跑吧广电人”等活动。

【广播电视台制度改革和技术更新】 2015年，区广播电视台坚持创新发展思路，开展通过制度改革和技术更新，优化系统配置，扩大业务范围，开通付费通业务，推出一卡通缴费，开辟POS机服务平台，推出“欢乐羊年”套餐等优惠活动，完成尼尔森收视率项目、数字电视DVB平台扩容，签约多家集团用户；改革广播频道，拓展频道影响，鄞州电台105.2实行频率制改革，打造以音乐、电影、美食、娱乐、文化、交通等为主题的全新“动感105，私家车生活广播”。微信号公众号“动感1052”粉丝数量近13000人，移动客户端蜻蜓订阅数增至5.8万人。

【精品节目栏目】 2015年，广播新闻《鄞州法院阳光司法领跑全国》获市新闻奖一等奖。电视节目技术质量奖新闻类获省三等奖。在“2014年度宁波市广播影视广告作品奖评选”活动中，广告中心选送的《开车时，请放下您的手机！》获广播公益类广告一等奖，《家长是孩子一生的老师》获广播公益类广告三等奖；《寻找身边的感动》获电视公益类广告三等奖，《万科金域国际·代言人》获电视商业类广告三等奖；广告中心《游乐汇》栏目选送的《浪漫长滩》和《鄞青大搜索》栏目选送的《“象牙塔”走出的“新农民”》分别获二等奖和三等奖。

【《我们这十年》鄞州篇宣讲片】 2015年7月初，区广播电视台专门抽调多名业务骨干，成立《我们这十年》拍摄组。鄞州宣讲片拍摄场地为台综合演播厅，选用大屏幕LED作为背景，启用四台高清数字摄像机和录播设备。后期制作过程中，制作人员设计三维动画、动态图表，选用航拍画面和历史资料。《我们这十年》鄞州篇，通过点绿成金、化污成金、造城聚金三个小故事，串起十年来鄞州在实践“两山理论”过程中，农村、城市、工业园区的发展变化轨迹。8月8日，《我们这十年》鄞州篇网络宣讲片在“浙江在线”网站上线。鄞州电视台《鄞视报道》栏目时间段全篇播发该宣讲片，30万有线电视用户收看。鄞州新闻网转载该片，点击率1.8万次。在“鄞州发布”“鄞视报道”微信公众号同步刊播，近2万人次阅读量。

2月5日，区广播电视台2014年度年终总结大会暨“鄞广好声音”年代秀在区文化艺术中心举行

【鄞州电视台一套和二套高清频道开通】 2015年11月29日起，区广播电视台开通鄞州一套、鄞州二套高清频道。两个高清频道在高清机顶盒的搜索频道号是201和202，用户收看前需要重新自动搜索高清机顶盒。高清频道画面的清晰度、色彩以及画幅比等比标清频道更佳。

（王杨乐）

鄞州日报

【概况】 2015年，鄞州日报社推出“‘三改一拆’在行动”“实施五水共治，建设美丽鄞州”“推进依法治区，建设法治鄞州”等栏目、“实施六大行动，确保领跑领先”“行走鄞州，精彩故事”、“‘清爽行动’实地探访”“义乡鄞州”“贯彻全会精神，推动五大发展”“鄞州实践‘青山绿水就是金山银山’综述”“走出鄞州看周边”等专栏或系列报道。其中，“实施六大行动，确保领跑领先”发稿116篇，包括“镇乡（街道）一把手谈发展系列报道”20余篇、“聚焦鄞州互联网+系列报道”5篇、“推进大众创业万众创新系列报道”6篇和“聚焦鄞州电商发展系列报道”4篇；“行走鄞州，精彩故事”发稿45篇，反映村落之美和百姓之美；“向深化改革要红利”“鄞州实践‘青山绿水就是金山银山’综述”等系列报道读者评价为“视点高、内容丰富、正能量满满”。

成立地方新闻部，记者到镇、村一线，刊发乡镇头版头条稿件70余篇，开发运作微信公众号“乡恋”。社区报《星期五》周刊全年发行3.5万份。与中国少年新闻学院合作，开辟小记者训练营和培训业务，包括公益活动和收费活动。《鄞州日报》集中征订6月完成，全年发行量达3.84万份。

【经济类报道】 2015年，鄞州日报社推出2014经济回眸、一季度经济述评、着力推进经济发展方式转变、聚焦电商发展、聚焦电商冲击下的城市综合体之变、聚焦鄞州互联网+等系列报道，采写《人均GDP考核给鄞州带来什么》等重点稿件；突出“大众创业、万众创新”，推出“2015，我的创业梦”“来自企业一线的创新报告”“奔跑吧，一人公司”“推进大众创业万众创新”“人才驱动创新”等系列报道或特别报道。其中，《来自企业一线的创新报告》系列报道打破常规的“五一”劳动节报道思路，自5月1日推出至5月30日结束，刊登稿件18篇。走进企业，挖掘企业在转型升级方面的积极探索和成功做法，采写《“南联”：十年三道选择题》《炼“粉”成“金”——东睦新材料集团有限公司转型升级记》《“帅特龙”反客为主淘汰5家整车厂》《把危机当作再起飞的平台》《鄞州公益性“舌尖险”开全国先河》《“东睦”一线7名员工获股权激励》等稿件。

【典型人物报道】 2015年5月15日，鄞州日报社推出通讯《一个办事员的“加减法”——鄞州国土分局窗口工作人员苏茂龙提效便民的故事》，并配发评论。关注并报道受困白血病的医生赵子恩、献血英雄郑世明、孝亲敬老之星郭汇泉、“功夫奶奶”严春芳、鄞籍志愿军老兵叶泽民，以及为事业打拼的“船长”冯德将、60岁创业的律师马传业、速写鄞州的规划师李冀、给病人发名片的医生黄科成、进山当民医的医生徐晓众和一批“最美业余文保员”等人物。其中，多人入选鄞州好人榜和区级文明之星，苏茂龙被推荐为浙江省“最美国土资源人”。推出捐献骨髓的许建华、捐献器官救5人的外来打工者刘侠等特别报道。

【民生类报道】 2015年，鄞州日报社重点推出“三轮车退市”“流动摊贩整治”和地铁2号线开通等主题报道和特别报道。在热点事件中，关注“一条热线牵动88根政务神经”、中心城区学子“超载”现象，推出“关注房闹现象”“环境保护”“四问物业”等系列报道。主推“周日文化”品牌，发布全省首款“文化地图”，挖掘“王安石治鄞的时代价值”以及“桃源书院的前世今生”等，推进鄞州大文化建设。在“国际家庭日”推出好家风、好家训报道。配合洞桥镇举行的全祖望文化节，推出关于全祖望故居以及传说故事等多篇报道。“爱心联盟在行动”推出“百堂外教进课堂”活动，通过出入境公司聘请外教送教进课堂，让农村的孩子敢于开口说英语。

【纪念抗日战争胜利70周年报道】 2015年，鄞州日报社推出纪念抗日战争胜利70周年特别报道。8月15日，推出一个整版的《鄞州，不能忘却的抗战记忆》，披露抗战时期鄞县人口伤亡和财产损失的细节和数据；9月3日，用两个版面的篇幅报道《风雨沧桑四明山——探访鄞州三大抗日主战场》；9月4日，4个版面全部报道胜利日大阅兵盛况。

【千年它山堰成功申遗报道】 2015年10月14日，鄞州日报社在各大媒体中率先报道《千年它山堰成功申遗》，推出2篇文章加1个整版；10月21日，推出《千年它山堰，对话世界》1个跨版，全面报道千年它山堰成功入选世界灌溉工程遗产的全过程，两天报纸均被相关部门收藏。

【头版新闻报道调整】 2015年2月，鄞州日报社结合区委《关于改进新闻报道的意见》，出台《鄞州日报头版改进方案》，在头版突出体现基层的鲜活报道、经验典型报道、具有示范意义的改革创新举措报道；突出体现弘扬社会主义核心价值观的新人、新事；突出体现反映民生、民情的报道；突出体现新闻图片的作用，头版领导活动报道、会议报道大幅减少。6月，制订瘦报特性新的版式规则。7月1日起改宽报为窄报，并实现八版全彩印刷。

【中国少年新闻学院鄞州分院成立】 2015年4月29日，中国少年新闻学院鄞州分院成立，区委常委、宣传部部长沈剑波和中国人民大学·中国少年报社少年新闻学院副院长张震方为中国少年新闻学院鄞州分院揭牌。中国少年新闻学院鄞州分院结合《鄞州日报》自身优势，打造鄞州未成年人教育新品牌，全年到10余个学校开展媒体素养教育和“送花种进校园”活动。

【《鄞州日报》微信公众平台上线】 2015年7月15日，《鄞州日报》微信公众平台上线。9月，专门出台微信运营管理办法，让自建微信和承包养护的微信形成集群矩阵。鄞州日报社内部建“鄞州日报报业”“鄞州小记者”“乡恋”等4个微信平台，承接9个镇乡（街道）的政府公众微信号服务业务。

表29　　2015年度鄞州日报社获奖作品

作品标题	作者	编辑	刊发时间、版面	获奖情况
村官咱也当当看（通讯）	史芸飞 鲍婷婷 邱龙君	邵永松 陈　勇	12月30日1版	浙江省县市区域报新闻奖一等奖 中国县市报新闻奖一等奖
一条热线牵动88根政务神经（消息）	应于波	郭　靖 徐琼辉	1月16日1版	浙江省县市区域报新闻奖二等奖

续表29

作品标题	作者	编辑	刊发时间、版面	获奖情况
帅特龙反客为主淘汰5家整车厂（消息）	任斌斌	郭　靖 邵永松 葛吉华	4月23日1版	浙江省县市区域报新闻奖三等奖 宁波市重大主题报道优秀作品二等奖 中国县市报新闻奖一等奖
任红星关闭6家蔺草厂转行做环保（消息）	俞珠飞	邵永松 郭　靖 祝永良	7月8日1版	浙江省县市区域报新闻奖三等奖 宁波市新闻奖二等奖 中国县市报新闻奖三等奖
向深化改革要红利（系列报道）	集　体	余　峰 刘立中 邵永松	6月15日至9月7日1版共计20篇	浙江省县市区域报新闻奖三等奖 宁波市新闻奖三等奖
鄞州，赴一场和王安石的千年之约（副刊作品）	吴海霞	包丹虹 葛吉华	4月3日5版	浙江省县市区域报新闻奖一等奖 中国县市报新闻奖三等奖
5小时网络众筹30万元（突发事件报道）	鲍婷婷	柴尔峰 余　峰 祝永良	11月24日1版	浙江省县市区域报新闻奖三等奖
关注房闹现象系列述评（热点引导报道）	朱　东	郭　靖 邵永松 徐琼辉	3月11日至13日1版	浙江省县市区域报新闻奖二等奖 宁波市新闻奖三等奖 中国县市报新闻奖二等奖
一个办事员的“加减法”（典型报道）	俞珠飞 林寻忠	徐琼辉 郭　靖	5月15日1版	浙江省县市区域报新闻奖三等奖 宁波市新闻奖三等奖 中国县市报新闻奖二等奖
2015年8月21日（新闻版面）	徐琼辉	徐琼辉 郭　靖	—	浙江省县市区域报新闻奖二等奖 中国县市报新闻奖三等奖
水再大，我也要娶你回家	史芸飞 夏　梦	柴尔峰 祝永良	10月2日3版	宁波市新闻奖二等奖 中国县市报新闻奖一等奖
2015年4月5日2、3版（版面）	—	余　峰	—	宁波市新闻奖一等奖 中国县市报新闻奖一等奖
2015年7月16日5版（版面）	—	孙永达 郭　靖	—	宁波市新闻奖三等奖
掠过千年烟尘，重现国学光辉（副刊）	吴海霞	包丹虹 祝永良	5月25日5版	宁波市新闻奖二等奖
写作80年，董鼎山宣告封笔（副刊）	包丹虹	葛吉华 包丹虹	3月6日7版	宁波市新闻奖三等奖 中国县市报新闻奖二等奖
千年它山堰申遗成功（网络、融合媒体报道）	俞珠飞 史久阳 祝永良 水　杉 廖娟娟	—	鄞州新闻网2015年10月14日	浙江省县市区域报新闻奖三等奖 宁波市新闻奖三等奖
以独特的地域风情和文化内涵呈现优势（论文）	包丹虹	祝晓虎	《新闻战线》业务广角2015年4月	宁波市新闻奖一等奖 中国县市报新闻奖二等奖
河道疏浚应按流向而为（内参）	俞珠飞	胡爱萍	《鄞州日报》内参2015年9月30日	宁波市新闻奖三等奖
千年它山堰申遗成功（消息）	俞珠飞	邵永松	10月14日1版	宁波市新闻奖（县市报作品）一等奖 中国县市报新闻奖三等奖
鄞州一民企为抗战老兵建纪念园（消息）	鲍婷婷	刘立中 祝永良	8月29日1版	宁波市新闻奖（县市报作品）二等奖 中国县市报新闻奖一等奖
鄞州基本建设和市场准入全市率先“裸批”（消息）	应于波 蔡亚辉	徐琼辉	10月16日1版	宁波市新闻奖（县市报作品）三等奖
跨越两座城市的爱心接力（通讯）	叶俊松	刘立中	8月1日1版	宁波市新闻奖（县市报作品）三等奖 中国县市报新闻奖二等奖

续表29

作品标题	作者	编辑	刊发时间、版面	获奖情况
鄞州公益性“舌尖险”开全国先河（消息）	张文胜 应科苗	邵永松 陈　勇	5月13日1版	中国县市报新闻奖二等奖
转移！转移！（摄影）	史久阳 林银海	刘立中 葛吉华	7月11日1版	中国县市报新闻奖二等奖
立中辣评（专栏）	刘立中	—	—	中国县市报新闻奖二等奖
急诊室的故事（专栏）	崔　晶	—	—	中国县市报新闻奖二等奖
“环保协警”恐难保“环境协管”（评论）	卢文华	刘立中 葛吉华	12月15日7版	中国县市报新闻奖三等奖
人物专访要入境入情入理	包丹虹	—	—	中国县市报新闻奖三等奖

（戴亚红）

新　闻

【概况】 2015年，区委宣传部组织“三严三实”专题教育和“六大行动”“法治鄞州”“互联网+”“五水共治”“三改一拆”“义乡鄞州”等主题和专项宣传活动。其中，“六大行动”刊播稿件200余篇，“五水共治”刊播稿件180余篇，“三改一拆”刊播稿件70余篇。建立对外宣传工作联席会议制度，开展优秀对外宣传作品评选，举办“金蝶”系列评比，策划开展“走出鄞州看鄞州”“台湾媒体鄞州行”等新闻交流活动。全年分别在中央级媒体、《浙江日报》和市级媒体刊发重点稿35篇、80余篇和200余篇。其中，《光明日报》头版头条报道《大义之乡数鄞州》，《经济日报》整版报道《宁波鄞州：绿水青山与金山银山共同生长》，新华社《经济参考报》以3个版面全方位展示鄞州经济社会发展情况。

出台《鄞州区党委政府新闻发布工作实施办法（试行）》，组建全区新闻发言人队伍并开展业务培训，区级层面举办4场新闻发布会，获全市新闻发言人大比武三等奖。“鄞州发布”政务微信上线运行，鄞州新闻网改版上线，“甬派”新闻客户端注册推广90783份。协调应对《今日聚焦》《第一聚焦》等栏目涉鄞州区内容，全年处理突发事件和曝光新闻23起。

【“鄞州发布”微信公众号上线】 2015年6月8日，“鄞州发布”微信公众号上线，与“鄞州发布”新浪政务微博形成“双微”联动，市民通过微信查找公众号“鄞州发布”（微信号：yinzhoufb），即可关注。“鄞州发布”微信公众号由区政府新闻办公室、区互联网信息办公室主办，下设“微资讯”“微服务”和“微印象”三大栏目。“微资讯”包括“最新发布”“微博动态”“政务大厅”和“鄞视报道”四个子栏目，立足权威性，发布最新最全的政务资讯、各地各部门的政务动态和政策解读。“微服务”栏目突出服务性，发布常用电话、天气预报、公交查询、当日菜价、公共自行车网点等各类实用服务信息。“微印象”栏目突出展现鄞州的风土人情，涵盖鄞州简介（微海报）、鄞州人文、最美鄞州、图说鄞州等子栏目，记录鄞州人、鄞州景、鄞州事。

【鄞州新闻网新版上线】 2015年8月，鄞州新闻网改版，去除“僵尸栏目”，专注当地新闻、原创新闻、当地生活资讯。8月20日，鄞州新闻网（http://yz.cnnb.com.cn）新版上线。新版网站通过与鄞州日报社、区广播电视台融合的方式，形成新闻传播+政务服务+整合营销+互动娱乐等业务板块和市场布局，打造媒体融合的试验田和新媒体发展的孵化平台。

【庆祝第十六个记者节暨表彰大会】 2015年11月6日，鄞州区召开庆祝第十六个记者节暨表彰大会，表彰第二届“金蝶”优秀新闻工作者、第五届“金蝶”优秀新闻作品，部署下阶段新闻宣传工作任务。区委常委、宣传部部长沈剑波出席会议，区广播电视台台长舒放毅、《鄞州日报》总编辑郭靖及区新闻工作者协会会员，广电台、日报社记者，镇乡（街道）报道员140余人参加大会。会上，任斌斌、余峰、洪晓薇、李伟等“金蝶”优秀新闻工作者及《“向深化改革要红利”系列报道》《一个办事员的“加减法”》《一条热线牵动88根政务神经》《我们这十年》《轮值村官》《全球首条超级电容储能式现代电车运营示范线开通》等10件优秀新闻作品获表彰。优秀作品获奖者代表讲述创作体会。

（于玲玲　梁侃亮）

注：

大松石：以大松地名命名，是指鄞州区咸祥镇球山村羊球休山中能刻印的部分石头，学名叫叶蜡石。其质地莹润凝结，细腻温润，光洁亮泽，冻体多呈微透明状。

省文化产业发展“122”工程：一是在全省范围内，遴选并重点培育100家以上文化企业，扶持这些文化企业做强做优，成为引领省文化产业发展的“领头雁”。此项工程称为浙江省文化企业“百强振兴计划”；二是遴选并培育20个以上重点文化产业园区，促进这些园区拓展空间，做大做强。此项工程称为浙江省文化产业重点园区拓展计划；三是通过三年时间的培育扶持，促成20家左右成长性好、发展潜力大的文化企业上市或进入上市辅导期。此项工程称为浙江省文化企业上市助推计划。以上三项计划以阿拉伯数字缩写，合称为文化产业发展“122”工程。

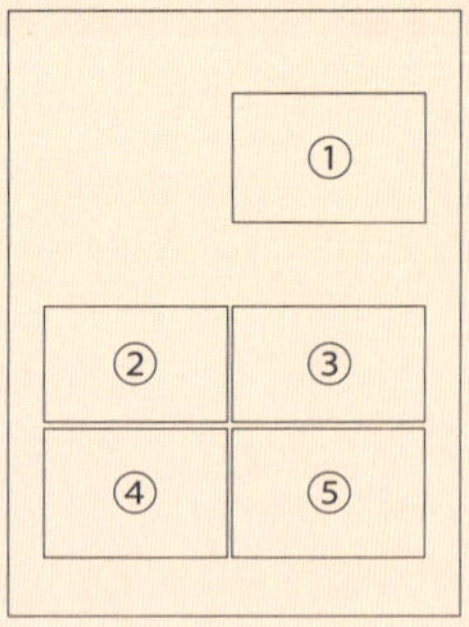

① 1月18日，2015年区文化、科技、卫生“三下乡”集中服务活动在下应街道文化中心广场举行，“周日义工”总队成立及授旗仪式同时举行

② 9月22日，由高桥镇村民参演的原生态舞台秀《又见高桥》在区文化艺术中心大剧院舞台首演

③ 12月25日，“我们的家园，我们的舞台”——鄞州区农村文化礼堂建设成果文艺会演在姜山镇狮山剧院举行

④ 5月30日，来自66个国家的外国友人在宁波大学园区（鄞州区）图书馆进行书画创作

⑤ 5月23日，区少儿艺术大赛在区文化艺术中心举行

卫 生

五龙潭景区

综　述

医疗管理

公共卫生

红十字会工作

鄞州年鉴

2016 YINZHOU YEARBOOK

综 述

【概况】 2015年，鄞州区率先实施区级医院总会计师委派制度，规范医院经济核算制度，提升成本控制水平。鄞州人民医院通过JCI（国际医疗卫生机构认证联合委员会）评鉴，医院大数据集成平台实施安装并运营，启动新一轮绩效分配方案；鄞州第二医院医院信息化管理软件成功切换并投入使用，全市医院信息化推进现场会在鄞州第二医院召开。调整提升卫生队伍，两家医院实行中层竞聘上岗。推进临床路径管理工作，鄞州人民医院有23个专业89个病种7752例进入路径，鄞州第二医院有15个专业58个病种2583例进入路径。鼓励公立医院优先使用基本药物，两家医院基药使用金额占比在32%以上。率先在鄞州区第三医院试点绩效分配和人事聘用制度改革。推行基层名医年薪制改革，对符合条件的地方名医、基层学科带头人、基层急需引进的特殊人才推行年薪制，全区评定年薪制医生32人，发放年薪687万元。扶持社会力量办医，出台《进一步鼓励和引导社会资本举办医疗机构的实施意见》，实际开放床位802张，占全区医疗机构总开放床位数的23.8%。鄞州儿童口腔医院（鄞州口腔医院分院）、鄞州眼科医院试运行，筹建的有鄞州浙东骨科医院、鄞州中医院、宁波西部医院、鄞州肛肠医院、华信康复医院。

整合融合卫生局、人口和计划生育局，组建鄞州区卫生和计划生育局。整合区妇幼保健所与区计划生育宣传技术指导站，设立鄞州区妇幼保健计划生育服务中心，为群众提供“一站式”妇幼保健与生殖健康服务。整合共享基层妇幼保健和计生指导队伍，理顺工作职责。

卫计系统建设项目投资41129万元。鄞州第二医院二期综合楼工程装修施工完成70%；浙江大学明州医院二期宿舍楼完工并交付使用，体检中心、病房楼装修基本完工；宁波西部医院完成地块农转用审批及挖拍前期工作；石碶街道社区卫生服务中心迁建工程完成中间结构验收；姜山镇茅山卫生院扩建工程装修施工完成95%；鄞江中心卫生院后勤用房及CT机房扩建工程、龙观乡卫生院改造工程基本完成。

招聘5批次，录用164人，其中硕士研究生43人、本科生88人、大专生33人。实施“奖医育才”政策，奖励16名符合条件的医生，其中7名高层次人才、2名大学生享受到人才引进补助。组织局管干部培训班，邀请省人民医院、丽水中心医院、协和医学院公共卫生学院等专家进行讲座，有4名基层院长到上级医院挂职锻炼。区培训中心根据不同专业、不同群体建立培训菜单，组织各类培训授课79场次2500人次。鄞州人民医院医联体首届“全科医生培训班”21名学员全部结业。鄞州第二医院成立侯凡凡院士工作室。鄞州人民医院眼科创建为浙东区域专病中心。浙江大学明州医院骨科学、普外科学被省卫生和计划生育委员会确定为第三批非公立医疗临床特色学科。开展基层名医和特色专科评选工作，产生基层名医10位和特色专科6个。有23项科研项目在省、市、区级立项，有13个项目通过验收。二级以上杂志发表各类论文500余篇，其中SCI论文34篇、国家一级杂志68篇。鄞州人民医院首次获得国家自然基金课题，有两个科研项目分别获省医药卫生科技进步三等奖和省中医药卫生科技三等奖。区疾控中心成功申请一项国家自然基金重大研究计划培育项目。

【省眼科区域专病中心落户鄞州人民医院】 2015年4月25日，浙江省眼科区域专病中心在鄞州人民医院授牌。同时，鄞州人民医院投资2000万余元的新眼科大楼启用。鄞州人民医院眼科中心设有白内障专科、眼底病专科、斜弱视及屈光小儿眼病专科、青光眼专科、角膜和眼表疾病专科、眼眶眼整形专科6个重点亚专科，分别由知名专家担任各亚专科学科带头人，吸引宁波各地及舟山、绍兴、台州、丽水等地区的眼病患者。眼科中心每年开展新技术新项目3~5项，有多项技术填补浙东眼科空白，部分手术领域达到省内及国内先进水平，有10余项课题在科技部、省自然基金和市厅级立项，有4项课题获省、市科技进步奖，2010年获“宁波市眼科学重点学科”称号。

【全国伤害监测信息化试点落户鄞州区】 2015年5月18日，中国疾控中心慢病防制中心主任王临虹、省疾控中心副主任俞敏、市疾控中心副主任张涛等专家领导到鄞州区疾控中心，研讨全国伤害监测信息化项目研究试点工作。在听取区疾控中心的介绍和演示后，专家们一致认为，鄞州区建立一个完整的、符合国家标准的伤害监测信息平台，是作为全国伤害信息化监测研究基地的理想选择，并将试点名称确定为“基于区域信息平台的伤害监测研究试点”。希望在鄞州区的试点工作能为全国伤害信息化监测提供参考，为推动全国伤害监测日常化提供帮助。

【中国心率失常流行病研究项目启动】 2015年，为了解中国人群心血管疾病，特别是心律失常的患病情况及相关因素，为中国制定心血管的防治策略提供依据，中国心率失常流行病研究在全国范围内采用多阶段分层随机抽样方法在北京、上海、广东、河南、云南、吉林、浙江和新疆8个省（自治区、直辖市）的样本县中随机抽取一个城市街道和一个农村乡镇45岁及以上当地常住户籍居民，共计44068人。此课题名称为中国心率失常流行病学研究，由首都医科大学附属北京安贞医院（以下简称“北京安贞医院”）申办，鄞州区疾控中心委托姜山镇茅山卫生院开展，在45岁以上常住户籍人口抽样调查4000人，调查内容包括：问卷调查、体格检查、心电图、血样采集、B超，其中B超人员由北京安贞医院下派。7月1日至9月27日，鄞州区登记参与项目4083人，涉及7个行政村，发放调查问卷4030份，65岁及以上心脏彩超检查873人，心电图检查4066人，血液检测4052人，其中心电图异常423人、窦性心动过缓336人、T波改变246人、窦性心律不齐53人、房颤25人、ST段改变169人、左心室肥大94人、房室传导阻滞49人、房性早搏27人、室性早搏22人、主动脉瓣硬化10人、二尖瓣返流19人、主动脉瓣关闭不全8人、侧壁心肌梗死8人。

【区卫生和计划生育局成立】 2015年，根据《中共宁波市鄞州区委、宁波市鄞州区人民政府〈关于印发宁波市鄞州区人民政府职能转变和机构改革方案的通知〉》精神，组建区卫生和计划生育局。区卫生计生局是主管全区卫生和计划生育工作的区政府工作部门。将区卫生局除用人单位职业卫生监督检查等相关职责以外的职责、区人口和计划生育局的计划生育管理和服务职责，整合划入区卫生计生局。将区人口和计划生育局的研究拟订人口发展战略、规划及人口政策等职责划转到区发改局。将区卫生局的用人单位职业卫生监督检查等相关职责划转到区安监局。取消已由国务院和省、市、区政府公布取消的行政审批事项。区卫生计生局设办公室（纪检监察室）、计划财务科、医政科教与中医科（基层卫生科）、疾控监督科（卫生应急办公室）、政策法规科（行政许可科）、计划生育基层指导科、流动人口计划生育服务管理科、组织人事科（卫生保健科）、妇幼健康服务科9个内设机构和区爱国卫生运动委员会办公室。行政编制28人，专职纪检领导编制1人。其中，局长1人、副局长4人，科级领导职数11人，后勤服务人员编制1人。7月14日，区卫生计生局举行挂牌仪式。

【侯凡凡院士工作室成立】 2015年10月19日，侯凡凡院士工作室在鄞州第二医院揭牌成立。侯凡凡是中国科学院院士、著名肾脏病专家，现任国家肾脏病临床医学研究中心主任、国家器官衰竭防治重点实验室主任、广东省肾脏病研究所所长、南方医科大学内科学教授、南方医院肾内科主任。她的一项研究成果，被国际誉为“改变了慢性肾脏病治疗的策略”。工作室成立后，侯凡凡及其工作团队，将通过远程会诊等形式为鄞州第二医院慢性肾病尤其是疑难杂症患者提供诊疗帮助，必要时也会第一时间赶到宁波实地指导。同时，院士团队将定期在鄞州举办高层次学术会议或学术沙龙，为相关专科医护人员进行业务培训，而鄞州第二医院每年将选派技术骨干到院士团队的单位进修学习。双方还将围绕慢性肾病和糖尿病肾病的最新技术发展方向和前瞻性问题，开展合作研究，使鄞州第二医院肾内科成为浙江省内本专业高水平的医疗和科研基地。工作室揭牌仪式后，侯凡凡为鄞州第二医院80余名医护人员讲授“精准医学——肾脏病防治”的最新进展情况。

【区第二届慢性病技能比武大赛】 2015年12月15日，鄞州区第二届慢性病技能比武大赛在区疾控中心举行，24个代表队参赛。比赛分为理论考试、模拟随访两个环节，邀请市疾控中心慢病所所长李辉及区疾控中心有关领导等5人任评委。集士港代表队获模拟随访一等奖，中河代表队获理论考试一等奖，中河代表队获团体一等奖，集士港代表队、姜山代表队获团体二等奖，章水代表队、东吴代表队和茅山代表队获三等奖。

【市医学会器官移植分会学术年会在鄞州举行】 2015年12月18日，2015年宁波市医学会器官移植分会学术年会举行。会议由宁波市医学会主办，鄞州第二医院承办，中华医学会、中国医师学会、浙江大学医学院、华中科技大学同济医学院、温州医科大学、宁波市医学会等单位相关领导及全国器官捐献、临床移植方面的专家学者，全市器官移植及相关专业医护人员等120余人参会。中国工程院院士、中华医学会副会长、中国医师协会副会长、浙江大学医学院附属第一医院教授郑树森在大会上作“肝移植热点聚焦”的专题报告。华中科技大学同济医学院附属同济医院教授陈知水，温州医科大学第一附属医院教授郑少玲，浙江大学附属第一医院教授王仁定，鄞州第二医院教授姚许平、院长翁国斌及宁波市李惠利医院、宁波市第一医院、鄞州人民医院、宁波市眼科医院等医院的移植领域专家，分别就相关领域的热点和难点问题进行专题探讨。

（凌　平）

医疗管理

【概况】 2015年，鄞州区（含东钱湖、高新区）有各级各类医疗卫生机构579家，其中综合医院9家（鄞州区公立4家、民营2家，属高新区公立2家，东钱湖公立1家）、中医综合医院1家（民营）、中西医结合医院1家、专科医院6家、临床检验机构2家（鄞州区和高新区各1家）、中心卫生院5家、乡镇卫生院11家、社区卫生服务中心7家（鄞州区6家、属高新区的1家）、社区卫生服务站84家（鄞州区的66家、属高新区的5家、属东钱湖的13家）、村卫生室290家（鄞州区的282家、属高新区的2家、属东钱湖的6家）、门诊部26家（鄞州区22家、高新区2家、东钱湖2家）、诊所89家（鄞州区民营的78家、集体的1家，属高新区民营的8家，属东钱湖民营的2家）、卫生所4家（民营）、医务室39家（鄞州区27家、属高新区的9家、属东钱湖的3家）、其他医疗卫生机构4家。全区（不含东钱湖、高新区）实有床位3390张，卫技人员7299人，其中执业医师（含助理）2943人、注册护士2653人，每千人口拥有床位4.26张、卫技人员9.17人、执业医师（含助理）3.70人、注册护士3.33人。医疗卫生机构业务总收入（不包括东钱湖、高新区及浙江大学明州医院外的其他民营医疗机构、诊所、医务室村卫生室，下同）28.79亿元，比上年增长5.88%。门诊1351万人次，上升9.3%。总住院床日125.69万天，增长17.57%；平均住院床日9.24天，下降0.2%。居民期望寿命81.76岁，其中男性80.04岁、女性83.59岁。死因前三位依次为恶性肿瘤、脑血管病、呼吸系统疾病，分别占死亡总数的33.13%、29.53%、15.50%。

鄞州人民医院与8家基层机构、鄞州第二医院与12家基层机构分别组建医联体，围绕区域资源整合共享开展紧密型合作，有24个临床医技科室、69名专家定期为医联体成员单位提供专业指导和服务。鄞州人民医院五乡康复综合病区收治患者（含康复）170人，实际使用床日7359天。试点启动家庭医生签约服务。开展居民电子健康档案质控检查，针对现状提出整改意见。开展群众满意卫生院和“两门诊一中心”创建活动，石碶、古林两家五星级全科门诊和石碶五星级中医药门诊通过市级评审。

合理用药电子监管系统覆盖全区所有基层医疗单位，点评处方29.8万张，处方平均合格率94.84%，一般缺陷率5.09%，严重缺陷率0.07%。全区基层医疗机构平均输液率、抗生素使用率、两联以上抗生素使用率和激素使用率（按人次数统计）分别为9.77%、17.3%、1.31%和1.16%，分别比上年的10.82%、18.45%、1.44%和1.25%下降1.05、1.15、0.13和0.09个百分点。全年纠纷报案总数115起，终结58起（终结率50.4%），调处中57起，赔款454万元。增加产科和血液管理质控，调整口腔、麻醉和医疗设备质控中心挂靠单位。

【医疗设备管理】 2015年，鄞州区投入7594万元，增加万元以上医疗设备389件（套），采购百万以上设备19件（套），其中高档彩超9台、单板DR3台、移动DR2台、医用内窥镜系统2套、医用GPS导航系统1套。在各医疗机构间进行设备调剂，规范医疗设备报废管理。

【“智慧医疗”建设】 2015年，鄞州区完成区域影像信息服务平台升级、区域心电信息平台建设两大项目，服务50万余人次，修订5000余例次，修订率由初建时的40%下降到1%左右。区域影像与心电中心均实现与市级平台融合互通，鄞州区患者在全市范围内就医均可调阅有关资料。启动浙江省基于区域卫生信息平台的全科签约和分级诊疗信息化试点项目建设，在区内3家区级医院和6家乡镇卫生院试运行，有25名患者通过该系统预约转诊或住院。区域卫生信息平台功能通过信息系统安全等级保护三级测评。启动国家人口健康信息互联互通标准化成熟度测评项目，区域平台建设和应用得到高度评价，健康鄞州预约挂号平台的公众注册数达19682人次，有效预约数达42897次，居民电子健康档案日有效调阅超过1.8万次。

【契约式家庭医生制服务启动】 2015年5月起，鄞州区在石碶、古林等9家单位先行安装全科签约软件，试点契约式家庭医生制服务工作。6月3日，在石碶街道社区卫生服务中心召开全区契约式家庭医生制服务工作推进现场会，启动契约式家庭医生制服务。至年底，全区参与签约工作卫技人员1112人，组建家庭医生签约团队273个，签约群众19188人。

【鄞医医联体启动仪式暨鄞州人民医院五乡康复综合病区开业揭牌仪式】 2015年1月13日，鄞医医联体启动仪式暨鄞州人民医院五乡康复综合病区开业揭牌仪式在五乡卫生院举行。启动仪式上，鄞州人民医院作为牵头单位，与鄞州区的6个街道社区卫生服务中心、横溪中心卫生院和五乡卫生院8家单位签订协议，在产权归属、单位法人、职工身份、行政隶属、投入监管“五个不变”的原则下，共同组建鄞医医联体。医联体成立后，将重点围绕区域资源整合共享、基层服务能力提升、合理双向转诊等内容完成六大工作任务，力争到明年实现辖区居民在社区卫生服务中心的就诊率稳定在70%以上，三级医院普通门诊人次下降10%以上，初步形成基层首诊、分级诊疗、双向转诊的医疗服务体系。

【鄞州人民医院通过JCI认证】 2015年5月20日，鄞州人民医院收到美国JCI总部的关于通过JCI评审正式来函，成为浙东地区首家符合JCI第五版标准的医院。鄞州人民医院于2012年8月提出创建JCI医院口号，在台湾秀传医院专家指导下，按照JCI标准，围绕“以病人安全为中心”主题，从房屋硬体设施、消防设施改建、动线布局调整、流程优化、6S管理推进，到开展全院心肺复苏培训、消防知识培训、医院感染知识培训以及制定完善各项应急预案等方面做出改进。建立全院统一的急救流程；建立起宁波市第一套门诊电子病历系统，建立完整的手术安全核对系统，扩建复苏室，增加消防设施；厕所内安装SOS呼救系统；改建ICU负压病房；医院增设重点科室UPS（不断电系统），并首次在宁波市医院里配备发电机。建立安全文化系统、不良事件通报制度等。鄞州人民医院通过JCI认证后，鄞州区患者能在“家门口”享受国际标准的优质医疗服务。医院可进入JCI网站资源一栏下的“JCI认证的金色印章”“JCI认证的金色印章指南”及“JCI认证宣传指南”的链接。

【鄞州第二医院与12家基层医院共建医联体】 2015年7月2日，鄞州第二医院区域医疗联合体成立仪式暨理事会第一次会议在该院门诊二楼会诊中心举行。鄞州第二医院作为牵头单位，与区内12家基层医院签约并授牌，共同组建区域医疗联合体。参与签约的12家基层医院分别为鄞州区第三医院、鄞州区第六医院、邱隘中心卫生院、鄞江中心卫生院、云龙镇卫生院、姜山镇茅山卫生院、高桥镇卫生院、横街镇卫生院、古林镇卫生院、洞桥镇卫生院、龙观乡卫生院及章水镇卫生院。签约后，医联体成员单位将在行政隶属关系、所有制性质、财务核算形式、收费标准、资金所属关系、人事归属“六个不变”的原则下，相互帮助开展门诊、会诊、查房等工作，构建一体化管理模式。两年合作期内，将重点围绕区域资源整合共享、基层服务能力提升、合理双向转诊等工作任务，力争到明年实现辖区居民社区医院就诊率70%以上、住院床位使用率80%以上、医务人员培训率95%以上、规范双向转诊成功率90%以上、慢性病用药满足率90%以上的总体目标，初步形成基层首诊、分级诊疗、双向转诊的医疗服务体系。

（凌 平）

公共卫生

【概况】 2015年，鄞州区成功处置登革热、禽流感等突发公共卫生事件，免疫规划微信平台、APP软件以及成人预防接种服务网络基本建成。流动儿童“六位一体”管理模式进入效果评估阶段。“控制H型高血压，预防脑卒中”项目开展第三年，检测63599人，异常率61.92%，服药率6.64%。启动高血脂社区综合防控项目，综合管理人数达9528人。启动颈动脉筛查预防脑卒中项目，第一批筛查8665人，异常率在90%以上，均提供免费治疗和干预咨询。辖区24家预防接种门诊为辖区适龄儿童提供一类疫苗预防接种服务494938人次，满周岁儿童的“五苗”全程接种率均在99.75%以上。高血压管理人数11.64万人，发现率14.1%，控制率68.08%；糖尿病管理人数3.62万人，发现率4.4%，控制率61.77%。

推进卫生监督协管省级示范创建工作，14家单位创建为省卫生监督协管示范站。推动住宿场所分色管理示范区、市级公共场所文明示范街创建工作和游泳场所在线监测工作。开展医疗机构传染病防治分类监督综合评价试点、全区个体诊所拉网式检查，查处非法行医42户次，立案34起，罚款16.9万元，移送公安部门3起。

检测HPV4000例，筛查出阳性人数329例。实施妇女健康提升工程，筛查出卵巢癌3例、宫颈癌6例、乳腺癌29例，均得到有效防治。第二轮窝沟封闭工作完成，封闭率达72.28%。签约孕产妇6565人，签约服务率在80%以上。开展儿童孤独症及婴幼儿髋关节发育筛查工作，7557名儿童筛查出儿童孤独症可疑人数11例，确诊1例，12717名儿童筛查确诊婴幼儿髋关节发育异常5人，均得到治疗。应急救治培训82个班次2000余人次，培训覆盖率达100%。急救站转送病患12117人次，参与群体性突发伤亡事件救援12次，增设云龙急救点。

全区当地户口及常住人口孕产妇出生活产数6844人，产妇总数6753人，孕产妇建卡人数6753人，建卡率达100%，早孕建卡率97.25%，孕产妇系统管理率97.03%。住院分娩活产数6753人，住院分娩率达100%，自然分娩率54.06%，剖宫产率45.94%。筛选出高危孕妇4105人，管理人数4105人，管理率100%，高危孕产妇住院分娩率100%。创新流动人口管理模式，落实“首查建册、有查有管、高危随访”制度，全年流动孕产妇9017人，保健覆盖率达95.82%。产前筛查（21-三体、18-三体、NTD）血清筛查率85.79%，其中户籍人口血清产筛率97.5%、流动人口血清产筛率77.5%；新生儿疾病筛查人数为13280人，筛查率99.77%，阳性复查召回率98.39%。其中，筛查出甲状腺功能低下14个，TSH增高症8个，蚕豆病42个，确诊病例总数64个。新生儿听力筛查13218例，筛查率99.3%，初筛召回率96.5%，复筛召回率97.5%，确诊24例。

【爱国卫生】 2015年，鄞州区开展健康促进、卫生镇乡等创建工作。6月11日，浙江省健康促进学校（金牌）考核小组对鄞州区的首南第一小学和东吴中心小学进行金牌学校评审，首南第一小学、东吴镇中心小学创建为浙江省健康促进（金牌）学校。鄞州区第三医院创建为浙江省健康促进医院；姜山镇创建为省级卫生镇，首南街道、中河街道创建为省级卫生街道；龙观乡创建国家卫生乡通过市级考核。实行除四害效果第三方评估机制，全年随机抽取12个镇乡（街道）进行评估，评估结果在年底以简报形式予以通报，并将评估结果和整改情况列入年度对镇乡（街道）公共卫生考核的内容。

【血液管理】 2015年度，鄞州区无偿献血人数10010人次，全血捐献者9354人12407单位，300毫升以上比例为56.5%；656名捐献者捐献成分血小板7290单位。成立区血液质控中心，推进全区医疗机构科学合理用血，医疗机构临床用血14100单位，用血单位自体输血率为18.5%，医院成分输血率在99%以上，临床用血全部来自无偿献血。

【“护卫生命·天使血缘”爱心献血活动】 2015年，鄞州区卫生系统组织开展“护卫生命·天使血缘”爱心献血活动，活动安排在相对缺血的夏、冬两季，冬季安排在1~2月，夏季安排在7~8月，全系统医务人员积极参与，全年全区407名医护人员献血531单位（每单位200毫升）。

【于竞进调研调控鄞州疾控信息化工作】 2015年2月28日，国家卫生和计划生育委员会疾病预防控制局局长于竞进一行到鄞州区调研疾控信息化建设情况。调研组听取鄞州区关于公共卫生信息化建设工作情况的介绍，到鄞州区疾控中心、鄞州区第三医院、横溪社区卫生服务中心和村卫生室，现场观摩区域卫生信息平台运行管理和信息系统的使用情况，并与当地同志交换意见。鄞州区作为国家信息化试点区域之一，区疾控中心与区域卫生信息平台结合，提出建设“区域公共卫生信息平台”理念。即依托区域卫生信息平台，逐步打造以区域居民电子健康档案为数据来源的公共卫生信息化管理模式。“区域公共卫生信息化”实现疾控各项业务的科学化、精细化管理，为卫生、疾控领域深入开展科学研究和决策分析提供有力的依据。鄞州区常住人口电子档案累计建档117.4万人，电子健康档案建档率达

“护卫生命·天使血缘”爱心献血活动

94.33%；高血压、糖尿病患者规范管理率分别达到97.70%和97.68%。

【市级公共场所文明街创建】 2015年4月起，区卫生监督所作为市级公共场所文明街创建的试点单位，结合鄞州区实际，选择中河街道锦寓路（嵩江中路—鄞县大道）为创建路段，以该路段20家小美发、小旅馆、小浴室为重点创建单位，对公共场所经营者进行培训、指导、督察、评估，落实公共场所经营者的主体责任，达到“一禁、二有、三净、四无、五统一”创建目标。12月，该试点工作通过宁波市卫生监督所检查验收。

【国家宫颈人乳头瘤病毒（HPV）免费检测试点】 2015年1月起，鄞州区作为国家宫颈人乳头瘤病毒（HPV）免费检测试点县，结合第四轮妇女健康提升工程工作进程，进行摸底调查，确定项目初筛机构。3月，开展HPV检测培训和检测知识宣传教育。从定场所、定设备、定岗位、定人员、定时间、定规范出发，加强动态管理，提高个案管理效率，同时对查出异常情况的妇女提供诊断、治疗、咨询、转诊和后续追踪随访服务。全年检测HPV4000例，筛查出阳性人数329例，其中低级别病变3例、高级别病变3例、浸润癌1例，均进行有效的治疗，并进行随访工作。

【王宇调研鄞州疾控信息化工作】 2015年9月21日，国家疾控中心主任王宇，党委副书记、纪委书记王健，信息中心主任马家奇一行3人到鄞州区调研疾控信息化建设工作。省疾控中心主任夏时畅、副主任蒋健敏，市疾控中心主任许国章参加座谈。区卫生计生局局长朱叶锋汇报鄞州区疾控信息化建设工作的进展情况，对鄞州区在“十二五”期间开展疾病预防控制区域性信息化建设、以居民电子健康档案为核心的区域卫生信息平台建设情况作重点介绍。疾控中心主任林鸿波现场演示运用三级公共卫生统一采集交换平台实现传染病、慢性病直报的操作流程，以及免疫预防信息化一体化建设、学生健康信息管理、全程冷链监管、电子监管码、生物制品信息等系统，展示鄞州区域卫生信息化平台“记录一生、管理一生、服务一生”全方位、立体化的健康服务。王宇对鄞州区的疾控信息化工作成绩表示肯定。

（凌 平）

红十字会工作

【概况】 2015年，鄞州区有基层红十字会152个，其中镇乡（街道）23个、学校92个、医疗卫生单位31个、企业6个；村（社区）红十字会员小组456个；个人会员53244人，其中红十字青少年40385人、红十字志愿者943人（增加201人）。

在“5·8”世界红十字日广场活动和妇联宣传活动中，有140名爱心人士成为造血干细胞捐献志愿者，全区造血干细胞捐献志愿者累计达669人；造血干细胞捐献2人，累计3人。接受器官捐献8例，累计22例；角膜捐献2例，累计5例；遗体捐献2例，累计6例。增加器官捐献志愿者33人，累计238人；增加角膜捐献志愿者16人，累计24人；增加遗体捐献志愿者15人，累计65人。

全区有宣传传播、造血干细胞捐献、器官捐献、社区志愿服务、应急救护培训、应急救援6支志愿服务队，红十字心灵之家、红丝带之家、红色驿站和春城社区博爱之家4个红十字志愿服务基地，村（社区）红十字服务站24个。全区各级红十字志愿者利用世界红十字日、世界急救日、世界艾滋病日、国际志愿者日、全国防灾减灾日、学雷锋服务日等重要纪念日，开展红十字知识、健康知识、救护培训、红十字文化艺术进社区、进学校、进企业、进工地等志愿服务活动。开展红十字志愿者星级评定工作，其中1人被评定为四星级（累计志愿服务超过1000小时）、2人被评定为三星级（累计志愿服务超过600小时）。

采购救生艇、应急背包、救灾帐篷等价值11万元的救灾物资。7月，针对“灿鸿”台风灾害，从爱心账户不定向捐赠款中紧急下拨灾害救助款30万元，支持各地救灾工作。集中购置救护培训操作包10000只、《应急救护培训手册》10000册。举办首届镇乡（街道）红十字应急救护技能比赛和第五届中小学生应急救护技能比赛。

在鄞州电视台推出博爱之窗，制作红十字公益宣传片12期；在《鄞州日报》刊登“5·8”世界红十字日专版1期、五年发展纪实专版1期、世界急救日专版1期、新闻报道29篇，在《中国红十字报》、中国红十字网站等国家、省、市媒体报道新闻41篇，在鄞州区红十字会网站发布当地信息200条。在全区129个行政村开展“红十字——人道的力量”“中华骨髓库”影片宣传296场次，观众达63160人次。在城乡公交车上发布全车体红十字公益广告。

【应急救护培训】 2015年，鄞州区举办救护员培训班196场，培训救护员8836人（其中高危行业培训909人），累计培训16909人，占户籍人口的2.18%；普及培训3万余人，累计超过15万人次，占户籍人口的20%；选送24名师资参加省、市红十字会举办的救护师资复训班。推进“双百工程”，其中卫生系统应培训救护员6751人，完成培训4794人，覆盖率达71%；教育系统应培训救护员8145人，完成培训5712人，覆盖率达70.12%。职业高中毕业生救护员培训试点工作在鄞州职业教育中心学校实施，培训红十字救护员1349人，覆盖率达100%。

【红十字会人道救助】 2015年，区红十字会募集资金185.40万元，争取政府彩票公益金50万元。开展“红十字博爱送万家”活动，区、镇两级联动慰问困难家庭2000余户。其中，区红十字会发放人道救助金23.64万元，慰问310户。国际儿童节期间，向4所民工子弟学校，发放救助物资价值42万余元，受益学生5000余人。11月，给予爱心企业康强电子股份有限公司一名因肝功能衰竭导致生活严重困难的员工人道救助金1万元。依据《博爱红丝带基金管理规则》，为10名家庭困难的艾滋病患者发放人道救助金5万元；依据《博爱新生基金管理规则》，为7例家庭困难的器官捐献者和3例角膜捐献者家属发放人道救助金8.6万元；依据《博爱心灵基金管理规则》，为350户家庭困难的精神心理疾病患者发放人道救助金35万元；依据《鄞州区红十字会社会救助规则》，为8户火灾灾民发放人道救助金5.6万元。

【区红十字应急救护培训中心投入使用】 2015年2月5日，鄞州区红十字应急救护培训中心投入使用。该中心是区红十字会、区教育局合作共建并与所在学校（鄞州职业教育中心学校）实行资源共享、共同管理的民生实事项目，其定位是建立全区性红十字应急救护培训基地，建设标准达到《浙江省红十字应急救护培训基地管理办法（试行）》的基本要求，具备红十字救护师资、红十字救护员、学校红十字课程和应急救护普及培训等功能，面积200余平方米，设有感悟大厅（传播红十字运动知识、应急救护知识和人道理念）、培训教室、器材仓库、办公室和网上考试（借助学校微机教室）等功能间。

【红十字博爱周活动】 2015年5月8日，鄞州区"纪念第68个'5·8'世界红十字日"暨造血干细胞捐献志愿者招募大型广场活动在钟公庙街道联盛广场举行，活动由区红十字会主办，区献血办公室、钟公庙街道红十字会协办，全区各镇乡（街道）的造血干细胞捐献志愿者、红十字会秘书长及市民约600人参与活动。现场举行造血干细胞捐献志愿者招募、义务献血、广场文艺演出、红十字版面展示、红十字知识竞赛、义诊和健康咨询等活动，有75名爱心人士成功抽取血样，成为造血干细胞捐献志愿者。活动发放红十字宣传资料400余份、宣传帽子200顶、纪念品200余份，展示红十字版面26块，演出节目10余个。区红十字会常务副会长李鹏程为纪念活动致辞，并向造血干细胞捐献志愿者颁发荣誉证书。钟公庙街道红十字会会长唐佩红、区红十字会副会长陈明庭、区献血办副主任顾健峰、区红十字会秘书长张藤清等参加纪念活动。"5·8"红十字博爱周期间，在《鄞州日报》刊登专版进行宣传；在鄞州电视台推出"践行社会主义核心价值观，落细落小落实红十字精神"——隆重纪念第68个"5·8"世界红十字日公益宣传片；开展义诊、健康咨询等便民服务活动、救护培训"进机关、进企业、进学校、进社区、进农村"活动；组织2万名红十字青少年开展全国青少年自救互救知识竞赛等。

【区红十字会第五次会员代表大会】 2015年6月26日，鄞州区红十字会第五次会员代表大会召开，市委常委、区委书记陈奕君，市红十字会党组书记、常务副会长金黎萍，区委副书记、区长陈国军，区人大常委会主任王自强，区政协主席陈振国，区委副书记毛春阳出席大会。副区长、区红十字会会长夏素贞主持大会开幕式。大会选举产生以夏素贞为会长的新一届理事会理事；聘请陈奕君、陈国军为区红十字会名誉会长；审议并通过《宁波市鄞州区红十字会第四届理事会工作报告》；会上表彰为红十字事业作出突出贡献的先进集体和个人，授予区教育局等19个单位和俞培珍等18人"宁波市鄞州区红十字人道促进奖"先进集体和先进个人称号，雅戈尔集团股份有限公司等24个单位和曹定芳等6人获"宁波市鄞州区红十字博爱功勋奖"先进集体和先进个人称号，鄞州高级中学等12个单位和曹幼君等12人获"宁波市鄞州区红十字奉献服务奖"先进集体和先进个人称号。

【镇乡（街道）红十字应急救护技能比赛】 2015年10月15日，鄞州区举办镇乡（街道）红十字应急救护技能比赛，全区23个镇乡（街道）23支红十字应急救护志愿服务队的150名选手参加，区红十字会党组书记、常务副会长李鹏程全程观看比赛。比赛分理论知识竞赛和救护技能竞赛两种，理论知识围绕红十字基本知识和应急救护知识；救护技能模拟地震、火灾、水灾、交通事故等突发事件场景，选手们针对不同的灾害现场和伤员情形，通过现场评估，进行心肺复苏、体外心脏除颤和止血、固定、包扎、搬运等应急处理。石碶街道红十字应急救护志愿服务队获一等奖，下应街道、姜山镇红十字应急救护志愿服务队获二等奖，首南街道、高桥镇和中河街道红十字应急救护志愿服务队获三等奖。

（程 怡）

"5·8"世界红十字日活动

注：

"一禁、二有、三净、四无、五统一"："一禁"即公共场所禁止吸烟，醒目处有禁烟标识；"二有"即有卫生许可证、从业人员健康证；"三净"即店面净、空气净、卫生用品净；"四无"即无鼠、无蝇、无蚊、无蟑螂；"五统一"即统一公示（公示有效卫生许可证、卫生信誉度等级、卫生学检测报告）、统一制度（建立健全卫生管理制度、公共用品消毒制度、健康体检和培训制度、卫生设施使用和维护制度）、统一索证（卫生用品须有产品检验合格证明、卫生许可批件、生产企业证明）、统一体检（从业人员按规定进行健康体检，持有效健康证明上岗）、统一档案的创建目标。

体育

宁波（鄞州）网球中心、鄞州游泳中心

综　述

群众体育

竞技体育

体育产业

鄞州年鉴

2016 YINZHOU YEARBOOK

综 述

【概况】2015年，鄞州区全面落实"全民健身"国家战略，以备战、参战市运会为工作重点，谋划体育产业新规划，引进、开发新的赛事活动，协调推进群众体育、竞技体育和体育产业发展。区体育局在全市体育工作考核中连续12年获一等奖，并获宁波市承办大型体育比赛特等奖、宁波市体育彩票销售工作突出贡献奖和参加第一届全国青年运动会突出贡献奖，被评为浙江省宣传工作优秀单位、宁波市"百佳体育人（团队）"，鄞州区体育彩票管理办公室等8个单位获"宁波市体育工作先进单位"称号，陈七一等17人被评为宁波市体育工作先进个人，徐惠银获"最美宁波体育人"称号，戴章锡获"最美宁波体育人"提名奖。

全区有20个单项体育协会、23个镇（街道）级体育总会和1个区体育总会、22家体育类民非企业。成立鄞州区飞镖协会、鄞州区长跑协会和鄞州区电子竞技协会。鄞州区体育总会通过复评，获"浙江省先进体育总会"称号。年举办赛事活动和培训超过100次，组织人员参加全国、省级、市级各类比赛。

新建、更新健身路径100套，建设标准篮球场12个、门球场4个。创建省级全民健身中心2个、省级健身步道3条、省级体育休闲公园1个，姜山镇文体中心建成，章水镇文体中心开建，宁波（鄞江）国家攀岩公园主体工程开工。384个行政村达到省小康体育村建设标准，3个镇创建为省现代化镇乡，73所中小学校实现体育场地和设施对社会开放。

鄞江国家攀岩主题公园

【区长跑协会成立】2015年1月25日，鄞州区长跑协会成立。大会审议通过协会章程、管理制度，选举产生协会第一届委员会，屈庆当选协会主席，葛海标、董嘉平、陈七一、朱云方、陈继尧、周宏当选副主席，葛海标兼任协会秘书长。协会成立后，致力于宣传跑步知识，提供一个学习交流的平台，同时承办一些运动会、长跑（徒步走）比赛，组织鄞州区的长跑爱好者参加国内、国际徒步走或马拉松比赛，推广鄞州及鄞州历史文化。长跑协会有100余人，不少人参加过多项国际性长跑赛事。

【获市第十七届运动会金牌、奖牌数和团体总分第一】2015年4~10月，鄞州代表团1200余名运动员参加宁波市第十七届运动会大众部20个大项与青少年部20个大项26个分项比赛，获大众部和青少年部金牌数、奖牌数、团体总分六个第一，实现市运会青少年部金牌数、团体总分的三连冠和连续两届市运会大众体育部的双冠王。大众部获24金、21银、17铜，团体总分481分；青少年部获192.65金、116.18银、93.65铜，团体总分3327.53分。

表30　　市第十七届运动会鄞州代表团赛事金牌分布情况

大众部		青少年部	
项目	金牌数（枚）	项目	金牌数（枚）
健美操	2	射箭	7
象棋	1	游泳	6
国际象棋	3	乒乓球	6
门球	2	短式网球	6
体育舞蹈	2	体操	5
航空模型	1	田径	5
航海模型	1	网球	5
车辆模型	1	举重	5
无线电测向	2	射击	4

续表30

大众部		青少年部	
项目	金牌数(枚)	项目	金牌数(枚)
足球	2	羽毛球	3
木兰拳	3	足球	8.5
幼儿体操	1	篮球	3
飞镖	3	皮划艇	2
		蹦床技巧	2
		拳击	2
		赛艇	1
		国际式摔跤	1
		跆拳道	1

【4所学校入围全国青少年足球特色学校】 2015年8月21日，教育部公布2015年全国青少年足球特色学校及试点县（区）名单，拟认定8651所中小学校为全国青少年校园足球特色学校，鄞州职教中心、姜山镇实验中学、茅山小学、高桥镇中心小学4所学校入围，入围数量居宁波各县（市、区）首位。鄞州职教中心曾获省中小学生校园足球联赛高中组总冠军，连续获市级足球赛七连冠，有40余名学生取得足球国家二级运动员证书，多名足球队员被输送到宁波大学等相关高校就读。姜山镇实验中学被评为浙江省足球特色学校、宁波市高水平体育后备人才基地，学校足球队参加的市级校园足球比赛全部夺冠，在浙江省第六届中小学生校园足球联赛初中组比赛中获得冠军。茅山小学曾两次获得浙江省小学生足球比赛小学组冠军，蝉联宁波市青少年校园足球联赛2014年、2015年小学男子乙组冠军，其女子足球队获2014年宁波市青少年校园足球联赛女子组冠军。

【参加浙江省风筝锦标赛】 2015年9月23~26日，浙江省风筝锦标赛在青田举行。大赛由省体育局主办，青田县政府、省风筝协会、青田县体育局联合承办。设20个竞赛项目，龙串类、硬板类、软板类、硬翅类、软翅类、硬板串类、软板串类、硬翅串类、软翅串类、动态类、立体类、软体类、空中效果、最大类、串类最长类盘旋类、夜光风筝、运动风筝个人赛、运动风筝双人赛、运动风筝团体赛。竞赛性质为成人赛，参赛队员不分年龄，参赛队员258人次。竞赛评奖依据项目分类，由放飞成绩、空中效果、外观评分数方面综合评分，每个项目评奖取前8名。鄞州区8所小学的教师代表宁波市参加，鄞州区教师风筝队获龙串类、软板类第二名；硬板类、立体类第三名；空中效果第一名；硬翅串类第一名；软板串类第一名；软体类第一名；运动风筝双人赛第一名；运动风筝团体赛第一名等15个奖项。

【"鄞州NB战队"周年庆活动】 2015年10月13日，宁波最大跑团"鄞州NB战队"周年庆活动在宁波南部商务区水街举行，全市各地200余位"跑友"参加，以绕鄞州公园跑步两周的形式，纪念800余人的跑团成立一周年。市长跑协会秘书长庄永达出席活动。跑团成立后，每周二、周四晚上是固定活动时间，小规模活动以在鄞州公园跑步为主，长距离的拉练在东钱湖和九龙湖举行，有近300名成员参加过半程马拉松和全程马拉松比赛。

（柴华艳）

11月23日，第六届"广昇杯"门球邀请赛在集士港镇广昇村室内门球场举行

群众体育

【概况】 2015年，鄞州区群众体育工作按照《全民健身条例》要求，推进落实《鄞州区全民健身工程建设和管理

办法》和《鄞州区学校体育设施向社会开放实施细则》，新建、更新健身路径100套和建设健身步道10条，被列入“四大民生百亿工程”。全民健身工作被纳入到《2015年度鄞州区镇乡（街道）目标管理考核实施意见》中。

创建国家级青少年体育俱乐部1个、省级青少年体育俱乐部3个，省级社区体育俱乐部7个、省级幼儿体育示范幼儿园1个、省老年体育活动中心1个。至年底，鄞州区有47个省级社区健身体育俱乐部、239个省级村体育俱乐部、1个省级青少年户外体育活动营地、1个省级老年体育活动中心、3个省星级职工俱乐部；建有区健身气功注册站点6个、非奥运项目基地7个；全区特色体育团队镇级238个、村级492个，晨晚练点478个。

3月和12月各举办一期社会体育指导员培训，培训96人。增加一级社会体育指导员5个、二级社会体育指导员1个、三级社会体育指导员96个，累计有国家级社会体育指导员4个、一级社会体育指导员103个、二级社会体育指导员501个、三级社会体育指导员5039个。6~7月，在3所幼儿园开展2015年鄞州区国民体质监测，全区抽样监测1786人，其中幼儿1686人（3~6岁）、老年100人（60~69岁），监测结果显示，鄞州区幼儿体质优秀率23.6%，合格率为95.26%；老年人体质优秀率2.9%，合格率87.3%。

除“一镇一品”特色项目、十二大区级系列赛事等传统赛事外，举办“山水体育”系列赛事。3月，龙观乡举办江南50千米山地马拉松赛；4月，章水镇举办第八届“穿越四明山心”自行车赛和全国女子半程马拉松赛；7月，咸祥镇承办全国帆船邀请赛；8月，鄞江镇举办宁波市公开水域游泳邀请赛；9月，横溪镇举办全国百城千村健身气功交流展示系列活动鄞州大会；10月，咸祥镇举办“海上明月”音乐马拉松赛；12月，东吴镇举办第二届太白湖国际越野赛。

【体育“一镇一品”特色项目】 2015年，全区举办区级群体赛事和活动20余次，承办省、市级群体赛事10余项，组织各类健身培训12次。4月，章水镇举办第八届“穿越四明山心”自行车赛；5月，首南街道举办鄞州区第十四届木球比赛；6月，首南街道木球队参加第十届全国木球锦标赛，获男女团体冠军；云龙镇举办传统龙舟赛事；8月，组队参加浙江省第二届海洋运动会，获海涂速滑比赛男子、女子团体一等奖；9月，钟公庙街道排舞队在浙江省首届生态运动会暨省第四届健身排舞大赛总决赛上获自选曲目和规定曲目一等奖；12月，五乡镇举办鄞州区第六届乒乓球等级赛，古林镇举办浙江省象棋公开赛。

4月26日，第八届“穿越四明山心”自行车赛在章水镇举行

【江南50千米山地马拉松赛】 2015年3月22日，江南50千米山地马拉松赛在龙观乡五龙潭景区开赛，浙江、北京、上海、福建、山西等全国各地100余名男、女专业运动员和登山爱好者参加比赛。比赛由龙观乡政府、区体育局主办，宁波户外运动协会承办。整个赛程分50千米、32千米两个赛段，累计爬升约3600米，从上古山五龙潭入口处出发，途经观顶湖、商量岗、窄坑、雪岙、半山等地，最后回到起点。参加全程50千米的有60余名选手，王晓林获男子组冠军，时间6小时55分22秒；洪苗苗获女子组冠军，时间8小时49分53秒。

【“醉美樱花”女子半程马拉松赛】 2015年4月12日，“醉美樱花”女子半程马拉松赛在章水镇举行。赛事是第九届宁波四明山（杖锡）樱花节系列活动之一，也是浙江省首次举办女子马拉松比赛，比赛由宁波市鄞州四明山旅游开发有限公司主办，区长跑协会、区妇联、团区委、皎口水库、优之得信息技术有限公司协办。比赛分半程和迷你两种，起点和终点设在宁波历史文化古村——章水镇蜜岩村。550余名女子参加，选手除宁波当地以及浙江省内外，还有上海、安徽、山东、福建、湖北、北京、广州等省（直辖市），中国香港、台湾地区，日本、立陶宛等国家的选手参加。顾怡雯（1：33：51）、崔丽岩（1：34：00）、谢佩华（1：35：09）分别获半程组前三名，施罗西（22：35）、陈鑫鑫（25：38）、沈祎妮（26：21）分别获迷你组前三名。

【第八届“穿越四明山心”自行车赛】 2015年4月26日，第八届“穿越四明山心”自行车赛在章水镇举行，上海、江苏、福建、浙江、安徽、江西等地的420名选手参加。比赛由章水镇政府、区文广新局（风景旅游管理局、体育局）主办，市自行车运动协会、宁波四明山心风景旅游开发有限公司承办。比赛设男子公路组（19千米）、男子山地组（19千米）、男子大师组（19千米不分车种）、女子混合组（19千米不分车种）和市民体验组（16千米不分车种）。路线自章水镇密岩村（西山阁宾馆）—四〇一洞天景区—黄岩头村的公路间进行，路线全长19千米。崔克中国自行车队的丁勇获男子公路组冠军，斯柯达前行中国自行车队的余光伟、魏魁、崔朝飞、徐鑫灵分别获第二至第五名，宁波选手林森获第六名；江西籍选手李毅获男子山地组第一名，福建籍选手曹建华获第二名，浙江贝欧车队的陈金波获第三名，ALSTON奥斯盾（中国）车队的冯建军获第四名，吴春元获第五名，TREK永鑫车队的刘鑫获第六名；男子大师组前三名分别是王家东、李邦敏、黄琪；斯柯达前行中国自行车队的胡汝获女子组第一名，宁海Buer（不二）车队的王金台获第二名，奉化烈风车队的邹娜获第三名。

【"2015中国航海日"暨宁波首届"新丝路"全国帆船邀请赛】 2015年7月15日，"2015中国航海日"暨宁波首届"新丝路"全国帆船邀请赛在咸祥镇的鹰龙湾海域举行，恒大冰泉队、梅山湾—万美游艇俱乐部、莱悦游艇俱乐部等全国各地的8支代表队50余名运动员参赛。比赛由市政府、市体育局主办，区政府承办。赛事组别为公开赛，采取场地竞速赛制。比赛船只分为长26英尺（约8米）、长37英尺（约11米）、长41英尺（约12米）和长46英尺（约14米）等四个规格。宁波当地俱乐部联创号获第一名，上海巧合游艇队获第二名，浙江经视"浙样红"帆船俱乐部队获第三名。

【市"它山堰杯"公开水域游泳邀请赛】 2015年7月19日，宁波市"它山堰杯"公开水域游泳邀请赛在鄞江镇光溪河水域举行，全市11支代表队参加。比赛由市体育总会主办，市游泳协会、区体育总会、鄞江镇政府承办。参赛运动员近300人，分为40岁以上男、女组和40岁以下男、女组4个组别，其中年龄最大的选手86岁，来自江北代表队。赛程全程1000米。海曙区体育总会代表队获总分第一名，海曙区选手获40岁以上、40岁以下女子组以及40岁以上男子组冠军，慈溪选手获40岁以下男子组冠军。鄞州区有宁波惠风体育代表队和鄞江镇代表队参赛，其中惠风体育代表队获团体第二名。

【全国"百城千村"健身气功交流展示系列活动宁波鄞州大会】 2015年9月27日，2015全国"百城千村"健身气功交流展示系列活动宁波鄞州大会在横溪镇文体中心举行，全区900余名健身气功爱好者参加展示。活动由国家体育总局健身气功管理中心、省体育局、市体育局主办，区体育局、体育总会、老年人体育协会、武术协会承办，横溪镇政府协办，健身气功爱好者先后展示八段锦、易筋经、六字诀、五禽戏、集锦八式功法等诸多健身气功，是宁波"百城千村"活动规模最大的一次。

【"云龙杯"宁波市首届健身健美锦标赛】 2015年10月24日，"云龙杯"宁波市首届健身健美锦标赛在云龙镇文化中心开赛，25支代表队的117名选手参赛。比赛由市体育总会主办，区体育局、云龙镇政府、市健身健美协会承办，区云龙镇商会、宁波新贵族运动用品有限公司协办。竞赛项目分健美类和健身类。其中，健美类分男子组60公斤、65公斤、70公斤、75公斤、80公斤、80公斤以上和男子元老组（50周岁及以上）、男子全场冠军8个小项，健身类包括男子健体、女子健体和比基尼健身。比赛以宁波各健身房或健身俱乐部作为参赛对象，以表演和赛事穿插形式进行，亚洲健美锦标赛冠军张萍、省健身健美锦标赛冠军吴忠梁和全国健美锦标赛90公斤以上级冠军张迪等登台展示。

10月24日，"云龙杯"宁波市首届健身健美锦标赛在云龙镇文化中心开赛

【"五乡傅其芳杯"鄞州区第六届乒乓球等级联赛】 2015年12月19~20日，"五乡傅其芳杯"鄞州区第六届乒乓球等级联赛在五乡中学体育馆举行，全区各乡镇的28支代表队、180名运动员参加。比赛由区体育总会、乒乓球协会主办，五乡镇政府承办。团体赛中教育代表队、东吴代表队、五乡代表队分别获第一至第三名。

【"古林杯"浙江省象棋团体（个人）公开赛】 2015年12月26~28日，"古林杯"浙江省象棋团体（个人）公开赛在古林镇举行，全省11个地级市棋协及省非奥项目运动中心、东道主古林席乡棋苑队的120位棋手、领队参加。赛事由省棋类协会、省非奥项目运动管理中心、市体育总会主办，市象棋协会、区体育局、古林镇政府承办，区象棋协会等单位协办。赵鑫鑫、邱东、谢丹枫、虞伟龙、王志安、李鼎一、陈建伟等组成的古林席乡棋苑队获团体冠军，杭州市象棋协会队获团体亚军，温州市象棋协会队获团体季军。赵鑫鑫获个人冠军，宁波当地棋手邱东获第五名，虞伟龙和王志安分别获第八和第十名。

（柴华艳）

竞技体育

【概况】 2015年，鄞州区竞训工作坚持"体教结合、借力蓄势、抢占高地、培育精品”的发展战略，形成较为完善的市队区办（市区联办）、市级训练点、市级传统学校和区级训练点的四级训练网络，重点培育足球、游泳、乒乓球、重竞技等精品项目。设有5所市级训练点、6所市级传统项目学校和46所区级训练点。发展姜山实验中学和中心小学足球市队区办项目。有224名运动员参加宁波市传统学校比赛，获9枚金牌、13枚银牌、20枚铜牌。在宁波市第十七届运动会青少年部比赛中取得192.65枚金牌，获金牌第一名和团体总分第一名。向上级训练单位输送运动员41人，其中2人进入省队。

区中学生田径运动会在鄞州职教中心举行

【区中小学生棋类比赛暨市第十七届运动会棋类比赛选拔赛】 2015年3月26~27日，鄞州区中小学生棋类比赛暨宁波市第十七届运动会棋类比赛选拔赛在因才教育城举行，全区各小学、中学的39支队伍358名运动员和教练员参加。比赛由区体育局、教育局和体育总会联合举办。2015年始改由学校组队，比赛分围棋、中国象棋、国际象棋3个项目，设置小学甲组男女、小学乙组男女、中学组男女和高中组男女8个组别，分别进行个人和团体比赛。宋诏桥小学、堇山小学、邱隘实验小学、东湖小学4支代表队分别获小学甲组围棋团体、小学乙组围棋团体、小学甲组国际象棋团体、小学乙组国际象棋团体桂冠，钟公庙中心小学获中国象棋小学甲、乙组团体冠军。樊若雨、钟琪、张浩勒、陶微娜、朱显玉、施迎奥分别获高中组围棋男女第一名、国际象棋男女第一名、中国象棋男女第一名；单雨行、杨寒雷、励家竹、董斯羽、林展迪、俞梅佳分别获初中组围棋男女第一名、国际象棋男女第一名、中国象棋男女第一名。

【区小学生田径运动会】 2015年5月6~7日，鄞州区小学生运动会在鄞州职教中心举行，全区44所小学组队、650余名运动员及教练员参加。运动会由区体育局、区教育局主办，区体育中心、区教研室承办，鄞州职业教育中心学校协办。鄞州区首次将小学生田径运动会和中学生田径运动会分开举办，运动会设两个组别，男、女各12个大项，包括100米、200米等竞赛项目和跳远、铅球等田径项目，每个单项取前八名，团体前八名给予奖励。

【参加第一届全国青年运动会】 2015年10月18~27日，第一届全国青年运动会在福州举行。鄞州区有7名优秀青年运动员进入宁波市代表团参战。鄞州区选手在田径、射击和游泳项目中获得1金、2银、1铜，实现锻炼选手和夺取金牌的既定目标，获“参加第一届全国青年运动会突出贡献奖”。

【区中学生田径运动会】 2015年10月15~16日，鄞州区中学生田径运动会在鄞州职教中心举行。运动会由区体育局、教育局主办，区体育中心、区教研室承办，区学府青少年体育俱乐部协办。运动会分普高、职高、初中3个组别，全区40支代表队528名运动员分别参加100米、200米、跳高、三级跳远、标枪等10余个项目比赛。

【“人保杯”全国青少年乒乓球邀请赛】 2015年12月26~27日，“人保杯”全国青少年乒乓球邀请赛在鄞州区钟公庙中心小学乒乓球馆举行，八一、江苏体工大队等全国8支队伍近百名运动员参加。赛事由区体育局、教育局、钟公庙街道办事处主办，区乒乓球协会、钟公庙中心小学承办。八一队、四川队和钟公庙中心小学队分列团体一、二、三名，八一队谢聪凡、四川队匡励和钟公庙中心小学韩易辰获得个人单打前三名。

（柴华艳）

体育产业

【概况】 2015年，鄞州区拟定《鄞州区人民政府关于加快发展体育产业促进体育消费的实施意见》和引导扶持政策，谋划确立“一带、二圈、三中心、四基地”的体育产业战略布局，重点打造鄞西南、鄞东南运动休闲圈。举办7项国际、国内大赛及活动，ATP国际网球挑战赛、中国女子篮球联赛八一女篮主场、第九届中俄国际象棋对抗赛、全国帆船邀请赛、亚洲攀岩锦标赛、全国太极牌邀请赛、全国网球裁判长培训班。鼓励和支持社会力量参与运营公共体育场馆，初步实现区、镇两级场馆专业化管理、市场化经营、公益性服务。鄞江国家攀岩主题公园项目、2014~2015中国女子篮球联赛八一广博冠名项目分别入选省级、市级体育产业扶持项目。

宁波惠风体育发展有限公司在2015年承办ATP国际男子网球挑战赛，举办鄞州区第五届网球邀请赛等各级网球、游泳比赛20余次，举办各类培训班和夏令营13期，培训6000余人次。鄞州网球·游泳中心接待超过34万人次。

【体育彩票销售】 2015年，鄞州体育彩票销售总量达到2.87亿元，比上年增长10%，完成上级下达的销售指标，继续居宁波市第一位。销售网点达到169家，净增12家。区体育局被评为2015年度宁波市体育彩票销售工作突出贡献奖单位。

【"鄞州杯"第九届中俄国际象棋对抗赛】 2015年7月13~20日，"鄞州杯"第九届中俄国际象棋对抗赛在鄞州区举行。赛事由中国国际象棋协会、区政府主办，区体育局、区体育总会承办，区体育中心、区国际象棋协会执行承办。该项赛事是国际棋坛的传统赛事，中俄双方各派5名男棋手和5名女棋手参加，中国队由国家体育总局棋牌运动管理中心副主任、国际象棋男子国际特级大师、中国国际象棋国家队总教练叶江川带队，2015年全国个人锦标赛冠军韦弈与2015年世界团体锦标赛冠军成员余泱漪、卜祥志、王晨等出战。经过七天六轮的对弈，中国队男队以总比分14比11、女队以15比10的成绩战胜俄罗斯队，分别成为男、女冠军，获得3万美元奖金。

【中国女子篮球职业联赛鄞州赛区】 2015年10月16日，2015~2016WCBA联赛（中国女子篮球甲级联赛）开赛。赛事由中国篮球协会主办，区体育局承办。鄞州区连续11年成为八一广博文具女子篮球队的主场。该赛季赛程与上赛季基本一致，第一阶段南北分区赛，八一广博女篮战胜山东队、广东队、江苏队、河南队，负上海队，以四胜一负战绩结束。第二阶段比赛，八一广博在八强战中不敌上海女篮，以联赛第六名结束赛季。

【"鄞州银行杯"国际男子网球挑战赛】 2015年10月17~25日，2015"鄞州银行杯"国际男子网球挑战赛在鄞州网球中心举行，20余个国家和地区近70名男子网球运动员参加。赛事由国家体育总局网球运动管理中心和区政府主办，区体育局承办，区体育中心和宁波惠风体育发展有限公司执行承办。赛事总奖金提升至12.5万美元，奖金等级仅次于上海、北京和深圳，居全国第四。该项赛事是2015年度中国大陆地区唯一的125K挑战赛，赛事首度引入鹰眼系统，与国际顶级赛事接轨。赛事分单打和双打两个项目，中国选手张择、吴迪参加单打比赛。比赛场次达148场，国外的专业在线直播团队在ATP官方网站在线视频直播。台北选手卢彦勋耗时1小时30分钟，击败爱沙尼亚的尤尔根·佐普，获男单冠军。以色列的组合杜迪·塞拉和阿米尔·温特劳布获双打冠军。

2015~2016中国女子篮球联赛鄞州赛区赛事

【第23届亚洲攀岩锦标赛】 2015年11月20~23日，第23届亚洲攀岩锦标赛在鄞江镇国家攀岩公园举行，中国、印度尼西亚、伊朗、日本、哈萨克斯坦、韩国、新加坡等13个国家和地区的139名运动员参加。锦标赛由国际攀岩联合会（IFSC）亚洲委员会（ACC）批准举办，亚洲攀岩委员会、中国登山协会、市体育局和区政府主办，区体育局和鄞江镇政府承办，设男女难度赛、男女攀石赛、男女速度赛和男女速度接力赛8个单项。日本运动员野中萌生获女子攀石赛冠军，日本运动员堀创获男子攀石赛冠军，韩国运动员金滋仁获女子难度赛冠军，日本运动员释勇敬朗获男子难度赛冠军，印度尼西亚运动员苏佩塔获女子速度赛冠军，印度尼西亚运动员普度阿斯莫罗获男子速度赛冠军。印度尼西亚队获男子、女子速度接力赛冠军，中国男女队均获速度接力赛亚军。

【"鄞州杯"全国太极牌邀请赛】 2015年12月20日，"鄞州杯"全国太极牌邀请赛在鄞州区鄞城宾馆举行，宁波、苏州、上海、洛阳等7个城市代表队的60余名选手参加。赛事由市体育局主办，区体育总会承办。"太极牌"为鄞州当地首创的棋牌类运动，2014年由鄞州日报社原社长、国际易学联合会理事任志甫发明，以《易经》为创意元素，以《易经》阴阳运变之道为游戏规则，共68张牌，其中64张正牌以《易经》八个经卦符号为角码，牌中心置六十四卦其中一卦的卦画、卦名与卦理，四张王牌为龙凤呈太极图案。杭州队和上海队获得三个一等奖。

（柴华艳）

注：

"一带、二圈、三中心、四基地"： 重点建设百里健行步道产业带，打造鄞西南、鄞东南运动休闲圈，构建区域体育赛事中心、区域健身服务业中心和区域体育用品制造营销中心，创建国家级户外运动基地、国家级攀岩基地、国家级网球培训基地和国家级冰上项目培养基地。

社会民生

天宫庄园

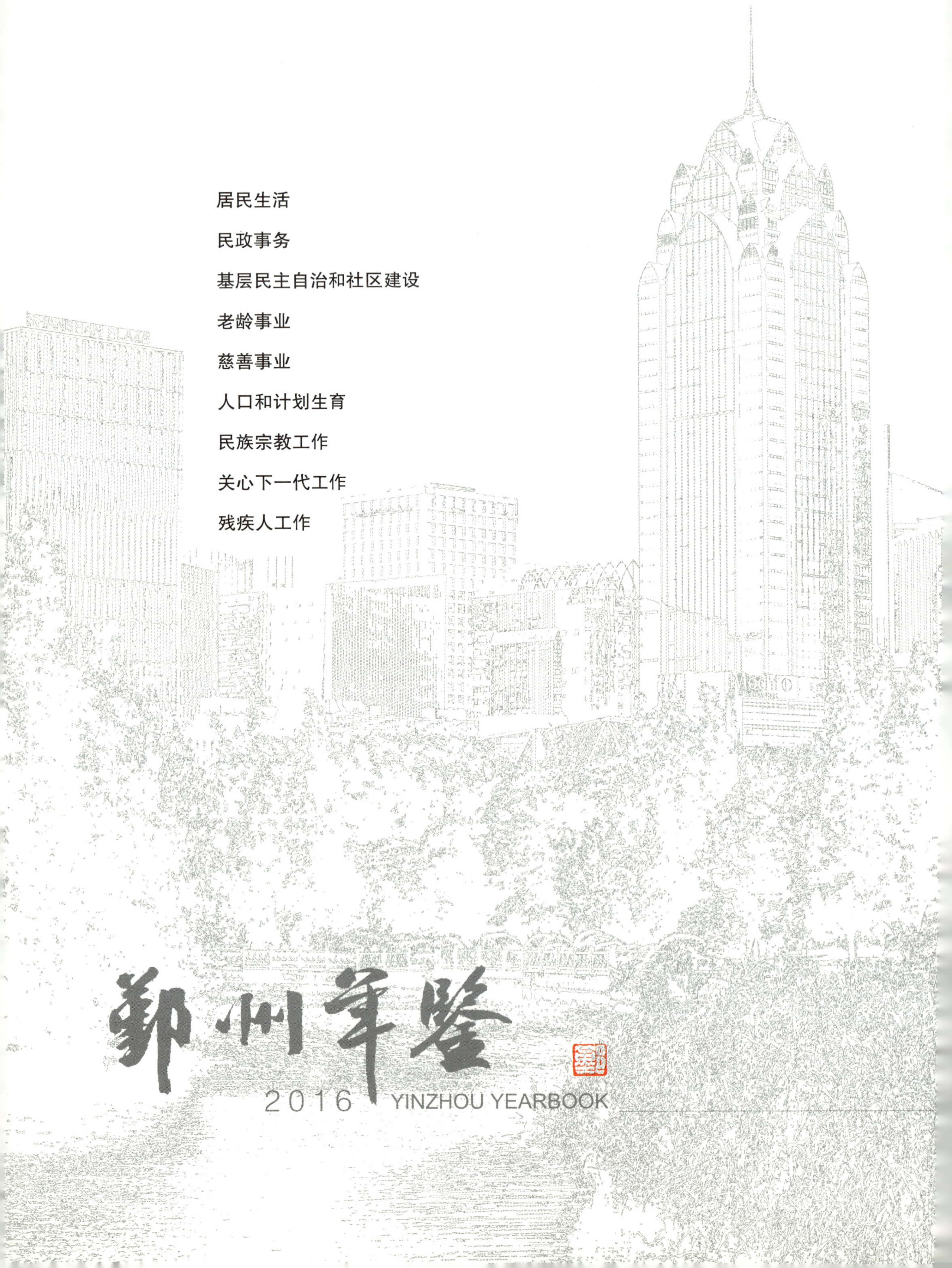

居民生活

民政事务

基层民主自治和社区建设

老龄事业

慈善事业

人口和计划生育

民族宗教工作

关心下一代工作

残疾人工作

鄞州年鉴

2016 YINZHOU YEARBOOK

居民生活

【概况】 2015年，鄞州区全体居民人均可支配收入43743元，比上年增长8.7%，与全市平均水平持平。其中，城镇常住居民人均可支配收入50215元，增加3891元，增长8.4%，增幅与全市持平，比全省高0.2个百分点；农村常住居民人均可支配收入29110元，增加2428元，增长9.1%，增幅高于全省、全市0.1个百分点。城乡收入比达到1.73:1，城乡居民收入差距进一步缩小。城镇常住居民人均消费支出33029元，增长9.0%；恩格尔系数为31.51%，下降2.5%。农村常住居民人均消费支出20470元，增长9.5%；恩格尔系数为40.23%，上升3.2%。城乡居民基尼系数为0.31。

增收主要原因是经济发展奠定城乡居民收入增长的基础。2015年，鄞州区经济稳定增长，地区生产总值增长8.1%；最低月工资标准由1650元调整至1860元，非全日制工作最低小时工资标准由13.5元调整为17元；退休养老金完善并提高，根据《关于明确完善城乡居民基本养老保险有关问题的通知》《关于2015年调整企业退休人员基本养老金的通知》等政策，鄞州区进一步完善城乡居民养老保险体制，逐步提高鄞州区居民养老保险待遇。

城乡居民收入分布重心依然偏低，分布不够合理。2015年，鄞州区城镇常住居民人均可支配收入的中位数是41516元，比平均收入50215元低17.3%，超六成（65.8%）居民收入仍在平均线以下，20%的最高收入者的平均收入达到119156元，20%的低收入者的平均收入只有21239元；农村常住居民可支配收入超六成（64.4%）在平均线以下，20%的低收入者的平均收入只有14852元。

表 31　　城乡居民收入情况

单位：元

单位	全体			城镇			农村		
	2015年	2014年	增幅%	2015年	2014年	增幅%	2015年	2014年	增幅%
全国	21966	20167	8.9	31195	28844	8.2	11422	10489	8.9
浙江省	35537	32658	8.8	43714	40393	8.2	21125	19373	9.0
宁波市	41373	38074	8.7	47852	44155	8.4	26469	24283	9.0
鄞州区	43743	40242	8.7	50215	46324	8.4	29110	26682	9.1
象山县	35992	33069	8.8	43565	40189	8.4	24228	22146	9.4
宁海县	36245	33156	9.3	44324	40664	9.0	24319	22209	9.5
余姚市	39400	36304	8.5	45359	41921	8.2	26500	24312	9.0
慈溪市	41108	37825	8.7	47182	43526	8.4	27295	25041	9.0
奉化市	32495	29946	8.5	41894	38755	8.1	23950	22033	8.7

【城镇常住居民人均可支配收入】 2015年，鄞州区城镇常住居民人均工资性收入29951元，增长6.9%，增幅下降1.5个百分点，拉动居民人均可支配收入增长4.2个百分点，占城镇常住居民人均可支配收入的比重为59.6%；人均经营净收入10838元，增长9.8%，拉动增长2.1个百分点，占城镇常住居民人均可支配收入的比重为21.6%；人均财产净收入6499元，增长10.6%，拉动增长1.3个百分点，占城镇常住居民人均可支配收入的比重为12.9%；人均转移净收入2927元，增长14.2%，拉动收入增长0.8个百分点，占城镇常住居民人均可支配收入的比重为5.8%。可支配收入的构成发生变化，工资性收入占比下降0.9个百分点，增幅只有6.9%，低于可支配收入增幅1.5个百分点；财产净收入增速下降9.1个百分点；经营净收入和转移净收入增幅分别上升6.4和8.0个百分点。

【农村常住居民人均可支配收入】 2015年，鄞州区农村常住居民人均工资性收入18729元，增长7.9%，增收贡献率为56.4%；人均经营净收入6091元，增长9.8%，增收贡献率为22.4%；人均财产净收入1271元，增长11.1%，增收贡献率为5.2%；人均转移净收入3019元，增长14.7%，增收贡献率为15.9%。收入增速超过城镇，城乡居民收入比持续8年缩小；收入增速放缓，实际增速回落1.9个百分点，其中工资性收入和经营净收入增幅分别回落3.4和4.1个百分点。农村常住居民可支配收入总量29110元，继续居全市六县（市、区）第一位，比全市平均26469元高出2641元。

【城镇常住居民消费支出】 2015年，鄞州区城镇常住居民人均生活消费支出33029元，增长9.0%。其中，人均食品烟酒支出8629元，增长6.1%；居住支出7014元，增长6.9%，分别占城镇常住居民人均生活消费支出的比重为26.1%和21.2%，食品烟酒支出和居住支出仍是城镇居民生活消费支出中最大的两个组成部分，分别拉动生活消费支出增长1.6和1.5个百分点；人均交通通信支出5422元，增长15.9%；城镇居民在团体旅游、景点门票方面的人均消费为1271元，增长13.3%。每百户家庭拥有汽车50辆，增长6.5%；移动电话219部，增长2.4%，移动电话中可以接入互联网的有116部，增长1.5%；计算机108台，增长5.1%。

【农村常住居民消费支出】 2015年，鄞州区农村常住居民人均生活消费支出20470元，增长9.5%。其中，人均食品烟酒支出7263元，增长11.8%；居住支出3441元，下降0.4%，分别占农村常住居民人均生活消费支出的比重为35.5%和16.8%；人均交通通信支出3515元，增长30.7%；人均在团体旅游、景点门票方面消费471元，增长17.2%。每百户家庭拥有汽车24辆，增长17.9%；移动电话190部，增长1.7%，移动电话中可以接入互联网的有99部，增长12.4%；计算机53台，增长8.2%。

表32　　2015年鄞州区城乡居民收支情况

单位：元

指标名称	城镇居民	比上年增幅（%）	农村居民	比上年增幅（%）
人均可支配收入	50215	8.4	29110	9.1
其中：工资性收入	29951	6.9	18729	7.9
经营净收入	10838	9.8	6091	9.8
财产净收入	6499	10.6	1271	11.1
转移净收入	2927	14.2	3019	14.7
消费支出	33029	9.0	20470	9.5
食品烟酒	8629	6.1	7263	11.8
衣着	2596	−0.7	1516	2.5
居住	7014	6.9	3441	−0.4
其中：自有住房折算租金	5646	9.7	2417	18.7
生活用品及服务	1783	16.8	949	−10.7
交通通信	5422	15.9	3515	30.7
教育文化娱乐	4170	11.0	2108	12.2
医疗保健	2075	11.8	1155	−3.4
其他用品和服务	1340	13.7	523	18.0

（张鹏飞）

民政事务

【概况】2015年，全区发放社会救助资金1.48亿元。开展元旦、春节解难帮困送温暖活动，走访慰问困难群众2万余户（人），发放慰问金2000万余元。调整多项社会救助标准，其中城乡居民最低生活保障标准由每人每月660元提高提高至744元。健全完善镇乡（街道）“一门受理、协同办理”的社会救助窗口。升级居民经济状况核对信息平台，建立入户调查长效机制，新申请社会救助对象实行“逢进必核”，全年核对社会救助家庭8800余户。至年底，全区有低保对象1866户2937人，发放低保金1942.4万元；实施困难群众基本生活价格补贴，6000余名困难群众获价格补贴223万元。

创建市级及以上综合减灾示范社区12个，其中国家级2个、省级1个。设置避灾场所277个，下拨避灾场所规范化建设补助经费90万元，用于避灾场所标识牌、指示牌设置及救灾物资储备等。12个镇乡（街道）组织开展自然灾害救助应急预案演练。开展“全国防灾减灾日”“国际减灾日”宣传活动。

组织开展纪念抗日战争胜利70周年系列活动。清明节和烈士纪念日在宁波樟村四明山烈士陵园举行社会各界悼念革命先烈活动。该烈士陵园全年接待20万余人次，被国务院确定为第二批国家级抗战纪念设施、遗址名录。发放高桥镇革命烈士纪念碑、龙观乡抗日解放战争革命遗址纪念碑等烈士零散纪念设施修缮资金16万元。

第三批169户430名钦寸水库移民建房搬迁完成。钦寸水库移民安置任务全面完成，全区16个镇乡53个安置村实际安置移民899人，超额完成市政府880人的任务数。上报各类移民扶持项目40个，安排扶持资金900万余元。

免费火化遗体4629具，免费入葬生态墓园1851人次，区财政全额买单576.8万元。生态墓园基础信息数据库录入完成。清明节、冬至期间，以“文明祭扫、生态安葬”为主题开展殡葬宣传，倡导骨灰撒海等生态葬法。

结婚登记6802对，离婚登记2131对，补领婚姻证件3407件，无婚姻记录证明10469件，收养登记40件。完善婚姻家庭辅导工作机制，开展“婚姻情感沙龙”“亲子课堂”等活动。

开展全国第二次地名普查资料补查与更新工作。推进地名文化与信息化建设，挖掘地名文化遗产，举办“我最喜爱的鄞州地名——优秀地名文化故事”有奖征文活动，编写《宁波市鄞州地名故事大观》，申报千年古县地名文化遗产。《宁波市鄞州区地名志》获区地名史志优秀成果“金蝶奖”二等奖。指导钟公庙街道和首南街道行政区划调整。全年命名道路49条、小区43个、建筑物（群）23座。

开展社会工作专业人才教育培训，以区委党校为培训基地，逐步构建社会工作者教育培训网络体系。审查全区参加2015年社会工作师（助理）考试的社会工作人员资格，组织开展社会工作专职资格考试考前免费培训。建立社会工作专业人才工作室4家，下拨专项补助资金20万元。

【双拥活动】 春节、建军节等主要节日期间，区委、区政府开展拥军优属、走访部队活动，向驻鄞州区部队赠送慰问金及慰问品322.5万元。镇乡（街道）开展双拥慰问活动，举办军民文艺会演、拥军优属座谈会、茶话会等50余场，赠送慰问金及慰问品90万元。解决驻鄞州区部队在后勤建设、子女就学等方面的实际困难，慈善“爱心固长城”项目资助73户驻鄞官兵家庭17.5万元。

【优抚安置】 2015年，鄞州区有重点优抚对象1616人，发放补助金3069.4万元；60周岁以上农村籍退役士兵6113人，发放补助金725.5万元；发放优抚“三难”（生活难、看病难、住房难）经费149人50.5万元；发放重点优抚对象基本生活价格补贴57.8万元；发放义务兵家庭优待金795户1879万元。开展优抚信息系统数据核查工作，核查7000余名优抚对象信息。接收安置无军籍职工4人、2014年度退伍义务兵368人，接收伤残军人2人，安置转业士官14人，发放自主就业退役士兵一次性经济补助金1522.6万元。283名退役士兵参加职业技能教育培训，支出经费285万元。举办退役士兵及军嫂专场招聘会，帮助退役士兵解决就业难题。一次性就业帮扶2000~2011年选择自谋职业的转业士官。

【社会福利】 2015年，鄞州区有福利企业43家，安置残疾员工1073人。建立福利企业考勤系统，网络化实时考勤残疾职工上岗情况。开展福利企业年度专项督察工作，核查福利企业残疾员工岗位管理、无障碍设施安装、权益保障、档案管理等情况。落实福利企业补贴与奖励政策，向45家福利企业发放补贴675.51万元。社会福利救助中心竣工启用。开展“福彩与我同行”“爱心书籍进校园”“残疾人微心愿”等活动。全年福利彩票销售3.27亿元，比上年增加1119万元，增长3.5%。电脑票销售2.6亿元，网点即开票销售3202万元，“中福在线”销售3400万元，募集公益金约9500万元。中福在线食品街厅投入运营。全年使用福利彩票公益金3000万余元，用于全区福利机构改扩建、居家养老服务补助、农村社会福利事业等项目。

【社会组织管理】 2015年，鄞州区注册登记社会组织69家，全区累计有社会组织3000余家、登记注册社会组织622家。试点推进基层公共服务平台建设。532家社会组织参加网上年检，30家民办职业培训学校参加社会组织等级评估，400名民办非企业单位负责人、社会团体负责人、社会组织财务管理人员参加培训。发挥“公益组织苗圃基地”功能，聘请上海“恩派”专业教师定期指导入驻孵化团队。全年下拨社会组织基地建设补助、公益团队小额资金补助等72万元，用于42家社会组织的项目优化、服务支撑和团队铸造等。投入87万元，扶持42个优质公益创投项目。试点推进基层公共服务平台建设，建立首南社会组织培育发展基地。实施社会组织信用体系建设，成立区社会组织诚信建设工作领导小组。开展2015年社会组织等级评估工作，评选出AAAAA级2家、AAAA级4家、AAA级7家。按照奖励标准，AAAAA级每家3万元，AAAA级每家2万元，AAA级每家1万元，晋级的单位在原有奖励标准的基础上，补足相应差额，共给予奖励经费20万元。

【专项救助】 2015年，鄞州区有贫困重度残疾人保障对象1246人，发放救助金937.8万元；残疾人基本生活保障对象2740人，发放救助金1825.7万元；孤儿基本生活保障对象48人，发放救助金86.2万元；精减职工43人，发放救助金58.9万元；在乡革命老同志60人，发放救助金63万元。“五保”供养对象606人，年供养支出1298万元。医疗救助2277人次，发放救助金2004万元；教育救助149人次，发放救助金138.4万元；住房救助25户，发放救助金6万元；临时救助2843户次，发放救助金1772.4万元。

【社会组织公益创投活动】 2015年，鄞州区开展2015年社会组织公益创投活动，收到全区各社会组织申报的64个项目，其中民办非企业单位28个、社会团体13个、各镇乡及“草根组织”23个，项目内容涉及公益类、服务类、互助类、文体类等，其中“彼岸天使临终关怀项目”、“快门三秒钟”公益摄影志愿服务项目、小草有爱·弱势家庭心理援助计划等创新性特征突出。区民政局组建项目评选专家组进行审核筛选，42个优秀社会组织公益项目入围，每个项目获0.3万~3万元不等的公益创投资金，投入金额87万元。

【“我最喜爱的鄞州地名——优秀地名文化故事”征文活动】 2015年4月，区民政局联合区文联、区地方志办公室举办“我最喜爱的鄞州地名——优

9月17日，钟公庙街道钟裕社区举办“亿爱荟”公益集市活动

秀地名文化故事”有奖征文活动，以“弘扬地名文化，传承历史文脉”为主题，征集行政区域内历史地名和现今地名故事，包括其来历、含义、沿革等，涵盖镇乡（街道）、村、居民点、街巷路弄、山水、桥、岛屿、建筑物、海塘、古迹遗址、景区景点等。7月，活动结束，征集各类地名故事102篇，其中《蒋山庙里蒲将军》《神牛入海》《桥名褒扬美德》等18篇地名故事作品入围。

【方志勇检查指导鄞州救灾工作】 2015年7月12日，民政部救灾司救灾专员方志勇一行到鄞州检查指导救灾工作。省民政厅副厅长王忠志，副市长李关定，市民政局局长杨雄跃，区委副书记、区长陈国军陪同检查。方志勇一行到姜山镇沈风水村查看灾情，了解农作物受淹情况和救灾物资储备情况，看望慰问受灾群众，指导救灾工作。

【宁波樟村四明山烈士陵园入选第二批国家级抗战纪念遗址名录】 2015年8月24日，国务院公布第二批100处国家级抗战纪念设施、遗址名录，宁波樟村四明山烈士陵园入选。宁波樟村四明山烈士陵园位于章水镇，陵园内有革命烈士718位，其中100余位是在抗日战争时期牺牲的。陵园1963年被列为省级重点文物保护单位，2001年6月被评为全国百家爱国主义教育示范基地，2002年被列为浙江省重点烈士建筑物保护单位。至2015年，陵园总投资3亿余元，总占地面积101407平方米，建筑面积6200余平方米，绿地面积6万余平方米，有烈士墓区、鄞州革命烈士纪念馆、革命烈士纪念碑和国防教育园区等设施，年接待社会各界群众20万余人次。

【浙东抗战老兵纪念园暨同泰嘉陵抗战纪念馆开园】 2015年8月28日，宁波十大公益项目之一的浙东抗战老兵纪念园暨同泰嘉陵抗战纪念馆在宁波同泰嘉陵园区开园。纪念园位于五乡镇仁久村同泰嘉陵人文陵园，占地4000平方米，由方尖碑、雕塑群、时光回廊、老兵墓区等组成，260余个墓位向浙东地区参加过抗日战争的老兵免费开放。墓区旁建有九间小型纪念馆，用图片、文字和实物展示抗战历史、人物和故事，以及发生在浙东的事迹和一些老兵的照片，用以普及抗战知识。同泰抗战纪念馆群有6个主题馆，分别为中流砥柱、正面御敌、浙东抗战、为国捐躯、远征缅甸、老兵不死，与周训典故居、周训典纪念馆、飞虎队纪念馆宁波分馆组成馆群。当日为9位浙东籍抗战老兵举行集体安葬仪式。

【区社会福利救助中心启用】 2015年10月21日，区社会福利救助中心启用。该中心前身为鄞县社会福利院，成立于1973年5月，原址位于鄞县梅墟镇姜陇村。2008年3月，因宁波市国家高新区建设需要，迁至古林镇。2013年，区政府决定在姜山镇茅山村新建社会福利救助中心。一期项目总投资8132万元，总建筑面积11784平方米，有床位200张，是集养护、救治、教育、康复、特教等功能于一体的社会救助福利机构。作为区重点民生实事工程，该中心具有“三无”老人供养、社会弃婴抚养、病残孤儿康复特教、灾民避灾、临时受助对象救助和捐赠物资接收、救灾物资仓储等功能。至年底，收养25名弃婴和10名“三无”老人。

【国务院地名普查工作督察座谈会在鄞州召开】 2015年12月4日，国务院地名普查办副主任、民政部区划地名司副司长李伟、成果转化处处长黄智晖、副调研员杨刚一行到鄞州区督察地名普查工作开展情况。省民政厅处长汪勇飞、调研员葛传庆，市民政局副局长王梁慧、处长余锋陪同，副区长茅剑辉、区民政局局长徐素芳等出席会议。座谈会上，副区长茅剑辉代表鄞州区第二次全国地名普查工作领导小组汇报地名普查工作，区普查办现场演示普查数据库软件中属性登记表、多媒体信息、遥感矢量图以及图文关联等内容。督察组详细询问普查人员配置、外业调查、地图标注等相关问题，仔细查阅普查成果转化相关台账资料。李伟认为，鄞州区地名普查能严格按照国务院的部署要求，工作扎实到位，数据翔实完整，成果转化迅速，有些经验做法，值得推广学习，提出国务院普查办对已完成的地区将先行验收，并就验收标准和要求作出进一步阐述。

【居家养老服务站等级评定】 2015年，鄞州区开展2015年度居家养老服务机构等级评定工作。为保证等级评定的科学规范，鄞州区成立等级评定委员会，采用机构自评、镇乡（街道）初评推荐、市区实地考评“三级联动”方式，对申请对象的设施设备、人员配置、制度建设、服务行为、质量管理等六个方面进行细化评定。有94家居家养老服务站获得相应等级，其中A级61家、AA级29家、AAA级4家。有2家由A级晋升为AA级。

3月29日，鄞州区第二届“蓝丝带飘起来”——关爱自闭症儿童公益倡导行动在鄞州万达广场举行

表33 2015年鄞州区核准登记的社会团体一览

单位名称	法定代表人	业务主管部门	登记日期
宁波市鄞州区精英人才联谊会	鲍海明	中共宁波市鄞州区委组织部	2015年2月6日
宁波市鄞州区收藏家协会	崔二斌	宁波市鄞州区文学艺术界联合会	2015年4月9日
宁波市鄞州区长跑协会	屈　庆	宁波市鄞州区文化广电新闻出版局	2015年4月15日
宁波市鄞州区横街镇水家村商会	水惠良	宁波市鄞州区工商业联合会	2015年4月16日
宁波市鄞州区劳动模范协会	吴祖楣	宁波市鄞州区总工会	2015年9月21日
宁波市鄞州区预防医学会	林鸿波	宁波市鄞州区卫生和计划生育局	2015年9月29日
宁波市鄞州区洞桥镇新生代创业者联谊会	吴良浩	宁波市鄞州区工商业联合会	2015年12月3日
宁波鄞州横溪古道开发保护协会	俞彭年	（直接登记）	2015年12月10日
宁波市鄞州区电子竞技协会	史可为	宁波市鄞州区体育总会	2015年12月17日
宁波市鄞州区小微企业互助促进会	李光辉	宁波市鄞州区工商业联合会	2015年11月24日
宁波市鄞州区电子商务协会	张时光	宁波市鄞州区商务局	2015年11月25日
宁波市鄞州区侨界名媛美姿协会	钱旭利	宁波市鄞州区归国华侨联合会	2015年12月30日
宁波市鄞州区森防检疫协会	曹凌云	宁波市鄞州区农林局	2015年12月30日

（单飞龙）

基层民主自治和社区建设

【概况】 2015年，鄞州区有84个城市社区和14个城镇居委会，其中全国和谐社区建设示范社区1个、省级和谐社区6个、市级和谐社区59个。建立海创、文华、日丽、东方丽都、望府、云达6个城市社区，参加小区规划方案会审会议20次。推进“三社联动”，都市森林社区和雅苑社区为区级“三社联动”观察点。实施城乡社区对口见学活动，湾底村等4个村（社区）被列为市级对口见学活动考察点。招录社工51人。5月，组织开展2015年（助理）社会工作师职称考试免费培训工作，委托专业培训机构分两期向报考（助理）社会工作师的考生提供5天的免费考前培训，讲授“社会工作综合能力”“社会工作实务”与“社会工作政策法规”等课程，全区369名考生参加培训；6月，区委组织部、区委党校和区民政局联合举办全区社区干部集中培训；11月，举办新招录社区专职工作者岗前培训班，79名2015年招录的社区专职工作者与往年未经培训的老社区专职工作者参与培训，以“社区治理新形势下社工的能力提升与职责定位”为课题，邀请宁波大学和区委党校的教授专家进行社区创新治理、社区工作案例分析和社区公务礼仪等授课，安排社工参与社区主任经验分享会，并撰写“我眼中的社工”培训体悟，进行社工工作感想与学习经验交流。全年，105名社区专职工作者通过2015年国家社会工作者职业水平考试。评选2015年度优秀社区专职工作者95人，面向优秀社区干部定向招考公务员1人，首次面向优秀社区书记主任定向招录事业编制人员2人。

推动建立以社区为平台、社会组织为载体、社会工作专业人才队伍为支撑的社区服务新机制，全区备案的社区社会组织有2500余家。投入53万元，首次针对街道内社区社会组织开展公益创投活动，补助36个入围项目，涵盖亲老互助、邻里调解、亲子活动、法律健康等服务。

完善社区民主自治制度，贯彻中共中央办公厅《关于加强城乡社区协商的意见》精神，健全社区党组织领导的基层群众自治机制，运用数字化平台有效整合社区资源，畅通民主渠道，推进基层协商制度化。开展“阳光村务”建设，一年四次对全区村务公开情况进行检查，全面规范村务公开的形式、内容和程序等。

完善社区工作电子台账功能，推进“数字社区”、智慧便民服务平台和社区门户网站建设，开发运行社区专职工作者信息管理系统。

【社区公约制定修订】 2015年，鄞州区推进社区公约修订工作。4月召开社区公约修订动员会，至9月底工作结束，54个社区完成社区公约制定修订。在制订过程中，社区内各主体因地制宜，公约内容涉及社区环境、邻里关系、家庭美德等方面。中河街道剑桥社区从3302户居民的92条建议中，结合社工、物业、居民小组长、居民代表等意见，提升制定全区第二部倡导居民自治、推进文明创建的社区公约。同时，社区成立“文明1+”督导队，通过党员、居民、志愿者现场督导和网络平台曝光、文明随手拍等形式，将公约融入生活。首南街道格兰春天社区通过大会讨论、印发初稿、条款点赞与论证，将初期征得的34条居民意见缩减为15条公约内容，平均支持率在50%以上。

【社工沙龙活动】 2015年7月22日，区民政局联合市社区参与行动服务中心，为部分持证社工开设第一期社工沙龙，通过破冰游戏、小组讨论和组员分享探寻发掘社区工作的源动力。社会工作能力建设提升系列沙龙活动为期1年，全年举行8次，每期具体内容分别为《社区工作的源动力——幸福学视角下的照顾与自我照顾》《社区公益创投项目优化》《社区参与式会议那些事儿》《社区建设现状及政策》《催眠减压体验——探索潜意识，释放工作压力》《案例写作技巧》《谈谈家访那些事儿》和《社工电影赏析分享会》。

【城乡社区建设对口见学示范活动】 2015年11月12日，鄞州区迎接市级城乡社区对口见学第三次示范活动第六小组考察，海曙、江北、鄞州等11个县（市、区）及杭州湾新区的31位社区代表在市、区民政局有关领导的陪同下到都市森林社区、雅苑社区，实地考察“3579党建工作法”和“自治物业模式”，并开展座谈交流。12月15日，鄞州区组织开展城乡社区对口见学示范活动，19名区内各镇乡（街道）的社区书记、主任实地参观都市森林社区红风筝党群驿站等设施，听取有关“3579党建工作法”和“众木成林社区文化培育”的工作经验介绍，对该社区的做法给予高度的评价，表达对“社区+商圈型社区工作法”“社区特色挖掘与提炼”等主题进行深层交流学习的愿望。

【区社区专职工作者信息管理系统开通运行】 2015年11月，鄞州区社区专职工作者信息管理系统开通运行。该信息管理系统主要由社工人事管理、社工工资管理和社区基本情况管理三大系统构成，在区、街道（镇）两级设置不同的账号权限和审核职能，录入登记与审核社工人事、社工工资和社区基本情况等操作，同时通过信息化的管理手段和系统设定自动实现工作提醒及部分数据更新功能，减少误差，提高工作效率。系统具备信息输入、业务办理、综合查询、报表统计、数据导出、浏览咨询等多项功能。至年底，审核新增社工审批，职称、职务变动，退休离岗等方面信息的数据资料400余条。

（邵丹斌）

老龄事业

【概 况】 2015年底，鄞州区有60岁以上老年人口174285人，比上年增加9180人。老年人口占总人口的21.89%，提高0.82个百分点，其中80岁以上高龄老年人24253人，占老年人口的13.92%。年底实有百岁老人（含虚岁）49人，其中100周岁及以上21人。鄞州区老龄工作委员会办公室（简称“区老龄办”）在全省老龄工作考核中获评2015年度全省先进县（市、区）老龄办。

【基层老年协会建设】 2015年，区老龄办在全区开展优秀基层老年协会评选工作，择优推荐瞻岐镇西城村等14个老年协会为市级优秀。推动老年协会阵地建设，下拨资金23万元，补助部分新（改、扩）建老年活动室的村（社区），用于增添老年活动设施。实施经常性慰问机制，慰问138名老年协会骨干、老年志愿者等。

7月28日，区民政局举办社工沙龙活动

【老年电大教学】 2015年，区老龄办与区财政局联合发文，一次性下拨10万元办学补助经费，解决各教学点日常运作经费不足问题。全年征订《四季果蔬养生》《心理保健》《养生按摩手法》和《教你饮食滋味》4套省老年电大教材17600本，分发到各教学点。6月、9~11月，区老龄办通过委托第三方的形式开展第二课堂讲座活动，为镇乡（街道）教学点和部分村（社区）教学班送课35场，课程内容涉及时政、文体、礼仪、维权、理财、心理、保健七大类。按照《浙江老年电视大学分校实体化办学工作指导意见》要求，区老年电视大学落实民办非企业登记，构建规范的管理制度及管理框架，开设直属教学班。钟公庙街道教学点获评省级示范教学点。

【老年人优待服务】 2015年，鄞州区发放高龄老人生活津贴，审核审批老年人7054人。其中，增加3435人，注销2374人，调整740人，数据变更505条，发放高龄津贴1570万元（其中区级财政支出896万元）；发放百岁老人长寿保健补助金35万元；开展“复明工程·爱尔光明行”送医下乡活动，检查老年人约1.7万人，查出白内障、胬肉或其他眼底疾病4402人；组织开展元旦、春节慰问困难老人活动，发放慰问物品48.5万元，慰问970余名老年人；制发老年人优待证11224个（其中60岁以上5829人、70岁以上5395人）；审核、发放“一键通”电话机近200台；配合开展高龄老人免费乘车卡年审工作，集体年审量超过1.7万个。

【老年人家庭无障碍设施改造试点】 2015年，区老龄办联合区住建局、民政局、残联等部门，开展老年人家庭及居住区公共设施无障碍改造试点工作。落实潘火街道东南社区和云龙镇顿岙村为试点单位，研制试点工作政策文本，进行实地勘测、设计、安装等工作。至年底，潘火街道东南社区4户老年人家庭、云龙镇顿岙村5户老年人家庭及老年活动室、村委会等安装无障碍设施，并根据两个村（社区）试点开展的情况，拟定《鄞州区开展老年人家庭及居住区公共设施无障碍改造工作方案》，报区政府审议。

10月21日，“寻找最美老人”主题公益活动颁奖典礼举行

【“敬老月”活动】 2015年10月，全区围绕“培育敬老家风，建设和睦家庭”主题，开展宣传、表彰、慰问、文体、服务五大类活动。参加市老龄办组织的“寻找最美老人”活动和“长寿村”认证工作，鄞州区“区夕阳红艺术团”等3个团体和个人获评“最美”奖项，章水镇李家坑村获评全市首批“长寿村”；区老龄办联合区妇联开展“孝亲敬老好家庭、好公民”评选，表彰“好家庭”26户、“好公民”27人；区四套班子领导带队分组慰问百岁老人，每人给予1000元慰问金及物品，各镇乡（街道）与村居（社区）也都分别慰问90~99岁、60~89岁的老人；区民政局、老龄办、慈善总会联合开展助老济困送温暖活动，出资13.5万元，慰问270名老基层干部及生活困难的孤、寡、残老人；区老龄办联合区普洱茶品鉴协会，开展“孝亲·养生·茶文化”活动，发起为老人敬茶、赠送礼品、实现微心愿等敬老活动，举办茶健康养生知识讲座5场、“我是品茶家”茶会3场、“茶香暖空巢”暖心行动25户等；开展敬老电影巡映、送戏下乡活动，由区老龄办出资，区电影公司为部分村（社区）及养老机构送敬老电影45场，同时播放老龄宣传片。区夕阳红艺术团到基层农村、养老服务场所送戏下乡8场；区老龄办联合市卫生职业技术学院开展“老年健康系列志愿服务”，组织志愿者380人，到23个村（社区）、敬老院，服务老人7000余人次；区老龄办、妇联、体育总会等单位联合开展全区庆祝老年节健身展示活动；老年节当日，区老龄办在《鄞州日报》头版刊登老年节慰问祝语，三版刊登老龄工作专版，在鄞州电视台黄金档期滚动播出敬老宣传条文，向广大基层老年人协会、老年组织赠送一批敬老宣传小物品。

（林晟莹）

慈善事业

【概况】 2015年，鄞州慈善募集善款8827万元，其中全区第十五次“慈善一日捐”活动募集慈善资金5267万元，比上年增长24.6%。向2.8万余户次困难群众及12家单位发放各类救助款7119万元。区物资募救中心（慈善超市）募集物资折价4.9万余元，发放救助物资42万余元。扩增“企业留本冠名基金”4620万元。其中，建立、扩建基金23个，基金总规模达7.35亿元。“村级慈善扶贫基金”扩增1713万元，累计1.44亿元。

助困1067万余元，扶助6786户次；助医244万余元，扶助1776户次；扶助公益项目545万余元，扶助19家公益福利单位和敬老院；助孤支出5万余元，扶助孤儿15人。赈灾扶助362万余元，扶助受灾63户及18个镇乡。

参加浙江农信杯“万村慈善帮扶基金工程”评选，古林镇张家潭村获慈善村称号，石碶街道获优胜单位称号。郑世明、项志美获浙江省五星级义工称号。参加第四届宁波慈善奖评选，鄞州区“妙音”（隐名捐款人）、卢先锋、广修、孙正浩获最具爱心捐赠个人奖；宁波培罗成股份有限公司、三生（中国）健康产业有限公司获最具爱心捐赠企业奖；区慈善总会的“爱心书库”扶助项目和同一片蓝天工程获最具影响力慈善项目奖；严意娜、郑伦祥获最具爱心慈善楷模奖；项志美、张军荣获最具爱心慈善志愿服务奖。

公布“企业留本冠名基金”和“冠名基金”2014年度使用情况，及时向捐赠人（单位）汇报，接受捐赠人（单位）监督。对2014年度的财务收支情况进行审计，并将审计结果以及2014年度各类救助情况在《鄞州日报》上刊登。开通支付宝平台，方便社会各界爱心人士捐赠善款。

【鄞州慈善七大工程】 2015年，区慈善总会调整救助项目，根据救助内容的相关性将“十大工程”整合为“七大工程”，原有的“拯救生命工程”“关爱流畅工程”“自由呼吸工程”“关爱生命工程”统一整合为“关爱生命工程”。11月，举行“创业脱贫扶一把工程”扶助金发放仪式，区慈善总会、总工会、农林局向86户受助对象发放创业扶助金74.6万元。累计发放扶助资金1067万余元，扶助失业困难职工、贫困农户家庭1266户次，其中293户受助家庭成功创业、顺利脱贫。淘汰3家帮扶效果不理想的基地，17家慈善扶贫产业基地年帮扶困难家庭315户，累计发放扶贫资金829万元，帮扶1181户次，平均每户增收9299元。其中，8户形成一定规模，32户有独立生产经营水平。省、市级的3个慈善扶贫基地进入第二周期的扶助。“关爱生命工程”向430户贫困重大病患者家庭发放助医金490万余元。“同一片蓝天工程”发放166万余元，扶助贫困外来民工家庭1650户，其中爱心午餐项目出资147万元，为全区28所外来民工子弟学校1050名贫困学生免费提供爱心午餐。“阳光育才工程”支出助学奖学金288万余元，扶助1007名贫困生。“慈爱光明工程”支出18.9万余元，扶助贫困患者194人。“慈善夕阳工程”支出24.5万余元，扶助公

8月26日，爱心企业家为贫困大学生发放助学金

益单位6家。“爱心固长城工程”支出17.8万余元，扶助76人。

【春节送温暖活动】 2015年春节前夕，区慈善总会举行慈善春节送温暖系列活动，向14293户贫困家庭发放1586万元扶助资金。通过中心区超市和各镇乡（街道）流动超市形式，向850户贫困家庭发放总价值42万元的扶助物资。走访慰问塘溪镇3户因病致贫家庭，给予春节物资及慰问金。向姜山镇幸福院老人拜年，给予10万余元款物，和老人同吃慈善“年夜饭”，鄞州越剧团的慈善义工为老人表演节目。组织全区孤儿开展“爱心助孤”温暖大家庭团圆活动，参观游览区爱国主义教育基地——四〇一洞天景区，并发放压岁钱、奖学金和大礼包。2015年春节送温暖救助情况在《鄞州日报》上刊登。

【贫困大学生助学金发放】 2015年8月26日，区慈善总会举行2015学年贫困大学生扶助金发放仪式，向294名贫困大学生发放扶助金、奖学金110.7万元。助学金由区慈善总会、宁波培罗成集团有限公司董事长史利英、宁波布利杰针织集团有限公司、麦克英孚宁波婴童用品有限公司、宁波市中瑞工程造价咨询有限公司共同出资。仪式现场，爱心企业的代表向187名贫困在校大学生和107名贫困大学新生各发放3000元和5000元扶助金。另外，11名优秀新老大学生各获得1000元的奖学金鼓励。

【区首家小区慈善工作室成立】 2015年1月28日，鄞州区首家小区慈善工作室在南苑国际小区成立。慈善工作室由南苑国际小区业委会发起，旨在推动助残、扶贫、帮困。工作室每月进行一次募捐活动，专户专账、收支公开，物业公司在小区宣传栏内专门开辟“同爱苑”工作室专栏，公开接受所有业主的监督。

【《奔跑吧，红色义工》慈善微电影】 2015年4月，由区慈善总会、宁波意象文化传媒有限公司共同制作的慈善微电影《奔跑吧，红色义工》完成拍摄。整个电影全长19分钟，根据鄞州区优秀慈善义工郑世明及其带领的红色力量慈善义工队为原型改编，讲述其在无偿献血和志愿服务方面的爱心故事。

【《鄞州慈善志》出版】 （参见“中共宁波市鄞州区委员会”类目“党校工作”分目）

（王冠宇）

人口和计划生育

【概况】 2015年，鄞州区出生人口6824人，出生率8.57‰；死亡人口4421人，死亡率5.54‰；自然增长2403人，人口自然增长率3.03‰。全区计划生育符合率97.03%，出生人口性别比为109.83。

审核一般二胎生育2016对，其中“单独两孩”1425对；特殊生育审批86对。孕前及14周前审批率达81.91%，实地核实56例14周以上妊娠要求引产者，关注20例计划外引产者。

孕产妇免费增补叶酸人数达4820人，叶酸服用率达到98.04%；免费检测艾滋病、梅毒、乙肝16542人，免费注射免疫球蛋白844例；农村孕产妇住院分娩项目补助人数3620人，住院分娩补助达231.64万元；婚前医学检查10276人，婚前医学检查率98.18%；1~11月，国家免费孕前优生检查8364人，检查率82.5%。

【流动人口计生服务监管】 2015年，全区核查无证（未建卡）流动人口生育信息2868例。其中，违法生育1236例，占43.1%；查无此人346例，占12.1%。与区流动人口管理办公室联合开展对各镇乡（街道）外来人口的信息抽查考核，抽查3次，考核结果以通报形式反馈给各镇乡（街道），并作为年终考核参考值。按照国家卫生和计划生育委员会要求，5~6月，动态监测全区9个镇乡（街道）18个村、居（监测点）的360名流动人口，汇总分析调查对象的户籍地、年龄、文化程度、流入时间、生育情况。年内，鄞州区与安徽省亳州市谯城区、山西省运城市新绛县等5个流入大县的人口计生部门签订双向协作协议书，累计签订双向协作协议的地区达到76个；配合户籍地执法52次，查处违法生育案件152例，征收金额284.5万余元。其中，委托鄞州区征收18例，征收金额48.47万元。对不符合政策怀孕对象落实补救措施233人。

【流动人口“以外管外”模式推广】 2015年，鄞州区完善安徽霍邱县冯瓴乡在钟公庙街道建立的流动党支部+流动协会+计划生育工作站和安徽省淮北市在潘火街道建立流动人口计划生育工作站负责流动人口计划生育的工作人员的各项工作制度和职责。同时，以钟公庙街道和潘火街道的工作站为模式，9月23日协调江西省鄱阳县三庙前乡在首南街道建立流动人口工作站。

【特殊家庭养老关怀项目】 2015年3月初，鄞州区下发《关于开展计生特殊家庭生活照料项目的通知》，对70周岁以上和失能半失能失独家庭开展生活照料服务，通过入户走访、发放服务需求表，了解失独家庭生活状况和服务需求，确定32户家庭为此项目的目标人群；成立温心家园工作室，根据特殊家庭的需求和意愿，选择适宜的服务者为他们提供照料服务，全区开展相关服务3400余次。与中国人寿鄞州区支公司合作，为全区60周岁以上250名失独老人购买商业意外保险。依托市计生协建立的失独特殊家庭管理信息系统，将所有失独家庭的详细信息录入库，做到动态管理，随时可查。同时，开展因病返贫和特别困难的失独家庭救助工作。

【打击"两非"综合整治行动】 2015年，鄞州公安分局、区卫生计生局、市场监管局等部门联合开展打击"两非"综合整治行动，同时与周边县（市、区）、外省流出地的联系，共同创造信息联同、工作联系、执法联合的机制，依法严厉打击非医学需要的胎儿性别鉴定和人工终止妊娠行为。至年底，查处"两非"案件22例，取缔非法窝点19个，没收部分药品和器械以及5台B超机，对18名当事人进行行政处罚，3人移交公安机关。核实举报"两非"的两名当事人提供的信息，抓获非法性别鉴定者，兑现奖励金额15000元。

【青春健康教育培训项目】 2015年，区卫生计生局推进青春健康教育基地的拓展使用，主要向家长培训和企业培训两方面拓展。5月，在钟公庙街道开展青春健康家长培训课程，邀请卫生职业技术学院副教授尹幼明和钟公庙中学教师李静雅为钟公庙中学的30名学生家长授课；4~10月，在博威集团有限公司开展企业青春健康培训，安排5次PLA培训课，将青春健康教育融入公司常规培训，帮助企业员工树立起正确的婚姻观、价值观、道德观。

【"健康鄞州，福送万家"人口健康文化主题宣教活动】 2015年初，区人口计生局制定以"健康鄞州，福送万家"为主题的系列人口健康文化宣教活动方案，按照"福送健康、福送欢乐、福送和谐、福送关爱、福送温暖"的要求，在全年四个季度轮序开展"五福送万家"活动。每季侧重目标人群宣传，选定一个宣传主题，将人口健康文化知识宣传覆盖全人口、全周期、全过程。1月底，与区科技局、文广新局、卫生局等部门联合在下应街道举办"三下乡"活动；与疾控中心、爱国卫生办公室联合，在姜山举办"科学就医福送和谐"人口健康文化宣教活动，同时结合"预防出生缺陷""母乳喂养"等主题展开宣传、设摊咨询、发放宣传小册子。全年全区各级举办活动400余场，开设培训班500余期，发放宣传资料100万份，约20万人受到教育。

（凌 平）

9月17日，鄞州区健康中国行活动在姜山镇举行

民族宗教工作

【概况】 2015年，鄞州区有少数民族36个，人口35194人，其中土家族620人，占少数民族人口的1.76%。有依法登记宗教活动场所134处。其中，佛教92处；基督教41处，信徒20425人；天主教1处，信徒175人。有宗教教职人员742人（备案345人）。

鄞州区民族宗教事务局（简称"区民宗局"）组织各镇乡（街道）、村（社区）开展困难少数民族家庭走访慰问，向109户少数民族困难家庭发放慰问金54500元。扶持章水镇里梅村少数民族家庭创业扶贫花木基地。为19名高考生和147名中考生办理少数民族身份确认加分手续。在潘火街道世纪社区、音王集团有限公司启动"四微建设"试点；在环城南路与宁横路交叉路段开辟200平方米的民族团结进步文化墙。东吴小学尚乔慧获全国第十届少数民族运动会高脚马项目三等奖；秦琴（土家族）等4人被评为宁波市民族团结进步模范个人。李龙（满族）获评"最美鄞州人"。举办"牵手西藏学子共庆中秋传统佳节"联欢活动。5月6日，向丽水市云和县安溪畲族乡中心小学捐赠1.5万元，用于爱心营养餐项目。组织区少数民族作家参加"五彩梦同心圆"民族团结征文活动，2名少数民族作者分别获二等奖和优秀奖。开展第三次民族团结进步宣传月活动，制作区民族联公益文化衫，组织区民族团结进步联谊会会员开展"清爽行动我参与"民族团结"绿行"活动。举办"国际急救知识普及"公益培训，为30余位少数民族群众传授心肺复苏、烫伤、扭伤等应急救护知识；在章水镇郑家小学设立民族团结宣传教育基地。

35名区领导"一对一"或"一对二"与场所挂钩联系，定期到联系场所开展谈心交心活动。选派宗教场所联系小组68个、联系员247人，与宗教界人士沟通。区委、区政府成立"同心同行共建和谐"活动领导小组，推进"同心同行共建和谐"活动。年初，区民宗局与134处场所签订《安全工作责任书》，制作宗教场所隐患排查治理宣传鼠标垫、宗教场所安全管理员袖标及佛教“严禁明火入殿堂”安全警示牌，对全区宗教活动场所安全管理进行A、B、C等级分类。分教别开展《中华人民共和国安全生产法》（2014版）培训教育。在天童禅寺、阿育王寺、咸祥教堂举行消防安全演练。检查宗教活动场所和民间信仰活动场所，出动检查组145个，参加检查人员298人次，检查场所268处，发现隐患286起，整改隐患272起。许可童传禅寺佛像开光法会、四明教堂及天童教堂落成典礼、广修长老圆寂法会等大型宗教活动4件，前置许可长生寺、阳和寺、经堂庵、甘溇寺大雄宝殿重修项目4件，审核转报下应教堂迁建1件，妥善处置基督教私设聚会点、未经许可举办宗教大型活动等突发事件6起，调处天井寺、宝积禅寺、青莲茅蓬、白云居士林、观音庵等9处场所内部矛盾纠纷，规范化管理教职人员认定备案、社会保障、财务管理及佛教寺庵住持遴选和基督教堂堂委任职工作。推广天福寺、西林禅寺、铁佛寺和广德庵在生态寺院建设、安全、寺务、道风建设等方面的管理经验，组织13处需基本建设的寺院负责人到童传禅寺、广福禅寺学习。组织民族团结进步联谊会常务理事、理事以及各宗教团体班子、宗教活动场所负责人学习会。4月，组织佛教场所负责人和教职人员综合素质提高班。邀请嘉兴香海禅寺法师贤宗为佛教寺庵负责人讲授寺院管理和道风修持；组织区佛协常务理事到江西寻祖礼佛，学习寺庵管理理念和经验。在基督教界开展基督教教职人员民主考核评议。11月中旬，组织基督教代表人士到云南开展“基督教中国化”红色之旅培训交流活动。

【宗教活动场所挂牌】 2015年1月21日，宁波市宗教活动场所挂牌仪式在阿育王寺举行，阿育王寺成为鄞州区首个挂牌的宗教活动场所。市民族宗教事务局副局长许伯强、区民宗局局长陈肯，区佛教协会会长界源以及鄞州区宗教场所负责人100余人参加挂牌仪式。仪式上，许伯强、陈肯为阿育王寺、天童禅寺、金峨禅寺、广德庵授牌。在宗教场所悬挂统一标识牌，是向社会公告依法登记的宗教活动场所信息，也是宗教工作领域贯彻落实依法治国方略的重要行动，是依法管理宗教事务的具体举措，也是浙江省加强“三改一拆”涉及宗教领域违法建筑处置工作的一项长效管理措施。同时要求各佛教场所将宗教活动场所的标识牌挂在场所入口处的显著位置，以方便社会公众识别宗教活动场所的合法性，并接受社会监督。

【“百寺弘佛法，传播正能量”活动】 2015年，鄞州区佛教界以“百寺弘佛法，传播正能量”为主题，开展“寻梦中国，正言正行”系列宗教文化活动。主题活动5月启动，下发《关于在全区佛教界开展“百寺弘佛法，传播正能量”主题活动的通知》，在全区佛教教职人员中选拔优秀弘法法师19人，组建“鄞州区佛教讲经弘法团”，讲师团成员围绕佛教基本知识、佛教经典、人间佛教思想、佛教与自然等5门类24个选题，为全区佛教场所提供“按需宣讲”的菜单式服务。同时，各寺（庵）依托自身场地和法师资源，围绕“鄞州区佛教协会讲经弘法内容选题”，组织讲经说法活动，全区有52处寺庵开展“百寺弘佛法，传播正能量”讲经弘法活动100余次，惠及僧众5万余人次。10月9~11日，举行天童禅寺首届禅茶文化节开幕雅集和第二届禅宗文化研究交流大会，编撰天童文化丛书系列《天童禅》论文集，收录天童禅研究文章21篇，由文汇出版社公开出版发行。11月22日，举办天童禅寺第二届“一花一世界”当代书画名家艺术展。各镇乡（街道）开展“周日文化”走进寺（庵）活动，区基督教“两会”开展职业道德和个人品德教育。

11月10日，区民族团结进步联谊会开展清爽行动我参与“绿行”活动

【民间信仰场所登记编号】 2015年初，区民宗局对全区449处登记民间信仰场所全面开展调研摸底、甄别分类等工作，并根据各镇乡（街道）的信息汇总情况，建立健全全区民间信仰活动场所数据库。实地查勘全区拟首批登记编号的80余处场所，重点调查场所建筑安全、用地情况、管理情况等，基本掌握全区民间信仰活动场所现状及特点。2月26日，区政府办印发《关于加强民间信仰事务管理的意见》；7月，出台《宁波市鄞州区民间信仰活动场所登记编号管理实施办法》，类佛教和已列入政府拆迁计划的暂不登记，明确登记编号场所必须提供“场所可以安全使用证明”，推进民间信仰场所事务纳入部门职能，为建立健全鄞州区民间信仰场所长效管理机制指明工作方向。根据政策和前期实地走访情况，确定47处首批登记编号的民间信仰场所。7月起，分层次组织镇乡（街道）分管领导座谈会，专题培训班，部署工作任务，专门制作《民间信仰场所编号登记工作操作文本》和样本，针对性解决工作中出现的重点和难点问题。创建QQ工作群，及时公布民间信仰活动场所登记编号工作动态、开

展问题讨论、信息反馈和交流经验等。至年底，向咸祥庙、太白庙、梁圣君庙等45处民间信仰活动场所颁发浙江省民间信仰活动场所登记编号证书，并授予标有“浙江省民间信仰活动场所”字样的铜牌。

【佛教寺（庵）负责人培训班】 2015年5月27~28日，鄞州区举办全区佛教寺（庵）负责人培训班，区佛协常务理事和92家寺院负责人参加。邀请区委党校孙伟儿、浙江万里学院法学院教授卢剑峰分别作当前国际国内形势和佛教事务法治历程的报告，区安监局副局长邵忠杰作安全工作专题辅导，香海禅寺法师贤宗介绍规范管理寺院、佛教服务社会相关做法。

10月22日，阿育王寺举行佛教场所消防演练

【宗教场所安全大检查活动】 2015年9月24日，区民宗局召开安全工作专题会议，动员部署全区宗教场所安全大检查活动工作。10月10日，区民宗局在咸祥基督教堂举办宗教场所秋季安全大检查启动仪式暨消防演练活动，全区41个基督教场所的主要负责人、安全管理人员90余人参加。其间，区民宗局副局长毕金玉动员部署安全大检查行动，市消防中心专家讲解防火灭火知识、用火用电消防安全管理制度等内容，并实地演示如何正确使用灭火器、消防水龙灭火等，组织参训人员进行应急疏散和灭火演练。10月22日，组织天童禅寺、阿育王寺开展消防安全培训和演练活动。两大寺院僧人和居士200余人参加。11月25日活动结束，检查宗教场所134处。

【天童禅寺首届禅茶文化节开幕雅集】 2015年10月9日，首届“天童禅茶文化节”开幕雅集在南苑饭店国际会议中心举行。省民族宗教事务委员会副主任倪忠扬，市政协副主席蒋剑巍，市委统战部副部长谢群华、叶剑辉，区委政法委书记林琪，副区长夏素贞以及市、区有关部门领导，省佛教协会会长、雪窦寺方丈怡藏，省佛教协会副会长、七塔寺方丈可祥，省佛教协会副会长、天童禅寺方丈诚信，省佛教协会副会长、普陀山法雨寺监院信光，上海市佛教协会副会长、上海宝华寺方丈永觉，市佛教协会副会长、阿育王寺方丈界源，市佛教协会副会长、五磊寺方丈宗立，市佛教协会副会长、广德寺住持有圆，市佛教协会副会长、宁波居士林林长徐文芳等，黄夏年、徐孙铭、董群、崔红芬等学术界教授学者及各地居士、善信1000余人参加。开幕雅集由五个篇章组成，有刘海波表演的禅舞《太白僧踪》、朱建刚的情景雅乐《一瓣心香》、黄琦雯的独唱《心经》以及禅乐诗《渊默雷声画天童》、徐宁《点亮心灯》等节目。其间，天童禅寺方丈诚信开示，讲述举办禅茶文化节的缘起以及茶文化与佛教文化的历史渊源。

【第二届天童禅宗文化研究交流大会】 2015年10月10~11日，第二届禅宗文化研究交流大会在天童禅寺举行。省民族宗教事务委员会副主任倪忠扬，市民族宗教事务局副局长许伯强，区政协副主席、区委统战部部长陈国良，省佛教协会副会长，天童禅寺方丈诚信、普陀山法雨寺监院信光、七塔寺方丈可祥和上海市佛教协会副会长、上海宝华寺方丈永觉及中国社科院世界宗教研究所研究员黄夏年等出席开幕式。大会以纪念密云禅师诞辰450周年为主题，集中讨论密云禅师圆悟的禅学思想以及其学术成果和对后世的影响。清华大学、中山大学、华东师范大学等高校的教授，诸山长老、专家、学者百余人参加研讨会。大会收到论文65篇，汇编成首届天童山禅茶文化节暨第二届天童禅宗研究交流大会《论文集》和《密云禅师语录》。

（丁志国）

关心下一代工作

【概况】 2015年，鄞州区有基层关工委组织777个，其中村关工委359个、社区关工委84个、民营企业关工委298个、学校关工委36个，参与关心下一代工作的“五老”2798人。重新组建区级思想道德教育宣讲团、关爱工作团、中小学校外辅导员、网吧义务监督员4支队伍148人。鄞州区关心下一代工作委员会（简称“区关工委”）主任胡广良、龙观乡关心下一代顾问团团长郑伦祥获评全国关心下一代工作先进个人。

区各级关工委开展解困、助学、助残、助医等活动。区教育局关工委开展“老教师一日捐”活动，收到爱心善款20万余元。各镇乡（街道）开展具有当地特色的活动。瞻岐镇联合网络志愿者团队建立爱心基金账户，以助学帮困结对形式帮扶困难学生；姜山镇组织退休教师为重度残疾儿童开展每周一次的“送教上门”服务。全区组织“五老”网吧义务监督员检查网吧10次，发现无证网吧8家，查缴电脑、非法音像制品等117台（件）。围绕党委、政府中心工作，助推“清爽行动”“三改一拆”等活动。8月，区关工委与区文明办、教育局、妇联、团区委建立区“假日学校”联席会议制度，加强全区“假日学校”建设。全区开办“假日学校”136所，参与学生8234人，其中“小候鸟”3872人、参与教学和管理的各类志愿者1907人。

【社会主义核心价值体系教育】 2015年，区关工委以“学雷锋、心向党、讲品德、见行动”为主题，组织开展志愿服务、雷锋精神宣讲及征文演讲比赛等活动。4月2日，区关工委与区新四军历史研究会以“缅怀先烈、铭记历史”为主题，组织230名青少年和新四军老战士到横街镇瞻仰、祭扫“光耀千秋”四烈士雕像群，开展红色主题宣讲。各基层关工委以祭扫烈士陵园、网上追思、主题征文等形式，传承优秀文化，弘扬爱国主义精神。在“七一”建党节、国庆节等重要节日，开展党史国史教育活动。开展“知孝理、讲孝德、践孝行”孝德教育活动，编印孝德教育资料8000余册，分发至各学校。开展“有感、有悟、有得”孝德讲座，邀请村（社区）文明家庭开展“家风家训大家谈”活动，举办孝德教育知识竞赛，推进未成年人社会主义核心价值观落实。区关工委与区教育局关工委联合开展“少年向上·真善美伴我行”读书征文活动，收到征文作品2880篇，其中122篇获全国青少年五好小公民主题教育读书征文活动奖项。

【“五好”学校关工委创建】 2015年4月28日，全区学校关心下一代工作现场会在龙观乡召开。市关心下一代工作委员会副主任杨勤、沈觉人，市教育局关心下一代工作委员会主任李德芳到会指导。会议规定全区学校关工委组织框架，即在区属学校和各镇乡（街道）建立学校关工委组织，在镇乡（街道）属学校建立关工小组。提出创建“五好”学校关工委规划。龙观乡学校关工委在会上作经验交流，与会代表参观考察龙观乡中心学校。至年底，古林镇学校关工委、洞桥镇学校关工委、正始中学关工委、云龙镇中学关工委、龙观乡学校关工委被评为全市“五好”学校关工委；云龙镇中学关工委、古林镇学校关工委、横溪镇学校关工

5月29日，“纪念抗日战争胜利暨世界反法西斯战争胜利70周年英模报告会”在鄞江中学体育馆举行

委、集士港镇学校关工委、洞桥镇学校关工委、正始中学关工委、龙观乡学校关工委等9家单位被评为全区“五好”学校关工委。

【全区关工委系统培训班】 2015年6月25日，区关工委举办2015年全区关工委系统培训班，主要内容是深入学习贯彻党的十八届四中全会和习近平系列重要讲话精神，分析研究当前关工委工作面临的新情况、新任务，交流关工委宣讲工作和关爱帮教工作的经验做法。区教育局关工委、区民营经济关工委、各镇乡（街道）关工委常务副主任、专职副主任、办公室人员、宣讲团和关爱团负责人等120余人参加。会议邀请区委党校教研室主任、高级讲师鲍素萍作“培育践行核心价值观、凝聚引领社会正能量”主题报告。区关工委主任胡广良安排部署下半年重点工作，并提出三点意见。姜山镇关工委、云龙镇关工委、古林镇关工委分别就关爱工作和宣讲工作做经验介绍。

【纪念抗日战争胜利70周年活动】 2015年5~10月，区关工委、区教育局联合开展“铭记历史·圆梦中华”纪念抗日战争胜利70周年系列活动，组织青少年参加征文比赛，收到参评作品578篇，并表彰优秀作文。鄞江镇举行“纪念抗日战争胜利暨世界反法西斯战争胜利70周年英模报告会”，组织1300余名青少年聆听部队干休所老英模亲历的战斗故事；其他镇乡（街道）分别开展纪念抗日战争胜利70周年知识竞赛、爱国主义教育宣讲、观看红色电影、童心向党唱红歌及红色寻访重走革命路等活动。8月31日，区关工委与区新四军历史研究会联合举行纪念抗日战争胜利70周年座谈会暨《鄞县抗日武装与根据地》《鄞州抗日巾帼》和《冯和兰传》首发式，邀请部分抗战老战士参加座谈。

【法治宣传教育活动】 2015年11月，区关工委与区检察院、法院开展“与法律对话为青春引航”法治宣传系列活动，法官、检察官进社区、进学校，向青少年宣讲法律知识。姜山镇关工委建立“法治教育基地”，通过现场参观、面对面交流、庭审旁听等形式，使青少年了解审判程序。各镇乡（街道）分别组织宣讲团、关爱工作团学习《中华人民共和国宪法》《中华人民共和国未成年人保护法》和《中华人民共和国预防未成年人犯罪法》，开展法律知识竞赛、法治绘画、法治征文及青少年犯罪系列影片观影等活动。

（陈　晛）

残疾人工作

【概况】 2015年，鄞州区有持证残疾人28542人，其中视力残疾5120人、

听力残疾6393人、言语残疾718人、肢体残疾10151人、智力残疾2880人、精神残疾2897人、多重残疾383人。全年增加1407人，自然减员968人，实际净增439人。

鄞州区残疾人联合会（简称“区残联”）承办和受理残疾人区长信箱、区长热线19次，受理来访131人次、来电157人次、来信21件，受理区委主要领导批示件1件、区人大代表建议1件，办结率100%。建立鄞州区残疾人法律救助工作机制和工作站。

“全国助残日”“国际残疾人日”期间，分别在《鄞州日报》上刊登《点燃梦想，照亮残疾人幸福生活》《牵手中国梦、七彩给人生——残疾人书画作品选登》专版。向省、市残联报送信息120余篇。开发“残疾人按比例就业网上申报系统”“残联协同办公系统”网站软件，并投入使用。10月14~15日，组织残联机关全体干部及镇乡（街道）残联理事长50人在区干部培训基地参加综合素质培训。组织全区各镇乡（街道）残联的理事长、干事、康复协调员、康复机构专业人员及残疾人亲友进行康复政策、康复知识培训，培训各类人员1638人次。

【康复服务】 2015年，区残联为7558名残疾人提供不同层次的康复服务，投入康复服务经费735万元。区残疾人医疗康复中心提供机构医疗康复1000余人次，区辅助器具服务中心配送辅具4600余件，跟踪服务0~6周岁新发疑似残疾儿童，重新核发2749名残疾人“精康卡”。创建市级社区康复示范站1家。启动为期1年的全区残疾人辅助器具、无障碍设施需求专项调查。全区建立残疾人集中托养机构25个，集中托养重度及中轻度智力精神残疾人218人，下拨托养经费86.83万元。试点创建由“一家”阳光家园带动“多家”工疗机构的“1+X”办园模式，该模式得到副市长李关定认可并推广。全区创办省、市级阳光家园9家，为420名中轻度智力精神残疾人提供服务。完善“鄞州慈善康复中心”“鄞州夕阳红颐乐园”康托一体机构建设，近210名精神残疾人得到庇护性照料。对260名符合居家安养条件的残疾人（肢体、智力、精神一二级），按不同家庭收入，分别提高到每月可享受20小时、16小时服务和10小时、8小时服务，投入资金84.86万元。3月9日，启动第二轮残疾人辅助器具适配进家庭工作，分别在章水、鄞江、塘溪、洞桥4个镇开展残疾人辅助器具进家庭项目推广工作，为272名肢体残疾人提供辅助器具适配需求调查，为257名符合条件的残疾人适配辅助器具，通过上海市辅具适配平台为全区2654名残疾人配送辅助器具。完善聋儿和自闭症儿童康复机构的品牌建设，“启迪幼儿园”与“鄞州区特殊教育中心”建立合作关系，设立“鄞州区特殊教育中心幼儿康复部”，为130名残疾儿童进行康复训练，康复有效率在90%以上。实施中心城区5个街道的残疾人无障碍设施进家庭服务工作，并对全区所有镇乡（街道）回头看，全年改造101户残疾人家庭无障碍项目，超额完成省、市年度任务数（50家）。

【扶残助残】 2015年元旦、春节和全国助残日期间，全区各级党委、政府领导和有关部门走访慰问困难残疾人5684人次，发放慰问金（慰问品）424.76万元。为符合条件的434名残疾人发放机动轮椅车燃油补贴11.28万元。对19户困难残疾人家庭发放临时救助经费15万元。对贫困白内障患者实施医疗救助，791名患者重获光明。为2543名各类残疾人提供机构康复医疗救助。为全区17467名无保无业残疾人提供60元~200元的基本生活全覆盖补助，发放残疾人全覆盖生活补助1737万余元。将18~60周岁无固定收入残疾人的生活补助发放标准提高到每人每月125元。914名全覆盖生活补助与民政系统残基保两头发放人员并轨发放。为1021名重度残疾人发放基本生活保障金，补助资金919.31万元。实施生活保障扩面工程，为2650名符合条件的残疾人发放完善残疾人基本生活保障金，补助资金1781.49万元。43户残疾人家庭被列入安居工程补助对象，补助资金15万元（其中21户属于危房修缮，15户属于住房困难户享受租赁补贴）。补助1767名残疾人个人参加养老保险，发放补助资金437万元。核准1203家企事业单位，分散安置残疾人就业2892人（其中58家机关事业民办非企业单位安置残疾人就业75人，45家福利企业集中安置1226人）。扶持15个省、市级残疾人种养业扶贫（示范）基地，下拨扶持资金177.7万元，带动425名农村残疾人共同致富。有11个镇乡（街道）21户残疾人被列入“自强创业示范户”，下拨扶持资金18.3万元。65名残疾人参加省、市残联培训并结业。6月17~19日，举办残疾人家常菜培训班，40余名残疾人受益。聘请专业人士对9名有意向从事电商创业的残障人士开展一对一教学帮扶。与区财政、民政对接，将两家工疗机构纳入区财政补贴与奖励范畴，获社保补贴与最低工资奖励19.62万元。通过随班就读、设立支持性教育资源教室和送教上门等方式，保障全区258名6~15周岁学龄残疾儿童少年入学，入学率达98.8%。对接受全日制普通本科及研究生高等教育的残疾人大学生实行学费、住宿费补助（其中学费补助每人每学年最高可享受2万元），有31名残疾人大学生受惠，补助金额27.38万元。为653名残疾学生和残疾人家庭子女发放爱心助学款114.58万元，实现残疾学生从幼儿园到大学的全程教育扶助和残疾人家庭子女接受高等教育助学的全覆盖。

【残疾人活动】 2015年3月2日，区残联联合区卫生局、横溪镇残联，在横溪镇举办鄞州区第十六次全国“爱耳日”现场义诊咨询活动，300余人参与血压测量、耳病防治宣教和有奖竞猜，50余人询问康复救助政策，发放爱耳日宣传资料300余份。鄞州第二医院专家为120余名听障人士进行耳病检查和听力测试。第八个“世界自闭症日”期间，在鄞州万达广场举行鄞州区第二届“蓝丝带飘起来”——关爱自闭症儿童公益倡导行动，团区委、残联、慈善总会、教育局、民政局、人力社保局等单位领导，部分中小学校长、幼儿园园长、自闭症儿童家长代表及社会热心人士400余人参加。第25次“全国助残日”期间，在横溪镇文体中心举行鄞州区残疾人趣味运动会，全区23个镇乡（街道）的92名残疾人选手参加套圈游戏、吹蜡烛、抛接绣球、摸球比数、原地投篮等趣味运动。7月8日，与宁波海洋世界公园、鄞州区小星星特殊儿童训练部合作，举行第七期“约会小海豚”特殊儿童接受小海豚康复训练的公益活动。文化方面。9月25日，举办“中国梦之我梦最美”鄞州区首届残疾人演讲比赛，18名残疾人参加。“国际残疾人日”期间，组织开展以“牵手中国梦七彩绘人生”为主题的鄞州区残疾人书画艺术作品展评活动，收到各镇乡（街道）残联推荐作品75件，评出书法、绘画、摄影、工艺品4类一等奖4个、二等奖9个、三等奖18个、组织奖3个，其中47件优秀作品在鄞州图书馆集中展示。第32届国际盲人节期间，组织开展“百名盲人观影”等活动。举办第五届残疾人相亲联谊会，帮助残疾青年男女寻找姻缘。体育方面。8月4~7日，鄞州区聋人篮球队（男队员10人、女队员6人）参加宁波市第二届聋人运动会篮球比赛，女子组获第三名，男子组由第九名升至第七名，团队获体育道德风尚奖。在第九届全国残疾人运动会上，鄞州籍运动员获10金、7银、2铜，其中楼陈泉、华栋栋打破4项全国纪录。

【全区残疾人专项调查暨状况监测工作完成】 2015年，区残联开展“基础管理提升年”活动，组织全区残疾人工作者进行为期2天的综合素质专题培训，组织115名镇村（社区）残疾人专职委员参加中国残联网上在线教育培训。全年动员全区各级调查员498人，全面完成27877名持证残疾人基本服务状况与需求专项调查工作，填写调查表56736份，录入国家级调查表27877份，录入浙江省调查表27349份，录入率和差错率均一次性高标准通过。

【阳光家园运作模式创新】 2015年，鄞州区改变阳光家园由单一企业承办运作模式，在石碶工业园区确立独立场所，整合企业资源，建立君乐阳光家园（工疗站）。5月27日，君乐阳光家园（工疗站）建成运行，占地面积3000平方米，带动园区内若干家企业，规划容纳150名智力、精神残疾人提供日间照料服务，实行统一场地设施，统一生产管理，统一报酬待遇的“1+X”办园模式。全年吸纳石碶、洞桥、古林、鄞江、龙观、章水等镇乡（街道）的中轻度智力、精神残疾人45人。

【社区康复指导员培训班】 2015年4月16~17日，鄞州区举办2015年度社区康复指导员培训班，全区23个镇乡（街道）残联理事长、残联干事、村（社区）康复协调员等60余人参加培训。鄞州区社区康复指导员培训班依托宁波卫生职业技术学院，由该校医学技术学院副院长周立峰、校教务处处长周菊芝、康复教研室主任李海舟等专家担任主讲，并邀请宁波市第九医院副书记冯能交流介绍江北社区康复模式，使培训人员了解社区康复的路径、残疾人社区康复中的无障碍环境要求，掌握偏瘫患者通过运动功能进行康复的相关技术和方法、高血压的健康管理等相关知识。7月8~9日，举办鄞州区第二期社区康复指导员培训班，宁波卫生职业技术学院专家讲解脊柱康复、肢体残疾辅具适配和常见致残性疾病的预防三个方面内容，参加培训的各镇乡（街道）残联系统干部、康复助残员顺利结业。

【残疾人爱心助学标准提高】 2015年5月1日起，鄞州区提高残疾人爱心助学标准。助学对象是具有鄞州区户籍的残疾学生、残疾人家庭子女。具体扶助标准：接受学前教育的残疾幼儿每月补助100元；义务教育段和高中段残疾学生，每学年补助400元；接受中国境内全日制普通本专科高等教育的残疾人家庭子女，本科每学年补助2000元，专科每学年补助1000元；接受中国境内全日制普通本专科及研究生高等教育的残疾人大学生，学费补助标准每人每学年不超过2万元（包含民政、慈善等各政府职能部门、社会团体给予的教育救助金），住宿费按照不超过浙江省公办普通高校学生住宿标准给予补助；对中外合作班、中外合作院校或通过交流、交换等其他原因到境外学习的大学生，其在境外期间的补助标准按照原所在境内就读学校的学费和住宿费标准执行；当年考入中国境内全日制普通高等院校的残疾人大学生和残疾人家庭子女，给予一次性奖励2000元（仅限第一次接受全日制高等教育时给予补助）；当年取得国家承认学历的成人高等教育毕业证书的残疾学生和特困残疾人家庭（指城乡低保和城镇低收入家庭）子女，给予一次性奖励3000元。对接受全日制普通高等教育的残疾人家庭子女的助学政策，按照“就高不就低，只享受一头”的原则执行。相应年度在其他职能部门或社会团体组织享受助学政策的，不得再申请残疾人爱心助学资金。

（郑绿枝）

5月16日，鄞州区举行残疾人趣味运动会

街道·镇乡

鄞江晴江岸

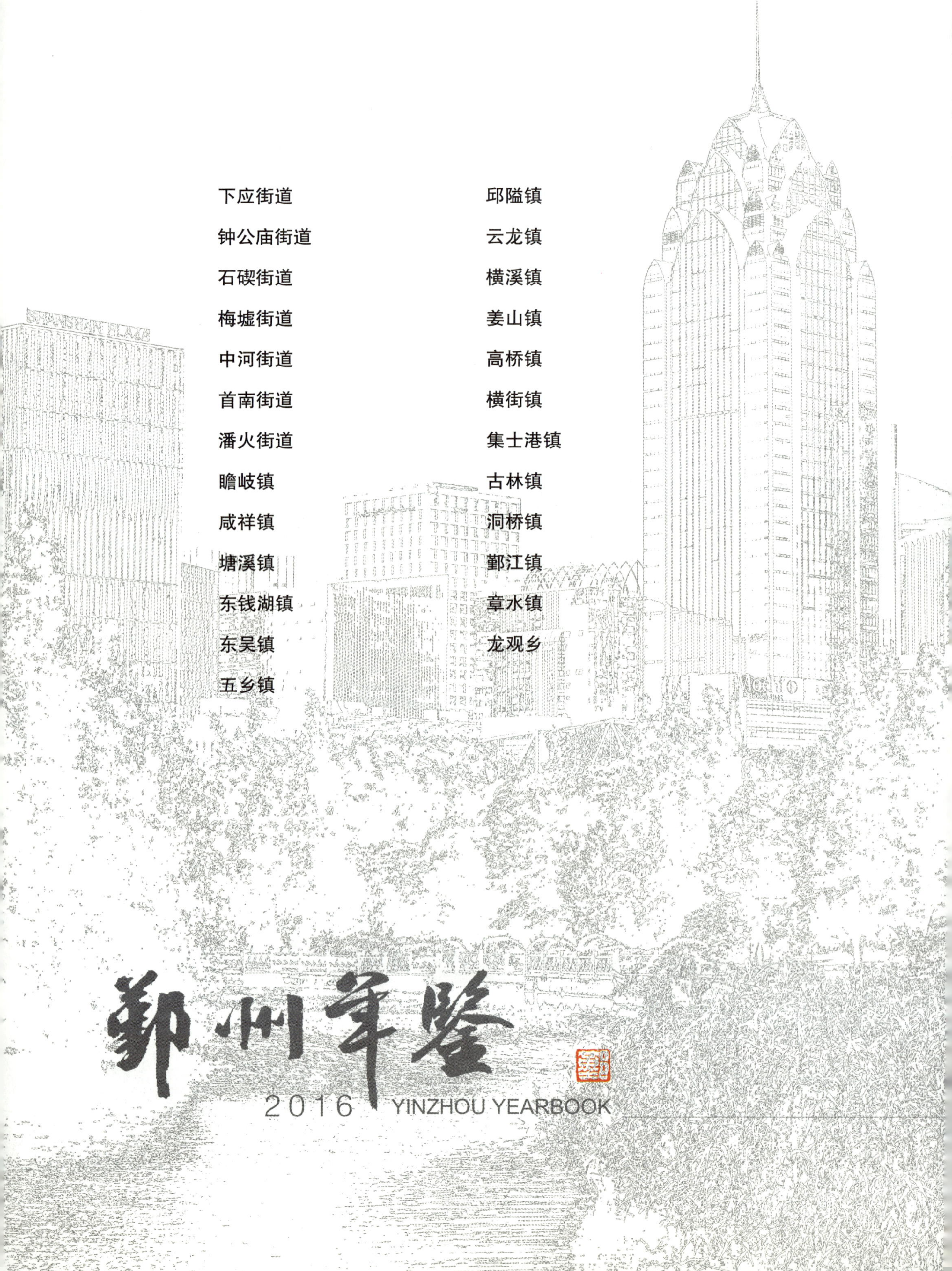

下应街道

钟公庙街道

石碶街道

梅墟街道

中河街道

首南街道

潘火街道

瞻岐镇

咸祥镇

塘溪镇

东钱湖镇

东吴镇

五乡镇

邱隘镇

云龙镇

横溪镇

姜山镇

高桥镇

横街镇

集士港镇

古林镇

洞桥镇

鄞江镇

章水镇

龙观乡

鄞州年鉴

2016 YINZHOU YEARBOOK

下应街道

【概况】下应街道地处宁波市东南，东邻东钱湖镇，南与姜山、云龙两镇和首南街道相交，西连首南街道，北接潘火街道，面积9平方千米。2015年，辖9个行政村、5个社区、1个渔业社和1个居委会。总户数5720户，总人口31562人，其中户籍人口14699人、流动人口16863人。实现地区生产总值14.65亿元，比上年下降12.12%。财政总收入4.80亿元，其中一般公共预算收入2.78亿元。农村常住居民人均可支配收入29375元，增长8.25%。

实现农业总产值4517万元，增长24.44%。13个村（社）财务总收入10783万元。工业总产值23.86亿元。规模以上企业13家、规模以下企业272家，从业人员5528人。规模以上工业企业实现产值14.52亿元、销售15.01亿元、利润总额3.10亿元、利税总额4.13亿元。R&D投入0.35亿元，占GDP比重的2.39%。全社会固定资产投资28.94亿元，其中房地产投资22.80亿元。实现服务业增加值2.67亿元，增长2.69%。限额以上商品零售额7.98亿元，社会消费品零售额1.79亿元。进出口总额2.59亿美元，其中出口总额1.61亿美元。专利授权量58件，其中发明专利34件。引进人才347人，其中“四高”人才11人、国家“千人计划”人才1人。引进汇聚里创客空间、车众网有限公司、宁波柏锐特装备科技有限公司等产业。街道获村级“三资”管理全区第二位，科学竞赛排名列城市型街道第五位。宁波美康生物科技股份有限公司在深圳证券交易所创业板上市，获宁波市最佳上市企业奖、区“大力鼎”奖，上市后并购企业12家，竞得鄞州新城区东南片区YZ04-08-f4A地块，总用地面积32700平方米，用于建设鄞州智能健康产业中心项目一期。宁波培罗成集团有限公司增加年产65万套服装设备，宁波德鹰精密机械有限公司引入“机械手”，宁波科达工贸有限公司完成股份制改造。西江夜市建成运营，发展“月光经济”。

表34　2015年下应街道各行政村（居委会）基本情况

行政村（居委会）	面积（平方千米）	户数（户）	人口数（人）	集体经济总收入（万元）	集体经济总费用（万元）	总资产（万元）
江六村	0.92	460	1185	1210	1246	7875
黎明村	0.83	336	861	1197	930	5421
史家码村	0.89	304	804	591	629	4754
河东村	0.68	287	728	683	841	3606
河西村	0.62	299	746	465	410	4654
胜利村	0.77	345	835	871	464	5028
东升村	0.83	273	730	570	483	1090
姜村村	1.52	472	1305	1034	822	5806
湾底村	1.60	350	1034	1365	952	52734
居委会	0.34	465	1165	—	—	—

注：表格中数据为调查数

推进社区“一社一品”党建特色活动，景湖社区推广“耆乐融融”党小组案例，东兴社区打造“微笑共建理事会”，金谷社区组建“绣娘社”技艺传承项目，天宫社区开展“书香伴我成长”活动。6月5日，全国农村基层党建鄞州站考察湾底村，湾底村“示范党建”品牌在全国推广。街道公共交易平台招投标项目8项，节约资金50万元，节约率8.8%。建立会议、培训、接待“三齐全”（审批单、发票、清单）制度，公务接待费下降10%。

教育支出占财政总支出的32%。建设小学2所、幼儿园1所。下应中心小学主体结顶。中国教育科学研究院附属鄞州中海实验小学、宁波市第一幼儿园鄞州分园签约落户。天宫幼儿园调整为国有民办。率先在全区推广PTA德育教育模式。李关弟中学被评为国家书法教育示范学校。下应街道中心小学被评为市科普示范学校并被确定为全区唯一一所省课改教育科研孵化基地。中心幼儿园获“市科普幼儿园”称号，东方湾邸幼儿园获评市AAAAA级平安校园。全年60岁以上农保老人体检率达78%，常住人口电子健康档案建档率达87%，当地户籍孕产妇健卡率达98%，户籍儿童体检覆盖率达99%。公共服务中心获评区级先进。增加被征地农民养老保险118人，失业、工伤、生育等各类参保人员225人，城镇医保105人，农村医保参保率达100%。困难群众大病救助52人次，发放资金59万元；向低保、贫困重度残疾人及残疾人基本保障对象发放资金167万元，向476户困难户发放医疗困难补助84万元。办理失业登记320人，发放失业金252万元。发布职介信息110条，开发公益性岗位20个。接待群众来信来访59批次2005人次，办结率100%，实现市以上集体零上访，获评区信访工作先进。受理调解纠纷150起，涉及金额550万元，调解成功率100%。妥善处置中海国际社区“房闹”、正腾学校入学问题、东兴社区4个股改村要求违规分红和恒大建材装饰市场资金链断裂等引起的涉稳问题。立刑事案件306起，破获119起，抓获127人。全面排查整治安全生产重点领域和人员密集场所安全隐患，与160家企业签订安全责任状。

通过全国城市文明程度指数测评检查工作。湾底村保留“全国文明村”称号，东兴社区被评为宁波市创建全国文明城市先进社区。常态化开展“周日文化”等主题活动。“红分享”无痕传播有效践行社会主义核心价值观获区宣传思想文化工作创新奖。开展“天天演”进村、社演出48场，电影放映110场。《印象西江》获鄞州区“我的舞蹈梦”群众自创自演舞蹈大赛创作、表演双金奖。广场舞“大长今”获全国排舞联赛（浙江赛区）一等奖。“家园下应”微信公众号被评为宁波市百强公众微信、鄞州区十佳政务微信。宁波水墨艺术馆开馆运行。

铺砌前塘河姜村段护岸412米，打通柴桥河（大东江）“断头河”。“三改一拆”拆违13.4万平方米，其中拆除绕城高速黎明段桥下仓储2.7万平方米。“两路两侧”整治拆除农棚田舍560平方米。取缔江六村128夜宵城。湾底村建成0.67公顷西班牙橄榄园，启动建设观光台项目。

拆迁签约3.1万平方米，实际拆除1.8万平方米，包括民宅1万平方米、企业0.8万平方米。宁波美康智能健康产业中心一期、李关弟中学北侧、首南路史家码段、虹麓路史家码段和金达路姜村段地块实现净地交付。柴家村高桥头1户“滞签户”被实行司法强拆。全年征用土地25.2公顷，5%村级留用地达到13公顷，发放补助585万元。街道商务中心（又名“启城大厦”）竣工，洋江水岸一期、景湖水岸二期主体结顶，江六新村一期进行主体施工，城市工业社区后勤保障中心精装修基本完成。改造东兴社区监控管理和门禁系统。迎祥路、虹麓路、泰康东路等路网开工建设，江六新村二期、农贸市场、大明路、金达路、首南路、开物路、日丽东路、立德路等项目前期工作推进。

鄞州区智能健康产业中心效果图

【黎明村两宗违法用地（违法建筑）整治】 2015年5月4日，下应街道黎明村两宗违法用地、违法建筑问题被浙江卫视《今日聚焦》栏目曝光。其中，一处紧挨绕城高速公路（黎明段），原为宁波绕城高速东段项目施工临时工棚，黎明村将该地块整体出租给宁波市鄞州恒大装饰市场经营管理有限公司，地块被改造为石材（瓷砖）切割加工厂房，5月被全部拆除，并按照规划用地性质实施复绿；另一处位于绕城高速公路（黎明段）桥下，地处绕城高速东段项目批准红线内，桥下空间产权属于高速公路管理部门，黎明村将41.5个桥洞约4万平方米整体出租给宁波市鄞州恒大装饰市场经营管理有限公司，桥洞被改建为市场配套仓库后转租给40户市场经营户。至12月底，拆迁仓库2.7万平方米。

【洋江水岸一期结顶】 2015年5月20日，洋江水岸一期主体全部结顶。洋江水岸一期西临城市主干道下应大道，东临金达路，北临首南路，南侧为鄞州中学，主要用于姜村村、胜利村、河西村、东升村村民的拆迁安置，总用地面积129222平方米，总建筑面积400538平方米，其中地上总面积305317平方米，地下室总面积95221平方米，共20幢3048套，项目总投资约16亿元。小区采用高智能化管理模式，绿化率达39%。

【村经济合作社股份制改革】 2015年6月25日，下应街道召开村经济合作社股份制改革动员会，启动江六、黎明、史家码、河东、河西、胜利、东升、姜村8个村经济合作社股份制改革工作。至9月30日，村经济合作社股份制改革工作结束，8个村社总股东户数3522户、股东人口7621人，总股权数为7489股，其中可全额享受股权的股东人口7166人、部分享受股权的股东人口455人、另外保留享受股权的股东人口12人。

【中国教育科学研究院鄞州中海实验小学（筹）签约】 2015年7月9日，中国教育科学研究院鄞州中海实验小学（筹）落户签约仪式在中海国际社区举行，签约方分别为中国教育科学研究院、区教育局、下应街道办事处和宁波中海创城有限公司。鄞州中海实验小学签约中国教育科学研究院，成为中国教科院附属实验小学。学校为中海国际社区配套建设的普通全日制公立小学，占地面积2.18公顷，建筑面积13584平方米，设36个班级，配备有30余个普通教室及相应的功能教室。

【宁波市第一幼儿园鄞州分园签约】 2015年12月3日，宁波市第一幼儿园鄞州分园（中海幼儿园）落户签约仪式在中海国际社区举行，签约方分别为宁波市第一幼儿园、下应街道办事处和宁波中海创城有限公司。鄞州中海幼儿园签约宁波市第一幼儿园，成为其首家跨区合作办园的分园。中海幼儿园位于中海国际社区，占地面积5196平方米，建筑面积5073平方米，设计规模为

15个班。幼儿园参照宁波市第一幼儿园标准进行装修，有音体室、图书室、沙池、塑胶跑道等设施。

【宁波美康生物科技股份有限公司上市】（参见“金融”类目“上市管理”分目）

【鄞州智能健康产业中心项目】 鄞州智能健康产业中心项目位于东南片区YZ04-08-f4A、B地块，东至金达路，南接前塘河，西靠公共绿化带，北临萱荫路。项目总用地面积55100平方米，规划总建筑面积167582平方米，其中A地块总用地面积29800平方米，总建筑面积107844平方米，用于建设医疗综合体；B地块总用地面积25300平方米，总建筑面积59688平方米，用于建设科技研发中心。12月28日，A地块由宁波美康生物科技股份有限公司竞得，B地块尚未挂牌。

【宁波水墨艺术馆开馆】 2015年12月31日，宁波水墨艺术馆开馆。艺术馆位于下应街道天宫庄园内，总建筑面积2000余平方米，分为上、中、下三层。其中，一层定期举办当代书画名家作品展览和学术类公益活动，二层主要陈列和展示近现代书画名家作品，一、二层分别设有当代书法名家鲍贤伦、张旭光馆中馆及工作室。同时，举行中国书法名家作品邀请展，展出张旭光、鲍贤伦、刘洪彪、毛国典等当代书法名家作品100余幅，精选近现代名家黄宾虹、陆俨少、沙孟海等20余幅馆藏精品展出，均向社会免费开放。

（王 静）

钟公庙街道

【概况】 钟公庙街道位于鄞州新城区的中心，东邻中河街道，南接首南街道，西隔奉化江与石碶街道、海曙区段塘街道相望，北连东郊街道，区域面积约11.4平方千米。2015年，辖11个村股份经济合作社和12个社区，总户数11587户，户籍人口30681人。实现地区生产总值28亿元，比上年增长11.3%。财政总收入5.69亿元，其中一般公共预算收入3.80亿元。

实现农林牧渔业总产值503万元。工业总产值23.86亿元。规模以上企业29家，规模以上工业企业实现产值30.47亿元、销售30.33亿元、利润总额3.57亿元、利税总额4.43亿元。全社会固定资产投资66.72亿元，其中房地产投资55.15亿元。实际利用外资7058.54万美元，完成外资5600万美元，增长250.84%；引进内资20.72亿元，增长187.78%；引进“浙商回归”资金17.13亿元，增长160.33%。外贸进出口总额3.37亿美元。社会消费品零售额50.35亿元，限额以上商品零售额53.74亿元。增加国家高新技术企业1家、省级博士后工作站1家、区级工程技术中心1家、区科技型中小企业2家、区级企业技术创新团队1家，引进人才527人，其中高层次人才22人，1名入选市领军和拔尖人才。万达广场和“舟宿夜江”被评为市级月光经济特色街区，宁波世游信息科技股份有限公司在“新三板”挂牌；天韵生态水环境综合治理项目被评为市级国际合作项目；由工夫影业股份有限公司投资拍摄，孙红雷、周冬雨主演的电影《少年班》于6月19日在院线上映。

表35 2015年钟公庙街道各行政村（社区）基本情况

行政村（社区）	面积（平方千米）	户数（户）	人口数（人）	集体经济总收入（万元）	集体经济总费用（万元）	总资产（万元）
新林村	0.40	198	501	1219.6	110.6	9755
铜盆浦村	0.51	167	353	794.7	91.7	8678
铜盆闸村	0.72	391	874	1931.6	290.6	18052
钟公庙村	1.53	898	2192	2220.0	127.0	12577
都市森林社区	0.25	4096	1491	—	—	—
繁裕社区	1.20	2903	4848	—	—	—
后庙社区	0.01	2730	1832	—	—	—
金家漕社区	0.31	3107	3347	—	—	—
长丰社区	0.30	2906	3851	—	—	—
金宁社区	0.07	1603	1054	—	—	—
钟裕社区	0.50	2260	1979	—	—	—
凌江社区	0.10	2593	2365	—	—	—
钟公庙社区	1.10	2684	3845	—	—	—
惠风社区	0.16	1276	917	—	—	—
泰安社区	0.16	2347	3120	—	—	—
金色水岸社区	0.80	2750	2032	—	—	—

注：表格中数据为调查数

"三公"经费总支出94.22万元，下降13.4%。开展正风肃纪专项行动8次，查实问题11起，查实违规人员2人。推进社区党建"一社一品"建设，培育都市森林社区"3579"、金色水岸社区"锋领圆梦坊"、繁裕社区"五合六安"等特色党建品牌，建立120余支党员志愿者队伍，服务群众4.3万人次。

化解历史信访积案3起、群体性事件4起。12个社区制定修订社区公约。繁裕社区开展车棚车库整治，上门劝离91户群租户，查封4户，取缔车棚车库出租537间。街道社工走访居民近2万户，协调处理问题2741件；召开"社情民意恳谈会""四方例会"64次，解决问题186件；召开社区联席会议7次，化解问题68件。公共服务中心办理各类事项72544件，为23家次企业的失业职工办理社会保险补贴103410元，办理再就业援助补贴80人，灵活就业补贴1560余人，户籍人口参保率97.55%。处理劳动保障案件17起，涉及员工17人，涉及金额2.7万余元。受理劳动仲裁案91件，裁决30件，调解43件，撤回18件，涉及标的385万余元。调解工伤案件18起，调解金额98万余元。

开展天天学系列公益性培训192场，免费放映"公益电影"145场，举办各类公益演出活动89场，周日文化活动120场，周日课堂58场，参与人数及受益群众25000余人。10月27日，钟公庙街道第十二届商贸文化艺术节举行。其间，同时举办"三八节'最美女声'大赛""'钟公庙杯'鄞州区第五届网球邀请赛"等18项活动。街道文化站获2015年度浙江省排舞运动先进集体和首届生态运动会暨第四届健身排舞总决赛（自选、规定曲目中老年组）一等奖。

调整长丰区块体制、鄞县大道和鄞州大道之间区块的区划，接管两个区块内的管理服务工作。推进鄞州公园二期以南、鄞州大道以北区域60公顷土地的征用和前期政策处理工作。实现"三改一拆"11.39万平方米，3条黑河、臭河摘帽。清除各类垃圾1000余吨，种植绿化2036平方米，清除牛皮癣360平方米，实现垃圾桶装率100%。钟公庙中心小学、金家漕小学、钟公庙中学装修改造等重大教育公益建设项目完工；后庙小区老旧小区改造、傅家埭河河道清淤及河坎建设、钟公庙社区居家养老服务中心装修、后庙新村陈怡警务室装修等公建配套项目完工，全年投资建设民生工程2500万余元。华侨城欢乐海岸项目于10月开盘销售，新城大厦项目于12月开盘销售。湿地公园、慧丰区块、长丰区块的建设项目推进。

9月22日，钟公庙中学与北京师范大学教育合作项目签约暨揭牌仪式举行

【行政区域调整】 2015年3月起，钟公庙街道和首南街道行政区域进行调整，并成立钟公庙街道和首南街道行政区域调整工作领导小组。6月14日，调整结束，原首南街道辖区内东至宁南南路、南至鄞州大道、西至奉化江、北至鄞县大道3.67平方千米区域整体划归钟公庙街道，社会管理等职责按调整后区域进行属地管理。

【"钟公庙杯"鄞州区第五届网球邀请赛】 2015年3月21日，"钟公庙杯"鄞州区第五届网球邀请赛在鄞州网球中心举行，54名网球爱好者参加。赛事由区体育局和区体育总会主办，区体育中心、宁波惠风体育发展有限公司承办，比赛设男子双打一个项目，分两个阶段：第一阶段分组循环赛；第二阶段各小组第一、第二名进行交叉淘汰赛。陈国军/孔翔麟、闻彬/谢海茂、鲍磊/沈坚敏获特邀组前三名；陆建平/魏勤波、沈军/叶波、陈上/朱振宇获精英组前三名。

【群租房整治试点】 2015年7月，鄞州区出台《群租房专项整治方案》，以钟公庙街道繁裕二期小区为试点，开展群租房专项整治。街道成立联合工作组，由主要领导担任组长，公安、消防、住建、城管等职能单位协同街道、社区开展整治工作，并建立联席会议和协调会议机制。42名网格管理员、党员干部、社区志愿者上门将群租危害和相关制度告知居民群众。社区召开"四方例会""民情恳谈会"等，听取居民群众的意见建议。制定出台"N+1"群租房认定标准（N指原始设计为居住空间的房间；1指客厅，即三室的房子，最多允许分割四间）。9月初，街道将所有群租户纳入4个整治模块：第一模块由消防部门负责，直接查封存在重大安全隐患的群租房；第二模块由住建部门负责，处罚擅自改变房屋结构的房屋业主；第三模块是由公安部门拘留超过10间以上、存在消防安全隐患的群租房主；第四模块是街道协调相关部门对拒不整改的房屋业主停水停电。联合整治期间，消防部门发出整改通知书97份，临时查封存在重大安全隐患的群租房3户，消防处罚2户。存在重大安全隐患的88户业主完成整改或进行整改，存在住建安全隐患的19户业主全部完成整改。集中整顿后，钟公庙街道在社区公共服务窗口设立房屋出租中介服务点，由社区出面联系正规中介机构，为流动人口或社区居民提供承租和出租服务。10月12日，市委副书记余红艺到繁裕社区调研考察群租房整治试点工作，对繁裕社区的工作表示肯定。

【惠风书院投入使用】 2015年8月，惠风书院（原首南第二小学）竣工验收。书院位于鄞州区惠风西路与它山堰路交会处，用地面积33341平方米，建筑面积24674平方米，建设规模为36个班级，设施设备以省一类标准配备，总投资1.45亿元，工程于2013年12月开始施工。2015年9月1日开学。

【施家塘自然村拆迁】 2015年9月2日，钟公庙街道完成庙堰施家塘宁姜公路西侧地块的集中拆迁签约工作，街道最后一个城中村集中拆迁签约期为8月4日至9月2日，共计30天，总户数164户，30天内拆除146户，完成率89%，其中集体土地房屋全部清零，完成预定目标。

【钟公庙中学挂牌北京师范大学基础教育实验学校】 2015年9月22日，区政府和北京师范大学就教育合作项目签约，北京师范大学协助钟公庙中学提升基础教育，钟公庙中学保持原校名不变，挂牌成为北京师范大学鄞州实验学校。学校将与北京师范大学签订多项合作协议，前期引进“全员德育”“主题阅读”“白板技术应用下的课堂教学”3项专题项目。北京师范大学将派遣语文、数学、英语、科学、社会各1名学科教师到校支教。

【社工素质提升工程高级研修班】 2015年10月12日，钟公庙街道与浙江大学宁波理工学院合作，开展为期7天的封闭式社工素质提升工程高级研修班，112名社工参加培训。培训以“社区治理与社区公益”为主题，讲授思维惯性与创新、创新方法在社区治理中的应用、社区法律实务、技能大赛和社区工作项目化运作等10余门课程。

【钟公庙街道第十二届商贸文化艺术节群众文艺会演】 2015年10月27日，钟公庙街道第十二届商贸文化艺术节群众文艺会演在钟公庙文化园举行。晚会以“金钟回响”为主题，分“印象钟公庙”“魅力钟公庙”“追梦钟公庙”三个篇章，通过微电影视频、科幻节目、创作节目、民俗创新表演等形式，展现钟公庙街道廉政文化、商贸文化、群众文化。晚会现场首次颁发“钟公好人”奖，陈怡、顾成中、潘焕军等8人受到表彰。

（王伟晓）

石碶街道

【概况】 石碶街道位于宁波市南郊、鄞州中心城区西翼，东北接海曙区，东南隔奉化江望钟公庙街道、首南街道、姜山镇和奉化市，西依洞桥镇，北靠古林镇，区域面积32.6平方千米（其中建成区9.3平方千米）。2015年，辖16个行政村、4个社区和1个渔业社，总户数20752户，户籍人口5.25万人，外来人口登记在册8.5万余人。实现地区生产总值92.19亿元，比上年下降14.15%。财政总收入24.67亿元，增长17.53%，其中一般公共财政收入13.51亿元，增长19.24%。

实现农林牧渔业总产值2.22亿元。87家规模以上企业实现工业总产值248.55亿元、销售253.49亿元、利润总额13.90亿元、利税总额20.96亿元。固定资产投资27.42亿元，增长40.04%，其中工业投入15.12亿元，增长18.50%。规模以上服务业增加值7.1亿元，增长294.4%；规模以上服务业营业收入233亿元，限额以上商品销售额226.60亿元，社会消费品零售额71.30亿元。引进内资17.1亿元，合同外资7567万美元，实际到位外资6552万美元，“浙商回归”资金17.9亿元。高新技术行业产值87.8亿元，增长19.5%。申报1000万元以上技改项目9个，其中1亿元以上项目1个。批准高新技术企业1家、市级企业工程中心1家，申请发明专利183件，授权专利399项，其中发明77件、实用新型155件、外观设计167件。

表36 2015年石碶街道各行政村（社区）基本情况

行政村（社区）	面积（平方千米）	户数（户）	人口数（人）	集体经济总收入（万元）	集体经济总费用（万元）	总资产（万元）
石碶村	1.5	1073	2923	1042	74	8030
塘西村	1.5	859	2184	1204	110	18769
雅渡村	1.6	864	2273	716	54	6179
建庄村	1.5	586	1557	744	77	7523
冯家村	1.2	1382	2525	550	68	3419
后仓村	1.5	675	1740	448	114	2122
黄隘村	1.6	608	1589	503	106	16551
联丰村	1.5	551	1311	284	138	7709
星光村	1.3	1083	2607	892	99	5269
栎社村	1.5	1195	2715	223	101	2745

续表36

行政村（社区）	面积（平方千米）	户数（户）	人口数（人）	集体经济总收入（万元）	集体经济总费用（万元）	总资产（万元）
汪家村	1.8	823	2085	343	151	3628
东杨村	2.1	672	1657	422	103	1235
横涨村	2.5	1137	2654	816	172	7015
西杨村	2.1	759	1770	227	86	1400
上王村	2.5	592	1440	146	127	1489
车何渡村	2.6	884	2181	340	227	2735
石碶社区	—	3082	7937	—	—	—
东方社区	—	1783	4762	—	—	—
新区社区	—	1758	4672	—	—	—
丽洲社区	—	521	1568	—	—	—

注：表格中数据为调查数

雅戈尔中学和田莘耕中学有30名学生被鄞州中学录取，普高正取上线率达48%。总投资3000万元的街道中心幼儿园启用，创建为区学前教育示范街道。建立基层红十字服务站2家，完成街道红十字会换届选举工作。帮助指导辖区内1496家企业进行网上基数申报工作，办理户籍人口城乡居民基本医疗保险13406人。民政、慈善救助835人，发放各类救助金230万元。启用街道微信公众号“南门17街”，有4000余人添加关注。举办石碶街道第五届王应麟读书节开幕式、“景骐·锦源里杯”石碶街道第四届运动会、“石碶杯”鄞州区第十一届中国象棋赛、庆元旦迎猴年2015年石碶好声音总决赛暨颁奖晚会等活动。街道天天文艺志愿者演出队伍获2015年鄞州区天天文化志愿者会演团队综合一等奖。

机场三期扩建工程何家、汪家、长潭王、姜沈、东庄、赵家6个自然村拆迁签约925户住宅13.8万平方米，并实现红线内拆迁清零。214省道改建工程拆迁签约154户，签约率94%；奉化江堤防工程新城区段、谢家墈应急抢修段实现全线封闭，拆迁签约红线内全部10户住宅和9家企业；明州大道工程横涨村谢家墈自然村27户住宅拆迁清零。9月，建庄新村项目——庄湾沁园交付，670户1004套抽签分房。黄隘新村1期主体结构结顶，塘西新村2期（B、C地块）监理、施工总承包招标完成，横涨村下水碶新村动工。吴剑鸣医院、石碶实验小学主体结构结顶，总投资5900万元的雅渡新村、梦江花园、北路二村、北路三村、枫景公寓老旧小区改造项目竣工并通过验收。安置房万隆花苑主体结构结顶，机场三期安置A地块桩基工程完工，建庄4号地块施工方及监理方招标结束，建庄5号地块规划方案设计完成。清淤、疏浚西江河和大黄家河等河道13.9千米，建设雅源南路、上王—横古公路、南新塘河等污水管网6.2千米，疏通石源路、石泉路、鲍家路等镇域污水管网1.9千米。横涨、东杨等7个行政村的农村生活污水治理工程启动，投入6400万元。建立“清爽行动”微信群工作平台，整改各类问题546起，排查“僵尸车”196辆，拖至临时提存安置中心114辆。

【东杨村自来水通水库水】 2015年1月25日，石碶街道东杨村开始使用东钱湖水厂和毛家坪水厂的优质自来水，两个水厂的原水来自白溪水库和周公宅、皎口水库的环网水，全村5000余人受益。东杨村管道改造于2014年6月启动，街道与宁波市自来水总公司鄞州分公司对接后，安排专项资金近400万元。

【冯家村公交车站启用】 冯家村辖6个自然村，大部分位于机场路沿线，村民出行不便。2014年11月，冯家村公交车站建设被列为村十大民生实事工程之一，并进场开建。2015年2月13日，公交车站进行竣工验收。2月25日，车站启用，总用地面积2985平方米，工程总投资约140万元，引进614和624两路公交车，日客运量约600人次。

【中国紧急救援浙江基地暨浙江白云国骅实业有限公司成立】 2015年3月22日，中国紧急救援浙江基地暨浙江白云国骅实业有限公司启动仪式在国骅集团有限公司举行。仪式由民政部紧急救援促进中心主办，国骅集团有限公司、广东白云通用航空有限公司联合承办。全国人大教科文卫委原副主任委员、联合国世界健康组织联盟主席团主席、重走丝绸之路总指挥、国骅集团有限公司首席顾问万勇，民政部紧急救援促进中心总干事陈平，副区长黄新山，国骅集团有限公司董事长丁国年、总裁丁路、广东白云通用航空有限公司董事长张子轩等出席仪式。国骅集团有限公司董事长承诺，集团将履行社会责任，全心倾注于紧急救援事业。张子轩从加强专项人才队伍建设、吸纳社会资源、统筹规划发展救援网络三个方面阐述紧急救援产业发展的基本思路，民政部紧急救援促进中心总干事陈平介绍中国紧急救援事业总体发展情况。

【"景骐·锦源里杯"石碶街道第四届运动会】2015年5月17日,"景骐·锦源里杯"石碶街道第四届全民运动会在雅戈尔中学举行,16个行政村、4个社区的20支代表队320名选手参赛。运动会由石碶街道办事处主办,石碶街道文化站、雅戈尔中学承办。赛前举行运动员入场仪式和开幕式表演,内容有石碶街道腰鼓队的腰鼓秀、横涨村和联丰村两支舞龙队的舞龙、东方社区表演队的健身球操、新区社区的木兰拳等。比赛按年龄分甲、乙两个组别,设有6大项26个小项,包括立定跳远、推实心球、定点射门、男女混合抛绣球等项目。车何渡村获团体第一名,东方社区、横涨村分别获团体第二、第三名。汪家村、东杨村分别获优秀组织奖,石碶社区、石碶村分别获道德风尚奖。

【"石碶杯"鄞州区第十一届中国象棋赛】2015年5月23~24日,"石碶杯"鄞州区第十一届中国象棋赛在石碶街道文化体育艺术中心举行,鄞州区各镇乡(街道)21支代表队35对棋手参赛。赛事由区体育总会、区体育中心,石碶街道党工委、办事处、区象棋协会主办,石碶街道文体站承办,区老年人体育协会协办。古林一队获团体第一名,姜山一队和石碶一队分别获团体第二、第三名。首南队的周家宏、石碶一队的陈建伟、古林一队的韩鹏俊分别获个人冠、亚、季军。

【横涨村下水碶自然村改造工程开工】2015年6月25日,石碶街道横涨村下水碶自然村改造工程开工。下水碶是横涨村的自然村,仅30余户,地理位置比较偏僻,村民出行不便,街道于2014年确定改造计划,工程项目用地7333.33平方米,总建筑面积11853.8平方米,住宅面积9244.4平方米,工期415天,有房子84套,总投资约2000万元。建设单位中康建设管理股份有限公司,设计单位浙江恒欣建筑设计股份有限公司宁波分公司,监理单位宁波科信华正工程咨询股份有限公司。至年底,完成设计方案初步会审及拆迁房屋初步调查。

12月27日,"庆元旦 迎猴年——2015年'石碶好声音'总决赛暨颁奖晚会"在国骅集团有限公司举行

【"石碶好声音"比赛】2015年8月30日,"石碶好声音"在街道联丰村文化礼堂举行。赛事由石碶街道党工委、办事处主办,石碶街道文化站承办,吸引近百位选手报名。经过海选赛、复赛、半决赛,10位选手进入决赛。12月27日,"庆元旦 迎猴年——2015年'石碶好声音'总决赛暨颁奖晚会"在国骅集团有限公司文化礼堂举行,石碶街道党政领导、机关干部与各村干部、群众观看比赛。赛前,10位歌手以副歌串烧形式分别演唱《梨花颂》《梅花引》《爱的神话》《美丽的神话》《飞得更高》《倒带》《家风暖暖吹》《红尘情歌》《天之大》等歌曲。乔芳获总决赛冠军,李竹和唐瑜婕分别获第二、第三名,其他选手获优秀奖。总观众人数3000余人。

【石碶街道中心幼儿园启用】2015年9月1日,石碶街道中心幼儿园启用。幼儿园于2012年7月25日开工建设,2015年7月20日竣工,建筑面积5681平方米,按15个班级规模设置,开设6个班级,在园幼儿人数129人,教职工30人。

【庄湾沁园交付】2015年9月,建庄村新村建设项目——庄湾沁园交付。项目位于鄞州大道旁,是石碶街道新村建设项目中的重点工程之一,为建庄2号地块,总建筑面积22.6万平方米,其中地上16万平方米、地下6万平方米,总投资79330万元,是宁波市唯一一家拥有地下二层的安置小区。小区还配备一个大型幼儿园。10月18日,举行新房抽签活动,有55平方米至130平方米等13种户型,通过抽签确定房号,近600户农民抽到880套新居。

(张 璐)

梅墟街道

【概况】梅墟街道位于鄞州区东部,东临北仑区,南连五乡、邱隘两镇,西接江东区,北濒甬江望江北区、镇海区,区域面积16.8平方千米。2015年,辖9个行政村、7个社区,总户数8694户,户籍人口22308人,流动人口14916人。实现地区生产总值25.6亿元,比上年增长28%。一般公共财政收入2.8亿元,增长28.44%。

27家规模以上企业实现产值35.82亿元、销售35.11亿元、利润总额2.09亿元、利税总额2.75亿元。技工贸总产值133亿元,增长10%。协议招商引资20.4亿元,实际引资20.4亿元。引进企业注册5000万元以上的11家、1000万元以上的44家、500万元以上的64家。上王村股份制改造完成,辖区全部行政村均完成股份制改造。龙山、大池、钱家完成股份经济合作社换届工作。

表 37　2015年梅墟街道各股份经济合作社基本情况

股份经济合作社	面积（平方千米）	户数（户）	人口数（人）	集体经济总收入（万元）	集体经济总费用（万元）	总资产（万元）
梅墟股份经济合作社	—	403	1009	3341	2393	4594
钱家股份经济合作社	—	536	1487	686	5548	4879
方桥股份经济合作社	—	397	1003	1624	2386	11970
徐家洼股份经济合作社	—	298	664	118	1172	586
潭头村股份经济合作社	—	211	632	81	1889	6706
涂田涨股份经济合作社	—	223	564	491	2421	8808
庄前股份经济合作社	—	313	812	712	2838	9730
大漕股份经济合作社	—	407	1160	436	3194	5053
大池股份经济合作社	—	170	439	349	1199	4658
澳嘉桥股份经济合作社	—	328	855	140	1966	1642
姜陇股份经济合作社	—	315	1068	5798	2564	7534
宝桥金股份经济合作社	—	296	1020	995	3198	11281
腾园股份经济合作社	—	707	1762	3574	3146	18886
龙山股份经济合作社	—	435	1134	862	1672	1170
上王股份经济合作社	—	400	1027	15660	11134	8413

注：表格中数据为调查数

制定出台《梅墟街道行政村实施撤村建居工作实施办法》，基本完成龙山、方家桥村撤村建（并）居工作。设立翔云社区，调整聚贤社区范围。开创包片联户制度，划分社工包片联户区域，7个社区全部制定社区公约。组织社工报考社会工作职业水平考试，专职社工社会工作者职业水平证书执证率提高20%。

实现辖区社保总覆盖率在98%以上，提高1%。开展2015年度农村医保转城镇医保工作，参保195人。办理城镇居民医保参保申报4855人，收缴个人费用344万元，增长20%。发放社保378万元，1016人享受补贴。举办3场城乡统筹就业招聘会，到场企业245家，推出就业岗位近2000个，进场求职人员4200人次。受理劳动纠纷案件75起，涉案金额95万元。其中，66起结案，9起建议仲裁。落实企业劳动保障信息调查，企业年审620家，完成率103%。发放各类补助306万元，涵盖低保户、残疾人、老年人、困难军属等7类30余项类别。分“红黄绿”三色随访排查辖区育龄妇女6002人，随访率达99.59%。举办第三届文化艺术节。开展“百日维稳攻坚大会战”，处理群众来访116批次，接待人数1000余人，未发生进京、到省集体上访事件。7个社区全部完成平安创建，6家200人以上规模企业创建综治工作室，成立和谐促进会。街道通过省平安建设考核组考核。创建2个社区“老娘舅”工作室，调解矛盾纠纷88起，调解率100%，成功率95%。取缔非法烟花爆竹销售点5个，检查企业250家次，整改30家，创建企业标准化三级单位5家，全年未发生安全生产事故和人员伤亡事故。

梅墟文化艺术中心

拆迁面积16.93万平方米。其中，住宅类425户，面积7.08万平方米；非住宅类8家，面积9.85万平方米。推进涂田涨、上王、钱家、龙山4个村拆迁滞留户清零工作，清零59户，其中涂田涨11户、上王19户、龙山14户、钱家15户；菁华路、剑兰路、梅墟桥、云杉路、梅北二期周边河道、信懋中学等重点项目地块清零17户，完成率77.2%；企业拆迁8户。出台《梅墟街道重点建设项目跟踪管理实施方案》。滨江一期和梅北二期完工，滨江二期、三期主体工程施工，滨江四期开工建设。信懋中学、钢贸城一期项目完工并交付使用，船舶交易市场、亿嘉商业广场项目主体完工，新农贸市场规划选址工作推进。

【梅墟村全村"阳光拆迁"】 2015年1月，梅墟村集体土地上房屋启动"阳光拆迁"，拆迁评估单位进场。3月，梅墟村评估及面积确权工作基本完成。至年底，通过群众参与监督，两次摸底分析等举措，签约366户，签约率80.1%，并完成第一批安置现房抽签。

【"清爽梅墟"行动】 2015年4月，梅墟街道实施"清爽梅墟"行动，召开"梅墟清爽"行动动员会，制定出台《梅墟街道"清爽梅墟"行动工作实施意见》，重点开展海景华庭小区群租房整治、辖区主要路段流动摊贩治理、居住小区"僵尸车"整治。5月，梅龙桥至张家桥沿河人行道改造工程完工，确定聚贤社区蓝湾小区为垃圾分类试点小区并启动试点工作。9月，组织各社区、物业公司、农贸市场整改环境卫生、杂物堆放、小广告、乱晾晒等问题，发放"五水共治"宣传资料40套，开展群租房集中整治行动。至年底，梅墟农贸市场污水纳管改造工程设计方案、招投标、合同签订工作完成并进场施工，方桥村江南公路北侧污水纳管改造项目完工，群租房及车库存在的各类安全隐患得到清除。

【梅墟街道地名普查完成】 2015年4月，梅墟街道地名普查工作启动，12月，试点工作任务完成，并通过验收。地名普查工作采集13个大类28个子类的地名信息670条。其中，陆地水系6条，陆地地形1条，行政区域1条，群众自治组织15条，非行政区域3条，居民点29条，交通运输设施93条，水利、电力、通信设施50条，纪念地、旅游景点12条，建筑物11条，单位98条，历史地名54条，地名标志297条。制作地名登记表670份，采集地名多媒体信息1000余条，建立文书档案4卷。

【信懋中学投入使用】 2015年7月，信懋中学项目竣工。项目于2013年9月开工，整体为框架结构，施工单位中科建设开发总公司，监理单位浙江五洲工程项目管理有限公司，设计单位宁波市房屋建筑设计研究院有限公司，学校位于扬帆路2000号，占地约1.1万平方米，建筑面积21200平方米，设计规模为24个教学班，总投资2.42亿元。9月1日，兴懋中学校舍启用。

【梅墟街道第三届文化艺术节】 2015年，梅墟街道举办第三届文化艺术节。艺术节1月启动，5月开幕。12月25日，在梅墟剧院举行闭幕式。闭幕式节目有舞蹈《开门红》《今天是你的生日》《彩云之南》《So Cool》《西班牙斗牛舞》、甬剧《爱心颂》《老年朋友歌》、越剧《游庵》《陆文龙归宋》、歌曲《大海啊故乡》《无关风月》《英雄赞歌》、综合性节目《渔樵耕读》《太极舞蹈串烧》《红太阳》《武术》等。艺术节期间举办"'魅力高新幸福家庭'才艺大赛""'梅墟好声音'青年歌唱比赛""'六一儿童节'文艺会演""越剧会演月""暑期电影月""唱书月""太极拳（剑）赛"等群众文化活动，参加人数2万余人。

【滨江安置房一期项目交付】 2015年9月，滨江安置房一期项目竣工交付。该项目位于原理澳家村地块，于2010年2月立项，项目总投资12.05亿元，其中工程投资7.45亿元。总用地面积77750平方米，规划总建筑面积190659平方米，其中地上面积155569平方米、地下面积330910平方米。有住宅楼13幢、物业管理用房及配电用房1幢、社区服务中心1幢。施工单位中科建设开发总公司，监理单位宁波市科信华正工程咨询有限公司，设计单位宁波市工业建筑设计研究院有限公司。

（杨 靖）

中河街道

【概况】 中河街道位于鄞州新城区北部，东临潘火街道，南接首南街道，西连钟公庙街道，北与江东区接壤，区域面积8.8平方千米。2015年，辖16个社区、3个行政村和10个股份经济合作社。总户数26323户，总人口约18万人，其中户籍人口71491人。实现地区生产总值53.09亿元，比上年增长7.91%。财政总收入5.75亿元，其中一般公共预算收入3.49亿元。

实现工业总产值24.7亿元，下降29%。19家规模以上企业实现工业产值11.48亿元、销售11.19亿元、利润总额5603万元、利税总额9161万元。都市工业技改投资超过5100万元。增加创新型初创企业14家，申报建立区级工程技术中心2家，90%以上规模以上工业企业申报区级研发中心，16件产品获宁波市工业新产品称号。申报研发补助6家、智团项目12个。专利授权222件，其中发明授权33项、申请52个。宁波精成车业有限公司获省

9月23日，2015年中河城市生活周暨第七届文化艺术节举行

级高新技术企业研究开发中心企业称号。街道获2015年度鄞州区城市型街道科技创新优胜奖。恒达高电子商务产业园、奇瑞新能源汽车、易和体检中心项目建成运营。全社会固定资产投资11.29亿元，增长36.52%。服务业增加值45.1亿元，增长15.23%，服务业增加值占GDP比重达84.95%。社会消费品零售额32.86亿元，108家限额以上商贸企业实现销售151.51亿元，增长63%。60家限额以上其他服务业企业实现营业收入29.9亿元，增长4.0%。街道获2015年度鄞州区电子商务工作金奖、鄞州区商贸流通工作银奖。外贸进出口10亿美元，其中出口9.6亿美元。宁波华孚进出口有限公司、浙江中世进出口有限公司获鄞州区2015年度"外贸进步奖"。合同外资5506万美元，实际外资831.6万美元；实到内资6.4亿元，"浙商回归"资金5.3亿元。引进各类人才827人，"千人计划"人才2人。

表38　2015年中河街道各行政村（社区）基本情况

行政村（社区）	面积（平方千米）	户数（户）	人口数（人）	集体经济总收入（万元）	集体经济总费用（万元）	总资产（万元）
孙马村	0.56	275	702	891	682	8185
潘一村	0.55	221	620	1328	946	8224
宋诏桥村	0.70	980	2385	1196	1211	28783
彩虹社区	0.14	2470	7400	—	—	—
城兴社区	0.26	3364	9687	—	—	—
春城社区	0.18	3512	7902	—	—	—
东城社区	0.98	3499	7251	—	—	—
东湖社区	0.46	5025	15000	—	—	—
东裕社区	2.50	4630	6930	—	—	—
飞虹社区	0.30	3976	13315	—	—	—
凤凰社区	0.18	2884	7910	—	—	—
剑桥社区	0.35	3302	10500	—	—	—
金馨社区	0.56	3009	7899	—	—	—
桑菊社区	0.40	2400	6300	—	—	—
宋诏桥社区	0.26	3270	9700	—	—	—
天城社区	0.35	4029	10150	—	—	—
汪董社区	0.50	3439	9717	—	—	—
兴裕社区	0.36	3732	8814	—	—	—
锦寓社区	0.18	1550	4195	—	—	—

注：表格中数据为调查数

公共交易站交易项目11宗，交易总额836万元，节约预算经费88万元。开展审计项目25项，涉及金额13.8亿元，财务收支结余12.6亿元，提出审计建议50条。立案查处违纪案件5起。

普高录取分数线上线312人，上线率74%。堇山小学被评为宁波市义务教育课程改革样本学校。投入1.56亿元，保障学校教育教学工作，占街道可用财力的55%，孙马学校、堇山小学二期新建项目启动。建设社区医疗服务站2家，10分钟医疗服务圈实现全覆盖。初步完成医疗联合体系建设，鄞州人民医院在社区卫生服务中心开设专家门诊5个。推进契约式家庭医生制服务，户籍家庭慢性病人、老年人、0~6岁儿童、孕产妇、残疾人等重点人群签约服务率达到70%。街道创建为省级卫生街道，辖区75%的社区创建为省级卫生先进单位。宋诏桥花鸟市场改造和东湖花园停车场建设启动。增加就业岗位676个，开发公益性岗位31个，培训劳动力824人，零就业家庭动态为零。受理劳资纠纷54件，涉及115人，涉及金额167万元。医保参保缴费申报人数7889人，财政补贴300万元，街道户籍人口保险参保率达到98%。发放临救款（善款）92.3万元，低保户发放总额13.8万元，帮助62户家庭解决生活困难，慈善救助588人。建成锦寓社区居家养老服务站，街道全域居家养老服务工作实现覆盖。化解各类矛盾纠纷198起、社会不稳定因素13起。清退违规车棚车库2710间，5个社区实现零出租，流动人口下降率达28%。整治人力三轮车85辆，排查群租房1425间，街道连续5年被评为宁波市社会管理综合治理先进单位。各类侵财型案件下降24.2%。排查钢材市场等重点区域12次、企业1577家次，整改隐患214条，隐患劝告整改率达86.5%。开展"合用场所”专项整治行动，查处各类合用场所30处，取缔违章搭建的群租棚户区1处，整改工业企业10家。街道食品安全工作获评区级先进。

“乐活中河”微信公众平台关注粉丝数量7万余人。举办首届“巴丽新地杯”中河萌宝贝活动，召开“微距·微爱·微公益”街道微心愿发布会。举办2015年中河城市生活周暨第七届文化艺术节，城市周日文化活动吸引超过2000人次参与。文化惠民工程“天天系列”送戏45场，放映电影120场。增加和更新体育路径30条，发放校园健身卡3500余张。

整治孙马河、前塘河、中塘河周边环境，疏浚大洋江东裕段河道，完成城区截污纳管改造方案设计。办理84家企业排污许可证。“三改一拆”拆违9.6万平方米，其中重点拆除村级集体违建4处1.7万平方米。东城、锦寓、凤凰、春城4个社区创建为“无违建社区”。

轨道交通3号线锦寓路站和钱湖路站工程建设启动。中河商会大厦项目主体结构和外墙砌筑完工，浙东骨科医院合作项目签约落户。老旧小区改造项目全面完工，总改造建筑面积73.4万平方米。项目拆迁签约面积13.6万平方米，孙马学校地块、堇山小学二期地块、消防站地块、电网潘桥变地块、东睦一期地块等区级重点区块项目拆迁清零。街道被评为2015年度鄞州区拆迁工作先进集体。招录社工8人、大学生“村官”2人，社工专业持证率达到68%。“智慧社区”建设启动，飞虹、剑桥两个社区在群众满意度测评中分别列全区第一位和第二位。培育发展社团组织484个，其中9个社团入选区公益创投项目，飞虹社区关爱自闭症儿童项目成为鄞州区唯一的市级社会工作项目。启动“智慧物业”建设，华泰三期、爱居公寓、孙马小区成为区智慧物业试点单位。约谈耐森、永达等物业公司4家，妥善化解矛盾纠纷73件。补助老旧小区物业管理经费25万元，发放物业考核奖励32.8万元。“智慧中河”项目一期智慧城市管理分项目启动使用，智慧管控中心平台和153个覆盖城区高清摄像头建成投用。完善网格化管理制度和“定时定点定人”责任模式，成为鄞州区探索城市综合管理执法模式试点单位，实现城市管理案件解决率与及时解决率99%以上。开展“夜宵摊百日大整治”等专项治理行动，查处无证摊贩1550余起，规范经营行为1500余家。办理一般程序案件96件，罚款11.9万元，整改300余起。及时解决群众投诉1957起，智慧平台处理案件31187起。街道被评为宁波市智慧城管工作先进单位和鄞州区城市型街道目标管理考核城市管理先进单位。

【智慧城市管理项目】 2015年1月，中河街道智慧城市管理项目投入使用。智慧城市管理项目作为中河街道智慧城市建设的一个重要组成，以动态化的实时监控、网格化的精细管理、标准化的巡查模式、数据化的定量考核，配备建设153个摄像头和应用软件，实现对辖区内的社区、学校、医院、城中村、菜场、商业中心及大型公共区域的视频监控布点，成为鄞州区首个镇乡（街道）层面城市智能化管控平台项目。

【“微距·微爱·微公益”2015年中河街道微心愿发布会】 2015年4月29日，“微距·微爱·微公益”2015年中河街道微心愿发布会在钱湖天地广场举行，现场发布微信平台征集的“想给孩子买件新衣服”“想为社区义工们添置一个工具箱”“想要一个新书包”“想要义务给孩子们辅导功课”等城市居民心愿78个，由各个社区的志愿者认领。至年底，收集到“微心愿”266个，有182个被认领。

【恒达高电子商务产业园开园】 2015年8月，恒达高电子商务产业园（简称“NB568”）开园运营。产业园位于中河街道四明路568号，占地面积2.67万平方米，总建筑面积约3.6万平方米，分电商运营总部基地、跨境贸易暨大学生孵化微创业基地以及服务中心三部分，其中运营总部将集聚跨境电商、传统企业电商总部及社会服务类、金融服务类电子商务企业，是产业园的核心区块。恒达高电子商务产业园是鄞州区推进“三改一拆”工作，利用旧厂房改造升级、“腾笼换鸟”的一个典型案例。产业园园区重点引进电子商务、信息软件、设计研发等新兴产业企业，规划中3年内入驻电子商务企业达到200家，规模以上电子商务企业50家，电子销售收入及服务收入每年约50亿元，提供就业岗位约2000个。至年底，产业园企业入驻率达到60%，网上交易额达5亿元。

【轨道交通3号线工程锦寓路站和钱湖北路站开工】 2015年6月15日，轨道交通3号线工程钱湖路站建设进场施工。钱湖北路站位于嵩江中路和钱湖北路西北向，永泰公园前塘河正下方，车站沿河道方向布置。车站为地下二层岛式月台，初步设计两个出入口。9月7日，锦寓路站建设进场施工。锦寓路站位于嵩江中路和锦寓路路口西侧，沿嵩江中路东西向设置。车站为地下二层岛式月台，初步设计3个出入口。至年底，进行前期管线迁移和拆复桥工作。

4月29日，“微距·微爱·微公益”2015年中河街道微心愿发布会在钱湖天地广场举行

【王辉忠调研剑桥社区人大代表联络站】 2015年9月17日，省委副书记王辉忠调研中河街道剑桥社区人大联络站并与代表座谈。市人大常委会主任王勇、市人大常委会代表人事选举工委主任董学东、区长陈国军、区人大常委会主任王自强陪同调研。王辉忠肯定剑桥社区代表联络站在密切联系群众中发挥的重要作用，要求把基层联络站建设成为汇聚民智、化解民忧、温暖民心的前沿阵地。

【中河城市生活周暨第七届文化艺术节】 2015年9月23~29日，中河街道城市生活周暨第七届文化艺术节系列主题活动举行。活动以“大商贸、大文化、大互动”三大板块为基础，分“炫彩中河、乐活中河、畅享中河”三个部分，集城市生活、购物、音乐、美食、娱乐于一体。“炫彩中河”部分举行2015年中河城市生活周暨第七届文化艺术节文艺会演、2015宁波少儿春晚优秀节目选拔赛、第四季中河好声音决赛暨颁奖晚会、“礼献国庆悦动中河”——社区国庆系列活动；“乐活中河”部分举行微信寻宝、中河购物嘉年华活动；“畅享中河”部分举行中河我的家——少儿绘画展和时尚电影周活动。

【浙东骨科医院项目签约】 2015年12月，中河商会大厦与浙东骨科医院达成项目合作。浙东骨科医院是一家集急救、医疗、教学、科研、康复为一体的骨科专科医院。医院以微创为特色，发展创伤骨科、脊柱外科、关节外科、手足外科、运动医学和康复等学科，以“大专科小综合”为发展方向形成与市内其他医院错位发展。医院位于四明东路628号，建筑面积2万余平方米，按照三级乙等专科医院标准建设，一期投资1.5亿元，设置7个病区、9个手术室，住院床位250张。

（王　晶）

首南街道

【概况】 首南街道位于鄞州新城区的核心地段，东邻下应街道，南接姜山镇，西至奉化江，北靠鄞县大道，区域总面积23.1平方千米。2015年，辖11个行政村、4个股份经济合作社和10个社区，总户数8169户，总人口27784人。实现地区生产总值45.04亿元，比上年下降4.94%。财政总收入11.93亿元，其中一般公共预算收入9.65亿元，减少19.92%。

实现农林牧渔业总产值27050万元，增长4.84%。35家规模以上工业企业实现产值31.48亿元、销售30.93亿元、利润总额1.93亿元，分别增长17.77%、17.07%、29.53%。全社会固定资产投资40.06亿元，下降36.95%。其中，房地产投资25.14亿元，减少20%；工业投资4.89亿元，增长38%。限额以上商品销售额111.72亿元，社会消费品零售额12.20亿元，增长10.61%。实现进出口总额6.5亿美元。环球城游乐场及银泰城分别于6月和8月开业。重点引进铁塔机器人、火山电子、供销电商等项目。龙泰医疗、中茵科技项目开工建设，裸眼3D项目开始投产，弱磁检测、铁塔机器人、肌电及脑电信号控制系统等项目处于生产筹备阶段。开展银泰城、龙泰医疗、中海融天等重点项目的增资服务工作。内资引进9.3亿元，实到外资7700万美元。

表39　　2015年首南街道各行政村基本情况

行政村	面积（平方千米）	户数（户）	人口数（人）	集体经济总收入（万元）	集体经济总费用（万元）	总资产（万元）
肖皋碶村	0.5	174	394	421.0	60.5	4058.9
桃江村	1.8	596	1640	652.2	84.3	5769.0
傅家村	0.3	250	624	131.8	65.9	266.0
陈婆渡村	0.3	126	370	731.5	72.3	8435.9
石路头村	0.7	200	516	659.7	49.0	6299.9
石家村	1.0	615	1223	291.7	119.0	922.0
三里村	0.7	208	647	390.0	88.1	1371.3
高塘桥村	2.2	534	1310	1046.8	156.5	5597.8
李花桥村	2.1	356	949	960.8	90.6	7423.9
茶亭庵村	0.9	227	598	377.8	135.4	2787.3
前周村	1.8	445	1256	735.4	105.3	3082.0

注：表格中数据为调查数

8月，惠风书院（原首南第二小学）竣工验收并移交钟公庙街道；首南第一小学装修装饰工程竣工验收并交付使用，总投资470万元。学士路小学（原首南第三小学）进行方案设计，总投资约1.5亿元，占地3.17公顷。首南第一小学获评浙江省健康促进（金牌）学校、浙江省红十字会达标校，成为宁波市第二批中小学规范化心理辅导室。首南中学首届初三毕业生普高上线率62.26%，列全区公办学校第三名。动态关注及稳控调处股份制改造、和韵家园安置房抽签、茶亭菜场综合整治、陈婆渡菜场商铺招投标、嘉华大厦、前周村农户合同到期、银泰罗蒙环球城以及城中村拆迁等不稳定因素，实现进京、到省零上访，到市以上集体访1批5人次，到区集体访7批63人次，个访40批

75人次。与街道内25个村（社区）、9幢高层楼宇、1200余家单位签订安全责任告知书与承诺书；开展地毯式摸底排查企业安全隐患大行动，排查生产经营单位365家，发现一般隐患问题3000余条，企业危险用房14处，消防“三合一”企业13家，“三非”特种设备20余部，全部责令进行整改；检查辖区单位270余家次，下发责令限期整改书130份、整改复查意见书130份，处罚违规违法生产经营单位3家。街道参加“五大保险”的人数2.7万余人，全年发放各类社会保险补贴资金约95万元，惠及企事业单位、个体工商户148家，就业困难人员、灵活就业人员1800余人。办理人大代表建议21件、政协提案6件。“三公”经费下降5.5%。

在各村、社区建设社区活动中心1家，增加体育路径4条，成立文体团队5支，放映电影152场，举行大型室外文体活动5场，举办体育赛事、文体活动97场次。

启动“城乡清爽行动”，将辖区内环境卫生“脏、乱、差”严重的58个点归类划分为10个路段，并由相关班子成员担任“路长”，各个科室包干负责。针对省、市提出的6个区域“两路两侧”任务，组建专门的整治工作组。开展奉化江堤防整治工程首南段的政策处理工作，征用相关村土地6公顷；李花桥河疏浚工程完工，整治河道两个排污口；投入20万元，疏浚整治三里河。街道获“浙江省文明街道”“浙江省卫生街道”称号。腾退高塘桥、三里、石家、傅家、鲍家埭、干墩6个村土地80余公顷，增加水稻种植面积80余公顷，拆除农业管理用房170余间。

启动石家村城中村改造，村内644户民宅签约，签约率95%。石路头村26户民宅、陈婆渡老街地块6户民宅签约，鲍家埭、高塘桥地块各1户签约。轨道交通3号线重点工程，签约、搬迁企业2家，项目车辆段、区间23公顷土地征用公告工作完成。“三改一拆”面积17万平方米，完成年度任务的128%。

【安置房工程建设】 2015年，九曲安置小区A2地块主体建筑交付使用，B1、B2地块主体建筑完工。A2、B1、B2地块总建筑面积21.9万平方米，可供安置房1720套。九曲三期施工总包招标完成，总建筑面积22.6万平方米，可供应住房1696套。9月，和韵家园竣工验收并完成第一轮抽签安置，总建筑面积7.8万平方米，可供应住房574套。鲍家埭三期主体建筑基本完成，附属工程进行施工，总建筑面积6.7万平方米，可供应住房573套。

【村经济合作社股份制改革】 2015年，首南街道办事处根据区委办、区政府办下发的《关于全面推进村经济合作社股份合作制改革的实施意见》，改造街道内未进行股份制改造的三里村、高塘桥村、石家村、李花桥村、茶亭庵村、前周村、石路头村、傅家村8个村。4月底，召开动员大会，印发《全面推进首南街道村经济合作社股份合作制改革的实施意见》，启动8个村股改工作。至10月上旬，全部完成程序，确定股东成员8575人，其中可全额享受人数8150人、享受60%人数420人、保留股东权益人数5人，比股改前社员人数增加747人。

【环球城和银泰城项目开业】 8月7~8日，罗蒙环球乐园开业。罗蒙环球城位于宁波南部商务区，是宁波市重点项目工程之一，项目占地34.1公顷，其中环球城主体项目22.5公顷、房地产11.6公顷，总投资约80亿元，整个项目分环球乐园、购物中心、希尔顿花园酒店、公寓式酒店和商业街五大核心区块，总建筑面积约110万平方米。其中，环球乐园为挑高57.4米的透明巨蛋形室内主题乐园，被誉为“有屋顶的迪士尼”。乐园有室内过山车、弹射过山车、海盗船、大摆锤、梦幻木马、XD影院等游乐设施，球战游戏、茶杯总动员等体验设施和激光多媒体秀等设施。

8月29日，宁波环球银泰城开业。项目总建筑面积33万平方米，商业建筑面积17万平方米，包括环球购物中心、环球乐园、商业街、一家公寓酒店及希尔顿花园酒店，是集购物、餐饮、休闲、娱乐、文化、旅游于一体的体验式室内购物中心。购物中心分六层，地下一层、地上五层，有停车位近5000个。银泰城项目原为环球城项目中的商业板块，后由银泰商业（集团）有限公司接手。

【龙泰医疗项目开工建设】 2015年9月龙泰医疗项目开工建设。项目位于都市工业园门户地块，用地面积2.4公顷，总建筑面积约26000平方米，其中地上建筑面积约22000平方米、地下车库建设面积约4000平方米。项目容积率0.92，建筑密度30.1%，绿化率达50%。项目总投资8900万美元，预计投产初始期（1年）年产值为500万元/亩，年税收35万元/亩；项目投产期年产值1000万元/亩，年税收达70万元/亩。

【宁波精华电子科技股份有限公司上市】 2015年10月8日，宁波精华电子科技股份有限公司在“新三板”挂牌上市。股票名称：精华股份，股票代码：833707。公司成立于2008年

鄞州区公共租赁住房二期项目——馨悦家园

7月，是一家生产步进电机、风门执行器、PCBA等汽车零部件的高科技企业，有全资子公司3家、分公司1家，与国内长安、吉利、东风、长城、比亚迪等汽车生产商均有合作关系。经营项目有电子产品、汽车零部件的研发、制造；五金件、冲件、塑料制品、橡胶制品、针织品、服装、服饰的制造、加工；金属材料、电子产品、机电产品、文化用品、工艺品的销售；自营或代理货物和技术的进出口，但国家限制经营或禁止进出口的货物和技术除外。

【首南街道文华社区成立】 2015年12月28日，首南街道文华社区揭牌成立。文华社区寓意“文明华耀”，社区内包括人才公寓和学府苑2个居住小区、7所高校、1所重点中学、1个电商产业园，常住居民约3300人，是一个“社区+园区”模式的智慧型社区。

【首南中心菜场开业】 2015年7月28日，首南中心菜场开业。菜场位于米兰公馆一楼，3月起启动装修工程，项目总投资450万余元，占地面积约4000平方米，其中经营摊位240个，按四星级要求对市场整体功能和环境进行装修设计，配置足够的机动车位和非机动车位，服务周边近2万居民。

（郑 钱）

潘火街道

【概况】 潘火街道是鄞州区、宁波东部新城、江东区、东钱湖旅游度假区的交会中心，东至邱隘镇、东钱湖镇，南至鄞县大道，西至甬台温高速公路与中河街道交界，北至江东区，区域面积14.3平方千米。2015年，辖13个社区，总户数10157户，户籍人口2.6万人，流动人口5.1万人。实现地区生产总值73.97亿元。财政总收入21.94亿元，增长5.33%，其中一般公共预算收入11.74亿元，增长11.39%。

实现农林牧渔业总产值582万元；工业总产值258亿元，增长3%，其中规模以上企业95家，实现工业产值243.04亿元、销售240.39亿元、利润总额22.08亿元，分别增长2.9%、2.17%和3.71%。5家企业产值超10亿元，增加宁波立芯射频股份有限公司、宁波欧琳厨具有限公司、宁波色母粒有限公司3家高新技术企业，宁波音王电声股份有限公司、博格华纳汽车零部件（宁波）有限公司、宁波大东南万象科技有限公司、宁波沃弗圣龙环境技术有限公司4家市级以上研发机构，其中宁波音王电声股份有限公司技术中心被评为国家级工程技术中心。13家企业入选区“双五十”企业；浙江中哲控股集团有限公司、博格华纳汽车零部件（宁波）有限公司获评区“大力神鼎”，宁波圣龙（集团）有限公司、宁波高发汽车控制系统股份有限公司获评区“大力鼎”，宁波宝恒汽车销售服务有限公司等6家企业获评各类专项奖。技改投入13.58亿元，R&D经费投入4.2亿元，占GDP比重的5.68%。申请专利1030件，增长12.5%，其中发明专利95件，增长58%。高新技术企业实现产值156亿元，占规模以上企业比重的64.19%。全社会固定资产投资额53.83亿元，增长3.54%。限额以上商贸服务企业112家，实现销售额175.87亿元，增长12.5%。社会消费品零售额98.84亿元，增长19.84%。服务业投资总额40.22亿元。1月，宁波高发汽车控制系统股份有限公司在上海证券交易所上市；博格华纳汽车零部件（宁波）有限公司摩斯链条全面投产，宁波圣龙（集团）有限公司上市材料获中国证券监督管理委员会受理，宁波伏尔肯机械密封件制造有限公司、宁波欧琳厨具有限公司等4家企业进行上市准备工作，宁波大东南万象科技有限公司、浙江浙天通信工程有限公司等筹备在“新三板”上市；汽车4S一条街引入奔驰、英菲尼迪等品牌，全年销售67.8亿元，占全区车市销售总额的52.7%。

表40 2015年潘火街道各社区（股份经济合作社）基本情况

社区（股份经济合作社）	面积（平方千米）	户数（户）	人口数（人）	集体经济总收入（万元）	集体经济总费用（万元）	总资产（万元）
东方丽都社区	0.13	2766（规模）	2065	—	—	—
东南社区	0.26	3828	8500	—	—	—
东莺社区	0.20	3447	11296	—	—	—
金桥花园社区	0.13	2415	1333	—	—	—
潘火桥社区	0.87	1100	2300	—	—	—
尚城社区	0.38	3065	8511	—	—	—
世纪社区	0.20	2320	4162	—	—	—
同欣社区	0.13	1000	3600	—	—	—
王家弄股份经济合作社	0.47	650	1575	1283	100	10093
星苑社区	0.29	1515	6664	—	—	—
殷家社区	0.61	1386	1229	—	—	—
宜家社区	0.87	1318	168	—	—	—
雅苑社区	0.25	1848	6500	—	—	—

续表40

社区（股份经济合作社）	面积（平方千米）	户数（户）	人口数（人）	集体经济总收入（万元）	集体经济总费用（万元）	总资产（万元）
紫郡社区	0.19	2215	7520	—	—	—

注：表格中数据为调查数

投入近4.3亿元，用于民生项目。潘火实验中学扩初会审，德培小学迁建工程具备开学条件，金达路小学进行设计规划，鄞州实验幼儿园宜家分园投入使用，上上城幼儿园改建完工。推行契约式家庭服务，金桥花园社区卫生服务站投入使用。建设居家养老服务站3个，增加床位62张。华信颐养园投入使用，设置800余个床位及活动室、餐厅、运动馆、医务室等各种设施。泗港菜场整体验收工作推进，潘火菜场周边改造工程启动，潘火特大桥沧海路以西项目进场施工。

向社区、企业等提供“送图书、送电影、送培训、送戏曲、送综艺”五项文化服务，举办“义乡鄞州文化先行”文艺会演、“一书一经典”职工读书月、“周日邻里”广场舞大赛等文体活动。通过“天天”系列推出演出、展览、讲座、培训、电影等公益服务20余次，建设（更新）体育健身路径5套。开展“周日文化”活动，打造“周日邻里”特色活动品牌。创作出情境舞蹈《生命与水》、民俗表演《雕龙大鼓》、语言类节目《环保是大事》等原创节目精品。借助“鄞尚空间”平台，开展青年优惠价、免费送电影等活动，组织青年电影季观影活动6场。组建文化义工队伍，有文化义工近300人。

“三改一拆”拆除各类违章建筑9.17万平方米，重点清理长寿东路历史违章建筑1.46万平方米、宜家周边陶瓷仓库违章建筑5.7万平方米、潘火桥社区北侧陶瓷仓库5400平方米，通过宁波市“无违建街道”创建工作初验。推进“五水共治”工作，拨款2000万余元，用于河道疏浚、雨污水管道排查和截污纳管工程，诚信路、紫城路、东南小学、潘火桥小区地下雨污水管网整治工程完工，潘火投创片区雨污水管整治工程基本完工。推进“两路两侧”治理，完成省定20项、市定8项整治任务，全年综合排名列全区第二位。

投入6亿元，用于城市基础设施建设，建成德培小学、东方丽都安置小区等民生工程。至年底，建成安置小区面积42万平方米，学校面积4万平方米，危房解危5000平方米。投入6000万元，用于城市交通基础设施建设，启动星辰东路、百宁街南延建设，改造提升百宁街—环城南路交通。至年底，在建市政道路总里程达到5000米，完成道路里程800米。民房拆迁、企业拆迁签约收购2.16万平方米，扫尾拔钉18户，实现地块清零4块。曹隘、妙胜两村抽签分房，新房结算率约90%，近8成居民领到新房。办理金桥社区土地证、房产证2120套，涉及1050户。

东方丽都小区

【宁波高发汽车控制系统股份有限公司上市】（参见“金融”类目“上市管理”分目）

【长寿东路历史性违章建筑拆除】 2015年3月，潘火街道联合城建、公安、工商等部门，对辖区内长寿东路历史性违章建筑进行集中拆除。街道成立由办事处主任任组长的攻坚小组，制定拆除方案，历时1个月完成拆除任务。共拆除违法占地7341平方米、违章建筑14682平方米，清退承租户7户、“二房东”13人，退还承租户租金500万余元，助推“断头路”长寿东路顺利贯通。

【蔡氏宗祠开设民办博物馆】 2015年2月初，蔡氏宗祠开设两家民办博物馆——锡镴器博物馆和熨斗博物馆，为鄞州区首家开设在文保单位的民办博物馆，由收藏家陆继勇和赵雪林创办，分别展出不同历史时期的200余件锡镴器和300余个熨斗。博物馆有锡茶壶、锡酒壶、锡蜡台等具宁波地域特色的藏品近5000余件，多件展品在中央电视台《寻宝》栏目中播出。全年，参观人数7.2万余人次。

【德培幼儿园整体迁址】 2015年2月，德培幼儿园整体迁址到潘火街道金桥水岸花园小区内，园舍总占地面积6000平方米，建筑面积4029平方米，绿化面积1735平方米。幼儿园可容纳12个班级，每班活动室面积在100平方米以上，独立配有空调、钢琴、电脑、一体机等现代化教学设备，各种适合幼儿年龄特点的玩具、桌椅等；并配有舞蹈室、蒙氏探索室、绘画室、阅览室、生活馆、建构室等多功能室。幼儿园开设7个班级，有教职员工34人、专任教师16人。

【“与爱同行”家庭公益联盟成立仪式暨“三八”妇女节庆典活动】 2015年3月7日，为庆祝第105个“三八”国际劳动妇女节，潘火街道在金桥花园社区举办“与爱同行”家庭公益联盟成立仪式暨“三八”妇女节庆典活动，有300余人参加。成立“家庭公益服务联盟”，由街道辖区居民代表组成，分别为近绿、近亲、近善、近礼、近学、近悦、近廉，开展各类便民服务、文艺表演、环保、扶贫帮困等公益活动，成立仪式上集中开展公益服务项目认领活动。结合潘火公众号“新潘火”线上推出的“潘火萌宝”照片秀评比活动，评选出潘火萌宝之星10人、最佳创意奖10人、最萌POSE奖10人，进行颁奖以及现场走秀表演。街道挑选，各村、社区及所辖幼儿园选送节目进行文艺表演。

【HELLO90志愿服务基地共建启动仪式暨二〇一五年度“科技万里”开幕式】 2015年5月13日，“百名学子携手志愿潘火，十大项目共建义乡鄞州”——HELLO90志愿服务基地共建启动仪式暨二〇一五年度“科技万里”开幕式在潘火街道培罗成广场举行。浙江万里学院党委书记蒋建军，区委宣传部副部长、文明办主任陈琪树，潘火街道党工委书记任东辉等出席活动。仪式上，双方就志愿服务的校地合作共建进行揭幕和授旗，成立“青门口”社区共融志愿服务项目、“普法”法律援助志愿服务项目、“暖巢”伴老助老志愿服务项目、“护雏”爱幼护幼、“周日义工”社区服务和“微公益、微心愿”“我是社会监督员”“走进基层、服务基层”“企业大课堂”“青春治水、净美家园”10支志愿团队，招募热心志愿者100余人。志愿团队中有7支来自浙江万里学院，3支来自潘火街道的社区，志愿团队划分为科技能动、敬老爱老、关童爱幼、家庭暖心、便民利民5个组，到潘火街道7个行政村和8个社区，定期为居民提供服务和便利。

【东方丽都安置房抽签交付】 2015年12月4~5日，潘火街道东方丽都安置房小区抽签交付。小区占地面积12.9万平方米，总建筑面积39.6万平方米，其中住宅面积28万平方米，总户数2763户，总投资约14亿元，水电、绿化等配套设施均按国家标准建设，主要用于安置妙胜、曹隘等地村民。小区建有下沉式广场、地下车库，配有幼儿园，还有1万余平方米的沿街邻里商业中心。至年底，有678户拆迁户办理结算手续，结算新房1578套，占抽签房屋2018套的78.2%。有566户拆迁户办理付款手续，领到新房1388套。

（苏文清）

瞻岐镇

【概况】 瞻岐镇位于鄞州区东部，东北邻北仑区，东南临象山港，南毗咸祥镇，西依塘溪镇，北靠东钱湖镇、东吴镇。镇域面积93.4平方千米，其中海域面积11平方千米。2015年，辖17个行政村、1个社区，总户数10374户，户籍人口26283人。实现地区生产总值10.22亿元，比上年增长11.7%。财政总收入1.51亿元，增长3.42%，其中一般公共预算收入8756万元，增长7.32%。

实现农林牧渔业总产值3.53亿元，增长9.97%。申报区、镇农业精品园各1家，申报并完成农业科技项目1项。总投资约600万元的里坑水库维修加固及其下游溪坑治理工程完工，水毁工程修复推进。农业土地综合开发和粮食功能区建设项目完成，5个村30.67公顷土地开发项目和120公顷黄岗畈粮食功能区建设项目进入审计阶段。农村股份制改造工作完成。实现工业总产值18.4亿元，增长6.5%。19家规模以上工业企业实现产值11.69亿元、销售11.32亿元、利润总额5650万元，分别增长24.63%、22.64%和48.37%，其中宁波力达物流设备有限公司实现产值2.5亿元。固定资产投资4.05亿元，增长19.82%，其中工业投资1.64亿元，增长19.2%。实施工业投资项目6个，其中宁波国鼎矿业有限公司项目投资1.22亿元。实施2个外资项目和1个内资项目，实到外资200万美元，实到内资3000万元。社会消费品零售额2.31亿元。宁波世业物资有限公司、宁波江皓建设有限公司两个项目落户，实现销售收入5300万元。南一砖瓦厂地块与3家企业达成投资意向，东城二期工业地块3.33公顷土地与宁波力达物流设备有限公司签订投资意向协议，宁波永峰包装用品有限公司闲置厂房引入神远制衣有限公司、宁波格瑞德机械有限公司进驻并投产。实现高新技术行业产值4.5亿元。实现R&D投入2033万元，占地区生产总值的1.99%。获批各类专利84个，其中发明专利2个。引进高层次人才4个。宁波市派特勒粉末涂料有限公司在“新三板”上市，宁波翔博机械有限公司被认定为国家级高新技术企业，宁波力达物流设备有限公司入选区“双十五”企

宁波市派特勒粉末涂料有限公司厂区

业名录，宁波市鄞州安红工具厂成为区级企业工程技术中心。宁波力达物流设备有限公司年产1000台前移式叉车技改项目被列入区级重点技改项目，投入850万元。宁波市鄞州安红工具厂网络销售体系逐步建立，宁波市鄞州三丰可味食品有限公司、宁波市鄞州原田农业发展有限公司建立网上店铺，开展网络营销。东城村电商服务站试运营。

表41　2015年瞻岐镇各行政村基本情况

行政村	面积（平方千米）	户数（户）	人口数（人）	集体经济总收入（万元）	集体经济总费用（万元）	总资产（万元）
卢一村	5.19	572	1421	101	441	1877
合一村	4.35	1110	2877	642	1500	9487
南一村	3.71	838	2232	335	1106	2555
南二村	2.25	632	1544	382	694	3219
东一村	4.53	949	2419	254	581	4136
东二村	3.87	932	2387	118	1036	7546
岐西村	3.72	469	1231	186	390	3082
唐家村	2.55	293	728	72	242	1056
姚家村	2.87	345	901	81	428	842
岐化村	1.71	585	1428	553	229	3543
东城村	2.77	864	2102	118	485	886
西城村	8.96	1004	2432	89	250	1069
嵩一村	3.05	355	917	38	147	893
方桥村	7.73	565	1456	58	248	998
周一村	2.54	235	589	33	421	711
岐下洋村	1.34	364	898	75	488	1314
张东周村	3.28	261	721	45	173	655

注：表格中数据为调查数

瞻岐中学中考普高上线率达到45.1%。合岙幼儿园开园，撤并东一民办幼儿园，瞻岐镇创建为宁波市学前教育示范镇。瞻岐镇卫生院与宁波市第一医院开展结对共建活动，开展专家义诊17次。开展各类爱国卫生宣传活动10余次，发放各类宣传资料800份。发放各类专项社会救助资金834.4万元，救助2236人次。发放80周岁以上高龄津贴68万元，镇敬老院床位增加至56个。建设嵩一村、岐西村、张东周村、瞻虹社区4家村级居家养老服务站。“慈善一日捐”活动募集善款130万余元。发放优抚对象各类优抚金220万余元。拨付补贴20万余元，惠及残疾人85人。清理超标办公用房面积66.4平方米，“三公”经费支出下降53%。

建设方桥、南二两个村级文化礼堂，建设元宵主题馆和海洋科普馆，组织参与村歌大赛等市、区文化礼堂会演并获奖。保护修复并开发狭石岭土城遗址，瞻岐老街创建为区历史文化名街。镇文体中心创建为宁波市公共文化示范项目。安排各类演出80场次，电影放映315场次，水鼓、摄影等文体培训6期26课时，安排书画、摄影、大松石等专题展览活动5次，受惠群众达12万人次。鼓励各村、各文艺团队创作特色文化节目，有8个精品节目在市、区比赛中获奖。举办第六届元宵文化节、第二届山海瞻岐艺术节、羽毛球赛事活动。瞻岐镇文联成立，下辖7个文化协会。

签订畜牧业养殖场关停协议63户，拆除52户。总投资200万元，疏浚河道15千米，整治区级黑河、臭河5条。唐家、岐下洋、卢一、岐西、张东周5个村生活污水治理工程进场施工，其余村进行方案设计。瞻岐镇创建为省级“森林城镇”。总投资3655万元，实施市级水环境治理项目创建，溪坑慧日寺至新意桥段、文化中心亲水平台、D段精品公园以及西港横河长青桥段等一期项目进场施工，镇政府至镇小学段编制预算。小流域治理计划投资800万元，大嵩岙溪坑治理进行前期施工准备，东二溪坑治理进行方案调整。“三改一拆”拆违3.51万平方米，一户一宅普查建档完成，镇域内17个村全部创建为“无违建村”。10个行政村实行市场化保洁，市场化保洁率达到59%，实现垃圾桶装化100%。整治环境卫生问题1500余处，清除路面垃圾11667吨，并对适宜清理地块开展停车位改造，完成项目9个，增加车位46个。

投资360万元，建成东城农村公路延伸段，启动岐西环村公路新建工程。污水总管卢一段1.95千米管网建设启动。东一村西碶小区背街小巷试点改造完成，镇区空间景观提升工程基本完成。6月，投资500万元的健身公园二期工程开建。总投资1.35亿元的中心小学迁建工程进行主体施工，总投资3000万元的菜场改建项目和公共管理用房基本完工，自来水厂扩建工程完成瞻岐段引水管网铺设。镇安置房多层结顶，小高层进行施工。合一新村一期B地块竣工，东二新村二期进行附属施工及墙面整改。岐下洋村投入300万元，整改墙面，接入污水管网、打造景观节点和建造停车场。唐家村改建工程完成招投标。周一村新村一期26套联排别墅进行施工。

【瞻岐镇第六届元宵文化节】 2015年3月3日，瞻岐镇第六届元宵文化节开幕，举行大型民俗巡游走灯活动，17个村"一村一品"文化进行串联展示。所有作品均为各村村民自行设计、自行编排、自行制作，有唐家村的腰鼓队，嵩一村的大头娃娃、彩灯队、荷花仙子彩船，合一村的舞龙和抬阁，张东周村的高跷，东一村的马灯，周一村的手绢舞等，其中合一村的抬阁、张东周村的高跷、东城村的九连灯为市级非物质文化遗产项目。踩街队伍绵延四五百米，游行队伍人数4万余人。

【瞻岐镇卫生院与宁波市第一医院签署医疗结对合约】 2015年4月28日，瞻岐镇卫生院与宁波市第一医院医疗结对活动在镇卫生院签约。双方达成对口支援协议：每周一次，由市第一医院派出大内科专家定期到该院，上午坐诊，下午为该院医生进行针对性的临床教学，提高该院医务人员的诊治水平；每季度开展一次由市第一医院各科专家组成的义诊活动；同时市第一医院优先接受该院医务人员的培训学习和进修；挂靠在市第一医院的糖尿病临床指导中心、心脑血管防治临床指导中心对该院的慢性病进行技术指导；并且通过网络，让双方的挂号平台对接，促进双向转诊。

【农村生活污水改造"四村联建"模式】 2015年，瞻岐镇选定东一、东二、南一、南二4个村，联动推进生活污水改造治理工作。4个村总人口8245人，总户数3112户，总投入约2900万元，铺设污水总管12.6千米、支管24.6千米，生活污水统一收集后输送到污水处理厂处理，农户受益率在80%以上。至年底，镇区"四村联建"治理工程竣工并通过验收，接户2852宅，3个村接户率超80%。《鄞州区农村生活污水治理探索"多村联建"模式》发表在市政府第90期《每日要情》上。副市长林静国专门批示：此做法很好，请市农办作进一步的总结推广。

【发现狭石岭土城遗存】 （参见"文化·新闻"类目"文物·博物馆"分目）

【第二届"山海瞻岐"文体艺术节】 2015年8月，瞻岐镇第二届"山海瞻岐"文体艺术节启动。艺术节以"山海之恋·醉美瞻岐"为主题，围绕山海之乐、山海之韵、山海之美三大主题板块展开系列活动。艺术节由中共瞻岐镇委员会、瞻岐镇政府主办，瞻岐镇文体艺术中心承办。8月28日，瞻岐镇文联成立大会暨第二届"山海瞻岐"文体艺术节启动仪式在镇文体艺术中心召开，200余人参与。其间，举办"艺彩纷呈"精品剧目展演、"印象·山海"主题展览活动、群众大舞台文艺会演、"美丽家园我的梦"巡回演出、"鄞州建筑杯"羽毛球邀请赛、鄞州区舞蹈大赛等活动。12月30日，第二届"山海瞻岐"文体艺术节闭幕式暨"梦圆瞻岐"元旦专场文艺演出举行。整个文体艺术节参与人员1500余人，参与观众12000余人次。

【瞻岐镇文联成立】 2015年8月28日，瞻岐镇文联成立大会在镇文化艺术中心召开。省地质勘查局原局长张盛丰、省文学艺术联合会副主席傅丹、浙江艺术职业学院原常务副院长卢竹音、市文学艺术联合会原党组书记李浙航、区人大常委会原主任徐祖良、区政协副主席鲁定国、区文联主席邵斌等参加大会。文联第一次代表大会通过镇文联章程和选举办法，选举产生镇文联主席、副主席和秘书长。徐峥波当选镇文联主席，李成光、孙晓东当选副主席，李成光为秘书长，徐祖良、鲁定国被聘为顾问。第二次代表会议上，区文联主席邵斌为镇文联授牌，镇文联下属音舞协会、摄影社会、民间艺术协会、收藏协会、书画协会、文学协会、戏曲协会7个文化协会。

【合岙幼儿园投入使用】 2015年9月1日，瞻岐镇合岙幼儿园交付并投入使用。合岙幼儿园迁建工程于2014年3月开工，总投资近2010万元，占地面积6271平方米，总建筑面积5296平方米，其中教学用房4651平方米、后勤配套用房645平方米，幼儿园规模9个班级。2015年8月，迁建工程基本完工。

（徐 旸）

3月3日，瞻岐镇第六届元宵文化节开幕

咸祥镇

【概况】 咸祥镇东南濒象山港望象山县，南连奉化市，西接塘溪镇，北滨大嵩江望瞻岐镇，东北经沿海大通道与北仑区相连，是鄞州区第一近海点，镇域面积57.6平方千米。2015年，辖17个行政村、1个村级公司和1个城镇居委会，总户数11811户，户籍人口27869人。实现地区生产总值17.07亿元，比上年增长9.8%。财政总收入9670万元，其中一般公共预算收入4772万元。

实现农林牧渔业总产值4.65亿元，增长8.14%。石门水库坝体和铁砂岭水库坝体维修治漏工程完工，分别投入250万元和500万元。投入1800万元，疏浚村级河道24千米，完善村级桥梁、碶石闸。咸兴粮机合作社创建为区级粮食高产示范场。采用冬绿肥种植、强化耕作等技术措施，提升46.67公顷农田土质。宁81、秀水134、甬优杂交系列水稻种植面积230公顷，订单粮食45万千克。启新水产养殖合作社10公顷水产养殖标准塘改造完工。开办水产养殖培训班6期，培训学员203人次，组织55人参加区新型职业农民水产养殖班培训，增加高素质新型农民4人、区科技示范户26人。全镇有规模以上工业企业21家，销售上亿元企业5家。规模以上工业企业分别实现产值26.98亿元、销售26.26亿元、利润总额1.59亿元，分别增长8.79%、9.19%、63.97%。R&D经费支出占GDP比重2.7%，增长23.7%。宁波安纳杰模塑科技有限公司通过国家高新技术企业复审，宁波圣达精工智能科技有限公司申报为市工程技术中心，宁波诺布尔制衣实业有限公司、宁波普锐明汽车零部件有限公司、宁波平海建材有限公司申报为区工程技术中心。引进人才186人，其中高级人才4人。宁波申江控股集团有限公司与南京航空航天大学签订联合培养人才协议，引进在站博士后1人；宁波永凯建设工程有限公司等企业引进硕士研究生3人；宁波申江科技股份有限公司研究团队被评为鄞州区企业技术创新团队。全社会固定资产投资6.13亿元，增长26.13%。限额以上商品销售额1.30亿元，社会消费品零售额4.09亿元。鹰龙山地块、西宅商住地块和横山山地块接待重要客商20余批次。重点洽谈泰国城项目，在第十七届浙洽会"鄞州发展高峰论坛暨重大项目签约仪式"上与上海泰冉投资管理有限公司签订意向合作协议。实现自营进出口总额3544.7万美元；引进内资5195万元，实现"浙商回归"5195万元。

表42　2015年咸祥镇各行政村基本情况

行政村	面积（平方千米）	户数（户）	人口数（人）	集体经济总收入（万元）	集体经济总费用（万元）	总资产（万元）
芦浦村	3.33	662	1726	264.30	81.36	1183.23
里蔡村	2.63	565	1329	85.74	58.94	1127.83
外蔡村	1.26	393	952	90.99	46.93	534.62
横山村	1.79	630	1591	140.45	62.98	1372.08
咸一村	1.29	531	1567	137.08	52.62	526.11
咸二村	0.83	308	753	93.96	28.38	838.77
咸三村	1.37	478	1132	269.95	110.16	1549.05
咸四村	2.81	652	1627	165.58	91.70	3538.43
咸五村	1.32	460	1143	170.08	83.74	673.87
咸六村	2.13	670	1691	92.11	55.86	3404.68
西宅村	1.48	428	1047	122.58	37.61	2011.28
王家村	0.85	260	613	43.53	28.38	615.19
龚俟村	2.14	367	863	427.88	133.79	2595.51
球东村	1.17	702	1757	186.20	64.36	1129.87
球山村	2.15	1512	3399	196.75	112.17	1319.35
南头村	0.70	595	1392	161.88	146.61	2327.15
海南村	1.47	857	2035	123.41	65.34	1059.46

注：表格中数据为调查数

接待处理镇级来访24批164人次，下降40%；受理区级信访件3件，下降72.72%，区级信访信1封，下降93.33%，网上投诉2件，均回复。排摸出重大矛盾纠纷6起，化解2起，镇司法所创建为四星级司法所。调解纠纷6起，海南村创建为市级民主法治村。开展"法律服务进百企"活动，与3家规模以上企业联合开展免费法律服务工作。检查企业189家次，查处安全隐患205处，整改率100%。交易项目45个，其中建设工程33宗，交易额6864.22万元，节约资金219.82万元。

咸祥镇创建为市级学前教育示范镇，被授予市第二批统战工作示范点。宁波市鄞州区知识分子联谊会咸祥分会成立。咸祥庙被列为省级民间活动场所示范点。开展"计划生育宣传月""三查一治"及各类健康培训活动，惠及群众3000余人。参保率达到91.55%。主动监察用人单位198家，书面审查企业470家，专项检查企业45家。“慈善一日捐”活动募集善款73万元，发放各类社会救助、扶贫帮困资金600万余元，惠及2500余人次。

4月，与省音乐家协会、共青团宁波市委员会、区政府共同举办“小友友”杯青少年大提琴（业余）公开赛；联合省文学艺术家联合会、省音乐家协会举办两次走亲连心大型文艺晚会。7月，与市体育局、区政府共同举办2015年宁波首届“新丝路”全国帆船邀请赛。8月，举行营救美国人纪念亭落成开放仪式。9月，举行宁波“鄞州银行杯”海上明月音乐马拉松赛、八月半渔棉会。咸一村、南头村文化礼堂建成。嵩江民间音乐社的器乐合奏《快乐祠渔人》获评2015年宁波市农村文化礼堂文艺团队才艺大赛金奖。12月11日，马友友祖居对外开放。

完善城镇核心区块城市设计和详细规划，71省道穿镇段街景改造工程完工。投入4500万余元，实施咸祥庙文化广场工程。投入1.7亿元，实施竹山三期A地块大龄青年房工程。投入1300万余元，建设大桥幼儿园。投入740万元，建设道路2条、桥梁3座。推进南头村、芦浦村和核心镇区的新村建设项目，南头村被列为2015年省级农房改建示范村，咸五村整村改建基本完工，咸四村、芦浦村新村建设推进。球东、南头、西宅、球山、龚犊、咸一6个村的农村生活污水治理工程启动，总投资6000万余元，惠及4000余农户。全镇17个行政村均完成农村股份制改革工作。整治黑河、臭河3条，疏浚咸祥河16千米，清淤8万立方米，拆除咸祥河周边畜禽场3家。“一打三整治”拆解核查的涉海涉渔“三无”船舶165只，清理串网30余顶和地笼网2700余只，查获非法捕捞作业行为5起，收缴非法渔船2艘。“三改一拆”拆除各类地块、建筑等约5万平方米，大嵩大闸片区企业和东方船厂拆迁签约。“两路两侧”专项整治行动完成19项任务。接到环保案件10件，办结处理9件；排查“黄标车”90辆，淘汰84辆。

4月19日，省“小友友杯”青少年大提琴（业余）公开赛颁奖音乐会在市文化广场举行

【省首届“小友友杯”青少年大提琴（业余）公开赛】 2015年4月18日，浙江省首届“小友友杯”青少年大提琴（业余）公开赛在鄞州区举行，全省近200名青少年、儿童参赛。赛事由省音乐家协会、共青团宁波市委员会、区政府共同主办，省大提琴学会、区文广新局、市青少年宫、咸祥镇政府承办，是浙江省大提琴学会成立后举行的首项赛事，并以“当代最激越人心的音乐家”“世界第一大提琴手”——马友友命名。比赛按照年龄大小分为儿童组、少年组、成人组3个组别。4月19日，浙江省“小友友杯”青少年大提琴（业余）公开赛颁奖音乐会在市文化广场举行。成人组一等奖由沈飞洋、夏天获得，二等奖由周肇星、江昕竹、徐子越、赵瑞宁获得，三等奖由朱希哲汝、张乐其、丁书鸣、杨宸、孔路菲、徐菁、葛昶彤、汪辰昕、李昂校、于时进、郭宇轩、徐彬哲、沈严婧、汪振懿、朱艺卡获得；少年组一等奖由叶镕豪、叶洸麟、夏雩莱获得，二等奖由李响、屠奕、方思乐、朱嘉怡、毛钰镔获得，三等奖由周致远、蒋诗诺、俞思潘懿、周冰奕、张哲榕获得；青年组一等奖空缺，二等奖由陈天瑞获得，三等奖由施笑雨、沈志杰获得；杨天琪等32人获优秀表演奖。

【71省道穿镇段街景改造工程完工】 2015年，71省道穿镇段街景改造工程完工。管线“上改下”投资3000万余元，移除沿路电力杆58根、通信杆145根。建设全长2.1千米管线共同沟，4个新建环网站竣工并投入使用，该路段全程实现“无杆化”。道路“白改黑”投资3000万余元，将灰白色水泥道路改成黑色柏油路，重新铺装人行道15648平方米，实现人车分流。投资1000万余元，增设4个停车场、110个临时停车位。立面店招改造投资2000万余元，针对店面破旧、门头牌匾不一、部分商铺跨门经营等问题，统一设计、全面整治沿路两旁800余间（家）建筑外立面以及招牌、空调外机、百叶窗等。

【咸祥镇文联成立】 2015年4月19日，咸祥镇召开镇文联第一次代表大会。105名会员代表参加。大会选举产生第一届镇文联主席、副主席和各委员，并进行授牌仪式。吕君当选镇文联主席，邵鹏翱、朱彭军当选副主席，邵鹏翱为秘书长。镇文联下设戏曲、书画、音辅、体艺、摄影、文学、民间文艺7个协会，有会员487人。

【“2015中国航海日”暨宁波首届“新丝路”全国帆船邀请赛】 （参见“体育”类目“群众体育”分目）

【咸祥人民营救美国飞行员纪念亭落成开放仪式】 2015年8月25日，纪念“咸祥人民营救美国飞行员”事件的正义和平亭在咸祥镇南头村建成开放，市和区相关领导、救助人家属及社会各界群众数百人参加纪念亭落成仪式。活动由市新四军历史研究会、区委宣传部、区新四军历史研究会、区委党史办、咸祥镇政府、鄞州经济开发区管委会主办。纪念亭底部面积19.42平方米，高4.18米，寓意营救事件发生在1942年4月18日，亭子两面镌刻着“和平”“正义”四个字，上方是紧握的双手幻化为和平鸽的翅膀，寓意中美两国的友谊；下方是故事缩影的浮雕，象征胜利和光荣。亭顶部主题雕塑的主旨为“铭记历史，放飞未来”。

【宁波“鄞州银行杯”海上明月音乐马拉松赛】 2015年9月26日，2015宁波“鄞州银行杯”海上明月音乐马拉松赛在咸祥镇开赛，1100名长跑爱好者参加。赛事由咸祥镇政府、瞻岐镇政府、鄞州经济开发区管委会和市侨商协会联合主办，区长跑协会承办。比赛分设男、女半程马拉松全程21.10千米和男、女欢乐跑，起点均设在咸祥镇。其中半程马拉松全程终点为滨海博物馆，欢乐跑全程7.5千米，终点为横山码头。赛事总奖金为3万元，选手多是鄞州长跑协会会员，也有上海、杭州等地马拉松爱好者，市侨商会有300位企业家参加欢乐跑。卢广、马明涛、谭卿辉分别获男子半程马拉松前三名，林霜霜、洪苗苗、陈尔芬分别获女子半程马拉松前三名；张俊、李卫兵、瞿菊冬分别获男子欢乐跑前三名，夏安妮、王春燕、赵青分别获女子欢乐跑前三名。

【咸祥八月半渔棉会】 2015年9月27日，咸祥八月半渔棉会举行，以咸祥庙为首的21支行会方阵进行舞龙、高跷、秧歌、腰鼓、广场舞等节目展示。2015年庙会增加赛会环节，有咸二村的海洋水晶宫船、海南村的“金龙含珠”、咸祥特色的“小友友”大提琴彩车方阵和羊求休山“大松印社”彩车方阵等。渔棉会结合庙会、赛会、抬阁、社戏等民间民俗活动，吸引近4万名群众观看。

【马友友祖居开放】 2015年11月10日，鄞州区文保点马友友祖居修缮工程竣工并通过专家组验收。12月11日，正式开放。马友友祖居位于咸祥镇咸二村后道路13号，是一幢建于1897年的砖木结构的两层楼房，人称“老马家”。2013年，咸祥镇党委、政府把修复马氏祖居列入工作议程，按照维护文物的原真性原则进行修缮，总体格局保留基本完整。修缮后的祖居由正厅、天井以及东厢房、东偏房等组成，占地面积198平方米，建筑面积161平方米，有天井37平方米。

（叶金洲）

塘溪镇

【概况】 塘溪镇地处鄞州东南，东毗瞻岐镇、咸祥镇，南邻奉化市，西连横溪镇，北接东钱湖镇，镇域面积78.8平方千米。2015年，辖17个行政村，总户数11376户，户籍人口2.69万人，外来人口2.5万人。实现地区生产总值13.58亿元，比上年下降11.76%。财政总收入1.70亿元，其中一般公共预算收入6836万元。

实现农林牧渔业总产值1.49亿元。有山林面积4821公顷，森林覆盖率达到51%。购销粮食140万千克，启动400公顷市级粮食功能区建设。水库、山塘加固工程及亭溪重点段治理工程完工，投资1.2亿余元。投入100万余元，关闭沿溪畜禽养殖场4家，拆除养殖棚舍1855平方米；病死动物和农资包装废弃物收集点实现正常运转。全年实现工业总产值37.17亿元，下降17.08%。19家规模以上工业企业实现产值12.14亿元、销售11.49亿元、利润总额0.78亿元。固定资产投资3.91亿元，增长27.78%，其中工业投入2.19亿元，下降23.69%。技改投入2.19亿元，增长167.07%，其中500万元以上技改项目8个、1000万元以上项目2个。实现高新技术行业产值3.67亿元，下降11.99%。组织企业参加区级以上技术交易会4次。宁波名古屋工业有限公司被评为市级专利示范企业，宁波市鄞州亚大汽车管件有限公司被列为区“双五十”工程企业，宁波市鄞州佳诺制笔厂研发中心通过区级工程（技术）中心验收。申请各类专利23个，授权专利50个，其中发明专利14个。组织2家企业申报市创新型初创企业，征集技术难题6个，其中宁波市鄞州亚大汽车管件有限公司3个、宁波荣华办公用品有限公司2个、宁波秀可食品有限公司1个。宁波市鄞州亚大汽车管件有限公司通过“311工程”评比；宁波秀可食品有限公司申报市科技进步奖、智团创业计划项目及市工程技术中心；宁波荣华办公用品有限公司申报区科技合作项目，其中与浙江大学宁波理工学院合作开发的超静音智能碎纸机关键技术研发为重点申报项目。增加“个转企”12户。修订《塘溪镇旅游发展总体规划》。重点打造沿堇山湖旅游精品线，先行开展堇山湖文化休闲长廊建设。引进旅游投资企业1家，投资1500万余元的堇山居民宿酒店和“百果园”进行施工。制作塘溪宣传微电影、旅游宣传片。

215省道金鸡桥至大碧浦桥段

表43　2015年塘溪镇各行政村基本情况

行政村	面积（平方千米）	户数（户）	人口数（人）	集体经济总收入（万元）	集体经济总费用（万元）	总资产（万元）
华山村	3.96	487	1196	207.53	303.28	362
东山村	7.32	1164	2646	1304.92	565.11	9200
北岙村	3.80	454	1193	303.37	217.45	1419
上城村	2.86	413	1029	599.79	822.45	4514
管江村	1.90	663	1566	308.36	918.47	2741
前溪头村	2.60	420	953	150.85	178.18	454
育硖村	4.22	558	1565	409.67	320.43	2189
东西岙村	9.31	574	1422	279.71	224.01	1251
鹳山村	3.10	421	1046	114.66	214.36	814
大碧浦村	1.60	279	686	120.27	109.22	180
邹溪村	7.73	1370	3315	223.83	253.88	1415
塘头村	2.42	558	1361	161.49	232.54	654
施村	7.36	920	2186	171.46	175.85	676
沙村	2.87	714	1552	222.13	236.18	722
童村	7.17	1062	2333	851.97	353.30	1188
上周村	5.96	820	1976	700.40	209.22	1311
童夏家村	4.64	409	919	58.46	100.10	337

注：表格中数据为调查数

修订完善《塘溪镇行政村工作手册》，出台《塘溪镇机关工作制度》，完成农村经济合作社股份制改革和村规民约修订工作。

镇成人文化学校工程建设推进。中心小学外墙工程完工，投资约120万元。中学大礼堂顶面修缮完工，投资70万元。管江幼儿园过渡工程建设完工，投资100万元。镇中心初级中学、第二中心小学分别设立特殊资源教室，投资10万元。

744名妇女参加体检，体检率达到79.5%。3830人参加农医保体检，60岁以上人员体检率达到71.3%。投入专项经费10万元，委托宁波宇鹰灭虫服务有限公司承担建成区内的"四害"消杀工作。管江村申报为市级卫生村。实施健康中国行、全民健康生活方式行动、健康促进百千万工程等活动。发放防治肺结核、艾滋病、禽流感、麻疹等宣传资料3000余份，授课38次，邀请市、区专家到村义诊2次。镇卫生院建立传染病管理领导小组，防保科设专职防疫人员2人，负责全镇防疫、计划免疫和接种工作。成立艾滋病防控领导小组。居民医保参保11823人。办理失业证31本，发放失业金501笔。用人单位劳动保障书面审查850家，劳动保障监察检查企业805家。受理企业工资投诉14件，金额35.14万元；受理劳动仲裁117件，金额453.9万元。

领导干部论坛和青年干部论坛每月开展专题培训。设立"周五课堂"，开设书画、摄影、运动等课程。成立塘溪镇文联，出台《塘溪镇文体工作奖励补助办法》。上周村文化礼堂建成，全镇文化礼堂累计4家。开展24国老外塘溪过大年、"文明习惯·与我同行"主题宣传季、"义"力量"净"古道、邹溪庙稻花会等活动。设立"山水塘溪"微信，编辑《寻梦塘溪》摄影集，拍摄《秀塘溪》微电影、塘溪宣传片等。春节期间，市、区、镇书画名家在名人文化广场书写"廉政对联"；4月，开展"清风塘溪"廉政书画征集活动，征集镇内群众22幅书法和美术作品，精选11幅廉政书画张贴在机关办公场所；7月，选送1幅美术作品和2篇廉政小故事，参加区"廉政微记录"活动，获一等奖2个和三等奖1个；编排廉政小品《五水共治喜相逢》，在前溪头村庆祝"五一"文艺晚会上表演。

出台《2015年塘溪镇"清爽行动"实施意见》，对"清爽塘溪"行动行政村考核及各相关部门工作进行分解。10个村启动污水项目。其中，华山村、大碧浦村、童村和童夏家村4个村进场施工，总工程费用2700万元；其余6个村中鹳山村、育硖村和东西岙村进入立项阶段，施村和沙村进行方案优化，邹溪村进行图纸修改。出台村级垃圾中转站补助办法，对硬件设施补助30%，最高补3万元。

"三改一拆"拆除违法建筑3.9万平方米。"两路两侧"完成省定任务22处，整治面积22940平方米；市定任务47处。童夏家村和上周村被评为宁波市历史文化名村。东山村三期总用地面积11082平方米，总建筑面积19362.14平方米，总户数120户，主体工程于9月完工。塘头新村完成新村办批复、发改立项、初步设计会审。上周新村主体结顶。

【"感知宁波特色文化，共度中国传统佳节"在宁波外国人体验日活动】 2015年2月8日，"感知宁波特色文化，共度中国传统佳节"在宁波外国人体验日活动在塘溪镇举行，活动由中国日报社、市政府新闻办主办，塘溪镇前溪头村、红牡丹书画国际交流社承办。24个国家的60余位外国人在塘溪镇参观沙孟海故居、沙耆故居和梅溪水库，在前溪头村文化礼堂和当地村民联欢。外国友人给当地村民画画、写春联、送福字，体验打年糕、做青团、烧米酒、贴春联、挂灯笼等传统文化活动，和村民一起吃"年夜饭"，欣赏村民自编自演的文艺表演。

【"文明习惯·与我同行"主题宣传季】 2015年3月7日，塘溪镇举行"文明习惯·与我同行"主题宣传季启动仪式。仪式上，塘溪镇各行政村的100余位志愿者，向全镇人民发出倡议。活动由塘溪镇政府主办，持续3个月。主题宣传季期间，组织开展志愿者便民咨询服务活动，讲解文明与健康、陋习与疾病、安全与文明驾乘等知识，倡导文明言行；开展"阳光心灵"未成年人文明习惯养成活动，在全镇中小学开展"文明礼仪我来学"、"好习惯伴我行"习惯展示、"文明美德，伴我成长"演讲比赛、礼仪小宝贝评选等活动，引导未成年人养成良好的生活、道德习惯；各行政村在村主要入口、道路两边可以利用的墙体上，绘制社会公德、环境保护、文明礼仪、卫生知识等主题展示墙。5000余人次参与活动。

【塘溪镇小微企业法律服务部成立】 2015年3月，塘溪镇创新公共法律服务模式，依托"阳光法治工作室"，首次成立小微企业法律服务部，成员由工作室的6名律师组成，采取定期"坐诊"、不定期"巡访"、集中授课、有需"上门"的服务方式，为全镇1760家小微企业提供法律咨询、法律培训等服务。全年为小微企业集中授课3次450人次，定期接访24次，下企业走访10次，解决企业法律纠纷13起。

7月30日，塘溪镇邹溪庙稻花会举行

【"清爽塘溪·义行古道"主题志愿服务活动】 2015年4月30日，塘溪镇启动"清爽塘溪·义行古道"主题志愿服务活动，160名志愿者分组认领古道，开展护绿、爱绿、净绿环保行动。活动由塘溪镇党委、政府主办，镇妇联、总工会、团委、文化站承办。启动仪式上，分别为党员志愿者、工会志愿者、巾帼志愿者等8支古道结对志愿者小分队授旗，志愿者代表还发出共同保护塘溪环境的倡议，志愿者志愿保洁镇域内的黄泥岭、菩提岭、张家岭、铜弹岭等8条古道。同时，塘溪镇政府发布"义行塘溪"微信公众号，开展广场便民服务。

【周尧故居成为九三学社宁波市培训教育基地】 2015年4月，九三学社宁波市委员会决定在周尧故居建立九三学社宁波市培训教育基地，讲述他"爱国、敬业、乐群、惜时"的人生，展示他作为科学家和九三学社社员杰出代表的成就。8月28日，九三学社宁波市培训教育基地在塘溪镇上周村周尧故居挂牌成立。九三学社浙江省委员会副主任委员、市政协副主席、九三学社宁波委员会主任委员郑瑜，九三学社浙江省委员会专职副主任委员兼秘书长马永信，区政协副主席、区委统战部部长陈国良参加揭牌仪式。揭牌仪式后，全体与会人员实地考察培训教育基地，九三学社鄞州区基层委员会3位社员进行讲解。九三学社宁波市委员会副主任委员王梅珍、黄求理、鲍吉龙，巡视员周其东，副巡视员、秘书长俞珍芬，部分委员、基层组织负责人等参加活动。

【邹溪庙稻花会】 2015年7月30日，塘溪镇邹溪庙稻花会举行。稻花会由邹溪庙主办，塘溪镇政府协助并负责安保工作。巡游队伍从塘溪镇邹溪庙出发，穿过塘头村、邹溪村、施村、沙村4个村。队伍最前面是"邹溪庙稻花会"大匾，后面是旧时五堡大旗，裴公八抬大轿随后，中间是抬纱船、抬阁、炮铳、龙灯等。10余支"草根艺术队"参与行会，有咸祥、瞻岐、横溪、集士港等镇的舞龙、舞狮、大头和尚、抬阁等非物质文化遗产项目，"农家乐越剧团""山村舞龙队"、腰鼓队、曲艺队和舞蹈队，万余名群众观看。

（戴庆来）

东钱湖镇

【概况】 东钱湖镇地处鄞州区东部，东连五乡镇，南接瞻岐镇、塘溪镇，西南依横溪镇，西连云龙镇、下应街道、潘火街道，北靠邱隘镇，镇域面积129.9平方千米。2015年，辖33个行政村、8个社区和4个城镇居委会，总户数20098户，总人口71042人，其中户籍人口47244人、暂住人口23798人。实现地区生产总值38.18亿元，比上年增长10.09%。财政总收入10.91

亿元，增长13.06%，其中一般公共预算收入7.07亿元，增长8.44%。

实现农林牧渔业总产值3.23亿元，增长3.86%。建成高标准基本农田200公顷，改造农用线路78千米，订购粮食100万千克。东钱湖名贵药材精品园投资500万元，名贵中药种植面积15.33公顷，基础设施和配套设施建设完工。38个村农村股改工作完成。实现工业总产值84.7亿元，增长7.49%。59家规模以上工业企业实现产值47.89亿元、销售46.81亿元、利润总额3.25亿元，分别增长6.92%、6.34%、34.30%。上杨、方水、俞塘工业园区首期开发完成，23个项目投产，34个项目（含投产项目）结顶，8个项目开工，完成工业投资2.2亿元。固定资产投资14.50亿元，增长6.62%。实施工业技改项目7个，总投资额1.2亿元。企业增加专利122个，增长18.4%。兑现工业奖励资金560万元，惠及87家企业。限额以上商品销售额2.37亿元，社会消费品零售额4.65亿元。全镇农家乐经营户30余家。

表44　2015年东钱湖镇各行政村（渔业社、农牧场）基本情况

行政村（渔业社、农牧场）	面积（平方千米）	户数（户）	人口数（人）		集体经济总收入（万元）	集体经济总费用（万元）
			户籍人口	外来人口		
红林村	—	395	936	1200	285	278
红舒村	—	362	823	350	66	76
郭家峙村	—	604	1437	132	312	384
象坎村	—	271	684	56	600	350
横街村	—	499	1191	7	41	30
前堰头村	—	600	1393	353	200	200
莫枝村	—	472	1159	850	330	250
殷湾村	—	800	1041	700	804	863
建设村	—	321	741	326	113	103
陶公村	—	660	1599	128	325	316
利民村	—	640	1605	102	317	225
韩岭村	—	712	1729	450	232	200
西村村	—	517	1190	15	18	99
东村村	—	461	1105	101	1325	322
绿野村	—	407	996	8	15	55
洋山村	—	295	725	15	42	44
俞塘村	—	618	1652	209	263	245
城杨村	—	364	953	0	7.98	55
沙家垫村	—	543	1274	5650	88	105
黄隘村	—	151	315	372	160	150
高钱村	—	801	1794	320	450	350
梅湖村	—	235	527	70	100	280
方水村	—	319	738	602	120	160
下王村	—	315	693	327	42	50
湖塘村	—	699	1611	0	60	25
青山村	—	147	341	129	67	16
庙弄村	—	87	206	0	1	11
光辉村	—	300	722	0	155	78
郑隘村	—	252	671	35	26	16
大堰村	—	588	1416	25	21	77

续表44

行政村（渔业社、农牧场）	面积（平方千米）	户数（户）	人口数（人）		集体经济总收入（万元）	集体经济总费用（万元）
			户籍人口	外来人口		
埼河村	—	421	1007	0	65	66
章隘村	—	200	482	0	66	62
旧宅村	—	212	517	32	179	77
钱湖外海社	—	108	211	0	15（镇补助）	15
大公渔业社	—	118	225	0	22	20
莫枝渔业社	—	166	421	0	59	59
高钱渔业社	—	167	373	0	57	52
农牧场	—	52	140	123	23	21

注：表格中数据为调查数

新中心小学获“钱江杯”优质工程奖，镇中学校园环境提升工程完工，“学生餐饮放心工程”建成。高钱、西村、绿野、韩岭村文化礼堂建成，高钱文化礼堂获宁波市“十佳文化礼堂”票选第一名。举办文化艺术节、社科讲坛、文体活动周等大小活动80余次，近万人次参与。俞塘社区卫生服务站投入使用，全镇建成13家社区卫生服务站，基本实现“15分钟医疗圈”。东钱湖医养融合院成为宁波市首家医养结合试点单位和浙江省医养结合建设示范点。利民、高钱养老院改扩建完工，增加养老床位90张。隐学山庄和钱湖丽园居家养老服务中心建成。

9个村污水纳管完成90%工程量。工业区污水管道覆盖率达90%，增加纳管企业36家，总数175家，纳管率达70%。15座小山塘治理工程和亭溪小流域整治工程竣工。治理整改问题点152个，整治面积6.5万余平方米，拆除棚舍面积4700余平方米。房屋拆迁签约241户，签约面积2.8万余平方米。韩岭古村项目、庙弄村和黄隘村3个项目征迁清零，横街柏庭项目、红舒村地块、莫枝原菜场地块和大寺溪4个项目推进，沿山干河（二期）项目剩余8户、施工红线内剩1户，西街、高钱、下水等其他项目推进。6个项目征用土地6.53公顷，进行4个项目4.87公顷土地政策处理，续签16个村253公顷政策处理土地租赁协议。清点丈量26个项目110公顷作物，处理12个项目作物。梅湖区块1226座坟墓及下水区块36座坟墓的签约和迁移工作完成。开展“三村一线”创建，殷湾创建为全面小康村，绿野创建为特色村，韩岭中心村、城杨特色村创建启动。韩岭古村开发开工，下水湿地项目启动建设，庙弄精品酒店推进，宁立广场主体结顶，轨道交通4号线东钱湖段开工。张迈岭至史家湾道路、利民便民桥梁、小山塘除险加固、钱湖丽园居家养老服务中心、十里四香停车场、钱湖人家乒乓球馆、韩岭卫生服务站、亭溪整治、莫枝菜场周边环境整治等民生实事工程竣工。

【第十届中国摄影艺术节在东钱湖举行】 2015年1月6~8日，第十届中国摄影艺术节在东钱湖举行。艺术节由中国文学艺术界联合会、中国摄影家协会、市政府共同主办，以“复兴梦想，盛世和光”为主题，全国各地摄影艺术家和摄影爱好者参加，全国政协副主席刘晓峰，中国文学艺术界联合会党组成员、副主席、书记处书记李前光，中国摄影家协会主席、分党组书记王瑶，省政协原副主席陈昭典、盛昌黎，市领导余红艺、翁鲁敏、张明华、徐明夫等出席开幕式。开幕式上举行中国摄影家协会宁波艺术中心启用仪式。中国摄影家协会宁波艺术中心是宁波画院、东钱湖艺术中心所在地，由中国摄影家协会与宁波市合作创建，总建筑面积7300平方米，集展示、创作、收藏、交易等功能于一体。摄影节期间，举办第十届中国摄影金像奖颁奖盛典、金像论坛、海外知名摄影家讲座、“共圆中国梦”农民工摄影大赛首站培训班、“致敬光彩点赞梦想”主题拍摄活动等。展览包括第十届中国摄影金像奖获奖作者作品展、“中国梦”影像公益广告主题展、“触摸经典”——175+175·世界摄影大师原作展、历届荷赛（中国）获奖作品展、索尼全球大展优秀摄影展、第24届全国摄影艺术展览等百余个摄影展。

【市“东钱湖杯”冬泳邀请赛】 2015年1月17日，宁波市“东钱湖杯”冬泳邀请赛在东钱湖举行，杭州、金华、义乌、嘉兴、镇江和宁波海曙、江北、镇海、慈溪、宁海、象山等地共12支队伍324名冬泳爱好者参赛。邀请赛由市体育局、东钱湖旅游度假区管委会、市体育总会主办。比赛分畅游和竞赛两部分，其中畅游由省内外以及宁波的冬泳爱好者324人参与；竞赛部分由12支游泳协会、游泳俱乐部的队伍组团参加8×200米等男女接力竞速比赛，每队竞赛人员20人。象山代表队获第一名，海曙代表队和杭州代表队分别获第二、第三名。

【宁波东钱湖旅游学校参股陶公岛景区】 2015年4月13日，宁波东钱湖旅游学校以技术和5%资金入股宁波陶公岛园林开发有限公司经营的陶公岛景区。陶公岛景区占地20余公顷，年游客量22万人次，景区45%的收入来自门票，旅游价值潜能有待开发。此次校企股权合作，除对接餐饮、客房、茶艺、插花、导游等专业实训外，景区为校方专业设置、人才培养提供建设性意见，推荐高、精技术人员为兼职教师。校方参与陶公岛景区经营，在资源挖掘、项目规划、文化研究、饭店管理、湖鲜菜肴开发等方面出谋划策。其中，校方首批15万元股金投入财神酒店，并引入香港文旅集团，设计启动陶公岛民宿项目。

【第七届中国湖泊休闲节】 2015年5月16日，第七届中国湖泊休闲节开幕式在东钱湖畔阳光沙滩举行。休闲节由市政府、省旅游局和中国青年报社联合主办，东钱湖旅游度假区管委会、市旅游局承办，以“湖泊休闲、幸福水岸”为主题。副市长林静国、省旅游局副局长叶建国、《中国青年报》副总编辑刘健、市旅游局局长励永惠等出席开幕仪式。开幕式上，东钱湖获“WTF世界旅游行业大奖——国内最具自驾魅力景区”奖，中国高校传媒联盟大学生新闻实践基地、浙江省帆船休闲运动基地授牌成立。第七届湖泊休闲节以展现东钱湖旅游新业态、休闲生活新方式为主线，活动分散在5~10月的湖岸休闲黄金时间，并设置“东钱湖智慧成果展”“首届中国东钱湖国际湖泊帆船公开赛”“2015全民休闲皮划艇大赛”“东钱湖骑游大会”“湖泊休闲论坛”“东钱湖帐篷露营大会”“东钱湖房车露营大会”“乡村旅游美食大赛”等主题活动。10月29日，第七届中国湖泊休闲节在东钱湖上水帐篷营地闭幕。中国青年报社副总编辑马年华、市旅游局副局长陈刚及200余位休闲产业专家、旅游企业代表、户外运动爱好者出席闭幕式。闭幕式举行途家战略合作签约仪式和标准化房车露营地授牌仪式，上水露营基地开营。

【韩岭古村保护开发项目开工】 2015年6月12日，韩岭古村保护开发项目开工仪式在韩岭古村举行。韩岭古村是宁波十大古村落之一，地处东钱湖南岸，三面环山，一面临湖，两条清溪穿村而过，一条百年老街纵贯其中，人文历史渊源悠久，保护与开发价值很高。韩岭古村保护开发于2006年启动，由韩岭老街和韩岭水街两部分组成。其中，韩岭老街建成以文化展示、民俗风情、美食养生、特色集市、探幽访古等为特色的古村老街；韩岭水街建成以精品商业、特色餐厅、休闲会所等为主的特色区块。整个项目总投资约10亿元（老街3.5亿元，水街5亿元，华龙地块1亿元，地下室0.5亿元）。至年底，韩岭古村项目征迁清零。

【市全民健身日系列活动暨“鄞州银行杯”东钱湖健步大会】 2015年9月19日，2015宁波市全民健身日系列活动暨“鄞州银行杯”东钱湖健步大会在东钱湖上水户外营地举行，近1000名市民参与活动。副市长张明华、市政府办公厅副秘书长黄志明、市体育局局长陈瑜等出席活动。健步走采取“荧光夜行”方式，路线全程5千米，从东钱湖上水户外营地途经马山湿地、韩岭、随风度假村到达钱湖水上乐园。活动现场举行“老歌串烧”活动，由歌手带领大家唱校园、经典怀旧和军旅歌曲。在参与者中定向选择东钱湖“有缘人”，包括在东钱湖拍过婚纱的20对夫妻、当年在此读书的学生、转业退役的老兵、在东钱湖工作过并为东钱湖建设作出贡献的人，总数近200人。

9月28日，“美丽钱湖梦”——第七届东钱湖群众舞蹈大赛在东钱湖镇影剧院举行

【市首届乡村旅游美食大赛在东钱湖举行】 2015年10月31日，宁波市首届乡村旅游美食大赛在东钱湖举行。全市各县（市、区）11个参赛队112名烹饪制作高手参赛。大赛由市旅游局、市农村工作办公室、东钱湖旅游度假区管委会主办，各县（市、区）旅游局、农办、东钱湖市场监管分局、市餐饮业与烹饪协会承办，副市长林静国、市政府办公厅副秘书长金伟平、市旅游局副局长陈刚等出席活动。各县（市、区）围绕各自区域特色美食文化，利用地方特色食材，现场烹饪菜肴12道、点心6道，由知名餐饮专家组成的美食大赛评选小组从132道菜肴、66道点心中，分别评选出大赛的“十大海鲜”“十大山珍”“十大湖（河）鲜”“十大名点”。“十大海鲜”分别为宁海的长街铁板蛏，象山的蛋面野生黄鱼、石浦鱼糍面和糟骨蒸龙鱼，鄞州的鄞东鱼烤虾和红膏呛蟹，海曙的秘制拌望潮，江北的青菜蟹浆和铁板梅鱼，北仑的盐焗大海螺；“十大山珍”分别为余姚的肉汁毛笋干，慈溪的三北杨梅红烧肉，奉化的酱烤猪头和书圣鹅肉，宁海的前童三宝，鄞州的咸菜煮冬笋和老鸭芋艿煲，江北的盐烤土豆，镇海的特色手工酿豆，北仑的雪菜蒸肉；“十大湖（河）鲜”分别为余姚的土灶肉汁鱼头皇和苔菜溪坑鱼，慈溪的秘制窖湖有机鱼头，宁海的岊溪香鱼，海曙的葱烤河鲫鱼，镇海的特色鱼头煲，东钱湖的乌葱烧朋鱼、钱湖烧河虾、钱湖红烧划水和酌酒蛳螺煲；“十大名点”分别为余姚的梁弄大糕，慈溪的苔菜烧饼，奉化的芝麻糯米糍，宁海的岔路麦饼，象山的萝卜团，鄞州的乌叶黑米糕，海曙的宁波老糖糕，江北的桂花糖年糕，

镇海的苔菜米馒头，东钱湖的麻糍。

【第四届“阿拉音乐节”在东钱湖举行】2015年10月24~25日，第四届“阿拉音乐节”在东钱湖启新高尔夫球场举行。音乐节由市文化馆主办，宁波市鄞州千秋文化传播有限公司承办，秉持“乐玩越年轻”的主题口号，围绕“潮流、体验、青春、激情”的定位，首次推出“湖岸草地音乐”的品牌概念，以音乐的形式宣扬“阿拉”宁波地域文化符号，邀请M＆D组合（金希澈＆金政模）、田馥甄、汪东城、曾沛慈、郝云、后弦、Popu Lady（大元、洪诗、宇珊、宝儿、庭萱）、杨含奇＆Soul Shine乐队等近30人到场演出。同时，设置餐饮区、创意市集区等环节，拉动夜市文化消费，带动月光经济发展。

（吴柯莹）

东吴镇

【概况】东吴镇地处鄞州区东部，东临北仑区，南接瞻岐镇，西接东钱湖镇，北依五乡镇，镇域面积71.4平方千米。2015年，辖12个行政村和1个居委会，总户数7634户，户籍人口16718人。实现地区生产总值31.01亿元，比上年下降1.84%。财政总收入5.30亿元，下降15.06%，其中公共预算收入2.43亿元，下降28.32%。

实现农林牧渔业总产值1.25亿元。村经济合作社股份合作制改革完成，粮食订单45万千克。西村戚家堍农业综合开发项目、9600只剩余电流动作保护器安装和台风水毁工程等基础设施提升工作完工。实现工业总产值99.74亿元，下降2.60%。增加上5亿元企业1家、上5000万元企业2家、上规模企业6家，规模以上企业总数82家，实现产值78.02亿元、销售76.37亿元、利润总额8.91亿元，分别增长2.38%、2.88%和13.65%。推进7个市、区两级重点工业技改项目，工业技改投入8.01亿元。申报科技项目68个、专利657项，企业研发投入1.88万元，13家高新技术企业实现产值40.44亿元，下降7.31%，占规模以上总产值的51.83%。安排年度扶持资金550万元。丽璟酒店建成落地并对外试营业。固定资产投资12.72亿元，增长4.86%。限额以上商贸业销售额8.29亿元，下降16.52%；社会消费品零售额2.79亿元，下降36.45%。自营进出口总额2.18亿美元，增长2.7%。东吴镇商会加入会员20家，会员总数80家。报批土地农转用4.88公顷。

表45　　2015年东吴镇各行政村（居委会）基本情况

行政村（居委会）	面积（平方千米）	户数（户）	人口数（人）	集体经济总收入（万元）	集体经济总费用（万元）	总资产（万元）
东村村	5.3	388	861	294.48	164.28	10638.55
南村村	3.0	473	1084	179.32	264.42	668.82
西村村	8.2	696	1540	300.15	195.26	3422.32
北村村	3.5	538	1213	194.11	145.30	1577.65
生姜村	1.1	267	597	58.38	310.95	1523.92
小白村	4.5	838	1939	253.52	259.29	7131.82
平塘村	6.0	650	1496	1091.75	518.80	2204.65
童一村	7.0	709	1542	261.94	256.64	3877.75
天童村	4.5	629	1419	233.18	225.53	1093.32
三塘村	3.5	597	1318	386.15	373.15	4020.94
勤勇村	6.6	582	1275	286.03	562.89	3955.49
画龙村	2.5	636	1364	68.52	166.63	336.79
居委会	—	538	913	—	—	—

注：表格中数据为调查数

排查各类问题信息2479条，解决率96%。接待群众来访51批216人次。实现110警调对接工作室和人民调解委员会“双线”疏导，调处矛盾纠纷151起。红十字会换届，发放救助资金10.6万元。启动市级人体健康体验馆建设。组织60余家用工单位举办招聘会，提供岗位382个，发放失业救济金218万元。“五大保险”参加人数63537人次。走访困难群众751户，发放慰问金93.5万元。“慈善一日捐”活动累计落实冠名基金企业17家，实施助学、助困、助医补助592人，补助资金290万元。检查企业200家次，开具整改文书79份，查改安全隐患286条。

东吴镇文联成立。“天天演”文化惠民工程安排各类综艺戏曲演出56场、广场活动67场，数字电影100场。举办宁波太白湖国际越野赛、生态文化艺术节、红歌大赛等大型赛事活动31场。中心幼儿园搬迁，天童小学改建，老年大学开办，东吴镇创建为宁波市学前教育示范镇。勤勇文化礼堂入选区农村文化礼堂十佳陈列布展奖。

“五水共治”行动投入资金1200万元，疏浚河道4千米，关停畜禽养殖场4家。西村、小白、勤勇、三塘、画龙5个村农村生活污水处理工程和镇区污水管网5个路口接通工作实施。2个山塘水库维修加固工程、中小河流整治二期工程完工。组建“东吴镇清爽行动”微信群，收到有效投诉700余条，解决率100%。拆除违建5.37万平方米。整治大架山地块和大涵山地块，绿化面积4000平方米。抚育中幼林57.8公顷，治理藤本植物10公顷。生姜村创建为省级“森林村庄”。申报区级清洁生产企业2家、节能改造企业8家，规模以上工业万元增加值能耗下降3.2%。

小城镇建设拆迁12542平方米，新建45167平方米。勤勇小盘山公路、平塘村环村公路、规划二路、文体中心东边道路4条农村公路项目完工。镇区停车场工程及镇区亮化工程完工，天童小学改建、敬老院改建工程项目完成进度80%。大龄青年安置房项目进行基础施工。新村拆旧40900平方米，建新29592平方米。小白村整理式改造完成85%，童一村完成80%（村民广场投入使用，新村一期主体工程、四合院主体工程、三场点喜事堂及大龄青年安置房主体工程均完工），勤勇村整理式改造通过验收。三塘村整理改造一标完成招标。

【平窑山前庙庙会】 2015年3月28日，东吴镇平窑村举办山前庙庙会。祭祀天地和鲍盖菩萨后，开始行会。庙会大旗方阵和宫灯队、大头和尚队、马灯腰鼓队、舞龙舞狮队等民俗方阵，绵延数百米，行会队伍走街串巷5千米，沿村表演，村民和游客驻足观看。2010年东庵古窑址成为鄞州区文保点，平窑山前庙庙会被列入鄞州区非物质文化遗产名录。

【东吴生态文化艺术节】 2015年9月25日，东吴生态文化艺术节开幕式暨书画名家走进东吴活动在东吴镇文体中心露天广场举行。现场举行宁波市文联东吴书画创作基地揭牌仪式和旗袍走秀、快板《五水共治军号响》、越剧选段《金玉良缘》、民乐演奏·书画创作、甬剧《三番十二郎》选段、歌曲《天亮了》、舞蹈《茉莉花开》、书画研讨交流活动等。艺术节由东吴镇政府主办，以“禅意天童，醉美东吴”为主题，为期3个月。其间，举办“醉美家园唱响东吴”红歌大赛、“秀色东吴”旗袍秀活动、书画名家走进东吴活动、“发现东吴之美”随手拍大赛、千人森林瑜伽活动、重阳登古道赏银杏活动、雪菜文化节、国际越野大赛等活动。

【纪录片《变法名相王安石》开机仪式暨2015年文化毅行活动】 2015年11月21日，区委宣传部在东吴镇举行“赴千年之约 寻王公遗梦——纪录片《变法名相王安石》开机仪式暨2015年文化毅行活动”，200余名户外爱好者从东吴镇文体中心出发，徒步走向15千米外的天童禅寺景区。毅行话题宣传为“王安石与鄞州”。起点处放置有王安石生平介绍、治鄞足迹、变法举措、吟鄞诗文、轶事趣闻等宣传展板；毅行途中设有两个文化驿站，展示王安石在鄞州的“为官义举”，包括兴修水利、办县学、严保甲等变法雏形；终点设“王公宴”，提供锦囊竞猜、诗词游戏、书法表演、棋局对弈、民乐表演等互动参与项目。毅行队伍从东吴镇文体中心出发，历时4个小时，走完全长15千米的路程到达天童景区内的终点站。走完全程的人员均获得完程证书。同时，由区委宣传部和宁波广播电视集团联合出品的纪录片《变法名相王安石》在东吴镇文体中心开机，讲述北宋著名政治家、文学家、思想家、改革家王安石的一生，特别提及1047~1050年间，王安石担任鄞县知县时的其人、其事。

【葛慧君到东吴镇调研】 2015年4月9日，省委常委、宣传部部长葛慧君到东吴镇调研，市委常委、区委书记陈奕君，区委副书记张文斌，区委常委、宣传部部长沈剑波等陪同调研。葛慧君一行到东吴镇勤勇村，参观农村文化礼堂展陈馆，询问太白讲堂开课情况和凤溪文化礼堂活动情况；参观东吴镇文化中心，了解图书阅览室的藏书量和流动情况，询问影剧院开展活动情况，观看“寻找最美东吴”摄影作品展和“印象东吴”展览，听取东吴镇“周日文化”活动开展情况汇报，肯定东吴镇农村文化礼堂建设、“周日文化”等宣传工作亮点。

【“日月杯”宁波太白湖国际越野赛】 2015年12月12日，“日月杯”宁波太白湖国际越野赛在东吴镇文体中心举行，800余名跑者参与。活动由区政府主办，东吴镇政府和区体育局联合承办，日月重工股份有限公司协办，以“携手同跑，赢在东吴”为主题。比赛赛道设置为环形，起点和终点设在同一处。比赛分“半程马拉松”和“9千米欢乐跑”两个项目，其中9千米欢乐跑主要是团队参赛。半程马拉松男子组冠军由林鑫获得，成绩01：14：17.66，女子组冠军由李文杰获得，成绩01：26：48.85；9千米欢乐跑冠军由勇跑团一队获得，成绩02：53：14.01，“盘丝洞”和“梦之队”跑团获最佳风采奖，九龙湖跑团二队获携手共赢奖。

【天天文化志愿者文艺会演颁奖晚会】 2015年11月6日，天天文化志愿者文

9月25日，东吴生态文化艺术节开幕式在东吴镇文体中心露天广场举行

艺会演颁奖晚会在东吴镇文体中心举行。区委常委、宣传部部长沈剑波出席晚会。活动由区委宣传部、区文广新局主办，区天天文化志愿者协会、东吴镇政府、区文化馆承办。天天文化志愿者团队成立两年，由6000余人组成。鄞州区举办天天文化志愿者文艺会演8场，23个镇乡（街道）全部参与。首南街道、下应街道等6支团队获团体综合一等奖，咸祥镇、钟公庙街道等8支团队获二等奖，鄞江镇、洞桥镇等9支团队获三等奖。单项中，首南街道的《666路车站台》和《兄弟情》、钟公庙街道的《幸福港湾》、瞻岐镇的《炫舞旋律》、下应街道的《婆媳和》、鄞江镇的《梦幻鼓响》等分别获小品、相声、声乐、舞蹈等门类的一等奖。晚会现场有戏歌《贵妃醉酒》、舞蹈《多嘎多耶》、相声《志愿者》、大提琴合奏《乡村舞曲》等节目。

（陈　哲）

7月5日，五乡镇“周日文化”活动启动暨文化志愿者授旗仪式在镇文化中心举行

五乡镇

【概况】 五乡镇位于鄞州区东北部，东邻北仑区，南连东钱湖镇、东吴镇，西接邱隘镇，北依梅墟街道，镇域面积47.4平方千米。2015年，辖19个行政村、1个渔业社、1个社区和1个居委会，总户数12475户，户籍人口2.91万人，外来人口5万人。实现地区生产总值51.13亿元，比上年增长5.4%。财政总收入6.85亿元，增长3.63%，其中一般公共预算收入3.31亿元，增长9.60%。农村常住居民人均可支配收入2.76万元，增长8.66%。

实现农林牧渔业总产值3.17亿元。工业总产值206.88亿元，增长4.03%。138家规模以上工业企业实现产值169.48亿元、销售164.26亿元、利润总额8.99亿元，分别增长3.44%、1.8%、2.4%。上亿元企业44家，实现产值127.27亿元，增长6.52%，占规模以上工业企业总产值的75.09%。高新技术产品产值61.47亿元，增长7.27%，增加高新技术企业1家，省、市工程中心2家，获批区重点技改项目4个、节能降耗项目9个，宁波顺成机电有限公司、宁波英科特精工机械股份有限公司获评区“机器换人”示范企业。增加各类授权专利1026个、发明申请量200个，引进高层次人才（硕士研究生、高级工程师和高级技师及以上）29人。宁波中车产业基地宁波南车新能源科技有限公司、宁波南车电气设备有限公司、宁波南车城市轨道交通装备有限公司3家企业实现工业产值13.98亿元，增长53.29%。固定资产投资23.7亿元，其中工业投资16.14亿元。限额以上商贸业销售额16.46亿元，社会消费品零售额6.25亿元。进出口绝对额6.95亿美元，增长9.4%，其中进口、出口分别增长71.75%、4.19%。宁波凯信服饰股份有限公司、浙江恒达高电器有限公司、宁波旭力金属制品有限公司、宁波柏人艾电子有限公司入选鄞州区“外贸五十强”企业。

表46　　2015年五乡镇各行政村（社区、居委会）基本情况

行政村（社区、居委会）	面积（平方千米）	户数（户）	人口数（人）	集体经济总收入（万元）	集体经济总费用（万元）	总资产（万元）
石山弄村	3.73	792	1832	1065	422	1824
钟家沙村	2.19	653	1581	257	322	812
李家洋村	1.15	452	1163	328	218	417
仁久村	1.64	569	1519	582	457	2646
皎碶何村	1.43	454	1030	155	256	6129
蟠龙村	1.10	437	1082	713	315	2552
汇纤村	0.60	272	654	87	108	11117
四安村	1.71	576	1517	264	408	7686
天童庄村	0.94	305	823	293	860	1944
新诚村	0.90	296	807	420	567	1850

续表46

行政村（社区、居委会）	面积（平方千米）	户数（户）	人口数（人）	集体经济总收入（万元）	集体经济总费用（万元）	总资产（万元）
龙兴村	2.14	745	1841	1290	857	1396
项隘村	1.18	532	1246	304	714	1267
明堂岙村	8.37	497	1270	103	675	2221
沙堰村	3.72	423	1053	918	314	1486
明伦村	2.96	459	1100	2634	1055	6055
永乐村	0.77	372	814	2519	1377	6369
宝同村	5.00	410	947	1736	1917	13150
联合村	4.31	802	2091	1807	2831	2962
涵玉村	3.50	667	1562	580	773	570
渔业社	—	428	805	558	727	6296
五乡居委会	—	1576	3630	43	28	29
宝居社区	—	409	719	19	13	7

注：表格中数据为调查数

镇中心小学获评浙江省红十字达标学校，贵玉小学升格为点校并创建为浙江省标准化学校，中心幼儿园获浙江省二级一类幼儿园等4项省、市级荣誉。五乡镇创建为市级学前教育示范乡镇。开展“爱卫月”“幸福家庭”“关爱小候鸟”“双学双比”“巾帼环保”等活动，推进社会抚养费征收、“两非”打击行动、“美丽庭院”和各项公共卫生创建。明堂岙村成为省级卫生村，永乐村通过省级卫生村复评，龙兴村、蟠龙村、石山弄村通过市级卫生村复评，钟家沙小学创建为宁波市无烟学校。举办各类招聘会6场，发布各类就业信息350条，受益人数1000余人。增加各类参保人员279人，全镇城乡居民医疗保险参保率达100%。发放各类民政补助救助、低保、残基保等生活保障金近1000万元，惠及近3000人次。办理老年人优待证585个，开展各类老年讲座和敬老活动36次，村级居家养老服务站实现全覆盖。区级及以上集体上访批次下降16.7%，调处各类矛盾纠纷402起，涉及金额1357.3万元。破获各类刑事、治安案件228起，获评市级社会管理综合治理工作先进单位。开展企业日常检查211家次、专项检查182家次，督促整改隐患1200余条。“三公”经费下降26%，村级非生产性开支下降33%。52项工程招投标项目共节约资金817万元，节约率达9.01%。

依托镇文化中心、农村文化礼堂、“鄞州五乡”微信公众号等平台，开展“天天演”“周日文化”和“最美五乡人”评选等宣教文化活动，推出曲艺表演、专题晚会等演出120余场，放映电影384场，建设农村文化礼堂2个，推送微信73期。“鄞州五乡”微信公众号获评全市“点赞宁波”微信图文大赛最佳图文编辑奖和2015年度鄞州区十佳政务微信，仁久村文化礼堂获评区文化礼堂最佳人气活力奖。

疏浚河道8千米，整治黑河、臭河3条和沿河畜禽养殖场6家，清理网箱210只、跃进斗300只、渔箔190道、地笼9500顶、围网6000米，打捞沉船76艘，回收各类涉河农用废弃物超11.6吨，五乡镇获2015年度全区河道保洁工作二等奖。开展中小河流综合整治和小浃江交界断面劣V类水质提升工作，小浃江支流综合整治工程完成总工程量的90%左右，后塘河整治工程通过竣工验收。建成镇区污水主干管9.6千米，安装检查井6275座，改造化粪池462座，受益农户达985户。“三改一拆”拆违10.68万平方米，新诚村、天童庄村、明伦村和五乡居委会创建为区“无违建村（居）”。开展东外环沿线、工业园区振兴路马路市场和329国道流动摊贩整治。扩面整治“两路两侧”省定点位9处、市定点位21处，自查点位65处。清运各类垃圾1700余吨。

现代电车小镇被列入省级特色小镇培育类名单，镇核心区块危旧房改造项目进行调查摸底、政策调研，轨道交通1号线东外环站配套项目基本实现征迁清零，省天然气管道东外环段迁改完成施工图纸设计。宝瞻公路和南外环沿线景观改造工程完成全线施工图纸设计，样板路线开始施工。

【五乡镇农村生活污水治理采用真空收集与处理技术】 2015年，五乡镇与宁波中车产业基地合作，在农村生活污水治理过程中率先采用真空收集与处理技术，解决石山弄村等区域地质条件复杂、开挖难度较大的难题。该技术系统包括真空收集井、真空输送管路、真空泵站、膜技术污水处理器等，利用负压抽吸原理，自动开启收集井内真空阀，带动污水经真空管路输送至泵站，经过膜处理后水质达到一级标准。工程在石山弄村4个自然村进行试点，10月完工，受益村民400余户。

【五乡镇“庆元宵暨外来务工人员返城”文艺晚会】 2015年3月4日，五乡镇

8月28日，浙东抗战老兵纪念园暨同泰嘉陵抗战纪念馆开园仪式在宁波同泰嘉陵园区举行

“庆元宵暨外来务工人员返城”文艺晚会在五乡镇影剧院举行。晚会由五乡镇政府主办，镇文化站和镇总工会联合承办，分猜灯谜和文艺晚会两个环节。猜灯谜活动由宁波银行五乡支行准备，提供毛巾、洗衣粉、洗洁精等奖品。文艺晚会有舞蹈《龙鼓飞天喜在今宵》、模仿秀《上海滩》、京剧表演《保家卫国戚家军》、杂技《力量组合》等节目。

【五乡镇“周日文化”活动启动暨文化志愿者授旗仪式】 2015年7月5日，五乡镇“周日文化”活动启动暨文化志愿者授旗仪式在五乡镇文化中心举行，镇工、青、妇各条战线同志、文化志愿者、青年志愿者500余人参加启动仪式。区文广新局副局长周玲智、镇党委副书记凌锡辉、镇纪委书记严俊、副镇长张晓男、镇总工会主席陈磊、区文化志愿者协会副会长周兴荣等出席活动。仪式现场，镇文化志愿者分会和各村文化志愿者小组举行授旗仪式，并有锣鼓、武术表演和京剧联唱等节目及非物质文化遗产传承人的刺绣、竹刻、竹编、箍桶等非物质文化遗产项目展示。

【“最美五乡人”评选】 2015年6月，五乡镇举办“最美五乡人”评选活动，以群众身边的文明人、文明事为立足点，包括在社会主义精神文明建设中涌现出来的道德楷模，在重大活动中有所作为的先进典型，在助人为乐、见义勇为、诚实守信、敬业奉献、孝老爱亲等方面表现突出、社会形象好、群众认可度高的个人或群体。6月30日，评选结束。坚持15年为老服务的宋昌耀、教育先锋童乾荣、微笑护士刘杰、派出所神眼吕祖德、病床前孝子周伦泰、持家有道的张静芬6人获评“最美五乡人”称号。

【浙东抗战老兵纪念园暨同泰嘉陵抗战纪念馆开园】 （参见“社会民生”类目“民政事务”分目）

【“五乡傅其芳杯”鄞州区第六届乒乓球等级联赛】 （参见“体育”类目“群众体育”分目）

（汪益刚）

邱隘镇

【概况】 邱隘镇东临五乡镇，南接东钱湖镇，西靠潘火街道，西北接江东区福明街道，北依梅墟街道，镇域面积22.82平方千米。2015年，辖21个行政村、1个渔业社和3个社区居委会，总户数15569户，户籍人口4万余人，外来人口6万余人。实现地区生产总值32.44亿元，比上年下降4.56%。财政总收入6.59亿元，增长70.28%，其中一般公共预算收入3.71亿元，增长96.30%。

实现农林牧渔业总产值3.25亿元。38家规模以上企业实现产值24.35亿元、销售23.95亿元、利润总额0.92亿元。高新技术产品销售14.5亿元，增长158.93%。获发明专利授权5件、实用新型等专利授权71件。宁波凌珂纺织实业有限公司和宁波雄信塑料机械有限公司技改项目入选区机器换人项目，宁波惠力诚仪表有限公司通过国家高新技术企业评审并设立区级研发中心，宁波海太工贸有限公司等4家企业申报区级研发经费补贴。固定资产投资52.04亿元，其中服务业投资50.45亿元、工业投资1.58亿元。银泰城、宏泰房产项目开工建设，邱隘总部经济项目推进。限额以上商贸业销售额25.16亿元，社会消费品零售额14.14亿元。实到外资7700万美元，引进大市外内资14.3亿元、“浙商回归”资金13.8亿元。邱隘镇获评全区招商引资综合奖金奖、固定资产投资优胜奖一等奖。

表47 2015年邱隘镇各行政村基本情况

行政村	面积（平方千米）	户数（户）	人口数（人）	集体经济总收入（万元）	集体经济总费用（万元）	总资产（万元）
邱一村	2.00	806	2077	1191	4729	10636
邱二村	0.50	1022	2665	12162	8805	20667
沈家村	0.71	425	1159	882	2476	5696
横泾村	0.90	520	1343	1496	2280	10974

续表47

行政村	面积（平方千米）	户数（户）	人口数（人）	集体经济总收入（万元）	集体经济总费用（万元）	总资产（万元）
后殷村	0.70	303	767	499	846	2885
前殷村	0.50	337	854	430	1127	2948
渔金村	1.04	734	1828	1300	1389	4673
回龙村	2.50	658	1619	942	2725	4058
田郑村	0.86	233	605	726	708	2913
张家瀛村	1.40	422	1041	546	937	3385
东雅村	1.10	286	681	1820	1678	38089
汇头村	1.00	377	940	753	724	1917
上万龄村	0.78	258	602	271	463	2290
下万龄村	0.91	329	858	332	594	2253
新乐村	0.89	441	1122	1153	3206	5321
五都王村	0.60	440	1063	635	3041	3394
邱渔村	0.02	42	91	77	333	1256
后新村	—	292	769	274	412	2190
新市村	—	243	606	95	391	2778
盛垫村	—	264	668	174	1131	6036
浦跟村	—	71	149	492	410	4874

注：表格中数据为调查数

沈家村、渔金村农村文化礼堂建成。邱隘“义工之家”成立。剧院专业演出35场，送戏下村41场。全镇有省特级教师1人、市名师3人，普高上线率65%。镇红十字会换届选举完成，设立“宏泰红十字捐赠基金”。开展“红十字博爱送万家”活动，发放困难援助金4.8万元。征收社会抚养费166万元。增加参保企业、个体工商户171家。收集企业用工信息76条，向社会发布招聘岗位131个。发放慈善救助款200万余元。

羊毛衫市场、旧村改造7/8号、中山路延伸段等项目地块征迁，总签约面积41.4万平方米，总补偿金额28亿元。铁路北环线平改立下穿通道工程项目房屋征收，签约率100%。旧村改造8号地块项目实现净地交付。11月7日，书香景苑306套安置房抽签。12月3日，东部新城东片区安置房货币回购2391套，发放回购资金22.6亿元。12月27日，明湖花苑887套安置房抽签。南区控规获市政府批复。万里路、新邱路、渔金二期配套道路、后殷二期配套道路均完成设计招标，潘火路（渔金村段）完成初步设计。汇头至万龄水厂农村公路建成通车，东雅至张家瀛村农村公路进场施工。田郑新村主体及市政附属工程完工，渔金二期进行门窗、涂料等工程，后殷村居住B地块进行地下室施工，张家瀛村改建工程进行丈量评估，邱一安置房进行验收及整改。邱中河、方庄河、陶家漕、古老漕4.2千米黑河、臭河清淤疏浚工程和东雅亲水河道、前殷村河道疏浚工程完工。下万龄村、汇头村排污工程进行主管铺设。清理河道渔业设施，关闭畜禽养殖场23家。实施鄞东河网畅通节点工程，拆建老桥、引桥6座，挖除阻水节点4个。“三改一拆”拆违32万平方米。启动“城乡清爽行动”，设立环境卫生与河道保洁曝光台。开展夜宵摊、马路菜场等专项整治20余次，劝阻制止车辆违停2000余次，查处倾倒建筑垃圾、夜间施工等问题28起。“两路两侧”专项整治完成省改任务4处、市改任务11处、区改任务32处。

【“最美邱隘人”颁奖典礼暨迎新春文艺晚会】 2015年2月3日，“最美邱隘人”颁奖典礼暨迎新春文艺晚会在邱隘剧院举行。“最美邱隘人”活动从助人为乐、见义勇为、诚实守信、敬业奉献、孝老爱亲5个方面评选产生献血英雄——邱高华和雷艳春夫妇、救火英雄——王浩君、救急英雄——陈勇、慈善广电人——李龙、母爱育书人——舒琼霞、爱心好媳妇——梁美娟、最美协警——杨晓、最美护士——孔霞、最美村长——王财芳。晚会现场举行戏曲表演、柔术杂技、歌舞小品等节目，表彰“最美邱隘人”，举办道德模范宣传展览。

【邱隘镇区控制性详细规划获批】 2015年4月初，《宁波市鄞州区邱隘镇区控制性详细规划》获市政府批准。规划指出，其功能定位是邱隘镇的公共服务中心、东部新城外溢的商务与生活配套功能区。规划中的邱隘镇区范围北至萧甬铁路北仑支线，南至金源路及镇界，东至东外环防护绿化带西侧边界线，西侧至规划河道、福庆路及规划铁路东侧支路，总用地625.05万平方米。规划形成“一核、三区、四带”的空间总体格局。一核指邱隘镇未来的城镇公共核，位于万里路、新邱路交界处，汇聚行政、商业、医疗、教育等公共服务职能，是城镇建设风貌的主要展示区域。三区是将邱隘镇划分为新镇区、工业园区与北部商贸区三个主要功能区块。四带分别沿沈海高速、东外环、富强路以及萧甬铁路北仑支线、甬台温铁路规划绿化隔离带，是城镇功能区的绿色界限。规划居住人口4.5万人。公共开放空间系统方面，规划控制滨河绿带宽度都在10米以上，组织步行系统，连接各公园和公共服务设施，形成连续的步行空间。万里路商业街，为镇区重要的商业景观轴线；新邱路商业街，建成以休闲购物、日常游憩为主要功能的城镇生活性景观轴线。

【中央电视台《美丽乡村中国行》栏目组拍摄邱隘糗】 2015年4月10日，中央电视台《美丽乡村中国行》拍摄组在邱隘浅水湾农庄采访邱隘特产——邱隘糗，体验“传承民间习俗，亲手做邱隘糗”活动。邱隘糗的制作有近两百年的历史，曾成为“贡品”。拍摄内容在5月7日的《春之旅——春游鄞州》特辑中播出。

【邱隘镇“义工之家”成立仪式暨爱心义卖活动】 2015年7月26日，邱隘镇“义工之家”成立仪式暨爱心义卖活动在邱隘镇文化广场举行。活动由邱隘镇党委、政府主办，邱隘镇妇联、邱隘镇文化站承办。区委宣传部部长沈剑波出席活动并为“义工之家”授牌。义工协会成为邱隘镇文化义工、爱心义工、青年义工、城管义工4支队伍171名义工的固定活动场地。现场举行文艺演出和“心相连爱飞扬”巾帼义工爱心义卖活动。活动赞助商宁波银泰置业有限公司向5名品学兼优的学生每人发放2000元的助学金。活动筹得善款24935元，其中爱心拍卖20000元、义卖4935元，全部用于爱心事业。

【宁波宏泰房地产有限公司鄞州分公司设立100万元企业捐赠冠名基金】 2015年10月27日，宁波宏泰房地产有限公司鄞州分公司与邱隘镇红十字会签订捐款协议，设立“宏泰红十字会捐赠资金”100万元，专门用于邱隘镇红十字会人道领域的各项救助工作。当天，邱隘镇红十字会第二次会员代表大会召开。会上，宁波宏泰房地产有限公司表示，为支持该镇红十字会事业，愿意设立100万元企业捐赠冠名基金。董事长林鸿熙当场签约，并承诺三年内每年解缴捐赠资金总额5%的增值率即5万元，以“博爱救助金”的形式，用于救助邱隘镇因遭受自然灾害、意外伤害及因病致贫而陷入生活困境的家庭。林鸿熙被选举为邱隘镇红十字会第二届理事会常务理事。

12月1日，东部新城东片区安置房货币回购款现场发放工作启动

【明湖花苑二、三期安置房分房】 2015年12月27~28日，邱隘明湖花苑二、三期安置房进行抽签，公开抽签分配的安置房房源1603套，有57平方米、67平方米、77平方米、87平方米、97平方米、107平方米、117平方米和127平方米8种套型，分配新房887套。明湖花苑二、三期安置房位于通途路以南、会展路以北，盛梅路以西、盛莫路以东，由高层和小高层建筑组成，2015年竣工验收，安置房分配涉及镇北社区、邱二村泗港、徐村自然村以及盛垫、浦跟股份合作社5个区域村民，最早于2009年7月因东部新城项目开发建设而整村或部分拆迁，安置方式为调产安置。

（朱思齐）

云龙镇

【概况】 云龙镇位于鄞州区东南，东邻东钱湖旅游度假区，南依横溪镇，西连姜山镇，北与鄞州新城区下应街道接壤，镇域面积40平方千米。2015年，辖17个行政村、2个渔业社、1个居民委员会和1个社区，总户数11422户，户籍人口26124人。实现地区生产总值49.05亿元，比上年增长7.3%。财政总收入6.02亿元，其中一般公共预算收入2.72亿元。

实现农林牧渔业总产值1.74亿元。农村经济合作社股份制改革完成，引进并培育“易中禾”等一批农业精品园区。实现工业总产值210.6亿元，增长5.5%，118家规模以上工业企业实现产值172.32亿元、销售169.85亿元、利润总额9.75亿元，分别增长8.76%、10.29%、12.07%。7家企业入选区“五十强”企业，3家企业入选区“五十佳”企业。增加规模以上工业企业8家，限额以上服务业企业2家。申报各类技改项目14项，获各类项目补助资金700万余元。固定资产投资20.44亿元，增长4.07%，其中工业投资11.98亿元、服务业投资8.39亿元。实际引进外资100万美元，引进内资7320万元，“浙商回归”资金1320万元。限额以上商品销售额14.75亿元，增长11.7%；社会消费品零售额5亿元，增长11.4%。实现进出口总额4.69亿美元，其中进口0.42亿美元、出口4.27亿美元。

表48　2015年云龙镇各行政村(居委会)基本情况

行政村(居委会)	面积(平方千米)	户数(户)	人口数(人)	集体经济总收入(万元)	集体经济总费用(万元)	总资产(万元)
任新村	1.5	627	1487	90	85	1200
前后陈村	2.5	824	1924	662	854	1845
云龙村	1.1	295	683	265	102	6841
石桥村	4.0	1044	2306	191	360	4230
甲村村	7.5	1824	4166	669	670	6115
园垅村	1.3	365	814	42	129	1470
冠英村	2.3	873	1889	298	311	1728
上李家村	0.4	206	477	320	278	4951
荻江村	1.1	355	771	406	269	3673
徐东埭村	1.5	744	1726	68	253	56
顿岙村	2.5	399	952	823	1477	5148
姚家浦村	1.5	340	823	147	148	1516
前徐村	2.2	914	2063	700	300	2600
王夹岙村	1.5	282	652	248	228	4976
双桥村	0.4	228	479	166	252	3304
陈黄村	3.4	988	2710	187	411	3150
荷花桥村	2.5	578	1393	104	187	5140
居委会	—	390	733	—	—	—

注:表格中数据为调查数

开展云龙中学危旧校舍改建和甲南小学扩建工程。甲南幼儿园通过省二级幼儿园评估,王笙舲小学、石桥小学等学生在国家和省级比赛中获优异成绩。计生奖励扶助280余人。与宁波大学心理研究所合作开展心理专家入户辅导等活动。改造及修建公厕10座。召开镇红十字会第二次代表大会,捐献人体器官1例。举办"我们的节日——端午看云龙"大型民俗活动,创作专题纪录片《龙舟竞渡千古情》。建设前徐村、任新村文化礼堂。上李家村获"全国文明村"称号,博威集团有限公司创建为市级文明单位。云龙镇被评为区慈善工作先进集体和宁波市慈善镇。实现居家养老服务全覆盖。任新村通过市民主法治村创建验收。云达社区成立并开始运作。受理各类来信来访81批360人,分别下降42%和46%。云龙镇创建为国家级无邪教示范乡镇、市社区戒毒示范点,获评区禁毒工作先进集体。全镇治安刑事等报警案件数4600余起,受理各类案件1229起,下降7%。实施村规民约修订工作。综治工作、安全生产工作获评市级先进。

"五水共治"综合治理甲村横河等主要河流5条,整治黑河、臭河7条,疏浚河道21千米,整顿拆除畜禽养殖场16家。建成甲村三胜河、冠英万岱山江、田黄村亲水河道和甲汪公路、甲村横河截污、荷花桥工业园区、梅池工业园区污水收集管网。开展农村生活污水接户纳管工作。实施企业排水许可证制度。开展"清爽行动"和"两路两侧"环境卫生专项整治工作,集中整治8次,完成省、市重点区块整治任务23处,处理各类环境"三乱"问题200余次,改造10个村"垃圾不落地"中转站,9个村实现市场保洁。17个行政村全面实施"无违建村"创建工作,8个村通过验收,9个村等待验收。"三改一拆"拆除公路沿线、涉水、宗教等各类违建8万余平方米。镇环卫保洁、绿化养护等实行市场化管理模式。

2015年土地利用总体规划中期调整完成。银亿上郡、鼎豪名苑等房产项目交付使用。小城镇建设拆旧4.98万平方米,建新12.67万平方米。云隐路改建工程通过验收并投入使用。旧村改造新村建设拆旧2.9万平方米,建新4.2万平方米。实施云龙、徐东埭、双桥、陈黄等全拆全建型新村建设。鼓励引导石桥等村探索整体改建与局部拆建相结合的新模式。12月,荷花桥新村建设项目主体结顶。

【上李家村获评"全国文明村"】 2015年2月28日,中央精神文明建设指导委员会公布第四届全国文明村名单,上李家村入选。上李家村曾获"全球环境保护五百佳村""全国绿化造林千佳村""中国绿色村庄""全国小康建设示范村""省级文明村"等称号。旧村改造、新村建设启动后,上李家村将村庄规划为居住区、工业区、休闲区和农业区，制订上李家村环境整治三年规划，全村人均绿地面积达40平方米，村庄绿化覆盖率38%。建设村民道德讲堂、春泥讲堂、道德文化长廊等德育阵地，组建党团员、巾帼志愿者队伍，开展牛皮癣清除、垃圾清理、关爱弱势群体等活动。开展道德楷模评比活动，涌现无私照顾孤寡老人的郑翠娣、二十年如一日照顾瘫痪丈夫的好妻子王幼君、年年给村老年人发红包的李阿园等。特别是上李家村居家养老服务站，为老人提供一日三餐。结合文化礼堂建设，村庄配备文化中心、农家书屋、电子阅览室、健身室、乒乓球室、多功能娱乐室。有腰鼓队、扇子舞队、健美操队等8支"草根"文体团队。村史陈列馆设置学子榜、道德榜、乡贤榜、励志榜，文化礼堂每年开展端午节民俗、重阳节敬老等礼仪活动。每年举行"文明礼仪之星"和"文明家庭"评选活动，突出"内在美"。帮助老弱病残弱势群体，让其在享受政府低保、社保，同时享受村级老年退休金每人每月200元至260元。

【云达社区成立】 2015年6月8日，云达社区成立。社区位于云龙镇云龙嘉苑内，东起双桥江和长山江，南接云莫路，西至前塘河，北到南丰路和傅家河，有云龙嘉苑、上郡院、鼎豪名苑、龙庭花苑、龙鼎花园5个居民小区和启发广场，分布于长山江两岸。总面积73万余平方米，总住宅户数2800余户，总商铺户数390余户。社区服务中心办公用房2000余平方米，包括活动中心、文化礼堂、喜宴厅、棋牌室和妇女之家等。

【"我们的节日——端午看云龙"大型民俗活动】 2015年6月19日，"我们的节日——端午看云龙"大型民俗活动在云龙镇嘉苑休闲广场举行。活动由市文学艺术界联合会、区文联、区文明办、区文广新局、云龙镇政府主办，市民间文艺家协会、区非物质文化遗产保护中心、云龙镇文化站、云龙镇龙舟文化协会承办。仪式上，主办方播放《龙舟竞渡千古情》专题片，并举行赠片仪式。仪式结束后，以村、企为单位选拔出的12支队伍参加龙舟竞渡的预赛和决赛，万余名群众观赛，宁波电视台等10余家省、市媒体进行报道。云龙村队、园垾村队和前后陈村队分别获第一至第三名。其间，还举行裹粽、香囊等民俗制作展示和舞龙舞狮、"非遗"集市等端午特色民俗活动。

【专题纪录片《龙舟竞渡千古情》】 2015年6月19日，《龙舟竞渡千古情》首发式在云龙嘉苑广场举行，剪辑制作800份分发到各村、企事业单位。《龙舟竞渡千古情》在市、区文学艺术界联合会的关心指导下，云龙镇政府于2013年9月委托宁波广播电视集团广播电视专题部拍摄及制作，专题片宣传云龙镇龙舟文化，弘扬云龙龙舟精神，长度约10分钟。年底，该片参加第十二届民间文艺山花奖（影视类）的评选，进入初评。

6月19日，云龙镇举行省级非物质文化遗产项目——龙舟竞渡活动

【"云龙杯"宁波市首届健身健美锦标赛】 （参见"体育"类目"群众体育"分目）

【港胞忻元甫到冠英村探亲】 2015年10月27日，省爱乡楷模忻元甫偕夫人到云龙镇冠英村探亲，云龙镇党委书记吴永华、镇长陈建恩陪同。忻元甫和夫人参观冠英村文化礼堂、龙舟协会、永正公园，赞赏冠英村的文化建设，并在村办公室与村干部交流，捐资7万元，分别用于村龙舟协会和象棋协会的建设。至年底，忻元甫累计捐赠农村教育、文化等公益事业600万余元。其中，出资300万元捐建云龙中学元甫楼，出资100万元建设云龙中学塑胶跑道，捐资20万元建设永正公园，出资20万元向镇敬老院捐助电梯一部。冠英村加油站每年收益约8万元，无偿捐助村内用于扶贫救助及龙舟赛、邀请剧团唱戏等文化活动。

（朱迪松）

横溪镇

【概况】 横溪镇地处鄞州区南翼，东邻东钱湖镇、塘溪镇，西南毗奉化市，西接姜山镇，西北枕云龙镇，镇域面积84.5平方千米。2015年，辖15个行政村、1个居委会和1个社区，总户数11353户，户籍人口2.76万人，在册外来人口1.43万人。实现地区生产总值22.86亿元，比上年下降6.12%。财政总收入3.35亿元，增长16.72%，其中一般公共预算收入1.53亿元，增长16.79%。

实现农林牧渔业总产值1.85亿元，增长9.47%。粮食种植466.67公顷，粮食订单70万千克。投入650万元，实施横溪镇农业综合开发高标准农田建设项目，维修整治山塘水库5座，推进200余公顷杨梅产业示范区建设。各村股份合作制改革完成。实现工业总产值78.2亿元，63家规模以上工业企业实现产值49.40亿元、销售47.61亿元、利润总额1.87亿元。增加市级科技型初创企业7家、区级及以上工程技术中心5家。增加上亿元企业2家、规模以上工业企业5家、规模以上服务业企业4家。引进内资1.03亿元，其中“浙商回归”资金9248万元。引进外资100万美元，实现零土地招商1700万元。初步完成《宁波市鄞州区横溪镇乡村旅游总体规划》编制，引进宁波空境酒店管理有限公司2000万元资金用于民宿旅游、文化创意产业项目开发。俞山古道获评宁波市徒步运动休闲旅游基地。增加两条区级古道。

表49　2015年横溪镇各行政村（社区、居委会）基本情况

行政村（社区、居委会）	面积（平方千米）	户数（户）	人口数（人）	集体经济总收入（万元）	集体经济总费用（万元）	总资产（万元）
横溪村	3.9	1172	2822	1057.62	2359.01	7969.74
周夹村	2.5	471	1240	3548.73	786.79	7142.21
栎斜村	5.5	603	1622	1328.90	1297.85	7474.34
金溪村	2.9	742	1820	2484.31	780.25	9490.02
吴徐村	2.8	402	1039	1673.80	191.47	926.67
金山村	0.7	383	1052	7341.20	292.93	1353.07
梅山村	6.0	395	1106	4685.30	346.03	2207.68
梅岭村	2.0	365	962	670.54	412.94	1365.96
梅溪村	3.3	418	1195	423.49	264.46	1251.81
梅福村	3.4	620	1717	186.03	161.29	1047.91
大岙村	12.3	1284	3262	686.46	393.18	6196.00
上任村	1.2	521	1267	119.98	293.84	2437.06
金峨村	1.6	580	1433	251.58	223.47	5734.04
道成岙村	5.0	822	2443	179.82	228.50	1435.23
杨山村	3.1	225	665	689.55	126.21	780.91
丰乐社区	2.3	1800	5000	—	—	—
居委会	—	1611	3465	—	—	—

注：表格中数据为调查数

“五大保险”户籍人口参保率达到95.66%，参保1.09万人。调查适龄劳动力1.3万人，人力资源就业率达到99%，发放就业补贴445万元。仲裁劳动争议案件149件，结案100%，涉案金额420万元。建设5家村级居家养老服务站，居家养老服务全镇覆盖，镇敬老院入住率增长300%。发放各类民政、残联救助款424万元，惠及2300余人次。发放慈善款198万元，惠及800余人。接待群众来访273批493人次，区级信访积案化解率达到100%。主要道口、重点区域安装摄像头28个。处理各类治安案件166起，下降90%。处理违法嫌疑人95人，上升72%。流动人口登记下降7.5%。“三公”经费下降51.4%。办理人大代表提案43件，满意和基本满意率达到100%。

举办各类大型文体活动12次。南山书院讲座46场，受众2500余人次。横溪村上街点被命名为宁波市历史文化名村。建设道成岙、横溪钱岙两家文化礼堂。大岙、道成岙两村市级非物质文化遗产展馆建成并对外开放，申报并通过上任村任氏祠堂等区级文保点5处。镇卫生院信息化管理工作成为全国样板，大街社区卫生服务站创建为市级卫生服务站，横溪镇卫生院在鄞州区基层卫生综合技能竞赛中获团体第一。中心小学组织验收，金峨小学扩建工程完工，镇中心小学获浙江省示范家长学校称号，镇党校被评为浙江省先进基层党校。举办“中国好风光”横溪站摄影比赛、第三届鄞州区古道文化节及樱桃节，参加宁波市国际休闲博览会等业内产品推介会。

“五水共治”疏浚主要河道6千米，整治黑河、臭河5条，推进栎斜溪、钱岙溪污染治理。治理改造铸造企业11家，查处整改涉污企业3家，拆除畜禽棚舍2149平方米，生态化治理畜牧场2家。横溪水库涵养林一期建设基本建成，投资672万元，占地5.47公顷。杨山等村珍贵树种造林13.33公顷，古道两侧美化彩化12千米。实施金峨片饮水安全提升工程，解决金峨片区4个村饮水安全问题。创建国家AAA级旅游景区。

土地利用总体规划中期调整完成。开辟停车场5个，其中老卫生院地块201个车位全部启用。成立综合执法大队，开展城乡环境综合整治工程。奉钱线钱岙段道路改造工程完工，镇区市场化保洁规范运营。小城镇建新2.9万平方米，拆旧3万平方米，累计新建5.2万平方米。梅岭山区异地迁建工程项目一期工程进场施工，1号地块中昇

佳苑新村项目进行方案审批，大岙—上任—金峨“精品线”完成项目总规申报和施工图编制。新村建设实施村实现全镇覆盖，金溪河头2号地块、金峨新村A地块均结顶，周夹、金溪、大岙、栎斜等村启动部分地块实质性拆迁，横溪、道成岙等村通过可行性方案申报。

【泰隆银行杯·2015戏曲大家唱比赛】 2015年4月12日，“泰隆银行杯·2015戏曲大家唱比赛——欢乐戏曲唱响横溪”活动在横溪镇南山书院举行，80余名当地戏曲爱好者参赛。活动由横溪镇政府、泰隆商业银行宁波分行主办，横溪镇文化站、泰隆商业银行宁波横溪支行承办。6月7日，泰隆银行杯·2015戏曲大家唱决赛在横溪镇影剧院举行，600余名戏曲爱好者观看，15名选手参加戏曲大家唱决赛。张旦恒获第一名，楼旭儿、章孝天、王秋萍、吴彩芬、俞秀娣分别获第二至第六名。

【大型朱金漆木雕作品开展】 2015年4月19日，横溪镇朱金漆木雕艺术馆创作的大型作品《梁祝暖阁》向外界展出，市民可以免费观看。《梁祝暖阁》整体以大红色为主，中央有佛像，顶盖上则雕梁画栋，采用朱金漆木雕工艺，作品耗时一年多制作而成，高4.1米，长3.3米，宽3.3米，八角造型，四面都具观赏性。暖阁整体采用榫卯结构，拆卸自如，取材优质楠木；雕刻方面涵盖浮雕、透雕、圆雕以及朱金漆木雕独有工艺。暖阁内平顶采用雕刻极其精细的朱金漆藻井工艺，配以“梁祝”主题，富鄞州特色。朱金漆木雕艺术馆展出朱金漆木雕收藏品及各类木雕艺术精品1600余件。

【横溪镇第十五届中老年人门球邀请赛】 2015年5月24~25日，横溪镇第十五届中老年人门球邀请赛在横溪镇上街村门球场举行，区老协活动中心、邱隘镇、集士港镇、五乡镇、咸祥镇、章水镇、中河街道、钟公庙社区、潘火社区等23支门球队受邀参赛。活动由横溪镇政府主办。横溪镇上街门球队、集士港镇广昇村门球队分别获第一、第二名。

【第三届“中国好风光”灵秀·横溪赛区摄影赛】 2015年8月8日，第三届“中国好风光”灵秀·横溪赛区摄影赛启动，数百位摄影爱好者参与。活动由《大众摄影》杂志社、中国摄影协会艺术摄影委员会和横溪镇政府共同主办，大赛面向海内外摄影家及摄影爱好者征稿。8月5~8日，向全国召集的19位优秀摄影家到横溪参加行摄采风活动，拍摄亭溪岭古道、金山古村、风力发电、金峨寺、朱金漆木雕馆、王家大屋等景色。11月10日，征稿结束，征集摄影作品60幅，评选出一级佳作5名、二级佳作10名、三级佳作45名。11月27日，19幅优秀作品制作成展板在横溪镇文体中心展出。

【第十一届“灵秀横溪”文体艺术节】 2015年8月23日，横溪镇纪念中国人民抗日战争及世界反法西斯战争胜利70周年主题晚会暨第十一届“灵秀横溪”文体艺术节开幕式在横溪镇金峨村朱镜我烈士公园举行，2000余位群众观看演出。艺术节由横溪镇党委、政府主办，市歌舞剧院协办，主题是“永远的丰碑”——纪念中国人民抗日战争暨世界反法西斯战争胜利70周年。晚会有大型舞蹈《红旗颂》、诗朗诵《永恒的丰碑》、抗战歌曲联唱《万泉河水》《毛主席的话儿记心上》《地道战》、男高音独唱《松花江上》《黄河颂》、舞蹈《花开横溪》《红星闪闪》和群众自编自演的群口相声《一路横溪一路歌》、现代京剧《祖国的好山河寸土不让》等节目。艺术节至11月结束。其间，举行第三届横溪镇篮球联赛、第十一届横溪镇乒乓联赛等活动。

【全国“百城千村”健身气功交流展示系列活动宁波鄞州大会在横溪镇举行】 2015年9月27日，全国“百城千村”健身气功交流展示系列活动宁波鄞州大会在横溪镇文体中心举行。副区长夏素贞出席活动。活动由国家体育总局健身气功管理中心、省体育局、市体育局、区政府主办，区体育局、体育总会、老年人体育协会、武术协会承办，横溪镇政府协办。全区900余名健身气功爱好者参与，展示八段锦、易筋经、六字诀、五禽戏、集锦八式功法等健身气功。

【第三届古道文化节】 2015年10月24日，第三届古道文化节在横溪镇文化广场启动，全镇特色文体队举行舞龙、舞狮等民俗表演。文化节由区风景旅游管理局、横溪镇政府主办，横溪古道开发保护协会承办，宁波汉浦集团有限公司、宁波融创会议展览有限公司、宁波市自驾车旅游协会协办，重点推出俞山古道。该古道位于俞山村，由岩山嵩古道、梅溪古道、捣臼湾古道3段村际古道组成，全长约5千米。横溪镇辖区内的古道达到26条，其中市级2条、区级12条、在建2条、待开发10条。以古道为主线，串联起金鹅湖农业观光园、酒埕岩、茶马古

9月27日，全国“百城千村”健身气功交流展示系列活动宁波鄞州大会在横溪镇文体中心举行

道、朱金漆木雕艺术馆等景点。古道文化节持续4周，推出“古道寻宝”“帐篷节，狂欢节”“重阳节，登高趣”“厨艺大赛”四大体验活动。

（陈凯跃）

姜山镇

【概况】 姜山镇位于鄞州新城区南侧，东靠云龙镇、横溪镇，西南与奉化市毗邻，西接石碶街道，北连首南街道、下应街道，镇域面积87.8平方千米。2015年，辖57个行政村、4个社区、3个居委会、1个良种场和1个淡水场，总户数32467户，户籍人口79636人。实现地区生产总值99.38亿元，比上年增长4.5%。财政总收入12.76亿元，其中一般公共预算收入5.82亿元。

实现农林牧渔业总产值6.96亿元，增长4.35%。粮食种植面积0.57万公顷次，承担全区1/3的粮食生产任务。建成粮食功能区标准化建设333.33公顷，农业综合开发520公顷，政策性农业保险覆盖率达95%。增加3个无公害产地、2个区级农业标准化示范区，姜山果蔬主导产业区通过市级验收。奉化江堤防工程和东江堤防工程拆迁清零。55个行政村完成农村股份制改革。全镇有工业企业2057家，其中规模以上企业199家、上亿元企业54家、上10亿元企业8家、国家级高新技术企业44家，基本形成以家电制造、机械制造、汽车配件、服装纺织、新材料为主的经济结构体系。实现工业总产值413亿元，其中规模以上企业实现产值348.53亿元、销售346.17亿元、利润总额18.32亿元。增加高新技术企业4家、省级高新技术企业研发中心2家，立项国家知识产权优势企业1家。建立研发机构规模以上企业145家，占规模以上企业总数的72.86%。高新技术产业产值、新产品产值分别增长5.6%和13.7%，R&D占GDP比重达9.2%。授权各类专利2076件。引进高层次人才26人，其中入选“创业鄞州·精英引领”计划1人。固定资产投资42.4亿元，增长26.7%。限额以上商品销售额81.58亿元，社会消费品零售额19.88亿元。外贸进出口总额14.8亿美元，增长4%，其中出口13.6亿美元，增长3.3%。合同外资1.1亿美元，实到外资4210万美元；引进内资13.4亿元，引进“浙商回归”资金16亿元。

表50　2015年姜山镇各行政村（社区、居委会）基本情况

行政村（社区、居委会）	面积（平方千米）	户数（户）	人口数（人）	集体经济总收入（万元）	集体经济总费用（万元）	总资产（万元）
夏施村	0.50	189	453	218	145	2571
上何村	1.00	301	734	556	261	2754
郁家村	1.50	284	689	1575	182	2794
姜山头村	1.00	217	567	258	151	2280
东光村	1.36	482	1197	650	428	4457
仪门村	1.50	504	1206	466	343	6061
墙弄村	0.80	332	755	295	228	1331
曙光村	0.80	244	610	65	95	1200
狮山渔业村	—	412	872	1086	989	1764
良种场村	1.10	99	227	313	147	2586
淡水队村	—	59	93	454	306	1367
后鄮村	1.20	400	1006	124	152	659
景江岸村	1.00	221	519	58	45	550
乔里村	1.17	335	886	854	369	1873
新汪村	2.70	595	1459	875	1024	1684
陈家团村	2.80	517	1214	78	92	708
俟家村	0.50	166	407	77	80	4816
张华山村	0.98	352	845	589	359	1536
励江岸村	1.95	580	1488	244	279	968
定桥村	1.50	560	1228	280	220	9000
宏洲村	3.00	620	1407	289	84	1179
陆家堰村	1.50	369	868	280	460	1135
井亭村	1.82	620	1554	415	332	6951
上张村	1.80	665	1512	140	1388	264

续表50

行政村（社区、居委会）	面积（平方千米）	户数（户）	人口数（人）	集体经济总收入（万元）	集体经济总费用（万元）	总资产（万元）
陈介桥村	2.50	691	1696	193	406	793
周韩村	2.80	570	1451	359	309	2188
翻石渡村	1.50	425	1125	623	577	17800
奉先桥村	0.75	253	626	163	149	443
东西郑村	2.10	442	1110	80	75	487
和益村	2.30	498	1238	92	50	550
新张俞村	2.80	818	1970	1442	1019	1755
张村庙村	2.20	607	1478	664	665	838
甬江村	1.50	408	990	172	520	1758
顾家村	1.38	483	1200	50	128	368
蓉江村	2.10	634	1603	236	123	1275
山西村	2.50	500	1251	248	483	951
五龙桥村	3.80	1069	2545	340	364	1579
姜南村	2.10	589	1477	138	50	895
黎山后村	2.50	715	1721	102	208	5179
联荣村	1.60	608	1461	151	217	366
蔡郎桥村	1.80	515	1161	125	243	2145
上游村	2.47	593	1452	158	594	3499
阳府兴村	1.57	547	1348	386	574	654
董家跳村	1.30	542	1329	250	60	935
同三村	3.50	896	2113	244	274	458
沈风水村	1.50	546	1316	188	83	1815
走马塘村	2.00	637	1464	388	280	989
茅山村	3.00	652	1572	111	65	814
南林村	2.10	710	1694	95	140	304
花园村	1.70	355	890	137	131	752
唐叶村	1.50	486	1226	311	265	7888
胡家坟村	—	551	1318	130	148	489
杨家弄村	1.04	292	701	410	349	404
王伯桥村	1.60	423	1003	3347	47	4671
东林寺村	0.90	308	554	89	34	582
虎啸漕村	2.30	572	1375	151	173	644
茅东村	1.67	637	1552	98	150	532
姜山居委会	2.00	2071	5063	—	—	—
狮山居委会	1.50	1680	3997	—	—	14
华泰星城社区	0.65	685	1936	—	—	—
小城春秋社区	0.24	2147	4890	—	—	—
茅山居委会	0.15	886	1884	—	—	—
明南社区	0.14	121	347	262	242	39
望府社区	—	—	—	—	—	—

注：表格中数据为调查数

中心小学新校建成使用并举行百年校庆，姜山幼儿园进行扩建，镇中学和实验中学合并，镇中心小学北校区改造推进。茅山卫生院扩建工程进行装修。狮山剧场演出72场，接纳观众4.2万人次。“天天演”到村演出106场，放映电影580场，举办“周日文化”活动47场。景江岸等5个村建成文化礼堂。公共服务中心办结各类服务事项8.4万件。组织招聘会，提供公益性岗位，帮助569人就业。受理各类欠薪举报259起，追讨工资57.4万元，处理劳动争议案件228件，结案率达99%。公共资源交易站受理工程建设招投标项目116宗，标后实际成交额4.3亿元，节约资金2866万元。救助残疾、医疗、临时困难人数2000人，补助金额1150万元，建成居家养老服务机构47家。

整治黑河、臭河18条、垃圾河118条，清淤疏浚河道57千米。建设污水管网34.8千米，农村生活污水治理增加9个村，提升1个村。“三改一拆”拆违20.8万平方米。拆除河道沿岸和重污染的非法畜禽养殖场80家，拆除并复耕土地面积5.6万平方米。“两路两侧”整治省定、市定16处，自查8处。

小城镇整片拆旧4万平方米，建新31.5万平方米。城北新区内景瑞二期、东新花苑、明东小区、海港城等商住项目推进，城南新区内雅戈尔都市南山和利时金色江山住宅项目竣工交付。科技新村等2.8万平方米老旧小区改造工程、环镇路沿线绿化及街景改造工程、人民西路二期等主要道路建设改造工程和110千伏蔡鲍线、蔡山线改造等电力工程完工。新村整片拆旧3.5万平方米，唐叶村红叶地块、走马塘村大园地块、奉先桥村河东地块、乔里村原海关地块拆迁清零；整片建新11.6万平方米，侯家新村一期、唐叶新村2号A地块、东光新村四期、走马塘新村一期推进。上何、郁家、侯家3个村的土地综合整治项目复垦后增加高标准耕地12.73公顷。茅山点大龄青年集居点项目基本竣工，朝张新村二期A地块项目推进，茅山点红叶地块、侯家新村二期全部完成前期工作。

【姜山镇文化艺术中心建成】 2015年1月8日，姜山镇文化艺术中心建成。文艺中心是集文化休闲、体育健身、会议培训等于一体的大型综合体项目，总投资1.1亿元，总用地面积17755平方米，建筑面积14444.3平方米，有4层，设有狮山剧院、电子阅览室、舞蹈室、游泳馆、羽毛球馆等场馆10余个，部分文体项目免费对外开放。

【鄞州区实验小学建校102周年暨新校落成文艺会演】 2015年4月17日，鄞州区实验小学建校102周年暨新校落成文艺会演在校田径场举行。区教育局局长王建平、姜山镇党委书记梅益进等区、镇领导，原鄞州区实验小学校长、兄弟学校校长，校友、社会各界热心人士参加。姜山镇中心小学前身为鄞县第三高等学堂，创办于1913年，经历15次更名。2002年撤县设区后，更名为“鄞州区姜山镇中心小学”和“鄞州区实验小学”。著名书画家陈文蔚，中国工程院院士周光耀，国务院特殊津贴专家陈冠洲、张甬泉、何国平，国际象棋大师励娴等均毕业于该校。2015年该校迁入总投资1.2亿元、总用地面积4.1万平方米的新校区，有47个班级。文艺会演有节目《花开实小》《水墨天书》《以青春的名义》等。

姜山镇翻石渡新村三期

【姜山“景秀园”甜瓜获省级精品西甜瓜评比金奖】 2015年6月3日，全省精品西甜瓜评选活动在杭州举办，全省36家西甜瓜产业协会、合作社和农业企业选送的21个品牌的西瓜、25个品牌的甜瓜参选。姜山镇宁波市鄞州景秀园果蔬专业合作社选送的甜瓜品种“甬甜5号”“景秀园”被评为金奖，在15个西甜瓜金奖获得者中总分排名第一。

【鄞州区第三医院成立家庭医生健康管理中心】 2015年6月8日，鄞州区第三医院组建22个团队，启动契约式家庭医生签约服务。11月12日，在门诊大厅推出家庭医生健康管理中心，配备两名社区医生，周一至周五全天候诊。契约式家庭医生服务，重点面向姜山镇持有医保卡的居民，现阶段以慢性病病人、60岁以上老年人、6岁以下儿童、孕产妇等重点人群为主。居民可凭有效证件，自主选择鄞州区第三医院家庭医生健康管理中心或辖区内31家社区卫生服务站1个家庭医生服务团队，合约一年一签，期满后可重新选择团队。签约的群众，在家庭医生处就医可免挂号费，还可优先享受上级医院转诊、健康评估、中医体质辨识、健康宣教等便民服务。契约式家庭医生服务按签约年度付费，服务费由医保基金、签约居民和基本公共卫生服务经费3部分组成，共计150元，其中签约居民只需支付50元，医保个人账户有余额的可用余额支付。至年底，1457人签约，4887人次享受免挂号费优惠。

【姜山基层环保站成立】 2015年10月19日，副省长熊建平到鄞州调研环保工作，并为姜山基层环保站授牌。市委常委、区委书记陈奕君，副市长李关定等陪同。姜山基层环保站由姜山镇直接管理，区环保局进行业务指导。职责：制订并组织落实环境保护网格化监管工作的实施方案，开展具体环境监管工作；负责辖区内污染源排摸并开展区域、流域和行业污染整治工作，协助做好行政执法、企业排污申报、排污费征收、环保许可、建设项目现场踏勘等工作；负责环境信访案件的受理调处，协同做好辖区内突发环境事件的处理和环境保护的教育宣传工作。

1月8日，姜山镇文化艺术中心落成。图为狮山剧院文艺演出

【区社会福利救助中心启用】（参见“社会民生”类目“民政事务”分目）

【卢方兴百亩方连作晚稻平均亩产破省粮食吉尼斯纪录】（参见“农业·农村·水利”类目“农业经济”分目）

【区农村文化礼堂建设成果文艺会演在姜山镇狮山剧院举行】2015年12月25日，“我们的家园，我们的舞台——鄞州区农村文化礼堂建设成果文艺会演”在姜山镇狮山剧院举行。区委常委、宣传部部长沈剑波，区政协副主席鲁定国出席活动。2015年农村文化礼堂“十佳”系列评选和“村歌”大赛的获奖单位和个人受到表彰。横溪镇、姜山镇、鄞江镇、龙观乡获农村文化礼堂最佳组织奖，瞻岐镇东一村、邱隘镇邱二村、石碶街道联丰村、鄞江镇它山堰村、咸祥镇西宅村、下应街道史家码村、集士港镇翁家桥村、下应街道湾底村、塘溪镇前溪头村、咸祥镇咸六村获最佳文艺团队奖，高桥镇石塘村、古林镇蜃蛟村、姜山镇翻石渡村、洞桥镇树桥村、云龙镇上李家村、龙观乡桓村村、集士港镇山下庄村、五乡镇仁久村获最佳人气活力奖，鄞江镇建岙村、横溪镇道成岙村、古林镇茂新村、东吴镇勤勇村获最佳展览奖，塘溪镇童村（开蒙礼、贺学礼）、高桥镇新庄村（宗亲团圆礼）、高桥镇民乐村（入学礼、端午、重阳民俗礼仪）、姜山镇陆家堰村（孝道系列礼仪活动）、邱隘镇沈家村（重阳敬老礼）获最佳礼仪活动奖，宁波甬之美社区文化艺术策划有限公司（石碶街道后仓村文化礼堂设计者）、宁波中诺广告设计有限公司（瞻岐镇南二村文化礼堂设计者）、宁波市鄞州道无极文化发展有限公司（邱隘村沈家村文化礼堂设计者）获最佳设计奖，虞建国（古林镇前虞村支部书记）、陈永法（姜山镇新张俞村村主任）、王仁海（高桥镇秀丰村支部书记）、林忆聂（古林镇茂新村支部书记）、马锡军（洞桥镇三李村支部书记）、蔡小波（咸祥镇咸一村村主任）、谢军飞（瞻岐镇南二村支部书记）获“最佳村干部”称号，徐祖良（瞻岐镇方桥村）、毛爱飞（集士港镇翁家桥村）、章燕飞（区委宣传部）、谢国旗（区文管办）、祝永良（鄞州日报社）、王东飞（高桥镇文化站）、包柱红（区委党史办）、应成光（章水镇蜜岩村）、周燕南（章水镇李家坑村）、王小毛（瞻岐镇南二村）获“最佳指导员”称号，唐亚凤（鄞江镇建岙村）、郑贵德（横街镇惠民村）、陈国栋（姜山镇走马塘村）、俞彭年（横溪镇周夹村）、应行君（东吴镇三塘村）、林志军（古林镇茂新村）、毛惠龙（五乡镇仁久村）、沈颖（邱隘镇邱一村）获“最佳管理员”称号，虞善来（高桥镇）、王利平（石碶街道）、黎国棠（姜山镇黎山后村）、虞如定（古林镇前虞村）、严嵩宝（章水镇茅镬村）、胡纪祥（咸祥镇）、徐永昌（云龙镇前徐村）、陈恒发（东吴镇西村村）、汪惠民（高桥镇民乐村）、王宝康（横溪镇钱岙村）获“最佳民间热心人”称号。“村歌”大赛金奖作品瞻岐镇东一村《东山音韵》，银奖作品邱隘镇邱二村《把美留住——邱二村之歌》、洞桥镇树桥村《美丽树桥走一回》、石碶街道联丰村《丰盛的岁月——联丰村之歌》，铜奖作品姜山镇陆家堰村《陆家堰我亲爱的家乡》、古林镇茂新村《御史故里梦中甜》、下应街道史家码村《梦想开始的地方——史家码村之歌》、咸祥镇西宅村《海边有一个小村庄》、集士港镇翁家桥村《请到翁家桥来》、鄞江镇它山堰村《它山堰》，优秀奖作品横溪镇梅溪村《梅溪那个美丽的山村》、高桥镇新联村《新联之歌》、塘溪镇前溪头村《花溪之歌》、云龙镇冠英村《冠英颂》、龙观乡桓村村《这美丽古老的地方叫桓村》、横街镇凤岙村《桃源寻梦》，网络人气奖作品古林镇茂新村《御史故里梦中甜》、横溪镇梅溪村《梅溪那个美丽的山村》、邱隘镇邱二村《把美留住——邱二村之歌》、石碶街道联丰村《丰盛的岁月——联丰村之歌》。文艺会演有大合唱《丰盛的岁月》、舞蹈《鼓舞节奏》、器乐合奏《快乐抲鱼人》、歌曲《把美留住——邱二村之歌》等节目。

【引进宁波力赛康新材料科技有限公司】2015年，姜山镇引进宁波力赛康新材料科技有限公司。该公司主要从事引领电动汽车及智能3C产品所迫切需求的高性能锂电池隔膜核心材料——LISICON（Lithium Superionic Conductor）锂离子导电粉体材料的研发、生产和销售。总经理黄祯申报的高性能锂电池隔膜用导电粉体材料的研发及产业化项目入选“创业鄞州·精英引领”2015年宁波市鄞州区引进海内外高层次人才的创业人才项目。申请相关专利2项，开发产品系列2类，并实现LISICON导电粉体材料百千克/年的稳定中试生产制备。

（汪 怡）

高桥镇

【概况】 高桥镇位于鄞州区西北端，东靠海曙区，南连古林镇、集士港镇，西接余姚市大隐镇，北枕姚江望江北区，镇域面积53平方千米。2015年，辖20个行政村、1个渔业社和4个居委会，总户数19344户，户籍人口52032人。实现地区生产总值48.59亿元，比上年增长1.6%。财政总收入8.35亿元，其中一般公共预算收入5.08亿元。农村居民人均可支配收入2.9万元。

实现农林牧渔业总产值1.89亿元，农村经济总收入244.6亿元。土地流转累计800公顷。整治蔺草企业26家。其中，关闭22家，整改提升4家。安装（换装）农村家庭漏电保护器22692个、农业生产用电引落箱436个。集中无害化处理病死动物17.5吨，回收农资废弃物17吨。投资500万元，建成江南、石塘、岐湖246.67公顷市级粮食功能区。增加规模以上企业5家，累计111家。实现规模以上工业增加值19.34亿元，规模以上工业总产值102.94亿元、销售100.44亿元、利润总额5.25亿元。有高新技术企业20家，高新技术产品销售54.37亿元，高新产业增加值占工业增加值比重达55.5%。增加区级以上工程技术中心5家、省级研究院1家，市级工程技术中心达10家、省级高新技术企业研发中心5家，入选区“双五十”企业6家。岐阳新材料产业园基本形成，占地14.67公顷，入驻企业12家。宁波华缘复合新材料有限公司、宁波国合旭东精密压铸有限公司等厂区建设推进，宁波华缘集团有限公司实缴税收4523万元。固定资产投资42亿元，其中服务业投资31.39亿元。限额以上商品销售额44.94亿元，社会消费品零售额12.32亿元。列入区技改项目6个，授权专利528个，引进人才961人。镇商会大厦结顶，浙海商业广场、恒威国际城、信达中建格兰星辰、梁祝天地及天逸湾住宅等项目启动。进出口总额6.24亿美元。

表51　　2015年高桥镇各行政村（社区、渔业社）基本情况

行政村（社区、渔业社）	面积（平方千米）	户数（户）	人口数（人）	集体经济总收入（万元）	集体经济总费用（万元）	总资产（万元）
宋家漕村	1.7	821	2130	787.6	941.25	37798.9
藕缆桥村	1.0	405	1120	809.9	271.60	5140.5
新庄村	1.2	540	1413	348.7	242.86	3902.0
古庵村	2.6	946	2634	846.8	409.77	17385.7
联升村	0.5	540	1460	51.5	31.38	44295.5
秀丰村	4.5	885	2342	448.3	162.92	4395.1
新联村	2.0	708	2109	250.4	294.67	6854.7
蒲家村	1.8	619	1827	210.3	329.18	7394.1
长乐村	1.0	1113	2731	880.8	285.97	41919.5
合心村	2.5	549	1515	578.1	216.35	4234.9
望江村	3.0	1144	3000	913.9	337.24	4472.7
梁祝村	2.0	791	2121	53.9	99.81	4240.2
芦港村	2.5	1161	3060	467.6	253.92	11575.3
高峰村	2.1	640	1770	189.2	676.60	47835.2
高桥村	3.4	1345	3909	283.9	221.73	12773.2
江南村	3.7	1223	3385	158.1	254.50	9271.6
石塘村	2.5	819	2368	265.7	198.49	3574.8
岐阳村	4.6	886	2273	470.5	184.51	8573.4
岐湖村	5.5	847	2249	696.7	314.85	5183.0
民乐村	4.9	594	1529	477.9	162.97	15515.4
渔业社	—	81	177	80.1	34.02	679.2

续表51

行政村（社区、渔业社）	面积（平方千米）	户数（户）	人口数（人）	集体经济总收入（万元）	集体经济总费用（万元）	总资产（万元）
长居社区	—	963	2173	—	—	—
高居社区	—	861	2193	—	—	—
紫薇社区	—	393	946	—	—	—
学院社区	—	470	1598	—	—	—

注：表格中数据为调查数

开展区域发展、城乡统筹、综合管理“三三战略”建设活动。创建五星级党组织1个、四星级党组织4个，整顿软弱涣散村党组织1个。以紫薇（学院）社区为试点，推进“双应”幸福党建，设置就业培训、心理咨询、矛盾调解等9个公益岗位，有45名党员认领。开展督查19次，发现问题3个。推进“小微权力”清单建设，完善修正6类23小项清单内容。查处党员干部违纪违法问题，梳理案件线索6起，处理3人。

294名中考生上普高线，普高上线率53.6%。高桥中学机器人项目获全国金银牌，中心小学被评为省红十字达标学校及全国青少年足球特色学校，高桥中学、中心小学、望春小学获“市五星级消防安全校园”称号，岐阳小学无线电测向在市第十七届运动会上获2金、1铜，高桥镇成人文化技术学校通过市复评。全镇有省农村示范学校2所、省标准化学校6所、省二级幼儿园6所、市现代化达纲学校8所，属全国社区教育示范乡镇。中心幼儿园、岐湖幼儿园开园。实施中小学“阳光厨房”和热饮水工程，改建望春小学塑胶跑道，撤并民办幼儿园4所。培训应急救护、救护员672人，创建民乐红十字站。安全生产执法检查416家，安全教育培训1750人次，企业标准化复评、创建92家，获国家安全生产监督管理总局好评。取缔“三合一”场所9处，信访、群访、治安及火灾分别下降20%、8%、14%和18%。投资600万元，安装社会治安视频监控。清理、整治并公开拍卖安置小区车库、车位等近2万平方米，盘活资产近2800万元。14个小区组建业委会。新服务中心投入使用。推进租赁企业工资支付保证金工作，34家企业办理保函。举办就业洽谈会4场，接待劳资纠纷等投诉咨询261起，调处劳动争议、纠纷、工伤等187件（起），获“省先进基层调解组织”称号。“六项”保险参保人员169383人次，户籍人口实际参保率达96.7%。发放困难群众、残疾补贴、医疗救助、带病回乡退伍军人补助等2620人次751万元，创建居家养老服务站3家，楼成才在第九届全国残运会上获4金、2银。完成地名普查。投资100万余元，建设革命烈士纪念碑。获“省征兵工作先进单位”称号。以高桥村为试点基本完成农村股份制改革，“三资”考核获全区B组第一。推出微博、微信公众号，受理公共事务案件726件。交易项目119项，预算金额1.7亿元，节约资金1250万元。

举办首届网络春晚、美丽乡村图片展、地铁音乐节等活动和“又见高桥”舞台剧首演、天一广场公演，评选“优秀女性”“最美家庭”。建设宋家漕、芦港、秀丰3个文化礼堂，有村级文化礼堂8个，举行“天天看”“天天演”609场。镇文联成立。梁祝天地婚庆产业园、婚纱摄影内外景基地投入运营，实现客流40万人次。有舞龙、曲艺、舞蹈等民间团队50余个，有长面制作、王升大粮油加工、赵大有传统糕团等非物质文化遗产项目12个。

全面推行“河长制”，整治黑河、臭河9条，疏浚45千米，砌石2千米。关闭畜牧场所60户，拆除2.1万平方米。推进污水管网建设和农村生活污水治理，秀丰片区等10.8千米管网建设完工，岐阳、岐湖、秀丰3个村农村生活污水治理工程进场施工，新联、石塘农村生活污水治理工程完成招标。28家企业领取排污许可证。总投资3.1亿元的后塘河治水景观工程建设推进。开展“两路两侧”“四边三化”等专项行动，推进民乐、联升、江南、蒲家等“无违建村”创建，清理墙体广告16处，拆违16.9万平方米。制订生态环境综合整治三年行动计划，引导推进村级环卫保洁市场化、垃圾桶装化。推进轻轨高架沿线、宕山、建筑工地、扬尘污染等专项整治，清理垃圾6.5万吨，查处违法车辆3344车次，收缴罚款83.5万元，增加绿化38.4公顷。

12月31日，甬梁线改建工程高桥段基本完工

轨道交通1号线、甬梁线改造、梁祝产业园3个重点项目拆迁全面清零。6个安置小区建设推进，长乐黄家庄、芦港上施、蒲家兰庭验收推进，高峰包家、高桥横河东、横河西基本单体竣工。姚江堤防一期基本完成建设，二期全线启动并完成主体工程量60%。重点工程拆迁3万平方米，建新11.5万平方米，征地77.53公顷。完成9平方千米重点区块城市设计、市总体规划区域以外土地利用规划调整、电力专项规划设计及民乐、岐湖等6个村庄规划。梁祝大道（北段）、高桥路延伸、高桥南路（一期）、春池路、岐湖双岙路等道路建设完工，高桥菜场改建、紫薇新村老小区整治及高桥西站停车场等工程完工，江南垃圾压缩站投入运行，轻轨延伸段绿化景观和高桥路北侧丰荷园公园建设推进，新丰路（一期）完成工程量50%。民乐新村三期结顶，芦港新村建设模拟签约率超过95%，江南新村完成工程招标，长乐怡乐家园、宋家漕宋成佳苑完成分房。全年拆旧8.1万平方米，建新38.3万平方米，建设公建路网达20千米。

【高桥镇首届网络春节晚会】 2015年1月23日，高桥镇在露天广场“风荷园”举办乡村春晚，并首次启用新浪微博、中国宁波网络同步直播的模式，晚会现场大屏幕上扫出“实时发微信彩信短信评论幸运抽奖”的大字幕，并滚动播出微博话题，实现线上线下互动。晚会现场有石塘村文艺队的舞龙表演、高桥镇中心幼儿园教师的蒙古舞、芦港村的女子芭蕾、俞家婆婆的小品等节目。

【西塘河、轨道交通1号线“一线四站”治水景观工程基本完工】 高桥镇西塘河、轨道交通1号线“一线四站”治水景观工程位于西塘河、轨道交通1号线沿线，途径轨道交通1号线徐家漕长乐站、芦港站、梁祝站和高桥站，2014年11月29日开工，由宁波汇绿园林设计院设计，宁波绿茵市政园林有限公司、宁波市鄞州园林市政建设有限公司、宁波弘程园林有限公司和浙江沧海市政园林有限公司分四标段施工，浙江工程建设监理公司监理。2015年底，工程基本完工。总用地面积36.4万平方米，一期工程总面积26.4万平方米，长4.67千米，总投资3.1亿元，其中景观工程建安造价8857万元；拆除、退让河道16家企事业单位4.82万平方米。

【第十二届“蝶恋高桥”文化体育艺术节】 2015年5月17~24日，高桥镇举办第十二届“蝶恋高桥”文化体育艺术节。艺术节由“乘着歌声去高桥”地铁闪唱、乡村文艺大擂台、“美丽乡愁”非遗展示活动、“在桥上”高桥诗会、第五届“情系石塘”文艺晚会等系列活动组成。其中，乡村文艺大擂台以文化礼堂为主线，高峰村、宋家漕村等6个村文艺团队参加演出。鄞州区“美丽乡愁”非物质文化遗产展示于5月22~24日在镇风荷苑举行，展示项目有民间彩线刺绣、工艺竹编、竹刻、老虎鞋制作、箍桶技艺、面塑、草帽编织、赵大有食品制作、王升大传统粮油制作、灯笼扎制等。12月23日，第十二届“蝶恋高桥”文化体育艺术节闭幕式文艺会演在镇文化乐园举行，演员来自石塘村和民乐村的普通村民，有民俗表演《高桥会》、水鼓舞《春风鼓韵》等节目。

【《宁波农谚篆刻选录》发行】 2015年7月6日，高桥镇文联委员、农民书法家樊潘军牵头创编的《宁波农谚篆刻选录》正式发布。宁波农谚是区非物质文化遗产传承项目之一，2008年，高桥镇退休教师庄兆民编录《宁波农谚集锦》，书中收录先民生活劳动实践过程中提炼的经验。2014年始，樊潘军邀请西泠印社、沙孟海书画院、鄞州书画界等，篆刻宁波农谚中的内容，印材均选用鄞州咸祥大松石。该书被区委宣传部列入2014年精品文化项目之一，首批刊印800册。

【《又见高桥》原创舞台剧演出】 2015年9月22日、9月25日、11月21日，《又见高桥》舞台秀分别在区文化艺术中心、天一广场及梁祝文化园演出3场，1万余人观演。大型原生态舞台秀《又见高桥》创作历时10个月，投资100万余元，全部由当地农民演员参演。全剧90分钟，108个演员参加，以情侣小高、小乔到高桥旅游，在高桥寻找和见证爱情的过程为主线，整合穿越、歌舞、情景剧、民俗、越剧、视频等艺术元素，通过“起源·寻梦高桥”“盛世·运河古韵”“村姑·凤驾传奇”“缠绵·梁祝故里”“逐梦·水乡画卷”五个篇章，将运河文化、桥文化、村姑救康王、高桥大捷、高桥会、梁祝传奇、高桥筑梦等历史人文呈现给观众。其主要单体节目《高桥会》在宁波市第二届农村文化礼堂才艺大赛中获得银奖，参加演员48人。《浙江日报》《宁波日报》《鄞州日报》和鄞州电视台、人民网、新浪网、凤凰网等媒体均都予以报道。

10月16日，梁祝天地整体对外运营

【高桥镇中心幼儿园投入使用】 2015年9月，高桥镇中心幼儿园投入使用。幼儿园位于高峰村，由浙江高专建筑设计研究院有限公司设计，浙江万华建设有限公司承建，宁波市京甬建设监理有限公司监理，于2013年9月开始建设，总投资5000万元，总用地面积13464平方米，总建筑面积9291平方米，包括教室、专用活动室、操场等。园内设置18个班，有学生735人、教职工106人。

【梁祝天地对外运营】 2015年10月16日，梁祝天地整体对外运营。梁祝天地由宁波联合集团股份有限公司投资开发建设，总投资6亿元，总建筑面积约6.8万平方米，有薇拉宫邸婚礼酒店、40000平方米外景花海加6000平方米内景的婚纱摄影基地及7000平方米的婉纱仙妮婚品集合店等，项目将婚纱摄影基地、一站式大型婚礼会馆、婚品集合店等婚庆服务联结在一起，实现定制婚纱礼服、婚纱摄影、婚庆婚宴、婚品采购等一条龙服务。

【甬梁线改建工程高桥段基本完工】 2015年12月31日，甬梁线改建工程高桥段基本完工。该工程由宁波市鄞州区交通投资有限公司代建，宁波公路市政设计有限公司设计，浙江恒立交通工程有限公司和浙江良和交通建设有限公司分2个标段施工，宁波市交建工程监理咨询有限公司监理，2012年底开始建设。总长7.4千米，涉及长乐村、芦港村、高峰村、高桥村、江南村、石塘村6个行政村及1个渔业社，总拆迁面积18.13万平方米。其中，民宅1005户，拆迁面积10.72万平方米；企业63家，拆迁面积7.41万平方米。2010年11月启动拆迁，2015年10月实现拆迁清零。工程总概算18.96亿元，其中建设工程造价3.4亿元。

（毛科杰）

横街镇

【概况】 横街镇位于鄞州区西部，东北依集士港镇，南接古林、鄞江两镇，西南连章水镇，北邻余姚市，镇域面积121.7平方千米。2015年，辖28个行政村、2个居委会，总户数16112户，户籍人口4.04万人，暂住人口1.2万人。实现地区生产总值29.94亿元，比上年下降16.23%。财政总收入3.31亿元，增长25.38%，其中一般公共预算收入1.76亿元，增长41.94%。税收收入3.19亿元，增长23.64%。

实现农林牧渔业总产值3.67亿元，增长6.38%。有耕地面积1260公顷、林地面积7133.33公顷，森林覆盖率71.5%；有竹林3546.67公顷，年产毛竹150万根，毛笋300万~400万千克。落实早、中、晚稻种植面积1000公顷153万千克，推广调入优质良种1万千克。绿化造林55.93公顷，其中珍贵树种造林21.33公顷、一般树种造林34.60公顷。开展中幼林抚育200公顷，防治竹蝗虫33.33公顷。凤凰、毛岙等6个村的饮用水工程项目基本建设完工，治理河道7千米。申报无公害农产品基地3个，增加区级规范化合作社1家。毛岙村开发造田项目通过区级验收，惠民村项目工程基本完工，竹丝岚二期项目完成总工程量的70%。前门山滑坡地质灾害治理工程竣工并通过验收。64家规模以上企业实现工业总产值85.63亿元、销售83.19亿元、利润总额4.84亿元。开展大企业税收回归，太平鸟集团有限公司回归税收5000万余元，华茂集团股份有限公司将注册在上海的投资公司迁回。宁波时代铝箔科技股份有限公司在"新三板"挂牌，宁波德利福洁具有限公司、浙江麦浪电气股份有限公司与证券公司等中介机构签约，开展"新三板"申报工作。小微企业集聚区块各入驻企业开始基建施工。宁波明望汽车饰件有限公司、宁波曙翔新材料股份有限公司等企业引进智能生产线、数控机床等先进自动化装备。固定资产投资4.72亿元。限额以上商品销售额3.83亿元，社会消费品零售额2.84亿元。开发爱岭、芝岭、毛岙3条古道。开通政府旅游微信宣传平台。全年接待游客15万余人次，增长18%，其中浙东大竹海景区毛笋节期间周末日均接待游客3000人次。

表52　2015年横街镇各行政村基本情况

行政村	面积（平方千米）	户数（户）	人口数（人）	集体经济总收入（万元）	集体经济总费用（万元）	总资产（万元）
东村村	—	436	1063	1011	180	11247
凤岙村	—	432	1386	109	103	757
梅梁桥村	—	264	640	198	122	1054
水家村	—	330	820	202	275	2480
万华村	—	879	2119	350	214	2384
桃源村	—	548	1284	477	462	3986
应山村	—	394	1085	334	242	1084
横街村	—	188	454	56	43	1076
凤林村	—	273	742	268	124	2157
林村村	—	328	759	460	361	3035

续表52

行政村	面积（平方千米）	户数（户）	人口数（人）	集体经济总收入（万元）	集体经济总费用（万元）	总资产（万元）
盛家村	—	340	857	131	129	725
溪下村	—	583	1625	1115	709	2936
上阵村	—	587	1534	139	184	1468
半山村	—	745	1874	248	234	750
雷庄村	—	418	1122	78	153	9434
芝溪岙村	—	227	646	121	211	7547
芝岭村	—	268	706	168	159	915
毛岙村	—	386	918	202	131	1268
新洞山村	—	198	457	119	92	3539
大雷村	—	1090	2765	217	196	1001
凤凰村	—	721	1924	164	172	328
云洲村	—	1071	2722	106	144	299
竹丝岚村	—	518	1411	399	424	621
惠民村	—	513	1280	275	201	930
乌岩村	—	957	2360	209	191	651
朱敏村	—	1070	2814	195	172	2027
爱中村	—	779	1891	124	75	506
爱岭村	—	568	1403	319	370	705

注：表格中数据为调查数

制定出台《横街镇机关工作人员日常行为和工作绩效管理的考核办法》《横街镇机关和下属单位临聘人员管理办法》。收到各类来信来件121件，有效答复121件。处理群众来访党员干部违纪违法案件8件，处置党员10人。“三公”经费支出减少12%。完成公共交易项目62项。

组织企业开展职工技能培训459人次。企业职工养老保险参保12830人，工伤保险参保9822人，生育保险参保9723人，失业保险参保9757人。发放各类困难补助72万元，受益困难群众935人。改造老旧住宅小区3万平方米、危房0.6万平方米。镇中学图书楼工程施工进场，中小学教室安装电子白板45套，增设“阳光厨房”设备3套。组织200余人参加义务献血，采血5.3万毫升。农医保体检5625人，体检妇女病2850人，儿童体检127人。凤岙村完成省历史文化名村申报工作，惠民村完成区级历史文化名村申报工作。梅梁桥、爱岭两个村文化礼堂建成。全镇28个村都有文体活动室，有健身路径45条、篮球场11个。“天天演”等文化惠民演出104场次，放映电影238场次。受理答复信访案件92批363人次，信访批次下降8.2%；化解各类信访案件88件，化解率达到95.6%；镇调解组织受理各类矛盾纠纷147起，结案145起，结案率近100%。组织大规模安全专项检查活动78次，排查安全生产隐患862家，责令整改安全隐患1231项，处罚违法企业4家。

将全镇河道、溪坑全部纳入市场化保洁范围。疏浚河道5千米，疏通清理下水道2千米，处理河道溪坑垃圾2400吨，安装修理路面窨井盖102只。开展各类集中式“清爽行动”7次，清运生活及建筑垃圾1.5万吨。整治关停畜牧场所15家。统一回收处理农资包装废弃物32吨。

小城镇整片拆旧0.84万平方米，整片建新3.14万平方米；新村建设整片拆旧2.67万平方米，整片建新6.74万平方米。“三改一拆”拆违5.91万平方米。“两路两侧”3个省定、2个市定任务完成。推进7个市、区两级重点工程，拆迁横街至樟村公路104户1万平方米。宁波市桃源自来水厂征地20.6公顷，水库群联网联调西线工程征地借地6.93公顷，姚江堤防征地2.67公顷，桃源湾征地0.53公顷。桃源心境项目开工建设；东村一期地块竣工验收，10月24日完成分房；毛岙村石子洞桥自然村进行新村预算编制以及招投标工作；雷峰自然村二期地块进行主体施工，完成旧房拆除及复耕工作；凤林新村一期项目主体结顶，进行附属配套设施建设；林村完成改建规划设计，方案通过区新村办初步审核。望童路、横街南路街景改造项目立项，被列入区财政转移支付，总投资8500万元；商业综合体和市民广场完成方案编制等前期工作；镇公交枢纽总站竣工验收，总投资约400万元；镇级中心菜场设计图纸由区商务局图纸会审通过。集中式污水管网完成5.8千米，水家、梅梁桥等7个村的农村分散式污水管网项目进场。爱岭、水家、桃源、凤凰等村的山段拓宽完成审计，朱敏、大雷等村级公路竣工验收。

【朱敏村滑坡地质灾害治理工程通过验收】 2015年1月6日，市重点治理项目——横街镇朱敏村滑坡地质灾害治理工程通过省专家组交工验收。治理工程于2013年启动，总投资2000万余元。按削方减载+防护加固结合的施工要求，自山顶到山脚，施工方将边坡削成7级并设置6个平台，并打下22根抗滑桩和111根锚索，在坡后缘及两侧修筑截排水沟，完成坡脚挡墙和格构梁等。工程突出生态和景观功能，建设凉亭3座和健身器材若干，两侧修建上山步道，工程施工面积2万平方米。专家组现场踏勘、查验，听取设计（浙江省工程勘察院）、监理（浙江省第七地质大队）、施工（浙江华东建设工程有限公司）和建设单位（横街镇人民政府）的汇报，查阅工程设计文件和施工、监理等资料，一致认为该工程通过交工验收。

【水家村商会成立】 2015年2月12日，横街镇水家村商会成立大会在水家村村委会召开，区工商联、区商会、镇商会领导、村两委会成员及43家会员企业代表参加会议。会议通过商会章程、选举办法、交纳会费的办法并表决选举产生商会第一届理事会成员。第一届一次理事会议推选会长、副会长、秘书长等人选，宁波鄞州惠明日化包装有限公司董事长水惠良当选水家村商会第一届会长。聘请水家村党支部书记水军为商会名誉会长。

【横街镇第十一届竹乡生态休闲旅游节】 2015年3月20日至5月10日，第十一届横街镇竹乡生态休闲旅游节在大雷村举行。旅游节期间举行“奔跑的小竹笋——竹海趣味挑战赛”“让爱出行——关爱弱势群体，感受春温暖”“欢乐农家竹笋宴美味从春天开始”“竹海‘戏’竹”“魅力竹海影随心动”“感观于心抒情在笔——‘竹乡生态旅游节征文大赛’”“浪漫竹海情挑（动）春开——竹海春季相亲节”“小小新四军——‘缅怀革命先烈当一天军人’亲子活动”“创意糕点‘花的美食，竹的文化’亲子DIY活动”9个主题活动，参与人数3000余人次。

4月11日，中央电视台7套《美丽中国乡村行——走进宁波》节目组到横街镇拍摄浙江省最大的竹山资源

【横街镇第五届广场舞比赛】 2015年4月10日，横街镇第五届广场舞比赛在镇成人文化技术学校举行，各村（居）文艺志愿者组成的14支队伍参赛。活动由镇社会事务办公室主办和承办，以“舞动美丽，跳出精彩”为主题，邀请学校、幼儿园音乐老师担任评委。镇老年人体育协会代表队获一等奖，梅梁桥村等5个代表队分别获二、三等奖。

【横街镇中心幼儿园幼儿录制中央电视台《快乐戏园》节目】 2015年11月25日，横街镇中心幼儿园朱梓安、汪摘钧、朱哲昊、郑慧妍、王佳乐、陈紫卿6位小朋友参加文化遗产戏曲浙江——文化走基层，中央电视台“《快乐戏园》走进宁海深甽”节目录制。中心幼儿园小朋友参与录制表演节目为《田螺姑娘》选段。横街中心幼儿园作为甬剧传承发展基地之一，把甬剧传承与发展引入园本课程进行开发，2012年始，逐步将甬剧元素渗入幼儿早操，编排甬剧儿歌早操《交通安全记得牢》《文明礼仪歌》。

【桃源心境项目开工建设】 2015年11月25日，横街镇桃源村新村建设三期项目——桃源心境开工建设。项目由浙江恒欣建筑设计有限公司设计，宁波住宅建设集团有限公司承建，浙江工程建设监理公司监理，总投资6.2亿元，总用地面积63828平方米，总建筑面积约208000平方米。其中，住宅约146000平方米，物业、社区等配套用房约10000平方米，车库层约12000平方米，地下室约40000平方米，可提供新房1248套。

【横街镇公交枢纽总站投入运营】 2015年12月5日，横街镇公交枢纽总站开始运营。项目投资387万元，用地面积13037平方米，建筑面积1543平方米，兼具始发、过夜停放、维修保养等功能，最多可一次性容纳公交车114辆。608路、610-1路、610路、613-1路、613-2路、613-3路、613-4路、613路、615-1路、615-2路、615-3路、615-4路、615-5路、615路、622路、624路、630路、649路18条线路公交车迁至车站始发，82辆公交车享受停保。

（陈 锋）

集士港镇

【概况】 集士港镇地处鄞州区西北部，东北邻高桥镇，南毗古林镇，西南依横街镇，西北靠余姚市，镇域面积47.1平方千米。2015年，辖19个行政村、3个社区和2个渔业社，总户数16220户，总人口8万人，其中户籍人口4.16万人。调整体制，望春工业园区、桃源湾休闲度假区纳入集士港卫星城范围。实现地区生产总值48.33亿元，比上年增长10.33%。财政总收入4.28亿元，增长8.91%，其中一般公共预算收入2.25亿元，增长7.66%。城乡居民人均可支配收入分别为3.8万元和2.5万元，分别增长11.0%和11.2%。

实现农林牧渔业总产值2.27亿元，增长10.73%。粮食播种1352.8公顷，粮食总产量9624吨，百亩以上土地流转面积961.73公顷。88家规模以上工业企业实现总产值139.13亿元、销售137.26亿元、利润总额9.58亿元。年销售规模上亿元和上10亿元企业分别有18家和2家。研发费用占GDP比重达到3.8%，投入技术改造资金10.44亿元，增长34.2%。高新技术行业产值47.97亿元，增长10.3%。固定资产投资28.53亿元，增长13.62%。浙江泰来环保科技有限公司、宁波旷代生物科技有限公司、宁波立羊真空器皿有限公司等10家企业建成投产，宁波曙丰磁业有限公司、宁波鹰达锂离子电池科技有限公司、宁波驰润科技有限公司、宁波鸿运纸业有限公司（二期）、宁波海纳工艺品有限公司、宁波特锐德电气有限公司6个项目开工建设。中国兵器科学研究院宁波分院（二期）、宁波海泰科迈医疗器械有限公司、宁波今山新材料有限公司、宁波京琼器械制造有限公司、宁波金翼科技有限公司、宁波汉生纺织品有限公司、宁波奥德纳米科技有限公司、宁波倍特瑞能源科技有限公司（二期）、宁波润楠机电实业有限公司9个项目确定开工时间。限额以上商贸业销售额74.31亿元，增长8.93%。社会消费品零售额27.84亿元，增长34.23%。奥特莱斯三期开业，奥特莱斯商圈全年营业额7亿余元。宁波栎社保税物流中心跨境电子商务试点开通“保税备货”模式，实现“集货+备货”双通道运作。

表53 2015年集士港镇各行政村基本情况

行政村	面积（平方千米）	户数（户）	人口数（人）	集体经济总收入（万元）	集体经济总费用（万元）	总资产（万元）
集士港村	1.03	690	1648	174.97	70.38	1867.60
元禾村	0.82	538	1476	119.39	55.19	2638.89
董家桥村	2.23	852	2262	252.80	115.59	1547.40
祝家桥村	2.25	1329	3545	276.79	127.85	3606.49
杨家村	1.73	652	1817	495.12	124.14	8990.34
丰成村	2.02	754	1982	197.47	81.79	15064.49
横港村	2.13	598	1568	130.47	92.55	1199.69
卖面桥村	2.32	1286	3188	261.11	114.58	2528.47
西陆村	1.43	406	1065	103.12	92.62	1022.54
翁家桥村	1.92	489	1365	132.95	80.12	1814.45
湖山村	3.03	691	1779	442.47	110.17	3707.75
四明山村	4.72	503	1299	554.48	89.01	3727.94
深溪村	4.83	609	1490	281.63	138.56	762.58
双银村	2.42	440	1125	207.83	76.97	1689.50
山下庄村	4.23	635	1450	597.80	245.36	2433.87
万众村	3.72	1308	1492	398.01	189.00	6368.23
新后屠桥村	3.13	818	2130	208.06	103.24	591.63
岳童村	3.42	676	1694	463.58	89.44	3062.45
广昇村	1.62	675	1831	239.19	138.32	1874.15

注：表格中数据为调查数

镇中心幼儿园开园，金色童年幼儿园获浙江省二级幼儿园提名。镇中心小学二期综合楼投入使用，学校获评浙江省示范性家长学校、宁波市示范性文明单位、宁波市先进教工之家，集士港镇获评宁波市学前教育示范镇。农村文化礼堂数量达到6个。举办第二届"梦想广德湖"群众文化艺术节、第二届广德湖读书节。广德湖城乡演出院线举办各类演出超过70场次，举办周日文化活动96场次。全镇19个行政村和3个社区全部修订村规民约和社区公约。市级卫生村占比达到63.2%。镇中心卫生院（鄞州区第六医院）与鄞州第二医院建立医联体，浙江大学心理系教学和科研实习基地落户。宁波西部医院启动前期工程，占地20余公顷。全镇流动人口数37724人，下降5.7%。处理110警调案件138件，民事调解82件，劳动调解43件，调处率100%，调处成功率100%。镇市民中心落成。

橄榄树小区交付，印象巴黎、星城湾等小区建设推进。房地产投入9.5亿元。新村建设开工面积25.1万平方米，建新面积10.2万平方米。岳童村、山下庄村实施新村建设。开展"城乡清爽行动"，整改980余项。疏浚河道20千米，建设污水收集管网10.3千米。"三改一拆"面积13.2万平方米。关停整改蔺草制品企业46家。其中，改造提升9家，关停或搬迁37家。

【第二届广德湖读书节】 2015年4月19日，第二届广德湖读书节开幕。读书节由集士港镇党委、政府主办，区新华书店、镇文化体育中心承办，镇总工会、镇团委、镇妇联、集士港社区教育学院、镇教辅室协办。5月19日活动结束。其间，开展集士港镇"践行社会主义核心价值观主题演讲比赛"、集士港新华书店周年活动书展、"你点我购"点读活动、"武俊玲杯"庆五一摄影展、儿童文学名家人文校园行、进学校赠书活动、汽车图书馆进校园进企业进社区、广德湖讲堂"中国美劳动美"劳模走进卫星城宣讲、"我的读书"微故事征集、中小学生观看儿童剧等活动，参与人数5000余人次。

【法国鲁昂交响音乐会】 2015年5月1日，法国鲁昂交响乐团在集士港镇广德湖剧院演出。法国鲁昂交响乐团是法国诺曼底地区重要的交响乐团，主要由优秀青年艺术家组成，乐团人数76人，乐团总指挥克洛德·布朗戴尔。演出曲目以19世纪至21世纪的法国作品为主，演奏7个曲目，有拉维尔的"波莱罗"、德彪西的"牧神午后前奏曲"、比才的"阿莱城姑娘"、杜卡的圆号"田园曲"、拉博的"梦游"夜曲、安东尼·吉拉尔的"如白日星辰"等，以及《茉莉花》《365里路》等中国传统歌曲，800余人观看演出。

【第二届"梦想广德湖"群众文化艺术节】 2015年5月18日，第二届"梦想广德湖"群众文化艺术节开幕式在广德湖剧院举行。艺术节主题为"践行核心价值观共创美丽卫星城"，由集士港镇党委、政府主办，镇文化体育中心、镇文联承办，镇总工会、镇团委、镇妇联、集士港社区教育学院、镇教辅室协办。音乐剧《十年》是艺术节首场演出。艺术节期间，举办经典戏剧会演、广德湖讲堂、迎"七一"书画比赛、"志愿者之夜"文艺专场演出、集士港戏曲大奖赛、夕阳红风采展示专场演出、浙江省视觉艺术邀请展、纪念抗日战争胜利70周年暨反法西斯战争胜利70周年大合唱比赛等活动。集士港镇还邀请宁波越剧团、青岛市京剧院等知名戏曲表演团队表演。8月28日，艺术节闭幕式在广德湖剧院举行。艺术节参加人数1万余人次。

【宁波栎社保税物流中心跨境电子商务"保税备货"模式开通运行】 2015年6月1日，宁波栎社保税物流中心跨境电子商务试点开通"保税备货"模式，成为浙江省首个拥有"集货+备货"复合模式的保税跨境电商园区，实现进口跨境电商发展的"双轮"驱动。聚美优品、唯品会、九樱天下等国内外知名电商企业入驻，备案企业150余家，实单运行企业60余家，备案商品信息1.38万条，产品有日本的纸尿裤，韩国的化妆品、洗护用品，意大利、荷兰、美国、澳大利亚等地的奶粉、婴幼儿辅食以及德国的儿童安全座椅和空气净化器等。

【集士港镇市民中心落成】 2015年6月15日，集士港镇市民中心开始运作，资源配置和审批服务中心、综合治理办公室、综合执法局搬入新址，实现合署办公。市民中心内设有2000平方米服务大厅，有工作人员43人（其中各进驻部门委派人员27人，镇级直接委派人员16人），进驻部门22个（其中直接进驻部门11个，委托授权部门11个），服务窗口55个，可办事项275项。其中，区级部门行政许可事项和非行政许可事项239项，劳动就业、社会保障、家电下乡、民政残联、党员咨询、慈善、计

5月1日，法国鲁昂交响乐团在集士港镇广德湖剧院演出

生服务等7类36项镇级办理事项，并开设省内户籍居民的护照和签证办理服务，基本涵盖各类行政审批项目和便民服务项目。全年办理各类事项83047件。其中，行政服务窗口受理各类事项60415件，行政审批窗口受理各类事项22632件。

【《田螺姑娘传说》研究基地授牌仪式暨《田螺姑娘传说》首发式和研讨会】 2015年11月30日，《田螺姑娘传说》研究基地授牌仪式暨《田螺姑娘传说》首发式和研讨会在集士港镇万众村举行。活动由区文联、集士港镇政府、集士港镇万众村委会主办，区民间文艺家协会、集士港镇文联、君禾泵业股份有限公司协办。省民间文艺家协会在集士港镇建立“浙江省田螺姑娘传说研究基地”并授牌，同时举行《田螺姑娘传说》首发式。《田螺姑娘传说》由区民间文艺家协会、集士港镇文体中心联合组织鄞州10余位民间故事、地方文化、非遗保护等方面的专家、学者编写，陈素君、徐鸿辉任主编，汇集流传于宁波地区的各种版本的田螺姑娘传说故事、新故事30余则，歌谣谜语20余则，文献研究10余篇，分寻根溯源、古老传说、故事新编、歌谣谜语、学术研究五个篇章，由中国文联出版社出版。周静书、施晓峰、邵斌、陈素君、陈科伟等15位专家参加研讨会，专家认为，田螺姑娘的故事与牛郎织女、许仙与白娘子、董永与七仙女等爱情故事一样，歌颂人类永恒的爱情。

【集士港镇综合执法大队成立】 2015年12月1日，集士港镇综合执法局主导，从交警、城管、派出所抽调36名协管队员，成立综合执法大队，对镇区“四路三点”区域违章停车、跨门经营、流动摊贩、社会治安实行综合管理。至年底，处罚违停车辆136次，劝导流动摊贩、夜宵摊200余次，开展联合执法整治行动10余次。

【杉井奥特莱斯广场三期室内馆开业】 2015年12月19日，杉井奥特莱斯广场三期室内馆开业。室内馆采用中央挑空设计，配玻璃屋顶。项目总投入约1亿元，建筑面积2.2万平方米，由浙江新中源建设有限公司承建。三期室内馆主要以亲子馆为主题，分4层。一楼主要以国际轻奢、时尚品牌为主，包括Michael Kors、UGG、David Mayer Naman等，其中UGG为宁波地区独家店铺。二楼为家庭亲子区域，包括儿童服饰Adidas Kids、Nike Kids、E-LAND Kids、Mini Peace、New Balance Kids，母婴品牌黄色小鸭、十月妈咪，家居用品菲仕乐、太平鸟巢，内衣服饰安莉芳、华歌尔、爱慕及儿童游乐场和儿童玩具等。三楼、四楼为电影院。

（袁浩杰）

古林镇

【概况】 古林镇位于鄞州区西部，东临海曙区，南连石碶街道、洞桥镇，西接鄞江镇，北靠高桥、集士港、横街三镇，镇域面积44.8平方千米。2015年，辖24个行政村、4个社区、2个居委会和2个渔业社，总户数22054户，户籍人口57185人。实现地区生产总值73.76亿元，比上年下降9.73%。财政总收入8.41亿元，增长14.42%，其中一般公共预算收入4.18亿元，增长12.67%。

实现农林牧渔业总产值4亿元，增长10.19%。有耕地面积1928公顷。开展蜃蛟片466.67公顷粮食功能区建设，在蜃蛟、前虞两村建成2个33.33公顷粮食高产示范田，建成21.33公顷甬福果蔬精品园。认定高素质新型农民22人、职业农民43人，注册家庭农场10个。建成长禾香菇栽培、翁姚葡萄种植标准化示范区和开心果蔬无公害葡萄生产区。173家规模以上工业企业实现总产值180.08亿元、销售177.30亿元、利润总额10.82亿元。宁波旷世智源工艺设计股份有限公司通过“电商换市”模式，建设电商产业园区。引进高素质人才14人、海外工程师1人，建设博士后、教授专家工作室4个，增加国家高新技术企业1家，市、区级工程技术中心各1家。宁波顺丰智能快件转运中心建设启动，投资2亿元；引进投资3000万元的宁波胜德水表有限公司项目以及年产值3500万元的宁波宏泰伟业塑胶有限公司；增加3个600万元以上技改投入项目。固定资产投资26.88亿元，其中服务业投资16.80亿元。限额以上商品销售额78.94亿元，社会消费品零售额42.66亿元。

表54　2015年古林镇各行政村基本情况

行政村	面积（平方千米）	户数（户）	人口数（人）	集体经济总收入（万元）	集体经济总支出（万元）	总资产（万元）
西洋港村	2.5	968	2524	262.2	186.11	3054.9
葑里村	2.5	891	2261	443.6	301.11	3571.5
古林村	1.6	706	1770	452.8	264.13	8176.9
施家村	1.1	461	1217	353.4	194.92	3983.2
俞家村	1.3	649	1624	530.3	201.74	7852.7
郭夏村	1.0	428	1122	491.3	206.60	4219.0
鹅颈村	1.1	613	1573	1483.7	588.06	14767.2
戴家村	1.3	941	2316	1016.7	115.75	4130.3
布政村	1.6	881	2254	762.1	198.00	5320.7

续表54 续表

行政村	面积（平方千米）	户数（户）	人口数（人）	集体经济总收入（万元）	集体经济总支出（万元）	总资产（万元）
葑水港村	1.8	534	1329	1258.1	330.15	8167.6
张家潭村	3.5	993	2673	876.7	183.67	17113.9
宋严王村	1.2	658	1639	720.0	276.69	4664.0
陈横楼村	1.0	438	1186	456.5	122.32	22628.9
藕池村	1.0	476	1279	2033.5	710.22	15155.9
礼嘉桥村	1.7	911	2440	3238.5	532.03	21445.4
薛家村	2.8	1630	4559	1742.6	553.49	19125.0
包家村	1.6	745	2026	599.7	140.48	12357.1
蜃蛟村	2.2	958	2477	649.1	187.36	1176.6
前虞村	3.2	927	2271	256.9	87.71	668.7
共任村	3.5	987	2462	406.4	131.47	1964.1
仲一村	1.8	616	1627	1141.1	295.52	4938.8
龙三村	2.3	604	1563	267.8	105.36	941.3
茂新村	1.6	710	1744	620.9	225.75	2600.9
三星村	2.3	582	1481	433.2	183.37	2488.2

注：表格中数据为调查数

布政幼儿园建设基本完成，古林镇创建为学前教育示范乡镇。开展健康知识宣传讲座144次，上街宣教和咨询16次，社区课堂680人次。60周岁以上老人体检6185人，妇女健康体检4220人。建立计划生育“三优”中心和人口文化长廊。开展无偿献血、关爱失独家庭等公益活动，慰问困难家庭94户。创建区级“最美家庭”2户、市级“文明家庭”5户。城镇职工养老保险参保4.1万人，医疗保险参保4.2万人，当地户籍参保比例达96%。职介推荐23人次，走访失业人员516人。18个行政村的股份制改革完成，3.7万户安装和换装农村家庭触保器。追发拖欠工资547.5万元，补签劳动合同800余份。受理各种劳动纠纷案件183件，涉及1123人，全部调处成功，结案金额343.6万元。慈善救助264人291.8万元，大病救助70人次79.2万元，民政临时救助133人151.4万元，农村住房投保2.2万户8.7万元，“献爱心、送温暖”活动发放慰问金220万元。开通居家服务站14个，服务对象361人。出台社会维稳工作考核责任制，签订社会治安综合治理目标管理责任书210份、信访工作责任书29份、禁毒工作责任书29份。社会服务管理中心受理各种纠纷案件483件，其中信访81件、110案件135件、民事调解158件、劳动调解109件，调处成功率100%。完善平安信息系统的建设，录入事件处理3100条。葑水港村获“全国民主法治示范村”称号。签订安全生产责任状32份、承诺书1836份，检查企业单位3698家次，发现安全隐患956条，整改931条，上报25条。开展打黑除恶、打击“两抢”、盗窃、“扫黄打非”和禁赌等专项行动，破获刑事案件267起，破获治安案件188起，抓获犯罪嫌疑人420人。实行“双规报到制度”并定期谈话，列管的54位归正人员和社区矫正对象均无重新犯罪。

开展“周日文化”活动。建设文化礼堂5家，蜃蛟村文化礼堂成为鄞州区唯一的“宁波市十佳文化礼堂”，茂新村文化礼堂成为鄞州区首个以“廉政文化”为主题的文化礼堂。建成公益性图书室24个、室内篮球场3个、大小健身

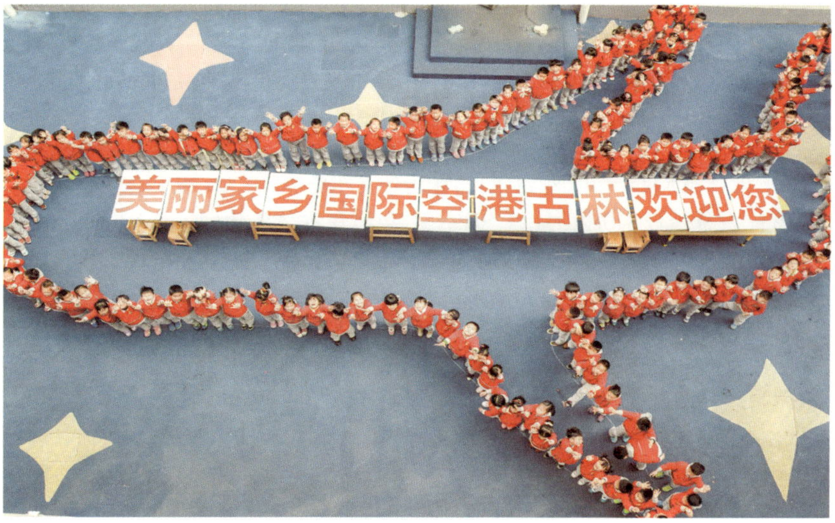

4月14日，古林镇中小学、幼儿园举行“我为机场建设献爱心”拆迁宣传活动

公园30个。创建文体团队100余支，其中精品团队10余支。举办米食文化节、冬耕开犁节等活动。

实施“清爽行动”，投入1536万元，清理垃圾4.8万吨，开展专项整治170次，拆除主要公路沿线农棚田舍13处，完成“两路两侧”专项行动4个省级任务和3个市级任务，建立“清爽行动在古林”微信群。“五水共治”疏浚河道36千米；投入60万元，4个生态治河工程完工；投入4267万元，6个生态河道建设工程完工；打捞销毁沉船171只，建设桥梁5座。建设污水管网6.8千米；实施农村生活污水三年行动计划，全年总接户数3794户，相关村进场施工。

开展“城乡创美”工程，拆旧2.6万平方米，建新25万平方米，拆违23.5万平方米。镇区改造前期工程启动，投资1.1亿元；藕池老小区（天地、恒江）改造工程完工，投资3000万元，面积11万平方米。宁波栎社国际机场三期民宅征迁工作完成，拆迁22万平方米，签约近1500户，签约率在97%以上；杭甬高速互通、南外环快速干道等重点工程的扫尾工作完成。新村建设拆旧8万平方米，建新20.7万平方米，安置新房930套。其中，礼嘉桥新村A地块、包家新村二期、宋严王新村2号地块结顶，开始附属工程施工。续建项目总用地6.8万平方米，涉及新房1190套。蜃蛟村整体改建通过区联席会议，一期改建地块总用地1.1万平方米，涉及新房122套，启动地块拆除工作。

【古林镇庆“三八”妇女节巾帼健身风采大赛】 2015年3月5日，古林镇庆“三八”妇女节巾帼健身风采大赛在古林镇中心小学举行，全镇各村（居委会、社区）16支巾帼健身团队参赛。活动由古林镇妇联主办，泰隆银行古林支行、古林镇计生协协办，以“创幸福家庭与健康共舞”为主题，区妇联副主席陈仁波，古林镇党委副书记陈明珉等出席活动。茂新村的民族舞蹈《御史故里梦中甜》获一等奖，陈仁波为该村代表队颁发证书。

【宁波凹凸重工有限公司承办中国首届国际智能起重装备产业发展论坛】 2015年3月13日，中国首届国际智能起重装备产业发展论坛在宁波举行，以“起重机械的减量化、模块化设计，提高能源利用率、智能化控制，远程监控、在线故障诊断”为讨论主题，国际标准化组织起重机技术委员会主席张喜军，全国起重机械标准化技术委员会秘书长赵春晖，德马格起重机械（上海）有限公司高级经理须雷，施耐德电气全球产品经理、亚太区人机控制产品总监邓学伟，西门子工厂自动化工程有限公司工程部总监王吉明，宁波市凹凸重工有限公司董事长朱剑君等业内专家50余人出席论坛并作相关主题研讨。宁波凹凸重工有限公司作为论坛的承办方，先后承担两个国家重点创新基金项目，主持和参与起草国家和行业标准15项，企业自主研制的“新型桥式起重机轻量化设计节能技术”入选国家第五批重点节能技术推广目录。

12月28日，古林镇首届米食文化节开幕

【古林镇总工会“五一”庆祝大会暨职工才艺会演】 2015年4月12日，古林镇总工会“五一”庆祝大会暨职工才艺会演在古林文化中心举行，全镇各村企职工群众500余人观看演出。会上，表彰2014年度工会工作先进集体、先进个人，并进行颁奖。会演以“劳动创造美 职工圆梦想”为主题，全镇15个村企代表队近200余人参加，有歌曲、舞蹈、小品、情景剧等节目。宁波狮丹努针织有限公司工会自编自导的情景剧《家和万事兴》获小品类节目金奖，西洋村和宁波市鄞州大港金属制品厂工会联合代表队的少数民族风情舞蹈《阿哩哩》获歌舞类节目金奖。

【甬剧《李敏》到浙江万里学院演出】 2015年6月2日，古林镇张家潭村艺术团排演的现代甬剧《李敏》在浙江万里学院基础学院报告厅演出，近700名师生观看。《李敏》是张家潭村艺术团根据章水镇革命烈士李敏事迹改编的一部大型原创现代甬剧，2014年6月12日在宁波逸夫剧院举行首演，累计在鄞州区各镇乡（街道）巡演近30场。6月3日，《宁波日报》报道此事，网易新闻、天津网、宁波文化网等媒体予以转载。

【蜃蛟村蜃池修复完工】 2015年9月30日，鄞州区历史文化遗迹修复工程——古林镇蜃蛟村蜃池竣工蛟龙喷水仪式在蜃蛟村举行。活动由区文管办主办，包括忆乡愁——蜃池照壁揭幕、铭历史——蜃池碑记揭幕、传统教育——放锦鲤、迎国庆——蛟龙红盖头四部分。其间，村民代表周明法向村民讲述当年日军飞机轰炸蜃池的历史事实，村民腰鼓队、舞龙队进行节目表演。蜃池修复项目按照“恢复文物原真性”的原则，9月初开始施工建设，投资135万元，清除淤泥250余立方米。

【庄潭河生态河道被评为浙江省河道生态建设优秀示范工程】 2015年10月，庄潭河生态河道被评为浙江省河道生态建设优秀示范工程。庄潭河长8.5千米，工程于2013年3月开工建设，主要包括岸坡整治、河道疏浚、河道护岸及植物护坡、生态景观建设等。投入资金1901万元，整治河道中心线长2582米，建成河道生态护岸4473米，疏浚清淤3500米，河岸绿化面积26904.5平方米，并在庄潭河两岸建设景观绿化带，建造两座人行桥以及方亭、木栈道等设施。

【古林镇第五届"席乡杯"门球邀请赛】 2015年11月1日，古林镇第五届"席乡杯"门球邀请赛预赛在宁波中山广场市门球场举行，全市45个门球队200余名门球队员参赛。邀请赛由古林镇文化站主办，市门球协会、区门球协会、古林镇居委会协办，古林镇门球协会承办。11月2日，门球邀请赛在古林镇门球场举行，9个队100余名门球队员参赛，古林镇门球协会、市军休中心门球队获第一名，古林镇施家门球队获第二名，邱隘门球队、石碶门球队获第三名，市老干部门球队、章水门球队、鼓楼门球队、树桥门球队分别获第四名。

【宁波旷世智源工艺设计股份有限公司上市】 2015年12月17日，宁波旷世智源工艺设计股份有限公司在"新三板"挂牌上市。证券简称：旷世智源，证券代码：834964。公司主要产品包括蜡烛制品、香薰制品及家居饰品三大类，包括100余个系列，1.5万余个规格产品，主要面向百货公司、礼品店、家居装饰店、药妆店等渠道，产品销往欧洲、北美等19个国家和地区。公司在澳洲市场和国内市场采用自主品牌路线，开设"Fumare""Aromage"品牌渠道。

（李 斌）

洞桥镇

【概况】 洞桥镇地处鄞州区西部，东连石碶街道，南接奉化市江口街道，西临鄞江镇，北靠古林镇，面积31.3平方千米。2015年，辖20个行政村和1个社区，总户数9447户，户籍人口21941人，外来人口14845人。实现地区生产总值24.51亿元，比上年增长10.2%。财政总收入3.25亿元，增长7.62%，其中一般公共预算收入1.42亿元，增长14.52%。

实现农林牧渔业总产值2.67亿元，增长12.66%。农村经济合作社股份制改革工作和农村剩余电流动作保护器换装全面完成。土地流转总面积1142公顷，占耕地面积的88.5%，规模经营面积993公顷。举办水稻高产栽培技术培训班8期，参训学员389人次。示范方单季晚稻亩产达941千克，获高产攻关全区第一名。投资500万余元，开展宁锋片266.67公顷农田农业综合开发项目。投资665万元，建成上水碶碶闸。投资400万元，实施石臼庙村生态河道整治。上水碶村、程家村河道砌石1877米，疏浚河道37千米。实现工业总产值94.2亿元。其中，74家规模以上工业企业实现总产值67.42亿元、销售65.29亿元、利润总额4.69亿元。"个转企"12家，"小升规"9家。增加高新技术企业2家，累计11家，实现高新技术行业产值38.7亿元，增长129.52%，占规模以上工业的比重提高到57.4%。企业研发投入占GDP比重达5.2%。固定资产投资10.05亿元，增长26.42%。其中，工业投资6.77亿元，增长22.42%；服务业投资3.28亿元，增长35.54%。限额以上服务业企业营业收入14.47亿元，社会消费品零售总额2.93亿元。实现外贸自营进出口1.77亿元，增长6.63%。注册境外投资企业1家，引进市外资金1.49亿元，到位外资500万美元。宁波帅特龙集团有限公司入选区"五十强"企业，宁波培源电器制造有限公司入选区成长型"五十佳"企业。企业获专利授权563项，完成市级新产品21项，申请市级以上知名商标1项，引进高素质人才5人。

表55　2015年洞桥镇各行政村（社区）基本情况

行政村（社区）	面积（平方千米）	户数（户）	人口数（人）	集体经济总收入（万元）	集体经济总支出（万元）	总资产（万元）
王家桥村	1.8	612	1528	182	140	7642
沙港村	1.9	1041	2511	472	112	20215
上水碶村	1.0	758	2118	139	218	3366
洞桥村	2.6	575	1360	176	113	3624
石臼庙村	2.5	318	753	161	66	1384
程家村	1.7	302	756	134	40	1716
李家村	1.3	261	698	79	46	2567
孙王村	1.2	277	675	176	38	2163
上凌村	1.1	232	612	108	74	2065
周公宅村	0.9	269	643	72	46	1136
树桥村	1.8	495	1186	164	134	2396
张家垫村	1.8	752	1998	116	118	5428

续表55

行政村（社区）	面积（平方千米）	户数（户）	人口数（人）	集体经济总收入（万元）	集体经济总支出（万元）	总资产（万元）
前王村	1.0	420	990	102	55	2280
鱼山头村	2.3	478	1198	173	158	3650
三李村	1.7	327	760	426	153	6218
宣裴村	2.9	540	1271	262	86	4626
蕙江村	1.3	446	1139	302	46	2854
百梁桥村	2.3	701	2012	443	95	5308
罗家漕村	1.0	191	437	103	93	899
潘家埭村	1.2	408	1094	59	65	1814
明苑社区	0.2	2252	5630	—	—	102

注：表格中数据为调查数

宁锋小学新校建成并投入使用，各学校创建“阳光厨房”，建设百梁小学塑胶操场及洞桥中学、中心小学资源教室。举办首届乡愁·全祖望文化节、“姹紫嫣红梨园春”戏曲大赛、“激情夏日·羽你分享”羽毛球挑战赛、“金风秋歌·梦想家园”乡村文艺会演等文体活动，推行“天天演”文化惠民工程和“天天看”电影惠民工程。建设三李村和张家垫村级文化礼堂。沙港村文化礼堂被区委宣传部推荐参评宁波市十佳文化礼堂，树桥村在全区文化礼堂建设成果展中获最佳人气活力奖，自创选送的村歌《美丽树桥走一回》获全区村歌大赛银奖。镇中心小学创建为市级卫生单位。农保体检3700余人次，妇女病体检2000余人次。受理各类劳资纠纷88件，追发劳动者工资金额161.8万元。调解各种工伤事故47起，涉及金额372.6万元。参加“五大保险”人数12889人。发放各类救助资金300万余元，惠及2000余人次。完成41名钦寸水库移民户安置房建设。开展消防演练和安全教育培训，培训从业人员626人次。

环卫保洁、绿化养护、路灯养护和农村公路养护等实行市场化管理模式。开展“五水共治”“三改一拆”“城乡清爽行动”等专项整治，拆违5.38万平方米，完成周公宅、沙港、石臼庙和三李4个村的“无违建村”创建工作。建立12条主要河道管理河长制。关闭畜禽养殖场15家，拆除禽舍面积5610平方米。关闭蔺草加工企业2家，整改提升1家，整治“两路两侧”问题点26处。鄞城大道沿线村集中污水管网二期建设1.9千米，8个村开展农村生活污水治理工程。

小城镇建设整片建新3万平方米，新村建设整片建新4万平方米，拆旧2万平方米。洞欣路延伸段工程全线贯通，章远东路建成通车，清源路改造工程交付使用，潘沙北路电力线落地工程低压部分改造完成。宁波市固废处置中心项目实现征地拆迁清零，启动项目拆迁安置房工程建设，完成项目代建和项目监理的联体招标。214省道扩建和鄞城大道延伸段工程征迁工作推进，镇中心老年乐园地块完成场地平整，洞桥邻里中心工程基本完成方案设计。总建筑面积约7.8万平方米的沙港新村三期主体结顶，三李村整体改建型新村后马点完成11幢房屋联户自建。

【洞桥镇宁锋小学新校投入使用】 2015年3月，洞桥镇宁锋小学新校建成并投入使用。5月28日，举行落成典礼暨“六一”庆祝活动。学校原址位于张家垫村，2013年4月，进行异地迁建。投资7000万余元，占地面积21863平方米，建筑面积13335.66平方米，绿化面积10181平方米，按照24个班级规模设计，配备室内体育馆、微格教室、电脑室、实验室、美术室、书法室、舞蹈室、音乐室等配套教室。学校有班级20个，学生800余人，教职员工50余人，专任教师43人，教师

6月8日，洞桥镇“姹紫嫣红梨园春”戏曲大赛总决赛在洞桥影剧院举行

中大专或大专以上学历占100%，其中2位教师为硕士研究生学历。

【洞桥镇“姹紫嫣红梨园春”戏曲大赛】2015年4月20~21日，洞桥镇“姹紫嫣红梨园春”戏曲大赛预选赛在洞桥影剧院举行，洞桥各行政村（社区）38名选手参赛，12名选手参加总决赛。活动由洞桥镇政府主办，洞桥镇文化站承办。6月8日，举行戏曲大赛总决赛，崔丽亚以《梁祝·回十八》获比赛一等奖；沈秀芬、王佳儿获二等奖；俞小英、沈胜一、江金香获三等奖，近千名观众到场观看比赛。

【激情夏日·羽你分享羽毛球挑战赛】2015年7月12日，激情夏日·羽你分享羽毛球挑战赛在洞桥镇文体中心举行，各行政村（社区）、机关事业单位的24支队伍近150人参赛。活动由洞桥镇政府主办，洞桥镇文化站承办。挑战赛采用团体赛形式，分上、下半区进行，经过分组单循环赛和淘汰赛。明苑社区获第一名，沙港村、洞桥村分别获第二、第三名。

【“金风秋歌·梦想家园”乡村文艺会演】2015年8月，“金风秋歌·梦想家园”乡村文艺会演启动，10月9日、10日、11日，分声乐类、舞蹈类、自选类3个组别在洞桥镇影剧院进行评选，21个行政村（社区）选送63个节目参加，每晚近千名观众到场观看。上水碶村选送的歌曲《美丽中国》获声乐类节目一等奖，石臼庙村选送的舞蹈《十送红军》获舞蹈类节目一等奖，上水碶村选送的小品《迷路》获自选类节目一等奖。根据3个节目的综合打分，评选出综合类一等奖1名、二等奖4名、三等奖6名，石臼庙村获一等奖，上水碶村、李家村、明苑社区、鱼山头村获二等奖，前王村、沙港村、孙王村、王家桥村、张家垫村、宣裴村获三等奖。

【洞桥镇新生代创业者联谊会成立】2015年9月16日，鄞州区首个镇乡新生代创业者联谊会在洞桥镇成立，选举吴良浩为会长，周承威为常务副会长，陆焕云、秦燕北、吴锡辉、王挺、吴雷幸、竺丹东和俞科宇为副会长，陆焕云兼任秘书长，有会员52人。其中“80后”占大多数，多数人在企业担任总经理、副总经理职务，个别担任公司董事长。联谊会成立后，开展“新三板”、电子商务和“互联网+”等培训，帮助新创会企业拓宽发展视野，筹划落实洞桥镇电商园项目。10月，为洞桥镇虞家因煤气爆炸而受伤的62岁村民元德宝捐款5000元，并拟筹建慈善基金。

10月17日，全祖望故居落成典礼在沙港村举行

【首届乡愁·全祖望文化节】2015年10月16日，首届乡愁·全祖望文化节开幕式暨“逐梦洞桥”文艺晚会在洞桥镇沙港村全祖望故居前广场举行。文化节由洞桥镇政府主办，洞桥镇沙港村协办，以“乡音·乡情·乡俗·乡恋”为主题，涵盖开幕式、乡恋·全祖望故居落成典礼暨《桓溪全氏宗谱》圆谱仪式、乡情·全祖望传统文化微论坛、乡音·“醉在乡音”戏曲展演、乡俗·非遗文化展示、乡恋·“舌尖上的洞桥”乡土特产展示、乡愁·全祖望文化节闭幕式等子活动。其中，10月17日在洞桥镇沙港村举行全祖望故居落成典礼暨《桓溪全氏宗谱》圆谱庆典。10月25日，在洞桥影剧院举行首届乡愁·全祖望文化节闭幕式暨圆梦洞桥表彰晚会。晚会分《乡愁·梦回故里》《乡愁·浙东风骨》《乡愁·一脉相承》三个篇章，有民族舞蹈《山谷回响》、歌曲联唱《中国风》、音乐快板《梦水如镜》等节目，并举行洞桥镇“最美家庭”表彰大会，洞桥村周后宝家庭、明苑社区俞祖贤家庭、明苑社区周永林家庭、李家村吴瑞苗家庭、潘家埭村方波家庭、树桥村陈丰波家庭获评“最美家庭”。

【社会治安动态视频监控系统投入使用】2015年3月，洞桥镇社会治安动态视频监控系统建成。项目投入350万元，在镇域主要道口安装高清监控点位196个，进行实时监视、抓拍和录像，并建立健全由街面巡逻网、社区群防网、重点部位监控网、卡点堵截网、区域协作网组成的动态治安防控网络。视频监控系统关联110接处警系统，整合辖区案发警情与动态巡防情况，分析研判辖区治安和发案趋势。

（邹凌枫）

鄞江镇

【概况】鄞江镇位于鄞州区西南部，东接洞桥镇、古林镇，西邻章水镇、龙观乡，南连奉化市江口、萧王庙街道和溪口镇，北依横街镇，镇域面积60.1平方千米。2015年，辖12个行政村和1个居委会，总户数9690户，户籍人口23163人。实现生产总值16.62亿元，比上年下降4.76%。财政总收入达到2.39亿元，增长13.81%，其中一般公共预算收入1.1亿元，增长23.38%。

实现农林牧渔业总产值2.67亿元。“十二五”期间投入约5000万元，治理清源溪、横岭水库下游溪坑和12座山塘水库，完成农业综合开发、农用线路改造等项目。南塘河中小河流整治工程Ⅱ标段完工并通过验收，投资930万元。湖西岙、岩庵山塘及菩萨岩、卖柴岙水库等整治维修及清淤工程均基本完工。锡山造地项目通过验收，投资约930万元，增加耕地9.33公顷。小麦、单季稻示范方单产列全区第二位。鄞江镇获2015年度全区重大动物疫病和畜产品安全工作管理考核综合优胜奖。增加规模以上工业企业5家，培育小微企业上规模升级15家。全年实现工业总产值33.07亿元，其中31家规模以上企业实现总产值17.94亿元、销售17.26亿元、利润总额0.98亿元。实现外贸自营进出口1.21亿美元，"浙商回归"增加到位资金9510万元。申报各类专利130项，增加区创新型企业2家、区研发机构4家、市初创企业3家，引进各类人才123人。实现高新技术产值6.4亿元，获区科技创新优胜奖。增加固定资产投入项目27个，投入8.76亿元，增长4.29%，其中第三产业投资5.75亿元，增长5.50%。限额以上商贸业销售额3.12亿元，社会消费品零售额3.67亿元。它山堰水利工程入选世界灌溉工程遗产。鄞江陈列馆、梅园革命史迹陈列馆、鲍家堋鱼文化博物馆布展开馆，举办"三月三""六月六""十月十"它山庙会和鱼文化节等传统节庆活动，全年吸引游客30万人次。

表56　　2015年鄞江镇各行政村基本情况

行政村	面积（平方千米）	户数（户）	总人口数（人）	集体经济总收入（万元）	集体经济总支出（万元）	总资产（万元）
清源村	5.80	424	1027	115	109	1167
金陆村	3.96	382	973	219	328	8307
蓉峰村	6.39	421	1039	179	64	957
悬慈村	6.60	1167	2785	286	152	2938
它山堰村	3.50	754	1769	489	307	3745
鄞江村	4.67	672	1718	113	98	1386
光溪村	4.60	930	2256	415	123	7030
东兴村	7.80	662	1641	883	326	8869
建岙村	8.50	1014	2528	408	254	2960
大桥村	2.20	424	1021	244	96	3611
梅园村	5.60	504	1286	290	263	3156
沿山村	4.38	304	791	175	66	998

注：表格中数据为调查数

收集有效信息1778件，接待信访群众32批235人次，调处矛盾纠纷201起。办理各类人大建议21个，满意率100%。镇招标中心招投标项目93个，涉及金额1.03亿元，中标价9380万元，下浮率9.24%，节约资金955万元。开展明察暗访21次，发现问题7起，处理1人，诫勉谈话2人。开展违规办理和持有因私出国（境）证件专项治理，集中组织保管率100%。参加活动党员8300余人次，培训党员干部1700余人次。梅园等4个村村级财务公开。受理信访举报4件，办结率100%；立案1件，处分党员干部2人。

制订鄞江镇教育三年规划，创建为宁波市学前教育示范乡镇，三优中心创建为省级示范点，鄞江中心幼儿园升级为省二级一类幼儿园，鄞江镇中心小学迁址并于9月开学。通过浙江省卫生镇复评，镇中心卫生院被评为省级群众满意乡镇卫生院。鄞江镇申报成为省级历史文化名镇，鲍家堋村（悬慈村）、建岙村申报成为市级历史文化名村，梅园革命史迹陈列馆被评为市级爱国主义教育基地。4个行政村文化礼堂建成，鄞江陈列馆建成并对外开放。举办第23届亚洲攀岩锦标赛、宁波市"它山堰杯"公开水域游

10月4日，鄞江陈列馆试开馆

泳邀请赛等活动。举办企业招聘洽谈会，达成就业意向282个。办理被征地人员社保补贴498人次，补助金额135万余元，办理失业或灵活就业人员427人，补助金额157万余元。“慈善一日捐”募集善款359万元。发放各类社会救助、扶贫帮困资金300万余元，惠及1200余人次。实行劳动仲裁先行调解制度，调处劳动纠纷63起，涉及金额259.1万元。

“五水共治”投入2000万元，疏浚河道15千米。关闭畜禽养殖场52家，拆除面积2.4万平方米，复耕2公顷，剩余7家养殖场全部达到规范化养殖要求。统一回收和集中无害化处置农资包装废弃物。投入550万元，建成横鄞线、荷梁线及环镇东路三条主干道景观、绿化、立面改造工程。改造岗山岭路和岗山岭古道景观，完成工程量的75%。成立鄞江镇环境保护工作站，开展全镇1000余家企业环保清理专项行动。拆违3.8万平方米，梅园、东兴、金陆、鄞江4个村创建为“无违建村”。

编制《鄞江镇历史文化名镇专项保护规划》和《鄞江镇核心区城市设计规划》。推进鄞江镇总规——宁波市多规融合试点工作，多规融合城镇规划和土地规划纲要基本完成。投入7.5亿元用于小城镇建设，小城镇拆旧7.5万平方米，建新25万平方米，拆除危房1万平方米，建设道路11千米，铺设污水管网8.5千米。镇中心小学竣工投用，总投资1.2亿元。镇文化中心主体工程完成80%，总投资7800万元。集中居住地块完成施工图设计。官池小区、岗山岭小区等4处老旧小区改造完成，改造面积4.5万平方米。新村拆迁1.6万平方米。“十二五”期间建新12万平方米，拆旧6万平方米，待建（或在建）约5.7万平方米。其中，金陆新村一期完成总工程量的90%，投资9600万元，占地3.5万平方米；它山雅苑和它山二期整体工程完工，总投资4200万元，占地1.53万平方米；梅园新村一期竣工验收，投资3200万元，占地1万平方米；东兴新村一期桩基工程竣工，投资1.2亿元，占地3.2万平方米；清源禅岩自然村24个庭院改造项目投资800万元。以清源、金陆、悬慈、蓉峰4个村庄为节点的市级精品线通过市级验收，总投资约5700万元。

11月19日，它山堰申遗成功纪念首日封发行仪式在鄞江“十月十”庙会举行

【《漫·鄞江》获“最佳城市”微电影奖】2015年1月18日，第四届北京国际微电影节颁奖典礼在北京举行，由鄞江镇政府出品，年轮映画（北京）文化传媒有限公司（EO朱俊澎为主拍摄）、宁波灏天新媒体影视发展有限公司联合摄制发行的城市旅游微电影《漫·鄞江》获“最佳城市”微电影奖。《漫·鄞江》时长11.42分，总投资25万元，以江南水乡鄞州为背景，取景于鄞江镇它山堰、晴江岸、清修岭水库等景色，讲述一个久居都市的摄影师厌倦城市喧嚣，到江南古镇鄞江桥寻找灵感的故事。

【鄞江镇开通鄞州区首条廉政文化旅游专线】2015年3月13日，鄞州区首条廉政文化旅游专线在鄞江镇开通，由镇区内樟溪（鄞溪、光溪）河漂流、它山水利主题公园、它山庙、养正学堂、鄞江廊桥和梅园革命史迹陈列馆6个精品线路景点组成，其中它山水利主题公园景点廉政步道设置9组王县令王元暐率众建造千年古堰它山堰事迹石刻，分别为“太和治鄮”“崇义为公”“泽润一方”“巧筑三碶”“恤民为本”“知人善任”“两袖清风”“它山遗德”“远绩禹功”。全区“廉政旅游”一文刊登在12月22日《浙江日报》25版。全年接待各地党组织50余个，游客4000余人次。

【鄞江镇被确定为省级历史文化名镇】2015年3月22日，鄞江镇被省政府确定为新一批省级历史文化名镇。鄞江镇境内的它山堰，是中国四大古水利工程之一、国家级文保单位。另有它山庙、光溪桥、郎官第等各级文保单位15个、文保点17处，宁波走书、鄞江桥庙会、泥塑、红帮裁缝、手工长面等11项国家、省、市、区级非物质文化遗产。《鄞州日报》《东南商报》《宁波晚报》《宁波日报》《浙江日报》等进行报道。

【区首个多村联建产业扶持项目交付使用】2015年6月底，清源、建岙和沿山3个村联建的扶贫工业区标准厂房建设工程交付使用。该工程是鄞州区首个多村联建产业扶持项目，3个村联合在沿山村废弃宕山处整理出工业用地约1公顷，总投资953万元，建造标准厂房3幢，面积8563平方米，于上年6月由宁波新蕾实业有限公司开始建造。至年底，工业区有3家企业签订租赁合同。其中，宁波鄞州优必家居家用品有限公司和宁波市鄞州永宇玻璃制品厂于8月开工，宁波市鄞州永宇玻璃制品厂进行开工筹备。

【鄞江陈列馆试开馆】2015年10月4日，鄞江陈列馆试开馆。场馆面积993平方米，总投资1390万元，其中室内布置展览290万元。馆内运用实物、照片、模型、硅胶像、图标、雕塑、多媒体技术、油画、相关文献和《堰成·甬成》影视频等形式进行展览。陈列馆设四大展厅，展厅主题分别为鄞江之时、鄞江之韵、鄞江之业和重建廊桥馆，分布在一、二楼两个楼层。2013年，全社会民间集资重建鄞江桥后，用建成后剩余集资款建造鄞江陈列馆。2014年底建成，2015年初开始设计布展。馆内展出的红花碗等300余件实物大部分是民间捐赠，“鄞江陈列馆”由沙孟海书画院副院长张忠良题写。

【“十月十”庙会暨它山文化旅游节】2015年11月19日，鄞江“十月十”庙会开街仪式在鄞江镇澄浪潭路（环镇东路）举行。庙会由畅游、畅购、畅赏、畅谈四大篇章组成，主题为“在这里，遇见过去的时光”。有展示箍桶、弹棉花等20余个非物质文化遗产项目的创意集市、“玩爷爷玩过的游戏（滚铁环、跳绳等）”童玩节、商贸物资交流展销会以及手工年糕、千层饼等四明山特色农产品展销会和美食节、宁波走书剧场、庙会社戏专场演出、民祭它山堰功臣、铭记历史纪念抗日战争胜利70周年图片展和第23届亚洲攀岩锦标赛、第九届鄞江澄浪潭鱼文化节暨鄞州区鱼文化博物馆开馆启动仪式、相聚它山、共创发展——鄞江招商投资洽谈会等活动。庙会持续到22日，约18万人次参加。

【它山堰申遗成功纪念首日封发行仪式】2015年11月19日，它山堰申遗成功纪念首日封发行仪式日在鄞江桥“十月十”庙会开街仪式上举行，组织申遗的区水利局局长谢赛定和鄞江镇镇长陈晓虎共同揭开首日封的红丝带，并将首日封分别赠予为它山堰申遗作出贡献的各团体和个人。它山堰成功申遗上首日封是鄞州历史上的首枚首日封，以它山堰堰坝上舞龙为背景，其左下角图案为它山堰获得的世界灌溉工程遗产标牌，上面印有“它山堰申遗成功纪念”烫金字样。加盖的邮戳为纪念它山堰申遗成功特别制作，共发行5000枚。

（许惠素）

章水镇

【概况】章水镇位于鄞州区西南端，东北连鄞江、横街两镇，东南接龙观乡，西南依奉化市，西北靠余姚市，镇域面积130.1平方千米。2015年，辖20个行政村和1个居委会，总户数12206户，户籍人口25597人。实现地区生产总值6.88亿元，比上年下降9.47%。财政总收入6749万元，增长3.37%，其中一般公共预算收入3464万元，增长7.41%。

实现农林牧渔业总产值2.06亿元。农村经济合作社股份合作制改革完成，李家坑百亩高山蔬菜基地立项。土地喷滴管改造40公顷，造田16.67公顷。23户政策性农业保险投保135万元。实施畜禽防疫16000余头（羽）。定期抽检市售农产品，合格率100%。10家规模以上企业实现工业总产值4.91亿元、销售4.62亿元、利润总额0.64亿元。处置鄞州福利厂遗留问题，关停一级、二级电站。小型微型企业升级为规模以上企业2家，引进企业2家，完成区级重点技改和科技项目2个。固定资产投资2.21亿元，其中服务业投资1.96亿元。限额以上商品销售额3577万元，社会消费品零售额1.02亿元。获批市、区级四明山生态项目8个，推出“最红章水”品牌，举办第九届樱花节，承办“醉美樱花”马拉松等赛事。PPP众筹四明洞天和赤水九天花海景区建设。

表57 2015年章水镇各行政村基本情况

行政村	面积（平方千米）	户数（户）	人口数（人）	集体经济总收入（万元）	集体经济总费用（万元）	总资产（万元）
章溪村	3.13	590	1315	157	178	593
郑家村	5.31	1078	2421	1707	1536	5966
樟村村	5.43	1357	2945	637	848	1002
崔岙村	5.83	743	1646	247	317	779
朱梅村	4.16	745	1610	83	80	525
许岩村	4.09	667	1425	140	171	242
蜜岩村	7.02	737	1651	152	153	820
童皎村	9.23	486	1091	233	115	752
大皎村	10.23	478	1017	173	160	3413
杜岙村	7.32	595	1316	245	223	723
赤水村	4.56	336	741	237	292	403
宇岩下村	3.67	254	559	143	205	445
梅陇村	6.76	541	1206	99	123	400
茅镬村	1.88	143	319	47	65	461

续表57

行政村	面积（平方千米）	户数（户）	人口数（人）	集体经济总收入（万元）	集体经济总费用（万元）	总资产（万元）
低坪村	2.67	176	340	83	84	277
箭峰村	2.98	149	330	315	87	1499
杖锡村	4.98	499	1077	150	128	892
李家坑村	4.05	368	757	658	770	2471
里梅村	6.49	273	641	109	127	338
燕麻村	4.83	285	656	200	223	262

注：表格中数据为调查数

21个村（居）均建立党建“责任清单”。撤、改、增党支部3个，实现离退休党员干部全覆盖。创建三星级以上党支部52个，村社“对标落实”达标率95%。全面实施村干部到龄退职，清退4人。建立不合格党员退出机制，发展党员18人。开展农村党员培训，惠及农村党员700余人次。

中考普高上线率53.4%。撤并杖锡小学，引入王财贵国学经典学校。建设文化礼堂2家，总数增至4家。启用村民活动中心4个，举办首届镇职工文艺会演等文艺活动4场次。迁建杖锡卫生服务站，服务站总数增至17家。办理城乡社保医保16790人次，参保率99%。救补助及慰问2542人次660万余元（含镇自筹资金50万余元）。募集慈善款958910元，惠及千余人。经办、代办各项民生服务2121人次，办理“一卡通”12053张，推行村（社区）退休人员社会化保障体系，实现2890名退休人员100%全覆盖。公共事务中心等渠道及时反馈和解决群众反映问题114次，满意率98.7%。受理各类信访来访69批207人次，下降48%。

李家坑村获由住房和城乡建设部颁发的“美丽宜居村”称号。水库坝下村垃圾全部桶装化。农村饮用水提升村增至11个。疏浚河道和水毁治理2处，山塘水库整治竣工4处，在建2处。全镇10台落后锅炉全部关停或改造达标。皎口水库至细岭彩色带建设完工，退花还林86.67公顷。

章水镇中心小学、中心中学和镇文化中心开始装修。拆违2.5万平方米，改造棚户区27071平方米。增装路灯171盏。箭峰新村1号地块进场开工，2号地块立项。安置茅镬地质灾害村移民，准备赤水、大皎下塘和低坪上横外迁。投资1400万余元，完善李家坑内聚示范点，改建赤水翻身点。启动郑家村桂家自然点原拆原建，完善章溪村象岩自然村建设方案。

【第九届宁波四明山（杖锡）樱花节】 2015年4月12~26日，第九届宁波四明山（杖锡）樱花节在章水镇举行。活动由团区委、章水镇政府主办，区文广新局、区妇联协办。杖锡樱花园内樱花有菊樱、绿樱、红大岛、吉野等25个新品种。以“我和樱花有个约会”为主题的“最红章水”粉红初春篇之第九届宁波四明山（杖锡）樱花节以“美人”“美食”“美景”为载体。其间，举行“醉美樱花”女子半程马拉松赛、“最红古道”登山徒步行、“樱爱而行”公益一日行活动、“穿越四明山心”自行车比赛、“樱花树下樱花情”樱花许愿树、“樱你而美”手机摄影大赛、“樱为有你·春暖花开”樱花游园等活动。主办方通过微信、微博等全媒体方式向游客发布活动信息，并与之互动。

【“章水情，劳动美”第一届职工文艺会演】 2015年4月25日，“章水情，劳动美”第一届职工文艺会演在樟村中学对面广场举行，各企业、村联合工会200余人参加演出。活动由章水镇政府主办，镇总工会承办。有独唱、二重唱、小品、越剧表演、舞蹈、三句半、甬剧、快板、腰鼓、折子戏等24个节目，800余人观看演出。

【章水镇半坑自然点发现《龚氏宗谱》】 2015年5月20日，章水镇梅龙村半坑自然点村民龚和平在旧房墙壁中发现一部《龚氏宗谱》。宗谱修于1916年，

4月12日，第九届宁波四明山（杖锡）樱花节在章水镇开幕

分上下两册，载族史起于唐会昌年间（841~846年），至修谱时1000余年，内容涵盖家族谱系、先祖图谱、遗训家规等方面。龚氏先祖清初由余姚鹿亭乡的石潭和叶家洋两地迁至半坑自然点，该点有600余人，其中99%以上为龚姓。《龚氏宗谱》为木活字印刷本，文字记载和线描图案比较清晰，其编纂过程有专人负责采访、校对等工作，佐证100年前鄞西山区农民一种自发的文化行为，其内容对研究四明山山民文化历史具有重要价值。

【引入王财贵国学经典学校】 2015年6月13日，章水镇政府与遂昌王财贵经典学校签订协议，在原杖锡学校校址建立四明王财贵经典学校。遂昌王财贵经典学校是一所以诵读中外经典著作为特色的学校，是浙江省诗教基地、全球中华文化经典诵读大会永久分会场，于2009年创办，该校学生除学习国家要求的义务阶段课程外，需参加"四书五经"等国学经典，莎士比亚、柏拉图、斯宾塞等西方经典作家英文作品的诵读以及学习武术、书法等中国传统文化课程，学校采取全封闭式寄宿制管理。

【宁波樟村四明山烈士陵园入选第二批国家级抗战纪念遗址名录】（参见"社会民生"类目"民政事务"分目）

【"走进鄞州·走进革命老区"志愿服务活动】 2015年9月24日，甬耀银辉2015——"走进鄞州·走进革命老区"志愿服务活动在章水镇启动，100余名银辉志愿者献爱革命老区。活动由市委老干部局、九三学社宁波市委员会等单位主办，区委老干部局、银辉志愿者联合会鄞州分会和章水镇政府承办，市委组织部副部长、老干部局局长俞小勋，副局长郑玲萍，区委副书记毛春阳等参加活动。启动仪式在宁波樟村四明山烈士陵园旁广场举行，市银辉志愿者联合会向鄞州分会授牌。郭正伟、王飞龙等老同志率领市、区、镇的银辉志愿者开展8项活动。区夕阳红艺术团银辉志愿者以纪念抗战胜利70周年为主题，表演男声小组唱《弹起我心爱的土琵琶》、情景配乐诗朗诵《长城励志抒情怀》、歌舞《甜甜的中国梦》等节目；九三学社宁波市委员会选派骨科、眼科、老年病、中医等医疗专家及章水镇卫生院的医护人员，为老区老年人义诊；市、区老干部书画协会的银辉志愿者进行书画创作；区科协银辉志愿者提供农业、林业等方面的技术咨询服务；章水镇银辉志愿者开展环保宣传工作；区委老干部和区退教协会的银辉志愿者开展理发、家电维修、教育咨询等便民服务。在章水镇中心小学，举行"大手牵小手"助学关爱行动，市、区银辉志愿者联合会和市红十字会为樟村中学和章水镇中心小学20名贫困学生送上助学金及学习用品。市、区银辉志愿者开展"走亲连心进家门"关爱活动，分两组走访郑品根、邵锡表、崔炳荣等20名抗战老兵、"三老"人员和困难老年人，给予慰问金和慰问品。

5月17日，2015"美丽鄞州"欢乐游任我行首站走进章水镇

【李家坑村获评市长寿村】 2015年10月11日，市老龄工作委员会、民政局公示首批长寿村，章水镇李家坑村成为全市首批、全区首个长寿村。李家坑村有村民768人，其中百岁老人1人、90~99岁18人、80~89岁53人，80岁以上老人占村民总数的9%以上。李家坑村投入530万元，建立2500平方米的村服务中心；投入250万元，建立居家养老服务中心。百步阶居住点启动旧村改造，建造82套3层楼农民公寓。

（司耀锋）

龙观乡

【概况】 龙观乡位于鄞州区西部，东临鄞江镇，南连奉化市，西北靠章水镇，乡域面积71.8平方千米。2015年，辖10个行政村和1个居委会，总户数4816户，户籍人口11320人。实现地区生产总值7.7亿元，比上年增长3.77%。财政总收入3980万元，其中一般公共预算收入1833万元。

实现农林牧渔业总产值1.69亿元，增长4.32%。李岙桂花观光园升级改造推进，汇亨农业精品园种植多样水果以及2公顷以薰衣草为主的观赏花卉，五龙潭有机茶园开发研制针形茶、红茶等新产品，茶文化博览园主体工程完工，五龙潭高山农场基础建设基本完工。金溪橡胶坝新建工程完成验收，投资500万元；皤溪溪坑治理工程完工，投资555万元；石鼓门水库和直岙、石坛路两个山塘整治工程基本完工，总投资650万元。实现工业总产值9亿元，11家规模以上企业实现总产值4.93亿元、销售4.61亿元、利润总额1416万元。获授权专利36件、发明专利1件。开展培训讲座8次，培训42人。固定资产投资3.05亿元，其中服务业投资2.75亿元。社会消费品零售额8954万元，增长3.35%。投入100万元，实施五龙潭、中坡山基础配套建设，修复"绿谷龙观"健身古道，引进江南50千米山地越野赛。万汇养生休闲基地一期工程建设主体结顶，“龙观禅那”精品民宿项目开建，龙观柏庭高端养老项目前期工作推进。特色农家乐半山人家对外营业，汇亨精舍投入试运营，向阳舍2号楼主体结顶。增加星级农家乐5家，龙峰村被评为区级农家乐示范村。全乡接待游客30万人次，实现旅游收入2600万余元，被评为全国特色景观旅游名乡镇、市乡村旅游发展重点乡镇。

表58　　2015年龙观乡各行政村（居委会）基本情况

行政村（居委会）	面积（平方千米）	户数（户）	人口数（人）	集体经济总收入（万元）	集体经济总费用（万元）	总资产（万元）
金溪村	—	412	1012	143	83	2049
后隆村	—	873	2167	155	130	3287
龙谷村	—	602	1469	174	107	1408
桓村村	—	605	1604	495	377	9485
龙溪村	—	517	1180	546	308	793
龙峰村	—	263	634	135	69	1473
大路村	—	325	778	87	95	2037
山下村	—	200	527	442	167	10053
李岙村	—	255	604	524	62	6403
雪岙村	—	343	779	355	58	980
居委会	—	448	595	28	28	0

注：表格中数据为调查数

开展“双进”走访活动，走访村（居）32次、企业18次，解决实际问题133个。建立村级党员家庭议事点9个。查处违纪案件1起，整顿软弱涣散村党组织1个。

开展新春青少年读书会、“双美”表彰文艺演出、“清新龙观、美丽乡居、老少同乐”文体大会等活动。龙观革命史迹陈列馆设计布置，整理资料。建成文化礼堂1个。开展“博爱送万家”“慈善一日捐”等活动，募捐43万元，慰问困难群众、重点优抚对象等312户44万元，发放各类生活补助55万元。建成龙溪、龙谷等8家居家养老服务站。办理“五大险种”1.22万人次，发放失业金160万元，惠及250余人；为103家企业办理社保补贴，发放补助金100万元；为14家小微企业提供小额担保贴息贷款307万元。探索法治、德治和自治“三治”融合基层治理模式，制订村规民约，完成农村经济合作社股份合作制改革。推广应用“平安通”系统终端27个。受理各类信访来访83批次295人次。督察企业201家次，整改各类安全隐患298处。

启动示范街区改造项目。龙兴路街景实施两侧村民房改造、管线下埋、景观小品更新，拆旧1.6万平方米，建新1.9万平方米。老年乐园主体结顶，龙盛家园完成分房。小城镇拆旧8040平方米，建新2.55万平方米。新村建设确定11个重要节点项目，新村拆旧2.58万平方米，建新4.9万平方米，形成“442”（4个村全拆全建、4个村整理改造、2个村高山移民）美丽乡村格局。“三改一拆”拆除违章建筑2.7万平方米。推进水环境综合整治三年行动计划，关闭18家畜禽养殖场，治理乡域道路沿线等重点区域的广告牌。

【江南50千米山地马拉松赛】（参见“体育”类目“群众体育”分目）

龙观乡李岙村

【"环保小天使"总会成立大会暨创建全国环境卫生乡实践活动】 2015年5月17日，龙观乡在后隆文体公园举行"环保小天使"总会成立大会暨创建全国环境卫生乡实践活动，全乡近200名"环保小天使"及乡关工委所属的各村（单位）关工委教育基地主任、乡老干部支部成员和在乡"五老人员"、志愿者等参加活动。开幕式上乡政府领导宣读《关于成立龙观乡关工委"环保小天使"总队的决定》，进行各分队授旗和"环保小天使"宣誓等仪式。各分队进行捡拾垃圾活动。

【龙观乡获评全国特色景观旅游名乡】 2015年7月13日，住房和城乡建设部、国家旅游局公布第三批全国特色景观旅游名镇名村示范名单，龙观乡入选，是鄞州区唯一入选乡镇。龙观乡位于四明山东入口，区域面积71.8平方千米，森林覆盖率达75%，是全国环境优美镇乡、宁波市推进四明山区域生态发展的重点镇乡之一。围绕建设市重点乡村旅游镇乡、省级慢生活体验区重要板块和国家级乡村休闲旅游示范基地三大目标，龙观乡累计投入10亿元，完善交通、治理溪流、改造街景，建设游客服务中心、停车场等设施。2014年全乡新村建设拆旧2.8万平方米，建新4.6万平方米。按照"连点、成线、促面"的建设步骤，龙观乡建设北部、中部、南部三条主题风情带：北部生态养生风情带以"龙观柏庭"养老项目为龙头，总投资10亿元；中部休闲运动风情带以中坡山休闲项目为主体，同时将"绿谷龙观"郊野公园建设成国内一流的户外运动基地，签约投资额5000万美元；南部乡村度假风情带以"美丽乡村"建设为驱动，发展"一村一景"特色旅游项目，达成投资1200万元的"龙观禅那"民宿开发协议。

【2015"清新龙观、美丽乡居、老少同乐"文体大会】 2015年10月17日，龙观乡举行纪念中国人民抗日战争暨世界反法西斯胜利70周年2015"清新龙观、美丽乡居、老少同乐"文体大会，全乡308名运动员和文体骨干参加健身球、木兰扇、飞镖、弹子棋、乒乓球五个大项角逐及龙舞、腰鼓、佳木斯舞、小品、快板、马灯舞、西藏舞等文艺演出。活动由龙观乡文化站主办，龙观乡关工委、乡老干部支部、乡团委、乡妇联、乡中心学校协办。

12月8日，全国最大村级光电建筑一体化光伏电站并网启动仪式在龙观乡李岙村举行

【李岙村光伏项目并网发电】 2015年12月8日，李岙村电光建筑一体化光伏电站并网启动仪式在龙观乡李岙村举行。省委常委、市委书记刘奇，市委常委、常务副市长陈奕君，李岙村村支部书记和老党员代表共同启动光伏发电按钮。区委副书记、区长陈国军在启动仪式上致辞。李岙村采用光电建筑一体化的建设模式，用光伏陶瓷瓦片替代传统瓦片，具备发电、隔热防水功能。工程投资总额500万元，项目资金主要由村集体、政府支持。李岙村作为全市第一个光伏村，将成为依托新能源、发展新产业、建设新农村的重要支点。鄞州区将以李岙村为试点示范，在龙溪线沿线规划布局一批光伏村、光伏企业，配套建设一批光伏路灯、光伏垃圾分解站等基础设施。初步估算，村集体收入每年可增加30万余元。龙观乡将以李岙村屋顶光伏发电项目为样本计划打造浙江省首个"光伏小镇"。

【"绿谷龙观"登山健身步道项目被评为浙江省运动休闲旅游项目】 2015年9月17日，浙江省第四届运动休闲旅游节开幕式在平湖市举行，省体育局、省旅游局对2015年浙江省运动休闲旅游示范基地、精品线路和优秀项目进行授牌，龙观乡"绿谷龙观"登山健身步道项目被评为浙江省运动休闲旅游项目。"绿谷龙观"登山健身步道位于龙观乡，2013年10月全线开通，环绕龙观全境约50千米，贯穿龙观全域45平方千米山区，曾举办市第六届群众登山大会、华东驴友大会、宁波大学生阳关登山赛、江南50千米越野赛等市级及以上特色登山赛事活动。

【龙盛家园交付分房】 2015年1月，龙盛家园交付分房。龙盛家园为乡大龄青年解困房，由天一设计有限公司设计，友力建设有限公司承建，宏宝监理有限公司监理，设计123平方米、110平方米、103平方米、84平方米和75平方米五种套型，有多层住宅231套。工程于2013年启动，2014年1月建成，总投资5600万元，总用地面积1.5万平方米，建筑面积2.7万平方米。

（朱锦良）

注：

"3579"特色党建品牌：即"三圈合驿""五共并举""七色渲染""九情和美"，涵盖辖区资源整合、创新工作机制、党员引领团队、塑造社区道德价值等方面。

组织机构及其领导名录

酒埕岩仙人寨

区级机构

镇乡（街道）机构

鄞州年鉴

2016 YINZHOU YEARBOOK

区级机构

【区四套班子领导机构】

中共鄞州区委员会

书　　记:陈奕君(11月止)
　　　　胡　军(11月始)
副 书 记:陈国军
　　　　史济权(6月止)
　　　　毛春阳
　　　　宋济青(11月止)
　　　　张文斌(11月止)
　　　　叶继松(6月始)
　　　　徐　强(11月始)
常　　委:林　琪
　　　　周忠贤(4月止)
　　　　沈　权　林　东
　　　　郑坤法
　　　　李　刚(4月始)
　　　　沈剑波　陈　虹
　　　　蔡松芝(6月止)
　　　　何学军(6月止)
　　　　章英杰(9月止)
　　　　徐卫成(1月始)
　　　　葛连军(6月始)

鄞州区人民代表大会常务委员会

主　　任:王自强
副 主 任:忻国龙　高强华
　　　　张世华(11月止)
　　　　吴柏宏　崔伟高
　　　　叶天奔
党组书记:王自强
党组副书记:忻国龙
党组成员:高强华
　　　　张世华(11月止)
　　　　吴柏宏　崔伟高
　　　　黄新山(11月始)

鄞州区人民政府

区　　长:陈国军
副 区 长:沈　权　黄新山(11月止)
　　　　夏素贞　蒋明良
　　　　陈　虹(11月止)
　　　　茅剑辉
　　　　蔡松芝(7月止,挂职)
　　　　张烨文(1月止,挂职)
　　　　章英杰(11月止,挂职)
　　　　柴志强
　　　　王　颖(7月始,挂职)
　　　　梅益进(11月始)
　　　　戴华祥(11月始)
党组书记:陈国军
党组成员:沈　权　黄新山(11月止)
　　　　蒋明良　陈　虹(11月止)
　　　　茅剑辉　柴志强
　　　　梅益进(11月始)
　　　　戴华祥(11月始)
　　　　卓开成　朱剑涛
　　　　沃勇特(12月止)
　　　　阮建成(8月始)
　　　　王　煦(12月始)

政协鄞州区委员会

主　　席:陈振国
副 主 席:王国定　陈国良
　　　　吴海平　黄碧英
　　　　薛玉生　鲁定国
秘 书 长:蔡桂芬(9月止)
代秘书长:孙亚飞(9月始)
党组书记:陈振国
党组副书记:王国定
党组成员:陈国良　吴海平
　　　　薛玉生　鲁定国
　　　　孙亚飞(8月始)
　　　　蔡桂芬(8月止)

【区纪委(监察局)】

中共鄞州区纪律检查委员会

书　　记:周忠贤(4月止)
　　　　李　刚(4月始)
副 书 记:余晓虹　周初波
常　　委:胡光飞(12月止)
　　　　杜路畅　陶　飞
　　　　张政一(3月始)
　　　　郭成奎(12月始)
　　　　任　新(3月止)

区监察局

局　　长:余晓虹
副 局 长:胡光飞(12月止)
　　　　郭成奎(12月始)
　　　　励佩珍(4月始)

【审判、检察机构、人民武装】

区人民法院

院　　长:王松来
副 院 长:姚世国　郑贤达
　　　　水旭波　金　首
纪检组长:章信祥
执行局局长:谢贤芳(3月始)
　　　　金　首(1月止)
政治处主任:鲍根月
审委会专职委员:高志刚
　　　　张宝琴(4月始)
　　　　徐力英(4月始)
大嵩法庭庭长:陈高龙(4月止)
　　　　李建宏(4月始)
邱隘法庭庭长:陈高龙(4月始)
姜山法庭庭长:周小鸥
望春法庭庭长:徐力英(4月止)
　　　　周文君(4月始)
鄞江法庭庭长:陈增宏(4月始)
东钱湖法庭庭长:陈文生(4月始)
党组书记:王松来
党组副书记:姚世国
党组成员:章信祥　郑贤达
　　　　水旭波　金　首
　　　　鲍根月　高志刚(9月始)

区人民检察院

检 察 长:华志苗
副检察长:赵　敏(4月始)
　　　　高忠东(4月止)
　　　　柯　伟(5月止)
　　　　施源明　张红军
　　　　吴静儿(11月始)
政治处主任:吴静儿(10月止)
　　　　曹丰达(10月始)
检委会专职委员:陈　静
　　　　王巨龙(12月止)
　　　　金忠义
　　　　章建军(12月始)
反渎局局长:何忠杰
东钱湖检察室主任:钱　忠(3月始)
集士港检察室主任:干红光(9月始)
党组书记:华志苗
党组副书记:赵　敏
纪检组长:王　骏(3月始)
党组成员:高忠东(3月止)
　　　　柯　伟(4月止)
　　　　施源明　张红军　吴静儿
　　　　王　骏(3月始)
　　　　曹丰达(9月始)
　　　　张刚军(4月始)
　　　　陈　静(9月始)

区人民武装部

部　　长:何学军(3月止)
　　　　王小兵(10月始)

政　　委：葛连军
副 部 长：卢昌平

【区委工作机构及党群各部门】

区委办公室
主　　任：戴华祥（12月止）
　　　　　沃勇特（12月始）
副 主 任：徐海平　洪　峰
　　　　　王升涛　钱孝平（兼）
　　　　　徐　明（兼）　夏国芬（兼）
　　　　　陈益平（8月止，兼）
　　　　　戎惠棠（兼）
　　　　　俞小群（2月始，兼）
　　　　　李建卫（2月始，12月止，兼）
办公会议成员：叶茂章（12月始）
　　　　　费建忠（12月始，兼）
　　　　　傅怀锋（4月始）
机要局局长：罗旭东
保密办（局）主任（局长）：徐云亚

区委组织部
部　　长：郑坤法
副 部 长：毛孟军　余　解
　　　　　陈雅君　周义定（兼）
　　　　　孙亚飞（1月止，兼）
　　　　　周丽君（1月始，兼）
两新工委书记：余　解
两新工委副书记：吴洁瑜（3月始）
人才办主任：陈雅君
人才办副主任：杨亦权
纪检组副组长：朱戴祥（12月始）
部务会议成员：朱戴祥（12月始）
　　　　　汪　辉　杨亦权
　　　　　吴洁瑜（3月始）
　　　　　虞曙峰（3月始）
　　　　　阮　锴（12月始）
组 织 员：徐　超（12月止）

区委宣传部
部　　长：沈剑波
副 部 长：陈琪树　邵　斌（兼）
　　　　　张行君　沈君达
部务会议成员：何小红
　　　　　许　骥（3月止）
　　　　　章燕飞
　　　　　童科军（4月始）
　　　　　张建明（12月始）
文明办主任：陈琪树
文明办专职副主任：何小红
网信办主任：张行君
网信办专职副主任：徐铭

区委统一战线工作部
部　　长：陈国良（11月止）
　　　　　陈　虹（11月始）
副 部 长：陈　肯（兼）
　　　　　徐自力（兼）
　　　　　卢善听（兼）
　　　　　朱英海　傅晓芳
部务会议成员：高雅清
　　　　　任　新（12月始）

区民族宗教事务局
局　　长：陈　肯
副 局 长：朱明霞　毕金玉

区台湾事务办公室
主　　任：卢善听
副 主 任：范卫东

区侨务办公室
主　　任：严玉英（1月止）
　　　　　陆盈盈（1月始）
副 主 任：郑剑华（5月止）
　　　　　王　良（5月止）
　　　　　张根柱（5月始）

区侨联
主　　席：严玉英（1月止）
　　　　　陆盈盈（1月始）
副 主 席：金岐伟

区委政法委员会
书　　记：林　琪
副 书 记：沈　权（兼）
　　　　　林　东（兼）
　　　　　胡贤君　骆芳伦
　　　　　张朝晖（12月止）
委　　员：王松来（兼）
　　　　　华志苗（兼）
　　　　　俞林明（兼）　张　民
　　　　　王　骏（3月止）
　　　　　曾　毅（8月始）
　　　　　汪志佩　朱　光
　　　　　陈益平（8月止，兼）
　　　　　计　伟（8月始，兼）
　　　　　董君耀（12月始）

区委区政府政策研究室
主　　任：徐　明
副 主 任：张科杰　忻　忠
室务会议成员：傅行芳

区委区政府农村工作办公室
主　　任：钱孝平
副 主 任：叶茂章（3月止）
　　　　　徐光良　唐元震
办公会议成员：张忠汉
　　　　　黄　伟（3月始）

区机构编制委员会办公室
主　　任：邱爱民
副 主 任：陈济南

区直属机关党工委
书　　记：李明阳
副 书 记：傅　强　朱德伟
党工委委员：李炳千（12月始）
　　　　　朱　俊
纪工委书记：李炳千（12月始）

区委区政府信访局
局　　长：夏国芬
副 局 长：郁柏其（6月止）
　　　　　徐恩斐　童高平
　　　　　史国君（6月始）
党组书记：夏国芬
党组副书记：郁柏其（6月止）
党组成员：徐恩斐　童高平
　　　　　史国君（6月始）
　　　　　张根柱（4月止）
　　　　　邱忠海（4月始）

区委老干部局
局　　长：周丽君
副 局 长：张君芳
　　　　　施兆雄（4月止）
　　　　　陈海燕（10月始）
局务会议成员：张　颖（4月止）
　　　　　蔡浩平
　　　　　陈　恩（4月始）

区档案局
局　　长：王　宁
副 局 长：丁坚玲　王春微
党组书记：王　宁
党组成员：丁坚玲　王春微　朱罗贤

区委党校（区行政学校）
校　　长：郑坤法

常务副校长：杜建海
副 校 长：潘敏敏
行政学校校长：沈 权
行政学校副校长：郑炀和
党委书记：杜建海
党委副书记：潘敏敏
党委委员：刘 智

区委党史办公室
主 任：王升涛（兼）
调研员（主持工作）：谢富国
副 主 任：应建炳（11月始）
鄢 舟

区总工会
主 席：崔伟高
副 主 席：阮善良 黄春年
方政荣（8月止）
胡美星
范海锋（11月始）
经审委主任：徐 滨
党组书记：阮善良
党组成员：方政荣（8月止）
范海锋（11月始）
黄春年 胡美星

共青团鄞州区委员会
书 记：陈 启
副 书 记：蒋 昀 陈小意
胡波霞（挂职）
林永生（挂职）

区妇女联合会
主 席：严玉英
副 主 席：赵 雅 陈仁波
党组书记：严玉英
党组成员：赵 雅 陈仁波 汪晓红

区残疾人联合会
理 事 长：谢定裕（6月止）
柯 伟（6月始）
副理事长：朱亚萍 朱怀全
全连明
党组书记：谢定裕（4月止）
柯 伟（4月始）
党组成员：朱亚萍 朱怀全
全连明 郭 军

区工商业联合会
主 席：李立新
副 主 席：徐自力 王万兴
励佩珍（4月止）
蔡继杰（4月始）
党组书记：徐自力
党组成员：王万兴
蔡继杰（4月始）
邬 红

区文学艺术界联合会
主 席：邵 斌
副 主 席：江志勇 史晓卿
党组书记：邵 斌
党组成员：江志勇 史晓卿 钱秀娴

区社会科学院（区社科联）
院长（主席）：陆静波
副 院 长：吴志远（5月始）
副 主 席：吴志远（5月始）
张科杰（兼）
朱鸣鸿（4月止，兼）
潘敏敏（2月始，兼）
党组书记：何学军（11月始）
党组成员：吴志远（11月始）
张科杰（11月始）
潘敏敏（11月始）

区慈善总会
名誉会长：陈奕君 陈国军
王自强 陈振国
名誉副会长：毛春阳 崔伟高
茅剑辉 陈国良
会 长：朱禹宝
副 会 长：徐素芳 钱 芳
徐源忠 王明德
陈耀芳 马 慧
王澄海 李爱良
全能柔 何锡万
史利英 邱兴祝
钱旭利 马嘉凤
陈常锡 丁国年
秘 书 长：曹怀玉

区红十字会
常务副会长：李鹏程
副会长：陈明庭
党组书记：李鹏程（3月始）
党组成员：陈明庭（3月始）

区关心下一代工作委员会
主 任：胡广良
副 主 任：孙亚飞（6月止，兼）
周丽君（6月始，兼）
陈琪树（兼）
叶 夏（兼）
赵晓国（兼） 赵贤君

区革命老区开发建设促进会
会 长：唐 军
副 会 长：倪明龙 徐素芳（兼）
秘 书 长：倪明龙（8月止，兼）
蔡桂芬（8月始）
副秘书长：陆瑞康

【区人大常委会、区政协机关】

区人大常委会机关党组
党组书记：崔明飞
党组成员：柴福根 徐志荣 莫菊妃
李仲安 冯惠锋（4月始）
肖梅飞

区人大常委会办公室
主 任：崔明飞
副 主 任：肖梅飞 周小涛

区人大常委会法制工作委员会
主 任：陈丽英
副 主 任：钱 飞

区人大常委会财政经济工作委员会
主 任：柴福根
副 主 任：朱裕高

区人大常委会教科文卫工作委员会
主 任：徐志荣
副 主 任：郑红年

区人大常委会代表工作委员会
主 任：莫菊妃
副 主 任：陈科达（5月始）

区人大常委会城建环保工作委员会
主 任：李仲安
副 主 任：施武能

区人大常委会农业和农村工作委员会
主 任：冯惠锋（4月始）
副 主 任：郭 松（4月始）

区政协机关党组
党组书记：蔡桂芬（8月止）

孙亚飞（8月始）
党组副书记：鲁宝明
孙亚飞（8月止）
党组成员：裴渭干　李聪慧
梁德明
谢定裕（4月始）

区政协办公室
主　　任：鲁宝明
副 主 任：冯浙萍

区政协提案委员会
主　　任：裴渭干
副 主 任：钱雪君

区政协经济科技和城建资源环境委员会
主　　任：李聪慧
副 主 任：孙颖莹

区政协教文卫体和文史资料委员会
主　　任：梁德明
副 主 任：王永强

区政协社会法制和港澳台侨委员会
主　　任：黄明伟
副 主 任：董华凌

区政协委员工作委员会
主　　任：谢定裕（6月始）
副 主 任：朱蓓蕾（6月始）

【区政府工作部门】

区政府办公室
主　　任：沃勇特（12月止）
王　煦（12月始）
副 主 任：蒋晓东（1月始）
叶彭君（3月始）
毛　勇　张敏儿
张　磊（12月止）
钱　磊　陆利中
汤旭波（兼）　顾月祥
陆盈盈（1月止）
忻明飞（1月始）
许佳锋（12月始）
俞小群（3月止，兼）
陈卫东（3月止，兼）
李建卫（3月止，兼）
党组书记：沃勇特（12月止）
王　煦（12月始）
党组副书记：蒋晓东　叶彭君（3月始）
党组成员：毛　勇　张敏儿
张　磊（12月止）
钱　磊　顾月祥
忻明飞
许佳锋（12月始）
李建卫（2月止，兼）
李洪平（12月始）
蔡蓓颖
曹明艳（3月始）
邬田田（3月始）
流动人口办副主任：徐红庆
应急办专职副主任：钭小列（9月始）

区发展和改革局
局　　长：钱春芳
副 局 长：高毓武　钱　磊
金素梅　钱安宁
总经济师：毛坚芬
党委书记：钱春芳
党委副书记：高毓武（3月始）
党委委员：钱　磊　金素梅
钱安宁
高毓武（3月止）
朱东起　方玉华

区经济和信息化局
局　　长：杨奇伦
副 局 长：刘春生（10月止）
张志达（10月始）
杨东光　傅学军
张国龙
智慧办主任：刘春生（10月止）
张志达（10月始）
智慧办副主任：冯　豪
党委书记：杨奇伦
党委副书记：刘春生（10月止）
张志达（10月始）
纪检组组长：任　新（3月始，12月止）
张孟耸（12月始）
党委委员：杨东光　傅学军
张国龙
任　新（3月始，12月止）
张孟耸（12月始）
冯　豪

区教育局
局　　长：王建平
副 局 长：叶　夏　俞鹏年
王耀鹤
陈　杰（5月止，挂职）
吴承军（5月始，挂职）
党委书记：王建平
纪检组组长：郑肖骏
党委委员：叶　夏　郑肖骏
俞鹏年　王耀鹤
徐蓓春

区科学技术局（科协）
局长（主席）：叶　龙
副 局 长：胡校生　王荣方
秦天雄　陈章君
副 主 席：陈章君
党组书记：叶　龙
党组副书记：胡校生（3月始）
纪检组长：张孟耸（12月止）
党组成员：陈赛定（4月止）
张孟耸（12月止）
徐　超（12月始）
胡校生（3月止）
王荣方　秦元雄
陈章君　史燕萍

宁波市公安局鄞州分局
局　　长：林　东
政　　委：陈　冈
副 局 长：陆卫平　陆　俊
徐德云　任建明
张　洪
督 察 长：王伟祥
政治处主任：盛光明
信息指挥中心主任：陈立军
警务督察大队大队长：黄红耀
警务督察大队教导员：龚文军
国内安全保卫大队大队长：俞伟利
国内安全保卫大队教导员：徐国良
反恐怖大队大队长：徐国良（6月始，兼）
治安大队大队长：高安飞
治安大队教导员：朱赛维（10月始）
禁毒大队大队长：钟安康
禁毒大队教导员：秦永德
经济犯罪侦查大队大队长：张建高（1月始）
经济犯罪侦查大队教导员：陈伟国
信息指挥中心教导员：杨东平
交通警察大队大队长：朱连军
交通警察大队教导员：叶佩红（1月始）
巡（特）警大队大队长：王功伦
巡（特）警大队教导员：朱永久
刑事侦查大队大队长：严丰达
刑事侦查大队教导员：王静德（12月止）
网络警察大队大队长：包国华

网络警察大队教导员：张银生
法制大队大队长：傅忠宁
法制大队教导员：毛春光
出入境管理大队大队长：董美娟
出入境管理大队教导员：黄坚强
看守所所长：钱华盖（12月止）
王静德（12月始）
看守所教导员：郑岳定（7月止）
警务保障室主任：沈兵辉
党委书记：林　东
党委副书记：陈　冈　陆卫平
纪委书记：王伟祥
党委委员：陆　俊　徐德云
任建明　张　洪
王伟祥　盛光明
唐明堂　陈立军

区民政局
局　　长：徐素芳
副 局 长：李乾华　严国苗
毕未辉
党委书记：徐素芳
纪委书记：盛晓东（12月止）
党委委员：李乾华　严国苗
毕未辉
盛晓东（12月止）
李宣波　杨　波
焦泰森（11月始）

区司法局
局　　长：俞林明
副 局 长：徐光耀　陈小华
俞伟明
吴岳成（6月止）
蔡长润（8月始，挂职）
童素琴　杜光华
党组书记：俞林明
党组副书记：徐光耀
纪委书记：杜光华
党组成员：陈小华　俞伟明
吴岳成（6月止）
童素琴　杜光华

区财政局
局　　长：钱　芳
副 局 长：岑卢艳　杨国定
王宏伟
国资办副主任：江　泳　郑少军
总会计师：虞文萍
党组书记：钱　芳
党组副书记：岑卢艳
党组成员：杨国定　王宏伟
江　泳　郑少军

区人力资源和社会保障局
局　　长：周义定
副 局 长：方巨成　凌　燕
谢华波
纪检组长：叶茂章（4月始，12月止）
党委委员：叶茂章（4月始，12月止）
凌　燕　谢华波
张佩莉　崔　莉
朱红燕

区环境保护局
局　　长：周　君
副 局 长：朱建元　陈卫东
戎惠棠　徐　龙
蔡继杰（4月止）
陆千一（4月始，兼）
总工程师：王丽萍
纪检组长：董君耀（12月止）
党组书记：周　君
党组副书记：朱建元　陈卫东（3月始）
党组成员：陈卫东（3月止）　戎惠棠
蔡继杰（3月止）
郭伟屏（6月止）
董君耀（12月止）
陆千一（3月始，兼）

区住房和城乡建设局
局　　长：张瑞良
副 局 长：俞惠浩（8月止）
林子震　谢登峰（12月始）
林海康　包兆信（5月止）
徐宁军（10月始）
总工程师：屈　庆
党委书记：张瑞良
党委副书记：俞惠浩（8月止）
纪委书记：徐宁军（9月止）
王洁龙（12月始）
党委委员：林子震　谢登峰（12月始）
林海康　包兆信（5月止）
徐宁军　王洁龙（12月始）
李　静（12月止）

区城市管理局（城管行政执法局）
局　　长：傅纪德（12月止）
张朝晖（12月始）
副 局 长：毛斐恩　谢跃伟
汤旭波　方　华
谢飞红（12月止）
董嘉平
区智慧城管中心主任：雷志强
大嵩新区分局局长：陈　臻
党委书记：傅纪德（12月止）
张朝晖（12月始）
党委副书记：毛斐恩
纪委书记：李炳千（12月止）
党委委员：谢跃伟　汤旭波
方　华
李炳千（12月止）
董嘉平　雷志强
谢　琦
陈　臻（兼）

区交通运输局
局　　长：王　煦（12月止）
傅纪德（12月始）
副 局 长：黄碧英　崔国忠
陆建平（1月止）
朱戴祥（1月止）　徐宏光
总工程师：姜金环
区道路运输管理所所长：张　锋
区公路管理段段长：王文甫
区港航管理处处长：朱　军
党委书记：王　煦（12月止）
傅纪德（12月始）
党委副书记：崔国忠
纪委书记：朱戴祥（12月止）
党委委员：朱戴祥（12月止）
徐宏光　张　锋（4月始）

区水利局
局　　长：谢赛定
副 局 长：钟金龙　程　斌　潘宁霞
总工程师：陈逸明
皎口水库管理局局长：毛跃军
党委书记：谢赛定
纪委书记：张建明（12月止）
党委委员：钟金龙　程　斌
张建明（12月止）
陈海燕（9月止）

区农林局
局　　长：杨国财
副 局 长：钱连波（1月始）
潘信伟　吕飞龙
王文华
方志军（11月始）

总工程师:王伟国
党委书记:杨国财
纪检组长:周　钧
党委委员:周　钧　周斌朝
方志军(11月始)
农机总站站长:周斌朝

区商务局(粮食局)
局　　长:严岩平
副 局 长:胡光飞(12月始)
杨利康　徐爱国(7月止)
王洁龙(12月止)
陈一川　陈岳振
党委书记:严岩平
党委副书记:胡光飞(12月始)
纪委书记:李洪平(12月止)
党委委员:陈　波　徐爱国(6月止)
杨利康　陈一川
陈岳振
李洪平(12月止)
王洁龙(12月止)

区风景旅游管理局
局　　长:李永明(4月止)
副 局 长:施国裕(4月止)
俞　峰(4月止)
党组书记:李永明(3月止)
纪检组长:郑国芳(3月止)
党组成员:施国裕(3月止)
郑国芳(3月止)
沈戈锋(3月止)

区文化广电新闻出版局(体育局)
局　　长:蔡建泓(4月止)
副 局 长:施建华(4月止)
鲍　磊(4月止)
周玲智(4月止)
张政一(4月止)
党委书记:蔡建泓(3月止)
党委委员:施建华(3月止)
鲍　磊(3月止)
周玲智(3月止)
张政一(3月止)

区文化广电新闻出版局(风景旅游管理局、体育局)[①]
局　　长:蔡建泓(4月始)
副 局 长:李永明(4月始)
施国裕(4月始)
施建华(4月始)
鲍　磊(4月始)
俞　峰(4月始)
郑国芳(4月始)
周玲智(4月始)
张　颖(4月始)
党委书记:蔡建泓(3月始)
党委副书记:李永明(3月始)
施国裕(3月始)
党委委员:施建华(3月始)
鲍　磊(3月始)
郑国芳(3月始)
周玲智(3月始)
张　颖(3月始)
沈戈锋(3月始)

区卫生局
局　　长:朱叶锋(4月止)
副 局 长:毕校龙(4月止)
孙　鸿(4月止)
党委书记:朱叶锋(3月止)
纪检组组长:李崇迅(3月止)
党委委员:毕校龙(3月止)
孙　鸿(3月止)
李崇迅(3月止)
朱　宇(3月止)

区人口和计划生育局
副 局 长:陈良儿(4月止)
梁晓明(4月止)
党组书记:朱叶锋(3月止)
党组副书记:陈良儿(3月止)
党委委员:梁晓明(3月止)
徐晓良(3月止)

区卫生和计划生育局[②]
局　　长:朱叶锋(4月始)
副 局 长:陈良儿(4月始)
毕校龙(4月始)
梁晓明(4月始)
孙　鸿(4月始)
党委书记:朱叶锋(3月始)
党委副书记:陈良儿(3月始)
毕校龙(12月始)
纪检组组长:李崇迅(3月始)
党委委员:毕校龙(3月始)
梁晓明(3月始)
孙　鸿(3月始)
李崇迅(3月始)
徐晓良(3月始)
朱　宇(3月始)

区审计局
局　　长:徐源忠
副 局 长:张　剑　蔡　洲
程　洪
投资审计中心主任:侯　科
经责联席会议办公室主任:龚培娜(4月始)
纪检组长:章飞军(12月止)
党组书记:徐源忠
党组成员:张　剑　蔡　洲
程　洪
章飞军(12月止)
侯　科
丁孟云(11月始)

区统计局
局　　长:李永伟(4月始)
冯惠锋(4月止)
副 局 长:裘松涛　周学军
总统计师:戴飞挺
党组书记:李永伟(4月始)
冯惠锋(4月止)
党组成员:裘松涛　周学军

区市场监督管理局[③]
局　　长:沈　军
副 局 长:赵晓国　虞文平
严朝君(4月始)　陈国君
许佳锋(12月止)
洪　煜　江　斌　蔡红辉
郑继军(4月始)　冯利成
陈维军　沈宇燕(4月始)
陈春阳(4月始)
党委书记:沈　军
党委副书记:赵晓国
纪委书记:虞文平(3月止)
纪检组组长:毛春范(4月始)
党委委员:虞文平　严朝君(4月始)
陈国君　许佳锋(12月止)
江　斌　蔡红辉
郑继军(4月始)　冯利成

①区风景旅游管理局和区文化广电新闻出版局(体育局)于3月合并为区文化广电新闻出版局(风景旅游管理局、体育局)。

②区卫生局和区人口和计划生育局于4月合并为区卫生和计划生育局。

③宁波市鄞州区质量技术监督局和原宁波市鄞州区市场监督管理局于4月合并为宁波市鄞州区市场监督管理局。

陈维军　沈宇燕（4月始）
陈春阳（4月始）　陈亚元
毛春范（4月始）

区质量技术监督局
局　　长：李永伟（3月止）
副 局 长：严朝君（3月止）
陆千一（3月止）
郑继军（3月止）
陈春阳（3月止）
党委书记：李永伟（3月止）
纪委书记：毛春范（3月止）
党委委员：严朝君（3月止）
陆千一（3月止）
郑继军（3月止）
陈春阳（3月止）

区安全生产监督管理局
局　　长：马伟平（12月止）
钱帅鸿（12月始）
副 局 长：陈嘉琪（7月止）
王晓晖　王良君
徐　斌（7月始）
党组书记：马伟平（12月止）
钱帅鸿（12月始）
党组成员：陈嘉琪（6月止）
王晓晖　王良君
徐　斌（6月始）
邵忠杰　李国定（12月止）
王仁伟（12月始）
纪检组长：李国定（12月止）

区政府法制办公室①
主　　任：叶彭君（4月止）
副 主 任：曹明艳（4月止）

区委区政府接待办
主　　任：李建卫（12月止）
费建忠（12月始）
副 主 任：史实明

区机关事务管理局
局　　长：张　承

沙孟海书学院（周尧昆虫博物馆）
院　　长：沈剑波（5月止）
钱丁盛（5月始）
副 院 长：钱丁盛（5月止）　张忠良

①区政府法制办公室于1月并入区政府办。

区金融办
主　　任：戴国兴
副 主 任：张良平　王鸿宾
陈　良（10月始）

区行政审批管理办公室
主　　任：李春丽
副 主 任：张　嵘　赵桂莲　吴嘉恒
党委书记：李春丽
党委副书记：张　嵘（4月始）
纪检组组长：邵国恒（4月始，12月止）
党委委员：赵桂莲　吴嘉恒　钱　彪
杨燕明　李　芳
邵国恒（3月始，12月止）

鄞州工业园区管委会
主　　任：宋侃侃
副 主 任：朱亚红　黄贤波（5月止）
郑剑华（5月始）
党工委书记：梅益进（12月止）
水旭东（12月始）
党工委委员：朱亚红
黄贤波（4月止）
郑剑华（4月始）
陈　良（9月始）

宁波望春工业园区管委会
主　　任：严朝阳
副 主 任：柴志强　陈晓伟
高红伟（1月始）
黄贤波（5月始）
党工委书记：徐卫成（4月始）
严朝阳（4月止）
党工委副书记：严朝阳（4月始）
党工委委员：丁良洪　黄贤波（4月始）
陈晓伟　高红伟（1月始）

宁波南部商务区管委会
主　　任：张志达（10月止）
钱范杰（10月始）
副 主 任：唐炜铭　方　毅
周永宽（1月始）
陈维军（兼）
党工委书记：张志达（9月止）
钱范杰（9月始）
党工委委员：唐炜铭　方　毅　周永宽
程丽芳（12月始）

长丰开发建设管理委员会
主　　任：陈福定（5月止）
副 主 任：陈小华（5月止）
周启波（5月止）
党组书记：陈福定（5月止）
党组成员：陈小华（5月止）
周启波（5月止）
董森明（5月止）
裴志刚（5月止）

长丰开发建设指挥部②
总 指 挥：陈福定（6月始）
副总指挥：陈小华（6月始）
党组书记：陈福定（6月始）
党组成员：陈小华（6月始）
董森明（6月始）
裴志刚（6月始）

桃源湾休闲度假区开发建设指挥部③
总 指 挥：徐卫成（7月起，兼）
副总指挥：卢纳新（7月始）
鲁朝晖（7月始）
谢飞红（12月始）
朱灵勇（兼）　许晓彤（兼）
党组书记：卢纳新
党组成员：鲁朝晖　张　峰

大嵩新区（鄞州经济开发区）管委会④
主　　任：忻国龙（4月止）
应勇波（5月始）
副 主 任：龚彩波　王　良（5月始）
陈　臻　邵峥敏
刘　丰（5月始，挂职）
杨安妮（5月始，兼）
周宏杉（5月始，12月止，兼）
周　阳（10月止，兼）
荆英姿（12月始，兼）
陈　勇（12月始，兼）
钱帅鸿（5月止）
陈德全（5月止）
党工委书记：忻国龙（4月止）
应勇波（4月始）
党工委委员：龚彩波
王　良（4月始）
陈　臻　邵峥敏

②长丰开发建设管理委员会于5月更名为长丰开发建设指挥部。
③桃源湾休闲度假区开发建设管理委员会于5月更名为桃源湾休闲度假区开发建设指挥部。
④大嵩新区开发建设管委会和鄞州经济开发区管委会于4月合并为大嵩新区（鄞州经济开发区）管委会。

区广播电视台
台　　长：舒放毅
副 台 长：朱鸣鸿　徐　军　陈幼云
党组书记：舒放毅
党组成员：朱鸣鸿　徐　军　陈幼云
　　　　　陆佩芬

区投资合作局
局　　长：王　新
副 局 长：陈贤富（12月止）　周亚君
　　　　　杨志军　项建海（兼）
党组书记：王　新
党组副书记：陈贤富（12月止）
党组成员：周亚君　杨志军

区房屋征收管理办公室[1]
主　　任：李建东
副 主 任：姚　波　朱银春（10月始）
党组书记：李建东
党组成员：姚　波　朱银春
　　　　　徐华儿（12月止）
　　　　　印　伯　钱敏敏（12月始）

区供销合作社联合社（工贸资产管理办公室）
主　　任：胡岳明
副 主 任：朱周平　王伟国　张忠浩
党委书记：胡岳明
党委委员：朱周平　王伟国　张忠浩

石碶市场区管委会
主　　任：陆勇敢（1月始）
副 主 任：林志康　夏云辉
　　　　　张明伦（11月始）
党委书记：陆勇敢
党委副书记：林志康
党委委员：夏云辉　张明伦（11月始）

宁波市客运中心站区域综合管理办公室
主　　任：俞小群

区森林鄞州建设工作领导小组办公室
副 主 任：吕飞龙

区城市建设投资发展有限公司
董 事 长：张纪原
总 经 理：王　翔（3月始）
副总经理：徐　斌（6月止）
　　　　　马春梅
　　　　　高　坚（1月始）
　　　　　张振斌（4月始）
党组书记：张纪原
党组副书记：王　翔（2月始）
纪检组长：杜建法
党组成员：杜建法　马春梅
　　　　　高　坚
　　　　　张振斌（3月始）
　　　　　徐　斌（6月止）

宁波产城投资管理有限公司（中车办）
总 经 理：王永坚（3月始）
副总经理：郑　斌（12月止）
　　　　　巫莲莲（7月始）
中车办副主任：顾一峰（3月始）
　　　　　　　王永坚（3月始）
党委书记：顾一峰（1月始，12月止）
党委副书记：王永坚（2月始）
纪委书记：陈斌义（1月始）
党委委员：郑　斌（12月止）
　　　　　陈斌义（1月始）
　　　　　巫莲莲（6月始）

它山堰文化旅游发展有限公司[2]
总 经 理：纪云飞（5月始）
副总经理：张　翼（5月始）

宁波鄞州农村合作银行
董 事 长：周建斌
监 事 长：梁雪琴
行　　长：仇　坤
工会主席：李　波
董　　事：陈耀芳（2月止）
副 行 长：王军辉（6月止）　蔡武红
　　　　　林永生　周振宇　洪浩辉
　　　　　戴恩成
风险总监：胡文意（2月始）
董事会秘书：王　来

【宁波市直属管理单位】

宁波市规划局鄞州分局
局　　长：余国祥（12月止）
　　　　　陈建权（12月始）
副 局 长：葛国斌（12月止）
　　　　　陶秀国　包　钢
　　　　　苏敏敏　汪国新（11月始）
党组书记：余国祥（12月止）
　　　　　陈建权（12月始）
党组副书记：葛国斌（12月止）
党组成员：陶秀国　包　钢　苏敏敏
　　　　　钟　乐　汪国新（11月始）

宁波市国土资源局鄞州分局
局　　长：褚爱国
副 局 长：郑　琦　汪天富　卢　明
　　　　　毛雷杰　何高伟
纪检组长：沈建设
党组书记：褚爱国
党组成员：郑　琦
　　　　　薛国刚（11月止）
　　　　　汪天富　卢　明　沈建设
　　　　　何高伟　胡山波

区国家税务局
局　　长：吕建华
副 局 长：王小灵
　　　　　黄　旻（10月始）
　　　　　邵建耀（10月始）
纪检组长：郑根平

宁波市国家税务局第一稽查局
局　　长：黄佰桥（6月始）
副 局 长：戚国君（7月始）
　　　　　董世煜（12月始）

区地方税务局
局　　长：李至峰（7月始）
副 局 长：李至峰（7月止，主持工作）
　　　　　吴晓芬　谢盛龙
　　　　　戴　晔（8月始）
　　　　　顾明杰
党组书记：李至峰（7月始）
党组副书记：李至峰（7月止）
党组成员：吴晓芬　谢盛龙
　　　　　戴　晔（8月始）

鄞州出入境检验检疫局
局　　长：连策峰
副 局 长：陈　雄　梁启平
临港办事处主任：朱忠康（9月始）
党组书记：连策峰
纪检组长：高　专
党组成员：朱忠康（9月始）
　　　　　高　专　陈　雄　梁启平

宁波海关驻鄞州办事处
主　　任：沈　骊
副 主 任：俞祖芳　张明炯　杨　璐

①区房屋征收拆迁管理办公室于6月更名为区房屋征收管理办公室。

②它山堰文化旅游发展有限公司于5月成立。

区烟草专卖局
局长（经理）：丁丹峰
副 局 长：陈世国
副 经 理：马战军
党组书记：丁丹峰
党组成员：陈世国　马战军

中国邮政集团公司宁波市分公司鄞州分局
局　　长：周国衡（2月始）
局长助理：鲍　军　张　武（6月止）
王旭晖（6月始）

区气象局
局　　长：胡春蕾
副 局 长：万宁姚　骆后平
纪 检 员：杨宁山（7月止）

鄞州日报社
社长、总编：郭　靖
副 总 编：罗涟浩　葛吉华　陈　勇

宁波鄞奉海事处
处　　长：王继荣
政　　委：何章才
副 处 长：罗朝辉　高　玮
党总支书记：王继荣
党总支副书记：何章才
纪检委员：何章才
党总支委员：王继荣　何章才
罗朝辉　高　玮
陈禅国

国家统计局鄞州调查队
局　　长：任　川
副 局 长：陈丹凤
党组书记：任　川

区供电公司
总 经 理：葛军凯
副总经理：王　谊　王　震　王吉庆
董元龙
工会主席：竺建国
党委书记：王　谊
党委副书记：陈洪亮　葛军凯
纪委书记：陈洪亮

宁波市鄞州区电信局
局　　长：乐惠民
副 局 长：黄　红　郎曙光

宁波市鄞州医药药材有限公司
总 经 理：项志秋

宁波机场与物流发展集团有限公司
董 事 长：徐　强（11月止）
副董事长：许忠伟（4月止）
郑智银（11月始）
监事会主席：华　栋（8月止）
时　胥（9月始）
总 经 理：许忠伟（4月止）
郑智银（11月始）
副总经理：郑智银（11月止）
冯剑寒　董立宏
姒群纲（2月始）
李　益（11月始）
总经理助理：李　益（11月止）　夏　萍
一级资深经理：许忠伟（4月始）
王立刚
工会主席：刘　杰
党委书记：徐　强（11月止）
党委副书记：华　栋（8月止）
许忠伟（4月止）
郑智银
纪委书记：王立辉（4月始）
党委委员：冯剑寒　董立宏
姒群纲（1月始）
王立辉（4月始）
李　益（11月始）

区盐务管理局
局　　长：邬孝甫

中国联通鄞州分公司
总 经 理：张维云
副总经理：刘　维

中国移动鄞州分公司
总 经 理：李　平
副总经理：庄玲玲　乐培英
陈文召　王骏豪

镇乡（街道）机构

【瞻岐镇】
党委书记：钱帅鸿（12月止）
史新跃（12月始）
党委副书记：吴洁瑜（3月止）
任尧军（3月始）
党委委员：竺益忠　任尧军　徐峥波
谢国华　陆亚龙
胡　超（4月始）
人大主席：周伟平
镇　　长：戚燕枫（1月止）
杨安妮（1月始）
副 镇 长：徐峥波　钱　光（1月止）
王　敏（1月始）　杨浩律
周侗都
纪委书记：吴洁瑜（2月止）
任尧军（2月始，3月止）
胡　超（4月始）
纪委副书记：任尧军（2月止）
总工会主席：忻剑波（1月始）

【咸祥镇】
党委书记：汤宏斌
党委副书记：荆英姿
李　静（12月始）
傅建宁　周　阳（9月止）
党委委员：陈　力　吕　君　王世军
陈嵘嵘（9月止）
人大主席：汤宏斌
人大副主席：朱鸿炳
镇　　长：周　阳（12月止）
荆英姿（12月始）
副 镇 长：谢鸣鸣　龚杰栋　董家俊
纪委书记：陈　力（2月始）
荆英姿（2月止）
纪委副书记：陈　力（2月止）
总工会主席：童盈国
组 织 员：陈巧艳
妇联主席：张淑琴（12月始）

【塘溪镇】
党委书记：陈德全
党委副书记：周宏杉（12月止）
王宏标　毕延斌
陈　勇（12月始）
党委委员：王　飞　邬亚萍
蔡勤勇（12月止）
连　斌（12月始）　王　理
人大主席：王志刚（1月止）
陈德全（1月始）
人大副主席：周海云
镇　　长：周宏杉
副 镇 长：谢小亮　俞光国　严峰杰
纪委书记：王　飞（2月始）
王宏标（2月止）
纪委副书记：王　飞（2月止）
组 织 员：施巧灵

【东吴镇】
党委书记：水旭东（12月止）
张　磊（12月始）
党委副书记：童红琴　胡文吉
党委委员：吴明霞　胡　军
钟维红　翁海峰
蔡俊勇
人大主席：沈光伟
人大副主席：任亚芬
镇　　长：童红琴
副 镇 长：胡　军　钟维红
吴祈德　丁绍江
卓世波
纪委书记：胡文吉（2月止）
吴明霞（2月始）
纪委副书记：吴明霞（2月止）
总工会主席：俞优维（1月始）

【五乡镇】
党委书记：忻思忠
党委副书记：戴志君　凌锡辉　应超武
党委委员：林东波
庄　琪（12月止）
蔡勤勇（12月始）
陈国民
人大主席：周名耀
人大副主席：林召国
镇　　长：戴志君
副 镇 长：郑　辉（1月始）
顾崎峰
张晓男　张　力
纪委书记：严　俊（3月始）
林东波（2月始，3月止）
凌锡辉（2月止）
总工会主席：陈　磊（5月始）
胡　超（5月止）

【邱隘镇】
党委书记：卓开成
党委副书记：谢登峰（12月止）
任　广　王良峰
徐　敏（12月始）
党委委员：陈鸿飞　周飞波　史　乐
曾　毅（8月止）
陈嵘嵘（9月始）
李　静（12月止）
人大主席：顾荣康（6月止）
周启波（6月始）
人大副主席：姚刚毅
镇　　长：谢登峰（12月止）
任　广（12月始）
副 镇 长：项建海　上官福足
应咪琴　吕　辉（1月始）
纪委书记：陈鸿飞（2月始）
任　广（2月止）
纪委副书记：陈鸿飞（2月止）
总工会主席：尹金涯

【下应街道】
党工委书记：陆利明（6月止）
王　辉（6月始）
党工委副书记：王　辉（6月止）
郁柏其（6月始）
朱　兵　王小铮
党工委委员：张素淑　倪　骋
王克峰　周灵军
张亚平（9月始）
人大工委主任：陈福祥
人大工委副主任：徐利军
办事处主任：王　辉（7月止）
郁柏其（7月始）
办事处副主任：王小铮（1月止）
倪　骋　蔡曙东
周文杰　陈小波
陈建波（4月止，挂职）
何建军（7月始，12月止，挂职）
纪工委书记：朱　兵（2月止）
张素淑（2月始）
纪工委副书记：张素淑（2月止）
总工会主席：蒋万云
组　织　员：夏　杰（12月始）

【潘火街道】
党工委书记：任东辉
党工委副书记：周　高　唐科成
党工委委员：卓　娅（12月止）
罗华峰（12月始）
钱海波　吴慧娜
何裕定　李建杰
周晓伟
夏未尧（3月止）
叶仁达
人大工委主任：杜　彪
人大工委副主任：戴铁军
办事处主任：周　高
办事处副主任：钱海波（1月始）
吴慧娜　李建杰
周晓伟　夏未尧（4月止）
郭建良（10月始）
纪工委书记：卓　娅（2月始，12月止）
罗华峰（12月始）
唐科成（2月止）
纪工委副书记：卓　娅（2月止）
组　织　员：李　唯（4月始）
总工会主席：钱建华

【中河街道】
党工委书记：郑贤斌
党工委副书记：陆俊杰　徐红光
陈红光
党工委委员：翁飞岳　翁萍华　张成龙
赵春晖　周宏杰　乐　辉
董　强
人大工委主任：许国华
人大工委副主任：姜亚君
办事处主任：陆俊杰
办事处副主任：翁萍华　赵春晖
周宏杰　乐　辉
纪工委书记：翁飞岳（2月始）
徐红光（2月止）
纪工委副书记：翁飞岳（2月止）
总工会主席：徐立群（4月始）
组　织　员：严红杰（4月始）

【云龙镇】
党委书记：吴永华
党委副书记：陈建恩　王贤勇　叶仕兴
党委委员：平晓波　毛亚听　郑建波
周剑平
人大主席：朱亚定（1月止）
姜国民（1月始）
镇　　长：陈建恩
副 镇 长：毛亚听
唐科成（1月止）
朱春雷（1月始）
陆松标
高坚（1月止）
葛立邦（6月始）
叶仕兴（1月止）
纪委书记：王贤勇（2月止）
平晓波（2月始）
纪委副书记：平晓波（2月止）
总工会主席：施永达（1月止）
妇联主席：冯　琼（4月始）

【横溪镇】
党委书记：王志刚

党委副书记：李仲岐（12月止）
陈贤富（12月始）
曹丰达（9月止）
王裕春（12月始）
党委委员：吴虹岗　程庆红　陈悠芬
汤红川　张海峰
人大主席：徐卫东（1月始）
人大副主席：任光达
镇　　长：李仲岐（12月止）
陈贤富（12月始）
副 镇 长：沈红丰（12月止）
杨浩律（12月始）
励吉波　陈申波
纪委书记：曹丰达（2月止）
程庆红（2月始）
纪委副书记：程庆红（2月止）
总工会主席：任培亚

【姜山镇】
党委书记：梅益进（12月止）
水旭东（12月始）
党委副书记：张　宾　屠斌斌
陈　勇（12月止）
陈聪诚（5月始，挂职）
党委委员：傅文忠（12月始）
纪亚峰
钱敏敏（12月止）
严频燕（12月始）
史国君（6月止）
陆梁峰（9月始）　王晓峰
人大主席：邵文龙
人大副主席：郑咪玉
镇　　长：张　宾
副 镇 长：陈　良（10月止）
陈红山　蒋优丰
傅文忠（12月止）
詹　祥（12月始）
纪委书记：纪亚峰（2月始）
屠斌斌（2月止）
纪委副书记：纪亚峰（2月止）
王金晶（3月始）
组 织 员：张定龙
妇联主席：汤晓岚（1月始）

【钟公庙街道】
党工委书记：李青萍
党工委副书记：竺焓波
蒋守国（12月止）
党工委委员：唐佩红　谢光海
任琦峰　周　辉
樊贤君　周时奋
庄　琪（12月始）
张碧云
人大工委主任：蔡国良（12月止）
蒋守国（12月始）
人大工委副主任：史海良
办事处主任：王孝嗣
办事处副主任：唐佩红　任琦峰
周　辉　樊贤君
庄　琪（12月始）
纪工委书记：张碧云（2月始）
竺焓波（2月止）
纪工委副书记：张碧云（2月止）
总工会主席：任琦峰（1月止）
岑崇巍（1月始）

【首南街道】
党工委书记：虞立军
党工委副书记：史新跃（12月止）
李建卫（12月始）
夏红霞
党工委委员：施永达　童文宏
孙　巍　卢　豪　陈孟伟
人大工委主任：鲁国挺
人大工委副主任：夏明凤
办事处主任：史新跃（12月止）
李建卫（12月始）
办事处副主任：沈　远　余平君　罗忠裕
罗华峰（12月止）
沈红丰（12月始）
纪工委书记：夏红霞（2月止）
孙　巍（2月始，3月止）
施永达（3月始）
纪工委副书记：孙　巍（2月止）
总工会主席：杨南渭（1月始）

【高桥镇】
党委书记：阮建成（8月止）
张盈军（8月始）
党委副书记：郑冠勉　沈胜件
王永坚（2月止）
周　昀（5月始，挂职）
党委委员：钱帅华　何国挺　周　波
姚存通　崔　磊
人大主席：毛雪光
人大副主席：钱　光（1月始）
镇　　长：郑冠勉（1月始）
副 镇 长：钱帅华　陈　聪　陆从武
叶　华　叶夏凯
纪委书记：王永坚（2月止）
何国挺（2月始）
纪委副书记：何国挺（2月止）
总工会主席：施志明
组 织 员：成科峰（4月始）

【横街镇】
党委书记：陈洪勇
党委副书记：林小红
党委委员：钟宏朝　许继忠　毛亚君
龚安君　胡永世
人大主席：章红霞（1月始）
张朝晖（1月止）
镇　　长：陈　光
副 镇 长：毛亚君　竺　青　许晓彤
胡　波
纪委书记：许继忠（2月始）
林小红（2月止）
纪委副书记：许继忠（2月止）
总工会主席：周燕娜（5月始）

【集士港镇】
党委书记：徐卫成（1月始）
孙曙光（1月止）
党委副书记：俞鹏宏　王　翔（4月始）
朱伟军
党委委员：费志强　徐　钢　马苏君
任建明　章朝阳（4月始）
人大主席：邹联峰
人大副主席：叶亚琴
镇　　长：徐卫成（3月止）
俞鹏宏（4月始）
副 镇 长：王驰峰（9月止）
黄　伟（4月止）
姚　杰（4月始）
葛亚萍　朱灵勇
纪委书记：俞鹏宏（2月止）
费志强（2月始，4月止）
章朝阳（4月始）
纪委副书记：费志强（2月止）
妇联主席：汪莉萍
财政局局长：史召其
资源配置和审批服务中心主任：王益明
综合执法局局长：胡雨红
总工会主席：励成静

【古林镇】
党委书记：吕红琴

党委副书记：周小波　陈明珉　应鹏辉
党委委员：吴春波　杨武军　毛乾伦
　　戴金旭　朱银春（兼）
人大主席：凌旭涛
人大副主席：王剑芳
镇　　长：周小波（1月始）
　　陈洪勇（1月止）
副 镇 长：吴素芬　周　开（1月始）
　　汪渊群　崔凯业（1月始）
纪委书记：吴春波（2月始）
　　陈明珉（2月止）
纪委副书记：吴春波（2月止）
总工会主席：施鹤峰
组 织 员：张　亮（4月始）

【石碶街道】
党工委书记：朱良华
党工委副书记：李　高　叶海东
党工委委员：马　能　周　军
　　许惠苏　陈　云
　　李健宏
人大工委主任：戴利光
人大工委副主任：杨梅芬
办事处主任：李　高
办事处副主任：周　军　王军义　陈　锋
　　蔡幼琴　钟明荣
　　朱华鑫（4月始）
纪工委书记：叶海东（2月止）
　　马　能（2月始）
纪工委副书记：马　能（2月止）
总工会主席：袁晓芳

【洞桥镇】
党委书记：卢明娟
党委副书记：戚燕枫　李苏苗　陈学芳
党委委员：林丹枫　贝春芬　俞国军
　　吴建军
人大主席：沈功海（1月始）
　　卢明娟（1月止）
人大副主席：李志君
镇　　长：戚燕枫（1月始）
　　包兆信（1月止）
副 镇 长：贝春芬
　　章朝阳（7月止）
　　胡　杰（7月始）
　　全立伟　陈明芳
纪委书记：李苏苗（2月止）
　　林丹枫（2月始）
纪委副书记：林丹枫（2月止）
总工会主席：胡　杰（5月止）
　　李　霞（5月始）

【鄞江镇】
党委书记：钱范杰（9月止）
　　黄　列（12月始）
党委副书记：陈晓虎
　　沈宇燕（3月止）
　　许　骥（3月始）
　　王光阳
党委委员：李晓明　虞晓晓
　　崔川良（3月止）
　　邱玉良（3月始）
　　陈　明
人大主席：陈坚平（1月始）
镇　　长：陈晓虎
副 镇 长：虞晓晓
　　崔川良（5月始）
　　周凤云
　　王　旭（1月始）
　　唐小勇（1月止）
纪委书记：沈宇燕（2月止）
　　李晓明（2月始）
纪委副书记：李晓明（2月止）
总工会主席：童明彪（5月始）
　　王　旭（5月止）

【龙观乡】
党委书记：张盈军（8月止）
　　周　阳（9月始）
党委副书记：曹　磊　黎炜华
党委委员：陈朋豪
　　朱蓓蕾（4月止）
　　徐　敏（4月始，12月止）
　　夏未尧（3月始）
　　徐华儿（12月始）
　　陈国钦
人大主席：张盈军
人大副主席：蒋召君
乡　　长：曹　磊
副 乡 长：朱蓓蕾（6月止）
　　李春梅（6月始）
　　徐　敏
　　夏未尧（6月始）
　　钱剑锐　王秩林
纪委书记：黎炜华（2月止）
　　陈朋豪（2月始）
纪委副书记：陈朋豪（2月止）
总工会主席：胡瀚杰（1月始）
妇联主席：曾　徐（1月始）

【章水镇】
党委书记：黄　列（12月止）
　　周宏杉（12月始）
党委副书记：宋文夫　王裕春（12月止）
　　胡小峰
党委委员：任明海　程丽芳（12月止）
　　严　波　邵海定
　　陈旭亚（12月始）
　　陈峥嵘（12月始）
人大主席：崔锡朋
人大副主席：金茂灿
镇　　长：宋文夫
副 镇 长：严炳君　邱玉良（4月止）
　　丁迪辉　陈国军（4月始）
　　程丽芳
纪委书记：任明海（2月始）
　　胡小峰（2月止）
纪委副书记：任明海（2月止）
总工会主席：李红伟（1月始）

【东钱湖镇】
党委书记：朱志川
党委副书记：凌剑晖　周宇明
党委委员：童云雨
　　徐麦喜（1月始）
人大主席：朱志川（1月始）
人大副主席：俞伟国
镇　　长：凌剑晖
副 镇 长：谢孝华　张松波
　　仇凤花
　　王春翰（1月始）
纪委书记：童云雨（2月始）

【梅墟街道】
党工委书记：孔志平
党工委副书记：傅明龙　邵孟力
　　王　立
党工委委员：汤晓刚　金　怡
　　邱君良　俞凯通　钱国军
人大工委主任：陈国芳
办事处主任：傅明龙
办事处副主任：汤晓刚　金　怡
　　邱君良　俞凯通
纪工委书记：邵孟力
纪工委副书记：楼硕华
（本名录由各单位供稿，区委党史办综合，区委组织部审核。）

人物·先进集体

溪下水库

新任区领导

全国劳动模范和先进工作者

鄞州区道德模范

最美鄞州人

逝世人物

先进个人

先进集体

鄞州年鉴

2016 YINZHOU YEARBOOK

新任区领导

【胡军】 男，汉族，1963年10月生，浙江宁波人。1981年9月参加工作，1984年12月加入中国共产党，省委党校研究生学历。宁波市委常委、鄞州区委书记、宁波机场与物流园区管委会党工委书记。1978年7月，毕业于浙江省舟山市定海区白泉中学。1979年9月，考入浙江法警学校。1981年，任职于浙江省舟山市中级人民法院。1986年9月至1988年7月，在杭州大学法律系政法专业学习。1988年9月，调入宁波市监察局（纪委），任主任科员，并在宁波市江北区甬江镇挂职任镇长助理。1994年，任宁波市政府办公厅秘书。1995年6月，调入宁波市城乡建设委员会，先后任房地产开发处副处长、处长。2001年1月起，先后任宁波市海曙区副区长，区委常委、常务副区长。2006年3月，任宁波市江东区委副书记、代区长。2007年2月，任宁波市江东区委副书记、区长。2010年5月，任宁波市江东区委书记。2015年11月，任宁波市委常委、鄞州区委书记，宁波机场与物流园区管委会党工委书记。

全国劳动模范和先进工作者

【高泽普】 男，汉族，1954年10月生，原籍河北省深州市，中共党员。南京航空学院毕业。宁波星箭航天机械有限公司总工程师、流转传动与控制专业高级工程师。1973年1月至1973年12月，在七机部066基地河溶农场劳动锻炼。1973年12月至1977年3月，在七机部066基地万里厂机动科做工人。1977年3月至1980年8月，就读于南京航空学院二系液压气压附件专业，曾任班委委员、团支部书记。1980年8月至1993年4月，任中国三江航天集团万峰厂设计所设计师，历任工程师、型号产品结构主管设计师，室主任、副所长。1993年4月至1996年4月，任中国三江航天集团万峰厂副总工程师、高级工程师、型号产品副主任设计师。1996年4月至2002年4月，任中国三江航天集团万峰厂厂长、高级工程师、型号产品指挥。2002年5月始，任宁波星箭航天机械有限公司总工程师、教授级高级工程师，星箭流体介质控制系统省级高新技术研究开发中心主任；兼任中国机械工程学会流体传动与控制分会委员，全国液压气动标准化技术委员会委员，全国液压气动标准化技术委员会气动技术分委员会委员、副主任，中国航空学会航空机电与人机环境专业委员会委员，中国宇航学会地面设备与发射工程专业委员会委员，宁波装备制造业产学研技术创新联盟副理事长，省、市科技专家库入库专家。曾在国家核心期刊和学术会议上发表论文近20篇，取得专利授权8项，参加国家标准编制4项；参与研制的装备分别获得航天科技进步一等奖和三等奖；主持研制的空混气气源车应用于神舟号和天宫号发射，获国家实用新型专利授权。1996年获中国三江航天集团优秀党员称号，1999年获航天工业总公司国庆阅兵嘉奖，2013年获评2010~2012年度宁波市劳动模范，2014年获评浙江省劳动模范，2015年获评全国劳动模范。

【陈怡】 女，汉族，1973年生，鄞州人，中共党员。鄞州公安分局钟公庙派出所后庙社区民警。1985年9月至1991年7月，就读于宁海县城关中学。1991年7月至2006年12月，任职于宁海县公安局交警大队。2006年12月起，任职于宁波市公安局鄞州分局钟公庙派出所。长期工作在全宁波警情最繁杂的商住混合型社区，深化“枫桥经验”，探索并提炼“社区管理专群结合的群防群治工作法”“社区人口管理重点化和信息化相结合工作法”，首创“电瓶车有偿管理法”“雁阵式社区管理法”等基层工作办法，总结出“快、公、笑、恒”四字调节法。其事迹被中央电视台、新华网、人民网和《光明日报》《浙江日报》《宁波日报》等中央、省、市级媒体报道。2014年，受到总书记习近平等党和国家领导人接见，成为省内首位同时获得全国“我最喜爱的人民警察”和“一级英模”的女民警。曾获评全国优秀工作者、中国好人榜好人、全国公安机关爱民模范、全国“我最喜爱的人民警察”、全国公安系统一级英雄模范、浙江省优秀人民警察、浙江省优秀派出所民警、全省公安机关群众满意派出所民警、宁波市模范人民警察、宁波市道德模范、市优秀共产党员、“最美宁波人”“最美鄞州人”、鄞州区道德模范。2015年被评为全国劳动模范。

鄞州区道德模范

【方亚儿】 女，汉族，1974年生，鄞州区高桥镇高峰村人。信义无双，照顾亡友家庭20余年的“最美女儿”。1992年，她的好友董某患白血病，去世前放心不下生活困难的一家人。方亚儿向好友承诺，一定会照顾好她的家人。从此，二十余年如一日，承担起照顾亡友一家的重担。曾获评“中国好人”、浙江省道德模范、宁波市道德模范、“最美鄞州人”，先进事迹获省、市、区领导批示，被人民网、《浙江日报》等媒体报道。

【余训华】 男，汉族，1958年生，鄞州区高桥镇岐湖村人。不离不弃，背妻上班32年的“最美丈夫”。30多年前，他的妻子因产后并发症致残，瘫痪在床。面对妻子的绝望，余训华说：“不要怕，有我在，我就是你的腿。”从此他天天背着妻子上班，一背就是30余年。曾获评“浙江好人”“最美宁波人”和“最美鄞州人”，先进事迹被中新网、腾讯网等媒体报道。

【张亚芬】 女，汉族，1967年生，中共党员，大学本科学历，国网浙江省宁波市鄞州区供电公司营业厅服务班班长。播撒爱心，贫困孩子们心中的“宁波妈妈”。她是宁波电力系统仅有的五星级受理员，像亲女儿一样孝顺一对盲人夫妇10年，帮扶一个陷入困境的家庭8年，结对捐助云南、贵州等地7名学生7年，帮助一位侏儒症患者5年；开通宁波妈妈微博，帮助100余位民工子弟小朋友实现微心愿。曾获评全国五一巾帼标兵、浙江省三八红旗手、国网浙江省电力公司“感动浙电——2014最美员工年度人物”“浙江好人”、省直机关第三届道德模范、国网浙江省电力公司劳动模范、第四届浙江省道德模范、“宁波好人”“最美鄞州人”。

【陈怡】（参见“人物·先进集体”类目“全国劳动模范和先进工作者”分目）

【陈忠兴】 男，汉族，1965年生，鄞州区城管局公用事业科科长，宁波市义务反扒志愿者大队副大队长。火眼金睛，10年抓获扒手超千人的“反扒明星”。2003年加入反扒志愿者队伍，始终战斗在志愿反扒第一线，利用业余时间潜心钻研反扒技能，撰写反扒日记近20万字。参加志愿反扒活动1336天，抓获扒窃嫌疑人1046人。曾获评宁波市道德模范、“最美鄞州人”，先进事迹被多家媒体报道。

【汪莉萍】 女，汉族，1963年生，鄞州区集士港镇岳童村党支部书记。爱村如家，群众交口称赞的“当家阿娘”。奋斗在基层一线20余年，带领村民把一个贫困村、矛盾复杂村建成全市小康示范村、省级文明村，是村民心中最信任的“大家长”。岳童村谁家里有事，第一个想到的就是找“当家阿娘”。曾获评“全国百名优秀女村官”“浙江好人”“宁波好人”和“最美鄞州人”。

【严意娜】 女，汉族，1984年生，鄞州区横街镇爱岭村人。献身公益，支教山区传递爱心的“造桥女孩”。2009年，她远赴甘肃山区支教，牵线宁波市民结对帮扶120余名山区学生；为当地15所学校1000余名学生募集各类爱心物资4000余千克，筹措“爱心款”近百万元建造一座“宁波市民爱心桥”。献身公益，担任鄞州银行公益基金会秘书长。曾获全国道德模范提名奖，获评“中国好人”、浙江省道德模范、浙江骄傲、浙江杰出青年、宁波市道德模范、宁波市三八红旗手，其先进事迹在全国范围受到关注和报道，成为“浙江省年度最具影响力人物”，被甘肃当地群众称为“最美的造桥女孩”。

【郑世明】 男，汉族，1959年出生，鄞州区古林镇人。血溶于情，用爱聚集红色力量的“献血明星”。他从1997年开始无偿献血，累计献血14万毫升。发动亲友、员工参与献血，组建“红色力量”志愿服务队，带领500余名志愿者到各地义务献血，全队献血总量近6.45吨。曾4次获全国无偿献血金奖，获评中华慈善突出贡献奖、省无偿献血特别奉献奖、“浙江好人”、宁波市道德模范提名奖、“最美鄞州人”，其先进事迹被人民网、浙江在线和《宁波日报》等媒体宣传报道。“红色力量”志愿者服务队获评2015年度“最美宁波人”。

【胡秀芝】 女，汉族，1948年生，原籍黑龙江省勃利县。无私奉献，用一生温暖他人的“天使奶奶”。她是宁波市生前签约、死后实现器官和眼角膜同时捐献的第一人，其义举让3个患者重获生命，2个人重返光明。她曾支边大兴安岭高寒禁区铁路建设，参加唐山大地震救灾，省内各媒体集中宣传报道其善举，被广大网民亲切地称为“天使奶奶”。曾获评“中国好人”“浙江好人”、宁波市道德模范提名奖、“最美宁波人”“最美鄞州人”。

【潘燕】 女，汉族，1976年生，鄞州职业高级中学高级教师。师爱无疆，西藏班学生心中的“好妈妈”。2010年起任浙江省首批、宁波首个受教育部委托开办的西藏班班主任。她上网了解西藏的风俗、生活习惯，到食堂和厨师长一起挑选符合西藏学生口味的食物，利用周末和其他教师一起带他们游览宁波附近的名胜古迹，教他们使用洗衣机，为学生补衣裁缝。她几乎放弃所有的休息日，住在学校陪伴、帮助藏族学生，连春节假期也不例外，被藏族学生称为“潘阿妈”。其事迹被《光明日报》等媒体报道，曾获评全国最美教师活动“特别关注教师”、全国模范教师、浙江省“最美教师”、浙江教育十大影响力人物、“最美宁波人”提名奖、“最美鄞州人”。

最美鄞州人

【叶徐挺】 男，汉族，1986年生，鄞州区城市管理行政执法大队钟公庙中队执法队员。见义勇为，勇救落水儿童的好城管。一直工作在执法一线，工作之余常参加志愿服务活动。2015年7月15日，叶徐挺下班途中，发现河中有个小女孩在挣扎，便跳进河中将孩子救起。看到孩子被附近闻讯赶到的群众送回家，他默默离开。事后，被救小女孩家长多次买礼品到叶徐挺家中酬谢，都被他婉拒。直到被救孩子家长把锦旗送到单位，同事才知道此事。其事迹被人民网等多家媒体报道，入围宁波市“最美城管人”评选。

【许建华】 男，汉族，1971年生，鄞州区第三医院内科副主任医师、院感科科长。医者仁心，热心公益的好医生。从事临床工作25年，他对待工作认真负责、对待同事热心坦诚、对待患者热情细致，长期热衷公益事业。2015年1月，完成造血干细胞的捐献，成为鄞州区第二位、全区卫生系统第一位完成造血干细胞捐献的志愿者，并在出院后将收到的2万余元慰问金捐献给身患癌症的病童。其好人好事被各级媒体宣传报道，并获评浙江省第七届“红十字公益之星”。

【陈君兰】 女，汉族，1979年生，宁波汽车中心站员工。爱岗敬业，平凡岗位上的“首席工人”。她秉承“服务零缺陷，满意百分百”理念，将站内400余个发车班次、上千个途经站点以及所有的车票价格均背诵下来，被同事称为“活电脑”。精通检票业务，在2014年宁波市首届汽车客运服务员职业技能大赛中获检票组第一名。2007年参加工作起，每天提前30分钟到岗，主动拖检票通道，擦护栏扶手，被评为2014年度宁波市首席工人。

【陈波】 男，汉族，1964年生，鄞州公安分局行政许可科民警。服务30载，坚守在一线的“最美警察”。1985年加入公安队伍起，一直从事身份证管理工作，是中国两代身份证诞生的见证者、参与者。2012年起，陈波经手签发审核的第二代居民身份证16万余张，制作临时身份证3万余张、指纹身份证10万余张。他说：“对我而言，为民服务不仅是人民警察的使命，也早已成为我的一种习惯。”2014年被列为第二季浙江省“最美警察"候选人，其先进事迹被《东南商报》《鄞州日报》等媒体报道。

【苏茂龙】 男，汉族，1976年生，鄞州区行政服务中心国土窗口工作人员。服务提效，尽心为民办实事的"国土人"。2002年进入鄞州区行政服务中心国土窗口后一直从事土地登记工作，开发各类国土资源管理软件20余款，其中土地登记系统终结鄞州区手写土地证的历史，提升为民服务的办事效率。曾多次获评区行政服务中心十佳服务标兵和优秀工作者，其先进事迹被《宁波日报》《鄞州日报》专题报道，被省国土资源厅提名为"最美国土人"。

【高泽普】（参见"人物·先进集体"类目"全国劳动模范和先进工作者"分目）

【梁国华】 男，汉族，1976年生，原籍湖北省恩施州。感恩回馈，重回人间的爱心"传递者"。他曾身患尿毒症，在宁波爱心市民的帮助下获得新生。痊愈后对人说："宁波给了我第二次生命，我会以感恩之心回报社会，做善事，传递爱。"梁国华加入市人体器官（角膜）遗体捐献志愿服务队、江东驿站志愿服务队、江东区家电维修志愿服务队，进社区、到敬老院，参加各种公益服务活动，总计服务次数200余场。曾获评"宁波好人""鄞州好人"，其先进事迹被多家媒体报道。

【潘焕军】 男，汉族，1972年生，原籍浙江省绍兴市。踏破铁鞋，圆梦贫困求学少年的"宁波叔叔"。2012年起，他陆续出资助学甘肃、贵州的多名贫困学生。为掌握详细信息，5次到贵州，走访了解贫困孩子的家庭情况，走访300余人。建立"本恩根"助学平台，先后发动200余名爱心人士捐助370余名贫困学生。曾获评"鄞州好人"，其先进事迹被《浙江日报》等媒体报道。

【最美八女儿】 "最美八女儿"是中河街道东城社区八位亲近夕阳志愿者，分别是张信娥、史秀菊、任亚琴、邱飞英、张素娣、韩金梅、邵雅琴、虞国芬。东城社区有一位97岁的冯老太，家人白天上班，只有老人一人在家。2014年4月，亲近夕阳服务队的8个志愿者和她结对，每周一到周五上午，志愿者轮流上门看望老人，陪她聊天，帮老人洗头、理发、修指甲、做衣服等。她们的事迹多次被《鄞州日报》、鄞州电视台等新闻媒体报道。

【孙涛和老王】 孙涛，男，1976年生，鄞州第二医院泌尿外科主治医师，老王的主治医生。最美医患情，"特殊按揭"述说高尚与诚信。从业16年，孙涛一直帮助经济困难的病人垫付药费，不求回报，老王是其中之一。2014年，刚动完咽喉癌手术的老王因为前列腺增生和膀胱结石无法排尿，需要再一次手术。然而老王生活拮据，一时拿不出3000元手术费，孙涛为其垫付医药费。老王出院后以每月1000元"还按揭"的形式，分三次把钱还清。

逝世人物

【张群洁】 男，汉族，1928年9月生，宁波慈溪人，原名宣炳初。1942年8月在余姚秘密参加抗日浙东游击纵队三北二中队，10月改名张群洁。1947年3月加入中国共产党。1966年4月至7月，任鄞县副县长。"文化大革命"期间受迫害。1979年3月至1981年3月，任鄞县革命委员会主任。1981年3月至1984年7月，任鄞县县委副书记、县长。1988年10月离休，任县政府顾问。2015年6月13日因病在宁波逝世。

先进个人

表59　2015年鄞州区获国家级表彰的先进个人

姓名	荣誉称号	工作单位
陈　怡	全国先进工作者、五一巾帼标兵	公安分局钟公庙派出所
张亚芬	全国五一巾帼标兵	供电公司
胡广良　郑伦祥	全国关心下一代工作先进工作者	关工委
陈国琴	全国优秀工会工作者	姜山镇
施兆万	2014~2015年度全国消协组织先进个人	市场监管局
张　迪	2015年度《中国统一战线》宣传先进个人	统战部

表60　2015年鄞州区获省级表彰的先进个人

姓名	荣誉称号	工作单位
陈根标	2014年度全省政务信息工作先进个人	区政府办
刘莹姿	全省法院政工信息工作先进个人	法　院
张梦婉	2014年度全省法院信息工作先进个人	法　院
章燕飞　续大治	2014年度《浙江日报》先进报道工作者	宣传部

续表 60

姓名	荣誉称号	工作单位
张　聪	2015 年度全省机构编制信息宣传工作先进个人	编委办
李　锋	2014 年度浙江省党校系统先进个人	党　校
陈小意　童周亮	2015 年度浙江省共青团信息工作优秀典型个人	团区委
梅俊杰	2014 年度全省发改系统政务信息工作先进个人	发改局
陈　怡	浙江省三八红旗手	公安分局钟公庙派出所
孔海云	2013~2014 年度全省政法系统先进个人	司法局
王邵逸	2015 年度全省财政信息工作信息积极分子	财政局
周子健	2015 年度全省人力资源和社会保障宣传工作先进个人	人力社保局
邹丽英	2015 年度全省“优秀城市美容师”	城管局
毛锡龙	全省“1818”平原绿化行动先进个人	农林局
吕飞龙	2014 年度省绿化奖章	农林局
毕校龙　谢国华　毛乾伦	全省基层征兵工作先进工作者	卫生计生局、瞻岐镇、古林镇
沈慈波	2014 年度全省工商行政管理系统新闻宣传工作先进个人	市场监管局
张汉江	2014 年度全省工商行政管理系统优秀舆情监测员	市场监管局
万　犇	2014 年度全省安全生产政务信息先进个人	安监局
苏茂龙	浙江省“最美国土资源人”	国土分局
张亚芬	第四届全省道德模范、省三八红旗手	供电公司
刘永丰	浙江省五一劳动奖章	供电公司
顾崎峰	2011~2014 年度省森林消防工作先进个人	五乡镇
王　娜	2014 年度省级优秀团员	横街镇
徐　丹　王雅清	第三次经济普查省级先进个人	南部商务区管委会、石碶街道
袁思平	第十一批省优秀科技特派员	鄞江镇
周侗都	2014 年度浙江省“无违建县（市、区）”创建工作先进个人	瞻岐镇

表 61　　2015 年鄞州区获市级表彰的先进个人

姓名	荣誉称号	工作单位
张盛世　高忠东　张　洪 郁柏其　毕延斌　傅建宁	2014 年度市级社会管理综合治理工作先进个人	法　院　检察院　公安分局 下应街道　塘溪镇　咸祥镇
傅利国	2015 年度全市党委系统信息工作先进个人	区委办
赵陈锋	2015 年度全市党委系统督查工作先进个人	区委办
陆　昕	2014 年度政府信息公开工作先进个人	区政府办
王发振	2014 年市“两会”建议提案办理工作先进个人	区政府办
陈根标	2014 年度全市政务信息工作先进个人	区政府办
项　成	2015 年度全市政府信息公开工作先进个人	区政府办
杜兆亮　胡　超	2014 年度全市优秀农村指导员	检察院　五乡镇
钱赛红	2014 年度全市农村指导员优秀工作者、全市农村生活污水治理工作先进个人	农　办
张淑琴	宁波市民族团结进步模范个人	民宗局
谢富国	全市党史地方志工作先进工作者	党史办

续表61

姓名	荣誉称号	工作单位
叶　龙　孙晓燕	2015年度宁波市科技创新推动奖	科技局　首南街道
毛奕琴　干鲁锋　韩文莲　黄明兰	全市精神卫生工作先进个人	总工会　公安分局　教育局　残　联
陈　怡	第四届全市道德模范敬业奉献模范	公安分局钟公庙派出所
石建军	2014年度生态市和生态文明建设工作先进个人	环保局
谢国旗	大运河宁波段申报世界文化遗产工作先进个人	文广新局
杨志军	2014年度全市国际招商标兵奖	投资合作局
张　洪　魏　强　陈　勇	2014年度全市禁毒工作先进个人	公安分局　区政府办　姜山镇
朱银春　张　宾	2014年度宁波市国有土地上房屋征收工作先进个人	征管办　姜山镇
章　佳	宁波市历史文化名城名镇名村保护工作先进个人	规划分局
吕　君	2014年度宁波市科技创新推动奖	咸祥镇
范丽娜　胡　超　周晓伟　江　翊　董家俊	2014年度全市“三改一拆”和“无违建”创建工作先进个人	“三改一拆”办　五乡镇　潘火街道　东吴镇　咸祥镇
张　涛　周丹儿	2014年度全市优秀禁毒社会工作者	姜山镇　潘火街道
史新跃　周文杰	2014年度宁波市安置房建设工作先进个人	首南街道　下应街道
胡刚能　谢光海	2014年度征兵工作先进个人	洞桥镇　钟公庙街道

先进集体

表62　　2015年鄞州区获国家级表彰的先进集体

获奖单位	荣誉称号
鄞州区（农办）	中国美丽乡村建设示范县
人力社保局　团区委	首批国家小型微型企业创业创新示范基地
集士港镇	第四届全国文明镇
市场监管局	第四届全国文明单位
龙观乡	第三批全国特色景观旅游名镇
公安分局	2015年度全国社区戒毒社区康复工作示范单位
法　院	有效实施失信被执行人名单制度示范法院
鄞州区政府（妇联）	2014年全国巾帼建功先进集体
档案局	第三批全国中小学档案教育社会实践基地、国家级数字档案馆
妇　联	2015年度全国妇女宣传舆论阵地建设先进单位
总工会	2014年度全国县级工会财务工作先进单位
科技局（科协）	2015年度全国科普日特色活动组织单位
卫生计生局	《2015年人口与计划生育》杂志宣传工作先进集体
检察院	2015年度全国检察宣传先进单位
统战部	2015年度《中国统一战线》宣传先进单位
红十字会	2015年度中国红十字会总会报刊宣传先进集体二等奖
党史办	全国第五届年鉴编纂出版质量评比综合一等奖

表 63　　2015 年鄞州区获省级表彰的先进集体

获奖单位	荣誉称号
区政府办	2014年度全省政务信息工作先进单位
法　院	2014年度全省法院信息工作一等奖、政工信息工作先进集体、知识产权审判工作先进集体
鄞州区(组织部、人力社保局)	2014年度市县党政领导人才工作目标责任制考核优秀县(市、区)
组织部	2014年度全省组织系统调研成果优秀奖
鄞州区委报道组(宣传部)	2014年度《浙江日报》先进报道组
鄞州区(宣传部)	2014年度浙江省农村文化礼堂建设先进县(市、区)
宣传部	第四届浙江省宣传思想文化工作创新奖
侨　联	2015年度全省侨联系统最具影响力工作
政法委	2014年度全省平安县(市、区)
鄞州区(农办)	2014年度全省社会主义新农村建设优秀县(市、区)、2015年度全省农村生活污水治理工作优胜县(市、区)
农　办	2015年度全省农办工作优秀单位
编委办	2015年度全省机构编制信息宣传工作先进单位
档案局	2015年度全省档案系统先进集体、全省档案局优秀科技成果奖三等奖
党　校	2014年度浙江省党校系统先进单位
党史办	全省党史工作先进集体
团区委	2015年度浙江省共青团信息工作优秀典型单位、首批省级示范性青少年综合服务平台
工商联	2015年度全省工商联系统先进单位
红十字会	2015年度全省造血干细胞和人体器官捐献工作先进集体
鄞州区政府(发改局)	2014年度全省扩大有效投资优秀单位
发改局	2014年度全省发展改革工作先进单位、全省发改系统政务信息工作先进单位
鄞州区(经信局)	2014年度全省工业强县(市、区)综合评价I档第一名、2014年度全省经济和信息化工作优秀县(市、区)、2015年省级信息经济发展示范区、2015年全省小微企业培育监测工作优秀县
鄞州区(科技局)	2014年度全省市县党政领导科技进步目标责任制考核优秀单位、全省网上技术市场工作先进县(市、区)
科技局	2014年度全省科技宣传与信息工作先进单位
鄞州区(农办、科技局)	第十一批全省科技特派员工作先进县(市、区)
科技局(科协)	2015年度全省科协工作先进单位
公安分局	2014年度全省公安机关队伍正规化建设优秀单位、执法质量优秀单位、县级公安机关警卫工作规范化建设成绩突出单位
公安分局	2014年度全省禁毒队伍建设、综合调研成绩突出单位
鄞州区(民政局)	2014年度全省民政工作先进县(市、区)
司法局	2014年度全省司法行政系统依法行政工作先进集体
财政局	2015年度全省财政信息工作良好单位
人力社保局	2015年度全省人力资源和社会保障宣传工作先进单位
水利局	2015年度全省河道生态建设示范工程:后塘河整治工程

续表63 续表

获奖单位	荣誉称号
鄞州区(农林局)	2014年度全省发展外向型农业工作考核优秀区
鄞州区(水利局)	2015年度全省综合优秀防指办
鄞州区(农林局)	全省“1818”平原绿化行动先进集体
农林局	2014年度全省林业工作考核县级林业工作先进集体
鄞州区(文广新局)	2014~2015年浙江省文化产业重点县(市、区)
审计局	2015年度全省审计机关考核先进单位
市场监管局	2014年度全省工商行政管理系统宣传工作先进单位、县局级专项工作业绩突出优胜单位
安监局	2014年度全省安全生产政务信息先进单位
供销社	2014年度全省供销社系统综合业绩考核特等奖
广播电视台	2015年度省电视节目技术质量奖新闻类三等奖:《鄞视报道》
供电公司　国税局　鄞州移动公司	全省文明单位
供电公司	浙江省工会示范职工书屋
调查队	2014年度全省调查队系统综合考核一等奖
东吴镇　首南街道	全省文明镇
姜山镇　高桥镇	全省基层征兵工作先进单位
姜山镇	2015年浙江省卫生镇
钟公庙街道	2015年度浙江省排舞运动先进集体
中河街道　首南街道	2015年浙江省卫生街道
横街镇　集士港镇	2015年度全省农村基层团建示范乡镇
鄞江镇	浙江省历史文化名镇
龙观乡	2015年度全省运动休闲旅游优秀项目:绿谷龙观健身步道

表64　2015年鄞州区获市委、市政府表彰的先进集体

获奖单位	荣誉称号
区委办	2015年度全市党委系统信息工作先进单位、督查工作优秀单位
鄞州区政府(区政府办)	2014年度宁波市政府信息公开工作先进单位、政府系统优秀调研报告三等奖、政府系统示范网站、宁波市战略性新兴产业推进工作综合先进奖,2015年度政府信息公开工作先进单位
区政府办	2014年度宁波市政务信息工作先进单位、政务督查工作先进单位,2015年度政务信息工作先进单位
鄞州区(组织部、人力社保局)	2014年度人才工作先进县(市、区)金奖
鄞州区(宣传部)	宁波市全国文明城市“四连冠”创建工作先进区
宣传部	宁波市宣传思想文化工作创新大奖
统战部　农林局　文广新局	2015年度宁波市农村指导员工作先进单位
民宗局	宁波市民族团结进步模范集体
政法委　教育局　钟公庙街道 中河街道　集士港镇　五乡镇 东吴镇　鄞江镇　洞桥镇	2014年度市级社会管理综合治理工作先进单位

续表64

获奖单位	荣誉称号
鄞州区（农办）	2014年度全市农村生活污水治理工作良好县（市、区）、2014年度全市农房"两改"工作先进单位、2014年度全市农村指导员工作先进单位
邱隘镇　高桥镇	2014年度全市农房"两改"工作先进单位
交通运输局　安监局　姜山镇　东吴镇　横溪镇	2014年度全市农村指导员工作先进单位
残　联	全市精神卫生工作先进集体
党史办	宁波市十佳党史教育基地
慈善总会	全市第四届"宁波慈善奖"最具影响力慈善项目奖
鄞州区政府（发改局）	2014年度全市重点工程综合先进奖
鄞州区政府（经信局）	2014年度宁波市工业转型升级综合奖三等奖、工业经济专项工作"电商换市"推进奖
教育局	2014年度社会管理综合治理先进单位
鄞州区（科技局）	2014年度全市科技进步目标责任制考核优秀单位
公安分局	2014年度全市禁毒工作先进集体、第十四批市级文明单位
鄞州区（环保局）	2014年度生态市和生态文明建设工作先进集体专项考核奖
鄞州区（住建局）	2014年度全市建筑业发展先进集体三等奖
城管局	2014年度全市智慧城管工作先进集体
鄞州区政府（城管局）	2014年度全市城中村改造先进单位
交通运输局	2014年度宁波市交通发展先进集体
水利局	2014年度宁波市重点工程立功竞赛模范集体
鄞州区政府（水利局）	宁波市第四届水利"大禹杯"竞赛"金杯奖"
商务局	2014年度宁波市外经工作先进金奖、外包工作先进金奖、外贸工作先进铜奖、电子商务工作银奖、商贸民生发展金奖、商贸发展创新银奖、商贸管理优胜铜奖
商务局（粮食局）	2014年度全市粮食安全责任考核优秀单位
鄞州区政府（商务局）	2014年度宁波市会展工作先进奖铜奖
鄞州区政府（文广新局）　规划分局	2015年度宁波市历史文化名城名镇名村保护工作先进集体
文广新局	大运河宁波段申报世界文化遗产工作先进集体
鄞州区政府（投资合作局）	2014年度全市国内经济合作工作综合大奖银奖、国内招商引资工作先进奖金奖、山海协作工作先进奖银奖，2014年度支持浙商创业创新促进宁波发展工作优秀单位金奖，2014年度全市国际招商工作先进奖（外贸工作先进奖）特别贡献奖
鄞州区政府（投资合作局、商务局）	2014年度全市开放型经济公共服务奖铜奖
瞻岐镇　石碶街道	2014年度全市农村生活污水治理工作先进镇乡（街道）
五乡镇　云龙镇　古林镇　章水镇	2014年度全市征兵工作先进基层单位
姜山镇　高桥镇	2014年度全市幸福美丽新家园建设先进镇乡（街道）
中河街道　钟公庙街道　潘火街道	全国文明城市"四连冠"创建工作先进街道
潘火街道	第四批全市文明街道
章水镇	2014年度全市"无违建镇乡（街道）"创建先进单位

附 录

观音岭古道

文件选编

统计资料

重点工程建设项目

鄞州年鉴

2016 YINZHOU YEARBOOK

文件选编

全面推进村经济合作社股份合作制改革的实施意见

为深化农村产权制度改革，赋予农民更多财产权利，促进城乡一体化发展，根据《浙江省人民政府办公厅关于全面开展村经济合作社股份合作制改革的意见》（浙政办发〔2014〕101号）和《宁波市人民政府关于全面推进村经济合作社股份合作制改革的指导意见》（甬政发〔2014〕104号）精神，现就我区全面推进村经济合作社股份合作制改革提出如下实施意见：

一、指导思想和基本原则

深入贯彻党的十八届三中全会和省、市农村工作会议精神，以理顺村级集体经济分配关系为基础，以改革村级集体资产经营管理体制和运行机制为重点，以保障集体资产产权主体及其成员利益为核心，以促进农村集体经济健康发展和社会稳定为目标，全面推进村经济合作社股份合作制改革，加快建立产权清晰、权责明确、保障严格、流转顺畅的新型农村集体经济组织产权制度，为构建新型城市化和城乡一体化发展体制机制奠定更加坚实的基础。

实施村经济合作社股份合作制改革（简称“村社股改”），必须遵循以下基本原则：

（一）依法办事，规范操作。严格按照法律法规和政策规定操作，妥善处理好各方利益，维护和保障村经济合作社所有成员的合法权益，实现集体资产股份占有法制化。

（二）明晰产权，有利发展。坚持集体资产所有权不变，切实明晰产权、确权到人，探索建立新形势下集体经济有效实现形式，建立集体资产保值增值机制，实现集体经济管理运行的市场化。

（三）公平公开，发扬民主。实施村社股改，要切实保障社员的知情权、决策权、参与权和监督权，建立健全集体“三资”管理机制，实现集体经济管理运行的制度化。

（四）分类股改，分步推进。在省、市有关政策的统一指导下，因地制宜制定实施政策和方案，先易后难、平稳有序地推进改革发展工作，实现集体经济组织成员利益保障的最大化。

二、目标任务和股改模式

到2015年底，全面完成我区村社股份制改革任务，基本建立起“确权到人、权跟人走”的农村集体产权制度体系。本次股改模式原则上是“确权确股暂不确值”。

三、股改主要政策和具体实施把握

村经济合作社实施股份合作制改革，必须按照“依法合理、民主决策、公平公正、确保稳定”的要求，在具体实施中严格把握以下股改的基本政策：

（一）坚持集体资产所有权不变。村股份经济合作社是社会主义市场经济条件下农村社区性集体经济的一种新的组织形式。现阶段确股确权到人的集体资产股权，只作为享受集体经济收益分配的依据，其权属仍归集体。村股份经济合作社的资产，不得以任何形式平调，严禁非法侵占、私分。

（二）合理界定股份经济合作社成员资格。成员资格界定要遵循“依法依规、尊重历史、实事求是、公平合理和资格唯一性”的原则，一般以户籍关系为基础，结合生产生活历史、土地承包关系、享受集体分配、与村经济合作社权利义务关系和管理关系等因素综合考虑，以村为单位，科学合理进行界定，做到全面、准确、公平和不遗漏、不两头占，着力增强改革的和谐性。对现行法律法规明确规定为集体经济组织成员的对象，应严格依法依规直接界定或保留其成员资格；对未有明确规定的特殊对象的成员资格界定，应按照“宽接受、广覆盖”的原则，综合考虑其利益诉求的合法合理性，由社员（代表）大会民主讨论决定。股份经济合作社成员资格界定的截止日一般为股份经济合作制改革方案通过日或在通过后15日以内。各村在股改时要成立成员资格界定专门工作小组，制定成员界定实施办法，明确成员界定基本流程，严格程序、平稳开展；区级职能部门及各镇乡（街道）要加强相关政策指导、审核调查和矛盾调处。

（三）因地制宜确定股权配置和成员分类设权办法。为防止产权“二次模糊”，本次股改不设集体股，原则上只设“人口股”。股权原则上实行静态管理，股权份额一次性核定，固化到人，权跟人走，可按规定在股份经济合作社内部转让。各地在进行人员资格界定的过程中，可根据村社集体经济实际情况区分不同成员对象，确定集体经济收益分配可以全部享受、酌情享受和不能享受的成员对象。股改时，具体的股权设置、股权管理等政策须经社员（代表）大会民主讨论决定。

（四）依法建立股份经济合作社组织架构。各地在完成成员界定、股权设置和股份配置后，应根据有关法律法规和上级政策规定，及时依法设立股东（代表）大会、董事会和监事会组织机构，建立起权责明确、各司其职、相互支持又相互制衡的治理结构。股东大会是股份经济合作社的最高权力机构，经股东大会授权，可以由股东代表大会行使职权。董事会和监事会由股东（代表）大会选举产生，董事长由董事会选举产生。首届股份经济合作社股东代表可以由本届村经济合作社社员代表直接依法过渡产生，董事会、监事会成员可以由本届社管会、社（村）监会成员直接依法过渡产生。

（五）高度重视村社股改后的建章立制。村经济合作社实施股改后，统一改名为股份经济合作社，并制订《股份经济合作社章程》，规范内部管理和运作。《章程》应包括总则、股东、股权设置与量化、组织机构、资产经营与管理、财务管理与收益分配、董事会及监事会职责等内容。《章程》须在广泛征求意见的基础上，经股东（代表）大会讨论通过，印发给每一个股东。同时，股份经济合作社按照有关政策，及时制定好集体“三资”经营管理和财务管理等制度，积极探索集体经济的有效实现形式，实现集体资产的保值增值。

（六）切实规范集体经济收益分配和股份分红。改革后的村股份经济合作社财务管理体制保持不变，当年可支配收入应优先保障村级组织运转、集体经济发展、公共设施建设和公益事业保障等必要支出，收支结算有盈余的再进行分红。红利分配必须遵循同股同利原则，按成员拥有股权类型和享受比例进行红利分配。红利分配前，必须按规定先提取一定比例的公积金、公益金和应付福利费，原则上红利分配应经股东（代表）大会讨论通过。

四、实施步骤和重点环节

根据鄞州区的实际情况，经深入调研、制定政策，于2014年12月份开始在5个试点村试行改革，目前已全部完成，现已进入试点结束后的全面推进阶段。具体股改中要按照以下实施步骤，切实把握好以下重点环节：

（一）准备启动阶段（2015年4月中旬前）。重点要抓好领导机构建立、方案政策制定和股改宣传发动三个环节。各镇乡（街道）要成立专门的股改领导小组及实干班子，抽调精干力量具体负责所辖村的股改工作；要按照区委、区政府确定的总体部署和目标，在认真调查研究、反复征求意见和充分尊重群众意愿的基础上，结合本地实际，制定村社股改工作实施方案；要切实加强宣传发动，充分利用广播、宣传栏、电视、报纸等宣传媒体，广泛深入宣传股改的性质、意义和政策，营造良好的改革工作氛围。

（二）组织实施阶段（2015年9月底前）。重点要抓好村工作班子组建、村级实施方案制定和股改组织实施等三大环节。各镇乡（街道）要指导村组建领导小组，在上级组织和村党组织领导下，负责村社股改工作，领导小组成员主要在党组织、社管会和村委会三套班子成员中产生，也可吸收社员代表和群众参加，由村党组织书记（社长）任组长。各村要根据全区股改工作的总体安排，从本村实际出发，在广泛征求意见的基础上，拟定股改实施方案，经社员（代表）大会讨论通过后，报各镇乡（街道）审核批准后实施。股改具体实施中，要严格按照股改的基本原则和主要政策精神，坚持因地制宜、民主决策、务实创新，平稳有序地界定成员资格、明确股权设置、确定股权配置、制定章程制度、建立组织架构等具体工作。

（三）总结验收阶段（2015年12月底前）。重点要抓好手续办理、资料归档和工作总结等三个环节。股改基本结束后，各股改村社应及时申请办理村经济合作社证明书、组织机构代码证、银行账户、刻制印章等相关变更手续，并进行公告，原村经济合作社不再保留，并向全体股东颁发股权证书；股改工作完成后，各镇乡（街道）要认真总结股改经验和做法，及时将股改过程中形成的有关文件、会议记录、决议、实施方案、章程、股东名册等重要资料收集整理，并永久归档。

五、组织领导和工作要求

（一）加强组织领导。为切实加强对村社股改工作的领导，区委、区政府成立村经济合作社股份合作制改革领导小组，下设办公室，负责股改工作的指导协调、政策研究、信访接待和督查考核（领导小组及办公室成员名单见附件1）。各有关部门必须高度重视，把村社股改作为深化改革的一项重点任务来抓，摆上重要议事日程，切实加强领导，明确目标任务，落实工作责任。各镇乡（街道）党（工）委书记要亲自抓，明确镇长或副书记和农业副镇长（副主任）集中精力具体抓，各线各部门要各司其职配合抓，形成一级抓一级，层层抓落实的工作局面；要建立考核激励机制，将这项改革工作列入对各村考核的重要内容，考核结果与干部奖金挂钩，与评选先进集体和个人挂钩。为统一有关政策口径，切实做好维稳工作，镇、村两级也要专门成立村社股改相关工作小组，第一时间提供政策咨询，调处信访诉求。

（二）明确工作责任。各镇乡（街道）党（工）委、政府（办事处）要切实担当起村社股改的第一责任，把好宣传动员关、政策研究关、股改指导关、权益维护和信访调处关，集中精力、精心组织，平稳有序推进村社股改工作。区级各有关部门要各司其职、积极配合，加强股改工作的研究、指导、协调和督查。对股份经济合作社办理原村经济合作社登记变更、资产产权变更登记，有关部门要研究相关优惠政策，并简化相应办理程序。

（三）加强工作指导。为切实加强对各地村社股改工作的政策业务指导，及时掌握动态，研究分析解决改革中出现的新情况新问题，区里将抽调精干力量组成五个督查指导小组，每组由一位区管干部带队，分镇乡（街道）包片开展业务指导、具体问题研究和股改工作督查。各镇乡（街道）也要选调骨干力量，由班子领导带队进驻股改村社，抓好股改各环节工作的指导，及时掌握动态，把握好相关政策的衔接协调，及时调处村社成员的切身利益问题。

——摘自《关于全面推进村经济合作社股份合作制改革的实施意见》（鄞党办〔2015〕26号）

全面构建现代公共文化服务体系的实施意见

2013年，我区成功创建成为第一批国家公共文化服务体系示范区，公共文化服务体系建设得到了整体性的提升。但与人民群众日益增长的精神文化需求相比，与全面构建现代公共文化服务体系、建设文化强区的目标要求相比，服务的质量水平仍然有待提高。为全面贯彻落实中办、国办《关于加快构建现代公共文化服务体系的意见》（中办发〔2015〕2号）和省委办、省政府办《关于加快构建现代公共文化服务体系的实施意见》（浙委办发〔2015〕46号）的精神，让群众更多地共享改革与发展的成果，使我区公共文化服务体系建设工作继续走在全国前列，现结合我区实际，制定以下实施意见：

一、指导思想

按照党的十八届三中全会关于构建现代公共文化服务体系的目标、任务和要求，全面贯彻落实国家和省《意见》精神，牢固树立以人民为中心的导向，以改革创新为动力，着力提高公共文化服务效能，建设更加完善、优质、便利、高效的公共文化服务体系，切实保障人民群众文化权益，满足人民群众文化需求，提升市民文化素质，为鄞州实现高水平崛起提供有力的人文支撑。

二、基本原则

坚持正确导向。以人民为中心，以社会主义核心价值观为引领，发展先进文化，创新传统文化，扶持通俗文化，引导流行文化，改造落后文化，抵制有害文化，巩固基层文化阵地，形成积极向上的精神追求和健康文明的生活方式，努力提升全民文化素养。

坚持政府主导。明确各级党委、政府及相关部门的责任和义务。强化公共财政支撑，加强公共文化产品和服务供给。建立以群众多样化需求为导向的公共文化服务模式，因地制宜，科学规划，分类指导，实现基本公共文化服务均等化，切实保障人民群众基本文化权益。

坚持创新驱动。创新发展思路和体制机制，加快转变政府职能，坚持政府主导和社会参与相结合，引入市场机制，着力解决制约我区公共文化服务体系科学发展的突出矛盾和问题，激发各类社会主体参与公共文化服务的积极性，形成共建共享格局。大力促进文化与科技深度融合，推进文化事业和文化产业协调发展，不断壮大文化事业发展的内生动力。

坚持提质增效。从重硬件建设向提升服务效能转变，从单向供给向供需对接转变，优化公共文化资源配置，完善公共文化服务评价工作机制，做到物尽其用、人尽其才，发挥整体优势，提升公共文化服务的质量和效能，满足人民群众丰富多样的个性化文化需求。

三、总体目标

到2020年，全面建成具有鄞州特色、更具辐射力、全国领先的现代公共文化服务体系：城乡一体化公共文化设施网络全面覆盖、互通共享；公共文化产品和文化服务的内容和手段更加丰富、更有特色、更具现代感；服务质量和水平进一步提升，公共文化管理、运行和保障机制进一步完善，政府、市场、社会共同参与公共文化服务体系建设的格局全面形成，基本公共文化服务均等化水平继续领先全国。文化在市民文明素质养成中的贡献明显提高，文化在社会主义核心价值观建设中的作用明显提高，文化在鄞州经济社会持续发展中的推动作用明显提高。

四、重点任务

（一）统筹推进公共文化服务均衡发展

1.统筹城乡公共文化服务资源。把城乡基本公共文化服务均等化纳入国民经济和社会发展总体规划及城乡规划。统筹城乡公共文化设施布局、服务提供、队伍建设、资金保障，均衡配置全区公共文化资源。打造城市文化圈，推动中心城区文化建设的集聚集群。推进城乡联动机制，启动文化馆数字总分馆建设，建成一个总馆、多个分馆和若干个服务点，图书馆镇乡分馆建成率达到100%，将图书馆服务延伸到学校，形成农家书屋与区公共图书馆的全面互联互通。加大文化流动力度，实现区、镇流动文化服务和数字文化服务全覆盖。进一步提升天天演等文化惠民服务品牌的质量，深入推进城乡“结对子、种文化”，加强城市对农村文化建设的帮扶，形成常态化工作机制，促进城乡文化资源互动共享。健全“三农”出版物体系和发行网络，提升广播电视涉农节目质量，加强农村题材文艺作品创作。

2.保障边远地区和特殊群体基本文化权益。保障基本公共文化服务资金向边远地区和经济落后地区倾斜。将老年人、未成年人、残疾人、外来务工人员、生活困难群众等作为公共文化服务的重点对象。积极开展面向老年人、未成年人的公益性文化艺术培训服务、演展和科技普及活动。开展宝宝悦读计划、亲子阅读活动等学龄前儿童基础阅读促进工作。培育校园文化，建立学生艺术素养促进中心和体质健康检测中心，建设中小学艺术教育项目培育基地。公共文化机构应为残疾人提供无障碍设施，丰富盲文出版项目和视听读物，建设有声图书馆，电视台要在部分节目中加配手语或字幕。加大对残疾人文化艺术的扶持力度，力争残疾人社区活动参与率在70%以上。将外来务工人员文化建设纳入常住地公共文化服务体系，继续开展文化暖流工程。

3.完善基本公共文化服务标准体系。根据《国家基本公共文化服务指导标准（2015~2020年）》和《浙江省基本公共文化服务指导标准（2015~2020年）》，以人民群众基本文化需求为导向，制定与我区经济社会发展水平相适应、具有鄞州特色的地方实施标准（详见附件），以标准化促进均等化。实施标准明确基本公共文化服务的内容、种类、数量和水平，明确政府保障底线，做到保障基本、统一规范，并抓好推进落实。各镇乡（街道）要结合各自实际，制定符合自身特色的辖区标准。

（二）进一步完善公共文化设施网络

1.加强区级公共文化设施建设。按照人口发展和分布，坚持均衡配置、严格预留、规模适当、功能优先、经济适用、节能环保的原则，合理规划、建设、使用公共文化设施，制定并实施文化设施布局专项规划。在已有区图书馆、文化馆、博物馆、非遗馆、体育馆、网球中心、游泳中心的基础上，规划城市文化圈，建设区图书馆二期工程和区公共体育场，推进数字文化馆建设。合理规划并建设若干个中心城区小型市民健身综合体和城市文化公园，推动所有公共文化设施落实无障碍设施改造。

2.加强基层综合性文化服务中心建设。继续推进“公共文化明珠镇”创建工程，鼓励多种主体建设镇级公共文体设施。按照“五有三型”标准，整合村现有文化阵地，因地制宜、分类推进农村文化礼堂建设。启动社区综合活动中心建设和行政村步道建设，省级中心村建设全民健身广场，社区建设健身点，合理规划公园、绿地、广场等公共场所的全民健身器材设置。完善应急广播覆盖网络，打造基层政务信息发布、政策宣讲和灾害预警应急指挥平台。

3.提升公共文化设施的管理、利用与服务水平。按照“建、管、用”并重原则，健全公共文化设施管理与服务标准，做到建设规范、管理科学、运营高效。区级公共图书馆、各类博物馆、文化馆、非遗馆等要制定行业服务标准和项目技术标准，着眼于提升服务效能，全部实施免费开放。科技馆、工人文化宫、妇女儿童活动中心、青少年校外活动场所、各类体育场馆等其他公共文化设施要逐步增加免费基本公共文化服务项目。探索党政机关、企事业单位、学校的各类文体设施向社会免费或低收费开放，学校体育设施向群众开放率在90%以上。出台镇乡（街道）文体中心、村文化礼堂和社区综合活动中心等公共文化设施的运行管理和服务标准体系，规范各级各类公共文化机构服务项目和服务流程，完善内部管理机制，提高服务水平。要在保障公益性的基础上，创新公共文化设施管理运营模式，鼓励以承包、委托、合作、联盟等方式，由具备一定资质的社会组织、专业企业或有能力的个人等民间力量运营或管理。

（三）增强公共文化服务发展动力

1.培育和促进文化消费市场。统筹考虑群众的基本文化需求和多样化文化需求，促进文化事业和文化产业协调发展，实现标准化和个性化服务的有机统一。制定和完善鼓励文化消费的政策措施，通过研发文化创意产品、出台公益性演出补贴制度、经营性场所免费或优惠提供公益性文化服务等方式，增强市民群众对文化服务的可选择性、可参与性。通过政府购买公共文化服务方式，支持艺术表演团体提供公益性演出。积极发展与公共文化服务相关联的教育培训、体育健身、演艺会展、旅游休闲等产业，引导和支持各类文化企业开发公共文化产品和服务，满足人民群众多层次的文化消费需求。推进实施由财政资金引导，市民自愿自费购买的文化消费卡，增加市民文化消费，促进文化产业发展。

2.鼓励和引导社会力量参与。增强社会资本投入公共文化领域的吸引力，扩大开放、消除垄断，制定政府购买公共文化服务采购办法，公布年度采购年度目录，建立社会各类机构公平参与的采购机制。将政府购买公共文化服务资金纳入财政预算，全面形成公共文化社会化发展格局。政府举办的博物馆、展览馆、剧院等公益性文化设施，要积极主动地为社会力量、社会资本举办的公益文化活动提供支持，为民办文化艺术团体进行公益性展览展演提供场地支持。推广运用政府和社会资本合作等模式，促进公共文化服务提供主体和提供方式多元化。鼓励支持社会力量通过投资或捐助设施设备、兴办实体、资助项目、冠名赞助、设施共享、提供产品和服务等方式参与公共文化服务体系建设。建立健全公开透明的社会捐赠管理制度。

3.培育和规范文化类社会组织。加强对文化类行业协会、基金会、民办非企业单位等社会组织的引导、扶持和管理。实行群众自办文化团队备案制，取消群众自办文化团队的各种门槛。建立起群众文化团队考核评定制度，整合优秀群众文化团队，建立鄞州区群众文化总团。城市公共文化广场、村（社区）公共文化设施要因地制宜地为社会力量开展公益性文化活动提供便利。图书馆、文化馆（站）等公益文化事业单位，要为社会力量兴办的公益性文化实体、民间文化团体、群众文化团队提供专业支持。引导各公共文化机构建立地方性行业协会，发挥其在行业自律、行业管理、行业交流等方面的重要作用。加大政府向文化类社会组织购买服务的力度，将适合由社会组织提供的公共文化服务事项交由社会组织承担。进一步明确文化类社会组织的功能定位，严格执行社会组织的年检、信息公开和评估制度，引导文化类社会组织依法依规开展公共文化服务。

4.加强公共文化人才队伍建设。推进全区公共文化人才队伍总体设计，制定完善公共文化人才队伍建设中长期规划，建立科学、合理、灵活的柔性人才引入机制，由人才引进为主转向人才引进与智力引进并重，有效解决公共文化人才短缺、队伍规模偏小问题。健全完善公共文化人才培养机制，围绕文化人才素质和能力提升，建立基础教育、高校、职业学校、文化企业、公共文化机构、文化人才培训基地等多层次公共文化人才教育和培训体系。深化文化体制改革，激活公共文化机构内在活力，为文化专业人才施展才华创造良好平台和发展环境。制定出台《鄞州区文化人才扶持奖励办法》，吸引文化领域领军人才，奖励全区优秀文化工作者。

5.大力推进文化志愿服务。通过加强宣传、榜样示范、荣誉激励等方式，大力弘扬志愿服务精神。创新服务内容、工作方式和活动载体，探索具有鄞州特色的文化志愿服务模式。建立全区统一的文化志愿服务平台，完善文化志愿者注册招募、服务记录、管理评价和激励保障机制。动员组织专家学者、艺术家、优秀运动员等社会知名人士参加志愿服务，提高社会影响力。建立文化师资库，通过“结对子、种文化”工作机制，推动专业艺术院团、体育运动队和艺术体育院校等到基层教、学、帮、带，建立志愿服务下基层制度。加强对文化志愿队伍的培训，提升文化志愿者的服务意识、服务能力和服务水平。

（四）加强公共文化产品和服务供给

1.丰富优秀公共文化产品供给。坚持以人民为中心的创作导向，加大文艺精品创作力度，深入挖掘我区文化资源，坚持把社会效益放在首位，坚持思想性、艺术性、观赏性的有机统一，创作更多优秀作品，推动文化大发展大繁荣。继续做大做强“天天系列”、周日文化等惠民文化品牌，提升王应麟读书节、区群众文化艺术节、梁祝爱情节等区级文化节庆品牌，打造新的文化品牌。引进更多高水平、高档次的文化产品。

2.活跃基层群众文化生活。积极推进全民阅读、全民艺术普及、全民健身、全民科普和全民法治文化活动等“五个全民”活动。深入开展“一镇一品”“一村一品”“一校一品”“一企一品”等特色基层文化活动。广泛开展镇村文化走亲、乡村文化PK赛等区域文化联动。通过自创自演、文艺会演等方式，逐步建立和完善业余文艺人才库和节目库，形成“送文化”“种文化”“秀文化”相得益彰的群众文化活动新格局。健全完善农村“文化礼堂”建管用机制，发挥其在提升农民素质、繁荣农村文化、促进农村和谐中的重要作用。鼓励、引导村民和社区居民自办文化，培育基层文化人才和文化队伍，支持各类“草根”文化团队，吸引更多群众参与文化活动。

3.推进“互联网+”文化建设。运用云计算、云存储、大数据等“互联网+”技术，建设一个可通过电脑、手机、移动终端和电视接入，享受包括知识服务、艺术欣赏、文化传播、虚拟场馆、交流互动等内容的，全方位覆盖、多终端访问、跨平台多通道发布的智慧文化平台。加强各级图书馆阅读体验区、数字体验区建设，大力推广数字图书馆、移动图书馆项目，全面展示公共图书馆服务与科技融合的最新产品。加快数字文化馆建设，运用数字网络技术带动区、镇文化场馆完善体系、创新服务、提高效能，更好地满足人民群众基本文化需求。

（五）创新公共文化管理体制和运行机制

1.建立公共文化服务协调机制。成立区公共文化服务体系建设协调组，建立完善党委领导、政府管理、部门协同、权责明确、统筹推进的公共文化服务体系建设管理制度和协调机制。以此为平台，充分发挥各部门职能作用和资源优势，在规划编制、政策衔接、标准制定和实施等方面加强统筹、整体设计、协调推进。

2.推进文化事业单位理事会制度改革。深化完善图书馆、文化馆、博物馆、非遗馆理事会制度，创新体制机制，强化服务功能，增强发展活力，发挥公益性文化事业单位公共文化服务的骨干作用，推动政府部门由办文化向管文化转变。积极探索在镇乡（街道）文体中心、农村文化礼堂和社区综合活动中心实行理事会制度，吸纳有关方面代表、专业人士、各界群众参与管理。

3.创新基层公共文化管理机制。发挥城乡基层群众性自治组织的作用，推动开展民众参与公共文化服务治理，推广居民、村民评议等做法，健全民意表达和监督机制，引导居民、村民参与公共文化服务项目规划、建设、管理和监督，维护群众的文化选择权、参与权和自主权。调动驻村（社区）单位、企业和社会组织等多方面力量，形成多元联动格局。

4.完善公共文化服务评价工作机制。建立公共文化服务考评体系，制定公共文化服务考核指标，纳入对各镇乡（街道）目标责任制考核，作为考核评价领导班子和领导干部政绩的重要内容。加强对重大文化项目资金使用、实施效果、服务效能等方面的监督和评估。建立群众文化需求征询、评价和反馈机制，研究制定公众满意度指标，引入第三方评价和动态评估机制，增强公共文化服务评价的客观性和科学性。

五、各类保障

（一）加强组织领导。各地各部门要根据目标任务要求，结合“十三五”规划的编制，将构建现代公共文化服务体系纳入重要议事日程，切实加强组织领导，制定完善相关配套政策、实施方案、规划或专项行动计划，明确责任和时间表、路线图，统筹建设，协同推进，狠抓落实。要抓好宣传和舆论引导工作，形成全社会支持和参与现代公共文化服务体系建设的良好氛围。

（二）加大资金保障。按照鄞州区基本公共文化服务实施标准，区财政每年设立公共文化服务体系建设专项资金（不包括基本建设和人员经费），对公共文化服务经费予以保障，保证公共文化支出占财政支出比例稳步增长。各镇乡（街道）要结合当地实际，加大财政投入，每年按辖区内常住人口数量不少于人均15元的标准安排文化体育活动的经费（不含基本建设和人员经费）。区财政对三类镇乡基本公共文化服务保障资金予以补助。同时，要进一步拓展资金来源渠道，创新公共文化服务投入方式，鼓励包括文化企业在内的各类社会机构参与提供公共文化服务。落实社会组织、机构和个人捐赠公益性文化事业所得税税前扣除政策规定。加强对公共文化服务资金管理使用情况的监督和审计，开展绩效评价，提高资金使用效益。

（三）加强队伍建设。按照控制总量、盘活存量、优化结构、有减有增的要求，保证区、镇乡（街道）两级文化事业单位的人员编制。对实行免费开放、现有机构编制难以满足工作需要的公益性文化事业单位，要结合实际，配足工作人员。每个镇乡（街道）综合文化站工作人员不少于3名，其中配备编制人员不少于1名，规模较大的镇乡（街道）适当增加，综合文化站站长任职期间享受镇乡（街道）中层正职相应待遇。村（社区）配备1名宣传文化员，或设立由政府购买服务的公益文化岗位，规模较大的村人数可适当增加。加大业余文体团队和文化志愿者的培养。进一步加强各级文化专兼职人员的培训，建立先培训后上岗制度，不断提高业务能力和工作水平。

——摘自《关于构建现代公共文化服务体系的实施意见》（鄞党办〔2015〕66号）

鄞州区关于推进城市棚户区改造工作的实施细则（试行）

第一章 总则

第一条 为认真贯彻落实《国务院关于加快棚户区改造工作的意见》（国发〔2013〕25号）和《国务院办公厅关于进一步加强棚户区改造工作的通知》（国办发〔2014〕36号）精神，按照《宁波市人民政府印发宁波市关于推进以成片危旧住宅区为重点的城市棚户区改造工作的实施意见（试行）的通知》（甬政发〔2014〕87号）要求和区委、区政府“打造质量新鄞州，建设国内一流强区”的决策部署，现就推进以城中村和成片危旧住宅区改造为重点的城市棚户区改造工作，结合我区实际，制定本实施细则。

第二条 本行政区域内实施成片危旧住宅区和城中村改造为主的城市棚户区改造活动，应当适用本实施细则。

第三条 本实施细则所称的城市棚户区是指鄞州区中心城区规划范围内（包括长丰片区，下同），和各镇乡（街道）规划区范围内的成片危旧住宅区和城中村。

成片危旧住宅区是指国有土地上以多层多业主住宅为主，安全隐患严重、住房条件困难、基础设施配套不齐全、群众改造要求迫切的连片城市旧住宅区（包括非成套房片区，下同）。

城中村是指集体土地上安全隐患严重、住房条件困难、基础设施配套不齐全的连片农村房屋。

第四条 城市棚户区改造工作应当坚持政府引导、业主决策、市场运作的原则。在充分发挥政府组织引导和统筹协调作用、加大资金投入和政策支持的基础上，注重业主主体作用的发挥，充分调动相关企业和棚户区居民的积极性，动员社会力量广泛参与，努力实现“旧房换新房、危房换安房”的目的。

第五条 城市棚户区改造工作的实施应当统筹规划、因地制宜、注重规模、突出重点。区政府统筹制定全区的棚户区改造发展规划和建设计划，做好棚户区改造安置房建设用地的规划布点；相关镇乡（街道）、管委会应当综合考虑本地建设任务和建设资金筹集情况、财政状况、总体负债水平、偿债能力，因地制宜确定本行政区域内的棚改项目年度计划和目标任务；优先安排连片规模较大、居住条件较差、安全隐患严重、群众要求迫切的成片危旧住宅区改造项目，以危改促棚改、以棚改带危改。

第六条 城市棚户区改造工作应当坚持计划先行、依法依规、阳光操作的原则。棚户区改造项目的确定和安置补偿方案的制订，要广泛征询群众意见，在得到绝大多数群众支持的基础上组织实施，做到公开、公平、公正。要严格执行房屋征迁、资金使用管理、项目建设等有关法律法规的规定，维护群众的合法权益，让群众得到实惠。

第七条 城市棚户区改造工作应当坚持属地为主、上下联动、合力推进的原则。

区政府成立棚户区改造工作领导小组，统一领导全区棚户区改造工作，领导小组办公室设在区住建局（以下简称“棚改办”），同时增挂区旧城改造办公室牌子，负责棚户区改造日常工作。

相关镇乡（街道）、管委会作为棚户区改造的具体实施主体，也应相应成立棚户区改造工作领导小组，明确工作部门并落实相关责任人员。

第八条 区政府指定宁波市鄞州区城区建设开发有限公司（以下简称“区建设开发公司”）作为全区棚户区改造统筹贷款的融资平台，向市统筹贷款的借款平台（宁波市保障性住房建设投资有限公司）提供贷款有关材料，承担统筹贷款承接主体责任，负责承接债务。

相关镇乡（街道）、管委会也应指定一家承接主体，向区融资平台提供与贷款有关材料，承担债务，负责棚改项目实施等相应责任。

第九条 区发改、国土、住建、规划、公安、环保、财政、审计、征迁办、法制办、金融办等相关职能部门要强化土地、资金、政策等各项要素保障，简化项目审批流程，帮助加快项目实施，各部门要明确职责，相互配合，全力推进我区棚户区改造工作。

第二章 棚户区改造项目的确定

第十条 城市棚户区改造可以采取回迁重建、房屋征收拆迁等多种方式实施。相关镇乡（街道）、管委会实施的棚户区改造项目应当先申报纳入棚户区（危旧房、城中村）改造计划。

第十一条 中心城区范围内的城中村和成片危旧住宅区改造项目均可申报棚户区（危旧房、城中村）改造计划。

中心城区范围外申报棚户区（危旧房、城中村）改造计划的棚户区改造项目应为各镇乡（街道）规划区范围内的城中村和成块连片危旧房改造项目。相关镇乡（街道）、管委会上报的棚户区改造项目，应当符合城镇发展规划，并已列入2014~2017年改造建设计划，且经镇乡（街道）党委决定、人大通过。

第十二条 需要申报统筹贷款融资的城中村和成片危旧住宅区改造项目，还应当符合以下条件：

1.项目性质为财政性投资；

2.成片危旧住宅区改造征收须列入房屋征收计划及国民经济和社会发展年度计划，房屋征收补偿方案须报区人民政府批准；

3.城中村改造项目须列入年度拆迁计划且完成前期土地征收方案的报批和拆迁实施方案的审批；

4.棚户区改造安置房项目的土地性质为国有划拨或国有出让；

5.项目有明确的还款计划和合理的资金来源；

6.相关镇乡（街道）、管委会分别向区财政局、区融资平台和区住建局出具的融资有关事宜的承诺函；

7.其他申报统筹贷款需要的条件。

第十三条 对于需要列入棚户区改造计划的成片危旧住宅区和城中村改造项目，相关镇乡（街道）、管委会，应当对本区域内的情况进行摸底、了解群众的改造初步意愿，根据实际情况拟定下一年度改造计划，并于每年10月底之前报区征迁办，11月底前报区棚改办汇总。

申请统筹贷款的棚户区改造项目，应上报区棚改办汇总审核后，由区棚户区改造工作领导小组决定。

第三章 棚户区改造的补偿安置

第十四条 城中村和成片危旧住宅区的改造政策参照《宁波市人民政府印发宁波市关于推进以成片危旧住宅区为重点的城市棚户区改造工作的实施意见（试行）的通知》（甬政发〔2014〕87号）的相关规定，结合我区实际制定。

第十五条 城中村和成片危旧住宅区改造的具体实施应当依法依规、阳光操作、确保公平。

第十六条 采取房屋征收方式实施成片危旧住宅区改造的，应坚持“业主申请、以旧换新、等价置换、鼓励自选”原则，经所涉及房屋总户数90%以上所有权人同意后，向区房屋征收部门申请成片危旧住宅区改造征收，房屋征收部门可视情况决定是否实施征收。

第十七条 棚户区改造中成片危旧住宅区征收改造的被改造人，其补偿安置适用以下规定：

（一）决定实施房屋征收的成片危旧住宅区改造项目，被改造人可以选择货币补偿或产权调换。

（二）被改造人选择货币补偿的，房屋征收部门按被征收房屋的评估价值给予货币补偿后，不予增加货币补偿补助。鼓励被改造人用货币补偿资金在鄞州区市场上选购房屋，在征收补偿协议生效之日起24个月内购买房屋作为安置用房，并完成交易过户手续的，凭该房屋所有权证、土地使用权证和契税证，由房屋征收部门按被征收房屋评估金额（实际购房资金少于被征收房屋评估金额的按契税证记载的购房资金）10％的比例给予购房补助，超过期限不予补助。

（三）被改造人要求产权调换的，征收部门应当提供改造地段或就近地段（不超过二个地段等级）的安置用房，供被改造人选择产权调换。征收部门应当提供不小于被征收房屋建筑面积的安置用房，可安置面积按被征收房屋补偿金额除以安置房屋评估比准价格为基数，向最接近面积的套型上靠确定，双方按评估金额结清差价。

（四）被改造人在规定期限内完成签约，并在协议生效后规定时间内搬迁的，在不超过被征收房屋评估价值10%的比例范围内，根据不同的签约比例给予相应比例的提前搬迁奖励，最低不低于5%。

（五）实施成片危旧住宅改造征收，房屋征收部门应当与被改造人签订附生效条件的补偿协议，补偿协议签订应当实行信息化管理，确保“阳光征收”。在规定的签约期限内达到规定签约比例的，补偿协议生效，否则协议不生效，房屋征收决定效力终止。具体的签约比例在征收补偿方案中予以明确，但不得低于80%。

被改造人征迁改造意愿未达到规定比例或在规定的签约期限内未达到规定签约比例的，原则上5年内优先安排其他符合条件的项目。

第十八条 通过回迁重建方式推进成片危旧住宅区改造的，根据成片危旧住宅区改造计划和控制性详细规划，业主应委托有资质的单位编制建设工程设计方案，在符合规划相关技术规范要求且不违反规划强制性规定的前提下，允许提高容积率，调整建筑退让、套型比、停车位等技术标准或指标。

成片危旧住宅区回迁重建项目按规定程序办理用地手续，土地取得的方式保持不变，按用途补交土地出让金。增加的住宅、商业用房等允许出售，出售资金充抵改造成本。回迁重建房屋的土地使用年限重新计算。

成片危旧住宅区回迁重建项目相关税收优惠政策按照国家和省有关棚户区改造的规定执行，地方留成部分通过安排支出全额补助项目建设。电力、通信、市政公用事业等企业应给予大力支持，减免入网、管网增容等经营性收费。回迁安置房屋与原房屋等面积部分免缴房屋契税。

成片危旧房改造回迁安置项目的审批环节和流程应当落实《宁波市人民政府印发关于简化优化基本建设项目办理环节和流程的实施办法（试行）的通知》（甬政发〔2012〕89号）的规定予以简化优化，各行业中介机构评估不作为单独审查环节。初步设计会审阶段，参加会审部门对设计方案在交通组织、防雷、消防、人防、绿化、建筑节能等方面提出具体明确的书面修改意见（注明强制性意见）。实施施工图联合审查，住建、气象、消防、人防、园林、地震等部门只对审图机构审查的建筑节能、防雷、消防、人防、绿化、抗震设计等结果进行确认。

教育、卫生等公共配套设施，可以在区域内进行统筹。绿地和人防工程可采用易地建设的方式落实，易地建设费用减半缴纳，其中人防工程住宅回迁部分面积全免。

第十九条 实施房屋拆迁的城中村改造项目，对被改造人的补偿安置适用以下规定：

（一）城中村改造的被改造人可以选择货币补偿或调产安置。

（二）被改造人选择货币补偿的，住宅用房的货币补偿资金按照：Ⅰ、住宅用房可补偿安置面积按城中村拆迁改造公告发布时被拆迁房屋所在地段与安置用房同类房屋等级的商品住宅的平均价格扣除基本造价确定；Ⅱ、被拆迁房屋按重置价格结合成新予以补偿，被拆迁房屋建筑面积超过可补偿安置面积的部分，按重置价格结合成新再增加不超过百分之三百的比例给予补偿；货币补偿资金为上述Ⅰ、Ⅱ两项金额之和，且不予增加货币补偿补助。

为鼓励被改造人用货币补偿资金在鄞州区市场上选购房屋，在拆迁补偿安置协议生效之日起24个月内购买房屋作为安置用房，并完成交易过户手续的，凭该房屋所有权证、土地使用权证和契税证，由改造部门按货币补偿资金（实际购房资金少于货币补偿资金的按契税证记载的购房资金）10%的比例给予购房补助，超过期限不予补助。

被改造人在规定期限内完成签约，并在协议生效后规定时间内搬迁的，在不超过货币补偿资金10%的比例范围内，根据不同的签约比例给予相应比例的提前搬迁奖励，最低不低于5%。

（三）被改造人要求政府提供安置用房的，房屋拆迁实施单位提供不超过二个地段等级的就近安置用房，供被改造人选择。以被拆迁房屋的可补偿安置面积为基数，可扩大建筑面积10平方米，再向最接近面积的套型上靠确定。安置房地段等级低于被拆房屋地段等级的，可在上靠前再按每差一个地段等级增加建筑面积5平方米的标准扩大安置面积。

被拆迁房屋建筑面积超过可安置面积的部分，按重置价格结合成新再增加不超过百分之三百的比例给予补偿。实际安置用房面积低于可安置面积部分，按照拆迁公告发布时被拆迁房屋所在地段与安置用房同类房屋等级的商品住宅平均价格扣除基本造价结算。

被改造人在规定期限内搬迁的，可增购建筑面积10平方米。

（四）实施房屋拆迁的城中村改造项目，改造部门应当与被改造人签订附生效条件的补偿安置协议。在规定的签约期限内达到规定签约比例的，补偿协议生效，否则协议不生效。具体的签约比例在拆迁补偿安置方案中予以明确，但不得低于80%。

第二十条 本实施细则中未明确的其他补偿政策，按项目实施时鄞州区房屋征收拆迁补偿有关规定执行。

第四章 资金管理

第二十一条 棚户区改造资金是指用于城市棚户区改造项目的各级财政专项补助资金及多渠道募集的贷款资金。

第二十二条 棚户区改造资金应专项用于城市棚户区改造项目，包括拆迁、安置、建设以及相关的基础设施配套建设等专项补助支出，实行“分账核算、专款专用、跟踪问效”的专项管理。

第二十三条 各承接主体应根据项目进度按月编报用款申请。有统筹贷款资金列支的需经区建设开发公司审核后转报市保障房公司；有财政专项补助资金列支的需经区住建局审核后向区财政局提交用款计划。

第二十四条 各承接主体应按时向区建设开发公司上报资金使用项目建设情况。按月报送资金使用项目统计月报；提交季度和半年度全套财务报告；提交中介机构出具的年度审计报告。

第二十五条 棚户区改造资金的管理和使用由区审计局负责审计，由区纪检监察机关负责监督。任何单位和个人违反棚改资金管理使用相关规定，擅自截留、挤占和挪用棚改资金，或因工作失误造成资金严重浪费的，要追究有关单位和人员的责任，情节严重构成犯罪的依法追究刑事责任。

第二十六条 申请统筹贷款的棚户区改造项目的贷款资金管理实施细则另行发文。

第五章 附则

第二十七条 本实施细则于2015年2月14日起实施。

——摘自《宁波市鄞州区人民政府印发鄞州区关于推进城市棚户区改造工作的实施细则（试行）的通知》（鄞政发〔2015〕6号）

关于“提升城市品质展现鄞州魅力”中心城区暨美丽县城品质提升专项行动计划的实施意见

为认真贯彻习近平总书记在浙江考察重要讲话精神，深入推进城乡统筹建设，全面提升城乡品质建设水平，根据《宁波市人民政府关于实施“提升城乡品质建设美丽宁波”行动计划的指导意见》（甬政发〔2015〕106号）文件精神，经区政府同意，制定本实施意见：

一、重要意义

党的十八大以来，中央和省、市相继作出了一系列加强生态文明和美丽建设的重大决策部署，深刻领会、深入贯彻中央和省委、省政府的决策部署，回应人民群众对良好人居环境的期待，加快推进生态文明建设，着力优化城市人居环境质量，在新常态下再造发展新优势，已成为下一阶段宁波市经济社会发展的重要任务。

鄞州区作为宁波市城市发展的重要区域，2002年撤县设区拉开了城市化的序幕，通过实施“新鄞州工程”“三大行动纲领”“质量新鄞州建设”等战略，联动推进城市建设和城乡统筹，实现了城区核心形成、南部新城崛起、城乡率先融合的“三级跳”。城市环境品质决定未来发展的竞争力，贯彻执行市委、市政府提出的“提升城市品质、建设美丽宁波”专项行动，不仅有利于增强鄞州区的城市聚集效应和综合竞争力，也有利于促进鄞州区在新型城市化进程中再创新业绩。

二、现实基础

鄞州区历来高度重视城市环境品质，在新城区建设之初，就确定了精致精美、宜居宜业这一总体定位，充分借鉴国际国内城市建设的先进理念，提出了“一心、二轴、三环、四廊、三十六个结点”的生态城市空间布局，将城市水系、绿地与商贸、生态休闲有机地结合起来，形成了“城在水中、水在城中、绿在城中、城在绿中”的空间格局。

近年来，鄞州区按照省、市“三改一拆”“五水共治”等专项行动要求，持续加快推进重点功能区块与交通基础设施建设，重点开展了断头路打通、主干道环境综合整治、美丽镇村建设等工作，在加快城市环境品质提升方面取得了较好成效。但是，与先进地区、兄弟市区相比，鄞州区城市环境品质建设中还存在多方面问题：一是城市经济快速发展，但总体竞争力还有提升空间；二是城市外在形象认可度较高，但历史文化保护还需要进一步加强和突显；三是城市公共空间和建设细节不够精致，绿道和步行道缺乏系统连续性；四是城市环境有了较大程度改善，但空气质量、水环境仍需进一步提升；五是城市功能逐步健全，但城市基础服务设施有待进一步完善。

三、指导思想

全面贯彻落实党的十八大、十八届三中、四中全会精神和省委建设“两富”“两美”浙江的要求，深入实施市委“六个加快”战略、“双驱动四治理”决策部署和经济社会转型发展三年行动计划，按照系统谋划、有序推进、突出重点、讲求实效的基本原则，既着眼长远又立足当前，近期以城市品质的外在物化环境为重点，以城市设计的区域、路径、地标、节点、界面五要素为抓手，加快推动鄞州城市环境品质提升，通过三年专项行动的有效推进实施，实现中心城区城市功能品质、特色景观、生态环境的全面提升。

四、总体目标

以提升人民群众生活质量为根本出发点和着力点，以建设人本之城、幸福之城为愿景目标，以一流的城市景观环境为发展依托，以一流的民生保障设施为基础支撑，以一流的城市功能品质为主攻方向，系统提升、多维联动、重点突破，集中智力、人力、物力、财力，根据市委、市政府工作部署，近期通过三年时间（至2017年），实现城市功能品质大幅提升、景观形象明显改善、交通拥堵有效缓解、民生保障水平显著提高、城市生活环境更加舒适怡人，实现天更蓝、水更清、山更绿、路更畅、城更美、市民生活更幸福，远期（至2020年）进一步彰显鄞州人文、生态、精致、宜居城市特色，提升城市品质，把鄞州区建设成为生态优良、环境优质、形象优秀、品质优越的“美丽鄞州”。

五、工作思路

以“抓重点、理系统、亮特色、见成效”为总体思路，科学谋划、统筹兼顾、上下联动、条块结合，加快推进鄞州区城市品质提升各项工作。

抓重点，就是要强调有限资源要素的高效配置，强调远近结合、分清轻重缓急、合理安排时序，全力促进重点工程、重点区块、重点项目加快建设，确保各项任务按时保质完成。

理系统，就是要对事关鄞州城市品质提升的众多项目进行统筹谋划，强化各类工程、区块、项目的关联性和互动性，串点成链、连线成片、点面结合，最大化发挥各项行动的整合效应。

亮特色，就是要凸现城市文化和城市特色，全力加快推进各项重点工程精品化、重点区块精致化、重点项目精细化建设，达到城市形象面貌焕然一新、环境品质明显改善、民生设施优质齐全、基础设施保障有力。

见成效，就是要加快推进城市品质提升各专项行动、工程和项目的实施，注重质量，讲求实效，切实做到高质量建设、高效率推进，确保早出形象、早见成效。

六、主要任务

城市环境品质是反映城市外在形象和内在精神文化的统一体，包括城市可感知的物化环境和可感知的文化环境两个方面。城市要达到外塑形象、内炼品质的发展要求，需要结合资源禀赋，凸显城市特色，展现鄞州文化和特色形象。鄞州区历史悠久、文化底蕴深厚、山水资源丰富、经济社会繁荣，城市品质提升要以“打造城市经济新高地、当好科学发展排头兵”为统领，以现代性、时代性、地域性为精神文化内涵，充分发挥特色资源要素，大力实施核心景观、形象品质、文化特色、城市交通、民生服务、生态环境六大提升行动，展现鄞州城市的独特魅力。

（一）核心景观提升行动

加快中心城区重点区块功能完善，加快三江六岸拓展提升，打造宁波城市中特色鲜明、品质优越、管理有序的示范区域，成为展现鄞州城市形象和魅力的窗口。

1.重点区块功能完善工程

加快推进“十大功能区块”的重点项目建设，以点连线，涵盖片区，凸显宁波南部新城靓丽城市新貌，展现鄞州魅力。

2.三江六岸系统提升工程

按照宁波市三江六岸开发建设的工作部署，加快推进滨江道路及绿化带建设和重要节点、特色区块拓展以及岸线整治，将其打造成为独具江南特色、展示鄞州城市形象的滨水公共空间和城市活力功能带。

（二）形象品质提升行动

加快推进城市形象品质与景观风貌系统提升，重点开展公园绿地建设提升、城市门户节点提升、塘河绿带贯通整治、道路景观综合整治、夜景照明系统升级等工程，全面促进城市绿化、美化、景化、洁化、亮化。

1.公园绿地建设提升工程

加快推进城市公园与大型公共绿地建设，大幅提升城市绿化水平，提高人均绿地面积，均衡绿地布局，惠及市民生活，促进城市绿化美化。

2.塘河绿带贯通整治工程

重点推进塘河沿岸绿带整治、绿道建设、夜景照明等建设项目，串接自然生态景观、历史人文景观和休闲服务设施，突出水乡韵味、鄞州特色，形成市民体验慢生活的重要休闲空间。

3.城市门户节点提升工程

按照“诗话江南、彩化宁波”的理念，推进城市门户区和高速出入口景观提升，打造一年常绿、四季有花、个性鲜明的城市门户特色，营造令人眼前一亮的“第一印象”。

4.道路景观综合整治工程

加快推进重要骨干道路景观综合整治，构建富有鄞州特色的城市形象标识系统、交通诱导系统，整治沿线绿化景观、建筑立面、户外广告，实施街容美化靓化，提升城市对外形象。

5.夜景照明系统升级工程

重点推进政府职能带、南部商务区、万达广场商务圈等区域夜景美化亮化工程，打造动感美感兼具的现代都市夜景，不断提高城市照明建设品质，形成注重节能、富有特色的城市公共照明体系。

（三）文化特色提升行动

本着真实性和完整性的基本原则，对历史文化村镇、街区进行整体保护与修复，重点推进鄞江古镇保护开发，鼓励各类博物馆建设，彰显鄞州历史文化底蕴，体现地方文化特色。

（四）城市交通提升行动

加快完善城市道路网络，推进轨道交通站点综合开发试点，推进慢行系统建设，改善交通枢纽节点环境品质，形成处处都有景、处处显特色的交通环境，实现“行在鄞州”和“游在鄞州”的有机结合。

1.城市道路网络完善工程

提高城市交通效率，加快城市快速路、主次干道路、重大桥梁建设，形成完善的城市交通网络系统，继续推行“公交优先”战略，加快公交专用道建设，倡导绿色出行。

2.轨道站点综合建设工程

开展轨道交通3号线永泰公园站点地下空间开发，综合整治轨道交通1、2号线重要站点周边环境，推进有轨电车试验线建设。

3.慢行系统综合建设工程

优化慢行交通环境设计，结合水系休闲绿带，建设具有综合功能的慢行体系；加快建设城市慢行道路系统以及公共自行车、过街天桥（通道）等城市慢行系统综合设施建设，打造环境优美、舒适便捷的慢生活交通环境。

（五）民生服务提升行动

重点推进民生服务设施提升工程和品质城市管理提升工程，提升民生服务水平，提高城市生活品质，加快建设宜居鄞州、幸福鄞州。

1.民生服务设施提升工程

加快推进棚户区、老旧住宅小区整治，完善生活服务社会设施配套，建设一批学校、菜场和医院，进行污水管网改建，实施架空线落地工程。

2.品质城市管理提升工程

加快推进智慧城管、市容管理、停车管理、物业管理等工作，提升城市管理水平。

（六）生态环境提升行动

重点推进大气环境治理提升、水体环境治理提升、防洪防涝安全保障三大工程，提升城市生态环境质量，筑牢城市生态安全底线。

1.大气环境质量提升

加大中心城区大气环境综合整治力度，加强对各类污染物、污染源的治理，强化建筑工地、拆迁工地扬尘及渣土运输等监管，有效改善大气环境质量。

2.水体环境质量提升工程

加强中心城区河网水系水体污染监测，建立城区内河定期疏浚机制，系统推进水污染治理工作，有效改善水体环境质量。

3.防洪防涝安全保障工程

以建设海绵城市为目标，以“五水共治”为抓手，加快堤防加固工程、沿江闸泵工程等建设，解决主干河道、低洼地段、重要节点的防洪排涝问题。

七、政策机制和保障措施

（一）建立完善组织领导机制。成立领导小组，统筹协调、指导监督中心城区品质提升的重大工作。将中心城区品质提升主要任务纳入经济社会发展规划和年度计划，与城市总体规划、土地利用规划等有机衔接。建立全市“提升城乡品质建设美丽宁波”专项行动汇报例会制度，建立健全重大决策公众听证和专家咨询论证制度，完善民主决策、综合决策机制。

（二）建立完善统筹评价机制。按照分阶段推进要求，制定年度工作计划，各镇乡（街道）、部门必须按照行动计划和年度计划制定实施细则，严格组织实施。要尽快制定各项工作具体推进方案，特别是对重点领域、重点区域实施专项整治，推进重点工程项目建设，着力解决影响中心城品质提升的突出问题。制定中心城品质提升工作目标绩效考核办法，实施阶段性目标考核和年度工作考核，并将考核结果作为评价各镇乡（街道）、部门工作的重要依据之一。

（三）建立完善财政投入机制。围绕中心城品质提升的重点任务，进一步整合财政资金，合理配置政府各项资源，盘活存量、整合增量，加大投入，提高绩效。积极争取国家棚户区改造、地下空间开发等各种政策支持。创新投融资模式，加强与金融单位的合作，拓宽投融资渠道，利用融资租赁、PPP等形式，调动社会资本参与建设的主动性和积极性，吸引更多资金参与中心城品质提升项目建设。

（四）建立完善长效管理机制。完善城市管理工作协调机构，健全责权利相统一的城市管理部门，探索构建管理、执法、服务“三位一体”的“大城管”格局。加强城市管理制度建设，建立城市管理综合协调机制，完善城管执法体制，健全网格化管理模式。充分运用“三改一拆”和“五水共治”等工作机制，积极探索城市综合治理经验。加强城市管理力量，提高管理和执法人员素质，认真解决城区管理的热点、难点问题。重点研究社区物业管理“收费难，管理难”问题，创新城市和社区管理新模式，整体提升物业管理水平，不断提高人民群众的满意度。

（五）建立完善社会联动机制。坚持社会联动，各镇乡（街道）、部门在全力推进专项行动过程中，注重典型培育和示范引领，充分利用互联网、报刊、电视、广播等多媒体立体宣传网络，加强宣传引导，营造人人参与品质提升的良好氛围，使“提升城市品质展现鄞州魅力”成为全区上下的共同责任、共同行动。

——摘自《宁波市鄞州区人民政府关于“提升城市品质展现鄞州魅力”中心城区暨美丽县城品质提升专项行动计划的实施意见》（鄞政发〔2015〕129号）

关于进一步鼓励和引导社会资本举办医疗机构的实施意见

为贯彻落实《国务院办公厅转发发展改革委卫生部等部门关于进一步鼓励和引导社会资本举办医疗机构意见的通知》（国办发〔2010〕58号）、《浙江省人民政府办公厅转发省发改委、省卫生厅等部门关于进一步鼓励和引导社会资本举办医疗机构实施意见的通知》（浙政办发〔2011〕69号）和《宁波市人民政府关于进一步鼓励和引导民间资本举办医疗机构的若干意见》（甬政发〔2014〕105号）等文件精神，促进我区社会资本举办医疗机构（以下简称“民营医疗机构”）健康发展，加快形成多元化办医格局，更好地满足人民群众不断增长的多层次医疗卫生服务需求，结合鄞州区实际，特制定以下意见：

一、抓好社会资本进入医疗领域的科学规划和布局

根据国家医疗卫生体制改革的总体要求，进一步调整和完善区域卫生事业发展规划，并编制《鄞州区民营医疗机构专项设置规划》，给民营医疗机构留有发展空间。优先支持社会资本投资举办老年相关疾病专科和产科、儿科、护理、康复等医疗机构；积极扶持和壮大现有民营医疗机构，积极布局上规模、高层次的综合性医院和特色明显、医疗技术优势突出的专科医院；鼓励境内外知名品牌医疗实体的资本举办或参与举办医疗机构；探索社会资本以多种形式参与公立医疗机构改制重组或与公立医疗机构开展医疗合作。力争到“十三五”末，民营医疗机构床位数占全区医疗机构总床位数的比例在

35%以上。

二、加大社会资本进入医疗领域的扶持力度

坚持公开、公平、公正原则，实行统一的准入制度，消除政策障碍，营造民营医疗机构良性发展的新环境。需要新增和调整医疗卫生资源时，符合政府支持方向的，优先考虑由社会资本举办。

1.落实民营医疗机构土地使用政策。按照规划和年度建设计划，国土资源部门要优先保障社会资本举办符合政府优先支持方向医疗机构的建设项目用地，其用地规模根据有关规定按床位数予以核定。对非营利性医疗机构建设项目用地，可采取划拨方式供地；对营利性医疗机构建设项目用地，采取招拍挂方式供地，土地用途为医卫慈善用地。民营医疗机构取得的用地，确定为商业服务用地——其他商服用地（医疗机构用地），土地性质和用途未经批准不得转换和改变，不得分割转让（转租）。鼓励社会资本利用存量土地和厂房举办医疗机构。民营医疗机构利用存量土地和厂房改、扩建医疗用房，且符合相关规划的，可适度提高建筑容积率、建筑密度，并办理相关手续后报区政府批准。

2.落实民营医疗机构信贷政策。营利性医疗机构可以利用有偿出让取得的土地使用权、产权明晰的房产等固定资产为自身债务提供担保，申请抵押贷款，国土资源、房产管理部门应予办理抵押登记手续。支持民营医疗机构以股权融资、项目融资等方式筹集建设发展资金。支持符合条件的民营医疗机构上市融资和发行债券。加大信用担保力度，积极鼓励和引导担保机构开展针对民营医疗机构的信用担保业务。

3.落实民营医疗机构税收政策和价格政策。民营医疗机构用电、用水、用气（燃气）等与公立医疗机构实行同价。提供的医疗服务价格实行市场调节价。营利性民营医疗机构，可自行设立医疗服务项目并制定具体价格；非营利性民营医疗机构，按照公立医疗机构医疗服务项目设立服务项目，自行制定具体价格。药品销售执行现行政策。

鼓励企业、社会团体以及个人等对非营利性民营医疗机构进行捐赠。民营医疗机构通过获得公益性捐赠税前扣除资格的公益性社会团体或县级以上政府及其组成部门，用于公益事业的捐赠支出，在税法规定的比例范围内，准予在计算企业所得税应纳税所得额时扣除。经过非营利组织免税资格认定后的民营医疗机构，其取得的捐赠收入、政府补助收入、会费收入及相应的银行存款利息等收入，可免征企业所得税。非营利性医疗机构纳税确有困难的，经地税机关批准，给予减免自用房产、土地的房产税和城镇土地使用税。

社会资本投资医疗机构建设项目减半收取工程定额测定费、城镇垃圾处理费。对于非营利性民营医疗机构，免征城市建设配套费、城市易地绿化补偿费，免收民营医疗机构电话、有线（数字）电视、宽带互联网一次性接入费，有线（数字）电视基本维护费标准按不高于当地居民用户主终端基本维护费标准的50%收取。

4.落实民营医疗机构财政奖补政策。对用房自建（含自购产权）、床位数在200张以上的民营综合医院（中医医院）和50张以上（口腔专科医院含牙椅数30张）的民营专科医院（含老年护理院），在取得《医疗机构执业许可证》并投入使用后，年床位使用率大于50%的，按以下标准予以补助：对新建医院首次申报时核定床位内的实际开放床位数按每张4万元给予一次性奖励补助；对已建医院核定床位内新增的实际开放床位数按每张2万元给予一次性奖励补助；奖励补助经费由市和区财政按30%和70%比例承担。对用房租赁的民营医院在同等条件下按租赁面积0.3元~0.5元（视地段）每天每平方米进行补助，补助两年；奖励补助经费由区财政全额承担。同一医疗资源只享受一次。对于规模特别大的民营医院实行一事一议。

民营医疗机构新通过国家或浙江省等级医院评审的，按不同等级给予一次性奖励补助。综合性医院和中医院补助标准按二级甲等、三级乙等和三级甲等分别一次性给予500万元、1000万元和2000万元的奖励。专科医院补助标准按二级甲等、三级乙等和三级甲等分别给予每张床位1万元、2万元、3万元的奖励，床位数按照医院等级评审前一年底的实际开放床位计算。等级提升的，只补足级别和床位数差额，不重复、累计计算。奖励补助经费由市和区财政按30%和70%比例承担。

5.落实民营医疗机构医保扶持政策。民营医疗机构与公立医疗机构实行一视同仁的社会保障定点政策。民营医疗机构可申请纳入基本医疗保险、新型农村合作医疗、城乡医疗救助、工伤保险、生育保险等社会保障定点医疗机构范围。有关部门应当按照定点服务总体规划，实行与公立医疗机构统一的审批标准和管理办法。医保部门与纳入定点范围的民营医疗机构结算时，执行与公立医疗机构相同的支付政策。民营医疗机构可自主采购药品、器械，也可参加省、市级药品和医用耗材集中采购活动。

6.落实民营医疗机构人才扶持政策。积极鼓励民营医疗机构为医务人员建立年金等补充保险制度，进一步提高其退休待遇。公立医疗机构事业在编人员流动到民营医疗机构的，原工作单位应当与其解除（中止）聘用合同，与民营医疗机构建立劳动关系，人员名册报区事业单位综合管理部门备案。上述人员需重新流动到事业单位的，经事业单位、主管部门同意和区人社部门认定核准，在同行业内按照“岗位空缺、专业对口”的原则，并在符合《宁波市鄞州区事业单位工作人员流动管理办法》（鄞人社〔2014〕75号）规定的情况下办理流动手续。

民营医疗机构的卫生技术人员实行全员人事代理，区人才市场管理办公室应切实为其提供人事代理服务。民营医疗机构引进高层次人才，可参照《宁波市鄞州区社会事业领域高层次人才引进与使用专项资金管理（暂行）办法》执行。探

索给大型民营医疗机构一定数量的事业单位编制用于引进高层次人才。

7.完善民营医疗机构变更、退出政策。非营利性民营医疗机构变更为营利性医疗机构的，应进行清算后注销，再重新申办，根据其经营性质报原审批部门批准并依法办理相关手续。营利性民营医疗机构转换为非营利性医疗机构，可提出申请并依法办理变更手续。变更后，按规定分别执行国家有关价格和税收政策。

8.鼓励购买民营医疗机构提供的服务。鼓励采用政府采购或其他形式，选择符合条件的民营医疗机构承担公共卫生服务以及政府下达的医疗卫生支农、支边、对口支援等任务。支持社会资本举办的小型综合医院、门诊部、个体诊所等民营医疗机构在基层医疗卫生服务体系中发挥积极作用。

9.改善外部学术环境。民营医疗机构和医务人员在医院等级评审、临床学科建设、职称评聘、科研立项、参加学术活动、评先评优等方面享有与公立医疗机构同类人员同等待遇。凡符合配置标准和使用资质的大型医用设备不予限制配置。

10.推动信息化建设。加大民营医疗机构的信息化建设力度，将民营医疗机构的信息化建设纳入全区卫生信息化体系整体建设中，保障民营医疗机构在政策知情和信息、数据等公共资源共享方面与公立医疗机构享受同等待遇。

三、强化社会资本进入医疗领域的科学监管

加强行业监管，规范职业行为，依法维护民营医疗机构和人民群众的合法权益。民营医疗机构要严格执行《医疗机构管理条例》及其实施细则等法规和相关规定，开展医疗技术服务项目要获得相应准入许可，严禁超范围执业。规范医疗广告发布行为，严禁以任何形式发布虚假、违法医疗广告。

审计行政部门要做好民营医疗机构政策性财政补助和税费减免等资金的审计。卫生行政部门要把民营医疗机构纳入医疗质量控制评价体系，通过日常监督管理、医疗机构校验和医师定期考核等手段，对民营医疗机构及其医务人员执业情况进行检查、评估和审核，依法严厉打击非法行医活动和医疗欺诈行为。建立社会监督机制，将医疗质量和患者满意度纳入对民营医疗机构日常监管范围，推动其健康发展。

——摘自《宁波鄞州区人民政府办公室关于进一步鼓励和引导社会资本举办医疗机构的实施意见》（鄞政办发〔2015〕147号）

鄞州区“小微企业三年成长计划”（2015~2017）实施方案

为进一步推动小型微型企业（不含“规上”企业、“限上”企业及个体工商户，以下简称“小微企业”）持续健康发展，巩固和激发全区民营经济发展的优势和活力，根据《宁波市人民政府办公厅关于印发宁波市“小微企业三年成长计划”（2015~2017）实施方案的通知》（甬政办发〔2015〕208号）要求和鄞州区经济社会转型发展三年行动计划的决策部署，特制定本实施方案。

一、指导思想

认真贯彻党的十八大及十八届三中、四中、五中全会精神，紧扣“大众创业、万众创新”主题，以我区“小微企业三年成长计划”为载体，着力搭建小微企业服务平台，破解制约小微企业发展的瓶颈和难题，充分释放和激发小微企业在推进创业创新、扩大消费内需、稳定经济增长、推动科技创新和保障社会和谐稳定等方面的潜能和活力，为“打造质量新鄞州，建设国内一流强区”作出新贡献。

二、目标任务

（一）工作目标

力争用3年时间，进一步建立健全小微企业成长发展服务平台和机制，营造小微企业发展更加宽松优越的创业创新环境，基本形成小微企业创业、培育、成长、升级的梯度发展格局，实现全区新增创业主体和就业人数大幅增加，创新型企业比重显著提升，对经济社会转型贡献度不断加大的目标。

（二）主要任务

1.到2017年，全区新增信息经济、环保、健康、旅游、时尚、金融、高端装备七大产业小微企业2100家。

2.整治淘汰不符合国家和省、市产业政策的落后产能和安全生产、环境保护、节能降耗不达标以及其他违法生产的企业（作坊）800家。

3.引导和支持个体工商户转型升级为企业350家，其中新转公司制企业占比不少于50%。

4.新增“规上”和“限上”企业450家，其中“规下”工业、服务业小微企业升“规上”210家，“限下”批发零售、住宿餐饮小微企业升“限上”240家。

5.组织400家小微企业开展现代技术、现代金融“双对接”活动。

6.新增科技型小微企业800家以上，总量在2000家以上。小微企业新增拥有专利2000项。

7.推动50家小微企业在浙江（宁波）股权交易中心挂牌。

8.培育13家小微企业成为细分行业的高成长企业。

9.打造具有影响力的小微企业著名商标1件和知名商标10件，支持1家小微企业成为省级“守合同重信用”单位、10家小微企业成为市级“守合同重信用”单位，支持1家小微企业成为省级信用管理示范企业、10家小微企业成为市级信用管理示范企业。

10.组织小微企业专场培训30场。

11.小微企业新增就业人数65000人。

三、政策措施

（一）深化商事制度改革，营造宽松平等的准入环境

巩固和落实商事制度改革，全面实施注册资本认缴制、前置审批事项改后置、一址多照、一照多址等改革措施。继续推进“五证合一”“一照一号”“全程电子化登记”等商事制度改革措施，全面落实放宽市场主体住所（经营场所）登记条件实施意见，进一步简化企业登记流程，降低创业门槛。重点引导小微企业从事七大产业，进入现代农业、服务业、社会事业、基础产业和基础设施等领域。同时，全面实施企业简易注销登记，鼓励和扶持未开业或无债权债务企业进入高效便捷的简易注销程序，方便企业退出。制定市场准入负面清单，严格禁止进入高污染、高耗能、高排放的行业。

（二）加大科技创新扶持，营造开放包容的创业环境

加快建设一批引领新兴产业发展方向的集市场化、专业化、集成化、网络化于一体的众创空间，鼓励社会力量投资创办为创新创业提供专业化、特色化、个性化和小型化服务的创客服务中心。重点推进区内现有科技企业孵化器、高端科创平台建设，加强规划统筹，不断优化空间布局，形成科技型小微企业集聚效应，不断提高科技型小微企业在全区小微企业中的比重。稳步扩大区级科技信贷风险池运营规模，向科技型小微企业提供非抵押、非专业担保公司担保项下的科技信贷业务，拓宽小微企业融资渠道。发挥现有公共服务平台与载体作用，广泛发动、动员天使投资机构通过“传、帮、带”方式，组织开展常态化的项目对接交流活动。

（三）健全各种服务平台，构建全要素的支撑体系

积极发挥各级中小企业发展专项资金的引领作用，鼓励支持我区中小企业服务机构完善运行机制，提升服务能力。推动“互联网+”与中小企业公共服务体系建设相融合，促进信息服务一体化。鼓励金融机构增加小微企业信贷投放，每年安排预算400万元，对全区金融机构实施考核奖励，力争到2017年底小微企业贷款占全部贷款比例达到60%；加快集聚天使投资、创业投资主体，健全小微企业和私募股权融资对接平台，扩大创新型小微企业私募股权融资。稳步发展小额贷款、融资租赁、商业保理等融资中介服务机构，引导互联网支付、网络借贷、股权众筹等规范发展，扶持发展融资担保、第三方征信机构，不断规范服务收费，降低企业融资成本。引导保险机构发挥金融通风险补偿功能，强化企业保险服务，争取用3年时间，建立健全小微企业火灾和自然灾害风险防范化解体系。督促各机构及时清理收费项目，进一步规范小微企业服务收费，缩短融资链条，清理各类融资“通道”业务，减少搭桥融资行为。加大检查处罚力度，将小微企业金融服务检查纳入检查范围，确保政策落到实处。

（四）落实免税减税政策，降低创业创新成本

认真贯彻落实国家与地方税费优惠减免政策，实现国家相关税费优惠减免全覆盖。落实固定资产加速折旧，降低小微企业创业成本。从2015年1月1日至2017年12月31日，对年应纳税所得额低于30万元（含30万元）的符合条件小微企业，其所得减按50%计入应纳税额，按20%征收企业所得税。做好小微企业固定资产加速折旧工作。对生物药品制造业，专用设备制造业，铁路、船舶、航空航天和其他运输设备制造业，计算机、通信和其他电子设备制造业，仪器仪表制造业，信息传输、软件和信息技术服务业、轻工、纺织、机械、汽车10个行业的小微企业，2015年1月1日后新购进的研发和生产经营共用的仪器、设备，单位价值不超过100万元的，允许一次性计入当期成本费用在计算应纳税所得额时扣除，不再分年度计算折旧；单位价值超过100万元的，可缩短折旧年限或采取加速折旧的方法。

充分利用办税大厅、纳税人学堂、税务网站以及媒体等各类载体，加强对小微企业税收优惠政策的宣传辅导，结合小微企业的特点，突出加强对所得税核定征收企业、新办企业和财务人员更换频繁纳税人的宣传，切实抓好小微企业扶持政策的落地。大力推进审批、备案制度改革，大幅度简化优惠办税流程，提升办税服务质效，税收减免优惠由纳税人自行申报代替原先的事前备案。完善相关征管软件，方便广大纳税人填报和享受优惠政策。

（五）加快创业梯队培育，助推经济转型升级

健全“个转企、小升规、规改股、股上市”创业梯队培育机制，推进产、学、研结合，促进小微企业成长从要素驱动向创新驱动转变，打造鄞州小微企业升级版、创新版。坚持典型示范引导，评选表彰“小升规”创业之星企业、中小企业成长之星企业，树立一批小微企业“专精特新”发展的先进典型。开展以政策落实、创业创新、融资服务、上规指导、转型发展为主要内容的专项服务，建立层层抓落实的工作责任制和考核机制，形成推进“小升规”工作长效机制。鼓励和推动“个转企”工作，在市场监管部门设立“个转企服务站”，为个体工商户提供全过程的登记业务办理服务，并允许“个转企”后的个人独资企业、普通合伙企业，直接通过变更程序升级为有限责任公司。加大小微企业股改培育力度，创新小微企业产权机

制和治理结构。鼓励符合条件的优质小微企业在宁波股权交易中心、"新三板"等挂牌上市和开展各类直接融资。鼓励以资本为纽带，实施兼并重组，助推产业整合提升。坚持"专精特新"，促进小微企业走专业化、精细化、特色化、新颖化发展之路，努力形成一批"小而优""小而强"的企业。

（六）加强创业人才建设，增强创业创新后劲

充分发挥市场在人力资源配置中的决定性作用，大力破除创业人才自由合理流动的障碍，进一步强化小微企业引才、育才、用才的主体作用，积极探索多种力量共同参与的创业人才工作格局。积极落实鼓励小微企业人才创业的各类优惠政策，完善创业扶持政策，实施创业者社会保险补贴、创业带动就业岗位补贴、创业者场租补贴和小额担保贷款及贴息等政策，努力营造良好的人才创业环境。鼓励科研人员和高校毕业生自主创业，对经认定为网络创业的，可按规定享受创业者社会保险补贴和小额担保贷款及贴息政策。对高校毕业生创办的纳税确有困难的中小企业，报经地税部门批准，依法给予减免房产税和城镇土地使用税。

四、工作要求

（一）加强组织领导。成立鄞州区"小微企业三年成长计划"（2015~2017）工作领导小组，统一组织协调和督促指导全区"小微企业三年成长计划"工作目标制订与分解、政策细化、任务落实等工作。领导小组成员由区政府办、区人才办、区委宣传部、区发改局、区经信局、区科技局、区财政局、区人力社保局、区环保局、区住建局、区农林局、区商务局、区文广新局（旅游局、体育局）、区统计局、区市场监管局、区法制办、区金融办、区投合局、区国土分局、区国税局、区地税局等部门组成。领导小组下设办公室，办公室设在区市场监管局。领导小组办公室要牵头负责，对上做好沟通衔接，对内做好组织协调；各成员单位要各司其职，密切配合，共同帮扶我区小微企业发展成长。

（二）完善运行监测。建立完善"小微企业三年成长计划"企业信息库和小微企业运行监测分析制度，加快完善分类统计、信息发布和资料对接的工作机制，掌握小微企业经济运行动态、项目建设进度、生产要素供给等实际情况。各部门要结合各自职能，开展形式多样、针对性强的帮扶活动，切实帮助企业解决实际困难。

（三）加强督查考核。建立"小微企业三年成长计划"目标责任考核体系，并将其纳入对各镇乡（街道）、相关部门的工作目标考核体系，具体考核办法另行制订。加强对全区落实"小微企业三年成长计划"工作的督查，定期通报工作进展和完成情况。

（四）营造良好氛围。充分利用报刊、广播、电视等新闻媒体，着力加强舆论引导，宣传成长范例和典型模式，努力营造"大众创业、万众创新"的良好氛围。依托宣传窗、LED电子屏、横幅等社会宣传平台以及微博、微信、网站等新媒体平台，广泛宣传我区深入基层、企业和产业集聚区送政策、送服务的扎实举措和积极进展，用典型引领更多的创业者投身小微企业创业潮流。

——摘自《宁波市鄞州区人民政府办公室关于印发鄞州区"小微企业三年成长计划"（2015~2017）实施方案的通知》（鄞政办发〔2015〕177号）

2015年中共宁波市鄞州区委部分文件目录

表65

日期	发文字号	文件目录
1月21日	鄞党办〔2015〕3号	关于深化和完善2015年度领导干部接待群众来访工作制度的通知
1月27日	鄞党办〔2015〕4号	关于印发《宁波市鄞州区内部管理干部经济责任审计规定》的通知
1月27日	鄞党办〔2015〕5号	关于印发《宁波市鄞州区公务支出公款消费审计办法（试行）》的通知
3月23日	鄞党办〔2015〕27号	关于在全区开展"义乡鄞州"主题宣传实践活动的通知
3月25日	鄞党办〔2015〕29号	关于进一步做好安全生产工作的通知
3月26日	鄞党办〔2015〕26号	关于全面推进村经济合作社股份合作制改革的实施意见
5月6日	鄞党办〔2015〕40号	关于印发《2015年全面深化法治鄞州建设工作要点》的通知
5月8日	鄞党办〔2015〕41号	关于印发《鄞州区开展流动人口综合引导调控机制改革方案》的通知
6月1日	鄞党办〔2015〕47号	印发《关于在全区领导干部中开展"三严三实"专题教育的实施方案》的通知
7月7日	鄞党办〔2015〕52号	关于集中开展"三合一、多合一"等场所专项整治规范提升"低小散"行业的实施意见
7月23日	鄞党办〔2015〕57号	关于开展"践行'三严三实'、精准服务企业"活动的通知

续表65

日期	发文字号	文件目录
8月14日	鄞党办〔2015〕59号	关于进一步做好办公用房清理整改工作的通知
8月21日	鄞党办〔2015〕60号	关于印发《宁波市鄞州区安全生产警示约谈与一票否决暂行办法》的通知
9月7日	鄞党办〔2015〕61号	关于整合涉村财政补助资金加大村级组织建设经费保障力度的通知
8月31日	鄞党办〔2015〕63号	关于印发《宁波市鄞州区开展巡查工作实施办法(试行)》的通知
10月20日	鄞党办〔2015〕66号	关于全面构建现代公共文化服务体系的实施意见
11月18日	鄞党办〔2015〕73号	印发《关于贯彻落实基层宣传文化工作"四张清单"的实施意见》的通知
11月25日	鄞党办〔2015〕77号	关于印发《中共宁波市鄞州区委落实省委巡视组反馈意见八大整改行动方案》的通知
12月29日	鄞党办〔2015〕79号	关于表彰首届鄞州区道德模范的通报

2015年宁波市鄞州区人民政府部分文件目录

表66

日期	发文字号	文件目录
1月14日	鄞政发〔2015〕6号	宁波市鄞州区人民政府印发鄞州区关于推进城市棚户区改造工作的实施细则(试行)的通知
5月27日	鄞政发〔2015〕54号	宁波市鄞州区人民政府关于加快建设法治政府的实施意见
6月1日	鄞政发〔2015〕59号	宁波市鄞州区人民政府关于进一步做好土地出让收支和耕地保护工作的通知
8月11日	鄞政发〔2015〕82号	宁波市鄞州区人民政府关于印发2015年全区经济发展若干政策意见实施细则的通知
9月8日	鄞政发〔2015〕92号	宁波市鄞州区人民政府关于印发鄞州区国有土地上房屋征收与补偿实施细则的通知
12月15日	鄞政发〔2015〕129号	宁波市鄞州区人民政府关于"提升城市品质展现鄞州魅力"中心城区暨美丽县城品质提升专项行动计划的实施意见
1月9日	鄞政办发〔2015〕3号	宁波市鄞州区人民政府办公室关于印发鄞州区地震应急预案的通知
1月12日	鄞政办发〔2015〕7号	宁波市鄞州区人民政府办公室关于认真贯彻落实全国和省市区安全生产工作会议精神立即开展安全生产大检查的通知
1月15日	鄞政办发〔2015〕10号	宁波市鄞州区人民政府办公室关于做好全区机关事业单位"吃空饷"问题集中治理工作的通知
3月26日	鄞政办发〔2015〕47号	宁波市鄞州区人民政府办公室关于印发鄞州区2015~2016年农村剩余电流动作保护器安装(换装)工作实施方案的通知
4月1日	鄞政办发〔2015〕51号	宁波市鄞州区人民政府办公室关于印发鄞州区2015年清明期间安全保障工作方案的通知
4月24日	鄞政办发〔2015〕54号	宁波市鄞州区人民政府办公室关于公布鄞州区2015年度工业企业"双五十工程"名单的通知
4月28日	鄞政办发〔2015〕59号	宁波市鄞州区人民政府办公室关于印发鄞州区人力三轮车整治工作方案的通知
5月8日	鄞政办发〔2015〕64号	宁波市鄞州区人民政府办公室关于印发宁波市鄞州区安全生产事故隐患排查治理实施办法的通知
6月1日	鄞政办发〔2015〕77号	宁波市鄞州区人民政府办公室关于政府向社会力量购买服务的实施意见
6月4日	鄞政办发〔2015〕80号	宁波市鄞州区人民政府办公室关于鄞州区物业专项维修资金管理办法的实施意见
6月5日	鄞政办发〔2015〕82号	宁波市鄞州区人民政府办公室关于印发鄞州区营业执照、组织机构代码证、税务登记证"三证合一"实施办法的通知
6月16日	鄞政办发〔2015〕85号	宁波市鄞州区人民政府办公室关于印发2015年鄞州区城区生活垃圾分类处理与循环利用工作实施方案的通知
6月16日	鄞政办发〔2015〕88号	宁波市鄞州区人民政府办公室关于进一步落实农村大龄青年住房困难户集中居住区建设用地的意见

续表66

日期	发文字号	文件目录
6月16日	鄞政办发〔2015〕89号	宁波市鄞州区人民政府办公室关于切实抓好2015年粮食产销工作的通知
6月17日	鄞政办发〔2015〕90号	宁波市鄞州区人民政府办公室关于印发鄞州区深化精密铸造行业污染整治实施方案的通知
6月19日	鄞政办发〔2015〕99号	宁波市鄞州区人民政府办公室关于印发宁波市鄞州区安全生产实名曝光制度的通知
6月19日	鄞政办发〔2015〕100号	宁波市鄞州区人民政府办公室关于印发鄞州区2015年度有序用电方案的通知
7月2日	鄞政办发〔2015〕101号	宁波市鄞州区人民政府办公室关于印发鄞州区群租房专项整治工作方案的通知
7月10日	鄞政办发〔2015〕106号	宁波市鄞州区人民政府办公室关于印发鄞州区工业厂房违规改建公寓楼出租专项整治工作方案的通知
7月22日	鄞政办发〔2015〕112号	宁波市鄞州区人民政府办公室关于印发2015宁波购物节鄞州区活动总体方案的通知
7月31日	鄞政办发〔2015〕113号	宁波市鄞州区人民政府办公室关于全区矿山综合治理工作的实施意见
7月31日	鄞政办发〔2015〕116号	宁波市鄞州区人民政府办公室关于印发鄞州区餐桌安全治理行动三年计划（2015~2017年）的通知
8月3日	鄞政办发〔2015〕117号	宁波市鄞州区人民政府办公室关于印发鄞州区住宅小区车棚（库）违规出租改变用途专项整治工作方案的通知
8月14日	鄞政办发〔2015〕123号	宁波市鄞州区人民政府办公室关于印发2015年鄞州区“双五十工程”实施办法的通知
8月14日	鄞政办发〔2015〕125号	宁波市鄞州区人民政府办公室关于印发鄞州区高校毕业生从事基层公共服务岗位管理暂行办法的通知
8月25日	鄞政办发〔2015〕128号	宁波市鄞州区人民政府办公室关于印发鄞州区电子商务产业发展扶持政策的通知
8月27日	鄞政办发〔2015〕130号	宁波市鄞州区人民政府办公室关于实施商标战略促进区域经济发展的意见
9月1日	鄞政办发〔2015〕126号	宁波市鄞州区人民政府办公室关于调整困难群众社会救助标准的通知
9月9日	鄞政办发〔2015〕137号	宁波市鄞州区人民政府办公室关于印发宁波市鄞州区科学技术奖励办法的通知
9月18日	鄞政办发〔2015〕141号	宁波市鄞州区人民政府办公室关于开展国庆安全生产大检查暨全区安全生产工作综合督查的通知
9月24日	鄞政办发〔2015〕144号	宁波市鄞州区人民政府办公室关于印发宁波市鄞州区表土利用工作实施办法（修订版）的通知
10月10日	鄞政办发〔2015〕147号	宁波鄞州区人民政府办公室关于进一步鼓励和引导社会资本举办医疗机构的实施意见
11月2日	鄞政办发〔2015〕154号	宁波市鄞州区人民政府办公室关于印发鄞州区工程运输车辆道路交通秩序综合整治工作方案的通知
11月3日	鄞政办发〔2015〕157号	宁波市鄞州区人民政府办公室关于推进全区高污染燃料锅炉淘汰改造工作的实施意见
11月4日	鄞政办发〔2015〕158号	宁波市鄞州区人民政府办公室关于印发《鄞州区农产品质量安全追溯体系建设实施方案》的通知
11月6日	鄞政办发〔2015〕160号	宁波市鄞州区人民政府办公室关于印发鄞州区镇级公共文体场馆规范服务指导意见的通知
11月6日	鄞政办发〔2015〕161号	宁波市鄞州区人民政府办公室关于加强职业卫生监管工作的意见
11月13日	鄞政办发〔2015〕164号	宁波市鄞州区人民政府办公室关于进一步做好流动人口服务管理工作的实施意见
12月17日	鄞政办发〔2015〕172号	宁波市鄞州区人民政府办公室关于构建中心城区户外广告长效管理机制的实施意见
12月17日	鄞政办发〔2015〕173号	宁波市鄞州区人民政府办公室关于印发宁波市鄞州区秸秆综合利用试点实施方案（2015~2017年）的通知
12月17日	鄞政办发〔2015〕174号	宁波市鄞州区人民政府办公室关于“提升农村品质建设美丽鄞州”暨农村品质提升专项行动计划（2015~2017年）的实施意见
12月24日	鄞政办发〔2015〕177号	宁波市鄞州区人民政府办公室关于印发鄞州区“小微企业三年成长计划”（2015~2017）实施方案的通知
12月30日	鄞政办发〔2015〕179号	宁波市鄞州区人民政府办公室关于做好元旦春节期间农民工工资清欠工作的通知

（区委办、区政府办）

统计资料

2015年鄞州区经济和社会主要指标

表67

指标	计量单位	2015年	2014年	同比±%
一、概况				
区域面积	平方千米	1346	1346	—
年末总户数(户籍)	万户	34.57	34.21	—
年末总人口(户籍)	万人	86.59	85.20	—
其中:乡村人口	万人	32.86	—	—
城镇人口	万人	53.72	—	—
人口密度	人/平方千米	643	633	—
人口出生率	‰	9.72	9.78	—
人口死亡率	‰	5.90	5.86	—
人口自然增长率	‰	3.81	3.92	—
二、生产总值				
地区生产总值	亿元	1300.86	1296.64	7.90
其中:第一产业	亿元	39.66	39.34	0.81
第二产业	亿元	690.42	761.82	4.10
其中:工业	亿元	629.74	710.33	3.00
第三产业	亿元	570.78	495.48	15.70
人均地区生产总值	元	151448	153254	-1.18
三、农业				
农业总产值	亿元	58.07	57.65	0.73
粮食播种面积	千公顷	25.92	25.30	2.45
粮食总产量	万吨	16.80	16.24	3.45
蔬菜面积	千公顷	10.77	11.95	-9.87
蔬菜总产量	万吨	37.44	38.17	-1.91
水果总产量	万吨	17.31	16.61	4.21
生猪年末存栏数	万头	6.66	10.09	-33.99
生猪年内出栏数	万头	16.34	22.19	-26.36
家禽年末存栏数	万只	42.00	62.90	-33.23
家禽年内出栏数	万只	55.00	118.20	-53.47
肉类总产量	万吨	1.40	1.90	-26.32
禽蛋产量	万吨	0.40	0.80	-50.00

续表67

指标	计量单位	2015年	2014年	同比±%
水产品总产量	万吨	1.68	1.92	-12.50
四、工业				
全部工业企业家数	家	23281	29625	-21.41
其中:规模以上工业企业	家	1760	1785	-1.40
其中:1亿~10亿元企业	家	424	442	-4.07
10亿元及以上企业	家	36	34	5.88
全部工业总产值	亿元	2986.55	3258.45	-8.34
规模以上工业总产值	亿元	2401.65	2398.73	0.12
规模以上工业销售产值	亿元	2363.80	2352.49	0.48
规模以上工业出口交货值	亿元	650.47	662.32	-1.79
规模以上工业主营业务收入	亿元	2335.53	2325.98	0.41
规模以上工业利税总额	亿元	210.21	210.95	-0.35
规模以上工业利润总额	亿元	146.14	146.26	-0.08
五、固定资产投资				
固定资产投资额	亿元	693.09	593.33	16.81
合计中:工业投资	亿元	192.53	173.32	11.08
服务业投资	亿元	500.09	418.99	19.36
其中:房地产业投资	亿元	267.29	250.38	6.75
合计中:基础设施投资	亿元	117.09	109.24	7.19
六、国内贸易				
批发零售业商品销售额	亿元	2240.50	1650.78	35.72
住宿餐饮业营业额	亿元	65.33	50.69	28.88
社会消费品零售总额	亿元	498.08	404.96	22.99
其中:批零贸易业	亿元	456.54	372.06	22.71
住宿餐饮业	亿元	41.54	32.90	26.26
亿元以上商品交易市场成交额	亿元	199.74	221.37	-9.77
七、外经外贸				
当年新签项目(合同)数	个	77	88	-12.50
合同利用外资	万美元	125432	132654	-5.44
实际利用外资	万美元	54166	55752	-2.84
进出口总额	万美元	1469334	1464690	0.32
其中:出口	万美元	1231513	1207326	2.00
进口	万美元	237821	257364	-7.59

续表67

指标	计量单位	2015年	2014年	同比±%
八、财政、金融				
财政总收入	亿元	312.73	279.47	11.90
其中：公共财政预算收入	亿元	189.55	166.22	14.04
公共财政预算支出	亿元	212.79	168.22	26.50
金融机构年末存款余额（本外币）	亿元	1925.90	1767.30	8.97
金融机构年末贷款余额（本外币）	亿元	1727.60	1582.40	9.18
金融机构年末存款余额（人民币）	亿元	1855.31	1710.23	8.48
其中：居民储蓄	亿元	895.58	821.95	8.96
金融机构年末贷款余额（人民币）	亿元	1672.95	1523.06	9.84
保费收入	亿元	17.95	19.48	-7.85
九、电力				
全社会用电量	亿千瓦时	76.89	77.09	-0.26
其中：工业用电量	亿千瓦时	52.06	54.21	-3.97
城乡居民生活用电量	亿千瓦时	11.54	10.70	7.85
十、城乡居民收入				
城镇常住居民人均可支配收入	元	50215	46324	8.40
城镇常住居民人均生活消费支出	元	33029	30307	8.98
农村常住居民人均可支配收入	元	29110	26682	9.10
农村常住居民人均生活消费支出	元	20470	18697	9.48

注：1.GDP和农业总产值增幅按可比价计算

2.由于户籍改革，自2015年起取消农业与非农业人口登记，统计口径改为乡村人口与城镇人口

3.财政有关数据含高新区和东钱湖旅游度假区

2015年鄞州区农村基本情况

表68

指标	计量单位	数值	指标	计量单位	数值
农村基层组织			农村社会基础设施		
镇乡政府	个	18	自来水受益村数	个	412
其中：镇政府	个	17	通汽车村数	个	412
乡政府	个	1	通邮村数	个	412
农村街道办事处	个	5	通电话村数	个	412
农村住户数、人口			通电村数	个	412
农村住户数	万户	31.00			
农村人口	万人	79.9			

注：1. 农村居委会住户数、人口数包括农村社区居委会住户数、人口数

2. 从2010年开始，中河街道划分为城镇街道，不列入农村统计范围；从2014年开始，梅墟街道划分为城镇街道，不列入农村统计范围

2015年鄞州区农林牧渔业分项产值和增加值

表69

单位：万元

指标	产值	增加值	指标	产值	增加值
合计	580660	4161	采集野生作物	623	9
农业产值	428822	16981	林业产值	18639	867
其中：副产品产值	1014	49	人造林木生长	363	-279
粮食作物	57860	1424	林产品	7483	470
谷物	53435	-1133	村及村以下竹木采伐	10170	667
豆类	2329	1197	牧业产值	48794	-10410
薯类	2096	1360	牲畜	30607	2968
油料	2197	540	家禽饲养	2367	-1722
棉花	83	-12	活的畜禽产品	14279	-10859
甘蔗	2250	400	捕猎野兽野禽	289	213
药材类	30397	8731	其他动物饲养	1256	-1006
蔬菜	143731	10404	渔业产值	69706	-4476
花卉园艺	24677	-5864	海水产品	35188	152
茶、桑、果	136402	8536	淡水产品	34518	-4628
其他	31225	-7178	农林牧渔服务业	14699	1199

注：本表按当年价格计算，有关年份数据已按2006年农业普查口径调整

2015年鄞州区规模以上工业企业基本情况

表70

单位：万元

指标	企业个数（个）	工业总产值	工业销售产值	主营业务收入	利润总额
总计	1760	24016511	23638037	23355308	1461374
按注册登记类型分					
国有企业	2	481212	481241	481241	6110
集体企业	4	29787	28390	28052	2835
股份合作企业	4	24239	23462	23405	1606
有限责任公司	123	3078374	2998899	2921262	173198
股份有限公司	37	1834343	1811237	1826688	187563
私营企业	1210	10702164	10470566	10419155	600081
港澳台商投资企业	209	5808958	5803767	5650015	381718
外商投资企业	171	2057434	2020475	2005490	108263
在总计中：亏损企业	207	1202926	1173670	1188319	-76070
在总计中：国有及国有控股	10	713693	687110	685418	12051
按轻重工业分					
轻工业	755	10957967	10861583	10637739	592898
重工业	1005	13058544	12776454	12717569	868476
按规模分					
大型企业	22	4429463	4471101	4328473	316604

续表70

指标	企业个数（个）	工业总产值	工业销售产值	主营业务收入	利润总额
中型企业	190	7652135	7522576	7422927	541034
小型企业	1490	11564038	11277394	11231043	597810
微型企业	58	370875	366966	372864	5927
按工业行业分					
非金属矿采选业	4	27113	25163	24877	1617
农副食品加工业	14	201658	202224	202732	14854
食品制造业	10	55410	53185	53158	-210
酒、饮料和精制茶制造业	5	50494	51040	50569	1217
纺织业	72	830876	811683	817262	64109
纺织服装、服饰业	245	3121857	3132683	2972836	203608
皮革、毛皮、羽毛及其制品和制鞋业	6	27378	25947	25650	567
木材加工和木、竹、藤、棕、草制品业	14	74841	73454	73712	3724
家具制造业	37	401637	385208	387060	10118
造纸和纸制品业	15	467727	470389	405362	11644
印刷和记录媒介复制业	37	487597	485148	483052	38083
文教、工美、体育和娱乐用品制造业	62	959820	933157	934598	54391
石油加工、炼焦和核燃料加工业	1	1410	2122	2122	-2021
化学原料和化学制品制造业	45	1055967	1039839	1033228	63198
医药制造业	9	293661	293512	298276	35756
化学纤维制造业	1	11403	11356	11356	445
橡胶和塑料制品业	96	1308709	1287330	1279174	72798
非金属矿物制品业	56	564476	552157	542147	28291
黑色金属冶炼和压延加工业	61	830406	810479	811452	76148
有色金属冶炼和压延加工业	28	981142	951666	955157	38343
金属制品业	120	1022152	1017169	1012544	52711
通用设备制造业	198	1781745	1722612	1719892	123410
专用设备制造业	83	677716	659512	656534	39398
汽车制造业	137	2167018	2122397	2124963	235741
铁路、船舶、航空航天和其他运输设备制造业	18	260794	241691	229277	8099
电气机械和器材制造业	198	3104156	3079191	3052551	108712
计算机、通信和其他电子设备制造业	128	1963969	1913843	1906330	70322
仪器仪表制造业	39	611203	612563	608012	61559
其他制造业	11	109192	107261	107705	1217
废弃资源综合利用业	2	8495	8318	8318	232
电力、热力生产和供应业	6	547138	546386	556332	39416
燃气生产和供应业	1	7073	7073	7373	2547
水的生产和供应业	1	2280	2280	2000	1330

注：规模以上工业是指年主营业务收入2000万元及以上企业

2015年鄞州区工业主要产品产量

表71

产品	单位	产量	产品	单位	产量
大米	万吨	13.68	水泥	万吨	24.36
冷冻水产品	万吨	4.83	散装水泥	万吨	24.36
罐头	万吨	0.36	铜材	万吨	0.30
精制茶	万吨	0.32	铝材	万吨	0.93
纱	万吨	3.52	液压元件	万件	122.40
布	万米	4922	气动元件	万件	279.48
印染布	万米	15897	粉末冶金制品	万吨	2.70
帘子布	万吨	0.13	塑料加工专用设备	万台	0.38
毛机织物(呢绒)	万米	113	摩托车	万辆	5.68
服装	万件	47724	民用钢质船舶	综合吨	13311
梭织服装	万件	7247	变压器	万千伏安	355.40
羽绒服装	万件	33	电力电缆	万千米	12.50
西服及西服套装	万件	593	原电池(折一号电池)	万只	70784
衬衫	万件	2869	家用洗衣机	万台	290.78
针织服装	万件	40477	家用电风扇	万台	12.73
机制纸及纸板	万吨	67.80	房间空气调节器	万台	473.29
纸制品	万吨	15.69	家用吸排油烟机	万台	3.31
化学药品原药	吨	704	光学仪器	万台	2.83
塑料制品	万吨	14.23	发电量	亿千瓦小时	11.30

2015年鄞州区自营进出口贸易情况

表72

单位:万美元

类别	进出口		出口		进口	
	贸易额	增长率(%)	贸易额	增长率(%)	贸易额	增长率(%)
企业性质						
国有企业	9621	16.6	7652	-2.1	1969	345.8
三资企业	326551	-6.0	283239	-3.5	43312	-19.5
合作	3918	-21.8	1729	-16.0	2189	-25.9
合资	137395	-7.4	121926	-1.2	15469	-38.3
独资	185238	-4.4	159584	-5.1	25654	-0.4
集体企业	37854	-7.0	31506	-10.3	6348	13.7
私营企业	1093063	2.6	906922	4.5	186141	-5.7
其他企业	2245	-17.2	2194	-16.3	51	-45.0
贸易方式						
一般贸易	1355535	1.5	1142231	1.9	213304	-0.4
来料加工	13387	-22.5	9795	-2.0	3592	-50.7
进料加工	86902	0.2	76942	3.0	9960	-17.2
外商投资企业作为投资进口的设备、物品	336	-56.0	—	—	336	-56.0
保税仓库进出境货物	12723	-45.9	2522	214.4	10201	-55.1

续表72

类别	进出口		出口		进口	
	贸易额	增长率（%）	贸易额	增长率（%）	贸易额	增长率（%）
其他	421	-6.7	24	-12.6	398	-6.3
地区						
亚洲	483791	3.1	343462	4.8	140329	-0.9
东盟	147541	8.8	73486	2.5	74055	15.9
中国香港	31594	11.6	30872	11.5	722	16.4
日本	77845	-10.8	62940	-11.4	14906	-7.9
韩国	32456	0.6	15210	5.3	17246	-3.2
中国台湾	20197	46.2	9434	37.4	10763	54.9
非洲	52847	-19.5	48012	-6.2	4835	-66.6
欧洲	408106	-5.9	373790	-4.6	34317	-18.5
欧盟	362494	-2.9	333880	-1.4	28614	-17.5
拉丁美洲	114647	4.0	106967	4.0	7680	4.4
北美洲	324867	4.9	304630	6.9	20236	-17.6
美国	294542	6.6	276859	8.1	17684	-12.3
大洋洲	85062	12.2	54651	12.5	30411	11.7
合计	1469334	0.3	1231513	2.0	237821	-7.6

2015年鄞州区利用外资情况

表73

单位：万美元

指标	新批项目数（个）	合同利用外资	实际利用外资
总计	77	125432	54166
外商直接投资	77	123953	41586
合资经营	30	8982	9070
独资企业	46	101618	32516
外商投资股份制	1	13353	—
其他	0	1479	12580

2015年鄞州区旅游业基本情况

表74

指标	单位	数值	指标	单位	数值
国际旅行社（含分社）	家	6	台湾同胞	人	37142
国内旅行社	家	44	香港同胞	人	22504
旅游星级饭店	家	14	澳门同胞	人	2906
国内旅游总人数	万人次	1852	接待过夜境外旅游者人天数	人天	308052
旅游总收入	亿元	198.09	其中：外国人	人天	222806
其中：旅游创汇	万美元	6275	台湾同胞	人天	48893
国内旅游总收入	亿元	194.00	香港同胞	人天	31108
接待过夜境外旅游者人数	人	214100	澳门同胞	人天	5245
其中：外国人	人	151548			

2015年鄞州区交通运输、邮电基本情况

表75

项目	单位	数值	项目	单位	数值
货运量	万吨	4251	水路运输工具拥有量	艘	61
公路	万吨	3550	水路机动船	艘	61
水路	万吨	692	公路通车里程	千米	1988
航空	万吨	8.76	高速公路	千米	144
客运量	万人	2121	一级公路	千米	156
公路	万人	1435	二级公路	千米	215
水路	万人		三级公路	千米	298
航空	万人	686	四级公路	千米	1175
旅客周转量	万人千米	113903	国道公路	千米	93
公路	万人千米	113903	省级公路	千米	144
水路	万人千米		县级公路	千米	547
货物周转量	万吨千米	1014948	乡级公路	千米	337
公路	万吨千米	314352	村道公路里程	千米	867
水路	万吨千米	700596	内河通航里程	千米	281
公路营业性运输工具拥有量	辆	15208	邮政局、所	处	41
客运车辆	辆	319	邮路总长度(单程)	千米	5261
	客位	14385	农村投递路线	千米	6209
货运车辆	辆	14889	邮政业务总量	万元	6438
	吨位	57717	固定电话用户	万户	56.22

注:公路货运指营运货车,客运指长途客车,全社会口径不作统计

2015年鄞州区财政分项目收入、全区及区本级财政支出情况

表76　　单位:万元

指标	数值	指标	数值	
			全区	区本级
财政收入	4212592	公共财政预算支出	2127936	1644971
财政总收入	3127335	一般公共服务	151401	124103
中央财政收入	1231822	国防	14661	13664
消费税	4916	公共安全	113531	100986
增值税	767020	教育	319123	288903
公共财政预算收入	1895513	科学技术	97244	62632
增值税	310324	文化体育与传媒	43092	37019
营业税	443247	社会保障和就业	170664	156925
企业所得税	222302	医疗卫生	134251	123036
个人所得税	86451	节能环保	42545	28351
资源税	2630	城乡社区事务	230899	168536
城市维护建设税	106924	农林水事务	196769	182648

续表76

指标	数值	指标	数值	
			全区	区本级
房产税	69443	交通运输	145344	142194
印花税	25308	资源勘探电力信息等事务	199294	111757
城镇土地使用税	42241	商业服务业等事务	69432	27178
土地增值税	140791	金融监管等事务支出	4065	3549
车船使用税	7749	援助其他地区支出	6141	4901
耕地占用税	11973	国土资源气象等事务	6806	5581
契税	117361	住房保障支出	87535	60407
国有资产经营收益	—	粮油物资储备管理事务	2601	2601
国有企业计划亏损补贴	—	债务付息支出	—	—
行政性收费收入	26135	其他支出	92538	—
罚没收入	21098	政府性基金支出	924416	787087
专项收入	188705			
其他收入	72831			
基金收入	1085257			

注：1.财政有关数据含高新区和东钱湖旅游度假区

2.2015年1月1日起，文化事业建设费收入、地方教育附加收入、森林植被恢复费、地方水利建设基金收入、残疾人就业保障金收入、教育资金收入、农田水利建设资金收入从基金预算转列公共预算

2015年鄞州区金融系统本级人民币年末存款、贷款情况

表77 单位：万元

项目	数值	项目	数值
各项存款年末余额	18553062	各项贷款年末余额	16729489
储蓄存款	8955801	短期贷款	10217575
机关团体存款	967456	中长期贷款	5485869
企业存款	8094040	企业贷款	12145123
代理财政性存款	75556	基本建设贷款	362031
其他存款	423350		

2015年鄞州区保险公司业务经济技术指标

表78 单位：万元

指标	保费收入		赔付支出	
	绝对量	同比增长(%)	绝对量	同比增长(%)
合计	179488	-7.9	106668	-3.0
财产险	123829	-0.3	88884	-6.6
机动车辆保险	112674	-0.6	72449	1.5
人身险	44830	-30.6	17784	19.6
人身意外伤害险	6767	-5.1	1428	24.7
健康险	1042	8.5	944	67.4
寿险	37021	-34.5	15412	17.1

2015年鄞州区学校基本情况

表79

单位：人

项目	学校数（所）	班级数（个）	毕业人数	招生人数	在校学生	教职工	专任教师
完　中	3	—	—	—	—	—	—
高　中	10	297	4373	4085	12255	3936	3715
初　中	29	764	8629	10361	29759		
职业中学	8	—	4504	4086	11755	1114	1065
小　学	79	2226	12304	13650	86681	4492	4306
幼儿园	180	1728	—	—	51666	6717	3624
特殊教育	1	11	14	10	126	—	—

注：1. 初中学校校所个数包含九年一贯制学校

2. 本表数据不包含梅墟街道

2015鄞州区文化、广播、电视基本情况

表80

项目	单位	数值	项目	单位	数值
艺术表演团体	个	1	博物馆 纪念馆	个	30
机构人员数	人	61	电影放映单位		
国内演出场次	场次	142	放映管理机构	个	1
国内观众人次	千人	126	电影院	家	9
公共图书馆	个	1	放映队	个	23
机构人员数	人	23	电影放映场次	场	117418
总藏量	万册	135.13	电影观众人次	万人次	533
古籍	千册	10227	广播电视机构		
图书	万册	134.11	电台和转播台	座	1
群艺馆 文化馆	个	1	电视台和转差台	座	1
机构人员数	人	28	全年播出公共节目时间		
文化站	个	24	广播播音时间	千小时	12
机构人员数	人	34	电视播出时间	千小时	16
文物单位			公共电视套数	套	1
文物保护管理机构	个	1	公共广播套数	套	1
国家级文保单位	个	5	有线电视用户数	万户	45.9

2015年鄞州区卫生事业基本情况

表81

项目	单位	数值	项目	单位	数值
卫生事业机构数	个	572	中西医结合医院	家	1
医院合计	家	16	专科医院	家	5
综合医院	家	9	口腔医院	家	2
中医医院	家	1	其他专科医院	家	3

续表81

项目	单位	数值	项目	单位	数值
社区卫生服务中心	个	7	执业医师	人	3069
卫生院	个	16	执业助理医师	人	348
街道卫生院	个	0	注册护士	人	3327
镇乡卫生院	个	16	药剂人员	人	594
中心卫生院	个	5	检验人员	人	360
乡卫生院	个	11	其他	人	972
急救中心(站)	个	1	其他技术人员	人	234
门诊部	个	21	管理人员	人	497
妇幼保健院(所、站)	个	1	工勤人员	人	788
专科疾病防治院(所、站)	个	1	每千人拥有卫生技术人员	人	10.35
疾病预防控制中心(防疫站)	个	1	每千人拥有医生	人	4.01
卫生监督所	个	1	每千人拥有护师、护士	人	3.90
诊所、卫生保健所、医务室、社区卫生服务站合计	个	215	卫生事业床位数	张	4628
其他卫生机构	个	2	医院床位	张	4213
计划生育技术服务机构	个	0	社区卫生服务中心床位	张	88
从业人员总计	人	10332	卫生院床位	张	327
卫生技术人员	人	8813	每千人拥有总床位	张	5.43
医生数	人	3417	每千人拥有医院卫生院床位	张	0.49

2015年鄞州区体育工作情况

表82

体育工作情况	单位	数值	体育工作情况	单位	数值
各类体校情况			参加射击学生	人	35
业余体校个数	所	1	参加篮球学生	人	90
其中:重点业余体校	所		参加排球学生	人	45
业余体校在校学生数	人	110	参加足球学生	人	120
业余体校送入优秀运动队	人	3	参加乒乓排球学生	人	65
业余体校考入高等院校	人	2	参加羽毛球学生	人	55
传统项目布局情况			游泳池情况(体育系统)		
分布学校数	所	55	游泳池个数	个	3
其中:中学	所	24	其中:室内游泳池	个	2
小学	所	31	游泳池活动场次	场次	
市区健身设施	套	112	其中:室内游泳池	场次	1201
传统项目活动情况			参赛获奖数	枚	40
参加活动学生人数	人	680	其中:省级及以上金牌	枚	15
参加田径学生	人	170	省级及以上银牌	枚	12
参加游泳学生	人	100	省级及以上铜牌	枚	13

2015年浙江省部分经济强县（市、区）主要经济指标

表83

县（市、区）	生产总值（亿元）	人均生产总值（按户籍人口计算，元）	固定资产投资额（亿元）	社会消费品零售总额（亿元）	实际利用外资（万美元）	出口（海关数）（万美元）	进口（海关数）（万美元）	财政总收入（亿元）	其中：一般公共预算收入（亿元）	城镇常住居民人均可支配收入（元）	农村常住居民人均可支配收入（元）
鄞州区	1300.86	151448	693.09	498.08	54166	1231513	237821	312.73	189.55	50215	29110
柯桥区	1200.86	184263	663.14	233.37	23133	1041621	81726	160.54	97.85	50741	29177
萧山区	1812.79	143945	963.12	573.92	149916	916457	272582	290.08	160.08	51490	29354
余杭区	1235.66	131712	920.00	391.21	108620	505525	37745	305.31	187.65	49273	29159
慈溪市	1154.57	—	718.96	477.46	61820	893755	130612	220.70	112.26	47182	27295
余姚市	826.21	98756	563.72	315.61	46074	679793	208997	133.79	75.10	45359	26500
海宁市	701.15	103855	514.49	338.27	44533	515537	70082	121.12	69.12	48325	28004
桐乡市	653.12	94945	428.15	298.84	33597	306180	119378	100.27	55.00	44725	27357
上虞市	725.75	93058	485.06	271.16	22731	334743	38347	97.50	53.58	47272	25090
温岭市	827.15	67987	380.55	473.89	1090	372092	10335	98.36	54.12	44743	23739
诸暨市	1026.78	—	649.03	354.12	20026	409588	59733	112.93	71.59	49545	27885
瑞安市	720.51	—	469.61	311.40	1168	308519	31474	94.63	54.72	46949	23671
义乌市	1045.05	136002	512.20	529.60	6167	3386120	36006	128.30	79.30	56586	28433
乐清市	774.60	60333	555.15	314.78	1921	201921	7879	124.10	64.15	46352	24891
平湖市	485.14	—	361.28	166.09	35763	385452	296186	98.34	50.58	46470	26974
富阳市	643.46	—	403.79	198.04	28212	151073	134467	91.57	54.32	43510	25010
永康市	483.31	81321	208.10	183.80	2099	400672	24585	77.00	44.50	42823	21715

注：本表部分数据为快报数，最终以各地统计局公布数为准

2015年沿海部分县（市、区）主要经济指标

表84

县（市、区）	地区生产总值（亿元）	全部工业总产值（亿元）	固定资产投资完成额（亿元）	进出口总额（亿美元）	其中：出口总额（亿美元）	实际到账外资（亿美元）	社会消费品零售总额（亿元）	财政总收入（亿元）	其中：一般公共预算收入（亿元）	农民人均纯收入（元）	城镇居民人均可支配收入（元）
鄞州区	1300.86	2986.55	693.09	146.93	123.15	5.42	498.08	312.73	189.55	29110	50215
武进区	1830.00	—	971.53	94.26	68.07	7.38	478.86	—	140.38	23531	44738
江阴市	2880.86	6527.63	1128.59	203.11	124.12	10.11	705.16	—	218.92	26012	50701
昆山市	3080.01	9000.28	810.61	834.53	537.96	11.01	708.53	—	284.76	25978	50749

续表84

县（市、区）	地区生产总值（亿元）	全部工业总产值（亿元）	固定资产投资完成额（亿元）	进出口总额（亿美元）	其中：出口总额（亿美元）	实际到账外资（亿美元）	社会消费品零售总额（亿元）	财政总收入（亿元）	其中：一般公共预算收入（亿元）	农民人均纯收入（元）	城镇居民人均可支配收入（元）
柯桥区	1200.11	—	663.14	112.33	104.16	2.31	233.37	160.54	97.85	29177	50741
顺德区	2587.45	—	643.09	257.70	206.90	9.30	870.82	566.06	187.47	26860	42559
常熟市	2044.88	—	631.22	221.57	146.10	8.05	675.64	369.18	157.70	25811	50413
张家港市	2229.82	5255.85	756.05	292.69	148.29	6.50	490.76	377.00	174.22	25715	50618
通州区	940.16	—	597.74	35.83	31.57	2.80	307.73	182.81	80.65	18361	37646
靖江市	748.09	—	495.86	29.89	18.07	2.56	159.41	126.31	67.27	18045	36790
启东市	803.14	2390.91	539.06	30.67	24.81	2.25	293.06	148.01	76.86	18287	34566
海门市	915.02	—	565.32	22.54	14.19	—	311.15	182.42	78.40	18987	37404
宜兴市	1285.66	3502.89	663.55	38.20	29.18	2.00	506.96	232.40	102.50	21910	42750
江宁区	1523.76	—	913.49	118.03	76.14	7.05	418.40	382.81	191.73	20001	44735
太仓市	1100.08	2655.58	500.01	127.71	63.11	5.01	262.58	250.57	114.54	25643	50134
萧山区	1802.02	4412.53	963.12	118.92	91.65	14.99	573.92	290.08	160.08	29354	51490
慈溪市	1154.57	2821.02	718.96	102.44	89.38	6.18	477.46	220.70	112.26	27295	47182
诸暨市	1026.78	—	649.03	46.93	40.96	2.00	352.45	112.93	71.59	27885	49545
余杭区	1235.66	2020.96	920.00	54.33	50.55	10.86	391.21	305.31	187.65	29159	49273
南海区	2226.97	—	923.15	210.70	123.30	8.63	868.47	410.63	185.50	25909	40148
三水区	1009.79	3018.23	582.14	25.87	17.88	—	187.51	175.18	45.49	20867	28593
高明区	—	2741.07	352.18	27.50	22.40	0.07	105.06	82.21	30.84	18376	27664
荣成市	1022.30	—	733.6	29.80	22.90	1.60	326.50	125.50	67.30	17856	35164
莱州市	717.05	—	440.24	20.39	12.62	2.03	306.69	103.55	57.28	16849	36076
滕州市	1055.05	—	601.71	5.12	4.82	0.55	364.46	—	70.50	12925	28576
嘉定区	1756.10	—	451.90	188.30	94.60	6.40	872.90	797.10	191.40	—	—
青浦区	878.23	—	423.14	128.22	75.97	4.11	489.67	365.22	125.33	23773	40734
晋江市	1620.47	4002.47	905.88	149.11	82.73	5.20	535.71	200.29	117.20	18166	40035
吴江区	1540.09	—	720.57	225.46	144.27	9.70	419.05	265.95	147.39	25413	50449
锡山区	650.18	1320.30	640.49	43.23	33.86	3.34	148.58	122.50	66.24	24355	43045
惠山区	669.16	1464.57	588.88	25.84	22.36	2.81	160.58	133.72	76.79	24414	43756
义乌市	1046.00	1849.10	512.20	342.20	338.60	—	529.60	128.30	79.30	28433	56586

2015年全国、浙江省、宁波市、鄞州区主要经济指标

表85

指　标	单　位	全　国		浙江省		宁波市		鄞州区	
		实绩	增长（%）	实绩	增长（%）	实绩	增长（%）	实绩	增长（%）
地区生产总值	亿元	676708	6.9	42886	8.0	8012	8.0	1301	7.9
其中：第一产业	亿元	60863	3.9	1833	1.5	285	1.8	40	1.0
第二产业	亿元	274278	6.0	19707	5.4	3925	4.8	690	4.1
其中：工业	亿元	—	—	—	—	3461	4.4	630	3.0
第三产业	亿元	341567	8.3	21347	11.3	3802	12.5	571	15.7
规模以上工业销售产值	亿元	—	—	64544	0.2	13262	−2.8	2325	0.3
规模以上工业利润总额	亿元	63554	−2.3	3718	5.0	662	12.1	141	−2.0
固定资产投资总额	亿元	551590	10.0	26665	13.2	4507	13.0	693	16.8
其中：工业投资	亿元	219957	7.7	8747	11.0	1500	18.7	193	11.1
服务业投资	亿元	311939	10.6	17523	14.1	2957	10.4	500	19.4
社会消费品零售总额	亿元	300931	10.7	19785	10.9	3350	12.0	498	12.1
财政总收入	亿元	152217	5.8	8549	8.7	2073	11.4	313	6.9
其中：公共财政预算收入	亿元	82983	4.8	4810	7.8	1006	8.1	190	5.7
公共财政预算支出	亿元	175768	13.2	6648	21.1	1253	17.3	213	26.5
全社会用电量	亿千瓦时	55500	0.5	3554	1.4	585	1.4	77	−0.3
其中：工业用电	亿千瓦时	39348	−1.4	2584	−0.5	435	−0.1	52	−4.0
进出口总额	亿美元	39586	−8.0	3474	−2.1	1005	−4.0	147	0.3
其中：出口总额	亿美元	22766	−2.8	2767	1.2	714	−2.3	123	2.0
合同利用外资	亿美元	—	—	278	14.0	77	5.1	13	−5.4
实际利用外资	亿美元	1263	6.4	170	7.4	42	11.1	5	−2.8
农村常住居民人均可支配收入	元	11422	8.9	21125	9.0	26469	9.0	29110	9.1
农村常住居民人均生活消费支出	元	9223	10.0	16108	11.1	17800	9.7	20470	9.5
城镇常住居民人均可支配收入	元	31195	8.2	43714	8.2	47852	8.4	50215	8.4
城镇常住居民人均生活消费支出	元	21392	7.1	28661	5.2	29645	6.3	33029	9.0

注：1. 本表部分数据为快报数，最终以各级统计局公布数为准

2. 全国财政支出数据为总支出

2014年鄞州区统筹城乡发展评价得分情况

表86

领域	指标	权重	2014年
统筹城乡经济发展	1. 二、三产业从业人员比重	5	5.00
	2. 人均GDP	6	6.00
	3. 人均地方财政收入	6	6.00
	4. 城市化率	6	5.78
	5. 一产比较劳动生产率	2	2.00
	6. 一产增加值增长率	1	0.27
	7. 农业产业化组织带动农户比重	1	0.46
	8. 适度规模经营水平	1	1.00
统筹城乡公共服务	9. 财政支出中“三农”支出的比重	5	5.00
	10. 财政支出中“三农”支出的增幅	3	3.00
	11. 城乡生均教育事业费比率	4	4.00
	12. 千人医务人员数	4	4.00
	13. 城乡居民领取养老金增速比值	3	3.00
	14. 城乡居民医保财政补助比值	3	3.00
	15. 医疗保险参保率	2	2.00
	16. 乡镇集中审批和便民服务覆盖面	2	2.00
统筹城乡人民生活	17. 城乡居民人均收入差距倍数	4	4.00
	18. 城乡居民收入增速与GDP增速比值	3	3.00
	19. 低收入农户家庭人均纯收入	1	1.00
	20. 农村公路网密度	2	2.00
	21. 城乡客运一体化率	2	2.00
	22. 城乡居民集中式供水水质卫生合格率	2	1.71
	23. 农村居民安全饮用水覆盖率	2	2.00
	24. 农村居民每百户（固定）互联网使用量	2	1.29
	25. 农村数字电视入户率	2	2.00
	26. 城乡居民人均消费支出差异度	6	5.69
统筹城乡生态环境	27. 环境质量综合评分	5	3.83
	28. 农村垃圾收集处理率	5	5.00
	29. 行政村生活污水处理设施覆盖率	1	0.55
	30. 建制镇污水处理率	1	0.53
	31. 规模化养殖场畜禽排泄物资源化利用率	1	0.99
	32. 农村卫生厕所普及率	3	2.96
	33. 村庄整治率	4	4.00
合计		100	95.06

（区统计局）

重点工程建设项目

2015年鄞州区重点工程建设项目基本情况

表87

单位：万元

序号	项目名称	建设规模	建设地点	建设期限	总投资	资金来源	累计完成投资	2015年计划完成	
								投资	工程形象进度目标
合计（130项）					11024623		3712092	2200000	
一	基础设施（40项）				3219054		1126373	674800	
1	宁波栎社国际机场扩建三期工程	新建10.3万平方米的第二航站楼、3000平方米的公务机候机楼和5万平方米的货运站，并建设配套附属设施等	石碶、古林	2013~2017	820700	市财政	250000	200000	航站楼开工建设
2	△鄞州区现代有轨电车试验线一期工程	长8.16千米，起于姜山镇南大东路站，止于宁南路站，全程设站点12座，全线设车辆段1座	姜山、首南、钟公庙	2015~2017	109000	区财政、自筹	—	20000	主体工程施工
3	○甬梁线鄞州段（k0+900—k8+300）改建工程	长10.5千米，主线宽40米，一级公路	高桥	2012~2015	350000	自筹	300000	50000	工程完工
4	○鄞州区宝瞻公路（329国道至鄞县大道段）改建工程	长3.36千米，宽23米，一级公路	五乡、东吴	2013~2015	17862	自筹	12000	5800	工程完工
5	○宁波市南外环（宝幢西侧道路至宝瞻公路）工程	长1.65千米，宽44米，一级公路	五乡	2013~2015	13221	自筹	8000	5000	工程完工
6	甬金高速鄞州连接线横涨至高桥公路（古林至高桥段）	长7.58千米，宽40米，一级公路	古林、集士港、高桥	2013~2016	130000	自筹	65000	30000	工程形象进度达到80%
7	甬金高速公路明州连接线工程（洞桥至云龙段）	长17.5千米，宽53米，一级公路	石碶、姜山、云龙	2014~2018	315234	自筹	60000	40000	工程形象进度为20%
8	宁波铁路北环线平改立工程	包括10个铁路平改立项目	邱隘、五乡	2013~2016	69283	自筹	30000	18000	完成10个铁路框架建设，引道工程形象进度为50%
9	△鄞州区生态公交停保场	停车坪面积3.8万平方米，建筑面积0.2万平方米	中河	2015~2016	8000	区财政	—	5000	开工建设
10	△鄞州区横街至章水（毛家岙至樟村段）公路工程	长5.29千米，宽8.5米，三级公路	横街、章水	2015~2017	22792	自筹	—	5000	工程形象进度为20%
11	△214省道（鄞州大道至奉化段）改建工程	长12.2千米，宽30米~44米，一级公路	石碶、洞桥	2015~2017	102000	自筹	—	20000	工程形象进度为10%
12	鄞州经济开发区（二期）联胜路、临春路延伸段工程	联胜路：道路全长2.04千米，路面宽度24米，桥梁1座； 临春路：道路全长1.8千米，路面宽度24米，桥梁1座	瞻岐	2014~2015	18420	自筹	—	5000	完成工程量的30%
13	集士港镇广蔺路	长2.8千米，宽28米，二级公路	集士港	2013~2016	18320	区财政、自筹	7000	5000	工程形象进度为50%
14	△宝幢西侧道路	全长1.9千米，宽38米，一级公路	五乡	2015~2017	24000	区财政、自筹	—	2000	开工建设
15	△古林镇云林东路	长0.75千米，宽36米，二级公路	古林	2015~2016	11000	区财政、自筹	—	5000	工程形象进度为80%

续表87

序号	项目名称	建设规模	建设地点	建设期限	总投资	资金来源	累计完成投资	2015年计划完成	
								投资	工程形象进度目标
16	△新典路(广德湖路—宁南北路)	长约0.6千米,宽36米(含地下通道),城市道路	长丰	2015~2017	56598	自筹	—	5000	完成工程量20%
17	○高桥镇环镇北路	长0.9千米,宽24米,二级公路	高桥	2014~2015	9084	区财政、自筹	7000	2000	工程完工
18	△广德湖路(环城南路—董山西路)匝道及地面辅道	跨杭甬高速WS匝道长675.69米,SE匝道长617.35米,均宽9米	钟公庙	2015~2016	31312	自筹	—	10000	完成工程量的30%
19	△万兴路(万金路东—万荣路)、万荣路(万兴路—鄞州大道)	万兴路:613×37米,桥梁1座,新挖河道350米,宽15米; 万荣路:561×28米	石碶	2015~2016	10769	自筹	—	6000	完成工程量的80%
20	△宁南南路(庆元大道—北大路)	长1.6千米,宽37米,城市道路	首南、姜山	2015~2016	25099	自筹	—	3000	完成工程量的30%
21	△钱湖南路南延(鄞州大道—庆元大道)	长1.8千米,宽37米,城市道路	首南	2015~2016	17358	自筹	—	4000	完成工程量的30%
22	四明路西延(雅戈尔大道—段梅路)	长3.3千米,宽36米,机场路立交大桥2座,城市道路	石碶	2012~2017	82939	自筹	23000	5000	一期工程完工
23	○广德湖路(董山路—泰安路)	长2.8千米,宽50米,含桥梁四座,城市道路	钟公庙、首南	2012~2015	63963	自筹	45000	15000	工程完工
24	○宁南南路延伸段(鄞州大道—庆元大道)	长1.7千米,宽37米,含2座桥梁,城市道路	首南	2011~2015	29468	自筹	17336	10000	工程完工
25	金达路二期(环城南路—富强路)	长1.6千米,宽48米,上跨杭甬高速,城市道路	潘火	2013~2016	22000	自筹	12800	4000	完成跨线桥主体,道路完成塘渣层
26	滨江大道(杭甬高速—四明西路)及董山西路工程	长1.2千米,宽28米,包括下穿杭甬高速U型槽1座和雨水泵站1座	钟公庙	2014~2015	12544	自筹	500	3000	完成总工程量的50%
27	滨江南路(四明西路—鄞州大道)	长3.2千米,宽28,米含下穿鄞县大道U型槽1座,桥梁2座	首南、钟公庙	2014~2017	30130	自筹	600	5000	首南西路—惠风西路段工程完工
28	鄞东南沿山干河整治工程鄞州段	整治河道长16.1千米,配套建设隧洞、桥梁、道路、绿化等	横溪、云龙、姜山、邱隘、五乡	2011~2016	113500	中央、市、区财政、自筹	95000	6000	除隧洞工程进入扫尾阶段外,完成其余工程建设
29	奉化江整治工程鄞州新城区段	整治两岸堤防18.6千米,改建水闸11座,配套建设相关交叉建筑物	石碶、钟公庙、首南、姜山	2012~2016	95000	中央、市、区财政、自筹	50200	11000	完成堤防12.88千米,右岸景观开工建设
30	△奉化江整治工程鄞州农村段	整治堤防4.37千米,配套建设相关景观绿化	姜山、洞桥	2015~2017	50000	市、区财政	—	20000	全线开工建设
31	东江堤防加固工程鄞州段	整治加固堤防6.2千米,配套水闸及绿化建设	姜山	2014~2016	57580	市、区财政	10000	11000	完成水闸五座,堤防整治加固工程完成60%
32	剡江堤防维修加固工程鄞州段	整治加固堤防6.2千米,拆建3座水闸和徐家渡排涝站,配套景观绿化建设	洞桥	2014~2016	32200	市、区财政	7000	8000	全线开工建设剡江堤防,完成总工程量的50%
33	姚江堤防加固工程鄞州段	整治加固堤防16.6千米,拆建17座水闸和4座泵站,配套景观绿化建设	高桥	2012~2017	109900	中央、市、区财政	31000	20000	Ⅲ、Ⅳ标段完工,其余4个标段完成工程量的50%
34	△大嵩江堤防整治工程一期	整治大嵩江堤防4.2千米,配套绿化建设	咸祥	2015~2016	20700	市、区财政	—	4000	全线开工建设

续表87

序号	项目名称	建设规模	建设地点	建设期限	总投资	资金来源	累计完成投资	2015年计划完成	
								投资	工程形象进度目标
35	△长丰区块核心地段河道新建及两侧景观绿化工程	河道中心线共长1千米。其中，A段中心线长913米，设计面宽为20米；B段河道中心线长129米，设计面宽15米	钟公庙	2015~2016	22000	自筹	—	15000	长丰二路至长丰一路1#桥段河道新建及两侧绿化施工基本完成
36	○高桥镇西塘河（鄞西后塘河）水环境综合整治景观绿化工程	总建设面积36.4万平方米，其中绿化面积33.3万平方米	高桥	2014~2016	30878	自筹	2000	25000	工程基本完工
37	甬新河中心西河（鄞州公园二期）	用地面积46.33万平方米，其中湿地保育区14.53万平方米、湿地体验区面积12万平方米、文体活动区面积19.8万平方米	首南	2013~2016	128000	自筹	92937	20000	完成总工程量的55%
38	△鄞州区市民中心和鄞州区城市展览展示中心（人防指挥中心）及鄞州大道地下通道	城市展览展示中心用地面积1.73万平方米，建筑面积2.5万平方米；市民中心用地面积1.8万平方米，建筑面积2.9万平方米，地下室约5.3万平方米	首南	2015~2018	75200	区财政	—	10000	完成桩基工程的60%
39	△鄞州滨海二期地基处理工程（北2区）	形成+1.5米高程陆域236.67万平方米，吹砂总量870万立方米	瞻岐	2015~2016	42000	自筹	—	23000	完成工程量的65%
40	△鄞州滨海二期北1区塘渣填筑工程	形成+2.8米高程陆域240万平方米，塘渣总量325万吨	瞻岐	2015~2016	21000	自筹	—	14000	完成工程量的65%
二	产业项目（45项）				5631637		1871956	891900	
41	△宁波长丰热电公司迁建工程	装及容量为105.2兆瓦等级的燃气-蒸汽联合循环热电厂及相应配套设施	云龙、姜山	2015~2017	77957	自筹	—	10000	土建工程施工
42	宁波轨道交通电气设备生产基地建设项目	用地面积5.4万平方米，建筑面积6.3万平方米	五乡	2015~2017	25000	自筹	—	10000	一期厂房及附属工程完工
43	△宁波南车新能源超级电容器二期项目	用地面积8.33万平方米，拟建厂房及辅助建筑4.5万平方米	五乡	2015~2018	100000	自筹	—	10000	完成项目一期厂房及其附属设施建设并达到投入使用条件
44	△宁波中茵集成科技有限公司年产1亿片高端PCB板项目	用地面积5.27万平方米，建筑面积12万平方米	首南	2015~2018	56000	自筹	—	5000	桩基工程完工
45	△宁波狮球通风机电有限公司年产10万套电机项目	用地面积1.63万平方米，建筑面积2.1万平方米	姜山	2015~2016	22000	自筹	—	13000	主体厂房建设
46	△宁波市鄞州骁业汽车零部件有限公司年产30万套汽车零配件项目	用地面积1万平方米，建筑面积1.5万平方，购买20条汽车配件生产线	姜山	2015~2016	15000	自筹	—	10000	主体厂房建设
47	宁波恒辉实业投资有限公司年产4500套高低压电器成套设备项目	用地面积0.8万平方米，建筑面积0.8万平方米	姜山	2014~2015	14000	自筹	10000	4000	工程完工
48	宁波荣业控股集团有限公司年产525台纺织机械设备项目	用地面积2.67万平方米，建筑面积3.2万平方米，配置加工中心、数控万能精密磨、数码冲等设备159台（套）	姜山	2014~2016	41400	自筹	10000	15000	主体厂房完工，设备安装

续表 87

序号	项目名称	建设规模	建设地点	建设期限	总投资	资金来源	累计完成投资	2015年计划完成	
								投资	工程形象进度目标
49	○东睦新材料集团股份有限公司年产7000吨高效节能粉末冶金汽车关键零件生产线项目	用地面积6万平方米，建筑面积5.4万平方米	姜山	2013~2015	40000	自筹	15000	15000	工程完工
50	宁波市鄞州北斗电子有限公司年产60000台北斗导航接收机、1000台（套）车载信息系统项目	用地面积4万平方米，建筑面积4.3万平方米	姜山	2014~2017	23000	自筹	3200	3000	主体厂房建设
51	宁波时代全芯科技有限公司年产10万片相变存储器项目	用地面积6.35万平方米，建筑面积6.7万平方米	姜山	2013~2016	92400	自筹	11500	20000	主体厂房建设
52	宁波日和新材料有限公司年产500吨磷酸锂铁和年产11000万平方米高档新型纸质弹性材料项目	用地面积3.42万平方米，建筑面积3.2万平方米	姜山	2014~2016	15000	自筹	2000	5000	主体厂房建设
53	宁波汇华电子有限公司年产2亿只第五代通信继电器项目	用地面积2.53万平方米，建筑面积5.4万平方米	姜山	2013~2016	13000	自筹	5000	3000	完成新厂房建设
54	宁波明州生物质发电项目一期	总装机容量30兆瓦，安装建设2台75吨生物质锅炉及2台1.5万千瓦发电机组	姜山	2014~2015	14000	自筹	12000	2000	一期完工
55	○宁波旷代生物科技有限公司年产32000万支制剂的兽药生产项目	用地面积2万平方米，建筑面积3.1万平方米	集士港	2013~2015	10000	自筹	7000	3000	工程完工
56	○宁波泰来环保公司年产30台套固体废物安全焚烧系统设备项目	用地面积3.3万平方米，建筑面积3万平方米	集士港	2013~2015	11680	自筹	7780	3900	工程完工
57	○宁波先锋新材料公司年产300万套一体化隔热保温新颖节能窗及其关键配套材料项目	用地面积4.3万平方米，建筑面积11.1万平方米	集士港	2012~2015	50000	自筹	20000	30000	工程完工
58	○宁波华缘玻璃钢公司年产6万吨复合新材料及制品项目	用地面积5.67万平方米，建筑面积6.3万平方米	高桥	2012~2015	30000	自筹	18000	12000	工程完工
59	△宁波国合旭东精密压铸有限公司年产4500万件汽车用精密压铸件项目	用地面积2.2万平方米，建筑面积约6.6万平方米	高桥	2015~2016	10000	自筹	—	4000	主体厂房建设
60	宁波凌珂新材料科技有限公司年产6000吨钕铁硼项目	用地面积1.8万平方米，建筑面积4.6万平方米	邱隘	2015~2016	20000	自筹	—	10000	完成新厂房建设
61	宁波盛光包装公司年产1亿只水声传感器通信模块及传感器网络系统集成生产基地	用地面积10万平方米，建筑面积14万平方米	五乡	2013~2016	49000	自筹	8000	36000	完成新厂房建设，进行设备采购
62	宁波日月重工公司年产2万吨海洋工程电站装备关键核心部件产业化技改项目	用地面积2.67万平方米，建筑面积1万平方米	东吴	2014~2017	10000	自筹	2000	5000	主体厂房完工，设备采购与安装

续表87

序号	项目名称	建设规模	建设地点	建设期限	总投资	资金来源	累计完成投资	2015年计划完成	
								投资	工程形象进度目标
63	△宁波市四凸重工有限公司年产3000台ATQ型轻量化桥式起重机项目	用地面积4.33万平方米，建筑面积3万平方米	鄞江	2015~2016	15000	自筹	—	6000	主体完工
64	浙江华健医用工程有限公司年产400台（套）医疗设备手术导航系统项目	用地面积2万平方米，建筑面积2万平方米	云龙	2013~2016	18000	自筹	8000	5000	主体工程施工
65	浙江清华长三角研究院宁波科技园	用地面积4.47万平方米，建筑面积24.8万平方米	潘火	2012~2016	85000	自筹	55000	27000	土建外墙面竣工，地面附属工程进场施工
66	东泓科技智能电网产业园	用地面积11.64万平方米，建筑面积14万平方米	潘火	2013~2017	152200	自筹	15000	20000	一、二期土建基本完工
67	○中国移动数据处理中心	用地面积0.61万平方米，建筑面积2.3万平方米	钟公庙	2012~2015	50000	自筹	35000	15000	工程完工
68	鄞州新城区万达广场西侧地块（华茂悦峰）	用地面积7.07万平方米，建筑面积27.6万平方米	钟公庙	2012~2016	167000	自筹	87687	43000	主体完工
69	方茂商业广场	用地面积2.33万平方米，建筑面积10万平方米	钟公庙	2013~2016	55000	自筹	44000	10000	主体完工
70	南部商务区二期工程	用地面积13.73万平方米，建筑面积71.5万平方米	首南	2010~2014	450000	自筹	359000	50000	主体工程结顶，竣工验收交付
71	南部商务区三期A地块	用地面积10.7万平方米，建筑面积54.5万平方米	首南	2013~2017	300000	自筹	73000	50000	A地块地下室施工
72	△南部商务区三期B地块	用地面积5.6万平方米，建筑面积15万平方米	首南	2015~2019	100000	自筹	—	10000	开工建设
73	曼哈顿大厦	用地面积2.33万平方米，建筑面积25万平方米	首南	2014~2018	180000	自筹	—	10000	桩基施工
74	华侨城桃源湾项目	用地面积148万平方米，其中山内建设用地约57万平方米、山外建设用地91万平方米	集士港、横街	2013~2023	500000	自筹	3000	30000	完成北面沿湖道路施工；完成黑森林一期小镇、别墅主体施工；花谷施工完成
75	宁波环球城	用地面积22.53万平方米，建筑面积约110万平方米	首南	2012~2016	700000	自筹	600000	80000	商业地块全部完成，住宅基本完成
76	欢乐购广场	用地面积3.33万平方米，建筑面积约15.7万平方米	首南	2015~2017	50000	自筹	15000	15000	主楼12层完工
77	银泰城	用地面积14.93万平方米，建筑面积40.5万平方米	邱隘	2014~2018	550000	自筹	160000	100000	商业整体建成招商，公寓楼建成，住宅整体完成50%
78	宏泰商住房产项目	用地面积3.87万平方米，建筑面积11.5万平方米	邱隘	2014~2016	180000	自筹	40000	20000	商住整体完成至15层

续表87

序号	项目名称	建设规模	建设地点	建设期限	总投资	资金来源	累计完成投资	2015年计划完成	
								投资	工程形象进度目标
79	海港城	用地面积13.33万平方米，建筑面积13.3万平方米	姜山	2014~2016	90000	自筹	10000	20000	主体结构施工
80	华侨城欢乐海岸	用地面积66.67万平方米，建筑面积84万平方米	钟公庙	2013~2019	960000	自筹	95789	100000	一期B5住宅地块竣工，二期住宅开始施工；中心商业区开工
81	新城大厦	用地面积2.88万平方米，建筑面积14.9万平方米	首南	2014~2017	100000	自筹	21200	25000	主楼结构至20层
82	宁波斯玛特商业广场	用地面积4.53万平方米，建筑面积14.3万平方米	中河	2012~2015	80000	自筹	50000	10000	附属工程施工
83	杉杉永达国际汽车城	用地面积6.93万平方米，建筑面积8.3万平方米	集士港	2012~2016	50000	自筹	20000	8000	再建1家4S店
84	飞越时光	用地面积0.81万平方米，建筑面积3.2万平方米	钟公庙	2013~2015	20000	自筹	13800	4000	附属工程施工
85	○梁祝天地	用地面积6.27万平方米，建筑面积6.5万平方米	高桥	2013~2015	40000	自筹	35000	5000	工程完工
三、	民生工程（45项）				2173932		713763	633300	
86	△鄞州区生活垃圾焚烧发电项目	用地面积6.67万平方米，建筑面积5.4万平方米，垃圾处理量2250吨/日	洞桥	2015~2016	124183	区财政	—	20000	开工建设
87	定桥垃圾中转站（鄞州区循环资源处置中心）	用地面积2.5万平方米，垃圾中转能力680吨/天	姜山	2015~2016	10000	区财政	—	4000	桩基施工
88	鄞州区鄞西污水处理厂及配套管网一期工程	污水处理厂设计规模17万吨/天，实施规模8万吨/天，实施污水提升泵站14座，污水主干管88千米	鄞州	2011~2015	125000	区财政	110260	16000	完成鄞城大道污水主干管工程；完成明辉路、桃源湾污水主干管工程；完成机场路与34省道污水连接管；横古路污水管道完成50%
89	鄞州区滨海污水处理厂及配套管网一期工程	设计规模6万吨/天，实施规模3万吨/天，实施污水提升泵站4座，污水主干管24千米	鄞州	2011~2015	40430	区财政	31749	6000	完成滨海污水处理厂工程
90	△鄞州中心城区老年乐园合建项目	用地面积0.49万平方米，建筑面积2.7万平方米，床位800张	首南	2015~2017	17535	区财政、自筹	—	3500	7月份开工，年底完成主体结构两层
91	○鄞州社会福利救助中心一期工程	用地面积1.13万平方米，建筑面积1.2万平方米	姜山	2013~2015	8132	区财政、自筹	6300	1700	工程完工
92	△鄞州经济开发区人才公寓二期项目	用地面积3.11万平方米，建筑面积5.5万平方米	瞻岐	2015~2017	21013	自筹	—	10000	主体结构施工
93	史家码外来务工居住区	用地面积2.04万平方米，建筑面积5.8万平方米	下应	2014~2016	23918	自筹	10000	10000	主体完工，附属工程施工

续表 87

序号	项目名称	建设规模	建设地点	建设期限	总投资	资金来源	累计完成投资	2015年计划完成	
								投资	工程形象进度目标
94	△惠风西路菜市场工程	用地面积1.07万平方米，建筑面积2.4万平方米	首南	2015~2016	14285	区财政	—	3000	主体结构施工
95	○集士港农贸市场	用地面积1.53万平方米，建筑面积3.8万平方米	集士港	2013~2015	17417	自筹	10017	7300	工程完工
96	长丰邻里中心	用地面积1.87万平方米，建筑面积2万平方米	长丰	2015~2017	20000	自筹	—	1000	桩基施工
97	鄞东南片区C-05-1地块（邻里中心地块和住宅地块）	A地块用地面积0.76万平方米，建筑面积2万平方米； B地块用地面积1.4万平方米，建筑面积4万平方米	下应	2015~2017	20000	自筹	—	4000	桩基施工
98	○鄞州第二医院二期综合楼工程	用地面积1.57万平方米，建筑面积9.4万平方米，新增床位850个	中河	2013~2015	59333	区财政	26000	33000	工程完工
99	○明州医院二期扩建工程	用地面积9.4万平方米，建筑面积约8.1万平方米，新增床位495个	首南	2013~2015	30621	自筹	16521	14100	工程完工
100	石碶社区卫生服务中心迁建工程	用地面积1.6万平方米，建筑面积4万平方米，新增床位300个	石碶	2014~2016	20000	自筹	2000	8000	主体结构施工
101	△中河孙马学校	用地面积4.2万平方米，建筑面积2.6万平方米，42个班	中河	2015~2016	14500	区财政	—	5000	主体结构完成30%
102	△堇山小学二期	用地面积1.51万平方米，建筑面积约1.5万平方米，24个班	中河	2015~2016	10000	自筹	—	3500	地下室底板完成30%
103	首南惠风书院	用地面积3.33万平方米，建筑面积2.5万平方米，36个班	首南	2013~2015	14000	区财政	6174	6000	工程基本完工
104	△石碶实验小学	用地面积2.53万平方米，建筑面积2.2万平方米，36个班	石碶	2015~2016	11000	自筹	—	3000	主体结构完成80%
105	△下应中心小学	用地面积4.67万平方米，建筑面积3.7万平方米，36个班	下应	2015~2016	18234	区财政、自筹	—	10000	主体结顶
106	○鄞江中心小学迁建工程	用地面积4万平方米，建筑面积2.5万平方米，42个班	鄞江	2013~2015	12000	区财政、自筹	6000	6000	工程完工
107	○横溪镇中心小学迁建项目	用地面积4.07万平方米，建筑面积2.6万平方米，36个班	横溪	2012~2015	12666	区财政、自筹	4000	8700	工程完工
108	△潘火中学	用地面积3.52万平方米，建筑面积约3.2万平方米，36个班	潘火	2015~2016	18000	自筹	—	10000	主体结构施工
109	潘火德培小学迁建工程	用地面积2.8万平方米，建筑面积3.5万平方米，36个班	潘火	2013~2015	17000	自筹	13000	4000	竣工投入使用
110	△瞻岐镇中心小学迁建项目	用地面积4.2万平方米，建筑面积2.6万平方米，42个班	瞻岐	2015~2017	13500	区财政	—	3000	主体结构施工

续表87

序号	项目名称	建设规模	建设地点	建设期限	总投资	资金来源	累计完成投资	2015年计划完成	
								投资	工程形象进度目标
111	章水中心学校迁建工程	用地面积6.2万平方米，建筑面积3.3万平方米，48个班	章水	2012~2016	20195	区财政、自筹	4200	8000	主体结构完成60%
112	鄞江镇文化中心	用地面积1.33万平方米，建筑面积1.2万平方米	鄞江	2014~2016	7800	区财政、自筹	1500	4000	主体工程施工
113	○高桥芦港上施安置小区	建筑面积14.7万平方米	高桥	2012~2015	63327	自筹	21727	40000	工程完工
114	高桥长乐黄家安置小区	用地面积12.95万平方米，建筑面积32.4万平方米	高桥	2013~2015	43000	自筹	30000	10000	工程基本完工
115	○高桥蒲家兰庭安置小区	用地面积9.93万平方米，建筑面积28.6万平方米	高桥	2012~2015	139000	自筹	40000	94000	工程完工
116	△长丰拆迁安置2号(二期)地块	用地面积5.5万平方米，建筑面积20.7万平方米	钟公庙	2015~2018	75000	自筹	—	15000	地下室施工
117	长丰拆迁安置3号地块	用地面积5.51万平方米，建筑面积20.7万平方米	钟公庙	2012~2016	80000	自筹	39580	25000	附属工程施工
118	石碶万隆花园安置小区	用地面积4.67万平方米，建筑面积11万平方米	石碶	2014~2016	55000	自筹	2000	40000	主体结顶
119	集士港井亭张3号地块	用地面积5万平方米，总建筑9.6万平方米	集士港	2015~2017	50000	自筹	—	3000	桩基施工
120	集士港董家桥新村	用地面积8.37万平方米，建筑面积19.8万平方米	集士港	2013~2017	71363	自筹	2000	3000	地下室完成50%
121	○首南九曲二期A2B1地块	用地面积6.8万平方米，建筑面积17.4万平方米	首南	2012~2015	53807	自筹	47807	6000	工程完工
122	△首南九曲三期	用地面积8.2万平方米，建筑面积22.6万平方米	首南	2015~2018	89148	自筹	—	15000	地下室施工
123	下应洋江水岸一期	用地面积12.93万平方米，建筑面积41万平方米	下应	2013~2016	170000	自筹	78000	50000	主体工程完成
124	○潘火东方丽都安置小区	用地面积12.99万平方米，建筑面积39.6万平方米	潘火	2012~2015	140000	自筹	120000	20000	工程完工
125	△潘火王家弄安置小区	用地面积7.11万平方米，建筑面积约23.7万平方米	潘火	2015~2017	80000	自筹	—	20000	地下室顶板结顶，地上土建开建
126	△四明山村拆迁安置小区	用地面积约10.4万平方米，建筑面积约15万平方米	集士港	2015~2017	72092	自筹	—	10000	主体结构完成50%
127	姜山核心1号地块拆迁安置小区	用地面积6.67万平方米，建筑面积约19万平方米	姜山	2014~2016	58000	自筹	22277	15000	主体结构完成70%
128	姜山上何郁家A地块	用地面积5.13万平方米，建筑面积16.6万平方米	姜山	2014~2017	79572	自筹	20000	18000	主体结构完成50%
129	△姜山上何郁家B地块	用地面积4.6万平方米，建筑面积15.7万平方米	姜山	2015~2018	69310	自筹	—	15000	主体结构完成30%
130	○南裕三期	用地面积4万平方米，建筑面积14.3万平方米	首南	2012~2015	64551	自筹	42651	21500	工程完工

注：项目前加注○为计划完工项目，共计25个；加注△为计划新开工项目，共计40项

（区发改局）

索引

下水油菜花田

说明

主题词索引

图照索引

表格索引

鄞州年鉴

2016 YINZHOU YEARBOOK

说 明

1.索引采用主题分析法编制。设有主题词索引、图照索引、表格索引3种，其中图照索引包括文中出现的随文照片及示意图，示意图用“（图）”标明，未注明的为随文照片。

2.标引词依据首字汉语拼音字母（同音字按声调）顺序排列，首字相同的按第二字的音序排列，以下依次类推。标引词后的阿拉伯数字表示内容所在的页码或参见页码，数字后的英文字母a、b、c分别表示内容所在的左栏、中栏和右栏。

3.类目、分目作索引的款目用黑体字表明。

4.标引词后的第二个页码起，表示该索引参见内容所在。空两字起排的款目为上一主题的“附见”。部分内容有交叉的款目在索引中重复出现，以便检索。

主题词索引

A

B

C

G

H

O

P

Q

R

S

图照索引

K

L

M

N

O

Q

R

S

T

W

X

Y

Z

数字

表格索引